Das C# 2005 Codebook

Unser Online-Tipp
für noch mehr Wissen ...

... aktuelles Fachwissen rund um die Uhr – zum Probelesen, Downloaden oder auch auf Papier.

www.InformIT.de

Jürgen Bayer

Das C# 2005 Codebook

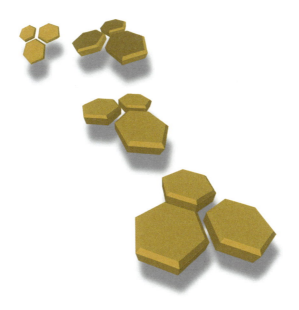

ADDISON-WESLEY

An imprint of Pearson Education

München • Boston • San Francisco • Harlow, England
Don Mills, Ontario • Sydney • Mexico City
Madrid • Amsterdam

Bibliografische Information Der Deutschen Bibliothek

Die Deutsche Bibliothek verzeichnet diese Publikation in der Deutschen Nationalbibliografie;
detaillierte bibliografische Daten sind im Internet über <http://dnb.ddb.de> abrufbar.

Die Informationen in diesem Produkt werden ohne Rücksicht auf einen eventuellen Patentschutz veröffentlicht.
Warennamen werden ohne Gewährleistung der freien Verwendbarkeit benutzt. Bei der Zusammenstellung von Texten
und Abbildungen wurde mit größter Sorgfalt vorgegangen. Trotzdem können Fehler nicht vollständig ausgeschlossen
werden. Verlag, Herausgeber und Autoren können für fehlerhafte Angaben und deren Folgen weder eine juristische
Verantwortung noch irgendeine Haftung übernehmen.
Für Verbesserungsvorschläge und Hinweise auf Fehler sind Verlag und Herausgeber dankbar.

Alle Rechte vorbehalten, auch die der fotomechanischen Wiedergabe und der Speicherung in elektronischen Medien.
Die gewerbliche Nutzung der in diesem Produkt gezeigten Modelle und Arbeiten ist nicht zulässig.

Fast alle Hardware- und Softwarebezeichnungen und weitere Stichworte und sonstige Angaben, die in diesem Buch verwendet werden, sind als eingetragene Marken geschützt. Da es nicht möglich ist, in allen Fällen zeitnah zu ermitteln, ob
ein Markenschutz besteht, wird das ® Symbol in diesem Buch nicht verwendet.

Umwelthinweis:
Dieses Buch wurde auf chlorfrei gebleichtem Papier gedruckt. Die Einschrumpffolie – zum Schutz vor Verschmutzung –
ist aus umweltverträglichem und recyclingfähigem PE-Material.

10 9 8 7 6 5 4 3 2 1

08 07 06

ISBN-13: 978-3-8273-2326-2
ISBN-10: 3-8273-2326-6

© 2006 by Addison-Wesley Verlag,
ein Imprint der Pearson Education Deutschland GmbH,
Martin-Kollar-Straße 10–12, D-81829 München/Germany
Alle Rechte vorbehalten

Korrektorat: Simone Meißner
Lektorat: Brigitte Bauer-Schiewek, bbauer@pearson.de
Herstellung: Elisabeth Prümm, epruemm@pearson.de
Satz: reemers publishing services gmbh, Krefeld (www.reemers.de)
Umschlaggestaltung: Marco Lindenbeck, webwo GmbH (mlindenbeck@webwo.de)
Druck und Verarbeitung: Kösel, Krugzell (www.KoeselBuch.de)

Printed in Germany

Inhaltsverzeichnis

Vorwort — 15

Teil I Einführung — 17

Einführung — 19
Zum Buch — 19
Recherche-Möglichkeiten — 23
Grundlagen zu den im Buch verwendeten externen Technologien — 33

Teil II Rezepte — 87

Basics — 89

1	Zahlen formatieren	89
2	Negative und positive Zahlen unterschiedlich formatieren	91
3	(Ganz-)Zahlen hexadezimal darstellen	92
4	Hexadezimale Zahlen in dezimale Zahlen konvertieren	92
5	Ganzzahlen dual darstellen	93
6	Dualzahlen in Ganzzahlen konvertieren	97
7	Zahlen in verschiedenen Notationen darstellen	98
8	Zahlen kaufmännisch runden	100
9	Den kleinsten und den größten Wert eines numerischen Datentyps ermitteln	101
10	Gradmaß in das Bogenmaß umrechnen	101
11	Bogenmaß in das Gradmaß umrechnen	102
12	Umstellen der aktuellen Kultur	102
13	Die verfügbaren Kulturen auslesen	104
14	Zahlen in verschiedenen Länderformaten darstellen	106
15	Einen Bytewert in ein besser lesbares Format umwandeln	107
16	Überprüfen, ob ein String eine gültige Zahl speichert	108
17	Überprüfen, ob ein String ein gültiges Datum speichert	111
18	Zufallszahlen erzeugen	112
19	High- und Low-Word lesen	115
20	High- und Low-Word setzen	116
21	Beep ausgeben	117
22	Strings ohne Berücksichtigung der Groß- bzw. Kleinschreibung vergleichen	118
23	Teilstrings flexibel ersetzen	118
24	Strings an vorgegebenen Trennzeichen auftrennen	125
25	Mehrere (Leer-)Zeichen in ein (Leer-)Zeichen konvertieren	126

26	Erstes Zeichen aller Wörter im String groß- und die restlichen Zeichen kleinschreiben	127
27	Anzahl der Wörter in einem String ermitteln	128
28	Alle Wörter eines Strings extrahieren	131
29	Einen String an einem rechten Rand wortgerecht umbrechen	132
30	String auf die ersten Wörter bis zu einer Maximallänge kürzen	136
31	Teilstring nur dann ersetzen, wenn dieser am Anfang eines Strings gespeichert ist	138
32	Linken und rechten Teilstring extrahieren	139
33	Zahlen aus einem String extrahieren	140
34	Überprüfen, ob ein String mit einer Zahl beginnt	142
35	Zufalls-String berechnen	144
36	Konstantennamen einer Aufzählung als String auslesen	145
37	Strings in Aufzählungswerte konvertieren	146
38	String in Byte-Array umwandeln	147
39	Byte-Array in String lesen	150
40	Auflistungen und Arrays sortieren	151
41	Arrays, ArrayList- und andere Auflistungen durchsuchen	155
42	Typisierte Listen erzeugen	159
43	Das Programm für eine definierte Zeit anhalten	164
44	Die Nachrichten einer Exception und ihrer inneren Exceptions ermitteln	164

Datum und Zeit   167

45	Aktuelles Datum und aktuelle Uhrzeit ermitteln	167
46	Datumswerte formatieren	167
47	Datumswerte in verschiedenen Länderformaten ausgeben	169
48	Datum in das ISO-Format konvertieren	172
49	Datumswerte vergleichen	173
50	Die Differenz zwischen zwei Datumswerten berechnen	174
51	Datumswerte addieren und subtrahieren	181
52	Eine Zeitangabe in einem String in ein Datum mit der Basis DateTime.Min umwandeln	183
53	Die Anzahl der Tage eines Monats berechnen	183
54	Die Anzahl der Tage eines Jahres berechnen	184
55	Den Wochentag eines Datums ermitteln	184
56	Den Namen eines Wochentags ermitteln	186
57	Den Namen eines Monats ermitteln	187
58	Den ersten und letzten Tag der Woche eines Datums berechnen	188
59	Den ersten und den letzten Tag eines Monats berechnen	190
60	Das Quartal eines gegebenen Datums berechnen	192
61	Den ersten und den letzten Tag eines Quartals berechnen	193
62	Ermitteln, ob ein Jahr ein Schaltjahr ist	195
63	Ermitteln der ISO-Kalenderwoche	196
64	Ermitteln, mit welchem Datum eine Kalenderwoche beginnt	200
65	Anzahl der Kalenderwochen eines Jahres bestimmen	204

>> Inhaltsverzeichnis

66	Systemdatum und -zeit setzen	204
67	Atomuhr-Datum inklusive Uhrzeit von einem NIST-Server abfragen	208
68	Datum normalisieren	213
69	Deutsche Feiertage und andere besondere Tage berechnen	217
70	Ermitteln, ob ein bestimmter Tag ein Feiertag ist	228
71	Zeit genau messen	230

Anwendungen, Konfiguration, Prozesse und Dienste — 235

72	Den Dateinamen der Anwendung ermitteln	235
73	Das Verzeichnis der Anwendung ermitteln	236
74	Befehlszeilenargumente auswerten	236
75	Ausnahmen global behandeln	239
76	Den Speicherverbrauch von .NET-Anwendungen verstehen und gegebenenfalls reduzieren	241
77	Konfigurationsdaten in der .config-Datei verwalten	244
78	Konfigurationsdaten aus dem appSettings-Element der .config-Datei lesen	248
79	Konfigurationsdaten im appSettings-Element der .config-Datei speichern	249
80	Anwendungskonfiguration über eine eigene XML-Datei	251
81	Daten aus der Registry lesen und in die Registry schreiben	258
82	Verhindern, dass eine Anwendung mehrfach gestartet werden kann	266
83	Aktivieren einer laufenden Anwendung	269
84	Auflisten aller laufenden Prozesse eines Computers	276
85	Auflisten aller laufenden Anwendungen eines Computers	277
86	Informationen über die Dienste eines Computers auslesen	279
87	Dienste starten, anhalten, fortfahren und stoppen	282
88	Ermitteln, ob eine Anwendung ausgeführt wird	287
89	Anwendungen starten	288
90	Dateien mit der assoziierten Anwendung öffnen	289
91	Starten einer anderen Anwendung und warten, bis diese beendet ist	290
92	Konsolenanwendungen starten und die Ausgabe auswerten	292
93	Andere Anwendungen beenden	293
94	Java-Anwendungen starten	296
95	Die Betätigung der Tastatur simulieren	300

Dateisystem — 303

96	Dateiname einer Windows-Anwendung ermitteln	303
97	Dateiname einer Klassenbibliothek ermitteln	304
98	Ordner einer Windows-Anwendung ermitteln	305
99	Ordner einer Klassenbibliothek ermitteln	306
100	Dateiname für eine temporäre Datei erzeugen	307
101	Ordner für temporäre Dateien ermitteln	307
102	Windows-(Spezial-)Ordner auslesen	307
103	Dateiname mit anderer Endung ermitteln	310
104	Relativen Pfad aus einem absoluten Pfad ermitteln	310

105	Absoluten Pfad aus einem relativen Pfad ermitteln	313
106	Überprüfen, ob eine Pfadangabe gültig ist	313
107	Die logischen Laufwerke des Systems ermitteln	315
108	Den Typ der Laufwerke eines Systems ermitteln	315
109	Alle Laufwerke eines bestimmten Typs ermitteln	317
110	Größe und freien Speicherplatz eines Laufwerks ermitteln	319
111	Überprüfen, ob ein Ordner existiert	320
112	Ordner erzeugen	321
113	Ordner mit .NET-Features kopieren	321
114	Ordner mit Fortschrittsdialog, Abbruchmöglichkeit und Überschreib-Nachfrage über SHFileOperation kopieren	324
115	Ordner mit .NET-Features ohne Abbruch bei einer Ausnahme kopieren	332
116	Ordner umbenennen	339
117	Ordner verschieben	340
118	Ordner löschen	340
119	Ordnergröße ermitteln	341
120	Ordnergröße aller direkten Unterordner ermitteln	343
121	Überprüfen, ob eine Datei existiert	348
122	Dateien in einem Ordner und seinen Unterordnern suchen	348
123	Programmdateien in den Systempfaden suchen	351
124	Dateien kopieren	353
125	Dateien umbenennen	355
126	Dateien verschieben	355
127	Dateien löschen	356
128	Dateien vergleichen	357
129	Ordner vergleichen	359
130	Die Größe einer Datei ermitteln	362
131	Dateiattribute auslesen	363
132	Dateiattribute (z.B. den Schreibschutz) setzen oder aufheben	365
133	Die Erstell- und Zugriffsdaten einer Datei lesen und setzen	366
134	Die Version einer Datei auslesen	367
135	Den kurzen (8.3-)Dateinamen einer Datei auslesen	368
136	Alle Dateien eines Ordners auflisten	370
137	Dateien und Ordner mit Fortschrittsdialog, Abbruchmöglichkeit und Überschreib-Nachfrage umbenennen oder verschieben	371
138	Dateien und Ordner in den Papierkorb verschieben	376
139	Größe des Papierkorbs und Anzahl der Dateien im Papierkorb ermitteln	378
140	Verknüpfungen anlegen	382
141	Das Dateisystem überwachen	384

Text-, binäre und Zip-Dateien 387

142	Textdateien lesen	387
143	Textdateien schreiben	390
144	Texte an Textdateien anfügen	392
145	Textdateien ändern	393

146	Binäre Dateien lesen	394
147	Binäre Dateien schreiben	396
148	Binäre Dateien Base64-codieren	398
149	Base64-codierte Strings in Dateien umwandeln	399
150	(Deflate- und GZIP-)Komprimieren von Daten mit .NET-Klassen	399
151	(Deflate- und GZIP-)Dekomprimieren von Daten mit .NET-Klassen	401
152	(ZIP-)Komprimieren von Daten mit #ziplib	402
153	(ZIP-)Dekomprimieren von Daten mit #ziplib	407
154	Dateien in ZIP-Archive komprimieren	409
155	(ZIP-)Archive aus einem Ordner erzeugen	412
156	Dateiinformationen aus (ZIP-)Archiven auslesen	415
157	(ZIP-)Archive entpacken	417

XML 423

158	XML-Dateien über ein XmlTextReader-Objekt lesen	423
159	XML-Dateien beim Einlesen gegen ein Schema (oder DTD) prüfen	428
160	XML-Dokumente auf Gültigkeit überprüfen	434
161	XML-Dateien über das DOM lesen	443
162	XML-Dateien validierend über das DOM lesen	447
163	Gezielt über XPath auf Elemente in einem XML-Dokument ohne Namensraum zugreifen	449
164	Gezielt über XPath auf Elemente in einem XML-Dokument mit Namensraum zugreifen	455
165	Performantes Navigieren in XML-Dokumenten mit der XPathNavigator-Klasse	459
166	XML-Dokumente über ein DataTable- oder DataSet-Objekt lesen	464
167	XML-Dateien mit einem XmlTextWriter erzeugen	468
168	XML-Dateien über ein XmlDocument-Objekt erzeugen und ändern	472
169	XML-Dateien über ein DataTable- oder DataSet-Objekt erzeugen	482
170	XML-Dateien über ein DataTable- oder ein DataSet-Objekt ändern	484
171	Binäre Daten in einer XML-Datei speichern	486
172	Base64-codierte Bilder (binäre Daten) aus XML-Dateien auslesen	487
173	XML-Dokumente über XSL-Dokumente transformieren	488

System 491

174	Den Namen des Computers ermitteln	491
175	Systempfade herausfinden	491
176	Windows-Version auslesen	494
177	Windows-Hauptversion ermitteln	495
178	Die Prozessorgeschwindigkeit ermitteln	497
179	Informationen über den Arbeitsspeicher auslesen	498
180	Die Version des aktuellen Service-Packs ermitteln	500
181	Installierte Programme auflisten	502
182	Informationen zu den parallelen Schnittstellen des Systems auslesen	505
183	Informationen zu den seriellen Schnittstellen des Systems auslesen	510

184	Ermitteln der Soundkarten des Systems	517
185	Windows herunterfahren und neu starten	518
186	Die verfügbaren Leistungsindikatoren auslesen	520
187	Den Arbeitsspeicher überwachen	526
188	Speicherauslastung und CPU-Belastung des aktuellen Prozesses überwachen	529
189	Speicherauslastung und CPU-Belastung des aktuellen Prozesses in ein Trace-Protokoll schreiben	532
190	Eigene Leistungsindikatoren implementieren	537
191	Monitor abschalten, in den Energiesparmodus schalten und wieder einschalten	543

Internet 545

192	Status der Internetverbindung abfragen	545
193	Pingen – Ermitteln, ob eine Internetverbindung besteht	548
194	TCP- und ICMP-Prüfsumme berechnen	551
195	Internetverbindung öffnen und schließen	552
196	Die IP-Adressen des Computers herausfinden	556
197	E-Mails über einen SMTP-Server versenden	558
198	E-Mails über MAPI bzw. Outlook versenden	562
199	Browser starten	565
200	Webseiten (HTML-Dokumente) in der Anwendung darstellen	566
201	Dateien von einem Web- oder FTP-Server über eine WebClient-Instanz downloaden	572
202	Dateien von einem Webserver über eine HttpWebRequest-Instanz downloaden	580
203	Intelligenter Up- und Download mit BITS	604
204	Die Größe einer Datei von einem FTP-Server abfragen	615
205	Dateien zu einem Web- oder FTP-Server hochladen	617
206	FTP-Verzeichnisse auslesen	624
207	Dateien und Ordner auf einem FTP-Server löschen	634
208	Ordner auf einem FTP-Server erstellen	636

Formulare und Steuerelemente 639

209	Formulare ohne Titelleiste	639
210	(Rahmenlose) Formulare über den Clientbereich verschiebbar machen	639
211	Unbewegbare Formulare mit Titelleiste	641
212	Andockende Formulare	642
213	Ändern des Systemmenüs – Entfernen des Schließen-Eintrags und -Schalters	643
214	Formulare verlaufend füllen	644
215	Formulare mit speziellen Formen	646
216	Splash-Formulare	651
217	Ermitteln, auf welchen Monitoren ein Formular angezeigt wird	654
218	Ein Formular auf einem sekundären Bildschirm öffnen	658

219	Die Bildschirm-Position eines Steuerelements ermitteln	659
220	Die optimale Position eines Formulars oder eines Steuerelements bezogen auf ein Steuerelement ermitteln	660
221	Das Hauptformular einer Anwendung ermitteln	665
222	Menüs in der Laufzeit erstellen oder erweitern	665
223	Steuerelemente mit transparentem Hintergrund	668
224	TextBox automatisch beim Eintritt selektieren	669
225	TextBox auf Zahleingaben beschränken	670
226	Auf Return in einer TextBox reagieren	676
227	Bei der Betätigung der Return-Taste die Tab-Taste simulieren	676
228	Die Position des Eingabecursors in einer TextBox, RichTextBox oder MaskedTextBox ermitteln	679
229	Die angezeigten Zeilen einer MultiLine-TextBox auslesen	682
230	ComboBox mit Autovervollständigung	685
231	Daten neben den Einträgen einer ListBox oder ComboBox verwalten	687
232	ListBox mit ToolTip für längere Einträge	689
233	ListView sortieren	691
234	Knoten einer Ebene in einem TreeView-Steuerelement vertauschen	693
235	Einzelne Knoten eines TreeView-Steuerelements sortieren	695
236	Die Werte einzelner Zellen in einem DataGridView setzen und lesen	697
237	Ein DataGridView anpassen	698
238	Ein DataGridView mit eigenen Spalten am Beispiel einer DateTimePicker-Spalte	702
239	Feiertage im MonthCalendar-Steuerelement darstellen	712
240	Drag&Drop von Dateien und Ordnern	715
241	Ein Ordner-Dialog	717
242	In einem Nicht-Tastatur-Ereignis herausfinden, ob eine bestimmte Taste betätigt ist	718
243	In einem eigenen Steuerelement verhindern, dass die Cursor-Tasten einen Fokuswechsel bewirken	721
244	Hooking – Eine MessageBox mit definierten Schalterbeschriftungen versehen	722

Benutzer, Gruppen und Sicherheit — 733

245	Informationen zu den Benutzern eines Computers oder einer Domäne auflisten	733
246	Überprüfen, ob ein Benutzerkonto existiert	739
247	Benutzergruppen eines Computers oder einer Domäne auflisten	741
248	Benutzer ermitteln, die einer Gruppe angehören	745
249	Gruppen eines Benutzers abfragen	749
250	Eigenschaften eines Benutzers auslesen	751
251	Überprüfen, ob der aktuelle Benutzer einer in Windows vordefinierten Gruppe (z.B. Administratoren) angehört	758
252	Gruppe anlegen	761
253	Benutzer anlegen	763

254	Eigenschaften eines Benutzers ändern	766
255	Benutzer einer Gruppe zuweisen	767
256	Benutzer aus einer Gruppe entfernen	769
257	Benutzer löschen	771
258	Gruppe löschen	772
259	Den Namen des aktuellen Benutzers auslesen	773
260	Ein Programm unter einem spezifischen Benutzerkonto ausführen	773
261	Strings sicher im Programm verwalten	779
262	Daten symmetrisch ver- und entschlüsseln	784
263	Daten mit Hashing-Verfahren verschlüsseln	798

Multimedia — 807

264	Wave-Dateien abspielen	807
265	Multimedia-Dateien (Wave, MP3, Midi, AVI, MPEG etc.) über MCI abspielen	808
266	Multimedia-Dateien (Wave, MP3, Midi, AVI, MPEG etc.) über DirectX abspielen	825

Bildbearbeitung — 829

267	Speicherschonend mit Bildern umgehen	829
268	Das Format eines Bilds auslesen	831
269	Spezielle Bildinformationen auslesen	833
270	Das Erzeugungsdatum eines Bilds auslesen	837
271	Eingelesene Bilder im Originalformat speichern	839
272	Bild in Byte-Array umwandeln	840
273	Byte-Array in Bitmap umwandeln	841
274	Bitmap aus der Zwischenablage auslesen	841
275	Screenshot des Bildschirms und eines Formulars erstellen	842
276	Bilder skalieren	845
277	Thumbnails aus Bildern erzeugen	849
278	Bilder konvertieren	851
279	(JPEG-)Bilder mit definierter Qualität speichern	851
280	Bilder drehen und spiegeln	854
281	Bildausschnitte auslesen	858
282	Farben von Bildern auf andere Farben mappen	860
283	Farbinformationen von Bildern gezielt verändern	861
284	Ein Negativ eines Bilds erzeugen	865
285	Die einzelnen Pixel eines Bilds bearbeiten	867
286	Farb-Bilder in Graustufen-Bilder umwandeln	871

Zeichnen mit GDI+ — 873

287	GDI-Probleme vermeiden	873
288	Einstellen der Grafik-Qualität	874
289	Rechtecke mit abgerundeten Ecken zeichnen	877
290	Einfache Pfeile zeichnen	879

291	Transparente Bilder und Grafiken erzeugen	881
292	Bilder mit Schatten zeichnen	883
293	Schräg zeichnen und Zeichenobjekte rotieren	884
294	Den Drehpunkt eines Rechtecks so ermitteln, dass die Ecke links oben an derselben Position bleibt	888
295	Text an einer definierten Position in 90-Grad-Schritten gedreht ausgeben	893
296	Die Breite und Höhe eines auszugebenden Textes bestimmen	895
297	Texte zentriert oder rechtsbündig ausgeben	897
298	Strings beim Zeichnen wortgerecht umbrechen	900

COM-Interop mit Office — 907

299	Laufende COM-Komponenten-Instanzen referenzieren	907
300	Word-Dokumente öffnen	909
301	Word-Dokumente basierend auf einer Dokumentenvorlage erzeugen, füllen, ausdrucken und speichern	913
302	Excel-Arbeitsmappen erzeugen	916
303	Daten in Excel-Arbeitsmappen erweitern	921
304	Kontakte aus Outlook auslesen	926

Reflection und Serialisierung — 931

305	Informationen über den Aufrufer in einer Methode oder einem Konstruktor ermitteln	931
306	Programmcode dynamisch ausführen	932
307	Assemblies dynamisch erzeugen	935
308	Assemblies dynamisch laden	937
309	Objekte binär serialisieren und deserialisieren	940
310	Objekte nach XML serialisieren und von XML deserialisieren	944
311	Font- und andere Objekte in einen String serialisieren	948

Threading und asynchroner Methodenaufruf — 951

312	In einem Thread sicher auf Steuerelemente zugreifen	951
313	Easy-Threading mit der BackgroundWorker-Komponente	953
314	Parameter an Threads übergeben und Ergebnisse auslesen	957
315	Das ereignisbasierte asynchrone Entwurfsmuster implementieren	962

Datenbank-Programmierung — 979

316	Die Anzahl der Datensätze ermitteln, die eine Abfrage in einer Datenbank ergibt	979
317	Datenbanken erzeugen	980
318	Abfragen der automatisch vergebenen Id eines neuen Datensatzes	983
319	Bilder und andere binäre Daten in einer Datenbank verwalten	985
320	Backup und Restore einer SQL-Server-Datenbank über SMO	988
321	Die verfügbaren SQL Server ermitteln	992
322	Die Datenbanken einer SQL-Server-Instanz abfragen	993

Teil III Anhang   995

Änderungen gegenüber der ersten Auflage   997
Stichwortverzeichnis   1005

Vorwort

Die Bibliothek des .NET Framework 2.0 enthält eine gewaltige Menge an Klassen, Strukturen und anderen Typen. Diese Mächtigkeit macht es trotz des hierarchischen Aufbaus dieser Bibliothek nicht immer einfach, die richtigen Typen für ein anstehendes Programmierproblem zu finden. Oft ist auch der Einsatz gefundener Typen nicht trivial. In einigen wenigen Fällen (wie z.B. im Bereich »Multimedia«) finden Sie in der .NET Framework Bibliothek erst gar keine Klassen oder Strukturen, über die Sie Ihr Problem lösen könnten.

Hier setzt dieses Buch an. In 335[1] Rezepten finden Sie Lösungen zu Problemen, die in der Praxis immer wieder auftreten. Die meisten Rezepte habe ich aus der Praxisarbeit heraus entwickelt, für andere habe ich Anregungen aus Newsgroup-Nachrichten oder aus Fragen in meinen Seminaren und Workshops erhalten. Natürlich kann dieses Buch nicht alle Probleme lösen, dafür ist der Bereich der Programmierung einfach zu groß. Die Praxisorientiertheit führt allerdings wahrscheinlich dazu, dass der Großteil Ihrer Fragen zur C#-Programmierung in diesem Buch beantwortet wird.

Diese zweite Auflage des C# Codebook basiert natürlich auf der ersten. Die vorhandenen Rezepte habe ich größtenteils beibehalten, aber komplett überarbeitet. Dazu habe ich zunächst alle Rezepte in die neue von Visual Studio 2005 verwendete Form gebracht. Für die Konvertierung habe ich übrigens ein von mir entwickeltes Tool eingesetzt, das Sie an der Adresse *www.juergen-bayer.net/tools/ProjectConverter.zip* downloaden können. Zur optimierten Wiederverwendung habe ich alle Rezepte (im Repository und in den Beispielen, nicht aber im Buch) zudem mit Dokumentationskommentaren versehen.

Das Buch enthält darüber hinaus auch neue Rezepte. Unter Ausreizung der zur Verfügung stehenden Seitenanzahl sind das immerhin 74. Im Anhang finden Sie eine Übersicht über die Änderungen in den Rezepten der ersten Auflage und eine Auflistung der neuen Rezepte.

In sehr wenigen Fällen sind die alten Rezepte eigentlich überflüssig geworden, weil das .NET Framework 2.0 nun Möglichkeiten bietet, die in der Version 1.1 noch von Hand entwickelt werden mussten. Ein Beispiel dafür ist die neue Klasse `Stopwatch`, die es ermöglicht, genaue Zeitmessungen auszuführen. Deshalb werden Ihnen einige Rezepte u.U. sehr einfach erscheinen ☺. Andere Rezepte beschreiben grundlegende Techniken, wie z.B. das Formatieren einer Zahl, die besonders von C#-Novizen des Öfteren nachgefragt werden. Diese Rezepte habe ich in das Buch übernommen, um C#-Anfänger nicht auszuschließen. Die Vielzahl der Rezepte behandelt allerdings Probleme, deren Lösungen komplex sind und die auch von C#-Profis häufig zumindest nachgeschlagen werden müssen.

---

1. inklusive denen der Einführung

In der Regel habe ich in den Rezepten statische Methoden oder komplette Klassen entwickelt, die Sie ohne Änderung in Ihren Programmen einsetzen können. In wenigen Fällen habe ich das Problem in einer Beispielform gelöst, die Sie gegebenenfalls anpassen müssen. Das Repository auf der Buch-CD erleichtert auf jeden Fall die Wiederverwendung des Programmcodes. Zu jedem Rezept finden Sie auf der CD natürlich auch ein funktionierendes Beispiel.

Bei der Erstellung der einzelnen Rezepte habe ich wesentlich mehr Wert auf Qualität als auf Quantität gelegt. Besonders wichtig war mir, dass Sie das, was dort programmiert ist, auch verstehen. Deshalb enthält der entsprechende Quellcode jedes Rezepts Kommentare, die die Programmierung kurz erläutern. Außerdem finden Sie keine »Quick and Dirty«-Lösungen in diesem Buch. Ich habe jedes Rezept sehr intensiv getestet und potenzielle Fehlerquellen beseitigt (was manchmal für ein Rezept einige Stunden oder auch einen ganzen Tag in Anspruch genommen hat).

Ich danke der Firma AUTOonline GmbH für die nette Unterstützung. Während meiner (intensiven) Arbeit dort sind viele der neuen Rezepte entstanden und alte wie neue gereift. Heiko Lehnert danke ich für das kritische Lesen der geänderten und neuen Rezepte. Durch seine Hilfe konnte ich einige Fehler beseitigen und Rezepte verständlicher gestalten. Meiner Freundin Tanja Gliege danke ich für den Test der Beispiele auf Windows 2000, für ihre konstruktive Kritik und für die endlose Geduld mit mir in der stressigen Endphase der Manuskripterstellung. Meinem Leser Alain C. Boss danke ich für die Anmerkungen zum Zweierkomplement bei der dualen Darstellung einer Zahl, die mir ermöglichten, einen Fehler im entsprechenden Rezept zu beseitigen. Schließlich gilt mein Dank auch Bernd Jansen, der mir einige Anregungen für neue Rezepte gab.

Falls Sie Anregungen oder Kritik oder einfach nur Lob zum Buch haben, freue ich mich über eine E-Mail.

Jürgen Bayer

codebook@juergen-bayer.net

Kamp-Lintfort im März 2006

Teil I Einführung

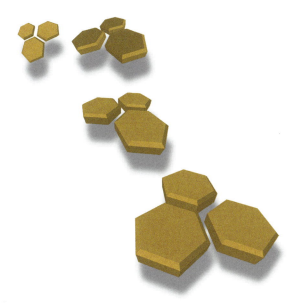

Einführung

Zum Buch

Der Inhalt

Das Buch beschreibt in 322 Rezepten (wenn die Einführung mitzählt, sogar in 335) Lösungen zu Aufgabenstellungen, die in der Praxis häufig auftreten, aber meist nicht zu den trivialen Problemen gehören, die über eine einfache Verwendung einer .NET-Klasse gelöst werden können. Ausnahmen gibt es natürlich auch: Manchmal ist eine Lösung eigentlich trivial, aber bei vielen Programmierern unbekannt. Diese meist in Newsgroups gefragten Themen habe ich auch mit in den Rezeptteil aufgenommen.

Die meisten Rezepte dieses Buchs sind so allgemein, dass sie in jeder Anwendung einsetzbar sind. Der Fokus liegt aber auf der Programmierung von Windows-Anwendungen (über Windows.Forms). Techniken, die sich nur auf Webanwendungen beziehen, werden in diesem Codebook nicht beschrieben. Dazu gibt es ja schließlich das ASP.NET Codebook ☺. Damit Sie jetzt aber nichts Falsches denken: Nur das Kapitel »Formulare und Steuerelemente« bezieht sich direkt auf die Programmierung von Windows.Forms-Anwendungen.

Die Einführung

Die Einführung, die Sie gerade lesen, ist recht umfangreich. Das liegt daran, dass ich neben einer allgemeinen Einführung und wichtigen Hinweisen zur Recherche im Internet auch den (teilweise komplexen) Umgang mit den externen Technologien *Windows API*, *COM*, *WMI* und *ADSI* beschreibe, die alle im Buch eingesetzt werden. Ich habe diese Beschreibung mit in die Einführung aufgenommen, weil ich nicht davon ausgehen kann, dass Sie als C#-Programmierer damit sicher umgehen können.

Die Rezepte

Dieses Buch besteht neben der Einführung ausschließlich aus Rezepten. Jedes Rezept beschreibt die komplette Lösung eines Problems. Nur selten, wenn es sinnvoll erschien, habe ich ein Rezept mit einem anderen verknüpft.

Die meisten Rezepte setzen Klassen des .NET Frameworks 2.0 ein. Bei diesen Rezepten gehe ich davon aus, dass Sie mit den Grundlagen des .NET Frameworks und natürlich mit denen von C# vertraut sind. Im jeweiligen Rezept werden aber die verwendeten, besonderen Techniken, die nicht zu den Grundlagen gehören, erläutert und die benötigten Assembly-Referenzen und Namensraum-Importe aufgelistet. In den Rezepten habe ich aus Platz- und Übersichtsgründen darauf verzichtet, die Klassen voll (inklusive Namensraum) zu referenzieren. Deshalb gebe ich vor dem eigentlichen Quellcode an, welche Namensräume importiert werden müssen.

Einige Rezepte arbeiten mit externen Technologien wie dem Windows API, WMI, COM oder ADSI. Grundlagen zu diesen Technologien, die ich nicht voraussetzen kann, finden Sie in dieser Einführung. In den Rezepten setze ich dann voraus, dass Sie diese Grundlagen kennen.

Nur wenige Rezepte nutzen fertige Klassen oder Bibliotheken, die Sie frei aus dem Internet beziehen können (und meist auch auf der Buch-CD finden). Die in diesen Klassen implementierten Programme waren einfach zu komplex für das Buch. Und außerdem lag es mir fern, die teilweise genialen Klassen einfach zu kopieren. Ich wollte Ihnen aber eine Lösung für das jeweilige Problem anbieten. Bei den Rezepten, die mit externen Klassen arbeiten, habe ich natürlich darauf verzichtet, die Programmierung der eingesetzten Klassen zu erläutern, und zeige nur deren Anwendung.

Ein Rezept beschreibt kurz das Problem und den Lösungsansatz bzw. den Lösungsweg, meist ohne zu erläutern, in welchen Fällen Sie das Programm überhaupt benötigen. Sie werden schon wissen, warum Sie ein Rezept lesen ☺. Die meisten Rezepte liefern die Problemlösung in Form einer Methode. Diese Methoden sind `static` deklariert, damit Sie diese einfach in eine separate Klasse einfügen und ohne eine Instanz zu bilden anwenden können. Wenn Sie die Methoden in eine Klasse einbinden, die instanziert wird, entfernen Sie einfach das Schlüsselwort `static`.

Die Problemlösung einiger Rezepte erforderte aber auch die Programmierung kompletter Klassen. Diese sind teilweise recht umfangreich, das Ergebnis kann sich aber sehen lassen. Ein gutes Beispiel ist die Klasse `Mci` im Rezept 265, die Ihnen ermöglicht, Multimedia-Dateien abzuspielen (wobei im Hintergrund das etwas schwierig anzuwendende MCI verwendet wird).

Für wenige Rezepte war es prinzipiell nicht möglich, Methoden oder Klassen zu entwickeln. Dabei handelt es sich meist um Beschreibungen von Vorgehensweisen wie z. B. die Erstellung eines Formulars mit einer speziellen Formgebung (Rezept 215). Die Quellcodes dieser Rezepte müssen Sie natürlich an Ihre Bedürfnisse bzw. Anforderungen anpassen.

Neben der Beschreibung der Problemlösung im Fließtext habe ich in den Listings immer auch Kommentare untergebracht. Teilweise führt das zu einer leichten Redundanz, da Dinge zweimal erläutert werden. Ich denke aber, dass ein Quelltext mit Kommentaren wesentlich besser zu verstehen ist als einer ohne. So haben Sie auch die Möglichkeit, den Fließtext schlicht zu ignorieren (was eigentlich nicht in meinem Sinne ist, denn wozu habe ich das Ganze dann geschrieben ☺), und können sich einfach direkt den Quelltext anschauen. Verstehen Sie diesen nicht, können Sie im Fließtext nachlesen.

Entwickelt habe ich die Rezepte unter Windows XP Professional mit .NET Framework 2.0. Getestet habe ich alle Rezepte unter Windows XP und Windows 2000. Unter Windows 2000 waren bis auf eine kleine Ausnahme (im Rezept 139) keine Einschränkungen erkennbar.

Falls ein Rezept nur unter bestimmten Bedingungen funktioniert oder besondere Installationen erfordert, ist dies in der Regel im Rezept beschrieben. Bei den Rezepten, die WMI oder ADSI einsetzen, habe ich allerdings auch häufig darauf verzichtet, immer wieder zu schreiben, dass WMI bzw. ADSI installiert sein müssen. Grundlagen dazu finden Sie ja auch hier in der Einführung.

Das Repository, die Beispiele und Komponenten

Auf der Buch-CD finden Sie ein Repository in HTML-Form, das die Programmcodes aller Rezepte enthält. Über dieses können Sie eine Problemlösung sehr schnell in Ihr Projekt einfügen. Die Rezepte im Repository korrespondieren natürlich mit denen im Buch.

Zudem finden Sie auf der CD auch Beispiele zu allen Rezepten und die in einigen Rezepten verwendeten Komponenten.

Unit-Testing

Da es bei einigen Rezepten Sinn macht, das Ergebnis der entwickelten Methoden zu testen, verwende ich dazu ein Unit-Testing-Framework. Prinzipiell könnte ich dazu die in Visual Studio enthaltenen Unit-Tests verwenden, leider hat Microsoft dieses eigentlich für jeden Programmierer wichtige Werkzeug nur in einige Varianten der Visual Studio 2005 Team System Editionen integriert. Da ich jedoch nicht davon ausgehen kann, dass Sie im Besitz einer dieser teuren Editionen von Visual Studio sind, verwende ich das Open-Source-Framework *MBUnit* (*www.mertner.com/confluence/display/MbUnit/MbUnit+Home*). Um die Tests zu vereinfachen setze ich *TestDriven.NET* (*www.testdriven.net*) ein. TestDriven.NET ist ein Add-In für Visual Studio, das Tests u.a. mit NUnit und MBUnit über das Kontextmenü einer Testklasse direkt in Visual Studio ermöglicht.

Die Projekte, bei denen ich Unit-Tests einsetze, referenzieren die Assemblies *MBUnit.Core.dll* und *MBUnit.Framework.dll*, die Sie im Ordner *Komponenten/MBUnit* auf der Buch-CD finden. Die Test-Klassen habe ich direkt in das Projekt integriert um das Ganze übersichtlicher zu halten. Der Name einer Test-Klasse endet immer mit »Test«.

Wenn Sie die Tests ausführen wollen, können Sie die (mit dem ersten Release des .NET-Framework 2.0 funktionierende) Version von der Buch-CD verwenden. Diese Version funktioniert mit TestDriven.NET 2.0.1273. MBUnit und TestDriven.NET müssen zusammenpassen: Neuere Versionen von MBUnit funktionierten in meinen Tests z.B. nicht mit der älteren Versionen von TestDriven.NET. Um genauer zu sein: TestDriven.NET integriert MBUnit über die (MBUnit-)Assembly *MbUnit.AddIn.dll*, diese wiederum referenziert die Assembly *TestDriven.Framework.dll*. Wenn Sie die neueste Version von TestDriven.NET installieren, sollten Sie idealerweise auch die neueste MBUnit-Version installieren. Kopieren Sie danach die Assembly *TestDriven.Framework.dll* aus dem TestDriven.NET-Verzeichnis (*C:\Programme\TestDriven.NET*) in das MBUnit-Verzeichnis (*C:\Programme\MBUnit*).

Wenn Sie TestDriven.NET installiert haben, können Sie alle Tests einer Test-Klasse über den Befehl RUN TESTS im Kontextmenü der Klasse im Projekt-Explorer ausführen. Einzelne Tests führen Sie über den gleichen Befehl im Kontextmenü einer Test-

Methode aus. Alternativ (oder wenn Sie TestDriven.NET nicht installiert haben) können Sie das Programm *MbUnit.GUI.exe* öffnen, die Assembly, die die Testklasse enthält, darin öffnen, und die Tests über den RUN-Schalter starten.

Das Erratum

Obwohl ich die einzelnen Rezepte sehr ausführlich unter Windows 2000 und XP getestet habe, kann es in einem so umfangreichen Buch immer auch vorkommen, dass sich Fehler eingeschlichen haben. Einige Rezepte lassen sich eventuell auch verbessern oder funktionieren unter Umständen, unter denen ich diese nicht getestet habe, nicht oder nur eingeschränkt. An der Adresse *www.juergen-bayer.net/buecher/csharpcodebook2/index.aspx* finden Sie deshalb neben allgemeinen Informationen zum Buch ein Erratum. In diesem werde ich eventuelle Fehler dokumentieren, aber auch Verbesserungen an einzelnen Rezepten veröffentlichen. Zum Füllen des Erratums bin ich auch auf Ihre Mitarbeit angewiesen. Es wäre also sehr nett, wenn Sie mir gefundene Fehler, Verbesserungen an Rezepten oder Anregungen an die Adresse *codebook@juergen-bayer.net* mailen.

Der Index

Jedes Fachbuch besitzt einen Index. Warum also darüber schreiben? Der Grund dafür ist, dass Sie im Index teilweise Problemlösungen finden, die nicht im Inhaltsverzeichnis auftauchen. Das liegt daran, dass ich innerhalb einiger Rezepte so ganz nebenbei auch andere Probleme lösen musste, für die ich keine eigenen Rezepte vorgesehen hatte. Damit Sie auch diese finden, habe ich die Lösungen immer mit in den Index aufgenommen.

Voraussetzungen

Das Buch setzt voraus, dass Sie die Grundlagen von C# beherrschen. Neben den Grundlagen der Sprache (Variablen, Schleifen, Verzweigungen etc.) sollten Sie die Idee der .NET-Klassenbibliothek kennen, mit Namensräumen umgehen können, wissen, was eine Klasse ist, und die wichtigen grundlegenden Klassen wie `String`, `Convert` oder `DateTime` kennen. Natürlich sollten Sie in der Lage sein, Ihre Programme zu kompilieren. Falls Sie keine Entwicklungsumgebung wie Visual Studio 2005 oder SharpDevelop (*www.icsharpcode.net/OpenSource/SD/Default.aspx*) einsetzen, sollten Sie wissen, wie Sie beim Kompilieren Assemblies referenzieren. Ich empfehle aber dringend, zumindest die zum Zeitpunkt der Manuskripterstellung noch kostenlose Visual Studio Express-Edition für C# oder die freie Entwicklungsumgebung SharpDevelop einzusetzen.

Typografische Konventionen und Icons

Das Buch verwendet einige typografische Konventionen und Icons, die hier kurz erläutert werden.

▶ Im Fließtext werden Wörter, die zu einem Programm gehören, in der Schriftart `Courier` ausgegeben,

>> **Einführung**

- *kursiv formatierte* Wörter bezeichnen Dateinamen, Ordnernamen und allgemeine Namen,
- Internetadressen werden folgendermaßen formatiert: *www.addison-wesley.de*,
- WÖRTER IN KAPITÄLCHEN stehen für Begriffe, die Teil einer Programmoberfläche sind (wie z.B. die Beschriftung eines Schalters oder ein Link auf einer Internetseite).

Hinweis	In einem solchen Kasten werden Hinweise und besondere Informationen angegeben, die Sie beachten sollten.

Achtung	Dieser Kasten umschließt Hinweise, die Sie auf jeden Fall beachten sollten, da deren Nichtbeachtung zu Fehlern oder Problemen führen könnte.

Tipp	Der Tipp-Kasten beinhaltet Tipps (was auch sonst), z.B. Hinweise auf Webseiten, die weitere Informationen zum jeweiligen Thema anbieten.

Exkurs	Ein solcher Kasten beinhaltet einen Exkurs.

Recherche-Möglichkeiten

Die Programmierung mit derart komplexen Programmierumgebungen wie dem .NET Framework und den zusätzlich eingesetzten Technologien wie dem Windows-API, WMI und ADSI ist ohne die Möglichkeit einer Recherche kaum möglich. Besonders im Internet finden Sie gerade für .NET eine Vielzahl an Informationsquellen, die Sie nutzen können, um Ihre Probleme effizienter zu lösen.

Das vorliegende Buch hilft Ihnen (hoffentlich ☺) bei der Lösung der meisten Aufgaben. Da Sie aber wahrscheinlich auch einmal spezielle Probleme oder solche lösen müssen, die im Buch nicht beschrieben werden, zeige ich Ihnen die Möglichkeiten der Recherche, die ich im Laufe meiner Tätigkeit als Softwareentwickler (im .NET-Bereich) gefunden habe.

Wichtige .NET-Websites

Viele Websites im Internet beschäftigen sich mit .NET. Ich kenne natürlich nicht alle, während meiner Arbeit mit .NET sind mir aber einige sehr gute Websites über den Weg gelaufen, die ich hier kurz vorstelle. Auf den meisten dieser Websites finden Sie neben Beispiel-Quellcodes auch kompakte Artikel, die spezifische und teilweise komplexe Themen (meist) verständlich erläutern.

> **Hinweis**
>
> Die Links zu den Websites, die ich hier beschreibe, finden Sie auch in der Datei *Links.html* auf der Buch-CD.

CodeHound

Über die C#-Suchmaschine von *CodeHound* (*www.codehound.com/csharp*) können Sie auf allen wichtigen C#-Webseiten suchen und erhalten so eine sehr umfangreiche, aber eben auf C# spezialisierte Übersicht zu gesuchten Themen. In einigen Fällen findet CodeHound leider auch Artikel, die für andere Sprachen (wie z.B. C++) geschrieben wurden.

Windows Forms

Das zu Microsoft gehörende *Windows Forms Team* stellt auf seiner Website (*www.windowsforms.net*) eine Vielzahl an Artikeln, Beispielen, Foren etc. zur Verfügung. Viele Artikel stammen aus dem MSDN, sind aber hier übersichtlich zusammengefasst.

Codezone

Die deutschsprachige Codezone (*www.codezone.de*) ist ein »Developer Knowledge Network rund um Microsoft Techologien«. Hier finden Sie eine auch große Anzahl an Ressourcen zu Dotnet-Themen. Die hervorragende Idee von Codezone ist, dass dort jeder Entwickler seine Ressourcen veröffentlichen kann. Eine ebenfalls gute Idee ist, dass die Einträge bei Codezone neben einer kurzen Beschreibung lediglich einen Link auf die entsprechenden Webseiten oder den Download beinhalten. Auf diese Weise ist die Veröffentlichung von Artikeln oder anderen Ressourcen in der jeweiligen Community sehr einfach (und wird z.B. von mir genutzt ☺).

Got Dot Net

Die ebenfalls zu Microsoft gehörende Website des *Got Dot Net Teams* (*www.gotdotnet.com*) liefert eine Menge allgemeine und spezifische Informationen zu .NET.

dotnetjunkies

Bei den *dotnetjunkies* (*www.dotnetjunkies.com*) finden Sie viele, gute und hervorragend formatierte How-To-Artikel, Tutorial-Artikel und Beispiel-Codes, hauptsächlich zu ASP.NET und dessen Umfeld.

Planet Source Code / .NET

Unter der (etwas irreführenden) Adresse *www.planetsourcecode.com/vb/default.asp?lngWId=10* finden Sie die Dotnet-Sektion von *Planet Source Code*. In Kategorien aufgeteilt können Sie Beispielprogramme für verschiedene Problemlösungen im Browser ansehen und/oder herunterladen.

The Code Project

Das *Code Project* (*www.codeproject.com*) veröffentlicht auf seiner Website im Vergleich zu anderen Websites zwar nicht allzu viele Artikel, die dafür aber qualitativ hochwertig sind und auch spezielle Themen behandeln. Auf der Seite *www.codeproject.com/dotnet* finden Sie allgemeine .NET-Artikel. Die Seite *www.codeproject.com/csharp* verweist auf Artikel zu C#. Andere Seiten, die Sie über das Menü der Einstiegsseite erreichen, beschäftigen sich (u.a.) mit speziellen .NET- und C#-Themen. Daneben finden Sie aber auch Seiten zu wichtigen Windows-Technologien wie z.B. DirectX und dem Windows-API.

.NET 247

.NET 247 (*www.dotnet247.com*) versteht sich als »erste, unabhängige .NET-Programmierer-Referenz« und verweist in gut geordneten Kategorien auf Artikel anderer Websites zu wichtigen .NET-Referenz- und -Programmier-Themen. Neben diesen finden Sie auf der Startseite Links zu den wichtigsten Namensräumen des .NET Frameworks und auf der jeweiligen Seite die im Namensraum enthaltenen Klassen. Die Seite einer .NET-Klasse enthält wiederum Links zu Ressourcen, Artikeln, Beispielen, Diskussionen etc., die mit der Klasse in Zusammenhang stehen. Das Ganze ist sehr hilfreich, wenn Sie nicht wissen, wie eine Klasse in der Praxis angewendet wird.

Master C#

Auf der übersichtlich aufgebauten Seite von *Master C#* (*www.mastercsharp.com*) finden Sie einige recht gute Artikel zu verschiedenen .NET-Themen.

C# Corner

Die »C#-Ecke« (*www.c-sharpcorner.com*) enthält sehr viele Artikel, Quellcodes und Links zu C#-Themen. Die einfache Navigation und die Unterteilung der Inhalte in gut sortierte Kategorien machen diese Website für .NET-Programmierer sehr wertvoll. Die Artikel sind meist kurz gefasst, enthalten aber alle wesentlichen Informationen (was nicht bei allen .NET-Seiten der Fall ist).

C# Help

Auf der Website von *C# Help* (*www.csharphelp.com*) finden Sie viele Artikel zu C#, die sich teilweise mit Grundlagen, aber auch mit fortgeschrittenen Themen beschäftigen. Leider existierte zurzeit der Drucklegung dieses Buchs kein Verzeichnis aller Artikel (nur die aktuellen waren auf der Startseite verlinkt). Sie können aber natürlich nach archivierten Artikeln suchen.

.netWire

.netWire (*www.dotnetwire.com*) ist ein Website-übergreifender Newsletter für .NET. Auf der Startseite finden Sie neue Artikel verschiedener .NET-Websites, im Archiv können Sie nach älteren Artikeln suchen. Wenn Sie den .netWire-Newsletter abonnieren, erhalten Sie regelmäßige E-Mails mit Links zu den neuesten Artikeln.

www.aspheute.com

aspheute (*www.aspheute.com*) ist eine hervorragende deutschsprachige Website mit sehr vielen Artikeln zu ASP, ASP.NET und benachbarten Themen.

devX

Der .NET-Bereich der umfangreichen *devX*-Website (*www.devx.com/dotnet*) enthält viele Artikel zu .NET, die teilweise frei verfügbar sind, teilweise aber (leider) zum kostenpflichtigen »Premier Content« gehören. Die vielen und guten Artikel von devX sind leider nicht allzu einfach zu finden (klicken Sie auf den Link MORE C# ARTICLES, um eine Liste anzuzeigen). Sie können aber natürlich (leider mit einer eingeschränkten Google-Suche) auch nach Artikeln suchen. Der E-Mail-Newsletter, den Sie über die .NET-Startseite abonnieren können, ist hingegen hervorragend. Er enthält eine Kurzbeschreibung der neuesten Artikel und ermöglicht deren direkten Aufruf über den E-Mail-Client.

ONDotnet.com

Auf der .NET Website des Verlags O'Reilly (*www.ondotnet.com*) finden Sie eine Vielzahl an interessanten Artikeln, die teilweise Grundlagen-, aber auch spezifische Themen behandeln.

Lutz Roeder's PROGRAMMING.NET

Lutz Roeder veröffentlicht im .NET-Bereich seiner Website (*www.aisto.com/roeder/dotnet*) einige sehr interessante .NET-Komponenten wie z.B. einen Reflector, über den Sie .NET-Komponenten und Assemblierungen erforschen können, und eine CommandBar-Komponente, über die Sie verschiedene Befehls-Symbolleisten in Ihre Windows.Forms-Anwendung integrieren können.

George Shepherd's Windows Forms FAQ

Auf der Seite von *SyncFusion*, einem Hersteller von .NET-Komponenten, veröffentlicht George Shepherd ein umfangreiches FAQ, das sich nicht nur mit den Windows.Forms-Komponenten, sondern auch mit Themen wie GDI+, dem Windows-API, COM und allgemeinen Framework-Tipps beschäftigt. Die im FAQ enthaltenen Tipps und Tricks wurden dabei verschiedenen Newsgroups und Mailing-Listen entnommen bzw. stammen von Mitarbeitern von SyncFusion. Sie finden dieses FAQ an der Adresse *www.syncfusion.com/faq/winforms*.

>> **Einführung**

Newsgroup-Recherche bei Google

Die bekannte Suchmaschine Google ermöglicht nicht nur die Suche nach Websites. Google archiviert daneben auch alle wichtigen Newsgroups und ermöglicht die Suche in diesem Archiv. Gerade .NET-Themen werden in einer Vielzahl spezialisierter Newsgroups umfangreich diskutiert. Hier finden Sie in den meisten Fällen Lösungen zu Ihren Problemen oder wenigstens unbeantwortete Fragen, an denen Sie erkennen, dass auch andere Programmierer ähnliche Probleme haben. Sie können natürlich einzelne Newsgroups in einem Newsgroup-Reader (wie Outlook oder dem Newsgroup-Reader des Mozilla-Browsers) abonnieren und die einzelnen Beiträge durchgehen. Da aber gerade die englischsprachigen Newsgroups mit Beiträgen geradezu »bombardiert« werden, ist diese Art der Suche sehr ineffizient. Die Google-Suche bringt eigentlich immer wesentlich schneller ein Ergebnis. Ehrlich gesagt hätte ich dieses Buch kaum ohne diese hervorragende Möglichkeit, in den aktuellen und älteren Newsgroup-Beiträgen zu suchen, schreiben können ☺.

Sie können die (erweiterte) Google-Newsgroup-Suche direkt über die Adresse *www.google.de/advanced_group_search* öffnen. Auf der Suchseite können Sie nach verschiedenen Kriterien suchen. Für die Praxis wichtig sind aber lediglich die Eingabe der Suchkriterien und die Einschränkung der Newsgroups. Abbildung 1 zeigt eine Suche nach einem »folder dialog« in allen Newsgroups, die »dotnet« im Namen tragen.

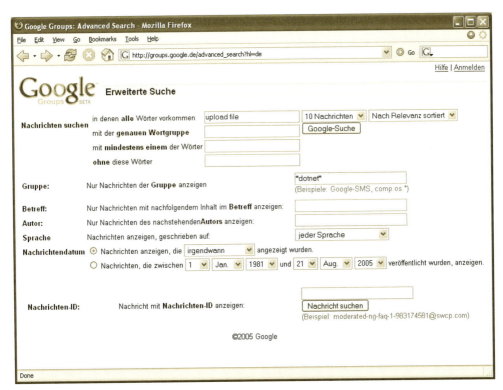

Abbildung 1: Google-Newsgroup-Recherche in allen .NET-Newsgroups

Wenn Sie nach englischen Begriffen suchen, finden Sie wesentlich mehr (englischsprachige) Beiträge, als wenn Sie deutsche Begriffe einsetzen. Die deutschen Newsgroups werden meist wesentlich weniger frequentiert als die englischen.

Die Einschränkung auf passenden Newsgroups im Feld NEWSGROUP ist sehr wichtig, da Sie ansonsten auch Beiträge aus Newsgroups finden, die nichts mit .NET oder C# zu tun haben. Das Einschränken ist auch sehr einfach, da (nach meiner Erfahrung) alle deutsch- oder englischsprachigen .NET-Newsgroups den Text »dotnet« im Namen tragen. Die Angabe von *dotnet* im Feld NEWSGROUP teilt Google dann auch mit, in allen Newsgroups zu suchen, deren Name »dotnet« enthält. Eine spezielle Einschränkung auf C# (über *csharp*) ist meiner Ansicht nach nicht notwendig, da Sie ohne Probleme auch Lösungen für Visual Basic .NET und mit ein wenig Gehirnschmalz auch Lösungen für Visual C++ .NET nach C# umsetzen können. Außerdem behandeln einige Newsgroups relativ sprachunabhängig allgemeine .NET-Themen und tragen folglich kein »csharp« im Namen. Es schadet allerdings auch nicht, einfach beide Newsgroup-Muster anzugeben: *dotnet*; *csharp*.

Google listet nach der Suche die gefundenen Beiträge sortiert nach Relevanz auf (Abbildung 2).

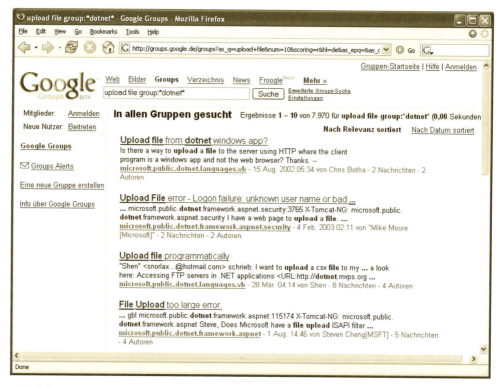

Abbildung 2: Das Ergebnis einer Google-Newsgroup-Recherche nach den Suchbegriffen »upload file« in den .NET-Newsgroups

>> **Einführung**

Die Links führen zu den jeweiligen Beiträgen, die teilweise ursprüngliche Beiträge und oft Antworten auf vorhergehende Beiträge sind (was Sie am »RE:« erkennen).

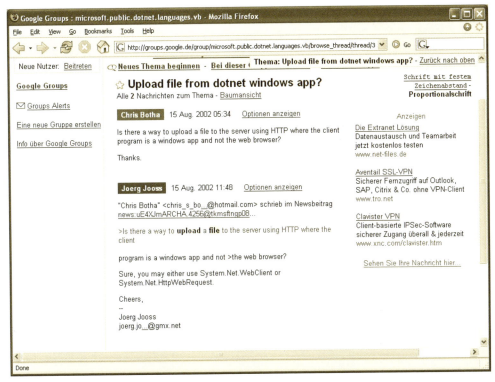

Abbildung 3: Gefundene Newsgroup-Artikel

In diesem Beispiel (das Sie aufgrund der permanent neuen Beiträge in den Newsgroups wahrscheinlich so nicht nachvollziehen können) führt die Suche direkt zum Erfolg. Das ist zwar nicht immer so, manchmal müssen Sie einige Beiträge durchforsten oder auch einmal die Suchbegriffe ändern um eine Lösung zu finden. Wenn Sie diese allerdings gefunden haben, erspart dies meist eine Menge Such- und Probierarbeit.

Suche bei Microsoft

Auf der Seite *support.microsoft.com* können Sie sehr einfach in der recht umfangreichen Knowledge Base (der »Wissensdatenbank«) von Microsoft suchen (Abbildung 4).

> **Hinweis**
> Die Seiten von Microsoft wurden in der Vergangenheit sehr häufig geändert, was Microsoft wahrscheinlich auch in der Zukunft so fortführen wird. Deshalb werden die hier dargestellten Seiten mit ziemlicher Wahrscheinlichkeit anders aussehen, wenn Sie die Microsoft-Support-Adresse im Browser öffnen.

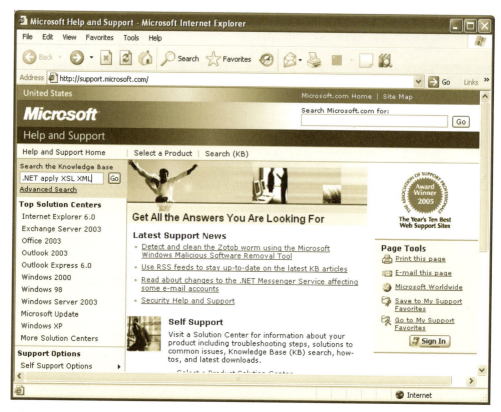

Abbildung 4: Microsoft-Support-Suche

Die Microsoft Knowledge Base enthält sehr viele How-To-Artikel, Problemberichte und Bug-Artikel zu allen Microsoft-Produkten. Schon allein deshalb empfiehlt es sich, bei der Suche einen Schlüsselbegriff für die Umgebung einzugeben (im Beispiel .NET).

> **Hinweis**
>
> Knowledge Base-Artikel besitzen immer eine Nummer, die häufig in Newsgroup-Beiträgen angegeben wird. Sie können diese Nummer einfach im Suchfeld angeben um den entsprechenden Artikel zu suchen. Einfacher ist es aber, wenn Sie im Browser eine Adresse in der folgenden Form eingeben:
>
> *support.microsoft.com/?kbid=KB-Artikel-Nummer*

Eine andere Suchmöglichkeit ist die MSDN-Suche. Im *Microsoft Developer Network* veröffentlichen Microsoft und externe Autoren sehr viele Informationen und Dokumentationen für Programmierer zu allen Microsoft-Produkten. Sie finden das spezielle deutsche MSDN an der Adresse *www.microsoft.com/germany/msdn*. Das englische MSDN finden Sie an der Adresse *msdn.microsoft.com*. In der MSDN-Bibliothek können Sie auch suchen, was in einer einfachen Form schon auf der Startseite möglich ist. Die erweiterte Suchseite erreichen Sie über den Link ERWEITERTE SUCHE bzw. ADVANCED SEARCH.

>> Einführung

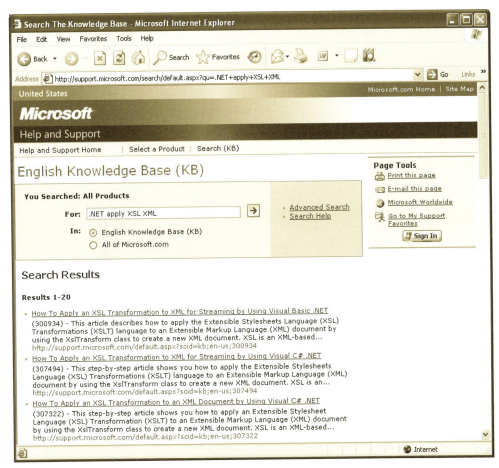

Abbildung 5: Ergebnis der Support-Suche bei Microsoft

> **Hinweis**
> Obwohl die Suche über *support.microsoft.com* und die englische MSDN-Suche in derselben (Knowledgebase-)Datenbank suchen, sind die Ergebnisse in vielen Fällen unterschiedlich. Es lohnt sich also u.U. auf beiden Seiten zu recherchieren.

Der .NET Reflector von Lutz Roeder

Der .NET Reflector von Lutz Roeder ist mittlerweile in Dotnet-Kreisen ein beliebtes Werkzeug zum Erforschen von Klassenbibliotheken. .NET Reflector ermöglicht es auf einfache Weise alle Typen einer Klassenbibliothek zu erforschen und zeigt sogar den disassemblierten Quellcode von Eigenschaften oder Methoden an. Besonders die ungeschützte Bibliothek des Dotnet-Framework liefert so manche Erkenntnisse. Bei der Entwicklung von eigenen Steuerelementen ist es z.B. oft hilfreich, sich anzuschauen, wie Microsoft bestimmte Probleme in den Standard-Steuerelementen gelöst hat.

>> Recherche-Möglichkeiten

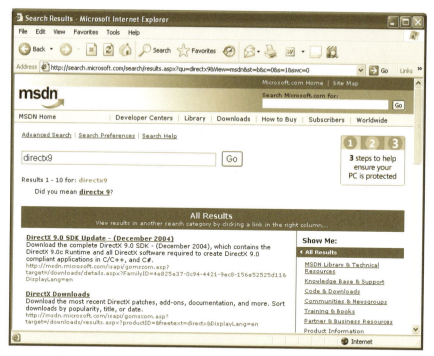

Abbildung 6: Ergebnis einer Suche nach »DirectX 9« bei msdn.microsoft.com

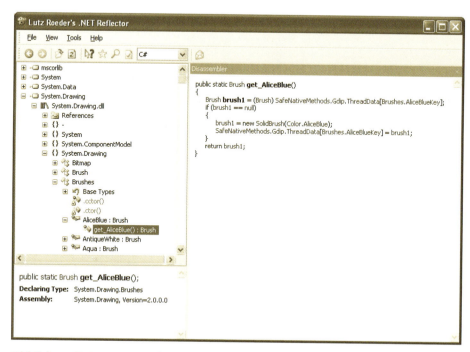

Abbildung 7: Der .NET Reflector von Lutz Roeder zeigt den Quellcode der get-Methode der AliceBlue-Eigenschaft der Brushes-Klasse an

Den .NET Reflector finden Sie an der Adresse *www.aisto.com/roeder/dotnet*. Die Installation ist Dotnet-typisch einfach: Kopieren Sie die erhaltene *exe*-Datei in einen beliebigen Ordner. Beim ersten Aufruf müssen Sie die Version des Dotnet-Framework auswählen, deren wichtige Assemblies der .NET Reflector automatisch in seine Assembly-Liste einträgt. Der Rest ist einfach: Über das FILE-Menü können Sie weitere Assemblies laden. Im linken Fensterbereich wählen Sie eine Klasse aus und erforschen deren Member. Zum Disassemblieren eines Members klicken Sie einfach doppelt auf den Eintrag. Der .NET Reflector zeigt dann im rechten Bereich den disassemblierten Quellcode (Abbildung 7).

Grundlagen zu den im Buch verwendeten externen Technologien

Viele Probleme lassen sich nicht direkt über die Klassen des .NET Frameworks lösen. Das betrifft z.B. den nur sehr marginalen Multimedia-Support, spezielle Windows-Aufgaben wie das Verschieben von Dateien und Ordnern in den Papierkorb und andere Dinge, die in der Klassenbibliothek einfach fehlen (teilweise weil diese Features Windows-spezifisch sind und damit der Idee des betriebssystemunabhängigen Frameworks widersprechen würden). Zur Problemlösung müssen Sie häufig das Windows-API, COM-Komponenten, WMI-Klassen, ADSI oder andere externe Technologien einsetzen. Die folgenden Abschnitte erläutern wesentliche Dinge zum Einsatz dieser Technologien.

Das Windows-API

Das Windows-API[2] liefert mit (je nach Version) etwa 750 Funktionen und einigen wenigen COM-Komponenten die Basis für die Programmierung unter Windows. Bei der Programmierung unter Windows rufen die Funktionen und Methoden einer Programmiersprache auf der untersten Ebene meist Windows-API-Funktionen auf (was natürlich auch beim .NET Framework der Fall ist).

Obwohl das .NET Framework sehr umfangreich ist, müssen Sie in einigen Fällen Windows-API-Funktionen direkt aufrufen, nämlich dann, wenn die gesuchte Funktionalität nicht in den Klassen des .NET Frameworks, aber eben im API zu finden ist. Die folgenden Abschnitte klären einige dazu wichtige grundsätzliche Dinge.

Die Windows-API-Dokumentation

Die offizielle Dokumentation des Windows-API finden Sie auf der Microsoft-Website an der Adresse *msdn.microsoft.com/library/en-us/winprog/winprog/windows_api_reference.asp*. Suchen können Sie über das Suchfeld oben links auf der Seite.

Das Microsoft Plattform SDK

Da die MSDN-Suche auch Seiten findet, die nicht direkt zum Windows-API gehören, ist diese in vielen Fällen ineffizient. Häufig ist eine Recherche in einer Windows-Hilfe ein-

---

2. API = Application Programming Interface = Schnittstelle einer Anwendung für die Programmierung

facher und schneller. Diese Hilfe erhalten Sie über das *Microsoft Platform SDK* (das »Software Development Kit« für die Entwicklung von Windows-Anwendungen mit dem Windows-API und C++). Leider ist dieses in der von Microsoft herunterladbaren Minimalvariante recht groß (ca. 500 MB) und beinhaltet viele Komponenten, die lediglich C++-Entwickler benötigen. Etwas weniger speicherhungrig ist die Plattform-SDK-Dokumentation, die mit Visual Studio mitgeliefert wird, da diese lediglich die Dokumentation enthält und nicht die (für uns recht überflüssigen) Komponenten.

Wenn Sie Visual Studio 2005 besitzen, können Sie die Dokumentation des Plattform-SDK über die Visual-Studio-Installations-CDs installieren, falls dies noch nicht installiert ist. Legen Sie dazu die erste Installations-CD ein, wählen Sie die Visual-Studio-2005-Installation und dann den Link FEATURES HINZUFÜGEN / ÄNDERN. Unter dem Ordner DOKUMENTATION wählen Sie die Option PLATTFORM-SDK-DOKUMENTATION und installieren Sie diese.

Etwas problematisch bei der Visual-Studio-2005-Variante ist, dass die Plattform-SDK-Dokumentation nicht in das Inhaltsverzeichnis der Hilfe integriert wird. Sie können lediglich im Index oder über die Suchfunktion der Hilfe nach bekannten SDK-Themen suchen (was aber in der Praxis meist ausreicht).

Alternativ (und wesentlich umfangreicher) können Sie das Plattform-SDK von Microsoft herunterladen und installieren. Dabei haben Sie auch die Möglichkeit, weitere SDKs zu speziellen Technologien wie z.B. DirectX zu installieren. Sie können die Installationsdateien des kompletten Plattform-SDK einzeln herunterladen (*www.microsoft.com/msdownload/platformsdk/sdkupdate/psdk-full.htm*). Da dieser Download sehr umfangreich ist und Sie in vielen Fällen nur das Basis-SDK benötigen, ist es vorteilhafter, das SDK über ein automatisches Update im Internet Explorer zu installieren (vorausgesetzt, Sie haben dabei keine Sicherheitsbedenken ...). Öffnen Sie dazu die Adresse *www.microsoft.com/msdownload/platformsdk/sdkupdate*. Wählen Sie in der linken Spalte den Link CORE SDK und auf der dann erscheinenden Seite den Link INSTALL THIS SDK um das Basis-SDK (mit der API-Dokumentation) zu installieren. Der Internet Explorer installiert daraufhin zunächst ein ActiveX-Steuerelement, das Ihre vorhandene Plattform-SDK-Installation erforscht (angeblich ohne das Übersenden von Informationen an Microsoft) und die notwendigen und optionalen Updates zur Auswahl anbietet.

> **Achtung**
>
> Beachten Sie, dass die Installation des Plattform-SDK mit Vorsicht zu genießen ist. In einigen Newsgroup-Beiträgen ist nachzulesen, dass Sie das Plattform-SDK *vor* dem .NET Framework-SDK installieren sollten. Das ist auch recht logisch, da es sich dabei um das ältere SDK handelt und dieses u.U. neuere Dateien überschreibt. Ich habe zudem die Erfahrung gemacht, dass mein Rechner nach der Installation nicht gerade stabiler wurde (um es vorsichtig auszudrücken). Aber das ist eine rein subjektive Erfahrung. Erzeugen Sie vor der Installation des Plattform-SDK also idealerweise ein Image Ihrer Systempartition (z.B. über *Symantec Ghost*, *www.symantec.com/region/de/product/index.html*), damit Sie diese im Fehlerfall wieder herstellen können. Unter Windows XP hilft u.U. auch ein System-Wiederherstellungspunkt, den Sie vor der Installation des Plattform-SDK setzen.

Ein Hinweis zu Windows 98 und Me

Die API-Funktionen, die in diesem Buch beschrieben werden, gehören zu den 32-Bit-Funktionen. Windows 98 und Me kennen aber neben diesen auch die alten 16-Bit-Funktionen von Windows 3.x. Dummerweise wird die Konsole unter Windows 98 (und wahrscheinlich auch unter Windows Me) im 16-Bit-Modus ausgeführt. Wenn Sie also 32-Bit-API-Funktionen in einer Konsolenanwendung aufrufen und diese unter Windows 98 oder Me ausführen, erhalten Sie den Fehler »Diese Funktion ist nur im Win32-Modus gültig«. In einer Windows-Anwendung (mit Formularen) tritt dieser Fehler logischerweise nicht auf.

Aufruf von API-Funktionen über PInvoke

Windows-API-Funktionen werden über *PInvoke* (Platform Invocation) aufgerufen. PInvoke ermöglicht den Aufruf von Funktionen in unverwalteten DLLs, wie eben denen des Windows-API, und steht über die Klassen des Namensraums System.Runtime.InteropServices zur Verfügung.

API-Funktionen deklarieren Sie mit dem DllImport-Attribut (dessen Typ die Klasse DllImportAttribute ist), wobei Sie im Konstruktor den Dateinamen der DLL-Datei übergeben. Die DLLs des Windows-API können Sie ohne Pfad angeben, da diese im Windows-Systemordner gespeichert sind. Optional können Sie die Felder der DllImportAttribute-Klasse (siehe Tabelle 1) in der Attribut-Deklaration setzen um die Ausführung der Funktion zu steuern. Die Funktion deklarieren Sie dann mit dem extern-Modifizierer. Die Deklaration muss statisch erfolgen:

Eine einfache Deklaration sieht dann z.B. so aus:

```
[DllImport("winmm.dll", SetLastError=true)]
public static extern int PlaySound(string pszSound, long hmod, int fdwSound);
```

In diesem Beispiel wird die API-Funktion PlaySound aus der DLL *winmm.dll* deklariert. Das Feld SetLastError des DllImport-Attributs wird auf true gesetzt, damit die Funktion bei einem Fehler den Fehlercode speichert (siehe »Umgehen mit API-Fehlern«).

Die API-Funktion können Sie innerhalb von C# dann aufrufen wie eine C#-Methode (allerdings ohne Klasse):

```
const int SND_FILENAME = 0x00020000;
PlaySound("c:\\windows\\media\\chimes.wav", 0, SND_FILENAME);
```

Das Problem des Herausfindens der verwendeten Konstanten (im Beispiel SND_FILENAME) kläre ich im Abschnitt »API-Konstanten-Werte«.

Im DllImport-Attribut können Sie die in Tabelle 1 angegebenen Eigenschaften definieren um den Aufruf der Funktion zu steuern.

Eigenschaft	Bedeutung
BestFitMapping	Diese nur für Windows 98 und Me wichtige Eigenschaft bewirkt, dass bei der Konvertierung von Strings von Unicode (C#) nach Ansi (API) für Unicode-Zeichen, die in Ansi keine direkte Entsprechung besitzen, statt dem ansonsten üblichen Fragezeichen das am besten passende Zeichen verwendet wird. Das Copyright-Zeichen © wird z.B. in ein c konvertiert, wenn BestFitMapping true ist. Diese Eigenschaft ist per Default auf true eingestellt.
CallingConvention	gibt mit einem Wert der CallingConvention-Aufzählung die Aufrufkonvention der Funktionen in der DLL an. Möglich sind die Werte CDecl, FastCall, StdCall, ThisCall und Winapi. Die in DLLs fast immer eingesetzte Aufrufkonvention StdCall ist die Voreinstellung.
CharSet	bestimmt mit einem Wert der CharSet-Aufzählung, wie Zeichenketten an die Funktion übergeben werden: ▶ Ansi: Zeichenketten werden als 8-Bit-ASCII-Zeichen übergeben, ▶ Auto: Zeichenketten werden im Format des Zielsystems übergeben, ▶ None: veralteter Wert, der Ansi entspricht, ▶ Unicode: Zeichenketten werden als 16-Bit-Unicode-Zeichen übergeben. Die Voreinstellung ist Ansi. Diese Eigenschaft ist wichtig bei Funktionen, die mit Strings arbeiten (siehe »Strings übergeben«).
EntryPoint	An diesem Feld können Sie den Originalnamen der Funktion angeben, wenn Sie diese unter einem anderen Namen importieren wollen. Ein anderer Einsatz ist die Angabe der Ordinalzahl der Funktion (mit einem führenden #-Zeichen) für den Fall, dass Sie deren Namen nicht kennen.
ExactSpelling	Diese boolesche Eigenschaft gibt an, ob dem Namen der Funktion je nach Einstellung in CharSet automatisch ein »A« bzw. »W« angehängt wird. Damit können Sie festlegen, dass die zu CharSet passende Funktion aufgerufen wird. Die Standardeinstellung ist false.
PreserveSig	Diese (spärlich und verwirrend dokumentierte ...) Eigenschaft ist für Funktionen interessant, die HRESULT-Werte zurückgeben. Ein HRESULT-Wert (der nur von COM-Methoden und COM-zugehörigen API-Funktionen zurückgegeben wird) ist ein 32-Bit-Integerwert, der einen Status meldet. Er enthält Informationen zum Schweregrad, zum Kontext, zum Verursacher und zum Status selbst. Einige HRESULT-Werte melden Fehler, S_OK (0) meldet eine fehlerfreie Ausführung. Daneben existieren weitere Konstanten wie S_TRUE oder S_FALSE, die einen Nicht-Fehler-Status melden.

Tabelle 1: Eigenschaften der DllImportAttribute-Klasse

Eigenschaft	Bedeutung
	Bei COM-Methoden oder -Funktionen, die einen HRESULT-Wert zurückgeben, können Sie mit PreserveSig = false (true ist die Voreinstellung) festlegen, dass die Methode/Funktion bei einem HRESULT-Wert, der einen Fehler darstellt (was wohl am Schweregrad-Anteil des Werts erkannt wird) eine Ausnahme generiert. Die Signatur der Funktion bzw. Methode wird dann so verändert, dass kein HRESULT, sondern ein int-Wert zurückgegeben wird. Die Rückgabe enthält dann HRESULT-Statuswerte, die keinen Fehler darstellen. Bei einer fehlerfreien Ausführung können Sie den Status also aus dem zurückgegebenen int-Wert auslesen. Die Voreinstellung dieser Eigenschaft ist true.
SetLastError	Viele API-Funktionen geben einen booleschen Wert zurück, der lediglich mit false darüber informiert, dass ein Fehler aufgetreten ist. Wenn Sie SetLastError auf true setzen (die Voreinstellung ist false), wird die API-Funktion aufgefordert, beim Eintreten eines Fehlers die Funktion SetLastError aufzurufen, die den Fehlercode für den aufrufenden Thread innerhalb des Windows-Systems zwischenspeichert. Über Marshal.GetLastWin32Error können Sie diesen Fehler dann auslesen (siehe »Umgehen mit API-Fehlern«).
ThrowOnUnmappableChar	Diese nur für Windows 98 und Me wichtige Eigenschaft bewirkt, dass das bei der Konvertierung von Strings von Unicode (C#) nach Ansi (API) für Unicode-Zeichen, die nicht in ein Ansi-Zeichen konvertiert werden können, eine Exception geworfen wird. Die Voreinstellung ist false.

Tabelle 1: Eigenschaften der DllImportAttribute-Klasse (Forts.)

> **Hinweis**
> Die Deklaration einer API-Methode können Sie in den meisten Fällen recht einfach über die Wiki-Webseite *www.pinvoke.net* herausfinden. Eine andere Möglichkeit ist die Suche nach dieser Methode bei *groups.google.de/advanced_search*, indem Sie als Suchbegriff den Namen der Methode und im Feld GRUPPE »*dotnet*« eingeben.

Umsetzen von Datentypen (Marshalling)

Bei der Deklaration einer API-Funktion müssen Sie die Datentypen so angeben, dass diese mit den Datentypen der Funktion identisch sind. Geben Sie falsche Datentypen an, resultiert dies beim Aufruf der Funktion in einer Ausnahme oder im schlimmsten Fall in einem Programmabsturz (weil die Funktion Speicherbereiche verwendet, die nicht dem Programm gehören).

Beim Aufruf einer API-Funktion werden C#-Datentypen in API-Datentypen umgesetzt. Dieser Vorgang wird als *Marshalling* bezeichnet (die beste Übersetzung des Begriff »to marshal« ist wohl »geleiten«). Die meisten Datentypen der normalerweise in C oder C++ geschriebenen Funktionen besitzen eine direkte Entsprechung in C# und können deswegen ohne weitere Vorkehrungen eingesetzt werden. Einige API-

Funktionen verwenden aber auch Datentypen, die in C# keine Entsprechung besitzen. Daneben kann es sein, dass C#-Datentypen bei der Weitergabe an die Funktion prinzipiell in mehrere C++-Datentypen umgesetzt werden können. Dies ist z.B. beim Datentyp string der Fall, der in die C++-Typen LPStr[3], LPWStr[4], LPTStr[5] oder BStr[6] umgesetzt werden kann. Diese Typen besitzen ein Default-Marshallingverhalten. Der string-Typ wird z.B. standardmäßig in einen BStr umgesetzt.

Das Marshallingverhalten der einzelnen Typen beschreibt Microsoft in der .NET Framework-Dokumentation unter der Überschrift BLITFÄHIGE UND NICHT BLITFÄHIGE TYPEN (suchen Sie nach dieser Überschrift in der Hilfe).

Über das MarshalAs-Attribut können Sie das Marshallingverhalten von C#-Datentypen beeinflussen. Im Konstruktor dieses Attributs können Sie mit einem Wert der Aufzählung UnmanagedType den Zieldatentyp angeben. So können Sie z.B. bei der Deklaration einer API-Funktion, die mit Zeichenketten arbeitet, angeben, dass ein string je nach Zielsystem als LPStr oder LPWStr übergeben werden soll:

```
[DllImport ("Kernel32.dll", SetLastError=true, CharSet=CharSet.Auto)]
public static extern int GetDiskFreeSpaceEx(
    [MarshalAs(UnmanagedType.LPTStr)] string lpDirectoryName,
    ref ulong lpFreeBytesAvailable,
    ref ulong lpTotalNumberOfBytes,
    ref ulong lpTotalNumberOfFreeBytes);
```

Die Originaldeklaration der Funktion sieht übrigens so aus:

```
BOOL GetDiskFreeSpaceEx(
  LPCTSTR lpDirectoryName,                 // directory name
  PULARGE_INTEGER lpFreeBytesAvailable,    // bytes available to caller
  PULARGE_INTEGER lpTotalNumberOfBytes,    // bytes on disk
  PULARGE_INTEGER lpTotalNumberOfFreeBytes // free bytes on disk
);
```

Da C# für die meisten C++-Datentypen direkte Entsprechungen besitzt, ist ein explizites Marshalling nur selten notwendig, weswegen ich an dieser Stelle auf die Auflistung der Konstanten der UnmanagedType-Aufzählung verzichte. Problematisch wird das Ganze bei der Übergabe von Strings, Arrays und Strukturen.

Die .NET-Entsprechungen der API-Typen

Wenn Sie eine API-Funktion in C# deklarieren wollen und nur die originale Dokumentation dieser Funktion besitzen, müssen Sie die API-Typen in passende C#-Typen umwandeln. Microsoft beschreibt die Entsprechungen der API-Typen in der .NET Framework-Dokumentation unter der Überschrift »DATENTYPEN FÜR DEN PLATTFORM-AUFRUF«. Tabelle 2 fasst diese Informationen zusammen.

---

3. LPStr = Long Pointer to String = Nullterminierter ASCII-String
4. LPWStr = Long Pointer to Wide String = Nullterminierter Unicode-String
5. LPTStr = Nullterminierter String, der plattformabhängig als ASCII- oder Unicode-String verwaltet wird
6. BStr = Basic String = Nullterminierter Unicode-String mit einem Präfix, der die Länge des Strings speichert

>> Einführung

API-Typ	C#-Typ	Bemerkung
HANDLE	System.IntPtr	Bei der Programmierung mit dem Windows-API arbeiten Sie häufig mit Handles. Ein Handle repräsentiert ein Windows-Objekt wie z.B. eine geöffnete Datei, ein Fenster oder ein Steuerelement. In einer Windows.Forms-Anwendung können Sie den Handle eines Formulars oder Steuerelements aus dessen Eigenschaft Handle auslesen. API-Funktionen, die Windows-Objekte öffnen oder erzeugen, geben den Handle auf dieses Objekt zurück. API-Funktionen, die Objekte bearbeiten, erwarten den Handle in einem Argument. Der dazu verwendete Typ HANDLE ist in der Datei *wtypes.h* als Zeiger auf void (void*) definiert, also als 32- oder 64-Bit-Integer-Wert (je nach Plattform), der die Adresse eines Speicherbereichs mit einem beliebigen Datentyp verwaltet. Der Typ IntPtr wird automatisch in einen solchen Zeiger gemarshallt.
BYTE	byte	
SHORT	short	
WORD	ushort	
INT	int	
UINT	uint	
LONG	int	LONG ist als 32-Bit-Integerwert mit Vorzeichen definiert und wird deswegen nicht durch den 64 Bit großen long-Typ repräsentiert.
BOOL	int	Der im API vier Byte große BOOL-Typ kann nicht direkt in den nur ein Byte großen C#-bool-Typ umgesetzt werden. Deshalb sollten Sie für diesen Typ int verwenden. Sie können jedoch auch den bool-Typ marshallen (siehe »Boolesche Argumente, Felder und Rückgabewerte«).
DWORD	uint	
ULONG	uint	ULONG ist als 32-Bit-Integerwert ohne Vorzeichen definiert und wird deswegen nicht durch den 64 Bit großen ulong-Typ repräsentiert.
CHAR, LPSTR, LPWSTR, LPCWSTR	string oder System.Text.StringBuilder	Strings müssen korrekt gemarshallt werden, da diese in verschiedenen Varianten auftreten können. Funktionen, die einen String zurückgeben, müssen mit einem StringBuilder-Objekt aufgerufen werden. Informationen dazu finden Sie bei »Strings übergeben« und »Rückgabe von Strings«.
FLOAT	float	
DOUBLE	double	

Tabelle 2: C#-Entsprechungen der gängigen Windows-API-Typen

Viele Typen in API-Funktionen beginnen mit einem *LP* (z.B. `LPWORD`). *LP* steht für Long Pointer (32- oder 64-Bit-Zeiger). Ein solcher Typ ist also ein Zeiger auf den eigentlichen Typen. `LPWORD` ist z.B. deklariert als `WORD*`. Handelt es sich bei diesem Typen um einen, dessen C#-Entsprechung ein Werttyp ist, müssen Sie entsprechende Argumente By Reference deklarieren (siehe »By-Reference-Argumente«). Strings, die ja Referenztypen sind, werden allerdings anders behandelt (siehe »Strings übergeben« und »Rückgabe von Strings«).

> **Hinweis**
>
> Die komplette Liste der Windows-API-Typen finden Sie in der Dokumentation des Plattform-SDK unter DEVELOPMENT GUIDES / WINDOWS API REFERENCE / WINDOWS DATA TYPES. Suchen Sie in der in Visual Studio 2005 integrierten Hilfe nach »Windows Data Types« (inklusive der Anführungszeichen), um diese Liste zu finden.

Boolesche Argumente, Felder und Rückgabewerte

API-Funktionen, die boolesche Argumente oder Rückgabewerte besitzen, oder die boolesche Felder in Strukturen erwarten, arbeiten mit dem C-Typ `BOOL`. Dieser Typ ist (warum auch immer ...) definiert als 4-Byte-Wert, der den Wert 0 für `false` und einen Wert ungleich 0 für `true` speichert. Ein C#-`bool`-Typ verwaltet `true` und `false` zwar prinzipiell auf dieselbe Weise, ist aber nur ein Byte groß. Laut der Dokumentation wird `bool` in einen Wert der Größe 1, 2 oder 4 Byte (!) gemarshallt, der `true` in -1 oder 1 konvertiert. Wann welche Speichergröße verwendet wird, ist leider nicht dokumentiert (bzw. habe ich die entsprechende Stelle nicht gefunden). Wenn Sie boolesche Argumente oder Strukturfelder deklarieren, sollten Sie diese also über das `MarshalAs`-Attribut explizit in den Typen `BOOL` marshallen. Ein Beispiel ist die Struktur `SHFILE-OPSTRUCT`, die von der Funktion `SHFileOperation` verwendet wird:

```
[StructLayout(LayoutKind.Sequential, CharSet=CharSet.Auto)]
public struct SHFILEOPSTRUCT
{
   public IntPtr hwnd;
   public uint wFunc;
   public string pFrom;
   public string pTo;
   public short fFlags;
   [MarshalAs(UnmanagedType.Bool)]
   public bool fAnyOperationsAborted;
   public IntPtr hNameMappings;
   public string lpszProgressTitle;
}
```

Den Rückgabewert von Funktionen, die einen `BOOL`-Wert zurückgeben, können Sie nicht marshallen. Diese Funktionen sollten Sie stattdessen mit einem `int` als Rückgabewert deklarieren und beim Aufruf überprüfen, ob dieser ungleich 0 ist. In einigen Beispielen ist hingegen zu sehen, dass dort der `bool`-Typ verwendet wird. Scheinbar ist es kein Problem, dass der 4-Byte-`BOOL`-Wert bei der Rückgabe auf den 1-Byte-`bool`-Typen zugewiesen wird. Bei meinen Versuchen sind bisher auf jeden Fall noch keine Probleme aufgetreten. Trotzdem sollten Sie sich an die Microsoft-Empfehlung halten und `BOOL`-Rückgaben als `int` deklarieren. Damit stellen Sie sicher, dass auch eventuell mögliche Rückgabewerte, die den Byte-Bereich verlassen, korrekt ausgewertet werden.

Strings übergeben

Funktionen, die Strings übergeben bekommen oder zurückgeben, sind häufig in drei Varianten im Windows-API enthalten. Eine Variante, deren Name mit »A« endet, arbeitet mit ASCII-Strings, eine andere, deren Name mit »W« (Wide String) endet, arbeitet mit Unicode-Strings. Die dritte Variante, deren Namen kein Zeichen angehängt ist, verwendet automatisch die vom System benutzte Zeichencodierung. Das System selbst speichert Zeichenketten entweder als ASCII (Windows 95, 98) oder als Unicode (NT, 2000, XP). Sie können unter Windows 95 z.B. auch die W-Version einer Funktion aufrufen. Der übergebene Unicode-String wird dann aber intern nach ASCII konvertiert, was natürlich Zeit kostet. Umgekehrt können Sie unter Windows XP auch die A-Version aufrufen, was sogar zwei Konvertierungen verursacht (einmal vom Unicode-String im Programm nach ASCII, dann in der Funktion von ASCII nach Unicode).

Sicher gehen Sie, wenn Sie einfach die Version ohne angehängtes Zeichen verwenden und bei der Deklaration im `DllImport`-Attribut `Charset=CharSet.Auto` angeben. Dann stellen Sie sicher, dass die neutrale Variante der Funktion aufgerufen und die Zeichencodierung je nach Zielsystem automatisch bestimmt wird. Die explizite Angabe des `CharSet`-Felds ist notwendig, da die Voreinstellung dieses Feldes `CharSet.Ansi` ist. Über das Feld `ExactSpelling` des `DllImport`-Attributs können Sie übrigens mit `true` festlegen, dass je nach Einstellung des `CharSet`-Felds (auf `Ansi` oder `Unicode`) explizit die A- oder die W-Version aufgerufen wird, was aber wohl kaum notwendig sein sollte.

Ein weiteres Problem ist das Marshalling von Strings. Standardmäßig wird der `string`-Typ in einen `BStr` (Basic String) umgewandelt. Das hat übrigens den Grund, dass `BStr`-Strings in COM (für das `PInvoke` auch verwendet wird) ausschließlich verwendet werden. Ein solcher String verwaltet je nach der `CharSet`-Einstellung ASCII- oder Unicode-Zeichen, wird mit einem 0-Zeichen abgeschlossen und besitzt als Präfix einen 32-Bit-Integerwert, der die Länge des Strings verwaltet. Eine `BStr`-Variable ist ein Zeiger auf den Anfang des Strings (nicht auf den Anfang des Längen-Werts). Deshalb ist er mit einem `LPWStr` bzw. `LPStr` kompatibel.

Da ein `BStr` Unicode- oder ASCII-Zeichen verwalten kann, ist er auch beim Aufruf von API-Funktionen ideal geeignet:

```
[DllImport ("Kernel32.dll", SetLastError=true, CharSet=CharSet.Auto)]
public static extern int GetDiskFreeSpaceEx(
    string lpDirectoryName,
    ref ulong lpFreeBytesAvailable,
    ref ulong lpTotalNumberOfBytes,
    ref ulong lpTotalNumberOfFreeBytes);
```

Da das Argument `lpDirectoryName` die Standard-Marshalling-Einstellung verwendet, wird es als `BStr` gemarshallt. Die Einstellung von `CharSet` auf `CharSet.Auto` bewirkt, dass je nach Zielsystem ASCII- oder Unicode-Zeichen übergeben werden. Der `BStr` wird entsprechend passend als ASCII- oder Unicode-`BStr` übergeben. Diese vereinfachende Deklaration müsste eigentlich immer funktionieren. Die vier Byte Overhead des `BStr` gegenüber einem normalen String lassen sich dabei verschmerzen.

Alternativ können Sie auch über das `MarshalAs`-Attribut dafür sorgen, dass Strings korrekt übergeben werden. Dazu stehen Ihnen die Konstanten `LPStr`, `LPWStr` und `LPTStr` (Marshalling je nach Zielsystem als `LPStr` oder `LPWStr`) der `UnmanagedType`-Aufzählung zur Verfügung, die Sie im Konstruktor übergeben. Idealerweise setzen Sie eine Kombination von `CharSet=CharSet.Auto` im `DllImport`-Attribut mit `[MarshalAs(UnmanagedType.LPTStr)]` ein. Damit sorgen Sie dafür, dass unter Windows 98 ein `LPStr` und unter Windows NT, 2000 und XP ein `LPWStr` übergeben wird:

```
[DllImport ("Kernel32.dll", SetLastError=true, CharSet=CharSet.Auto]
public static extern int GetDiskFreeSpaceEx(
   [MarshalAs(UnmanagedType.LPTStr)] string lpDirectoryName,
   ref ulong lpFreeBytesAvailable,
   ref ulong lpTotalNumberOfBytes,
   ref ulong lpTotalNumberOfFreeBytes);
```

Häufig werden API-Funktionen mit String-Argumenten in Beispielen auch so deklariert:

```
[DllImport ("Kernel32.dll", SetLastError=true)]
public static extern int GetDiskFreeSpaceEx(
   [MarshalAs(UnmanagedType.LPStr)] string lpDirectoryName,
   ref ulong lpFreeBytesAvailable,
   ref ulong lpTotalNumberOfBytes,
   ref ulong lpTotalNumberOfFreeBytes);
```

Diese Variante funktioniert ebenfalls, da Strings als ASCII übergeben und in einen (ASCII-)`LPStr` gemarshallt werden. Eigenartigerweise wird der String auch unter Windows 2000 und XP korrekt übergeben, wo doch eigentlich die Unicode-Variante der Funktion aufgerufen werden sollte.

Rückgabe von Strings

Einige API-Funktionen geben Informationen als String zurück. Dazu gehört z.B. die Funktion `GetWindowsDirectory`, die den Namen des Windows-Ordners ermittelt. Diese Funktionen geben Strings nicht als Rückgabewert, sondern in Argumenten zurück. Der Grund dafür liegt darin, dass einige Programmiersprachen wie z.B. Visual Basic 6 mit dem in C++ üblichen Zeiger auf ein `char`-Array nichts anfangen können. Also werden Strings in den Speicherbereich übergebener String-Variablen geschrieben. `GetWindowsDirectory` ist im Original folgendermaßen deklariert:

```
UINT GetWindowsDirectory(
  LPTSTR lpBuffer,   // buffer for Windows directory
  UINT uSize         // size of directory buffer
);
```

Das Argument `lpBuffer` erwartet einen Zeiger (LP = Long Pointer) auf einen plattformabhängigen String (TStr). Damit die Funktion weiß, wie viele Zeichen geschrieben werden können, wird diese Anzahl am Argument `uSize` übergeben. An diesem Argument können Sie aber nun keine C#-`string`-Instanz übergeben, da Strings in C# unveränderbar[7] sind. Die Lösung ist die Verwendung einer `StringBuilder`-Instanz (aus dem Namensraum `System.Text`). Eine solche kann bei der Instanzierung ausreichend groß vorinitialisiert werden, behält den für den String reservierten Speicherbereich so lange, bis sie vom Garbage Collector zerstört wird, und wird so gemarshallt, dass ein Zeiger auf den gespeicherten String übergeben wird. Die C#-Deklaration der `GetWindowsDirectory`-Funktion sieht also so aus:

```
[DllImport ("Kernel32.dll", SetLastError=true, CharSet=CharSet.Auto)]
public static extern uint GetWindowsDirectory(
    StringBuilder lpBuffer, uint uSize);
```

Beim Aufruf der Funktion müssen Sie die `StringBuilder`-Instanz ausreichend groß vorinitialisieren, sodass der Speicherbereich für den String reserviert wird. Sie müssen ein Zeichen mehr reservieren, als der String maximal groß werden kann, da API-Funktionen Strings immer mit einem 0-Zeichen abschließen. Am Argument `uSize` übergeben Sie dann die Länge des Strings.

> **Achtung**
>
> Falls Sie die `StringBuilder`-Instanz nicht ausreichend groß initialisieren oder einen zu hohen Wert in `uSize` übergeben, resultiert dies darin, dass die API-Funktion versucht in einen Speicherbereich zu schreiben, der nicht zum `StringBuilder`-Objekt gehört. Im günstigsten Fall gehört der Speicher nicht zu Ihrem Programm, was in einem Windows-Ausnahmefehler (mit der Meldung »Der Vorgang written konnte nicht ausgeführt werden«) und einem Programmabsturz resultiert. Im ungünstigsten Fall gehört der Speicher zu Ihrem Programm und die Funktion überschreibt den Wert anderer Variablen oder Eigenschaften, was zu erheblichen und schwer findbaren Fehlern führt.

API-Funktionen mit String-Rückgabe geben die Länge des ermittelten Strings zurück. Daran können Sie erkennen, ob überhaupt ein String ermittelt wurde. Der Aufruf der `GetWindowsDirectory`-Funktion sieht also so aus:

```
StringBuilder buffer = new StringBuilder(261);
if (GetWindowsDirectory(buffer, 261) > 0)
{
    Console.WriteLine("Windows-Ordner: {0}", buffer.ToString());
}
else
{
    Console.WriteLine("Fehler bei der Ermittlung des Windows-Ordners");
}
```

---

7. Der Speicherbereich, den eine `string`-Instanz belegt, kann tatsächlich nicht verändert werden. Wenn Sie einem String Zeichen anfügen, legt die CLR einen neuen Speicherbereich an, kopiert den alten String dort hinein und hängt die neuen Zeichen hinten an. Ähnlich geht die CLR vor wenn Sie eine Stringvariable mit einem neuen Wert versehen.

By-Reference-Argumente

Einige Funktionen wie z.B. `GetUserName` geben auch andere Daten als Strings in By-Reference-Argumenten zurück. An der Deklaration erkennen Sie dies meist daran, dass das Argument mit einem Typen deklariert ist, der mit *LP* (Long Pointer) beginnt. `GetUserName` wird z.B. im Original so dokumentiert:

```
BOOL GetUserName(
  LPTSTR lpBuffer,  // name buffer
  LPDWORD nSize     // size of name buffer
);
```

Handelt es sich bei diesen Argumenten um C#-Werttypen, müssen diese mit `ref` deklariert werden, damit die Übergabe By Reference erfolgt. Handelt es sich hingegen um Referenztypen (was aber eigentlich nicht vorkommt), werden die Argumente natürlich nicht mit `ref` deklariert.

Die C#-Deklaration der `GetUserName`-Funktion sieht also folgendermaßen aus:

```
[DllImport ("Advapi32.dll", SetLastError=true)]
public static extern int GetUserName(
    StringBuilder lpBuffer, ref uint nSize);
```

Beim Aufruf müssen Sie bei diesem Beispiel zunächst wieder eine `StringBuilder`-Instanz für den zurückgegebenen String erzeugen. Da das Argument `nSize` mit `ref` deklariert ist, muss an diesem Argument eine passende Variable übergeben werden. Bei `GetUserName` muss diese Variable vor dem Aufruf auch mit der Größe des Strings im `StringBuilder`-Objekt initialisiert werden:

```
StringBuilder userName = new StringBuilder(1024);
uint size = 1024;
if (GetUserName(userName, ref size) != 0)
{
    Console.WriteLine(userName.ToString());
}
else
{
    Console.WriteLine("Fehler beim Aufruf von GetUserName");
}
```

Nach dem Aufruf enthält die Variable in diesem Beispiel die Länge des ermittelten Strings, was aber für das Beispiel vollkommen unwichtig ist.

Die Übergabe von Strukturen und feste Strings

Viele API-Funktionen arbeiten mit Strukturen. Einige Strukturen besitzen Felder, die Zeichenketten verwalten. Da Strukturen in API-Funktionen immer eine definierte Größe besitzen müssen, sind String-Felder mit einer festen Länge definiert. Die Funktion `GetVersionEx`, die Informationen zur Windows-Version zurückliefert, ist ein Beispiel dafür. Diese Funktion ist im Original folgendermaßen deklariert:

```
BOOL GetVersionEx(
  LPOSVERSIONINFO lpVersionInfo // version information
);
```

>> Einführung

`GetVersionEx` erwartet eine Struktur vom Typ `OSVERSIONINFO`, die folgendermaßen deklariert ist:

```
typedef struct _OSVERSIONINFO{
  DWORD dwOSVersionInfoSize;
  DWORD dwMajorVersion;
  DWORD dwMinorVersion;
  DWORD dwBuildNumber;
  DWORD dwPlatformId;
  TCHAR szCSDVersion[ 128 ];
} OSVERSIONINFO;
```

Diese Struktur müssen Sie in C# nachbilden. Dazu müssen Sie zunächst im `Struct-Layout`-Attribut festlegen, dass die Felder der Struktur (anders als normalerweise unter .NET) sequenziell im Speicher angelegt werden. Dazu übergeben Sie diesem Attribut im Konstruktor den Wert `LayoutKind.Sequential`. Optional können Sie zusätzlich im Feld `CharSet` angeben, in welcher Form Zeichenketten übergeben werden (siehe »Strings übergeben«).

Feste Zeichenketten werden dann als `string` deklariert. Über das `MarshalAs`-Attribut legen Sie aber fest, dass der String By Value übergeben wird, indem Sie im Konstruktor den Wert `UnmanagedType.ByValTStr` übergeben, und definieren über das Feld `Size` die feste Größe des Strings. Das Marshalling als `ByValTStr` bewirkt übrigens auch, dass die Zeichenkette je nach Einstellung des `CharSet`-Feldes des `StructLayout`-Attributs als ASCII- oder Unicode-String übergeben wird. Die Deklaration der `OSVERSION-INFO`-Struktur sieht in C# also so aus:

```
[StructLayout(LayoutKind.Sequential, CharSet=CharSet.Ansi)]
public struct OSVERSIONINFO
{
   public uint dwOSVersionInfoSize;
   public uint dwMajorVersion;
   public uint dwMinorVersion;
   public uint dwBuildNumber;
   public uint dwPlatformId;
   [MarshalAs(UnmanagedType.ByValTStr, SizeConst=128)]
   public string szCSDVersion;
}
```

> **Achtung**
> Die Größe fester Strings wird immer in Byte angegeben. Im Beispiel ist der String 128 Byte groß. Deshalb müssen Strings in Strukturen immer als ASCII-String gemarshallt werden. Würden Sie diese als Unicode-String marshallen, wäre das Feld für den String zu klein definiert und der Aufruf der Funktion würde zum API-Fehler 122 (»Der an einen Systemaufruf übergebene Datenbereich ist zu klein«) führen. Im Beispiel habe ich deswegen im `StructLayout`-Attribut explizit `CharSet=CharSet.Ansi` angegeben (obwohl das die Voreinstellung ist).

GetVersionEx wird dann folgendermaßen deklariert:

```
[DllImport("kernel32.Dll")]
public static extern int GetVersionEx(ref OSVERSIONINFO lpVersionInfo);
```

Das Argument lpVersionInfo wird mit ref deklariert, weil die Struktur By Reference übergeben wird. Wenn Sie sich die originale Deklaration der Funktion anschauen, erkennen Sie dies daran, dass der Datentyp LPOSVERSIONINFO mit *LP* beginnt. Natürlich hilft auch die Dokumentation der Funktion bei der Ermittlung der Art der Übergabe.

Wenn Sie die Funktion dann aufrufen wollen, müssen Sie zunächst eine Instanz der Struktur erzeugen:

```
OSVERSIONINFO vi = new OSVERSIONINFO();
```

Den festen String müssen Sie nicht erzeugen, das erledigt die CLR automatisch. Sie müssen allerdings in einem dafür vorgesehenen Feld der Struktur deren tatsächliche Speichergröße angeben, damit die API-Funktion die Felder der Struktur korrekt auswerten kann. Die Speichergröße ermitteln Sie über Marshal.SizeOf:

```
vi.dwOSVersionInfoSize = Marshal.Sizeof(typeof(OSVERSIONINFO));
```

Nun können Sie die Funktion aufrufen:

```
if (GetVersionEx(ref vi) != 0)
{
   Console.WriteLine("Windows-Version: {0}.{1}.{2}",
      vi.dwMajorVersion, vi.dwMinorVersion, vi.dwBuildNumber);
   Console.WriteLine("Service-Pack: {0}", vi.szCSDVersion);
}
else
{
   Console.WriteLine("Fehler beim Aufruf von GetVersionEx");
}
```

API-Konstanten-Werte

An den Argumenten von API-Funktionen werden häufig Konstanten übergeben. Diese werden in der Dokumentation der jeweiligen Funktion beschrieben. Die Funktion SHFileOperation, die für verschiedene Datei- und Ordneroperationen verwendet werden kann, erwartet am einzigen Argument z.B. eine SHFILEOPSTRUCT-Struktur, in deren Feld wFunc die auszuführende Operation definiert wird. In der Dokumentation der Struktur finden Sie eine Erläuterung der Bedeutung der Konstanten. Die Konstante FO_COPY führt z.B. dazu, dass eine Datei oder ein Ordner kopiert wird, FO_DELETE führt zum Löschen einer Datei bzw. eines Ordners.

Das Problem ist nun, dass die Dokumentation nicht die Werte der Konstanten angibt. Diese müssen Sie aber kennen um die Konstanten deklarieren zu können.

Eine mir bekannte Lösung des Problems ist das Nachschauen in den Headerdateien, die mit Visual C++ oder Visual C++.NET mitgeliefert werden. In irgendeiner dieser Headerdateien sind die gesuchten Konstanten deklariert. Wenn Sie C++.NET installiert haben, finden Sie die Headerdateien des Windows-SDK normalerweise im Ordner *C:\Programme\Microsoft Visual Studio 8\VC\PlatformSDK\Include*. Suchen Sie über die Windows-Suchfunktion einfach in allen Dateien mit der Endung *.h* nach einer der Konstanten, deren Wert Sie benötigen. Die von SHFileOperation verwendeten Konstanten finden Sie z.B. in der Datei *ShellAPI.h*:

```
#define FO_MOVE          0x0001
#define FO_COPY          0x0002
#define FO_DELETE        0x0003
#define FO_RENAME        0x0004
```

Die C++-Deklaration müssen Sie dann nur noch nach C# umsetzen:

```
private const int FO_MOVE = 0x0001;
private const int FO_COPY = 0x0002;
private const int FO_DELETE = 0x0003;
private const int FO_RENAME = 0x0004;
```

Umgehen mit API-Fehlern

Windows-API-Funktionen generieren grundsätzlich keine Ausnahmen, sondern liefern einen numerischen Fehlercode zurück. Einige Funktionen, wie z.B. SHFileOperation, liefern diesen Code direkt als Rückgabewert. Andere Funktionen, wie z.B. GetDiskFreeSpaceEx, geben einen BOOL-Wert zurück (einen Wert ungleich Null bei Erfolg, Null beim Auftreten eines Fehlers). Diese Funktionen rufen intern meist die API-Funktion SetLastError auf, die den Fehlercode Windows-intern speichert. Ein C++-Programmierer würde dann GetLastError aufrufen, um diesen Fehlercode auszulesen. Ein C#-Programmierer sollte dazu allerdings besser die Methode GetLastWin32Error der Marshal-Klasse aus dem Namensraum System.Runtime.InteropServices verwenden. Der Grund liegt darin, dass das .NET Framework intern weitere API-Funktionen aufrufen kann, die den Fehler zurücksetzen könnten. GetLastWin32Error stellt sicher, dass Sie den bei *Ihrem* API-Aufruf gesetzten Fehler erhalten.

Voraussetzung dafür, dass die API-Funktion SetLastError aufruft, ist allerdings, dass Sie das Feld SetLastError im DllImport-Attribut auf true setzen.

Das folgende Beispiel deklariert die Funktion GetDiskFreeSpaceEx, über die Sie Größen-Informationen zu einem Laufwerk auslesen können:

```
[DllImport ("Kernel32.dll", SetLastError=true, CharSet=CharSet.Auto)]
public static extern int GetDiskFreeSpaceEx(
    string lpDirectoryName,
    ref ulong lpFreeBytesAvailable,
    ref ulong lpTotalNumberOfBytes,
    ref ulong lpTotalNumberOfFreeBytes);
```

Wenn Sie beim Aufruf z.B. ein nicht vorhandenes Laufwerk übergeben:

```
ulong userSpace = 0, totalSize = 0, totalSpace = 0;
if (GetDiskFreeSpaceEx("x:", ref userSpace, ref totalSize,
    ref totalSpace) == 0)
{
```

gibt diese Funktion 0 zurück. Dann können Sie den API-Fehler auslesen:

```
int apiError =
   System.Runtime.InteropServices.Marshal.GetLastWin32Error();
```

In diesem Fall resultiert der Fehlercode 3, der für den Fehler »Das System kann den angegebenen Pfad nicht finden« steht.

Umsetzen von API-Fehlercodes in passende Fehlerbeschreibungen

Beim Einsatz von API-Funktionen nutzt der numerische Fehlercode, den viele Funktionen zurückliefern, weder dem Programmierer noch dem Anwender. Sie können zwar den Fehlercode in der API-Dokumentation nachlesen (wenn Sie diesen finden ☺), der Aufwand dazu ist aber für den Programmierer und erst recht für den Anwender eindeutig zu hoch. Professionelle Programme sollten statt des Fehlercodes eine aussagekräftige Fehlermeldung liefern.

Und das ist möglich. Den von einer API-Funktion direkt zurückgegebenen oder über `GetLastWin32Error` ermittelten Fehlercode können Sie (meist) über die API-Funktion `FormatMessage` in eine Fehlerbeschreibung umwandeln. Eine kleine Einschränkung ist, dass einige Funktionen (wie z.B. `SHFileOperation`) leider einen speziellen, oft undokumentierten Fehlercode zurückgeben, den Sie mit `FormatMessage` nicht sinnvoll umsetzen können. Für API-Funktionen, die beim Eintritt eines Fehlers intern `SetLastError` aufrufen, sollte `FormatMessage` allerdings problemlos funktionieren. Lesen Sie gegebenenfalls in der Dokumentation der aufgerufenen API-Funktion nach.

Die Deklaration der `FormatMessage`-Funktion sieht folgendermaßen aus:

```
[DllImport("Kernel32.dll")]
private static extern int FormatMessage(int dwFlags, IntPtr lpSource,
   int dwMessageId, int dwLanguageId, StringBuilder lpBuffer, int nSize,
   string [] Arguments);
```

Am Argument `dwFlags` können Sie spezielle Flags übergeben, die die Funktionsweise von `FormatMessage` beeinflussen. Für die Auswertung der meisten API-Fehler reicht die Angabe der Konstante `FORMAT_MESSAGE_FROM_SYSTEM` (0x1000), die bewirkt, dass die Beschreibung aus der System-Meldungs-Tabelle ausgelesen wird. Ist die Fehlermeldung nicht in einer System-DLL, sondern in einer nicht zum System gehörenden DLL-Datei gespeichert, müssen Sie das Flag `FORMAT_MESSAGE_FROM_HMODULE` (0x0800) angeben, um die Meldungs-Tabelle eines »Moduls« (der DLL-Datei) auszulesen. In diesem Fall geben Sie am Argument `lpSource` den Windows-Handle zum Modul an. Diesen Handle können Sie über die API-Funktion `GetModuleHandle` ermitteln, die folgendermaßen deklariert wird:

```
[DllImport("kernel32.dll")]
static extern IntPtr GetModuleHandle(string lpFileName);
```

`GetModuleHandle` setzt voraus, dass die DLL-Datei in den Prozessraum der Anwendung geladen ist, was aber der Fall ist, wenn Ihr Programm eine Funktion der DLL-Datei aufruft (die ja den auszuwertenden Fehler verursacht).

Einführung

Beim Auslesen der Systemtabelle übergeben Sie am Argument `lpSource` den Wert`(IntPtr)0` (laut der Dokumentation eigentlich `null`, aber das ist bei der Deklaration als `IntPtr` nicht möglich). Das Argument `lpSource` ist in der Funktion als Zeiger auf `void` (spezieller C-Datentyp, der mit allen anderen Datentypen belegt werden kann) deklariert. Deshalb können Sie in C++ an diesem Argument entweder einen Zeiger auf eine `int`-Variable übergeben, die den Handle des Moduls verwaltet, oder einen Zeiger auf einen C-String, der die zu formatierende Meldung speichert. Da für uns nur die erste Variante interessant ist, habe ich dieses Argument als `IntPtr` (Zeiger auf `int`) deklariert.

Am Argument `dwMessageId` übergeben Sie dann den Fehlercode. In `dwLanguageId` können Sie eine Sprach-Id für die Sprache der Meldung angeben. Wenn Sie 0 angeben, erfolgt die Ausgabe in der Systemsprache. Der Wert 0x0409 steht z.B. für das amerikanische Englisch. Voraussetzung dafür, dass die Meldung in einer anderen Sprache ausgegeben wird, ist, dass diese Sprache auch installiert bzw. verfügbar ist. Die verwendbaren Konstanten finden Sie in der SDK-Dokumentation, wenn Sie nach »Language Identifiers« suchen.

Am Argument `lpBuffer` übergeben Sie ein ausreichend groß dimensioniertes `StringBuilder`-Objekt (aus dem Namensraum `System.Text`). In `nSize` übergeben Sie die Initialgröße dieses Objekts. Achten Sie darauf, dass das `StringBuilder`-Objekt auch wirklich so groß initialisiert ist, wie Sie in `nSize` angeben, da ansonsten ein Windows-Ausnahmefehler droht, wenn die API-Funktion in einen undefinierten Speicherbereich schreibt.

Das letzte Argument ist für unsere Zwecke nicht interessant: `FormatMessage` kann ähnlich `String.Format` auch Zeichenketten mit festgelegten Platzhaltern formatieren, in die die Inhalte des Arrays eingetragen werden. Übergeben Sie hier einfach `null`.

Das Auslesen der Meldung eines API-Fehlers, die in der Systemtabelle gespeichert ist, sieht folgendermaßen aus:

```
int apiError = Marshal.GetLastWin32Error();

// StringBuilder erzeugen
StringBuilder errorMessage = new StringBuilder(1024);

// Beschreibung für den Fehlercode ermitteln und damit eine Ausnahme werfen
if (FormatMessage(FORMAT_MESSAGE_FROM_SYSTEM, IntPtr(0), apiError, 0,
    errorMessage, 1024, null) > 0)
{
   throw new Exception(message.ToString());
}
else
{
   throw new Exception("API-Fehler " + apiError);
}
```

Listing 1: Auswerten eines API-Fehlercodes, dessen Meldung in der System-Meldungstabelle gespeichert ist

Listing 2 zeigt das Auslesen einer Fehlermeldung für den Fall, dass diese nicht in der System-Meldungstabelle gespeichert ist (was bei DLL-Dateien der Fall ist, die nicht zum eigentlichen System gehören). Das Beispiel ruft die Funktion InternetGetConnectedState aus der DLL *wininet.dll* auf, die den aktuellen Status der Internetverbindung zurückgibt:

```
/* Deklaration der Funktion InternetGetConnectedState */
[DllImport("wininet.dll")]
public static extern int InternetGetConnectedState(out int flags,
    int reserved);

...

int flags;
if (InternetGetConnectedState(out flags, 0) == 0)
{
    int apiError = Marshal.GetLastWin32Error();

    // Den Text des Fehlers aus der Datei wininet.dll auslesen und damit eine
    // Ausnahme werfen
    IntPtr hModule = GetModuleHandle("wininet.dll");
    StringBuilder message = new StringBuilder(1024);
    if (FormatMessage(FORMAT_MESSAGE_FROM_HMODULE, hModule, apiError, 0,
        message, 1024, null) > 0)
    {
        throw new Exception(message.ToString());
    }
    else
    {
        throw new Exception("API-Fehler " + apiError);
    }
}
```

Listing 2: Auswerten eines API-Fehlercodes, dessen Meldung in einer speziellen DLL-Datei gespeichert ist

COM

COM (Component Object Model) ist die veraltete Microsoft-Komponenten-Technologie, die in .NET-Programmen durch Klassenbibliotheks-Assemblies ersetzt ist. COM-Komponenten spielen aber auch heute noch eine Rolle, besonders wenn es darum geht, Office-Programme fernzusteuern. Word, Excel, Outlook und Co. stellen (wenigstens bis zur Version 2003) ihre Funktionalität ausschließlich über solche Komponenten zur Verfügung.

Eine COM-Komponente speichert ähnlich einer Assembly Klassen (als einfache Klassen oder als Steuerelemente), die in Anwendungen, die die Komponente referenzieren, verwendet werden können. Die wesentlichen Unterschiede zu .NET-Assemblies sind, dass COM-Komponenten in der Windows-Registry registriert sein müssen und nur einmal (in genau einer Version) auf dem Rechner vorkommen können. Daneben setzen COM-Komponenten spezielle COM-Datentypen ein, die u.U. in .NET-Typen konvertiert werden müssen. Eine weitere Besonderheit ist, dass die Methoden von COM-Klassen nicht überladen werden können und mit optionalen Argumenten arbeiten, für die ein .NET-Programm einen speziellen Wert eintragen muss, wenn diese nicht belegt werden sollen.

> **Tipp:** Sehr ausführliche Informationen zur Verwendung von COM-Komponenten in .NET finden Sie an der Adresse *www.codeproject.com/dotnet/cominterop.asp*.

COM-Komponenten können mit früher oder später Bindung verwendet werden. Frühe Bindung bedeutet, dass dem Compiler zum Kompilierungszeitpunkt alle verwendeten Typen bekannt sind. Damit kann er den Aufruf von Methoden bzw. den Zugriff auf Eigenschaften (Eigenschaften werden im COM-Modell allerdings immer über Methoden zum Setzen und Lesen implementiert) fest in die Assembly einbetten und beim Kompilieren Syntaxprüfungen vornehmen. Bei der späten Bindung, die im folgenden Rezept behandelt wird, werden die Methodenaufrufe erst zur Programmlaufzeit ermittelt.

Methodenaufrufe sind mit früher Bindung ein wenig schneller als mit später Bindung (was aber in der Praxis meist unerheblich ist). Der größte Vorteil ist, dass in Visual Studio IntelliSense mit früher Bindung funktioniert und dass alle verwendeten Typen und Aufzählungen bekannt sind. Ein Nachteil der frühen Bindung ist, dass Programme, die eine bestimmte Version einer COM-Komponente referenzieren, mit älteren und manchmal auch mit neueren Versionen nicht unbedingt laufen. Wenn Sie z.B. eine .NET-Anwendung entwickeln, die Outlook einsetzt um Mails zu versenden (siehe Rezept 198), diese unter der Verwendung von Outlook 2003 programmieren und das Programm später auf einem Rechner ausführen, auf dem Outlook 97 installiert ist, führt dies zu einer Ausnahme bei der Erzeugung der Outlook-Instanz (Abbildung 8).

Abbildung 8: Fehler bei der Ausführung eines Programms, das mit Outlook 2003 entwickelt wurde, auf einem Rechner, auf dem lediglich Outlook 97 installiert ist

Microsoft empfiehlt, Programme immer mit der niedrigstmöglichen Version einer COM-Komponente zu entwickeln, damit bei der Ausführung des Programms keine Versions-Probleme auftreten. Manchmal ist das aber einfach nicht möglich, z.B.

wenn Sie auf Ihrem Computer Office 97 einfach nicht installiert haben, das Programm beim Kunden aber unter Office 97 ausgeführt werden soll. Um diese Probleme zu lösen, können Sie die späte Bindung verwenden (siehe »COM-Komponenten mit später Bindung verwenden«).

COM-Komponenten mit früher Bindung verwenden

Zur Verwendung der frühen Bindung benötigen Sie eine »Wrapper«[8]-Assembly, die die COM-Typen in .NET-Typen umsetzt. Diese Assembly können Sie dann in einem C#-Programm referenzieren, um die COM-Klassen zu verwenden. Sie müssen die Wrapper-Assembly aber nicht selbst programmieren (was sehr aufwändig wäre). Um diese Assembly zu erzeugen können Sie in Visual Studio 2005 einfach eine Referenz auf die COM-Komponente anlegen, wie es Abbildung 9 für die Komponente *Microsoft Scripting Runtime* zeigt.

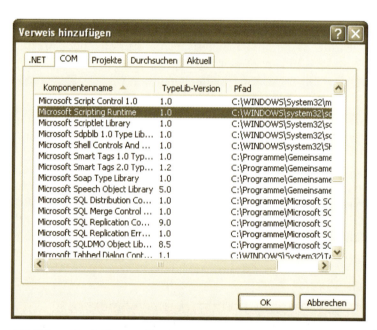

Abbildung 9: Anlegen eines Verweises auf die COM-Komponente Microsoft Scripting Runtime

Visual Studio 2005 erzeugt die für die COM-Komponente (die u.U. von anderen COM-Komponenten abhängig ist) notwendigen Wrapper-Assemblies automatisch, legt diese im Ordner für die binären Dateien des Projekts ab (normalerweise *bin/debug* bzw. *bin/release*) und referenziert diese für das Projekt.

Wenn Sie ohne Visual Studio. NET arbeiten, verwenden Sie das Tool *tlbimp.exe* (Type Library Import) zur Erzeugung der Wrapper-Assemblies. Dieses Tool finden Sie im *bin*-Ordner des .NET Framework-SDK. Zum Aufruf müssen Sie lediglich wissen, wie

---

8. Englisch für »Umschlag«

die Datei heißt, die die Typen der COM-Komponente verwaltet (was in der Praxis oft nicht leicht herauszufinden ist). Das kann im einfachsten Fall die *dll*- oder *exe*-Datei der Komponente selbst oder auch eine externe Datei mit der Endung *tlb* (Type Library) oder *olb* (Object Library) sein. Wenn Sie Office oder Visual Basic 6 besitzen, können Sie im dortigen Visual Basic-Editor einen Verweis anlegen und sehen im Verweisfenster dann den Namen der DLL-Datei (Abbildung 10).

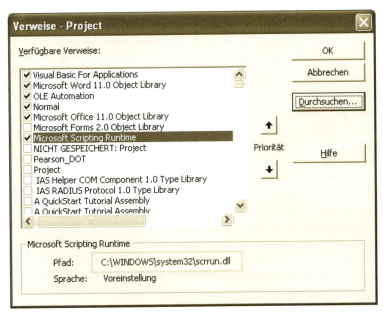

Abbildung 10: Der Verweisdialog von Office 2003 zeigt den Namen der Typbibliotheks-Datei einer COM-Komponente an

Nun können Sie über *tlbimp.exe* die Wrapper-Assemblies erzeugen:

```
tlbimp scrrun.dll out:/Interop.Scripting.dll /namespace:Scripting
```

Dieses Beispiel vergibt über die *out*-Option einen definierten Namen für die Assembly und weist die enthaltenen Klassen dem Namensraum *Scripting* zu (wie es auch Visual Studio 2005 macht). Zusätzliche Wrapper-Assemblies für COM-Komponenten, von denen die zu verwendende Komponente abhängig ist, erzeugt *tlbimp* übrigens automatisch.

Die so erzeugten Assemblies referenzieren Sie dann beim Kompilieren der Anwendung:

```
csc Demo.cs /r:Interop.Scripting.dll
```

Im Programm können Sie COM-Klassen (fast) verwenden wie normale .NET-Klassen. Das folgende Beispiel setzt die `FileSystemObjectClass`-Klasse der Scripting-Bibliothek zur Ausgabe von Informationen zu einem Laufwerk ein:

```
// FileSystemObjectClass-Instanz erzeugen
Scripting.FileSystemObjectClass fso = new Scripting.FileSystemObjectClass();

// Laufwerk referenzieren
Scripting.Drive drive = fso.GetDrive("c:");

// Informationen zum Laufwerk ausgeben
Console.WriteLine("Freier Platz: {0}", drive.FreeSpace);
Console.WriteLine("Größe: {0}", drive.TotalSize);
```

Listing 3: Anwendung einer COM-Klasse

Einige Methoden von COM-Klassen arbeiten mit optionalen Argumenten, die in echten COM-Anwendungen (wie Visual-Basic-6- oder Office 2003-Programmen) oder auch in Visual Basic .NET einfach weggelassen werden können. Für weggelassene Argumente verwendet die COM-Methode dann in der Regel Voreinstellungen. Ein Beispiel dafür ist die Methode Open der Klasse Word.ApplicationClass aus der COM-Komponente *Microsoft Word x.x Object Library* (normalerweise *C:\Programme\Microsoft Office\Office10\msword.olb*). Abbildung 11 zeigt die Syntax dieser Methode im Visual-Basic-Editor von Word 2003. Optionale Argumente werden bei dieser Syntax mit eckigen Klammern gekennzeichnet. Der Datentyp der Argumente ist Variant, ein dem object-Typ ähnlicher Typ, der alle anderen Typen aufnehmen kann.

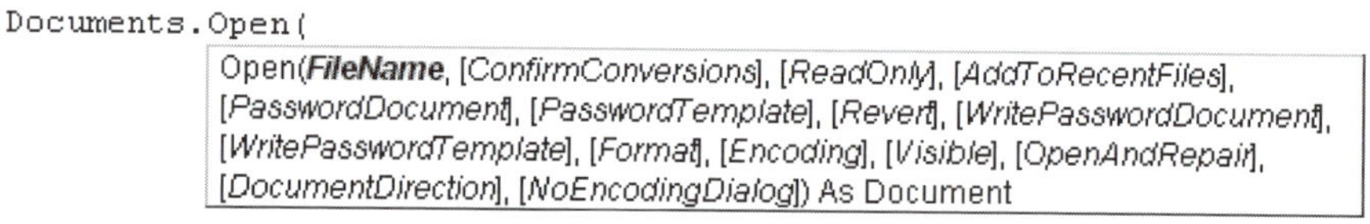

```
Documents.Open(
    Open(FileName, [ConfirmConversions], [ReadOnly], [AddToRecentFiles],
    [PasswordDocument], [PasswordTemplate], [Revert], [WritePasswordDocument],
    [WritePasswordTemplate], [Format], [Encoding], [Visible], [OpenAndRepair],
    [DocumentDirection], [NoEncodingDialog]) As Document
```

Abbildung 11: Eine COM-Methode mit optionalen Argumenten im Word-Visual-Basic-Editor

Eine weitere Besonderheit vieler COM-Methoden wie Open ist, dass die Argumente By Reference deklariert sind (was am Fehlen des Schlüsselworts ByVal erkennbar ist). Die By-Reference-Übergabe wurde von Microsoft in vielen COM-Methoden deswegen bevorzugt, weil damit die Übergabe von Variablen performanter ausgeführt wird als bei einer By-Value-Übergabe. Für den eigentlichen Zweck – die Rückgabe von Werten – wird By-Reference im COM-Modell kaum eingesetzt.

Abbildung 12 zeigt die Syntax der Open-Methode der Word-ApplicationClass-Methode in Visual Studio. Der Variant-Datentyp wurde in den passenden object-Typ umgewandelt und die Argumente sind aufgrund der By-Reference-Übergabe mit ref deklariert. Optionale Argumente sind, da diese in .NET nicht möglich sind, nicht vorhanden.

Wenn Sie eine Methode mit optionalen Argumenten wie die Open-Methode aufrufen, können Sie an Stelle der optionalen Argumente natürlich einen passenden Wert eintragen, was in der Praxis aber sehr mühselig und meist auch unnötig ist. Stattdessen können Sie einfach den speziellen Wert `System.Reflection.Missing.Value` einsetzen, der beim Aufruf von COM-Methoden dafür steht, dass an einem optionalen Argument nichts übergeben wird.

```
word.Documents.Open(
Word.Document Documents.Open (ref object FileName, ref object ConfirmConversions, ref object ReadOnly,
                              ref object AddToRecentFiles, ref object PasswordDocument, ref object PasswordTemplate,
                              ref object Revert, ref object WritePasswordDocument, ref object WritePasswordTemplate,
                              ref object Format, ref object Encoding, ref object Visible, ref object OpenAndRepair,
                              ref object DocumentDirection, ref object NoEncodingDialog)
```

Abbildung 12: Eine COM-Methode mit optionalen Argumenten in Visual Studio

Da die Argumente der `Open`-Methode als `object` und By-Reference deklariert sind, können Sie diesen Wert jedoch nicht direkt einsetzen, sondern müssen dazu eine `object`-Variable verwenden, wie es Listing 4 zeigt. In diesem Beispiel wird das Dokument *hitchhiker.doc* im Ordner der Anwendung geöffnet.

```
// Word-Instanz erzeugen und sichtbar schalten
Word.Application word = new Word.ApplicationClass();
word.Visible = true;

// Variable für den Wert Missing.Value für nicht belegte optionale Argumente
object missing = Missing.Value;

// Dokument öffnen
object fileName = Path.Combine(Application.StartupPath, "Hitchhiker.doc");
word.Documents.Open(ref fileName, ref missing, ref missing, ref missing,
    ref missing, ref missing, ref missing, ref missing, ref missing,
    ref missing, ref missing, ref missing, ref missing, ref missing,
    ref missing);
```

Listing 4: Öffnen eines Word-Dokuments mit der Übergabe optionaler Argumente

COM-Komponenten mit später Bindung verwenden

Die frühe Bindung von COM-Komponenten (siehe »COM-Komponenten mit früher Bindung verwenden«) führt manchmal zu Problemen. Das ist z.B. dann der Fall, wenn Sie eine Anwendung entwickeln, die Office-2003-Programme fernsteuert, die aber beim Kunden unter Office 97 ausgeführt werden soll. Da Microsoft zwischen Office 97 und Office 2000/XP/2003 die CLSIDs[9] vieler Klassen geändert hat, findet die Anwendung die CLSID der 2003-Klassen nicht auf dem Office-97-Rechner und meldet eine Ausnahme (siehe Abbildung 8).

---

9. Eine CLSID (Class Id) ist ein GUID-Wert (Global Unique Identifier), der eine COM-Klasse weltweit eindeutig identifiziert. COM-Klassen sind über ihre CLSID in der Registry registriert. Die CLSID wird bei der frühen Bindung in der Wrapper-Assembly mit der Wrapper-Klasse verknüpft, sodass das Programm beim Erzeugen einer Instanz der Wrapper-Klasse an Hand der CLSID das COM-Server-Programm über die Registry ausfindig machen kann.

Wenn Sie solche Probleme erwarten, können Sie statt der frühen Bindung auch die späte Bindung verwenden. Bei dieser Art der Bindung erzeugen Sie keine Referenz auf eine Wrapper-Assembly, sondern ermitteln die zu verwendenden Typen zur Laufzeit des Programms. Wenn Sie sicherstellen, dass Sie nur Typen und deren Methoden und Eigenschaften verwenden, die in allen relevanten Versionen der COM-Komponente verfügbar sind (und dieselbe Signatur besitzen), kann Ihre Anwendung problemlos unter den verschiedenen Versionen der COM-Komponente ausgeführt werden. Das ist besonders dann interessant, wenn Ihre Anwendung auf mehreren Rechnern ausgeführt werden soll, die unterschiedlich ausgestattet sind.

Für die späte Bindung erzeugen Sie zunächst einen .NET-Typ für die COM-Klasse. Dazu können Sie die Methode `GetTypeFromProgID` der `Type`-Klasse verwenden. Dieser Methode übergeben Sie die Prog-Id[10] der COM-Klasse, die üblicherweise die Form *Komponentenname.Klassenname* besitzt. Zur Erzeugung einer Word-Instanz setzen Sie z.B. die ProgId *Word.Application* ein. Alternativ können Sie auch die Methode `GetTypeFromCLSID` verwenden, wenn Sie die CLSID der COM-Klasse kennen. Dann gehen Sie allerdings wieder die Gefahr ein, dass diese auf einem anderen Rechner mit einer älteren oder neueren Version der COM-Komponente geändert ist und folglich nicht gefunden wird. Verwenden Sie also besser die ProgId, falls die COM-Klasse mit einer solchen registriert ist.

Wenn Sie den Typ erzeugt haben, können Sie eine Instanz des Typen über die Methode `CreateInstance` der `Activator`-Klasse erzeugen, der Sie den Typen übergeben. `CreateInstance` gibt eine Referenz auf ein `object` zurück, da dem Programm ja nicht bekannt ist, um welchen Typ es sich wirklich handelt. Listing 5 zeigt, wie das für eine Instanz von Word programmiert wird.

Das Beispiel benötigt neben der Referenz auf die Word-Wrapper-Assembly den Import der Namensräume `System`, `System.Reflection`, `System.Runtime.InteropServices` und `System.Windows.Forms`.

```
Type wordType = null;
object wordObject = null;
try
{
   // .NET-Typ für die COM-Klasse Word.Application erzeugen
   wordType = Type.GetTypeFromProgID("Word.Application");

   // Instanz dieses Typs erzeugen
   wordObject = Activator.CreateInstance(wordType);
```

Listing 5: Erzeugen einer Word-Instanz über die späte Bindung

---

10. Die meisten COM-Klassen sind neben der CLSID auch mit einer ProgId (Program Id) in der Registry eingetragen, die ein für Menschen besser lesbares Format in der Form *Komponentenname.Klassenname* besitzt. Bei der Erzeugung eines .NET-Typen über eine ProgId ermittelt das Programm in der Registry zunächst über die ProgId die CLSID der Klasse, über die CLSID dann die Server-Anwendung und fordert diese auf, eine Instanz der Klasse zu erzeugen.

```
}
catch (Exception ex)
{
   MessageBox.Show("Fehler beim Erzeugen der Word-Instanz: " +
      ex.Message, Application.ProductName, MessageBoxButtons.OK,
      MessageBoxIcon.Error);
   return;
}
```

Listing 5: Erzeugen einer Word-Instanz über die späte Bindung (Forts.)

Nun kommt der etwas komplexere Teil, nämlich das Setzen von Eigenschaften und der Aufruf von Methoden. Da der COM-Typ im .NET-Programm nicht bekannt ist (und über einen `object`-Typen repräsentiert wird), können Sie Eigenschaften und Methoden nicht direkt verwenden. Dazu benutzen Sie einen Teil von Reflektion, den dynamischen Aufruf von Eigenschaften und Methoden über die Methode `InvokeMember` des Typen. Dieser Methode übergeben Sie am ersten Argument den Namen der Eigenschaft bzw. der Methode. Am zweiten Argument definieren Sie die Art der Bindung an das entsprechende Mitglied der COM-Klasse. Dazu verwenden Sie die Konstanten der `BindingFlags`-Aufzählung aus dem Namensraum `System.Reflection`. Diese Konstanten, die Sie mit | kombinieren können, geben an, nach welchen Mitgliedern der COM-Klasse der Reflektion-Mechanismus sucht. Die für COM wichtigsten Konstanten finden Sie in Tabelle 3.

Konstante	Bedeutung
`GetField`	gibt an, dass der Wert eines einfachen Feldes (einer Eigenschaft ohne `set`-/`get`-Zugriffsmethoden) gelesen werden soll
`GetProperty`	gibt an, dass der Wert einer Eigenschaft (mit `set`-/`get`-Zugriffsmethoden) gelesen werden soll
`IgnoreCase`	gibt an, dass die Groß- und Kleinschreibung des Namens nicht berücksichtigt werden soll
`Instance`	gibt an, dass nur Instanz-Eigenschaften und Methoden in die Suche einbezogen werden
`InvokeMethod`	gibt an, dass eine Methode aufgerufen werden soll
`Public`	gibt an, dass nur nach öffentlichen Mitgliedern mit dem angegebenen Namen gesucht werden soll
`SetField`	gibt an, dass der Wert eines einfachen Feldes (einer Eigenschaft ohne `set`-/`get`-Zugriffsmethoden) gesetzt werden soll
`SetProperty`	gibt an, dass der Wert einer Eigenschaft (mit `set`-/`get`-Zugriffsmethoden) gesetzt werden soll
`Static`	gibt an, dass nur statische Eigenschaften und Methoden in die Suche einbezogen werden

Tabelle 3: Die wichtigsten Konstanten der BindingFlags-Aufzählung für die späte Bindung an COM-Klassen

Am dritten Argument können Sie eine Instanz einer von der abstrakten Klasse `Binder` abgeleiteten Klasse übergeben, über das Sie spezielle Angaben zu Bindungen machen können, die nicht ohne weiteres aufgelöst werden können. Das kann z.B. dann der Fall sein, wenn die Klasse überladene Varianten einer Methode besitzt und Sie entscheiden müssen, welche dieser Varianten aufgerufen werden soll. Da diese und andere Spezialitäten bei COM-Klassen (meines Wissens nach) nicht vorkommen (bzw. nicht möglich sind), können Sie an diesem Argument in der Regel einfach `null` übergeben.

Am vierten Argument übergeben Sie die `object`-Variable, die die Referenz auf das COM-Objekt verwaltet. Das fünfte Argument übernimmt beim Setzen von Eigenschaften den Eigenschaftswert und beim Aufruf von Methoden die Argumente der Methode in Form eines `object`-Arrays.

Beim Lesen von Eigenschaften und beim Aufruf von Methoden gibt `InvokeMember` den Wert der Eigenschaft bzw. den Rückgabewert der Methode als `object`-Wert zurück.

Listing 6 setzt dieses Wissen am Beispiel der Fernsteuerung von Word ein. Das Programm setzt zunächst die `Visible`-Eigenschaft der neu erzeugten Word-Instanz auf `true` um Word sichtbar zu schalten. Danach wird ein neues Dokument erzeugt. Mit früher Bindung könnte dazu die `Add`-Methode der `Documents`-Auflistung direkt aufgerufen werden. Mit der späten Bindung ist das jedoch nicht möglich, da der Name `Documents.Add` nicht direkt aufgelöst werden kann. Deshalb ermittelt das Programm zunächst eine Referenz auf die `Documents`-Auflistung über die Abfrage der entsprechenden Eigenschaft in die Variable `documents`. Über diese Referenz ruft das Programm dann die `Add`-Methode auf. Diese Methode besitzt vier optionale Argumente, über die u.a. die zu verwendende Dokumentenvorlage spezifiziert werden kann. Da ein normales Dokument erzeugt werden soll, übergibt Listing 6 keine Argumente. Wie in COM üblich verwendet die `Add`-Methode damit die Voreinstellungen für die Argumente.

Über die `TypeText`-Methode der `Selection`-Eigenschaft schreibt das Programm dann einen Text in das Dokument. Um das Dokument auszudrucken, referenziert das Programm schließlich das aktuelle Dokument über die `ActiveDocument`-Eigenschaft der Word-Instanz und ruft deren `PrintOut`-Methode auf. Über die `Close`-Methode wird das Dokument dann geschlossen, wobei am ersten Argument `false` übergeben wird um das Dokument zu schließen ohne die Änderungen zu speichern.

```
// Visible-Eigenschaft setzen
wordType.InvokeMember("Visible", BindingFlags.Public |
BindingFlags.SetProperty,
   null, wordObject, new object[] {true});

// Documents-Auflistung referenzieren ...
object documents = wordType.InvokeMember("Documents",
System.Reflection.BindingFlags.Public | BindingFlags.Instance |
   BindingFlags.GetProperty, null, wordObject, null);
```

Listing 6: Späte Bindung am Beispiel der Fernsteuerung von Word

>> Einführung

```
// ... und deren Add-Methode ohne Argumente aufrufen
documents.GetType().InvokeMember("Add", BindingFlags.Public |
BindingFlags.Instance
   | BindingFlags.InvokeMethod, null, documents, null);

// Die Methode TypeText der Selection-Eigenschaft aufrufen
object selection = wordType.InvokeMember("Selection", BindingFlags.Public |
   BindingFlags.GetProperty, null, wordObject, null);
selection.GetType().InvokeMember("TypeText", BindingFlags.Public |
   BindingFlags.Instance | BindingFlags.InvokeMethod, null, selection,
   new object[] {"Hallo, das ist ein Text, der von außen kommt"});

// Das aktive Dokument referenzieren und ausdrucken
object document = wordType.InvokeMember("ActiveDocument",
   BindingFlags.Public | BindingFlags.GetProperty, null, wordObject, null);
document.GetType().InvokeMember("PrintOut", BindingFlags.Public |
   BindingFlags.InvokeMethod, null, document, null);
```

Listing 6: Späte Bindung am Beispiel der Fernsteuerung von Word (Forts.)

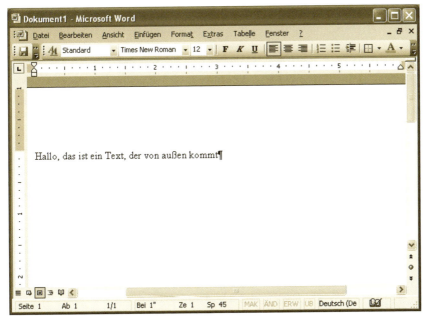

Abbildung 13: Das erzeugte Word-Dokument

> **Hinweis**
> Die Fernsteuerung von Word behandeln die Rezepte 300 und 301 noch ein wenig ausführlicher.

WMI

WMI (Windows Management Instrumentation) ist eine mächtige und interessante Microsoft-Komponente, über die Sie Informationen zu nahezu allen Objekten eines (lokalen oder entfernten) Computers oder Netzwerks erhalten und in Grenzen verändern können. Über WMI können Sie prinzipiell alle Systemobjekte, wie z.B. logische Laufwerke, Prozessoren, Benutzerkonten, Netzwerk-Domänen, Netzwerk-Clients etc. abfragen, einige Eigenschaften dieser Objekte verändern und spezielle Objekte wie z.B. Netzwerkfreigaben erzeugen. Spezielle WMI-Provider externer Hersteller erlauben darüber hinaus auch die Abfrage von Informationen von Objekten, die nicht zum Windows-System gehören.

> **Hinweis**
>
> Die Informationen in diesem Abschnitt sind bewusst sehr lückenhaft und beziehen sich lediglich auf die WMI-Rezepte in diesem Buch. WMI ist wesentlich komplexer, als ich es hier darstellen kann.

WMI-Installation

WMI muss auf dem Rechner, auf dem ein Programm ausgeführt wird, das WMI-Klassen einsetzt, installiert sein. Auf Windows 2000 und XP ist WMI in der Version 1.5 bereits vorinstalliert. Unter Windows 98 oder NT 4 muss WMI separat installiert werden.

> **Achtung**
>
> Ist WMI nicht installiert, resultiert die Instanzierung einer WMI-Klasse in einer .NET-Anwendung in einer nicht abfangbaren (!) Ausnahme vom Typ System.TypeInitializationException mit der Meldung »Der Typinitialisierer für *Klassenname* hat eine Ausnahme verursacht«. Da fast jeder Anwender damit überlastet ist, sollten Sie auf jeden Fall überprüfen, ob WMI installiert ist. Dazu können Sie die folgende Methode verwenden (womit eigentlich schon das erste echte Rezept dieses Buches beginnt):
>
> ```
> public static bool IsWmiInstalled()
> {
>    Microsoft.Win32.RegistryKey regKey =
>       Microsoft.Win32.Registry.LocalMachine.OpenSubKey(
>       @"Software\Microsoft\Wbem");
>    return regKey != null;
> }
> ```
>
> *Listing 7: Methode zur Überprüfung, ob WMI installiert ist*
>
> IsWmiInstalled überprüft einfach, ob der für WMI verwendete Registry-Schlüssel vorhanden ist.

Den Download der deutschen Version finden Sie unter der Adresse *download.microsoft.com/download/platformsdk/wmicore/1.5/W9XNT4/DE/wmicore.EXE*. Die URL der eigentlichen Download-Seite ist nach moderner Microsoft-Art sehr komplex und kann

>> **Einführung**

deswegen hier nicht dargestellt werden (vor allen Dingen, weil diese sich mit Sicherheit ändert). Suchen Sie idealerweise bei *www.microsoft.com/downloads/search.aspx?displaylang=de* nach »WMI« – über den Link WINDOWS MANAGEMENT INSTRUMENTATION (WMI) SDK 1.5 (WINDOWS 95/98/NT 4.0) erreichen Sie die Download-Seite.

WMI-Dokumentation, -Tutorial und -Tools

Die WMI-Dokumentation finden Sie in der Hilfe von Visual Studio 2005 unter WIN32- UND COM-ENTWICKLUNG / ADMINISTRATION AND MANAGEMENT / WINDOWS MANAGEMENT INTRUMENTATION (WMI). Dazu müssen Sie allerdings die Plattform SDK Dokumentation installiert haben (was Sie aber natürlich auch nachholen können). Im Internet finden Sie diese Dokumentation über die WMI-Startseite *msdn.microsoft.com/library/en-us/wmisdk/wmi/wmi_start_page.asp*, an der Sie auch grundsätzliche Informationen zu WMI erhalten. Microsoft bietet in seinen Downloads zudem eine recht gute WMI-Einführung an. Da die Download-URL sehr kompliziert ist und mit einiger Wahrscheinlichkeit zwischenzeitlich geändert wird, kann ich diese hier nicht darstellen. Suchen Sie an der Adresse *www.microsoft.com/downloads/search.aspx* nach »WMI Tutorial« oder »Windows Management Instrumentation Tutorial« um den Download zu finden. Wenn Sie auf dieser Suchseite dann noch nach »WMITools« oder »WMI Administrative Tools« suchen, finden Sie den Download der *WMI Administrative Tools*, die mit dem WMI OBJECT BROWSER ein sehr hilfreiches Werkzeug zum Erforschen der WMI-Objekte eines Systems enthalten.

Einfache Abfragen über die ManagementObject-Klasse

Basis für die Verwendung von WMI ist die Klasse `System.Management.ManagementObject`, die ein Systemobjekt repräsentiert, das Sie verwalten wollen. Zur Verwendung dieser Klasse müssen Sie die Assembly *System.Management.dll* referenzieren. Im Konstruktor können Sie u.a. einen speziellen WMI-Klassenpfad übergeben. Dieser Pfad sieht in einer einfachen Version zum Zugriff auf das logische Laufwerk C: z.B. so aus:

```
"Win32_LogicalDisk.DeviceId='C:'"
```

Der erste Teil dieses Pfades bezeichnet die zu verwendende WMI-Klasse (hier `Win32_LogicalDisk`). Sofern Sie die Plattform SDK Dokumentation installiert haben, finden Sie die verfügbaren Windows-Klassen in der Hilfe von Visual Studio 2005 unter WIN32- UND COM-ENTWICKLUNG / ADMINISTRATION AND MANAGEMENT / WINDOWS MANAGEMENT INTRUMENTATION (WMI) / SDK-DOKUMENTATION / WINDOWS MANAGEMENT INSTRUMENTATION / WMI-REFERENCE / WIN32 CLASSES (vielleicht suchen Sie lieber einfach im Index nach dem Klassennamen oder nach »Win32_« um eine Klasse zu finden ☺). Im Internet finden Sie diese Klassen an der Adresse *msdn.microsoft.com/library/en-us/wmisdk/wmi/win32_classes.asp*.

Der zweite Teil des WMI-Pfades bezeichnet eine oder mehrere Eigenschaften der anzusprechenden Klasse (hier `DeviceId`) und definiert deren Wert (hier 'C:'). Diese Zuweisung wird verwendet, um das entsprechende WMI-Objekt zu lokalisieren. Die dazu verwendeten Eigenschaften sind innerhalb der WMI-Klasse als Schlüssel (über den Zusatz »Qualifiers: Key«) gekennzeichnet. Besitzt eine Klasse mehrere Schlüssel, geben Sie alle weiteren durch Kommata getrennt an. Der folgende Pfad bezieht sich z.B. auf das Benutzerkonto *Administrator* in der Domäne *Galaxy*. Die Klasse `Win32_Account` definiert dazu die Eigenschaften `Domain` und `Name` als Schlüssel:

```
"Win32_Account.Domain='Galaxy',Name='Administrator'"
```

Die Groß- und Kleinschreibung spielt beim WMI-Pfad übrigens keine Rolle.

WMI-Objekte sind immer in speziellen Namensräumen organisiert, deren Grundbedeutung dieselbe ist wie die der .NET Framework-Namensräume (namentliche Trennung eventuell gleich benannter Klassen mit unterschiedlicher Bedeutung). WMI-Namensräume beginnen immer mit *root* und werden dann über durch Schrägstriche getrennte Unternamen weiter spezifiziert. Der Namensraum der Standard-WMI-Objekte ist immer *root/cimv2*. Wenn Sie einen WMI-Klassenpfad ohne Namensraum angeben, bezieht sich dieser immer auf den lokalen Rechner und dessen Standard-WMI-Namensraum. Sie können den zu verwendenden Namensraum (und den anzusprechenden Rechner) aber auch angeben:

```
"\\localhost\root\cimv2:Win32_LogicalDisk.DeviceId='C:'"
```

Dieses Beispiel entspricht dem vorhergehenden, nur dass der Zielrechner (*localhost*) und der Namensraum (*root\cimv2*) hier explizit angegeben wurden. Auf diese Weise können Sie nun auch andere WMI-Namensräume und WMI-Objekte auf entfernten Systemen ansprechen.

Nachdem Sie das Objekt erzeugt haben, können Sie über den Indizierer auf die einzelnen Eigenschaften zugreifen, indem Sie deren Namen übergeben. Die Eigenschaften einer WMI-Klasse werden natürlich in der Dokumentation dieser Klasse beschrieben. Die Eigenschaften der Klasse `Win32_LogicalDisk` finden Sie z.B. an der Adresse *msdn.microsoft.com/library/en-us/wmisdk/wmi/win32_logicaldisk.asp*. Da der Indizierer lediglich einen `object`-Typ zurückgibt, müssen Sie den erhaltenen Wert normalerweise noch in den korrekten Typ konvertieren.

Etwas hinderlich (und teilweise unverständlich ...) ist dabei, dass die Eigenschaften einer WMI-Klasse zwar in der Dokumentation mit einem Datentyp angegeben sind, aber neben einem zum Datentyp passenden Wert auch einfach nichts speichern können. Der Indizierer gibt in diesem Fall `null` zurück. Sie sollten die Konvertierung also in einer Ausnahmebehandlung vornehmen.

Das folgende Listing zeigt die grundsätzliche Anwendung von WMI am Beispiel des Auslesens der wichtigsten Eigenschaften des logischen Laufwerks C:. Zum Kompilieren dieses Quellcodes müssen Sie die Namensräume `System` und `System.Management` einbinden.

```
// WMI-Objekt für das Laufwerk C: erzeugen
ManagementObject mo = new
    ManagementObject("Win32_LogicalDisk.DeviceId='C:'");
```

Listing 8: Grundsätzliche Anwendung von WMI am Beispiel des Auslesens von Informationen zum logischen Laufwerk C:

>> Einführung

```
// Einige Eigenschaften auslesen
Console.WriteLine("Eigenschaften von C:\\");

uint availability = 0;
try
{
   availability = (uint)mo["Availability"];
}
catch {}

string description = null;
try
{
   description = (string)mo["Description"];
}
catch {}

uint mediaType = 0;
try
{
   mediaType = (uint)mo["MediaType"];
}
catch {}

ulong size = 0;
try
{
   size = (ulong)mo["Size"];
}
catch {}

Console.WriteLine("Verfügbarkeit: {0}", availability);
Console.WriteLine("Beschreibung: {0}", description);
Console.WriteLine("Medientyp: {0}", mediaType);
Console.WriteLine("Größe: {0}", size);
```

Listing 8: Grundsätzliche Anwendung von WMI am Beispiel des Auslesens von Informationen zum logischen Laufwerk C: (Forts.)

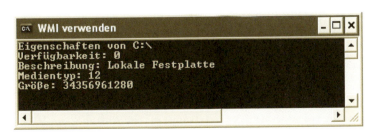

Abbildung 14: Das WMI-Beispielprogramm in Aktion

Sicherheit

WMI verwaltet Sicherheitsinformationen auf zwei Ebenen. Zum einen werden grundsätzliche WMI-Zugriffsrechte auf der Basis von Namensräumen verwaltet. Auf dieser Ebene können Benutzern und Gruppen grundsätzliche Rechte wie z.B. das Schreiben von Daten in WMI-Objekte oder der Aufruf von Methoden erteilt oder verboten werden. Benutzer, die nicht in der WMI-Benutzerliste auftauchen, können Daten erst gar nicht lesen. Per Voreinstellung besitzen Administratoren (natürlich) alle Rechte und alle anderen Benutzer Leserechte. Über die Computerverwaltung der Systemsteuerung können Administratoren die WMI-Rechte bearbeiten (SYSTEMSTEUERUNG / VERWALTUNG / COMPUTERVERWALTUNG; im ORDNER DIENSTE UND ANWENDUNGEN mit der rechten Maustaste auf WMI-STEUERUNG klicken und dort EIGENSCHAFTEN wählen; unter Windows XP müssen Sie u.U. dazu erst den Befehl NEUES FENSTER wählen, wenn EIGENSCHAFTEN nicht verfügbar ist).

Die untere Ebene der WMI-Sicherheit bestimmt der Provider. Bei den Objekten des Standard-Namensraums ist das das Windows-System. Ein Benutzer, der unter WMI das Recht besitzt, die Daten von WMI-Objekten zu lesen, muss auch auf der Systemebene über ausreichende Rechte verfügen. Problematisch dabei ist, dass Microsoft leider nicht beschreibt, welche Rechte für die Verwendung der einzelnen WMI-Klassen notwendig sind.

Wenn Sie WMI-Objekte so erzeugen, wie ich es oben gezeigt habe, wird zur Authentifizierung gegenüber dem System das Konto des Benutzers verwendet, unter dem der aktuelle Thread ausgeführt wird. In einem normalen Programm ist das das Konto des aktuell eingeloggten Benutzers, in einem Dienst normalerweise ein speziell für den Dienst angegebenes Konto. Das kann in einem Programm problematisch werden, das z.B. Administrationsaufgaben automatisch vornehmen soll, für die der aktuelle Benutzer keine Rechte besitzt. Deshalb können Sie beim Zugriff auf *entfernte* Systeme den Namen und das Passwort eines speziellen Benutzers angeben (siehe »Entfernte Objekte abfragen«). Für *lokale* Abfragen ist das aber in WMI grundsätzlich nicht möglich. Lokale WMI-Abfragen werden immer im Kontext des Benutzerkontos ausgeführt, das für den aktuellen Thread verwendet wird. Den Grund für diese Einschränkung kann ich zwar nicht nachvollziehen, ich kann aber mit dem Rezept 260, das ein Programm mit dem Konto eines beliebigen Benutzers personifiziert, eine Lösung anbieten.

Abfragen von Auflistungen

WMI-Pfade können nicht nur ein einzelnes WMI-Objekt, sondern auch eine Auflistung von Objekten ergeben. Das ist immer dann der Fall, wenn Sie im Pfad keine Eigenschaft angeben, die ein Schlüssel ist. Wenn Sie z.B. die Klasse `Win32_LogicalDisk` abfragen und dabei keine `DeviceId` übergeben, erhalten Sie eine Auflistung von Instanzen dieser Klasse zurück, die alle logischen Laufwerke des Systems repräsentieren.

Einen solchen Pfad können Sie nicht im Konstruktor der `ManagementObject`-Klasse übergeben, da diese ja nur ein einzelnes Objekt repräsentiert. Zur Abfrage von WMI-Objekt-Auflistungen können Sie eine Instanz der Klasse `ManagementClass` einsetzen.

>> Einführung

Ein solches Objekt repräsentiert eine WMI-Klasse, deren Name Sie (u.a.) im Konstruktor übergeben können.

Die Methode `GetInstances` liefert dann eine Referenz auf ein `ManagementObjectCollection`-Objekt zurück, das eine Auflistung von `ManagementObject`-Instanzen ist.

> **Hinweis**: Laut der Dokumentation werden eigentlich `ManagementBaseObject`-Instanzen referenziert. Tatsächlich handelte es sich aber in meinen Programmen immer um Instanzen der von `ManagementBaseObject` abgeleiteten Klasse `ManagementObject`. Der Unterschied ist in der Praxis nur selten wichtig. Lediglich wenn Sie WMI-Methoden aufrufen wollen, können Sie dazu keine `ManagementBaseObject`-Referenz verwenden, da diese die `InvokeMethod`-Methode nicht besitzt.

Zur Sicherheit sollten Sie also eine `ManagementBaseObject`-Referenz zum Durchgehen verwenden. Nur wenn Sie Methoden aufrufen wollen, sollten Sie überprüfen, ob tatsächlich eine `ManagementObject`-Instanz referenziert wird, und entsprechend casten.

Wenn Sie die `ManagementObjectCollection`-Auflistung durchgehen, können Sie über den Indizierer der `ManagementBaseObject`-Objekte schließlich auf die Eigenschaften der WMI-Objekte zugreifen.

Das folgende Listing zeigt dies am Beispiel der Klasse `Win32_LogicalDisk`. Es geht alle Laufwerke des Systems durch und gibt deren Device-Id und Größe aus. Zum Kompilieren dieses Quellcodes müssen Sie die Namensräume `System` und `System.Management` importieren.

```
// ManagementClass-Instanz für die WMI-Klasse erzeugen
ManagementClass mc = new ManagementClass("Win32_LogicalDisk");

// Alle dieser Klasse angehörenden Objekte abfragen
ManagementObjectCollection moc = mc.GetInstances();

// Die einzelnen Objekte durchgehen
foreach (ManagementBaseObject mbo in moc)
{
   if (mbo["Size"] != null)
   {
      Console.WriteLine("{0} {1} Byte",
         mbo["DeviceId"], mbo["Size"]);
   }
   else
   {
      Console.WriteLine("{0} Keine Information verfügbar",
         mbo["DeviceId"]);
   }
}
```

Listing 9: Abfragen mit WMI-Pfaden, die eine Auflistung von Objekten ergeben

```
┌─ WMI-Objekt-Auflistungen ──────────── _ □ ×─┐
│ A: Keine Information verfügbar              │
│ C: 34356961280 Byte                         │
│ D: 34356961280 Byte                         │
│ E: 34356961280 Byte                         │
│ F: 107372769280 Byte                        │
│ G: 107372769280 Byte                        │
│ H: 282349150208 Byte                        │
│ S: 101779578880 Byte                        │
│ T: 62915133440 Byte                         │
│ X: Keine Information verfügbar              │
└─────────────────────────────────────────────┘
```

Abbildung 15: Das Programm zur Abfrage der Systemlaufwerke über WMI

Gezielt auf Informationen mit WQL zugreifen

WMI erlaubt auch Abfragen mit WQL (WMI Query Language), einer Abfragesprache, die auf SQL basiert. Dazu verwenden Sie eine Instanz der Klasse ManagementObject-Searcher, der Sie u.a. die Abfrage als String übergeben können. Die Abfrage verwendet die von SQL her bekannten Schlüsselwörter (SELECT, FROM, WHERE) und bezieht sich auf Namen von WMI-Klassen. In der Feldliste und der WHERE-Klausel können Sie die Namen von Eigenschaften der WMI-Klasse angeben. Die Abfrage der wichtigsten Daten der logischen Laufwerke mit dem Laufwerkstyp 3 (Festplatten-Laufwerke) sieht z.B. so aus:

```
SELECT DeviceId, Description, Size
FROM Win32_LogicalDisk WHERE DriveType = 3
```

> **Tipp:** Falls Sie SQL nicht kennen, finden Sie auf meiner Website an der Adresse *www.juergen-bayer.net/artikel/SQL/SQL.aspx* einen recht guten Artikel (☺), den Sie auch als PDF-Datei downloaden können.

Über die Get-Methode des erzeugten ManagementObjectSearcher-Objekts erhalten Sie eine Auflistung vom Typ ManagementObjectCollection mit dem Ergebnis der Abfrage. Über die Properties-Auflistung der in dieser Auflistung referenzierten Management-BaseObject-Instanzen können Sie die Eigenschaften der einzelnen WMI-Objekte abfragen.

Das folgende Listing fragt alle logischen Laufwerke des Systems ab, die in der Eigenschaft DriveType den Wert 3 speichern (die also Festplattenlaufwerke sind). Das Beispiel erfordert die Referenzierung der Assembly *System.Management.dll* und den Import der Namensräume System und System.Management.

```
// ManagementObjectSearcher-Instanz für die Abfrage aller
// Festplatten-Laufwerke erzeugen
ManagementObjectSearcher searcher = new ManagementObjectSearcher(
    "SELECT DeviceId, Description, Size " +
```

Listing 10: WQL-Abfragen in WMI

```
    "FROM Win32_LogicalDisk WHERE DriveType = 3");

// Das Ergebnis abfragen ...
ManagementObjectCollection moc = searcher.Get();

// ... und durchgehen
foreach (ManagementBaseObject mbo in moc)
{
   Console.WriteLine();
   Console.WriteLine("DeviceId:{0}", mbo["DeviceId"]);
   Console.WriteLine("Description:{0}", mbo["Description"]);
   Console.WriteLine("Size:{0}", mbo["Size"]);
}
```

Listing 10: WQL-Abfragen in WMI (Forts.)

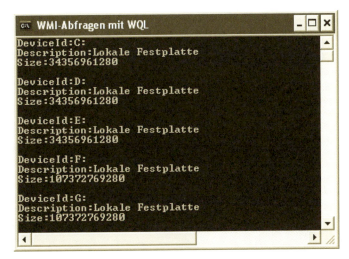

Abbildung 16: Abfragen der Festplatten-Partitionen über WQL

Entfernte Objekte abfragen

WMI erlaubt nicht nur die Abfrage lokaler Objekte. Sie können auch Objekte von entfernten (über das Netzwerk erreichbaren) Computern abfragen und manipulieren. Dazu erweitern Sie im einfachsten Fall den WMI-Klassenpfad um den Namen des Rechners und den des WMI-Namensraums:

`"\\Trillian\root\cimv2:Win32_LogicalDisk.DeviceId='C:'"`

Problematisch dabei ist allerdings, dass der aktuell in Windows eingeloggte Benutzer u.U. nicht über ausreichende Rechte zum Zugriff auf das entfernte System verfügt. Um dieses Problem zu lösen, können Sie den für die Authentifizierung zu verwendenden Benutzer auch explizit angeben. Dazu verwenden Sie eine Instanz der Klasse `ManagementScope`, der Sie im Konstruktor den Namen oder die IP-Adresse des entfernten Rechners und den anzusprechenden WMI-Namensraum (für die Windows-Systemobjekte ist das *root\cimv2*) übergeben. Zur Authentifizierung geben Sie den Benutzernamen und das Passwort in den Eigenschaften Username und Password der Options-Eigenschaft an (die ein ConnectionOptions-Objekt referenziert).

Das ManagementScope-Objekt können Sie dann bei der Erzeugung eines ManagementObject-, ManagementClass- oder ManagementObjectSearcher-Objekts am ersten Argument angeben. Da der entsprechende Konstruktor am dritten Argument noch eine Instanz der Klasse ObjectGetOptions erwartet (in der Sie Optionen für das Lesen der Daten wie z.B. einen Timeout definieren können), müssen Sie zusätzlich wenigstens eine neue Instanz dieser Klasse an diesem Argument übergeben.

Das folgende Listing zeigt diese prinzipielle Vorgehensweise für das Abfragen einiger Daten des Betriebssystems des entfernten Rechners *Trillian*. Um dieses Beispiel kompilieren zu können, müssen Sie die Namensräume System und System.Management einbinden.

```
Console.Write("Host: ");
string hostName = Console.ReadLine();
Console.Write("User-Name für die Authentifizierung: ");
string authUser = Console.ReadLine();
Console.Write("Passwort für die Authentifizierung: ");
string authPassword = Console.ReadLine();

// Verbindungsinformationen für das entfernte System und die
Authentifizierung
// der Abfrage erzeugen
ManagementScope scope = new ManagementScope(@"\\" + hostName +
   @"\root\cimv2");
scope.Options.Username = authUser;
scope.Options.Password = authPassword;

// Die Betriebssysteme des Remote-Systems abfragen
ManagementClass mc = new ManagementClass(scope,
   new ManagementPath("Win32_OperatingSystem"), new ObjectGetOptions());
ManagementObjectCollection moc = mc.GetInstances();
foreach (ManagementBaseObject mbo in moc)
{
   Console.WriteLine("Computername: {0}", mbo.Properties["CSName"].Value);
   Console.WriteLine("Betriebssystem: {0}", mbo.Properties["Caption"].Value);
   Console.WriteLine("Version: {0}", mbo.Properties["Version"].Value);
   Console.WriteLine("Freier physischer Speicher: {0}",
      mbo.Properties["FreePhysicalMemory"].Value);
}
```

Listing 11: Abfragen entfernter Objekte in WMI

>> **Einführung**

```
Abfragen entfernter Objekte
Host: 192.168.68.101
User-Name für die Authentifizierung: zaphod
Passwort für die Authentifizierung: galaxy
Computername: MERLIN
Betriebssystem: Microsoft Windows XP Professional
Version: 5.1.2600
Freier physischer Speicher: 690748
```

Abbildung 17: Das Beispielprogramm zum Abfragen entfernter Objekte über WMI

> **Tipp**
>
> Das .NET Framework-SDK enthält das Tool *MgmtClassGen*, über das Sie für alle WMI-Klassen recht umfangreiche C#-Klassen erzeugen können, die alle grundsätzlichen WMI-Möglichkeiten implementieren. Die Verwendung dieses Tools ist recht einfach. Zum Erzeugen einer C#-Klasse für die WMI-Klasse `Win32_OperatingSystem` verwenden Sie z.B. den folgenden Aufruf:
>
> ```
> mgmtclassgen Win32_OperatingSystem
> ```

WMI-Datumswerte konvertieren

WMI-Datumswerte sind leider nicht mit `DateTime`-Typen kompatibel. Das verwendete String-Format ist speziell für CIM (Common Information Model, das sprachunabhängige Modell zur Beschreibung von Unternehmen, auf dem WMI basiert) und recht kompliziert, da neben festen Platzhalterzeichen auch der Wildcard * erlaubt ist. Ein gültiges Datum ist z.B. »20051231******.000000+***«.

Die Lösung des Datumsproblems liefert das Tool *MgmtClassGen*, das die Konvertierungsfunktion `ToDateTime` erzeugt. Ich habe die etwas komplizierte Implementierung dieser Funktion in Form der Methode `WMIDateToDateTime` vereinfacht. Zum Kompilieren dieser Methode müssen Sie die Namensräume `System` und `System.Management` importieren.

```
public static DateTime WMIDateToDateTime(string wmiDate)
{
   int year = DateTime.Now.Year;
   int month = 1, day = 1, hour = 0, minute = 0;
   int second = 0, millisec = 0;
   string tempString = "";

   if ((wmiDate == "") || (wmiDate == null))
      return DateTime.MinValue;
   if (wmiDate.Length != 25)
      return DateTime.MinValue;
```

Listing 12: Methode zum Konvertieren eines WMI-Datums in einen DateTime-Wert

```
    tempString = wmiDate.Substring(0, 4);
    if (tempString != "****")
        year = Int32.Parse(tempString);
    tempString = wmiDate.Substring(4, 2);
    if (tempString != "**")
        month = Int32.Parse(tempString);
    tempString = wmiDate.Substring(6, 2);
    if (tempString != "**")
        day = Int32.Parse(tempString);
    tempString = wmiDate.Substring(8, 2);
    if (tempString != "**")
        hour = Int32.Parse(tempString);
    tempString = wmiDate.Substring(10, 2);
    if (tempString != "**")
        minute = Int32.Parse(tempString);
    tempString = wmiDate.Substring(12, 2);
    if (tempString != "**")
        second = Int32.Parse(tempString);
    tempString = wmiDate.Substring(15, 3);
    if (tempString != "**")
        millisec = Int32.Parse(tempString);

    return new DateTime(year, month, day, hour, minute,
        second, millisec);
}
```

Listing 12: Methode zum Konvertieren eines WMI-Datums in einen DateTime-Wert (Forts.)

Methoden aufrufen

Einige WMI-Klassen besitzen neben Eigenschaften auch Methoden. Ähnlich dem Zugriff auf Eigenschaften können Sie Methoden über die generische `ManagementObject`-Klasse nicht direkt aufrufen. Dazu verwenden Sie die Methode `InvokeMethod`. Der wichtigsten Variante dieser Methode übergeben Sie am ersten Argument den Namen der aufzurufenden WMI-Methode und am zweiten Argument ein `object`-Array mit den Argumenten. Falls die WMI-Methode eine Funktion ist, können Sie deren Rückgabe über die von `InvokeMethod` zurückgegebene `object`-Instanz auswerten.

WMI-Klassen können genau wie normale Klassen Instanz- und Klassenmethoden (statische Methoden) besitzen. Instanzmethoden rufen Sie über eine `ManagementObject`-Instanz auf, Klassenmethoden hingegen über eine Instanz der Klasse `ManagementClass`. Da der Aufruf der `InvokeMethod`-Methode in beiden Fällen gleich ist, zeige ich hier nur den Aufruf einer statischen WMI-Methode. Das Beispiel, das die Referenzierung der Assembly *System.Management.dll* und den Import der Namensräume `System` und `System.Management` erfordert, erzeugt über die WMI-Klasse `Win32_Share` eine Netzwerkfreigabe:

>> Einführung

```csharp
// Instanz der Klasse Win32_Share erzeugen
ManagementClass mc = new ManagementClass("Win32_Share");

// Über die Create-Methode eine Freigabe erzeugen
string share = "c:\\Temp";
string name = "Temp-Ordner";
int type = 0; // Festplattenlaufwerk
object result = mc.InvokeMethod("Create", new object[] {share, name, type});
if (Convert.ToInt32(result) == 0)
{
   Console.WriteLine("Freigabe erfolgreich erzeugt");
}
else
{
   Console.WriteLine("Freigabe konnte nicht erzeugt werden." +
       "Möglicher Grund: Es existiert bereits eine identische Freigabe");
}
```

Listing 13: Aufruf einer WMI-Methode

Einige WMI-Methoden geben in By-Reference-Argumenten Werte zurück. Wenn Sie diese Methoden aufrufen wollen, übergeben Sie ebenfalls ein object-Array für die Argumente, deklarieren und erzeugen dieses aber vor dem Methodenaufruf. In den entsprechenden Elementen des Arrays erhalten Sie dann die Daten zurück. Das folgende Beispiel ermittelt alle Prozesse des lokalen Rechners und ruft die Methode GetOwner auf um den Besitzer des Prozesses zu identifizieren. GetOwner erwartet im Original zwei string-Argumente, die By-Reference übergeben werden. Am ersten wird der Name des dem Prozess zugeordneten Benutzers und am zweiten dessen Domäne zurückgegeben. Zum Kompilieren dieses Beispiels müssen Sie die Namensräume System und System.Management einbinden.

```csharp
// Die aktuellen Prozesse ermitteln
ManagementClass mc = new ManagementClass("Win32_Process");
ManagementObjectCollection moc = mc.GetInstances();
foreach (ManagementObject mo in moc)
{
   // Prozessname ausgeben
   Console.WriteLine(mo.Properties["Name"].Value.ToString());

   // Den Besitzer des Prozesses ermitteln
   object[] resultArray = new string[2];
   object result = mo.InvokeMethod("GetOwner", resultArray);

   if (Convert.ToInt32(result) == 0)
   {
```

Listing 14: Aufruf einer WMI-Methode mit By-Reference-Argumenten

```
    // Auswerten der zurückgegebenen Daten
    string user = resultArray[0].ToString();
    string domain = resultArray[1].ToString();
    Console.WriteLine("User: {0}", user);
    Console.WriteLine("Domäne: {0}", domain);
  }
  Console.WriteLine();

}
```

Listing 14: Aufruf einer WMI-Methode mit By-Reference-Argumenten (Forts.)

ADSI

ADSI (Active Directory Service Interface) ist eine (eingeschränkt[11]) objektorientierte Microsoft-Komponente zum Zugriff auf verschiedene Verzeichnisdienste wie Microsofts Active Directory, LDAP (Lightweight Directory Access Protocol) und NDS (Novell NetWare Directory Service). Ein Verzeichnisdienst ermöglicht den (relativ) einheitlichen Zugriff auf Ressourcen im Netzwerk, wie z.B. auf Drucker, Benutzer oder Benutzergruppen. Der Begriff *Verzeichnis* wird hier übrigens nicht im Sinne eines Dateisystem-Verzeichnisses (eines Ordners), sondern im Sinne eines Verzeichnisses von Ressourcen oder Personen, wie dies z.B. bei einem Telefon-Verzeichnis der Fall ist, verwendet. Ein Verzeichnisdienst verwaltet Ressourcen in einer hierarchischen Form. Container-Objekte enthalten dabei Objekte, die die Ressourcen bzw. Personen repräsentieren. Ein Computer-Objekt des WinNT-ADSI-Providers verwaltet z.B. mehrere Group- und User-Objekte (die die Benutzergruppen bzw. Benutzer repräsentieren, die auf einem Computer verwaltet werden). Über ein Computer-Objekt sprechen Sie einen bestimmten Computer an und können (u.a.) dessen Gruppen und Benutzer auslesen und manipulieren. Da ein Container-Objekt auch wieder Container-Objekte besitzen kann, ist eine hierarchische Aufteilung der Objekte eines Verzeichnisdienstes möglich. In einigen Verzeichnisdiensten wie dem WinNT-Dienst sind die Container-Objekte fest definiert. Einige Verzeichnisdienste wie z.B. Microsofts Active Directory erlauben aber auch die Erstellung eigener Container zur Verwaltung spezifischer Ressourcen oder Personen (innerhalb eines Computers oder einer Domäne).

Über ADSI können Sie die im Verzeichnisdienst enthaltenen Ressourcen relativ einfach (und vor allen Dingen einheitlich) abfragen, manipulieren, entfernen und in vielen Fällen auch neue hinzufügen.

ADSI ist älter als WMI und bietet deswegen in vielen Bereichen eine ähnliche Funktionalität. So können Sie die Daten von Benutzerkonten über ADSI und über WMI abfragen. ADSI besitzt jedoch teilweise mehr Möglichkeiten. So ist es über WMI

---

11. Ein ADSI-Provider stellt für die Objekte eines Verzeichnisses zwar Klassen zur Verfügung, diese sind innerhalb von ADSI aber normalerweise nicht bekannt, da üblicherweise keine Referenz zum Provider erstellt werden kann. Zum Zugriff auf die Eigenschaften werden dann üblicherweise die Methoden Get und Put verwendet, die jedes ADSI-Objekt zur Verfügung stellt, und denen der Name der zu lesenden bzw. zu schreibenden Eigenschaft übergeben wird.

>> **Einführung**

(nach meinen Erfahrungen und Recherchen in Newsgroups) nicht möglich, Benutzerkonten zu erzeugen oder ein Benutzerkonto einer Gruppe hinzuzufügen, was mit ADSI kein Problem darstellt.

> **Hinweis** ADSI ist sehr komplex, weswegen ich hier nur die für das Buch wesentlichen Grundlagen erläutern kann. Zudem ist ADSI teilweise nur schwer durchschaubar, relativ schlecht dokumentiert und liefert in einigen Fällen schwer verständliche Fehlermeldungen in Form einer Fehlernummer, deren Bedeutung Sie in der ADSI-Dokumentation nachschlagen müssen. Trotzdem ist ADSI für viele Aufgaben eine gute oder in einigen Fällen auch die einzige Lösung.

Die Installation

ADSI muss auf dem Computer, auf dem ein Programm läuft, das diese Komponente verwendet, installiert sein. Die zurzeit aktuelle Version 2.5 ist Bestandteil von Windows 2000, XP und nachfolgenden Versionen. Für Windows 98, Me und NT 4 müssen Sie ADSI separat installieren. Die Verwendung von ADSI in einem .NET-Programm führt auf einem System, auf dem ADSI nicht installiert ist, zu einer Ausnahme vom Typ `DllNotFoundException` mit der Meldung »Die DLL (activeds.dll) kann nicht geladen werden«.

Den Download finden Sie an der Adresse *www.microsoft.com/ntserver/nts/downloads/other/ADSI25/default.asp*.

> **Hinweis** Die Installation von ADSI 2.5 führte bei meinen Versuchen unter einem frisch installierten Windows 98 SE mit .NET Framework 2.0 leider nicht zum Erfolg. Ein unter Windows XP kompiliertes C#-Programm meldete leider auch nach der Installation den oben genannten Fehler. Und das, obwohl die Datei *activeds.dll* im Windows-Systemordner zu finden war!? Möglicherweise handelt es sich dabei um ein Versionsproblem.

Der Provider

Die Verbindung eines Verzeichnisdienstes mit ADSI erfolgt über einen ADSI-Provider. ADSI 2.5 liefert die folgenden Provider mit:

- *WinNT*: Provider für den WinNT-Verzeichnisdienst zum Zugriff auf Windows-Ressourcen
- *LDAP*: Provider für einen LDAP-Verzeichnisdienst
- *NDS*: Provider für den Novell-Netware-Verzeichnisdienst
- *NWCOMPAT*: Provider für den Novell-Netware-3-Verzeichnisdienst

Der WinNT-Provider stellt eine Schnittstelle zu einem Windows-System dar. Über diesen Provider können Sie prinzipiell alle Verwaltungsaufgaben ausführen, die unter Windows möglich sind.

Der LDAP-Provider bietet hingegen Zugriff auf spezielle Verzeichnisdienste, die das LDAP-Protokoll implementieren. Dazu gehören z.B. die Verzeichnisdienste des Exchange Servers, des Site Servers und der Internet-Informationsdienste. Alternativ zum WinNT-Provider können Sie für einige System-Aufgaben auch den LDAP-Provider für den Zugriff auf das Microsoft Active Directory verwenden. Der wesentliche Unterschied hierbei ist, dass der WinNT-Provider den Zugriff auf lokale und globale Systemressourcen, der LDAP-Provider aber nur den Zugriff auf globale Ressourcen ermöglicht. So können Sie über den LDAP-Provider z.B. nur globale (Domänen-)Benutzerkonten anlegen, über den WinNT-Provider aber auch lokale.

Die ADSI-Dokumentation

Die ADSI-Dokumentation finden Sie in der Plattform-SDK-Dokumentation unter NETWORKING AND DIRECTORY SERVICES / DIRECTORY SERVICES /ACTIVE DIRECTORY SERVICE INTERFACES. In Visual Studio 2005 finden Sie die ADSI-Dokumentation unter WIN32- UND COM-ENTWICKLUNG / ADMINISTRATION AND MANAGEMENT / DIRECTORY SERVICES / SDK DOCUMENTATION / DIRECTORY ACCESS TECHNOLOGIES / ACTIVE DIRECTORY SERVICE INTERFACES / ACTIVE DIRECTORY SERVICE INTERFACES REFERENCE. Im Internet können Sie die Dokumentation über die Adresse *msdn.microsoft.com/library/en-us/adsi/adsi/adsi-reference.asp* abrufen.

ADSI-Objekte

ADSI arbeitet mit Objekten. So können Sie über den WinNT-Provider z.B. ein User-Objekt erzeugen, das ein bestimmtes Benutzerkonto repräsentiert. ADSI-Objekte sind aber im Vergleich zu normalen Objekten etwas »eigenartig«. Diese Objekte basieren auf so genannten Schemata (nicht auf Klassen). Ein Schema legt fest, welche Eigenschaften ein darauf basierendes ADSI-Objekt besitzen *kann* und welche es besitzen *muss*. Das Schema von Service-Objekten (zum Zugriff auf Windows-Dienste) definiert z.B. (u.a.) die obligatorischen Eigenschaften StartType, ServiceType und DisplayName und die optionalen Eigenschaften Computer und ConnectTime. Die optionalen und obligatorischen Eigenschaften eines Schemas werden in der ADSI-Dokumentation für die Windows-Provider beschrieben.

ADSI-Schemata können in Programmiersprachen, die mit ADSI-Objekten arbeiten, nicht als Typ für die Referenzierung der Objekte verwendet werden. ADSI-Objekte implementieren deshalb bestimmte Schnittstellen, über die externe Programme typsicher auf Eigenschaften und Methoden der Objekte zugreifen können. Ein User-Objekt implementiert z.B. die Schnittstellen IAds, IAdsUser und IAdsPropertyList. IAds, die von jedem ADSI-Objekt implementiert wird, bietet grundsätzliche Methoden zur Arbeit mit den Objekten wie z.B. die Methoden get und put zum Lesen und Schreiben von Eigenschaften, die nicht über eine andere Schnittstelle zur Verfügung stehen. IAdsUser implementiert die Eigenschaften und Methoden eines Benutzers, wie z.B. FullName, Description, SetPassword und ChangePassword. IAdsPropertyList implementiert eine Art Auflistung, über die Sie auf die Eigenschaften des Objekts zugreifen können.

Diese Schnittstellen sind allgemein gehalten und werden für verschiedene Provider eingesetzt. Die aus diesem Grunde teilweise umfangreichen Elemente der Schnittstellen werden (was in ADSI möglich ist) teilweise nicht komplett von den Objekten der einzelnen Provider implementiert. Hier spielt auch das ADSI-Schema herein, das ja optionale Eigenschaften erlaubt. Das User-Objekt des WinNT-Providers implementiert z.B. eine große Anzahl der IAdsUser-Eigenschaften nicht. Microsoft hat dies in der Beschreibung des User-Objekts (die Sie im Internet an der Adresse *msdn.microsoft.com/library/en-us/adsi/adsi/winnt_user_object.asp* finden) dokumentiert.

Wenn Sie auf optionale Eigenschaften eines ADSI-Objekts zugreifen, müssen Sie immer eine Ausnahmebehandlung für den Fall vorsehen, dass die Eigenschaft nicht vorhanden ist. Für Eigenschaften, die im Schema als obligatorisch definiert sind, können Sie natürlich auf die Ausnahmebehandlung verzichten.

Das Ganze und die teilweise komplexe und oft nur schwer zu findende Dokumentation macht ADSI nicht eben leicht anzuwenden. Hinzu kommen noch die teilweise komplexen Pfadangaben, mit denen Sie auf ADSI-Objekte zugreifen.

ADSI-Container

Einige ADSI-Objekte sind Container für andere Objekte. Ein Computer-Objekt des WinNT-Providers ist z.B. (u.a.) Container für User- und Group-Objekte. Container-Objekte implementieren die ADSI-Schnittstelle IAdsContainer, die über verschiedene Eigenschaften und Methoden die Arbeit mit den enthaltenen Objekten ermöglicht. Über die Create-Methode können Sie z.B. neue Objekte anlegen, Delete löscht vorhandene Child-Objekte, eine spezielle unsichtbare Eigenschaft NewEnum erlaubt das Durchgehen der Child-Objekte mit foreach, die Filter-Eigenschaft ermöglicht es, die Auflistung der Objekte nach einem bestimmten Schema zu filtern, sodass beim Durchgehen nur noch diese Objekte zurückgegeben werden.

ADSI-Objekte in C# verwenden

Alle ADSI-Schemata und Schnittstellen sind in C# zunächst nicht bekannt, da es sich um COM-Typen handelt. Sie können also nicht direkt auf ADSI-Objekte zugreifen. Wenn Sie in C# auf ADSI-Objekte zugreifen wollen, können Sie dies auf verschiedene Weise realisieren:

▶ Verwenden einer DirectoryEntry-Instanz aus dem Namensraum System.DirectoryServices, der im Konstruktor ein providerspezifischer Pfad zu einem spezifischen ADSI-Objekt übergeben wird. Bei dieser Variante benötigen Sie den genauen Pfad bzw. den genauen Namen des anzusprechenden Objekts. Ein DirectoryEntry-Objekt ist ein generisches Objekt, das den Zugriff auf alle ADSI-Objekte ermöglicht. Über die Properties-Eigenschaft können Sie auf die Eigenschaften des ADSI-Objekts zugreifen, die Invoke-Methode erlaubt den Aufruf von Methoden. Handelt es sich um ein Container-Objekt, können Sie über die Children-Auflistung auf alle Child-Objekte zugreifen,

▶ Verwenden einer DirectoryEntry-Instanz in Zusammenarbeit mit den ADSI-Schnittstellen, die Sie über die COM-Typbibliothek *activeds.tlb* referenzieren können. Über die Eigenschaft NativeObject einer solchen Instanz erhalten Sie eine object-Referenz auf das ADSI-Objekt, die Sie dann in die passende Schnittstelle casten können. Häufig ist diese Vorgehensweise sinnvoll, da Sie dann mit den Eigenschaften und Methoden der Schnittstelle direkt arbeiten können. In einigen Fällen, wenn Sie über das generische `DirectoryEntry`-Objekt einfach nicht an die gewünschte Funktionalität herankommen, ist die Verwendung der ADSI-Schnittstellen auch unumgänglich.

▶ Verwenden eines `DirectorySearcher`-Objekts, über das Sie ADSI-Objekte suchen können, die bestimmte Bedingungen erfüllen. Damit können Sie z.B. alle Benutzer einer Domäne ermitteln, die einen bestimmten vollen Namen besitzen,

▶ Verwenden des ADSI-ADO-Providers, der es ermöglicht, ADSI-Abfragen über ADO.NET auszuführen.

Ich beschreibe hier aus Platzgründen nur die erste Variante, da diese für das Buch prinzipiell ausreicht. Die zweite Variante, die die originalen ADSI-Schnittstellen benutzt, wird lediglich in einem Rezept verwendet (248, »Benutzer ermitteln, die einer Gruppe angehören«), wo sie natürlich auch erläutert wird. Ich denke, dass Sie mit dem hier erworbenen Wissen auch problemlos die weiteren ADSI-Zugriffsvarianten einsetzen können.

Für die Verwendung der Klassen des `System.DirectoryServices`-Namensraums benötigt Ihr Programm eine Referenz auf die Assembly *System.DirectoryServices.dll*.

Der ADSI-Pfad

Bei der ersten Variante hängt der im Konstruktor der `DirectoryEntry`-Instanz zu übergebende ADSI-Pfad vom Provider ab. Für den WinNT-Provider beginnt der Pfad mit »WinNT:«, für einen allgemeinen LDAP-Provider mit »LDAP:«. Spezielle LDAP-Provider wie z. B. der der Internet-Informationsdienste arbeiten mit eigenen Präfixen (hier: »IIS:«).

Danach folgen providerspezifische Angaben, die zum gesuchten Objekt führen. Der WinNT-Provider erwartet den Pfad in einer der folgenden Formen:

▶ WinNT:

▶ WinNT://*Domäne*[,*Objektschema*]

▶ WinNT://*Domäne*/*Server*[,*Objektschema*]

▶ WinNT://*Domäne*/*Pfad*[,*Objektschema*]

▶ WinNT://*Domäne*/*Objektname*[,*Objektschema*]

Der Domänenname kann der Name einer Rechner-Domäne oder einfach nur der Name eines Rechners sein. Handelt es sich um eine Rechner-Domäne, gibt *Server* einen Server in dieser Domäne an.

Die bis hier genannten Pfade sprechen übergeordnete Container-Objekte (den Provider selbst, Domänen, Computer, Server) an.

Pfad ist der Pfad zu einem spezifischen Objekt innerhalb der Domäne (z.B. *PrintServer1/ Printer1*). *Objektname* ist der Name eines Objekts, das direkt in einer Domäne oder auf einem Computer verwaltet wird. Optional können Sie dem Pfad noch das Schema des anzusprechenden ADSI-Objekts angeben, um sicherzustellen, dass bei eventuell gleich benannten Objekten mit unterschiedlichen Schemata das richtige referenziert wird.

Der Pfad zur Domäne *Galaxy* sieht beispielsweise so aus:

```
WinNT://Galaxy,domain
```

Der Pfad zum Computer *Zaphod* sieht folgendermaßen aus:

```
WinNT://Zaphod,computer
```

Sind Computer und Domäne angegeben, enthält der Pfad beide Angaben:

```
WinNT://Galaxy/Zaphod,computer
```

Das folgende Beispiel spricht den Benutzer *Administrator* auf dem lokalen Rechner an (der Punkt steht für den lokalen Rechner):

```
WinNT://./Administrator,user
```

Leider ist nicht dokumentiert, wie Sie auf den lokalen Computer zugreifen können, ohne dessen Name anzugeben. Wenn Sie den Computer direkt ansprechen, können Sie dazu einen Punkt verwenden:

```
WinNT://.
```

Das ist aber (bei meinen Versuchen unter Windows XP) nicht mehr möglich, wenn Sie einen Objektnamen angeben:

```
WinNT://./Administrator,user
```

In diesem Beispiel führt der Zugriff zum Fehler »Der angegebene Netzwerkpfad wurde von keinem Netzwerkdienstanbieter angenommen«. Sie können aber einfach den Namen des lokalen Rechners auslesen und den Pfad damit zusammensetzen:

```
string adsiPath = "WinNT://" + Environment.MachineName +
   "/Administrator,user";
```

Der Pfad eines normalen LDAP-Providers ist ungleich komplexer. In den Rezepten des Buchs setze ich diesen Provider nicht ein, weil die Problemlösungen, die sich lediglich auf lokale oder entfernte Rechner oder die Domäne beziehen, den WinNT-Provider erfordern. Deshalb beschreibe ich den Aufbau des LDAP-Pfades nur grundlegend und vereinfachend.

Den LDAP-Provider verwenden Sie z.B. zum Zugriff auf die Verzeichnisdienste des Exchange-Servers, des Site-Servers, der Internet-Informationsdienste und des Microsoft Active Directory. Active Directory kann auf einem Domänen-Controller (DC) konfiguriert werden und Ressourcen verzeichnen, die in der Domäne verwaltet werden. Über eine Abfrage des Active Directory können diese Ressourcen zentral lokalisiert werden. Eine recht gute und einfache Einführung zu Active Directory finden Sie in der ADSI-Dokumentation unter WIN32- UND COM-ENTWICKLUNG / ADMINISTRATION AND MANAGEMENT / DIRECTORY SERVICES / SDK DOCUMENTATION / DIRECTORY SERVICES / DIRECTORY ACCESS TECHNOLOGIES / ACTIVE DIRECTORY SERVICE / INTERFACES / ACTIVE DIRECTORY SERVICE / INTERFACES QUICKSTART TUTORIALS / ACCESSING ACTIVE DIRECTORY USING VISUAL BASIC.

Ein LDAP-Pfad besitzt normalerweise das folgende Format:

`LDAP://[Hostname[:Portnummer]][Distinguished Name]`

Der Hostname (der vorwiegend beim Microsoft Active Directory-Verzeichnisdienst verwendet wird) bezeichnet einen speziellen Server, dessen LDAP-Verzeichnisdienst angesprochen werden soll. Lassen Sie diesen weg, sprechen Sie einen der erreichbaren Server an. ADSI verwendet dabei den Server, der die Anfrage am besten verarbeiten kann.

Der »Distinguished Name« (*DN*; Ausgezeichneter Name), der auf dem RFC[12] 1779 basiert (*www.ietf.org/rfc/rfc1779.txt*), ist das eigentliche Problem. Der Pfad zu einem Objekt wird hierbei aus verschiedenen, hierarchisch angeordneten Angaben zusammengesetzt, die mit einem Token beginnen, das eine Aussage über die Hierarchieebene macht. Die folgenden Token werden in einem normalen LDAP-DN verwendet:

- *CN*: Der Name des Objekts (Common Name = Allgemeiner Name),
- *O*: Name der Organisation,
- *OU*: Name der Einheit innerhalb der Organisation (Organizational Unit),
- *C*: Name des Landes (Country).

Der Microsoft LDAP-Provider erweitert die Token noch um das Token *DC* (Domain Component), das für Teile von DNS-Domänennamen wie *MyDomain.MyCompany.com* verwendet wird.

Nun müssen Sie nur noch wissen, welche Bedeutung die einzelnen Token besitzen. Dazu ist es wichtig zu wissen, wie ein LDAP-Verzeichnisdienst Objekte verwaltet.

In einem LDAP-Verzeichnisdienst werden Objekte immer hierarchisch organisiert. In einem normalen LDAP-Verzeichnisdienst verwaltet häufig eine übergeordnete *Organization* (O) eine oder mehrere *Organizational Units* (Organisationseinheiten, OU). Organizational Units können direkt Objekte verwalten oder auch wieder Organizational Units. Die in einer Organizational Unit verwalteten Objekte besitzen einen *Common Name* (CN), über den sie angesprochen werden können. Da ein LDAP-Objekt auch Container für andere Objekte sein kann, kann es sein, dass einem Objekt noch weitere Objekte untergeordnet sind.

> **Hinweis**
> Die Unterscheidung zwischen einer OU und einem Container-Objekt ist an dieser Stelle vielleicht unklar. OUs dienen lediglich der hierarchischen Grundeinteilung. Objekte können jedoch auch Eigenschaften und Methoden besitzen. Ein `Group`-Objekt kann z.B. `User`-Objekte verwalten und Methoden zum Hinzufügen oder Löschen von Benutzern anbieten und in Eigenschaften den vollen Namen der Gruppe und Zugriffsrechte für Systemressourcen verwalten.

---

12. Ein RFC (Request For Comment = Aufforderung zum Kommentar) ist eine Empfehlung für einen Standard im Internet

>> Einführung

Ein Beispiel für einen solchen hierarchischen Aufbau ist die Verwaltung der Ressourcen einer Firma mit mehreren Filialen. Die Organization steht für die Firma, die erste Ebene der Organizational Units sind die Regionen (Nord, Süd, Ost, West). Denen sind wieder Organizational Units zugeordnet, die die Filialen einer Region verwalten. Innerhalb einer Filiale sind u.a. `Group`-Objekte gespeichert, die bestimmte Eigenschaften (wie z.B. Zugriffsrechte) besitzen. Ein `Group`-Objekt ist ein Container für `Employee`-Objekte, die die einer Gruppe zugewiesenen Mitarbeiter verwalten. Der LDAP-Pfad zum Mitarbeiter »Ford« in der Gruppe »Reiseleiter« der OU »NRW« in der OU »West« der Organization »Galaxy-Travel« sieht dann z.B. so aus:

```
LDAP://CN=Ford,CN=Reiseleiter,OU=NRW,OU=West,O=Galaxy-Travel
```

Active Directory verwendet für die Verwaltung von Domänenressourcen keine Organization-Einteilung, sondern den Domänennamen. Diesen geben Sie dann über das DC-Token in seinen Teilen an. Angenommen, das oben angegebene Szenario wird statt in der Organization Galaxy-Travel in der Domäne »Galaxy-Travel.de« verwaltet, sieht der ADSI-Pfad so aus:

```
LDAP://CN=Ford,CN=Reiseleiter,OU=NRW,OU=West,DC=Galaxy-Travel,DC=de
```

Da mehrere Domänencontroller Active Directory-Verzeichnisdienste anbieten können (und dabei sogar in der Lage sind sich gegenseitig auszutauschen), können Sie den Server angeben, den Sie gezielt abfragen wollen:

```
LDAP://DomainController1/CN=Ford,CN=Reiseleiter,OU=NRW,OU=West,DC=Galaxy-Travel,DC=de
```

Geben Sie den Domänencontroller nicht an, sucht ADSI automatisch den Verzeichnisdienst, der am besten zur Anfrage passt.

Einige spezielle LDAP-Verzeichnisdienste werden über einen bestimmten Port angesprochen und verzichten auf Organization-Zuordnungen. Das ist z.B. beim Membership-Server des Microsoft Site Server der Fall (der üblicherweise Benutzerkonten für eine Website verwaltet, deren Zugang nicht für alle Benutzer möglich sein soll). Der Pfad zum Member mit dem Common Name Ford auf dem Membership-Server *Zaphod*, der auf dem Port 1500 lauscht, sieht dann z.B. so aus:

```
LDAP://Zaphod:1500/ou=Members/cn=Ford
```

Falls Sie einen LDAP-Verzeichnisdienst ansprechen wollen, kommen Sie aber wohl kaum um das intensive Studium der Dokumentation herum, um den korrekten LDAP-Pfad für den Zugriff auf Ressourcen zu ermitteln.

Erzeugen der DirectoryEntry-Instanz

Wenn Sie den Pfad zum anzusprechenden Objekt zusammengestellt haben, können Sie damit eine Instanz der Klasse `DirectoryEntry` aus dem Namensraum `System.Directory-Services` erzeugen. Den Pfad übergeben Sie am ersten Argument des Konstruktors.

Der Zugriff auf die Ressourcen eines Verzeichnisdienstes erfordert natürlich bestimmte Rechte. Die dazu verwendeten Benutzerkonten können im Verzeichnisdienst selbst definiert sein. Greift der Verzeichnisdienst auf Ressourcen eines Computers zu, werden zudem (bzw. ausschließlich) die Sicherheitseinschränkungen des Betriebssystems verwendet. Wenn Sie eine `DirectoryEntry`-Instanz nur mit einem Pfad erzeugen, verwendet ADSI zur Authentifizierung gegenüber dem Verzeichnisdienst bzw. dem System das Benutzerkonto, das dem aktuellen Thread zugeordnet ist (also normalerweise das Konto des in Windows eingeloggten Benutzers). Da dieses häufig nicht über ausreichende Rechte verfügt (besonders, wenn Sie über ADSI auf ein entferntes System zugreifen), können Sie am zweiten und dritten Argument des Konstruktors den Namen und das Passwort eines Benutzerkontos übergeben, das dann explizit für die Authentifizierung verwendet wird. In einer weiteren Variante des Konstruktors können Sie die Art der Authentifizierung einstellen, aber das führt hier zu weit.

Die Instanz sollten Sie in einer Ausnahmebehandlung erzeugen, um auf ADSI-Fehler reagieren zu können. Diese Fehler werden aber leider erst gemeldet, wenn Sie versuchen auf das ADSI-Objekt zuzugreifen. Wenn Sie z.B. einen ungültigen Pfad übergeben, führt das erst beim Lesen oder Schreiben einer Eigenschaft oder beim Aufruf einer Methode zu einer Ausnahme. Deshalb sollten Sie im `try`-Block eine Eigenschaft des Objekts lesen, damit Fehler direkt bei der Erzeugung erkannt werden. Ich verwende einfach die Eigenschaft `Name` des `DirectoryEntry`-Objekts, die den Common Name des ADSI-Objekts verwaltet. Das Beispiel setzt die Variable `de` im Fehlerfall auf `null`, damit dieser Zustand bei der späteren Verwendung des Objekts abgefragt werden kann.

Zum Kompilieren dieses Quellcodes müssen Sie die Namensräume `System` und `System.DirectoryServices` einbinden. Außerdem müssen Sie in den Variablen `authUser` und `authPassword` die Daten eines Benutzers eintragen, der auf Ihrem System existiert.

```
// DirectoryEntry-Objekt für den Zugriff auf den Benutzer
// "Administrator" auf dem lokalen Computer erzeugen
DirectoryEntry de = null;
string adsiPath = "WinNT://" + Environment.MachineName +
    "/Administrator,user";
Console.Write("User-Name für die Authentifizierung: ");
string authUser = Console.ReadLine();
Console.Write("Passwort für die Authentifizierung: ");
string authPassword = Console.ReadLine();

try
{
   // DirectoryEntry-Objekt für das ADSI-Objekt erzeugen
   de = new DirectoryEntry(adsiPath, authUser, authPassword);

   // Einmal auf das Objekt zugreifen, um dessen Existenz zu überprüfen
   string name = de.Name;
}
catch (Exception ex)
{
```

Listing 15: Erzeugen einer DirectoryEntry-Instanz für ein ADSI-Objekt

Einführung

```
    Console.WriteLine(ex.Message);
    de = null;
}
```

Listing 15: Erzeugen einer DirectoryEntry-Instanz für ein ADSI-Objekt (Forts.)

Fehlerauswertung

Die Fehlerauswertung ist unter ADSI leider nicht allzu einfach (was auch meine Erfahrungen mit LDAP unter dem Site Server bestätigt haben). Da ADSI über COM angesprochen wird, führen ADSI-Fehler zu einer Ausnahme vom Typ `System.Runtime.InteropServices.COMException`. Die Fehlermeldung ist, je nach Provider, in einigen Fällen aussagekräftig, in anderen aber leider nicht. Wenn Sie z.B. beim WinNT-Provider beim Zugriff auf ein `User`-Objekt den Namen eines nicht vorhandenen Benutzers angeben, erzeugt dieser die Fehlermeldung »Der Benutzername konnte nicht gefunden werden«. Geben Sie aber einen falschen ADSI-Pfad an (z.B. »WinNT:/ /« + Environment.MachineName + »/Administrator,uXer«), resultiert dies in einer Ausnahme mit der Meldung »Unbekannter Fehler (0x80005000)«. Der in dieser Meldung angegebene `HRESULT`-Fehlercode (vgl. »Aufruf von API-Funktionen über PInvoke« im Abschnitt »Das Windows-API«) wird in der ADSI-Referenz unter ADSI ERROR CODES beschrieben. Sie können aber im Index auch einfach nach »ADSI [ADSI]« suchen, dann auf ADSI REFERENCE und schließlich auf ERROR CODES klicken um die Beschreibung der Fehler zu erhalten. Im Internet finden Sie diese an der Adresse *msdn.microsoft.com/library/en-us/adsi/adsi/adsi_error_codes.asp*.

Der Fehler 0x80005000 sagt demnach aus, dass ein ungültiger Pfadname übergeben wurde. Ich habe mich schon immer gefragt, warum ADSI die Fehlercodes nicht automatisch in die passende Fehlermeldung umsetzt. Bisher habe ich auch noch keine Möglichkeit gefunden, die `HRESULT`-Werte über das Windows-API oder ADSI in die passende Fehlermeldung umzuwandeln. Schade.

Lesen von Eigenschaften

Wenn Sie das ADSI-Objekt erfolgreich instanziert haben, können Sie dessen Eigenschaften lesen. Lediglich eine Eigenschaft, nämlich `Name` (die für den Common Name steht), können Sie direkt auslesen. Auf alle anderen können Sie über die `Properties`-Auflistung zugreifen. Dem Indizierer dieser Auflistung übergeben Sie den Namen der Eigenschaft.

`Properties` gibt eine Referenz auf ein `PropertyValueCollection`-Objekt zurück. Dass es sich dabei wieder um eine Aufzählung handelt, ist darin begründet, dass ADSI auch mehrwertige Eigenschaften erlaubt (was allerdings selten genutzt wird). Wenn Sie eine solche abfragen, können Sie über die Eigenschaft `Count` die Anzahl der Teile der Eigenschaft abfragen und über den Indizierer des `PropertyValueCollection`-Objekts auf diese Teile zugreifen, indem Sie den Index übergeben. Den Wert einwertiger Eigenschaften können Sie aber auch einfach über die Eigenschaft `Value` auslesen. `Value` besitzt (natürlich) den Typ `object`, den Sie in der Regel vor der Verarbeitung konvertieren müssen.

Beim Lesen müssen Sie außerdem beachten, dass einige Eigenschaften in ADSI-Objekten optional sind und deshalb nicht zwangsläufig implementiert werden müssen. Welche das sind, können Sie in der Dokumentation des ADSI-Schemas nachlesen. Diese Eigenschaften sollten Sie immer in einer Ausnahmebehandlung lesen, die die eventuell auftretende Ausnahme einfach verwirft.

Das folgende Beispiel, das das Beispiel in Listing 15 weiterführt, liest auf diese Weise die ADSI-Eigenschaften Name, FullName und Description des erzeugten User-Objekts aus. Da die beiden letztgenannten Eigenschaften im User-Schema (wie alle Eigenschaften außer Name) optional sind, erfolgt das Lesen in einer Ausnahmebehandlung:

```
if (de != null)
{
   Console.WriteLine(de.Name);

   string fullName = null;
   try {fullName = de.Properties["FullName"].Value.ToString();}
   catch {}
   Console.WriteLine("Voller Name: {0}", fullName);

   string description = null;
   try {description = de.Properties["Description"].Value.ToString();}
   catch {}
   Console.WriteLine("Beschreibung: {0}", description);
}
```

Listing 16: Lesen von Eigenschaften eines ADSI-Objekts

Abbildung 18: Das Programm hat Eigenschaften des Benutzers ausgelesen

Schreiben von Eigenschaften

ADSI ermöglicht nicht nur das Lesen, sondern auch das Schreiben von Eigenschaften (sofern das Benutzerkonto über ausreichende Rechte verfügt). Um Eigenschaften mit neuen Werten zu beschreiben, greifen Sie über die Properties-Auflistung auf die Eigenschaft zu, dürfen dann aber nicht einfach in die Value-Eigenschaft schreiben. Wenn Sie direkt in Value schreiben, erhalten Sie den »sehr aussagekräftigen« Fehler »Unbekannter Fehler«. Der Grund dafür (dass dieser Fehler auftritt, nicht dass die Meldung so nutzlos ist) liegt darin, dass ADSI-Objekte wie bereits gesagt auch mehr-

>> Einführung

wertige Eigenschaften ermöglichen und ein `DirectoryEntry`-Objekt scheinbar davon ausgeht, dass eine Eigenschaft immer mehrwertig ist. Sie müssen auch bei einwertigen Eigenschaften die `Add`-Methode aufrufen. Bei einwertigen Eigenschaften führt `Add` aber nicht dazu, dass der übergebene Wert hinzugefügt wird, sondern dass der vorhandene durch den neuen ersetzt wird. Für mehrwertige Eigenschaften macht das ja Sinn, für einwertige hätte Microsoft sich da aber eine andere Lösung einfallen lassen können. Die Werte von mehrwertigen Eigenschaften können Sie übrigens über die `Clear`-Methode vor dem Neu-Schreiben löschen.

Das Schreiben alleine reicht aber nicht aus. ADSI-Objekte werden (wahrscheinlich aus Performancegründen) immer im Speicher gecacht. Wenn Sie Eigenschaften lediglich beschreiben und das Programm dann beenden, gehen Ihre Änderungen verloren. Nach dem Schreiben müssen Sie immer die `CommitChanges`-Methode des `DirectoryEntry`-Objekts aufrufen, damit die Änderungen in den Verzeichnisdienst zurückgeschrieben werden. Das Ganze sollte natürlich wieder in einer Ausnahmebehandlung erfolgen.

Das folgende Beispiel, das das Beispiel aus Listing 15 weiterführt, ändert den vollen Namen des `User`-Objekts:

```
try
{
   // Die Eigenschaft FullName beschreiben
   de.Properties["FullName"].Add("Zaphod Beeblebrox");

   // Die gecachten Werte in den Verzeichnisdienst schreiben
   de.CommitChanges();
}
catch (Exception ex)
{
   Console.WriteLine("Fehler beim Schreiben der Eigenschaft: {0}",
      ex.Message);
}
```

Listing 17: Schreiben einer Eigenschaft in einem ADSI-Objekt

Freigeben der Ressourcen

Nach der Arbeit mit ADSI-Objekten sollten Sie die Ressourcen, die diese Objekte verwenden, explizit freigeben. Sie können sich zwar auch auf den Garbage Collector verlassen, der automatisch den Destruktor der `DirectoryEntry`-Objekte aufruft und die Ressourcen freigibt. Bis zur Ausführung des GC kann es aber einige Zeit dauern. Um sicherzugehen, rufen Sie einfach die `Close`-Methode des `DirectoryEntry`-Objekts auf:

```
// Schließen des ADSI-Objekts und Freigeben der ADSI-Ressourcen
de.Close();
```

Durchgehen von Container-Objekten

ADSI-Objekte können auch Container für andere ADSI-Objekte sein. Ein Computer-Objekt des WinNT-Providers ist z.B. (u.a.) ein Container für Group- und User-Objekte. Die in einem Container enthaltenen Objekte können Sie über die Eigenschaft Children durchgehen, die eine einfache Auflistung von DirectoryEntry-ist. Die einzelnen Objekte können Sie wieder genauso behandeln, wie ich es bereits gezeigt habe. Das Beispiel in Listing 18 gibt zusätzlich zum Namen des Objekts auch dessen Schemaklassen-Name aus.

Zum Kompilieren dieses Beispiels müssen Sie die Namensräume System und System.DirectoryServices einbinden und in den Variablen authUser und authPassword die Daten eines Benutzers eintragen, der auf Ihrem System existiert.

```
// DirectoryEntry-Objekt für den Zugriff auf den lokalen Computer erzeugen
DirectoryEntry de = null;
string adsiPath = "WinNT://" + Environment.MachineName + ",computer";
Console.Write("User-Name für die Authentifizierung: ");
string authUser = Console.ReadLine();
Console.Write("Passwort für die Authentifizierung: ");
string authPassword = Console.ReadLine();
Console.WriteLine();

try
{
   // DirectoryEntry-Objekt für das ADSI-Objekt erzeugen
   de = new DirectoryEntry(adsiPath, authUser, authPassword);

   // Einmal auf das Objekt zugreifen, um dessen Existenz zu überprüfen
   string name = de.Name;
}
catch (Exception ex)
{
   Console.WriteLine(ex.Message);
   de = null;
}

// Eine Eigenschaft auslesen und die enthaltenen Objekte durchgehen
if (de != null)
{
   Console.WriteLine("Computername: {0}", de.Name);
   Console.WriteLine();

   // Die Child-Objekte durchgehen
   foreach (DirectoryEntry child in de.Children)
   {
      // Name ausgeben
```

Listing 18: Einfaches Durchgehen eines Container-Objekts

>> Einführung

```
      Console.WriteLine("Name: {0}", child.Name);
      Console.WriteLine("Schema: {0}", child.SchemaClassName);
      Console.WriteLine();
   }
}
```

Listing 18: Einfaches Durchgehen eines Container-Objekts (Forts.)

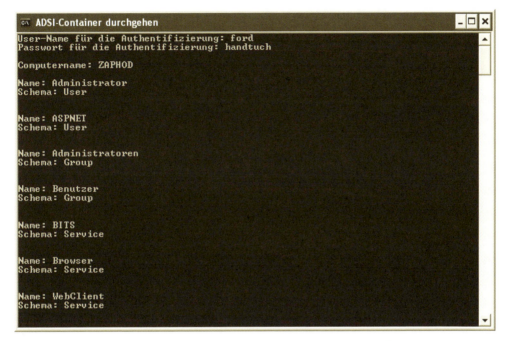

Abbildung 19: Das Programm hat alle dem Computer untergeordneten ADSI-Objekte ausgelesen (verkürzte Darstellung)

Die können jedoch auch nur die Objekte durchgehen, die einer oder mehreren Schema-Klassen angehören. Dazu fügen Sie der SchemaFilter-Eigenschaft der Children-Auflistung über deren Add-Methode die gewünschten Schemaklassennamen hinzu. Falls Sie zuvor bereits gefiltert haben, sollten Sie vor dem Aufruf von Add die Clear-Methode aufrufen, um alle vorhandenen Filter zu löschen. Das folgende Beispiel geht alle User-Objekte des Computers durch:

```
Console.WriteLine("Alle User:");

if (de != null)
{
   // Filter definieren
```

Listing 19: Durchgehen nur bestimmter ADSI-Objekte in einem Container

```
    de.Children.SchemaFilter.Clear();
    de.Children.SchemaFilter.Add("User");

    // Die Child-Objekte durchgehen
    foreach (DirectoryEntry child in de.Children)
    {
       // Name ausgeben
       Console.WriteLine(child.Name);
       Console.WriteLine();
    }
}
```

Listing 19: Durchgehen nur bestimmter ADSI-Objekte in einem Container (Forts.)

Teil II Rezepte

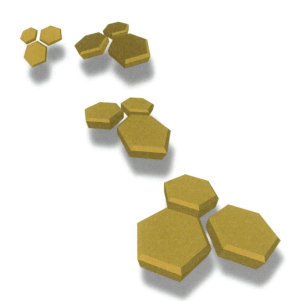

- Basics
- Datum und Zeit
- Anwendungen, Konfiguration, Prozesse und Dienste
- Dateisystem
- Text-, binäre und Zip-Dateien
- XML
- System
- Internet
- Formulare und Steuerelemente
- Benutzer, Gruppen und Sicherheit
- Multimedia
- Bildbearbeitung
- Zeichnen mit GDI+
- COM-Interop mit Office
- Reflection und Serialisierung
- Threading und asynchroner Methodenaufruf
- Datenbank-Programmierung

Basics

1 Zahlen formatieren

Dies ist eines der einfachsten Rezepte in diesem Buch, und wahrscheinlich werden Sie bereits wissen, wie Sie Zahlen formatiert ausgeben. Aber in meinen C#-Einführungs-Seminaren ist diese Frage eine der meistgestellten ☺.

Zahlen können Sie ganz einfach über die `ToString`-Methode eines Zahl-Datentyps formatieren. Dieser Methode können Sie einen String übergeben, der ein Format-Muster enthält. Das Muster »0.00« steht zum Beispiel dafür, dass die Zahl mit mindestens einer Vorkomma- und zwei Nachkommastellen dargestellt wird:

```
double number = 0.1599;
string formattedNumber = number.ToString("0.00");
```

In diesem Beispiel resultiert auf einem deutschen System der String »0,16«. Beim Formatieren auf eine angegebene Anzahl Nachkommastellen wird die Zahl gerundet, wobei das bei uns übliche kaufmännische Rundungsverfahren angewendet wird (siehe Rezept 8).

Alternativ können Sie Zahlen auch über die statische `Format`-Methode der `String`-Klasse formatieren. Dieser Methode übergeben Sie einen Format-String, der aus beliebigen Zeichen und Platzhaltern bestehen kann. Ein Platzhalter wird in geschweifte Klammern eingefügt und mit einem Index versehen. Der erste Index (0) steht für den ersten Wert, den Sie am zweiten (`params`-)Argument übergeben, der zweite Index steht für den zweiten Wert etc.

Ein einfacher Platzhalter sieht folgendermaßen aus: »{0}«. Hinter dem Platzhalter-Index können Sie durch einen Doppelpunkt getrennt ein Formatmuster angeben. So können Sie eine Zahl zum Beispiel auch auf zwei Stellen hinter dem Komma formatieren:

```
double number = 0.1599;
string formattedNumber = String.Format("{0:0.00}", number);
```

Tabelle 4 beschreibt die wichtigsten Formatierzeichenfolgen.

Formatier-zeichen-folge	Bedeutung	Beispielwert	Formatierter Wert
C	Währung mit Standard-Dezimalstellen	100.955	»100,96 €«
C*n*	Währung mit definierten Dezimalstellen. *n* gibt die Dezimalstellen an.	100.955 (mit C4 formatiert)	»100,9550 €«

Tabelle 4: Die Formatierzeichenfolgen für Zahlwerte

Zahlen formatieren

Formatier-zeichen-folge	Bedeutung	Beispielwert	Formatierter Wert
E	Exponential-Format	1235	»1,235000E+003«
F	Festkommazahl mit im System eingestellten Dezimalstellen und ohne Tausendertrennzeichen	1234.955	»1234,96«
Fn	Festkommazahl mit definierten Dezimalstellen und ohne Tausendertrennzeichen. n gibt die Dezimalstellen an.	1234.955 (mit F4 formatiert)	»1234,9550«
G	Allgemeine Zahl. Die Zahl wird abhängig von ihrem Typ und ihrer Größe möglichst kompakt formatiert. Bei großen Zahlen wird das Exponentialformat verwendet. Dieses Format entspricht der Standardformatierung der To-String-Methode, wenn diese ohne Formatierzeichen aufgerufen wird.	1234567890123456 1234.5678	»1,23456789012346E+15« »1234.5678«
Gn	Allgemeine Zahl mit definierter Anzahl Stellen	1234567890123456 (mit G4 formatiert)	»1,235E+15«
N	Standard-Zahl mit im System eingestellten Dezimalstellen und Tausendertrennzeichen	1234.955	»1.234,96«
Nn	Standard-Zahl mit definierten Dezimalstellen und ohne Tausendertrennzeichen. n gibt die Dezimalstellen an.	1234.955 (mit N1 formatiert)	»1.235,0«
P	Prozentwert (die Zahl wird durch 100 geteilt und es wird ein Prozentzeichen angehängt). Für die Anzahl der Dezimalstellen wird die System-Voreinstellung verwendet.	0.1234	»12,34%«

Tabelle 4: Die Formatierzeichenfolgen für Zahlwerte (Forts.)

>> **Basics**

Formatier-zeichen-folge	Bedeutung	Beispielwert	Formatierter Wert
P*n*	Prozentwert mit definierter Anzahl Nachkommastellen. *n* gibt die Dezimalstellen an.	0.1234 (mit *P1* formatiert)	»12,3%«
X	Hexadezimales Format	255	»FF«
X*n*	Hexadezimales Format mit angegebener Anzahl Stellen	255 (mit *X4* formatiert)	»00FF«
0.00	Benutzerdefiniert: Mindestens eine Vorkomma- und genau zwei Nachkommastellen.	0.345 12.345 1234.567	»0,35« »12,35« »1234,57«
.00	Benutzerdefiniert: Genau zwei Nachkommastellen	0.345 12.345 1234.567	»,35« »12,35« »1234,57«
#,#	Benutzerdefiniert: Mit Tausendertrennzeichen und ohne Nachkommastellen (diese werden aufgerundet)	1234.567	»1.235«
#,#0.00	Benutzerdefiniert: Mit Tausendertrennzeichen, mindestens einer Vorkommastelle und zwei Nachkommastellen	1234.567	»1.234,57«

Tabelle 4: Die Formatierzeichenfolgen für Zahlwerte (Forts.)

Für die benutzerdefinierten Formatierzeichen (0 und #) zeigt Tabelle 4 nur Beispiele. # steht für eine oder keine Ziffer, 0 für genau eine Ziffer. Sie können diese Symbole natürlich beliebig kombinieren. In der Tabelle habe ich lediglich die gängigsten Formatierungen aufgelistet.

2 Negative und positive Zahlen unterschiedlich formatieren

In vielen Finanz-Anwendungen ist zu sehen, dass negative Zahlen anders formatiert (z.B. in Klammern) ausgegeben werden als positive. Um dies zu erreichen setzen Sie die `ToString`-Methode des Zahltyps oder die `Format`-Methode der `String`-Klasse ein, deren Grundlagen ich bereits in Rezept 1 erläutert habe. Der »Trick« ist, dass Sie die Formatzeichenfolge nun zwei- oder dreiteilen, wobei Sie die einzelnen Teile durch Semikolons trennen. Der erste Teil steht für positive Werte, der zweite für negative und der dritte für 0. Da Sie nun explizit positive von negativen Werten unterscheiden, werden negative Zahlen nicht mehr automatisch mit einem vorangestellten Minuszeichen formatiert.

Das folgende Beispiel formatiert eine `double`-Zahl so, dass positive Zahlen normal mit führender Null und zwei Nachkommastellen angezeigt werden. Negative Zahlen werden ähnlich formatiert, aber in Klammern ausgegeben:

```
double number = 123.456;
string formattedNumber = number.ToString("0.00;(0.00)");
```

Listing 20: Unterschiedliches Formatieren einer Zahl je nach Vorzeichen

Das Resultat dieser Formatierung ist für 123.456 »123,46« und für -123.456 »(123,46)«

3 (Ganz-)Zahlen hexadezimal darstellen

Das hexadezimale Zahlenformat bietet besonders für Programmierer den wichtigen Vorteil, dass ein Byte mit zwei Ziffern dargestellt werden kann (00 bis FF). Es eignet sich deshalb hervorragend zur optischen Auswertung der einzelnen Bytes einer Zahl. Das ist wohl auch der Hauptgrund dafür, dass Technologien wie HTML für Farbangaben neben vordefinierten Konstanten auch hexadezimal dargestellte Zahlwerte erlauben, die sich aus drei Bytes zusammensetzen. Das linke Byte steht dabei für den Rotanteil der Farbe, das mittlere für den Grünanteil und das rechte für den Blauanteil. Die Farbe FFA000 steht z.B. für einen Orangeton.

Eine Ganzzahl können Sie sehr einfach entweder über die `ToString`-Methode eines Integer-Datentyps oder über die `Format`-Methode der `String`-Klasse in einen hexadezimalen Wert konvertieren, indem Sie als Format-Bezeichner ein *X* übergeben:

```
int i = 0xFAFBFC;
string hexNumber = String.Format("{0:X}", i);
```

Listing 21: Formatieren einer Ganzzahl als Hexadezimalwert

4 Hexadezimale Zahlen in dezimale Zahlen konvertieren

Hexadezimal dargestellte Zahlwerte können Sie über die Methoden `ToByte`, `ToSByte`, `ToInt16`, `ToUInt16`, `ToInt32`, `ToUInt32`, `ToInt64` und `ToUInt64` der `Convert`-Klasse in eine Integer-Zahl konvertieren. Am ersten Argument übergeben Sie dazu den zu konvertierenden String, am zweiten die Basis der Zahl, die in diesem Fall 16 ist. Da die Konvertierung auch fehlschlagen kann, sollten Sie die dann erzeugte Ausnahme abfangen:

>> Basics

```
string hexNumber = "FFA033";

// Konvertieren des Hex-Werts in eine long-Zahl
long number = 0;
try
{
   number = Convert.ToInt64(hexNumber, 16);
}
catch (Exception ex)
{
   Console.WriteLine("Fehler beim Konvertieren: {0}", ex.Message);
}
```

Listing 22: Konvertieren eines hexadezimalen Werts in einen long-Wert

Alternativ zur Ausnahmebehandlung können Sie auch vor der Konvertierung abfragen, ob der zu konvertierende String eine gültige Zahl speichert. Das Rezept 16 nimmt Ihnen diese Aufgabe ab.

5 Ganzzahlen dual darstellen

In einigen Fällen ist es hilfreich oder einfach nur informativ, eine Zahl in ihrer dualen Darstellung vor Augen zu haben. Sinn macht das allerdings nur bei ganzen Zahlen, da Fließkommazahlen auf eine recht komplexe Weise im Speicher abgelegt werden (als Vorzeichenbit, Mantisse und Exponent).

Das .NET Framework bietet dazu keine Möglichkeit. Sie müssen die Formatierung selbst programmieren. Dazu können Sie für positive Zahlen ganz einfach in einer Schleife die einzelnen Bits der Zahl durchgehen. Wenn Sie auf die Zahl ein bitweises Und mit 1 anwenden, können Sie den Zustand des jeweils rechten Bits ermitteln. In der Schleife shiften[13] Sie die Zahl dann um ein Bit nach rechts, damit beim nächsten Durchlauf das nächste Bit verglichen wird. Das jeweilige Ergebnis hängen Sie einfach an eine String-Variable an.

Für negative Zahlen sieht das Ganze etwas anders aus: Diese werden nämlich in der Regel im so genannten *Zweierkomplement* (siehe *de.wikipedia.org/wiki/Zweierkomplement*) dargestellt. In diesem werden positive Zahlen mit einer führenden Null dargestellt und weiter nicht verändert. Negative Zahlen werden mit einer führenden Eins dargestellt. Die einzelnen binären Ziffern des Absolutwerts der negativen Zahl werden negiert und zum Ergebnis wird 1 aufaddiert. Das ergibt dann automatisch eine führende Eins und gleichzeitig eine etwas ungewohnte Darstellung. -4 wird dual z.B.

---

13. Beim Shiften über die Operatoren << (Linksshift) und >> (Rechtsshift) werden die einzelnen Bits einer Zahl um ein Bit nach links bzw. rechts verschoben. Beim Linksshiften fällt das linke Bit »heraus«, rechts wird ein 0-Bit eingefügt. Beim Rechtsshiften fällt das rechte Bit heraus und links wird ein 0-Bit eingefügt.

94 >> Ganzzahlen dual darstellen

als 11111100 dargestellt, -128 als 10000000. Zur Verdeutlichung folgen hier die einzelnen Rechenschritte am Beispiel:

- Den Absolutwert in Dualsystem umrechnen: $-4_{10} = 00000100_2$
- Invertieren: 11111011_2
- Eins aufaddieren: $11111011_2 + 0000\ 0001_2 = 11111100_2$

Da es nur Sinn macht positive und negative Zahlen auf die gleiche Weise darzustellen, habe ich die Methoden zur Umwandlung von Zahlen in das Dualsystem mit einem Argument ausgestattet, über das Sie angeben können, ob das Ergebnis »normal« (mit führendem Plus- und Minuszeichen) oder im Zweierkomplement dargestellt werden soll.

Für eine `int`-Zahl sieht das Ganze dann so aus wie in der Methode `GetDualNumber` in Listing 23.

```
public static string GetDualNumber(int number, bool useTwosComplement)
{
   // Variable für das Ergebnis
   string result = "";

   // Absolutwert der Zahl berechnen und ermitteln,
   // ob diese negativ ist
   uint absoluteNumber = (uint)(number < 0 ? number * -1 : number);
   bool isNegative = (number < 0);

   // Die Bits 0 bis 32 durchgehen
   for (int i = 0; i < 32; i++)
   {
      // Über ein bitweises Or ermitteln, ob das Bit gesetzt ist,
      // und das Ergebnis vorne an die Stringvariable anfügen
      result = (absoluteNumber & 1).ToString() + result;

      // Die Bits um eine Position nach rechts shiften
      absoluteNumber >>= 1;
   }

   if (useTwosComplement)
   {
      // Zweierkomplement verwenden
      if (isNegative)
      {
         // Das Ergebnis negieren
         string temp = result;
         result = null;
         foreach (char digit in temp)
```

Listing 23: Methode zur Konvertierung einer int-Zahl in eine Dualzahl

```
            {
                if (digit == '0')
                    result += '1';
                else
                    result += '0';
            }

            // 1 aufaddieren
            temp = result;
            result = null;
            bool invert = true;
            for (int i = temp.Length - 1; i >= 0; i--)
            {
                if (temp[i] == '0')
                {
                    if (invert)
                    {
                        result = '1' + result;
                        invert = false;
                    }
                    else
                    {
                        result = '0' + result;
                    }
                }
                else
                {
                    result = (invert ? '0' : '1') + result;
                }
            }
        }
        else
        {
            // Kein Zweierkomplement verwenden
            if (isNegative)
                result = "-" + result;
            else
                result = "+" + result;
        }

        // Ergebnis zurückgeben
        return result;
}
```

Listing 23: Methode zur Konvertierung einer int-Zahl in eine Dualzahl (Forts.)

Zum Kompilieren dieser Methode müssen Sie den Namensraum System importieren.

>> Ganzzahlen dual darstellen

Ich habe natürlich Methoden für alle Ganzzahltypen implementiert, die ich hier allerdings – bis auf die Variante, der ein `uint`-Wert übergeben wird – nicht vorstelle. Sie finden Methoden für alle Ganzzahltypen im Repository und im Beispiel zu diesem Rezept.

Ganzzahlen ohne Vorzeichen müssen etwas anders behandelt werden. Hier muss sichergestellt werden, dass die Zahl im Zweierkomplement dargestellt werden kann, sofern dieses verwendet werden soll. Zur Erinnerung: Positive Zahlen werden im Zweierkomplement mit einer Null im äußerst linken Bit dargestellt. Das linke Bit darf also nicht von der Zahl selbst bereits verwendet werden. Bei Zahltypen mit Vorzeichen ist dies bereits durch den Typ selbst sichergestellt (Ganzzahlen mit Vorzeichen werden im Zweierkomplement gespeichert).

Deshalb überprüfen die Varianten von `GetDualNumber`, denen jeweils eine Ganzzahl ohne Vorzeichen übergeben wird, ob diese kleiner/gleich der Maximalzahl des äquivalenten vorzeichenlosen Typs (Ganzzahl-)geteilt durch 2 ist. Bei `sbyte` kommt dabei 127 heraus (255 / 2), was dem positiven Maximalwert von `byte` entspricht. Daneben entfällt bei diesen Methoden die Umrechnung negativer Zahlen in das Zweierkomplement.

```
public static string GetDualNumber(uint number, bool useTwosComplement)
{
   // Variable für das Ergebnis
   string result = "";

   // Sicherstellen, dass die Zahl für das Zweierkomplement
   // klein genug ist, das letzte (linke) Bit darf nicht
   // von der Zahl selbst verwendet werden
   if (useTwosComplement)
   {
      uint maxNumber = uint.MaxValue / 2;
      if (number > maxNumber)
      {
         throw new ArgumentException("Wenn die Dualzahl " +
            "im Zweierkomplement dargestellt werden soll " +
            ", darf die Zahl nicht größer sein als " +
            maxNumber);
      }
   }

   // Die Bits 0 bis 32 durchgehen
   for (int i = 0; i < 32; i++)
   {
      // Über ein bitweises Or ermitteln, ob das Bit gesetzt ist,
      // und das Ergebnis vorne an die Stringvariable anfügen
      result = (number & 1).ToString() + result;

      // Die Bits um eine Position nach rechts shiften
```

Listing 24: Methode zur Konvertierung einer uint-Zahl in eine Dualzahl

>> Basics

```
        number >>= 1;
    }

    if (useTwosComplement == false)
    {
        // Kein Zweierkomplement verwenden
        result = "+" + result;
    }

    // Ergebnis zurückgeben
    return result;
}
```

Listing 24: Methode zur Konvertierung einer uint-Zahl in eine Dualzahl (Forts.)

```
Ganzzahlen dual darstellen
int-Werte als Dualzahl:
+1              +00000000000000000000000000000001
+4              +00000000000000000000000000000100
-1              -00000000000000000000000000000001
-4              -00000000000000000000000000000100
-2147483648     -10000000000000000000000000000000
+2147483647     +01111111111111111111111111111111

int-Werte als Dualzahl im Zweierkomplement:
+1              00000000000000000000000000000001
+4              00000000000000000000000000000100
-1              11111111111111111111111111111111
-4              11111111111111111111111111111100
-2147483648     10000000000000000000000000000000
+2147483647     01111111111111111111111111111111

uint-Werte als Dualzahl:
+1              +00000000000000000000000000000001
+4              +00000000000000000000000000000100
0               +00000000000000000000000000000000
+2147483647     +01111111111111111111111111111111

uint-Werte als Dualzahl im Zweierkomplement:
+1              00000000000000000000000000000001
+4              00000000000000000000000000000100
0               00000000000000000000000000000000
+2147483647     01111111111111111111111111111111
```

Abbildung 20: Das Testprogramm in Aktion

Die kleinste Zahl eines Integertyps mit Vorzeichen entspricht übrigens dem Wert 0 mit Vorzeichenbit (weswegen der Absolutwert des kleinsten Werts eines Integer-Typs mit Vorzeichen um 1 größer ist als der Absolutwert des größten Werts). Deswegen gibt das Programm für den kleinsten `short`-Wert (-32768) den Dualwert -1000000000000000 aus.

6 Dualzahlen in Ganzzahlen konvertieren

Ähnlich wie hexadezimal dargestellte Zahlen (vgl. Rezept 4) können Sie auch dual dargestellte Zahlen in einen Integer-Wert konvertieren. Dazu verwenden Sie dieselben Methoden der `Convert`-Klasse wie im genannten Rezept, geben als Basis aber nun 2 an:

```
string dualNumber = "00001010";

// Konvertieren des Dualwerts in eine byte-Zahl
byte number = 0;
try
{
   number = Convert.ToByte(dualNumber, 2);
}
catch (Exception ex)
{
   Console.WriteLine("Fehler beim Konvertieren: {0}", ex.Message);
}
```

Listing 25: Konvertieren einer Dualzahl in eine dezimale Zahl

Bei Konvertierungen mit den Methoden `ToByte`, `ToUint16`, `ToUint32` und `ToUint64` wird der String »normal« ausgewertet. Da diese Methoden keine negativen Werte erlauben, darf der Dualstring nicht mit einem Minuszeichen beginnen (ein Plus-Zeichen ist allerdings erlaubt).

Verwenden Sie die Methoden `ToSByte`, `ToInt16`, `ToInt32` und `ToInt64`, wird der String allerdings entsprechend dem Zweierkomplement (siehe Rezept 5) ausgewertet. Der String »11111100« ergibt in diesem Fall die Zahl -4. Der Dualwert muss hier (natürlich) exakt der Bitgröße des jeweiligen Datentyps entsprechen.

7 Zahlen in verschiedenen Notationen darstellen

Zur Formatierung einer Zahl in verschiedene Notationen können Sie spezielle Formatzeichen einsetzen, die Sie z.B. der `ToString`-Methode eines numerischen Datentyps übergeben oder im Formatstring der `Format`-Methode der `String`-Klasse einsetzen können. Das .NET Framework definiert dazu die folgenden Zeichen:

- ▶ *C*: Formatierung als Währung,
- ▶ *e* oder *E*: Formatierung im wissenschaftlichen Format in der Form *MantisseEExponent*,
- ▶ *P*: Formatierung als Prozentwert,
- ▶ *G*: Formatierung als normale Zahl ohne Tausendertrennzeichen,
- ▶ *F*: Formatierung mit mindestens einer Ziffer links vom Dezimaltrennzeichen und zwei Dezimalziffern,
- ▶ *N*: Formatierung als normale Zahl mit Tausendertrennzeichen und zwei Dezimalziffern,
- ▶ *H*: Hexadezimale Formatierung.

>> Basics

Listing 26 zeigt einige Beispiele für die Formatierung in verschiedenen Notationen. Zum Kompilieren dieses Beispiels müssen Sie den Namensraum System importieren.

```
// Codierung der Konsole umstellen, damit das Euro-Zeichen korrekt ausgegeben
// werden kann
Console.OutputEncoding = Encoding.UTF8;

// Währung
Console.WriteLine(doubleNumber.ToString("C"));

// Wissenschaftliches Format
Console.WriteLine(doubleNumber.ToString("e"));
Console.WriteLine(doubleNumber.ToString("E"));

// Formatierung als Prozentwert
Console.WriteLine(doubleNumber.ToString("P"));

// Formatierung als normale Zahl ohne Tausendertrennzeichen
Console.WriteLine(doubleNumber.ToString("G"));

// Formatierung mit mindestens einer Ziffer links
// und zwei Ziffern rechts vom Dezimaltrennzeichen
Console.WriteLine(doubleNumber.ToString("F"));

// Formatierung als normale Zahl mit Tausendertrennzeichen
// und zwei Dezimalziffern
Console.WriteLine(doubleNumber.ToString("N"));

// Hexadezimal (nur Integer-Werte)
Console.WriteLine(intNumber.ToString("X"));
```

Listing 26: Darstellung von Zahlen in verschiedenen Notationen

> **Hinweis**
>
> Die Konsole verwendet normalerweise (leider immer noch) eine DOS-Zeichencodierung (in der Regel Codepage 437 oder 850). Diese (veralteten) Codierungen kennen nur die 8-Bit-Standard-Zeichen. Der (16-Bit-)Unicode-Wert des Euro-Zeichens ist aber größer als 255 und kann folglich mit der normalen Codierung nicht dargestellt werden. Die Lösung des Problems ist zum einen die explizite Angabe der Codierung über Console.OutputEncoding = Encoding.UTF8. Zusätzlich dazu müssen Sie die für das Konsolenfenster verwendete Schriftart auf eine Schrift ändern, die das Euro-Zeichen kennt. Stellen Sie die Schriftart in den Eigenschaften des Konsolenfensters (Rechtsklick auf dem Titel) auf »Lucida Console«, wählen Sie eine größere Schriftgröße (14 bis 16 ist ok) und übernehmen Sie die Änderung idealerweise für alle Konsolenfenster mit demselben Titel.

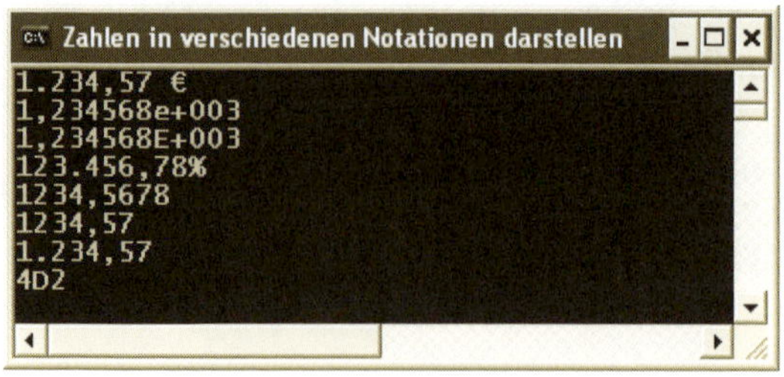

100 >> Zahlen kaufmännisch runden

Abbildung 21: Das Beispielprogramm in Aktion

8 Zahlen kaufmännisch runden

Die `Round`-Methode der `Math`-Klasse erlaubt das mathematische und das kaufmännische Runden von Zahlen. Wenn Sie neben der zu rundenden Zahl und den Dezimalstellen, auf die gerundet werden soll, nichts weiter angeben, wird mathematisch gerundet:

```
double number1 = 1.15;
double number2 = 1.25;
double number3 = 1.151;
double result1 = Math.Round(number1, 1); // 1.2
double result2 = Math.Round(number2, 1); // 1.2
double result3 = Math.Round(number3, 1); // 1.2
```

Listing 27: Mathematisches Runden von Zahlen

Wie bereits angedeutet rundet `Math.Round` per Voreinstellung mathematisch. Das mathematische Rundungsverfahren stellt sicher, dass keine Ungleichheit beim Runden entsteht. Beim kaufmännischen Rundungsverfahren wird immer aufgerundet, wenn die Ziffer rechts von der Stelle, auf die gerundet wird, eine Fünf ist. Befindet sich rechts neben der Stelle, auf die gerundet wird, aber lediglich eine 5 und keine weiteren Ziffern, liegt die Zahl genau zwischen der nächsthöheren und der nächstniedrigeren gerundeten Zahl. 1,25 liegt z.B. genau zwischen 1,2 und 1,3, wenn auf eine Stelle hinter dem Komma gerundet wird. Da in solchen Fällen immer aufgerundet wird, werden mehr Zahlen auf- als abgerundet (was den Kaufleuten nur recht sein kann ☺).

Das mathematische Rundungsverfahren löst dieses Problem, indem aufgerundet wird, wenn die Ziffer an der Stelle, auf die gerundet werden soll, ungerade ist. Ist die Ziffer gerade, wird abgerundet. Das gilt natürlich nur dann, wenn hinter der Stelle, auf die gerundet werden soll, lediglich die Ziffer 5 folgt. 1,15 wird demnach auf 1,2 aufgerundet, 1,25 wird auf 1,2 abgerundet. Im Beispiel resultiert deshalb für alle Zahlen das Ergebnis 1,2. 1.251 würde allerdings auf 1,3 aufgerundet werden, da hinter der 5 noch eine Ziffer folgt.

Wenn Sie kaufmännisch runden wollen bzw. müssen, können Sie am letzten Argument der `Round`-Methode den Wert `AwayFromZero` der Aufzählung `MidpointRounding` angeben:

>> Basics

```
double number1 = 1.15;
double number2 = 1.25;
double number3 = 1.151;
double result1 = Math.Round(number1, 1, MidpointRounding.AwayFromZero);
// 1.2
double result2 = Math.Round(number2, 1, MidpointRounding.AwayFromZero);
// 1.3
double result3 = Math.Round(number3, 1, MidpointRounding.AwayFromZero);
// 1.2
```

Listing 28: Kaufmännisches Runden von Zahlen

Abbildung 22 zeigt die Ausgabe eines Testprogramms.

Abbildung 22: Mathematisches und kaufmännisches Runden über Math.Round

9 Den kleinsten und den größten Wert eines numerischen Datentyps ermitteln

Den kleinsten Wert eines numerischen Datentyps erhalten Sie über die statische MinValue-Eigenschaft, die alle numerischen Typen und DateTime besitzen. Den größten Wert können Sie über die MaxValue-Eigenschaft ermitteln:

```
int minValue = int.MinValue;
int maxValue = int.MaxValue;
```

10 Gradmaß in das Bogenmaß umrechnen

Die trigonometrischen Methoden der Math-Klasse, denen ein Winkel übergeben wird (Sin, Cos, Tan etc.), erwarten diesen Winkel im Bogenmaß (Radiant, Abkürzung: rad). Falls Sie (wie es im Allgemeinen üblich ist) mit dem Gradmaß (0 bis 360°) arbeiten, müssen Sie dieses in das Bogenmaß umrechnen. Im Bogenmaß entspricht der volle Winkel eines Kreises (360°) 2 * p. Daraus ergibt sich die folgende Umrechnung:

```csharp
public static double ConvertDegreesToRadians(double degrees)
{
    return (Math.PI / 180) * degrees;
}
```

Listing 29: Methode zur Umrechnung eines Winkels in das Bogenmaß

Zum Kompilieren dieser Methode müssen Sie den Namensraum `System` einbinden.

11   Bogenmaß in das Gradmaß umrechnen

Die trigonometrischen Methoden der `Math`-Klasse, die einen Sinus-, Cosinus-, Tangens- etc. Wert in einen Winkel umrechnen (z.B. `Asin`, `Acos`, `Atan`), geben den berechneten Winkel im Bogenmaß (siehe Rezept 10) zurück. Sie wollen aber wahrscheinlich eher mit dem Gradmaß arbeiten. Die folgende Methode, die den Import des Namensraums `System` erfordert, rechnet eine Angabe im Bogenmaß in das Gradmaß um:

```csharp
public static double ConvertRadiansToDegrees(double radians)
{
    return (180 / Math.PI) * radians;
}
```

Listing 30: Methode zur Umrechnung einer Angabe im Bogenmaß in das Gradmaß

12   Umstellen der aktuellen Kultur

Wenn Sie Zahlen oder Datumswerte in Strings konvertieren, werden diese entsprechend der aktuell eingestellten Kultur formatiert, sofern Sie bei der Konvertierung keine spezielle Kultur angeben. Dasselbe gilt für das Konvertieren von Strings in Zahlen oder Datumswerte, wo natürlich auch die aktuelle Kultur verwendet wird.

Die aktuelle Kultur ist definiert über ein `CultureInfo`-Objekt (aus dem Namensraum `System.Globalization`), das dem aktuellen Thread zugeordnet ist. Den aktuellen Thread erreichen Sie über die Eigenschaft `CurrentThread` der `Thread`-Klasse (aus dem Namensraum `System.Threading`), das zugeordnete `CultureInfo`-Objekt über dessen Eigenschaft `CurrentCulture`.

Die aktuelle Kultur wird beim Start einer Anwendung über die im System eingestellte Kultur ermittelt. Sie können die aktuelle Kultur jedoch auch auf eine andere setzen. Dazu müssen Sie der `CurrentThread`-Eigenschaft ein `CultureInfo`-Objekt für die gewünschte Kultur übergeben. Ein solches Objekt können Sie über die statische `CreateSpecificCulture`-Methode der `CultureInfo`-Klasse (aus dem Namensraum `System.Globalization`) erzeugen. Dieser Methode übergeben Sie eine der international genormten Kultur-Kurzbezeichnungen. Tabelle 5 stellt einige wichtige dieser Kurzbezeichnungen dar. Die gesamte Liste finden Sie in der Dokumentation der `CultureInfo`-Klasse.

>> **Basics**

Kurzbezeichnung	Kultur
de	Deutsch allgemein
de-DE	Deutsch in Deutschland
de-AT	Österreichisches Deutsch
de-CH	Schweizer Deutsch
fr	Französisch allgemein
it	Italienisch allgemein
es	Spanisch allgemein
en	Englisch allgemein
en-US	US-amerikanisches Englisch
en-GB	Englisch in Großbritannien
en-AU	Englisch in Australien

Tabelle 5: Einige wichtige Kultur-Kurzbezeichnungen

Nun können Sie idealerweise beim Start der Anwendung die Kultur z.B. auf die australische Variante umstellen:

```
// CultureInfo-Objekt für die australische Kultur erzeugen
// und dem aktuellen Thread zuweisen
Thread.CurrentThread.CurrentCulture =
   CultureInfo.CreateSpecificCulture("en-AU");

// Als Beispiel einige Zahlen und Datumswerte formatiert ausgeben
double number = 1234.5678;
Console.WriteLine("Zahl im australischen Format: {0:#,#0.00}", number);

DateTime now = DateTime.Now;
Console.WriteLine("Datum im australischen Format: {0}", now.ToString());
```

Listing 31: Umstellen der aktuellen Kultur

Das Beispiel erfordert den Import der Namensräume `System`, `System.Threading` und `System.Globalization`.

Abbildung 23: Formatierung einer Zahl und eines Datumswerts im australischen Format

13 Die verfügbaren Kulturen auslesen

Die im System verfügbaren Kulturen erhalten Sie über die statische `GetCultures`-Methode der `CultureInfo`-Klasse (aus dem Namensraum `System.Globalization`) in Form eines `CultureInfo`-Arrays. Diese Methode erwartet einen oder mehrere Werte der `CultureTypes`-Aufzählung, die festlegt, welche Kulturen zurückgegeben werden sollen. Der Wert `FrameworkCultures` steht z.B. für alle neutralen unspezifischen Kulturen, die im Dotnet-Framework verfügbar sind. `NeutralCultures` steht für alle neutralen Kulturen (z.B. de), `SpecificCultures` steht für alle spezifischen (z.B. de-DE). Daneben können Sie noch die in Windows installierten Kulturen abfragen, `WindowsOnlyCultures` liefert zum Beispiel alle Kulturen, die nur in Windows zur Verfügung stehen und nicht vom Dotnet-Framework unterstützt werden. Diese Kulturen werden Sie wohl normalerweise nicht berücksichtigen.

Ein kleiner Nachteil des zurückgehaltenen `CultureInfo`-Arrays ist, dass dieses nicht sortiert ist. Dieses Problem können Sie natürlich lösen. Ich habe dazu in Listing 32 die Klasse `CultureComparer` implementiert, die die `IComparer`-Schnittstelle implementiert. Über eine Instanz dieser Klasse wird das in den Methoden `GetAllCultures`, `GetSpecificCultures` und `GetNeutralCultures` ermittelte `CultureInfo`-Array nach dem englischen Namen der Kultur sortiert. Dieser Name ist übrigens auch der, der von der `ToString`-Methode eines `CultureInfo`-Objekts zurückgegeben wird. Wenn Sie das zurückgehaltene Array also z.B. an eine `ListBox` binden, zeigt diese automatisch den englischen Namen der Kultur an.

Zum Kompilieren der Klasse und der Methoden in Listing 32 müssen Sie die Namensräume `System`, `System.Collections.Generic` und `System.Globalization` importieren.

```
/* Vergleichsklasse für Kulturen */
internal class CultureComparer : IComparer<CultureInfo>
{
   /* Vergleicht die Namen zweier Kulturen */
   public int Compare(CultureInfo x, CultureInfo y)
   {
      return x.EnglishName.CompareTo(y.EnglishName);
   }
}

/* Gibt die verfügbaren neutralen und spezifischen Kulturen zurück */
public static CultureInfo[] GetAllCultures()
{
   // Die verfügbaren Kulturen einlesen
   System.Globalization.CultureInfo[] cultures =
      System.Globalization.CultureInfo.GetCultures(
      System.Globalization.CultureTypes.FrameworkCultures);

   // Sortieren
```

Listing 32: Methoden zum sortierten Auslesen der verfügbaren Kulturen

>> Basics

```csharp
   Array.Sort(cultures, new CultureComparer());

   // Ergebnis zurückgeben
   return cultures;
}

/* Gibt die verfügbaren speziellen Kulturen zurück */
public static CultureInfo[] GetSpecificCultures()
{
   // Die verfügbaren Kulturen einlesen
   System.Globalization.CultureInfo[] cultures =
      System.Globalization.CultureInfo.GetCultures(
      System.Globalization.CultureTypes.SpecificCultures);

   // Sortieren
   Array.Sort(cultures, new CultureComparer());

   // Ergebnis zurückgeben
   return cultures;
}

/* Gibt die verfügbaren neutralen Kulturen zurück */
public static CultureInfo[] GetNeutralCultures()
{
   // Die verfügbaren Kulturen einlesen
   System.Globalization.CultureInfo[] cultures =
      System.Globalization.CultureInfo.GetCultures(
      System.Globalization.CultureTypes.NeutralCultures);

   // Sortieren
   Array.Sort(cultures, new CultureComparer());

   // Ergebnis zurückgeben
   return cultures;
}
```

Listing 32: Methoden zum sortierten Auslesen der verfügbaren Kulturen (Forts.)

Abbildung 24 zeigt eine Beispielanwendung, bei der alle speziellen Kulturen in eine ListBox gelesen wurden. Auf der rechten Seite wird ein Datum über einen Timer mit der aktuellen Kultur formatiert ausgegeben.

Abbildung 24: Alle speziellen Kulturen in einer ListBox

14 Zahlen in verschiedenen Länderformaten darstellen

In einigen Fällen sollen Zahlen nur für spezielle Ausgaben in länderspezifischen Formaten ausgegeben werden. Die Umstellung der aktuellen Kultur, die ich im Rezept 12 beschreibe, ist dazu nicht sinnvoll geeignet.

Den Methoden zur Formatierung können Sie aber an einem Argument ein Objekt übergeben, das die Schnittstelle IFormatProvider implementiert. Da die Klasse CultureInfo diese Schnittstelle implementiert, können Sie an diesem Argument eine Instanz dieser Klasse übergeben um Zahlen in einem bestimmten Länderformat auszugeben. Informationen zur Erzeugung eines solchen Objekts finden Sie im Rezept 12.

Das Programm in Listing 33 zeigt, wie Sie eine Zahl über deren ToString-Methode im australischen Format ausgeben. Das Programm benötigt den Import der Namensräume System und System.Globalization.

```
double number = 1234.5678;

// CultureInfo-Objekt für die australische Kultur erzeugen
CultureInfo aussieCulture = CultureInfo.CreateSpecificCulture("en-AU");

// Zahl in das australische Format formatieren
string formattedNumber = number.ToString("#,#0.00", aussieCulture);
```

Listing 33: Explizites Formatieren einer Zahl im australischen Format

>> **Basics**

15 Einen Bytewert in ein besser lesbares Format umwandeln

Wenn Sie in einem Programm Werte ermitteln, deren Einheit Byte ist, und Sie diese im Programm ausgeben wollen, fördert es die Lesbarkeit, wenn Sie große Werte in deren KB-, MB- oder GB-Entsprechung umwandeln. Dazu müssen Sie lediglich ermitteln, ob der Bytewert jeweils kleiner ist als ein KB, MB bzw. GB, den Wert dann entsprechend teilen und das Kürzel für die Einheit anhängen.

Die Methode `ByteToReadableFormat` in Listing 34 übernimmt diese Aufgabe. Um eine möglichst hohe Flexibilität anzubieten, erwartet die Methode am zweiten Argument einen Formatstring, über den die übergebene Zahl nach der Umrechnung formatiert wird.

Zum Kompilieren dieser Methode müssen Sie den Namensraum `System` einbinden.

```
public static string ByteToReadableFormat(long byteValue, string format)
{
   if (byteValue < 1024)
      return byteValue + " Byte";
   if (byteValue < 1048576) // 1048576 = 1024 * 1024
      return String.Format("{0:" + format  + "} KB", byteValue /  1024F);
   if (byteValue < 1073741824) // 1073741824 = 1024 * 1024 * 1024
      return String.Format("{0:" + format  + "} MB", byteValue / 1048576F);
   else
      return String.Format("{0:" + format  + "} GB", byteValue / 1073741824F);
}
```

Listing 34: Methode zum Formatieren eines Bytewerts in ein besser lesbares Format

`ByteToReadableFormat` gibt den u.U. umgerechneten Wert mit der hinten angehängten Einheit als Zeichenkette zurück. Aus dem Wert 1023 resultiert z.B. der String »1023 Byte«, aus 2222 wird »2,1699 KB« (bei einer Formatierung mit vier Dezimalstellen). Der folgende Programmcode zeigt Beispiele für eine Anwendung dieser Methode:

```
Console.WriteLine(ByteToReadableFormat(1023, "#,#0.####"));
Console.WriteLine(ByteToReadableFormat(1024, "#,#0.00"));
Console.WriteLine(ByteToReadableFormat(2222, "#,#0.####"));
Console.WriteLine(ByteToReadableFormat(3333 * 1024, "#,#0.####"));
Console.WriteLine(ByteToReadableFormat(4444L * 1024 * 1024, "#,#0.####"));
```

Abbildung 25: Die Ausgabe des Beispielprogramms

16   Überprüfen, ob ein String eine gültige Zahl speichert

Immer dann, wenn ein Anwender in einem Programm Zahlen eingeben soll und diese für Berechnungen weiterverarbeitet werden, sollten Sie die eingegebenen Zeichenketten daraufhin überprüfen, ob diese eine gültige Zahl speichern. Die Konvertierung eines Strings, der keine gültige Zahl verwaltet (über die Methoden der `Convert`-Klasse oder die `Parse`-Methoden der numerischen Datentypen), in einen numerischen Datentyp führt ansonsten zu einer Ausnahme vom Typ `FormatException`.

Die einfachste Variante, einen String daraufhin zu überprüfen, ob er eine gültige Zahl speichert, ist, diesen einfach zu konvertieren und die Ausnahme, die beim Konvertieren ungültiger Strings erzeugt wird, abzufangen:

```
string input = "123";
int result = 0;
try
{
    result = Convert.ToInt32(result);
    Console.WriteLine("Die Eingabe ist gültig");
}
catch
{
    Console.WriteLine("Die Eingabe ist ungültig");
}
```

Eine andere Möglichkeit ist, die `TryParse`-Methode zu verwenden, die alle einfachen Datentypen besitzen. `TryParse` versucht eine Konvertierung des übergebenen Werts und gibt bei Erfolg `true` zurück. In diesem Fall wird der konvertierte Wert in eine als `out`-Argument zu übergebende Variable geschrieben:

```
string input = "123";
int result;
if (int.TryParse(input, out result))
{
    Console.WriteLine("Die Eingabe ist gültig");
}
else
{
    Console.WriteLine("Die Eingabe ist ungültig")
}
```

Ein kleiner Nachteil dieser Methode ist, dass `TryParse` etwas langsamer ausgeführt wird als die Prüfung der `Exception` (vergleichen Sie hierzu das Beispielprogramm zu diesem Rezept). Das Ganze bewegt sich aber im Mikrosekundenbereich, weswegen Sie diesen Nachteil wohl vernachlässigen können. Ein Vorteil der `TryParse`-Methode ist, dass Sie optional ein Objekt übergeben können, das die `IFormatProvider`-Schnittstelle implementiert, um zu erreichen, dass beim Parsen eine bestimmte Formatierung verwendet wird. Am einfachsten ist die Übergabe eines `CultureInfo`-Objekts zur Berücksichtigung der dadurch bestimmten Kultur. Da dies nur bei Zahlen mit Dezimalstellen Sinn macht, verwende ich für das folgende Beispiel eine `double`-Zahl.

>> Basics

Der `TryParse`-Methode übergeben Sie wieder am ersten Argument den zu überprüfenden String. Am zweiten Argument können Sie in der zweiten Variante dieser Methode mit Werten der Aufzählung `System.Globalization.NumberStyles` festlegen, welches Format die eingegebene Zahl besitzen darf. Dieses Argument ist ein Bitfeld, Sie können also mehrere der `NumberStyles`-Konstanten über | kombinieren. Über die Konstante `AllowDecimalPoint` legen Sie z.B. fest, dass ein Dezimaltrennzeichen erlaubt ist, `AllowThousands` erlaubt ein Tausender-Trennzeichen, `AllowLeadingSign` ein führendes Vorzeichen und `AllowCurrencySymbol` ein Währungssymbol. Mit diesen und den anderen Konstanten können Sie recht genau festlegen, welches Format die Zahl besitzen darf. `NumberStyles` besitzt daneben aber auch Konstanten für vordefinierte Formate, die sich größtenteils über ihren Namen erklären: `Currency`, `Float`, `HexNumber`, `Integer` und `Number` (wie `Float`, nur mit Tausender-Trennzeichen).

Am dritten Argument übergeben Sie der zweiten Variante der `TryParse`-Methode ein Objekt, das die `IFormatProvider`-Schnittstelle implementiert. Das kann z.B. ein `CultureInfo`-Objekt sein. Für die aktuelle Kultur übergeben Sie `System.Threading.Thread.CurrentThread.CurrentCulture`.

Am letzten Argument (das mit `out` deklariert ist) übergeben Sie schließlich eine `double`-Variable, in die `TryParse` den konvertierten Wert schreibt.

Das folgende Beispiel erwartet die Eingabe einer `double`-Zahl in der allgemeinen englischen Schreibweise:

```csharp
double doubleResult;
if (double.TryParse(input, NumberStyles.Float,
    CultureInfo.CreateSpecificCulture("en"), out doubleResult))
{
    Console.WriteLine("Die Eingabe ist gültig");
}
else
{
    Console.WriteLine("Die Eingabe ist ungültig")
}
```

Eine dritte Möglichkeit, eine Eingabe auf Gültigkeit zu überprüfen, wäre übrigens die Verwendung der `IsNumeric`-Methode von Visual Basic, aber dazu müssten Sie die Assembly *Microsoft.VisualBasic* referenzieren (was wir als C#-Entwickler ja nur sehr ungern machen):

```csharp
if (Microsoft.VisualBasic.Information.IsNumeric(input))
{
    Console.WriteLine("Die Eingabe ist gültig");
}
else
{
    Console.WriteLine("Die Eingabe ist ungültig")
}
```

`IsNumeric` überprüft lediglich auf `double`-Zahlen und ermöglicht deshalb nicht, zu überprüfen, ob die Eingabe eine Ganzzahl ist.

>> Überprüfen, ob ein String eine gültige Zahl speichert

In einigen Fällen, wenn Sie Eingaben lediglich prüfen und nicht gleich auch in eine Variable schreiben wollen, ist `TryParse` u.U. zu umständlich. Soll eine spezielle Kultur berücksichtigt werden, ist `TryParse` ebenso umständlich, da Sie (in meinen Augen unsinnigerweise) neben dem `IFormatProvider`-Objekt das Format der Zahl mit übergeben müssen. Außerdem kann es bei der Verwendung ohne die Übergabe eines `NumberStyles`-Werts zu einem Problem kommen:

Da die `TryParse`-Methode grundsätzlich alle zum Datentyp passenden Formate erlaubt (bei `double` z.B. neben dem normalen Format auch die Exponentialschreibweise), ist die Überprüfung einerseits sehr flexibel. Andererseits gibt `TryParse` in der deutschen Kultur z.B. auch `true` zurück, wenn die Zahl falsch gesetzte Tausender-Trennzeichen enthält. Der String »1.2« ist z.B. gültig (und ergibt bei der Konvertierung die Zahl 12). Da Anwender in der Praxis häufig versehentlich oder sogar bewusst den Punkt als Dezimaltrennzeichen verwenden, ist die Überprüfung mit `TryParse` ohne weitere Vorkehrungen in vielen Fällen gefährlich. Besser wäre es, Tausender-Trennzeichen von vornherein auszuschließen. Und das können Sie nur, indem Sie `NumberStyles.Float` am zweiten Argument übergeben, was dann aber neben der Rückgabe-Variable am vierten auch die Übergabe des dritten Arguments erzwingt.

Also habe ich das Ganze ein wenig vereinfacht und einige Methoden geschrieben, die eine Eingabe einfach daraufhin prüfen, ob diese gültig ist. Diese Methoden verwenden für Ganzzahlwerte die schnellere Konvertierung mit `Exception`-Prüfung. Für Werte mit Nachkommastellen verwenden die Methoden `TryParse`. Um Probleme mit Tausender-Trennzeichen zu verhindern, werden diese ausgeschlossen, indem `TryParse` als Zahl-Stil bei Double-Zahlen `NumberStyles.Float` übergeben wird.

Zur Verwendung dieser Methoden müssen Sie die Namensräume `System` und `System.Globalization` importieren.

```csharp
/* Überprüft einen String daraufhin, ob dieser einen double-Wert speichert */
public static bool IsDouble(string value)
{
    double result;
    return double.TryParse(value, NumberStyles.Float, null, out result);
}

/* Überprüft einen String daraufhin, ob dieser einen double-Wert speichert */
public static bool IsDouble(string value, IFormatProvider provider)
{
    double result;
    return double.TryParse(value, NumberStyles.Float, provider, out result);
}

/* Überprüft einen String daraufhin, ob dieser einen int-Wert speichert */
public static bool IsInt(string value)
{
```

Listing 35: Methoden zur Überprüfung eines Strings auf numerische Daten

>> **Basics**

```
    try
    {
       Convert.ToInt32(value);
       return true;
    }
    catch
    {
       return false;
    }
}

/* Überprüft einen String daraufhin, ob dieser einen int-Wert speichert */
public static bool IsInt(string value, IFormatProvider provider)
{
    try
    {
       Convert.ToInt32(value, provider);
       return true;
    }
    catch
    {
       return false;
    }
}
```

Listing 35: Methoden zur Überprüfung eines Strings auf numerische Daten (Forts.)

Wenn die Methoden true zurückgeben, können Sie den String sicher konvertieren.

17 Überprüfen, ob ein String ein gültiges Datum speichert

Ähnlich wie bei eingegebenen Zahlen ist es sinnvoll, vom Anwender eingegebene Datumswerte vor der Weiterverarbeitung zu prüfen. Dazu können Sie eine ähnliche Technik verwenden wie bei der Überprüfung auf die Gültigkeit einer Zahl. Zum Kompilieren dieser Methoden müssen Sie die Namensräume System und System.Globalization importieren.

```
/* Überprüft, ob der übergebene String ein gültiges Datum speichert */
public static bool IsDate(string dateString)
{
    try
    {
       Convert.ToDateTime(dateString);
       return true;
```

Listing 36: Methoden zur Überprüfung der Gültigkeit eines Datums-Strings

```
      }
      catch
      {
         return false;
      }
   }

   /* Überprüft, ob der übergebene String ein gültiges Datum speichert */
   public static bool IsDate(string dateString, IFormatProvider provider)
   {
      try
      {
         Convert.ToDateTime(dateString, provider);
         return true;
      }
      catch
      {
         return false;
      }
   }
```

Listing 36: Methoden zur Überprüfung der Gültigkeit eines Datums-Strings (Forts.)

18 Zufallszahlen erzeugen

Zufallszahlen können Sie über eine Instanz der Klasse `System.Random` erzeugen. Die Methode `Next` liefert eine zufällig ermittelte `int`-Zahl zurück. Rufen Sie `Next` ohne Argument auf, liegt die Zahl im Bereich zwischen 0 und 2.147.483.647 (dem maximalen `int`-Wert). Sie können dieser Methode aber auch einen Maximalwert oder einen Minimal- und einen Maximalwert übergeben. So können Sie z.B. Zufallszahlen im Bereich von 1 bis 42 erzeugen.

```
Random random = new Random();
int number1 = random.Next(1, 42);
int number2 = random.Next(1, 42);
int number3 = random.Next(1, 42);
```

Die erzeugten Zufallszahlen sind gleich verteilt. Wenn Sie also sehr viele Zahlen erzeugen, ist die Wahrscheinlichkeit groß, dass die einzelnen Zahlen mit einer gleichen Anzahl erzeugt werden.

Die `Random`-Klasse ist für die Generierung echter Zufallszahlen allerdings nicht geeignet: `Random` verwendet eine bestimmte Anzahl festgelegter Zahlenreihen mit `double`-Werten zwischen 0 und 1 als Basis für die Erzeugung der Zufallszahlen. Die nächste Basiszahl können Sie übrigens über die Methode `NextDouble` abrufen. Ein so genannter Seed-Wert (Seed = Saat) bestimmt dabei, welche dieser Zahlenreihen verwendet wird. Im Konstruktor der `Random`-Klasse können Sie den Seed-Wert als `int`-Zahl übergeben. Nun ist es logisch, dass zwei `Random`-Instanzen mit demselben Seed-Wert exakt dieselben Basiszahlen zurückliefern. Identische `Next`-Aufrufe ergeben dann also immer (auch auf verschiedenen Rechnern) identische Zahlenreihen. Mit einem Seed-Wert von 1 erzeugt `Next(1, 42)` z.B. bei drei Aufrufen immer die Folge 11, 5 und 21.

Der Default-Konstruktor der `Random`-Klasse verwendet deswegen die aktuellen Systemticks (`Environment.TickCount`) als Seed-Wert. Damit ist die Wahrscheinlichkeit, identische Zahlenreihen zu erzeugen, einigermaßen gering, aber nicht ausgeschlossen. Wenn Sie mit mehreren `Random`-Instanzen arbeiten und diese direkt hintereinander erzeugen, kann es auf schnellen Rechnern sogar vorkommen, dass diese dieselbe Systemzeit verwenden und damit identische Zahlenreihen liefern. In diesem Fall sollten Sie dem vorbeugen und den Seed-Wert für jede Instanz selbst berechnen (z.B. indem Sie einfach eine beliebige Zahl zu den ausgelesenen Ticks addieren).

Wenn Sie sichere Zufallszahlen erzeugen wollen, können Sie die Klasse `RNGCryptoServiceProvider` aus dem Namensraum `System.Security.Cryptography` verwenden. Diese Klasse wird normalerweise für die Implementierung von speziellen Verschlüsselungsverfahren verwendet.

Die Methode `GetBytes` eines `RNGCryptoServiceProvider`-Objekts füllt ein übergebenes `byte`-Array mit »kryptografisch starken« Zufallszahlen. `GetNonZeroBytes` arbeitet ähnlich, füllt aber nur Zahlen größer 0 in die Arrayelemente. Das `byte`-Array müssen Sie zuvor mit der Größe der Anzahl der zu erzeugenden Zahlen erzeugen. Damit können Sie Zufallszahlen im Bereich von 0 bzw. 1 und 255 erzeugen:

```
Console.WriteLine("Zufallszahlen zwischen 1 und 255");
RNGCryptoServiceProvider rng = new RNGCryptoServiceProvider();
byte[] randomNumbers = new byte[10];
rng.GetNonZeroBytes(randomNumbers);
for (int i = 0; i < 10; i++)
{
    Console.WriteLine(randomNumbers[i]);
}
```

Listing 37: Erzeugen echter Zufallszahlen zwischen 1 und 255

Um größere Zahlen zu erhalten, können Sie einfach mehrere Arrays füllen und die einzelnen Elemente miteinander multiplizieren:

```
Console.WriteLine("Zufallszahlen zwischen 1 und 65025");
byte[] randomNumbers1 = new byte[10];
byte[] randomNumbers2 = new byte[10];
rng.GetNonZeroBytes(randomNumbers1);
rng.GetNonZeroBytes(randomNumbers2);
for (int i = 0; i < 10; i++)
{
    Console.WriteLine(randomNumbers1[i] * randomNumbers2[i]);
}
```

Listing 38: Erzeugen echter Zufallszahlen zwischen 1 und 65025

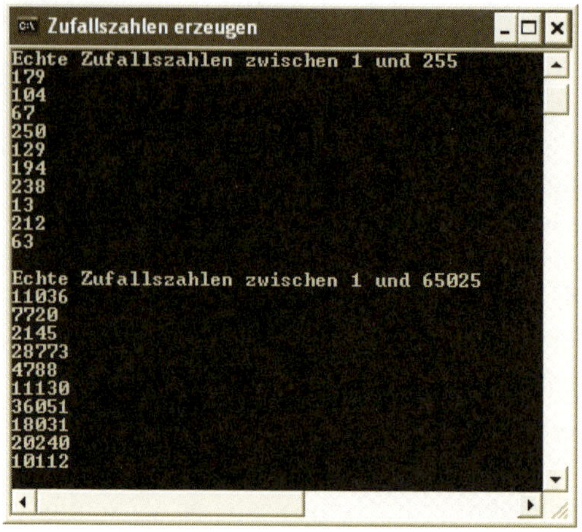

114 >> Zufallszahlen erzeugen

Abbildung 26: Erzeugen echter Zufallszahlen

Wenn Sie echte Zufallszahlen in einem bestimmten Bereich erhalten wollen, können Sie die ermittelte Zahl folgendermaßen umrechnen:

```
Divisor = (Zufallszahlen-Bereichsumfang / (Endzahl - Startzahl + 1))
Zahl = (byte)((Zahl / Divisor) + Startzahl)
```

Wenn Sie Zufallszahlen im Bereich von 0 bis 255 erzeugen und Zahlen im Bereich von 10 bis 20 erhalten wollen, sieht die Berechnung der einzelnen Zahlen folgendermaßen aus:

```
double divisor = 256 / 20;
zahl = (byte)((zahl / divisor ) + 10);
```

Die Methode `GetRandomByteNumber` in Listing 39 zeigt dies für Zahlen im Byte-Bereich. Diese Methode benötigt den Import der Namensräume `System` und `System.Security.Cryptography`.

```
public static byte[] GetRandomNumbers(int count, byte min, byte max)
{
   // Zufallszahlen erzeugen
   RNGCryptoServiceProvider csp = new RNGCryptoServiceProvider();
   byte[] numbers = new Byte[count];
   csp.GetBytes(numbers);

   // Die Zahlen umrechnen
   double divisor = 256F / (max - min + 1);
   if (min > 0 || max < 255)
   {
      for (int i = 0; i < count; i++)
      {
         numbers[i] = (byte)((numbers[i] / divisor) + min);
```

Listing 39: Erzeugen echter Zufallszahlen in einem gegebenen Bereich

```
        }
    }
    return numbers;
}
```

Listing 39: Erzeugen echter Zufallszahlen in einem gegebenen Bereich (Forts.)

Ein Test dieser Methode hat bei 10.000 erzeugten Zahlen eine recht gute Gleichverteilung ergeben. Sie finden diesen Test als Teil des Beispiels zu diesem Rezept auf der Buch-CD.

19 High- und Low-Word lesen

Einige Windows-API-Funktionen geben numerische Daten in einem (normalerweise vorzeichenlosen) 32-Bit-Integerwert zurück, dessen hohes und niedriges Wort (ein Wort hat 16 Bit) unterschiedliche Informationen speichern. Der uint-Wert 0xAAAAFFFF speichert z.B. im High-Word den Wert 0xAAAA und im Low-Word den Wert 0xFFFF.

Sie können das hohe Wort eines vorzeichenlosen 32-Bit-Werts extrahieren, indem Sie den Wert um 16 Bit nach rechts shiften. Das niedrige Wort erhalten Sie über eine bitweise Addition mit 0xFFFF.

Die Methoden GetHighWord und GetLowWord in Listing 40 gehen auf diese Weise vor um das hohe und das niedrige Wort in je einer Variante aus einem uint-Wert bzw. int-Wert zu extrahieren. Das Ergebnis der Berechnung wird bei der Rückgabe in einen ushort-Wert umgewandelt, da die Berechnung selbst einen uint- bzw. int-Wert ergibt.

GetHighWord und GetLowWord erfordern den Import des Namensraums System.

```
/* Extrahiert das High-Word aus einem uint-Wert */
public static ushort GetHighWord(uint value)
{
    return (ushort)(value >> 16);
}

/* Extrahiert das Low-Word aus einem uint-Wert */
public static ushort GetLowWord(uint value)
{
    return (ushort)(value & 0xFFFF);
}

/* Extrahiert das High-Word aus einem int-Wert */
public static ushort GetHighWord(int value)
{
    return (ushort)(value >> 16);
}
```

Listing 40: Methoden zum Extrahieren des hohen und des niedrigen Worts eines 32-Bit-Integerwerts

```csharp
}

/* Extrahiert das Low-Word aus einem int-Wert */
public static ushort GetLowWord(int value)
{
    return (ushort)(value & 0xFFFF);
}
```

Listing 40: Methoden zum Extrahieren des hohen und des niedrigen Worts eines 32-Bit-Integerwerts (Forts.)

Abbildung 27 zeigt die Ausgabe eines Programms, das das High- und das Low-Word über die Methoden in Listing 40 für die `uint`-Zahl `0xAAAAFFFF` berechnet. Diese Zahl wurde dann über einen Typecast in eine `int`-Variable geschrieben und damit ebenfalls das High- und das Low-Word berechnet.

```
High- und Low-Word lesen
uint-Originalwert: 2863333375 (AAAAFFFF)
High Word: 43690 (AAAA)
Low Word: 65535 (FFFF)

int-Originalwert: -1431633921 (AAAAFFFF)
High Word: 43690 (AAAA)
Low Word: 65535 (FFFF)
```

Abbildung 27: Berechnung des High- und des Low-Word einer uint- und einer int-Zahl

20   High- und Low-Word setzen

Wenn Sie Windows-API-Funktionen aufrufen, die einen 32-Bit-Integerwert erwarten, dessen Low- und High-Word eine separate Bedeutung besitzen, müssen Sie diese separat setzen. Dazu können Sie zwei `ushort`-Variablen verwenden, die die Werte des hohen und des niedrigen Worts speichern. Zum Setzen des hohen Worts shiften Sie die `ushort`-Variable um 16 Bit nach links und addieren das Ergebnis mit dem um das hohe Wort reduzierten Integerwert. Das hohe Wort des Integerwerts erhalten Sie über eine bitweise Addition mit `0xFFFF`. Damit erreichen Sie, dass nur das hohe Wort gesetzt und der Wert des niedrigen Worts nicht geändert wird. Die Methode `SetHighWord` in Listing 41, die in je einer `uint`- und einer `int`-Variante implementiert ist, zeigt, wie diese Berechnung ausgeführt wird. Das Ergebnis des Linksshift muss dabei in einen `uint`- bzw. `int`-Wert umgewandelt werden, da dieses den Typ `long` besitzt.

Um das niedrige Wort zu setzen, addieren Sie den Integerwert bitweise mit `0xFFFF0000`, um den Wert dieses Worts zu löschen, und addieren einfach das neue Wort auf das Ergebnis. Die Methode `SetLowWord` in Listing 41 zeigt, wie das ausgeführt wird. In der `int`-Variante dieser Methode ergibt die bitweise Addition einen `long`-Wert. Das liegt daran, dass der Wert `0xFFFF0000` vom Compiler nicht als `uint`, sondern als `long` ausgewertet wird, weil ein `int`-Wert in der Berechnung enthalten ist. Deshalb muss das Ergebnis der bitweisen Addition in einen `int`-Wert umgewandelt werden. In der `uint`-

>> **Basics**

Variante ist diese Umwandlung nicht notwendig, da der Compiler den Wert 0xFFFF0000 hier als uint auswertet, weil die Addition ebenfalls mit einem uint-Wert erfolgt.

Zum Kompilieren dieser Methoden müssen Sie den Namensraum System importieren.

```
/* Setzt das High-Word in einer uint-Variablen */
public static uint SetHighWord(uint value, ushort highWord)
{
    return (value & 0xFFFF) + (uint)(highWord << 16);
}

/* Setzt das Low-Word in einer uint-Variablen */
public static uint SetLowWord(uint value, ushort lowWord)
{
    return (value & 0xFFFF0000) + lowWord;
}

/* Setzt das High-Word in einer int-Variablen */
public static int SetHighWord(int value, ushort highWord)
{
    return (value & 0xFFFF) + (int)(highWord << 16);
}

/* Setzt das Low-Word in einer uint-Variablen */
public static int SetLowWord(int value, ushort lowWord)
{
    return (int)(value & 0xFFFF0000) + lowWord;
}
```

Listing 41: Methoden zum Setzen des High- und des Low-Word in einem uint- oder int-Wert

21 Beep ausgeben

Piepstöne können Sie über die Klasse System.Media.SystemSounds in unterschiedlicher Form ausgeben:

```
System.Media.SystemSounds.Beep.Play(); // Einfacher Beep
System.Media.SystemSounds.Question.Play(); // Frage-Piepston
System.Media.SystemSounds.Exclamation.Play(); // Warnungs-Piepston
System.Media.SystemSounds.Hand.Play(); // Fehler-Piepston
```

Listing 42: Ausgabe der vier verschiedenen System-Piepstöne

Das Windows-API bietet übrigens über die Funktion Beep noch eine weitere Möglichkeit, einen Meldungston auszugeben. Dieser Funktion können Sie eine Frequenz und einen Wert übergeben, der die Länge des auszugebenden Tons in Millisekunden angibt. Leider funktioniert `Beep` nur dann, wenn keine Soundkarte installiert ist, da diese Funktion den Lautsprecher des Computers anspricht.

> **Hinweis**
>
> In den Rezepten 264, 265 und 266 finden Sie Methoden bzw. Klassen zum Abspielen von Wave- und anderen Multimedia-Dateien. Darüber können Sie dem Anwender auch akustisch mitteilen, dass ein besonderer Zustand eingetreten ist.

22 Strings ohne Berücksichtigung der Groß- bzw. Kleinschreibung vergleichen

Beim direkten Vergleich zweier Strings berücksichtigt der Vergleichsoperator der `string`-Klasse die Schreibweise der einzelnen Zeichen. Der String »Hallo« ist bei einem solchen Vergleich ungleich dem String »hallo«. Wenn Sie zwei Strings ohne Berücksichtigung der Groß-/Kleinschreibung vergleichen wollen, können Sie diese einfach mit der `CompareTo`-Methode der `String`-Klasse vergleichen: Geben Sie neben den zu vergleichenden Strings am dritten Argument (`ignoreCase`) `true` an. `Compare` gibt 0 zurück, wenn beide Strings gleich sind.

```
string string1 = "Hallo";
string string2 = "hallo";

if (String.Compare(string1, string2, true) == 0)
{
   Console.WriteLine("'{0}' und '{1}' sind gleich", string1, string2);
}
else
{
   Console.WriteLine("'{0}' und '{1}' sind nicht gleich", string1, string2);
}
```

Listing 43: Case-insensitiver Vergleich von zwei Zeichenketten

> **Hinweis**
>
> Der ebenfalls denkbare Vergleich über ein Umwandeln der Strings in Klein- oder Großschreibung (über `ToLower` bzw. `ToUpper`) ist übrigens nicht zu empfehlen, da `Compare` wesentlich effizienter arbeitet. Ein Vergleich mit `Compare` ist nur unwesentlich langsamer als ein direkter Vergleich.

23 Teilstrings flexibel ersetzen

Wenn Sie in einem String Teilstrings ersetzen wollen, bieten sich Ihnen gleich mehrere Möglichkeiten, die mehr oder weniger einfach anzuwenden oder flexibel sind. Leider finden Sie im .NET Framework keine universelle Methode. Deshalb habe ich eine eigene `Replace`-Methode entwickelt, die sehr flexibel und zudem noch recht schnell ist. Diese Methode stelle ich im folgenden Abschnitt vor. Zuvor folgt eine Übersicht der einzelnen Ersetzungsmöglichkeiten (Tabelle 6).

Methode	Möglichkeit, die Groß-/Kleinschreibung zu ignorieren	Ersetzen in einem anzugebenden Teilstring	Möglichkeit, anzugeben, ab welchem gefundenen Suchstring ersetzt wird	Möglichkeit, anzugeben, wie viele gefundene Suchstrings ersetzt werden
String.Replace	Nein	Nein	Nein	Nein
StringBuilder.Replace	Nein	Ja	Nein	Nein
Regex.Replace	Ja	Teilweise (die Startposition kann angegeben werden)	Nein	Ja
Visual Basic Replace	Ja	Teilweise (die Startposition kann angegeben werden)	Nein	Ja
Eigene Replace-Methode	Ja	Nein	Ja	Ja

Tabelle 6: Die Möglichkeiten, Teilstrings zu ersetzen

Was mich bei den verfügbaren `Replace`-Methoden sehr ärgert, ist die Tatsache, dass diese nicht konsistent zueinander sind. Außerdem besitzen die Argumente zur Angabe der Anzahl eine unterschiedliche Bedeutung. Einmal geben Sie damit die Anzahl der Zeichen an, die ab der Startposition berücksichtigt werden sollen (`StringBuilder.Replace`), bei anderen Methoden (`Regex.Replace`, Visual-Basic-Replace) geben Sie die Anzahl der zu ersetzenden Teilstrings an. Warum hat Microsoft die `Replace`-Methoden der einzelnen Klassen nicht einfach konsistent (und mit verschiedenen Varianten, die alle Anforderungen abdecken, überladen) entwickelt? Na ja, die hier vorgestellte `Replace`-Methode füllt diese Lücke ☺.

Die eigene Replace-Methode

Die von mir entwickelte `Replace`-Methode ermöglicht eine Ersetzung ohne Berücksichtigung der Groß-/Kleinschreibung, das Ersetzen ab einem anzugebenden gefundenen String und das Ersetzen einer bestimmten Anzahl an gefundenen Suchstrings.

Diese Methode ersetzt im übergebenen String `source` die an `find` übergebenen Teilstrings durch `replacement`. Am Argument `start` übergeben Sie, ab welcher Fundstelle ersetzt werden soll. Dieses Argument ist, wie in C# üblich, nullbasiert (0 steht für den Index der ersten Fundstelle). Wenn Sie hier z.B. 1 übergeben, wird die erste Fund-

Teilstrings flexibel ersetzen

stelle übersprungen und erst ab der zweiten ersetzt. Das Argument count gibt an, wie viele Ersetzungen vorgenommen werden sollen. -1 steht hier für alle gefundenen Teilstrings (ab start).

```
public static string Replace(string source, string find,
    string replacement, bool ignoreCase, int start, int count)
{
    int pos1 = 0, pos2 = 0;
    int findStringLen = find.Length;
    string baseString;
    string result = null;

    // Den Sonderfall abhandeln, dass count mit 0 angegeben ist
    if (count == 0)
    {
        return source;
    }

    // Wenn der Vergleich ohne Berücksichtigung der Groß-/Kleinschreibung
    // erfolgen soll, werden der zu durchsuchende und der Suchstring einfach
    // in Kleinschreibung umgewandelt
    if (ignoreCase)
    {
        baseString = source.ToLower();
        find = find.ToLower();
    }
    else
    {
        baseString = source;
    }

    // Erstes Vorkommen des Suchstrings suchen
    pos2 = baseString.IndexOf(find);

    // Den String durchgehen, solange der Suchstring noch gefunden wurde
    int findIndex = -1;
    int replaceCount = 0;
    while (pos2 != -1)
    {
        findIndex++;
        if (findIndex >= start)
        {
            // Wenn der Index des gefundenen Teilstrings größer/gleich start
            // ist: Das Ergebnis zusammensetzen und die Such-Indizes auf die
            // neuen Positionen setzen
            result += source.Substring(pos1, pos2 - pos1) + replacement;
            pos1 = pos2 + findStringLen;
```

Listing 44: Methode zum flexiblen Ersetzen von Strings

```
        pos2 = baseString.IndexOf(find, pos1);

        // Wenn count größer -1 definiert ist: Überprüfen, ob die Anzahl
        // erreicht ist
        replaceCount++;
        if (count > -1 && replaceCount >= count)
           break;
      }
      else
      {
         // Index des gefundenen Teilstrings ist noch kleiner start:
         // Teilstring ohne zu ersetzen an das Ergebnis anhängen
         result += source.Substring(pos1, pos2 - pos1 + findStringLen);
         // Such-Positionen aktualisieren
         pos1 = pos2 + findStringLen;
         pos2 = baseString.IndexOf(find, pos1);
      }
   }

   if (pos1 < source.Length)
   {
      // Wenn nach dem letzten Suchstring noch ein Teilstring gespeichert
      // ist, diesen hinten anhängen
      result +=  source.Substring(pos1, source.Length - pos1);
   }

   // Ergebnis zurückgeben
   return result;
}
```

Listing 44: Methode zum flexiblen Ersetzen von Strings (Forts.)

Replace benötigt den Import des Namensraums System.

Replace verwendet die Methoden IndexOf und Substring des string-Objekts um den gesuchten Teilstring zu suchen und durch den neuen Teilstring zu ersetzen. Um die Vernachlässigung der Groß-/Kleinschreibung zu verwirklichen schreibt Replace den übergebenen String in eine lokale Kopie, die in Kleinschrift umgewandelt wird, wenn ignoreCase true ist. In diesem Fall wird auch der Suchstring in Kleinschrift umgewandelt.

Replace sucht dann einfach in einer Schleife nach dem Suchstring. Findet es diesen und der Index des gefundenen Teilstrings ist größer/gleich start, hängt Replace den aktuellen Teilstring ab der letzten Startposition bis zur Position des Teilstrings an eine Ergebnis-Stringvariable an. Die Position für die weitere Suche wird dann für den nächsten Durchlauf auf die Position hinter dem Suchstring gesetzt.

Teilstrings flexibel ersetzen

In der Schleife werden jede Fundstelle und jeder Ersatz gezählt. Mit diesen Werten vergleicht Replace die Angaben, die an den Argumenten start und count übergeben wurden. Das Ersetzen wird nur dann ausgeführt, wenn der aktuelle Suchzähler größer oder gleich start ist. Ist count mit einem Wert größer -1 angegeben, wird die Schleife unterbrochen, wenn die Anzahl der Ersetzungen count entspricht. Unterhalb der Schleife wird dann noch der eventuell übrig gebliebene rechte Teilstring an das Ergebnis angehängt und dieses zurückgegeben.

Listing 45 zeigt eine Anwendung dieser Methode.

```
string source = "AAA-aaa-AAA-aaa";
string find = "aaa";
string replacement = "999";

// Alle Fundstellen ersetzen
string result = Replace(source, find, replacement, true);
Console.WriteLine("Alle Fundstellen ersetzt: {0}", result);

// Ab der zweiten Fundstelle alle weiteren ersetzen
result = Replace(source, find, replacement, true, 1, -1);
Console.WriteLine("Ab der zweiten Fundstelle alle weiteren ersetzt: {0}",
    result);

// Ab der zweiten Fundstelle eine ersetzen
result = Replace(source, find, replacement, true, 1, 1);
Console.WriteLine("Ab der zweiten Fundstelle eine Fundstelle ersetzt: {0}",
    result);
```

Listing 45: Beispiel zur Anwendung der Replace-Methode

Abbildung 28: Das Beispielprogramm in Aktion

String.Replace

Die Replace-Methode einer String-Instanz bietet eine einfache Möglichkeit, einzelne Zeichen oder Teilstrings im String zu ersetzen:

```
string source = "AAA-aaa-AAA-aaa";
string find = "aaa";
string replacement = "999";
string result = source.Replace(find, replacement);
```

Ein wesentlicher Nachteil dieser Methode ist, dass Sie nicht bestimmen können, dass die Groß-/ Kleinschreibung nicht berücksichtigt werden soll. Das Ergebnis der Ersetzung im obigen Code ist z.B. »AAA-999-AAA-999«. Die großgeschriebenen As werden nicht ersetzt. Ein (je nach Anwendung) eventueller anderer Nachteil ist, dass Sie nicht bestimmen können, ab welchem Suchstring ersetzt werden soll und wie viele Ersetzungen maximal vorgenommen werden sollen.

StringBuilder.Replace

Die `Replace`-Methode eines `StringBuilder`-Objekts erlaubt hingegen auch die Angabe einer Startposition und der Länge des Teilstrings, in dem gesucht werden soll. So können Sie z.B. einen sieben Zeichen langen Teilstring ab dem neunten Zeichen ersetzen:

```
string source = "AAA-aaa-AAA-aaa";
string find = "aaa";
string replacement = "999";
int start = 8;
int count = 7;
System.Text.StringBuilder sb = new System.Text.StringBuilder(source);
string result = sb.Replace(find, replacement, start, count).ToString();
```

Dieses Beispiel ergibt den String »AAA-aaa-AAA-999«. Leider besteht hier ebenfalls keine Möglichkeit, anzugeben, dass der Vergleich case-insensitiv erfolgen soll. Außerdem ist diese Variante der Ersetzung wohl eher praxisfern, da in der Regel eher angegeben wird, ab welchem gefundenen Teilstring ersetzt und wie viele Teilstrings ersetzt werden.

> **Achtung**
>
> Entgegen der sonstigen Vorgehensweise im .NET Framework gibt die `Replace`-Methode eines `StringBuilder`-Objekts nicht nur den geänderten String zurück, sondern ändert diesen auch in seinem eigenen Speicher. Nach dem Ersetzen ergibt `ToString` also den geänderten String.

Regex.Replace

Die `Replace`-Methode eines regulären Ausdrucks in Form einer Instanz der `Regex`-Klasse erlaubt zudem das Ersetzen ohne Berücksichtigung der Groß-/Kleinschreibung. Am Argument `count` wird hier, anders als beim `StringBuilder`-Objekt, angegeben, wie viele Ersetzungen maximal erfolgen sollen.

```
string source = " AAA-aaa-AAA-aaa";
string find = "aaa";
string replacement = "999";
int start = 0;
int count = 2;
Regex re = new Regex(find, RegexOptions.IgnoreCase);
string result = re.Replace(source, replacement, count, start);
```

Das Ergebnis der `Replace`-Methode ist in diesem Fall »999-999-AAA-aaa«, da die Groß-/Kleinschreibung nicht berücksichtigt wurde und zwei Ersetzungen erfolgt sind. Wenn Sie am dritten Argument -1 übergeben, werden alle Fundstellen ersetzt. Das letzte Argument der im Beispiel verwendeten Variante der Replace-Methode definiert übrigens die Zeichenposition, ab der gesucht werden soll. Leider können Sie hier nicht definieren, ab welcher Fundstelle ersetzt werden soll.

Abgesehen davon besitzt die Replace-Methode eines Regex-Objekts aber zwei gravierende Nachteile: Zum einen müssen Sie dafür sorgen, dass das Suchmuster korrekt ist. Reguläre Ausdrücke verwenden den Backslash als Escape-Zeichen und einige andere Sonderzeichen wie z.B. geschweifte und runde Klammern. Wenn diese Sonderzeichen in Ihrem Suchstring vorkommen, müssen Sie einen Backslash vor das jeweilige Zeichen setzen, um die Sonderbedeutung aufzuheben. Dass Sie reguläre Ausdrücke zur Suche einsetzen können, ist aber natürlich auch in einigen Fällen ein wichtiger Vorteil.

Zum anderen ist die Ausführung der Regex.Replace-Methode gegenüber den anderen Möglichkeiten recht langsam. In einem Test benötigte diese Methode für 10.000 Ersetzungen etwa 0,17 Sekunden, die Replace-Methode einer string-Instanz hingegen nur ca. 0,024 Sekunden.

Visual Basic Replace

Eine weitere Variante zum Ersetzen von Strings ist die Verwendung der Visual-Basic-Replace-Methode. Zur Verwendung dieser Methode müssen Sie die Assembly *Microsoft.VisualBasic.dll* referenzieren. In der Verweisliste von Visual Studio wird diese Assembly unter dem Namen *Microsoft Visual Basic* aufgeführt. Die Replace-Methode finden Sie dann im Modul Strings im Namensraum Microsoft.VisualBasic.

Am ersten Argument übergeben Sie den Quellstring, am zweiten den Suchstring und am dritten den Ersatzstring. Das vierte Argument gibt die Position an, ab der im Quellstring gesucht wird. Der Index beginnt hier anders als in C# mit 1. Dummerweise gibt die VB-Replace-Methode den String ab der Startposition zurück (und nicht komplett), wenn Sie eine Startposition größer 1 angeben (was in meinen Augen ein alter Visual-Basic-Bug ist).

Dafür können Sie am fünften Argument bestimmen, wie viele Ersetzungen maximal vorgenommen werden sollen. Wenn Sie hier -1 angeben, werden alle Vorkommen des Suchstrings ab der Startposition ersetzt.

Das letzte Argument steuert, ob die Groß-/Kleinschreibung berücksichtigt werden soll. Hier können Sie die Werte der CompareMethod-Aufzählung angeben. Der Wert Binary führt zu einem Vergleich unter Berücksichtigung der Groß-/Kleinschreibung, der Wert Text zu einem Textvergleich. Das folgende Beispiel ersetzt in einem String maximal zwei Vorkommen eines Teilstrings ohne Berücksichtigung der Groß-/Kleinschreibung:

```
string source = " AAA-aaa-AAA-aaa";
string find = "aaa";
string replacement = "999";
int start = 1;
int count = 2;
result = Strings.Replace(source, find, replacement, start, count,
   CompareMethod.Text);
```

Das Ergebnis des Replace-Aufrufs ist hier »999-999-AAA-aaa«.

>> **Basics**

Performance-Vergleich

Ich habe natürlich (mit Hilfe der Klasse `Stopwatch` aus dem Namensraum `System.Diagnostics`, siehe Rezept 71) Performance-Vergleiche durchgeführt um meine Version der `Replace`-Methode abzusichern. Tabelle 7 zeigt die Ergebnisse für 10.000 Aufrufe auf einem Rechner mit 2,4 GHz Prozessor, 512 MB Arbeitsspeicher und Windows XP. Zur Messung habe ich das Programm ohne Debuginformationen kompiliert und direkt (ohne Visual Studio) aufgerufen. Das Programm finden Sie in den Beispielen zu diesem Kapitel neben diesem Rezept.

Methode	Benötigte Zeit für 10.000 Aufrufe in Sekunden
`String.Replace`	0,0154930305387975
`StringBuilder.Replace`	0,0193384913445703
`Regex.Replace` mit binärem Vergleich	0,13589743947904
`Regex.Replace` mit Textvergleich	0,166948871993508
Visual-Basic-`Replace` mit binärem Vergleich	0,0535509401334527
Visual-Basic-`Replace` mit Textvergleich	0,0785094194932596
Eigene `Replace`-Methode mit binärem Vergleich	0,093885675414054
Eigene `Replace`-Methode mit Textvergleich	0,105936648372908

Tabelle 7: Performancevergleich der verschiedenen Replace-Methoden

Der absolute Gewinner ist die `Replace`-Methode der `String`-Klasse. Immer wenn es auf Performance ankommt und Sie die erweiterten Möglichkeiten der anderen Methoden nicht benötigen, sollten Sie diese Methode anwenden.

Die Verwendung eines `StringBuilder`-Objekts ist trotz der in der Schleife vorgenommenen Instanzierung (um einen korrekten Vergleich zu erhalten habe ich das `StringBuilder`-Objekt immer wieder neu instanziert) erstaunlich performant.

Die `Regex`-Variante ist deutlich langsamer als die anderen und sollte nur eingesetzt werden, wenn Sie zum Vergleich einen regulären Ausdruck einsetzen müssen.

Was mich erstaunte, war allerdings die Tatsache, dass meine `Replace`-Methode mit der von Visual Basic ganz gut mithalten kann. Es besteht also eigentlich kein Grund, die Visual-Basic-Variante einzusetzen ☺.

24 Strings an vorgegebenen Trennzeichen auftrennen

Strings können Sie recht einfach über die `Split`-Methode an einem oder mehreren vorgegebenen Trennzeichen auftrennen. `Split` gibt ein String-Array zurück, das die Teilstrings verwaltet:

```
string names = "Zaphod;Ford;Trillian";
string[] nameList = names.Split(';');
foreach (string name in nameList)
```

```
{
    Console.WriteLine(name);
}
```

Enthält der String mehrere unterschiedliche Trennzeichen, geben Sie diese in einzelnen Argumenten an:

```
string names = "Zaphod;Ford,Trillian";
string[] nameList = names.Split(';', ',');
foreach (string name in nameList)
{
    Console.WriteLine(name);
}
```

Leider ermöglicht `Split` nicht das Auftrennen von Strings, bei denen nicht einzelne Zeichen, sondern Strings die Teilstrings trennen. Das ist bereits dann der Fall, wenn ein String mehrere Zeilen enthält, die durch »\r\n« voneinander getrennt sind. Zum Auftrennen solcher Strings können Sie aber die `Split`-Methode der `Regex`-Klasse (aus dem Namensraum `System.Text.RegularExpressions`) verwenden. Am ersten Argument übergeben Sie den aufzutrennenden String, am zweiten den Trennstring:

```
string rows = "Zeile 1\r\nZeile 2\r\nZeile 3";
string[] rowList = Regex.Split(rows, "\r\n");
foreach (string row in rowList)
{
    Console.WriteLine(row);
}
```

Dabei sollten Sie beachten, dass der Trennstring ein Muster der regulären Ausdrücke ist. In diesem besitzen einige Zeichen eine Sonderbedeutung. Ein Stern steht z.B. dafür, dass das links stehende Zeichen (oder die links stehende Gruppe) beliebig oft vorkommen kann. Die Bedeutung der Sonderzeichen können Sie aufheben, indem Sie diesen einen Backslash voranstellen. Informationen über reguläre Ausdrücke finden Sie an der Adresse *www.juergen-bayer.net/artikel/CSharp/Regulaere-Ausdruecke/Regulaere-Ausdruecke.aspx*.

25 Mehrere (Leer-)Zeichen in ein (Leer-)Zeichen konvertieren

Strings enthalten manchmal mehrere Leerzeichen, was besonders dann gilt, wenn die Eingaben von einem Anwender stammen. In vielen Fällen sind diese mehrfachen Leerzeichen störend und müssen durch ein Leerzeichen ersetzt werden. Diese Aufgabe ist einfach zu lösen. Ich habe einige Varianten der Programmierung verglichen (u.a. eine eigene Programmierung, die eine vereinfachte Variante der `Replace`-Methode aus dem Rezept 23 darstellte, und eine Variante, die mit einem regulären Ausdruck arbeitete). Die schnellste und zuverlässigste Variante war gleichzeitig auch die einfachste: die `ToSingleSpace`-Methode in Listing 46. Diese Methode ruft in einer Schleife lediglich die `Replace`-Methode des `string`-Objekts so lange auf, bis keine doppelten Leerzeichen mehr gefunden werden. Um noch ein wenig mehr Flexibilität zu besitzen, habe ich zudem die (nur unwesentlich langsamere) Methode `ToSingleChar` entwickelt, der Sie das Zeichen übergeben können, dessen mehrfaches Vorkommen in ein Vorkommen konvertiert werden soll. `ToSingleChar` erzeugt dazu einfach die zwei Stringvariablen `find` und `replace` mit zwei bzw. einem der übergebenen Zeichen und ruft damit die `Replace`-Methode des `string`-Objekts auf.

Zum Kompilieren dieser Methode müssen Sie den Namensraum `System` importieren.

```
public static string ToSingleSpace(string source)
{
   while (source.IndexOf("  ") > -1)
   {
      source = source.Replace("  ", " ");
   }

   return source;
}

public static string ToSingleChar(string source, char c)
{
   string find = new string(c, 2);
   string replace = new string(c, 1);
   while (source.IndexOf(find) > -1)
   {
      source = source.Replace(find, replace);
   }

   return source;
}
```

Listing 46: Methoden zum Ersetzen mehrfacher Leer- und anderer Zeichen

26 Erstes Zeichen aller Wörter im String groß- und die restlichen Zeichen kleinschreiben

Um Strings in eine normalisierte Form zu bringen, ist es manchmal notwendig, die ersten Zeichen aller Wörter im String groß- und die folgenden kleinzuschreiben. Damit können Sie die oft unterschiedlichen Eingaben von Anwendern einigermaßen in eine gleichmäßige Form bringen. Wenn Sie dann noch mehrfache Leerzeichen entfernen, wie ich es im Rezept 25 beschreibe, erhalten Sie einen recht gut formatierten String.

Bei der vorliegenden Aufgabe ist das Problem eigentlich nur, die einzelnen Wörter zu extrahieren. Sie könnten dazu die `Split`-Methode eines Strings verwenden. Da Sie dieser Methode ein Zeichen-Array übergeben können, können Sie die unterschiedlichen Wort-Trennzeichen wie z.B. ein Leerzeichen oder einen Bindestrich berücksichtigen. Problematisch ist daran allerdings das korrekte Wieder-Zusammensetzen des Strings (mit den richtigen Wort-Trennzeichen).

Wenn Sie nur die ersten Zeichen jedes Worts im String großschreiben wollen, können Sie die Methode `TextInfo.ToTitleCase` eines `CultureInfo`-Objekts verwenden. Diese Methode konvertiert die einzelnen Wörter eines Strings in eine Kombination aus großgeschriebenem Anfangsbuchstaben und kleingeschriebenem Rest. Ausnahmen sind Wörter, die komplett in Großbuchstaben geschrieben sind. Diese bleiben in ihrer Schreibweise erhalten.

Die Konvertierung erfolgt hierbei kulturabhängig. Wenn Sie die aktuelle Kultur berücksichtigen wollen, können Sie die `CurrentCulture`-Eigenschaft der `CultureInfo`-Klasse (aus dem Namensraum `System.Globalization`) verwenden:

```
string source = "das ist ein TEST-sTRING";
string result = CultureInfo.CurrentCulture.TextInfo.ToTitleCase(source);
```

Dieses Beispiel ergibt (auf einem Rechner, der die deutsche Kultur verwendet) den String »Das Ist Ein TEST-String«.

Wenn Sie erreichen wollen, dass alle Wörter konvertiert werden, wandeln Sie den String einfach in die Kleinschreibung um:

```
string source = "das ist ein TEST-sTRING";
string result =
    CultureInfo.CurrentCulture.TextInfo.ToTitleCase(source.ToLower());
```

Dieses Beispiel ergibt (wieder auf einem Rechner, der die deutsche Kultur verwendet) den String »Das Ist Ein Test-String«.

Abbildung 29: Ein Beispiel-Programmm, das ToTitleCase einsetzt

27 Anzahl der Wörter in einem String ermitteln

Die Anzahl der Wörter in einem String können Sie über den regulären Ausdruck \w{1,} ermitteln. \w steht hier für ein beliebiges Wort-Zeichen (Buchstaben, Zahlen und der Unterstrich). {1,} steht dafür, dass das zuvor definierte Zeichen mindestens einmal hintereinander vorkommen muss. Gegenüber einer eigenen Programmierung bietet die Verwendung eines regulären Ausdrucks den Vorteil, dass er sehr einfach und auch in Bezug auf die Unicode-Zeichen der Sprachen mit einer anderen als der lateinischen Schriftsprache (Griechisch, Kyrillisch etc.) sicher ist.

Die Methode `WordCount1` in Listing 47 setzt dies um. Das Suchmuster wird neben dem Quellstring der statischen `Matches`-Methode der `Regex`-Klasse (aus dem Namensraum `System.Text.RegularExpressions`) übergeben. Diese Methode gibt eine Referenz auf ein `MatchCollection`-Objekt zurück, das für alle Fundstellen im Quellstring `Match`-Objekte verwaltet. Diese Objekte interessieren uns für unsere Aufgabenstellung nicht.

>> Basics

WordCount1 liest einfach die Count-Eigenschaft aus und gibt damit die Anzahl der Treffer zurück.

```
public static long WordCount1(string source)
{
    return Regex.Matches(source, @"\w{1,}").Count;
}
```

Listing 47: Sichere (und langsame) Methode zur Ermittlung der Anzahl der Wörter in einem String

Die Verwendung des regulären Ausdrucks und der MatchCollection führt dazu, dass die Methode relativ langsam ausgeführt wird (was besonders beim Überprüfen von Strings mit mehreren Kilobyte Zeichen negativ auffällt) und dass viel Speicher benötigt wird (die Match-Objekte werden ja schließlich angelegt).

Deshalb habe ich eine weitere Methode WordCount2 geschrieben. Diese Methode geht den String Zeichen für Zeichen durch und überprüft, ob es sich um ein Nicht-Wort-Zeichen handelt.

Strings werden in einem .NET-Programm als 16-Bit-Unicode-Zeichenketten gespeichert[14]. Unicode ist aufgeteilt in einen allgemeinen, lateinischen Bereich und folgende sprachspezifische (z.B. Griechisch und Kyrillisch), Symbol-, mathematische und andere Teiltabellen. Diese Teiltabellen finden Sie auf der Unicode-Webseite an der Adresse *www.unicode.org/charts*.

WordCount2 vergleicht den Unicode-Wert jedes Zeichens mit den Werten, die ich als Wort-Zeichen im lateinischen Bereich der Unicode-Tabelle erkannt habe. Unterstützt wird aufgrund der Performance und der Komplexität nur der Bereich bis zum Zeichen 0x2FF (lateinische Zeichen, IPA-Erweiterungen und Abstands-Modifizier-Zeichen).

Mit Hilfe der Tabelle *DerivedCoreProperties* der offiziellen Unicode-Datenbank (*www.unicode.org/Public/UNIDATA/DerivedCoreProperties.txt*) habe ich dazu zunächst die alphabetischen Zeichen ermittelt und den Zahlbereich und den Unterstrich hinzugefügt.

Dabei sind die folgenden Bereiche herausgekommen:

▶ Zeichen im Bereich von 0x0030 und 0x0039: Ziffern,

▶ Zeichen im Bereich von 0x0041 und 0x005A: Normale Großbuchstaben,

▶ das Zeichen 0x005F: Unterstrich,

▶ Zeichen im Bereich von 0x0061 bis 0x007A: Kleinbuchstaben,

---

14. Wenn Sie Unicode-Zeichen im Quellcode verwenden (z.B. über die Betätigung der Alt-Taste mit dem Unicode-Zeichencode im numerischen Tastaturblock), müssen Sie die Quellcodedatei explizit mit Codierung speichern, damit die Unicode-Zeichen in der originalen Codierung bestehen bleiben. Dazu wählen Sie den Befehl SPEICHERN UNTER und klicken auf den kleinen Pfeil rechts am SPEICHERN-Schalter. Wählen Sie dann den Befehl MIT CODIERUNG SPEICHERN und im folgenden Dialog die Codierung UNICODE (UTF-8 OHNE SIGNATUR) – CODEPAGE 650001.

- die Zeichen 0x00AA, 0x00B5 und 0x00BA: hochgestelltes, unterstrichenes a, Mü-Zeichen, hochgestelltes, unterstrichenes o,

- Zeichen im Bereich von 0x00C0 bis 0x00D6, 0x00D8 bis 0x00F6, 0x00F8 bis 0x0236: Länderspezifische Sonderzeichen,

- Zeichen im Bereich von 0x0250 bis 0x02C1, 0x02C6 bis 0x02D1, 0x02E0 bis 0x02E4 und das Zeichen 0x02EE: Wort-Zeichen der IPA-Erweiterung.

Wird das Zeichen als Wort-Zeichen erkannt und die Variable newWord ist false, beginnt mit diesem Zeichen ein neues Wort und WordCount2 inkrementiert die Zählvariable count und setzt newWord auf false. Ist das Zeichen kein Wort-Zeichen, setzt WordCount2 die Variable newWord auf false. Der Wert von count wird schließlich zurückgegeben. Zur Sicherheit wirft WordCount2 eine Ausnahme, wenn der String ein Zeichen im nicht unterstützten Bereich enthält.

WordCount2 erfordert den Import des Namensraums System.

```
public static long WordCount2(string source)
{
   bool newWord = false;
   long count = 0;

   // Alle Zeichen des Strings durchgehen
   for (int i = 0; i < source.Length; i++)
   {
      char c = source[i];

      // Überprüfen, ob das Zeichen größer ist als das letzte Zeichen im
      // unterstützten (lateinischen) Bereich der Unicode-Tabelle.
      if (c > '\u02FF')
         throw new Exception("WordCount2 unterstützt keine Strings " +
            "mit Unicode-Zeichen größer 0x02FF");

      // Überprüfen, ob es ein Wort-Zeichen ist
      if ((c >= '\u0030' && c <= '\u0039') ||
         (c >= '\u0041' && c <= '\u005A') ||
         (c == '\u005F') ||
         (c >= '\u0061' && c <= '\u007A') ||
         (c == '\u00AA') ||
         (c == '\u00B5') ||
         (c == '\u00BA') ||
         (c >= '\u00C0' && c <= '\u00D6') ||
         (c >= '\u00D8' && c <= '\u00F6') ||
         (c >= '\u00F8' && c <= '\u0236') ||
         (c >= '\u0250' && c <= '\u02C1') ||
         (c >= '\u02C6' && c <= '\u02D1') ||
```

Listing 48: Schnelle und Speicher sparende Methode zum Zählen der Wörter in einem String

```
                (c >= '\u02E0' && c <= '\u02E4') ||
                (c == '\u02EE'))
            {
                // Wort-Zeichen
                if (newWord == false)
                    count++;
                newWord = true;
            }
            else
            {
                // Kein Wort-Zeichen
                newWord = false;
            }
        }

        return count;
    }
```

Listing 48: Schnelle und Speicher sparende Methode zum Zählen der Wörter in einem String (Forts.)

In einem Performancevergleich (der in das Beispielprogramm auf der Buch-CD integriert ist) habe ich für 10.000 Aufrufe mit dem String »ab cd ef« auf einem Pentium-4-Rechner mit 2,4 GHz für `WordCount1` die (gerundete) Zeit 0,1375 Sekunden und für `WordCount2` die Zeit 0,0009208 Sekunden ermittelt. `WordCount2` ist also deutlich schneller.

28 Alle Wörter eines Strings extrahieren

Das Extrahieren aller Wörter aus einem String ist über den regulären Ausdruck \w{1,}, der alle Teile eines Strings ermittelt, die aus einem oder beliebig vielen Wort-Zeichen (Buchstaben, Zahlen und der Unterstrich) bestehen, recht einfach. Die Verwendung dieses Ausdrucks besitzt den Vorteil, dass die Wort-Zeichen aller in der Unicode-Zeichentabelle verwalteter Schriftsprachen korrekt erkannt werden. So können Sie z.B. auch griechische Texte korrekt auswerten.

Über die statische `Matches`-Methode der `Regex`-Klasse (aus dem Namensraum `System.Text.RegularExpressions`) erhalten Sie eine Referenz auf eine `MatchCollection`-Auflistung, die in Form von `Match`-Objekten alle Fundstellen im übergebenen String enthält, die dem ebenfalls übergebenen Muster entsprechen. Die Eigenschaft `Value` der `Match`-Objekte speichert den gefundenen Teilstring.

Die Methode `GetWords` in Listing 49 setzt diese Technik ein. `GetWords` kopiert die Werte der erhaltenen `Match`-Objekte in ein String-Array und gibt dieses zurück.

`GetWords` erfordert den Import der Namensräume `System` und `System.Text.RegularExpressions`.

132 >> Einen String an einem rechten Rand wortgerecht umbrechen

```
public static string[] GetWords(string source)
{
   // Alle Wörter abfragen
   MatchCollection matches = Regex.Matches(source, @"\w{1,}");

   // Die MatchCollection in ein String-Array kopieren und zurückgeben
   string[] words = new string[matches.Count];
   for (int i = 0; i < matches.Count; i++)
      words[i] = matches[i].Value;
   return words;
}
```

Listing 49: Methode zum Extrahieren aller Wörter aus einem String

Abbildung 30 zeigt das Ergebnis eines Test-Programms, bei dem der String »Das ist ein [Test-]String« zerlegt wurde.

Abbildung 30: Ein Test-Programm hat den String korrekt zerlegt

29 Einen String an einem rechten Rand wortgerecht umbrechen

In Windows-Anwendungen sind die meisten Steuerelemente in der Lage, Text am rechten Rand automatisch wortgerecht umzubrechen. In manchen Fällen, in denen dieser Umbruch nicht automatisch geschieht, macht ein solcher Umbruch aber auch Sinn. Dies ist zum Beispiel der Fall, wenn Sie Text in einem `ToolTip` ausgeben und dafür sorgen wollen, dass diese Ausgabe nicht zu breit wird. Eine andere Anwendung wäre die auf eine stimmte Breite beschränkte Ausgabe von Text in einer Textdatei oder an der Konsole.

> **Hinweis**
> Die in diesem Rezept beschriebene Methode bricht den Text bezogen auf eine maximale Zeichenlänge um. In Rezept 298 finden Sie eine Methode, die Text bezogen auf eine maximale Pixel-Breite umbricht.

Die Grundidee beim Umbruch von Strings ist, dass diese zunächst in einzelne Zeilen umgewandelt und diese Zeilen dann in einzelne Wörter zerlegt werden. Beim Extrahieren der einzelnen Wörter müssen die möglichen Trennzeichen berücksichtigt und mit in das jeweilige Wort-Token aufgenommen werden. Die so erhaltene Auflistung von einzelnen Wort-Token können Sie dann durchgehen, die Länge der einzelnen Token addieren und mit einer maximalen Länge vergleichen. Ist die Maximallänge erreicht, generieren Sie einen Zeilenumbruch.

Die Methode `WordWrapString` in Listing 50 arbeitet nach dieser Idee. Sie ersetzt zunächst Tabs im Text durch drei Leerzeichen um Probleme mit Tabulatoren zu vermeiden. Dann zerlegt `WordWrapString` mithilfe der `Split`-Methode der `Regex`-Klasse den übergebenen Text in einzelne Zeilen und geht diese durch. Für die Verwaltung der resultierenden Zeilen setzt `WordWrapString` einen `StringBuilder` (`wrappedText`) ein. Nach dem Anfügen eines Zeilenvorschubs an diesen `StringBuilder` wird der Text der aktuellen Zeile in einzelne Wort-Token gesplittet.

Dabei hatte ich das Problem, dass das Programm Wort-Trennzeichen erkennen musste. Relativ klar war, dass das Problem über einen regulären Ausdruck gelöst werden konnte. Leider bieten die regulären Ausdrücke in C# keine Zeichenklasse für Wort-Trennzeichen (nur die Zeichenklasse \b für Wort-Grenzen, aber diese stehen nicht für die Trennzeichen selbst, sondern für die Grenze zwischen dem Wort und dem Trennzeichen). Alle Wort-Trennzeichen zu ermitteln und in den regulären Ausdruck einzufügen wäre sehr aufwändig und fehleranfällig. Deswegen habe ich mich entschieden einfach alle Nicht-Wortzeichen und den Bindestrich (der eigentlich ein Wortzeichen ist) als Trennzeichen zu verwenden. Daraus resultierte der reguläre Ausdruck \w{1,}(\W|-){0,}. \w{1,} steht für alle Wörter (siehe Rezept 28). (\W|-){0,} steht für Nicht-Wortzeichen oder Bindestriche in einer beliebigen Anzahl hintereinander.

Mit Hilfe dieses regulären Ausdrucks gelingt es `WordWrapString` alle Wort-Token aus der aktuellen Zeile zu extrahieren. Der Rest ist einfach: In der Variablen `currentWidth` verwaltet `WordWrapString` die aktuelle Breite. Beim Durchgehen der einzelnen Wort-Token wird zunächst überprüft, ob das erste Wort-Token bereits zu lang ist. Diesen Sonderfall musste ich behandeln, da ansonsten eine zusätzliche Leerzeile resultieren würde. Für alle anderen Token wird überprüft, ob die aktuelle Breite addiert mit der Länge des Token größer wäre als die maximale Breite. Ist dies nicht der Fall, wird das Token an den `StringBuilder wrappedText` angefügt. Im anderen Fall generiert `WordWrapString` zusätzlich vorher über das Anfügen von `Environment.NewLine` an `wrappedText` einen Zeilenumbruch und setzt `currentWidth` zurück. `currentWidth` wird natürlich bei jedem Durchlauf um die Länge des aktuellen Wort-Token erhöht.

Schließlich gibt `WordWrapString` das Ergebnis als String zurück.

Zum Kompilieren dieser Methode müssen Sie die Namensräume `System`, `System.Text.RegularExpressions` und `System.Text` importieren.

```
public static string WordWrapString(string text, int maxCharWidth)
{
    // StringBuilder für den umbrochenen Text erzeugen
```

Listing 50: Methode zum wortgerechten Umbrechen von Strings bezogen auf eine maximale Zeichenlänge

>> **Einen String an einem rechten Rand wortgerecht umbrechen**

```
StringBuilder wrappedText = new StringBuilder();

if (text != null && text.Length > 0)
{
   // Tabs durch Leerzeichen ersetzen um
   // Darstellungs-Probleme zu vermeiden
   text = text.Replace("\t", "    ");

   // Aufteilen des Textes in einzelne Zeilen
   string[] rows = Regex.Split(text, Environment.NewLine);
   foreach (string row in rows)
   {
      // Zeilenumbruch an die vorherige Zeile anfügen
      if (wrappedText.Length > 0)
      {
         wrappedText.Append(Environment.NewLine);
      }

      // Text in einzelne Wort-Token aufsplitten
      // Als Trennzeichen werden alle Nicht-Wort-Zeichen und
      // der Bindestrich verwendet
      MatchCollection matches = Regex.Matches(row, @"\w{1,}(\W|-){0,}");

      // Die einzelnen Wort-Token durchgehen und ausgeben
      int currentWidth = 0;
      for (int i = 0; i < matches.Count; i++)
      {
         Match match = matches[i];

         // Den Sonderfall behandeln, dass das erste Wort-Token
         // zu lang ist
         if (i == 0 && match.Value.Length > maxCharWidth)
         {
            // Aktuelles Token ablegen
            wrappedText.Append(match.Value);
         }
         else
         {
            if (currentWidth + match.Value.Length <= maxCharWidth)
            {
               // Aktuelles Token ablegen
               wrappedText.Append(match.Value);
            }
            else
            {
               // Das Wort passt nicht mehr in die Spalte
```

Listing 50: Methode zum wortgerechten Umbrechen von Strings bezogen auf eine maximale Zeichenlänge (Forts.)

>> **Basics**

```
                // Zeilenumbruch generieren
                if (wrappedText.Length > 0)
                {
                    wrappedText.Append(Environment.NewLine);
                }

                // Token ablegen
                wrappedText.Append(match.Value);

                // Die aktuelle Breite wieder auf den Anfang setzen
                currentWidth = 0;
            }

            // Die aktuelle Breite um die Wortlänge hochzählen
            currentWidth += match.Value.Length;
        }
      }
    }
  }

  // Ergebnis zurückgeben
  return wrappedText.ToString();
}
```

Listing 50: Methode zum wortgerechten Umbrechen von Strings bezogen auf eine maximale Zeichenlänge (Forts.)

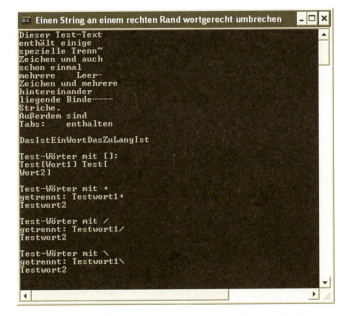

Abbildung 31: Ein wortgerecht umbrochener Text in einer Beispiel-Anwendung

> **Hinweis**
>
> WordWrapString hat Probleme mit Wörtern, die länger sind als die maximale Zeichenlänge, wie Sie in Abbildung 31 sehen können. Solche Wörter werden natürlich über den gesetzten Rand hin ausgegeben. Dieses Problem ist nur sehr schwer lösbar, da Sie in diesem Fall eine automatische und grammatikalisch korrekte Wort-Trennung implementieren müssten.

30 String auf die ersten Wörter bis zu einer Maximallänge kürzen

Oftmals ist es sinnvoll, einen langen String zur Darstellung auf dem Bildschirm so einzukürzen, dass dieser in einem gegebenen Raum dargestellt werden kann. Ein Beispiel dafür sind Internet-Suchmaschinen wie Google, die eine verkürzte Form der Beschreibung der gefundenen Webseiten anzeigen. Dabei ist es aber nicht ideal, den String einfach zu kürzen, da dieser dann mit großer Wahrscheinlichkeit unschön mitten in einem Wort abgetrennt wird.

Die Methode `AbbreviateString` in Listing 51 kürzt einen String so, dass dieser der gegebenen Maximallänge an Zeichen entspricht, aber nicht mitten in einem Wort abgeschnitten wird. Als Wort-Trennzeichen wird nur das Leerzeichen verwendet, um zu erreichen, dass nicht mitten in mit Bindestrichen zusammengesetzten Wörtern oder in Wörtern mit angehängten Klammern oder Ähnlichem gekürzt wird.

`AbbreviateString` splittet den String einfach an den Leerzeichen auf und setzt die einzelnen Teilstrings in einer Schleife so lange zusammen, bis die maximal mögliche Länge erreicht ist. Bei der maximalen Länge werden die drei Punkte mit eingerechnet, die `AbbreviateString` an einen gekürzten String anhängt. `AbbreviateString` berücksichtigt aber auch die Sonderfälle, dass schon das erste Wort zu lang ist oder dass der String insgesamt kürzer ist als die Maximallänge.

Zum Kompilieren dieser Methode müssen Sie den Namensraum `System` einbinden.

```
public static string AbbreviateString(string source, int maxCharCount)
{
   string result = String.Empty;

   // String an Leerzeichen splitten
   string[] words = source.Split(' ');

   // Die Sonderfälle abhandeln, dass der gesamte String
   // kürzer oder das erste Wort schon zu lang ist
   if (source.Length <= maxCharCount)
   {
      return source;
   }
   if (words.Length > 0 && words[0].Length > maxCharCount)
```

Listing 51: Methode zum Kürzen eines Strings unter Berücksichtigung der Wörter

>> Basics

```
   {
      return words[0].Substring(0, maxCharCount - 3) + "...";
   }

   // Die Wörter durchgehen und in das Ergebnis schreiben,
   // bis die Maximallänge erreicht ist
   for (int i = 0; i < words.Length; i++)
   {
      if (result.Length + words[i].Length + 4 > maxCharCount)
      {
         return result + "...";
      }
      else
      {
         result += ' ' + words[i];
      }
   }

   return source;
}
```

Listing 51: Methode zum Kürzen eines Strings unter Berücksichtigung der Wörter

Listing 52 zeigt einen beispielhaften Aufruf der AbbreviateString-Methode.

```
string source = "Die Antwort auf die Frage aller Fragen ist 42";
string result = AbbreviateString(source, 20);
Console.WriteLine("Quellstring: {0}", source);
Console.WriteLine("Gekürzter String: {0}", result);

source = "Formular-Authentifizierung";
result = AbbreviateString(source, 20);
Console.WriteLine("Quellstring: {0}", source);
Console.WriteLine("Gekürzter String: {0}", result);
```

Listing 52: Beispiel-Aufruf der AbbreviateString-Methode

```
String auf die ersten Wörter bis zu einer Maximallänge kürzen

Quellstring: Die Antwort auf die Frage aller Fragen ist 42
Gekürzter String:  Die Antwort auf...

Quellstring: Formular-Authentifizierung
Gekürzter String: Formular-Authenti...
```

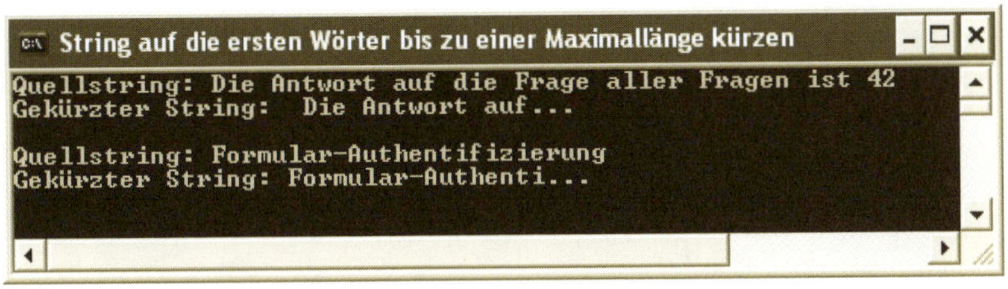

Abbildung 32: Wortgerechtes Kürzen eines Strings auf maximal 20 Zeichen

31 Teilstring nur dann ersetzen, wenn dieser am Anfang eines Strings gespeichert ist

Bei der Entwicklung einiger Methoden für dieses Buch musste ich einen Teilstring in einem String ersetzen, wenn dieser am Anfang des Strings gespeichert war. Ein Beispiel dafür ist das Rezept 129, das zwei Ordner auf einen identischen Inhalt vergleicht.

Dieses Problem habe ich über einen regulären Ausdruck gelöst, der mit einem ^-Zeichen begann und mit der gesuchten Zeichenkette endete. Das ^-Zeichen besagt, dass das folgende Muster am Anfang der Zeichenkette stehen muss. Um den am Anfang stehenden Teilstring zu ersetzen, rufen Sie die `Replace`-Methode der `Regex`-Klasse aus dem Namensraum `System.Text.RegularExpressions` auf. Dabei müssen Sie allerdings beachten, dass reguläre Ausdrücke einer Vielzahl an Zeichen eine besondere Bedeutung geben. Der Backslash wird z.B. als Einleitung einer Escape-Sequenz erkannt, runde Klammern werden für Gruppierungen verwendet.

Die Methode `ReplaceLeadingString` in Listing 53 stellt deswegen über die `Escape`-Methode der `Regex`-Klasse allen Sonderzeichen der regulären Ausdrücke im Suchstring einen Backslash voran, der die Bedeutung des Zeichens aufhebt.

`ReplaceLeadingString` ruft dann `Regex.Replace` auf, wobei der Aufruf entsprechend dem Argument `ignoreCase` entweder mit dem Wert `RegexOptions.IgnoreCase` am vierten Argument erfolgt oder ohne diesen Wert. Damit ist (als kleiner Zusatz) auch das Ersetzen ohne Berücksichtigung der Groß-/Kleinschreibung möglich.

Zum Kompilieren dieser Methode müssen Sie die Namensräume `System` und `System.Text.RegularExpressions` importieren.

```
public static string ReplaceLeadingString(string source, string find,
    string replacement, bool ignoreCase)
{
    // Muster für die Suche zusammenstellen, dabei den Sonderzeichen im
    // Suchstring einen Backslash voranstellen
    string pattern = "^" + Regex.Escape(find);

    // Muster ersetzen
    if (ignoreCase)
        return Regex.Replace(source, pattern, replacement,
            RegexOptions.IgnoreCase);
    else
        return Regex.Replace(source, pattern, replacement);
}
```

Listing 53: Ersetzen eines Teilstrings am Anfang eines Strings

Dass `ReplaceLeadingString` wunderbar funktioniert, beweist das folgende Testprogramm, bei dem der Basis- und der Suchstring bewusst mit einigen Sonderzeichen der regulären Ausdrücke beginnen:

>> **Basics**

```
string source = @"^$ {}[] \1 \2 # \w. C:\Codebook\Basics\Strings (Test)";
string find = @"^$ {}[] \1 \2 # \w. C:\Codebook";
string replacement = @"C:\Books\C#-Codebook";
string result = ReplaceLeadingString(source, find, replacement, true);
```

Listing 54: Testprogramm für die ReplaceLeadingString-Methode

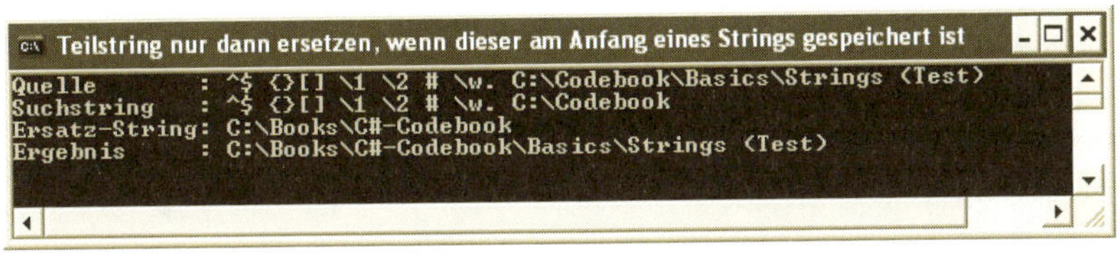

```
Teilstring nur dann ersetzen, wenn dieser am Anfang eines Strings gespeichert ist
Quelle        : ^$ {}[] \1 \2 # \w. C:\Codebook\Basics\Strings (Test)
Suchstring    : ^$ {}[] \1 \2 # \w. C:\Codebook
Ersatz-String : C:\Books\C#-Codebook
Ergebnis      : C:\Books\C#-Codebook\Basics\Strings (Test)
```

Abbildung 33: Die Ersetzung des Anfangs-Teilstrings war erfolgreich

32 Linken und rechten Teilstring extrahieren

Bei der String-Verarbeitung kommt es immer wieder vor, dass ein linker oder rechter Teilstring extrahiert werden muss. `string`-Objekte bieten zwar eine Methode `Substring`, die das Extrahieren beliebiger Teilstrings erlaubt. Das Auslesen des linken und mehr noch eines rechten Teilstrings ist damit aber für die Praxis ein wenig zu aufwändig. Hinzu kommt, dass `Substring` wenig tolerant ist und die Anfangs- und Endposition sich immer auf eine Position im String beziehen muss.

Wenn Sie nur einzelne String-Extraktionen programmieren und die Performance der Extraktion keine Rolle spielt, können Sie dazu auch die Methoden `Left` und `Right` in Listing 55 verwenden. Diese Methoden erlauben einen einfacheren Aufruf und arbeiten toleranter als `Substring`. Wenn Sie an `count` eine Anzahl Zeichen übergeben, die größer ist als der String selbst, geben beide Methoden einfach den übergebenen String unverändert zurück.

Zum Kompilieren dieser Methoden müssen Sie den Namensraum `System` importieren.

```
/* Methode zum Extrahieren eines linken Teilstrings */
public static string Left(string source, int count)
{
   if (source.Length >= count)
   {
      return source.Substring(0, count);
   }
   else
   {
      return source;
   }
}
```

Listing 55: Methoden zum Extrahieren des linken und rechten Teilstrings

```
/* Methode zum Extrahieren eines rechten Teilstrings */
public static string Right(string source, int count)
{
    int length = source.Length;
    if (length >= count)
    {
        return source.Substring(length - count, count);
    }
    else
    {
        return source;
    }
}
```

Listing 55: Methoden zum Extrahieren des linken und rechten Teilstrings (Forts.)

Die Performance beider Methoden ist dennoch nicht schlecht. In Tabelle 8 finden Sie einen Vergleich mit Substring.

Methode	Zeit für 10.000 Aufrufe in Sekunden (Pentium 4, 2,4 GHz)
Left	0,00112025411050846
Substring(0, *count*)	0,000840050900323924
Right	0,00112137157096782
Substring(Length – *count*, *count*)	0,000844520742161364

Tabelle 8: Performance der Left- und Right-Methoden im Vergleich mit einem direkten Substring-Aufruf

Den Performancetest finden Sie im Beispielprogramm zu diesem Rezept auf der CD.

33 Zahlen aus einem String extrahieren

Bei der Verarbeitung von Strings kommt es vor, dass Zahlen, die im String neben anderen Zeichenfolgen gespeichert sind, extrahiert werden müssen. Das ist z.B. dann der Fall, wenn Sie eine eingegebene Telefonnummer normalisieren müssen. Anwender geben Telefonnummern in verschiedenen Formaten ein, wobei die einzelnen Nummernteile meist durch Leerzeichen, Bindestriche oder Klammern getrennt werden. Eine solche Eingabe können Sie so zerlegen, dass nur die eingegebenen Zahlen herauskommen, und diese mit vordefinierten Trennzeichen dann wieder zusammensetzen.

Wenn ein String eine oder mehrere Zahlen enthält und zwischen diesen beliebige Zeichen gespeichert sind, können Sie diese Zahlen recht einfach über einen regulären Ausdruck extrahieren. Dazu können Sie die Matches-Methode der Regex-Klasse aus dem Namensraum System.Text.RegularExpressions verwenden. Dieser Methode übergeben

>> **Basics**

Sie am ersten Argument den Quellstring und am zweiten das Suchmuster. Zum Suchen aller Ganzzahlen können Sie das Muster \d{1,} verwenden. Dieses Muster bedeutet, dass eine Folge von Ziffern mit beliebig vielen Ziffern gesucht wird. Wenn Sie auch Zahlen suchen, die einen Nachkommaanteil besitzen, können Sie das folgende Muster verwenden: \d{1,},{0,1}\d{0,}. Das Komma hinter \d{1,} muss natürlich durch das oder die Dezimaltrennzeichen ersetzt werden, die in der aktuellen Kultur verwendet werden.

Matches gibt eine Referenz auf eine Instanz der Klasse MatchCollection zurück, die eine Auflistung von Match-Objekten ist. Aus der Eigenschaft Value dieser Objekte können Sie den Teilstring auslesen, der dem Muster entsprach.

Die Methode ExtractNumbers im folgenden Listing geht auf diese Weise vor um alle Zahlen aus einem String in ein double-Array zu kopieren. Wenn Zahlen mit Nachkommaanteil extrahiert werden sollen (was am zweiten Argument erkannt wird), werden die aktuellen Dezimaltrennzeichen ausgelesen und über Regex.Escape so umgewandelt, dass alle eventuell vorhandenen Metazeichen für reguläre Ausdrücke über einen Backslash maskiert werden.

```
public static double[] ExtractNumbers(string source,
   bool extractOnlyIntegers)
{
   // Muster für den regulären Ausdruck definieren
   string pattern;
   if (extractOnlyIntegers)
   {
      pattern = @"\d{1,}";
   }
   else
   {
      string decimalSeparator = Regex.Escape(
         Thread.CurrentThread.CurrentCulture.NumberFormat.
         NumberDecimalSeparator);
      pattern = @"\d{1,}" + decimalSeparator + @"{0,1}\d{0,}";
   }

   // Die Treffer ermitteln
   MatchCollection matches = Regex.Matches(source, pattern);

   // Das Ergebnis in ein double-Array kopieren
   double[] result = new double[matches.Count];
   for (int i = 0; i < matches.Count; i++)
   {
      result[i] = Convert.ToDouble(matches[i].Value);
   }

   return result;
}
```

Listing 56: Methode zum Extrahieren aller Ganzzahlen aus einem String

Zum Kompilieren dieser Methode müssen Sie die Namensräume `System`, `System.Threading` und `System.Text.RegularExpressions` importieren.

34 Überprüfen, ob ein String mit einer Zahl beginnt

Wenn Sie überprüfen wollen, ob ein String mit einer Ganzzahl beginnt, können Sie ähnlich wie im vorhergehenden Rezept einen regulären Ausdruck einsetzen. Das Muster ^\d{1,} trifft nur für beliebige Ziffernfolgen zu, die am Anfang der Zeichenkette stehen, und findet damit Ganzzahlen. Über ^\d{1,},{0,}\d{0,} können Sie auch Zahlen mit Nachkommaanteil am Anfang eines Strings abfragen (wobei Sie wieder das Komma durch die aktuell verwendeten Dezimaltrennzeichen ersetzen müssen).

Über die `Match`-Methode der `Regex`-Klasse können Sie überprüfen, ob ein String dem Muster entspricht. Dieser Methode übergeben Sie am ersten Argument den Quellstring und am zweiten das Muster. `Match` gibt eine Referenz auf ein `Match`-Objekt zurück. Aus dessen Eigenschaft `Success` können Sie auslesen, ob ein Teilstring gefunden wurde, der dem Muster entspricht.

Die Methode `NumberAtStart` in Listing 57 setzt diese Technik ein. `NumberAtStart` gibt im Erfolgsfall die Länge des gefundenen Teilstrings zurück, die aus der Eigenschaft `Length` des `Match`-Objekts ausgelesen wird. Beginnt der übergebene String nicht mit einer Zahl, gibt `NumberAtStart` 0 zurück.

```
public static int NumberAtStart(string source, bool considerOnlyIntegers)
{
   // Muster für den regulären Ausdruck definieren
   string pattern;
   if (considerOnlyIntegers)
   {
      pattern = @"^\d{1,}";
   }
   else
   {
      string decimalSeparator = Regex.Escape(
         Thread.CurrentThread.CurrentCulture.NumberFormat.
         NumberDecimalSeparator);
      pattern = @"^\d{1,}" + decimalSeparator + @"{0,1}\d{0,}";
   }
   
   // Match-Instanz erzeugen und überprüfen,
   // ob ein Treffer erzielt wurde
   Match match = Regex.Match(source, pattern);
   if (match.Success)
   {
      // Die Länge des gefundenen Teilstrings zurückgeben
```

Listing 57: Methode, die überprüft, ob ein String mit einer Zahl beginnt, und die die Zeichenlänge der Zahl zurückgibt

>> Basics

```
      return match.Length;
   }
   else
   {
      return 0;
   }
}
```

Listing 57: Methode, die überprüft, ob ein String mit einer Zahl beginnt, und die die Zeichenlänge der Zahl zurückgibt (Forts.)

`NumberAtStart` erfordert den Import der Namensräume `System`, `System.Threading` und `System.Text.RegularExpressions`.

Über die Rückgabe der Länge des Strings können Sie die Zahl später sehr einfach aus dem String extrahieren:

```
string source = "1234 abc";
int result = NumberAtStart(source, true);
if (result > 0)
{
   long number = Convert.ToInt64(source.Substring(0, result));
   Console.WriteLine("'{0}' beginnt mit der Ganzzahl {1}", source, number);
}
else
{
   Console.WriteLine("'{0}' beginnt nicht mit einer Ganzzahl", source);
}

source = "A1234 abc";
result = NumberAtStart(source, true);
if (result > 0)
{
   long number = Convert.ToInt64(source.Substring(0, result));
   Console.WriteLine("'{0}' beginnt mit der Ganzzahl {1}", source, number);
}
else
{
   Console.WriteLine("'{0}' beginnt nicht mit einer Ganzzahl", source);
}

source = "1234,567 abc";
result = NumberAtStart(source, false);
if (result > 0)
{
   double number = Convert.ToDouble(source.Substring(0, result));
```

Listing 58: Ermitteln, ob ein String mit einer Zahl beginnt, und Extrahieren dieser Zahl

```
      Console.WriteLine("'{0}' beginnt mit der Dezimalzahl {1}",
         source, number);
   }
   else
   {
      Console.WriteLine("'{0}' beginnt nicht mit einer Dezimalzahl", source);
   }
```

Listing 58: Ermitteln, ob ein String mit einer Zahl beginnt, und Extrahieren dieser Zahl

```
Überprüfen, ob ein String mit einer Zahl beginnt
'1234 abc' beginnt mit der Ganzzahl 1234
'A1234 abc' beginnt nicht mit einer Ganzzahl
'1234,567 abc' beginnt mit der Dezimalzahl 1234,567
```

Abbildung 34: Das Beispielprogramm in Aktion

35 Zufalls-String berechnen

Die Berechnung einer zufälligen Zeichenkette ist besonders wichtig für automatisch generierte Passwörter, so wie diese von vielen Webseiten erzeugt werden, die eine Registration erfordern. Das Berechnen eines zufälligen Strings ist recht einfach.

Die Methode `GetRandomString` erzeugt dazu für jedes Zeichen des Strings eine Zufallszahl im Bereich der Unicode-Codes der normalen Kleinbuchstaben a bis z (97 bis 122) und hängt das jeweilige Zeichen an einen Ergebnisstring an.

Da die `Random`-Klasse keine echten Zufallszahlen erzeugt (siehe Rezept 18), verwendet `GetRandomString` eine Instanz der Klasse `RNGCryptoServiceProvider`, deren Methode `GetNonZeroBytes` »kryptografisch starke« Zufallszahlen im Bereich von 1 bis 255 erzeugt. Um Zahlen im Bereich von 97 bis 122 zu erhalten, teilt `GetRandomString` jede ermittelte Zahl durch 9.81 (das entspricht etwa 255 / 26), addiert 97 hinzu und wandelt das `double`-Ergebnis in einen `byte`-Wert um. Der berechnete Wert wird schließlich in ein Zeichen umgewandelt und an den Ergebnisstring angehängt.

Zum Kompilieren dieser Methode müssen Sie die Namensräume `System` und `System.Security.Cryptography` importieren.

```
public static string GetRandomString(int count)
{
   string randomString = "";

   // Echte Zufallszahlen im Bereich von 1 bis 255 erzeugen
   RNGCryptoServiceProvider rngCSP = new RNGCryptoServiceProvider();
   byte[] numbers = new byte[count];
```

Listing 59: Methode zur Erzeugung eines Zufalls-Strings

>> **Basics**

```
    rngCSP.GetNonZeroBytes(numbers);

    // Die Zahlen so umrechnen, dass Werte zwischen
    // 97 und 122 herauskommen, und die daraus resultierenden
    // Zeichen an den Ergebnisstring anhängen
    for (int i = 0; i < count; i++)
    {
       numbers[i] = (byte)(numbers[i] / 9.81 + 97);
       randomString += (char)numbers[i];
    }

    return randomString;
}
```

Listing 59: Methode zur Erzeugung eines Zufalls-Strings (Forts.)

Abbildung 35 zeigt die Ausgabe eines Programms, das mit Hilfe der `RandomString`-Methode einen Zufalls-String erzeugt hat.

Abbildung 35: Erzeugen eines Zufalls-Strings

36 Konstantennamen einer Aufzählung als String auslesen

In Anwendungen ist es häufig sinnvoll, die symbolischen Konstanten, die eine Aufzählung (Enumeration) zur Verfügung stellt, als String darzustellen. So können Sie dem Anwender z.B. in einer `ListBox` alle Werte einer Aufzählung zur Auswahl anbieten.

Die Klasse `Enum` bietet mit der statischen Methode `GetNames` eine einfache Möglichkeit, die Konstanten einer Aufzählung als String darzustellen. Dieser Methode übergeben Sie den Typ der Aufzählung und erhalten ein `string`-Array zurück.

Wenn Sie nur einzelne Konstantennamen auslesen wollen, können Sie die `GetName`-Methode verwenden, der Sie neben dem Typ der Aufzählung am zweiten Argument den Wert übergeben. Das macht allerdings nur dann Sinn, wenn Sie den Wert nicht über die symbolische Konstante, sondern direkt angeben.

Listing 60 zeigt die Konstantennamen für die Aufzählung `System.DayOfWeek`. Die Namen dieser Aufzählung werden in diesem Beispiel im `Load`-Ereignis eines Formulars in eine `ListBox` gelesen. Der Name der Konstante mit dem Wert 0 wird in ein `Label` ausgegeben.

146 >> Strings in Aufzählungswerte konvertieren

```
private void StartForm_Load(object sender, System.EventArgs e)
{
    // Alle Werte einer Aufzählung als String auslesen
    string[] enumNames = Enum.GetNames(typeof(DayOfWeek));
    for (int i = 0; i < enumNames.Length; i++)
    {
        this.daysListBox.Items.Add(enumNames[i]);
    }

    // Einen bestimmten Wert auslesen
    string name = Enum.GetName(typeof(DayOfWeek), 0);
    this.infoLabel.Text = "Der Name der Konstante mit dem Wert 0 ist " + name;
}
```

Listing 60: Auslesen der Konstantennamen einer Aufzählung

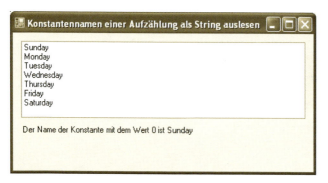

Abbildung 36: Das Programm hat die Konstantennamen der DayOfWeek-Aufzählung ausgelesen

37 Strings in Aufzählungswerte konvertieren

Im Rezept 36 habe ich gezeigt, wie Sie die Konstantennamen einer Aufzählung als String auslesen können um diese dem Anwender zur Auswahl anbieten zu können. Etwas problematisch ist allerdings die Auswahl der Anwender-Selektion. Als Problemlösung können Sie in der `ListBox` statt einfachen Strings eigene Objekte für die einzelnen Konstantenwerte verwalten, deren `ToString`-Methode den Namen der Konstante zurückgibt (sodass dieser angezeigt wird) und die in einer separaten Eigenschaft den Wert der Konstante verwalten. Wenn Ihnen das zu aufwändig ist, können Sie aber auch einfach die `Parse`-Methode der `Enum`-Klasse verwenden. Dieser Methode übergeben Sie den Typ der Aufzählung und den String, den Sie umwandeln wollen. Am dritten Argument können Sie mit `true` bestimmen, dass die Groß-/Kleinschreibung nicht berücksichtigt werden soll.

`Parse` gibt den Aufzählungswert als `object` zurück, Sie müssen die Rückgabe also entsprechend umwandeln. Natürlich erzeugt `Parse` eine Ausnahme, wenn der übergebene String keinem Konstantennamen entspricht. Diese Ausnahme sollten Sie abfangen, wenn der String vom Anwender eingegeben wurde.

Zum Kompilieren des Beispiels müssen Sie den Namensraum `System` importieren.

```
string value = "friday";
try
{
    // Konstantenwert auslesen und in den Typ DayOfWeek casten
    DayOfWeek day = (DayOfWeek)Enum.Parse(typeof(DayOfWeek), value, true);
    Console.WriteLine("Wert von '{0}': {1}", value, (int)day);
}
catch (Exception ex)
{
    Console.WriteLine(ex.Message);
}
```

Listing 61: Umwandeln eines Strings in einen Aufzählungswert

38   String in Byte-Array umwandeln

Einige spezielle Techniken des .NET Framework arbeiten mit Byte-Arrays, die die einzelnen Zeichen eines Strings verwalten. Dazu gehören z.B. einige Klassen des Namensraums `System.Security.Cryptography`, über deren Methoden Sie Daten ver- und entschlüsseln können, und die Klasse `System.IO.MemoryStream`, die einen Stream im Arbeitsspeicher erzeugt (und die für einige Tricks in diesem Buch eingesetzt wird).

Einen String können Sie nun sehr einfach in ein Byte-Array konvertieren. Dazu verwenden Sie die `GetBytes`-Methode eines `Encoding`-Objekts, der Sie in einer Variante einen String übergeben können. Diese Methode setzt die einzelnen Zeichen des übergebenen Strings in deren zur Codierung passenden Byte-Werte um. Sie müssen nun nur noch die richtige Codierung herausfinden und ein entsprechendes `Encoding`-Objekt erzeugen. Wenn Sie, was wohl für die meisten Anwendungsfälle ausreicht, die Standard-8-Bit-Codierung ISO-8859-1 (ISO Latin 1) verwenden wollen, erzeugen Sie dieses Objekt über die statische Methode `GetEncoding` der `Encoding`-Klasse, der Sie den Namen der Codierung übergeben. Listing 62 zeigt, wie Sie aus einem String auf diese Weise ein Byte-Array erzeugen. Das Programm benötigt den Import der Namensräume `System` und `System.Text`.

```
// String in Byte-Array in der ISO-8859-1-Codierung umwandeln
string source = "abc-äöü";
Console.WriteLine("String in Byte-Array in der " +
    "ISO-8859-1-Codierung umwandeln");
```

Listing 62: Umwandeln eines Strings in ein Byte-Array in der Codierung ISO-8859-1

148 >> String in Byte-Array umwandeln

```
Console.WriteLine();
Console.WriteLine("Originaler String: {0}", source);
byte[] result = System.Text.Encoding.GetEncoding(
   "ISO-8859-1").GetBytes(source);

// Byte-Array testweise ausgeben
Console.WriteLine("Das Byte-Array:");
for (int i = 0; i < result.Length; i++)
{
   Console.WriteLine("{0}: {1} ", result[i], (char)result[i]);
}

// String zurückkonvertieren
source = System.Text.Encoding.GetEncoding(
   "ISO-8859-1").GetString(result);
Console.WriteLine("Zurückkonvertierter String: {0}", source);
```

Listing 62: Umwandeln eines Strings in ein Byte-Array in der Codierung ISO-8859-1 (Forts.)

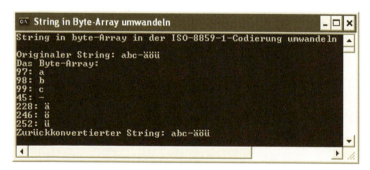

Abbildung 37: Das Programm hat die Zeichen des Teststrings korrekt in Bytes umgewandelt

Sie müssen bei der Umwandlung allerdings eines beachten: Strings werden in C# intern als 16-Bit-Unicode-Zeichen gespeichert. Wurde der String z.B. aus einer Unicode-Textdatei eingelesen, kann es sein, dass Zeichen gespeichert sind, deren Wert größer ist als 0x00FF (der größte 8-Bit-Wert). Eine Konvertierung mit einer 8-Bit-Codierung führt dann dazu, dass alle für diese Codierung unbekannten Zeichen in ein Fragezeichen (mit dem Code 0x003F) konvertiert werden. Dasselbe gilt natürlich auch, wenn Sie einen String, der lediglich 8-Bit-Sonderzeichen wie unsere Umlaute enthält, in die 7-Bit-ASCII-Codierung umwandeln (z.B. über das `Encoding`-Objekt, das Sie über die `ASCII`-Eigenschaft der `Encoding`-Klasse erreichen). Eine Rück-Umwandlung des Byte-Arrays führt dann natürlich zu einem anderen String als dem ursprünglichen. Das Beispiel in Listing 63 zeigt, was ich meine.

>> Basics

```
// String in Byte-Array in der ASCII-Codierung umwandeln
string source = "abc-äöü";
Console.WriteLine("String in Byte-Array in der ASCII-Codierung umwandeln");
Console.WriteLine();
Console.WriteLine("Originaler String: {0}", source);
byte[] result = System.Text.Encoding.ASCII.GetBytes(source);

// Byte-Array testweise ausgeben
Console.WriteLine("Das Byte-Array:");
for (int i = 0; i < result.Length; i++)
{
    Console.WriteLine("{0}: {1} ", result[i], (char)result[i]);
}

// String zurückkonvertieren
source = System.Text.Encoding.ASCII.GetString(result);
Console.WriteLine("Zurückkonvertierter String: {0}", source);
```

Listing 63: Umwandeln eines Unicode-Strings mit Zeichen größer 0x00fF (dem größten 7-Bit-ASCII-Wert) in ein Byte-Array und wieder zurück

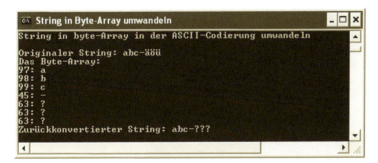

Abbildung 38: Die Umlaute wurden in ein Fragezeichen umgewandelt

Wenn Sie Strings mit Zeichen größer als 0x00FF umwandeln wollen, müssen Sie die Unicode-Codierung verwenden:

```
// String in Byte-Array in der Unicode-Codierung umwandeln
string source = "abc-äöü \u0400\u0410";
Console.WriteLine("String mit kyrillischen Zeichen in ein Byte-Array mit der
Unicode-Codierung umwandeln");
Console.WriteLine();
Console.WriteLine("Originaler String: {0}", source);
byte[] result = System.Text.Encoding.Unicode.GetBytes(source);
```

Listing 64: Umwandeln eines Strings in ein Byte-Array mit der Unicode-Codierung

Byte-Array in String lesen

```
// Byte-Array testweise ausgeben
Console.WriteLine("Das Byte-Array:");
for (int i = 0; i < result.Length; i++)
{
   Console.WriteLine("{0}: {1} ", result[i], (char)result[i]);
}

// String zurückkonvertieren
source = System.Text.Encoding.Unicode.GetString(result);
Console.WriteLine("Zurückkonvertierter String: {0}", source);
```

Listing 64: Umwandeln eines Strings in ein Byte-Array mit der Unicode-Codierung (Forts.)

Wenn Sie die Unicode-Codierung verwenden, werden pro Zeichen zwei Bytes gespeichert. Das erste Byte verwaltet den niedrigen und das zweite den hohen 8-Bit-Wert eines Zeichens. Bei Zeichen im 8-Bit-Bereich ist das zweite Byte natürlich immer mit 0 belegt. In Abbildung 39 sehen Sie aber, dass die kyrillischen Zeichen beide Bytes belegen.

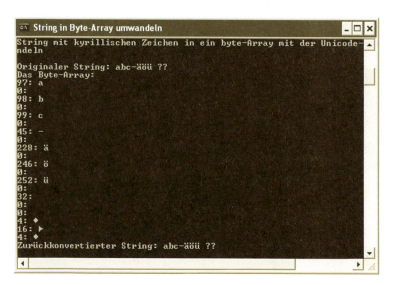

Abbildung 39: Ein Byte-Array in der Unicode-Codierung (die kyrillischen Zeichen werden in der Konsole, die per Default kein Unicode kennt, als Fragezeichen dargestellt; die Zeichen-Ausgabe der kyrillischen Zeichen entspricht in der Abbildung den einzelnen Bytes dieser Zeichen)

39 Byte-Array in String lesen

Im Rezept 38 habe ich beschrieben, wie Sie einen String in ein Byte-Array umwandeln. Der Weg zurück ist natürlich auch möglich (und wird im genannten Rezept bereits eingesetzt ☺).

>> Basics

Dazu verwenden Sie die `GetString`-Methode eines zur im Byte-Array verwendeten Codierung passenden `Encoding`-Objekts. Grundlagen dazu habe ich bereits im genannten Rezept erläutert. Sie müssen beim Umwandeln lediglich beachten, dass Sie eine passende Codierung einsetzen.

Das Beispiel in Listing 65 erzeugt ein Unicode-Byte-Array und wandelt dies in einen String um. Zum Kompilieren dieses Beispiels müssen Sie die Namensräume `System` und `System.Text` einbinden.

```
byte[] unicodeCharCodes = {0x41, 0, 0x42, 0, 0x20, 0, 0xE4, 0, 0xF6, 0};

// Byte-Array in String umwandeln
string result = Encoding.Unicode.GetString(unicodeCharCodes);

Console.WriteLine(result);
```

Listing 65: Umwandeln eines Byte-Arrays in einen String

Das Ergebnis dieses Programms ist der String »AB äö«. Würden Sie statt des Unicode-`Encoding`-Objekts eines für die ISO-8859-1-Codierung verwenden, würde der String bei einer Ausgabe folgendermaßen aussehen: »A B ä ö «. Die zusätzlichen Leerzeichen resultieren aus den 0-Bytes der Unicode-Daten, die bei einer Ausgabe als unsichtbares Zeichen erscheinen.

40 Auflistungen und Arrays sortieren

Das Sortieren von Auflistungen ist im .NET Framework 2.0 sehr einfach geworden, vorausgesetzt, Sie verwenden die generische `List`-Klasse aus dem Namensraum `System.Collections.Generic` oder eine `ArrayList`-Instanz. Diese besitzen nämlich eine Methode `Sort`, die laut der Dokumentation des .NET Framework 2.0 den besonders schnellen Quicksort-Algorithmus einsetzt. Für Arrays verwenden Sie die statische `Sort`-Methode der `Array`-Klasse, die ähnlich arbeitet.

Der Quicksort-Algorithmus geht die in zwei Hälften geteilte Liste durch und vergleicht jeweils zwei aufeinander folgende Objekte daraufhin, ob das eine größer ist als das andere. `Sort` ruft dazu für die einzelnen Objekte die Methode `CompareTo` aus der `IComparable`-Schnittstelle auf, sofern die in der Auflistung verwalteten Objekte diese Schnittstelle implementieren. Da dies für die Standard-Typen der Fall ist, können Sie Auflistungen dieser Typen problemlos sortieren:

```
// String-Auflistung erzeugen und füllen
List<string> personNames = new List<string>();
personNames.Add("zaphod");
personNames.Add("Trillian");
personNames.Add("arthur");
```

Listing 66: Sortieren einer String-Auflistung

152 >> Auflistungen und Arrays sortieren

```
personNames.Add("ford");
personNames.Add("Marvin");
personNames.Add("Slartibartfaß");

// String-Auflistung per Voreinstellung sortieren
personNames.Sort();

// Ergebnis ausgeben
foreach (string personName in personNames)
{
   Console.WriteLine(personName);
}
```

Listing 66: Sortieren einer String-Auflistung (Forts.)

Abbildung 40: Eine sortierte String-Auflistung

Wie Sie Abbildung 40 entnehmen können, werden Strings per Voreinstellung aufsteigend sortiert. Wenn Sie die Sortierung ändern wollen, können Sie am einzigen Argument der Sort-Methode einen Delegate vom Typ Comparison<*Typ*> übergeben. Ein solcher Delegate referenziert eine Methode, die zwei Instanzen vom angegebenen Typ übergeben bekommt und einen int-Wert zurückgibt. Die Rückgabe der Methode bestimmt mit einem Wert kleiner Null, dass das linke Objekt kleiner ist als das rechte. Null gibt an, dass beide Objekte gleich groß sind, und ein Wert größer null, dass das linke Objekt größer ist als das rechte.

Im folgenden Beispiel sorgt die Vergleichsmethode dafür, dass Strings absteigend sortiert werden:

```
/* Methode zum absteigenden Vergleich zweier Strings */
private static int stringComparer(string left, string right)
{
   return String.Compare(left, right) * -1;
}

...

// String-Auflistung über die Vergleichs-Methode sortieren
personNames.Sort(stringComparer);
```

Listing 67: Absteigende Sortierung einer String-Auflistung

```
// Ergebnis ausgeben
foreach (string personName in personNames)
{
   Console.WriteLine(personName);
}
```

Listing 67: Absteigende Sortierung einer String-Auflistung (Forts.)

Ein kleiner Hinweis am Rande: Die Übergabe des Methodennamens an `Sort` führt dazu, dass der Compiler eine Instanz des passenden Delegate erzeugt und übergibt. Der `Sort`-Aufruf im Beispiel entspricht also dem folgenden Aufruf:

```
personNames.Sort(new Comparison<string>(stringComparer));
```

Abbildung 41: Eine absteigend sortierte String-Auflistung

Alternativ (und bei der im .NET Framework 2.0 eigentlich nicht mehr benötigten `ArrayList`-Klasse ausschließlich) zur `Comparison`-Instanz können Sie auch die Instanz einer Klasse übergeben, die die Schnittstelle `IComparer` implementiert. Diese Schnittstelle deklariert die Methode `Compare`, der wie beim `Comparison`-Delegate zwei Objekte übergeben werden. Diese Argumente werden auf dieselbe Weise miteinander verglichen wie bei der `Comparison`-Methode (allerdings müssen die übergebenen `object`-Referenzen dazu zunächst in den entsprechenden Typ konvertiert werden).

Wollen Sie eigene Klassen problemlos sortierbar machen, können Sie in diesen die `IComparable`-Schnittstelle implementieren. `IComparable` besitzt lediglich die Methode `CompareTo`. Dieser Methode übergibt `Sort` das Objekt, das mit dem aktuellen verglichen werden soll. `CompareTo` muss die folgenden Werte zurückgeben, wenn Sie aufsteigend sortieren wollen:

▶ -1, wenn das aktuelle Objekt kleiner ist als das übergebene,
▶ 0, wenn beide Objekte gleich groß sind,
▶ 1, wenn das aktuelle Objekt größer ist als das übergebene.

`IComparable` liegt in einer normalen Version (mit einer `object`-Referenz) und in einer generischen Version vor. Sie sollten die generische Version einsetzen und als Typ Ihre Klasse angeben, wenn Sie lediglich Instanzen Ihrer Klasse miteinander vergleichen wollen (was ja wohl die Regel sein dürfte). Wollen Sie in einer (`ArrayList`-)Auflistung auch Instanzen anderer Klassen speichern und diese mit Ihrer Klasse vergleichen (was wohl nur selten Sinn macht), können Sie die normale Version von `IComparable` einsetzen. In diesem Fall sollten Sie aber darüber nachdenken, ob nicht der Einsatz einer Schnittstelle besser wäre, die beide Klassen implementieren (und die als Typ für `IComparable` angegeben wird).

Die Klasse `Person` in Listing 68 zeigt ein Beispiel für die Implementierung der `CompareTo`-Methode in der generischen Variante. In dieser Klasse vergleicht `CompareTo` den Nach- und den Vornamen der Person um zu ermitteln, welche Instanz größer ist.

```
public class Person : IComparable<Person>
{
   public string FirstName;
   public string LastName;

   public Person(string firstName, string lastName)
   {
      this.FirstName = firstName;
      this.LastName = lastName;
   }

   /* Implementierung der CompareTo-Methode */
   public int CompareTo(Person otherPerson)
   {
      // Vergleichen
      if (String.Compare(this.LastName,
            otherPerson.LastName, true) == 0 &&
            String.Compare(this.FirstName,
            otherPerson.FirstName, true) == 0)
      {
         // Beide Instanzen sind gleich
         return 0;
      }
      else if (String.Compare(this.LastName,
            otherPerson.LastName, true) < 0 ||
            (String.Compare(this.LastName,
            otherPerson.LastName, true) == 0 &&
            String.Compare(this.FirstName,
            otherPerson.FirstName, true) < 0))
      {
         // Diese Instanz ist kleiner als die andere
         return -1;
      }
      else
      {
         // Diese Instanz ist größer als die andere
         return 1;
```

Listing 68: Klasse, die die IComparable-Schnittstelle für ein korrektes Sortieren implementiert

>> **Basics**

```
      }
   }
}
```

Listing 68: Klasse, die die IComparable-Schnittstelle für ein korrektes Sortieren implementiert (Forts.)

Wenn Sie nun eine Auflistung von `Person`-Instanzen erzeugen und sortieren, erfolgt die Sortierung nach der `CompareTo`-Methode:

```
// Auflistung eigener Person-Objekte erzeugen
// und füllen
List<Person> persons = new List<Person>();
persons.Add(new Person("Zaphod", "Beeblebrox"));
persons.Add(new Person("Ford", "Prefect"));
persons.Add(new Person("Carl", "Dent"));
persons.Add(new Person("Arthur", "Miller"));
persons.Add(new Person("Tricia", "McMillan"));
persons.Add(new Person("Arthur", "Dent"));
persons.Add(new Person("Ford", "Puma"));

// Die Person-Auflistung sortieren und ausgeben
persons.Sort();
foreach (Person person in persons)
{
   Console.WriteLine(person.LastName + ", " + person.FirstName);
}
```

Listing 69: Sortieren einer Auflistung eigener Objekte

Abbildung 42: Sortieren eigener Objekte

41 Arrays, ArrayList- und andere Auflistungen durchsuchen

In Arrays können Sie über die `BinarySearch`-Methode der `Array`-Klasse suchen. Eine `ArrayList`-Instanz besitzt ebenfalls eine solche Methode. `BinarySearch` sucht nach dem übergebenen Objekt und gibt den Index des gefundenen Elements zurück. Wird kein Element gefunden, das zum Suchobjekt passt, gibt diese Methode -1 zurück.

>> Arrays, ArrayList- und andere Auflistungen durchsuchen

BinarySearch führt eine effiziente binäre Suche in den Elementen aus, was allerdings für eine optimale Performance voraussetzt, dass die Liste sortiert ist. Sie sollten das Array bzw. die Auflistung also zuvor gegebenenfalls sortieren.

Das Suchen nach Werttypen funktioniert immer ohne Probleme. Beim Suchen nach Referenztypen ist eine wichtige Voraussetzung für die korrekte Ausführung der BinarySearch-Methode, dass die Klasse die CompareTo-Methode der IComparable-Schnittstelle implementiert. Diese Methode wird von BinarySearch aufgerufen, um die Objekte in der Liste mit dem Vergleichsobjekt zu vergleichen.

Listing 70 zeigt eine Klasse, die Kreisdaten speichert und das Sortieren und Suchen nach dem Radius ermöglicht.

```
public class Circle: IComparable<Circle>
{
   public int x;
   public int y;
   public int Radius;

   public Circle(int x, int y, int radius)
   {
      this.x = x;
      this.y = y;
      this.Radius = radius;
   }

   /* Implementierung der CompareTo-Methode */
   public int CompareTo(Circle otherCircle)
   {
      return (this.Radius.CompareTo(otherCircle.Radius));
   }
}
```

Listing 70: Klasse zur Speicherung von Kreisdaten

Die CompareTo-Methode ist in diesem Beispiel sehr einfach, weil zum Vergleich die gleichnamige Methode der Radius-Eigenschaft aufgerufen werden kann.

Suchen eines Objekts, das die Kriterien erfüllt

Wenn Sie nun Instanzen dieser Klasse in ein Array oder eine Auflistung schreiben, können Sie nach einem Kreis mit einem bestimmten Radius suchen. Der BinarySearch-Methode müssen Sie dazu eine neue Circle-Instanz mit dem gesuchten Radius übergeben. Vor dem Suchen sollten Sie sortieren, was allerdings nur dann sinnvoll ist, wenn das Array bzw. die Auflistung sehr viele Objekte verwaltet.

```
// Array von Circle-Objekten erzeugen
Circle[] circles  = new Circle[4];
circles[0] = new Circle(10, 20, 100);
circles[1] = new Circle(15, 25, 80);
circles[2] = new Circle(5, 10, 120);
circles[3] = new Circle(35, 45, 70);

// Nach einem Kreis mit dem Radius 120 suchen
Array.Sort(circles);
int index = Array.BinarySearch(circles, new Circle(0, 0, 120));
if (index > -1)
{
   Console.WriteLine("Gefunden: Radius: {0}, x: {1}, y: {2}",
      circles[index].Radius, circles[index].x, circles[index].y);
}
else
{
   Console.WriteLine("Nicht gefunden");
}
```

Listing 71: Suchen in einem Array

Das Suchen in Auflistungen ist mit Instanzen der generischen `List`-Klasse und mit `ArrayList`-Instanzen über deren `BinarySearch`-Methode möglich und prinzipiell mit dem Suchen in Arrays identisch. Deshalb zeige ich hier gleich eine erweiterte Variante, nämlich das Suchen aller Objekte, die bestimmte Daten speichern.

Suchen aller Objekte, die die Suchkriterien erfüllen

Beim Suchen eines Objekts müssen Sie beachten, dass die binäre Suche nicht unbedingt das erste Objekt in der Liste findet, das die Suchkriterien erfüllt. Das liegt an der Natur des Suchalgorithmus, der die Liste immer wieder in Hälften aufteilt und das Objekt in der Mitte mit dem Suchobjekt vergleicht. Deshalb ist es sinnvoll, alle Objekte zu suchen, wenn die Suchkriterien mehrfach vorkommen können.

Dazu müssen Sie nach der Suche die (auf jeden Fall sortierte) Liste ab dem gefundenen Index einmal nach oben und einmal nach unten durchgehen. Ich zeige dies am Beispiel einer Auflistung:

```
// Auflistung von Circle-Objekten erzeugen
List<Circle> circleList = new List<Circle>();
circleList.Add(new Circle(10, 20, 100));
circleList.Add(new Circle(15, 25, 80));
circleList.Add(new Circle(5, 10, 120));
```

Listing 72: Suchen nach allen Objekten, die ein Suchkriterium erfüllen, in einer Auflistung

158 >> Arrays, ArrayList- und andere Auflistungen durchsuchen

```
circleList.Add(new Circle(35, 45, 80));
circleList.Add(new Circle(71, 45, 80));

// Ersten Kreis mit einem Radius von 80 suchen
circleList.Sort();
Circle searchCircle = new Circle(0, 0, 80);
index = circleList.BinarySearch(searchCircle);
if (index > -1)
{
   // Ausgeben
   Console.WriteLine("Gefunden: Radius: {0}, x: {1}, y: {2}",
      circleList[index].Radius,
      circleList[index].x, circleList[index].y);

   // Nächsten Kreis nach unten suchen
   for (int i = index + 1; i < circleList.Count; i++)
   {
      if (circleList[i].CompareTo(searchCircle) == 0)
      {
         // Ausgeben
         Console.WriteLine("Gefunden: Radius: {0}, x: {1}, y: {2}",
            circleList[i].Radius,
            circleList[i].x, circleList[i].y);
      }
      else
      {
         // Schleife abbrechen
         break;
      }
   }

   // Nächsten Kreis nach oben suchen
   for (int i = index -1; i > -1; i--)
   {
      if (circleList[i].CompareTo(searchCircle) == 0)
      {
         // Ausgeben
         Console.WriteLine("Gefunden: Radius: {0}, x: {1}, y: {2}",
            circleList[i].Radius,
            circleList[i].x, circleList[i].y);
      }
      else
      {
         // Schleife abbrechen
         break;
      }
```

Listing 72: Suchen nach allen Objekten, die ein Suchkriterium erfüllen, in einer Auflistung (Forts.)

```
      }
   }
   else
   {
      Console.WriteLine("Nicht gefunden");
   }
```

Listing 72: Suchen nach allen Objekten, die ein Suchkriterium erfüllen, in einer Auflistung (Forts.)

Dieses Vorgehen macht aber nur dann Sinn, wenn die Auflistung sehr viele Objekte speichert. Ansonsten können Sie die Liste wohl besser einfach durchgehen und mit den Suchkriterien vergleichen.

Suchen in anderen Auflistungen

Wenn Sie in Auflistungen suchen wollen, die `BinarySearch` nicht implementieren, ist das wie beim Sortieren prinzipiell nur mit Auflistungen möglich, die die `IList`-Schnittstelle implementieren (und deren Elemente folglich über einen `int`-Index angesprochen werden können). Dazu können Sie die Elemente der Auflistung in ein Array kopieren und suchen. Alternativ können Sie die Auflistung natürlich auch einfach sequentiell durchsuchen, bei großen Auflistungen kann das aber so viel Zeit in Anspruch nehmen, dass der Zeitverlust durch das Umkopieren nicht ins Gewicht fällt. Beachten Sie dann aber, dass der Index der Elemente im sortierten Array nicht mehr mit dem Index der Elemente in der Auflistung korrespondiert.

42 Typisierte Listen erzeugen

Dieses Rezept, das in der ersten Version des Codebook sehr wichtig war, ist nun sehr einfach geworden. Denn das .NET Framework stellt in den Namensräumen `System.Collections.Generic` und `System.Collections.ObjectModel` einige generische Klassen für verschiedene typisierte Listen zur Verfügung. Etwas verwirrend ist zum einen, dass technisch prinzipiell identische Auflistungen doppelt vorkommen (z.B. die Collections `System.Collections.Generic.List` und `System.Collections.ObjectModel.Collection`) und zum anderen, dass diese in zwei Namensräumen vorkommen. Das liegt daran, dass der Namensraum `System.Collections.ObjectModel` ursprünglich für den OR-Mapper vorgesehen war, den Microsoft der Version 2.0 des .NET Framework mitgeben wollte. Die dort verwendeten speziellen Auflistungsklassen hat Microsoft einfach im Framework belassen, wahrscheinlich weil diese in einigen Fällen sehr praktisch sind. Warum diese allerdings nicht in den `System.Collections.Generic` verschoben wurden, ist mir nicht ganz klar. Möglicherweise ist der Namensraum `System.Collections.ObjectModel` eine Vorbereitung auf die Dotnet-Version, die das neue Dateisystem WinFX als Objekt-Datenbank einsetzen wird.

Zur Übersicht folgen hier erst zwei Tabellen, die die einzelnen generischen Auflistungsklassen beschreiben.

Klasse	Beschreibung
Dictionary<TKey, TValue>	Implementiert ein Dictionary (bzw. eine Hashtable), bei der jedes gespeicherte Objekt mit einem Schlüssel assoziiert ist. Der Typ des Schlüssels wird in TKey angegeben, der Typ des gespeicherten Werts in TValue. Elemente fügen Sie über die Add-Methode hinzu. Auf die Elemente eines Dictionarys können Sie über den Indexer zugreifen, indem Sie den Schlüssel angeben. Die ContainsKey-Methode ermöglicht die Prüfung darauf, ob ein Element mit einem bestimmten Schlüssel in der Liste gespeichert ist. Über die Values-Eigenschaft erhalten Sie eine Auflistung der gespeicherten Werte, über die Sie diese auch durchgehen können. Die Reihenfolge dieser Auflistung entspricht allerdings nicht unbedingt der Reihenfolge, in der Sie die Objekte hinzugefügt haben.
LinkedList<T>	Implementiert eine Liste, bei der einzelne Elemente mit ihrem Vorgänger und ihrem Nachfolger verknüpft sind. Über verschiedene Add-Methoden können Sie Elemente an bestimmten Positionen einfügen oder über Remove-Methoden entfernen. Über die First-Eigenschaft erreichen Sie den ersten Knoten, über die Last-Eigenschaft den letzten. Jeder Knoten kennt über seine Previous-Eigenschaft seinen vorhergehenden und über die Next-Eigenschaft seinen nachfolgenden Knoten. Beim ersten Knoten ist Previous natürlich null, beim letzten Knoten speichert Next null. Über die Eigenschaft Value eines Knotens erreichen Sie den im Knoten gespeicherten Wert.
List<T>	List implementiert eine Liste von Objekten, die über einen Integer-Index angesprochen werden können (Collection). Objekte fügen Sie über die Add-Methode hinzu. Über den Indexer können Sie einzelne Elemente auslesen, indem Sie deren Index angeben. Eine List-Auflistung unterstützt natürlich auch das Durchgehen mit foreach.
Queue<T>	Ein Queue stellt eine FIFO-Auflistung (First In First Out) zur Verfügung. Über die Enqueue-Methode können Sie Elemente hinzufügen, über die Dequeue-Methode auslesen und entfernen. Peek ermöglicht das Auslesen eines Objekts ohne dieses zu entfernen. Über die Eigenschaft Count erhalten Sie (wie üblich) die Anzahl der gespeicherten Elemente.
SortedDictionary< TKey, TValue>	Implementiert ein Dictionary, dessen Elemente automatisch nach dem Schlüssel sortiert werden.
SortedList<TKey, TValue>	Implementiert ein Dictionary (!), dessen Elemente automatisch nach dem Schlüssel sortiert werden. Der Unterschied zwischen SortedDictionary und SortedList ist der, ▶ dass SortedList weniger Speicher benötigt als SortedDictionary, ▶ dass SortedDictionary unsortierte Daten schneller hinzufügt als SortedList, ▶ dass SortedList schneller ist, wenn die Liste in einem Durchgang mit sortierten Daten gefüllt wird.

Tabelle 9: Die generischen Auflistungsklassen aus dem Namensraum System.Collections.Generic

>> Basics

Klasse	Beschreibung
Stack<T>	Implementiert eine LIFO-Auflistung (Last in First Out). Über die Push-Methode können Sie Elemente hinzufügen, über die Pop-Methode auslesen und entfernen. Peek ermöglicht das Auslesen eines Objekts ohne dieses zu entfernen. Über die Eigenschaft Count erhalten Sie die Anzahl der gespeicherten Elemente.

Tabelle 9: Die generischen Auflistungsklassen aus dem Namensraum System.Collections.Generic (Forts.)

Klasse	Beschreibung
Collection<T>	Implementiert eine Liste von Objekten, die über einen Integer-Index referenziert werden können, und ist deswegen mit der List-Klasse vergleichbar. Collection bietet jedoch zum einen weniger Möglichkeiten (z.B. nicht die binäre Suche) und zum anderen einige geschützte Methoden, über die Sie beim Ableiten einer Klasse das Verhalten der Auflistung beim Hinzufügen, Verändern oder Löschen von Elementen beeinflussen können. Collection ist aus diesem Grunde ideal als Basisklasse für Auflistungen geeignet, die von Methoden Ihrer Klassen zurückgegeben werden.
KeyedCollection<TKey, TItem>	Implementiert eine Auflistung, deren Elemente mit einem Schlüssel assoziiert gespeichert werden (ähnlich einem Dictionary. Auf die gespeicherten Elemente können Sie allerdings über den Integer-Index und über den Schlüssel zugreifen. KeyedCollection bietet ähnlich Collection einige geschützte Methoden, über die Sie in abgeleiteten Klassen das Verhalten beim Hinzufügen, Ändern und Löschen von Elementen beeinflussen können.
ReadOnlyCollection<T>	Eine ReadOnlyCollection ist eine Auflistung, die allerdings nur einen schreibgeschützten Zugriff erlaubt. Damit ist gemeint, dass keine Elemente hinzugefügt, gelöscht oder neu zugewiesen werden können. Das Verändern der Eigenschaften von gespeicherten Referenztypen (nicht von Werttypen) ist allerdings möglich, da die Liste in diesem Fall ja lediglich Referenzen auf die Objekte verwaltet. Zum Erzeugen einer ReadOnlyCollection benötigen Sie eine andere Auflistung, die die IList- Schnittstelle implementiert. Diese übergeben Sie dem Konstruktor. Eine ReadOnlyCollection-Auflistung eignet sich hervorragend für die schreibgeschützte Rückgabe von Auflistungen in Methoden eigener Klassen.

Tabelle 10: Die generischen Auflistungsklassen aus dem Namensraum System.Collections.ObjectModel

Das folgende Beispiel zeigt, wie Sie verschiedene Listen der Klasse Person (aus dem Rezept 40) erzeugen. Das Beispiel benötigt den Import der Namensräume System.Collections.Generic und System.Collections.ObjectModel.

Typisierte Listen erzeugen

```csharp
// List-Instanz mit Person-Objekten erzeugen und füllen
List<Person> personList = new List<Person>();
personList.Add(new Person("Tricia", "McMillan"));
personList.Add(new Person("Zaphod", "Beeblebrox"));
personList.Add(new Person("Arthur", "Dent"));

// List-Instanz sortieren
personList.Sort();

// List-Instanz durchgehen
Console.WriteLine("Sortierte List-Instanz:");
foreach (Person p in personList)
{
   Console.WriteLine(p.FirstName + " " + p.LastName);
}

// Dictionary erzeugen und füllen
Dictionary<int, Person> personDictionary =
   new Dictionary<int, Person>();
personDictionary.Add(1000, new Person("Tricia", "McMillan"));
personDictionary.Add(1001, new Person("Zaphod", "Beeblebrox"));
personDictionary.Add(1002, new Person("Arthur", "Dent"));

// Person suchen
Console.WriteLine();
Console.WriteLine("Suchen im Dictionary");
int personId = 1001;
if (personDictionary.ContainsKey(personId))
{
   Console.WriteLine("Gefunden: " +
      personDictionary[personId].FirstName + " " +
      personDictionary[personId].LastName);
}
else
{
   Console.WriteLine("Nicht gefunden");
}

// Personen durchgehen
Console.WriteLine();
Console.WriteLine("Elemente des Dictionary durchgehen");
foreach (Person p in personDictionary.Values)
{
   Console.WriteLine(p.FirstName + " " + p.LastName);
}
```

Listing 73: Verwenden verschiedener generischer Listen-Klassen

>> **Basics**

```
// Collection erzeugen
Console.WriteLine();
Collection<Person> personCollection = new Collection<Person>();
personCollection.Add(new Person("Tricia", "McMillan"));
personCollection.Add(new Person("Zaphod", "Beeblebrox"));
personCollection.Add(new Person("Arthur", "Dent"));

// Collection durchgehen
Console.WriteLine("Collection:");
foreach (Person p in personCollection)
{
   Console.WriteLine(p.FirstName + " " + p.LastName);
}

// Stack erzeugen und füllen
Console.WriteLine();
Console.WriteLine("Objekte in einem Stack verwalten");
Stack<Person> personStack = new Stack<Person>();
personStack.Push(new Person("Tricia", "McMillan"));
personStack.Push(new Person("Zaphod", "Beeblebrox"));
personStack.Push(new Person("Arthur", "Dent"));

// Letzte Person holen
Person person = personStack.Pop();
Console.WriteLine("Letzte Person im Stack war: " +
   person.FirstName + " " + person.LastName);

// ReadOnlyCollection erzeugen
Console.WriteLine();
Console.WriteLine("Objekte in einer ReadOnlyCollection verwalten");
List<Person> baseList = new List<Person>();
baseList.Add(new Person("Tricia", "McMillan"));
baseList.Add(new Person("Zaphod", "Beeblebrox"));
baseList.Add(new Person("Arthur", "Dent"));
ReadOnlyCollection<Person> readOnlyCollection =
   new ReadOnlyCollection<Person>(baseList);
foreach (Person p in readOnlyCollection)
{
   Console.WriteLine(p.FirstName + " " + p.LastName);
}

// readOnlyCollection[0] = new Person("Ford", "Prefect");
// Eine Zuweisung ist nicht möglich
// Allerdings kann das Objekt verändert werden, da es sich um einen
// Referenztypen handelt
readOnlyCollection[0].FirstName = "Ford";
readOnlyCollection[0].LastName = "Prefect";
```

Listing 73: Verwenden verschiedener generischer Listen-Klassen (Forts.)

43 Das Programm für eine definierte Zeit anhalten

Manchmal ist es sinnvoll, ein Programm für eine kurze Zeit anzuhalten. Wenn Sie z.B. in einer Schleife eine Berechnung ausführen und das jeweilige Ergebnis in einem `Label` auf einem Windows-Formular ausgeben wollen, ist die Berechnung meist so schnell, dass Windows mit der Aktualisierung des Labels nicht nachkommt. Wenn Sie allerdings eine kleine Pause einbauen, erfolgt die Ausgabe in den durch die Pause bestimmten Abständen. Eine andere (wenn auch nicht allzu galante) Einsatzmöglichkeit ist das Pausieren eines Info- oder Splash-Formulars beim Start der Anwendung, damit der Anwender genügend »Zeit« hat, die dort ausgegebenen Informationen zu lesen.

Eine definierte Pause können Sie einfach über die statische `Sleep`-Methode der `Thread`-Klasse aus dem Namensraum `System.Threading` erzeugen. Dazu übergeben Sie ein `TimeSpan`-Objekt oder einfach einen `int`-Wert mit der Angabe der Pausenzeit in Millisekunden:

```
Thread.Sleep(1000);
```

`Sleep` hält den aktuellen Thread an (also den Thread, in dem die aktuelle Methode gerade ausgeführt wird). Wenn Sie keine speziellen Threads einsetzen, werden Ihre Methoden im Hauptthread der Anwendung ausgeführt. `Sleep` hält dann also die gesamte Anwendung an. Dieses Pausieren bewirkt zwar, dass der Anwender mit Windows problemlos weiterarbeiten kann, das Programm kann aber innerhalb der Pause nicht weiter bedient werden. Sogar das Verschieben des Fensters ist innerhalb der Pause nicht möglich. Für viele Anwendungen ist dieser Effekt eigentlich nicht geeignet, da dem Anwender das Verschieben des Formulars und oft auch ein Bedienen erlaubt sein sollten. Um dieses Problem zu lösen, müssen Sie einen separaten Thread für die eigentliche Aufgabe einsetzen, was ich hier aber nicht weiter behandle.

44 Die Nachrichten einer Exception und ihrer inneren Exceptions ermitteln

In den meisten Fällen ist die Nachricht einer Exception, die Sie aus der Eigenschaft `Message` des `Exception`-Objekts auslesen, sehr aussagekräftig. In diesen Fällen benötigen Sie dieses Rezept wohl nicht ☺. In einigen Fällen versteckt sich der eigentliche Fehler aber leider in einer der inneren Exceptions, die Sie über die Eigenschaft `InnerException` erreichen. Die Nachricht der Exception der ersten Ebene ist in diesen Fällen zumeist lediglich sehr allgemein gehalten, manchmal aber leider auch vollkommen irreführend. Dies ist besonders dann der Fall, wenn .NET-Methoden auf COM-Objekte zurückgreifen.

Ein Beispiel für dieses Problem ist das Senden von E-Mails, wie ich es in Rezept 197 beschreibe. Wird das Senden über einen SMTP-Server ausgeführt, und dieser läuft gerade nicht, resultiert dies in einer Exception mit der Nachricht »Fehler beim Senden von Mail«. Die erste innere Exception meldet »Die Verbindung mit dem Remoteserver kann nicht hergestellt werden«, die zweite (und letzte) »Es konnte keine Verbindung hergestellt werden, da der Zielcomputer die Verbindung verweigerte«.

>> Basics

Da dieses Problem meist Exceptions betrifft, die im Programm nicht erwartet werden, sollten Sie auf jeden Fall die Nachrichten aller Ebenen ausgeben oder zumindest protokollieren. Nur so ist sichergestellt, dass Sie Fehler leichter eingrenzen können, die während der Anwendung Ihres Programms auftreten.

Die Methode `GetExceptionMessages` in Listing 74 liest alle Nachrichten der übergebenen und der inneren Exceptions aus und gibt diese in einem String getrennt durch Zeilenvorschübe zurück. `GetExceptionMessages` ruft sich für alle inneren Exceptions rekursiv selbst auf. Da es vorkommt, dass die Meldung der äußeren und/oder der inneren Exceptions gleich sind, überprüft die Methode, ob die ermittelten Meldungen eindeutig sind, und verwirft die Duplikate.

Zum Kompilieren dieser Methode müssen Sie die Namensräume `System` und `System.Text.RegularExpressions` importieren.

```csharp
public static string GetExceptionMessages(Exception ex)
{
   // Die Nachricht der aktuellen Exception ermitteln
   string messages = ex.Message;

   // Die Nachricht(en) der inneren Exception ermitteln
   if (ex.InnerException != null)
   {
      messages += Environment.NewLine +
         GetExceptionMessages(ex.InnerException);
   }

   // Überprüfen, ob Nachrichten eventuell mehrfach vorkommen
   string[] messageList = Regex.Split(messages, Environment.NewLine);
   for (int i = 0; i < messageList.Length; i++)
   {
      string message = messageList[i];
      for (int j = i + 1; j < messageList.Length; j++)
      {
         if (messageList[j] == messageList[i])
         {
            messageList[j] = null;
         }
      }
   }

   // Die übrig gebliebenen Nachrichten wieder zu einem String
   // zusammensetzen
   messages = null;
   for (int i = 0; i < messageList.Length; i++)
   {
      if (messageList[i] != null)
```

Listing 74: Methode zur Ermittlung aller Nachrichten einer Exception

```
      {
         if (messages != null)
         {
            messages += Environment.NewLine;
         }
         messages += messageList[i];
      }
   }

   // Ergebnis zurückgeben
   return messages;
}
```

Listing 74: Methode zur Ermittlung aller Nachrichten einer Exception (Forts.)

Datum und Zeit

45 Aktuelles Datum und aktuelle Uhrzeit ermitteln

Das aktuelle Systemdatum (inklusive Uhrzeit) erhalten Sie über die `Now`-Eigenschaft der `DateTime`-Struktur (aus dem Namensraum `System`):

```
// Aktuelles Datum ermitteln
DateTime now = DateTime.Now;
string currentDate = now.ToShortDateString();
string currentTime = now.ToShortTimeString();

// Datum und Zeit ausgeben
Console.WriteLine("Datum: {0}", currentDate);
Console.WriteLine("Zeit: {0}", currentTime);
```

Listing 75: Ermitteln des aktuellen Systemdatums inklusive der Zeit

Abbildung 43: Ermitteln des aktuellen Systemdatums und der aktuellen Systemzeit

46 Datumswerte formatieren

Datumswerte können Sie über verschiedene Methoden eines `DateTime`-Objekts im Format der aktuell eingestellten Kultur formatieren.

▶ `ToString` gibt das Datum in einer kurzen Datumsform mit einer kurzen Zeitangabe zurück,

▶ `ToShortDateString` gibt den Datumsanteil in einer kurzen Form zurück (z.B. »19.05.2003«),

▶ `ToLongDateString` gibt den Datumsanteil in einer langen Form zurück (z.B. »Montag, 19 Mai 2003«),

▶ `ToShortTimeString` gibt den Zeitanteil in einer kurzen Form zurück (z.B. »16:14«),

▶ `ToLongTimeString` gibt den Zeitanteil in einer langen Form zurück (z.B. »16:14:49«).

Die Muster, die zur Formatierung verwendet werden, werden in Eigenschaften der `DateTimeFormat`-Eigenschaft des `CultureInfo`-Objekts verwaltet, das dem aktuellen Thread zugeordnet ist (siehe Rezept 47). Diese Eigenschaften heißen `FullDateTimePattern`, `ShortDatePattern`, `LongDatePattern`, `ShortTimePattern` und `LongTimePattern`.

168 >> Datumswerte formatieren

Neben den `DateTime`-Methoden können Sie auch die `Format`-Methode der `String`-Klasse verwenden, der Sie für ein Datum (u.a.) die folgenden Formatzeichen übergeben können:

- *d*: Formatierung im kurzen Datumsformat,
- *D*: Formatierung im langen Datumsformat,
- *t*: Formatierung im kurzen Zeitformat,
- *T*: Formatierung im langen Zeitformat,
- *f*: Formatierung im vollständigen Datumsformat mit kurzer Zeitangabe,
- *F*: Formatierung im vollständigen Datumsformat mit langer Zeitangabe,
- *d*, *dd*, *ddd*, *dddd*: definiert den Tag des Monats als Zahl ohne bzw. mit führender 0 oder in abgekürzter (Mo, Di, Mi) oder voll ausgeschriebener Schreibweise (Montag, Dienstag etc.),
- *M*, *MM*, *MMM*, *MMMM*: definiert den Monat als Zahl ohne bzw. mit führender 0 oder in abgekürzter (Jan, Feb, Mrz) oder voll ausgeschriebener Schreibweise (Januar, Februar etc.),
- *yy*, *yyyy*: bestimmt, dass das Jahr zwei- bzw. vierstellig ausgegeben wird,
- *H*, *HH*: bestimmt, dass die Stunde im 24-Stunden-Format ohne oder mit führender 0 ausgegeben wird. Beachten Sie, dass ein kleingeschriebenes *h* die Stunde im 12-Stunden-Format formatiert,
- *m*, *mm*: definiert, dass die Minute ohne oder mit führender 0 ausgegeben wird,
- *s*, *ss*: bestimmt, dass die Sekunde ohne oder mit führender 0 ausgegeben wird.

Listing 76 zeigt einige typische Datumsformatierungen. Das Programm erfordert den Import des Namensraums `System`.

```
DateTime now = DateTime.Now;

Console.WriteLine("ToString:\r\n{0}\r\n", now.ToString());
Console.WriteLine("ToShortDateString:\r\n{0}\r\n",
    now.ToShortDateString());
Console.WriteLine("ToLongDateString:\r\n{0}\r\n",
    now.ToLongDateString());
Console.WriteLine("ToShortTimeString:\r\n{0}\r\n",
    now.ToShortTimeString());
Console.WriteLine("ToLongTimeString:\r\n{0}\r\n",
    now.ToLongTimeString());
Console.WriteLine(String.Format("dd.MM.yy:\r\n{0:dd.MM.yy}\r\n", now));
Console.WriteLine(String.Format("dddd, dd. MMMM yy:\r\n" +
    "{0:dddd, dd. MMMM yyyy}\r\n", now));
Console.WriteLine(String.Format("ddd, dd. MMM yy:\r\n" +
```

Listing 76: Einige typische Datumsformatierungen

>> **Datum und Zeit**

```
    "{0:ddd, dd. MMM yyyy}\r\n", now));
Console.WriteLine(String.Format("HH:mm:ss:\r\n" +
    "{0:HH:mm:ss}", now));
```

Listing 76: Einige typische Datumsformatierungen (Forts.)

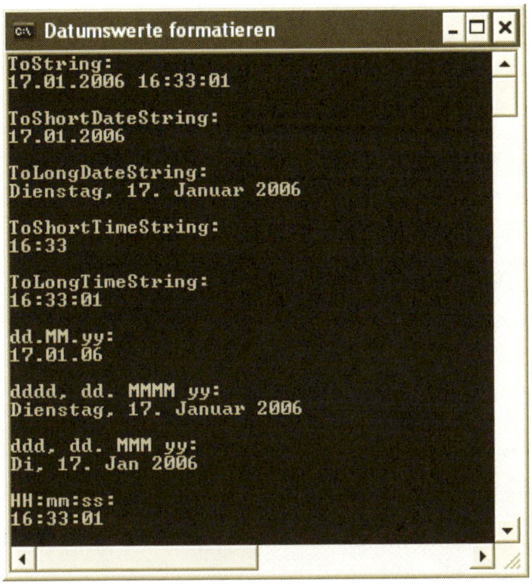

```
Datumswerte formatieren
ToString:
17.01.2006 16:33:01

ToShortDateString:
17.01.2006

ToLongDateString:
Dienstag, 17. Januar 2006

ToShortTimeString:
16:33

ToLongTimeString:
16:33:01

dd.MM.yy:
17.01.06

dddd, dd. MMMM yy:
Dienstag, 17. Januar 2006

ddd, dd. MMM yy:
Di, 17. Jan 2006

HH:mm:ss:
16:33:01
```

Abbildung 44: Typische Datumsformatierungen auf einem deutschen Rechner

47 Datumswerte in verschiedenen Länderformaten ausgeben

Wenn Sie die `To`-Methoden eines `DateTime`-Objekts (`ToString`, `ToShortDateString` etc.) aufrufen, werden Datumswerte immer entsprechend der aktuellen Kultur formatiert. Leider besitzen diese Methoden kein Argument, an dem ein `CultureInfo`-Objekt für eine spezielle Kultur übergeben werden kann. Wollen Sie diese Methoden verwenden um ein Datum in einem spezifischen Länderformat auszugeben, müssen Sie die aktuelle Kultur umstellen.

Einfacher ist es jedoch, die `Format`-Methode der `String`-Klasse zu verwenden. Dieser Methode können Sie am ersten Argument ein Objekt übergeben, das die `IFormatProvider`-Schnittstelle implementiert. Wenn Sie kein eigenes Formatier-Objekt implementieren wollen (was wohl nur selten Sinn macht), können Sie dazu ein `CultureInfo`-Objekt verwenden, das die Formatierung dann entsprechend seiner Kultur bestimmt. Da die `Format`-Methode auch Formatierzeichen für festgelegte Formate besitzt (z.B. *d* für ein kurzes Datumsmuster), können Sie sehr flexibel formatieren.

Die aktuelle Kultur ist definiert über ein `CultureInfo`-Objekt, das der Eigenschaft `CurrentCulture` des aktuellen Thread zugewiesen ist. Das `Thread`-Objekt des aktuellen

170 >> Datumswerte in verschiedenen Länderformaten ausgeben

Thread können Sie über `System.Threading.Thread.CurrentThread` auslesen. Um ein Datum nun über die `To`-Methoden einer `DateTime`-Instanz in einem bestimmten Länderformat auszugeben, müssen Sie dem aktuellen Thread ein spezielles `CultureInfo`-Objekt zuweisen.

Ein `CultureInfo`-Objekt für eine spezielle Kultur können Sie über die statische `CreateSpecificCulture`-Methode der `CultureInfo`-Klasse (aus dem Namensraum `System.Globalization`) erzeugen. Dieser Methode übergeben Sie eine der international genormten Kultur-Kurzbezeichnungen. Tabelle 11 stellt einige wichtige dieser Kurzbezeichnungen dar. Die gesamte Liste finden Sie in der Dokumentation der `CultureInfo`-Klasse.

Kurzbezeichnung	Kultur
de	Deutsch allgemein
de-DE	Deutsch in Deutschland
de-AT	Österreichisches Deutsch
de-CH	Schweizer Deutsch
fr	Französisch allgemein
it	Italienisch allgemein
es	Spanisch allgemein
en	Englisch allgemein
en-US	US-amerikanisches Englisch
en-GB	Englisch in Großbritannien
en-AU	Englisch in Australien

Tabelle 11: Einige wichtige Kultur-Kurzbezeichnungen

Das folgende Beispiel zeigt eine Formatierung im vollen Datumsformat mit langer Zeit für die australische Kultur:

```
string culture = "en-AU";
string format = "G";
string formattedDate = String.Format(
   CultureInfo.CreateSpecificCulture(culture),
   "{0:" + format + "}" , DateTime.Now);
```

Listing 77: Ausgabe des aktuellen Datums im australischen Format

Zu Kompilierung dieses Beispiels müssen Sie den Namensraum `System.Globalization` importieren.

Tabelle 12 zeigt die für Datumswerte möglichen Formatierzeichen.

Datum und Zeit

Zeichen	Bedeutung
d	Datum im kurzen Format
D	Datum im langen Format
t	Zeit im kurzen Format (ohne Sekunden)
T	Zeit im langen Format (inkl. Sekunden)
f	Komplettes Datum (langes Datum, kurze Zeit)
F	Komplettes Datum (langes Datum, lange Zeit)
g	Komplettes Datum (kurzes Datum, kurze Zeit)
G	Komplettes Datum (kurzes Datum, lange Zeit)
m oder M	Nur Monat und Tag
r oder R	RFC1123-Format
s	ISO-8601-Format
u	UT-Datum (Universal Time) im UT-Format
U	Datum im langen Datumsformat, allerdings wird das universelle Datum (UT) ausgegeben

Tabelle 12: Die Formatier-Zeichen für Datumswerte

Alternativ können Sie, wie bereits gesagt, die `To`-Methoden der `DateTime`-Klasse verwenden. Listing 78 zeigt, wie Sie auf diese Weise ein Datum z.B. im englischen Standardformat ausgeben. Das Programm verwendet die `ToLongDateString`-Methode eines `DateTime`-Objekts zur Formatierung. Es referenziert zunächst die aktuell eingestellte Kultur in der Variablen `currentCulture`, damit diese später wieder zurückgesetzt werden kann. Dann erzeugt das Programm eine `CultureInfo`-Instanz für die allgemeine englische Kultur und weist diese dem aktuellen Thread zu. Nach der Formatierung des Datumswerts wird die zuvor eingestellte Kultur dann wieder zurückgeschrieben.

Zum Kompilieren dieses Beispiels müssen Sie die Namensräume `System`, `System.Globalization` und `System.Threading` importieren.

```
try
{
   // Aktuelle Kultur auf die englische umschalten
   string culture = "en";
   Thread.CurrentThread.CurrentCulture =
      CultureInfo.CreateSpecificCulture(culture);

   // Datumswert formatieren und ausgeben
   formattedDate = DateTime.Now.ToLongDateString();
   Console.WriteLine(formattedDate);
}
```

Listing 78: Ausgabe des aktuellen Datums im US-englischen Format

```
finally
{
   // Aktuelle Kultur wieder zurücksetzen
   Thread.CurrentThread.CurrentCulture = currentCulture;
}
```

Listing 78: Ausgabe des aktuellen Datums im US-englischen Format (Forts.)

Abbildung 45 zeigt die Ausgabe beider Beispiele an der Konsole.

```
Datumswerte in verschiedenen Länderformaten ausgeben
17/01/2006 4:36:06 PM
Tuesday, January 17, 2006
```

Abbildung 45: Das aktuelle Datum im US-englischen Format

48 Datum in das ISO-Format konvertieren

Das Schweizer ISO-Institut (International Organization for Standardization), das ähnlich dem deutschen DIN-Institut (internationale) Standards entwickelt und veröffentlicht, hat in der ISO-Norm 8601 (*www.iso.ch/iso/en/prods-services/popstds/datesandtime.html*) einen Standard für die Übermittlung von Datumswerten geschaffen. Dieser Standard ist sehr interessant für die Angabe von Datumswerten in SQL-Anweisungen, da viele Datenbanksysteme (z.B. MySQL und der Microsoft SQL Server) neben einem proprietären Format auch das ISO-Format unterstützen. Wenn Sie dieses Format verwenden, müssen Sie sich keine Gedanken um das spezielle Format des Datenbanksystems machen. Aber auch bei der Übertragung von Daten in Form von XML- oder Textdateien kann das ISO-Datum dabei helfen, dass unterschiedliche Systeme keine Probleme mit Datumswerten haben.

ISO 8601 sieht vor, dass ein Datum im folgenden Format angegeben wird:

YYYY-MM-DD

Alternativ können Sie das folgende Format verwenden, bei dem die Kalenderwoche an Stelle des Monats und der Wochentag an Stelle des Tags steht:

YYYY-Www-D

Eine Zeitangabe ist folgendermaßen definiert:

hh:mm:ss

Sie können beide Angaben kombinieren, wobei nach der Norm ein *T* zwischen Datum und Zeit stehen muss (viele Systeme nehmen an Stelle des *T* aber auch ein Leerzeichen an). Das Datum 1.6.2005 10:50:00 wird z.B. so angegeben:

2005-06-01T10:50:00

Die Datumsangabe wird häufig mit einem großen Z abgeschlossen, das definiert, dass es sich um ein universelles Datum handelt, das auch als *Zulu Time* bezeichnet wird:

```
2005-06-01T10:50:00Z
```

Das Z ist allerdings kein Bestandteil der ISO-Norm.

Prinzipiell könnten Sie die Format-Methode der String-Klasse verwenden, um ein Datum im ISO-Format auszugeben:

```
string formattedDate = String.Format("{0:u}", DateTime.Now);
```

Der zurückgegebene String (Beispiel: »2005-10-10 15:49:51Z«) entspricht jedoch leider nicht dem vom ISO-Institut vorgegebenen Format, da das T zwischen dem Datum und der Zeit fehlt und der String mit einem Z abgeschlossen ist. Dies könnte unter Umständen in einigen Fällen zu Problemen führen.

Deshalb habe ich eine eigene Methode DateTimeToIso entwickelt, die die Format-Methode der String-Klasse mit eigenen Formatier-Angaben einsetzt. Das Argument includeTime bestimmt dabei, ob die Zeit mit eingeschlossen werden soll.

```
public static string DateTimeToIso(DateTime date,
   bool includeTime)
{
   if (includeTime)
   {
      return String.Format("{0:yyyy-MM-ddTHH:mm:ss}", date);
   }
   else
   {
      return String.Format("{0:yyyy-MM-dd}", date);
   }
}
```

Listing 79: Methode zur Ermittlung eines ISO-Datums

DateTimeToIso erfordert den Import des Namensraums System.

49 Datumswerte vergleichen

DateTime-Instanzen können Sie direkt miteinander vergleichen, da die DateTime-Struktur die Vergleichsoperatoren überlädt. Diese Operatoren berücksichtigen neben dem Datumsteil natürlich auch den Zeitanteil. Das Datum 01.01.2004 10:00:00 ist demnach größer als das Datum 01.01.2004 09:59:59. Listing 80 zeigt einige typische Vergleiche von Datumswerten. Das Programm erfordert den Import des Namensraums System.

```
// DateTime-Instanzen erzeugen
DateTime d1 = new DateTime(2003, 12, 31);
```

Listing 80: Vergleichen von Datumswerten

```
DateTime d2 = new DateTime(2004, 1, 1);
DateTime d3 = new DateTime(2004, 1, 1);
DateTime d4 = new DateTime(2004, 1, 1, 12, 0, 0);

if (d1 < d2)
{
   Console.WriteLine("{0} ist kleiner als {1}", d1, d2);
}
if (d2 == d3)
{
   Console.WriteLine("{0} ist gleich {1}", d2, d3);
}
if (d3 != d4)
{
   Console.WriteLine("{0} ist ungleich {1}", d3, d4);
}
if (d4 > d3)
{
   Console.WriteLine("{0} ist größer als {1}", d4, d3);
}
```

Listing 80: Vergleichen von Datumswerten (Forts.)

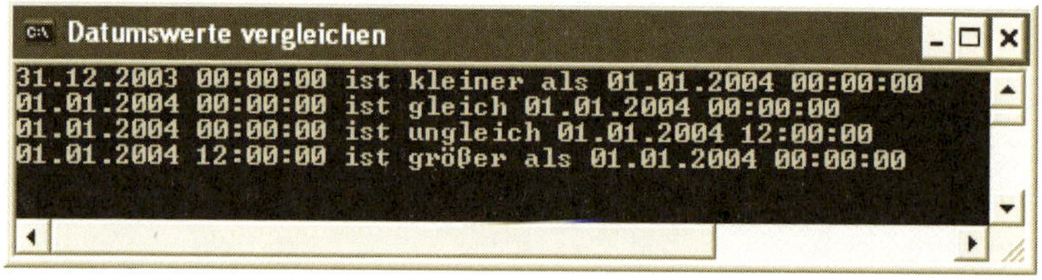

```
Datumswerte vergleichen
31.12.2003 00:00:00 ist kleiner als 01.01.2004 00:00:00
01.01.2004 00:00:00 ist gleich 01.01.2004 00:00:00
01.01.2004 00:00:00 ist ungleich 01.01.2004 12:00:00
01.01.2004 12:00:00 ist größer als 01.01.2004 00:00:00
```

Abbildung 46: Das Beispielprogramm zum Vergleichen von Datumswerten

50   Die Differenz zwischen zwei Datumswerten berechnen

Die Differenz zwischen zwei Datumswerten können Sie einfach über eine Subtraktion des kleineren vom größeren Datumswert ermitteln. Eine Subtraktion zweier DateTime-Werte (aus dem Namensraum System) ergibt ein TimeSpan-Objekt. Über die Eigenschaften Ticks (Anzahl der 100-Nanosekunden-Intervalle zwischen den Datumswerten), TotalDays, TotalHours, TotalMinutes, TotalSeconds und TotalMilliseconds können Sie die Diffcrenz zwischen den beiden Datumswerten auslesen:

```
// Zwei DateTime-Objekte erzeugen
DateTime date1 = DateTime.Now;
```

Listing 81: Berechnen der Differenz zwischen zwei Datumswerten über ein TimeSpan-Objekt

```
DateTime date2 = new DateTime(2006, 1, 1);

Console.WriteLine("Datum 1: {0}", date1);
Console.WriteLine("Datum 2: {0}", date2);
Console.WriteLine();

// Berechnen der Differenz
TimeSpan dateDiff = date2 - date1;

// Ausgabe der Differenz mit dem TimeSpan-Objekt
Console.WriteLine("Differenz:");
Console.WriteLine("{0} Ticks", dateDiff.Ticks);
Console.WriteLine("{0} Tage", dateDiff.TotalDays);
Console.WriteLine("{0} Stunden", dateDiff.TotalHours);
Console.WriteLine("{0} Minuten", dateDiff.TotalMinutes);
Console.WriteLine("{0} Sekunden", dateDiff.TotalSeconds);
Console.WriteLine("{0} Millisekunden", dateDiff.TotalMilliseconds);
```

Listing 81: Berechnen der Differenz zwischen zwei Datumswerten über ein TimeSpan-Objekt (Forts.)

Wenn Sie die Differenz zwischen zwei Datumswerten in Einheiten berechnen wollen, die größer sind als Tage (also in Wochen, Monaten, Quartalen oder Jahren), erhalten Sie das Ergebnis nicht direkt über ein `TimeSpan`-Objekt. Der Grund dafür ist, dass solche Berechnungen davon abhängen, an welchem Datum sie beginnen und enden und wie lang das jeweilige Intervall ist. Bei der Berechnung der Anzahl der Monate zwischen zwei Datumswerten muss z.B. die unterschiedliche Länge der einzelnen Monate berücksichtigt werden.

Für eine solche Berechnung können Sie eine kleine Anleihe bei Visual Basic machen: Im Modul `DateAndTime` finden Sie die Methode `DateDiff`, die die Differenz zwischen zwei Datumswerten in Einheiten eines gegebenen Intervalls berechnet. Diese Funktionalität steht in den »normalen« .NET-Klassen leider nicht zur Verfügung, was Sie auch daran erkennen können, dass (bewiesen über den .NET-Reflector von Lutz Roeder) `DateDiff` eine in `DateAndTime` hart-codierte Methode ist.

Referenzieren Sie die Assembly *Microsoft.VisualBasic.dll*, wenn Sie `DateDiff` ausprobieren wollen. Dabei sollten Sie aber beachten, dass diese Methode bei der Berechnung von Jahren, Quartalen und Monaten immer ermittelt, wie viele Intervalle zwischen zwei Datumswerten liegen, wenn nur die jeweiligen Intervall-Teile des Datums berücksichtigt werden. Wenn Sie z.B. die Jahres-Differenz zwischen dem 31.12.2005 und dem 1.1.2006 berechnen, erhalten Sie als Ergebnis 1, weil zwischen 2005 und 2006 ein Jahr liegt. Berechnen Sie die Anzahl Quartale, erhalten Sie ebenfalls 1, weil zwischen dem Quartal 4/2005 und dem Quartal 1/2006 ein Quartal liegt. Ähnliches gilt für die Berechnung der Monats-Differenz, da zwischen dem Monat 12/2005 und dem Monat 1/2006 ein Monat liegt.

Die Differenz zwischen zwei Datumswerten berechnen

In meinen Augen ist eine solche Berechnung kaum zu gebrauchen, weswegen ich diese hier auch nicht weiter behandle. Was ich in meiner Praxis häufiger benötige, ist eine Berechnung der tatsächlichen Differenz in einem gegebenen Intervall, inklusive der Nachkommastellen. Ein Beispiel dafür ist die Ermittlung des Alters einer Person in Jahren. Bei dieser Berechnung liegen zwischen dem 31.12.2005 und dem 1.1.2006 ca. 0,00274 (1 / 365) Jahre. Deshalb habe ich Methoden entwickelt, die die Differenz zwischen zwei Datumswerten in Jahren, Monaten und Wochen korrekt berechnen. Die Methoden gehen prinzipiell so vor, dass sie den Anteil der Intervalle berechnen, die durch das Start- und das Enddatum definiert sind, und die ganzen Intervalle, die dazwischen liegen, aufaddieren. Demnach liegen zwischen dem 01.11.2006 00:00 und dem 15.04.2008 12:00 aufgerundet 0,1671 Jahre (2006) + 1 Jahr (2007) + 0,2883 Jahre (2008). Im Ergebnis sind das dann 1,4554 Jahre.

Die Methode `GetYearDifference`, die die Differenz zwischen zwei Datumswerten in Jahren berechnet, überprüft dazu zunächst, ob beide Datumswerte im selben Jahr liegen. Ist dies der Fall, teilt sie einfach die Anzahl Ticks zwischen den Datumswerten durch die Anzahl der Ticks, die dieses Jahr umspannt.

Liegen beide Datumswerte in unterschiedlichen Jahren, wird zunächst überprüft, ob das erste Datum größer ist als das zweite, weil in diesem Fall die Datumswerte vertauscht und das Ergebnis negiert werden müssen. Dann berechnet die Methode den Anteil am Jahr vom Startdatum bis zum Ende des Jahres dieses Datums und den entsprechenden Anteil vom Anfang des Jahres des letzten Datums bis zu diesem Datum. Schließlich werden auch die dazwischen liegenden vollen Jahre aufaddiert. Das Ergebnis wird gegebenenfalls negiert zurückgegeben.

```
public static double GetYearDifference(DateTime firstDate,
   DateTime lastDate)
{
   // Differenz berechnen
   TimeSpan timeSpan = lastDate - firstDate;

   if (firstDate.Year == lastDate.Year)
   {
      // Wenn beide Datumswerte im selben Jahr liegen:
      // Die Ticks in diesem Jahr berechnen
      long yearTicks = (
         (new DateTime(firstDate.Year + 1, 1, 1)) -
         (new DateTime(firstDate.Year, 1, 1))).Ticks - 1;

      // Den Anteil an Ticks für das Jahr berechnen
      return timeSpan.Ticks / (double)yearTicks;
   }
   else
   {
```

Listing 82: Methode zur Berechnung der Jahres-Differenz zwischen zwei Datumswerten

Datum und Zeit

```
    // Wenn beide Datumswerte in unterschiedlichen
    // Jahren liegen:

    // Wenn das erste Datum größer ist als das
    // zweite, werden die Datumswerte vertauscht
    // und das Programm merkt sich, dass das
    // Ergebnis negiert werden muss
    bool negate = false;
    if (firstDate > lastDate)
    {
       DateTime temp = firstDate;
       firstDate = lastDate;
       lastDate = temp;
       negate = true;
    }

    // Den Anteil im ersten Jahr berechnen
    DateTime firstYearStartDate = new DateTime(
       firstDate.Year, 1, 1);
    DateTime firstYearEndDate = new DateTime(
       firstDate.Year + 1, 1, 1).AddTicks(-1);
    long yearTicks = (firstYearEndDate - 
       firstYearStartDate).Ticks;
    long ticks = (firstYearEndDate - firstDate).Ticks;
    double years = ticks / (double)yearTicks;

    // Den Anteil im letzten Jahr berechnen
    DateTime lastYearStartDate = 
       new DateTime(lastDate.Year, 1, 1);
    DateTime lastYearEndDate = 
       new DateTime(lastDate.Year + 1, 1, 1).AddTicks(-1);
    yearTicks = (lastYearEndDate - lastYearStartDate).Ticks;
    ticks = (lastDate - lastYearStartDate).Ticks;
    years += ticks / (double)yearTicks;

    // Die Jahre dazwischen addieren und das Ergebnis
    // zurückgeben
    return (years + lastDate.Year - firstDate.Year - 1)
       * (negate ? -1 : 1);
   }
}
```

Listing 82: Methode zur Berechnung der Jahres-Differenz zwischen zwei Datumswerten (Forts.)

GetYearDifference erfordert, wie alle weiteren in diesem Rezept beschriebenen Methoden, lediglich das Einbinden des Namensraums System.

Die Methode `GetMonthDifference` berechnet die Differenz in Monaten auf eine ähnliche Weise:

```
public static double GetMonthDifference(DateTime firstDate,
   DateTime lastDate)
{
   // Differenz berechnen
   TimeSpan timeSpan = lastDate - firstDate;

   if (firstDate.Year == lastDate.Year &&
      firstDate.Month == lastDate.Month)
   {
      // Wenn beide Datumswerte im selben Monat liegen:
      // Die Ticks in diesem Monat berechnen
      DateTime monthStartDate = new DateTime(
         firstDate.Year, firstDate.Month, 1);
      DateTime monthEndDate = monthStartDate.AddMonths(1).AddTicks(-1);
      long monthTicks = (monthEndDate - monthStartDate).Ticks;

      // Den Anteil an Ticks für den Monat berechnen
      return timeSpan.Ticks / (double)monthTicks;
   }
   else
   {
      // Wenn beide Datumswerte in unterschiedlichen
      // Monaten liegen:

      // Wenn das erste Datum größer ist als das
      // zweite, werden die Datumswerte vertauscht
      // und das Programm merkt sich, dass das
      // Ergebnis negiert werden muss
      bool negate = false;
      if (firstDate > lastDate)
      {
         DateTime temp = firstDate;
         firstDate = lastDate;
         lastDate = temp;
         negate = true;
      }

      // Den Anteil im ersten Monat berechnen
      DateTime firstMonthStartDate = new DateTime(
         firstDate.Year, firstDate.Month, 1);
      DateTime firstMonthEndDate =
         firstMonthStartDate.AddMonths(1).AddTicks(-1);
```

Listing 83: Methode zur Berechnung der Monats-Differenz zwischen zwei Datumswerten

Datum und Zeit

```
        long monthTicks = (firstMonthEndDate - firstMonthStartDate).Ticks;
        long ticks = (firstMonthEndDate - firstDate).Ticks;
        double months = ticks / (double)monthTicks;

        // Den Anteil im letzten Monat berechnen
        DateTime lastMonthStartDate = new DateTime(
            lastDate.Year, lastDate.Month, 1);
        DateTime lastMonthEndDate =
            lastMonthStartDate.AddMonths(1).AddTicks(-1);
        monthTicks = (lastMonthEndDate - lastMonthStartDate).Ticks;
        ticks = (lastDate - lastMonthStartDate).Ticks;
        months += ticks / (double)monthTicks;

        // Die Monate dazwischen addieren
        // und das Ergebnis zurückgeben
        return (months +
            (12 - firstDate.Month) +
            ((lastDate.Year - firstDate.Year - 1) * 12) +
            (lastDate.Month - 1)) * (negate ? -1 : 1);
    }
}
```

Listing 83: Methode zur Berechnung der Monats-Differenz zwischen zwei Datumswerten (Forts.)

Die Methode `GetWeekDifference` ist schließlich sehr einfach implementiert, da sie die Differenz in Tagen einfach durch sieben teilen kann.

```
public static double GetWeekDifference(DateTime firstDate,
    DateTime lastDate)
{
    // Differenz in Tagen berechnen und durch
    // 7 geteilt zurückgeben
    TimeSpan timeSpan = lastDate - firstDate;
    return timeSpan.TotalDays / 7;
}
```

Listing 84: Methode zur Berechnung der Wochen-Differenz zwischen zwei Datumswerten

Um die Berechnung von Differenzen in verschiedenen Intervallen auf eine einfache Weise zu ermöglichen, habe ich eine Methode `DateDiff` entwickelt, die die oben beschriebenen Methoden aufruft. Diese Methode arbeitet mit einem Argument vom Typ `DateInterval`, das das Intervall beschreibt, für das das Ergebnis berechnet werden soll.

Die Differenz zwischen zwei Datumswerten berechnen

```csharp
/* Aufzählung der möglichen Datumsintervalle */
public enum DateInterval
{
   Years,
   Months,
   Weeks,
   Days,
   Hours,
   Minutes,
   Seconds,
   Milliseconds
}

/* Berechnet die Differenz zwischen zwei Datumswerten */
public static double DateDiff(DateTime firstDate,
   DateTime lastDate, DateInterval interval)
{
   // Je nach Intervall das Ergebnis berechnen
   switch (interval)
   {
      case DateInterval.Years:
         return GetYearDifference(firstDate, lastDate);

      case DateInterval.Months:
         return GetMonthDifference(firstDate, lastDate);

      case DateInterval.Weeks:
         return GetWeekDifference(firstDate, lastDate);

      case DateInterval.Days:
         return (lastDate - firstDate).TotalDays;

      case DateInterval.Hours:
         return (lastDate - firstDate).TotalHours;

      case DateInterval.Minutes:
         return (lastDate - firstDate).TotalMinutes;

      case DateInterval.Seconds:
         return (lastDate - firstDate).TotalSeconds;

      default:
         return (lastDate - firstDate).TotalMilliseconds;
   }
}
```

Listing 85: Allgemeine Methode zur Berechnung der Differenz zwischen zwei Datumswerten

Abbildung 47 zeigt die Ausgabe eines Programms, das diese Methode anwendet.

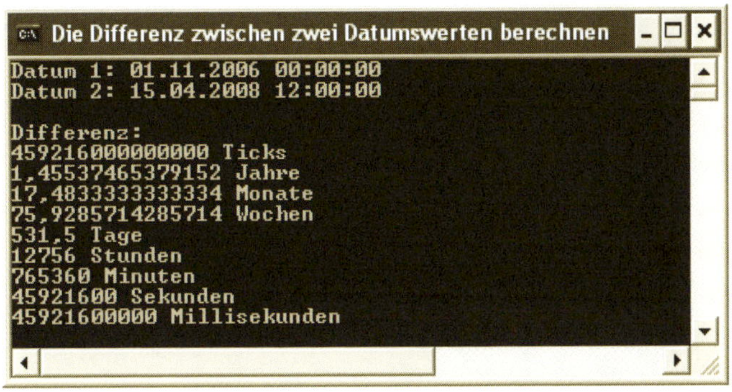

```
Die Differenz zwischen zwei Datumswerten berechnen
Datum 1: 01.11.2006 00:00:00
Datum 2: 15.04.2008 12:00:00

Differenz:
459216000000000 Ticks
1,45537465379152 Jahre
17,4833333333334 Monate
75,9285714285714 Wochen
531,5 Tage
12756 Stunden
765360 Minuten
45921600 Sekunden
45921600000 Millisekunden
```

Abbildung 47: Datumsdifferenzberechnung

51 Datumswerte addieren und subtrahieren

Häufig ist es notwendig, zu einem gegebenen Datum eine bestimmte Anzahl Datumseinheiten (Minuten, Stunden, Tage, Wochen etc.) zu addieren oder davon abzuziehen. Die DateTime-Struktur bietet dazu entsprechende Methoden (Tabelle 13).

Methode	Addiert bzw. subtrahiert ...
DateTime Add(TimeSpan *value*)	einen TimeSpan-Wert
DateTime AddDays(double *value*)	Tage
DateTime AddHours(double *value*)	Stunden
DateTime AddMilliseconds(double *value*)	Millisekunden
DateTime AddMinutes(double *value*)	Minuten
DateTime AddMonths(int *months*)	Monate
DateTime AddSeconds(double *value*)	Sekunden
DateTime AddTicks(long *value*)	Ticks (100ns-Intervalle)
DateTime AddYears(int *value*)	Jahre

Tabelle 13: Die Methoden der DateTime-Struktur zum Addieren und Subtrahieren von Datumseinheiten

Da Sie den Methoden auch negative Werte übergeben können, können Sie einem Datum auch Einheiten abziehen. Die meisten Add-Methoden arbeiten mit double-Argumenten, sodass Sie auch Bruchteile der Einheit addieren oder subtrahieren können. Bei Monaten und Jahren (die eine unterschiedliche Anzahl an Tagen besitzen) und bei Ticks ist das prinzipiell nicht möglich, weswegen am Argument dieser Methoden int- bzw. long-Werte erwartet werden.

Listing 86 zeigt die Anwendung dieser Methoden. Zum Kompilieren des Beispiels müssen Sie den Namensraum System importieren.

>> Datumswerte addieren und subtrahieren

```
// Aktuelles Datum ermitteln
DateTime now = DateTime.Now;
Console.WriteLine("Jetzt: {0}", now.ToString());

// 12,5 Stunden abziehen
DateTime date = now.AddHours(-12.5);
Console.WriteLine("Jetzt - 12,5 Stunden: {0}", date.ToString());

// 10,5 Tage hinzuaddieren
date = now.AddDays(10.5);
Console.WriteLine("Jetzt + 10,5 Tage: {0}", date.ToString());

// Sechs Monate hinzuaddieren
date = now.AddMonths(6);
Console.WriteLine("Jetzt + 6 Monate: {0}", date.ToString());

// Zwei Jahre abziehen
date = now.AddYears(-2);
Console.WriteLine("Jetzt - 2 Jahre: {0}", date.ToString());

// Mein Alter als TimeSpan-Wert berechnen (natürlich mit
// gelogenem Geburtsdatum ;-))
DateTime birthDate = new DateTime(1972, 9, 27, 2, 30, 0);
Console.WriteLine("Mein (gelogenes) Geburtsdatum: {0}",
   birthDate.ToString());
TimeSpan age = now - birthDate;

// Damit errechnen, welches Datum meinem doppelten Alter entspricht
date = now.Add(age);
Console.WriteLine("Dann bin ich doppelt so alt wie jetzt: {0}",
   date.ToString());
```

Listing 86: Addieren und Subtrahieren von Datumseinheiten

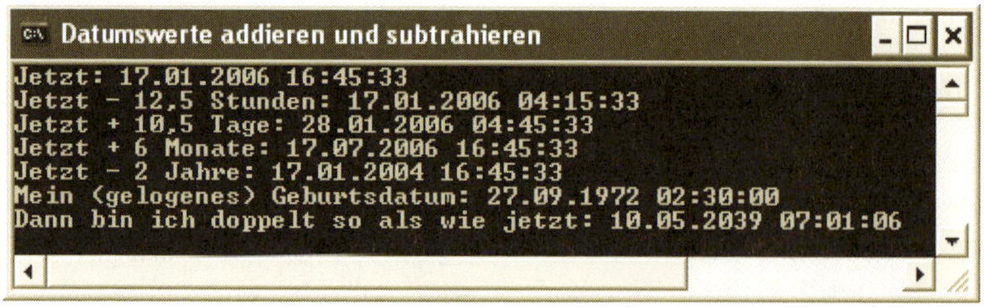

```
Datumswerte addieren und subtrahieren
Jetzt: 17.01.2006 16:45:33
Jetzt - 12,5 Stunden: 17.01.2006 04:15:33
Jetzt + 10,5 Tage: 28.01.2006 04:45:33
Jetzt + 6 Monate: 17.07.2006 16:45:33
Jetzt - 2 Jahre: 17.01.2004 16:45:33
Mein (gelogenes) Geburtsdatum: 27.09.1972 02:30:00
Dann bin ich doppelt so alt wie jetzt: 10.05.2039 07:01:06
```

Abbildung 48: Die Datumsberechnung

\>\> **Datum und Zeit**

52 Eine Zeitangabe in einem String in ein Datum mit der Basis DateTime.Min umwandeln

Wenn Sie eine Zeitangabe, die in einem String gespeichert ist, über `Convert.ToDateTime` in ein Datum umwandeln, erhalten Sie ein Datum, das das aktuelle Datum im Datumsteil speichert. In manchen Fällen ist dies aber hinderlich, z.B. wenn eigentlich nur Zeitangaben gespeichert, diese gegebenenfalls an unterschiedlichen Tagen eingegeben und irgendwann verglichen werden sollen. In diesem Fall wäre es besser, den String so umzuwandeln, dass das kleinste Datum als Datumsbasis verwendet wird. Dies erreichen Sie, indem Sie die `DateTime.Parse`-Methode verwenden. Am ersten Argument übergeben Sie den zu konvertierenden String. Am dritten Argument können Sie Werte der `System.Globalization.DateTimeStyles`-Aufzählung übergeben, die die Art der Formatierung bestimmen. Der Wert `NoCurrentDateDefault` steht dafür, dass für Datumsstrings ohne Datumsangabe nicht das aktuelle Datum, sondern das Basisdatum (1.1.0001) verwendet wird. Da keine Variante der `Parse`-Methode existiert, die neben dem zu konvertierenden String nur dieses Argument erwartet, müssen Sie die Variante verwenden, der am zweiten Argument ein `IFormatProvider` übergeben wird, der für die Formatierung des String zuständig ist. Hier können Sie mit `System.Globalization.DateTimeFormatInfo.CurrentInfo` den aktuellen Format-Provider angeben.

Zum Kompilieren des folgenden Beispiels müssen Sie die Namensräume `System` und `System.Globalization` einbinden.

```csharp
string timeString = "10:00";

DateTime date = DateTime.Parse(timeString, DateTimeFormatInfo.CurrentInfo,
    DateTimeStyles.NoCurrentDateDefault);
```

Listing 87: Konvertieren eines Strings mit einer Zeitangabe in ein Datum mit dem kleinsten Datum als Basis

53 Die Anzahl der Tage eines Monats berechnen

Die Anzahl der Tage eines Monats können Sie über die Methode `DaysInMonth` der `DateTime`-Struktur berechnen. Dieser Methode übergeben Sie am ersten Argument das Jahr und am zweiten den Monat. Das Beispiel in Listing 88, das den Import des `System`-Namensraums erfordert, berechnet die Anzahl der Tage des aktuellen Monats.

```csharp
DateTime now = DateTime.Now;
int daysInMonth = DateTime.DaysInMonth(now.Year, now.Month);

Console.WriteLine("Tage des Monats {0}/{1}: {2}",
    now.Month, now.Year, daysInMonth);
```

Listing 88: Berechnen der Anzahl der Tage des aktuellen Monats

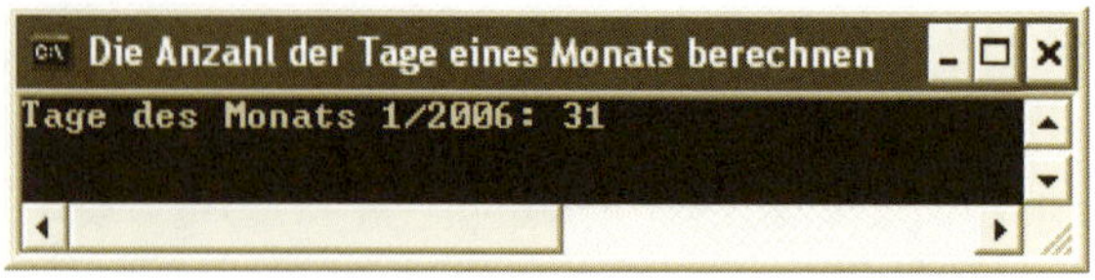

Abbildung 49: Das Beispielprogramm in Aktion

54 Die Anzahl der Tage eines Jahres berechnen

Die Anzahl der Tage eines Jahres können Sie nicht wie bei der Anzahl der Tage eines Monats über eine Methode der `DateTime`-Struktur berechnen. Dazu müssen Sie ein Objekt einer von `Calendar` abgeleiteten Klasse verwenden, das den Kalender des Systems repräsentiert (bei uns ist das der gregorianische Kalender). Den aktuellen Kalender können Sie über die `Calendar`-Eigenschaft des `CultureInfo`-Objekts, das die aktuelle Kultur darstellt (`System.Globalization.CultureInfo.CurrentCulture.Calendar`), ermitteln. Die Anzahl der Tage in einem Jahr erhalten Sie dann über die Methode `GetDaysInYear`, der Sie das Jahr übergeben, dessen Tage Sie ermitteln wollen.

Listing 89 zeigt dies für das aktuelle Jahr. Das Beispiel erfordert den Import der Namensräume `System` und `System.Globalization`.

```
// GregorianCalendar-Objekt für den aktuellen Kalender erzeugen
GregorianCalendar calendar = new GregorianCalendar();

// Anzahl der Tage im aktuellen Jahr berechnen
DateTime now = DateTime.Now;
int daysInYear = calendar.GetDaysInYear(now.Year);

Console.WriteLine("Tage des Jahres {0}: {1}",
    now.Year, daysInYear);
```

Listing 89: Berechnen der Anzahl der Tage eines Jahres

Abbildung 50: Das Beispielprogramm in Aktion

55 Den Wochentag eines Datums ermitteln

Den Wochentag eines Datums erhalten Sie über die `DayOfWeek`-Eigenschaft der `DateTime`-Instanz. Diese Eigenschaft verwaltet einen Wert der `DayOfWeek`-Aufzählung mit den Konstanten `Sunday`, `Monday`, `Tuesday`, `Wednesday`, `Thursday`, `Friday` und `Saturday`. Die Konstanten beginnen übrigens bei `Sunday`, da in den USA die Woche mit dem Sonntag beginnt.

Listing 90 zeigt, wie Sie den Wochentag eines gegebenen Datums ermitteln. Zum Kompilieren dieses Beispiels müssen Sie den Namensraum System einbinden.

```
// Datum festlegen
DateTime date = DateTime.Now;

// Wochentag ermitteln
switch (date.DayOfWeek)
{
   case DayOfWeek.Monday:
      Console.WriteLine("Heute is Montag");
      break;

   case DayOfWeek.Tuesday:
      Console.WriteLine("Heute is Dienstag");
      break;

   case DayOfWeek.Wednesday:
      Console.WriteLine("Heute is Mittwoch");
      break;

   case DayOfWeek.Thursday:
      Console.WriteLine("Heute is Donnerstag");
      break;

   case DayOfWeek.Friday:
      Console.WriteLine("Heute is Freitag");
      break;

   case DayOfWeek.Saturday:
      Console.WriteLine("Heute is Samstag");
      break;

   case DayOfWeek.Sunday:
      Console.WriteLine("Heute is Sonntag");
      break;
}
```

Listing 90: Ermitteln des Wochentags eines gegebenen Datums

Wollen Sie einfach nur den Namen des Wochentags ermitteln, finden Sie die Lösung in Rezept 56.

56   Den Namen eines Wochentags ermitteln

Den Namen eines Wochentags können Sie über die Methode `GetDayName` eines `System.Globalization.DateTimeFormatInfo`-Objekts auslesen. Ein solches erhalten Sie über die Eigenschaft `DateTimeFormat` eines `CultureInfo`-Objekts (ebenfalls aus dem Namensraum `System.Globalization`).

Wollen Sie den Namen des Wochentags in der aktuellen Kultur ermitteln, können Sie das dieser Kultur entsprechende `CultureInfo`-Objekt aus der Eigenschaft `CurrentCulture` des aktuellen Thread auslesen, den Sie über `Thread.CurrentThread` (aus dem Namensraum `System.Threading`) erreichen. Ansonsten können Sie einfach über `CultureInfo.CreateSpecificCulture` ein spezifisches `CultureInfo`-Objekt erzeugen und dessen `DateTimeFormat`-Eigenschaft verwenden.

Die Methoden in Listing 91 vereinfachen das Auslesen des Wochentagnamens. Die erste Variante erwartet lediglich einen Wert der Aufzählung `DayOfWeek` und gibt den Namen des Wochentags in der aktuellen Kultur zurück. Die zweite Variante erwartet neben dem Wochentag ein `CultureInfo`-Objekt, das die Kultur verwaltet, für die der Wochentagname zurückgegeben werden soll. Zum Kompilieren dieser Methoden müssen Sie die Namensräume `System`, `System.Globalization` und `System.Threading` einbinden.

```csharp
/* Liefert den Namen des angegebenen Wochentags zurück */
public static string GetDayName(DayOfWeek dayOfWeek)
{
    return Thread.CurrentThread.CurrentCulture.
        DateTimeFormat.GetDayName(dayOfWeek);
}

/* Liefert den Namen des angegebenen Wochentags in der angegebenen
   Kultur zurück */
public static string GetDayName(DayOfWeek dayOfWeek, CultureInfo cultureInfo)
{
    return cultureInfo.DateTimeFormat.GetDayName(dayOfWeek);
}
```

Listing 91: Methoden zum Ermitteln des Namens eines Wochentags in der aktuellen und in einer anzugebenden Kultur

Listing 92 zeigt eine beispielhafte Anwendung dieser Methoden in einer Konsolenanwendung.

```csharp
// Den Namen des Wochentags in der aktuellen Kultur ermitteln
DateTime date = DateTime.Now;
string weekdayName = GetDayName(date.DayOfWeek);
Console.WriteLine("Heute ist " + weekdayName);
```

Listing 92: Beispielhafte Anwendung der GetDayName-Methoden

```
// Den Namen des Wochentags in der englischen Kultur ermitteln
date = DateTime.Now;
weekdayName = GetDayName(date.DayOfWeek,
   CultureInfo.CreateSpecificCulture("en"));
Console.WriteLine("Today is " + weekdayName);

// Den Namen des Wochentags in der spanischen Kultur ermitteln
date = DateTime.Now;
weekdayName = GetDayName(date.DayOfWeek,
   CultureInfo.CreateSpecificCulture("es"));
Console.WriteLine("Hoy es " + weekdayName);
```

Listing 92: Beispielhafte Anwendung der GetDayName-Methoden (Forts.)

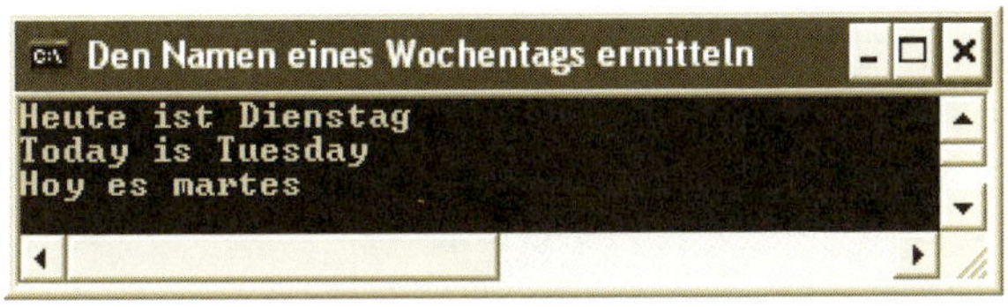

Abbildung 51: Das Beispielprogramm in Aktion

57 Den Namen eines Monats ermitteln

Den Namen eines Monats erhalten Sie auf eine ähnliche Weise wie den Namen eines Wochentags, wie ich es in Rezept 56 beschrieben habe. Der einzige Unterschied ist, dass Sie nun die Methode `GetMonthName` der `DateTimeFormatInfo`-Instanz aufrufen.

Die Methoden `GetMonthName` in Listing 93 helfen Ihnen dabei, den Namen eines Monats zu ermitteln. Die erste Variante, die den Namen für die aktuelle Kultur zurückgibt, ruft die zweite Variante auf, wobei die aktuelle Kultur aus `System.Threading.Thread.CurrentThread.CurrentCulture` ausgelesen wird. Die zweite Variante überprüft zusätzlich den übergebenen Monat und wirft eine `ArgumentException`, falls dieser ungültig ist.

Zum Kompilieren dieser Methoden müssen Sie die Namensräume `System`, `System.Globalization` und `System.Threading` einbinden.

```
/* Liefert den Namen des angegebenen Monats in der aktuellen Kultur */
public static string GetMonthName(int month)
{
   return GetMonthName(month,
      Thread.CurrentThread.CurrentCulture);
}
```

Listing 93: Methoden zur Ermittlung des Namens eines Monats

```
/* Liefert den Namen des angegebenen Monats in der angegebenen Kultur */
public static string GetMonthName(int month, CultureInfo cultureInfo)
{
   // Den übergebenen Monat überprüfen
   if (month >= 1 && month <= 12)
   {
      return cultureInfo.DateTimeFormat.GetMonthName(month);
   }
   else
   {
      throw new ArgumentException("Der Monat muss ein Wert " +
         "Zwischen 1 und 12 sein");
   }
}
```

Listing 93: Methoden zur Ermittlung des Namens eines Monats (Forts.)

Listing 94 zeigt, wie Sie diese Methoden anwenden.

```
// Den Namen des Monats in der aktuellen Kultur ermitteln
DateTime date = DateTime.Now;
string monthName = GetMonthName(date.Month);
Console.WriteLine("Es ist " + monthName);

// Den Namen des Monats in der englischen Kultur ermitteln
date = DateTime.Now;
monthName = GetMonthName(date.Month,
   CultureInfo.CreateSpecificCulture("en"));
Console.WriteLine("It is " + monthName);

// Den Namen des Monats in der spanischen Kultur ermitteln
date = DateTime.Now;
monthName = GetMonthName(date.Month,
   CultureInfo.CreateSpecificCulture("es"));
Console.WriteLine("Es " + monthName);
```

Listing 94: Beispielhafte Anwendung der GetMonthName-Methoden

58   Den ersten und letzten Tag der Woche eines Datums berechnen

Den ersten Tag der Woche, in die ein bestimmtes Datum fällt, können Sie berechnen, indem Sie zunächst einen `int`-Wert ermitteln, der für den im Datum angegebenen Wochentag steht. Dazu fragen Sie die `DayOfWeek`-Eigenschaft ab, die einen Wert der `DayOfWeek`-Aufzählung zurückgibt. Da diese mit der Konstanten `Sunday` beginnt (die den Wert 0 besitzt), müssen Sie den ermittelten Wert so umrechnen, dass für Montage der Wert 1 und für Sonntage der Wert 7 resultiert. Dazu können Sie einfach abfragen,

>> Datum und Zeit

ob der nach int konvertierte Wert gleich 0 ist, und setzen diesen dann auf 7. Mit diesem Wert können Sie die Differenz zwischen dem Wochenstart (also dem Montag) und dem Wochentag des Datums berechnen. Diese Differenz ziehen Sie dann einfach von dem Datum ab um das Datum zu erhalten, das dem Montag dieser Woche entspricht. Den letzten Tag der Woche berechnen Sie nun, indem Sie dem Wochen-Startdatum sechs Tage hinzuaddieren:

```
Den ersten und letzten Tag der Woche eines Datums berechnen
Die Woche, in die der 08.10.2006 fällt,
beginnt am Montag, 2. Oktober 2006
und endet am Sonntag, 8. Oktober 2006

Die Woche, in die der 09.10.2006 fällt,
beginnt am Montag, 9. Oktober 2006
und endet am Sonntag, 15. Oktober 2006

Die Woche, in die der 10.10.2006 fällt,
beginnt am Montag, 9. Oktober 2006
und endet am Sonntag, 15. Oktober 2006

Die Woche, in die der 11.10.2006 fällt,
beginnt am Montag, 9. Oktober 2006
und endet am Sonntag, 15. Oktober 2006

Die Woche, in die der 12.10.2006 fällt,
beginnt am Montag, 9. Oktober 2006
und endet am Sonntag, 15. Oktober 2006

Die Woche, in die der 13.10.2006 fällt,
beginnt am Montag, 9. Oktober 2006
und endet am Sonntag, 15. Oktober 2006

Die Woche, in die der 14.10.2006 fällt,
beginnt am Montag, 9. Oktober 2006
und endet am Sonntag, 15. Oktober 2006

Die Woche, in die der 15.10.2006 fällt,
beginnt am Montag, 9. Oktober 2006
und endet am Sonntag, 15. Oktober 2006

Die Woche, in die der 16.10.2006 fällt,
beginnt am Montag, 16. Oktober 2006
und endet am Sonntag, 22. Oktober 2006
```

Abbildung 52: Ein Beispielprogramm hat den Start und das Ende der Woche einiger Datumswerte berechnet

```
// Datum festlegen
DateTime date = DateTime.Now;

// Einen int-Wert für den Wochentag des Datums ermitteln
int dayOfWeek = (int)date.DayOfWeek;
if (dayOfWeek == 0)
{
    dayOfWeek = 7; // Sonntag
}
```

Listing 95: Berechnung des Datums des ersten und des letzten Tags der Woche, in die ein gegebenes Datum fällt

```
// Die Differenz an Tagen zwischen dem Wochenstart (Montag)
// und dem Wochentag des Datums berechnen
int daysFromMonday = dayOfWeek - 1;
DateTime firstDay = date.AddDays(daysFromMonday * -1);

// Den letzten Tag der Woche ermitteln
DateTime lastDay = firstDay.AddDays(6);
```

Listing 95: Berechnung des Datums des ersten und des letzten Tags der Woche, in die ein gegebenes Datum fällt (Forts.)

59 Den ersten und den letzten Tag eines Monats berechnen

Den ersten Tag eines Monats zu berechnen ist trivial. Dazu müssen Sie lediglich ein neues `DateTime`-Objekt erzeugen, dessen Konstruktor Sie das Jahr, den Monat und für den Tag die Zahl 1 übergeben. Für den letzten Tag können Sie ein `DateTime`-Objekt erzeugen, das mit dem Jahr und dem Monat initialisiert wird, die dem aktuellen Monat addiert mit 1 entsprechen. Als Tag übergeben Sie wieder 1. Dabei müssen Sie natürlich beachten, dass nach dem Monat 12 ein neues Jahr beginnt. Damit erhalten Sie den ersten Tag des folgenden Monats. Über die `AddDays`-Methode ziehen Sie dann einfach einen Tag ab:

```
int month = 12;
int year = 2006;

// Den ersten Tag des Monats ermitteln
DateTime startDate = new DateTime(year, month, 1);

// Den letzten Tag des Monats ermitteln
if (month == 12)
{
   month = 1;
   year++;
}
else
{
   month++;
}
DateTime endDate = new DateTime(year, month, 1).AddDays(-1);
```

Listing 96: Berechnung des ersten und letzten Tags eines Monats

Die Klasse `MonthInfo` in Listing 97, die Sie auch im Repository finden, erleichtert die Berechnung des Start- und des Enddatums eines Monats. Beim Erzeugen einer Instanz dieser Klasse müssen Sie lediglich den Monat und das Jahr im Konstruktor

>> Datum und Zeit

übergeben. Danach können Sie die benötigten Datumswerte aus den Eigenschaften `StartDate` und `EndDate` auslesen.

```
public class MonthInfo
{
   private int month;
   /* Das Quartal */
   public int Month
   {
      get { return this.month; }
   }

   private int year;
   /* Das Jahr */
   public int Year
   {
      get { return this.year; }
   }

   private DateTime startDate;
   /* Das Startdatum des Monats */
   public DateTime StartDate
   {
      get { return this.startDate; }
   }

   private DateTime endDate;
   /* Das Enddatum des Monats */
   public DateTime EndDate
   {
      get { return this.endDate; }
   }

   /* Konstruktor. Berechnet das Start- und das */
   /* Enddatum des übergebenen Monats. */
   public MonthInfo(int month, int year)
   {
      // Die Argumente überprüfen
      if (month < 1 || month > 12 || year < 0 || year > 9999)
      {
         throw new ArgumentException(
            "Der Monat muss ein Wert zwischen 1 und 12 " +
            "und das Jahr muss ein Wert zwischen 0 und 9999 sein");
      }

      // Argumente übergeben
```

Listing 97: Klasse zur Berechnung des Start- und des Enddatums eines Monats

```
         this.month = month;
         this.year = year;

         // Den ersten Tag des Monats ermitteln
         this.startDate = new DateTime(year, month, 1);

         // Den letzten Tag des Monats ermitteln
         if (month == 12)
         {
            month = 1;
            year++;
         }
         else
         {
            month++;
         }
         this.endDate = new DateTime(year, month, 1).AddDays(-1);
      }
   }
```

Listing 97: Klasse zur Berechnung des Start- und des Enddatums eines Monats (Forts.)

Zum Kompilieren dieser Klasse müssen Sie lediglich den Namensraum `System` einbinden.

Abbildung 53 zeigt eine einfache Anwendung, die über die `MonthInfo`-Klasse das Start- und das Enddatum der Monate von 2006 berechnet hat.

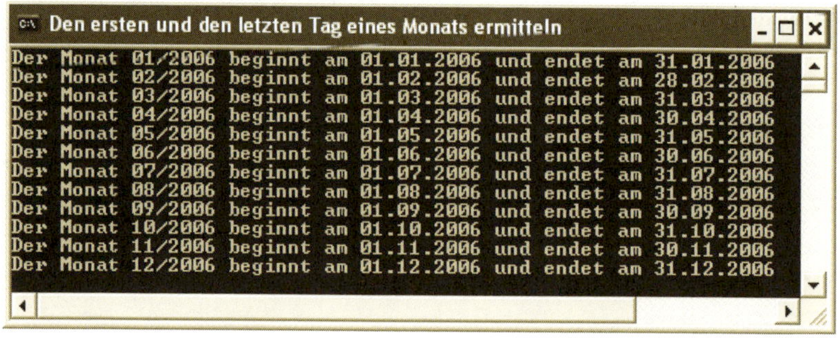

Abbildung 53: Ein Beispielprogramm hat das Start- und das Enddatum der Monate von 2006 berechnet

60   Das Quartal eines gegebenen Datums berechnen

Das Quartal eines gegebenen Datums können Sie recht einfach berechnen. Ich nutze dazu eine Ganzzahl-Division. Der Monat des Datums minus eins wird dabei durch drei (der Anzahl der Monate innerhalb eines Quartals) geteilt. Ist der Monat zum Beispiel 1, 2 oder 3, resultiert 0. Ist der Monat 4, 5 oder 6, resultiert 1 usw. Addiert mit eins ergibt diese Berechnung das aktuelle Quartal.

Zum Kompilieren der Methode in Listing 98 müssen Sie den Namensraum System importieren.

```
public static int GetQuarter(DateTime date)
{
   return ((date.Month - 1) / 3) + 1;
}
```

Listing 98: Methode zur Berechnung des Quartals eines Datums

61 Den ersten und den letzten Tag eines Quartals berechnen

Zur Berechnung des ersten Tags eines angegebenen Quartals können Sie eine neue DateTime-Instanz mit dem Jahr des Datums, dem ersten Monat des Quartals und den Tag 1 erzeugen. Das einzige Problem ist die Berechnung des ersten Monats des Quartals. Diesen können Sie berechnen, indem Sie das Quartal mit 3 multiplizieren und 2 vom Ergebnis abziehen.

Den letzten Tag des Quartals können Sie dann berechnen, indem Sie dem Datum des ersten Tages drei Monate aufrechnen und von diesem Datum einen Tag abziehen:

```
// Angabe des Quartals und des Jahrs
int quarter = 1;
int year = 2006

// Ersten Tag im Quartal berechnen
DateTime firstQuarterDay = new DateTime(year, (quarter * 3) - 2, 1);

// Letzten Tag im Quartal berechnen
DateTime lastQuarterDay = firstDay.AddMonths(3).AddDays(-1);
```

Listing 99: Berechnung des Start- und des Enddatums eines gegebenen Quartals

Dieses Beispiel benötigt den Import des Namensraums System.

In Listing 100 finden Sie die Klasse QuarterInfo zu Berechnung des Start- und des Enddatums, die Sie auch im Repository finden. Diese Klasse erleichtert die Berechnung, indem Sie dem Konstruktor lediglich das Quartal und das Jahr übergeben und die berechneten Datumswerte aus den Eigenschaften StartDate und EndDate auslesen können. Zum Kompilieren dieser Klasse müssen Sie den Namensraum System einbinden.

>> **Den ersten und den letzten Tag eines Quartals berechnen**

```
public class QuarterInfo
{
   private int quarter;
   /* Das Quartal */
   public int Quarter
   {
      get { return this.quarter; }
   }

   private int year;
   /* Das Jahr */
   public int Year
   {
      get { return this.year; }
   }

   private DateTime startDate;
   /* Das Startdatum des Quartals */
   public DateTime StartDate
   {
      get { return this.startDate; }
   }

   private DateTime endDate;
   /* Das Enddatum des Quartals */
   public DateTime EndDate
   {
      get { return this.endDate; }
   }

   /* Konstruktor. Berechnet das Start- und das */
   /* Enddatum des übergebenen Quartals. */
   public QuarterInfo(int quarter, int year)
   {
      // Das übergebene Quartal und das Jahr überprüfen
      if (quarter >= 1 && quarter <= 4 &&
         year >= 0 && year <= 9999)
      {
         // Quartal und Jahr übergeben
         this.quarter = quarter;
         this.year = year;

         // Ersten Tag im Quartal berechnen
         this.startDate = new DateTime(year, (quarter * 3) - 2, 1);
```

Listing 100: Klasse zur Berechnung des Start- und des Enddatums eines gegebenen Quartals

>> **Datum und Zeit**

```
        // Letzten Tag im Quartal berechnen
        this.endDate = this.startDate.AddMonths(3).AddDays(-1);
    }
    else
    {
        throw new ArgumentException("Das Quartal muss eine Zahl " +
            "zwischen 1 und 4 und das Jahr eine Zahl zwischen 0 " +
            "und 9999 sein");
    }
  }
}
```

Listing 100: Klasse zur Berechnung des Start- und des Enddatums eines gegebenen Quartals (Forts.)

Abbildung 54 zeigt die Ausgabe einer Beispielanwendung, die die Quartale der Jahre von 2006 bis 2010 berechnet hat.

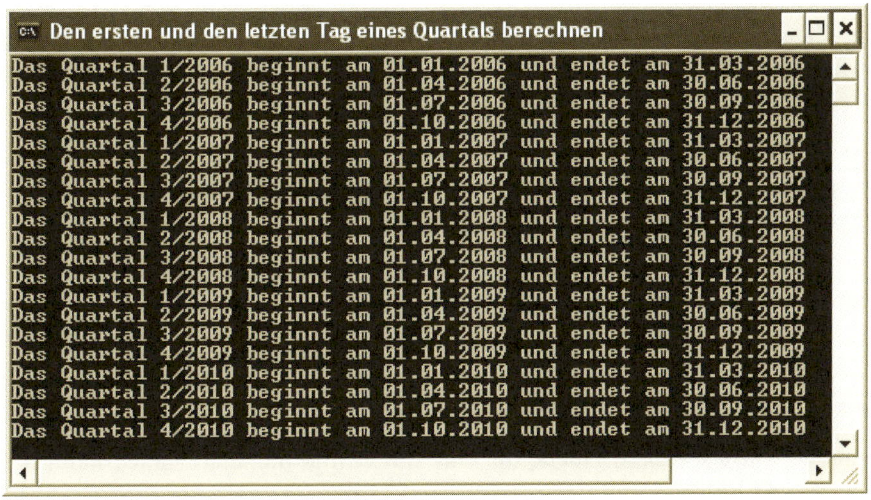

Abbildung 54: Ein Beispielprogramm hat das Start- und das Enddatum der Quartale der Jahre 2006 bis 2010 berechnet

62 Ermitteln, ob ein Jahr ein Schaltjahr ist

Über die statische Methode `IsLeapYear` der `DateTime`-Struktur können Sie ermitteln, ob ein Jahr ein Schaltjahr ist. `IsLeapYear` gibt `true` zurück, wenn es sich um ein Schaltjahr handelt.

Listing 101 ermittelt, ob das aktuelle Jahr ein Schaltjahr ist. Das Beispiel erfordert den Import des Namensraums `System`.

```
// Aktuelles Datum ermitteln
DateTime date = DateTime.Now;

// Ermitteln, ob es sich um ein Schaltjahr handelt
if (DateTime.IsLeapYear(date.Year))
{
   Console.WriteLine("{0} ist ein Schaltjahr", date.Year);
}
else
{
   Console.WriteLine("{0} ist kein Schaltjahr", date.Year);
}
```

Listing 101: Ermitteln, ob das aktuelle Jahr ein Schaltjahr ist

63 Ermitteln der ISO-Kalenderwoche

Die ISO[15]-Norm 8601, nach der in Deutschland die Kalenderwoche berechnet wird, definiert u.a. die erste Woche im Jahr als die Woche, in die mindestens vier der ersten sieben Januartage fallen (also die Woche, die den ersten Donnerstag im Jahr enthält). Danach ergeben sich die folgenden Aussagen:

▶ Beginnt das Jahr mit einem Montag, so entspricht der 1.1. der ersten Kalenderwoche und das Vorjahr schließt mit dem Ende der letzten Kalenderwoche ab (logisch ☺).

▶ Beginnt das Jahr mit einem Dienstag, Mittwoch oder Donnerstag, werden die ersten Tage der Woche, die im Vorjahr liegen, der ersten Kalenderwoche des neuen Jahres zugerechnet.

▶ Beginnt das Jahr mit einem Freitag, Samstag oder Sonntag, werden diese Tage der letzten Kalenderwoche des Vorjahres zugerechnet.

▶ Je nachdem, wann die erste Woche im Jahr startet und die letzte endet, kann das Jahr 52 oder 53 Wochen umfassen.

Die Kalenderwoche eines Datums können Sie (mit einem kleinen Fehler) über eine Instanz der von Calendar abgeleiteten Klasse ermitteln, die den aktuellen Kalender des Systems darstellt. Diese Instanz ermitteln Sie über die Calendar-Eigenschaft der Klasse System.Globalization.CultureInfo.CurrentCulture. Über die Methode GetWeekOfYear berechnen Sie die Kalenderwoche eines Datums, das Sie am ersten Argument übergeben. Am zweiten Argument definieren Sie mit einem Wert der Aufzählung CalendarWeekRule, welche Woche als erste Kalenderwoche gezählt wird. Dazu stehen Ihnen die Werte der CalendarWeekRule-Aufzählung zur Verfügung. Der Wert FirstDay bestimmt, dass die Woche mit dem ersten Januar die erste Woche ist, FirstFourDayWeek, dass die

---

15. ISO (International Organization for Standardization) ist ein Schweizer Institut, das internationale Standards entwickelt und veröffentlicht

>> **Datum und Zeit**

Woche die erste ist, die mindestens vier Tage im neuen Jahr besitzt (Standard für Deutschland), über den Wert `FirstFullWeek` legen Sie die erste im neuen Jahr komplette Woche als Woche 1 fest. Am letzten Argument spezifizieren Sie mit den Werten der `DayOfWeek`-Aufzählung (deren Konstanten die Wochentagsnamen sind), mit welchem Tag die Woche beginnt (Sonntag in den USA, Montag in Deutschland). An den beiden letzten Argumenten sollten Sie die aktuellen Kultureinstellungen übergeben, die Sie aus der Eigenschaft `DateTimeFormat` eines `CultureInfo`-Objekts auslesen können.

Listing 102 implementiert dies in Form der Methode `GetCalendarWeek`, die die Kalenderwoche eines übergebenen Datums ermittelt und in einer Instanz der Klasse `CalendarWeek` zurückgibt.

> **Hinweis**
>
> Die `GetWeekOfYear`-Methode eines `Calendar`-Objekts berechnet die Kalenderwoche leider nicht genau nach dem ISO-8601-Standard. Am Ende des Jahres treten häufig Fehler auf. Für den 31.12.2007 (der ein Montag ist) ergibt die Berechnung z.B. 53, obwohl diese Woche sechs Tage (Dienstag bis Sonntag) im Jahr 2008 besitzt und deshalb eigentlich die Woche 1 sein sollte. Die Berechnung für den 1.1.2008 ergibt dann auch wie erwartet 1. Microsoft dokumentiert dieses Verhalten im Knowledge-Base-Artikel 200299 (für Visual Basic 6). Um diesen »Bug« zu umschiffen, überprüft `GetCalendarWeek`, ob die ermittelte Kalenderwoche größer als 52 ist und ob die für das Datum addiert mit einer Woche ermittelte Kalenderwoche 2 ergibt. In diesem Fall wird die Kalenderwoche 1 zurückgegeben.
>
> Dieser kleine Bugfix hat sich als zuverlässig erwiesen. In einem Test wurde die Kalenderwoche für die Jahre 1899 bis 2999 korrekt berechnet (was ich über die weiter unten beschriebene separate Methode zur Berechnung der deutschen Kalenderwoche und teilweise über den Kalender von Outlook überprüft habe).

`GetCalendarWeek` gibt neben der Kalenderwoche auch das Jahr zurück, da es vorkommen kann, dass ein Datum in der letzten Woche eines Jahres der ersten Kalenderwoche des nächsten Jahres oder ein Datum in der ersten Woche eines Jahres der letzten Kalenderwoche des Vorjahres zugeordnet wird. Das Jahr wird deshalb zunächst aus dem übergebenen Datum ausgelesen. Dann überprüft `GetCalendarWeek`, ob die Woche 1 ermittelt wurde und der Monat des Datums 12 ist. In diesem Fall wurde das Datum der ersten Kalenderwoche des neuen Jahres zugeordnet und das Jahr wird folglich um 1 erhöht. Dann wird noch überprüft, ob die Kalenderwoche 52 oder 53 und der Monat des Datums 1 ist. In diesem Fall wurde das Datum der letzten Kalenderwoche des Vorjahres zugeordnet und das Jahr wird um 1 erniedrigt.

Mit den ermittelten Daten erzeugt `GetCalendarWeek` schließlich ein `CalendarWeek`-Objekt (dessen Klasse in Listing 102 deklariert ist) und gibt eine Referenz darauf zurück.

Zum Kompilieren des Quellcodes müssen Sie die Namensräume `System` und `System.Globalization` importieren.

>> Ermitteln der ISO-Kalenderwoche

```
/* Verwaltet die Daten einer Kalenderwoche */
public class CalendarWeek
{
   public int Year;
   public int Week;

   public CalendarWeek(int year, int week)
   {
      this.Year = year;
      this.Week = week;
   }
}

/* Berechnet die Kalenderwoche eines internationalen Datums.
 * Diese Methode berechnet die Kalenderwoche eines Datums
 * nach der GetWeekOfYear-Methode eines Calendar-Objekts
 * und korrigiert den darin enthaltenen Fehler. */
public static CalendarWeek GetCalendarWeek(DateTime date)
{
   // Aktuelle Kultur ermitteln
   CultureInfo currentCulture = CultureInfo.CurrentCulture;

   // Aktuellen Kalender ermitteln
   Calendar calendar = currentCulture.Calendar;

   // Kalenderwoche über das Calendar-Objekt ermitteln
   int calendarWeek = calendar.GetWeekOfYear(date,
      currentCulture.DateTimeFormat.CalendarWeekRule,
      currentCulture.DateTimeFormat.FirstDayOfWeek);

   // Überprüfen, ob eine Kalenderwoche größer als 52
   // ermittelt wurde und ob die Kalenderwoche des Datums
   // in einer Woche 2 ergibt: In diesem Fall hat
   // GetWeekOfYear die Kalenderwoche nicht nach ISO 8601
   // berechnet (Montag, der 31.12.2007 wird z. B.
   // fälschlicherweise als KW 53 berechnet).
   // Die Kalenderwoche wird dann auf 1 gesetzt
   if (calendarWeek > 52)
   {
      date = date.AddDays(7);
      int testCalendarWeek = calendar.GetWeekOfYear(date,
         currentCulture.DateTimeFormat.CalendarWeekRule,
         currentCulture.DateTimeFormat.FirstDayOfWeek);
      if (testCalendarWeek == 2)
      {
```

Listing 102: Methode zur Ermittlung der Kalenderwoche eines Datums über ein Calendar-Objekt

```
            calendarWeek = 1;
         }
      }

      // Das Jahr der Kalenderwoche ermitteln
      int year = date.Year;
      if (calendarWeek == 1 && date.Month == 12)
      {
         year++;
      }
      if (calendarWeek >= 52 && date.Month == 1)
      {
         year--;
      }

      // Die ermittelte Kalenderwoche zurückgeben
      return new CalendarWeek(year, calendarWeek);
   }
```

Listing 102: Methode zur Ermittlung der Kalenderwoche eines Datums über ein Calendar-Objekt (Forts.)

Eine andere Möglichkeit, die Kalenderwoche zu berechnen, ist ein eigener Algorithmus. Im Internet kursieren verschiedene Algorithmen, die aber teilweise Kalenderwochen falsch berechnen. Ich habe selbst versucht, eine Berechnungs-Methode zu entwickeln, bin aber an einigen wenigen Sonderfällen gescheitert. Die Berechnung ist nicht trivial, auch wenn es auf den ersten Blick so erscheint.

Der Algorithmus, auf dem die Methode GetGermanCalendarWeek in Listing 103 basiert und den ich in einem Newsgroup-Beitrag gefunden habe, berechnet die Kalenderwoche anscheinend (und nach meinen Tests) sehr genau. Ein Vergleich mit der Methode GetCalendarWeek hat auf jeden Fall ergeben, dass beide Methoden die Kalenderwochen der Jahre 1899 bis 2999 gleich berechnen. Ich habe den Algorithmus nahezu unverändert übernommen, aber um die Berechnung des Jahres für die Kalenderwoche erweitert. Das Jahr wird auf dieselbe Weise berechnet wie in der Methode GetCalendarWeek.

GetGermanCalendarWeek erfordert den Import des Namensraums System.

```
/* Methode zur Berechnung einer deutschen Kalenderwoche nach dem
 * C++-Algorithmus von Ekkehard Hess aus einem Beitrag vom 29.7.1999
 * in der Newsgroup borland.public.cppbuilder.language
 * (freigegeben zur allgemeinen Verwendung) */
public static CalendarWeek GetGermanCalendarWeek(DateTime date)
{
```

Listing 103: Methode zur Ermittlung der Kalenderwoche eines deutschen Datums über einen komplexen Algorithmus

```
    double a = Math.Floor((14 - (date.Month)) / 12D);
    double y = date.Year + 4800 - a;
    double m = (date.Month) + (12 * a) - 3;

    double jd = date.Day + Math.Floor(((153 * m) + 2) / 5) +
        (365 * y) + Math.Floor(y / 4) - Math.Floor(y / 100) +
        Math.Floor(y / 400) - 32045;

    double d4 = (jd + 31741 - (jd % 7)) % 146097 % 36524 %
        1461;
    double L = Math.Floor(d4 / 1460);
    double d1 = ((d4 - L) % 365) + L;

    // Kalenderwoche ermitteln
    int calendarWeek = (int) Math.Floor(d1 / 7) + 1;

    // Das Jahr der Kalenderwoche ermitteln
    int year = date.Year;
    if (calendarWeek == 1 && date.Month == 12)
        year++;
    if (calendarWeek >= 52 && date.Month == 1)
        year--;

    // Die ermittelte Kalenderwoche zurückgeben
    return new CalendarWeek(year, calendarWeek);
}
```

Listing 103: Methode zur Ermittlung der Kalenderwoche eines deutschen Datums über einen komplexen Algorithmus (Forts.)

64   Ermitteln, mit welchem Datum eine Kalenderwoche beginnt

Startdatum einer deutschen Kalenderwoche ermitteln

Das Datum des Montags einer beliebigen Kalenderwoche können Sie für Deutschland eigentlich recht einfach berechnen. Der DIN-Norm für Datumsberechnungen (DIN 1355) können Sie entnehmen, dass der 4.1. eines Jahres immer in die Woche 1 fällt (Dank an die Kollegen, die das Access-Codebook geschrieben haben ☺). Mit diesem Datum können Sie das Datum ermitteln, das den Montag dieser Woche repräsentiert. Um das Startdatum einer Kalenderwoche zu ermitteln, können Sie dem Startdatum der ersten Kalenderwoche ganz einfach die Anzahl der Kalenderwochen -1 multipliziert mit 7 addieren, wie es Listing 104 zeigt. Der Montag der Woche, in die der 4.1. fällt, wird in diesem Beispiel über eine Ermittlung der Wochentagszahl berechnet. Die `DayOfWeek`-Aufzählung eines `DateTime`-Objekts verwaltet den Wochentag als Zahl von 0 (Sonntag) bis 6 (Samstag). Da die 0 den Sonntag darstellt, muss dieser extra behandelt werden. Ansonsten wird der Montag einfach berechnet, indem die Wochentagnummer -1 vom Datum abgezogen wird. Mit diesem Basisdatum wird dann einfach über eine Addition der Tage der Kalenderwochen bis zur abgefragten Woche das Startdatum dieser Woche ermittelt.

Die Methode `GetGermanCalendarWeekStartDate` erfordert die Einbindung der Namensräume `System` und `System.Globalization`.

```
/* Berechnet das Startdatum einer deutschen Kalenderwoche */
public static System.DateTime GetGermanCalendarWeekStartDate(
   int calendarWeek, int year)
{
   // Datum für den 4.1. des Jahres ermitteln
   System.DateTime baseDate = new System.DateTime(year, 1, 4);

   // Den Montag dieser Woche ermitteln
   int dayOfWeek = (int)baseDate.DayOfWeek;
   if (dayOfWeek > 0)
   {
      // Montag bis Samstag
      baseDate = baseDate.AddDays((dayOfWeek - 1) * -1);
   }
   else
   {
      // Sonntag
      baseDate = baseDate.AddDays(-6);
   }

   // Das Ergebnisdatum ermitteln
   return baseDate.AddDays((calendarWeek - 1) * 7);
}
```

Listing 104: Ermitteln des Startdatums einer deutschen Kalenderwoche

Startdatum einer internationalen Kalenderwoche ermitteln

Die Methode `GetGermanCalendarWeekStartDate` ist nicht geeignet für Länder, bei denen die erste Kalenderwoche anders gerechnet wird als in Deutschland und/oder bei denen die Woche mit einem anderen Tag als dem Montag beginnt. Die USA, wo die Woche mit dem Sonntag beginnt, ist ein Beispiel dafür. Um auch für diese Länder das Startdatum einer Kalenderwoche berechnen zu können, habe ich die (komplexere und deutlich langsamere) Methode `GetCalendarWeekStartDate` in Listing 105 entwickelt. Diese Methode ermittelt zunächst das Startdatum des Jahres (der 1.1. des übergebenen Jahres). Ausgehend von diesem Datum, das ja z.B. ein Mittwoch sein kann, wird dann das Datum des ersten Wochentags dieser Woche ermittelt. Dazu überprüft das Programm in einer Schleife, ob der Wochentag des Basisdatums dem aktuell eingestellten Wochenstart-Wochentag entspricht (der aus der Eigenschaft `CurrentCulture.DateTimeFormat.FirstDayOfWeek` der `CultureInfo`-Klasse aus dem Namensraum `System.Globalization` ausgelesen werden kann) und reduziert das Basisdatum in der

202 >> Ermitteln, mit welchem Datum eine Kalenderwoche beginnt

Schleife jeweils um einen Tag (eine einfachere Lösung habe ich nicht gefunden, da die Wochen international ja mit unterschiedlichen Tagen beginnen können).

Mit dem ermittelten Basisdatum wird dann über die Methode GetGermanCalendarWeek aus dem Rezept 63 die Kalenderwoche berechnet. Handelt es sich nicht um die Woche 1, addiert GetCalendarWeekStartDate einfach sieben Tage auf das Basisdatum, um den Wochenbeginn der ersten Kalenderwoche zu finden. Auf das so ermittelte Datum werden dann noch die Tage bis zur angegebenen Kalenderwoche addiert.

Um diese Methode kompilieren zu können, müssen Sie die Namensräume System und System.Globalization importieren.

```
/* Die Implementierung der Klasse CalendarWeek und der Methoden
 * GetCalendarWeek und GetGermanCalendarWeek aus dem vorhergehenden Rezept
 * wird aus Übersichtsgründen hier nicht dargestellt */

/* Berechnet das Startdatum einer internationalen Kalenderwoche */
public static System.DateTime GetCalendarWeekStartDate(
   int calendarWeek, int year)
{
   // Basisdatum (1.1. des angegebenen Jahres) ermitteln
   System.DateTime startDate = new System.DateTime(
      year, 1, 1);

   // Das Datum des ersten Wochentags dieser Woche ermitteln
   while (startDate.DayOfWeek !=
      CultureInfo.CurrentCulture.DateTimeFormat.FirstDayOfWeek)
      startDate = startDate.AddDays(-1);

   // Die Kalenderwoche ermitteln: Wenn es sich um die Woche 1 handelt,
   // ist dies das Basisdatum für die Berechnung, wenn nicht, müssen
   // sieben Tage aufaddiert werden
   CalendarWeek cw = GetCalendarWeek(startDate);
   if (cw.Week != 1)
      startDate = startDate.AddDays(7);

   // Das Ergebnisdatum ermitteln
   return startDate.AddDays((calendarWeek - 1) * 7);
}
```

Listing 105: Berechnen des Startdatums einer Kalenderwoche

> **Hinweis** Die Berechnung des Startdatums ist aufgrund eines unerwarteten Nebeneffekts sehr tolerant. So können Sie als Kalenderwoche auch 53 übergeben, wenn das Jahr nur 52 Wochen besitzt. GetCalendarWeekStartDate sieht diese Woche dann einfach als Woche 1 des Folgejahres an.

>> Datum und Zeit

Um die Berechnung der Kalenderwoche zu testen, habe ich (neben dem Unit-Test, der in das Beispiel-Projekt eingebunden ist) im Beispiel-Projekt die Startdaten aller Kalenderwochen der Jahre 2006 und 2007 berechnet:

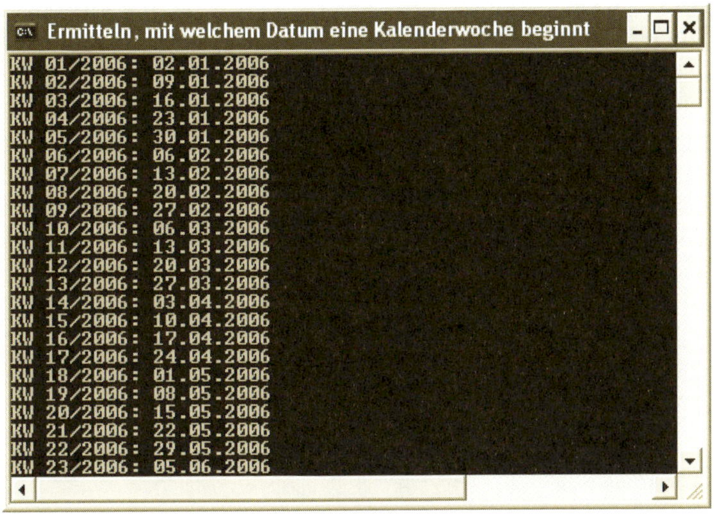

```
Ermitteln, mit welchem Datum eine Kalenderwoche beginnt
KW 01/2006: 02.01.2006
KW 02/2006: 09.01.2006
KW 03/2006: 16.01.2006
KW 04/2006: 23.01.2006
KW 05/2006: 30.01.2006
KW 06/2006: 06.02.2006
KW 07/2006: 13.02.2006
KW 08/2006: 20.02.2006
KW 09/2006: 27.02.2006
KW 10/2006: 06.03.2006
KW 11/2006: 13.03.2006
KW 12/2006: 20.03.2006
KW 13/2006: 27.03.2006
KW 14/2006: 03.04.2006
KW 15/2006: 10.04.2006
KW 16/2006: 17.04.2006
KW 17/2006: 24.04.2006
KW 18/2006: 01.05.2006
KW 19/2006: 08.05.2006
KW 20/2006: 15.05.2006
KW 21/2006: 22.05.2006
KW 22/2006: 29.05.2006
KW 23/2006: 05.06.2006
```

Abbildung 55: Die vom Testprogramm erzeugte Textdatei in einer verkürzten Fassung

```
// Startdatums-Werte für die Kalenderwochen zwischen 2006
// und 2007 berechnen
for (int year = 2006; year <= 2007; year++)
{
   for (int calendarWeek = 1; calendarWeek < 54;
      calendarWeek++)
   {
      // Das Startdatum dieser Kalenderwoche ermitteln
      // und ausgeben
      DateTime date =
         GetGermanCalendarWeekStartDate(
         calendarWeek, year);

      Console.WriteLine("KW {0:00}/{1}: {2}", calendarWeek,
         year, date.ToShortDateString());
   }
}
```

Listing 106: Testweises Berechnen der Startdatums-Werte der Kalenderwochen der Jahre 2006 und 2007

Abbildung 55 und eine stichprobenartige Überprüfung der erzeugten Daten beweisen, dass die Berechnung in Ordnung ist ☺.

65 Anzahl der Kalenderwochen eines Jahres bestimmen

Die Anzahl der Kalenderwochen eines Jahres können Sie über die Methode `GetGermanCalendarWeek` aus dem Rezept 63 ganz einfach bestimmen, indem Sie die Kalenderwoche des 31.12. des Jahres ermitteln. Handelt es sich um die Woche 1, ermitteln Sie die Kalenderwoche des Datums, das eine Woche zurückliegt. Die Methode `GetCalendarWeekCount` in Listing 107 nimmt Ihnen diese Arbeit ab. Diese Methode erfordert das Vorhandensein der Methode `GetCalendarWeek` und den Import des Namensraums `System`.

```
/* Berechnet die Anzahl der Kalenderwochen in einem Jahr */
Jahr enthält</returns>
public static int GetCalendarWeekCount(int year)
{
   // Kalenderwoche des 31.12. des Jahres ermitteln
   System.DateTime baseDate = new System.DateTime(year, 12, 31);
   CalendarWeek calendarWeek = GetCalendarWeek(baseDate);

   // Wenn dieser Tag in die Woche 1 des neuen Jahres fällt, die
   // Kalenderwoche des um eine Woche reduzierten Datums ermitteln
   if (calendarWeek.Week == 1)
      return GetCalendarWeek(baseDate.AddDays(-7)).Week;

   // Ergebnis zurückgeben
   return calendarWeek.Week;
}
```

Listing 107: Methode zur Ermittlung der Kalenderwochen-Anzahl eines Jahres

66 Systemdatum und -zeit setzen

Das Setzen des Systemdatums und der Systemzeit ist scheinbar nicht mit .NET-Klassen möglich. Die entsprechenden Eigenschaften der `DateTime`-Struktur sind schreibgeschützt und `DateTime` besitzt keine Methoden zum Schreiben der Systemdatumswerte.

Das Systemdatum und die Systemzeit können Sie aber über die API-Funktion `SetSystemTime` setzen. Diese Funktion erwartet am einzigen Argument eine Instanz der API-Struktur `SYSTEMTIME`, die einzelne Felder für die Bestandteile eines Datums besitzt. Diese Struktur füllen Sie mit den gewünschten Werten und rufen damit `SetSystemTime` auf. Dabei müssen Sie beachten, dass diese Funktion die Zeitangabe im UTC-Format (Coordinated Universal Time) erwartet. Diese Zeitangabe, die früher als *Greenwich Mean Time (GMT)* bezeichnet wurde, bezieht sich auf die aktuelle Zeit in der englischen Ortschaft Greenwich und wird als internationale Basis für Zeitangaben verwendet. Die Zeit in Deutschland besitzt im Winter einen Offset von einer und im Sommer einen Offset von zwei Stunden zu UTC. Ein Datum können Sie ganz einfach über die Methode `ToUniversalTime` eines `DateTime`-Objekts in das UTC-Format umrechnen.

>> **Datum und Zeit**

Die Methoden in Listing 111 helfen Ihnen dabei, das Systemdatum und die Systemzeit zu setzen. Zunächst habe ich die Struktur SYSTEMTIME und die API-Funktion SetSystemTime deklariert. SYSTEMTIME ist mit dem Attribut StructLayout mit dem Argument LayoutKind.Sequential versehen, damit die (.NET-)Struktur im Speicher als normale C-Struktur angelegt wird, bei der die einzelnen Elemente (anders als bei .NET) sequenziell hintereinander im Speicher positioniert werden. Die einzelnen Felder sind entsprechend der originalen Deklaration der Struktur (in *winbase.h*) als short deklariert. SetSystemTime bekommt einen Zeiger auf eine Instanz dieser Struktur übergeben, weswegen das entsprechende Argument bei der Deklaration dieser Funktion in C# mit ref deklariert werden muss.

Zum Kompilieren der im Folgenden beschriebenen Methoden müssen Sie die Namensräume System und System.Runtime.InteropServices importieren.

```
/* Struktur für das Setzen der Systemzeit */
[StructLayout(LayoutKind.Sequential)]
private struct SYSTEMTIME
{
   public short uYear;
   public short uMonth;
   public short uDayOfWeek;
   public short uDay;
   public short uHour;
   public short uMinute;
   public short uSecond;
   public short uMilliseconds;
}
```

Listing 108: Deklaration der benötigten API-Struktur und -Funktion

Dann folgt die Deklaration der benötigten API-Funktionen. Neben SetSystemTime habe ich auch FormatMessage und die für das Lesen einer Systemmeldung verwendete Konstante deklariert um Fehlermeldungen auslesen zu können:

```
[DllImport("kernel32.dll", SetLastError=true)]
static extern int SetSystemTime(ref SYSTEMTIME lpSystemTime);

[DllImport("kernel32.dll")]
private static extern int FormatMessage(int dwFlags, IntPtr lpSource,
   int dwMessageId, int dwLanguageId, System.Text.StringBuilder lpBuffer,
   int nSize, string [] Arguments);
private const int FORMAT_MESSAGE_FROM_SYSTEM = 0x1000;
```

Listing 109: Deklaration der benötigten API-Funktionen und -Konstanten

206 >> Systemdatum und -zeit setzen

Die private Methode `setSystemTime` in Listing 110 übernimmt den Aufruf der API-Funktion. Tritt beim Aufruf ein Fehler auf, liest die Methode den Fehlercode aus, ermittelt dazu über `FormatMessage` eine passende Fehlerbeschreibung und wirft eine Ausnahme. Ich habe diese Methode implementiert um die aufwändige Fehlerbehandlung nicht in jede der öffentlichen Methoden integrieren zu müssen.

```
private static void setSystemTime(SYSTEMTIME sysTime)
{
   // Systemzeit setzen
   if (SetSystemTime(ref sysTime) == 0)
   {
      // Fehler bei der Ausführung: Den letzten Windows-Fehlercode
      // auslesen, in eine Beschreibung umwandeln und damit
      // eine Ausnahme werfen
      int apiError = Marshal.GetLastWin32Error();
      StringBuilder errorMessage = new StringBuilder(1024);
      FormatMessage(FORMAT_MESSAGE_FROM_SYSTEM, (IntPtr)0, apiError,
          0, errorMessage, 1024, null);
      throw new Exception(errorMessage.ToString());
   }
}
```

Listing 110: Methode zum Setzen der Systemzeit mit Fehlerbehandlung

Die Methode `SetSystemDateTime` in Listing 111 bekommt nun ein `DateTime`-Objekt übergeben und setzt das komplette Datum inklusive der Zeit. Dabei wird das übergebene Datum zunächst in UTC umgerechnet. Dann erzeugt diese Methode eine `SYSTEMTIME`-Struktur, liest die Bestandteile des Datums über die entsprechenden Eigenschaften des `DateTime`-Objekts und schreibt diese in die Struktur. Diese Struktur wird dann an die private Methode `setSystemTime` übergeben.

Die Methode `SetSystemDate` arbeitet ähnlich, setzt aber nur den Datumsteil des Systemdatums. Der Zeitanteil wird dazu einfach aus dem aktuellen Datum ausgelesen und in die Struktur geschrieben. `SetSystemTime` setzt auf eine ähnliche Weise nur den Zeitanteil. Die übergebene Zeit wird dazu natürlich wieder in eine UTC-Zeit umgerechnet.

```
/* Setzt das Systemdatum inklusive der Zeit */
public static void SetSystemDateTime(DateTime date)
{
   // Zeit in UTC umrechnen
   date = date.ToUniversalTime();

   // SYSTEMTIME-Struktur erzeugen und initialisieren
   SYSTEMTIME sysTime = new SYSTEMTIME();
   sysTime.uYear = (short)date.Year;
```

Listing 111: Methoden zum Setzen des Systemdatums und der Systemzeit

>> Datum und Zeit

```csharp
   sysTime.uMonth = (short)date.Month;
   sysTime.uDay = (short)date.Day;
   sysTime.uHour = (short)date.Hour;
   sysTime.uMinute = (short)date.Minute;
   sysTime.uSecond = (short)date.Second;
   sysTime.uMilliseconds = (short)date.Millisecond;

   // Systemzeit über die private Methode setzen
   setSystemTime(sysTime);
}

/* Setzt das Systemdatum ohne Zeit */
public static void SetSystemDate(DateTime date)
{
   // SYSTEMTIME-Struktur erzeugen und initialisieren
   SYSTEMTIME sysTime = new SYSTEMTIME();
   sysTime.uYear = (short)date.Year;
   sysTime.uMonth = (short)date.Month;
   sysTime.uDay = (short)date.Day;
   sysTime.uHour = (short)DateTime.Now.Hour;
   sysTime.uMinute = (short)DateTime.Now.Minute;
   sysTime.uSecond = (short)DateTime.Now.Second;
   sysTime.uMilliseconds = (short)DateTime.Now.Millisecond;

   // Systemzeit über die private Methode setzen
   setSystemTime(sysTime);
}

/* Setzt die Systemzeit (ohne Datum) */
public static void SetSystemTime(DateTime date)
{
   // Zeit in UTC umrechnen
   date = date.ToUniversalTime();

   // SYSTEMTIME-Struktur erzeugen und initialisieren
   SYSTEMTIME sysTime = new SYSTEMTIME();
   sysTime.uYear = (short)DateTime.Now.Year;
   sysTime.uMonth = (short)DateTime.Now.Month;
   sysTime.uDay = (short)DateTime.Now.Day;
   sysTime.uHour = (short)date.Hour;
   sysTime.uMinute = (short)date.Minute;
   sysTime.uSecond = (short)date.Second;
   sysTime.uMilliseconds = (short)date.Millisecond;

   // Systemzeit über die private Methode setzen
   setSystemTime(sysTime);
}
```

Listing 111: Methoden zum Setzen des Systemdatums und der Systemzeit (Forts.)

Voraussetzung für die Ausführung der Methoden zum Setzen der Systemzeit ist, laut der Dokumentation der `SetSystemTime`-Funktion, dass das Benutzerkonto, unter dem die Methoden ausgeführt werden, unter Windows NT, 2000 und XP das Privileg `SE_SYSTEMTIME_NAME` besitzt. Dieses Privileg können Sie über die lokalen Sicherheitsrichtlinien in der Systemsteuerung vergeben. Dort wird das Privileg als *Ändern der Systemzeit* bezeichnet. Für den Fall, dass Sie dieses Privileg nicht jedem Benutzer der Anwendung zuordnen können, können Sie die Anwendung auch vor der Ausführung der Methoden zum Setzen der Systemzeit mit einem anderen Benutzerkonto personifizieren, wie ich es im Rezept 260 beschreibe.

67   Atomuhr-Datum inklusive Uhrzeit von einem NIST-Server abfragen

Das amerikanische Institut NIST (National Institute of Standards and Technology), das hauptsächlich Messverfahren und Standards für die amerikanische Industrie entwickelt (siehe *www.nist.gov*), betreibt einige hochgenaue Atomuhren, deren Datum und Uhrzeit in den USA als Standard gelten. Einige von NIST betriebene TCP/UDP-Server liefern das Datum dieser Uhren als UTC[16]-Zeit. Eine Liste dieser Server finden Sie an der Adresse *www.boulder.nist.gov/timefreq/service/time-servers.html*.

Diese Server implementieren u.a. das »Daytime Protocol« des W3C (RFC 867) über den Port 13 (siehe *www.boulder.nist.gov/timefreq/service/its.htm*). Dieses Protokoll sieht lediglich vor, dass ein Server auf dem Port 13 auf eine Verbindung wartet und das aktuelle Datum inklusive Uhrzeit in einer beliebigen Textform zurücksendet. Die NIST-Server verwenden dazu ein festgelegtes Format in der folgenden Form:

`JJJJJ YR-MO-DA HH:MM:SS TT L H msADV UTC(NIST) OTM`

- *JJJJJ* ist ein (für uns uninteressantes) modifiziertes Julianisches Datum,
- *YR-MO-DA* ist das normale Datum in der Form *Jahr-Monat-Tag*,
- *HH:MM:SS* ist die Zeit,
- *TT* sagt aus, ob die USA gerade die Standard- oder die Sommerzeit verwenden,
- *L* sagt mit 0 oder 1 aus, ob im aktuellen Monat am letzten Tag eine extra Sekunde hinzugefügt wird (wegen der Schaltjahres-Berechnung),
- *H* (*Health*) gibt die »Gesundheit« des Servers an. Bei einer 0 ist der Server in Ordnung und liefert die genaue Zeit, bei 1 kann es sein, dass die Zeit mit einer Ungenauigkeit von fünf Sekunden zurückgegeben wird, weil der Server stark belastet ist, bei 2 ist die Differenz schon zehn Sekunden, bei 4 ist ein schwerer Fehler aufgetreten,
- *msADV* gibt einen Offset in Millisekunden an, den der NIST-Server auf die ermittelte Zeit wegen erwarteter Netzwerk-Zeitverzögerungen aufaddiert (zurzeit 50),

---

[16]   UTC = Coordinated Universal Time. Eine UTC-Zeitangabe, die früher als *Greenwich Mean Time (GMT)* bezeichnet wurde, bezieht sich auf die aktuelle Zeit in der englischen Ortschaft Greenwich und wird als internationale Basis für Zeitangaben verwendet

- *UTC(NIST)* gibt an, dass es sich um eine UTC-Zeit von NIST handelt,
- *OTM* ist immer ein Asterisk (*), der beim Empfang verwendet werden kann, um den genauen Zeitpunkt zu bestimmen. Die Zeitangabe im String bezieht sich (mit dem Offset) immer auf den Empfang des OTM-Zeichens.

Über eine Instanz der Klasse `TcpClient` ist es nun relativ einfach, einen NIST-Server abzufragen. Listing 112 setzt dies um. Die Methode `GetNISTTime` fragt dazu gleich mehrere NIST-Server ab, um das genaue Datum auch dann zu erhalten, wenn ein Server nicht erreichbar ist oder einen Gesundheitsstatus größer 0 zurückliefert. Die Abfrage erfolgt in einer Schleife, die alle im anfänglich initialisierten Array `servers` verwalteten Server-Adressen durchgeht. Die NIST-Server, die ich in diesem Array aufgenommen habe, haben sich in meinen Tests als zuverlässig erwiesen. Die Abfrage der Server erfolgt über eine `TcpClient`-Instanz, die natürlich vor der Schleife erzeugt wird. Der Empfangs-Timeout dieser Instanz wird dabei auf eine Sekunde (1000 Millisekunden) gesetzt, damit die `Read`-Methode nicht unnötig lange auf die Daten wartet. Der standardmäßige Timeout von 0 würde ansonsten bewirken, dass `Read` ganze 20 Sekunden auf Daten wartet (das ist jedenfalls die empirisch ermittelte Standard-Einstellung auf meinem Rechner, das Defaultverhalten ist nicht dokumentiert). Leider besteht nach meinen Recherchen keine direkte Möglichkeit einen Timeout für den Verbindungsaufbau (über die `Connect`-Methode) zu definieren. `Connect` wartet bei einem unerreichbaren Host standardmäßig (nach meinen Versuchen und Informationen aus Newsgroups) zehn Sekunden.

In der Schleife versucht das Programm zunächst über die `Connect`-Methode der `TcpClient`-Instanz zum Port 13 des aktuellen Servers eine Verbindung aufzubauen. Schlägt diese fehl (was über die Ausnahmebehandlung erkannt wird), speichert `GetNISTTime` den aufgetretenen Fehler in der Stringvariable `errors`. Die Schleife macht dann beim nächsten Server weiter.

Konnte die Verbindung aufgebaut werden, referenziert `GetNISTTime` den `NetworkStream` der `TcpClient`-Instanz und überprüft (zur Sicherheit ...), ob dieser gelesen und geschrieben werden kann (was aber immer der Fall sein sollte). Da ein NIST-Server beim Daytime-Protokoll direkt nach dem Verbindungsaufbau Daten sendet, liest das Programm den Stream nach dem Verbindungsaufbau sofort aus und konvertiert die empfangenen Bytes in einen ASCII-String. Dieser String wird dann in einzelne Token (Bestandteile) zerlegt, wobei das Leerzeichen als Trennzeichen verwendet wird. Vor dem Auswerten der Token wird überprüft, ob die Anzahl in Ordnung ist: Beim Testen ist es vorgekommen, dass ein Server statt des erwarteten Zeit-Strings eine Folge von 0-Zeichen gesendet hat.

Das Token mit dem Index 5 ist dann der Health-Status. Dieser wird zunächst daraufhin überprüft, ob er den Wert »0« speichert (was ja auf die Rückgabe der genauen Zeit hinweist). Ist dies nicht der Fall, speichert `GetNISTTime` dies als Fehler in der Variablen `errors` und führt die Schleife weiter aus. Ist der Health-Status in Ordnung, werden das Datums- und das Zeit-Token in ihre Bestandteile zerlegt. Mit diesen Datums- bzw. Zeitteilen erzeugt `GetNISTTime` dann eine neue `DateTime`-Instanz und gibt diese in die lokale Zeit konvertiert zurück (womit die Schleife beendet ist). Tritt beim Lesen

210 >> Atomuhr-Datum inklusive Uhrzeit von einem NIST-Server abfragen

der Daten eine Ausnahme ein (z.B. weil der Timeout abgelaufen ist), wird die Fehlermeldung in der Variablen `errors` abgelegt. Für den Fall, dass alle Server unerreichbar sind, einen Health-Status ungleich »0« oder ungültige Daten zurückliefern oder nicht rechtzeitig Daten senden, erzeugt das Programm am Ende der Methode eine Ausnahme mit den ermittelten Fehlern als Meldung.

Die `TcpClient`-Instanz wird übrigens in der Schleife immer wieder neu erzeugt, weil die `Close`-Methode, die die Verbindung schließt, leider auch die internen Ressourcen freigibt, sodass ein zweites Öffnen einer Verbindung nicht mehr möglich ist.

Zum Kompilieren des Programms müssen Sie die Namensräume `System`, `System.Text` und `System.Net.Sockets` importieren.

```
public static System.DateTime GetNISTTime()
{
   // Variable für Fehlermeldungen
   string errors = null;

   // Array für die abzufragenden Server
   string[] servers = {"time-a.nist.gov", "time-b.nist.gov",
      "time.nist.gov", "utcnist.colorado.edu", "nist1.datum.com"};

   // Schleife, in der die Server abgefragt werden, bis das Ergebnis
   // in Ordnung ist
   for (int i = 0; i < servers.Length; i++)
   {
      TcpClient tcpClient = null;
      try
      {
         // TcpClient erzeugen und den Empfangs-Timeout auf eine Sekunde
         // setzen
         tcpClient = new TcpClient();
         tcpClient.ReceiveTimeout = 1000;

         // Versuch zum aktuellen Server eine Verbindung aufzubauen
         tcpClient.Connect(servers[i], 13);

         // Den NetworkStream referenzieren
         NetworkStream networkStream = tcpClient.GetStream();

         string result = null;
         if (networkStream.CanWrite && networkStream.CanRead)
         {
            // Das Ergebnis empfangen und in ASCII konvertieren
            byte[] bytes = new byte[tcpClient.ReceiveBufferSize];
            try
            {
```

Listing 112: Methode zur Ermittlung des offiziellen Datums von NIST-Servern

```
            networkStream.Read(bytes, 0,
                (int) tcpClient.ReceiveBufferSize);
            result = Encoding.ASCII.GetString(bytes);
        }
        catch (Exception ex)
        {
            // Fehler dokumentieren
            if (errors != null) errors += "\r\n";
            errors += "Fehler bei der Abfrage von '" + servers[i] +
                "': " + ex.Message;
        }
    }

    if (result != null)
    {
        // Das Ergebnis, das die Form JJJJJ YR-MO-DA HH:MM:SS TT L H
        // msADV UTC(NIST) OTM besitzt, in einzelne Token aufsplitten
        string[] token = result.Split(' ');

        // Anzahl der Token überprüfen
        if (token.Length >= 6)
        {
            // Den Health-Status auslesen und überprüfen
            string health = token[5];
            if (health == "0")
            {
                // Alles ok:  Datums- und Zeitangaben auslesen
                string[] dates = token[1].Split('-');
                string[] times = token[2].Split(':');

                // DateTime-Instanz mit diesen Daten erzeugen
                System.DateTime utcDate =
                    new System.DateTime(Int32.Parse(dates[0]) + 2000,
                    Int32.Parse(dates[1]), Int32.Parse(dates[2]),
                    Int32.Parse(times[0]), Int32.Parse(times[1]),
                    Int32.Parse(times[2]));

                // Lokale Zeit berechnen und zurückgeben
                return TimeZone.CurrentTimeZone.ToLocalTime(utcDate);
            }
            else
            {
                // Fehler dokumentieren
                if (errors != null) errors += "\r\n";
                errors += "Fehler bei der Abfrage von '" + servers[i] +
                    "': Der Health-Status ist " + health;
            }
```

Listing 112: Methode zur Ermittlung des offiziellen Datums von NIST-Servern (Forts.)

212 >> Atomuhr-Datum inklusive Uhrzeit von einem NIST-Server abfragen

```
            }
            else
            {
               // Fehler dokumentieren
               if (errors != null) errors += "\r\n";
               errors += "Fehler bei der Abfrage von '" + servers[i] +
                  ": Die Anzahl der Token ist kleiner als 6";
            }
         }
      }
      catch (Exception ex)
      {
         // Fehler dokumentieren
         if (errors != null) errors += "\r\n";
         errors += "Fehler bei der Abfrage von '" +
            servers[i] + ": " + ex.Message;
      }
      finally
      {
         try
         {
            // TcpClient schließen
            tcpClient.Close();
         }
         catch {}
      }
   }

   // Wenn die Methode hier ankommt, sind bei allen Abfragen
   // Fehler aufgetreten, also eine Ausnahme werfen
   throw new Exception(errors);
}
```

Listing 112: Methode zur Ermittlung des offiziellen Datums von NIST-Servern (Forts.)

Die Methode erfordert, dass eine Internetverbindung besteht und dass eine eventuelle Firewall die Anforderung des Programms zulässt.

Das Beispiel in Listing 113 liest das offizielle Datum ein und setzt damit das Systemdatum. Zum Setzen des Systemdatums wird die Methode `SetSystemDateTime` aus dem Rezept 66 eingesetzt.

```
Console.WriteLine("Hole das offizielle Datum von einem NIST-Server ...");
try
{
   // NIST-Server abfragen
```

Listing 113: Setzen des Systemdatums auf das von einem NIST-Server abgefragte offizielle Datum

>> **Datum und Zeit**

```
    DateTime officialDate = GetNISTTime();

    // Systemdatum setzen
    SetSystemDateTime(officialDate);

    Console.WriteLine("Systemdatum auf den " +
        officialDate.ToString() + " gesetzt");
}
catch (Exception ex)
{
    Console.WriteLine("Fehler beim Lesen oder " +
        "Setzen des Systemdatums: {0}", ex.Message);
}
```

Listing 113: Setzen des Systemdatums auf das von einem NIST-Server abgefragte offizielle Datum (Forts.)

Abbildung 56: Das Programm hat das Systemdatum auf das offizielle Datum gesetzt (und ich habe endlich einmal die genaue Zeit ...)

68 Datum normalisieren

Viele Anwender wollen die Möglichkeit haben, ein Datum in der Form *ddmmyy*, *ddmmyyyy* oder auch nur als *ddmm* einzugeben (z.B. *31122003* für den 31.12.2003 oder *3112* für den 31.12. des aktuellen Jahres). Die Parse-Methode der DateTime-Struktur erwartet ein Datum aber im aktuellen Systemformat oder im Format des am zweiten Argument übergebenen Objekts, das die IFormatProvider-Schnittstelle implementiert (normalerweise ist das ein CultureInfo-Objekt).

Die Methode NormalizeDate in Listing 114 ermöglicht die Eingabe von Datumswerten in typischen (Anwender-)Formaten und wandelt den übergebenen Datums-String in ein DateTime-Objekt um. Die folgenden Formate werden unterstützt:

▶ das normale Systemformat,
▶ *mm.dd*[.],
▶ *mm*[.],
▶ *ddmmyy*[y][y],
▶ *ddmm* und
▶ *d*[*d*].

>> Datum normalisieren

Unvollständige Eingaben werden automatisch um das aktuelle Jahr bzw. das Jahr und den aktuellen Monat ergänzt. Aus *3112* wird im Jahr 2010 z.B. das Datum *31.12.2010*.

NormalizeDate entfernt zunächst eventuelle (störende) Whitespace-Zeichen am Anfang und am Ende des Datums-Strings und versucht dann, das Datum direkt zu konvertieren (falls es im Systemformat eingegeben wurde). Der Parse-Methode der DateTime-Struktur wird am zweiten Argument kein Format-Provider übergeben, damit die aktuell eingestellte Kultur verwendet wird.

Schlägt diese Konvertierung fehl, versucht NormalizeDate aus dem eingegebenen Datums-String einen gültigen Datums-String zu erzeugen. Bei der Abfrage der Datumsteile wird zwar das aktuelle System-Datumstrennzeichen berücksichtigt (damit eine Eingabe prinzipiell z.B. auch auf einem englischen Rechner ausgewertet werden kann), der neue Datums-String wird aber explizit im deutschen Format zusammengesetzt. Bei der Konvertierung am Ende der Methode übergibt das Programm dann auch am zweiten Argument der Parse-Methode ein neues CultureInfo-Objekt für die deutsche Kultur. So ist sichergestellt, dass der Datums-String auch auf Rechnern oder in Programmen konvertiert werden kann, die einer anderen Kultur zugeordnet sind.

NormalizeDate erreicht damit eine gewisse Globalisierung. Wenn das Datum allerdings nicht im Systemformat eingegeben wird, erwartet NormalizeDate die oben beschriebenen eher deutschen Eingabeformate (bei denen der Tag am Anfang und der Monat an zweiter Stelle steht). Ich habe versucht, eine Variante dieser Methode zu entwickeln, die die unterschiedlichen Kulturen berücksichtigt, sodass auf einem englischen Rechner das Datum z.B. auch im Format *mmddyyyy* eingegeben werden kann. Diese Variante wurde aber noch vor der Fertigstellung aufgrund der vielen verschiedenen Möglichkeiten viel zu komplex, sodass ich sie verworfen habe (damit noch Zeit fürs Snowboarden übrig blieb ☺).

NormalizeDate erfordert den Import des Namensraums System.

```
public static DateTime NormalizeDate(string dateString)
{
   // Whitespaces entfernen
   dateString = dateString.Trim();

   // Versuch das Datum direkt zu konvertieren
   try
   {
      return DateTime.Parse(dateString);
   }
   catch {}

   // Das aktuelle Datumstrennzeichen ermitteln
   string dateSeparator =
      CultureInfo.CurrentCulture.DateTimeFormat.DateSeparator;
```

Listing 114: Methode zur Normalisierung eines Datums

```csharp
if (dateString.IndexOf(dateSeparator) == -1)
{
   // Wenn kein Punkt vorkommt: Versuch ein Datum im Format
   // ddmmyy[yy], ddmm oder d[d] zu erkennen
   if (dateString.Length >= 6 && dateString.Length <= 8)
   {
      // ddmmyy, ddmmyyy oder ddmmyyyy
      dateString = dateString.Substring(0, 2) + "." +
         dateString.Substring(2, 2) + "." +
         dateString.Substring(4, dateString.Length - 4);
   }
   else if (dateString.Length == 4)
   {
      // ddmm
      dateString = dateString.Substring(0, 2) + "." +
         dateString.Substring(2, 2) + "." + DateTime.Now.Year;
   }
   else if (dateString.Length <= 2)
   {
      // d oder dd
      if (dateString.Length == 1)
         dateString = "0" + dateString;
      dateString = dateString.Substring(0, 2) + "." +
         DateTime.Now.Month + "." + DateTime.Now.Year;
   }
}
else
{
   // Eingabe des Datums mit Punkten in der Form dd.mm oder
   // dd. Zunächst einen eventuellen rechten Punkt entfernen
   while (dateString.EndsWith(dateSeparator))
      dateString = dateString.Substring(0, dateString.Length - 1);

   // Ein im Format dd oder dd.mm angegebenes Datum um den
   // aktuellen Monat und das aktuelle Jahr ergänzen
   if (dateString.Length <= 2)
   {
      // dd.
      dateString = dateString + "." + DateTime.Now.Month + "." +
         DateTime.Now.Year;
   }
   else
   {
      // dd.mm[.]
      dateString = dateString + "." + DateTime.Now.Year;
   }
}
```

Listing 114: Methode zur Normalisierung eines Datums (Forts.)

216 >> Datum normalisieren

```
   // Versuch das ermittelte deutsche Datum zu konvertieren
   return DateTime.Parse(dateString,
      CultureInfo.CreateSpecificCulture("de"));
}
```

Listing 114: Methode zur Normalisierung eines Datums (Forts.)

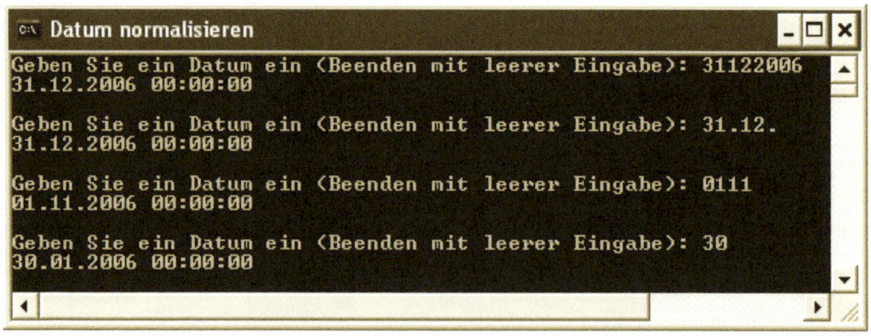

```
Datum normalisieren                                    _ □ ×
Geben Sie ein Datum ein (Beenden mit leerer Eingabe): 31122006
31.12.2006 00:00:00

Geben Sie ein Datum ein (Beenden mit leerer Eingabe): 31.12.
31.12.2006 00:00:00

Geben Sie ein Datum ein (Beenden mit leerer Eingabe): 0111
01.11.2006 00:00:00

Geben Sie ein Datum ein (Beenden mit leerer Eingabe): 30
30.01.2006 00:00:00
```

Abbildung 57: Das Testprogramm für die NormalizeDate-Methode

Listing 115 zeigt ein kleines Testprogramm für die `NormalizeDate`-Methode, bei dem der Anwender in einer Schleife ein Datum mehrfach eingeben kann.

```csharp
string dateString = null;
do
{
   // Den Anwender einen Datums-String eingeben lassen
   Console.Write("Geben Sie ein Datum ein (Beenden mit leerer Eingabe): ");
   dateString = Console.ReadLine();

   if (dateString != "")
   {
      try
      {
         // Das Datum normalisieren
         DateTime date = NormalizeDate(dateString);

         // Das normalisierte Datum ausgeben
         Console.WriteLine(date.ToString());
         Console.WriteLine();
      }
      catch (Exception ex)
      {
         Console.WriteLine(ex.Message);
```

Listing 115: Testprogramm für die NormalizeDate-Methode

```
      }
   }
} while (dateString != "");
```

Listing 115: Testprogramm für die NormalizeDate-Methode (Forts.)

69 Deutsche Feiertage und andere besondere Tage berechnen

Das .NET Framework bietet keine Möglichkeiten, die deutschen Feiertage und die besonderen Tage (wie z.B. Rosenmontag) zu berechnen. Wenn Sie diese (z.B. für ein eigenes Kalender-Steuerelement) ermitteln wollen, müssen Sie selbst programmieren.

Einige Feiertage sind fest definiert:

- 1. Januar: Neujahr
- 6. Januar: Heilige drei Könige (nur Baden-Württemberg, Bayern und Sachsen-Anhalt)
- 1. Mai: Maifeiertag (Tag der Arbeit),
- 15. August: Maria Himmelfahrt (nur Saarland, Bayern und Gemeinden mit überwiegend katholischer Bevölkerung),
- 3. Oktober: Tag der deutschen Einheit,
- 31. Oktober: Reformationstag (nur Brandenburg, Mecklenburg-Vorpommern, Sachsen, Sachsen-Anhalt und Thüringen),
- 1. November: Allerheiligen (nur Baden-Württemberg, Bayern, Nordrhein-Westfalen, Rheinland-Pfalz und Saarland),
- 25. Dezember: Erster Weihnachtsfeiertag,
- 26. Dezember: Zweiter Weihnachtsfeiertag.

Hinzu kommen einige besondere Tage, die keine Feiertage sind:

- Heiliger Abend: 24. Dezember,
- Valentinstag: 14. Februar.

Einige der beweglichen Feiertage beziehen sich auf den Ostersonntag:

- Karfreitag: – 2 Tage
- Ostersonntag: +/- 0 Tage,
- Ostermontag: + 1 Tag,
- Christi Himmelfahrt: + 39 Tage,
- Pfingstsonntag: + 49 Tage,
- Pfingstmontag: + 50 Tage,

- Fronleichnam: + 60 Tage (Baden-Württemberg, Bayern, Hessen, Nordrhein-Westfalen, Rheinland-Pfalz, Saarland, Sachsen, Thüringen, außerdem Gemeinden mit überwiegend katholischer Bevölkerung).

Daneben existieren noch bewegliche, auf Ostern bezogene besondere Tage, die keine Feiertage sind:

- Aschermittwoch: – 46 Tage,
- Rosenmontag: – 48 Tage,
- Gründonnerstag: – 3 Tage.

Andere bewegliche Feiertage beziehen sich auf Weihnachten:

- 4. Advent: der Sonntag vor dem 25. Dezember,
- 1. bis 3. Advent: die jeweils vorigen Sonntage,
- Totensonntag: der Sonntag vor dem 1. Advent,
- Buß- & Bettag: der Mittwoch vor dem Totensonntag (nur Sachsen).

Das einzige Problem ist also die Berechnung des Datums für den Ostersonntag. Per Definition ist Ostern auf der nördlichen Halbkugel der Sonntag nach dem ersten Vollmond nach der Tag- und Nachtgleiche. Der Mathematiker Carl Friedrich Gauß hat dazu als Erster recht komplexe Formeln entwickelt. Leider arbeiten diese nicht korrekt, sodass für einige Jahre nachkorrigiert werden muss. Im Internet finden Sie eine Vielzahl weiterer Algorithmen zur Berechnung des Ostersonntags.

Ich habe den Algorithmus zur Oster-Berechnung natürlich nicht selbst entwickelt (ich bin kein Mathematiker ☺), sondern im Internet recherchiert. Der Algorithmus von Ronald W. Mallen soll nach Informationen aus dem Internet der definitive Algorithmus sein, der die Ostersonntage für den gregorianischen Kalender und die Jahre 1583 bis 4099 korrekt berechnet (vgl. *www.assa.org.au/bulletin/bennecma.pdf*). Sie finden diesen Algorithmus an der Adresse *www.assa.org.au/edm.html*. Ich habe ihn unverändert in der Methode `GetEasterSundayDate` nach C# übersetzt. Ronald W. Mallen hat die Veröffentlichung in dieser Übersetzung netterweise erlaubt. Für den Fall, dass ein ungültiges Jahr übergeben wird, generiert `GetEasterSundayDate` eine Ausnahme.

Zum Kompilieren der im Folgenden beschriebenen Methoden müssen Sie die Namensräume `System` und `System.Collections.Generic` importieren.

```
/* Methode zur Berechnung des Datums des Ostersonntags.
 * Nach dem Original von Ronald W. Mallen (www.assa.org.au/edm.html) */
public static DateTime GetEasterSundayDate(int year)
{
    // Überprüfen, ob das Jahr für die Osterberechnung gültig ist
    if (year < 1583 || year > 4099)
    {
        throw new Exception("Das Jahr muss zwischen 1583 " +
```

Listing 116: Methode zur Berechnung des Datums des Ostersonntags

>> Datum und Zeit

```
        "und 4099 liegen");
}

int firstDigits, remaining19, temp; // Zwischenergebnisse
int tA, tB, tC, tD, tE; // Tabellenergebnisse A bis E

firstDigits = year / 100; // die ersten zwei Ziffern
remaining19 = year % 19; // Rest von year / 19

// PFM-Datum berechnen
temp = (firstDigits - 15) / 2 + 202 - 11 * remaining19;

switch (firstDigits)
{
   case 21:
   case 24:
   case 25:
   case 27:
   case 28:
   case 29:
   case 30:
   case 31:
   case 32:
   case 34:
   case 35:
   case 38:
      temp -= 1;
      break;
   case 33:
   case 36:
   case 37:
   case 39:
   case 40:
      temp -= 2;
      break;
}

temp = temp % 30;

tA = temp + 21;
if (temp == 29)
{
   tA = tA - 1;
}
if (temp == 28 && remaining19 > 10)
{
   tA = tA - 1;
```

Listing 116: Methode zur Berechnung des Datums des Ostersonntags (Forts.)

```
}

// Nächsten Sonntag ermitteln
tB = (tA - 19) % 7;

tC = (40 - firstDigits) % 4;
if (tC == 3)
{
   tC = tC + 1;
}
if (tC > 1)
{
   tC = tC + 1;
}

temp = year % 100;
tD = (temp + temp / 4) % 7;

tE = ((20 - tB - tC - tD) % 7) + 1;

// Das Datum ermitteln und zurückgeben
int day = tA + tE;
int month = 0;

if (day > 31)
{
   day -= 31;
   month = 4;
}
else
{
   month = 3;
}

return new DateTime(year, month, day);
}
```

Listing 116: Methode zur Berechnung des Datums des Ostersonntags (Forts.)

> **Hinweis**
> Zur Absicherung meiner Übersetzung habe ich die auf der Seite *www.assa.org.au/edm.html* angegebenen Datumswerte für die Ostersonntage der Jahre 1700 bis 2299 in eine XML-Datei geschrieben und diese in einem Unit-Test mit den selbst berechneten Datumswerten für die Ostersonntage dieser Jahre verglichen.

Die deutschen speziellen Tage lassen sich nun auf der Basis des Osterdatums recht einfach berechnen. Die Methode `GetGermanSpecialDays` in Listing 120 macht genau das. Ich habe diese Methode so entwickelt, dass sie möglichst flexibel einsetzbar ist.

GetGermanSpecialDays gibt deswegen ein spezielles Dictionary (Listing 119) zurück, das Instanzen der Klasse GermanSpecialDay (Listing 117) verwaltet. Über dieses Dictionary ist ein Durchgehen der besonderen Tage, aber auch ein gezieltes Zugreifen möglich. Zum Zugriff über den Indizierer habe ich eine Aufzählung erzeugt, die die deutschen Spezialtage als Konstante verwaltet (Listing 118). Das Ganze ist leider (bzw. zwangsläufig) ein wenig komplex ☺.

Zunächst folgt also die Klasse GermanSpecialDay, deren Instanzen einen besonderen Tag verwalten. Die Eigenschaften machen eine Aussage über den Namen des Tags, das Datum, darüber, ob der Tag deutschlandweit gilt und ob es sich um einen Feiertag handelt. Im Konstruktor werden zur späteren Vereinfachung alle Eigenschaftswerte übergeben. GermanSpecialDay implementiert zusätzlich die CompareTo-Methode der generischen IComparable-Schnittstelle. Diese Methode vergleicht die Datumsanteile der Objekte und ermöglicht ein Sortieren einer Liste dieser Objekte, z.B. über die Sort-Methode der Array-Klasse, wenn die Instanzen über ein Array verwaltet werden (was ich im Beispielprogramm in Listing 121 nutze):

```
public class GermanSpecialDay : IComparable<GermanSpecialDay>
{
    /* Der Schlüssel des speziellen Tags */
    public GermanSpecialDayKey Key;

    /* Der Name des speziellen Tags */
    public string Name;

    /* Das Datum des speziellen Tags */
    public DateTime Date;

    /* Gibt an, ob der spezielle Tag bundesweit gilt */
    public bool IsNationwide;

    /* Gibt an, ob es sich bei dem speziellen Tag */
    /* um einen Feiertag handelt */
    public bool IsHoliday;

    /* Konstruktor */
    public GermanSpecialDay(GermanSpecialDayKey key, string name,
        DateTime date, bool isNationwide, bool isHoliday)
    {
        this.Key = key;
        this.Name = name;
        this.Date = date;
        this.IsNationwide = isNationwide;
        this.IsHoliday = isHoliday;
    }
```

Listing 117: Klasse für einen speziellen Tag

```
    /* Vergleicht ein GermanSpecialDay-Objekt mit dem aktuellen */
    public int CompareTo(GermanSpecialDay otherSpecialDay)
    {
        return this.Date.CompareTo(otherSpecialDay.Date);
    }
}
```

Listing 117: Klasse für einen speziellen Tag (Forts.)

Die Aufzählung GermanSpecialDayKey beinhaltet Konstanten für die deutschen Spezialtage. Die Werte dieser Aufzählung werden später als Schlüssel der Auflistung verwendet:

```
public enum GermanSpecialDayKey
{
    Neujahr,
    HeiligeDreiKönige,
    Valentinstag,
    Maifeiertag,
    MariaHimmelfahrt,
    TagDerDeutschenEinheit,
    Reformationstag,
    Allerheiligen,
    HeiligerAbend,
    ErsterWeihnachtstag,
    ZweiterWeihnachtstag,
    Rosenmontag,
    Aschermittwoch,
    Gründonnerstag,
    Karfreitag,
    Ostersonntag,
    Ostermontag,
    ChristiHimmelfahrt,
    Pfingstsonntag,
    Pfingstmontag,
    Fronleichnam,
    ErsterAdvent,
    ZweiterAdvent,
    DritterAdvent,
    VierterAdvent,
    Totensonntag,
    BußUndBettag
}
```

Listing 118: Aufzählung für die besonderen Tage

Die Klasse GermanSpecialDays implementiert ein auf GermanSpecialDay-Objekte spezialisiertes Dictionary-Objekt und wird deswegen von der generischen Dictionary-Klasse (aus dem Namensraum System.Collections.Generic) abgeleitet. GermanSpecialDays implementiert neben einer Eigenschaft, die das Jahr verwaltet, eine spezialisierte Add-Methode, der alle Daten eines besonderen Tages übergeben werden. Add hängt ein mit diesen Daten neu erzeugtes GermanSpecialDay-Objekt an die von Dictionary geerbte Auflistung an.

```
public class GermanSpecialDays : Dictionary<GermanSpecialDayKey,
   GermanSpecialDay>
{
   private int year;
   /* Gibt das Jahr zurück, für das diese speziellen Tage gelten */
   public int Year
   {
      get { return this.year; }
   }

   /* Konstruktor */
   internal GermanSpecialDays(int year)
   {
      this.year = year;
   }

   /* Fügt der Auflistung ein neues GermanSpecialDay-Objekt hinzu */
   internal void Add(GermanSpecialDayKey key, string name, DateTime
      date, bool nationWide, bool holiday)
   {
      base.Add(key, new GermanSpecialDay(key, name, date,
         nationWide, holiday));
   }
}
```

Listing 119: Dictionary für die besonderen Tage

Die Methode GetGermanSpecialDays ermittelt schließlich die deutschen Spezialtage in einer GermanSpecialDays-Instanz. Die Berechnung erfolgt nach dem anfangs dieses Rezepts beschriebenen Schema, weswegen ich auf eine weitere Beschreibung verzichte. Die Kommentare im Quellcode sagen alles Wichtige aus:

```
public static GermanSpecialDays GetGermanSpecialDays(int year)
{
   // GermanSpecialDays-Instanz erzeugen
   GermanSpecialDays gsd = new GermanSpecialDays(year);

   // Die festen besonderen Tage eintragen
   gsd.Add(GermanSpecialDayKey.Neujahr, "Neujahr", new DateTime(year, 1, 1),
      true, true);
```

Listing 120: Methode zur Berechnung der besonderen Tage in Deutschland

```csharp
gsd.Add(GermanSpecialDayKey.HeiligeDreiKönige,
    "Heilige Drei Könige", new DateTime(year, 1, 6), false, true);
gsd.Add(GermanSpecialDayKey.Valentinstag, "Valentinstag", new
    DateTime(year, 2, 14), true, false);
gsd.Add(GermanSpecialDayKey.Maifeiertag, "Maifeiertag", new DateTime
    (year, 5, 1), true, true);
gsd.Add(GermanSpecialDayKey.MariaHimmelfahrt, "Maria Himmelfahrt",
    new DateTime(year, 8, 15), false, true);
gsd.Add(GermanSpecialDayKey.TagDerDeutschenEinheit,
    "Tag der Deutschen Einheit", new DateTime(year, 10, 3), true, true);
gsd.Add(GermanSpecialDayKey.Reformationstag, "Reformationstag", new
    DateTime(year, 10, 31), false, true);
gsd.Add(GermanSpecialDayKey.Allerheiligen, "Allerheiligen", new
    DateTime(year, 11, 1), false, true);
gsd.Add(GermanSpecialDayKey.HeiligerAbend, "Heiliger Abend", new
    DateTime(year, 12, 24), true, true);
gsd.Add(GermanSpecialDayKey.ErsterWeihnachtstag,
    "Erster Weihnachtstag", new DateTime(year, 12, 25), true, true);
gsd.Add(GermanSpecialDayKey.ZweiterWeihnachtstag,
    "Zweiter Weihnachtstag", new DateTime(year, 12, 26), true, true);

// Datum des Ostersonntag berechnen
DateTime easterSunday = GetEasterSundayDate(year);

// Die beweglichen besonderen Tage ermitteln, die sich auf Ostern beziehen
gsd.Add(GermanSpecialDayKey.Rosenmontag, "Rosenmontag",
    easterSunday.AddDays(-48), true, false);
gsd.Add(GermanSpecialDayKey.Aschermittwoch, "Aschermittwoch",
    easterSunday.AddDays(-46), true, false);
gsd.Add(GermanSpecialDayKey.Gründonnerstag, "Gründonnerstag",
    easterSunday.AddDays(-3), true, false);
gsd.Add(GermanSpecialDayKey.Karfreitag, "Karfreitag",
    easterSunday.AddDays(-2), true, true);
gsd.Add(GermanSpecialDayKey.Ostermontag, "Ostermontag",
    easterSunday.AddDays(1), true, true);
gsd.Add(GermanSpecialDayKey.Ostersonntag, "Ostersonntag",
    easterSunday, true, true);
gsd.Add(GermanSpecialDayKey.ChristiHimmelfahrt,
    "Christi Himmelfahrt", easterSunday.AddDays(39), true, true);
gsd.Add(GermanSpecialDayKey.Pfingstsonntag, "Pfingstsonntag",
    easterSunday.AddDays(49), true, true);
gsd.Add(GermanSpecialDayKey.Pfingstmontag, "Pfingstmontag",
    easterSunday.AddDays(50), true, true);
gsd.Add(GermanSpecialDayKey.Fronleichnam, "Fronleichnam",
    easterSunday.AddDays(60), false, true);

// Die beweglichen besonderen Tage ermitteln, die sich auf Weihnachten
```

Listing 120: Methode zur Berechnung der besonderen Tage in Deutschland (Forts.)

Datum und Zeit

```csharp
   // beziehen
   // Sonntag vor dem 25. Dezember (4. Advent) ermitteln
   DateTime firstXMasDay = new DateTime(year, 12, 25);
   DateTime fourthAdvent;
   int weekday = (int)firstXMasDay.DayOfWeek;
   if (weekday == 0)
   {
      // Sonntag
      fourthAdvent = firstXMasDay.AddDays(-7);
   }
   else
   {
      fourthAdvent = firstXMasDay.AddDays(-weekday);
   }
   gsd.Add(GermanSpecialDayKey.VierterAdvent, "Vierter Advent",
      fourthAdvent, true, false);
   gsd.Add(GermanSpecialDayKey.DritterAdvent, "Dritter Advent",
      fourthAdvent.AddDays(-7), true, false);
   gsd.Add(GermanSpecialDayKey.ZweiterAdvent, "Zweiter Advent",
      fourthAdvent.AddDays(-14), true, false);
   gsd.Add(GermanSpecialDayKey.ErsterAdvent, "Erster Advent",
      fourthAdvent.AddDays(-21), true, false);

   // Totensonntag ermitteln
   DateTime deadSunday = fourthAdvent.AddDays(-28);
   gsd.Add(GermanSpecialDayKey.Totensonntag, "Totensonntag", deadSunday,
      true, false);

   // Den Mittwoch vor dem Totensonntag ermitteln
   weekday = (int)deadSunday.DayOfWeek;
   if (weekday < 4)
   {
      // Sonntag bis Mittwoch
      gsd.Add(GermanSpecialDayKey.BußUndBettag, "Buß- und Bettag",
         deadSunday.AddDays(-(weekday + 4)), false, true);
   }
   else
   {
      // Donnerstag bis Samstag
      gsd.Add(GermanSpecialDayKey.BußUndBettag, "Buß- und Bettag",
         deadSunday.AddDays(-(weekday - 3)), false, true);
   }

   // Das Ergebnis zurückgeben
   return gsd;
}
```

Listing 120: Methode zur Berechnung der besonderen Tage in Deutschland (Forts.)

Deutsche Feiertage und andere besondere Tage berechnen

Listing 121 zeigt eine beispielhafte Anwendung der `GetGermanSpecialDays`-Methode. Berechnet werden die besonderen Tage des aktuellen Jahres. Das Programm liest zuerst gezielt die Daten des Ostersonntags aus. Danach gibt das Programm die ermittelten Daten der Tage für die vier Bereiche aus (bundesweite Feiertage, lokale Feiertage etc.). Da die Ausgabe sortiert erfolgen soll (bei `Hashtable`-ähnlichen Auflistungen sind die Daten immer unsortiert und entsprechen auch nicht der Reihenfolge des Hinzufügens), erzeugt das Programm ein einfaches Array mit der Anzahl der ermittelten Feiertage, kopiert über die `CopyTo`-Methode der `Values`-Auflistung die Werte der ermittelten `GermanSpecialDays`-Instanz in dieses Array und sortiert das Array über `Array.Sort`, bevor dieses in einer Schleife durchlaufen wird. Das Sortieren erfolgt nach dem Datum, da die im Array verwalteten `GermanSpecialDay`-Objekte die `CompareTo`-Methode der `IComparable`-Schnittstelle implementieren und diese die Datumswerte vergleicht.

Das Programm erfordert den Import des Namensraums `System.Collections`.

```
// Feiertage des aktuellen Jahrs berechnen
GermanSpecialDays gsd = GetGermanSpecialDays(DateTime.Now.Year);

// Ostersonntag ermitteln
GermanSpecialDay easterSunday = gsd[GermanSpecialDayKey.Ostersonntag];
Console.WriteLine(easterSunday.Name);
Console.WriteLine(easterSunday.Date.ToShortDateString());
Console.WriteLine();

// Die speziellen Tage zur Sortierung in ein Array
// schreiben und sortieren
GermanSpecialDay[] outputArray = new GermanSpecialDay[gsd.Count];
gsd.Values.CopyTo(outputArray, 0);
Array.Sort(outputArray, 0, outputArray.Length);

// Die bundesweiten Feiertage ausgeben
Console.WriteLine("Bundesweite Feiertage\r\n");
for (int i = 0; i < outputArray.Length; i++)
{
   if (outputArray[i].IsHoliday && outputArray[i].IsNationwide)
   {
      Console.WriteLine(outputArray[i].Name);
      Console.WriteLine(outputArray[i].Date.ToShortDateString());
      Console.WriteLine();
   }
}

// Die lokalen Feiertage ausgeben
Console.WriteLine("Lokale Feiertage\r\n");
for (int i = 0; i < outputArray.Length; i++)
{
```

Listing 121: Beispielanwendung der GetGermanSpecialDays-Methode

```
   if (outputArray[i].IsHoliday && outputArray[i].IsNationwide == false)
   {
      Console.WriteLine(outputArray[i].Name);
      Console.WriteLine(outputArray[i].Date.ToShortDateString());
      Console.WriteLine();
   }
}

// Die bundesweiten Spezialtage ausgeben
Console.WriteLine("Bundesweite Spezialtage\r\n");
for (int i = 0; i < outputArray.Length; i++)
{
   if (outputArray[i].IsHoliday == false && outputArray[i].IsNationwide)
   {
      Console.WriteLine(outputArray[i].Name);
      Console.WriteLine(outputArray[i].Date.ToShortDateString());
      Console.WriteLine();
   }
}

// Die lokalen Spezialtage ausgeben
Console.WriteLine("Lokale Spezialtage\r\n");
for (int i = 0; i < outputArray.Length; i++)
{
   if (outputArray[i].IsHoliday == false &&
      outputArray[i].IsNationwide == false)
   {
      Console.WriteLine(outputArray[i].Name);
      Console.WriteLine(outputArray[i].Date.ToShortDateString());
      Console.WriteLine();
   }
}
```

Listing 121: Beispielanwendung der GetGermanSpecialDays-Methode (Forts.)

Zum weiteren Testen der GetGermanSpecialDays-Methode habe ich die besonderen Tage der Jahre 2002 bis 2010 berechnet und mit den offiziellen Datumswerten verglichen. Was mich erstaunte, war die Tatsache, dass bereits die erste Version fehlerfrei war ☺.

Abbildung 58 zeigt die Ausgabe dieses Programms für das Jahr 2006.

> **Hinweis**
> In Rezept 239 zeige ich, wie Sie die berechneten Feiertage im MonthCalendar-Steuerelement darstellen.

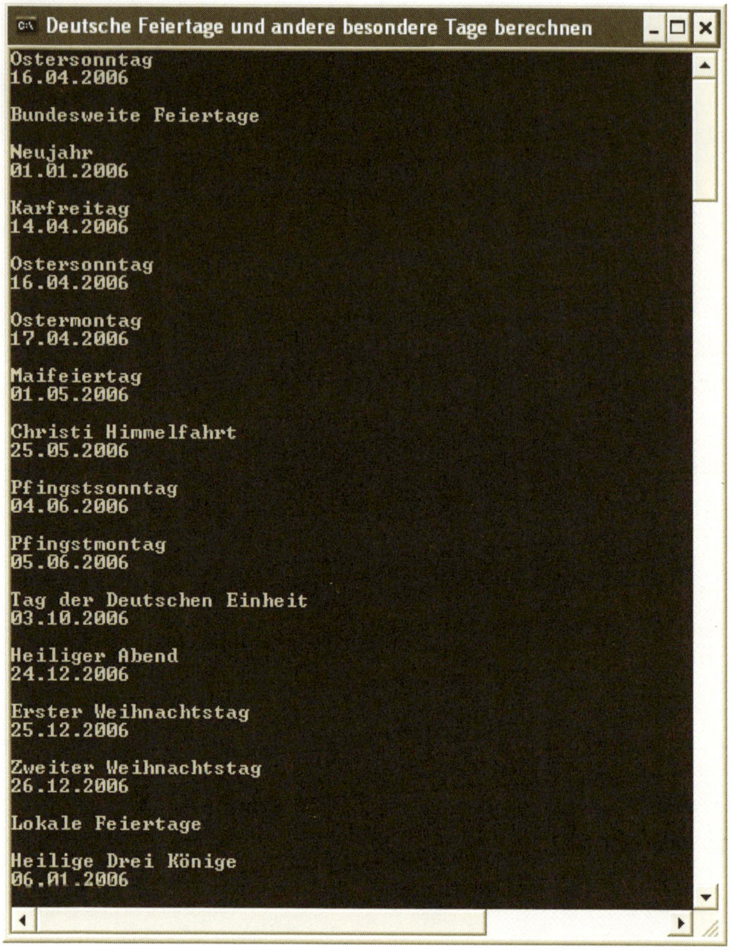

```
Deutsche Feiertage und andere besondere Tage berechnen
Ostersonntag
16.04.2006

Bundesweite Feiertage

Neujahr
01.01.2006

Karfreitag
14.04.2006

Ostersonntag
16.04.2006

Ostermontag
17.04.2006

Maifeiertag
01.05.2006

Christi Himmelfahrt
25.05.2006

Pfingstsonntag
04.06.2006

Pfingstmontag
05.06.2006

Tag der Deutschen Einheit
03.10.2006

Heiliger Abend
24.12.2006

Erster Weihnachtstag
25.12.2006

Zweiter Weihnachtstag
26.12.2006

Lokale Feiertage

Heilige Drei Könige
06.01.2006
```

Abbildung 58: Berechnung der Feiertage und der besonderen Tage für das Jahr 2006

70   Ermitteln, ob ein bestimmter Tag ein Feiertag ist

Basierend auf der Methode `GetGermanSpecialDays` aus dem Rezept 69 können Sie recht einfach ermitteln, ob ein bestimmter Tag ein Feiertag ist. Die Methode `IsGermanHoliday` in Listing 122 erzeugt dazu eine Auflistung der besonderen Tage des Jahres des abgefragten Datums und geht diese durch. Handelt es sich um einen Feiertag, vergleicht die Methode den Tag und den Monat der `DateTime`-Instanzen (das Jahr ist ja auf jeden Fall identisch). Wird ein Feiertag ermittelt, gibt die Methode `true` zurück und schreibt den Namen des Feiertags und eine Information darüber, ob es ein bundesweiter Feiertag ist, in die am zweiten und dritten Argument als `out`-Referenz übergebenen Variablen.

`IsGermanHoliday` erfordert den Import der Namensräume `System` und `System.Collections.Generic`.

Datum und Zeit

```csharp
/* Die Implementierung der Klassen, Aufzählung und der Methoden für die
 * Oster- und Feiertagsberechnung wird aus Übersichtsgründen hier nicht
 * dargestellt */

public static bool IsGermanHoliday(DateTime date, out string name,
   out bool isNationWide)
{
   // out-Argumente initialisieren
   name = null;
   isNationWide = false;

   // Auflistung der besonderen Tage des angegebenen Jahres erzeugen,
   // durchgehen und das Datum der Feiertage mit dem angegebenen Datum
   // vergleichen
   foreach (GermanSpecialDay gsd in GetGermanSpecialDays(date.Year).Values)
   {
      if (date.Day == gsd.Date.Day &&
         date.Month == gsd.Date.Month)
      {
         // Datum gefunden
         if (gsd.IsHoliday)
         {
            // Es ist ein Feiertag: Infos definieren und true zurückgeben
            name = gsd.Name;
            isNationWide = gsd.IsNationwide;
            return true;
         }
         else
         {
            // Kein Feiertag
            return false;
         }
      }
   }

   // Tag wurde nicht gefunden
   return false;
}
```

Listing 122: Methode zur Ermittlung, ob ein bestimmter Tag ein Feiertag ist

Listing 123 zeigt eine beispielhafte Anwendung der `IsGermanHoliday`-Methode, die überprüft, ob der 1.11. des aktuellen Jahres ein Feiertag ist.

```
DateTime date = new DateTime(DateTime.Now.Year, 11, 1);

string name;
bool nationWide;
if (IsGermanHoliday(date, out name, out nationWide))
{
   if (nationWide)
   {
      Console.WriteLine("Der {0} ist ein bundesweiter Feiertag: {1}",
         date.ToShortDateString(), name);
   }
   else
   {
      Console.WriteLine("Der {0} ist ein lokaler Feiertag: {1}",
         date.ToShortDateString(), name);
   }
}
else
{
   Console.WriteLine("Der {0} ist kein Feiertag",
      date.ToShortDateString());
}
```

Listing 123: Ermitteln, ob der 1.11. des aktuellen Jahres ein Feiertag ist

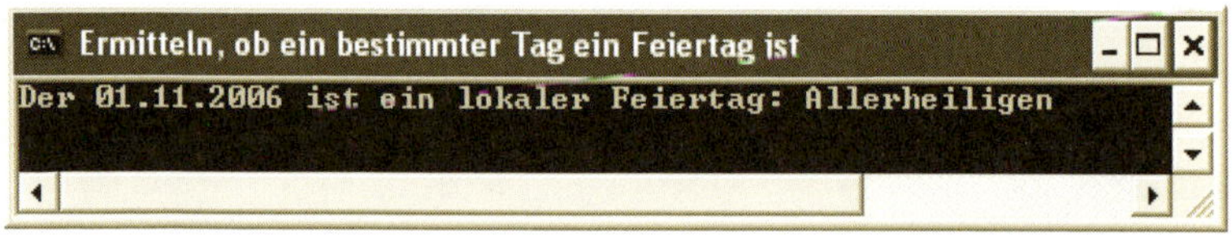

Abbildung 59: Das Ergebnis der Ermittlung, ob der 1.11. ein Feiertag ist

71 Zeit genau messen

Das genaue Messen eines Zeitraums ist besonders dann interessant, wenn Sie Ihre Methoden oder Algorithmen daraufhin überprüfen wollen, wie schnell diese ausgeführt werden, oder wenn Sie die Performance verschiedener Algorithmen miteinander vergleichen wollen. Dabei kommt es häufig darauf an, dass die Zeit mit einer möglichst hohen Genauigkeit und Auflösung gemessen wird.

Zur groben Zeitmessung können Sie die Ticks der aktuellen Zeit verwenden: Das Systemdatum wird in Einheiten von 100ns-Intervallen gespeichert, die seit dem 1.1.0001 00:00:00 vergangen sind. Nun könnten Sie denken, dass ein 100ns-Intervall, das ja immerhin 0,1 Mikrosekunden bzw. 0,0000001 Sekunden entspricht, für eine (recht) genaue Zeitmessung ausreicht. Und das würde es auch, wäre da nicht die Tatsache, dass der System-Zeitgeber je nach System lediglich alle 15 bis 55 Millisekunden aktualisiert wird. Auf einem High-Performance-System mit Windows ab Version 2000 können Sie die Zeit also mit einer Genauigkeit von 15 Millisekunden messen, auf einem älteren System leider nur mit einer höheren Ungenauigkeit. Als Beweis können Sie den folgenden Code verwenden:

```
// Die aktuellen Ticks zwischenspeichern
long startTicks = DateTime.Now.Ticks;

// Schleife, die nur wenig Zeit benötigt
int i = 0;
while (i < 10000000)
{
    i++;
}

// Die benötigten Ticks und Sekunden berechnen und ausgeben
long ticks = (DateTime.Now.Ticks - startTicks);
double seconds = ticks / 10000000F;

Console.WriteLine("Benötigte Zeit: {0} Ticks, {1} Sekunden", ticks, seconds);
```

Listing 124: Ungenaue Zeitmessung über die Ticks der Systemzeit

Wenn Sie die Schleifenanzahl auf Ihrem System etwas variieren, erhalten Sie bei einer niedrigeren Anzahl an Durchläufen als Ergebnis 0 und bei einer etwas höheren als Ergebnis einen Wert, der der Aktualisierung des Zeitgebers Ihres Systems entspricht (auf meinem System war das der Wert 0,015625 Sekunden). Bei einem Rechner mit weniger als 2 GHz Prozessorfrequenz müssen Sie die Anzahl der Durchläufe u.U. verkleinern um an dieses Ergebnis zu kommen. Da die gemessenen Werte immer entweder 0 oder ein Vielfaches des Aktualisierungsintervalls sind, ist bewiesen, dass der Systemtimer tatsächlich ein so hohes Intervall verwendet.

Die Lösung des Zeitmess-Problems liegt ab der Version 2.0 des .NET Framework in der Verwendung der Stopwatch-Klasse aus dem Namensraum System.Diagnostics. Eine Instanz dieser Klasse verwendet zur Zeitmessung den Performance-Counter[17] des Mainboards, sofern dieses einen solchen besitzt. Besitzt das Mainboard keinen Performance-Counter, verwendet die Stopwatch-Klasse den (ungenauen) System-Timer. Ob die hohe Auflösung zur Verfügung steht, können Sie über die statische Eigenschaft IsHighResolution abfragen.

Die Zeitmessung an sich ist einfach: Starten Sie diese über die Start-Methode und beenden Sie die Messung über Stop. Über die Eigenschaften Elapsed, ElapsedMilliseconds und ElapsedTicks können Sie die benötigte Zeit abfragen.

---

17. Ein Counter ist für Programmierer ein Wert, der in regelmäßigen oder unregelmäßigen Abständen hochgezählt wird

Bei der Verwendung von `ElapsedTicks` müssen Sie aufpassen: Mit »Ticks« sind hier auf einem Mainboard mit Performance-Counter nicht die in .NET üblichen 100ns-Intervalle gemeint, sondern Intervalle, die sich aus 1s geteilt durch die aktuelle Frequenz (die Sie aus `Stopwatch.Frequency` auslesen können) ergeben. Deshalb ist diese Eigenschaft ideal zur hochgenauen Messung, da Sie die aktuelle Frequenz mit in die Berechnung des Ergebnisses einbeziehen:

```
// Stopwatch erzeugen und starten
Stopwatch stopwatch = new Stopwatch();
stopwatch.Start();

// Zu messende Aktion ausführen

// Stopwatch stoppen und das Ergebnis berechnen
stopwatch.Stop();
double seconds = stopwatch.ElapsedTicks / (float)Stopwatch.Frequency;

// Reset ausführen, damit beim nächsten Start
// wieder ab null gezählt wird
stopwatch.Reset();
```

Bei der weiteren Verwendung einer `Stopwatch`-Instanz müssen Sie beachten, dass die `Start`-Methode die bisher gemessene Zeit nicht zurücksetzt. Wenn Sie diese Methode nach einer Messung erneut aufrufen, wird die gemessene Zeit der bisher gemessenen aufaddiert. Um die Stoppuhr zurückzusetzen, können Sie aber einfach die `Reset`-Methode aufrufen.

Listing 125 implementiert ein kleines Programm zum Testen beider Varianten der Zeitmessung. Gemessen wird die Zeit, die eine `while`-Schleife für 1.000.000 Durchläufe benötigt, wenn in dieser eine `int`-Variable hochgezählt wird.

```
// Zeit ungenau (mit einem Intervall von etwa 15 bis 55ms) über die Ticks
// der DateTime-Struktur messen
Console.WriteLine("Zeitmessung über DateTime.Now.Ticks:");
long startTicks = DateTime.Now.Ticks;

int i = 0;
while (i < 1000000)
{
    i++;
}

long ticks = (DateTime.Now.Ticks - startTicks);
double seconds = ticks / 10000000F;
Console.WriteLine("Benötigte Zeit: {0} Ticks, {1} Sekunden", ticks, seconds);
```

Listing 125: Ungenaue und genaue Zeitmessung einer Schleife mit 1.000.000 Durchläufen

>> Datum und Zeit

```
// Zeit genau über eine Stopwatch-Instanz messen
Console.WriteLine();
Console.WriteLine("Zeitmessung über Stopwatch:");
Stopwatch stopwatch = new Stopwatch();
Console.WriteLine("Hohe Auflösung: {0}", Stopwatch.IsHighResolution);
Console.WriteLine("Aktuelle Frequenz: {0}", Stopwatch.Frequency);
stopwatch.Start();

i = 0;
while (i < 1000000)
{
    i++;
}
stopwatch.Stop();
seconds = stopwatch.ElapsedTicks / (float)Stopwatch.Frequency;
Console.WriteLine("Benötigte Zeit: {0} Sekunden", seconds);
stopwatch.Reset();
```

Listing 125: Ungenaue und genaue Zeitmessung einer Schleife mit 1.000.000 Durchläufen (Forts.)

Abbildung 60 zeigt, dass die Zeitmessung über eine Stopwatch-Instanz wesentlich genauer ist als die über die Systemticks.

Abbildung 60: Zeitmessung einer Schleife mit 1.000.000 Durchläufen

Anwendungen, Konfiguration, Prozesse und Dienste

72 Den Dateinamen der Anwendung ermitteln

Den vollen Dateinamen der ausführenden Anwendung (inklusive Pfad) erhalten Sie in einer Windows-Anwendung über die Eigenschaft ExecutablePath des Application-Objekts:

```
string filename = System.Windows.Forms.Application.ExecutablePath;
```

Um die Application-Klasse verfügbar zu haben, benötigt die Anwendung einen Verweis auf die Assembly *System.Windows.Forms.dll*, was ohne Probleme auch in einer Konsolenanwendung oder Klassenbibliothek möglich ist.

Ohne diesen Verweis können Sie aber auch stattdessen die Eigenschaft Location eines Assembly-Objekts abfragen, das die »Eintritts-Assembly« (das ist die Assembly, über die das Programm gestartet wurde) repräsentiert. Dieses Objekt erhalten Sie über die Methode GetEntryAssembly der Assembly-Klasse, die Bestandteil des System.Reflection-Namensraums ist:

```
string filename = System.Reflection.Assembly.GetEntryAssembly().Location;
```

> **Hinweis**
> Als *Reflektion* (Reflection) werden Features bezeichnet, über die Sie in der Laufzeit eines Programms Informationen über dessen Assemblies, die darin enthaltenen Klassen und deren Schnittstellen, Methoden, Eigenschaften und Ereignisse etc. auslesen können. Ein weiterer Teil von Reflektion ist das dynamische Erzeugen von Klassen und Assemblies, also das Erzeugen von Programmcode in der Laufzeit eines Programms.

Häufig wird auch vorgeschlagen, die »ausführende Assembly« zu verwenden, die Sie über die Methode GetExecutingAssembly erreichen:

```
string filename = System.Reflection.Assembly.GetExecutingAssembly().Location;
```

Dabei müssen Sie allerdings aufpassen: Wird diese Methode in einer Klassenbibliothek aufgerufen, liefert sie ein Assembly-Objekt zurück, das die Assembly der *Klassenbibliothek* repräsentiert. Der ausgelesene Dateiname ist also in diesem Fall nicht der der Anwendung, sondern der der Klassenbibliothek.

In allen Fällen erhalten Sie den Dateinamen inklusive Pfad. Wenn Sie nur den Namen der Datei auslesen wollen, können Sie diesen über ein FileInfo-Objekt ermitteln. Ein solches Objekt dient dem Auslesen von Informationen zu einer Datei und liefert u.a. über die Eigenschaft Name den Dateinamen. Die folgende Funktion liest den Dateinamen der Anwendung aus und liefert diesen zurück:

```
public string GetApplicationFilename()
{
    /* FileInfo-Objekt für die Datei erzeugen, die die Eintritts-
     * Assembly speichert */
    System.IO.FileInfo fi = new System.IO.FileInfo(
        System.Reflection.Assembly.GetEntryAssembly().Location);

    /* Dateiname auslesen und zurückgeben */
    return fi.Name;
}
```

73 Das Verzeichnis der Anwendung ermitteln

In einer Anwendung mit Referenz auf die Assembly *System.Windows.Forms.dll* können Sie den Pfad der Anwendung über die Eigenschaft StartupPath des Application-Objekts ermitteln:

```
string applicationPath = System.Windows.Forms.Application.StartupPath;
```

Ohne Referenz auf die *System.Windows.Forms.dll* können Sie stattdessen auch den vollen Dateinamen der »Eintritts-Assembly« ermitteln und über ein FileInfo-Objekt den Pfad auslesen:

```
public string GetApplicationPath()
{
    // FileInfo-Objekt für die Datei erzeugen, die die Eintritts-
    // Assembly speichert
    System.IO.FileInfo fi = new System.IO.FileInfo(
        System.Reflection.Assembly.GetEntryAssembly().Location);

    // Den Pfad des Verzeichnisses der Datei zurückgeben
    return fi.DirectoryName;
}
```

Beide Varianten funktionieren auch ohne Probleme in einer Klassenbibliothek. Sie erhalten dann allerdings das Verzeichnis der Anwendung zurück, nicht das der Klassenbibliothek.

74 Befehlszeilenargumente auswerten

Viele Standardanwendungen können mit Befehlszeilenargumenten aufgerufen werden. Dem Windows-Explorer können Sie zum Beispiel beim Aufruf den Pfad zu einem Ordner übergeben, den dieser anzeigen soll:

explorer C:\Windows

Wollen Sie in Ihren Anwendungen solche Befehlszeilenargumente auswerten, müssen Sie zunächst die Main-Methode, die normalerweise in der Klasse Program implementiert ist, um ein Argument vom Typ string-Array erweitern:

>> **Anwendungen, Konfiguration, Prozesse und Dienste**

```
[STAThread]
static void Main(string[] arguments)
{
```

Listing 126: Erweitern der Main-Methode um ein String-Array-Argument

In diesem Array werden alle Argumente übergeben, die beim Aufruf des Programms angegeben wurden. Argumente werden dabei durch Leerzeichen getrennt. Beim folgenden Aufruf eines Programms:

DEMO.EXE DAS IST EIN TEST

werden die Argumente »Das«, »ist«, »ein« und »Test« übergeben. Werden Argumente in Anführungszeichen eingeschlossen, resultiert ein einziges Argument:

DEMO.EXE »DAS IST EIN TEST«

Dieses Beispiel resultiert in dem Argument »Das ist ein Test«.

Die Auswertung von Argumenten, die aus einem Namen und einem Wert bestehen, wird also, wenn zwischen dem Argumentnamen und dem Wert Leerzeichen eingegeben werden können, etwas komplizierter, da der Name des Arguments und der Wert getrennt aufgelistet werden. Ein Beispiel dafür ist das Programm *ipconfig*, das Sie mit dem Argument */renew* aufrufen können. Dieses Argument erwartet optional den Namen eines Netzwerkadapters, dessen IP-Adresse erneuert werden soll:

IPCONFIG /RENEW [ADAPTER]

Einfacher macht es sich der C#-Compiler *csc.exe*, bei dem die Werte von Argumenten mit einem Doppelpunkt getrennt, aber ohne Leerzeichen, vom Argumentnamen angegeben werden. Wenn Sie ein solches Format voraussetzen, ist das Auswerten von Befehlszeilenargumenten einfach.

In der `Main`-Methode können Sie dann einfach alle Argumente in einer Schleife durchgehen und mit den erwarteten vergleichen. Das folgende Beispiel liest auf diese Weise die erwarteten Argumente */debugmode* und */imagefolder:Ordnerangabe* aus. Beim zweiten Argument wird die Angabe eines Ordners erwartet, der mit einem Doppelpunkt vom Argumentnamen getrennt wird. Um die Groß-/Kleinschreibung nicht zu berücksichtigen werden die Argumente über die `ToLower`-Methode in Kleinschreibung umgewandelt. Zur Sicherheit werden unbekannte Argumente in der `string`-Variablen `unknownArguments` gesammelt und falls vorhanden nach der Auswertung in einer `MessageBox` gemeldet.

Das Beispiel basiert auf einer Windows-Anwendung mit den üblichen Referenzen und `using`-Direktiven.

```csharp
[STAThread]
static void Main(string[] arguments)
{
   // Auswerten der Befehlszeilenargumente
   bool debugMode = false;
   string imageFolder = null;
   string unknownArguments = null;
   foreach (string argument in arguments)
   {
      string argument4Check = argument.ToLower();
      if (argument4Check == "/debugmode")
      {
         debugMode = true;
      }
      else if (argument4Check.StartsWith("/imagefolder:"))
      {
         // Den Argumentwert auslesen
         imageFolder = argument.Substring(13, argument.Length - 13);
      }
      else
      {
         // Unbekanntes Argument
         if (unknownArguments != null)
         {
            unknownArguments += ", ";
         }
         unknownArguments += argument;

      }
   }

   // Unbekannte Argumente auswerten
   if (unknownArguments != null)
   {
      MessageBox.Show("Die folgenden Argumente sind ungültig: " +
         unknownArguments, Application.ProductName, MessageBoxButtons.OK,
         MessageBoxIcon.Exclamation);
   }
   else
   {
      // Anwendung mit den Argumenten starten
      Application.EnableVisualStyles();
      Application.Run(new StartForm(debugMode, imageFolder));
   }
}
```

Listing 127: Auswerten von Befehlszeilenargumenten

>> **Anwendungen, Konfiguration, Prozesse und Dienste**

Das Beispiel übergibt die ausgewerteten Argumente an den Konstruktor des Start-Formulars, wo diese weiter ausgewertet werden (was ich hier aber nicht weiter zeige).

Sehr nett von Windows ist, dass in Anführungszeichen eingeschlossene Argumente automatisch so ausgewertet werden, dass die Anführungszeichen entfernt werden. Beim Aufruf mit den Argumenten

/DEBUGMODE /IMAGEFOLDER:»C:\BILDER FÜR DIE WEBSITE«

werden zum Beispiel »/debugMode« und »/imageFolder:C:\Bilder für die Website« übergeben.

> **Hinweis**
> Zum Testen von Befehlszeilenargumenten können Sie diese in Visual Studio 2005 in den Eigenschaften des Projekts im Register DEBUGGEN in das Feld BEFEHLSZEILENARGUMENTE eintragen.

75 Ausnahmen global behandeln

Ausnahmen, die in der Anwendung nicht behandelt werden, werden dem Benutzer bei der direkten Ausführung des Programms normalerweise von der CLR gemeldet, wobei dieser die Möglichkeit besitzt das Programm weiter auszuführen oder zu beenden. Abbildung 61 zeigt eine solche Meldung für den Fall, dass eine Datei nicht eingelesen werden kann.

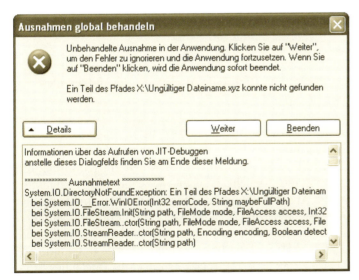

Abbildung 61: Anzeige einer unbehandelten Ausnahme

Die meisten Benutzer werden wohl mit diesen Möglichkeiten überfordert sein (besonders von der Detailansicht) und viele werden die Anwendung (auch versehentlich) beenden. Dabei kann es natürlich passieren, dass Daten verloren gehen. Um dies zu

Ausnahmen global behandeln

verhindern können Sie selbstverständlich alle Ausnahmen im Programm explizit behandeln, was Sie dadurch erreichen, dass Sie zumindest in jeder Ereignismethode eine Ausnahmebehandlung implementieren. Eigentlich ist dies auch der bessere Weg, da Sie dem Benutzer dann genauere Informationen über den Kontext des Fehlers geben können.

Alternativ können Sie unbehandelte Ausnahmen aber auch global abfangen. Dazu weisen Sie dem `ThreadException`-Ereignis der `Application`-Klasse (aus dem Namensraum `System.Windows.Forms`) eine passende Methode zu. Idealerweise programmieren Sie dies in der `Main`-Methode des Programms:

```
[STAThread]
static void Main()
{
   // Globale Ereignisbehandlung zuweisen
   Application.ThreadException +=
      new System.Threading.ThreadExceptionEventHandler(
      Application_ThreadException);

   // Anwendung starten
   Application.EnableVisualStyles();
   Application.SetCompatibleTextRenderingDefault(false);
   Application.Run(new StartForm());
}
```

Listing 128: Zuweisung einer globalen Ereignisbehandlung vor dem Start der Anwendung

Innerhalb der Ereignisbehandlungsmethode erhalten Sie über die `Exception`-Eigenschaft des Ereignisargument-Objekts Zugriff auf die Ausnahme und können diese wie gewohnt behandeln.

> **Tipp**: Falls Sie im Programm alle erwarteten Ausnahmen explizit abfragen und in der Methode für die globale Ereignisbehandlung eigentlich nur unerwartete Ausnahmen abgefangen werden, sollten Sie dem Anwender neben einer Information über den aufgetretenen Fehler die Möglichkeit geben, die Details (der Ausnahme-Meldung inkl. aller inneren Ausnahmen und den Stack-Trace) an eine Support-E-Mail-Adresse zu mailen (siehe Rezept 197). Um genauere Informationen über die Ausnahme zu erhalten sollten Sie dem Release der Anwendung die automatisch erstellte Debug-Informationsdatei (mit der Endung *.pdb*) mitliefern. So erhalten Sie im Stack-Trace zusätzliche Informationen über die Quelle des Fehlers (inklusive der Zeilennummer). Diese Informationen erleichtern das Debuggen von Fehlern, die lediglich beim Anwender auftreten.

```
private static void Application_ThreadException(
    object sender, System.Threading.ThreadExceptionEventArgs e)
{
    MessageBox.Show("Die globale Ausnahmebehandlung " +
        "hat eine Ausnahme abgefangen:\r\n" + e.Exception.Message,
        Application.ProductName, MessageBoxButtons.OK,
        MessageBoxIcon.Error);
}
```

Listing 129: Methode zur globalen Ausnahmebehandlung

76 Den Speicherverbrauch von .NET-Anwendungen verstehen und gegebenenfalls reduzieren

Schaut man sich die Speicherauslastung von .NET-Anwendungen im Windows-Taskmanager an, so scheint es, als würden diese Anwendungen relativ viel Speicher verbrauchen. Bereits eine minimale »Hello World«-Anwendung belegt in der Regel mehrere Megabyte. Größere Anwendungen kommen schnell auf ein Vielfaches von zehn oder sogar ein Vielfaches von einhundert Megabyte (besonders wenn diese fahrlässig programmiert wurden).

Die Speicherauslastung, die im Taskmanager angezeigt wird, zeigt jedoch nicht den tatsächlichen Speicherverbrauch der Anwendung. Vielmehr handelt es sich dabei um den für die Anwendung reservierten Speicher. Die CLR reserviert für eine laufende Anwendung relativ großzügig Speicher, damit bei der Ausführung der Anwendung auf das inperformante Neu-Reservieren und Umschichten des Speichers verzichtet werden kann. Dabei wird natürlich der im Moment verfügbare Arbeitsspeicher berücksichtigt. Ist dieser relativ klein, erhält die Anwendung nur relativ wenig Speicher. Hinzu kommt, dass auch Windows aus Performancegründen relativ großzügig mit der Reservierung von Speicher umgeht. Im Prinzip brauchen Sie sich also um den Arbeitsspeicher keine Gedanken zu machen.

Wichtig ist allerdings, dass Sie in Ihren Programmen nach der Verwendung von Objekten deren `Dispose`-Methode aufrufen, sofern diese eine solche besitzen. `Dispose` sorgt dafür, dass externe Ressourcen freigegeben werden. Diese Methode wird zwar auch im Destruktor der Objekte, die eine solche besitzen, aufgerufen (sofern die entsprechenden Klassen sorgfältig entwickelt wurden). Die CLR stellt aber nicht unbedingt sicher, dass der Destruktor (der ja eigentlich nur eine Finalisierungsmethode ist) aufgerufen wird. Das gilt im Besonderen für kleine Objekte wie die, die beim Zeichnen mit GDI+ verwendet werden (siehe Rezept 287).

Um sich die Arbeit zu vereinfachen können Sie Objekte, die eine `Dispose`-Methode besitzen, auch in einer `using`-Direktive erzeugen:

```
string sourceFilename = Path.Combine(
   Application.StartupPath, "Les Crosets.jpg");
using (Bitmap sourceBitmap = new Bitmap(sourceFilename))
{
   // Bitmap bearbeiten
}
```

Listing 130: Verwenden der using-Direktive

Der Compiler setzt die `using`-Direktive so um, dass automatisch hinter allen Anweisungen, die in den Block-Klammern angegeben werden, auf eine sichere Weise `Dispose` aufgerufen wird. Der resultierende IL-Code würde dann zurückübersetzt in etwa folgendermaßen aussehen:

```
string sourceFilename = Path.Combine(
   Application.StartupPath, "Les Crosets.jpg");
Bitmap sourceBitmap = null;
try
{
   sourceBitmap = new Bitmap(sourceFilename))

   // Bitmap bearbeiten
}
finally
{
   if (sourceBitmap != null)
   {
      try
      {
         sourceBitmap.Dispose();
      }
      catch {}
   }
}
```

Listing 131: Das, was der Compiler aus einem using-Block macht

Über die sehr einfach anzuwendende `using`-Direktive stellen Sie sicher, dass Ihre Programme die teilweise sehr umfangreichen externen Ressourcen, die manche Objekte verwenden, explizit freigeben und damit möglichst wenig Speicher verbrauchen.

Falls Ihr Programm trotz des korrekten Aufrufs von `Dispose` zu viel Speicher »verbraucht«, können Sie zunächst versuchen die `Collect`-Methode des Garbage Collectors aufzurufen, den Sie über `System.GC` erreichen. `GC.Collect` »erzwingt« (laut der Dokumentation) eine Garbage Collection. Diese Methode sorgt dafür, dass der Garbage Collector aufgefordert wird, seine Arbeit auszuführen und die Objekte, die nicht mehr referenziert werden, freizugeben. Dies führt jedoch nicht unbedingt dazu, dass die nicht mehr referenzierten Objekte auch wirklich freigegeben werden, denn der Garbage Collector führt seine Arbeit nur dann aus, wenn sich eine Garbage Collection lohnt und sich das Programm gerade in einem untätigen Zustand befindet.

In absolut hartnäckigen Fällen können Sie auch die API-Funktion SetProcessWorkingSetSize aufrufen. Diese Funktion, die leider nur in der NT-Linie der Microsoft-Betriebssysteme zur Verfügung steht, trimmt das von einer Anwendung reservierte *Working Set* (Set von physikalischen Speicherseiten). Am ersten Argument übergeben Sie den Handle des Prozesses Ihrer Anwendung, am zweiten Argument einen Byte-Minimalwert für die verbleibenden Speicherseiten und am dritten einen Maximalwert. Wenn Sie für den Minimal- und den Maximalwert -1 übergeben, reduziert SetProcessWorkingSetSize den reservierten physikalischen Arbeitsspeicher für den angegebenen Prozess kurzzeitig auf 0. Die CLR und Windows sorgen aber natürlich dafür, dass der reservierte Speicher sofort wieder auf einen für den aktuellen Zustand ausreichenden Betrag erhöht wird. Damit erreichen Sie, dass der reservierte Arbeitsspeicher minimiert wird. Im Prinzip entspricht das Ergebnis eines Aufrufs von SetProcessWorkingSetSize mit -1 an den beiden letzten Argumenten dem Minimieren und dem nachfolgenden Wiederherstellen des Hauptfensters einer Anwendung. Wenn Sie dies einmal ausprobieren, während Sie den Speicherverbrauch der Anwendung im Taskmanager beobachten, werden Sie feststellen, dass dieser nach dem Minimieren und Wiederherstellen in der Regel enorm verkleinert wird.

SetProcessWorkingSetSize wird folgendermaßen deklariert:

```
[System.Runtime.InteropServices.DllImport("kernel32.dll")]
private static extern bool SetProcessWorkingSetSize(
    IntPtr procHandle, int min, int max);
```

Listing 132 zeigt eine Methode, die den reservierten Arbeitsspeicher für die aktuelle Anwendung auf ein Minimum reduziert. Diese Methode, die den Import der Namensräume System und System.Diagnostics erfordert, versucht zunächst die nicht mehr referenzierten Objekte freizugeben. Erst danach wird die SetProcessWorkingSetSize-Funktion aufgerufen, um den reservierten Arbeitsspeicher zu reduzieren. Da diese Funktion nur in der NT-Linie der Microsoft-Betriebssysteme zur Verfügung steht, überprüft ReduceMemoryUsage, ob die aktuelle Plattform die Windows-32-Bit-NT-Plattform ist.

```
public static void ReduceMemoryUsage()
{
    // Garbage Collection erzwingen um freie Objekte zu zerstören
    GC.Collect();

    // Auf noch arbeitende Finalisierer warten
    GC.WaitForPendingFinalizers();
```

Listing 132: Minimieren des von der aktuellen Anwendung reservierten Arbeitsspeichers

```
// Den reservierten Arbeitsspeicher minimieren
if (Environment.OSVersion.Platform == PlatformID.Win32NT)
{
    SetProcessWorkingSetSize(
        Process.GetCurrentProcess().Handle, -1, -1);
}
}
```

Listing 132: Minimieren des von der aktuellen Anwendung reservierten Arbeitsspeichers (Forts.)

> **Achtung**
>
> Sie sollten vorsichtig mit `ReduceMemoryUsage` umgehen. Zunächst kostet der Aufruf der `Collect`-Methode des Garbage Collectors unter Umständen einiges an Zeit. Auch das nachfolgende Minimieren des reservierten Speichers ist natürlich zeitaufwändig. Außerdem sollten Sie diese Funktion immer nur dann aufrufen, wenn Ihre Anwendung gerade nicht weiter beschäftigt ist. Ansonsten könnte der Aufruf zu unerwarteten Nebeneffekten führen. Achten Sie also darauf, dass nicht gerade ein Arbeits-Thread parallel läuft, während Sie `ReduceMemoryUsage` aufrufen. Gegebenenfalls rufen Sie diese Methode nicht automatisch auf, sondern überlassen dies dem Anwender, zum Beispiel über einen Menüpunkt. Wenn Ihre Anwendung eigene Threads einsetzt, sollten Sie diese in einer Auflistung verwalten, vor dem Aufruf von `ReduceMemoryUsage` durchgehen und über die `IsAlive`-Eigenschaft überprüfen, ob einer Ihrer Threads gerade noch ausgeführt wird. In diesem Fall sollten Sie `ReduceMemoryUsage` nicht aufrufen. In dem Beispiel zu diesem Rezept finden Sie eine entsprechende Programmierung.

77 Konfigurationsdaten in der .config-Datei verwalten

Wie Sie sicher wissen, kann eine Anwendung in einer XML-Datei, deren Name dem Dateinamen der Anwendung mit angehängter Endung *.config* entspricht und die im Ordner der Anwendung gespeichert ist, Konfigurationsdaten verwalten.

Diese Datei ist grundlegend folgendermaßen aufgebaut:

```xml
<?xml version="1.0" encoding="UTF-8"?>
<configuration>

</configuration>
```

Listing 133: Eine Minimal-Konfigurationsdatei

>> Anwendungen, Konfiguration, Prozesse und Dienste

Im `configuration`-Element können verschiedene weitere Konfigurations-Elemente angelegt werden. Dabei können Sie die in der Datei *machine.config* vordefinierte Konfiguration für die Anwendung (in der Regel teilweise) überschreiben bzw. neu definieren. Dies soll hier allerdings kein Thema sein.

Zusätzlich dazu können Sie in der *.config*-Datei Ihre eigenen Konfigurationsdaten verwalten. Visual Studio 2005 macht diese Aufgabe nun leicht.

In Visual Studio 2005 wählen Sie dazu in den Eigenschaften des Projekts das Register EINSTELLUNGEN und stellen dort die Konfigurationswerte ein, die Sie benötigen. Dabei können Sie neben dem Namen auch den Datentyp einstellen und festlegen, welchen Geltungsbereich (Scope) die Einstellung besitzt.

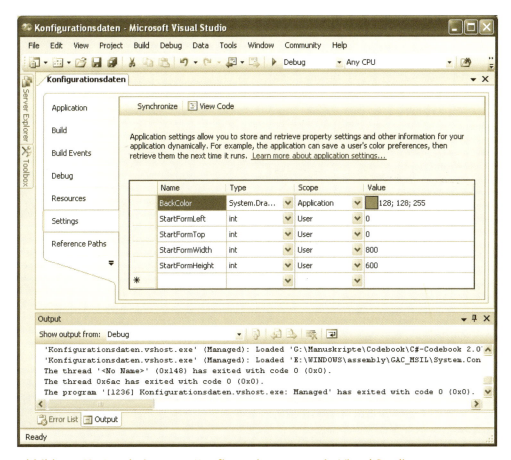

Abbildung 62: Bearbeiten von Konfigurationswerten in Visual Studio

Der Geltungsbereich »Application« bedeutet, dass diese Einstellung ausschließlich in der *.config*-Datei verwaltet wird, die im Anwendungsverzeichnis gespeichert ist. Solche Einstellungen können nur gelesen (also nicht in der Anwendung mit neuen Werten beschrieben) werden. Der Geltungsbereich »User« bewirkt, dass der Wert der

Konfigurationsdaten in der .config-Datei verwalten

Einstellung im Programm auch geändert und zurückgeschrieben werden kann. Das Zurückschreiben erfolgt per Voreinstellung allerdings nicht in die *.config*-Datei im Anwendungsverzeichnis, sondern in eine spezielle Konfigurationsdatei im Verzeichnis für die Anwendungsdaten des aktuellen Benutzers[18]. Lediglich die Default-Werte der Einstellung, die gelesen werden, wenn noch keine benutzerspezifische Konfigurationsdatei vorhanden ist, können in der *.config*-Datei im Anwendungsverzeichnis verwaltet werden.

Wenn Sie die geänderte Konfiguration speichern, passt Visual Studio die Konfigurationsdatei an und erzeugt eine Klasse `Settings` im Ordner *Properties*. Über eine Instanz dieser Klasse können Sie die Konfigurationsdaten typsicher lesen:

```
// Settings-Instanz erzeugen
Properties.Settings settings = new Properties.Settings();

// Hintergrundfarbe des Formulars einlesen
this.BackColor = settings.BackColor;

// Position und Größe des Formulars auslesen
this.Left = settings.StartFormLeft;
this.Top = settings.StartFormTop;
this.Width = settings.StartFormWidth;
this.Height = settings.StartFormHeight;
```

Listing 134: Lesen von Konfigurationsdaten, die über eine Settings-Klasse verwaltet werden

Diejenigen Einstellungen, die den Geltungsbereich »User« besitzen, können Sie mit neuen Werten versehen und die geänderte Konfiguration über die `Save`-Methode speichern:

```
// Settings-Instanz erzeugen
Properties.Settings settings = new Properties.Settings();

// Position und Größe des Formulars in der Konfiguration ablegen
settings.StartFormLeft = this.Left;
settings.StartFormTop = this.Top;
settings.StartFormWidth = this.Width;
```

Listing 135: Speichern von Konfigurationsdaten, die über eine Settings-Klasse verwaltet werden

---

18. Die Regeln zum Erhalt des »Designed for Windows XP«-Logo für eine Anwendung besagen u. a., dass Anwendungen Konfigurationsdaten nicht im Anwendungsverzeichnis speichern dürfen. Solche Daten müssen im Anwendungsdaten-Verzeichnis des lokalen aktuellen Benutzers (normalerweise ist das das Verzeichnis *C:\Dokumente und Einstellungen\<Benutzername>\Lokale Einstellungen\Anwendungsdaten*), im äquivalenten Verzeichnis für »Roaming«-Benutzer (»wandernde« Benutzer) oder im Verzeichnis für alle Benutzer gespeichert werden.

Anwendungen, Konfiguration, Prozesse und Dienste

```
settings.StartFormHeight = this.Height;

// Konfiguration speichern
try
{
   settings.Save();
}
catch (Exception ex)
{
   MessageBox.Show("Fehler beim Speichern der Konfiguration: " + ex.Message,
      Application.ProductName, MessageBoxButtons.OK, MessageBoxIcon.Error);
}
```

Listing 135: Speichern von Konfigurationsdaten, die über eine Settings-Klasse verwaltet werden (Forts.)

> **Hinweis**
>
> Die `Settings`-Klasse verwendet Provider für das Lesen und Speichern der Daten. Per Default wird eine Instanz der Klasse `LocalFileSettingsProvider` eingesetzt. Diese verwaltet Konfigurationsdaten mit dem Geltungsbereich »User« im Ordner für lokale Benutzer (normalerweise ist das der Ordner *C:\Dokumente und Einstellungen\<Benutzername>\Lokale Einstellungen\Anwendungsdaten*). In diesem Ordner wird ein Unterordner erzeugt, der den Firmennamen trägt. Dieser Name wird aus der Assembly-Einstellung `AssemblyCompany` (aus der *AssemblyInfo.cs*-Datei) ausgelesen. Ist kein Firmenname angegeben, wird ein Bindestrich verwendet. In diesem Unterordner wird wieder ein Unterordner erzeugt, der etwas eigenartig benannt ist. Der Name beginnt mit dem Namen der Anwendung, ergänzt um »_Url_« und um eine Buchstabenfolge, die die Anwendung eindeutig identifiziert (und die scheinbar aus dem Namen und dem Verzeichnis der Anwendung generiert wird). In diesem Ordner ist schließlich ein Ordner angelegt, der die Versionsnummer der Anwendung trägt, und in diesem eine Datei *user.config* gespeichert, die die Konfigurationsdaten mit dem Geltungsbereich »User« verwaltet. Etwas verwirrend, aber so können Konfigurationsdaten eindeutig einer bestimmten Anwendung bzw. einer bestimmten Version einer Anwendung zugeordnet werden. Der Debugger von Visual Studio 2005 ruft übrigens beim Start einer Windowsanwendung eine spezielle *.exe*-Datei auf, die den Namen der Anwendungsassembly mit *.vshost.exe* am Ende trägt. Die Konfigurationsdaten für eine so gestartete Anwendung werden in einem separaten Ordner verwaltet, in dessen Namen *.vshos_Url_* statt *.exe_Url_* angegeben ist. So ist sichergestellt, dass Sie die Konfiguration einer bereits produktiv laufenden Anwendung beim Testen nicht überschreiben.

> **Hinweis**
>
> Etwas problematisch an dieser Speicherung von Konfigurationsdaten ist, dass die Daten automatisch nur beim Start der Anwendung ausgelesen werden. Werden die Daten in der Konfigurationsdatei geändert, während die Anwendung läuft, sind die Änderungen zunächst nicht sichtbar, auch wenn die Anwendung die Daten erneut abfragt. Dies kann in Anwendungen, die permanent im Hintergrund laufen (z.B. Windows-Dienste) zu einem Problem werden. Sie können jedoch in den Fällen, in denen geänderte Einstellungen in der Anwendung sichtbar sein müssen, vor dem Lesen einfach die `Reload`-Methode der `Settings`-Instanz aufrufen. Diese Methode führt dazu, dass die Einstellungen neu eingelesen werden.

> **Hinweis**
>
> Sie können auch eigene Provider implementieren, indem Sie eine Klasse entwickeln, die von der Klasse `SettingsProvider` abgeleitet ist und die idealerweise die `IApplicationSettingsProvider`-Schnittstelle implementiert. So könnten Sie z.B. einen Provider entwickeln, der die Daten in einer »richtigen« XML-Datei verwaltet. Der neue Provider wird dann über das `SettingsProvider`-Attribut in der Settings-(Designer-)Datei angegeben, was aber zumindest für den Visual-Studio-2005-Designer etwas unklar ist, denn dieser überschreibt die Einstellungen in dieser Datei gnadenlos bei allen Änderungen (dagegen hilft ein weiterer Klassen-Teil der partiellen Klasse, der die Klassen entsprechend attribuiert). Leider hat Microsoft dieses wichtige Thema nur sehr spärlich dokumentiert und liefert keine Beispiele. Bisher schlugen meine Versuche, einen eigenen Provider zu implementieren, leider immer fehl. In Internet war zu dieser Zeit auch nichts darüber zu finden. Falls Sie einen funktionierenden eigenen Provider entwickeln oder finden, wäre ich über eine E-Mail dankbar und würde das Ganze dann im Erratum veröffentlichen.

78 Konfigurationsdaten aus dem appSettings-Element der .config-Datei lesen

Neben der Möglichkeit, eine `Settings`-Instanz zu verwenden (siehe Rezept 77), können Sie Konfigurationsdaten aus der Konfigurationsdatei der Anwendung auch auf die alte (.NET-1.1-) Art verwalten. Dies besitzt in meinen Augen immer noch zwei kleine Vorteile: Zum einen sieht die Konfigurationsdatei wesentlich aufgeräumter aus als bei der Verwendung der `Settings`-Klasse und kann deswegen einfacher von Benutzern oder Administratoren verändert werden. Zum anderen können Sie ohne Probleme Konfigurationsdaten an einer zentralen Stelle verwalten, unabhängig davon, welcher Benutzer die Anwendung verwendet (dazu gehört allerdings das Rezept 79, in dem ich beschreibe, wie Sie Konfigurationsdaten im `appSettings`-Element der Konfigurationsdatei speichern können).

Die zu lesenden Daten müssen im Element `appSettings` unterhalb des `configuration`-Elements gespeichert sein:

```xml
<?xml version="1.0" encoding="UTF-8"?>
<configuration>
    <appSettings>
      <add key="server" value="Zaphod" />
      <add key="userId" value="Trillian" />
      <add key="password" value="42" />
    </appSettings>
</configuration>
```

Listing 136: Eine Beispiel-Konfigurationsdatei

Die `add`-Elemente im `appSettings`-Element speichern anwendungsspezifische Daten. Diese Daten können Sie über die `AppSettings`-Eigenschaft der Klasse `ConfigurationManager` aus dem Namensraum `System.Configuration` auslesen:

```
string server = ConfigurationManager.AppSettings["Server"];
string userId = ConfigurationManager.AppSettings["UserId"];
string password = ConfigurationManager.AppSettings["password"];
```

Listing 137: Auslesen von Konfigurationsdaten aus dem appSettings-Element der .config-Datei

Das Programm benötigt dazu eine Referenz auf die Assembly *System.Configuration.dll*.

> **Hinweis**: Wie ich es bereits in Rezept 77 beschrieben habe, leidet auch diese Art der Speicherung von Konfigurationsdateien an dem Problem, dass die Daten automatisch und nur beim Start der Anwendung ausgelesen werden. Werden die Daten in der Konfigurationsdatei geändert, während die Anwendung läuft, sind die Änderungen nicht sichtbar, auch wenn die Anwendung die Daten erneut abfragt. Als Lösung dieses Problems können Sie eine eigene XML-Datei für die Konfiguration verwenden, wie ich es im Rezept 80 zeige.

Ein anderes Problem ist, dass die `ConfigurationManager`-Klasse leider keine Methode zum Speichern von neuen oder veränderten Daten in der *.config*-Datei besitzt. Dieses Problem löse ich im Rezept 79.

79 Konfigurationsdaten im appSettings-Element der .config-Datei speichern

Wenn Sie Konfigurationsdaten nicht über eine `Settings`-Instanz (siehe Rezept 77) verwalten wollen, können Sie diese, wie ich es bereits in Rezept 78 gezeigt habe, auch im `appSettings`-Element der Anwendungs-Konfigurationsdatei verwalten und daraus lesen. Sie können diese Daten aber auch in die Konfigurationsdatei zurückschreiben.

Dazu verwenden Sie die `ConfigurationManager`-Klasse (aus dem Namensraum `System.Configuration`), die es ermöglicht, alle Arten von .NET-Konfigurationsdateien (u.a. auch die *machine.config*) zu bearbeiten. Für die Anwendungs-Konfigurationsdatei verwenden Sie die statische Methode `OpenExeConfiguration`, die ein `Configuration`-Objekt zurückgibt, über das Sie die Konfiguration bearbeiten können.

Dieser Methode können Sie einen Wert der `ConfigurationUserLevel`-Aufzählung übergeben, der aussagt, welche Anwendungskonfiguration Sie öffnen wollen. .NET 2.0 erlaubt es, Anwendungskonfigurationen für alle Benutzer (im Anwendungsordner), für den lokal angemeldeten Benutzer (normalerweise im Ordner *C:\Dokumente und Einstellungen\<Benutzername>\Lokale Einstellungen\Anwendungsdaten\<Firmenname>\<Anwendungsname>_Url_<Interner Schlüssel>\<Version>\user.config*) oder für »wandernde« (roaming) Benutzer (normalerweise im Ordner *C:\Dokumente und Einstellungen\<Benutzername>\Anwendungsdaten\<Firmenname>\<Anwendungsname>_Url_<Interner Schlüssel>\<Version>\user.config*) zu verwalten. Über die Werte `None` (alle Benutzer), `PerUserRoamingAndLocal` (lokale Benutzer) und `PerUserRoaming` (wandernde Benutzer) geben Sie an, welche dieser Konfigurationsdateien Sie bearbeiten wollen. Die zu beschreibende Konfigurationsdatei muss allerdings vorhanden sein.

Die Verwaltung von Konfigurationsdaten im Benutzerordner soll hier kein Thema sein. Dazu können Sie wesentlich einfacher die `Settings`-Klasse verwenden, die Visual Studio 2005 erzeugt, wie ich es im Rezept 77 zeige. Ich beschreibe hier lediglich, wie Sie die Konfigurationsdatei bearbeiten können, die im Anwendungsordner gespeichert ist. Dazu übergeben Sie der `OpenExeConfiguration`-Methode den Wert `ConfigurationUserLevel.None`.

Über die `AppSettings`-Eigenschaft des `Configuration`-Objekts erreichen Sie die `appSettings`-Sektion der Konfiguration. Die `Settings`-Eigenschaft des zurückerhaltenen `AppSettingsSection`-Objekts ermöglicht das Lesen und Schreiben der Konfigurationsdaten. Dem Indexer dieser Auflistung übergeben Sie dazu den Namen der Einstellung.

Lesen und Schreiben können Sie allerdings nur vorhandene Einstellungen, da der Indexer der `Settings`-Eigenschaft ein `KeyValueConfigurationElement`-Objekt zurückgibt, wenn die Einstellung vorhanden ist und `null`, wenn die Einstellung nicht vorhanden ist. In einer korrekten Konfigurationsdatei sollten natürlich alle benötigten Einstellungen auch vorhanden sein. Für den Fall, dass Einstellungen u.U. nicht vorhanden sind, können Sie die Rückgabe des Indexers auf `null` überprüfen und die Einstellung über die `Add`-Methode hinzufügen.

Über die `Save`-Methode speichern Sie schließlich die Konfiguration.

> **Hinweis**
> Der Benutzer, unter dessen Konto die Anwendung ausgeführt wird, muss dazu natürlich Schreibrechte auf dem Anwendungsordner besitzen. Und genau das ist häufig das Problem, denn in vielen Firmen wird den Anwendern kein Schreibrecht auf den Anwendungsordner gewährt. Umgehen können Sie das Problem über die Verwaltung der Daten im Benutzerordner, wie ich es in Rezept 77 zeige.

>> **Anwendungen, Konfiguration, Prozesse und Dienste**

Listing 138 zeigt ein Beispiel, in dem die Konfigurationsdatei aus dem Rezept 78 mit geänderten Daten beschrieben wird. Neben dem direkten Schreiben der bereits vorhandenen Einstellungen wird überprüft, ob die Einstellung *LastAccessDate* existiert und diese gegebenenfalls angelegt.

```
// Konfiguration für die Anwendungsdaten öffnen
Configuration configuration = ConfigurationManager.OpenExeConfiguration(
   ConfigurationUserLevel.None);

// Vorhandene Einstellungen schreiben
configuration.AppSettings.Settings["Server"].Value = "Zaphod";
configuration.AppSettings.Settings["UserId"].Value = "Trillian";
configuration.AppSettings.Settings["Password"].Value = "42";

// Überprüfen, ob die Einstellung LastAccessDate existiert
if (configuration.AppSettings.Settings["LastAccessDate"] == null)
{
   // Einstellung erzeugen
   configuration.AppSettings.Settings.Add("LastAccessDate",
      DateTime.Now.ToString());
}
else
{
   // Einstellung beschreiben
   configuration.AppSettings.Settings["LastAccessDate"].Value =
      DateTime.Now.ToString();
}

// Konfiguration speichern
configuration.Save();
```

Listing 138: Ändern der Anwendungs-Konfiguration

80 Anwendungskonfiguration über eine eigene XML-Datei

Die Anwendungskonfiguration über die Standard-Konfigurationsdatei einer Anwendung (siehe die vorhergehenden Rezepte) ist zwar recht einfach, besitzt aber leider auch einige Nachteile. Der wesentliche Nachteil ist, dass die Verwaltung der Daten in der Konfigurationsdatei für einen unbedarften Anwender u.U. etwas undurchsichtig ist.

Die im Folgenden beschriebene Klasse `Config` ermöglicht hingegen die Verwaltung von Konfigurationsdaten in einer einfachen XML-Datei, die beispielsweise folgendermaßen aussieht:

252 >> Anwendungskonfiguration über eine eigene XML-Datei

```xml
<?xml version="1.0" encoding="utf-8" standalone="yes"?>
<config>
  <Database>
    <Server>Zaphod</Server>
    <UserId>Trillian</UserId>
    <Password>42</Password>
  </Database>
  <System>
    <StartTime>10:00</StartTime>
    <LastAccess>12.04.2003 14:03:36</LastAccess>
  </System>
</config>
```

Listing 139: Eine eigene Konfigurationsdatei

Die einzelnen Einstellungen sind in normalen XML-Elementen gespeichert und werden über übergeordnete Elemente in Sektionen eingeteilt. Eine Instanz der Klasse `Config` ermöglicht über eine Auflistung den Zugriff auf die einzelnen Sektionen. Innerhalb jeder Sektion steht eine weitere Auflistung für die Einstellungen zur Verfügung. Für jede zu speichernde Einstellung verwaltet die Klasse den Namen, den Wert, einen Defaultwert und eine Information darüber, ob die Einstellung beim Lesen der Konfigurationsdatei in dieser gefunden wurde.

Zur Realisation dieser Idee ist zunächst eine Klasse `Setting` zur Speicherung der einzelnen Einstellungen notwendig.

```csharp
using System;
using System.IO;
using System.Xml;
using System.Collections.Generic;

...

public class Setting
{
    // Der Name der Einstellung
    public string Name;

    // Der Wert der Einstellung
    public string Value;

    // Der Defaultwert für das Lesen
    public string DefaultValue;

    // Info darüber, ob die Einstellung in der
```

Listing 140: Klasse zur Speicherung einer Einstellung

>> Anwendungen, Konfiguration, Prozesse und Dienste

```
   // Config-Datei gefunden wurde
   public bool WasInFile;

   /* Konstruktor */
   public Setting(string name, string defaultValue)
   {
      this.Name = name;
      this.DefaultValue = defaultValue;
   }
}
```

Listing 140: Klasse zur Speicherung einer Einstellung (Forts.)

Die Klasse Settings implementiert eine Auflistung vom Typ Dictionary und ist spezialisiert auf Instanzen von Setting. Settings wird von der generischen Dictionary-Klasse, die als Grundlage für die Erzeugung von typsicheren assoziativen Auflistungen dient, abgeleitet. Eine Methode Add dient dem Hinzufügen einer neuen Einstellung.

```
public class Settings : Dictionary<string, Setting>
{
   /* Methode zum Hinzufügen einer neuen Einstellung */
   public void Add(string settingName, string defaultValue)
   {
      this.Add(settingName,
         new Setting(settingName, defaultValue));
   }
}
```

Listing 141: Klasse zur Verwaltung eine Auflistung von Einstellungen

Die Klasse Section verwaltet die Daten einer Sektion. Neben dem Namen derselben enthält diese Klasse eine Eigenschaft Settings vom Typ der Einstellungs-Auflistung. In dieser Auflistung sollen die Einstellungen verwaltet werden, die der Sektion zugeordnet sind. Damit die Auflistung automatisch zur Verfügung steht, wird die Instanz der Klasse Settings im Konstruktor erzeugt:

```
public class Section
{
   // Der Name der Sektion
   public string Name;

   // Die Einstellungen der Sektionen
   public Settings Settings;
```

Listing 142: Klasse zur Speicherung einer Einstellungs-Sektion

```
/* Konstruktor */
public Section(string sectionName)
{
   this.Name = sectionName;
   this.Settings = new Settings();
}
```

Listing 142: Klasse zur Speicherung einer Einstellungs-Sektion (Forts.)

Ähnlich der Auflistung zur Verwaltung von Einstellungen implementiert die Klasse Sections eine Dictionary-Auflistung zur Verwaltung mehrerer Section-Instanzen:

```
public class Sections: Dictionary<string, Section>
{
   /* Fügt der Auflistung ein neues Section-Objekt hinzu */
   public void Add(string name)
   {
      this.Add(name, new Section(name));
   }
}
```

Listing 143: Auflistungs-Klasse zur Speicherung von Einstellungs-Sektionen

Die eigentliche Haupt-Klasse Config verwaltet in einer privaten Eigenschaft den Dateinamen der Konfigurationsdatei und in einer öffentlichen Eigenschaft eine Instanz der Klasse Sections. Im Konstruktor wird der Dateiname übergeben und die Sections-Instanz erzeugt:

```
public class Config
{
   /* Eigenschaften */
   private string fileName;
   public Sections Sections;

   /* Konstruktor */
   public Config(string fileName)
   {
      this.fileName = fileName;
      this.Sections = new Sections();
   }
```

Listing 144: Eigenschaften und Konstruktor der Klasse Config

>> **Anwendungen, Konfiguration, Prozesse und Dienste**

Die Methode `Load` ermöglicht das Lesen der Einstellungen aus der Konfigurationsdatei. Diese Methode erzeugt dazu zunächst eine Instanz der Klasse `XmlDocument` und lädt die über die Eigenschaft `fileName` angegebene XML-Datei. Für den Fall, dass beim Laden ein Fehler auftritt, fängt die Methode die möglichen Ausnahmen ab und erzeugt daraus direkt eine neue Ausnahme, allerdings mit einer genaueren Fehlermeldung. Danach geht `Load` alle Sektionen und in diesen alle Einstellungen durch und ermittelt über einen XPath-Ausdruck das XML-Element, das diese Einstellung speichert. Wird das Element gefunden, liest die Methode dessen Wert aus und speichert ihn im aktuellen `Setting`-Objekt. Um später auswerten zu können, ob Einstellungen erfolgreich gelesen wurden, wird die Eigenschaft `WasInFile` des `Setting`-Objekts entsprechend mit `true` oder `false` beschrieben. `Load` gibt `true` zurück, wenn alle Einstellungen gelesen werden konnten. Konnte auch noch eine Einstellung nicht gelesen werden, gibt diese Methode `false` zurück.

```csharp
public bool Load()
{
   // Variable für den Rückgabewert
   bool returnValue = true;

   // XmlDocument-Objekt für die Einstellungs-Datei erzeugen
   XmlDocument xmlDoc = new XmlDocument();

   // Datei laden
   try
   {
      xmlDoc.Load(this.fileName);
   }
   catch (IOException ex)
   {
      throw new IOException("Fehler beim Laden der Konfigurationsdatei '"
         + this.fileName + "': " + ex.Message);

   }
   catch (XmlException ex)
   {
      throw new XmlException("Fehler beim Laden der Konfigurationsdatei '"
         + this.fileName + "': " + ex.Message, ex);
   }

   // Alle Sektionen durchgehen und die Einstellungen einlesen
   foreach (Section section in this.Sections.Values)
   {
      // Alle Einstellungen der Sektion durchlaufen
      foreach (Setting setting in section.Settings.Values)
      {
```

Listing 145: Methode zum Lesen der Konfigurationsdatei

```
        // Einstellung im XML-Dokument lokalisieren
        XmlNode settingNode = xmlDoc.SelectSingleNode(
           "/config/" + section.Name + "/" + setting.Name);
        if (settingNode != null)
        {
           // Einstellung gefunden
           setting.Value = settingNode.InnerText;
           setting.WasInFile = true;
        }
        else
        {
           // Einstellung nicht gefunden
           setting.Value = setting.DefaultValue;
           setting.WasInFile = false;
           returnValue = false;
        }
     }
  }

  // Ergebnis zurückmelden
  return returnValue;
}
```

Listing 145: Methode zum Lesen der Konfigurationsdatei (Forts.)

Die Methode `Save` speichert die Konfigurationsdaten in die XML-Datei. Sie erzeugt dazu eine neue Instanz der Klasse `XmlDocument` und initialisiert diese mit dem Skelett des XML-Dokuments (wobei als kleiner Trick die `LoadXml`-Methode mit einem String aufgerufen wird, der genau dieses Skelett beinhaltet).

Dann geht `Save` die einzelnen Sektionen der Einstellungen durch, um innerhalb des XML-Dokuments für jede Sektion und für jede Einstellung ein entsprechendes Element zu erzeugen. Schließlich wird die Datei noch gespeichert, wobei natürlich eventuelle Ausnahmen abgefangen und mit einer genaueren Fehlermeldung weitergegeben werden.

```
public void Save()
{
   // XmlDocument-Objekt für die Einstellungs-Datei erzeugen
   XmlDocument xmlDoc = new XmlDocument();

   // Skelett der XML-Datei erzeugen
   xmlDoc.LoadXml("<?xml version=\"1.0\" encoding=\"utf-8\" " +
      "standalone=\"yes\"?><config></config>");
```

Listing 146: Methode zum Speichern der Konfigurationsdatei

Anwendungen, Konfiguration, Prozesse und Dienste

```csharp
        // Alle Sektionen durchgehen und die Einstellungen schreiben
        foreach (Section section in this.Sections.Values)
        {
            // Element für die Sektion erzeugen und anfügen
            XmlElement sectionElement = xmlDoc.CreateElement(section.Name);
            xmlDoc.DocumentElement.AppendChild(sectionElement);

            // Alle Einstellungen der Sektion durchlaufen
            foreach (Setting setting in section.Settings.Values)
            {
                // Einstellungs-Element erzeugen und anfügen
                XmlElement settingElement =
                    xmlDoc.CreateElement(setting.Name);
                settingElement.InnerText = setting.Value;
                sectionElement.AppendChild(settingElement);
            }
        }

        // Datei speichern
        try
        {
            xmlDoc.Save(this.fileName);
        }
        catch (IOException ex)
        {
            throw new IOException("Fehler beim Speichern der " +
                "Konfigurationsdatei '" + this.fileName + "': " + ex.Message);

        }
        catch (XmlException ex)
        {
            throw new XmlException("Fehler beim Speichern der " +
                " Konfigurationsdatei '" + this.fileName + "': " +
                ex.Message, ex);
        }
    }
}
```

Listing 146: Methode zum Speichern der Konfigurationsdatei (Forts.)

Die beispielhafte Anwendung dieser Klasse zeigt das folgende Listing:

```csharp
// Config-Instanz erzeugen
Config config = new Config(Path.Combine(Application.StartupPath,
    "Config.xml"));
```

Listing 147: Anwendung der Klasse Config zur Verwaltung von Anwendungs-Konfigurationsdaten

```
// Konfigurations-Sektionen und Einstellungen definieren
config.Sections.Add("System");
config.Sections.Add("Database");
config.Sections["System"].Settings.Add("LastAccess", "00:00");
config.Sections["Database"].Settings.Add("Server", "(local)");

// Datei einlesen
config.Load();

// Ein Datum lesen und ausgeben
Setting setting = config.Sections["System"].Settings["LastAccess"];
if (setting.WasInFile == false)
   Console.WriteLine("Einstellung System/LastAccess nicht gefunden");
Console.WriteLine("LastAccess: {0}", setting.Value);

// Den Wert ändern
setting.Value = DateTime.Now.ToString();

// Datei speichern
config.Save();
```

Listing 147: Anwendung der Klasse Config zur Verwaltung von Anwendungs-Konfigurationsdaten (Forts.)

> **Hinweis**
>
> Die in diesem Rezept vorgestellten Klassen könnten noch wesentlich erweitert werden. So könnte die `Setting`-Klasse zusätzlich den Datentyp der Einstellung und bei numerischen Daten einen Minimal- und Maximalwert verwalten. Beim Einlesen bzw. Schreiben der Daten könnten diese dann auf den korrekten Datentyp und die Einhaltung der Wertgrenzen überprüft werden. Eine weitere sinnvolle Idee ist die automatische Erzeugung eines Formulars über eine weitere Methode, in dem der Anwender die Einstellungen bearbeiten kann. Das Formular könnte die einzelnen Sektionen und deren Einstellungen in einem `TreeView`-Steuerelement darstellen. Wählt der Anwender eine Einstellung aus, wird diese in einem separaten Bereich des Formulars zur Bearbeitung in einer `TextBox` dargestellt.

81 Daten aus der Registry lesen und in die Registry schreiben

Über die Klasse `Registry` aus dem Namensraum `Microsoft.Win32` können Sie Daten aus der Windows-Registry lesen, Daten manipulieren, neue Daten in vorhandenen Registry-Schlüsseln erzeugen und neue Schlüssel erzeugen.

Basis für die Arbeit mit der Registry ist die Klasse `RegistryKey`, die einen (Unter-)Schlüssel der Registry repräsentiert. Über verschiedene Methoden können Sie den

Schlüssel bearbeiten. Die Methode `GetValue` liest z.B. den Wert eines Eintrags in einem Schlüssel, über die Methode `SetValue` können Sie einen Wert schreiben. Die Methode `CreateSubKey` ermöglicht das Erzeugen eines Unterschlüssels, über `DeleteSubKey` können Sie einen Unterschlüssel löschen. Die `OpenSubKey`-Methode öffnet einen Schlüssel, der einem anderen Schlüssel untergeordnet ist.

Die Wurzel-Schlüssel der Registry erreichen Sie über die statischen Eigenschaften `ClassesRoot` (HKEY_CLASSES_ROOT), `CurrentConfig` (HKEY_CURRENT_CONFIG), `CurrentUser` (HKEY_CURRENT_USER), `DynData` (HKEY_DYN_DATA), `LocalMachine` (HKEY_LOCAL_MACHINE), `PerformanceData` (HKEY_PERFORMANCE_DATA) und `Users` (HKEY_USERS). Da diese Eigenschaften ein `RegistryKey`-Objekt referenzieren, können Sie über die `OpenSubKey`-Methode zu einem Unterschlüssel navigieren. Die einzelnen Schlüsselnamen des (relativen) Pfads geben Sie durch Backslashes getrennt an.

Das folgende Beispiel liest den Wert *DOC-PATH* des Schlüssels *HKEY_CURRENT_USER\Software\Microsoft\Office\11.0\Word\Options*. Das Programm benötigt den Import der Namensräume `System` und `Microsoft.Win32`.

```
RegistryKey regKey = Registry.CurrentUser.OpenSubKey(
    @"Software\Microsoft\Office\11.0\Word\Options");

string wordDocPath = null;
if (regKey != null)
{
    object regValue = regKey.GetValue("DOC-PATH");
    if (regValue != null)
    {
        wordDocPath = regValue.ToString();
        Console.WriteLine(wordDocPath);
    }
    else
    {
        Console.WriteLine("Wert nicht gefunden");
    }
}
else
{
    Console.WriteLine("Schlüssel nicht gefunden");
}
```

Listing 148: Lesen eines Registry-Eintrags

Beim Schreiben sollten Sie für jeden Unterschlüssel überprüfen, ob dieser existiert, und den Schlüssel gegebenenfalls anlegen, bis Sie am letzten Schlüssel angelangt sind und dort den Wert schreiben können. Da das Ganze für die Praxis ein wenig kompliziert ist, habe ich eine Klasse `RegUtils` entwickelt, die den Registry-Zugriff erleichtert.

Daten aus der Registry lesen und in die Registry schreiben

Den Methoden dieser Klasse wird der Registry-Pfad in der unter Windows üblichen Form übergeben, wobei der Wurzel-Schlüssel allerdings separat übergeben wird. Ein solcher Pfad sieht dann z.B. so aus:

Software\Microsoft\Office\10.0\Word\Options\DOC-PATH

Um den Wurzel-Schlüssel angeben zu können, habe ich zunächst eine Aufzählung implementiert:

```
public enum RegistryRootKeys
{
    HKEY_CLASSES_ROOT,
    HKEY_CURRENT_CONFIG,
    HKEY_CURRENT_USER,
    HKEY_DYN_DATA,
    HKEY_LOCAL_MACHINE,
    HKEY_PERFORMANCE_DATA,
    HKEY_USERS
}
```

Listing 149: Aufzählung zur Angabe der Registry-Wurzel-Schlüssel

Die Methoden der Klasse RegUtils fangen mögliche Ausnahmen (z.B. die Ausnahme vom Typ UnauthorizedAccessException bei einem unautorisierten Zugriff) nicht ab, sodass diese an den Aufrufer weitergereicht werden.

Die erste (private) Methode GetRegistryRootKey gibt eine Referenz auf das zu einem Wert der RegistryRootKeys-Aufzählung passende RegistryKey-Objekt zurück. Diese Methode wird in den anderen Methoden der Klasse aufgerufen.

```
public class RegUtils
{
    private static RegistryKey GetRegistryRootKey(RegistryRootKeys rootKey)
    {
        // Ermitteln des Registry-Wurzel-Schlüssels
        RegistryKey regKey = null;
        switch (rootKey)
        {
            case RegistryRootKeys.HKEY_CLASSES_ROOT:
                regKey = Registry.ClassesRoot;
                break;
            case RegistryRootKeys.HKEY_CURRENT_CONFIG:
                regKey = Registry.CurrentConfig;
                break;
            case RegistryRootKeys.HKEY_CURRENT_USER:
```

Listing 150: Methode zum Ermitteln einer Referenz auf ein Wurzel-RegistryKey-Objekt

>> **Anwendungen, Konfiguration, Prozesse und Dienste**

```
                regKey = Registry.CurrentUser;
                break;
            case RegistryRootKeys.HKEY_DYN_DATA:
                regKey = Registry.DynData;
                break;
            case RegistryRootKeys.HKEY_LOCAL_MACHINE:
                regKey = Registry.LocalMachine;
                break;
            case RegistryRootKeys.HKEY_PERFORMANCE_DATA:
                regKey = Registry.PerformanceData;
                break;
            case RegistryRootKeys.HKEY_USERS:
                regKey = Registry.Users;
                break;
        }

        return regKey;
    }
```

Listing 150: Methode zum Ermitteln einer Referenz auf ein Wurzel-RegistryKey-Objekt (Forts.)

Die Methode zum Lesen eines Registry-Eintrags (`ReadValue`) ruft zunächst `GetRegistryRootKey` auf um das zum übergebenen Wurzel-Schlüssel-Wert passende `RegistryKey`-Objekt zu referenzieren. Über diese Referenz ruft `ReadValue` dann die `OpenSubKey`-Methode unter der Übergabe des Registry-Pfades auf. Wird der Schlüssel gefunden, liest die Methode den Wert des übergebenen Wertnamens. Im Erfolgsfall liefert `ReadValue` den gelesenen Wert zurück. Wird der Wert nicht gefunden, gibt diese Methode den übergebenen Defaultwert zurück.

```
    public static object ReadValue(RegistryRootKeys rootKey, string keyPath,
        string valueName, object defaultValue)
    {
        // Schlüssel ermitteln
        RegistryKey regKey = GetRegistryRootKey(rootKey).OpenSubKey(keyPath);

        // Wert auslesen, wenn der Unterschlüssel gefunden wurde
        object regValue = defaultValue;
        if (regKey != null)
        {
            regValue = regKey.GetValue(valueName);
        }

        return regValue;
    }
```

Listing 151: Methode zum Lesen eines Registry-Eintrags

`ReadValue` gibt (entsprechend der `GetValue`-Methode des `RegistryKey`-Objekts) einen String zurück, wenn der Registry-Eintrag vom Typ `REG_SZ` oder `REG_EXPAND_SZ` ist. Bei einem mehrteiligen String (`REG_MULTI_SZ`) wird ein String-Array mit den einzelnen Teilen zurückgegeben. Ein numerischer Wert (`REG_DWORD`) wird als `int` zurückgegeben, binäre Daten (`REG_BINARY`) als Byte-Array.

Ich habe bewusst bei dieser Methode auf die Erzeugung einer Ausnahme für den Fall, dass der Eintrag nicht gefunden wurde, verzichtet. Durch die Übergabe eines geeigneten Defaultwerts können Sie recht flexibel auf das Nichtvorhandensein eines Eintrags reagieren. Übergeben Sie beim Aufruf dieser Methode als Defaultwert `null`, können Sie problemlos entscheiden, ob der Eintrag gefunden wurde. Gibt `ReadValue` in diesem Fall `null` zurück, wurde der Eintrag nicht gefunden (für leere, aber vorhandene Einträge gibt `ReadValue` je nach Datentyp des Eintrags einen Leerstring, 0 oder ein leeres Array zurück).

Die Methode zum Schreiben von Einträgen (`WriteValue`) arbeitet ähnlich. Übergeben wird wie bei `ReadValue` ein Wert der Aufzählung `RegistryRootKeys`, der den Wurzel-Schlüssel bezeichnet, der Pfad des Schlüssels und der Name des Eintrags. Dann folgen der Wert des Eintrags und eine Information darüber, ob `WriteValue` Unterschlüssel anlegen soll, falls diese nicht gefunden wurden.

Abhängig vom Typ des übergebenen zu schreibenden Wertes erzeugt die in `WriteValue` verwendete `SetValue`-Methode einen Eintrag vom Typ `REG_SZ`, `REG_DWORD` oder `REG_BINARY`. Ein `REG_BINARY`-Eintrag wird erzeugt, wenn Sie ein Byte-Array übergeben. Ein `REG_DWORD`-Wert wird erzeugt, wenn Sie einen `unit`- oder `int`-Wert übergeben. In allen anderen Fällen wird ein `REG_SZ`-Wert erzeugt.

`WriteValue` ermittelt zuerst eine Referenz auf das Wurzel-`RegistryKey`-Element und zerlegt den Pfad dann in seine Teile. Beim Durchgehen des Pfads wird ein nicht existierender Unterschlüssel über die `CreateSubKey`-Methode angelegt, falls das Argument `createIfNotExist` `true` ist. Der jeweilige Schlüssel muss dazu durch die Übergabe von `true` am zweiten Argument der `OpenSubKey`-Methode so geöffnet werden, dass auch ein Schreiben möglich ist. Schließlich wird noch der Wert geschrieben, wenn der letzte Unterschlüssel ermittelt werden konnte. Für den Fall, dass dieser nicht gefunden wird, erzeugt `WriteValue` eine Ausnahme.

```
public static void WriteValue(RegistryRootKeys rootKey, string keyPath,
   string valueName, object value, bool createIfNotExist)
{
   // Wurzel-Schlüssel ermitteln
   RegistryKey regKey = GetRegistryRootKey(rootKey);

   // Den Pfad in seine Einzelteile zerlegen
   string[] pathToken = keyPath.Split('\\');

   // Pfad durchgehen und den Schlüssel referenzieren
```

Listing 152: Methode zum Schreiben eines Registry-Eintrags

>> **Anwendungen, Konfiguration, Prozesse und Dienste**

```
    RegistryKey subKey = null;
    for (int i = 0; i < pathToken.Length; i++)
    {
        if (regKey != null)
        {
            // Unterschlüssel zum Lesen und Schreiben öffnen
            subKey = regKey.OpenSubKey(pathToken[i], true);

            if (subKey == null && createIfNotExist)
            {
                // Unterschlüssel nicht gefunden: Schlüssel erzeugen
                // falls dies gewünscht ist
                subKey = regKey.CreateSubKey(pathToken[i]);
            }
            regKey = subKey;
        }
    }

    // Wert schreiben, wenn der Unterschlüssel gefunden wurde
    if (regKey != null)
    {
        regKey.SetValue(valueName, value);
    }
    else
    {
        // Ausnahme werfen
        throw new Exception("Schlüssel " + rootKey.ToString() + "\\" +
            keyPath + " nicht gefunden");
    }
}
```

Listing 152: Methode zum Schreiben eines Registry-Eintrags (Forts.)

Nun fehlt noch eine Methode zum Löschen eines Eintrags. `DeleteValue` referenziert dazu zunächst den Schlüssel, der dem übergebenen Pfad entspricht. Wird der Schlüssel gefunden, ruft `DeleteValue` dessen `Delete`-Methode. Im negativen Fall erzeugt die Methode eine Ausnahme:

```
public static void DeleteValue(RegistryRootKeys rootKey, string keyPath,
    string valueName)
{
    // Unterschlüssel zum Schreiben öffnen
    RegistryKey regKey = GetRegistryRootKey(rootKey).OpenSubKey(
        keyPath, true);

    // Wert über den übergeordneten Schlüssel löschen
```

Listing 153: Methode zum Löschen eines Werts in der Registry

```
    // wenn dieser gefunden wurde
    if (regKey != null)
    {
        regKey.DeleteValue(valueName, false);
    }
    else
    {
        // Schlüssel nicht gefunden: Ausnahme werfen
        throw new Exception("Schlüssel " + rootKey.ToString() + "\\" +
            keyPath + " nicht gefunden");
    }
}
```

Listing 153: Methode zum Löschen eines Werts in der Registry (Forts.)

Die Methode `DeleteKey` löscht schließlich einen ganzen Schlüssel. Da ein Schlüssel über die `DeleteSubKey`-Methode des übergeordneten Schlüssels gelöscht werden muss, zerlegt `DeleteKey` den übergebenen Pfad zunächst in den Pfad zum übergeordneten Schlüssel und den Namen des zu löschenden Schlüssels. Mit dem so ermittelten Pfad referenziert die Methode den übergeordneten Schlüssel und ruft dessen `DeleteSubKey`-Methode mit dem Namen des Unterschlüssels auf. Für den Fall, dass der übergeordnete Schlüssel nicht gefunden wurde, erzeugt `DeleteKey` eine Ausnahme:

```
public static void DeleteKey(RegistryRootKeys rootKey, string keyPath)
{
    // Den Pfad zum übergeordneten Schlüssel und den Namen des zu
    // löschenden Schlüssels ermitteln
    int i = keyPath.LastIndexOf("\\");
    string parentKeyPath = keyPath.Substring(0, i);
    string keyName = keyPath.Substring(i + 1, keyPath.Length - i - 1);

    // Den dem zu löschenden Schlüssel übergeordneten Schlüssel zum
    // Schreiben öffnen
    RegistryKey regKey = GetRegistryRootKey(rootKey).OpenSubKey(
        parentKeyPath, true);

    if (regKey != null)
    {
        // Schlüssel über den übergeordneten Schlüssel löschen
        regKey.DeleteSubKey(keyName);
    }
    else
    {
        // Schlüssel nicht gefunden: Ausnahme werfen
        throw new Exception("Schlüssel " + rootKey.ToString() + "\\" +
```

Listing 154: Methode zum Löschen eines Schlüssels in der Registry

```
                keyPath + " nicht gefunden");
        }
    }
}
```

Listing 154: Methode zum Löschen eines Schlüssels in der Registry (Forts.)

Damit ist die Klasse fertig. Listing 155 zeigt eine beispielhafte Anwendung dieser Klasse.

```
// Wert des Eintrags HKEY_CURRENT_USER\Software\Microsoft\Office\
// 11.0\Word\Options\DOC-PATH lesen
object wordDocPath = RegUtils.ReadValue(RegistryRootKeys.HKEY_CURRENT_USER,
    @"Software\Microsoft\Office\11.0\Word\Options", "DOC-PATH", null);
if (wordDocPath != null)
{
    Console.WriteLine(wordDocPath);
}
else
{
    Console.WriteLine("Eintrag nicht gefunden");
}

// Eintrag
// HKEY_CURRENT_USER\Software\Addison-Wesley\Codebook\Version
// so schreiben, dass der Eintrag inklusive allen Schlüsseln
// automatisch angelegt wird, falls er noch nicht existiert
RegUtils.WriteValue(RegistryRootKeys.HKEY_CURRENT_USER,
    @"Software\Addison-Wesley\Codebook", "Version", "1.0", true);

// Eintrag
// HKEY_CURRENT_USER\Software\Addison-Wesley\Codebook\Samples schreiben
RegUtils.WriteValue(RegistryRootKeys.HKEY_CURRENT_USER,
    @"Software\Addison-Wesley\Codebook\Samples", "Registry",
    "c:\\Samples\\Registry", true);

// Schlüssel
// HKEY_CURRENT_USER\Software\Addison-Wesley\Codebook\Samples löschen
RegUtils.DeleteKey(RegistryRootKeys.HKEY_CURRENT_USER,
    @"Software\Addison-Wesley\Codebook\Samples");

// DWord-Wert schreiben
RegUtils.WriteValue(RegistryRootKeys.HKEY_CURRENT_USER,
    @"Software\Addison-Wesley\Codebook", "DWord-Test-Value", 123, true);

// Binary-Wert schreiben
byte[] data = new byte[255];
```

Listing 155: Anwendung der Klasse RegUtils

```
for (byte i = 0; i < 255; i++)
{
   data[i] = i;
}
RegUtils.WriteValue(RegistryRootKeys.HKEY_CURRENT_USER,
   @"Software\Addison-Wesley\Codebook", "Binary-Test-Value", data, true);
```

Listing 155: Anwendung der Klasse RegUtils (Forts.)

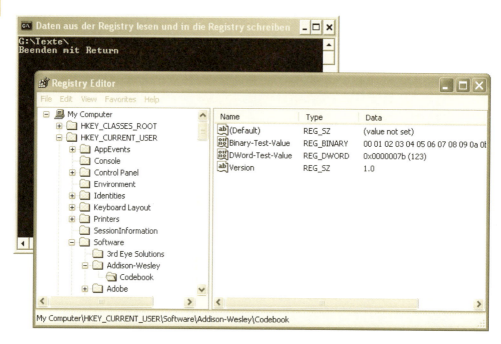

Abbildung 63: Das Beispielprogramm zum Lesen und Schreiben der Registry und der Registrierungs-Editor mit dem erzeugten Registry-Schlüssel

82 Verhindern, dass eine Anwendung mehrfach gestartet werden kann

In einigen Fällen ist es sinnvoll zu verhindern, dass eine Anwendung mehrfach gestartet werden kann. Das ist z.B. dann der Fall, wenn die Anwendung sehr langsam startet (weil beim Start umfangreiche Ressourcen geöffnet werden) oder wenn die Anwendung beim Start Ressourcen wie z.B. Dateien exklusiv öffnet (die dann beim zweiten Start nicht mehr geöffnet werden können bzw. dürfen).

Den mehrfachen Start können Sie auf verschiedene Weise verhindern. Einmal können Sie (idealerweise in der Main-Funktion) abfragen, ob bereits ein Prozess gleichen Namens wie die Anwendung ausgeführt wird. Dazu können Sie die GetProcesses-ByName-Methode der Klasse System.Diagnostics.Process einsetzen. Dieser Methode übergeben Sie den Namen des aktuellen Prozesses, den Sie über System.Diagnostics.

`Process.GetCurrentProcess().ProcessName` ermitteln. `GetProcessesByName` gibt ein Array von `Process`-Objekten zurück, das alle aktuell laufenden Prozesse repräsentiert, die den angegebenen Namen tragen. Da der aktuelle Prozess mit aufgeführt wird, könnten Sie die Länge des Arrays mit > 1 vergleichen um herauszufinden, ob mehr als ein Prozess mit dem Namen des aktuellen Prozesses ausgeführt wird.

Leider ist dieses Vorgehen nicht sicher. Der Prozessname entspricht nämlich dem Namen der Assembly (also dem Namen der ausführbaren Datei). Wird gerade eine andere Anwendung mit demselben Dateinamen ausgeführt, wird dieser Prozess auch aufgeführt.

Als Lösung können Sie die Prozesse durchgehen, die denselben Namen tragen wie der aktuelle, und zusätzlich den Fenstertitel vergleichen. Um den aktuellen Prozess auszuschließen, vergleichen Sie die Prozess-Id der Prozesse. Dieses Vorgehen schließt jedoch nicht aus, dass es unter Umständen auch einen Prozess einer eigentlich komplett anderen Anwendung geben kann, der denselben Dateinamen und zufällig auch denselben Fenstertitel trägt. Außerdem funktioniert diese Technik nicht, wenn Sie den Fenstertitel des Hauptfensters beim Start der Anwendung dynamisch setzen.

Alternativ können Sie die gefundenen Prozesse daraufhin überprüfen, ob die ausführbare Datei in demselben Ordner gespeichert ist, womit Sie ausschließen, dass versehentlich eine fremde Anwendung als die eigene Anwendung erkannt wird. Dummerweise ist es dann möglich die eigene Anwendung aus verschiedenen Ordnern heraus mehrfach zu starten.

Die scheinbar einzig vernünftige Lösung für diese Probleme ist die Verwendung eines *Mutex*. Ein Mutex ist ein Systemobjekt, das eigentlich für das (prozessübergreifende) Synchronisieren von Threads verwendet wird. Bei der Erzeugung eines Mutex können Sie diesem einen systemweiten Namen zuweisen.

Ein Thread kann über die `WaitOne`-Methode eines `Mutex`-Objekts dieses in einen »signalisierten« Zustand versetzen. Ist das Objekt gerade in diesem Zustand, wartet `WaitOne` so lange, bis der andere Thread den Mutex über die `ReleaseMutex`-Methode freigegeben hat (oder bis zu einem definierten Timeout). `WaitOne` gibt `true` zurück, wenn der Mutex in den Besitz des Thread gelangt ist. Nach dem erfolgreichen Aufruf von `WaitOne` kann der Thread dann auf externe Ressourcen zugreifen, ohne die Gefahr einzugehen, dass andere Threads, die denselben Mutex verwenden, gleichzeitig auch darauf zugreifen. Der Mutex wird schließlich über `ReleaseMutex` wieder freigegeben, damit andere Threads diesen über `WaitOne` sperren können.

Um den Mehrfachstart einer Anwendung zu verhindern, können Sie einen Mutex zweckentfremden. Dazu erzeugen Sie ein `Mutex`-Objekt, dem Sie im Konstruktor am zweiten Argument einen systemweit eindeutigen Namen übergeben. Die Methode `IsOtherInstanceRunning` in Listing 156 verwendet als Namen den Anwendungsnamen mit dem Zusatz »_MultiStartPrevent«. Am ersten Argument können Sie festlegen, ob der Mutex direkt in den Besitz des Thread gelangen soll (falls dies möglich ist). Da dies in der Praxis wenig Sinn macht (weil Sie dazu auch `WaitOne` aufrufen können), übergibt `IsOtherInstanceRunning` an diesem Argument `false`.

>> Verhindern, dass eine Anwendung mehrfach gestartet werden kann

Dann können Sie über `WaitOne` den Besitz des Mutex anfordern. `IsOtherInstanceRunning` übergibt am ersten Argument als Timeout 0, damit `WaitOne` direkt zurückkehrt. Am zweiten Argument wird `true` übergeben, was hier keine weitere Bedeutung besitzt. Über dieses Argument können Sie bei Anwendungen, die vor dem Warten auf den Mutex den Zugriff auf Objekte oder Klassen über `lock` (bzw. über die `Monitor`-Klasse) sperren, festlegen, dass die Sperrung vor dem Warten aufgehoben und nach dem Warten wieder gesetzt wird. Damit verhindern Sie Deadlocks, wenn Sie gleichzeitig über `lock` sperren und Mutexe verwenden.

`IsOtherInstanceRunning` fragt dann einfach die Rückgabe von `WaitOne` ab um zu entscheiden, ob der Mutex in den Besitz des aktuellen Thread gelangt ist. Der Mutex wird dann auch nicht explizit freigegeben, damit dieser so lange signalisiert bleibt, wie die Anwendung geöffnet ist. Beim Beenden der Anwendung wird der Mutex automatisch freigegeben.

Zum Kompilieren der Methode müssen Sie die Namensräume `System` und `System.Threading` einbinden.

```
/* Variable für den Mutex, der von der Anwendung erzeugt wird */
private static Mutex mutex;

/* Methode zur Ermittlung, ob bereits eine Instanz der Anwendung ausgeführt
 * wird */
public static bool IsOtherInstanceRunning()
{
   // Mutex mit einem systemweit eindeutigen Namen erzeugen
   string mutexName = System.Windows.Forms.Application.ProductName +
      "_MultiStartPrevent";
   mutex = new Mutex(false, mutexName);

   // Signalisieren des Mutex und gleichzeitig abfragen, ob bereits ein
   // gleichnamiger Mutex existiert
   if (mutex.WaitOne(0, true))
   {
      return false;
   }
   else
   {
      return true;
   }
}
```

Listing 156: Mehrfachstart einer Anwendung über einen Mutex verhindern

Die `IsOtherInstanceRunning`-Methode können Sie nun auch in der `Main`-Methode einsetzen:

```
static void Main()
{
   // Überprüfen, ob die Anwendung bereits ausgeführt wird
   if (IsOtherInstanceRunning())
   {
      // Die Anwendung wird bereits ausgeführt, also eine Meldung ausgeben
      // und die Anwendung beenden
      MessageBox.Show("Dieses Programm kann nicht mehrfach ausgeführt " +
         "werden.", Application.ProductName, MessageBoxButtons.OK,
         MessageBoxIcon.Exclamation);
   }
   else
   {
      /* Anwendung mit dem Startformular starten */
      Application.EnableVisualStyles();
      Application.Run(new StartForm());
   }
}
```

Listing 157: Verhindern des Mehrfachstarts über IsOtherInstanceRunning

83 Aktivieren einer laufenden Anwendung

Wenn Sie eine laufende Anwendung aktivieren wollen, was besonders nach dem Verhindern des mehrfachen Starts einer Anwendung sinnvoll sein kann, könnten Sie die zu Visual Basic gehörende Methode AppActivate des Interaction-Moduls aus dem Namensraum Microsoft.VisualBasic verwenden. Leider ist AppActivate nicht in der Lage, eine minimierte Anwendung nach dem Aktivieren in den normalen Modus wiederherzustellen. Die Anwendung wird zwar aktiviert, bleibt aber minimiert. Deshalb verwende ich für die Lösung des Problems Windows-API-Funktionen.

Zum Kompilieren des Quellcodes müssen Sie zunächst die Namensräume System, System.Text, System.Diagnostics und System.Runtime.InteropServices importieren und die benötigten API-Funktionen deklarieren:

```
[DllImport("user32", SetLastError=true)]
private static extern int FindWindow(string lpClassName, string
lpWindowName);

[DllImport("user32", SetLastError = true)]
private static extern int GetWindowTextLength(IntPtr hWnd);

[DllImport("user32", SetLastError = true)]
private static extern int GetWindowText(IntPtr hWnd, StringBuilder lpString,
int nMaxCount);
```

Listing 158: Deklaration der benötigten API-Funktionen

```csharp
[DllImport("user32", SetLastError=true)]
public static extern int SetForegroundWindow(IntPtr hwnd);

[DllImport("user32", SetLastError=true)]
public static extern int IsIconic(IntPtr hwnd);

[DllImport("user32", SetLastError=true)]
public static extern int OpenIcon(IntPtr hwnd);

[DllImport("user32", SetLastError=true)]
private static extern int GetClassName(IntPtr hWnd,
    StringBuilder lpClassName,
    int nMaxCount);
```

Listing 158: Deklaration der benötigten API-Funktionen (Forts.)

Aktivieren über den genauen Fenstertitel

Die Basis-Methode `ActivateApplicationByCompleteTitle` aktiviert ein Fenster über den genauen Fenstertitel und (optional) den Klassennamen der Fenster-Klasse.

Diese Methode sucht zunächst über die Funktion `FindWindow` ein Fenster, das den übergebenen Fenstertitel und/oder Klassennamen trägt. Der Klassenname ist der Windows-interne Name der Klasse des Fensters. Wenn Sie für den Klassennamen `null` übergeben, sucht `FindWindow` ein beliebiges Fenster mit dem übergebenen Titel. Ich habe den Klassennamen mit in `ActivateApplicationByCompleteTitle` aufgenommen, da es möglich ist, dass zwei verschiedene Fenster denselben Titel tragen. Über den Klassennamen können Sie das Fenster bei Bedarf genauer spezifizieren. Um diesen herauszufinden, können Sie ein Tool wie das Microsoft-Werkzeug *Spy* verwenden (das ein Teil des Plattform-SDK ist). Um das Ganze zu vereinfachen, habe ich aber auch eine Hilfsmethode `GetWindowClassName` entwickelt, der ein Fenstertitel übergeben wird und die den Klassennamen zurückgibt.

`FindWindow` gibt den Handle des Fensters zurück, wenn eines gefunden wurde. In diesem Fall überprüft `ActivateApplicationByCompleteTitle` über die API-Funktion `IsIconic`, ob das Fenster minimiert ist. Ist dies der Fall, wird das Fenster über `OpenIcon` wiederhergestellt. Danach ruft `ActivateApplicationByCompleteTitle` die API-Funktion `SetForegroundWindow` auf um das Fenster in den Vordergrund zu holen.

```csharp
/* Aktiviert eine Anwendung über den kompletten Titel des Hauptfensters */
public static void ActivateApplicationByCompleteTitle(
    string mainWindowTitle, string mainWindowClassName)
{
    // Fenster mit dem übergebenen Klassennamen und Titel suchen
```

Listing 159: Methoden zum Aktivieren einer Anwendung und zum Auslesen des Klassennamens eines Fensters

```csharp
        int windowHandle = FindWindow(mainWindowClassName, mainWindowTitle);

        if (windowHandle != 0)
        {
            // Fenster gefunden: Überprüfen, ob das Fenster verkleinert ist
            if (IsIconic((IntPtr)windowHandle) != 0)
            {
                // Fenster wiederherstellen
                if (OpenIcon((IntPtr)windowHandle) == 0)
                {
                    throw new Exception("Windows-Fehler " +
                        Marshal.GetLastWin32Error() + " beim Wiederherstellen " +
                        "des Fensters mit dem Titel '" + mainWindowTitle +
                        "' aus dem minimierten Zustand.");
                }
            }

            // Fenster in den Vordergrund holen
            if (SetForegroundWindow((IntPtr)windowHandle) == 0)
            {
                throw new Exception("Windows-Fehler " +
                    Marshal.GetLastWin32Error() + " beim Nach-Vorne-Holen " +
                    "des Fensters mit dem Titel '" + mainWindowTitle + "'");
            }
        }
        else
        {
            throw new Exception("Fenster mit Titel '" + mainWindowTitle +
                "' nicht gefunden");
        }
    }

    /* Hilfs-Methode zum Ermitteln des Klassennamens eines Fensters */
    public static string GetWindowClassName(string windowTitle)
    {
        int windowHandle = FindWindow(null, windowTitle);
        if (windowHandle != 0)
        {
            StringBuilder className = new StringBuilder(255);
            if (GetClassName((IntPtr)windowHandle, className, 255) > 0)
            {
                return className.ToString();
            }
            else
            {
                throw new Exception("Windows-Fehler " +
```

Listing 159: Methoden zum Aktivieren einer Anwendung und zum Auslesen des Klassennamens eines Fensters (Forts.)

```
                Marshal.GetLastWin32Error() + "beim Ermitteln des " +
                " Klassennamens des Fensters mit dem Titel '" +
                windowTitle + "'");
        }
    }
    else
    {
        throw new Exception("Fenster mit dem Titel '" + windowTitle +
            "' nicht gefunden");
    }
}
```

Listing 159: Methoden zum Aktivieren einer Anwendung und zum Auslesen des Klassennamens eines Fensters (Forts.)

Alle verwendeten API-Funktionen liefern im Fehlerfall 0 zurück. In diesen Fällen generieren `ActivateApplicationByCompleteTitle` und `GetWindowClassName` eine Ausnahme. Um den zugrunde liegenden Windows-Fehler zu ermitteln, rufen beide Methoden `Marshal.GetLastWin32Error` auf, die den zuletzt aufgetretenen Windows-Fehler ausliest. Ich habe bewusst darauf verzichtet, den Windows-Fehlercode über die API-Funktion `FormatMessage` in eine lesbare Fehlermeldung umzuwandeln, um die Methoden übersichtlich zu gestalten und weil Windows-Fehler bei der Anwendung der eingesetzten Funktionen wohl eher selten auftreten.

Zur Vervollständigung habe ich eine weitere Variante von `ActivateApplicationByCompleteTitle` implementiert, die nur den Fenstertitel übergeben bekommt:

```
public static void ActivateApplicationByCompleteTitle(
    string mainWindowTitle)
{
    ActivateApplicationByCompleteTitle(mainWindowTitle, null)
}
```

Listing 160: Methode zum Aktivieren einer Anwendung über den Fenstertitel ohne den Klassennamen anzugeben

Aktivieren über einen teilweise angegebenen Fenstertitel

Da viele Anwendungen im Titel neben ihrem Namen zusätzliche Informationen ausgeben, ist es in vielen Fällen nicht möglich, diese über den kompletten Titel zu aktivieren. Deshalb habe ich zwei weitere Methoden (`ActivateApplicationByPartialTitle`) geschrieben, denen lediglich ein Teil des Titels übergeben werden kann.

Die Basisversion dieser Methoden geht alle Prozesse durch und ermittelt, ob diese ein Hauptfenster besitzen. Ist dies der Fall, liest die Methode über die API-Funktionen `GetWindowTextLength` und `GetWindowText` den Titel des Hauptfensters aus und vergleicht diesen mit dem übergebenen Fenstertitel. Dabei wird nur überprüft, ob der übergebene String in dem Fenstertitel vorkommt. Wird der Vergleich wahr, ruft `ActivateApplicationByPartialTitle` die Methode `ActivateApplicationByCompleteTitle` auf, um die Anwendung zu aktivieren.

Der Basisversion von `ActivateApplicationByPartialTitle` wird neben dem Fenstertitel auch der Klassenname übergeben um das Fenster genauer spezifizieren zu können. Eine zweite Variante dieser Methode besitzt lediglich ein Argument für den Fenstertitel für den Fall, dass Sie den Klassennamen nicht kennen:

```
/* Aktiviert eine Anwendung über den teilweise angegebenen
   Titel des Hauptfensters */
public static void ActivateApplicationByPartialTitle(
   string mainWindowTitle, string mainWindowClassName)
{
   string errors = null;
   int count = 0;
   // Alle Prozesse durchgehen
   foreach (Process process in Process.GetProcesses())
   {
      if ((int)process.MainWindowHandle != 0)
      {
         // Ermitteln der Länge des Textes des Hauptfensters
         int windowTextLength =
            GetWindowTextLength(process.MainWindowHandle);

         // Einlesen des Textes des Hauptfensters
         StringBuilder windowTextBuilder = new StringBuilder(
            windowTextLength + 1);
         if (GetWindowText(process.MainWindowHandle,
            windowTextBuilder, windowTextLength + 1) > 0)
         {
            // Ermitteln, ob der übergebene Titel in dem Text
            // des aktuellen Fensters vorkommt und Aktivieren
            // dieses Fensters im positiven Fall
            string windowText = windowTextBuilder.ToString();
            if (windowText.IndexOf(mainWindowTitle) > -1)
            {
               try
               {
                  AppUtils.ActivateApplicationByCompleteTitle(
                     windowText, mainWindowClassName);
                  count++;
               }
               catch (Exception ex)
               {
                  if (errors != null)
```

Listing 161: Methoden zum Aktivieren einer Anwendung über einen teilweise angegebenen Titel

```
                {
                    errors += Environment.NewLine;
                }
                errors += ex.Message;
            }
        }
    }
}

// Fehler auswerten
if (errors != null)
{
    throw new Exception(errors);
}
else if (count == 0)
{
    // Es wurde kein Fenster mit dem übergebenen Titel
    // gefunden
    throw new Exception("Fenster mit Titel '" + mainWindowTitle +
        "' nicht gefunden");
}
}

/* Aktiviert eine Anwendung über den teilweise angegebenen
   Titel des Hauptfensters */
public static void ActivateApplicationByPartialTitle(
    string mainWindowTitle)
{
    ActivateApplicationByPartialTitle(mainWindowTitle, null);
}
```

Listing 161: Methoden zum Aktivieren einer Anwendung über einen teilweise angegebenen Titel (Forts.)

> **Hinweis:** Da `ActivateApplicationByPartialTitle` alle laufenden Prozesse durchgeht, werden natürlich auch alle Anwendungen aktiviert, die den übergebenen Text im Titel tragen und deren Hauptfenster gegebenenfalls den übergebenen Klassennamen aufweist. Wenn Sie dies ausprobieren, sollten Sie jedoch beachten, dass viele Anwendungen, die scheinbar in mehreren Instanzen ausgeführt werden, nur einen Prozess verwenden. Microsoft Word und der Mozilla Firefox sind Beispiele dafür. Wenn Sie eine solche Anwendung aktivieren, wird nur eine Instanz in den Vordergrund geholt.

Das folgende Listing zeigt eine Anwendung der `ActivateApplicationByPartialTitle`-Methode, bei der das Fenster des Mozilla-Firefox-Browsers aktiviert wird:

```
try
{
   AppUtils.ActivateApplicationByPartialTitle(
      "Mozilla Firefox", "MozillaWindowClass");
}
catch (Exception ex)
{
   Console.WriteLine(ex.Message);
}
```

Listing 162: Beispiel-Anwendung der ActivateApplicationByPartialTitle-Methode

Aktivieren über ein Process-Objekt

Wenn Sie ein `Process`-Objekt für eine Anwendung besitzen, können Sie diese ebenfalls in den Vordergrund holen. Dazu lesen Sie den Handle des Hauptfensters über die Eigenschaft `MainWindowHandle` aus und setzen die API-Funktionen des vorhergehenden Rezepts ein. Listing 163 zeigt dies am Beispiel der Methode `ActivateApplicationByProcess`. Zum Kompilieren dieser Methode müssen Sie die Namensräume `System`, `System.Diagnostics`, `System.Text` und `System.Runtime.InteropServices` einbinden.

```
public static void ActivateApplicationByProcess(Process process)
{
   if ((int)process.MainWindowHandle != 0)
   {
      if (IsIconic((IntPtr)process.MainWindowHandle) != 0)
      {
         // Hauptfenster nach vorne holen
         if (OpenIcon(process.MainWindowHandle) == 0)
         {
            throw new Exception("Windows-Fehler " +
               Marshal.GetLastWin32Error() + " beim Wiederherstellen " +
               "des Fensters für den Prozess " + process.ProcessName +
               "' aus dem minimierten Zustand.");
         }
      }

      // Fenster in den Vordergrund holen
      if (SetForegroundWindow(process.MainWindowHandle) == 0)
      {
         throw new Exception("Windows-Fehler " +
            Marshal.GetLastWin32Error() + " beim Nach-vorne-Holen " +
            "des Hauptfensters des Prozesses '" + process.ProcessName +
            "'");
      }
   }
}
```

Listing 163: Aktivieren einer Anwendung über ein Process-Objekt

```csharp
        else
        {
            throw new Exception("Der Prozess '" + process.ProcessName +
                " besitzt kein Hauptfenster");
        }
    }
}
```

Listing 163: Aktivieren einer Anwendung über ein Process-Objekt (Forts.)

84 Auflisten aller laufenden Prozesse eines Computers

Über die `GetProcesses`-Methode der `Process`-Klasse erhalten Sie ein Array von `Process`-Objekten für alle aktuell ausgeführten Prozesse eines Computers. Wenn Sie dieser Methode nichts übergeben, verwaltet das zurückgegebene Array Objekte für alle lokalen Prozesse. Alternativ können Sie dieser Methode den Namen eines Computers im Netzwerk übergeben, um dessen Prozesse aufzulisten. Die Übergabe einer IP-Adresse oder des Namens *localhost* ist (eigenartigerweise) leider nicht möglich.

Die im Array verwalteten `Process`-Objekte besitzen eine Vielfalt an Eigenschaften und Methoden. Die interessantesten setzt der Beispiel-Programmcode in Listing 164 ein. Das Programm spart den Idle-Prozess (mit der Prozess-Id 0) aus, da auf einige Eigenschaften dieses Prozesses (wie z.B. die Startzeit) nicht zugegriffen werden kann.

Zum Kompilieren des Programms müssen Sie die Namensräume `System` und `System.Diagnostics` importieren.

```csharp
// Alle auf dem lokalen Computer laufenden Prozesse ermitteln
Process[] processes = Process.GetProcesses();

// Die Prozesse durchgehen und Informationen dazu anzeigen
for (int i = 0; i < processes.Length; i++)
{
    if (processes[i].Id != 0)
    {
        // Der "Idle"-Prozess wird ausgespart
        Console.WriteLine("Id: {0}", processes[i].Id);
        Console.WriteLine("Name: {0}", processes[i].ProcessName);
        Console.WriteLine("Startzeit: {0}", processes[i].StartTime.ToString());
        Console.WriteLine("Priorität: {0}", processes[i].BasePriority);
        Console.WriteLine("Hauptfenster-Titel: {0}",
            processes[i].MainWindowTitle);
        Console.WriteLine("Prozess reagiert: {0}", processes[i].Responding);
        Console.WriteLine("Anzahl Threads: {0}", processes[i].Threads.Count);
        Console.WriteLine("Prozessor-Zeit: {0}",
            processes[i].TotalProcessorTime);
```

Listing 164: Auflisten der wichtigsten Eigenschaften aller Prozesse des lokalen Computers

```
        Console.WriteLine("Virtuelle Speichergröße: {0}",
            processes[i].VirtualMemorySize64);
        Console.WriteLine();
    }
}
```

Listing 164: Auflisten der wichtigsten Eigenschaften aller Prozesse des lokalen Computers (Forts.)

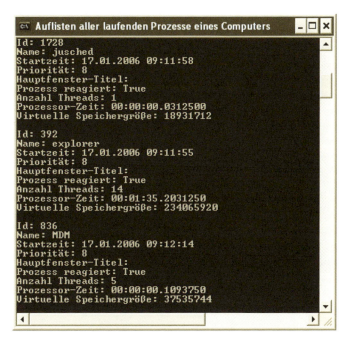

Abbildung 64: Das Programm zum Auflisten aller Prozesse eines Computers in Aktion

Wenn Sie die Prozesse eines Computers im Netzwerk auflisten wollen, geben Sie einfach dessen Namen an:

```
Process[] processes = Process.GetProcesses("Trillian");
...
```

85 Auflisten aller laufenden Anwendungen eines Computers

Das Auflisten aller laufenden Anwendungen ist nicht auf eine einfache Weise möglich. Problematisch daran ist, dass Sie zwar die laufenden Prozesse ermitteln können, aber nicht ohne weiteres erkennen, welcher Prozess eine echte Anwendung und welcher ein Hintergrundprozess ist.

Auflisten aller laufenden Anwendungen eines Computers

Zum Ermitteln der laufenden Prozesse können Sie wie im vorhergehenden Rezept die `GetProcesses`-Methode der `Process`-Klasse (aus dem Namensraum `System.Diagnostics`) aufrufen, die ein Array von `Process`-Objekten zurückgibt. Die Lösung, Anwendungen von Hintergrundprozessen zu unterscheiden, basiert nun auf der Idee, dass Anwendungen ein Hauptfenster besitzen. Da Sie den Handle dieses Fensters aus der Eigenschaft `MainWindowHandle` auslesen können, ist es ein Leichtes, Anwendungen (mit einer relativ hohen Sicherheit) von Hintergrundprozessen zu unterscheiden.

Das Beispiel erfordert den Import der Namensräume `System` und `System.Diagnostics`.

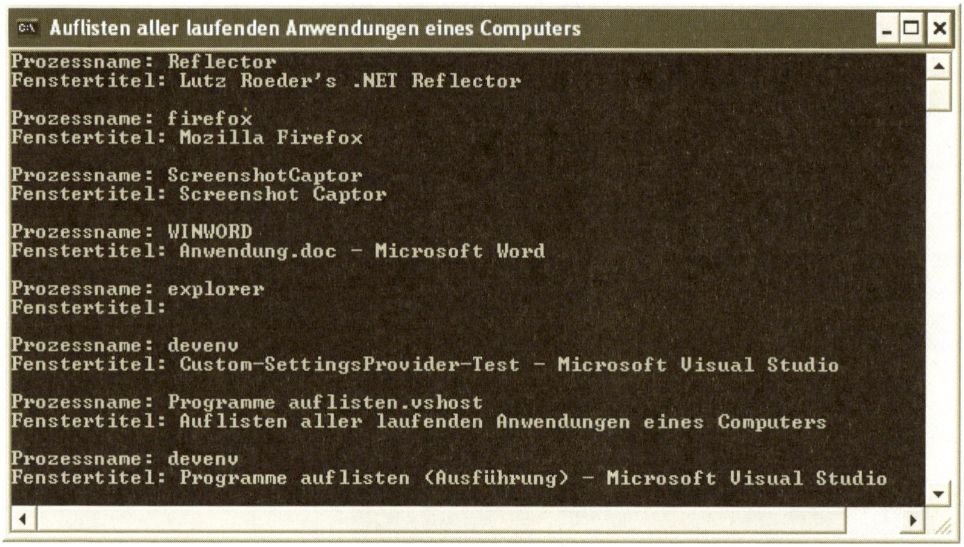

Abbildung 65: Das Programm zum Auflisten aller Anwendungen in Aktion

```
// Alle laufenden Prozesse ermitteln
Process[] processes = Process.GetProcesses();

// Die Prozesse durchgehen und die Prozesse mit einem Hauptfenster ermitteln
for (int i = 0; i < processes.Length; i++)
{
   if ((int)processes[i].MainWindowHandle != 0)
   {
      // Hauptfenster ist vorhanden, der Prozess ist also eine Anwendung:
      // Prozessname und Titel des Hauptfensters auslesen
      Console.WriteLine("Prozessname: {0}\r\nFenstertitel: {1}\r\n",
         processes[i].ProcessName, processes[i].MainWindowTitle);
   }
}
```

Listing 165: Ermitteln aller laufenden Anwendungen

Das Beispiel liest bei den gefundenen Anwendungen den Prozessnamen über die Eigenschaft `ProcessName` und den Titel des Hauptfensters über die Eigenschaft `MainWindowTitle` aus.

> **Hinweis:** Der Programmcode ist leider nicht absolut sicher, da einige (wenige) Hintergrundprozesse ein (unsichtbares) Hauptfenster besitzen und diese dann auch mit aufgelistet werden.

86 Informationen über die Dienste eines Computers auslesen

Über die Methode `GetServices` der Klasse `System.ServiceProcess.ServiceController` erhalten Sie ein Array von Referenzen auf `ServiceController`-Instanzen, die die Dienste eines Computers repräsentieren. Rufen Sie `GetServices` ohne Argument oder mit einem Punkt als Computernamen auf, erhalten Sie die Dienste des lokalen Computers. Sie können aber auch den Namen eines entfernten Rechners angeben, um dessen Dienste auszulesen.

Die `ServiceController`-Objekte der einzelnen Dienste liefern eine Vielzahl an Informationen und bieten darüber hinaus sogar Möglichkeiten, Dienste zu starten, anzuhalten oder zu stoppen (siehe nächstes Rezept). Der folgende Quellcode listet die wichtigsten Daten der ermittelten Dienste auf.

Das Programm benötigt eine Referenz auf die Assemblies *System.ServiceProcess.dll* und *System.Windows.Forms.dll* und die Einbindung der Namensräume `System`, `System.ServiceProcess` und `System.Windows.Forms`. Unter Windows 98 und Me kann das Programm nicht ausgeführt werden, da diese Systeme keine Dienste unterstützen.

```
string machineName = "."; // . = lokaler Rechner

// Dienste ermitteln
ServiceController[] services = null;
try
{
   services = ServiceController.GetServices(machineName);
}
catch (Exception ex)
{
   MessageBox.Show("Fehler beim Auslesen der Dienste " +
      "auf dem Computer " + machineName + ": " +
      ex.Message, Application.ProductName,
      MessageBoxButtons.OK, MessageBoxIcon.Error);
   return;
}
```

Listing 166: Auflisten von Informationen über die Dienste eines Computers

```csharp
// Alle Dienste durchgehen und die wichtigsten
// Informationen ausgeben
for (int i = 0; i < services.Length; i++)
{
   Console.WriteLine();

   // Dienstname
   Console.WriteLine("Dienstname: {0}", services[i].ServiceName);

   // Anzeigename
   Console.WriteLine("Anzeigename: {0}", services[i].DisplayName);

   // Status
   Console.Write("Status: ");
   switch (services[i].Status)
   {
      case ServiceControllerStatus.Running:
         Console.WriteLine("Wird ausgeführt");
         break;

      case ServiceControllerStatus.Stopped:
         Console.WriteLine("Gestoppt");
         break;

      case ServiceControllerStatus.Paused:
         Console.WriteLine("Angehalten");
         break;

      case ServiceControllerStatus.StartPending:
         Console.WriteLine("Wird gestartet");
         break;

      case ServiceControllerStatus.ContinuePending:
         Console.WriteLine("Wird wieder gestartet");
         break;

      case ServiceControllerStatus.PausePending:
         Console.WriteLine("Wird angehalten");
         break;

      case ServiceControllerStatus.StopPending:
         Console.WriteLine("Wird beendet");
         break;
   }

   // Dienst-Typ
```

Listing 166: Auflisten von Informationen über die Dienste eines Computers (Forts.)

```
   Console.Write("Dienst-Typ: ");
   string serviceType = null;
   if ((services[i].ServiceType & ServiceType.Adapter) > 0)
   {
      if (serviceType != null)
         serviceType += ", ";
      serviceType += "Adapter";
   }

   if ((services[i].ServiceType & ServiceType.FileSystemDriver) > 0)
   {
      if (serviceType != null)
         serviceType += ", ";
      serviceType += "Dateisystem-Treiber";
   }

   if ((services[i].ServiceType & ServiceType.InteractiveProcess) > 0)
   {
      if (serviceType != null)
         serviceType += ", ";
      serviceType += "Interaktiver Prozess";
   }

   if ((services[i].ServiceType & ServiceType.KernelDriver) > 0)
   {
      if (serviceType != null)
         serviceType += ", ";
      serviceType += "Kernel-Treiber";
   }

   if ((services[i].ServiceType & ServiceType.RecognizerDriver) > 0)
   {
      if (serviceType != null)
         serviceType += ", ";
      serviceType += "Dateisystem-Ermittlungs-Treiber";
   }

   if ((services[i].ServiceType & ServiceType.Win32OwnProcess) > 0)
   {
      if (serviceType != null)
         serviceType += ", ";
      serviceType += "Win32-Anwendung in eigenem Prozess";
   }

   if ((services[i].ServiceType & ServiceType.Win32ShareProcess) > 0)
   {
      if (serviceType != null)
```

Listing 166: Auflisten von Informationen über die Dienste eines Computers (Forts.)

```
        serviceType += ", ";
    serviceType += "Win32-Anwendung in " +
        "gemeinsamen Prozess";
    }
    Console.WriteLine(serviceType);
}
```

Listing 166: Auflisten von Informationen über die Dienste eines Computers (Forts.)

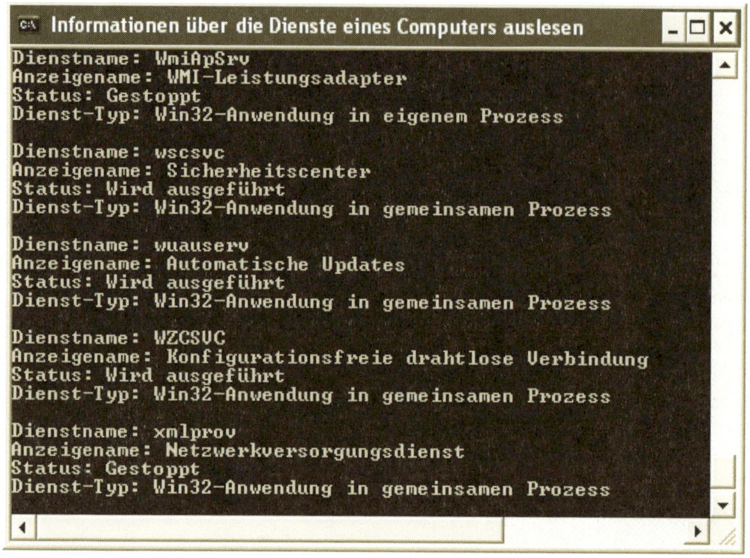

Abbildung 66: Auflisten von Informationen über die Dienste eines Computers

Neben den im Beispielprogramm dargestellten Informationen können Sie noch weitere Informationen abrufen, wie z. B., ob ein Dienst beendet oder angehalten werden kann (`CanPauseAndContinue`, `CanShutdown`, `CanStop`) oder von welchen anderen Diensten ein Dienst abhängig ist (`ServicesDependedOn`).

87 Dienste starten, anhalten, fortfahren und stoppen

Eine Instanz der Klasse `ServiceController` ermöglicht neben dem Auslesen von Informationen zu Diensten (siehe Rezept 86) auch, diese zu starten, anzuhalten, fortzufahren oder zu stoppen. Dazu verwenden Sie die Methoden `Start`, `Pause`, `Continue` und `Stop`.

Beim Erzeugen des `ServiceController`-Objekts geben Sie den Dienstnamen an. Im optionalen zweiten Argument können Sie den Namen des Computers angeben, auf dem der Dienst bearbeitet werden soll.

Beim Starten, Pausieren, Fortfahren und Stoppen müssen Sie einiges beachten. So kann ein Dienst nur erfolgreich gestartet werden, wenn er den Status `Stopped` besitzt.

>> **Anwendungen, Konfiguration, Prozesse und Dienste**

Sogar bei einem Dienst, der bereits ausgeführt wird, erzeugt die `Start`-Methode eine Ausnahme, was eigentlich unsinnig ist. Eine tolerantere Methode sollte den Status abfragen und in dem Fall, dass der Dienst bereits läuft oder gerade gestartet wird, einfach nichts machen. Ähnlich verhält es sich beim Stoppen, Pausieren oder Fortfahren eines Dienstes.

Daneben kann es einige Zeit dauern, bis ein Dienst gestartet, gestoppt wurde, pausiert oder fortgefahren ist. Die entsprechenden Methoden kehren aber sofort zurück, ohne auf die erfolgreiche Ausführung zu warten. Wenn Sie sich nach dem Aufruf der Methode darauf verlassen müssen, dass der Dienst seinen Status wie gewünscht geändert hat, müssen Sie über die Methode `WaitForStatus`, der Sie einen Dienst-Status und optional einen Timeout (in Form eines `TimeSpan`-Objekts) übergeben, darauf warten, dass der Dienst den gewünschten Status annimmt.

Die folgende Klasse `ServiceUtil` setzt dies um und stellt einige Methoden zur Arbeit mit Diensten zur Verfügung. Zum Kompilieren müssen Sie eine Referenz auf die Assembly *System.ServiceProcess.dll* anlegen und die Namensräume `System` und `System.ServiceProcess` einbinden. Ein Programm, das diese Klasse einsetzt, können Sie nicht unter Windows 98 und Me ausführen, da Dienste erst ab Windows NT unterstützt werden.

Die Methode `StartService` startet einen Dienst auf einem anzugebenden Computer (`null` oder "." für den lokalen Rechner). Am dritten Argument kann ein String-Array übergeben werden, dessen Strings als Startargumente für den Dienst dienen. Die Methode akzeptiert aber auch `null`, wenn keine Argumente übergeben werden sollen. Das letzte Argument gibt einen Timeout für den Start an. Nach dem Starten des Dienstes wartet `StartService` bis maximal zu diesem Timeout darauf, dass der Dienst den Status `Running` annimmt. `StartService` liefert den Status des Dienstes zurück, damit dieser nach dem Aufruf überprüft werden kann. Den Rest erläutern die Kommentare:

```
public class ServiceUtil
{
   public static ServiceControllerStatus StartService(string serviceName,
      string machineName, string[] arguments, TimeSpan timeout)
   {
      // Dienst ermitteln
      if (machineName == null) machineName = ".";
      ServiceController service = new ServiceController(serviceName,
         machineName);

      // Dienst starten, falls dieser nicht bereits gestartet ist oder wird
      if (service.Status != ServiceControllerStatus.Running &&
          service.Status != ServiceControllerStatus.StartPending &&
          service.Status != ServiceControllerStatus.ContinuePending)
      {
```

Listing 167: Methode zum toleranten Starten eines Dienstes

```
        if (arguments != null)
           service.Start(arguments);
        else
           service.Start();
     }

     // Den übergebenen Timeout warten,
     // bis der Dienst den Status Running besitzt
     service.WaitForStatus(ServiceControllerStatus.Running,
        timeout);

     // Status des Dienstes zurückliefern
     return service.Status;
  }
```

Listing 167: Methode zum toleranten Starten eines Dienstes (Forts.)

Die Methode `PauseService` besitzt ähnliche Argumente wie `StartService` (lediglich ohne die Dienst-Start-Argumente) und hält einen Dienst an. `PauseService` fragt zusätzlich zu dem aktuellen Status des Dienstes über die Eigenschaft `CanPauseAndContinue` ab, ob dieser angehalten werden kann, und erzeugt im negativen Fall eine Ausnahme. Nach dem Aufruf der `Pause`-Methode wartet `PauseService` maximal bis zum Ablauf des Timeout darauf, dass der Dienst den Status `Paused` annimmt. Zur Überprüfung liefert diese Methode wieder den Status des Dienstes zurück:

```
  public static ServiceControllerStatus PauseService(string serviceName,
     string machineName, TimeSpan timeout)
  {
     // Dienst ermitteln
     if (machineName == null) machineName = ".";
     ServiceController service = new ServiceController(serviceName,
        machineName);

     // Überprüfen, ob der Dienst angehalten werden kann
     if (service.CanPauseAndContinue == false)
        throw new Exception("Der Dienst '" + serviceName +
           "' kann nicht angehalten werden");

     // Dienst anhalten, falls dieser nicht bereits angehalten ist
     if (service.Status != ServiceControllerStatus.Paused &&
        service.Status != ServiceControllerStatus.PausePending &&
        service.Status != ServiceControllerStatus.StopPending)
        service.Pause();

     // Den übergebenen Timeout warten,
```

Listing 168: Methode zum toleranten Anhalten eines Dienstes

>> **Anwendungen, Konfiguration, Prozesse und Dienste**

```
    // bis der Dienst den Status Paused besitzt
    service.WaitForStatus(ServiceControllerStatus.Paused,
       timeout);

    // Status des Dienstes zurückliefern
    return service.Status;
}
```

Listing 168: Methode zum toleranten Anhalten eines Dienstes (Forts.)

Die Methode `ContinueService`, die der Methode `StartService` ähnlich ist, fährt einen angehaltenen Dienst fort:

```
public static ServiceControllerStatus ContinueService(string serviceName,
   string machineName, TimeSpan timeout)
{
    // Dienst ermitteln
    if (machineName == null) machineName = ".";
    ServiceController service = new ServiceController(
       serviceName, machineName);

    // Überprüfen, ob der Dienst fortgefahren werden kann
    if (service.CanPauseAndContinue == false)
       throw new Exception("Der Dienst '" + serviceName +
          "' kann nicht fortgefahren werden");

    // Dienst fortfahren, falls dieser nicht bereits ausgeführt wird
    // oder gerade startet
    if (service.Status != ServiceControllerStatus.Running &&
       service.Status != ServiceControllerStatus.StartPending &&
       service.Status != ServiceControllerStatus.ContinuePending)
       service.Continue();

    // Den übergebenen Timeout warten, bis der Dienst den
    // Status Running besitzt
    service.WaitForStatus(ServiceControllerStatus.Running,
       timeout);

    // Status des Dienstes zurückliefern
    return service.Status;
}
```

Listing 169: Methode zum Fortfahren eines Dienstes

Dienste starten, anhalten, fortfahren und stoppen

Nun fehlt nur noch eine Methode zum Stoppen von Diensten:

```
public static ServiceControllerStatus StopService(string serviceName,
   string machineName, TimeSpan timeout)
{
   // Dienst ermitteln
   if (machineName == null) machineName = ".";
   ServiceController service = new ServiceController(serviceName,
      machineName);

   // Überprüfen, ob der Dienst gestoppt werden kann
   if (service.CanStop == false)
      throw new Exception("Der Dienst '" + serviceName +
         "' kann nicht gestoppt werden");

   // Dienst stoppen, falls dieser nicht gestoppt ist oder gerade stoppt
   if (service.Status != ServiceControllerStatus.Stopped &&
      service.Status != ServiceControllerStatus.StopPending)
      service.Stop();

   // Warten, bis der Dienst den Status Stopped besitzt
   service.WaitForStatus(ServiceControllerStatus.Stopped,
      timeout);

   // Status des Dienstes zurückliefern
   return service.Status;
}
```

Listing 170: Methode zum Stoppen eines Dienstes

Alle Methoden überprüfen zwar über den Status und die Eigenschaften CanPauseAndContinue bzw. CanStop, ob der gewünschte Statuswechsel grundsätzlich möglich bzw. nötig ist, fragen aber beim Aufruf der Methode, die den Statuswechsel bewirkt, nicht mehr weiter nach, ob dieser möglich ist. Ausnahmen, die im Fehlerfall generiert werden, werden auf diese Weise einfach an den Aufrufer weitergegeben. Die Stop-Methode führt z.B. nur dann zum Erfolg, wenn der Dienst gerade ausgeführt wird (also den Status Running besitzt). Da die im Fehlerfall erzeugten Ausnahmen recht aussagekräftig sind, wollte ich den Programmcode nicht noch über weitere Überprüfungen bzw. Ausnahmebehandlungen unübersichtlicher machen.

Das folgende Listing zeigt eine beispielhafte Anwendung der StartService-Methode. Gestartet wird der Dienst *MSSQLSERVER* auf dem lokalen Computer ohne Argumente. Als Timeout werden drei Sekunden übergeben:

```
ServiceControllerStatus serviceStatus;
string serviceName = "MSSQLSERVER";
try
{
   Console.WriteLine("Starte " + serviceName + "...");
   serviceStatus = ServiceUtil.StartService(serviceName, null, null,
      new TimeSpan(0, 0, 0, 3));
   if (serviceStatus != ServiceControllerStatus.Running)
   {
      Console.WriteLine("Der Dienst konnte nicht innerhalb " +
         "des Timeout gestartet werden");
      return;
   }
}
catch (Exception ex)
{
   Console.WriteLine("Fehler beim Starten: {0}", ex.Message);
   Console.ReadLine();
   return;
}
```

Listing 171: Beispiel-Anwendung der StartService-Methode

88 Ermitteln, ob eine Anwendung ausgeführt wird

Wenn Sie in einem Ihrer Programme überprüfen müssen, ob eine andere Anwendung bereits ausgeführt wird (um diese im negativen Fall gegebenenfalls zu starten, wie ich es im Rezept 89 beschreibe), können Sie dazu prinzipiell die `Process`-Klasse verwenden. Dazu erzeugen Sie über die `GetProcessesByName`-Methode ein Array der Prozesse, die den Namen der Anwendung tragen. Enthält das alle Elemente, können Sie davon ausgehen, dass die Anwendung bereits ausgeführt wird.

Problematisch ist dabei allerdings, dass die Prozessnamen verschiedener Anwendungen identisch sein können. Deshalb können Sie nicht mit Sicherheit sagen, dass genau die Anwendung, die Sie meinen, bereits ausgeführt wird.

Zur Lösung dieses Problems können Sie den Titel des Hauptfensters der Anwendung überprüfen, wie ich es in dem oben genannten Rezept programmiert habe. Diese Titel werden bei verschiedenen Anwendungen dynamisch zusammengesetzt (bei vielen Anwendungen wird z.B. der Name einer geladenen Datei mit im Titel dargestellt). Deshalb sollten Sie lediglich überprüfen, ob ein für die Anwendung typischer Begriff im Titel vorkommt.

Die Methode `IsApplicationRunning` in Listing 172 nimmt Ihnen diese Arbeit ab. Zum Kompilieren dieser Methode müssen Sie die Namensräume `System` und `System.Diagnostics` importieren.

```
public static bool IsApplicationRunning(string name, string title)
{
   // Ermitteln der Prozesse, die den übergebenen Namen tragen
   Process[] processes = Process.GetProcessesByName(name);

   // Überprüfen, ob einer der eventuell gefundenen Prozesse im Titel
   // des Hauptfensters den übergebenen Titel-String besitzt
   foreach (Process p in processes)
   {
      if (p.MainWindowTitle.ToLower().IndexOf(title.ToLower()) > 0)
         return true;
   }

   // Wenn die Methode hier ankommt, wurde kein Prozess gefunden
   return false;
}
```

Listing 172: Methode zur Überprüfung, ob eine bestimmte Anwendung ausgeführt wird

Im folgenden Listing finden Sie eine beispielhafte Anwendung dieser Methode. Überprüft wird, ob Microsoft Outlook bereits ausgeführt wird.

```
// Überprüfen, ob Outlook läuft
if (IsApplicationRunning("Outlook", "Microsoft Outlook"))
   Console.WriteLine("Outlook läuft");
else
   Console.WriteLine("Outlook läuft nicht");
```

Listing 173: Beispielhafte Anwendung der Methode zur Überprüfung, ob eine Anwendung bereits ausgeführt wird

89 Anwendungen starten

Anwendungen können Sie über die `Start`-Methode der `Process`-Klasse aus dem Namensraum `System.Diagnostics` starten. Dazu können Sie am ersten Argument den Dateinamen und im optionalen zweiten Argument Befehlszeilenargumente für den Start übergeben. Flexibler ist allerdings die Übergabe eines `ProcessStartInfo`-Objekts, das Sie mit genaueren Angaben für den Start initialisieren können. So können Sie z.B. über die Eigenschaft `WindowStyle` festlegen, dass das Anwendungsfenster maximiert geöffnet wird.

Das Programm in Listing 174 startet den Windows-Editor maximiert und übergibt als Befehlszeilenargument die Datei *eula.txt*, die im Windows-Systemverzeichnis gespeichert ist. Ausnahmen, die beim Start der Anwendung erzeugt werden können (z.B.

weil die Anwendung nicht vorhanden ist), werden abgefangen. Zum Kompilieren des Programms müssen Sie die Namensräume System, System.IO und System.Diagnostics einbinden.

```
// Dateinamen zusammensetzen
string exeFileName = Path.Combine(Environment.SystemDirectory,
   "notepad.exe");
string arguments = Path.Combine(Environment.SystemDirectory, "eula.txt");

// Anwendungs-Prozess mit einem maximierten Fenster starten
ProcessStartInfo psi = new ProcessStartInfo(exeFileName, arguments);
psi.WindowStyle = ProcessWindowStyle.Maximized;

try
{
   Process.Start(psi);
}
catch (Exception ex)
{
   MessageBox.Show("Fehler beim Starten der Anwendung: " +
      ex.Message, Application.ProductName,
      MessageBoxButtons.OK, MessageBoxIcon.Error);
}
```

Listing 174: Starten einer Anwendung

Ist das zu startende Programm in einem Ordner gespeichert, der in der Umgebungsvariable Path eingetragen ist, muss der Pfad zum Ordner nicht angegeben werden. In diesem Fall können Sie aber nicht sicher sein, dass das gewünschte Programm gestartet wird. Schließlich kann ein Programm mit demselben Dateinamen auch in einem anderen Ordner gespeichert sein.

90 Dateien mit der assoziierten Anwendung öffnen

In Windows sind viele Dateitypen mit einer Anwendung assoziiert. Wenn Sie eine Datei mit der verknüpften Anwendung öffnen wollen, können Sie dazu die Start-Methode der Klasse System.Diagnostics.Process verwenden. Am ersten Argument übergeben Sie wie im vorhergehenden Rezept ein ProcessStartInfo-Objekt mit Informationen zum Start. Neben dem Dateinamen, den Sie bei der Erzeugung dieses Objekts im Konstruktor übergeben können, legen Sie dann über die Eigenschaft UseShellExecute fest, dass die Start-Methode beim Starten des Prozesses die Shell verwendet (so, als würden Sie die Datei im Explorer öffnen). Über die Eigenschaft WindowStyle können Sie festlegen, wie das Fenster geöffnet werden soll (normal, minimiert, maximiert).

Die Methode OpenFileWithAssociatedApp in Listing 175 setzt dies um. Der am ersten Argument übergebene Dateiname wird dem Konstruktor des erzeugten ProcessStart-Info-Objekts übergeben. Wenn am zweiten Argument true übergeben wird, dass das

Anwendungsfenster maximiert geöffnet werden soll, setzt `OpenFileWithAssociated-App` die Eigenschaft `WindowStyle` auf `ProcessWindowStyle.Maximized`. Ausnahmen werden nicht abgefangen, sodass diese an den Aufrufer weitergegeben werden. Die Methode erfordert das Einbinden der Namensräume `System` und `System.Diagnostics`.

```
public static void OpenFileWithAssociatedApp(string fileName, bool maximized)
{
   // ProcessStartInfo-Instanz erzeugen und initialisieren
   ProcessStartInfo psi = new ProcessStartInfo(fileName);
   if (maximized)
   {
      psi.WindowStyle = ProcessWindowStyle.Maximized;
   }
   psi.UseShellExecute = true;

   // Prozess starten
   Process.Start(psi);
}
```

Listing 175: Methode zum Öffnen einer Datei mit der assoziierten Anwendung

91 Starten einer anderen Anwendung und warten, bis diese beendet ist

In einigen Fällen muss ein Programm eine andere Anwendung starten und mit der weiteren Ausführung warten, bis die andere Anwendung beendet wurde. Die Lösung dieses Problems zeigt die Methode `StartApplication`, die eine Anwendung über die `Start`-Methode der `Process`-Klasse (siehe Rezept 89) startet und abhängig vom Argument `waitForExit` so lange wartet, bis diese beendet ist. `StartApplication` ruft dazu die Methode `WaitForExit` auf, die so auf das Beenden des gestarteten Prozesses wartet, dass Windows dabei nicht ausgebremst wird. Zum Kompilieren müssen Sie die Namensräume `System` und `System.Diagnostics` importieren.

```
public static void StartApplication(string path, string arguments,
   bool maximized, bool waitForExit)
{
   // ProcessStartInfo-Instanz erzeugen und initialisieren
   ProcessStartInfo psi = new ProcessStartInfo(path);
   if (arguments != "")
   {
      psi.Arguments = arguments;
   }
   if (maximized)
   {
```

Listing 176: Methode zum Starten einer Anwendung mit optionalem Warten auf deren Beendigung

```
        psi.WindowStyle = ProcessWindowStyle.Maximized;
    }
    psi.UseShellExecute = true;

    // Prozess starten
    Process process = Process.Start(psi);

    // Auf die Beendigung des Prozesses warten, sofern dies gewünscht ist
    if (waitForExit)
    {
        process.WaitForExit();
    }
}
```

Listing 176: Methode zum Starten einer Anwendung mit optionalem Warten auf deren Beendigung (Forts.)

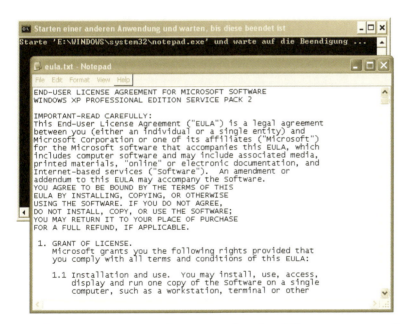

Abbildung 67: Das Beispielprogramm hat den Editor gestartet und wartet auf dessen Beendigung

Das folgende Listing zeigt die Anwendung dieser Methode:

```
// Dateinamen zusammensetzen
string exeFileName = Path.Combine(Environment.SystemDirectory,
    "notepad.exe");
```

Listing 177: Anwendung der Methode zum Starten einer Anwendung mit Warten auf deren Beendigung

```
string arguments = Path.Combine(Environment.SystemDirectory, "eula.txt");

// Anwendung starten und warten, bis diese beendet ist
Console.WriteLine("Starte '{0}' und warte auf die Beendigung ... ",
   exeFileName);
StartApplication(exeFileName, arguments, false, true);
Console.WriteLine("Anwendung wurde beendet");
```

Listing 177: Anwendung der Methode zum Starten einer Anwendung mit Warten auf deren Beendigung (Forts.)

92 Konsolenanwendungen starten und die Ausgabe auswerten

Auch heute noch existieren eine Menge Konsolenanwendungen, über die Sie bestimmte Aufgaben erledigen können. Das beste Beispiel ist der C#-Compiler *csc.exe*. Der Aufruf solcher Anwendungen in einem Programm ist kein Problem und wurde bereits in den vorherigen Rezepten besprochen. In einigen Fällen werden Sie jedoch die Ausgabe der aufgerufenen Konsolenanwendung auswerten wollen. Und das beschreibe ich in diesem Rezept.

Zunächst benötigen Sie ein `ProcessStartInfo`-Objekt (aus dem Namensraum `System.Diagnostics`), das Sie im Konstruktor mit dem Dateinamen der zu startenden Anwendung initialisieren. Das Beispiel in Listing 178 erzeugt ein solches Objekt für das Windows-Zubehör-Programm *ipconfig* (das die aktuelle IP-Konfiguration an der Konsole ausgibt). Wenn Sie Argumente übergeben wollen (oder müssen), schreiben Sie diese in die Eigenschaft `Arguments`.

Damit die Ausgabe des Programms umgeleitet wird, setzen Sie die Eigenschaft `RedirectStandardOutput` auf `true`. `UseShellExecute` müssen Sie in diesem Fall auf `false` setzen, da die Umleitung ansonsten nicht möglich ist. `UseShellExecute` legt fest, ob zum Starten des Prozesses die Betriebssystemshell verwendet wird. Ist diese Eigenschaft `false`, wird der Prozess direkt über die ausführbare Datei gestartet.

Dann erzeugen Sie ein neues `Process`-Objekt und übergeben dem Konstruktor die `ProcessStartInfo`-Instanz. Über die `WaitForExit`-Methode warten Sie auf das Ende des Prozesses (gegebenenfalls mit einem Timeout, den Sie am ersten Argument in Millisekunden übergeben).

Schließlich können Sie die Ausgabe des Programms über die Eigenschaft `StandardOutput`, die einen `StreamReader` referenziert, lesen.

Zum Kompilieren des Beispiels müssen Sie den Namensraum `System.Diagnostics` importieren.

>> **Anwendungen, Konfiguration, Prozesse und Dienste**

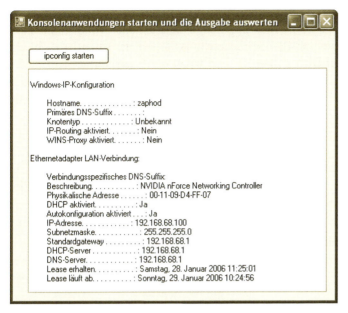

Abbildung 68: Eine Beispielanwendung hat ipconfig /all aufgerufen und die Ausgabe in eine TextBox geschrieben

```
// ProcessStartInfo-Objekt erzeugen und initialisieren
ProcessStartInfo psi = new ProcessStartInfo("ipconfig");
psi.Arguments = "/all";
psi.RedirectStandardOutput = true;
psi.UseShellExecute = false;

// Prozess starten und auf dessen Ende warten
Process process = Process.Start(psi);
process.WaitForExit();

// Ergebnis auswerten
string result = process.StandardOutput.ReadToEnd();
```

Listing 178: Starten einer Konsolenanwendung (ipconfig) und Auswerten der Ausgabe dieses Programms

Abbildung 68 zeigt eine Anwendung, die auf diese Weise *ipconfig* mit dem Argument */all* aufgerufen und das Ergebnis in eine TextBox geschrieben hat.

93 Andere Anwendungen beenden

Wenn Sie eine andere Anwendung beenden wollen, können Sie dies über die Process-Klasse erreichen. Um die laufenden Prozesse einer Anwendung zu lokalisieren, rufen Sie die Methode GetProcessesByName auf. Diese Methode gibt ein Array von

Referenzen auf `Process`-Objekte zurück. Über deren Methode `CloseMainWindow` können Sie dem Hauptfenster die Windows-Nachricht zum Schließen (und damit zum Beenden der Anwendung) senden. Das Schließen funktioniert natürlich (wie üblich) nur dann, wenn kein modaler Dialog aktiv ist und wenn die Anwendung nicht nachfragt, ob geänderte Daten gespeichert werden sollen (o.Ä.). Statt `CloseMainWindow` können Sie auch `Kill` aufrufen, um den Prozess abzuschießen (ähnlich wie mit dem Taskmanager).

Die Methode `CloseApplication` in Listing 179 setzt diese Technik ein. Um das Schließen ein wenig sicherer zu machen, erwartet diese Methode neben dem Prozessnamen den Titel des Hauptfensters (an dem Sie allerdings auch null übergeben können, wenn Sie alle Prozesse mit dem übergebenen Namen beenden wollen). Das dritte Argument (`waitForExitTimeout`) bestimmt einen Timeout zum Warten auf das Beenden der Anwendung in Millisekunden.

`CloseApplication` ermittelt zunächst alle Prozesse mit dem übergebenen Namen und geht diese durch. Für jeden Prozess überprüft die Methode, ob dessen Hauptfenster den eventuell übergebenen Titel trägt, und ruft dann die `CloseMainWindow`-Methode auf. Wenn am Argument `waitForExitTimeout` ein Wert größer 0 übergeben wurde, ruft `CloseApplication` danach die `WaitForExit`-Methode des `Process`-Objekts unter Übergabe des Timeout auf um auf das Beenden zu warten. Dieser Timeout ist sinnvoll für Anwendungen, die beim Beenden eventuell nachfragen, ob geänderte Daten gespeichert werden sollen.

`CloseApplication` erzeugt eine Instanz der Struktur `ProcessCloseInfo`, in der zunächst in der Eigenschaft `ProcessCount` gespeichert wird, wie viele Prozesse geschlossen werden sollen. Konnte ein Prozess beendet werden, wird die Eigenschaft `ClosedProcesses` inkrementiert. Beim Beenden ohne Timeout wartet `CloseApplication` zur Sicherheit 100 Millisekunden um dem Prozess Zeit zu geben, sich zu beenden, und fragt dann die Eigenschaft `HasExited` ab. Ist diese Eigenschaft `true`, wird `ClosedProcesses` hochgezählt. Die `ProcessCloseInfo`- Instanz wird schließlich zurückgegeben.

Zum Kompilieren dieser Methode müssen Sie die Namensräume `System`, `System.Threading` und `System.Diagnostics` importieren.

```
/* Speichert Informationen zu den zu schließenden */
/* und den geschlossenen Prozessen */
public struct ProcessCloseInfo
{
   /* Gibt die Anzahl der Prozesse an, die zum Schließen */
   /* ermittelt wurden */
   public int ProcessCount;

   /* Gibt die Anzahl der Prozesse an,  */
   /* die im angegebenen Timeout geschlossen werden konnten */
   public int ClosedProcesses;
```

Listing 179: Methode zum Beenden von Prozessen

```csharp
}

/* Schließt eine bestimmte Anwendung */
public static ProcessCloseInfo CloseApplication(string processName,
   string mainWindowTitle, int waitForExitTimeout)
{
   ProcessCloseInfo result = new ProcessCloseInfo();

   // Liste der Prozesse holen, die den übergebenen Prozessnamen tragen
   Process[] processes = Process.GetProcessesByName(processName);
   result.ProcessCount = processes.Length;
   foreach (Process process in processes)
   {
      // Überprüfen des Hauptfenster-Titels, sofern dieser übergeben wurde
      if ((mainWindowTitle != null &&
         process.MainWindowTitle == mainWindowTitle) ||
         (mainWindowTitle == null))
      {
         // Eine Beenden-Nachricht an das Hauptfenster senden
         process.CloseMainWindow();

         // Auf das Beenden des Prozesses warten, wenn ein Timeout
         // übergeben wurde
         if (waitForExitTimeout > 0)
         {
            if (process.WaitForExit(waitForExitTimeout))
            {
               result.ClosedProcesses++;
            }
         }
         else
         {
            // Etwas warten, um dem Prozess Zeit zu lassen sich zu beenden
            Thread.Sleep(100);
            if (process.HasExited)
            {
               result.ClosedProcesses++;
            }
         }
      }
   }

   // Anzahl der beendeten Prozesse zurückgeben
   return result;
}
```

Listing 179: Methode zum Beenden von Prozessen (Forts.)

94   Java-Anwendungen starten

Auch im .NET-Zeitalter (oder vielleicht gerade deswegen) besitzt Java Bedeutung. Und möglicherweise wird es sogar vorkommen, dass eines Ihrer .NET-Programme eine Anwendung starten muss, die mit dem Klassenfeind programmiert wurde. Auch wenn es vielleicht wehtut – so geht's:

Java-Anwendungen liegen meist in kompilierten *.class*-Dateien vor, können aber auch in Java-Archiven[19] (*.jar*-Dateien) gespeichert sein. Beide Arten von Dateien können über den Java-Interpreter *java* ausgeführt werden, der unter Windows in der Datei *java.exe* gespeichert ist. Dieser Interpreter erzeugt automatisch ein Konsolenfenster. Java-Anwendungen, die mit Fenstern arbeiten, können Sie auch über den Interpreter *javaw* starten, der kein Konsolenfenster erzeugt. Handelt es sich um ein Java-Archiv, müssen Sie beim Starten das Argument *-jar* mit angeben.

Voraussetzung für die Ausführung einer Java-Anwendung ist, dass die Java-Laufzeitumgebung (JRE) auf dem Rechner installiert ist. Falls dies nicht der Fall ist, können Sie diese unter der Adresse *java.sun.com/j2se/downloads.html* herunterladen. Der Java-Interpreter ist Teil dieser Laufzeitumgebung.

Da normalerweise nicht mit Sicherheit bekannt ist, in welchem Ordner der Java-Interpreter gespeichert ist, wird der Pfad zu diesem häufig in die Umgebungsvariable `Path` aufgenommen. Sie können das Programm *java.exe* bzw. *javaw.exe* also normalerweise ohne Angabe des Pfads aufrufen. Zum Aufrufen verwenden Sie dann wie im Rezept 89 die `Start`-Methode der `Process`-Klasse.

Java-Interpreter arbeiten mit einem so genannten Klassenpfad (Classpath). In diesem Pfad werden Klassen gesucht, die vom Programm verwendet, aber nicht im Programmordner oder in einem der Standard-Java-Ordner gefunden werden. Häufig ist der Klassenpfad in der Umgebungsvariable `Classpath` eingestellt. Beim Aufruf des Java-Interpreters kann der Klassenpfad aber auch über das Befehlszeilenargument *-classpath* mit angegeben werden.

Die folgende Methode `StartJavaApplication` setzt dieses Wissen um und startet eine Java-Anwendung, deren Pfad übergeben wird. Am zweiten Argument kann ein Klassenpfad übergeben werden.

`StartJavaApplication` überprüft zunächst, ob das Java-Programm überhaupt existiert, um undurchsichtige und beim Start über die Windows-Oberfläche bzw. von Fensteranwendungen an der Konsole nur kurz erscheinende Fehlermeldungen des Java-Interpreters zu vermeiden. Dann zerlegt die Methode den Dateinamen der Java-Datei in den Pfad und den eigentlichen Namen. Danach wird überprüft, ob es sich um eine *.jar*- oder eine *.class*-Datei handelt. Bei einer *.jar*-Datei wird das Befehlszeilenargument *-jar* in der Variablen `arguments` abgelegt, die später zum Aufruf des Java-Interpreters verwendet wird. Bei einer *.class*-Datei wird der Dateiname um die Endung gekürzt, da diese bei sol-

---

19. Normale Java-Anwendungen bestehen üblicherweise aus mehreren Klassendateien. Zum Start einer solchen Anwendung müssen alle Klassendateien vorhanden sein. Ein Java-Archiv ist eine Datei, die mehrere Klassendateien (und eventuell auch andere Dateien) zu einer Datei zusammenfasst und damit die Weitergabe und das Handling von Java-Anwendungen erleichtert.

chen Dateien nicht mit übergeben werden darf. Für den Fall einer unbekannten Dateiendung erzeugt `StartJavaApplication` eine Ausnahme (wieder um die undurchsichtigen und an der Konsole ausgegebenen Fehlermeldungen des Java-Interpreters zu vermeiden). Die Startargumente werden dann noch um den u. U. übergebenen Klassenpfad und den Dateinamen des Java-Programms erweitert.

Java-Interpreter sollten (bzw. müssen) aus dem Ordner heraus gestartet werden, in dem das Java-Programm gespeichert ist. In allen anderen Fällen resultiert der Java-Fehler, dass eine oder mehrere Klassen nicht gefunden wurden (in Java ausgedrückt ist das eine Ausnahme vom Typ `ClassDefNotFoundError`), wenn der Pfad zum Ordner der Anwendung nicht im Klassenpfad vorkommt. `StartJavaApplication` wechselt deswegen über `Environment.CurrentDirectory` in den Ordner des Java-Programms.

Danach wird der Java-Interpreter unter der Übergabe der ermittelten Befehlszeilenargumente gestartet. Dabei wird am Argument `isWindowApplication` erkannt, ob *java* oder (für Anwendungen mit Fenstern) *javaw* gestartet werden soll. Tritt beim Start eine Ausnahme vom Typ `Win32Exception` auf, wird diese mit einer genaueren Fehlermeldung (als `IOException`) weitergereicht. Damit ist es später wesentlich einfacher, zu erkennen, wo die Ursache für ein Fehlschlagen der Methode zu suchen ist.

`StartJavaApplication` erfordert das Einbinden der Namensräume `System`, `System.Diagnostics`, `System.IO` und `System.ComponentModel`.

```
public static void StartJavaApplication(string filePath, string classPath,
   bool isWindowApplication)
{
   // Überprüfen, ob die Datei existiert
   if (File.Exists(filePath) == false)
   {
      throw new IOException("Das Java-Programm '" + filePath +
         "' existiert nicht");
   }

   // Variable für die Start-Argumente
   string arguments = null;

   // Pfad und Dateiname trennen
   FileInfo fi = new FileInfo(filePath);
   string path = fi.DirectoryName;
   string filename = fi.Name;

   // Argumente zusammensetzen und den Dateinamen bei einer .class-Datei
   // ohne Endung auslesen
   if (fi.Extension == ".jar")
   {
      arguments += " -jar";
   }
```

Listing 180: Methode zum Starten einer Java-Anwendung

```
      else if (fi.Extension == ".class")
      {
         filename = filename.Substring(0, filename.Length - 6);
      }
      else
      {
         throw new IOException("Unbekannte Dateiendung '" +
            fi.Extension + "'");
      }

      // Den Argumenten den Klassenpfad hinzufügen
      if (classPath != null)
      {
         arguments += " -classpath " + classPath;
      }

      // Den Dateinamen zu den Argumenten hinzufügen
      arguments += " " + filename;

      // In den Ordner wechseln, in dem die Datei gespeichert ist
      Environment.CurrentDirectory = path;

      // Den Java-Interpreter starten
      string javaInterpreter = null;
      if (isWindowApplication)
      {
         javaInterpreter = "javaw.exe";
      }
      else
      {
         javaInterpreter = "java.exe";
      }

      try
      {
         Process.Start(javaInterpreter, arguments);
      }
      catch (Win32Exception ex)
      {
         throw new IOException("Fehler beim Starten des " +
            "Java-Interpreters " + javaInterpreter + ": " +
            ex.Message);
      }
   }
```

Listing 180: Methode zum Starten einer Java-Anwendung (Forts.)

>> **Anwendungen, Konfiguration, Prozesse und Dienste**

Abbildung 69: Das Beispielprogramm hat zwei (gleichartige) Java-Anwendungen gestartet

Das folgende Listing zeigt eine Beispielanwendung der Methode StartJavaApplication. Gestartet werden die Programme *hello.class* und *hello.jar*, die im Anwendungsordner in Unterordnern erwartet werden:

```
// Java-Programm in .class-Dateien ohne explizite Angabe des ClassPath
starten
Console.WriteLine("Starte hello.class ...");
string javaFileName = Path.Combine(Application.StartupPath,
   @"java\class\hello.class");
try
{
   AppUtils.StartJavaApplication(javaFileName, null, true);
}
catch (Exception ex)
{
   Console.WriteLine(ex.Message);
}

// Java-Programm in .jar-Datei ohne explizite Angabe des ClassPath starten
Console.WriteLine("Starte hello.jar ...");
javaFileName = Path.Combine(Application.StartupPath,
   @"java\jar\hello.jar");
try
{
   AppUtils.StartJavaApplication(javaFileName, null, true);
}
catch (Exception ex)
```

Listing 181: Starten einer Java-Anwendung in einer class- und einer jar-Version

```
}
    Console.WriteLine(ex.Message);
}
```

Listing 181: Starten einer Java-Anwendung in einer class- und einer jar-Version

> **Tipp** Für den Fall, dass der Java-Interpreter nicht gefunden wird, können Sie dem Anwender über das Rezept 122 die Möglichkeit geben, diesen automatisch zu suchen. Idealerweise speichern Sie den gefundenen Pfad dann in der Konfigurationsdatei der Anwendung (Rezept 77 und 79), um diesen beim nächsten Start dort wieder auszulesen (Rezept 77 und 78).

95 Die Betätigung der Tastatur simulieren

Sicherlich kennen Sie Anwendungen – meist sind dies Installations-Programme –, die andere Anwendungen starten und wie von Geisterhand bedienen. Fenster öffnen sich, Eingaben werden getätigt, Befehle werden aufgerufen und Fenster werden wieder geschlossen. Und das alles, ohne dass Sie (als Anwender) irgendetwas dazutun.

Solche Anwendungen können Sie auch entwickeln, und das sogar relativ einfach. Besonders dann, wenn Sie andere Anwendungen starten, wie ich es in den Rezepten 89, 90, 91 und 94 beschrieben habe, kann es notwendig sein, dass Sie diese Anwendungen steuern. Die einzige Möglichkeit, die Sie dann besitzen, ist, eine Betätigung der Tastatur zu simulieren. Und das können Sie erreichen, indem Sie die statische `Send`- oder die `SendWait`-Methode der `SendKeys`-Klasse aus dem Namensraum `System.Windows.Forms` aufrufen. Diese Methoden erwarten einen String, der die zu simulierenden Tasten enthält. In diesem String können Sie ganz normale Zeichen angeben, die die Anwendung verarbeiten soll. Für bestimmte (Aktions-)Tasten verwenden diese Methoden jedoch spezielle Zeichenfolgen.

Zeichenfolge	Bedeutung
+	Shift-Taste
^	Strg-Taste
%	Alt-Taste
{BACKSPACE}, {BS} oder {BKSP}	Backspace-Taste
{BREAK}	Pause-Taste
{CAPSLOCK}	Feststelltaste
{DELETE} oder {DEL}	Lösch-Taste (Entf)
{DOWN}	Cursor-nach-unten-Taste
{END}	Ende-Taste

Tabelle 14: Die speziellen Zeichenfolgen der Sendkeys.Send- und der SendWait-Methoden

Zeichenfolge	Bedeutung
{ENTER} oder ~	Return-(Enter-)Taste
{ESC}	Escape-Taste (Esc)
{HELP}	Hilfe-Taste (F1)
{HOME}	Home-Taste (Pos1)
{INSERT} oder {INS}	Einfügen-Taste (Einfg)
{LEFT}	Cursor-nach-links-Taste
{NUMLOCK}	Num-Lock-Taste
{PGDN}	Bild-nach-unten-Taste
{PGUP}	Bild-nach-oben-Taste
{PRTSC}	Druck-Taste (für zukünftige Versionen reserviert)
{RIGHT}	Cursor-nach-rechts-Taste
{SCROLLLOCK}	Rollen-Taste
{TAB}	Tabulator-Taste
{UP}	Cursor-nach-oben-Taste
{F1} ... {F16}	Die Funktionstasten F1 bis F16
{ADD}	Additionstaste auf der Zehnertastatur
{SUBTRACT}	Subtraktionstaste auf der Zehnertastatur
{MULTIPLY}	Multiplikationstaste auf der Zehnertastatur
{DIVIDE}	Divisionstaste auf der Zehnertastatur

Tabelle 14: Die speziellen Zeichenfolgen der Sendkeys.Send- und der SendWait-Methoden (Forts.)

Sie können die normalen und die speziellen Zeichenfolgen beliebig kombinieren. Die Tastenkombination Strg+s definieren Sie z.B. über den String »^s«, Alt-F4 geben Sie über »%{F4}« an.

Der Unterschied zwischen Send und SendWait ist, dass SendWait wartet, bis die Tasteneingaben von der Anwendung verarbeitet wurden. Damit kann die startende Anwendung darauf warten, dass Prozesse, die durch die Simulation der Tastaturbetätigung gestartet wurden, beendet wurden. Leider funktioniert dies in vielen Fällen nicht wie gewünscht, was besonders dann gilt, wenn die Anwendung aufgrund der Tasteneingabe einen Bestätigungsdialog anzeigt. Der Prozess, der durch die Tasteneingabe gestartet wurde, ist in diesem Fall nämlich beendet, und SendKeys kehrt zurück, während der Dialog noch angezeigt wird. Aber auch wenn SendWait in einigen Fällen nicht zum erwarteten Ergebnis führt, ist es dennoch in den meisten Fällen sinnvoller, diese Methode an Stelle von Send zu verwenden. Das gilt besonders dann, wenn mehrere Tasteneingaben hintereinander gesendet werden sollen. Unter Umständen ist es manchmal auch sinnvoll, zwischen den Tasteneingaben kleine Pausen einzubauen, damit die andere Anwendung Zeit hat, die Eingaben zu verarbeiten.

Die Betätigung der Tastatur simulieren

Listing 182 zeigt ein Beispiel. Dieses Programm startet den Windows-Editor *Notepad*, schreibt einen Text in die neue Datei, speichert diese und beendet Notepad wieder. Zum Kompilieren dieses Beispiels muss das Projekt die Assembly *System.Windows.Forms.dll* referenzieren und die Namensräume `System`, `System.Windows.Forms`, `System.Diagnostics`, `System.Threading` und `System.IO` importieren.

```
// Notepad starten
Process.Start("Notepad");

// Etwas warten, bis Notepad gestartet ist
Thread.Sleep(500);

// Einen kleinen Text schreiben
SendKeys.SendWait("Das ist ein Text, der von .NET kommt");

// STRG+S simulieren
SendKeys.SendWait("^s");

// Überprüfen, ob die zu erzeugende Datei existiert, und
// diese gegebenenfalls löschen
string filename = @"C:\SendKeys_Demo.txt";
if (File.Exists(filename))
{
   File.Delete(filename);
}

// Dateinamen eingeben
SendKeys.SendWait(filename);

// Return simulieren
SendKeys.SendWait("{ENTER}");

// Notepad über ALT+F4 beenden
SendKeys.SendWait("%{F4}");
```

Listing 182: Simulation von Tasteneingaben am Beispiel des Steuerns von Notepad

Das Notepad-Beispiel überprüft bewusst, ob die zu erzeugende Datei bereits existiert, und löscht diese gegebenenfalls. Würde die Datei beim Speichern existieren, würde Notepad einen Bestätigungsdialog anzeigen, um den Anwender zu fragen, ob er die Datei überschreiben möchte. In diesem Fall würde das Programm nicht mehr korrekt funktionieren, denn `SendKeys.SendWait("{ENTER}")` ist bereits komplett abgeschlossen, wenn der Dialog angezeigt wird. Das Programm sendet also direkt danach die Tastenkombination ALT+F4, aber dies, während der Bestätigungsdialog noch angezeigt wird, und somit wirkungslos. Notepad würde nicht beendet werden. Sie sollten also ein wenig mit den Möglichkeiten experimentieren um Anwendungen über die Simulation von Tasteneingaben (relativ) sicher fernsteuern zu können.

Dateisystem

96   Dateiname einer Windows-Anwendung ermitteln

Den vollen Dateinamen einer Windows-Anwendung (inklusive Pfad) erhalten Sie über die Eigenschaft `ExecutablePath` der `Application`:

```
string filename = System.Windows.Forms.Application.ExecutablePath;
```

Um die `Application`-Klasse verfügbar zu haben, benötigt die Anwendung einen Verweis auf die Assembly *System.Windows.Forms.dll*, was ohne Probleme auch in einer Konsolenanwendung oder Klassenbibliothek möglich ist.

Ohne diesen Verweis können Sie aber auch stattdessen die Eigenschaft `Location` eines `Assembly`-Objekts abfragen, das die »Eintritts-Assembly« (das ist die Assembly, über die das Programm gestartet wurde) repräsentiert. Dieses Objekt erhalten Sie über die Methode `GetEntryAssembly` der `Assembly`-Klasse, die Bestandteil des `System.Reflection`-Namensraums ist:

```
string filename = System.Reflection.Assembly.GetEntryAssembly().Location;
```

> **Hinweis:** Als *Reflektion* (Reflection) werden Features bezeichnet, über die Sie in der Laufzeit eines Programms Informationen über dessen Assemblies, die darin enthaltenen Klassen und deren Schnittstellen, Methoden, Eigenschaften und Ereignisse etc. auslesen können. Ein weiterer Teil von Reflektion ist das dynamische Erzeugen von Klassen und Assemblies, also das Erzeugen von Programmcode in der Laufzeit eines Programms.

Häufig wird auch vorgeschlagen, die »ausführende Assembly« zu verwenden, die Sie über die Methode `GetExecutingAssembly` erreichen:

```
string filename = System.Reflection.Assembly.GetExecutingAssembly().Location;
```

Dabei müssen Sie allerdings aufpassen: Wird diese Methode in einer Klassenbibliothek aufgerufen, liefert sie ein `Assembly`-Objekt zurück, das die Assembly der *Klassenbibliothek* repräsentiert. Der ausgelesene Dateiname ist also in diesem Fall nicht der der Anwendung, sondern der der Klassenbibliothek.

In allen Fällen erhalten Sie den Dateinamen inklusive Pfad. Wenn Sie nur den Namen der Datei auslesen wollen, können Sie diesen über ein `FileInfo`-Objekt ermitteln. Ein solches Objekt dient dem Auslesen von Informationen zu einer Datei und liefert u.a. über Eigenschaft `Name` den Dateinamen. Die Methode `GetApplicationFilename` in Listing 183 liest den Dateinamen der Anwendung aus und liefert diesen zurück. Zum Kompilieren dieser Methode müssen Sie die Namensräume `System`, `System.IO` und `System.Reflection` importieren.

```
public static string GetApplicationFilename()
{
  // FileInfo-Objekt für die Datei erzeugen, die die Eintritts-Assembly
  // speichert
  FileInfo fi = new FileInfo(Assembly.GetEntryAssembly().Location);

  // Dateiname auslesen und zurückgeben
  return fi.Name;
}
```

Listing 183: Methode zum Auslesen des Dateinamens einer Windows- oder Konsolenanwendung

97 Dateiname einer Klassenbibliothek ermitteln

Innerhalb einer Klassenbibliothek können Sie deren Dateinamen ermitteln, indem Sie eine Referenz auf ein `Assembly`-Objekt für die »ausführende Assembly« auslesen und deren `Location`-Eigenschaft abfragen:

`string filename = System.Reflection.Assembly.GetExecutingAssembly().Location;`

Wie bereits im vorigen Rezept erhalten Sie den Dateinamen inklusive Pfad. Die Methode `GetLibraryFilename` in Listing 184 liest nur den Dateinamen aus. Zum Kompilieren dieser Methode müssen Sie die Namensräume `System`, `System.IO` und `System.Reflection` importieren.

```
public static string GetLibraryFilename()
{
  // FileInfo-Objekt für die Datei erzeugen, die die ausführende
  // Assembly speichert
  FileInfo fi = new FileInfo(Assembly.GetExecutingAssembly().Location);

  // Den Dateinamen auslesen und zurückgeben
  return fi.Name;
}
```

Listing 184: Methode zum Auslesen des Dateinamens einer Klassenbibliothek

Die in die Klassenbibliothek *Addison_Wesley.Codebook.Filesystem.DemoLib.dll* kompilierte Klasse `Demo` in Listing 185 ruft diese Methode in ihrer `GetFilename`-Methode auf:

```
using System;

namespace Addison_Wesley.Codebook.Filesystem.DemoLib
{
```

Listing 185: Ermittlung des Dateinamens einer Klassenbibliothek

```csharp
public class Demo
{
   /* Methode zum Auslesen des Dateinamens der Klassenbibliothek.
    * Wird zu Demozwecken von der Anwendung aus aufgerufen */
   public string GetFilename()
   {
      return GetLibraryFilename();
   }
}
}
```

Listing 185: Ermittlung des Dateinamens einer Klassenbibliothek (Forts.)

Die folgende Konsolenanwendung, die die Klassenbibliothek referenziert, erzeugt eine Instanz der Klasse Demo und ermittelt über deren Methode GetFilename den Dateinamen der Klassenbibliothek:

```csharp
using System;
using Addison_Wesley.Codebook.Filesystem.DemoLib;

namespace Bibliotheks_Dateiname
{
   class Start
   {
      [STAThread]
      static void Main(string[] args)
      {
         // Instanz der Demo-Klasse in der Klassenbibliothek erzeugen
         Demo d = new Demo();

         // Dateiname der Klassenbibliothek ermitteln
         Console.WriteLine("Dateiname der Klassenbibliothek:\r\n{0}",
            d.GetFilename());
      }
   }
}
```

Listing 186: Konsolenanwendung, die die Methode GetFilename der Bibliotheks-Klasse Demo aufruft

98 Ordner einer Windows-Anwendung ermitteln

In einer Anwendung mit Referenz auf die Assembly *System.Windows.Forms.dll* können Sie den Pfad der Anwendung über die Eigenschaft StartupPath der Application-Klasse ermitteln:

```csharp
string applicationPath = System.Windows.Forms.Application.StartupPath;
```

Ohne Referenz auf die *System.Windows.Forms.dll* können Sie stattdessen auch den vollen Dateinamen der »Eintritts-Assembly« ermitteln und über ein `FileInfo`-Objekt den Pfad auslesen, wie es die Methode `GetApplicationFolderName` in Listing 187 zeigt.

```
public static string GetApplicationFolderName()
{
   // FileInfo-Objekt für die Datei erzeugen, die die Eintritts-Assembly
   // speichert
   FileInfo fi = new FileInfo(Assembly.GetEntryAssembly().Location);

   // Den Pfad des Ordners der Datei zurückgeben
   return fi.DirectoryName;
}
```

Listing 187: Methode zum Auslesen des Ordnernamens einer Windows- oder Konsolenanwendung

Um diese Methode kompilieren zu können, müssen Sie die Namensräume `System`, `System.IO` und `System.Reflection` importieren.

Beide Varianten funktionieren auch ohne Probleme in einer Klassenbibliothek. Sie erhalten dann allerdings den Ordnernamen der Anwendung zurück, nicht den der Klassenbibliothek.

99 Ordner einer Klassenbibliothek ermitteln

Zur Ermittlung des Ordners einer Klassenbibliothek innerhalb deren Programmcodes können Sie wie beim Auslesen des Dateinamens (Rezept 97) ein `Assembly`-Objekt für die ausführende Assembly erzeugen, dessen `Location`-Eigenschaft auslesen und den Pfad über die `DirectoryName`-Eigenschaft eines `FileInfo`-Objekts extrahieren. Die Methode `GetLibraryFolderName` in Listing 188 nimmt Ihnen diese Arbeit ab. Zum Kompilieren dieser Methode müssen Sie die Namensräume `System`, `System.IO` und `System.Reflection` einbinden.

```
public static string GetLibraryFolderName()
{
   // FileInfo-Objekt für die Datei erzeugen, die die ausführende
   // Assembly speichert
   FileInfo fi = new FileInfo(Assembly.GetExecutingAssembly().Location);

   // Den Pfad des Verzeichnisses der Datei zurückgeben
   return fi.DirectoryName;
}
```

Listing 188: Methode zum Auslesen des Ordnernamens einer Klassenbibliothek

>> **Dateisystem**

100 Dateiname für eine temporäre Datei erzeugen

Wenn Sie eine temporäre Datei erzeugen wollen bzw. müssen, sollten Sie für diese einen eindeutigen Dateinamen ermitteln, dessen Pfad dem Systempfad für temporäre Dateien entspricht. Dazu können Sie einfach die Methode `GetTempFileName` der `Path`-Klasse verwenden:

```
string tempFileName = System.IO.Path.GetTempFileName();
```

Sie können absolut sicher sein, dass der ermittelte Dateiname eindeutig ist, d.h. dass noch keine Datei gleichen Namens existiert: `GetTempFileName` ermittelt einen Dateinamen in der Form *tmpnn.tmp*, wobei *nn* für eine hexadezimale Zahl steht, die bei einem im System verwalteten letzten Startwert beginnt. Zur Überprüfung, ob im Temp-Ordner bereits eine Datei gleichen Namens existiert, versucht `GetTempFileName` eine 0-Byte-Datei mit diesem Namen anzulegen. Tritt dabei kein (interner) Fehler auf, ist der Dateiname eindeutig.

Daraus folgt allerdings auch, dass die von `GetTempFileName` erzeugten 0-Byte-Dateien nicht automatisch gelöscht werden und Sie beim Erstellen einer »echten« Datei diese überschreiben müssen.

101 Ordner für temporäre Dateien ermitteln

Den Systemordner für temporäre Dateien erhalten Sie über die Methode `GetTempPath` der `Path`-Klasse:

```
string tempFolder = System.IO.Path.GetTempPath();
```

102 Windows-(Spezial-)Ordner auslesen

Den Windows-Systemordner erhalten Sie recht einfach über die Eigenschaft `SystemDirectory` der Klasse `System.Environment`:

```
string systemDirectory = Environment.SystemDirectory;
```

Den Pfad spezieller Ordner wie z.B. den des Programmordners können Sie über die Methode `GetFolderPath` ermitteln, der Sie eine Konstante der Aufzählung `SpecialFolder` übergeben. Den Ordner für Programme können Sie z.B. folgendermaßen auslesen:

```
string programDirectory = Environment.GetFolderPath(
    Environment.SpecialFolder.ProgramFiles);
```

Die Vielzahl der möglichen Pfade wird in der Hilfe zur `SpecialFolder`-Aufzählung ausführlich erläutert.

Leider können Sie über die `Environment`-Klasse nicht ohne weiteres das Windows-Verzeichnis ermitteln. Dazu können Sie die Umgebungsvariable *windir* abfragen:

```
string windowsDirectory = Environment.GetEnvironmentVariable("windir");
```

Windows-(Spezial-)Ordner auslesen

Da Umgebungsvariablen auch gelöscht werden können und in neueren Windows-Versionen nicht mehr unbedingt vorhanden sein müssen, sollten Sie stattdessen lieber die API-Funktion `GetWindowsDirectory` verwenden.

Listing 189 kapselt den Aufruf dieser Funktion in die Methode `GetWindowsDirectoryName`. Weitere Methoden geben den Namen der (in meinen Augen ☺) wichtigsten Windows-Systemordner zurück. Die Methoden erfordern den Import der Namensräume `System`, `System.Runtime.InteropServices` und `System.Text`.

```
/* Deklaration der API-Funktion GetWindowsDirectory */
[DllImport("kernel32.dll", SetLastError=true)]
private static extern uint GetWindowsDirectory(StringBuilder lpBuffer,
   uint uSize);

/* Gibt den Pfad zum Windows-Ordner zurück */
public static string GetWindowsDirectoryName()
{
   const int MAX_PATH = 260;
   StringBuilder buffer = new StringBuilder(MAX_PATH + 1);
   if (GetWindowsDirectory(buffer, MAX_PATH + 1) > 0)
   {
      return buffer.ToString();
   }
   else
   {
      throw new Exception("Windows-Fehler " + Marshal.GetLastWin32Error() +
         " beim Ermitteln des Windows-Ordners");
   }
}

/* Gibt den Pfad zum Windows-Systemordner zurück */
public static string GetSystemDirectoryName()
{
   return Environment.SystemDirectory;
}

/* Gibt den Pfad zum Programmordner zurück */
public static string GetProgramDirectoryName()
{
   return Environment.GetFolderPath(Environment.SpecialFolder.ProgramFiles);
}

/* Gibt den Pfad zum Ordner für Anwendungsdaten für
   "nicht wandernde" Benutzer zurück */
public static string GetNonRoamingUserApplicationDataDirectoryName()
{
```

Listing 189: Methoden zur Ermittlung der Pfade zu den wichtigsten Systemordnern

```csharp
   return Environment.GetFolderPath(
      Environment.SpecialFolder.LocalApplicationData);
}

/* Gibt den Pfad zum Ordner für Anwendungsdaten für
   "wandernde" Benutzer zurück */
public static string GetRoamingUserApplicationDataDirectoryName()
{
   return Environment.GetFolderPath(
      Environment.SpecialFolder.ApplicationData);
}

/* Gibt den Pfad zum Ordner für Anwendungsdaten für alle Benutzer zurück */
public static string GetAllUsersApplicationDataDirectoryName()
{
   return Environment.GetFolderPath(
      Environment.SpecialFolder.CommonApplicationData);
}

/* Gibt den Pfad zum Desktop-Ordner zurück */
public static string GetDesktopDirectoryName()
{
   return Environment.GetFolderPath(
      Environment.SpecialFolder.DesktopDirectory);
}

/* Gibt den Pfad zum Favoritenordner zurück */
public static string GetFavoritesDirectoryName()
{
   return Environment.GetFolderPath(Environment.SpecialFolder.Favorites);
}

/* Gibt den Pfad zum Ordner zurück, der Verweise zu den zuletzt geöffneten
Dokumenten enthält */
public static string GetRecentDirectoryName()
{
   return Environment.GetFolderPath(Environment.SpecialFolder.Recent);
}
```

Listing 189: Methoden zur Ermittlung der Pfade zu den wichtigsten Systemordnern (Forts.)

Abbildung 70 zeigt eine Konsolenanwendung, die über diese Methoden die Namen der wichtigen Windows-Systemordner ermittelt hat.

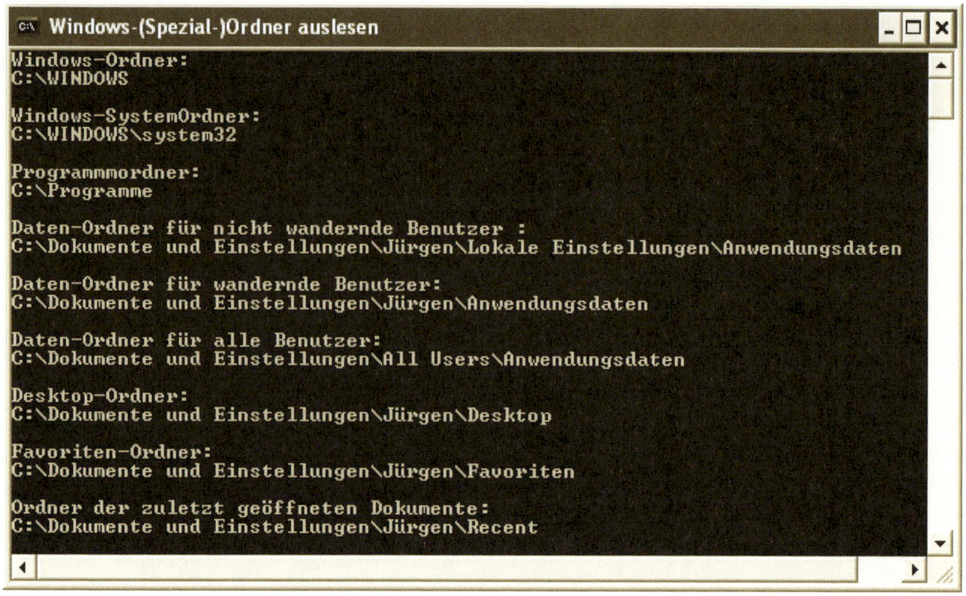

Abbildung 70: Beispielprogramm zur Ermittlung der Windows-Systemordner

103 Dateiname mit anderer Endung ermitteln

In vielen Fällen, z.B. beim Konvertieren einer Grafikdatei in einen anderen Grafiktyp, werden Sie einen Dateinamen mit einer anderen Dateiendung ermitteln wollen. Die Methode ChangeExtension der Path-Klasse übernimmt diese Aufgabe.

Zum Kompilieren dieses Beispiels müssen Sie die Namensräume System und System.IO einbinden.

```
string filename = @"c:\Test.jpg";
string changedFilename = Path.ChangeExtension(filename, ".gif");
```

Listing 190: Ermittlung eines Dateinamens mit einer anderen Endung

104 Relativen Pfad aus einem absoluten Pfad ermitteln

Wenn Sie aus einer absoluten Pfadangabe einen relativen Pfad ermitteln müssen, der sich auf einen Referenz-Pfad bezieht, finden Sie dazu leider keine Möglichkeit in den Klassen des Dotnet-Framework. Die für Probleme solcher Art zuständigen Klassen FileInfo, DirectoryInfo und Path bieten keine entsprechenden Methoden oder Eigenschaften.

Sie können aber die API-Funktion PathRelativePathTo einsetzen. Dieser Funktion übergeben Sie am ersten Argument einen ausreichend groß dimensionierten String-Builder, der von der Funktion mit dem relativen Pfad beschrieben wird. Am zweiten

>> Dateisystem

Argument übergeben Sie den Referenzpfad, am dritten definieren Sie, ob es sich bei diesem Pfad um ein Verzeichnis oder um eine Datei handelt. Handelt es sich um ein Verzeichnis, übergeben Sie die Konstante `FILE_ATTRIBUTE_DIRECTORY` (0x10). Für eine Datei übergeben Sie einen beliebigen anderen Wert (also zum Beispiel 0). Das vierte Argument nimmt den absoluten Pfad entgegen, das letzte Argument bestimmt, ob es sich bei diesem um ein Verzeichnis oder eine Datei handelt.

> **Hinweis**
> Die Unterscheidung zwischen Verzeichnissen und Dateien ist für die korrekte Berechnung eines relativen Pfades in einigen Fällen sehr wichtig. Ist der absolute Pfad z.B. *C:\Windows\Explorer.exe* und der Referenzpfad *C:\Windows\System32*, resultiert der relative Pfad *..\Explorer.exe*, wenn der Referenzpfad korrekt als Verzeichnis angegeben wird. Wird der Referenzpfad hingegen (unsinnigerweise) als Datei angegeben, resultiert der inkorrekte relative Pfad *.\Explorer.exe*. Den Referenzpfad allerdings als Datei anzugeben, ist eigentlich nicht notwendig, da dieser wohl immer ein Verzeichnis sein wird. Beim absoluten Pfad habe ich keinen Unterschied festgestellt, auch wenn ich Dateiangaben fälschlicherweise als Verzeichnis und Verzeichnisangaben als Datei definiert habe. Microsoft hat diese Möglichkeiten jedoch vorgesehen, und ich halte mich einfach daran.

`PathRelativePathTo` gibt `true` zurück, wenn ein relativer Pfad ermittelt werden konnte. In allen anderen Fällen, die dann auftreten, wenn die Basis (der Laufwerkbuchstabe, der Start-Ordner oder der UNC-Maschinenname) im Referenz- und im absoluten Pfad ungleich ist, gibt diese Funktion `false` zurück.

Die folgende Methode `GetRelativePath` in Listing 191 setzt `PathRelativePathTo` ein um einen relativen Pfad zu ermitteln. Am Argument `absolutePath` übergeben Sie den absoluten Pfad. `absolutePathIsDirectory` bestimmt, ob es sich bei diesem Pfad um ein Verzeichnis handelt. Das Argument `referencePath` bestimmt den Bezugs-Pfad und über `referencePathIsDirectory` geben Sie an, ob dieser Pfad für ein Verzeichnis steht. Für den Fall, dass `PathRelativePathTo false` zurückliefert, wirft `GetRelativePath` eine `IOException`.

Zum Kompilieren dieser Methode müssen Sie die Namensräume `System.IO`, `System.Text` und `System.Runtime.InteropServices` importieren.

```
/* Deklaration der API-Funktion PathRelativePathTo */
[DllImport("shlwapi.dll", CharSet=CharSet.Auto)]
static extern bool PathRelativePathTo(System.Text.StringBuilder pszPath,
    string pszFrom, uint dwAttrFrom, string pszTo, uint dwAttrTo);

public static string GetRelativePath(string absolutePath,
    bool absolutePathIsDirectory, string referencePath,
    bool referencePathIsDirectory)
```

Listing 191: Methode zur Ermittlung einer relativen Pfadangabe

312 >> Relativen Pfad aus einem absoluten Pfad ermitteln

```
{
    // Die Pfadangaben normalisieren für den Fall, dass
    // ..- und .-Angaben enthalten sind
    absolutePath = Path.GetFullPath(absolutePath);
    referencePath = Path.GetFullPath(referencePath);

    const uint FILE_ATTRIBUTE_DIRECTORY = 0x10;
    const int MAX_PATH = 260;

    // PathRelativePathTo aufrufen
    StringBuilder relativePath = new StringBuilder(MAX_PATH);
    if (PathRelativePathTo(relativePath, referencePath,
       (referencePathIsDirectory ? FILE_ATTRIBUTE_DIRECTORY : 0),
       absolutePath,
       (absolutePathIsDirectory ? FILE_ATTRIBUTE_DIRECTORY : 0)))
    {
       return relativePath.ToString();
    }
    else
    {
       throw new IOException("Der absolute Pfad (" +
          absolutePath + ") und der Referenzpfad (" +
          referencePath + ") besitzen nicht dieselbe Basis");
    }
}
```

Listing 191: Methode zur Ermittlung einer relativen Pfadangabe (Forts.)

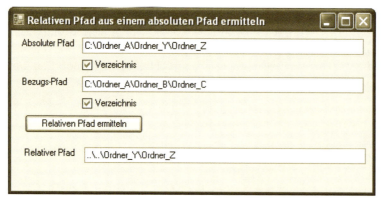

Abbildung 71: Beispielanwendung zur Ermittlung eines relativen Pfads

105 Absoluten Pfad aus einem relativen Pfad ermitteln

Um einen relativen Pfad in einen absoluten Pfad umzuwandeln benötigen Sie lediglich den Bezugs-Pfad. Der relative Pfad ..*Fonts* kann z.B. einfach zu dem Bezugs-Pfad *C:\Windows\System32* addiert werden und ergibt den »absoluten« Pfad *C:\Windows\System32\..\Fonts* (also den eigentlichen Pfad *C:\Windows\Fonts*). Dabei müssen Sie natürlich darauf achten, dass der Bezugs-Pfad mit einem Backslash abgeschlossen ist. Der resultierende Pfad ist für alle Datei-Operation gültig, ist aber u.U. – vor allem für Anwender – nicht besonders übersichtlich. Deswegen sollten Sie diesen Pfad über `Path.GetFullPath` in eine vollständig absolute Pfadangabe umwandeln. Die Methode `GetAbsolutePath` in Listing 192 übernimmt die dafür notwendigen Arbeiten. Zum Kompilieren dieser Methode müssen Sie den Namensraum `System.IO` einbinden.

```
public static string GetAbsolutePath(string relativePath,
    string referencePath)
{
    if (referencePath.EndsWith("\\") == false)
    {
        referencePath += "\\";
    }
    return Path.GetFullPath(referencePath + relativePath);
}
```

Listing 192: Methode zur Umwandlung eines relativen Pfads in einen absoluten

106 Überprüfen, ob eine Pfadangabe gültig ist

Auf Windows-Systemen dürfen Pfadangaben fast alle Zeichen beinhalten. Lediglich einige besondere Zeichen sind nicht erlaubt. So dürfen in Dateinamen zum Beispiel keine Kleiner- und Größer-Zeichen (<, >), Anführungszeichen und keine senkrechten Balken (|) vorkommen. Eine Liste der in einem Pfad ungültigen Zeichen erhalten Sie über die `GetInvalidPathChars`-Methode der `Path`-Klasse. Eine Liste der in Dateinamen ungültigen Zeichen liefert die `GetInvalidFileNameChars`-Methode. Unverständlicherweise ist aber laut der Dokumentation nicht gewährleistet, dass diese Auflistungen alle für Datei- und Verzeichnisnamen ungültigen Zeichen enthalten. Der Grund für diese Unvollständigkeit kann darin liegen, dass unterschiedliche (zukünftige) Dateisysteme eventuell erweiterte Pfadangaben erlauben.

Einen Pfad über das Durchgehen der einzelnen Zeichen zu überprüfen, indem die einzelnen Zeichen mit den Zeichen verglichen werden, die in den von `GetInvalidPathChars` und `GetInvalidFileNameChars` zurückgegebenen Arrays verwaltet werden, wäre also für die Praxis zu unsicher.

Die sicherste Möglichkeit, einen Pfad auf seine Gültigkeit zu überprüfen, wäre, die Datei bzw. den Ordner temporär anzulegen. Tritt dabei kein Fehler auf, ist der Pfad gültig. Diese Lösung ist jedoch nicht praktikabel, da es sein kann, dass der die Anwendung ausführende Benutzer keine Schreibrechte besitzt oder der Pfad tempo-

>> Überprüfen, ob eine Pfadangabe gültig ist

rär (zum Beispiel weil es sich um einen Netzwerkpfad handelt) nicht verfügbar ist. Außerdem müssten Sie dabei beachten, dass es sein kann, dass die Datei bzw. der Ordner bereits existiert, und Sie müssten die temporär angelegte Datei und gegebenenfalls alle angelegten Ordner nach der Überprüfung wieder löschen.

Sie können einen Pfad jedoch recht einfach auf seine Gültigkeit hin überprüfen, indem Sie diesen der `GetFullPath`-Methode der `Path`-Klasse übergeben. Wirft diese Methode eine `NotSupportedException` oder eine `ArgumentException`, ist der Pfad ungültig. Eine `NotSupportedException` wird geworfen, wenn die Pfadangabe zwar prinzipiell gültig ist, aber vom Betriebssystem nicht unterstützt wird (z.B. wenn Doppelpunkte in Ordner- oder Dateinamen enthalten sind). Eine `ArgumentException` wird geworfen, wenn ungültige Zeichen im Pfad enthalten sind.

Die Methode `IsPathValid` in Listing 193 nutzt diese Technik. Sie fängt bewusst nur die beiden genannten Ausnahmen ab um bei eventuell anderen Ausnahmen nicht fälschlicherweise lediglich zurückzumelden, dass der Pfad ungültig ist.

Zum Kompilieren dieser Methode müssen Sie die Namensräume `System` und `System.IO` importieren.

```
public static bool IsPathValid(string path)
{
   try
   {
      // GetFullPath aufrufen um eine Exception
      // bei einem ungültigen Pfad zu provozieren
      Path.GetFullPath(path);
      return true;
   }
   catch (NotSupportedException)
   {
      // Wird bei ungültigen Pfad-Formaten geworfen,
      // z. B. wenn ein Ordner- oder ein Dateiname
      // Doppelpunkte enthält
      return false;
   }
   catch (ArgumentException)
   {
      // Wird bei ungültigen Zeichen im Pfad geworfen
      return false;
   }
}
```

Listing 193: Methode zur Überprüfung der Gültigkeit einer Pfadangabe

> **Hinweis**
> `GetAbsolutePath` überprüft lediglich die grundsätzliche Gültigkeit der Pfadangabe. Die Methode überprüft nicht, ob der Pfad auf dem aktuellen System möglich ist. Der Pfad *x:\Demo.txt* ist zum Beispiel gültig, aber nur dann verfügbar, wenn auch ein Laufwerk *x* existiert.

107 Die logischen Laufwerke des Systems ermitteln

Sie können alle logischen Laufwerke eines Systems ermitteln, indem Sie die Methode `GetLogicalDrives` der `Environment`-Klasse (aus dem Namensraum `System`) aufrufen. Diese Methode gibt ein String-Array mit den Wurzel-Ordnernamen der ermittelten Laufwerke zurück:

```
// Namen der logischen Laufwerke des Systems ermitteln
string[] driveNames = Environment.GetLogicalDrives();

// Alle logischen Laufwerke durchgehen
for (int i = 0; i < driveNames.Length; i++)
{
   Console.WriteLine(driveNames[i]);
}
```

Zum Kompilieren dieses Beispiels müssen Sie den Namensraum `System` importieren.

`GetLogicalDrives` findet alle Laufwerke des Systems, neben den Festplattenlaufwerken sind das auch entfernbare (wie Disketten-Laufwerke) und CD-ROM-Laufwerke und solche, die mit Netzwerkordnern verknüpft sind. Abbildung 72 zeigt das Beispielprogramm auf meinem System. A: ist ein Disketten-, X: ein CD-ROM- und alle anderen sind Festplattenpartitionen.

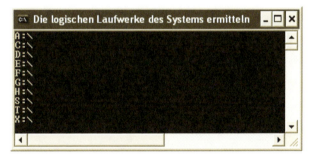

Abbildung 72: Ermittlung aller logischen Laufwerke meines Systems

Leider können Sie auf diese Weise nicht herausfinden, um welchen Laufwerktyp es sich handelt, wie groß das Laufwerk ist und wie viel Speicherplatz noch zurzeit frei ist. Wenn Sie diese Information benötigen (z.B. um nur die Festplatten-Partitionen zu ermitteln), lesen Sie die nachfolgenden Rezepte.

108 Den Typ der Laufwerke eines Systems ermitteln

Zur Ermittlung der Typen aller Laufwerke eines Systems können Sie die `DriveInfo`-Klasse aus dem Namensraum `System.IO` verwenden. Bei der Erzeugung einer neuen Instanz übergeben Sie den Namen des Laufwerks, den Sie z.B. über die `GetLogicalDrives`-Methode der `Environment`-Klasse ermitteln. Die Eigenschaft `DriveType` der `DriveInfo`-Instanz gibt den Typ des Laufwerks an. Listing 194 zeigt eine beispielhafte

Anwendung dieser Klasse. Das Programm gibt Informationen zu allen logischen Systemlaufwerken aus.

```
// Alle Laufwerke des Systems auslesen
string[] drives = Environment.GetLogicalDrives();

// Das zurückgegebene Array durchgehen
// und den Laufwerk-Typ ermitteln
foreach (string driveName in drives)
{
   // DriveInfo-Instanz erzeugen
   DriveInfo driveInfo = new DriveInfo(driveName);

   // Laufwerk-Buchstabe auslesen
   Console.Write(driveInfo.Name.Replace(":\\", "") + ": ");

   // Typ des Laufwerks auslesen
   switch (driveInfo.DriveType)
   {
      case DriveType.CDRom:
         Console.WriteLine("CD/DVD-ROM");
         break;

      case DriveType.Fixed:
         Console.WriteLine("Festplatten-Partition");
         break;

      case DriveType.Ram:
         Console.WriteLine("Ram-Disk");
         break;

      case DriveType.Network:
         Console.WriteLine("Netzwerklaufwerk");
         break;

      case DriveType.NoRootDirectory:
         Console.WriteLine("Laufwerk ohne Stamm-Verzeichnis");
         break;

      case DriveType.Removable:
         Console.WriteLine("Entfernbares Laufwerk");
         break;

      case DriveType.Unknown:
         Console.WriteLine("Unbekannter Typ");
```

Listing 194: Anwendung der Methode zum Ermitteln von Laufwerk-Informationen

>> Dateisystem

```
            break;
    }
}
```

Listing 194: Anwendung der Methode zum Ermitteln von Laufwerk-Informationen (Forts.)

Um dieses Beispiel kompilieren zu können, müssen Sie die Namensräume `System` und `System.IO` importieren.

> **Hinweis:** Falls Sie sich fragen, was ein »Laufwerk ohne Stamm-Verzeichnis« ist: Ich weiß es auch nicht und habe auch im Internet nichts dazu gefunden ... Falls Sie sich nicht fragen und wissen, was ein solches Laufwerk ist: Schreiben Sie mir doch eine kleine Mail ☺.

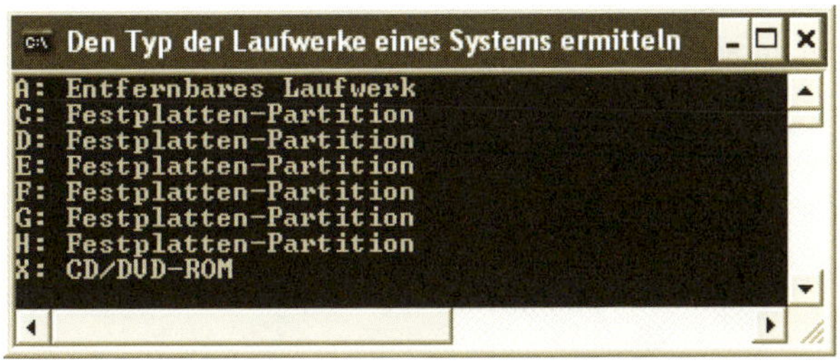

```
Den Typ der Laufwerke eines Systems ermitteln
A: Entfernbares Laufwerk
C: Festplatten-Partition
D: Festplatten-Partition
E: Festplatten-Partition
F: Festplatten-Partition
G: Festplatten-Partition
H: Festplatten-Partition
X: CD/DVD-ROM
```

Abbildung 73: Auslesen von Laufwerk-Informationen in einer Konsolenanwendung

109 Alle Laufwerke eines bestimmten Typs ermitteln

Zur Ermittlung aller Laufwerke eines Systems, die einen bestimmten Typ besitzen, habe ich eine Methode geschrieben, die wie Rezept 108 die `DriveInfo`-Klasse aus dem Namensraum `System.IO` einsetzt. Diese Methode gibt eine Instanz der generischen `List`-Klasse typisiert mit dem Datentyp `DriveInfo` zurück.

Zum Kompilieren dieser Methode müssen Sie die Namensräume `System`, `System.IO` und `System.Collections.Generic` einbinden.

```
public static List<DriveInfo> GetDriveInfos(DriveType driveType)
{
    // Ergebnis-Liste instanzieren
    List<DriveInfo> driveInfos = new List<DriveInfo>();

    // Alle Laufwerke des Systems auslesen
    string[] drives = Environment.GetLogicalDrives();
```

Listing 195: Methode zur Ermittlung aller Laufwerke eines bestimmten Typs

Alle Laufwerke eines bestimmten Typs ermitteln

```csharp
    // Das zurückgegebene Array durchgehen
    // und den Laufwerk-Typ ermitteln
    foreach (string driveName in drives)
    {
        DriveInfo driveInfo = new DriveInfo(driveName);
        if (driveInfo.DriveType == driveType)
        {
            driveInfos.Add(driveInfo);
        }
    }

    // Die Liste zurückgeben
    return driveInfos;
}
```

Listing 195: Methode zur Ermittlung aller Laufwerke eines bestimmten Typs (Forts.)

Das folgende Beispiel zeigt eine Anwendung dieser Methode in einer einfachen Konsolenanwendung.

```csharp
// Festplatten-Partitionen ermitteln ...
Console.WriteLine("Alle Festplatten-Partitionen:");
List<DriveInfo> driveInfos = GetDriveInfos(DriveType.Fixed);

// ...und durchgehen
foreach (DriveInfo driveInfo in driveInfos)
{
    Console.WriteLine(driveInfo.Name.Replace(":\\", ""));
}

// CD-ROM-Laufwerke ermitteln ...
Console.WriteLine("\r\nAlle CD-ROM-Laufwerke:");
driveInfos = GetDriveInfos(DriveType.CDRom);

// ...und durchgehen
foreach (DriveInfo driveInfo in driveInfos)
{
    Console.WriteLine(driveInfo.Name.Replace(":\\", ""));
}
```

Listing 196: Beispielanwendung der GetDriveInfo-Methode

>> **Dateisystem**

Abbildung 74: Die Beispielanwendung zur Ermittlung der Festplatten-Partitionen und der CD-ROM-Laufwerke in Aktion

110 Größe und freien Speicherplatz eines Laufwerks ermitteln

Zur Ermittlung der Größe und des freien Speicherplatzes eines Laufwerks können Sie, wie schon bei der Ermittlung der Typen der Laufwerke eines Systems (Rezept 108), eine Instanz der Klasse DriveInfo verwenden. Die Eigenschaft TotalSize liefert die Gesamtgröße des Laufwerks in Byte. Über die Eigenschaft TotalFreeSpace erhalten Sie eine Information über den insgesamt freien Speicherplatz. Die Eigenschaft AvailableFreeSpace liefert schließlich den freien Platz für den Benutzer, unter dessen Konto die Anwendung ausgeführt wird. Diese Angabe kann kleiner ausfallen als die des insgesamt freien Speicherplatzes, da es möglich sein kann, dass den einzelnen Benutzern auf dem angegebenen Laufwerk Speicherplatz-Quoten zugeteilt wurden.

Das folgende Beispiel zeigt eine Anwendung dieser Eigenschaften. Zum Kompilieren müssen Sie die Namensräume System und System.IO einbinden.

```
Console.WriteLine("Speicherplatz von C:");

// DriveInfo-Instanz für das Laufwerk C: erzeugen
DriveInfo driveInfo = new DriveInfo("C:");

// Größe und freien Speicherplatz ausgeben
Console.WriteLine("Größe: {0} Byte", driveInfo.TotalSize);
Console.WriteLine("Gesamter freier Platz: {0} Byte",
    driveInfo.TotalFreeSpace);
Console.WriteLine("Für den aktuellen Benutzer verfügbarer " +
    "freier Platz: {0} Byte", driveInfo.AvailableFreeSpace);
```

Listing 197: Methode zur Ermittlung der Größe und des freien Speicherplatzes eines Laufwerks

```
┌─ Größe und freien Speicherplatz eines Laufwerks ermitteln ──── _ □ x ┐
│ Speicherplatz von C:                                                  │
│ Größe: 34356961280 Byte                                               │
│ Gesamter freier Platz: 18487787520 Byte                               │
│ Für den aktuellen Benutzer verfügbarer freier Platz: 18487787520 Byte │
└───────────────────────────────────────────────────────────────────────┘
```

Abbildung 75: Das Beispielprogramm zum Auslesen von Laufwerk-Größeninformationen

111 Überprüfen, ob ein Ordner existiert

Mit .NET-Features können Sie zwei Wege gehen um zu überprüfen, ob ein Ordner existiert. Der einfachste Weg ist, dazu die statische `Exists`-Methode der `Directory`-Klasse aus dem Namensraum `System.IO` zu verwenden:

```
string folderName = "c:\\temp";
if (Directory.Exists(folderName))
{
   Console.WriteLine(folderName + " existiert");
}
else
{
   Console.WriteLine(folderName + " existiert nicht");
}
```

Alternativ können Sie auch ein `DirectoryInfo`-Objekt (ebenfalls aus dem Namensraum `System.IO`) erzeugen und dessen `Exists`-Eigenschaft abfragen:

```
string folderName = "c:\\temp";
DirectoryInfo di = new DirectoryInfo(folderName);
if (di.Exists)
{
   Console.WriteLine(folderName + " existiert");
}
else
{
   Console.WriteLine(folderName + " existiert nicht");
}
```

Beide Alternativen funktionieren auch ohne Probleme mit Netzwerkordnern, sofern der in Windows eingeloggte Benutzer entsprechende Zugriffsrechte für die Netzwerkressource besitzt.

112 Ordner erzeugen

Ordner können Sie sehr einfach über die Methode `CreateDirectory` der Klasse `System.IO.Directory` erzeugen. Der ersten Variante dieser Methode übergeben Sie dazu einen kompletten Pfadnamen. Sie können damit auch Ordner erzeugen, deren übergeordnete Ordner noch nicht existieren.

`CreateDirectory` existiert übrigens noch in einer zweiten Variante, der Sie am zweiten Argument ein `DirectorySecurity`-Objekt übergeben können. Über dieses Objekt bestimmen Sie die Zugriffsrechte auf diesen Ordner.

`CreateDirectory` führt immer zum Erfolg, wenn die Pfadangabe syntaktisch in Ordnung ist, auch wenn der angegebene Ordner bereits existiert. Für den Fall, dass die Pfadangabe nicht korrekt ist, fängt der folgende Programmcode, der den Ordner *C:\Test\Test\Test* erzeugt, die dann erzeugte Ausnahme ab. Das Programm erfordert die Einbindung der Namensräume `System` und `System.IO`.

```
string folderName = @"C:\Test\Test\Test";
try
{
   Directory.CreateDirectory(folderName);
   Console.WriteLine("Der Ordner '" + folderName +
      "' existierte bereits oder wurde erzeugt");
}
catch (Exception ex)
{
   Console.WriteLine("Fehler beim Erzeugen des Ordners '" +
      folderName + "': " + ex.Message);
}
```

Listing 198: Erzeugen eines Ordners

113 Ordner mit .NET-Features kopieren

Das .NET Framework bietet nach meinen Recherchen auch in der Version 2.0 keine direkte Möglichkeit, einen Ordner mit Inhalt zu kopieren. Wollen Sie dazu .NET-Features verwenden, müssen Sie den Zielordner zunächst selbst erzeugen. Dann gehen Sie rekursiv den Quellordner und dessen Unterordner durch, erzeugen entsprechende Unterordner im Zielordner und kopieren die einzelnen Dateien in den jeweiligen Ordner. Die Methode `CopyFolder` in Listing 199 implementiert ein solches Kopieren.

`CopyFolder` überprüft zunächst, ob der angegebene Zielordner bereits existiert, und erzeugt in diesem Fall eine Ausnahme vom Typ `IOException` um zu verhindern, dass die im Zielordner bereits vorhandenen Dateien beim Kopieren mit den neuen Dateien unkontrolliert vermischt werden. Wenn Sie das Mischen vorhandener mit neuen Dateien ermöglichen wollen, können Sie die Überprüfung auch weglassen.

Danach erzeugt `CopyFolder` über `System.IO.Directory.CreateDirectory` den Zielordner, allerdings ohne dessen Unterordner. Diese werden in der privaten Methode `CopySubFoldersAndFiles` erzeugt. `CopySubFoldersAndFiles`, der ein `DirectoryInfo`-Objekt und der Name des Quell- und des Zielordners übergeben wird, geht zunächst alle Unterordner des jeweiligen Ordners durch. Diese werden über die Methode `GetDirectories` des aktuellen Ordners ermittelt. `GetDirectories` gibt ein Array mit `DirectoryInfo`-Objekten zurück, das dann in einer `for`-Schleife durchlaufen wird. Innerhalb dieser Schleife ermittelt `CopySubFoldersAndFiles` zunächst den Pfad des Ziel-Unterordners, indem der Pfad des Quellordners einfach durch den Pfad des Zielordners ersetzt wird. Danach erzeugt die Methode den jeweiligen Zielordner und ruft sich selbst unter Übergabe eines `DirectoryInfo`-Objekts für den Zielordner auf um dessen Unterordner zu erzeugen und die enthaltenen Dateien zu kopieren.

Nach dem Durchgehen der Unterordner kopiert `CopySubFoldersAndFiles` die im jeweiligen Ordner enthaltenen Dateien, wobei der Zieldateiname wieder über das Ersetzen des Quellordnernamens durch den Zielordnernamen ermittelt wird.

Tritt beim Erzeugen eines Ordners oder beim Kopieren einer Datei eine Ausnahme auf, wird diese einfach an den Aufrufer weitergegeben, da Ausnahmen innerhalb der Methoden `CopySubFoldersAndFiles` und `CopyFolder` nicht abgefangen werden. Deshalb bricht die `CopyFolder`-Methode sofort ab, sobald das Erzeugen eines Ordners oder das Kopieren einer Datei fehlschlägt.

Zum Kompilieren dieser Methode müssen Sie die Namensräume `System` und `System.IO` einbinden.

```
/* Kopiert einen Ordner */
public static void CopyFolder(string sourceFolderPath, string destFolderPath)
{
    // DirectoryInfo-Objekt für den Quellordner erzeugen
    DirectoryInfo sourceFolder = new DirectoryInfo(sourceFolderPath);

    // Überprüfen, ob der Zielordner bereits existiert
    if (Directory.Exists(destFolderPath))
    {
        // Ausnahme erzeugen
        throw new IOException("Der Zielordner '" + destFolderPath +
            "' existiert bereits");
    }

    // Zielordner anlegen
    Directory.CreateDirectory(destFolderPath);

    // Methode zum Kopieren der Unterordner und Dateien aufrufen
    CopySubFoldersAndFiles(sourceFolder, sourceFolderPath, destFolderPath);
}
```

Listing 199: Methoden zum rekursiven Kopieren eines Ordners

>> Dateisystem

```csharp
/* Kopiert (rekursiv) alle Unterordner und Dateien
   eines Ordners in einen anderen Ordner */
private static void CopySubFoldersAndFiles(DirectoryInfo folder,
    string sourceFolderPath, string destFolderPath)
{
    // Alle Unterordner des übergebenen Ordners durchgehen
    DirectoryInfo[] subFolders = folder.GetDirectories();
    for (int i = 0; i < subFolders.Length; i++)
    {
        // Pfad für den Ziel-Unterordner ermitteln, indem der Pfad zum
        // Quellordner durch den Pfad zum Zielordner ersetzt wird
        string destSubFolderName = subFolders[i].FullName.Replace(
            sourceFolderPath, destFolderPath);

        // Unterordner im Zielordner erzeugen
        Directory.CreateDirectory(destSubFolderName);

        // Funktion rekursiv aufrufen um zunächst die weiteren Unterordner
        // zu erzeugen
        CopySubFoldersAndFiles(subFolders[i], sourceFolderPath,
            destFolderPath);
    }

    // Die im Ordner enthaltenen Dateien ermitteln
    FileInfo[] files = folder.GetFiles();

    // Alle Dateien durchgehen
    for (int i = 0; i < files.Length; i++)
    {
        // Ziel-Dateiname ermitteln, indem der Pfad zum Quellordner
        // durch den Pfad zum Zielordner ersetzt wird
        string destFileName = files[i].FullName.Replace(
            sourceFolderPath, destFolderPath);

        // Datei kopieren
        File.Copy(files[i].FullName, destFileName);
    }
}
```

Listing 199: Methoden zum rekursiven Kopieren eines Ordners (Forts.)

> **Hinweis:** Da der Abbruch beim Fehlschlagen eines Kopiervorgangs in einigen Fällen nicht gewünscht ist, implementiert das Rezept 115 eine Methode, die beim Fehlschlagen einer Dateioperation die Ausnahme abfängt, den Fehler protokolliert und mit den weiteren Dateioperationen fortfährt.

114 Ordner mit Fortschrittsdialog, Abbruchmöglichkeit und Überschreib-Nachfrage über SHFileOperation kopieren

Zum Kopieren eines kompletten Ordners können Sie neben den .NET-Features auch die Windows-API-Funktion `SHFileOperation` verwenden. Diese Funktion steht ab Windows 95 zur Verfügung.

`SHFileOperation` erlaubt das Kopieren, Verschieben, Umbenennen und Löschen von Ordnern und Dateien. Beim Kopieren eines Ordners wird automatisch der gesamte Inhalt kopiert. Dabei zeigt `SHFileOperation` beim Kopieren größerer Inhalte automatisch einen Fortschrittsdialog an. Über Flags können Sie festlegen, ob die Dateioperation rückgängig gemacht werden kann und der Anwender vor dem Überschreiben vorhandener Ordner gefragt wird, ob diese überschrieben werden sollen. Aus einem speziellen Feld der zu übergebenden Struktur können Sie nach dem Kopieren auslesen, ob der Anwender den Kopiervorgang unterbrochen hat.

Die standardmäßige Arbeitsweise von `SHFileOperation` entspricht dem Kopieren von Ordnern über den Windows Explorer (bzw. den Arbeitsplatz). Diese Funktion ermöglicht damit das komfortable und einfache Kopieren ganzer Ordner.

`SHFileOperation` erwartet als Argument eine als Referenz zu übergebende, normale (C-)Struktur mit Informationen zu der auszuführenden Aktion. In dieser Struktur, die im Windows-API mit `SHFILEOPSTRUCT` bezeichnet wird, geben Sie die auszuführende Aktion und die Datei- bzw. Ordnernamen an. In einem »Flags«-Feld können Sie die auszuführende Aktion näher spezifizieren. Für das Kopieren eines Ordners können Sie hier z.B. festlegen, dass der Vorgang rückgängig gemacht werden kann und dass Windows vor dem Überschreiben vorhandener Ordner beim Anwender nachfragt.

Die `SHFILEOPSTRUCT`-Struktur sieht in C# folgendermaßen aus:

```
[StructLayout(LayoutKind.Sequential, CharSet=CharSet.Auto)]
public struct SHFILEOPSTRUCT
{
    public IntPtr hwnd;
    public uint wFunc;
    public string pFrom;
    public string pTo;
    public short fFlags;
    [MarshalAs(UnmanagedType.Bool)]
    public bool fAnyOperationsAborted;
    public IntPtr hNameMappings;
    public string lpszProgressTitle;
}
```

Das `StructLayout`-Attribut legt zunächst fest, dass Elemente der Struktur beim Export in den nicht von der CLR verwalteten Speicher der (in C oder C++ geschriebenen) API-Funktion sequentiell im Speicher angelegt werden, wie es bei klassischen C-Strukturen der Fall ist. Das `CharSet`-Feld legt fest, dass Zeichenketten innerhalb der Struktur automatisch, je nach Betriebssystem, als Unicode oder ASCII exportiert werden.

>> Dateisystem

Innerhalb der Struktur sind die einzelnen Felder genauso deklariert, wie diese von der API-Funktion erwartet werden. Tabelle 15 beschreibt die Bedeutung der einzelnen Felder.

Feld	Bedeutung
hwnd	Hier können Sie den Handle eines Fensters eintragen, in dem SHFileOperation den Fortschritt beim Kopieren oder Verschieben ausgeben soll.
wFunc	bestimmt die Art der auszuführenden Dateioperation mit den folgenden int-Konstanten: ▶ FO_MOVE (0x0001): Verschieben ▶ FO_COPY (0x0002): Kopieren ▶ FO_DELETE (0x0003): Löschen ▶ FO_RENAME (0x0004): Umbenennen
pFrom	Dieses Feld wird mit einer oder mehreren Datei- oder Ordnerangaben belegt, die die Quelldateien bzw. -ordner festlegen. Mehrere Pfadangaben müssen durch ein 0-Zeichen voneinander getrennt werden. Am Ende muss ein zusätzliches 0-Zeichen stehen.
pTo	Dieses Feld verwaltet beim Kopieren, Verschieben und Umbenennen ähnlich dem pFrom-Feld Pfadangaben zu Zielordner bzw. Zieldateien. Beim Löschen von Dateien oder Ordnern muss dieses Feld leer bleiben (also einen Leerstring oder null speichern, was per Voreinstellung der Fall ist).
fFlags	In fFlags können Sie mit festgelegten Flag-Konstanten spezielle Einstellungen zur ausgewählten Dateioperation festlegen. Die einzelnen Konstanten müssen dazu Oder-verknüpft werden (mit |). Die verwendeten Konstanten finden Sie in Tabelle 16.
fAnyOperationsAborted	In diesem Feld legt die SHFileOperation-Funktion true ab, wenn der Anwender die Operation abgebrochen hat.
hNameMappings	Dieses Feld können Sie mit dem Handle eines Name-Mapping-Objekts belegen, in das SHFileOperation beim Kopieren/Verschieben automatisch umbenannte Dateien einträgt, wenn die Flags FOF_RENAMEONCOLLISION und FOF_WANTMAPPINGHANDLE gesetzt sind.
lpszProgressTitle	In diesem Feld können Sie den Titel des Fortschritt-Fensters festlegen, wenn Flags den Wert FOF_SIMPLEPROGRESS enthält.

Tabelle 15: Die Felder der Struktur SHFILEOPSTRUCT

Flag	Bedeutung
FOF_ALLOWUNDO (0x0040)	Rückgängigmachen ermöglichen
FOF_CONFIRMMOUSE (0x0002)	Zurzeit nicht in Verwendung
FOF_FILESONLY (0x0080)	*.*-Angaben nur auf Dateien anwenden

Tabelle 16: Die Flags der SHFILEOPSTRUCT-Struktur

Flag	Bedeutung
FOF_MULTIDESTFILES (0x0001)	Gibt an, dass pTo anstatt eines Zielordners mehrere Zieldateien verwaltet.
FOF_NOCONFIRMATION (0x0010)	Benutzer vor dem Überschreiben von Dateien/Ordnern nicht fragen
FOF_NOCONFIRMMKDIR (0x0200)	Keine Bestätigung für zu erzeugende Ordner anfordern
FOF_NO_CONNECTED_ELEMENTS (0x2000)	Verbundene Dateien nicht als Gruppe verschieben. Gilt nur mit installiertem Internet Explorer ab Version 5.
FOF_NOCOPYSECURITYATTRIBS (0x0800)	Sicherheits-Attribute der Datei nicht mit kopieren. Gilt nur mit installiertem Internet Explorer ab Version 4.71.
FOF_NOERRORUI (0x0400)	Keinen Fehlerdialog bei Fehlern anzeigen
FOF_NORECURSION (0x1000)	Nicht rekursiv in Unterordner verzweigen
FOF_RENAMEONCOLLISION (0x0008)	Dateien, die bereits existieren, automatisch neu benennen
FOF_SILENT (0x0004)	Fortschrittsdialog nicht anzeigen
FOF_SIMPLEPROGRESS (0x0100)	Im Fortschrittsdialog keine Dateinamen anzeigen
FOF_WANTMAPPINGHANDLE (0x0020)	Wenn FOF_RENAMEONCOLLISION angegeben ist und Dateien umbenannt werden, steht dieses Flag dafür, dass die umbenannten Dateien in einem Mapping-Objekt festgehalten werden, das im Feld hNameMappings referenziert wird.
FOF_WANTNUKEWARNING (0x4000)	Warnung ausgeben, falls eine Datei beim Löschen zerstört wird. Gilt nur mit installiertem Internet Explorer ab Version 5.

Tabelle 16: Die Flags der SHFILEOPSTRUCT-Struktur (Forts.)

Da der originale BOOL-Datentyp des Feldes fAnyOperationsAborted in der API-Funktion einen anderen Speicherbereich verwendet als der C#-bool-Typ, muss dieser beim Übergeben der Struktur in entsprechende Speicherstruktur umgewandelt werden. Dafür steht das MarshalAs-Attribut, das die Umwandlung von C#-Datentypen bei der Übergabe bestimmt. Das Feld fAnyOperationsAborted wird damit in einen 4-Byte-Boolean-Wert konvertiert, bei dem true ungleich 0 und false gleich 0 ist.

Das Kopieren mit Hilfe von SHFileOperation ist nun recht einfach. Zunächst erzeugen Sie eine Instanz der SHFILEOPSTRUCT-Struktur, definieren in dieser Struktur die Funktion, den Quell- und den Zielordner und setzen die Flags so, dass die Aktion rückgängig gemacht werden kann und dass – je nach Wunsch – der Anwender das Überschreiben vorhandener Ordner bestätigen muss. Dann rufen Sie SHFileOperation unter Übergabe dieser Struktur auf. Die Rückgabe von SHFileOperation ist laut der Dokumentation 0, wenn die Operation erfolgreich war. In Fehlerfall zeigt die Funktion (normalerweise) automatisch einen Fehlerdialog an, wenn das Feld `fFlags` nicht die Konstante `FOF_NOERRORUI` (0x0400) oder `FOF_SILENT` (0x0004) enthält, und gibt einen (leider nicht dokumentierten) Wert ungleich 0 zurück.

> **Achtung**
>
> Bei meinen Versuchen unter Windows XP und Windows 2000 meldete `SHFileOperation` keinen Fehler beim Versuch, einen Ordner auf ein Laufwerk zu kopieren, das gar nicht existierte (z.B. den Ordner *C:\Projekte* nach *X:\Backup\Projekte*). Auch der Rückgabewert war 0, was es so scheinen lässt, als wäre der Ordner kopiert worden. Nur wenn das Laufwerk vorhanden war, aber der Quell- oder Zielordner nicht existierte, generierte `SHFileOperation` einen Fehler. Außerdem führt der Aufruf von `SHFileOperation` zu einem Fehler, wenn der Quell- oder der dem Zielordner übergeordnete Ordner nicht existieren. Leider ist es nicht sinnvoll, diese automatischen und leider schwer verständlichen Fehlermeldungen[a] von `SHFileOperation` abzuschalten (wie ich am Ende dieses Rezepts erläutere).
>
> Um diese Probleme zu vermeiden, fragt die Methode `CopyFolder` in Listing 200, die das Kopieren über `SHFileOperation` implementiert, vor dem Kopieren ab, ob der Quell- und der Zielordner existieren, und generiert im negativen Fall eine Ausnahme vom Typ `IOException`.

a. Schwer verständlich ist z.B. der Fehler »Datei kann nicht kopiert werden. Die Quelldatei oder vom Quelldatenträger kann nicht gelesen werden« beim Versuch, einen nicht existierenden Ordner zu kopieren.

Zum Kompilieren dieser Methode müssen Sie die Namensräume `System`, `System.IO` und `System.Runtime.InteropServices` einbinden.

```
/* Deklaration der Windows-API-Funktion SHFileOperation */
[DllImport("shell32.dll", CharSet = CharSet.Auto)]
static extern int SHFileOperation(ref SHFILEOPSTRUCT fileOp);

/* Konstanten für SHFileOperation (aus ShellAPI.h) */
// Datei oder Ordner kopieren
private const int FO_COPY = 0x0002;
// Rückgängigmachen erlauben
private const int FOF_ALLOWUNDO = 0x0040;
// keine Nachfrage beim Anwender
private const int FOF_NOCONFIRMATION = 0x0010;

/* Struktur zur Definition der Dateioperation */
[StructLayout(LayoutKind.Sequential, CharSet = CharSet.Auto)]
public struct SHFILEOPSTRUCT
{
    public IntPtr hwnd;
```

Listing 200: Methode zum rekursiven Kopieren eines Ordners über SHFileOperation mit Fortschrittsdialog und Undo-Option

Ordner komfortabel kopieren

```csharp
    public int wFunc;
    public string pFrom;
    public string pTo;
    public short fFlags;
    [MarshalAs(UnmanagedType.Bool)]
    public bool fAnyOperationsAborted;
    public IntPtr hNameMappings;
    public string lpszProgressTitle;
}

/* Kopiert einen Ordner per API-Funktion */
public static void CopyFolder(string sourceFolderPath,
    string destFolderPath, bool confirmOverwrites)
{
    // Überprüfen, ob der Zielordner existiert,
    // um zum einen das Problem zu vermeiden, dass SHFileOperation beim
    // Kopieren auf ein nicht existierendes Laufwerk ohne Fehler
    // ausgeführt wird, und zum anderen den Fehler zu vermeiden, den
    // SHFileOperation meldet, wenn dieser Ordner nicht existiert.
    if (Directory.Exists(destFolderPath) == false)
    {
        // Ziel-Parent-Ordner existiert nicht: Ausnahme werfen
        throw new IOException("Der Ziel-Ordner " + destFolderPath +
            " existiert nicht");
    }

    // Überprüfen, ob der Quellordner existiert
    if (Directory.Exists(sourceFolderPath) == false)
    {
        throw new IOException("Der Quell-Ordner " + sourceFolderPath +
            " existiert nicht");
    }

    // Struktur für die Dateiinformationen erzeugen
    SHFILEOPSTRUCT fileOp = new SHFILEOPSTRUCT();

    // (Unter-)Funktion definieren (ShFileOperation kann auch Dateien und
    // Ordner löschen, verschieben oder umbenennen)
    fileOp.wFunc = FO_COPY;

    // Quelle und Ziel definieren. Dabei müssen mehrere Datei- oder
    // Ordnerangaben über 0-Zeichen getrennt werden. Am Ende muss ein
    // zusätzliches 0-Zeichen stehen
    fileOp.pFrom = sourceFolderPath + "\x0\x0";
    fileOp.pTo = destFolderPath + "\x0\x0";
```

Listing 200: Methode zum rekursiven Kopieren eines Ordners über SHFileOperation mit Fortschrittsdialog und Undo-Option (Forts.)

>> Dateisystem

```
    // Flags setzen, sodass ein Rückgängigmachen möglich ist und
    // dass - je nach Argument confirmOverwrites - keine Nachfrage
    // beim Überschreiben von Ordnern beim Anwender erfolgt
    if (confirmOverwrites)
    {
        fileOp.fFlags = FOF_ALLOWUNDO;
    }
    else
    {
        fileOp.fFlags = FOF_ALLOWUNDO | FOF_NOCONFIRMATION;
    }

    // ShFileOperation unter Übergabe der Struktur aufrufen
    int result = SHFileOperation(ref fileOp);

    // Erfolg auswerten. SHFileOperation liefert
    // 0 zurück, wenn kein Fehler aufgetreten ist, ansonsten einen
    // (leider undokumentierten) Wert ungleich 0.
    if (result != 0)
    {
        throw new IOException("Fehler " + result +
            " beim Kopieren des Ordners '" +
            sourceFolderPath + "' in den Ordner '" +
            destFolderPath + "'");
    }
}
```

Listing 200: Methode zum rekursiven Kopieren eines Ordners über SHFileOperation mit Fortschrittsdialog und Undo-Option (Forts.)

Bei der Anwendung der `CopyFolder`-Methode müssen Sie beachten, dass die Angabe des Zielordners für `SHFileOperation` der Ordner ist, der den zu kopierenden Ordner aufnehmen soll. Wenn Sie den Ordner *C:\Codebook* also in den Ordner *G:\Backup* als Unterordner *Codebook* kopieren wollen, müssen Sie in etwa den folgenden Quelltext verwenden:

```
// Ordnernamen festlegen
string sourceFolderName = @"C:\Codebook";
string destFolderName = @"G:\Backup";

Console.WriteLine("Kopiere {0} nach {1} ...", sourceFolderName,
    destFolderName);

// Zielordner erzeugen, falls dieser nicht vorhanden ist
Directory.CreateDirectory(destFolderName);

// Ordner rekursiv mit Anwender-Nachfrage für das Überschreiben von
```

Listing 201: Kopieren eines Ordners mit der CopyFolder-Methode

>> Ordner komfortabel kopieren

```
// Ordnern kopieren
try
{
   CopyFolder(sourceFolderName, destFolderName, true);
}
catch (Exception ex)
{
   Console.WriteLine(ex.Message);
}
```

Listing 201: Kopieren eines Ordners mit der CopyFolder-Methode (Forts.)

Abbildung 76 zeigt diese Anwendung. Da der Zielordner bereits existiert, fragt `SHFile-Operation` den Anwender, ob er die eventuell vorhandenen Dateien überschreiben will. In Abbildung 77 wird der Ordner gerade kopiert, Abbildung 78 zeigt die Fehlermeldung beim Versuch eine Datei zu kopieren, die gerade in Verwendung ist.

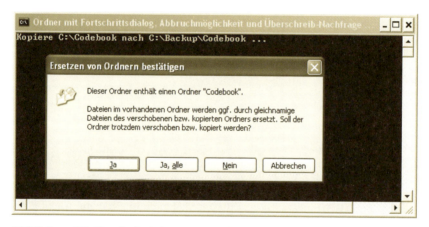

Abbildung 76: Das Beispielprogramm beim Kopieren eines Ordners, der auf dem Zielsystem bereits existiert

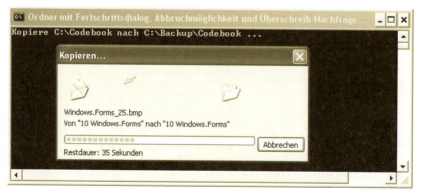

Abbildung 77: Das Beispielprogramm beim Kopieren eines Ordners

>> **Dateisystem**

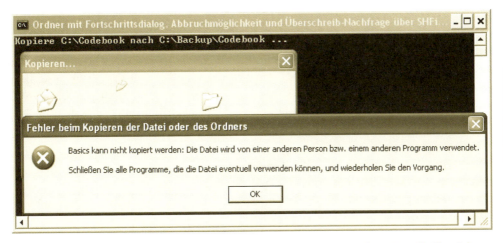

Abbildung 78: Automatische Fehlermeldung beim Kopieren einer Datei, die nicht geschrieben werden kann

> **Hinweis**
>
> Im Fehlerfall bricht `SHFileOperation` die Dateioperation ab. Wenn beim Kopieren eines Ordners also eine Datei nicht kopiert werden kann, werden auch die noch ausstehenden Dateien und Unterordner nicht weiter kopiert. Eine Lösung dieses Problems liefert das Rezept 115.
>
> An Stelle der systemeigenen Meldungen, die `SHFileOperation` im Fehlerfall ausgibt, wäre es zudem wesentlich schöner, wenn die Methode `CopyFolder` die Systemfehlermeldungen über das Flag `FOF_NOERRORUI` ausschalten, den Rückgabecode von `SHFileOperation` auswerten, daraus eine Fehlerbeschreibung generieren und schließlich mit dieser Beschreibung eine Ausnahme vom Typ `IOException` erzeugen würde. Leider sind aber die Rückgabewerte von `SHFileOperation` nicht dokumentiert. Die Microsoft-API-Dokumentation sagt lediglich aus, dass diese Funktion im Erfolgsfall 0 und im Fehlerfall einen Wert ungleich 0 zurückgibt (siehe *msdn.microsoft.com/library/en-us/shellcc/platform/shell/reference/functions/shfileoperation.asp*). Der zurückgegebene Fehlercode lässt sich leider auch nicht über die API-Funktion `FormatMessage` in eine passende Fehlermeldung umsetzen (die damit ermittelten Fehlermeldungen sind absolut unpassend). Die Idee, stattdessen den letzten Windows-Fehlercode zu verwenden (den Sie über die `GetLastWin32Error`-Methode der Klasse `System.Runtime.InteropServices.Marshal` auslesen können), schlug bei meinen Versuchen ebenfalls mit vollkommen unpassenden Fehlermeldungen fehl. Hinzu kommt, dass umfangreiche Diskussionen in verschiedenen Newsgroups die scheinbare Unmöglichkeit, aus dem Rückgabewert von `SHFileOperation` eine Fehlerbeschreibung abzuleiten, belegen. Schade.

115 Ordner mit .NET-Features ohne Abbruch bei einer Ausnahme kopieren

Mich ärgert es immer wieder, wenn Windows beim Kopieren eines umfangreichen Ordners den Kopiervorgang abbricht, nur weil einzelne Dateien gerade nicht kopiert werden können (weil diese z.B. geöffnet sind). Schöner wäre es, wenn die Kopiervorgänge beim Auftreten eines Fehlers einfach mit der nächsten Datei oder dem nächsten Unterordner fortgeführt und die jeweiligen Fehler am Ende gemeldet würden.

Die im Folgenden beschriebene Methode CopyFolder implementiert ein solches Vorgehen. Diese Methode kopiert alle Dateien des Quellordners rekursiv ähnlich der gleichnamigen Methode des Rezepts 113. Zusätzlich wird der Anwender vor dem Überschreiben einer vorhandenen Datei gefragt, ob diese überschrieben werden soll (Abbildung 79).

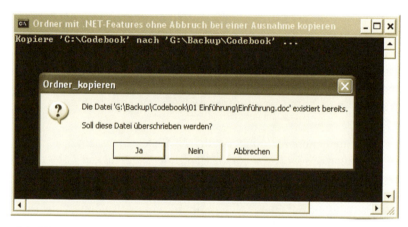

Abbildung 79: Abfrage der CopyFolder-Methode zum Überschreiben einer vorhandenen Datei

Um dem Anwender die Möglichkeit zu geben, alle vorhandenen Dateien zu überschreiben, fragt die Methode einmalig ab, ob dies gewünscht ist (Abbildung 80).

Die dazu notwendigen Informationen werden in zwei privaten Eigenschaften verwaltet. Beide Dialoge ermöglichen einen Abbruch, der aus Sicherheitsgründen in eine Ausnahme vom Typ IOException umgesetzt wird.

Fehler beim Kopieren einer Datei werden abgefangen und in einer speziellen Auflistung von Kopierfehler-Objekten protokolliert. Um dies zu realisieren habe ich zunächst eine Klasse CopyFault entwickelt, deren Instanzen je einen Kopierfehler speichern sollen. Die Klasse CopyFaults implementiert auf der Basis der generischen List-Klasse eine Auflistung von CopyFault-Objekten.

Um das Programm kompilieren zu können, müssen Sie die Assembly *System.Windows.Forms.dll* referenzieren und die Namensräume System, System.IO, System.Windows.Forms und System.Collections.Generic importieren.

>> Dateisystem

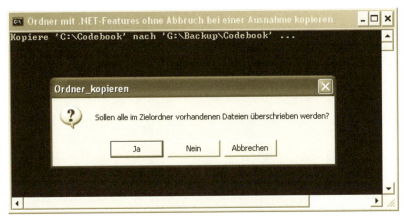

Abbildung 80: Abfrage der CopyFolder-Methode zum Überschreiben aller Dateien

```
/* Verwaltet Informationen zu fehlgeschlagenen Kopieroperationen */
public class CopyFault
{
   /* Gibt an, ob es sich um eine Datei handelt */
   public bool IsFile;

   /* Der Quellpfad */
   public string Source;

   /* Der Zielpfad */
   public string Destination;

   /* Der aufgetretene Fehler */
   public string Error;

   /* Konstruktor */
   internal CopyFault(bool isFile, string source, string destination,
      string error)
   {
      this.IsFile = isFile;
      this.Source = source;
      this.Destination = destination;
      this.Error = error;
   }
}

/* Auflistung von CopyFault-Objekten */
public class CopyFaults: List<CopyFault>
{
}
```

Listing 202: Klassen für die Verwaltung von Kopierfehlern

Die Klasse `FolderUtil` besitzt neben zwei privaten Eigenschaften, die intern für das Überschreiben von Dateien verwendet werden, eine Methode `CopyFolder`, die einen Ordner kopiert. Diese Methode initialisiert zunächst die privaten Eigenschaften und ruft dann die private Methode `CopySubFoldersAndFiles` auf. `CopyFolder` gibt eine Instanz auf eine `CopyFaults`-Auflistung zurück, über die später die eventuell aufgetretenen Kopierfehler ausgelesen werden können.

```
public class FolderUtil
{
   /* Eigenschaften, die für das Überschreiben
    * aller Dateien verwendet werden */
   private static bool overwriteAllFiles;
   private static bool alreadyAskedForOverwriteAllFiles;

   /* Kopiert einen Ordner */
   public static CopyFaults CopyFolder(string sourceFolderPath,
      string destFolderPath)
   {
      // CopyFaults-Objekt erzeugen
      CopyFaults copyFaults = new CopyFaults();

      // Datei-Überschreib-Flags voreinstellen
      overwriteAllFiles = false;
      alreadyAskedForOverwriteAllFiles = false;

      // Rekursive Methode zum Kopieren der Unterordner und Dateien aufrufen
      FolderUtil.CopySubFoldersAndFiles(new DirectoryInfo(sourceFolderPath),
         sourceFolderPath, destFolderPath, copyFaults);

      // Ergebnis zurückmelden
      return copyFaults;
   }
```

Listing 203: Methode zum Start des rekursiven Kopierens eines Ordners

Die Methode `copySubFoldersAndFiles` geht zuerst alle Unterordner des Ordners durch, erzeugt den jeweiligen Unterordner im Zielordner und ruft sich danach selbst auf, um die weiteren Unterordner zu erzeugen. Danach kopiert `copySubFoldersAndFiles` die im jeweiligen Ordner enthaltenen Dateien in den jeweiligen Zielordner.

`copySubFoldersAndFiles` wird ein `DirectoryInfo`-Objekt übergeben, das den Ordner repräsentiert. Beim rekursiven Aufruf übergibt `copySubFoldersAndFiles` ein solches für jeden Unterordner an sich selbst. Da innerhalb der Methode beim Kopieren der Dateien Informationen über den Haupt-Quell- und -Zielordner benötigt werden (um den zum jeweiligen Zielordner relativen Dateinamen zu ermitteln), werden dieser Methode zudem die Pfade dieser Ordner übergeben.

copySubFoldersAndFiles erzeugt im Fehlerfall ein neues CopyFault-Objekt und hängt dieses an die CopyFaults-Auflistung an, die ebenfalls (über die CopyFolder-Methode) übergeben wurde.

```
private static void CopySubFoldersAndFiles(DirectoryInfo folder,
   string mainsourceFolderPath, string maindestFolderPath,
   CopyFaults copyFaults)
{
   // Zielordner anlegen
   try
   {
      // Zielordnername ermitteln
      string destFolderPath =
         folder.FullName.Replace(mainsourceFolderPath,
         maindestFolderPath);

      // Ordner anlegen
      Directory.CreateDirectory(destFolderPath);
   }
   catch (IOException ex)
   {
      // Fehler in der CopyFaults-Auflistung dokumentieren
      copyFaults.Add(new CopyFault(false, mainsourceFolderPath,
         maindestFolderPath, ex.Message));
   }

   // Alle Unterordner des übergebenen Ordners durchgehen
   DirectoryInfo[] subFolders = folder.GetDirectories();
   for (int i = 0; i < subFolders.Length; i++)
   {
      // Pfad für den Ziel-Unterordner ermitteln, indem der Pfad zum
      // Quellordner durch den Pfad zum Zielordner ersetzt wird
      string destSubFolderName = subFolders[i].FullName.Replace(
         mainsourceFolderPath, maindestFolderPath);

      // Funktion rekursiv aufrufen um zunächst die weiteren Unterordner
      // zu erzeugen
      FolderUtil.CopySubFoldersAndFiles(
         subFolders[i], mainsourceFolderPath,
         maindestFolderPath, copyFaults);
   }

   // Die im Ordner enthaltenen Dateien ermitteln
   FileInfo[] files = folder.GetFiles();

   // Alle Dateien durchgehen
   for (int i = 0; i < files.Length; i++)
```

Listing 204: Methode zum rekursiven Kopieren eines Ordners

```csharp
{
   // Ziel-Dateiname ermitteln, indem der Pfad zum Quellordner
   // durch den Pfad zum Zielordner ersetzt wird
   string destFileName = files[i].FullName.Replace(
      mainsourceFolderPath, maindestFolderPath);

   // Flag setzen, das festlegt, ob die Datei kopiert werden soll
   bool performCopyOperation;
   performCopyOperation = true;

   // Überprüfen, ob die Datei bereits existiert
   if (File.Exists(destFileName))
   {
      // Fragen, ob die Datei überschrieben werden soll, falls der
      // Anwender dies zuvor noch nicht für alle Dateien und Ordner
      // gemeinsam bestätigt hat
      if (overwriteAllFiles == false)
      {
         switch (MessageBox.Show("Die Datei '" + destFileName +
            "' existiert bereits.\r\n\r\n" +
            "Soll diese Datei überschrieben werden?",
            Application.ProductName, MessageBoxButtons.YesNoCancel,
            MessageBoxIcon.Question))
         {
            case DialogResult.Yes:
               // Nachfragen, ob alle Dateien überschrieben werden
               // sollen, falls dies noch nicht geschehen ist
               if (alreadyAskedForOverwriteAllFiles == false)
               {
                  switch (MessageBox.Show("Sollen alle im Zielordner "
                     + "vorhandenen Dateien überschrieben werden?",
                     Application.ProductName,
                     MessageBoxButtons.YesNoCancel,
                     MessageBoxIcon.Question))
                  {
                     case DialogResult.Yes:
                        // Flag setzen, das das Überschreiben steuert
                        overwriteAllFiles = true;
                        break;

                     case DialogResult.Cancel:
                        // Anwender hat abgebrochen: Ausnahme erzeugen,
                        // da der Ordner nicht komplett kopiert werden
                        // konnte
                        throw new IOException("Benutzerabbruch");
                  }
```

Listing 204: Methode zum rekursiven Kopieren eines Ordners (Forts.)

```csharp
                    // Festlegen, dass nicht mehr nachgefragt werden muss
                    alreadyAskedForOverwriteAllFiles = true;
                }
                break;

            case DialogResult.No:
                // Festlegen, dass die aktuelle Datei nicht kopiert
                // werden soll
                performCopyOperation = false;
                break;

            case DialogResult.Cancel:
                // Anwender hat abgebrochen: Ausnahme erzeugen, da der
                // Ordner nicht komplett kopiert werden konnte
                throw new IOException(
                    "Benutzerabbruch");
        }
    }
}

// Datei kopieren, wenn die Operation ausgeführt werden soll
if (performCopyOperation)
{
    try
    {
        File.Copy(files[i].FullName, destFileName,
            true);
    }
    catch (Exception ex)
    {
        // Fehler in der CopyFaults-Auflistung dokumentieren
        copyFaults.Add(new CopyFault(true, files[i].FullName,
            destFileName, ex.Message));
    }
}
else
{
    // Datei sollte nicht überschrieben werden: Fehler in der
    // CopyFaults-Auflistung dokumentieren
    copyFaults.Add(new CopyFault(true, files[i].FullName,
        destFileName,
        "Fehlende Anwender-Erlaubnis zum Überschreiben"));
}
        }
    }
}
```

Listing 204: Methode zum rekursiven Kopieren eines Ordners (Forts.)

Ordner mit .NET-Features ohne Abbruch bei einer Ausnahme kopieren

Bei der Anwendung der `CopyFolder`-Methode können Sie die zurückgegebene `Copy-Faults`-Auflistung dazu verwenden, eventuelle Kopierfehler zu ermitteln. Damit können Sie die nicht kopierbaren Dateien auflisten, in eine Textdatei schreiben oder dem Anwender zum erneuten Kopieren zur Verfügung stellen. Der folgende Beispielcode listet die Fehler lediglich auf:

```
string sourceFolderName = @"C:\Codebook";
string destFolderName = @"G:\Backup\Codebook";

Console.WriteLine("Kopiere '" + sourceFolderName + "' nach '" +
   destFolderName + "' ...");

// Ordner kopieren
try
{
   CopyFaults copyFaults =
      FolderUtil.CopyFolder(sourceFolderName, destFolderName);
   if (copyFaults.Count == 0)
   {
      Console.WriteLine("Fertig");
   }
   else
   {
      // Beim Kopieren sind Fehler aufgetreten: Alle Fehler
      // durchgehen und ausgeben
      foreach (CopyFault copyFault in copyFaults)
      {
         if (copyFault.IsFile)
         {
            // Es handelt sich um eine Datei
            Console.WriteLine("Fehler beim Kopieren der " +
               "Datei '{0}' nach '{1}': {2}",
               copyFault.Source, copyFault.Destination,
               copyFault.Error);
         }
         else
         {
            // Es handelt sich um einen Ordner
            Console.WriteLine("Fehler beim Kopieren des " +
               "Ordners '{0}' nach '{1}': {2}",
               copyFault.Source, copyFault.Destination,
               copyFault.Error);
         }
      }
   }
}
catch (IOException ex)
```

Listing 205: Anwendung der Klasse zum komfortablen Kopieren

```
{
   Console.WriteLine("Fehler beim Kopieren des Ordners: {0}",
      ex.Message);
}
```

Listing 205: Anwendung der Klasse zum komfortablen Kopieren (Forts.)

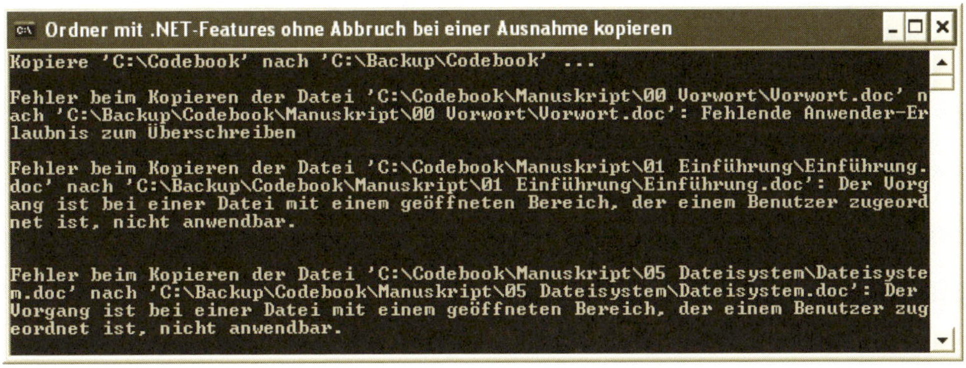

Abbildung 81: Das Programm wurde ausgeführt und konnte einige Dateien nicht kopieren

116 Ordner umbenennen

Ich hatte, wie viele andere auch, ursprünglich vermutet, dass zum Umbenennen eines Ordners eine *Rename*-Methode existieren würde. Dies ist jedoch nicht der Fall. Einen Ordner können Sie aber über die Move-Methode der Directory-Klasse (aus dem Namensraum System.IO) umbenennen. Move erzeugt eine Ausnahme vom Typ IOException, wenn das Umbenennen nicht möglich ist. Das folgende Beispiel beachtet diese Tatsache:

```
string sourceDirName = @"C:\Temp\DemoFolder";   // Alter Name
string destDirName = @"C:\Temp\Demo Folder";    // Neuer Name

try
{
   // Ordner umbenennen
   Directory.Move(sourceDirName, destDirName);

   Console.WriteLine("Ordner erfolgreich umbenannt");
}
catch (IOException ex)
{
   Console.WriteLine("Fehler beim Umbenennen des Ordners: " + ex.Message);
}
```

Listing 206: Umbenennen eines Ordners ohne Undo-Option

117 Ordner verschieben

Wenn Sie einen Ordner verschieben wollen, verwenden Sie prinzipiell denselben Programmcode wie in Rezept 116. Sie geben der Move-Methode als Zielordner lediglich einen Ordner an, der einen anderen übergeordneten Ordner oder ein anderes Laufwerk aufweist.

Das Beispiel in Listing 207 erfordert den Import der Namensräume System und System.IO.

```
string sourceFolderName = @"C:\DemoFolder";
string destFolderName = @"C:\Temp\DemoFolder";

try
{
   // Ordner verschieben
   Directory.Move(sourceFolderName, destFolderName);

   Console.WriteLine("Ordner erfolgreich verschoben");
}
catch (IOException ex)
{
   Console.WriteLine("Fehler beim Verschieben des Ordners: " +
      ex.Message);
}
```

Listing 207: Verschieben eines Ordners ohne Undo-Option

> **Hinweis**
> Das Verschieben von Ordnern über die Move-Methode ist nicht allzu komfortabel. Problematisch ist z. B., dass diese Methode mit einer Ausnahme abbricht, wenn eine Zieldatei oder ein Zielordner bereits existiert. Im Rezept 137 finden Sie eine Methode, die das erweiterte Umbenennen und Verschieben von Dateien oder Ordnern über die API-Funktion SHFileOperation implementiert. Diese Methode zeigt einen automatischen Fortschrittsdialog an, ermöglicht den Abbruch der Aktion und das Überschreiben vorhandener Dateien bzw. Ordner mit oder ohne Nachfrage beim Anwender.

118 Ordner löschen

Wenn Sie einen Ordner löschen wollen, können Sie dazu die Methode Delete der Klasse System.IO.Directory verwenden. Am ersten Argument übergeben Sie den Pfadnamen des Ordners, im optionalen zweiten Argument können Sie mit true bestimmen, dass auch alle Unterordner und enthaltenen Dateien gelöscht werden:

```
string folderName = @"C:\Test\Test\Test";
try
{
   // Ordner löschen
   Directory.Delete(folderName, true);
}
catch (Exception ex)
{
   MessageBox.Show(
      "Fehler beim Löschen des Ordners '" + folderName + "': " +
      ex.Message, Application.ProductName, MessageBoxButtons.OK,
      MessageBoxIcon.Error);
}
```

Listing 208: Löschen eines Ordners

Dieses Beispiel benötigt aufgrund der Verwendung der `MessageBox`-Klasse die Referenzierung der Assembly *System.Windows.Forms.dll* und die Einbindung des Namensraums `System.Windows.Forms`. Daneben müssen die Namensräume `System` und `System.IO` importiert werden.

Übergeben Sie am zweiten Argument nichts oder `false`, führt das Löschen eines nicht leeren Ordners zu einer Ausnahme vom Typ `IOException`. Der zu löschende Ordner muss außerdem existieren und löschbar sein (nicht schreibgeschützt), ansonsten erzeugt `Delete` ebenfalls eine Ausnahme. Dieselbe Ausnahme wird natürlich auch erzeugt, wenn die Pfadangabe syntaktisch nicht korrekt ist.

> **Hinweis:** Beachten Sie, dass `Delete` Ordner und alle enthaltenen Dateien dauerhaft löscht und nicht in den Papierkorb verschiebt. Das Verschieben in den Papierkorb finden Sie im Rezept 138.

119 Ordnergröße ermitteln

Die für allgemeine Verzeichnisinformationen zuständige Klasse `DirectoryInfo` bietet keine direkte Möglichkeit, die gesamte Größe eines Ordners abzufragen. Leider besteht auch scheinbar keine Möglichkeit, die Ordnergröße über Windows-API-Funktionen oder über WMI abzufragen. Um die Summe der Dateigrößen aller in einem Ordner und dessen Unterordnern enthaltenen Dateien zu ermitteln, müssen Sie den Ordner rekursiv durchgehen, die Dateigröße jeder enthaltenen Datei ermitteln und summieren.

Dazu können Sie ein `DirectoryInfo`-Objekt verwenden. Über dessen `GetDirectories`-Methode erhalten Sie ein `DirectoryInfo`-Array für alle Unterordner. Damit können Sie einen Ordner rekursiv durchgehen. Die `GetFiles`-Methode eines solchen Objekts gibt Ihnen Zugriff auf die enthaltenen Dateien in Form eines Arrays von `FileInfo`-Objekten, aus dessen Eigenschaft `Size` Sie die Größe auslesen können.

Ordnergröße ermitteln

Die Methode `GetFolderSize` in Listing 209 setzt das rekursive Durchgehen eines Ordners und das Summieren der Dateigrößen um. `GetFolderSize` geht zuerst alle Dateien des übergebenen Ordners durch um deren Größe in der Variablen `folderSize` zu summieren. Danach geht diese Methode alle Unterordner durch und ruft sich selbst für jeden dieser Ordner auf. `GetFolderSize` gibt die jeweils ermittelte Ordnergröße zurück. Deshalb kann die Variable `folderSize` um den jeweiligen Rückgabewert erhöht werden. Der erste Aufruf in der rekursiven Kette gibt schließlich die ermittelte Größe an die Methode `GetFolderSize` zurück. Einer zweiten Variante dieser Methode wird ein String übergeben, der den Pfad zum Ordner angeht. Diese Variante ruft einfach die erste Variante mit einem neu erzeugten `DirectoryInfo`-Objekt auf.

Um die Methoden aus Listing 209 kompilieren zu können, müssen Sie die Namensräume `System` und `System.IO` einbinden.

```
public static long GetFolderSize(DirectoryInfo folder)
{
   // Variable zur Speicherung der jeweils ermittelten Dateigrößen-Summe
   // eines (Unter-)Ordners
   long folderSize = 0;

   // Summe der Größen der Dateien im Ordner ermitteln
   FileInfo[] files = folder.GetFiles();
   for (int i = 0; i < files.Length; i++)
   {
      folderSize += files[i].Length;
   }

   // Unterordner ermitteln und die Methode rekursiv für jeden Unterordner
   // aufrufen und dabei die Variable folderSize hochzählen
   DirectoryInfo[] subFolders = folder.GetDirectories();
   for (int i = 0; i < subFolders.Length; i++)
   {
      folderSize += GetFolderSize(subFolders[i]);
   }

   // Die ermittelte Ordnergröße zurückgeben
   return folderSize;
}

public static long GetFolderSize(string folderPath)
{
   // Die rekursive Methode zur Ermittlung der Größe eines Ordners aufrufen
   return GetFolderSize(new DirectoryInfo(folderPath));
}
```

Listing 209: Methoden zum rekursiven Ermitteln der Größe eines Ordners

Abbildung 82 zeigt eine Anwendung, die die Größe des Windows-Systemordners über `GetFolderSize` ermittelt hat.

Abbildung 82: Beispielprogramm zur Ermittlung der Größe des Windows-Systemordners

> **Tipp**
> Den ermittelten Bytewert können Sie über das Rezept 15 in ein besser lesbares Format mit der Einheit Byte, KB, MB oder GB umwandeln.

120 Ordnergröße aller direkten Unterordner ermitteln

Basierend auf dem Rezept 119 ist es ein Leichtes, die Größe aller direkten Unterordner eines Ordners zu ermitteln. So können Sie z.B. feststellen, welche Ordner besonders viele und/oder große Dateien speichern.

Als Lösung dieses »Problems« habe ich eine Methode `GetSubFolderSizes` entwickelt. Diese Methode verwendet ein `DirectoryInfo`-Objekt zum Durchgehen der Unterordner eines anzugebenden Ordners und ruft für jeden dieser Ordner die Methode `GetFolderSize` aus dem vorhergehenden Rezept auf. Um dem Programmierer zu ermöglichen, dem Anwender den Fortschritt der bei großen Ordnern recht langwierigen Operation anzuzeigen, ruft `GetSubFolderSizes` für jeden neuen Ordner einen Delegate auf, der auf eine Methode verweist, der der Name des aktuellen Ordners übergeben wird.

`GetSubFolderSizes` gibt eine Auflistung von speziellen `FolderSize`-Objekten zurück. Diese Auflistung wird von der Basisklasse `CollectionBase` abgeleitet und auf `FolderSize`-Objekte spezialisiert, sodass bei der Auswertung der Auflistung nicht konvertiert werden muss. Ich habe mich für die Verwendung einer Auflistung entschieden, da diese dynamisch gefüllt werden kann. Bei der Verwendung eines Arrays müsste die Methode vor dem Füllen wissen, wie viele Elemente insgesamt gespeichert werden müssen, was bei einer Ordnerstruktur nur über ein vorheriges rekursives (und damit verlangsamendes) Durchgehen möglich wäre.

Zum Kompilieren der im Folgenden beschriebenen Klassen müssen Sie die Namensräume `System`, `System.IO` und `System.Collections.Generic` importieren.

Für die Implementierung muss zunächst der Delegate deklariert werden:

```
public delegate void FolderProgressHandler(string currentFolderPath);
```

Listing 210: Deklaration eines Delegate für den Fortschritt des Auslesens der Ordnergrößen

Dann folgt die Klasse, deren Instanzen in der Auflistung gespeichert werden sollen, die von `GetSubFolderSizes` zurückgegeben wird:

```
public class FolderSize
{
   /* Der Pfad zum Ordner */
   public string FolderPath;

   /* Die Gesamtgröße aller im Ordner und dessen Unterordnern
    * enthaltenen Dateien */
   public long Size;

   /* Konstruktor */
   internal FolderSize(string folderPath, long size)
   {
      this.FolderPath = folderPath;
      this.Size = size;
   }
}
```

Listing 211: Klasse für die Speicherung von Ordnergrößen

Die Auflistung dieser Objekte wird von der generischen Klasse `List` abgeleitet:

```
public class FolderSizes: List<FolderSize>
{
}
```

Listing 212: Spezialisierte Collection für FolderSize-Objekte

Der Methode `GetSubFolderSizes` in Listing 213 wird neben dem Namen des Ordners eine Instanz des Fortschritt-Delegates (oder `null`) übergeben. Der Aufrufer muss dann eine dem Delegate entsprechende Methode zur Verfügung stellen, mit dieser eine neue Instanz des Delegates erzeugen und diese dann an `GetSubFolderSizes` übergeben. Alternativ kann der Aufrufer auch einfach `null` übergeben, wenn er die Fortschrittsmeldung nicht wünscht.

`GetSubFolderSizes` macht dann nicht mehr allzu viel. Zunächst werden die Ergebnis-Auflistung und ein `DirectoryInfo`-Objekt für den Ordner erzeugt. Dann ruft diese Methode den Fortschritt-Delegate zunächst für den übergeordneten Ordner auf, ermittelt die Gesamtgröße der in diesem Ordner gespeicherten Dateien und geht schließlich alle Unterordner durch, wobei deren Größe über die Methode `SumFolderSize` ermittelt wird. Für jeden Unterordner wird natürlich wieder der Fortschritt-Delegate aufgerufen. Alle ermittelten Ordnergrößen werden in der `FolderSize`-Auflistung gespeichert, die schließlich von `GetSubFolderSizes` zurückgegeben wird.

```csharp
/* Ermittelt die Größe aller einem Ordner direkt
 * untergeordneten Unterordner */
public static FolderSizes GetSubFolderSizes(string folderPath,
   FolderProgressHandler progress)
{
   // FolderSizes-Objekt für die Speicherung der Ordnergrößen erzeugen
   FolderSizes fs = new FolderSizes();

   // DirectoryInfo-Objekt für den Ordner erzeugen
   DirectoryInfo folder = new DirectoryInfo(folderPath);

   // Fortschritts-Delegate aufrufen
   if (progress != null)
      progress(folder.Name);

   // Gesamtgröße der Dateien des Ordners ermitteln
   FileInfo[] files = folder.GetFiles();
   long folderSize = 0;
   for (int i = 0; i < files.Length; i++)
      folderSize += files[i].Length;

   // Ordnername und -größe als erstes Element in der Auflistung ablegen
   fs.Add(new FolderSize(folderPath, folderSize));

   // Unterordner ermitteln
   DirectoryInfo[] subFolders = folder.GetDirectories();

   // Unterordner durchgehen
   for (int i = 0; i < subFolders.Length; i++)
   {
      // Fortschritts-Delegate aufrufen
      if (progress != null)
         progress(subFolders[i].Name);

      // Die jeweilige Größe ermitteln
      folderSize = GetFolderSize(subFolders[i]);

      // Ordnername und -größe in der Auflistung ablegen
      fs.Add(new FolderSize(subFolders[i].FullName, folderSize));
   }

   // Referenz auf die Auflistung zurückgeben
   return fs;
}

/* Ermittelt (rekursiv) die Gesamtgröße aller in einem Ordner
```

Listing 213: Methoden zum Ermitteln der Größe aller direkten Unterordner eines Ordners

346 >> Ordnergröße aller direkten Unterordner ermitteln

```csharp
 * und seinen Unterordnern enthaltenen Dateien */
public static long GetFolderSize(DirectoryInfo folder)
{
   // Variable zur Speicherung der jeweils ermittelten Dateigrößen-Summe
   // eines (Unter-)Ordners
   long folderSize = 0;

   // Summe der Größen der Dateien im Ordner ermitteln
   FileInfo[] files = folder.GetFiles();
   for (int i = 0; i < files.Length; i++)
   {
      folderSize += files[i].Length;
   }

   // Unterordner ermitteln und die Methode rekursiv für jeden Unterordner
   // aufrufen und dabei die Variable folderSize hochzählen
   DirectoryInfo[] subFolders = folder.GetDirectories();
   for (int i = 0; i < subFolders.Length; i++)
   {
      folderSize += GetFolderSize(subFolders[i]);
   }

   // Die ermittelte Ordnergröße zurückgeben
   return folderSize;
}

/* Ermittelt die Gesamtgröße aller in einem Ordner
 * und seinen Unterordnern enthaltenen Dateien */
public static long GetFolderSize(string folderPath)
{
   // Die rekursive Methode zur Ermittlung der Größe eines Ordners aufrufen
   return GetFolderSize(new DirectoryInfo(folderPath));
}
```

Listing 213: Methoden zum Ermitteln der Größe aller direkten Unterordner eines Ordners (Forts.)

Listing 214 zeigt eine Beispielanwendung der `GetSubFolderSizes`-Methode. Diese Konsolenanwendung ermittelt die Größen der Unterordner con *C:\Inetpub*. Der Fortschritt wird über die Delegate-Methode `OnProgress` an der Konsole ausgegeben. Das Programm benötigt den Import der Namensräume `System` und `System.IO`.

```csharp
/* Methode für den Delegate */
public static void OnProgress(string folderName)
{
```

Listing 214: Anwendung der Methode zum Ermitteln der Größen aller Unterordner eines Ordners

```
      Console.WriteLine("Durchsuche {0} ...", folderName);
   }

   [STAThread]
   static void Main(string[] args)
   {
      Console.Title = "Ordnergröße aller direkten Unterordner ermitteln";

      // Ordner festlegen
      string folderName = "C:\\Inetpub";

      try
      {
         // Rekursives Ermitteln der Größe der im Ordner direkt und in allen
         // Unterordnern gespeicherten Dateien. Übergeben werden der Ordnername
         // und eine neue Instanz des Fortschritts-Delegate
         FolderUtil.FolderSizes fs = FolderUtil.GetSubFolderSizes(
             folderName, Program.OnProgress);

         // Die Auflistung der Ordnergrößen durchgehen
         Console.WriteLine("\r\nErmittelte Größen:");
         for (int i = 0; i < fs.Count; i++)
            Console.WriteLine("{0}: {1:#,#0} Byte",
                fs[i].FolderPath, fs[i].Size);
      }
      catch (IOException ex)
      {
         Console.WriteLine("Fehler: " + ex.Message);
      }
   }
}
```

Listing 214: Anwendung der Methode zum Ermitteln der Größen aller Unterordner eines Ordners (Forts.)

Das Ergebnis dieses Programms zeigt Abbildung 83.

Abbildung 83: Das Beispielprogramm zur Ermittlung von Ordnergrößen in Aktion

121 Überprüfen, ob eine Datei existiert

Wenn Sie überprüfen wollen, ob eine Datei existiert, können Sie ähnlich der Überprüfung der Existenz eines Ordners (Rezept 111) wieder zwischen zwei Varianten wählen. Zum einen können Sie die statische Methode `Exists` der `File`-Klasse (aus dem Namensraum `System.IO`) einsetzen:

```
string fileName = "c:\\autoexec.bat";
if (File.Exists(fileName))
{
    Console.WriteLine(fileName + " existiert");
}
else
{
    Console.WriteLine(fileName + " existiert nicht");
}
```

Die zweite Variante setzt eine Instanz der Klasse `FileInfo` (ebenfalls aus dem Namensraum `System.IO`) ein und fragt deren `Exists`-Methode ab:

```
string fileName = "c:\\autoexec.bat";
FileInfo di = new FileInfo(fileName);
if (di.Exists)
{
    Console.WriteLine(fileName + " existiert");
}
else
{
    Console.WriteLine(fileName + " existiert nicht");
}
```

Beide Varianten können Sie auch ohne Probleme im Netzwerk einsetzen. Voraussetzung dafür ist natürlich, dass der aktuell in Windows eingeloggte Benutzer Leserechte für die Netzwerk-Ressource besitzt.

122 Dateien in einem Ordner und seinen Unterordnern suchen

In einem bestimmten Ordner können Sie Dateien über die `GetFiles`-Methode einer `DirectoryInfo`-Instanz suchen. Dieser Methode übergeben Sie entweder nichts oder ein Dateimuster (wie z.B. *.txt). Wenn Sie nichts übergeben, sucht diese Methode alle Dateien. Übergeben Sie ein Dateimuster, sucht die Methode nur die Dateien, die dem Muster entsprechen. Dummerweise erlaubt das Muster keine mehrfachen Angaben. So können Sie z.B. nicht nach allen Bilddateien suchen, die die Endungen *.jpg*, *.jpeg*, *.gif*, oder *.bmp* aufweisen. Außerdem sucht `GetFiles` nur in dem angegebenen Ordner und nicht in dessen Unterordnern.

Eine Suche, bei der Sie mehrere Dateimuster angeben können und die auch in allen Unterordnern sucht, müssen Sie selbst programmieren. Meine Lösung dazu finden Sie in Listing 215. Die öffentliche Methode `FindFiles` erzeugt zunächst eine generische

>> Dateisystem

List-Auflistung mit dem Typ FileInfo. Diese Auflistung ist die Basis für die von FindFiles zurückgegebene ReadOnlyCollection. FindFiles ruft dann die private Methode findFiles auf und übergibt neben der erzeugten Auflistung und den weiteren Argumenten eine neues DirectoryInfo-Objekt, das den Startordner repräsentiert. findFiles ermittelt zunächst alle Dateien in dem übergebenen Ordner, die dem angegebenen Suchmuster entsprechen. Um mehrere Suchmuster zu ermöglichen geht diese Methode davon aus, dass diese durch Semikolons voneinander getrennt angegeben werden (wie es allgemein üblich ist), und splittet das übergebene Suchmuster-Argument entsprechend, wenn es nicht leer ist. Dann liest sie für jedes einzelne der ermittelten Muster die dazu passenden Dateien ein und speichert diese in der übergebenen Datei-Auflistung fileList. Bei einem leeren Muster werden einfach FileInfo-Objekte für alle Dateien im angegebenen Ordner in die Datei-Auflistung geschrieben. Um auch in allen Unterordnern zu suchen geht findFiles diese schließlich durch, wenn das Argument recursive true ist, und ruft sich selbst mit dem jeweiligen Unterordner als neuem Startordner auf. Auf diese Weise werden der ursprünglich übergebene und alle Unterordner durchsucht.

Die beiden Such-Methoden in Listing 215 erfordern den Import der Namensräume System.Collections.Generic, System.Collections.ObjectModel und System.IO.

```
public static ReadOnlyCollection<FileInfo> FindFiles(
   string startDirectory, string filePattern, bool recursive)
{
   // Basis-Auflistung erzeugen
   List<FileInfo> fileList = new List<FileInfo>();

   // Die rekursive private Methode aufrufen
   findFiles(new DirectoryInfo(startDirectory), filePattern,
     recursive, fileList);

   // Ergebnis-Collection zurückgeben
   return new ReadOnlyCollection<FileInfo>(fileList);
}

private static void findFiles(DirectoryInfo directory,
   string filePattern, bool recursive, List<FileInfo> fileList)
{
   if (filePattern != null && filePattern.Length > 0)
   {
      // Das Dateimuster splitten
      string[] filePatterns = filePattern.Split(';');

      // Alle Dateimuster durchgehen und in dem übergebenen Verzeichnis
      //Suchen
      foreach (string partPattern in filePatterns)
```

Listing 215: Öffentliche und private Methode zum rekursiven Suchen aller Dateien, die einem angegebenen Muster entsprechen

```
            {
                foreach (FileInfo fileInfo in directory.GetFiles(partPattern))
                {
                    fileList.Add(fileInfo);
                }
            }
        }
        else
        {
            // Kein Suchmuster angegeben: Alle Dateien durchgehen
            foreach (FileInfo fileInfo in directory.GetFiles())
            {
                fileList.Add(fileInfo);
            }
        }

        if (recursive)
        {
            // Wenn rekursiv gesucht werden soll:
            // Die Methode für alle Unterordner aufrufen
            foreach (DirectoryInfo subDirectory in directory.GetDirectories())
            {
                findFiles(subDirectory, filePattern, recursive, fileList);
            }
        }
    }
```

Listing 215: Öffentliche und private Methode zum rekursiven Suchen aller Dateien, die einem angegebenen Muster entsprechen (Forts.)

Listing 216 zeigt eine beispielhafte Anwendung der `FindFiles`-Methode an der Konsole.

```
// Alle Bilddateien im Windows-Ordner suchen
string startDirectory = "C:\\Windows";
string filePattern = "*.jpg;*.jpeg;*.gif;*.bmp;*.tif;*.tiff";
ReadOnlyCollection<FileInfo> fileList =
    FindFiles(startDirectory, filePattern, true);

// Die gefundenen Dateien durchgehen und ausgeben
foreach (FileInfo fi in fileList)
{
    Console.WriteLine(fi.FullName);
}
```

Listing 216: Beispielhafte Anwendung der FindFiles-Methode: Suchen verschiedener Bilddateien im Windows-Ordner

123 Programmdateien in den Systempfaden suchen

Programme, die im Windows-, im Systemordner oder in einem der Ordner gespeichert sind, die in der Umgebungsvariable `Path` eingetragen sind, können Sie zum Starten üblicherweise ohne Pfad angeben. Windows sucht automatisch in diesen Ordnern nach der Programmdatei.

Wenn Sie ermitteln wollen, ob ein zu startendes Programm in einem der Systempfad-Ordner gespeichert ist, können Sie die folgende Methode `FindFileInSystemPaths` einsetzen, die eine Datei im System-, im Windows- und in den in `Path` angegebenen Ordnern sucht.

Der Windows-Ordner wird dabei über die API-Funktion `GetWindowsDirectory` ermittelt, da das .NET Framework dazu keine direkte Möglichkeit bietet. Der Inhalt der `Path`-Variable wird über die Methode `GetEnvironmentVariable` der Klasse `System.Environment` ausgelesen. `FindFileInSystemPaths` sucht die angegebene Datei in der Reihenfolge, die auch Windows einsetzt (Systemordner – Windows-Ordner – Path-Pfade).

`FindFileInSystemPaths` erfordert den Import der Namensräume `System`, `System.Text`, `System.IO` und `System.Runtime.InteropServices`.

```
/* Deklaration der API-Funktion GetWindowsDirectory */
[DllImport("kernel32.dll", SetLastError=true)]
private static extern uint GetWindowsDirectory(StringBuilder lpBuffer,
   uint uSize);

/* Sucht eine Datei in den Systempfaden */
public static string FindFileInSystemPaths(string fileName)
{
   string path = null;

   // Im Windows-Systemordner suchen
   path = Path.Combine(Environment.SystemDirectory, fileName);
   if (File.Exists(path))
   {
      return path;
   }

   // Im Windows-Ordner suchen
   const int MAX_PATH = 160;
   string windowsDirectoryName = null;
   StringBuilder buffer = new StringBuilder(MAX_PATH + 1);
   if (GetWindowsDirectory(buffer, 260) > 0)
   {
      windowsDirectoryName = buffer.ToString();
      path = Path.Combine(windowsDirectoryName, fileName);
      if (File.Exists(path))
```

Listing 217: Methode zum Suchen von Dateien in den Systempfaden

```csharp
      {
         return path;
      }
   }

   // In den Ordnern suchen, die in der Umgebungsvariablen Path eingestellt
   // sind
   string[] systemPaths = Environment.GetEnvironmentVariable(
      "path").Split(new char[] {';'});
   for (int i = 0; i < systemPaths.Length; i++)
   {
      path = Path.Combine(systemPaths[i].Trim(), fileName);
      if (File.Exists(path))
      {
         return path;
      }
   }

   return null;
}
```

Listing 217: Methode zum Suchen von Dateien in den Systempfaden (Forts.)

Listing 218 zeigt eine Beispielanwendung der `FindFileInSystemPaths`-Methode.

```csharp
// Suchen der Datei notepad.exe
string fileName = FindFileInSystemPaths("notepad.exe");
if (fileName != null)
{
   Console.WriteLine("Gefunden: {0}", fileName);
}
else
{
   Console.WriteLine("Nicht gefunden");
}

// Suchen der Datei java.exe
fileName = FindFileInSystemPaths("java.exe");
if (fileName != null)
{
   Console.WriteLine("Gefunden: {0}", fileName);
}
else
{
   Console.WriteLine("Nicht gefunden");
}
```

Listing 218: Suchen der Dateien Notepad.exe und Java.exe in den Systempfaden

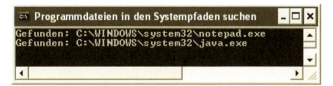

Abbildung 84: Das Beispielprogramm hat die Dateien gefunden

124 Dateien kopieren

Dateien können Sie sehr einfach über die Copy-Methode der File-Klasse kopieren. Am ersten Argument übergeben Sie dieser Methode den vollen Namen der Quelldatei, am zweiten den der Zieldatei. Über das dritte Argument können Sie festlegen, ob eine vorhandene Datei überschrieben werden soll. Tragen Sie hier true ein, wird eine eventuell vorhandene Datei ohne weitere Warnung überschrieben.

Tritt beim Kopieren ein Fehler auf, z.B. weil die Quelldatei gerade geöffnet oder die Zieldatei vorhanden und schreibgeschützt ist, erzeugt Copy eine Ausnahme vom Typ IOException, die Sie abfangen sollten.

Listing 219 zeigt das Kopieren einer Datei am Beispiel. Aufgrund der Verwendung der MessageBox-Klasse erfordert dieses Beispiel die Referenzierung der Assembly *System.Windows.Forms.dll* und den Import des Namensraums System.Windows.Forms. Daneben müssen Sie die Namensräume System und System.IO einbinden.

```
/* Variablen für die Argumente der Copy-Methode */
string sourceFileName = @"C:\boot.ini";
string destFileName = @"C:\boot.ini.copy";
bool overwrite = true;

try
{
   /* Datei kopieren */
   File.Copy(sourceFileName, destFileName, overwrite);
}
catch (IOException ex)
{
   MessageBox.Show("Die Datei kann nicht kopiert werden: " + ex.Message,
      Application.ProductName, MessageBoxButtons.OK,
      MessageBoxIcon.Exclamation);
}
```

Listing 219: Einfaches Kopieren einer Datei

Wenn Sie am dritten Argument der Copy-Methode false eintragen, erzeugt diese Methode eine Ausnahme vom Typ IOException, falls eine Datei mit identischem Namen bereits existiert. Da diese Ausnahme auch in anderen Fällen generiert wird, können Sie dem Anwender für den Fall, dass eine Datei gleichen Namens bereits vorhanden ist, leider nur eine allgemeine Meldung übergeben. Um etwas flexibler zu sein und den Anwender zu fragen, ob eine vorhandene Datei überschrieben werden soll, können Sie vor dem Kopieren überprüfen, ob die Datei existiert. Die Funktion `CopyFile` in Listing 220 übernimmt diese Aufgabe und wertet daneben auch eventuelle Ausnahmen aus.

Die Abfrage nach einer eventuell existierenden Datei gleichen Namens erfolgt über die `Exists`-Methode der `File`-Klasse. Im positiven Fall fragt `CopyFile` den Anwender über die `MessageBox`-Klasse, ob er die Datei überschreiben will. Wählt der Anwender den Nein-Schalter (was in der Rückgabe von `DialogResult.No` resultiert), wird die Funktion mit der Rückgabe von `false` beendet. Ansonsten kopiert `CopyFile` die Datei über die `Copy`-Methode der `File`-Klasse, wobei am dritten Argument `true` übergeben wird, damit eine eventuell vorhandene Datei gleichen Namens überschrieben wird.

Konnte die Datei kopiert werden, liefert `CopyFile` `true` zurück, ansonsten `false`.

Wie bereits beim Programm in Listing 219 müssen Sie zum Kompilieren der `CopyFile`-Methode die Assembly *System.Windows.Forms.dll* referenzieren und die Namensräume `System.Windows.Forms` und `System.IO` importieren.

```
public static bool CopyFile(string sourceFilePath, string destFilePath)
{
   // Abfragen, ob die Datei existiert
   if (System.IO.File.Exists(destFilePath))
   {
      // Den Anwender fragen, ob die Datei überschrieben werden soll
      if (MessageBox.Show("Die Datei '" + destFilePath +
         "' existiert bereits.\r\n\r\nSoll diese Datei " +
         "überschrieben werden?",
         Application.ProductName, MessageBoxButtons.YesNo,
         MessageBoxIcon.Exclamation) == DialogResult.No)

         // Funktion beenden und false zurückgeben
         return false;
   }

   try
   {
      // Datei kopieren
      System.IO.File.Copy(sourceFilePath, destFilePath, true);

      return true;
   }
   catch (Exception ex)
   {
      // Fehlermeldung ausgeben
```

Listing 220: Erweiterte Methode zum Kopieren einer Datei

```
            MessageBox.Show("Die Datei '" + sourceFilePath + "' kann nicht " +
                "kopiert werden: " + ex.Message, Application.ProductName,
                MessageBoxButtons.OK, MessageBoxIcon.Exclamation);

            return false;
        }
    }
```

Listing 220: Erweiterte Methode zum Kopieren einer Datei (Forts.)

125 Dateien umbenennen

Dateien können Sie sehr einfach über die `Move`-Methode der `File`-Klasse aus dem Namensraum `System.IO` umbenennen. Diese Methode generiert eine Ausnahme vom Typ `IOException`, wenn das Umbenennen nicht möglich ist. Der folgende Programmcode, der den Import der Namensräume `System` und `System.IO` voraussetzt, nennt eine Datei *c:\autoexec.bat.copy* in *c:\autoexec.bat.bak* um und fängt mögliche Ausnahmen ab:

```
string sourceFileName = @"c:\autoexec.bat.copy";
string destFileName = @"c:\autoexec.bat.bak";

try
{
    // Datei umbenennen
    File.Move(sourceFileName, destFileName);

    Console.WriteLine("Datei erfolgreich umbenannt");

}
catch (IOException ex)
{
    Console.WriteLine("Fehler beim Umbenennen der Datei: " + ex.Message);
}
```

Listing 221: Umbenennen einer Datei

126 Dateien verschieben

Das Verschieben einer Datei entspricht dem Umbenennen aus Rezept 125, nur dass Sie hier einen anderen Zielordner angeben. Das Programm benötigt den Import der Namensräume `System` und `System.IO`.

```
string sourceFileName = @"C:\autoexec.bat.copy";
string destFileName = @"C:\Temp\autoexec.bat.copy";
```

Listing 222: Verschieben einer Datei

```csharp
try
{
   // Datei verschieben
   File.Move(sourceFileName, destFileName);

   Console.WriteLine("Datei erfolgreich verschoben");
}
catch (IOException ex)
{
   Console.WriteLine("Fehler beim Verschieben der Datei: " +
     ex.Message);
}
```

Listing 222: Verschieben einer Datei (Forts.)

127 Dateien löschen

Dateien können Sie über die Methode `Delete` der Klasse `System.IO.File` dauerhaft löschen:

```csharp
string fileName = @"C:\boot.ini.copy";
System.IO.File.Delete(fileName);
```

Da beim Löschen Fehler auftreten können, die in einer Ausnahme vom Typ `IOException` resultieren, sollten Sie diese abfangen. Die Methode `DeleteFile` in Listing 223 setzt dies um. Zum Kompilieren dieser Methode müssen Sie die Assembly *System.Windows.Forms.dll* referenzieren und die Namensräume `System`, `System.Windows.Forms` und `System.IO` importieren.

```csharp
public static bool DeleteFile(string fileName)
{
   try
   {
      // Datei löschen
      System.IO.File.Delete(fileName);
   }
   catch (Exception ex)
   {
      // Fehlermeldung ausgeben
      MessageBox.Show("Die Datei '" + fileName + "' kann nicht " +
         "gelöscht werden: " + ex.Message, Application.ProductName,
         MessageBoxButtons.OK, MessageBoxIcon.Exclamation);

      // Misserfolg zurückmelden
```

Listing 223: Methode zum Löschen einer Datei mit Fehlermeldung

```
        return false;
    }

    // Erfolg zurückmelden
    return true;
}
```

Listing 223: Methode zum Löschen einer Datei mit Fehlermeldung (Forts.)

> **Hinweis:** So gelöschte Dateien werden leider nicht in den Papierkorb verschoben, sondern dauerhaft gelöscht. Eine Lösung zum Verschieben von Dateien und Ordnern in den Papierkorb finden Sie im Rezept 137.

128 Dateien vergleichen

Für den Vergleich zweier Dateien bietet das .NET Framework keinen Support. Wenn Sie zwei Dateien daraufhin vergleichen wollen, ob diese identisch sind, müssen Sie eine eigene Vergleichsmethode programmieren. Sie können natürlich auch einfach die Methode CompareFiles aus Listing 224 verwenden ☺. Diese Methode erwartet neben den Dateinamen der zu vergleichenden Dateien am dritten Argument einen Wert der in Listing 224 deklarierten Aufzählung FileCompareMethod. Über dieses Argument können Sie bestimmen, ob nur das Datum der letzten Änderung (FileCompareMethod.Date) oder nur der Inhalt (FileCompareMethod.Content) oder beides verglichen wird (FileCompareMethod.DateAndContent).

CompareFiles überprüft zunächst, ob die Dateinamen identisch sind, und beendet sich mit true, wenn dies der Fall ist. Danach vergleicht CompareFiles über zwei FileInfo-Objekte das Datum der letzten Änderung der Dateien, wenn am Argument compareMethod ein entsprechender Wert übergeben wurde. Ist dieses Datum unterschiedlich, kehrt CompareFiles mit der Rückgabe von false zurück. Das Datum der Erstellung der Datei, das Sie aus einem FileInfo-Objekt ebenfalls auslesen können, wird übrigens nicht verglichen. Der Grund dafür liegt darin, dass Windows (XP, 2000) beim Kopieren einer Datei von einem Ordner in einen anderen dieses Datum auf das aktuelle setzt, was den Vergleich der Erstelldaten untauglich macht.

Zum Vergleich des Inhalts öffnet CompareFiles die beiden Dateien über FileStream-Objekte und vergleicht direkt die Größe der Dateien. Ist diese unterschiedlich, sind die Dateien ungleich und die Methode wird mit der Rückgabe von false beendet. Damit ist sichergestellt, dass der dem Größenvergleich folgende zeitaufwändige byteweise Vergleich nur dann ausgeführt werden muss, wenn die Dateien dieselbe Größe besitzen.

Ist die Größe der Dateien identisch, liest CompareFiles die Streams in einer Schleife byteweise ein und vergleicht jedes Byte mit dem der anderen Datei. Die dazu verwendete Methode ReadByte gibt einen int-Wert zurück, der mit -1 aussagt, dass kein

358 >> Dateien vergleichen

weiteres Byte mehr gelesen werden konnte. Im Schleifenfuß überprüft `CompareFiles` deswegen die Gleichheit der Werte und ob das aktuell gelesene Byte der ersten Datei -1 ist.

Nach dem Schließen der Streams wird dann nur noch überprüft, ob die beiden zuletzt ermittelten `int`-Werte gleich sind, und das Ergebnis dieses Vergleichs zurückgegeben.

`CompareFiles` erfordert die Einbindung der Namensräume `System` und `System.IO`.

```
/* Aufzählung für die möglichen Vergleichstypen */
public enum FileCompareMethod
{
   Date,
   Content,
   DateAndContent
}

/* Vergleich zwei Dateien */
public static bool CompareFiles(string filePath1, string filePath2,
   FileCompareMethod compareMethod)
{
   // Wenn beide Dateinamen identisch sind, true zurückgeben
   if (filePath1 == filePath2)
   {
      return true;
   }

   // Über FileInfo-Objekte das Datum der letzten Änderung vergleichen,
   // sofern dies gewünscht ist. Das Erstelldatum wird übrigens nicht
   // verglichen, weil dieses beim Kopieren von Dateien
   // auf das aktuelle Datum gesetzt wird
   if (compareMethod == FileCompareMethod.DateAndContent ||
      compareMethod == FileCompareMethod.Date)
   {
      FileInfo fi1 = new FileInfo(filePath1);
      FileInfo fi2 = new FileInfo(filePath2);
      if (fi1.LastWriteTime != fi2.LastWriteTime)
         return false;
   }

   // Den Inhalt vergleichen, sofern dies gewünscht ist
   if (compareMethod == FileCompareMethod.DateAndContent ||
      compareMethod == FileCompareMethod.Content)
   {
      // FileStream-Objekte für den Vergleich erzeugen
      FileStream fs1 = new FileStream(filePath1, FileMode.Open);
      FileStream fs2 = new FileStream(filePath2, FileMode.Open);
```

Listing 224: Methode zum Vergleich von zwei Dateien

>> Dateisystem

```
      // Die Dateigröße vergleichen
      if (fs1.Length != fs2.Length)
         return false;

      // Die Dateien Byte für Byte vergleichen
      int fileByte1, fileByte2;
      do
      {
         fileByte1 = fs1.ReadByte();
         fileByte2 = fs2.ReadByte();
      } while (fileByte1 == fileByte2 && fileByte1 != -1);

      // Die Streams schließen
      fs1.Close();
      fs2.Close();

      // Das Ergebnis zurückgeben: Die Dateien sind gleich, wenn an dieser
      // Stelle die zuletzt gelesenen Bytes identisch sind
      return (fileByte1 == fileByte2);
   }

   return true;
}
```

Listing 224: Methode zum Vergleich von zwei Dateien (Forts.)

129 Ordner vergleichen

Das .NET Framework und das Windows-API bieten keine Möglichkeiten, zwei Ordner miteinander zu vergleichen. Ein solcher Vergleich muss wieder einmal selbst programmiert werden. Und das ist gar nicht so einfach.

Die Methode `CompareFolders` in Listing 225 implementiert den Vergleich zweier Ordner. Am ersten und zweiten Argument übergeben Sie die Ordnernamen, am dritten geben Sie an, ob die Methode den Inhalt der in den Ordnern enthaltenen Dateien vergleichen soll oder nur das Datum der letzten Änderung.

`CompareFolders` geht den am linken Argument angegebenen Ordner rekursiv durch und überprüft für den Ordner und jeden seiner Unterordner:

- ▶ ob die Anzahl der Unterordner im korrespondierenden anderen Ordner identisch ist,
- ▶ ob der korrespondierende andere Ordner dieselben Unterordner besitzt und
- ▶ ob der korrespondierende andere Ordner dieselben Dateien besitzt.

Ordner vergleichen

Dieser Methode werden je ein `DirectoryInfo`-Objekt für die aktuell zu vergleichenden Ordner und eine Info darüber übergeben, ob der Inhalt der Dateien im Ordner verglichen werden soll.

`CompareFolder` vergleicht zunächst über das `FileInfo`-Array, das die `GetFiles`-Methode der jeweiligen `DirectoryInfo`-Instanz zurückgibt, die Anzahl der Dateien in den beiden Ordnern und gibt `false` zurück, wenn diese unterschiedlich ist.

Danach geht `CompareFolder` alle Dateien des linken Ordners durch, ermittelt den korrespondierenden Dateinamen im rechten Ordner und überprüft, ob die Datei in diesem vorhanden ist. Wird eine nicht vorhandene Datei ermittelt, wird die Methode mit `false` beendet. Ist die Datei vorhanden, vergleicht `CompareFolder` je nach dem Argument `compareFileContent` entweder nur das Datum der letzten Änderung oder den Inhalt der Dateien. Zum Vergleich wird die Methode `CompareFiles` aus dem Rezept 128 eingesetzt. Das von dieser Methode erwartete Argument vom Typ `FileCompareMethod` wird dabei passend zum Wert des `CompareFolder`-Arguments eingestellt.

Die Anzahl der Unterordner und die Existenz der Unterordner des linken im rechten Ordner werden dann auf eine ähnliche Weise geprüft wie die der Dateien. Innerhalb der Schleife, die die Unterordner durchgeht, ruft `CompareFolder` sich nach der Überprüfung der Existenz des Unterordners dann für die jeweiligen Unterordner selbst auf um diese auf Gleichheit zu überprüfen. Dabei wird die Rückgabe des rekursiven Aufrufs ausgewertet und in dem Fall, dass die Methode `false` zurückgibt (weil die Unterordner nicht identisch sind), `return false` aufgerufen. Damit ist sichergestellt, dass der rekursive Aufruf möglichst schnell zurückkehrt. Am Ende gibt `CompareFolder` `true` zurück, weil an dieser Stelle (nach allen Überprüfungen) bewiesen ist, dass beide Ordner identisch sind.

Um diese Methode kompilieren zu können, müssen Sie die Namensräume `System` und `System.IO` einbinden.

```
public static bool CompareFolder(DirectoryInfo folder1,
   DirectoryInfo folder2, bool compareFileContent)
{
   // Die Anzahl der Dateien im Ordner vergleichen
   FileInfo[] files1 = folder1.GetFiles();
   FileInfo[] files2 = folder2.GetFiles();
   if (files1.Length != files2.Length)
   {
      return false;
   }

   // Die Dateien durchgehen und diese vergleichen
   foreach (FileInfo file1 in files1)
   {
      // Dateiname im zweiten Ordner ermitteln und überprüfen, ob die Datei
      // existiert
```

Listing 225: Methode zum Vergleichen zweier Ordner

```csharp
      string fileName2 = Path.Combine(folder2.FullName, file1.Name);
      if (System.IO.File.Exists(fileName2))
      {
         // Dateien vergleichen
         FileCompareMethod compareMethod =
            compareFileContent ? FileCompareMethod.Content :
            FileCompareMethod.Date;

         if (CompareFiles(file1.FullName, fileName2,
            compareMethod) == false)
         {
            return false;
         }
      }
      else
      {
         // Datei existiert nicht, also sind die Ordner nicht identisch
         return false;
      }
   }

   // Die Anzahl der Unterordner vergleichen
   DirectoryInfo[] subFolders1 = folder1.GetDirectories();
   DirectoryInfo[] subFolders2 = folder2.GetDirectories();
   if (subFolders1.Length != subFolders2.Length)
   {
      return false;
   }

   // Die Unterordner des ersten Ordners durchgehen um zu vergleichen, ob der
   // zweite Ordner dieselben Unterordner besitzt, und um diese rekursiv
   // durchzugehen
   foreach (DirectoryInfo subFolder1 in subFolders1)
   {
      // Ordnername des zweiten Ordners ermitteln und überprüfen, ob der
      // Ordner existiert
      string folderPath2 = Path.Combine(folder2.FullName, subFolder1.Name);
      DirectoryInfo subFolder2 = new DirectoryInfo(folderPath2);
      if (subFolder2.Exists == false)
      {
         return false;
      }

      // Rekursiver Aufruf zum Vergleich der beiden Unterordner
      if (CompareFolder(subFolder1, subFolder2,
         compareFileContent) == false)
      {
```

Listing 225: Methode zum Vergleichen zweier Ordner (Forts.)

```
        return false;
    }
}

// Wenn die Methode hier ankommt, enthalten beide (Unter-)Ordner einen
// identischen Inhalt
return true;
}
```

Listing 225: Methode zum Vergleichen zweier Ordner (Forts.)

Zum vereinfachten Aufruf habe ich noch eine zweite Variante der `CompareFolders`-Methode entwickelt, der jeweils ein String übergeben wird, der den Pfad zum Ordner darstellt. Diese Variante ruft einfach die erste Variante mit zwei erzeugten `DirectoryInfo`-Objekten auf.

```
public static bool CompareFolders(string folderPath1, string folderPath2,
    bool compareFileContent)
{
    // Die übergebenen Ordnernamen angleichen
    if (folderPath1.EndsWith("\\") == false) folderPath1 += "\\";
    if (folderPath2.EndsWith("\\") == false) folderPath2 += "\\";

    // Die rekursive Vergleichsmethode mit zwei neuen DirectoryInfo-
    // Objekten für die beiden Ordner aufrufen
    DirectoryInfo folder1 = new DirectoryInfo(folderPath1);
    DirectoryInfo folder2 = new DirectoryInfo(folderPath2);
    return FolderUtils.CompareFolder(folder1, folder2, compareFileContent);
}
```

Listing 226: Zweite Variante der Methode zum Vergleichen zweier Ordner

130 Die Größe einer Datei ermitteln

Zur Ermittlung der Größe einer Datei können Sie ein `FileInfo`-Objekt verwenden und dessen `Length`-Eigenschaft auslesen.

Das folgende Beispiel setzt ein solches Objekt ein und integriert eine Ausnahmebehandlung für den Fall, dass die Datei nicht existiert oder dass die Größen-Information nicht gelesen werden kann. Das Beispiel erfordert den Import der Namensräume `System` und `System.IO`.

```
string fileName = "c:\\pagefile.sys";

/* Ermitteln der Größe der Datei */
```

Listing 227: Ermitteln der Größe einer Datei

>> **Dateisystem**

```
try
{
   // Größe über ein FileInfo-Objekt auslesen
   FileInfo fi = new FileInfo(fileName);
   long fileSize = fi.Length;

   Console.WriteLine("{0}: {1:#,#0} Byte.", fileName, fileSize);
}
catch (IOException ex)
{
   Console.WriteLine("Fehler beim Ermitteln der Dateigröße " +
      "der Datei '{0}': {1}.", fileName, ex.Message);
}
```

Listing 227: Ermitteln der Größe einer Datei (Forts.)

131 Dateiattribute auslesen

Wie Sie ja sicherlich wissen, können Dateien im Windows-Dateisystem mit Attributen ausgestattet sein. Das Attribut *ReadOnly* bestimmt zum Beispiel, dass die Datei schreibgeschützt ist.

Diese Attribute können Sie über die Eigenschaft Attributes eines FileInfo-Objekts (aus dem Namensraum System.IO) auslesen (und bearbeiten, wie ich in Rezept 132 zeige). Attributes ist ein Bitfeld, das aus den Konstanten der Aufzählung FileAttributes zusammengesetzt sein kann. Zur Überprüfung, ob bestimmte Attribute gesetzt sind, kombinieren Sie den Wert, der in Attributes gespeichert ist, über den bitweisen Und-Operator (&) mit den Attributen. Resultiert bei diesem Vergleich ein Wert größer Null, ist das Attribut gesetzt.

Listing 228, das den Import der Namensräume System und System.IO voraussetzt, zeigt diesen Vergleich am Beispiel der Datei *c:\pagefile.sys* für alle möglichen Dateiattribute (das Attribut Directory, das nur für Verzeichnisse gilt, wird hier nicht verwendet).

```
string fileName = "c:\\pagefile.sys";

/* Ermitteln der Attribute der Datei */
try
{
  // FileInfo-Objekt erzeugen
  FileInfo fi = new FileInfo(fileName);

  // Attribute auslesen
  Console.WriteLine("Dateiattribute von {0}", fileName);
```

Listing 228: Auslesen der Attribute einer Datei

```csharp
if ((fi.Attributes & FileAttributes.Archive) > 0)
{
  Console.WriteLine("Archiv");
}

if ((fi.Attributes & FileAttributes.Compressed) > 0)
{
  Console.WriteLine("Komprimiert");
}

if ((fi.Attributes & FileAttributes.Device) > 0)
{
   Console.WriteLine("Gerät (Dieses Attribut ist für " +
      "eine zukünftige Verwendung reserviert)");
}

if ((fi.Attributes & FileAttributes.Encrypted) > 0)
{
  Console.WriteLine("Verschlüsselt");
}

if ((fi.Attributes & FileAttributes.Hidden) > 0)
{
  Console.WriteLine("Versteckt");
}

if ((fi.Attributes & FileAttributes.Normal) > 0)
{
  Console.WriteLine("Normale Datei");
}

if ((fi.Attributes & FileAttributes. NotContentIndexed) > 0)
{
  Console.WriteLine("Nicht inhaltsindiziert");
}

if ((fi.Attributes & FileAttributes.Offline) > 0)
{
  Console.WriteLine("Offline");
}

if ((fi.Attributes & FileAttributes.ReadOnly) > 0)
{
  Console.WriteLine("Schreibgeschützt");
}

if ((fi.Attributes & FileAttributes.ReparsePoint) > 0)
```

Listing 228: Auslesen der Attribute einer Datei (Forts.)

```
    {
      Console.WriteLine("Datei enthält einen Analysepunkt");
    }

    if ((fi.Attributes & FileAttributes.SparseFile) > 0)
    {
      Console.WriteLine("Dünn besetzte Datei (mit vielen 0-Bytes)");
    }

    if ((fi.Attributes & FileAttributes.System) > 0)
    {
      Console.WriteLine("System");
    }

    if ((fi.Attributes & FileAttributes.Temporary) > 0)
    {
      Console.WriteLine("Temporäre Datei");
    }
  }
}
catch (IOException ex)
{
  Console.WriteLine("Fehler beim Ermitteln der Dateiattribute " +
    "der Datei '{0}': {1}.", fileName, ex.Message);
}
```

Listing 228: Auslesen der Attribute einer Datei (Forts.)

Abbildung 85: Ermittlung der Dateiattribute der Datei c:\pagefile.sys

132 Dateiattribute (z. B. den Schreibschutz) setzen oder aufheben

Windows verwendet verschiedene Attribute zur Verwaltung von Meta-Informationen zu einer Datei. Das Attribut *ReadOnly* zum Beispiel bestimmt, ob eine Datei schreibgeschützt ist.

Die Attribute einer Datei können Sie über die Attributes-Eigenschaft eines FileInfo-Objekts sehr einfach setzen oder aufheben. Diese Eigenschaft ist ein Bitfeld, das aus den Konstanten der Aufzählung FileAttributes besteht. Über ein wenig Bit-Arithmetik können Sie die Attribute setzen oder entfernen.

366 >> Die Erstell- und Zugriffsdaten einer Datei lesen und setzen

Zum Setzen eines Attributs kombinieren Sie den Wert, den die `Attributes`-Eigenschaft verwaltet, über ein bitweises Oder (|) mit den zu setzenden Attributen. Zum Entfernen verwenden Sie das bitweise Und (&) mit den negierten Attributen. Listing 229 zeigt, wie Sie dies programmieren können.

```
/ * Setzt Dateiattribute für eine Datei */
public static void SetFileAttributes(string filename,
   FileAttributes attributesToSet)
{
   FileInfo fileInfo = new FileInfo(filename);
   fileInfo.Attributes = fileInfo.Attributes | attributesToSet;
}

/* Entfernt Dateiattribute von einer Datei */
public static void RemoveFileAttributes(string filename,
   FileAttributes attributesToRemove)
{
   FileInfo fileInfo = new FileInfo(filename);
   fileInfo.Attributes = fileInfo.Attributes & ~attributesToRemove;
}
```

Listing 229: Methoden zum Setzen und zum Entfernen von Attributen einer Datei

133 Die Erstell- und Zugriffsdaten einer Datei lesen und setzen

Windows verwaltet für alle Dateien das Datum, an dem die Datei erstellt wurde, das Datum, an dem der letzte Zugriff erfolgte, und das Datum, an dem die Datei zuletzt geändert wurde. Diese Datumswerte können Sie über ein `FileInfo`-Objekt lesen und auch ändern. Dazu verwenden Sie die Eigenschaften `CreationTime` (Erstelldatum), `LastAccessTime` (Datum des letzten Zugriffs) und `LastWriteTime` (Datum der letzten Änderung).

Das folgende Konsolenanwendungs-Beispiel liest das Erstelldatum und die Zugriffsdaten der Datei *Demo.txt* im Programmverzeichnis und ändert das Erstelldatum auf den 1.1.2006 00:00:00. Zum Kompilieren dieses Beispiels müssen Sie die Namensräume `System`, `System.Reflection` und `System.IO` importieren.

```
string applicationPath = Path.GetDirectoryName(
   Assembly.GetEntryAssembly().Location);
string filename = Path.Combine(applicationPath, "Demo.txt");

// Erstell- und Zugriffsdaten ermitteln
```

Listing 230: Auslesen der Erstell- und Zugangsdaten einer Datei und Ändern des Erstelldatums

```
FileInfo fi = new FileInfo(filename);
Console.WriteLine("Erstelldatum: " + fi.CreationTime);
Console.WriteLine("Letzter Zugriff: " + fi.LastAccessTime);
Console.WriteLine("Letzte Änderung: " + fi.LastWriteTime);

// Erstelldatum ändern
fi.CreationTime = new DateTime(2006, 1, 1);
```

Listing 230: Auslesen der Erstell- und Zugangsdaten einer Datei und Ändern des Erstelldatums (Forts.)

134 Die Version einer Datei auslesen

Unter Windows werden alle Dateien mit Versionsinformationen versehen, die Sie z.B. im Explorer in den Eigenschaften einer Datei auslesen können. Die Version besteht aus vier 16 Bit großen Zahlen, die intern zu einem 64-Bit-Wert verknüpft werden.

Die erste 16-Bit-Zahl bestimmt die Haupt- (Major) und die zweite die Nebenversion (Minor). Haupt- und Nebenversion identifiziert nach der Microsoft-Konvention (wenigstens für Assemblies, siehe in der Dokumentation der Version-Klasse) große Änderungen in einer Datei (hauptsächlich in einem Programm oder einer Klassenbibliothek o.Ä.). Änderungen in der Hauptversion stehen dafür, dass eine Datei nicht mehr zu älteren Versionen kompatibel ist, Änderungen in der Nebenversion deuten auf eine eventuell noch vorhandene Rückwärts-Kompatibilität hin.

Die dritte Zahl steht für die Build-Nummer. Änderungen in dieser Nummer stehen für eine Neukompilierung desselben Programmcodes, lediglich mit geänderten Compilereinstellungen. Eine Erhöhung der Build-Nummer sollte also keine Inkompatibilitäten bewirken.

Die letzte Zahl verwaltet die Revisions-Nummer. Dateien mit unterschiedlichen Revisionsnummern sollten vollständig austauschbar sein. Diese Nummer ist hauptsächlich für Bugfixes und für die Beseitigung von Sicherheitsmängeln vorgesehen.

Um die Versionsinformationen einer Datei zu ermitteln, können Sie eine Instanz der Klasse FileVersionInfo aus dem Namensraum System.Diagnostics verwenden. Die statische Methode GetVersionInfo dieser Klasse gibt unter der Übergabe eines Dateinamens eine FileVersionInfo-Instanz zurück. Über verschiedene Eigenschaften erhalten Sie Informationen zur Version, wie es Listing 231 zeigt. Das Programm erfordert den Import der Namensräume System, System.IO und System.Diagnostics.

```
// Vollen Dateinamen der Datei kernel32.dll ermitteln
string fileName = Path.Combine(Environment.SystemDirectory,
   "kernel32.dll");

// Versionsinformationen auslesen
```

Listing 231: Auslesen der Versionsinformationen einer Datei

```
FileVersionInfo fileVersionInfo = FileVersionInfo.GetVersionInfo(fileName);

// Version ausgeben
Console.WriteLine("Version der Datei {0}", fileName);
Console.WriteLine("Major: {0}", fileVersionInfo.FileMajorPart);
Console.WriteLine("Minor: {0}", fileVersionInfo.FileMinorPart);
Console.WriteLine("Build: {0}", fileVersionInfo.FileBuildPart);
Console.WriteLine("Revision: {0}", fileVersionInfo.FilePrivatePart);
Console.WriteLine("Version: {0}", fileVersionInfo.FileVersion);
```

Listing 231: Auslesen der Versionsinformationen einer Datei (Forts.)

Die Ausgabe des Programms zeigt Abbildung 86.

Abbildung 86: Das Beispielprogramm zum Auslesen von Versionsinformationen in Aktion

135 Den kurzen (8.3-)Dateinamen einer Datei auslesen

Windows verwaltet für jede Datei neben dem normalen (langen) Dateinamen einen kurzen, zu alten DOS-Programmen kompatiblen Dateinamen. Dieser besteht aus einem acht Zeichen großen Namen und einer dreistelligen Endung. Der Name wird am Ende automatisch mit einer Tilde und einer Ziffer versehen, um eine Eindeutigkeit bei langen Dateinamen sicherzustellen, die mit denselben Zeichen beginnen.

Wenn Sie den kurzen Dateinamen einer Datei (inklusive Pfad) ermitteln wollen, weil Sie z.B. mit einem alten DOS-Programm kommunizieren müssen, finden Sie im .NET Framework hierfür keine Möglichkeit. Dazu müssen Sie die Windows-API-Funktion GetShortPathName verwenden, der Sie den langen Dateinamen inklusive Pfad übergeben. GetShortPathName wird folgendermaßen deklariert:

```
[DllImport("kernel32.dll", SetLastError=true)]
private static extern int GetShortPathName(string lpszLongPath,
    System.Text.StringBuilder lpszShortPath, int cchBuffer);
```

Am Argument lpszLongPath übergeben Sie den langen Dateinamen. Das Argument lpszShortPath muss mit einem für Pfadangaben ausreichend groß dimensionierten StringBuilder-Objekt belegt werden. Im letzten Argument übergeben Sie die Größe dieses Objekts. GetShortPathName ermittelt an diesem Argument, wie viele Zeichen in den String geschrieben werden können.

>> Dateisystem

Die Methode `GetShortName` in Listing 232 setzt diese Funktion zur Ermittlung des kurzen Dateinamens einer Datei ein. `GetShortName` ruft `GetShortPathName` mit dem übergebenen Dateinamen und einem `StringBuilder`-Objekt auf, das auf 261 Zeichen Größe initialisiert wurde (die maximale Pfadgröße plus Platz für das 0-Zeichen, mit dem die in C oder C++ geschriebene Funktion den String abschließt). Dazu ist anzumerken, dass `GetShortPathName` nicht nur den Dateinamen selbst, sondern auch den kompletten Pfad zurückgibt, wenn auch der Quelldateiname einen Pfad beinhaltet.

Im Erfolgsfall gibt `GetShortPathName` die Anzahl der gelesenen Zeichen zurück. In diesem Fall gibt `GetShortName` den ermittelten Dateinamen direkt zurück. Im Fehlerfall, bei dem `GetShortPathName` 0 zurückgibt, liest `GetShortName` den letzten Windows-Fehlercode aus und ermittelt mit diesem Code über `FormatMessage` eine Fehlerbeschreibung. Damit der Windows-Fehlercode überhaupt verfügbar ist, habe ich `GetShortPathName` mit `SetLastError=true` im `DllImport`-Attribut deklariert. Mit der so ermittelten (aussagekräftigen) Fehlerbeschreibung erzeugt `GetShortName` dann eine Ausnahme vom Typ `IOException`.

Zum Kompilieren dieser Methode müssen Sie die Namensräume `System`, `System.IO`, `System.Text` und `System.Runtime.InteropServices` importieren.

```
/* Deklaration der benötigten API-Funktionen und -Konstanten */
[DllImport("kernel32.dll", SetLastError=true)]
private static extern int GetShortPathName(string lpszLongPath,
    StringBuilder lpszShortPath, int cchBuffer);

[DllImport("Kernel32.dll")]
private static extern int FormatMessage(int dwFlags, string lpSource,
    int dwMessageId, int dwLanguageId, StringBuilder lpBuffer, int nSize,
    string [] Arguments);

private const int FORMAT_MESSAGE_FROM_SYSTEM = 0x1000;
private const int MAX_PATH = 260;

/* Methode zur Ermittlung des kurzen Dateinamens einer Datei */
public static string GetShortName(string fileName)
{
    // GetShortPathName mit einem ausreichend großen StringBuilder-Objekt
    // aufrufen
    StringBuilder shortName = new StringBuilder(MAX_PATH + 1);
    if (GetShortPathName(fileName, shortName, MAX_PATH + 1) > 0)
    {
        return shortName.ToString();
    }
    else
    {
        // Fehler bei der Ausführung: API-Fehler ermitteln, diesen in eine
```

Listing 232: Methode zum Auslesen des kurzen Dateinamens einer Datei

```
        // Fehlerbeschreibung umwandeln und damit eine Ausnahme werfen
        System.Text.StringBuilder errorMessage = new StringBuilder(1024);
        FormatMessage(FORMAT_MESSAGE_FROM_SYSTEM, null,
            Marshal.GetLastWin32Error(), 0, errorMessage, 1024, null);
        throw new IOException(errorMessage.ToString());
    }
}
```

Listing 232: Methode zum Auslesen des kurzen Dateinamens einer Datei (Forts.)

Die Anwendung dieser Methode ist sehr einfach. Sie sollten natürlich eine Ausnahmebehandlung vorsehen, für den Fall, dass die Datei nicht existiert oder ein sonstiger Fehler auftritt. Abbildung 87 zeigt ein Beispielprogramm, das über `GetShortName` den kurzen Namen der Datei *readme.htm* im Ordner des .NET Framework SDK ermittelt hat.

Abbildung 87: Ermittlung des kurzen Dateinamens der .NET Framework-Lizenzdatei

136 Alle Dateien eines Ordners auflisten

Um alle Dateien eines Ordners aufzulisten, können Sie ein `DirectoryInfo`-Objekt (aus dem Namensraum `System.IO`) verwenden und über dessen `GetFiles`-Methode Informationen über alle enthaltenen Dateien auslesen. `GetFiles` gibt ein Array mit `FileInfo`-Objekten zurück, das Sie sehr einfach durchgehen können. Aus der Eigenschaft `Name` der `FileInfo`-Objekte können Sie den Dateinamen auslesen. Für den Fall, dass ein ungültiger Ordner angegeben ist oder ein anderer Fehler auftritt, sollten Sie eine Ausnahmebehandlung vorsehen:

```
// Dateiname festlegen
string folderName = "c:\\";

try
{
    // DirectoryInfo-Objekt erzeugen
    DirectoryInfo di = new DirectoryInfo(folderName);

    // Dateien ermitteln
    FileInfo[] files = di.GetFiles();
```

Listing 233: Ermitteln aller Dateien eines Ordners

```
    // Alle Dateien durchgehen und den Namen ausgeben
    foreach (FileInfo file in files)
    {
       Console.WriteLine(file.Name);
    }
 }
 catch (IOException ex)
 {
    Console.WriteLine("Fehler beim Ermitteln der Dateien: {0}.", ex.Message);
 }
```

Listing 233: Ermitteln aller Dateien eines Ordners (Forts.)

137 Dateien und Ordner mit Fortschrittsdialog, Abbruchmöglichkeit und Überschreib-Nachfrage umbenennen oder verschieben

Das Umbenennen und Verschieben einer Datei bzw. eines Ordners über die Move-Methode der File- bzw. der Directory-Klasse ermöglicht leider kein Überschreiben vorhandener Dateien. Wenn Sie dies dem Anwender ermöglichen wollen, müssen Sie die Windows-API-Funktion SHFileOperation verwenden, die ich bereits im Rezept 114 für das Kopieren von Ordnern beschrieben habe. Damit können Sie, wie bereits beim Kopieren, dem Anwender die Entscheidung überlassen, bereits vorhandene Dateien bzw. Ordner zu überschreiben (Abbildung 88), und zudem einen automatischen Fortschrittsdialog anzeigen lassen.

Abbildung 88: Der Überschreib-Bestätigungsdialog von SHFileOperation beim Verschieben eines Ordners

Die Methode MoveFileOrFolder in Listing 234 zum Verschieben einer Datei bzw. eines Ordners entspricht fast komplett der Methode CopyFolder zum Kopieren von Ordnern aus dem Rezept 114. Als einziger Unterschied wird als Funktion für SHFileOperation nun FO_MOVE im Feld wFunc angegeben.

>> Dateien und Ordner komfortabel verschieben

Im Argument source geben Sie den Pfad zur Quelldatei bzw. den Pfad zum Quellordner an. Das Argument dest bestimmt den Zielordner bzw. die Zieldatei. confirmOverwrites bestimmt, ob der Anwender vor dem Überschreiben von bereits vorhandenen Dateien und Ordnern vom System gefragt wird, ob er diese wirklich überschreiben will.

MoveFileOrFolder hat mit demselben Problem zu kämpfen wie CopyFolder, nämlich dass die Rückgabe von SHFileOperation nicht dokumentiert ist. Deswegen kann diese Methode leider nur auswerten, ob das Verschieben korrekt ausgeführt wurde. Gibt SHFileOperation einen Wert ungleich Null zurück, ist das Verschieben fehlgeschlagen. Da es dabei auch vorkommen kann, dass der Benutzer den Vorgang abgebrochen hat, wirft MoveFileOrFolder keine Exception, sondern gibt lediglich einen booleschen Wert zurück.

Zum Kompilieren dieser Methode müssen Sie die Namensräume System und System.Runtime.InteropServices importieren.

```
/* Deklaration benötigter API-Funktionen, -Konstanten und -Strukturen */
[DllImport("shell32.dll", CharSet = CharSet.Auto)]
private static extern int SHFileOperation(ref SHFILEOPSTRUCT fileOp);

private const int FO_MOVE = 0x0001;          // Verschieben
private const int FOF_ALLOWUNDO = 0x0040;    // Undo ermöglichen
private const int FOF_NOCONFIRMATION = 0x0010; // Keine Nachfrage

[StructLayout(LayoutKind.Sequential, CharSet = CharSet.Auto)]
private struct SHFILEOPSTRUCT
{
   public IntPtr hwnd;
   public int wFunc;
   public string pFrom;
   public string pTo;
   public short fFlags;
   [MarshalAs(UnmanagedType.Bool)]
   public bool fAnyOperationsAborted;
   public IntPtr hNameMappings;
   public string lpszProgressTitle;
}

/* Verschiebt eine Datei */
public static bool MoveFileOrFolder(string source, string dest,
   bool confirmOverwrites)
{
   // Struktur für die Dateiinformationen erzeugen
   SHFILEOPSTRUCT fileOp = new SHFILEOPSTRUCT();

   // (Unter-)Funktion definieren (ShFileOperation kann auch Dateien und
   // Ordner löschen und kopieren)
```

Listing 234: Methode zum Verschieben einer Datei oder eines Ordners über SHFileOperation

>> Dateisystem

```
    fileOp.wFunc = FO_MOVE;

    // Quelle und Ziel definieren. Dabei müssen mehrere Datei- oder
    // Ordnerangaben über 0-Zeichen getrennt werden.
    // Am Ende muss ein zusätzliches 0-Zeichen stehen
    fileOp.pFrom = source + "\x0\x0";
    fileOp.pTo = dest + "\x0\x0";

    // Flags setzen, sodass ein Rückgängigmachen möglich ist (was aber
    // beim Verschieben zurzeit scheinbar noch nicht unterstützt wird!)
    // und - je nach Argument confirmOverwrites - keine Nachfrage
    // beim Überschreiben von Ordnern beim Anwender erfolgt
    if (confirmOverwrites)
    {
        fileOp.fFlags = FOF_ALLOWUNDO;
    }
    else
    {
        fileOp.fFlags = FOF_ALLOWUNDO | FOF_NOCONFIRMATION;
    }

    // SHFileOperation unter Übergabe der Struktur aufrufen
    int result = SHFileOperation(ref fileOp);

    // Erfolg oder Misserfolg zurückgeben
    return (result == 0);
}
```

Listing 234: Methode zum Verschieben einer Datei oder eines Ordners über SHFileOperation (Forts.)

> **Hinweis**
>
> Beim Verschieben (und Kopieren) von Ordnern verhält sich `SHFileOperation` etwas gewöhnungsbedürftig: Existiert noch kein Ordner mit dem angegebenen Zielpfad, wird der Quellordner in den im Zielpfad angegebenen übergeordneten Ordner verschoben und so benannt, wie der letzte Ordner im Zielpfad. Das ist das erwartete Verhalten. Existiert jedoch bereits ein Ordner mit dem angegebenen Zielpfad, wird der Quellordner so in diesem Ordner verschoben, dass er ein Unterordner wird. Existiert z.B. ein Ordner *C:\Temp\DemoFolder* und Sie verschieben den Ordner *C:\DemoFolder* nach *C:\Temp\DemoFolder*, wird dieser Ordner in den Ordner *C:\Temp\DemoFolder\DemoFolder* verschoben. Existiert *C:\Temp\DemoFolder* beim Verschieben noch nicht, wird der Ordner korrekt in den Ordner *C:\Temp\DemoFolder* verschoben. Deshalb sollten Sie beachten, dass Sie beim Verschieben von Ordnern als Ziel immer den Pfad zu dem Ordner angeben sollten, in den der verschobene Ordner kopiert werden soll (also den Zielpfad zum übergeordneten Ordner). Leider führt das dazu, dass Sie Ordner beim Verschieben nicht umbenennen können.

Dateien und Ordner komfortabel verschieben

Bei der Anwendung dieser Methode können Sie entweder Datei- oder Ordnerpfade übergeben. Das folgende Beispiel verschiebt den Ordner *c:\demofolder* (der für das Beispiel gegebenenfalls automatisch angelegt wird) nach *c:\temp\demofolder* und die Datei *c:\Demo for API-Move.txt* (die ebenfalls gegebenenfalls automatisch angelegt wird) nach *c:\temp\Demo for API-Move.txt*.

```
/* Ordner verschieben */
string sourceFolderName = @"c:\DemoFolder";    // Quellordner
string destFolderName = @"c:\Temp"; // Zielordner (ohne Ordnername)

// Ordner als Beispiel zum Verschieben anlegen
System.IO.Directory.CreateDirectory(sourceFolderName);

// Ordner rekursiv mit Anwender-Nachfrage für das Überschreiben von
// Ordnern verschieben
Console.WriteLine("Verschiebe {0} nach {1} ... ", sourceFolderName,
   destFolderName);
if (FileUtil.MoveFileOrFolder(sourceFolderName, destFolderName, true))
{
   Console.WriteLine("Ordner erfolgreich verschoben");
}
else
{
   Console.WriteLine("Fehler beim Verschieben des Ordners");
}

/* Datei verschieben */
string sourceFileName = @"c:\Demo for API-Move.txt";    // Quelldatei
string destFileName = @"c:\Temp\Demo for API-Move.txt"; // Zieldatei

// (Text-)Datei als Beispiel zum Verschieben erzeugen
System.IO.StreamWriter sw = System.IO.File.CreateText(sourceFileName);
sw.WriteLine("Beispieldatei für das Verschieben einer Datei " +
   "über SHFileOperation.");
sw.Close();

// Datei mit Anwender-Nachfrage für das Überschreiben von Dateien verschieben
Console.WriteLine("Verschiebe {0} nach {1} ... ", _
   sourceFileName, destFileName);
if (FileUtil.MoveFileOrFolder(sourceFileName, destFileName, true))
{
   Console.WriteLine("Datei erfolgreich verschoben");
}
else
{
```

Listing 235: Anwendung der Methode MoveFileOrFolder zum komfortablen Verschieben von Dateien oder Ordnern

>> Dateisystem

```
    Console.WriteLine("Fehler beim Verschieben der Datei");
}
```

Listing 235: Anwendung der Methode MoveFileOrFolder zum komfortablen Verschieben von Dateien oder Ordnern (Forts.)

Abbildung 89 und Abbildung 90 zeigen dieses Programm für den Fall, dass der Zielordner und die Zieldatei bereits existieren.

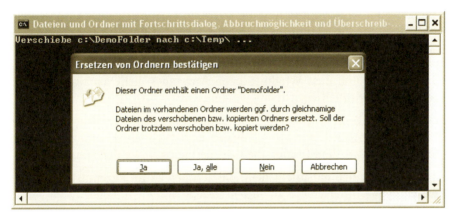

Abbildung 89: Verschieben eines Ordners, der im Ziel bereits existiert

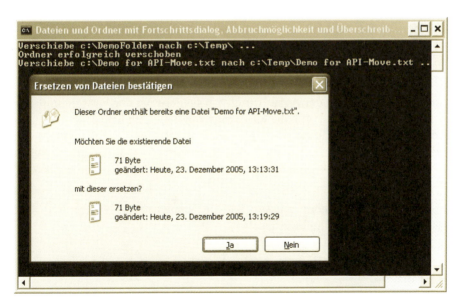

Abbildung 90: Verschieben einer Datei, die im Ziel bereits existiert

138 Dateien und Ordner in den Papierkorb verschieben

Das .NET Framework unterstützt das Verschieben von Dateien und Ordnern in den Papierkorb leider nicht direkt. Dazu müssen Sie die Windows-API-Funktion `SHFileOperation` einsetzen, die Dateien und Ordner kopieren, verschieben, umbenennen und (u.a. in den Papierkorb) löschen kann. Diese Funktion, die ich bereits in den Rezepten 114 und 137 eingesetzt habe, steht ab Windows 95 zur Verfügung.

`SHFileOperation` erwartet als Argument eine als Referenz zu übergebende, normale (C-)Struktur mit Informationen zu der auszuführenden Aktion. In dieser Struktur geben Sie die auszuführende Aktion und die Datei- bzw. Ordnernamen an. In einem »Flags«-Feld können Sie die Aktion näher spezifizieren. Für das Löschen einer Datei bzw. eines Ordners können Sie hier z.B. festlegen, dass der Vorgang rückgängig gemacht werden kann (womit die Datei bzw. der Ordner automatisch in den Papierkorb verschoben wird) und dass Windows beim Anwender nicht nachfragt, ob die Datei oder der Ordner wirklich verschoben werden soll.

Die Methode `MoveToRecycleBin` in Listing 236 implementiert das Verschieben in den Papierkorb über `SHFileOperation`. Als Argument erwartet diese Funktion lediglich den Pfad zu der Datei bzw. zum Ordner, die bzw. der gelöscht werden soll.

Das Prinzip dieser Methode entspricht dem, das ich bereits im Rezept 114 erläutert habe. Die wesentlichen Unterschiede zu diesem Rezept sind die folgenden:

Zunächst schreibt `MoveToRecycleBin` zur Definition der Unterfunktion von `SHFileOperation` die Konstante `FO_DELETE` in das Feld `wFunc` der `SHFILEOPSTRUCT`-Struktur (die an `SHFileOperation` übergeben wird), um zu definieren, dass die Datei bzw. der Ordner gelöscht werden soll. Das Feld `fFlags` wird mit der Konstante `FOF_ALLOWUNDO` beschrieben. Damit werden gelöschte Dateien bzw. Ordner automatisch in den Papierkorb verschoben. Da das Ziel in diesem Fall fest definiert ist, wird nur das Feld `pFrom` mit dem übergebenen Pfad definiert.

Aufgrund der Problematik bei der Auswertung von Fehlern bei der Verwendung von `SHFileOperation` (siehe Rezept 114) habe ich darauf verzichtet, im Fehlerfall eine Ausnahme zu erzeugen. Da das Flag `FOF_NOERRORUI` nicht gesetzt wird, werden Fehler von `SHFileOperation` automatisch in einem Dialog gemeldet. `MoveToRecycleBin` meldet über einen booleschen Wert lediglich zurück, ob das Löschen in den Papierkorb erfolgreich war oder nicht.

Zum Kompilieren dieser Methode müssen Sie die Namensräume `System` und `System.Runtime.InteropServices` importieren.

```
/* Deklaration benötigter API-Funktionen, -Konstanten und -Strukturen */
[DllImport("shell32.dll", CharSet=CharSet.Auto)]
static extern int SHFileOperation(ref SHFILEOPSTRUCT fileOp);

private const int FO_DELETE = 0x0003;            // Datei/Ordner löschen
```

Listing 236: Methode zum Verschieben von Dateien und Ordnern in den Papierkorb

>> Dateisystem

```csharp
private const int FOF_ALLOWUNDO      = 0x0040;   // Undo ermöglichen
private const int FOF_NOCONFIRMATION = 0x0010;   // keine Nachfrage

[StructLayout(LayoutKind.Sequential, CharSet=CharSet.Auto)]
public struct SHFILEOPSTRUCT
{
   public IntPtr hwnd;
   public int wFunc;
   public string pFrom;
   public string pTo;
   public short fFlags;
   [MarshalAs(UnmanagedType.Bool)]
   public bool fAnyOperationsAborted;
   public IntPtr hNameMappings;
   public string lpszProgressTitle;
}

/* Methode zum Verschieben einer Datei in den Papierkorb */
public static bool MoveToRecycleBin(string path)
{
   // Struktur für die Dateiinformationen erzeugen
   SHFILEOPSTRUCT fileOp = new SHFILEOPSTRUCT();

   // Quelle definieren. Dabei müssen mehrere Datei- oder
   // Ordnerangaben über 0-Zeichen getrennt werden.
   // Am Ende muss ein zusätzliches 0-Zeichen stehen
   fileOp.pFrom = path + "\x0\x0";

   // Flags setzen, sodass ein Rückgängigmachen möglich ist und
   // keine Nachfrage beim Anwender erfolgt
   fileOp.fFlags = FOF_ALLOWUNDO | FOF_NOCONFIRMATION;

   // (Unter-)Funktion definieren
   fileOp.wFunc = FO_DELETE;

   // ShFileOperation unter Übergabe der Struktur aufrufen
   int result = SHFileOperation(ref fileOp);

   // Erfolg oder Fehler zurückmelden. SHFileOperation liefert 0
   // zurück, wenn kein Fehler aufgetreten ist
   return (result == 0);
}
```

Listing 236: Methode zum Verschieben von Dateien und Ordnern in den Papierkorb

Listing 237 zeigt eine Anwendung, die über `MoveToRecycleBin` die Datei *c:\autoexec.bat.copy* und den Ordner *c:\temp\RecycleBinDemoFolder* in den Papierkorb verschiebt.

```csharp
// Datei als Beispiel erst kopieren
File.Copy(@"c:\autoexec.bat", @"c:\autoexec.bat.copy", true);

// Ordner als Beispiel erst erzeugen
Directory.CreateDirectory(@"C:\Temp\RecycleBinDemoFolder");

// Datei in den Papierkorb verschieben
if (MoveToRecycleBin(@"c:\autoexec.bat.copy"))
{
   Console.WriteLine("Datei erfolgreich in den Papierkorb verschoben.");
}
else
{
   Console.WriteLine("Datei nicht erfolgreich in den Papierkorb " +
      "verschoben.");
}

// Ordner in den Papierkorb verschieben
if (MoveToRecycleBin(@"C:\Temp\RecycleBinDemoFolder"))
{
   Console.WriteLine("Ordner erfolgreich in den Papierkorb verschoben.");
}
else
{
   Console.WriteLine("Ordner nicht erfolgreich in den Papierkorb " +
      "verschoben.");
}
```

Listing 237: Verschieben einer Datei und eines Ordners in den Papierkorb

139 Größe des Papierkorbs und Anzahl der Dateien im Papierkorb ermitteln

Über die Windows-API-Funktion SHQueryRecycleBin können Sie ab Windows 95 die Größe des Papierkorbs und die Anzahl der enthaltenen Dateien eines Laufwerks oder aller Laufwerke ermitteln. SHQueryRecycleBin erwartet am ersten Argument den Wurzel-Pfad des Laufwerks, dessen Papierkorb erforscht werden soll, oder einen leeren String, wenn alle Papierkörbe berücksichtigt werden sollen (was, wie ich gleich noch beschreibe, unter Windows 2000 leider nicht funktioniert). Am zweiten Argument übergeben Sie eine Struktur vom Typ SHQUERYRBINFO, in der die Funktion die gelesenen Werte zurückgibt.

Die Methode GetRecycleBinInfo in Listing 238 implementiert das Lesen der Papierkorb-Daten. GetRecycleBinInfo erwartet einen String, der entweder leer oder null ist oder den Stammordner des Laufwerks bestimmt, dessen Papierkorb ausgelesen werden soll. Die Methode gibt eine Instanz der Klasse RecycleBinInfo mit den gelesenen Informationen zurück.

>> Dateisystem

Unter Windows 2000 führt der Aufruf von `SHQueryRecycleBin` leider zu dem Fehler `E_INVALIDARG` (0x80070057), wenn `null` oder ein leerer String übergeben wird. Dieser Bug ist im Microsoft Knowledge Base-Artikel 266366 dokumentiert.

Um dieses Problem zu umschiffen, geht `GetRecycleBinInfo` bei der Übergabe eines Leerstrings oder von `null` alle Festplatten-Laufwerke des Systems durch und speichert deren Wurzelpfade in der `List`-Instanz `drives`. Die hierbei verwendete Technik basiert auf dem Rezept 109. Wird ein nicht leerer String übergeben, speichert `GetRecycleBinInfo` lediglich diesen in `drives`.

Danach wird die `RecycleBinInfo`-Instanz für die Rückgabe und die Instanz der `SHQUERYRBINFO`-Struktur erzeugt. Da `SHQueryRecycleBin` die Größe der Struktur im Feld `cbSize` erwartet (um diese beim Schreiben zu kennen), liest `GetRecycleBinInfo` die Größe über `Marshal.SizeOf` so aus, dass die tatsächlich an die externe Funktion übergebene Größe ermittelt wird.

Danach geht `GetRecycleBinInfo` alle ermittelten Laufwerke durch, liest über `SHQueryRecycleBin` die Informationen der einzelnen Papierkörbe und addiert die gelesenen Werte zu den bereits in der `RecycleBinInfo`-Instanz gespeicherten. Wenn nur die Daten des Papierkorbs eines Laufwerks ausgelesen werden sollen, beschränkt sich die Schleife natürlich auf einen Durchlauf. Auf diese Weise wird das Windows-2000-Problem aber mehr oder weniger elegant umgangen ☺.

`GetRecycleBinInfo` gibt die `RecycleBinInfo`-Instanz schließlich zurück. Zum Kompilieren dieser Methode müssen Sie die Namensräume `System`, `System.Collections.Generic` und `System.Runtime.InteropServices` importieren.

```
/* Klasse für die Rückgabe der GetRecycleBinInfo-Methode */
public class RecycleBinInfo
{
   public long Size = 0;
   public long Count = 0;
}

/* Struktur, in der SHQueryRecycleBin die gelesenen Daten zurückgibt */
[StructLayout(LayoutKind.Sequential, Pack=1)]
   private struct SHQUERYRBINFO
{
   public int cbSize;
   public long i64Size;
   public long i64NumItems;
}

/* Deklaration der benötigten API-Funktionen und -Konstanten */
[DllImport("shell32.dll", CharSet=CharSet.Auto)]
static extern int SHQueryRecycleBin(string rootPath,
```

Listing 238: Klasse mit einer Methode zum Ermitteln der Anzahl der Elemente im Papierkorb und der Gesamtgröße der enthaltenen Dateien

Größe des Papierkorbs und Anzahl der Dateien im Papierkorb ermitteln

```csharp
      ref SHQUERYRBINFO shQueryRBInfo);

[DllImport("Kernel32.dll")]
private static extern uint GetDriveType(string lpRootPathName);

private const uint DRIVE_FIXED = 3;

/* Methode zum Auslesen der Anzahl und der Größe der Dateien
 * im Papierkorb */
public static RecycleBinInfo GetRecycleBinInfo(string rootPath)
{
   // Die auszulesenden Laufwerke bestimmen
   List<string> drives = new List<string>();
   if (rootPath != null && rootPath != "")
   {
      drives.Add(rootPath);
   }
   else
   {
      // Alle Festplatten-Partitionen ermitteln
      string[] logicalDrives = Environment.GetLogicalDrives();
      for (int i = 0; i < logicalDrives.Length; i++)
      {
         if (GetDriveType(logicalDrives[i]) == DRIVE_FIXED)
         {
            drives.Add(logicalDrives[i]);
         }
      }
   }

   // RecycleBinInfo-Instanz für das Ergebnis und SHQUERYRBINFO-Struktur
   // erzeugen
   RecycleBinInfo rbi = new RecycleBinInfo();
   SHQUERYRBINFO shQueryRBInfo = new SHQUERYRBINFO();

   // Größe der Struktur definieren, damit die API-Funktion diese beim
   // Schreiben kennt
   shQueryRBInfo.cbSize = Marshal.SizeOf(typeof(SHQUERYRBINFO));

   // Alle ermittelten Laufwerke durchgehen
   for (int i = 0; i < drives.Count; i++)
   {
      // SHQueryRecycleBin aufrufen und eventuelle Fehler auswerten
      int result = SHQueryRecycleBin(drives[i] + "\x0",
         ref shQueryRBInfo);
      if (result == 0)
```

Listing 238: Klasse mit einer Methode zum Ermitteln der Anzahl der Elemente im Papierkorb und der Gesamtgröße der enthaltenen Dateien (Forts.)

>> Dateisystem

```csharp
            {
                // Kein Fehler: Die gelesenen Daten mit dem Ergebnis addieren
                rbi.Size += shQueryRBInfo.i64Size;
                rbi.Count += shQueryRBInfo.i64NumItems;
            }
            else
            {
                // Fehler beim Lesen: Ausnahme erzeugen
                throw new Exception(String.Format(
                    "Fehler 0x{0:X} beim Lesen des Papierkorbs", result));
            }
        }
    }

    return rbi;
}
```

Listing 238: Klasse mit einer Methode zum Ermitteln der Anzahl der Elemente im Papierkorb und der Gesamtgröße der enthaltenen Dateien (Forts.)

Listing 239 zeigt den maßgeblichen Quelltext einer Konsolenanwendung, die über `GetRecycleBinInfo` die Größe des gesamten Papierkorbs und die des Papierkorbs des Laufwerks C: ermittelt.

```csharp
// Anzahl und Größe der Dateien und Größe des gesamten Papierkorbs ermitteln
RecycleBin.RecycleBinInfo rbi = RecycleBin.GetRecycleBinInfo(null);
Console.WriteLine("Anzahl der Dateien im gesamten Papierkorb: {0}",
    rbi.Count);
Console.WriteLine("Größe des gesamten Papierkorbs: {0} Byte", rbi.Size);
Console.WriteLine();

// Anzahl der Dateien und Größe des Papierkorbs auf C: ermitteln
rbi = RecycleBin.GetRecycleBinInfo("C:\\");
Console.WriteLine("Anzahl der Dateien im Papierkorb auf C: {0}",
    rbi.Count);
Console.WriteLine("Größe des Papierkorbs auf C: {0} Byte", rbi.Si
```

Listing 239: Beispielhafte Anwendung der Methode GetRecycleBinInfo

In Abbildung 91 sehen Sie diese Anwendung in Aktion.

```
Größe des Papierkorbs und Anzahl der Dateien im Papierkorb ermitteln
Anzahl der Dateien im gesamten Papierkorb: 328
Größe des gesamten Papierkorbs: 534931996 Byte

Anzahl der Dateien im Papierkorb auf C: 93
Größe des Papierkorbs auf C: 119156506 Byte
```

Abbildung 91: Das Beispielprogramm zur Ermittlung der Papierkorbinfos in Aktion

140 Verknüpfungen anlegen

Wie Sie ja wahrscheinlich schon wissen, erlaubt Windows das Anlegen von Verknüpfungen (Links) zu Dateien und Ordnern. Verknüpfungen verwalten intern einen Pfad zur Datei bzw. zum Ordner, eventuelle Aufrufargumente (bei Programmdateien) und ein Arbeitsverzeichnis. Über Verknüpfungen, die in einem beliebigen Ordner gespeichert sein können, können Sie Dateien und Ordner öffnen, als würden Sie diese direkt öffnen.

Im Explorer erzeugen Sie eine Verknüpfung zum einen über das Ziehen einer Datei oder eines Ordners mit anschließendem Fallenlassen unter der Betätigung der STRG- und der SHIFT-Taste. Zum anderen können Sie eine Verknüpfung auch über das Explorer-Menü anlegen.

Verknüpfungen können Sie aber (natürlich) auch in einem Programm erzeugen. Sinnvoll ist das z. B., wenn eine Anwendung in bestimmten Situationen automatisch E-Mails versendet, die sich beispielsweise auf Dateien im Netzwerk oder auf bestimmte Datensätze in einer Datenbank beziehen. Über eine Verknüpfung zu den Dateien bzw. zu einem Programm, das die Datensätze anzeigen kann, können Sie dem Anwender die Möglichkeit geben, die assoziierten Informationen auf eine einfache Weise zu öffnen.

Leider bietet das .NET Framework scheinbar auch in der Version 2.0 keine Möglichkeit, Verknüpfungen anzulegen. Dazu müssen Sie wieder einmal das Windows-API bemühen. Etwas problematisch daran ist, dass die Features zur Erzeugung von Verknüpfungen nicht in einer klassischen DLL, sondern in COM-Schnittstellen implementiert sind (die allerdings in diesem Fall funktionsfähige Klassen sind). Die Haupt-Schnittstellen werden mit `IShellLinkA` (ASCII) und `IShellLinkW` (Unicode) bezeichnet. Daneben existiert (u.a.) noch eine Schnittstelle `IPersistFile` zum Lesen und Schreiben von (Verknüpfungs-)Dateien.

Im Internet kursiert dazu eine COM-Typbibliothek *ShellLink.tlb*, in der diese Schnittstellen deklariert sind. (COM-)Anwendungen können diese Typbibliothek referenzieren, um Verknüpfungen anzulegen. In einem .NET-Programm können Sie diese Typbibliothek ebenfalls zur Erzeugung von Verknüpfungen verwenden.

Eine reine .NET-Lösung ist aber immer die bessere. Und die ist möglich, denn Sie können mit speziellen Attributen auch COM-Schnittstellen in ein .NET-Programm importieren. Das Ganze ist leider etwas kompliziert und erfordert eine Menge an COM-Grundlagenwissen.

Erfreulicherweise hat uns diese komplexe Arbeit *Mattias Sjögren* in Form der Dateien *ShellLinkNative.cs* (native Shell-Link-Klassen) und *ShellShortcut.cs* (.NET-Wrapper für die nativen Klassen) abgenommen. Mit Hilfe der Klasse `ShellShortcut` ist es sehr einfach, eine Verknüpfung anzulegen. An der Adresse *www.msjogren.net/dotnet/eng/samples/dotnet_shelllink.asp* finden Sie ein Beispiel, das diese Klassen einsetzt. Die Klassen finden Sie auch im Komponenten-Ordner auf der CD.

>> **Dateisystem**

Ich stelle die (relativ umfangreichen) Shell-Link-Klassen hier nicht vor, sondern zeige lediglich, wie Sie mit deren Hilfe eine Verknüpfung anlegen. Dazu erzeugen Sie zunächst eine Instanz der Klasse `ShellShortcut`, der Sie im Konstruktor den vollen Dateinamen der zu erzeugenden Verknüpfung übergeben. Die Dateiendung solcher Dateien ist üblicherweise *.lnk*.

Danach stellen Sie zumindest die Eigenschaften `Path` (Pfad zur verknüpften Datei bzw. zum verknüpften Ordner) ein. Handelt es sich bei dieser Datei um ein Programm, können Sie in der Eigenschaft `Arguments` Aufrufargumente definieren. Im Beispiel setze ich den Pfad zum Windows-Editor und übergebe in den Argumenten einen Pfad zu einer Textdatei.

Die Eigenschaft `Description` verwaltet die Beschreibung der Verknüpfung. In der Eigenschaft `WorkingDirectory` können Sie das Arbeitsverzeichnis definieren, das ein Programm vorzugsweise zum Öffnen und Speichern von Dateien verwendet. Über die Eigenschaft `Icon` können Sie die Verknüpfung mit einem Icon versehen, das Sie im Programm selbst erzeugt oder ausgelesen haben. Normalerweise reicht jedoch die Angabe des Pfades zu einer Datei, die das darzustellende Icon speichert (gewöhnlich ist das die verknüpfte Datei selbst), in der Eigenschaft `IconPath`. Dann müssen Sie lediglich noch den Index des Icons angeben (Programmdateien können mehrere Icons verwalten). Wenn Sie das erste Icon verwenden wollen, geben Sie hier 0 an.

Der folgende Programmcode zeigt die Anwendung der `ShellShortcut`-Klasse am Beispiel einer Verknüpfung zum Windows-Editor, der die Textdatei *eula.txt* im Windows-Systemordner anzeigen soll. Das Programm erfordert die Einbindung der Dateien *ShellLinkNative.cs* und *ShellShortcut.cs* und den Import der Namensräume `System` und `MSjogren.Samples.ShellLink`.

```csharp
// Name der zu erzeugenden Verknüpfungsdatei
string linkFileName = "c:\\eula.lnk";

// Pfad zu notepad.exe zusammenstellen
string path = Path.Combine(Environment.SystemDirectory, "notepad.exe");

// Argumente für den Aufruf
string arguments = Path.Combine(Environment.SystemDirectory, "eula.txt");

// Instanz der Klasse ShellShortcut erzeugen
ShellShortcut ssh = new ShellShortcut(linkFileName);

// ShellShortcut-Objekt initialisieren
ssh.Description = "Test-Verknüpfung";  // Beschreibung
ssh.WorkingDirectory = "c:\\";         // Arbeitsverzeichnis
ssh.Path = path;                       // Pfad zur Datei / zum Ordner
ssh.Arguments = arguments;             // Aufruf-Argumente
```

Listing 240: Erzeugen einer Verknüpfung über die Klasse ShellShortcut von Mattias Sjögren

```csharp
ssh.IconPath = linkFileName;        // Pfad zur Icon-Datei
ssh.IconIndex = 0;                  // Index des Icons

try
{
   // Verknüpfung speichern
   ssh.Save();

   Console.WriteLine("Fertig");
}
catch (Exception ex)
{
   Console.WriteLine("Fehler beim Anlegen der Verknüpfung: {0}",
      ex.Message);
}
```

Listing 240: Erzeugen einer Verknüpfung über die Klasse ShellShortcut von Mattias Sjögren (Forts.)

Die `Save`-Methode speichert die Verknüpfung auch dann, wenn bereits eine gleichnamige Datei existiert. Für den Fall, dass Sie eine bereits vorhandene Verknüpfung nicht überschreiben wollen, sollten Sie also vor dem Anlegen der Verknüpfung überprüfen, ob bereits eine solche Datei existiert. Da beim Speichern natürlich auch Fehler auftreten können, sollten Sie, wie im Beispiel, die `Save`-Methode innerhalb einer Ausnahmebehandlung aufrufen.

141 Das Dateisystem überwachen

Das Dateisystem daraufhin zu überwachen, dass Dateien oder Ordner erstellt, geändert, umbenannt oder gelöscht werden, ist über eine Instanz der `FileSystemWatcher`-Komponente sehr einfach. Ziehen Sie diese Komponente auf ein Formular oder erstellen Sie eine Instanz direkt im Programm. Über die Eigenschaft `Path` bestimmen Sie den Pfad, der überwacht werden soll. `IncludeSubdirectories` gibt an, ob auch alle Unterverzeichnisse überwacht werden sollen. Wenn Sie nur bestimmte Dateien oder Ordner in die Überwachung einbeziehen wollen, können Sie diese über die Eigenschaft `Filter` bestimmen. Hier geben Sie normale Dateimuster, wie zum Beispiel *.txt* für alle Dateien mit der Endung *.txt* an. Leider können Sie nicht mehrere Dateimuster kombinieren. Wenn Sie zum Beispiel alle Bilddateien überwachen wollen, müssen Sie auf den Filter verzichten und die Dateien in den Ereignissen der `FileSystemWatcher`-Komponente an Hand der Endung selbst filtern.

Zur Überwachung stehen vier Ereignisse zur Verfügung, die in Tabelle 17 beschrieben sind.

Dateisystem

Ereignis	Bedeutung
Changed	Eine Datei oder ein Ordner wurde geändert.
Created	Eine Datei oder ein Ordner wurde erzeugt. Dieses Ereignis wird auch aufgerufen, wenn eine Datei oder ein Ordner in den überwachten Pfad kopiert oder verschoben wird.
Deleted	Eine Datei oder ein Ordner wurde gelöscht.
Renamed	Eine Datei oder ein Ordner wurde umbenannt.

Tabelle 17: Die Überwachungsereignisse der FileSystemWatcher-Komponente

Über die Eigenschaft FullPath des übergebenen Ereignisargument-Objekts erhalten Sie den vollen Pfad der Datei bzw. des Ordners. Die Eigenschaft Name liefert lediglich den Datei- oder Ordnernamen. Im Ereignis Renamed liefern FullPath den neuen Pfad und Name den neuen Namen. Über die zusätzlichen Eigenschaften OldFullPath und OldName erhalten Sie in diesem Ereignis den alten Pfad und den alten Namen. Leider bietet das Ereignis Created, das auch aufgerufen wird, wenn Dateien oder Ordner in den überwachten Ordner kopiert oder verschoben werden, nicht die Möglichkeit, herauszufinden, woher die verschobene bzw. kopierte Datei kam.

Die Methode WaitForChanged erlaubt darüber hinaus das Warten auf eine bestimmte Änderung, optional mit einem angegebenen Timeout.

Das folgende Beispiel nutzt die Ereignisse einer FileSystemWatcher-Instanz zur Überwachung aller möglichen Änderungen im Dateisystem und schreibt eine entsprechende Meldung in eine ListBox. Zum Kompilieren dieses Beispiels benötigen Sie ein Formular mit einer als fileSystemWatcher benannten FileSystemWatcher-Instanz und einer ListBox mit Namen watchListBox.

```
private void fileSystemWatcher_Changed(object sender,
   System.IO.FileSystemEventArgs e)
{
   // Eine Datei oder ein Ordner wurde geändert
   this.watchListBox.Items.Add("'" + e.FullPath + "' wurde geändert");
}

private void fileSystemWatcher_Created(object sender,
   System.IO.FileSystemEventArgs e)
{
   // Eine Datei oder ein Ordner wurde erstellt
   this.watchListBox.Items.Add("'" + e.FullPath + "' wurde erstellt");
}

private void fileSystemWatcher_Deleted(object sender,
   System.IO.FileSystemEventArgs e)
{
```

Listing 241: Einfaches Beispiel zur Überwachung des Dateisystems

386 >> Das Dateisystem überwachen

```
    // Eine Datei oder ein Ordner wurde gelöscht
    this.watchListBox.Items.Add("'" + e.FullPath + "' wurde gelöscht");
}

private void fileSystemWatcher_Renamed(object sender,
    System.IO.RenamedEventArgs e)
{
    // Eine Datei oder ein Ordner wurde umbenannt
    this.watchListBox.Items.Add("'" + e.OldFullPath +
        "' wurde in '" + e.FullPath + "' umbenannt");
}
```

Listing 241: Einfaches Beispiel zur Überwachung des Dateisystems (Forts.)

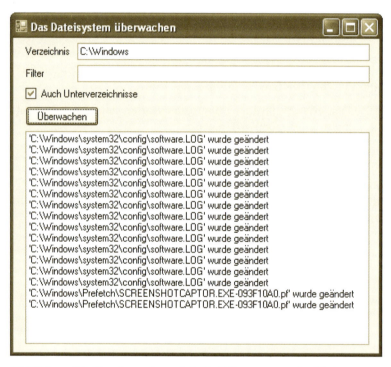

Abbildung 92: Das (erweiterte) Beispielprogramm in Aktion

Text-, binäre und Zip-Dateien

142 Textdateien lesen

Textdateien können Sie auf eine sehr einfache Weise über eine Instanz der Klasse `System.IO.StreamReader` lesen. Die Methode `Read` erlaubt das Lesen einzelner Zeichen, über die Methode `ReadLine` können Sie zeilenweise lesen, die Methode `ReadToEnd` ermöglicht das Einlesen einer Textdatei in einem Rutsch. `Read` und `ReadLine` geben einen String zurück, wenn (noch) gelesen werden konnte. Ist der Stream am Ende der Datei angelangt, geben beide Methoden `null` zurück. In einer Schleife, die den jeweils eingelesenen String auf ungleich `null` vergleicht, können Sie sehr einfach bis zum Ende der Datei einlesen.

Eine `StreamReader`-Instanz können Sie über die Methode `OpenText` eines `FileInfo`-Objekts erzeugen. Den Dateinamen übergeben Sie am ersten Argument des Konstruktors:

```
System.IO.FileInfo fi = new System.IO.FileInfo(fileName);
System.IO.StreamReader sr = fi.OpenText();
```

Alternativ können Sie die gleichnamige statische Methode der `File`-Klasse verwenden:

```
System.IO.StreamReader sr = System.IO.File.OpenText(fileName);
```

Beide Varianten besitzen den Nachteil, dass Sie die Codierung der Datei nicht angeben können. Textdateien können ja, wie Sie wahrscheinlich bereits wissen, in verschiedenen ASCII- oder Unicode-Codierungen gespeichert sein. Die Methode `OpenText` liest die Datei in beiden Varianten mit der UTF-8-Codierung ein. Das führt spätestens dann zu inkorrekt dargestellten Texten, wenn der Text Sonderzeichen (wie unsere Umlaute) enthält und in einer anderen Codierung gespeichert ist.

Erzeugen Sie die `StreamReader`-Instanz stattdessen explizit, können Sie die Codierung selbst bestimmen. Dazu übergeben Sie am zweiten Argument eine Instanz der Klasse `System.Text.Encoding`. Diese können Sie über einige statische Eigenschaften der `Encoding`-Klasse (die `Encoding`-Instanzen für Standard-Codierungen zurückgeben) oder über die Methode `GetEncoding` (der Sie den Namen oder die Id einer Codierung übergeben) erzeugen.

Eigenschaft/Methode	Bedeutung
`ASCII`	7-Bit (!) ASCII-Codierung
`BigEndianUnicode`	Unicode in der Byte-Reihenfolge *Big-Endian*. Intel-Plattformen verwenden standardmäßig die Reihenfolge *Little Endian*.
`Default`	die vom System verwendete Standard-Codierung

Tabelle 18: Die statischen Eigenschaften der Encoding-Klasse zur Ermittlung einer Standard-Codierung

Eigenschaft/Methode	Bedeutung
Unicode	Standard-Unicode
UTF7	Codierung im Format UTF-7, bei dem Unicode-Daten so konvertiert werden, dass diese einem 7-Bit-ASCII-Code entsprechen
UTF8	Codierung im Format UTF-8, bei dem Unicode-Daten so konvertiert werden, dass diese einem 8-Bit-ASCII-Code entsprechen

Tabelle 18: Die statischen Eigenschaften der Encoding-Klasse zur Ermittlung einer Standard-Codierung (Forts.)

Voraussetzung dafür ist natürlich, dass Sie die Codierung der Textdatei kennen, was in der Praxis oft nicht allzu einfach herauszufinden ist.

Das folgende Beispiel erzeugt eine `StreamReader`-Instanz für die Codierung *Windows-1252* (Windows-Standard):

```
System.IO.StreamReader sr = new System.IO.StreamReader(fileName,
    System.Text.Encoding.GetEncoding("windows-1252"));
```

Kennen Sie die Codierung nicht, können Sie über `true` am zweiten Argument erreichen, dass die `GetEncoding`-Methode versucht, die Codierung automatisch an den ersten Bytes der Textdatei zu erkennen:

```
System.IO.StreamReader sr = new System.IO.StreamReader(fileName, true);
```

Diese automatische Erkennung funktioniert allerdings nur für Dateien im UFT-8- oder in einem Unicode-Format, und auch nur dann, wenn diese mit einer so genannten Byte-Reihenfolgemarkierung beginnen. In der Praxis können Sie mit dieser Variante also wenig anfangen, besonders dann, wenn Sie 8-Bit-Textdateien einlesen.

Das eigentliche Lesen ist dann sehr einfach. Da in den meisten Fällen wohl zeilenweise gelesen wird, zeige ich diese Variante. Das Beispiel in Listing 242 liest die Datei *hitchhiker.txt* ein und gibt die gelesenen Zeilen an der Konsole aus. Die Datei wird im Ordner der Anwendung erwartet. Da gerade beim Öffnen von Dateien Ausnahmen des Typs `IOException` möglich sind (z. B., weil die Datei nicht vorhanden oder gerade exklusiv gesperrt ist), werden diese abgefangen.

Das Beispiel benötigt die Referenzierung der Assembly *System.Windows.Forms.dll* und den Import der Namensräume `System`, `System.IO`, `System.Text` und `System.Windows.Forms`.

```
// Dateiname ermitteln
string fileName = Path.Combine(Application.StartupPath, "hitchhiker.txt");

// StreamReader-Instanz für die Datei erzeugen
StreamReader sr = null;
try
{
```

Listing 242: Zeilenweises Einlesen einer Textdatei mit der Codierung Windows-1252

```
      sr = new StreamReader(fileName, Encoding.GetEncoding("windows-1252"));
   }
   catch (Exception ex)
   {
      MessageBox.Show("Fehler beim Öffnen der Datei '" + fileName + "': " +
         ex.Message, Application.ProductName, MessageBoxButtons.OK,
      MessageBoxIcon.Error);
      return;
   }

   // Datei zeilenweise einlesen
   string line = null;
   while ((line = sr.ReadLine()) != null)
   {
      Console.WriteLine(line);
   }

   // StreamReader schließen
   sr.Close();
```

Listing 242: Zeilenweises Einlesen einer Textdatei mit der Codierung Windows-1252

Zum Kompilieren dieses Beispiels müssen Sie die Assembly *System.Windows.Forms.dll* referenzieren und die Namensräume System.IO, System.Text, System.Reflection und System.Windows.Forms importieren.

Abbildung 93 zeigt das ausgeführte Programm.

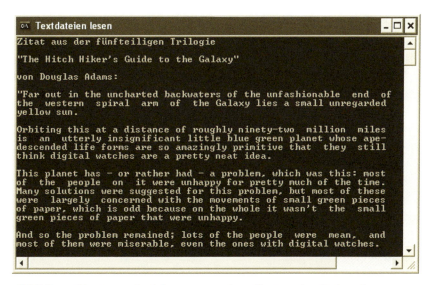

Abbildung 93: Das Beispielprogramm hat die Textdatei eingelesen

143 Textdateien schreiben

Das Schreiben von Textdateien ist ähnlich einfach wie das Lesen (siehe vorhergehendes Rezept). Das einzige Problem ist wieder die Einstellung der korrekten Codierung.

Zum Erstellen einer Textdatei erzeugen Sie eine Instanz der Klasse StreamWriter (aus dem Namensraum System.IO). Deren Konstruktor existiert in verschiedenen überladenen Varianten. So können Sie einen Dateinamen am ersten Argument des Konstruktors angeben, womit die StreamWriter-Instanz implizit einen Stream zum Schreiben der Datei erzeugt. Alternativ können Sie aber auch ein existierendes Stream-Objekt (oder eine Instanz einer von Stream abgeleiteten Klasse) angeben, um zu erreichen, dass das StreamWriter-Objekt in dieses schreibt. In weiteren Argumenten können Sie festlegen, ob an vorhandene Dateien angehängt werden soll, Sie können die Codierung bestimmen etc. Ich verwende im Beispiel die Variante, die einen Dateinamen am ersten Argument erwartet.

Bei dieser Variante übergeben Sie am ersten Argument also den Namen der Textdatei. Am zweiten Argument können Sie festlegen, ob die Textdaten an eine eventuell bereits vorhandene Datei angehängt werden oder ob diese überschrieben wird. Das dritte Argument bestimmt die Codierung der Textdatei.

Über die Methode Write können Sie dann einzelne Zeichenketten in die Datei schreiben. Die Methode WriteLine schreibt eine Zeichenkette und hängt zusätzlich die für das System gültigen Zeilenendezeichen (unter Windows sind das die Zeichen »\r\n«) an diese an.

Wenn Sie neue Textdateien schreiben (also beim Erzeugen der StreamWriter-Instanz am zweiten Argument false übergeben), sollten Sie beachten, dass ein StreamWriter vorhandene Dateien ohne Warnung überschreibt. Sie sollten also gegebenenfalls vor dem Schreiben überprüfen, ob eine gleichnamige Datei bereits existiert.

Das folgende Beispiel erzeugt eine neue Textdatei *fish.txt* im Ordner der Anwendung mit der Codierung *Windows-1252* und beschreibt diese mit zwei Zeilen Text. Ist die zu erzeugende Datei bereits vorhanden, fragt das Programm den Anwender, ob er diese überschreiben will. Ausnahmen vom Typ IOException, die im Besonderen beim Öffnen der Datei erzeugt werden können, werden abgefangen.

Um das Beispiel kompilieren zu können müssen Sie die Assembly *System.Windows.Forms.dll* referenzieren und die Namensräume System, System.IO, System.Text, System.Reflection und System.Windows.Forms importieren.

```
// Dateiname ermitteln
string fileName = Path.Combine(Application.StartupPath, "fish.txt");

// Überprüfen, ob die Datei bereits existiert
if (File.Exists(fileName))
{
```

Listing 243: Schreiben einer Textdatei in der Codierung Windows-1252

```csharp
   // Den Anwender fragen, ob er die Datei überschreiben will
   if (MessageBox.Show("Die Datei '" + fileName + "' existiert " +
      "bereits.\r\n\r\nWollen Sie diese Datei überschreiben?",
      Application.ProductName, MessageBoxButtons.YesNo,
      MessageBoxIcon.Question) == DialogResult.No)
      return;
}

// StreamWriter-Instanz für die Datei erzeugen
StreamWriter sw = null;
try
{
   sw = new StreamWriter(fileName, false,
      Encoding.GetEncoding("windows-1252"));
}
catch (Exception ex)
{
   MessageBox.Show("Fehler beim Öffnen der Datei '" + fileName + "': " +
      ex.Message, Application.ProductName, MessageBoxButtons.OK,
      MessageBoxIcon.Error);
   return;
}

// Datei zeilenweise schreiben
sw.WriteLine("Macht's gut");
sw.WriteLine("und danke für den Fisch");

// StreamWriter schließen
sw.Close();
```

Listing 243: Schreiben einer Textdatei in der Codierung Windows-1252 (Forts.)

Abbildung 94: Die erzeugte Textdatei in einem Editor

144 Texte an Textdateien anfügen

Das Anfügen von Texten an vorhandene Textdateien ist wie das Schreiben neuer Dateien sehr einfach. Dazu erzeugen Sie wie im vorhergehenden Rezept eine Instanz der Klasse `StreamWriter`, übergeben aber am zweiten Argument `append` nun `true`. Damit wird eine vorhandene Datei so geöffnet, dass neue Zeichen oder Zeichenketten an das Ende angefügt werden. Ist die Datei noch nicht vorhanden, wird sie automatisch angelegt.

Das Beispiel in Listing 244 hängt einen String mit dem aktuellen Datum und der aktuellen Anzahl ausgeführter Prozesse an die Datei *log.txt* an. Diese Datei wird im Ordner der Anwendung erwartet. Ausnahmen, die im Besonderen beim Öffnen der Datei entstehen können, werden abgefangen.

Zum Kompilieren des Beispiels müssen Sie die Assembly *System.Windows.Forms.dll* referenzieren und die Namensräume `System`, `System.IO`, `System.Text` und `System.Windows.Forms` importieren.

Abbildung 95: Die vom Beispielprogramm nach drei Ausführungen erzeugte Textdatei in einem Editor

```
// Dateiname ermitteln
string fileName = Path.Combine(Application.StartupPath, "log.txt");

// StreamWriter-Instanz für die Datei erzeugen
StreamWriter sw = null;
try
{
   sw = new StreamWriter(fileName, true, Encoding.GetEncoding(
      "windows-1252"));
}
catch (Exception ex)
{
   MessageBox.Show("Fehler beim Öffnen der Datei '" + fileName + "': " +
      ex.Message, Application.ProductName, MessageBoxButtons.OK,
      MessageBoxIcon.Error);
   return;
```

Listing 244: Anhängen von Texten an eine Textdatei

```
}

// Zeile anfügen
sw.WriteLine(DateTime.Now.ToString() + ": Anzahl Prozesse: " +
   System.Diagnostics.Process.GetProcesses().Length);

// StreamWriter schließen
sw.Close();
```

Listing 244: Anhängen von Texten an eine Textdatei (Forts.)

145 Textdateien ändern

Das Ändern von Textdateien ist nicht direkt möglich. Dazu müssen Sie die Datei einlesen, im Arbeitsspeicher ändern, die Originaldatei löschen und schließlich neu schreiben. Etwas problematisch wird dies, wenn die Datei sehr groß ist und folglich den Arbeitsspeicher beim kompletten Einlesen überlasten würde. In diesem Fall können Sie so vorgehen, dass Sie die Datei Zeile für Zeile einlesen, die einzelnen Zeilen bearbeiten und die gewünschten (und eventuell veränderten Zeilen) in eine temporäre Datei schreiben. Nach dem Bearbeiten löschen Sie die originale Textdatei und verschieben die temporäre Datei mit dem Namen der Textdatei in den Ordner derselben.

Listing 245 implementiert dieses zeilenweise Verändern einer Textdatei in Form der Methode `AddFileNumbers`, die der Datei Zeilennummern hinzufügt.

Zum Kompilieren der Methode müssen Sie die Namensräume `System`, `System.IO` und `System.Text` importieren.

```
public static void AddFileNumbers(string textFileName)
{
   // Dateiname für die temporäre Datei ermitteln
   string tempFileName = Path.GetTempFileName();

   // Textdatei zum Lesen öffnen
   StreamReader sr = null;
   sr = new StreamReader(textFileName, Encoding.GetEncoding("windows-1252"));

   // Temp-Datei zum Schreiben öffnen
   StreamWriter sw = null;
   sw = new StreamWriter(tempFileName, false,
      Encoding.GetEncoding("windows-1252"));

   // Textdatei zeilenweise einlesen, Zeilen verändern und in die temporäre
   // Datei schreiben
   string line;
   int lineNumber = 0;
```

Listing 245: Verändern einer Textdatei

```
   while ((line = sr.ReadLine()) != null)
   {
      lineNumber++;
      sw.WriteLine(lineNumber + ": " + line);
   }

   // Streams schließen
   sr.Close();
   sw.Close();

   // Textdatei löschen und die temporäre Datei auf die Textdatei verschieben
   File.Delete(textFileName);
   File.Move(tempFileName, textFileName);
}
```

Listing 245: Verändern einer Textdatei (Forts.)

146 Binäre Dateien lesen

Binäre Dateien können Sie über eine Instanz der Klasse `FileStream` (aus dem Namensraum `System.IO`) einlesen. Ähnlich dem Lesen von Textdateien können Sie diese Instanz über die Methode `OpenRead` einer Instanz der Klasse `FileInfo` oder der `File`-Klasse erzeugen:

```
System.IO.FileStream fs = System.IO.File.OpenRead(fileName);
```

...

```
System.IO.FileInfo fi = new System.IO.FileInfo(fileName);
System.IO.FileStream fs = fi.OpenRead();
```

Alternativ (aber hier nicht unbedingt vorteilhaft) können Sie die Instanz der `File-Stream`-Klasse auch selbst erzeugen, wobei Sie am zweiten Argument den Modus zum Öffnen (`FileMode.Open`) und am dritten Argument die Zugriffsart (`FileAccess.Read`) übergeben:

```
System.IO.FileStream fs = new System.IO.FileStream(fileName,
   FileMode.Open, FileAccess.Read)
```

Lesen können Sie die Daten dann über die `Read`-Methode. Dieser Methode übergeben Sie am ersten Argument ein `byte`-Array, das Sie zuvor ausreichend groß dimensionieren müssen. In dieses Array schreibt die Methode die gelesenen Bytes.

Byte-Arrays werden unter .NET vorzugsweise für binäre Daten verwendet. Den meisten Streams können Sie im Konstruktor unter anderem ein solches Array übergeben, um die darin gespeicherten Daten an einen anderen Ort zu übertragen.

Am zweiten Argument übergeben Sie die Position, ab der im Stream gelesen werden soll. In der Praxis übergeben Sie hier eigentlich immer 0 um ab der aktuellen Position zu lesen. Das dritte Argument bestimmt die Anzahl der zu lesenden Bytes. Dieses Argument ist wichtig, wenn Sie, wie weiter unten beschrieben, Daten blockweise einlesen.

Kleinere Dateien können Sie in einem Rutsch lesen, wie es der Programmcode in Listing 246 zeigt. Dazu müssen Sie allerdings wissen, wie groß die einzulesende Datei ist, was Sie über die Length-Eigenschaft eines FileInfo-Objekts erfahren können. Das Programm liest die Datei *hitchhiker.jpg* ein und speichert diese Base-64-codiert[20] in eine XML-Datei *hitchhiker.xml*. Beide Dateien werden im Ordner der Anwendung erwartet.

Das Beispiel erfordert die Referenzierung der Assembly *System.Windows.Forms.dll* und den Import der Namensräume System, System.IO, System.Text, System.Xml, System.Diagnostics und System.Windows.Forms.

```
// Dateinamen ermitteln
string filename = Path.Combine(Application.StartupPath, "hitchhiker.jpg");
string xmlFileName = Path.Combine(Application.StartupPath, "hitchhiker.xml");

// FileStream-Instanz erzeugen
FileInfo fi = new FileInfo(filename);
FileStream fs = fi.OpenRead();

// Byte-Puffer erzeugen und die Datei in diesen einlesen
byte[] buffer = new Byte[fi.Length];
fs.Read(buffer, 0, buffer.Length);

// FileStream schließen
fs.Close();

// Die eingelesenen Daten Base-64-codiert in eine XML-Datei schreiben
XmlTextWriter xmlWriter = new XmlTextWriter(xmlFileName, Encoding.UTF8);
xmlWriter.WriteStartDocument(true);
xmlWriter.WriteStartElement("applicationData");
xmlWriter.WriteStartElement("splashImage");
xmlWriter.WriteBase64(buffer, 0, buffer.Length);
xmlWriter.WriteEndElement();
xmlWriter.WriteEndElement();

// XML-Datei schließen
xmlWriter.Close();

// XML-Datei anzeigen
Process.Start(xmlFileName);
```

Listing 246: Einlesen einer binären Datei in einem Rutsch in eine XML-Datei

---

20. Eine Base-64-Codierung bewirkt, dass binäre Daten so umgesetzt werden, dass diese einem 7-Bit-ASCII-Code entsprechen und problemlos in Textdateien gespeichert oder über das Internet übertragen werden können.

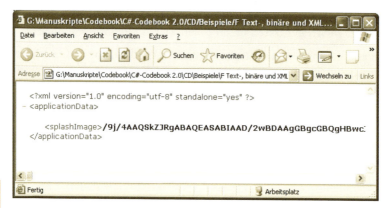

Abbildung 96: Die erzeugte XML-Datei im Internet Explorer

Das Beispiel ist übrigens nicht allzu weit von der Praxis entfernt. Die Speicherung binärer Daten in einer XML-Datei erlaubt es Ihnen z. B., beliebige Daten (u. a. wie im Beispiel auch Bilder) in einer einzigen Datei zu speichern.

147 Binäre Dateien schreiben

Das Schreiben binärer Daten ist ähnlich einfach wie das Lesen (im vorhergehenden Rezept). Dazu erzeugen Sie ein `FileStream`-Objekt (aus dem Namensraum `System.IO`) und rufen dessen `Write`-Methode auf. Dieser Methode übergeben Sie ein `byte`-Array, eine Startposition für den Stream (normalerweise 0) und die Anzahl der zu schreibenden Bytes. Das `FileStream`-Objekt können Sie über die Methode `OpenWrite` der `FileInfo`-Klasse oder einer Instanz der `File`-Klasse erzeugen. Natürlich ist auch das direkte Erzeugen möglich, wobei Sie im Konstruktor neben dem Dateinamen mindestens den Datei-Modus (`FileAccess.Write`) übergeben müssen. Ideal ist eigentlich die Verwendung der `File`-Klasse, da Sie hier nur den Dateinamen angeben müssen.

Das folgende Beispiel liest die im vorhergehenden Rezept erzeugten XML-Daten ein und erzeugt daraus eine JPEG-Grafikdatei. Da unbekannt ist, wie groß die zu erzeugende Datei wird, werden die Daten blockweise in Stücken von einem KB eingelesen.

Zum Kompilieren dieses Programms müssen Sie die Assembly *System.Windows.Forms.dll* referenzieren und die Namensräume `System`, `System.IO`, `System.Text`, `System.Xml` und `System.Windows.Forms` importieren.

```
// Dateinamen ermitteln
string xmlFileName = Path.Combine(Application.StartupPath, "hitchhiker.xml");
string imageFileName = Path.Combine(Application.StartupPath,
   "hitchhiker.jpg");

// FileStream-Instanz zum Schreiben erzeugen
```

Listing 247: Erzeugen einer binären Datei aus den Base64-Daten einer XML-Datei

```
FileStream fs = File.OpenWrite(imageFileName);

// XML-Datei öffnen
XmlTextReader xmlReader = new XmlTextReader(xmlFileName);

// Zum splashImage-Element navigieren (das dem applicationData-Element folgt)
xmlReader.ReadStartElement("applicationData");

// XML-Daten des splashImage-Elements blockweise einlesen
byte[] buffer = new Byte[1024];
int count = 0;
do
{
   count = xmlReader.ReadBase64(buffer, 0, buffer.Length);
   if (count > 0)
   {
      // Eingelesene Daten in den FileStream schreiben
      fs.Write(buffer, 0, count);
   }
} while (count > 0);

// XML-Datei schließen
xmlReader.Close();

// FileStream schließen
fs.Close();

// Das erzeugte Bild anzeigen
Process.Start(imageFileName);
```

Listing 247: Erzeugen einer binären Datei aus den Base64-Daten einer XML-Datei (Forts.)

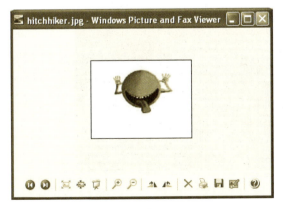

Abbildung 97: Das aus den XML-Daten erzeugte JPEG-Bild

148 Binäre Dateien Base64-codieren

In vielen Fällen ist es notwendig, binäre Dateien so zu codieren, dass diese problemlos über das Internet versendet werden können. Dazu bietet sich eine Base64-Codierung an, die im Internet weit verbreitet ist. Base64 codiert binäre Daten so, dass diese dem 7-Bit-ASCII-Code entsprechen.

Die Methode `ReadAsBase64` in Listing 248 erzeugt aus einer Datei einen Base64-codierten String. Die Datei wird dazu zunächst über eine Instanz der Klasse `FileStream` in ein byte-Array eingelesen. Dieses Array übergibt die Methode an die Methode `ToBase64String` der `Convert`-Klasse, die die übergebenen Bytes Base64-codiert.

Zum Kompilieren dieser Methode müssen Sie die Namensräume `System` und `System.IO` importieren.

```
public static string ReadAsBase64(string fileName)
{
    // Datei einlesen
    FileInfo fi = new FileInfo(fileName);
    byte[] buffer = new byte[fi.Length];
    FileStream fs = new FileStream(fileName, FileMode.Open, FileAccess.Read);
    fs.Read(buffer, 0, buffer.Length);
    fs.Close();

    // Das Byte-Array Base64-codiert zurückgeben
    return Convert.ToBase64String(buffer, 0, buffer.Length);
}
```

Listing 248: Methode zum Lesen einer Datei als Base64-codierten String

Abbildung 98: Beispielprogramm, das eine JPEG-Datei eingelesen und nach Base64 codiert hat

149 Base64-codierte Strings in Dateien umwandeln

Im Rezept 148 habe ich eine Methode vorgestellt, die eine binäre Datei in einen Base64-codierten String umwandelt. Die Methode `CreateFileFromBase64` in Listing 249 macht genau das Gegenteil: die Umwandlung eines Base64-codierten Strings in ein Byte-Array, das dann als Datei gespeichert wird. Zur Umwandlung setzt `CreateFileFromBase64` die Methode `FromBase64String` der `Convert`-Klasse ein.

Um diese Methode kompilieren zu können, müssen Sie die Namensräume `System` und `System.IO` importieren.

```
public static void CreateFileFromBase64(string base64CodedString,
   string filePath)
{
   // String in Byte-Array konvertieren
   byte[] buffer = Convert.FromBase64String(base64CodedString);

   // Datei über einen FileStream schreiben
   FileStream fs = new FileStream(filePath, FileMode.Create,
      FileAccess.Write);
   fs.Write(buffer, 0, buffer.Length);
   fs.Close();
}
```

Listing 249: Methode zum Erzeugen einer Datei aus einem Base64-codierten String

150 (Deflate- und GZIP-)Komprimieren von Daten mit .NET-Klassen

Das Dotnet-Framework 2.0 bietet im Namensraum `System.IO.Compression` zwei Klassen zum Komprimieren und Dekomprimieren von Daten: `DeflateStream` und `GZipStream`. Wie der Name bereits vermuten lässt, können Sie mit diesen Klassen beliebige Streams komprimieren und komprimierte Streams entpacken. Die Verwendung dieser Klassen ist aufgrund der Verwendung von Streams sehr einfach. Sie benötigen lediglich eine `DeflateStream`- oder eine `GZipStream`-Instanz, zum Komprimieren von Daten einen separaten Stream, der die komprimierten Daten aufnimmt, und zum Dekomprimieren einen Stream, der die unkomprimierten Daten enthält.

Da die Klassen mit Streams arbeiten, können Sie diese sehr flexibel einsetzen, nicht nur zum Packen und Entpacken von Dateien, sondern z.B. auch zum Komprimieren von Daten, die über das Internet versendet werden.

> **Hinweis** Leider hat Microsoft diese Technologie nur halbherzig implementiert: Zum einen können Sie lediglich den eher unbekannten Deflate- oder den eigentlich nur in der Unix- bzw. Linux-Welt eingesetzten GZIP[a]-Algorithmus verwenden. Das unter Windows-Benutzern in der Regel eingesetzte ZIP-Format ist damit nicht möglich. Wie Sie dieses Format über die Bibliothek #ziplib nutzen können, erläutere ich ab Rezept 152.

> Zum anderen werden die Daten, verglichen mit anderen Komprimier-Komponenten bzw. -Programmen, etwas schlechter komprimiert. Microsoft hat, nach Informationen aus dem Internet, mehr Wert auf Kompatibilität gelegt als auf die Kompressionsrate. Außerdem besitzen Sie scheinbar nicht die Möglichkeit, in einem komprimierten Stream problemlos mehrere Dateien und/oder Ordner unterzubringen, wie es zum Beispiel bei #ziplib möglich ist.

a. GNU-ZIP, die Dateiendung ist üblicherweise .gz

Das Prinzip der Verwendung der DeflateStream- und der GZipStream-Klasse ist Folgendes: Sie erzeugen eine Instanz und übergeben im Konstruktor einen Stream, der beim Komprimieren die gepackten und beim Dekomprimieren die entpackten Daten aufnimmt. Am zweiten Argument des Konstruktors legen Sie mit CompressionMode.Compress fest, dass Sie komprimieren, und mit CompressionMode.Decompress, dass Sie dekomprimieren wollen. Am optionalen dritten Argument können Sie bestimmen, ob der übergebene Stream automatisch geschlossen wird, wenn Sie die Close-Methode des DeflateStream- bzw. des GZipStream- Objekts aufrufen.

Im Beispiel verwende ich zum Komprimieren von Daten einen FileStream, der die Quelldaten aus einer Datei liest. Für die komprimierten Daten setze ich ebenfalls einen FileStream ein, der die Daten in eine Datei schreibt. Mit diesen initialisiere ich eine neue Instanz der GZipStream-Klasse. Das Beispiel liest die Quelldaten blockweise in ein Byte-Array ein (um bei sehr großen Dateien den Speicher nicht zu überfordern) und schreibt diese in den GZipStream.

Zum Kompilieren dieses Beispiels müssen Sie die Namensräume System, System.IO, System.IO.Compression und System.Reflection importieren.

```
// Quelldatei in den Quellstream lesen
string applicationPath = Path.GetDirectoryName(
    Assembly.GetEntryAssembly().Location);
string sourceFilename = Path.Combine(applicationPath, "Hitchhiker.txt");
FileStream sourceStream = new FileStream(sourceFilename, FileMode.Open);

// Stream für die komprimierten Daten erzeugen
string destFilename = Path.Combine(applicationPath, "Hitchhiker.gz");
FileStream resultStream = new FileStream(destFilename, FileMode.Create);

// GZipStream erzeugen
GZipStream GZipStream = new GZipStream(
    resultStream, CompressionMode.Compress);

// Daten blockweise aus dem Quellstream in den
// GZipStream lesen
const int blockSize = 1024;
byte[] buffer = new byte[blockSize];
```

Listing 250: Komprimieren von Daten mit der GZipStream-Klasse

```
int bytesRead;
while ((bytesRead = sourceStream.Read(buffer, 0, buffer.Length)) > 0)
{
   GZipStream.Write(buffer, 0, bytesRead);
}

// Quellstream schließen
sourceStream.Close();

// GZipStream (und damit automatisch auch den
// Ergebnis-Stream) schließen
GZipStream.Close();
```

Listing 250: Komprimieren von Daten mit der GZipStream-Klasse (Forts.)

151 (Deflate- und GZIP-)Dekomprimieren von Daten mit .NET-Klassen

Zum Dekomprimieren von Daten, die mit dem Deflate- oder dem GZIP-Algorithmus komprimiert wurden, können Sie die Klassen `DeflateStream` bzw. `GZipStream` verwenden. Die grundlegende Arbeitsweise (und die Nachteile) dieser Klassen habe ich bereits im Rezept 150 erläutert.

Zum Dekomprimieren von Daten benötigen Sie einen Stream, der die komprimierten Daten aufnimmt. Diesen übergeben Sie im Konstruktor an eine neue Instanz der `DeflateStream`- bzw. der `GZipStream`-Klasse. Am zweiten Argument des Konstruktors geben Sie mit `CompressionMode.Decompress` an, dass Sie dekomprimieren wollen. Am optionalen dritten Argument können Sie bestimmen, dass der Ergebnis-Stream nicht geschlossen wird, wenn Sie den `DeflateStream`- bzw. den `GZipStream` schließen.

Das folgende Beispiel entpackt auf diese Weise eine über den GZIP-Algorithmus komprimierte Datei und schreibt das Ergebnis in eine Zieldatei. Die Quelldatei wird dazu in einen `FileStream` eingelesen. Für die Ergebnisdatei erzeugt das Programm ebenfalls einen `FileStream`. Um den Arbeitsspeicher zu entlasten, werden die Quelldatei blockweise eingelesen und die Daten jeweils an den `GZipStream` übergeben.

Das Beispiel erfordert den Import der Namensräume `System`, `System.IO.Compression`, `System.IO` und `System.Reflection`.

```
// Quelldatei in den Quellstream lesen
string applicationPath = Path.GetDirectoryName(
   Assembly.GetEntryAssembly().Location);
string sourceFilename = Path.Combine(applicationPath, "Hitchhiker.gz");
FileStream sourceStream = new FileStream(sourceFilename, FileMode.Open);

// Stream für die dekomprimierten Daten erzeugen
```

Listing 251: Dekomprimieren von Daten mit der GZipStream-Klasse

```
string destFilename = Path.Combine(applicationPath, "Hitchhiker.txt");
FileStream resultStream = new FileStream(destFilename, FileMode.Create);

// GZipStream erzeugen
GZipStream GZipStream = new GZipStream(
    sourceStream, CompressionMode.Decompress);

// Daten blockweise aus dem Quellstream in den
// GZipStream lesen
const int blockSize = 1024;
byte[] buffer = new byte[blockSize];
int bytesRead;
while ((bytesRead = GZipStream.Read(buffer, 0, buffer.Length)) != 0)
{
    resultStream.Write(buffer, 0, bytesRead);
}

// Ergebnis-Stream schließen
resultStream.Close();

// GZipStream (und damit automatisch auch den
// Quell-Stream) schließen
GZipStream.Close();
```

Listing 251: Dekomprimieren von Daten mit der GZipStream-Klasse (Forts.)

152 (ZIP-)Komprimieren von Daten mit #ziplib

Wenn Sie Daten komprimieren und komprimierte Daten wieder entpacken wollen, können Sie, wie ich es bereits in den Rezepten 150 und 151 gezeigt habe, die .NET-Klassen `DeflateStream` und `GZipStream` verwenden. Leider unterstützen diese Klassen nur den Deflate- bzw. den GZIP-Algorithmus, ergeben eine nicht besonders hohe Kompression und bieten keine Unterstützung für die Speicherung von mehreren Dateien in einem Archiv.

Im Internet finden Sie natürlich eine Vielzahl an Bibliotheken, über die Sie Daten komprimieren und komprimierte Daten entpacken können. Eine der besten ist *#ziplib* (*SharpZipLib*). Diese in C# geschriebene Bibliothek wurde von *Mike Krüger*, dem Entwickler der bekannten Freeware-Entwicklungsumgebung *SharpDevelop*, auf der Basis existierenden Java-Quellcodes programmiert. Sie finden *#ziplib* an der Adresse *www.icsharpcode.net/OpenSource/SharpZipLib*.

`#ziplib` arbeitet wie `DeflateStream` und `GZipStream` mit einem Stream, weswegen Sie die in dieser Bibliothek enthaltenen Klassen sehr einfach für alle möglichen Daten anwenden können. Im Unterschied zu den beiden genannten .NET-Klassen erlaubt zumindest die Klasse zur Arbeit mit ZIP-Archiven die Einstellung des Kompressionsgrades (von 0 bis 9), das Ablegen von mehreren »Dateien« im erzeugten Archiv, das Erzeugen von Ordnern und das Kommentieren des Archivs.

#ziplib wird unter der GPL-Lizenz (»GNU General Public License«) mit einer Ausnahme veröffentlicht. Kurz gesagt besagt diese Lizenz, dass Entwickler, die unter der GPL-Lizenz entwickeln, immer den Quellcode ihrer Programme mit ausliefern müssen. Andere Programmierer dürfen diesen Quellcode verändern, daraus eigene Programme erzeugen und diese sogar verkaufen. Da dabei immer ein Hinweis auf den Urheber des Programms und die vorgenommenen Veränderungen in das Programm integriert werden müssen, sind die Urheberrechte aller Entwickler geschützt. Ziel dieser Lizenz ist, Betriebssysteme und Programme zu schaffen, deren Quellen frei verfügbar, für jeden zugänglich und nutzbar sind. Auf diese Weise können sich sehr viele Programmierer an der Weiterentwicklung von Programmen und Betriebssystemen beteiligen. Linux, dessen Bestandteile zumeist auch unter der GPL-Lizenz veröffentlicht sind, ist das beste Beispiel für das Funktionieren dieser Idee.

Die Ausnahme von der Standard-Lizenz bei *#ziplib* ist, dass Programme, die diese Bibliothek verwenden, selbst nicht unter der GPL-Lizenz veröffentlicht werden müssen. Dabei wird vorausgesetzt, dass das Programm keine Klassen enthält, die von den *#ziplib*-Klassen abgeleitet werden. So können Sie mit *#ziplib* auch kommerzielle Programme schreiben, die nicht unter die GPL-Lizenz fallen.

#ziplib können Sie über die Assembly *ICSharpCode.SharpZipLib.dll* in ein Programm integrieren, indem Sie diese referenzieren. Die Assembly können Sie über die Adresse *www.icsharpcode.net/OpenSource/SharpZipLib/Download.aspx* herunterladen, indem Sie die Option COMPILED ASSEMBLY WITH DOCUMENTATION AND INSTALL SCRIPTS DOWNLOAD wählen. Im heruntergeladenen Zip-Archiv, das in der zum Zeitpunkt der Erstellung dieses Buch aktuellen Version 0.84 auch auf der Buch-CD gespeichert ist, finden Sie neben der DLL auch eine (leider nicht detaillierte) Windows-Hilfe-Dokumentation. Auf der Website können Sie zusätzlich auch den Quellcode der Bibliothek herunterladen.

#ziplib ist mit einem starken Namen vorbereitet auf die Installation im Globalen Assembly Cache (GAC). Die Datei *installGAC.bat* enthält einen Aufruf des Tools *gacutil*, der diese Installation bewirkt. Beachten Sie, dass die Systemvariable PATH den Pfad zum Bin-Ordner des .NET Framework-SDK enthalten muss, damit *gacutil* ohne Pfadangabe aufgerufen werden kann. Falls Sie die Assembly im GAC installieren wollen, sollten Sie diese vor der GAC-Installation in einen Ordner kopieren, den Sie für wiederverwendbare .NET-Klassenbibliotheken vorgesehen haben.

> **Hinweis** Die Installation im GAC bewirkt, dass mehrere Anwendungen dieselbe Assembly gleichzeitig verwenden können (die Assembly muss dann nicht im Anwendungsordner gespeichert sein). Wenn Sie diese Features nicht benötigen, sollten Sie Assemblies nicht im GAC installieren. Wenn Sie Assemblies im GAC installiert haben, sollten Sie diese laut Microsoft immer über deren originalen Speicherort referenzieren (und nicht über den Assembly-Ordner im Windows-Verzeichnis). Die Installation im GAC bewirkt leider auch nicht, dass die Referenzliste in Visual Studio 2005 diese Assemblies auflistet. Um dies zu erreichen, beachten Sie den folgenden Tipp.

> **Tipp**
>
> Um Assemblies, die nicht im GAC installiert sind, im Referenz-Hinzufügen-Dialog von Visual Studio 2005 verfügbar zu haben, müssen Sie die Registry bearbeiten. Dazu starten Sie das Programm *regedit* im Ausführen-Dialog von Windows oder an der Konsole. Bevor Sie aber an die Arbeit gehen: Beachten Sie, dass Sie mit der Registry sehr vorsichtig umgehen müssen und nur Veränderungen vornehmen sollten, von denen Sie wissen, dass diese keinen Schaden anrichten. Durch fehlerhafte Veränderungen in der Registry können Sie das gesamte System beschädigen (so, jetzt bin ich nicht mehr für Ihr eventuell defektes Windows-System verantwortlich ☺).
>
> Erzeugen Sie einen neuen Schlüssel mit einem eindeutigen Namen für die hinzuzufügenden Assemblies (z.B. *ExternAssemblies*) in der Registry unter dem Schlüssel *HKEY_LOCAL_MACHINE\Software\Microsoft\.NETFramework\AssemblyFolders*. Setzen Sie den Defaultwert dieses Schlüssels auf den Pfad des Ordners, der die Assemblies speichert. Nach einem Neustart von Visual Studio 2005 werden die im Ordner enthaltenen Assemblies in der Liste des Referenz-Hinzufügen-Dialogs aufgeführt.

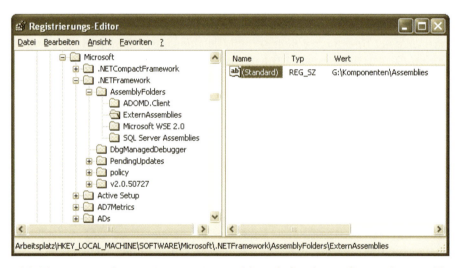

Abbildung 99: Anlegen eines Registry-Schlüssels für das Auflisten der #ziplib-Assembly in der Visual Studio 2005-Liste

> **Hinweis**
>
> Um das Ganze zu vereinfachen, können Sie auch die .reg-Datei, die ich der Komponente beigelegt habe, mit einem Texteditor editieren und im Explorer über einen Doppelklick ausführen, um die entsprechenden Schlüssel anzulegen.

#ziplib ist recht komplex und ermöglicht die Arbeit mit *zip-*, *tar-*, *gzip-* und *bzip2-*Archiven. Ich beschränke mich in diesem Buch auf Zip-Archive. Sie können diese Archive im Dateisystem erzeugen, aus Streams »on the fly« erzeugen, im Dateisystem

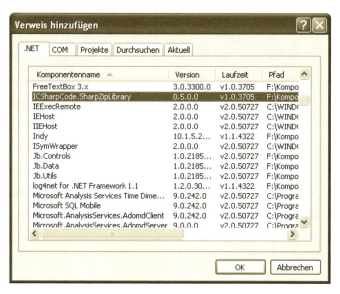

Abbildung 100: Die SharpZipLib-Komponente taucht nach der Registrierung in der Assemblies-Liste des Referenz-Hinzufügen-Dialogs von Visual Studio 2005 auf

entpacken, die enthaltenen Dateien über Streams lesen und bearbeiten etc. Ich kann hier nicht die vollständige Funktionalität behandeln und zeige deshalb nur die in meinen Augen wichtigsten Features in diesem und den folgenden Rezepten.

> **Hinweis**
>
> Der in diesem Buch vorgestellte Programmcode basiert auf #zlib in der Version 0.84 der Version 0.84, die der Buch-CD beiliegt. Wenn Sie die Komponente aus dem Internet herunterladen, handelt es sich wahrscheinlich um eine neuere Version, die u.U. mit der Version 0.84 nicht mehr kompatibel ist. Es kann also sein, dass Sie den folgenden Programmcode mit der aktuellen Version nur unter einigen Anpassungen verwenden können.

Um ein Zip-Archiv zu erzeugen, erzeugen Sie zunächst eine Instanz der Klasse `ICSharp-Code.SharpZipLib.Zip.ZipOutputStream`. Im Konstruktor übergeben Sie ein `Stream`-Objekt, in das die komprimierten Daten geschrieben werden sollen. Hier können Sie natürlich (wie bei den Klassen `DeflateStream` und `GZipStream` aus dem Rezept 150) jeden beliebigen Stream übergeben. Dieser darf lediglich nicht schreibgeschützt sein. So können Sie das Ergebnis zum Beispiel über einen `FileStream` in einer Datei schreiben oder in einer Webanwendung in den Response-Stream.

Über die Methode `SetLevel` können Sie die Kompressionsrate mit Werten zwischen 0 und 9 definieren. Eine Kompressionsrate von 0 bewirkt keine Komprimierung, 9 führt zu einer maximalen Komprimierung (was aber auch den Archiviervorgang verlangsamt). Die (nicht dokumentierte) Voreinstellung ist 6.

Über die Methode `SetComment` können Sie einen Kommentar im Archiv speichern.

Dann erzeugen Sie für jede hinzuzufügende Datei ein `ZipEntry`-Objekt, das einen Datei- oder Ordnereintrag in der Zip-Datei repräsentiert. Dieses Objekt initialisieren Sie im Konstruktor mit dem Dateinamen, so wie dieser im Archiv gespeichert werden soll. Hier können Sie auch (relative) Pfadangaben verwenden, um Dateien so zu archivieren, dass diese beim Entpacken in Unterordnern gespeichert werden. In der Eigenschaft `Comment` können Sie einen Kommentar zu der archivierten Datei ablegen. Dieses Objekt fügen Sie dem `ZipOutputStream`-Objekt dann über die Methode `PutNextEntry` hinzu.

Nun müssen Sie noch die eigentlichen Daten in den Stream schreiben, was wie bei jedem anderen Stream auch über die `Write`-Methode geschieht.

Das Erzeugen des `ZipEntry`-Objekts und das Hinzufügen der Datei in den `ZipOutputStream` wiederholen Sie für jede hinzuzufügende Datei. Schließlich rufen Sie noch die `Finish`-Methode des `ZipEntry`-Objekts auf um die Zip-Datei zu erzeugen, und schließen den `ZipOutputStream`.

Das folgende Beispiel liest zwei Dateien in je ein `FileStream`-Objekt ein und archiviert diese in einen `ZipOutputStream`, der als Basis-Stream ebenfalls einen `FileStream` verwendet. Das Beispiel erzeugt damit eine Zip-Datei.

Zum Kompilieren müssen Sie die Assembly *ICSharpCode.SharpZipLib.dll* referenzieren und die Namensräume `System`, `System.IO`, `System.Reflection` und `ICSharpCode.SharpZipLib.Zip` importieren.

```
// Erste Quelldatei in einen Quellstream lesen
string applicationPath = Path.GetDirectoryName(
    Assembly.GetEntryAssembly().Location);
string sourceFilename = Path.Combine(applicationPath, "Hitchhiker.txt");
FileStream sourceStream1 = new FileStream(sourceFilename, FileMode.Open);

// Zweite Quelldatei in einen weiteren Quellstream lesen
sourceFilename = Path.Combine(applicationPath, "killingme.mp3");
FileStream sourceStream2 = new FileStream(sourceFilename, FileMode.Open);

// Stream für die komprimierten Daten erzeugen
string destFilename = Path.Combine(applicationPath, "Demo.zip");
FileStream resultStream = new FileStream(destFilename, FileMode.Create);

// ZipOutputStream erzeugen
ZipOutputStream zipStream = new ZipOutputStream(
    resultStream);

// Kompressions-Level auf maximale Kompression setzen
zipStream.SetLevel(9);

// ZipEntry-Objekt für die erste Datei hinzufügen
zipStream.PutNextEntry(new ZipEntry("Hitchhiker.txt"));
```

Listing 252: Komprimieren von Daten mit #ZipLib

```
// Daten der ersten Datei blockweise aus dem
// Quellstream in den ZipOutputStream lesen
const int blockSize = 1024;
byte[] buffer = new byte[blockSize];
int bytesRead;
while ((bytesRead = sourceStream1.Read(buffer, 0, buffer.Length)) > 0)
{
   zipStream.Write(buffer, 0, bytesRead);
}

// ZipEntry-Objekt für die zweite Datei hinzufügen
zipStream.PutNextEntry(new ZipEntry("killingme.mp3"));

// Daten der zweiten Datei blockweise aus dem
// Quellstream in den ZipOutputStream lesen
buffer = new byte[blockSize];
while ((bytesRead = sourceStream2.Read(buffer, 0, buffer.Length)) > 0)
{
   zipStream.Write(buffer, 0, bytesRead);
}

// ZipOutputStream abschließen
zipStream.Finish();

// Quellstreams schließen
sourceStream1.Close();
sourceStream2.Close();

// ZipOutputStream (und damit automatisch auch den
// Ergebnis-Stream) schließen
zipStream.Close();
```

Listing 252: Komprimieren von Daten mit #ZipLib (Forts.)

153 (ZIP-)Dekomprimieren von Daten mit #ziplib

Zum Dekomprimieren von Daten, die das ZIP-Format verwenden, können Sie die Bibliothek *#ziplib* einsetzen. Die Grundlagen zur Verwendung dieser Bibliothek habe ich bereits im Rezept 152 behandelt.

Die zu dekomprimierenden Daten müssen in einem Stream vorliegen. Diesen übergeben Sie einer neuen Instanz der Klasse `ZipInputStream`. Da die einzelnen Dateien in ZIP-Archiven über einzelne `ZipEntry`-Objekte repräsentiert werden, gehen Sie über die `GetNextEntry`-Methode alle im Archiv enthaltenen `ZipEntry`-Objekte durch. Über diese Objekte ermitteln Sie den Dateinamen der Datei und gegebenenfalls einen angegebenen Unterordner.

Da der `ZipInputStream` nach dem Lesen eines `ZipEntry`-Objekts auf dem Anfang der Datei steht, können Sie diese danach über die `Read`-Methode des Streams in ein Byte-Array lesen. Dabei brauchen Sie sich natürlich nicht um das Dekomprimieren der gepackten Daten zu kümmern.

> **Achtung**
>
> Ein `ZipEntry`-Objekt liefert über die Eigenschaft `CompressedSize` eine Information über die Größe der komprimierten Daten. Die Eigenschaft `Size` liefert die Größe der unkomprimierten Daten. Theoretisch könnten Sie die über ein `ZipEntry`-Objekt repräsentierten Daten in einem Rutsch in einen Byte-Array einlesen. Dieses Array müsste dann die Größe besitzen, die `Size` angibt. Leider ist dies in der Praxis scheinbar nicht möglich: In meinen Tests mit zwei Dateien in einem ZIP-Archiv wurde die erste nicht eingelesen, beim Eintritt in den zweiten Durchlauf der Schleife durch die `ZipEntry`-Objekte generierte die `GetNextEntry`-Methode sogar die Ausnahme »Wrong local header signature«.
>
> Um dieses Problem zu vermeiden, sollten Sie die Daten immer in einer Schleife blockweise einlesen (was bei großen Dateien auch den Arbeitsspeicherverbrauch reduziert). `Read` gibt die Anzahl der gelesenen Bytes zurück. Die Schleife muss also so lange ausgeführt werden, bis `Read` 0 zurückgibt. Die einzelnen Byte-Blöcke können Sie dann zum Beispiel in ein `FileStream`-Objekt schreiben um eine Datei zu erzeugen.

Das Beispiel in Listing 253 liest zuerst eine ZIP-Datei in ein `FileStream`-Objekt ein. Dieser Stream dient als Basis für das danach erzeugte `ZipInputStream`-Objekt. In einer Schleife werden dann alle `ZipEntry`-Objekte ermittelt und über diese der Name der jeweils im Archiv gespeicherten Datei. Das Programm erzeugt für jede Datei ein `FileStream`-Objekt, in das die blockweise eingelesenen Daten geschrieben werden.

Zum Kompilieren dieses Beispiels müssen Sie die Assembly *ICSharpCode.SharpZipLib.dll* referenzieren und die Namensräume `System`, `System.IO`, `System.Reflection` und `ICSharpCode.SharpZipLib.Zip` importieren.

```
// Ordner für die Dateien ermitteln
string sourcePath =
   Path.GetDirectoryName(Assembly.GetEntryAssembly().Location);
string destPath = sourcePath;

// Dateiname der ZIP-Datei ermitteln
string zipFileName = Path.Combine(sourcePath, "Demo.zip");

// ZIP-Datei in einen FileStream lesen
FileStream sourceStream = new FileStream(zipFileName, FileMode.Open);

// ZipInputStream für die Zip-Datei erzeugen
ZipInputStream zipInputStream = new ZipInputStream(sourceStream);
```

Listing 253: Entpacken von ZIP- komprimierten Daten

```csharp
    // Alle im Archiv gespeicherten ZipEntry-Objekte durchgehen
ZipEntry zipEntry;
while ((zipEntry = zipInputStream.GetNextEntry()) != null)
{
    // Dateinamen (inklusive eventuellem relativen Pfad) auslesen
    // Für das Beispiel wird nur der Dateiname verwertet
    string resultFilename = Path.GetFileName(zipEntry.Name);

    // FileStream für die Datei erzeugen
    FileStream resultStream =
        File.Create(Path.Combine(destPath, resultFilename));

    // Datei in Blöcken von maximal 1 MB in den Stream schreiben
    // um den Speicher nicht mit großen Dateien zu überlasten
    int bytesRead;
    byte[] buffer = new byte[1048576];
    do
    {
        // Den nächsten Datenblock aus dem ZipInputStream lesen
        bytesRead = zipInputStream.Read(buffer, 0, buffer.Length);
        if (bytesRead > 0)
        {
            // Wenn Daten gelesen wurden, diese in den
            // Ergebnis-Stream schreiben
            resultStream.Write(buffer, 0, bytesRead);
        }
    } while (bytesRead > 0);

    // Ergebnis-Stream schließen
    resultStream.Close();
}

// ZipInputStream schließen
zipInputStream.Close();
```

Listing 253: Entpacken von ZIP- komprimierten Daten (Forts.)

154 Dateien in ZIP-Archive komprimieren

Wie ich es in Rezept 152 gezeigt habe, ist das Erzeugen eines ZIP-Archivs sehr einfach. In diesem Rezept entwickle ich nun eine Methode, die eine beliebige Anzahl von Dateien in eine ZIP-Datei komprimiert. Das Prinzip dieser Methode ist dasselbe wie im genannten Rezept.

Die Methode `ZipFiles` in Listing 254 schreibt mehrere in einem String-Array übergebene Dateien in ein Archiv. Übergeben wird zunächst das Array mit den Quelldateinamen, der Name der zu erzeugenden Zip-Datei und die Blockgröße in Byte.

Dateien in ZIP-Archive komprimieren

Das Argument `zipLevel` legt die Kompressionsrate fest. Sie können hier einen Wert von 0 (keine Kompression) bis 9 (maximale Kompression) eintragen. Eine höhere Kompression verlangsamt natürlich den Archiviervorgang.

Am Argument `includePaths` wird festgelegt, ob der Pfad der Datei mit gespeichert werden soll. In Zip-Archiven können Dateien ohne, mit einer relativen oder einer absoluten Pfadangabe archiviert werden. Die Angabe von Pfaden bringt beim normalen Entpacken eines Archivs den Vorteil, dass die Dateien wieder in einen entsprechenden Ordner entpackt werden. Um möglichst flexibel zu sein, können Sie beim Aufruf von `ZipFiles` entscheiden, ob der Pfad jeder Datei mit aufgenommen werden soll. Soll der Pfad mit aufgenommen werden, entfernt `ZipFiles` aber den Laufwerkbuchstaben aus der Pfadangabe, da auf dem Zielsystem nicht vorausgesetzt werden kann, dass das entsprechende Laufwerk existiert.

Am letzten Argument können Sie einen Kommentar zur Zip-Datei übergeben, den die meisten Zip-Programme beim Lesen eines Archivs automatisch anzeigen.

Zum Kompilieren dieser Methode müssen Sie die Assembly *ICSharpCode.SharpZipLib.dll* referenzieren und die Namensräume `System`, `System.IO` und `ICSharpCode.SharpZipLib.Zip` importieren.

```
public static void ZipFiles(string[] sourceFileNames, string zipFileName,
    int blockSize, int zipLevel, bool includePaths, string comment)
{
    // Datei-Stream als Basis-Stream erzeugen
    Stream zipFileStream = File.Open(zipFileName, FileMode.CreateNew);

    // ZipOutputStream zum Schreiben der Zip-Datei erzeugen
    ZipOutputStream zipOutputStream = new ZipOutputStream(zipFileStream);

    // Kompressionsrate definieren (0 bis 9)
    zipOutputStream.SetLevel(zipLevel);

    // Kommentar zum Archiv definieren
    zipOutputStream.SetComment(comment);

    // Alle im Array sourceFileNames übergebenen Dateien
    // durchgehen und in das Archiv schreiben
    for (int i = 0; i < sourceFileNames.Length; i++)
    {
        // ZipEntry-Objekt für die neue Datei erzeugen. Der im Konstruktor
        // übergebene Name wird als Dateiname beim Extrahieren verwendet.
        // Sie können hier auch (relative) Pfadangaben mit angeben.
        // Das Programm speichert den Pfad (ohne Laufwerkangabe) mit,
        // wenn das Argument includePaths true ist
        string fileNameForZip;
        FileInfo fi = new FileInfo(sourceFileNames[i]);
```

Listing 254: Methode zum Erzeugen eines Zip-Archivs über #ziplib

>> Text-, binäre und Zip-Dateien

```
      if (includePaths)
      {
         // Dateiname ohne Laufwerkbuchstabe ermitteln
         int pos = fi.FullName.IndexOf('\\');
         if (pos > -1)
         {
            fileNameForZip = fi.FullName.Substring(pos,
               fi.FullName.Length - pos);
         }
         else
         {
            fileNameForZip = fi.FullName;
         }
      }
      else
      {
         // Nur den Dateinamen speichern
         fileNameForZip = fi.Name;
      }
      ZipEntry zipEntry = new ZipEntry(fileNameForZip);

      // ZipEntry-Objekt dem ZipOutputStream hinzufügen
      zipOutputStream.PutNextEntry(zipEntry);

      // Zu archivierende Datei in einem FileStream öffnen
      FileStream fileStream = new FileStream(sourceFileNames[i],
         FileMode.Open, FileAccess.Read);

      // Quellstream blockweise in ein Byte-Array lesen und in den
      // ZipOutputStream schreiben
      byte[] buffer = new byte[blockSize];
      int bytesRead = 0;
      while ((bytesRead = fileStream.Read(buffer, 0, buffer.Length)) > 0)
      {
         zipOutputStream.Write(buffer, 0, bytesRead);
      }

      // FileStream schließen
      fileStream.Close();
   }

   // ZipOutputStream abschließen und schließen
   zipOutputStream.Finish();
   zipOutputStream.Close();
}
```

Listing 254: Methode zum Erzeugen eines Zip-Archivs über #ziplib (Forts.)

Das folgende Beispiel zeigt die Anwendung dieser Methode. Ausnahmen, die beim Erzeugen des Archivs auftreten, werden dabei abgefangen. Das Beispiel benötigt neben den Voraussetzungen der `ZipFiles`-Methode den Import der Namensräume `System`, `System.IO` und `System.Reflection`.

```
// Dateiname der Zip-Datei
string zipFileName = "c:\\Hitchhiker.zip";

// Zip-Datei löschen, falls diese bereits vorhanden ist
if (File.Exists(zipFileName))
{
   File.Delete(zipFileName);
}

// Dateien, die archiviert werden sollen
string applicationPath =
Path.GetDirectoryName(Assembly.GetEntryAssembly().Location);
string[] sourceFiles = {
   Path.Combine(applicationPath, "Hitchhiker.txt"),
   Path.Combine(applicationPath, "Hitchhiker.jpg")};

try
{
   // Dateien mit einer Blockgröße von 1 MB und einer
   // Kompressionsrate von 9 archivieren.
   // Pfade sollen nicht mit eingeschlossen werden
   Zip.ZipFiles(sourceFiles, zipFileName, 1048576,
      9, false, "Demo für die Verwendung von #ziplib");

   Console.WriteLine("Fertig");
}
catch (Exception ex)
{
   Console.WriteLine("Fehler beim Archivieren: {0}", ex.Message);
}
```

Listing 255: Anwendung der Methode ZipFiles zum Archivieren von Dateien

155 (ZIP-)Archive aus einem Ordner erzeugen

Über *#ziplib* (siehe Rezept 152) können Sie recht einfach ganze Ordner archivieren. Dazu müssen Sie lediglich den Ordner rekursiv durchgehen und die Dateien aller enthaltenen Unterordner separat archivieren. Um die Ordnerstruktur beim Entpacken beizubehalten, sollten Sie die Datei-Einträge im Archiv mit relativen Pfadangaben speichern. Die im Folgenden beschriebene Methode `ZipFolder` ruft dazu die rekursive Methode `AddFilesFromFolder` auf, die die Dateien eines Ordners archiviert und sich dann selbst für alle Unterordner aufruft.

>> **Text-, binäre und Zip-Dateien**

`ZipFolder` erwartet als Argumente zunächst den Ordnernamen und den Namen der zu erzeugenden Archivdatei. Am dritten Argument übergeben Sie wie im vorhergehenden Rezept eine Blockgröße, die `ZipFolder` zum blockweisen Lesen und Schreiben der Streams verwendet. Mit einer nicht zu großen Blockgröße verhindern Sie Arbeitsspeicherprobleme bei sehr großen Dateien.

Das Argument `zipLevel` definiert die Kompressionsrate mit einem Wert zwischen 0 (keine Kompression) und 9 (maximale Kompression).

Am letzten Argument können Sie dann noch einen Kommentar für die Zip-Datei übergeben.

`ZipFolder` erfordert die Referenzierung der Assembly *ICSharpCode.SharpZipLib.dll* und den Import der Namensräume `System`, `System.IO` und `ICSharpCode.SharpZipLib.Zip`.

```
public static void ZipFolder(string folderName, string zipFileName,
   int blockSize, int zipLevel, string comment)
{
   // Datei-Stream als Basis-Stream erzeugen
   Stream zipFileStream = File.Open(zipFileName, FileMode.CreateNew);

   // ZipOutputStream zum Schreiben der Zip-Datei erzeugen
   ZipOutputStream zipOutputStream = new ZipOutputStream(zipFileStream);

   // Kompressionsrate definieren (0 bis 9)
   zipOutputStream.SetLevel(zipLevel);

   // Kommentar zum Archiv definieren
   zipOutputStream.SetComment(comment);

   // Ordner rekursiv archivieren
   AddFilesFromFolder(folderName, folderName, zipOutputStream, blockSize);

   // ZipOutputStream abschließen und schließen
   zipOutputStream.Finish();
   zipOutputStream.Close();
}

/* Rekursive Methode zum Hinzufügen aller Dateien eines Ordners */
private static void AddFilesFromFolder(string baseFolderName,
   string folderName, ZipOutputStream zipOutputStream, int blockSize)
{
   // Alle Dateien des Ordners durchgehen und in das Archiv schreiben
   DirectoryInfo folder = new DirectoryInfo(folderName);
   FileInfo[] files = folder.GetFiles();
   for (int i = 0; i < files.Length; i++)
   {
```

Listing 256: Methode zum rekursiven Archivieren eines Ordners über #ziplib

414 >> (ZIP-)Archive aus einem Ordner erzeugen

```csharp
      // Relativen Pfad des aktuellen Ordners über das Entfernen des
      // Basisordnernamens ermitteln
      string relativePath = folderName.Replace(baseFolderName, "");
      if (relativePath != null)
      {
         if (relativePath.StartsWith("\\"))
            relativePath  = relativePath.Remove(0, 1);
         if (relativePath.EndsWith("\\") == false)
            relativePath += "\\";
      }

      // ZipEntry-Objekt für die neue Datei mit dem relativen Pfad
      // erzeugen und dem ZipOutputStream hinzufügen
      zipOutputStream.PutNextEntry(
         new ICSharpCode.SharpZipLib.Zip.ZipEntry(
         relativePath + files[i].Name));

      // Zu archivierende Datei in einem FileStream öffnen und über ein
      // Byte-Array blockweise in den ZipOutputStream schreiben
      FileStream fileStream = files[i].OpenRead();
      byte[] buffer = new byte[blockSize];
      int bytesWritten = 0;
      do
      {
         int size = fileStream.Read(buffer, 0, buffer.Length);
         zipOutputStream.Write(buffer, 0, size);
         bytesWritten += size;

      } while (bytesWritten < fileStream.Length);

      // FileStream schließen
      fileStream.Close();
   }

   // Alle Unterordner durchgehen und die Methode rekursiv aufrufen
   DirectoryInfo[] subFolders = folder.GetDirectories();
   for (int i = 0; i < subFolders.Length; i++)
   {
      AddFilesFromFolder(baseFolderName, subFolders[i].FullName,
         zipOutputStream, blockSize);
   }
}
```

Listing 256: Methode zum rekursiven Archivieren eines Ordners über #ziplib (Forts.)

Das folgende Beispiel zeigt eine Anwendung der ZipFolder-Methode.

```csharp
ZipFolder("c:\\inetpub", "c:\\demo.zip", 1048576, 9, "");
```

Das rekursive Archivieren eines Ordners über *ZipFolder* funktioniert sehr gut (Abbildung 101), ist allerdings wesentlich langsamer als das Archivieren mit einem professionellen Archivier-Programm wie WinZip ☺. Vielleicht können Sie ja noch ein wenig optimieren ...

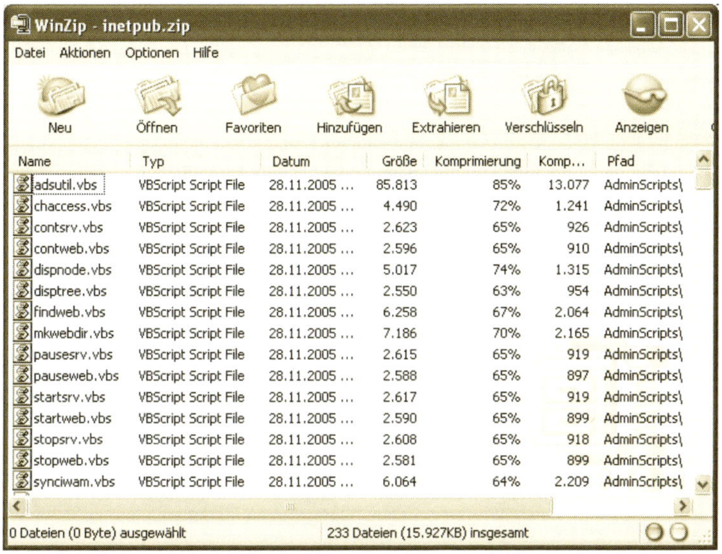

Abbildung 101: Ein mit #ziplib rekursiv archivierter Ordner in WinZip

156 Dateiinformationen aus (ZIP-)Archiven auslesen

Um Informationen über die in einem Zip-Archiv enthaltenen Dateien auszulesen, können Sie (natürlich ☺) die Komponente *#ziplib* verwenden (siehe Rezept 152). Dazu erzeugen Sie zunächst eine `ZipInputStream`-Instanz zum Einlesen der Archivdatei. Wie schon beim Erzeugen eines Archivs, übergeben Sie im Konstruktor einen normalen Stream, der die zu lesende Datei repräsentiert. Dann können Sie über die Methode `GetNextEntry` in einer Schleife das jeweils nächste `ZipEntry`-Objekt auslesen. `ZipEntry`-Objekte speichern die Informationen zu einer im Archiv gespeicherten Datei oder einem Ordner. Über die Eigenschaft `Name` können Sie den Namen der Datei bzw. des Ordners auslesen, die Eigenschaft `Size` verwaltet die unkomprimierte Größe der Datei, aus der Eigenschaft `CompressedSize` können Sie die komprimierte Größe auslesen. Die Eigenschaft `IsDirectory` gibt Auskunft darüber, ob es sich bei dem Eintrag um einen Ordner handelt. `ZipEntry`-Objekte besitzen noch weitere Eigenschaften, von denen ich die wichtigsten in Listing 257 verwende.

Das Beispiel erfordert die Referenzierung der Assembly *ICSharpCode.SharpZipLib.dll* und den Import der Namensräume `System`, `System.IO`, `System.Reflection` und `ICSharpCode.SharpZipLib.Zip`.

Dateiinformationen aus (ZIP-)Archiven auslesen

```
// Pfad und Dateiname ermitteln
string applicationPath = Path.GetDirectoryName(
   Assembly.GetEntryAssembly().Location);
string zipFileName = Path.Combine(applicationPath, "Demo.zip");

// ZipInputStream für die Zip-Datei erzeugen
ZipInputStream zipInputStream = new ZipInputStream(
   File.Open(zipFileName, FileMode.Open, FileAccess.Read));

// Alle im Archiv gespeicherten ZipEntry-Objekte durchgehen
ZipEntry zipEntry;
while ((zipEntry = zipInputStream.GetNextEntry()) != null)
{
   Console.WriteLine("Name : {0}", zipEntry.Name);
   Console.WriteLine("Größe : {0}", zipEntry.Size);
   Console.WriteLine("Komprimierte Größe : {0}", zipEntry.CompressedSize);
   Console.WriteLine("Kompressionsmethode : {0}",
      zipEntry.CompressionMethod);
   Console.WriteLine("Dateidatum : {0}", zipEntry.DateTime.ToString());
   Console.WriteLine("Kommentar : {0}", zipEntry.Comment);
   Console.WriteLine("CRC : {0}", zipEntry.Crc);
   Console.WriteLine();
}

// ZipInputStream schließen
zipInputStream.Close();
```

Listing 257: Auslesen von Informationen über die in einem Zip-Archiv gespeicherten Dateien

Abbildung 102: Das Beispielprogramm zum Auslesen von Informationen über die in einem Zip-Archiv gespeicherten Dateien

157 (ZIP-)Archive entpacken

Das Entpacken von Zip-Archiven ist über *#ziplib* (siehe Rezept 152) ebenso einfach wie das Verpacken. Wie im vorhergehenden Rezept erzeugen Sie dazu eine Instanz der Klasse `ZipInputStream` und gehen über die `GetNextEntry`-Methode alle `ZipEntry`-Objekte durch. Über diese Objekte ermitteln Sie den Dateinamen der jeweiligen im Archiv gespeicherten Datei und den eventuell angegebenen Unterordner. Ist ein Ordner angegeben, sollten Sie diesen zunächst im Zielordner anlegen. Da der `ZipInputStream` nach dem Lesen eines `ZipEntry`-Objekts auf dem Anfang der Datei steht, können Sie diese danach über die `Read`-Methode des Streams in ein Byte-Array lesen. Dabei brauchen Sie sich natürlich nicht um das Dekomprimieren der gepackten Daten zu kümmern.

> **Achtung**
>
> Ein `ZipEntry`-Objekt liefert über die Eigenschaft `CompressedSize` eine Information über die Größe der komprimierten Daten. Die Eigenschaft `Size` liefert die Größe der unkomprimierten Daten. Theoretisch könnten Sie die über ein `ZipEntry`-Objekt repräsentierten Daten in einem Rutsch in einen Byte-Array einlesen. Dieses Array müsste dann die Größe besitzen, die `Size` angibt. Leider ist dies in der Praxis scheinbar nicht möglich: In meinen Tests mit zwei Dateien in einem ZIP-Archiv wurde die erste nicht eingelesen, beim Eintritt in den zweiten Durchlauf der Schleife durch die `ZipEntry`-Objekte generierte die `GetNextEntry`-Methode sogar die Ausnahme »Wrong local header signature«.
>
> Um dieses Problem zu vermeiden, sollten Sie die Daten immer in einer Schleife blockweise einlesen. `Read` gibt die Anzahl der gelesenen Bytes zurück. Die Schleife muss also so lange ausgeführt werden, bis `Read` 0 zurückgibt. Die einzelnen Byte-Blöcke können Sie dann zum Beispiel in ein `FileStream`-Objekt schreiben um eine Datei zu erzeugen.

Das Lesen in einer Schleife besitzt noch einen anderen Vorteil. Bei sehr großen Dateien können Sie diese so in kleineren Teilen einlesen, um den Arbeitsspeicher nicht zu überlasten. Die einzelnen Byte-Blöcke können Sie dann in ein `FileStream`-Objekt schreiben um eine Datei zu erzeugen.

Die Methode `ExtractToFolder` in Listing 258 extrahiert alle Dateien eines Archivs in einen Ordner. Die Dateien werden dabei in Blöcken einer festzulegenden Größe aus dem Archiv gelesen. Um bereits vorhandene Dateien nicht ohne Warnung zu überschreiben, fragt `ExtractToFolder` in diesem Fall beim Anwender nach, ob er diese überschreiben will. Antwortet der Anwender mit Ja, fragt die Methode einmalig nach, ob alle Dateien überschrieben werden sollen. Diese Überschreib-Logik stammt aus dem Rezept 115. Die Nachfrage kann über das Argument `overwriteWithoutWarning` auch abgeschaltet werden.

`ExtractToFolder` erfordert die Referenzierung der Assemblies *ICSharpCode.SharpZipLib.dll* und *System.Windows.Forms.dll* und den Import der Namensräume `System`, `System.IO`, `System.Windows.Forms` und `ICSharpCode.SharpZipLib.Zip`.

```csharp
public class Zip
{
   /* Merker für das Überschreiben aller Dateien */
   private static bool overwriteAllFiles;
   private static bool alreadyAskedForOverwriteAllFiles;

   /* Extrahiert die Dateien eines ZIP-Archivs in einen Ordner */
   public static void ExtractToFolder(string zipFileName, string folderName,
      int blockSize, bool overwriteWithoutWarning)
   {
      // Eigenschaften voreinstellen
      overwriteAllFiles = false;
      alreadyAskedForOverwriteAllFiles = false;

      // ZipInputStream für die Zip-Datei erzeugen
      ZipInputStream zipInputStream = new ZipInputStream(
         File.Open(zipFileName, FileMode.Open, FileAccess.Read));

      // Alle im Archiv gespeicherten ZipEntry-Objekte durchgehen
      ZipEntry zipEntry;
      while ((zipEntry = zipInputStream.GetNextEntry()) != null)
      {
         // Aus dem (relativen) Dateinamen den Unterordner und den
         // Namen extrahieren
         string subFolderName = Path.GetDirectoryName(zipEntry.Name);
         string entryName = Path.GetFileName(zipEntry.Name);
         // Den vollen Ordnernamen des Zielordners ermitteln
         string destFolderName = Path.Combine(folderName, subFolderName);

         // Unterordner erzeugen, falls notwendig
         if (subFolderName != null)
         {
            Directory.CreateDirectory(destFolderName);
         }

         if (zipEntry.IsDirectory == false &&
            entryName != null && entryName.Length > 0)
         {
            bool overwriteFile = true;

            if (overwriteWithoutWarning == false &&
               overwriteAllFiles == false)
            {
               // Wenn Dateien nicht ohne Warnung überschrieben werden
               // sollen: Überprüfen, ob bereits eine gleichnamige Datei
               // existiert
```

Listing 258: Methode zum Extrahieren eines Zip-Archivs über #ziplib

```csharp
            if (File.Exists(Path.Combine(destFolderName, entryName)))
            {
               // Nachfragen, ob die Datei überschrieben werden soll
               switch (MessageBox.Show("Die Datei '" + entryName +
                  "' existiert bereits im Ordner '" + destFolderName +
                  "'\r\n\r\nSoll diese Datei überschrieben werden?",
                  Application.ProductName,
                  MessageBoxButtons.YesNoCancel,
                  MessageBoxIcon.Question))
               {
                  case DialogResult.Yes:
                     overwriteFile = true;
                     break;
                  case DialogResult.No:
                     overwriteFile = false;
                     break;
                  case DialogResult.Cancel:
                     // Stream schließen und beenden
                     zipInputStream.Close();
                     return;
               }

               // Nachfragen, ob alle Dateien überschrieben werden
               // sollen, sofern dies noch nicht geschehen ist
               if (overwriteFile == true &&
                  alreadyAskedForOverwriteAllFiles == false)
               {
                  switch (MessageBox.Show("Sollen alle vorhandenen " +
                     "Dateien automatisch überschrieben werden?",
                     Application.ProductName,
                     MessageBoxButtons.YesNoCancel,
                     MessageBoxIcon.Question))
                  {
                     case DialogResult.Yes:
                        overwriteAllFiles = true;
                        break;
                     case DialogResult.No:
                        overwriteAllFiles = false;
                        break;
                     case DialogResult.Cancel:
                        // Stream schließen und beenden
                        zipInputStream.Close();
                        return;
                  }
                  // Definieren, dass nicht noch einmal gefragt wird
                  alreadyAskedForOverwriteAllFiles = true;
               }
```

Listing 258: Methode zum Extrahieren eines Zip-Archivs über #ziplib (Forts.)

```
            }
          }

          if (overwriteFile)
          {
            // FileStream für die Datei erzeugen
            FileStream fileStream =
              File.Create(Path.Combine(destFolderName, entryName));

            // Datei in Blöcken von maximal 1 MB in den Stream schreiben
            // um den Speicher nicht mit großen Dateien zu überlasten
            int size;
            byte[] buffer = new byte[1048576];
            do
            {
              // Den nächsten Datenblock aus dem ZipInputStream lesen
              size = zipInputStream.Read(buffer, 0, buffer.Length);
              if (size > 0)
                // Wenn Daten gelesen wurden, diese in die Datei
                // schreiben
                fileStream.Write(buffer, 0, size);
            } while (size > 0);

            // FileStream schließen
            fileStream.Close();
          }
        }
      }

      // ZipInputStream schließen
      zipInputStream.Close();
    }
  }
```

Listing 258: Methode zum Extrahieren eines Zip-Archivs über #ziplib (Forts.)

Die Anwendung dieser Methode ist wieder einmal sehr einfach:

```
// Pfad und Dateiname ermitteln
string sourcePath = Path.GetDirectoryName(
   Assembly.GetEntryAssembly().Location);
string zipFileName = Path.Combine(sourcePath, "Demo.zip");
string destPath = "C:\\Temp\\Demo";

// Zip-Archiv mit einer Blockgröße von 1 MB
// mit Überschreib-Nachfrage entpacken
```

Listing 259: Anwendung der Methode zum Extrahieren eines Zip-Archivs

```
Console.WriteLine("Extrahiere {0} nach {1} ... ", zipFileName, destPath);
try
{
   Zip.ExtractToFolder(zipFileName, destPath, 1048576, false);
}
catch (ZipException ex)
{
   Console.WriteLine("Fehler bei der Archivoperation: {0}", ex.Message);
}
catch (IOException ex)
{
   Console.WriteLine("Fehler bei der Dateioperation: {0}", ex.Message);
}
catch (Exception ex)
{
   Console.WriteLine("Allgemeiner Fehler: {0}", ex.Message);
}
```

Listing 259: Anwendung der Methode zum Extrahieren eines Zip-Archivs (Forts.)

XML

158 XML-Dateien über ein XmlTextReader-Objekt lesen

Über eine Instanz der Klasse System.Xml.XmlTextReader können Sie eine XML-Datei sehr einfach einlesen. Ein XmlTextReader-Objekt erlaubt ein einmaliges, schreibgeschütztes Durchgehen der einzelnen XML-Knoten. Da dabei keine Daten im Arbeitsspeicher gehalten werden, benötigt diese Klasse sehr wenig Ressourcen und ermöglicht ein schnelles Lesen. Wenn Sie XML-Daten nur sequenziell lesen und nicht in diesen Daten suchen wollen, ist ein XmlTextReader-Objekt die erste Wahl (ansonsten verwenden Sie die DOM-Variante, die ich im nächsten Rezept vorstelle).

> **Hinweis**
>
> Die Verwendung einer XmlTextReader-Instanz hat übrigens viel Ähnlichkeit mit *SAX* (Simple API for XML). Der Unterschied ist, dass Sie bei der Verwendung eines XmlTextReader-Objekts die Daten über Methoden explizit auslesen (was als »Pull« bezeichnet wird). SAX hingegen geht ein XML-Dokument intern durch und informiert das Programm über Ereignisse, dass ein neuer XML-Knoten erreicht wurde (»Push«). Wahrscheinlich ist keine dieser Methoden besser als die andere. Auf jeden Fall sind beide ressourcenschonend. SAX wird vom .NET Framework nicht unterstützt. Sie können jedoch spezielle XML-Komponenten wie Microsofts MSXML-Parser einsetzen, wenn Sie SAX verwenden wollen.

Zum Lesen einer XML-Datei über die Pull-Methode müssen Sie zunächst eine Instanz der XmlTextReader-Klasse (aus dem Namensraum System.Xml) erzeugen. Im (mehrfach überladenen) Konstruktor können Sie den Dateinamen einer XML-Datei oder einen URL angeben, der eine XML-Datei im Internet bezeichnet:

```
xmlReader = new XmlTextReader(xmlFileName);
```

Nun rufen Sie die Read-Methode in einer Schleife auf und verarbeiten die XML-Daten im Schleifenkörper:

```
while (xmlReader.Read())
{
   // Die XML-Daten verarbeiten
}
```

Read setzt das XmlTextReader-Objekt auf den jeweils nächsten Knoten. Die Daten dieses Knoten können Sie dann über Methoden und Eigenschaften des XmlTextReader-Objekts lesen.

Bei der Verarbeitung müssen Sie die verschiedenen XML-Knoten unterscheiden. XML kennt einige XML-Knotentypen, wie z.B. einen Start-Tag, die Textdaten eines Elements oder einen End-Tag. Wenn Sie eine XML-Datei gezielt durchgehen wollen, müssen Sie die Struktur der XML-Daten kennen und beim Durchgehen der einzelnen Knoten deren Typ und Namen abfragen. Den Typ eines Knotens erhalten Sie über die

Eigenschaft `NodeType` als Wert der Aufzählung `XmlNodeType`. Die wichtigsten `XmlNodeType`-Konstanten sind `Element` (Start-Tag), `EndElement` (Ende-Tag) und `Text` (der Text eines Elements). Den Namen des aktuellen Knotens können Sie aus der Eigenschaft `Name` auslesen.

Als Beispiel soll die folgende XML-Datei eingelesen werden, die Personendaten verwaltet:

```xml
<?xml version="1.0" encoding="utf-8" ?>
<persons>
   <person id="1000">
      <firstname>Zaphod</firstname>
      <lastname>Beeblebrox</lastname>
      <type>Alien</type>
   </person>

   <person id="1001">
      <firstname>Ford</firstname>
      <lastname>Prefect</lastname>
      <type>Alien</type>
   </person>

   <person id="1002">
      <firstname>Tricia</firstname>
      <lastname>McMillan</lastname>
      <type>Earthling</type>
   </person>

   <person id="1003">
      <firstname>Arthur</firstname>
      <lastname>Dent</lastname>
      <type>Earthling</type>
   </person>
</persons>
```

Listing 260: Beispiel-XML-Datei mit den Daten von Personen

Das Beispielprogramm soll alle in der XML-Datei gespeicherten Personen in Instanzen einer eigenen Klasse `Person` einlesen, die in einer `List`-Auflistung verwaltet werden. Ich habe diesen Weg gewählt, um möglichst viel Praxisnähe in das Programm zu integrieren. Die Personen-Auflistung kann dann nach dem Lesen weiterverarbeitet werden. Das Beispiel gibt die eingelesenen Daten allerdings einfach nur an der Konsole aus.

Das Programm geht zum Einlesen der Personen die einzelnen Knoten der XML-Datei durch und überprüft zunächst, ob eine neue Person beginnt. Ist dies der Fall, erzeugt es eine neue Instanz der Klasse `Person`. Über die Methode `GetAttribute` wird dann das Attribut `id` des `person`-Elements eingelesen und im `Person`-Objekt gespeichert.

>> XML

Für die folgenden Element-Knoten überprüft das Programm, um welches Element es sich handelt. Handelt es sich um einen der Start-Tags der Elemente, die die Personendaten verwalten, wechselt es über die `MoveToContent`-Methode zum nächsten Inhalts-Knoten, der in unserem Fall ein Text-Knoten ist. `MoveToContent` überspringt Kommentare und andere, für die eigentlichen Daten unwichtige Knoten und gibt den Knotentyp zurück, wenn (noch) ein Inhaltsknoten gefunden wurde. Über den Vergleich auf `XmlNodeType.None` wird überprüft, ob eventuell kein Inhaltsknoten mehr gefunden wurde.

Ausnahmen, die beim Öffnen der XML-Datei entstehen können (z.B. wenn die Datei nicht vorhanden oder exklusiv gesperrt ist), fängt das Beispiel ab. Da eine ungültige XML-Datei (z.B. eine mit fehlenden Ende-Tags) erst beim Lesen der Daten erkannt wird, werden auch die entsprechenden Ausnahmen abgefangen um dem Anwender (und dem Programmierer) eine Fehlermeldung ausgeben zu können.

Zum Kompilieren des Beispiels müssen Sie die Assembly *System.Windows.Forms.dll* referenzieren und die Namensräume `System`, `System.Xml`, `System.IO`, `System.Collections.Generic` und `System.Windows.Forms` einbinden.

```
/* Klasse zur Speicherung der Daten einer Person */
class Person
{
   public string Id;
   public string FirstName;
   public string LastName;
   public string Type;
}

/* Start-Klasse */
class Program
{
   [STAThread]
   static void Main(string[] args)
   {
      Console.Title = "XML-Dateien über ein XmlTextReader-Objekt lesen";

      // Der Dateiname
      string xmlFileName = Path.Combine(Application.StartupPath,
         "Persons.xml");

      // XmlTextReader erzeugen
      XmlTextReader xmlReader = null;
      try
      {
         xmlReader = new XmlTextReader(xmlFileName);
      }
```

Listing 261: Einlesen einer XML-Datei

```csharp
catch (Exception ex)
{
   MessageBox.Show("Fehler beim Einlesen der XML-Datei '" +
      xmlFileName + "': " + ex.Message, Application.ProductName,
      MessageBoxButtons.OK, MessageBoxIcon.Error);
   return;
}

// Auflistung für die Personen erzeugen
List<Person> persons = new List<Person>();

// Die einzelnen Knoten einlesen und durchgehen
Person person = null;
try
{
   while (xmlReader.Read())
   {
      // Überprüfen, ob es sich beim aktuellen Knoten um einen
      // Start-Tag handelt
      if (xmlReader.NodeType == XmlNodeType.Element)
      {
         // Überprüfen, ob es sich um ein person-Element handelt
         if (xmlReader.Name == "person")
         {
            // Neue Person: Neues Person-Objekt erzeugen ...
            person = new Person();

            // ... und in der Auflistung ablegen
            persons.Add(person);

            // Das Attribut 'id' einlesen
            person.Id = xmlReader.GetAttribute("id");
         }
         else
         {
            // Überprüfen, um welches Element es sich handelt
            if (xmlReader.Name == "firstname")
            {
               // Zum Inhalt wechseln und den Text einlesen
               if (xmlReader.MoveToContent() != XmlNodeType.None)
               {
                  person.FirstName = xmlReader.ReadString();
               }
            }
            else if (xmlReader.Name == "lastname")
            {
               // Zum Inhalt wechseln und den Text einlesen
```

Listing 261: Einlesen einer XML-Datei (Forts.)

```csharp
                        if (xmlReader.MoveToContent() != XmlNodeType.None)
                        {
                            person.LastName = xmlReader.ReadString();
                        }
                    }
                    else if (xmlReader.Name == "type")
                    {
                        // Zum Inhalt wechseln und den Text einlesen
                        if (xmlReader.MoveToContent() != XmlNodeType.None)
                        {
                            person.Type = xmlReader.ReadString();
                        }
                    }
                }
            }
        }
    }
    catch (Exception ex)
    {
        MessageBox.Show("Fehler beim Einlesen der XML-Datei '" +
            xmlFileName + "': " + ex.Message, Application.ProductName,
            MessageBoxButtons.OK, MessageBoxIcon.Error);
        xmlReader.Close();
        return;
    }

    // XmlTextReader schließen
    xmlReader.Close();

    // Alle eingelesenen Personen durchgehen und an der Konsole ausgeben
    foreach (Person p in persons)
    {
        Console.WriteLine("Person {0}", p.Id);
        Console.WriteLine("Vorname: {0}", p.FirstName);
        Console.WriteLine("Nachname: {0}", p.LastName);
        Console.WriteLine("Typ: {0}", p.Type);
        Console.WriteLine();
    }
}
```

Listing 261: Einlesen einer XML-Datei (Forts.)

Abbildung 103 zeigt die Konsolenausgabe des Programms, Abbildung 104 die Meldung beim Einlesen einer XML-Datei mit einem fehlenden Ende-Tag für das first-name-Element.

Abbildung 103: Das Programm zum Einlesen einer XML-Datei in Aktion

Abbildung 104: Fehlermeldung beim Einlesen einer XML-Datei mit einem fehlenden Ende-Tag für das firstname-Element

> **Hinweis:** Entsprechend der XML-Empfehlung des W3C[a] sollten Sie das Lesen einer XML-Datei komplett abbrechen, wenn diese fehlerhaft ist. Nur so genannte wohlgeformte (und damit fehlerfreie) XML-Dateien sollten demnach verarbeitet werden.

a. Das World Wide Web Consortium (W3C, *www.w3c.org*) entwickelt und empfiehlt Technologien und Standards für das Internet, wie z.B. HTML, XML und Cascading Style Sheets

159 XML-Dateien beim Einlesen gegen ein Schema (oder DTD) prüfen

XML-Schemata legen die Struktur einer XML-Datei fest. Unter anderem kann in einem Schema der Datentyp von XML-Elementen festgelegt oder definiert sein, dass und wie oft bestimmte Elemente unterhalb anderer Elemente vorkommen müssen bzw. dürfen.

> **Tipp:** Hervorragende Informationen zu DTDs finden Sie bei den *W3Schools* an der Adresse *www.w3schools.com/dtd/default.asp*, Schemata werden an der Adresse *www.w3schools.com/schema/default.asp* behandelt.

> **XML**

Hinweis: DTD (Document Type Definition) ist eine ältere Sprache zur Definition der Struktur von XML-Dokumenten. XML-Schemata sind die zurzeit aktuelle Variante. Schemata erlauben wesentlich mehr Festlegungen, wie z.B. die Bestimmung des genauen Datentyps von XML-Elementen, was bei DTDs nicht möglich ist. DTDs und Schemata können in XML-Dokumenten eingebettet sein oder in externen Dateien vorliegen. Extern vorliegende Schemata oder DTDs können in einem XML-Dokument über festgelegte XML-Instruktionen mit dem Dokument verbunden werden. Schauen Sie sich die XML-Dateien im Beispiel zum Rezept 160 an, wenn Sie sehen wollen, wie dies in der Praxis aussieht.

Ein Schema für die Personen-XML-Datei aus dem Rezept 158 könnte z.B. folgendermaßen aussehen:

```xml
<?xml version="1.0" standalone="yes" ?>
<xs:schema xmlns:xs="http://www.w3.org/2001/XMLSchema" id="persons">
    <xs:element name="persons">
        <xs:complexType>
            <xs:sequence>
                <xs:element name="person" minOccurs="0" maxOccurs="unbounded">
                    <xs:complexType>
                        <xs:all>
                            <xs:element name="firstname" type="xs:string" />
                            <xs:element name="lastname" type="xs:string" />
                            <xs:element name="type" type="xs:string" />
                        </xs:all>
                        <xs:attribute name="id" type="xs:int" use="required" />
                    </xs:complexType>
                </xs:element>
            </xs:sequence>
        </xs:complexType>
    </xs:element>
</xs:schema>
```

Listing 262: Beispielschema für die Personen-XML-Datei

Das Beispielschema legt fest, dass das Wurzel-Element persons ein komplexer Typ (mit Unterelementen) ist, der beliebig viele person-Elemente enthalten kann. Ein person-Element ist ebenfalls als komplexer Typ definiert, der die Elemente firstname, lastname und type genau ein Mal enthalten muss. Für die einzelnen Unterelemente ist jeweils der Datentyp festgelegt. Schließlich wird noch definiert, dass das Element person ein Attribut besitzen muss, das id heißt und das den (XML-)Typ int besitzt.

Um eine XML-Datei beim Einlesen gegen ein Schema zu prüfen, können Sie wie beim normalen Einlesen (Rezept 158) eine Instanz der Klasse XmlTextReader verwenden. Die Basisklasse XmlReader verwaltet in der Eigenschaft Settings Einstellungen, die beim Lesen berücksichtigt werden sollen. Settings ist vom Typ XmlReaderSettings. Die Eigenschaft ValidationType dieser Klasse bestimmt die Art der Validierung in

Form der Werte der `ValidationType`-Aufzählung. Die einzelnen Werte dieser Aufzählung erläutere ich in Rezept 160. Damit können Sie die eingelesenen Daten gegen ein DTD (Document Type Definition), gegen ein XML-Schema oder einfach nur auf Wohlgeformtheit prüfen. Wenn Sie gegen ein XML-Schema prüfen wollen, übergeben Sie hier den Wert `ValidationType.Schema`.

Ist das Schema nicht in der XML-Datei eingebettet, müssen Sie dieses der `Schemas`-Auflistung des `XmlReaderSettings`-Objekts hinzufügen. Dazu verwenden Sie deren `Add`-Methode, der Sie eine vorhandene `XmlSchemaCollection`-Instanz, ein vorhandenes `XmlSchema`-Objekt, einen `XmlReader` oder einfach nur den Dateinamen oder die URI (z.B. die Webadresse) einer Schemadatei übergeben können. In den letzten beiden Fällen können Sie am ersten Argument einen XML-Namensraum-URI[21] übergeben. Namensräume werden in XML verwendet, um XML-Elemente (die einem bestimmten Namensraum zugeordnet sind) von anderen XML-Elementen (die anderen Namensräumen zugeordnet sind) eindeutig zu unterscheiden. Der Namensraum, den Sie am ersten Argument der Methode `Schemas.Add` übergeben, ist der, der im Attribut `targetNamespace` der Schema-Datei angegeben ist (falls dieses vorhanden ist). Ist ein solcher Ziel-Namensraum angegeben, müssen die Elemente der zu validierenden XML-Datei diesem Namensraum zugeordnet sein. Damit wird sichergestellt, dass ein XML-Schema nur für bestimmte XML-Namensräume verwendet werden kann. Ist dieses Attribut nicht vorhanden, geben Sie einfach `null` an.

Dummerweise referenziert die `Settings`-Eigenschaft einer neu erzeugten `XmlTextReader`-Instanz noch kein `XmlReaderSettings`-Objekt. Sie können also leider nicht einfach eine `XmlTextReader`-Instanz erzeugen und `Settings` initialisieren. Um das Ganze noch ein wenig komplizierter zu machen, bietet die `XmlTextReader`-Klasse auch keine Möglichkeit, ein `XmlReaderSettings`-Objekt im Konstruktor zu übergeben. Lediglich die (von `XmlReader` geerbte) statische `Create`-Methode ermöglicht die Übergabe eines solchen Objekts. Allerdings bietet diese Methode keine Möglichkeit, lediglich den Pfad zur XML-Datei anzugeben. Sie können allerdings u.a. ein `FileStream`-Objekt übergeben, das die XML-Datei repräsentiert. `Create` gibt eine `XmlReader`-Referenz zurück, die Sie nicht nach `XmlTextReader` casten können. Sie können die Daten aber problemlos auch über diese Referenz einlesen und überprüfen.

> **Hinweis**
> Problematisch wird die Verwendung einer `XmlReader`-Instanz zum Validieren eines XML-Dokuments über ein Schema, das (u.U. auch nur teilweise) über das Internet abgerufen wird, auf einem Rechner, der über einen Proxy-Server Verbindung zum Internet erhält. Leider können Sie einer `XmlReader`-Instanz scheinbar keine direkten Informationen für den Proxy-Zugang übergeben. Das Schema kann in diesem Fall nicht eingelesen werden, da Sie weder die Proxy-Adresse noch die Zugangsdaten angeben können. Eine Lösung dieses Problems bietet die `XmlResolver`-Eigenschaft der `XmlReaderSettings`-Klasse, wie ich es in Rezept 160 zeige.

---

21. Ein URI (Uniform Ressource Identifier) identifiziert Ressourcen (HTML-Dokumente, FTP-Dateien, Mailboxen etc.) im Internet. Die Adresse eines HTML-Dokuments oder die Adresse einer Mailbox sind Beispiele für URIs. URLs (Uniform Resource Locator) sind übrigens eine Unterordnung von URIs, die Dateien referenzieren.

>> XML

Wenn Sie nun eine `XmlReader`-Instanz zum Lesen verwenden, erzeugt diese beim Lesen eine Ausnahme vom Typ `XmlException`, wenn die eingelesenen Daten nicht wohlgeformt sind oder nicht dem Schema entsprechen.

> **Hinweis**
>
> Im nächsten Rezept stelle ich eine Klasse zum allgemeinen Validieren von XML-Dokumenten vor. Dort beschreibe ich, dass Sie auch dem `Validation`-Ereignis der `XmlReader`-Instanz eine passende Ereignisbehandlungsmethode zuweisen können. In diesem Fall erzeugt das `XmlReader`-Objekt bei Fehlern im Dokument keine Ausnahme, sondern ruft die zugewiesene Methode auf. Damit können Sie erreichen, dass das Lesen der XML-Datei nicht beim ersten Fehler abgebrochen wird, und somit alle Fehler eines Dokuments auswerten.

Listing 263 setzt einen `XmlReader` ein, um die Datei *Persons..xml* (Listing 260), die im Ordner der Anwendung erwartet wird, einzulesen und dabei gegen die Schema-Datei *Persons.xsd* (Listing 262) zu überprüfen. Zur Vereinfachung des Codes werden die eingelesenen Daten lediglich an der Konsole ausgegeben.

Um die Gültigkeit des Dokuments zu überprüfen, erfolgt das Einlesen in einer Ausnahmebehandlung. Damit später eine Aussage über die Gültigkeit getroffen werden kann, setze ich eine Variable `isValid` ein, die zunächst auf `true` und bei einer Ausnahme auf `false` gesetzt wird. Diese Variable wird am Ende des Einlesens abgefragt.

Das Beispiel erfordert die Referenzierung der Assembly *System.Windows.Forms.dll* und den Import der Namensräume `System`, `System.IO`, `System.Xml`, `System.Xml.Schema` und `System.Windows.Forms`.

```
// Der Dateiname der XML- und der Schema-Datei
string xmlFileName = Path.Combine(Application.StartupPath, "Persons.xml");
string xmlSchemaFileName = Path.Combine(Application.StartupPath,
   "Persons.xsd");

// XmlReaderSettings erzeugen, den
// Validier-Typ auf "Schema" festlegen und
// das Schema ohne Ziel-Namensraum hinzufügen
XmlReaderSettings settings = new XmlReaderSettings();
settings.ValidationType = ValidationType.Schema;
settings.Schemas.Add(null, xmlSchemaFileName);

// XmlReader mit einem neuen XmlTextReader als Basis erzeugen
XmlReader xmlReader = XmlReader.Create(
   new FileStream(xmlFileName, FileMode.Open), settings);

// Merker für die Gültigkeit des Dokuments initialisieren
bool isValid = true;
try
```

Listing 263: Validierendes Einlesen einer XML-Datei

```csharp
{
    // Daten einlesen
    while (xmlReader.Read())
    {
        // Überprüfen, ob der aktuelle Knoten ein Element ist
        if (xmlReader.NodeType == XmlNodeType.Element)
        {
            // Überprüfen, um welches Element es sich handelt, und
            // die eingelesenen Daten entsprechend ausgeben
            if (xmlReader.Name == "person")
            {
                Console.WriteLine();
                Console.WriteLine("Person {0}", xmlReader.GetAttribute("id"));
            }
            else if (xmlReader.Name == "firstname")
            {
                if (xmlReader.MoveToContent() != XmlNodeType.None)
                {
                    Console.WriteLine("Vorname: {0}", xmlReader.ReadString());
                }
            }
            else if (xmlReader.Name == "lastname")
            {
                if (xmlReader.MoveToContent() != XmlNodeType.None)
                {
                    Console.WriteLine("Nachname: {0}", xmlReader.ReadString());
                }
            }
            else if (xmlReader.Name == "type")
            {
                if (xmlReader.MoveToContent() != XmlNodeType.None)
                {
                    Console.WriteLine("Typ: {0}", xmlReader.ReadString());
                }
            }
        }
    }
}
catch (Exception ex)
{
    // Fehler beim Lesen: Fehler ausgeben und Merker für die Gültigkeit des
    // Dokuments zurücksetzen
    Console.WriteLine(ex.Message);
    isValid = false;
}

// XmlValidatingReader schließen
```

Listing 263: Validierendes Einlesen einer XML-Datei (Forts.)

```
xmlReader.Close();

// Ausgeben, ob die Datei gültig ist
Console.WriteLine();
if (isValid)
{
   Console.WriteLine("Die XML-Datei ist gültig");
}
else
{
   Console.WriteLine("Die XML-Datei ist nicht gültig");
}
```

Listing 263: Validierendes Einlesen einer XML-Datei (Forts.)

Abbildung 105: Einlesen einer gültigen XML-Datei

Abbildung 106 zeigt die Meldung des Programms für den Fall, dass das id-Attribut eines person-Elements einen nicht numerischen Wert speichert.

Abbildung 106: Fehlermeldung des Programms beim Einlesen einer Person.xml-Datei mit einem nicht numerischen id-Attribut in einem person-Element

160 XML-Dokumente auf Gültigkeit überprüfen

Basierend auf der im vorhergehenden Rezept verwendeten `XmlReader`-Klasse, die XML-Dateien gegen ein XML-Schema, ein DTD oder einfach nur auf Wohlgeformtheit überprüfen kann, habe ich eine Klasse `XmlValidator` mit den Methoden `ValidateXmlFile` und `ValidateXmlDocument` entwickelt, die eine XML-Datei bzw. ein `XmlDocument`-Objekt (siehe Rezept 161) daraufhin überprüfen, ob diese gültiges XML speichern. Diese Methoden sind folgendermaßen deklariert:

```
public XmlValidatorResult ValidateXmlFile(string xmlFileName,
    ValidationType validationType, string schemaUri)
```

```
public XmlValidatorResult ValidateXmlDocument(XmlDocument xmlDoc,
    ValidationType validationType, string schemaUri)
```

Am ersten Argument erwarten die Methoden den Dateinamen bzw. ein `XmlDocument`-Objekt. Am zweiten Argument definieren Sie den Validiertyp mit Werten der Aufzählung `ValidationType`. Die folgenden Konstanten sind verfügbar:

- `None`: Es wird keine Überprüfung gegen ein Schema oder DTD, sondern lediglich auf Wohlgeformtheit vorgenommen,
- `DTD`: Es wird gegen ein eingebettetes oder externes DTD geprüft,
- `Schema`: Es wird gegen ein eingebettetes oder externes Schema geprüft,
- `XDR`: Es wird gegen ein eingebettetes oder externes XDR-Schema geprüft.

Sie können explizit gegen ein externes Schema (kein DTD![22]) validieren, auf das im Dokument nicht verwiesen wird, indem Sie als Validiertyp `ValidationType.Schema` angeben und den Dateinamen der Schemadatei im letzten Argument übergeben.

Am dritten Argument übergeben Sie dann den URI einer externen Schemadatei, gegen die die Prüfung ausgeführt werden soll.

Falls Sie gegen ein externes Schema validieren, und dieses wird über einen URI aus dem Internet gelesen (was problemlos möglich ist, sofern der Rechner eine Internetverbindung besitzt und der Zugriff auf das Internet für das Programm erlaubt ist), kann es sein, dass der Internetzugang über einen Proxy-Server erfolgt. In diesem Fall müssen Sie zumindest die Proxy-Adresse angeben. Erfordert der Proxy eine Authentifizierung, müssen Sie zudem die Benutzerdaten angeben. Die Klasse besitzt deswegen die Eigenschaften `ProxyAddress`, `ProxyUserName`, `ProxyUserPassword` und `ProxyUserDomain`. Wenn `ProxyAddress` ungleich `null` ist, werden diese Informationen verwendet.

`ValidateXmlFile` und `ValidateXmlDocument` geben einen Wert der (eigenen) Aufzählung `XmlValidatorResult` zurück:

- `XmlValidatorResult.Valid`: Das Dokument ist in Ordnung,
- `XmlValidatorResult.ErrorsExists`: Das Dokument enthält Fehler,

---

22. DTDs müssen über eine <!DOCTYPE-Deklaration in einem XML-Dokument angegeben werden, auch wenn es sich um ein externes DTD handelt. Es ist scheinbar nicht möglich, explizit gegen ein externes DTD zu validieren, das nicht im XML-Dokument deklariert ist.

>> XML

- XmlValidatorResult.WarningsExists: Das Dokument ist prinzipiell in Ordnung, es wurden jedoch Warnungen generiert.

Falls Warnungen generiert wurden oder Fehler aufgetreten sind, können Sie diese aus den Eigenschaften Warnings bzw. Errors auslesen, die beide einfache List-Auflistungen vom Typ string sind. Damit diese Auflistungen zur Verfügung stehen, werden sie im Konstruktor der XmlValidator-Klasse erzeugt.

Zum Kompilieren dieser Klasse müssen Sie die Namensräume System, System.IO, System.Xml, System.Xml.Schema und System.Collections.Generic importieren.

Die Klasse beginnt mit der Deklaration der Eigenschaften.

```
public class XmlValidator
{
   private List<string> errors;
   /* Verwaltet alle beim Validieren aufgetretenen Fehler */
   public List<string> Errors
   {
      get
      {
         return this.errors;
      }
   }

   private List<string> warnings;
   /* Verwaltet alle beim Validieren aufgetretenen Warnungen */
   public List<string> Warnings
   {
      get
      {
         return this.warnings;
      }
   }

   /* Proxy- Informationen*/
   public string ProxyAddress = null;
   public string ProxyUserName = null;
   public string ProxyUserPassword = null;
   public string ProxyUserDomain = null;
```

Listing 264: Die Eigenschaften der XmlValidator-Klasse

Dann folgen der Rückgabetyp der ValidateXml-Methoden und der Konstruktor, der die Warnungs- und die Fehler-Auflistung erzeugt:

```
public enum XmlValidatorResult
```

Listing 265: Der Rückgabetyp der ValidateXml-Methoden und Konstruktor

```
{
   Valid, /* Das Dokument ist gültig */
   ErrorsExists, /* Es sind Fehler aufgetreten */
   WarningsExists /* Es sind Warnungen gemeldet worden */
}

/* Konstruktor */
public XmlValidator()
{
   this.errors = new List<string>();
   this.warnings = new List<string>();
}
```

Listing 265: Der Rückgabetyp der ValidateXml-Methoden und Konstruktor (Forts.)

Wenn Sie an die `ValidationEventHandler`-Eigenschaft des `XmlReaderSettings`-Objekt eine passende Methode hängen, wird beim Auftreten eines Fehlers oder einer Warnung während der Validierung keine Ausnahme generiert, sondern diese Methode aufgerufen. Die `ValidationCallBack`-Methode der `XmlValidator`-Klasse nutzt diese Tatsache um die aufgetretenen Warnungen und Fehler an die `Warnings`- bzw. `Errors`-Auflistung zu hängen:

```
private void ValidationCallBack(object sender, ValidationEventArgs args)
{
   // Fehler bzw. Warnung hinzufügen
   if (args.Severity == XmlSeverityType.Error)
   {
      this.Errors.Add(args.Message);
   }
   else
   {
      this.Warnings.Add(args.Message);
   }
}
```

Listing 266: Behandlungsmethode für das Validation-Ereignis

Falls das Schema-Dokument aus dem Internet geladen wird und der Internetzugang über einen Proxy-Server erfolgt, müssen die Proxy-Informationen ausgewertet werden. Leider scheint es keine Möglichkeit zu geben, dem `XmlReader` oder der `XmlReaderSettings`-Instanz die notwendigen Proxy-Informationen direkt zu übergeben. Dieses Problem können Sie nach meinen Recherchen nur über einen *Resolver*[23] lösen. In unserem Fall handelte sich dabei um eine Instanz einer von der Klasse `XmlUrlResolver` abgeleiteten Klasse. Diese hängen Sie an die `XmlResolver`-Eigenschaft des `XmlReaderSettings`-

---

23. Resolver = Auflöser

Objekts. Der `XmlReader` ruft die Methode `GetEntity` für jedes Dokument auf, das nicht direkt geladen werden kann. Das kann einmal das Schema-Dokument selbst sein, aber auch weitere Dokumente, auf die im Schema-Dokument verwiesen wird[24]. Der Resolver-Methode wird u.a. der URI des zu ladenden Dokuments übergeben. Die Methode muss das Dokument laden und als Stream zurückgeben.

Für unseren Fall habe ich dazu eine Klasse `XmlUrlProxyResolver` implementiert. Neben der genannten Methode besitzt diese Klasse die Eigenschaft `Proxy`, die ein Objekt vom Typ `IWebProxy` verwaltet. Dieses Objekt wird später mit den Proxy-Informationen initialisiert. Die Methode `GetEntity` erzeugt zur Auflösung des Zugriffs-Problems eine Instanz der `WebRequest`-Klasse, initialisiert diese mit der URI des abzurufenden Dokuments und dem Proxy-Objekt, liest den `Response`-Stream ein und gibt diesen zurück.

```
private class XmlUrlProxyResolver : XmlUrlResolver
{
   /* Verwaltet die Proxy-Informationen */
   public IWebProxy Proxy = new WebProxy();

   /* Liefert einen Stream, der die Daten der über das
      Argument absoluteUri definierten Datei enthält */
   public override object GetEntity(Uri absoluteUri, string role,
      Type ofObjectToReturn)
   {
      // Neuen Request erzeugen
      WebRequest request = WebRequest.Create(absoluteUri);

      // Proxy übergeben
      request.Proxy = this.Proxy;

      // Response und Response-Stream holen und zurückgeben
      WebResponse response = request.GetResponse();
      Stream stream = response.GetResponseStream();
      return stream;
   }
}
```

Listing 267: Klasse zur Auflösung von Schema-Lade-Problemen wegen fehlender Proxy-Informationen

Die eigentliche Validierung übernimmt die private Methode `ValidateXml`, die ein `XmlTextReader`-Objekt und die Validierinformationen übergeben bekommt. `ValidateXml` erzeugt zunächst eine `XmlReaderSettings`-Instanz für die Validier-Einstellungen. Nachdem die Validierinformationen in dieses Objekt geschrieben wurden, erzeugt `Validate-`

---

[24] In der Praxis werden Schemata häufig in mehrere Dokumente aufgeteilt, die in das Haupt-Schema-Dokument eingebunden werden.

438 >> XML-Dokumente auf Gültigkeit überprüfen

Xml eine neue Instanz der privaten `XmlUrlProxyResolver`-Klasse, initialisiert diese mit den Proxy-Informationen (falls eine Proxy-Adresse angegeben wurde) und übergibt diese an die Eigenschaft `XmlResolver` der `XmlReaderSettings`-Instanz. Nachdem die `ValidationCallBack`-Methode an die Eigenschaft `ValidationEventHandler` gehängt wurde, erzeugt `ValidateXml` einen `XmlReader` und liest die Daten sequenziell ein um diese zu überprüfen. Nach dem Einlesen werden die `Warnings`- und die `Errors`-Auflistung überprüft, um zu entscheiden, welches Ergebnis zurückgegeben werden soll.

```
private XmlValidatorResult ValidateXml(XmlTextReader textReader,
    ValidationType validationType, string schemaUri)
{
    // Eventuelle alte Fehler und Warnungen löschen
    this.errors.Clear();
    this.warnings.Clear();

    // XmlReaderSettings erzeugen und den Validier-Typ festlegen
    XmlReaderSettings settings = new XmlReaderSettings();
    settings.ValidationType = validationType;

    // Das externe Schema hinzufügen, wenn ein Dateiname angegeben wurde
    if (schemaUri != null)
    {
        try
        {
            settings.Schemas.Add(null, schemaUri);
        }
        catch (Exception ex)
        {
            throw new XmlException("Fehler beim Hinzufügen des externen " +
                "Schemas ': " + schemaUri + "'' " + ex.Message, ex);
        }
    }

    // Proxy-Informationen über die eigene Resolver-Klasse übergeben
    if (this.ProxyAddress != null)
    {
        XmlUrlProxyResolver resolver = new XmlUrlProxyResolver();
        ICredentials credentials = new NetworkCredential(this.ProxyUserName,
            this.ProxyUserPassword, this.ProxyUserDomain);
        resolver.Proxy = new WebProxy(this.ProxyAddress, true, new
            string[] { }, credentials);
        settings.XmlResolver = resolver;
    }

    // Delegate mit der Methode für das Validation-Ereignis übergeben
    settings.ValidationEventHandler += this.ValidationCallBack;
```

Listing 268: Die private Methode, die die Validierung vornimmt

```csharp
        // XmlReader mit dem übergebenen XmlTextReader erzeugen
        XmlReader xmlReader = null;
        try
        {
            // XmlReader erzeugen
            xmlReader = XmlReader.Create(textReader, settings);
        }
        catch (XmlException ex)
        {
            throw new XmlException("Fehler beim Einlesen der XML-Datei: " +
                ex.Message, ex);
        }

        // Daten einlesen und validieren
        try
        {
            while (xmlReader.Read())
            {
            }
        }
        catch (Exception ex)
        {
            this.Errors.Add(ex.Message);
        }

        // Ergebnis zurückgeben
        if (this.Errors.Count == 0 && this.Warnings.Count == 0)
        {
            return XmlValidatorResult.Valid;
        }
        else if (this.Errors.Count == 0)
        {
            return XmlValidatorResult.WarningsExists;
        }
        else
        {
            return XmlValidatorResult.ErrorsExists;
        }
    }
```

Listing 268: Die private Methode, die die Validierung vornimmt (Forts.)

Für den Fall, dass ein externes DTD oder Schema oder die XML-Datei nicht gelesen werden kann, erzeugt `ValidateXml` Ausnahmen vom Typ `XmlException`. Damit ist sichergestellt, dass die Validierung nur dann ausgeführt wird, wenn alle verbundenen Dokumente vorhanden bzw. bei den DTD- und Schema-Dokumenten auch gültig sind.

440 >> XML-Dokumente auf Gültigkeit überprüfen

Die öffentliche Methode `ValidateXmlFile` erzeugt nun einfach ein `XmlTextReader`-Objekt über den übergebenen Dateinamen und ruft damit `ValidateXml` auf.

```
public XmlValidatorResult ValidateXmlFile(string xmlFileName,
    ValidationType validationType, string schemaUri)
{
    // XmlTextReader erzeugen und damit ValidateXml aufrufen
    return ValidateXml(new XmlTextReader(xmlFileName),
        validationType, schemaUri);
}
```

Listing 269: Öffentliche Methode zum Validieren einer XML-Datei

Die ebenfalls öffentliche Methode `ValidateXmlDocument`, mit der die Klasse `XmlValidator` endet, ist ein wenig komplexer (und etwas »tricky« ☺). Um aus dem übergebenen `XmlDocument`-Objekt ein `XmlTextReader`-Objekt zu erhalten, erzeugt `ValidateXmlDocument` zunächst mit Hilfe der `Save`-Methode des `XmlDocument`-Objekts einen `MemoryStream`. Dieser Stream wird dann als Basis für das `XmlTextReader`-Objekt verwendet. Dabei ist es wichtig, dass der Stream jeweils auf die Anfangsposition gesetzt wird, da die aktuelle Position nach dem Schreiben und nach dem Erzeugen des `XmlTextReader`-Objekts auf dem Ende des Stream steht und das `XmlTextReader`-Objekt in diesem Fall die Daten nicht lesen könnte (was zu einer Ausnahme mit der nicht gerade aussagefähigen Meldung »Systemfehler« führen würde). `ValidateXmlDocument` ruft deshalb jeweils die `Seek`-Methode des Stream auf um diesen an die Anfangsposition zu setzen. Mit dem erzeugten `XmlTextReader`-Objekt ruft `ValidateXmlDocument` dann nur noch `ValidateXml` auf.

```
public XmlValidatorResult ValidateXmlDocument(XmlDocument xmlDoc,
    ValidationType validationType, string schemaUri)
{
    // MemoryStream aus dem Xml-Dokument erzeugen
    MemoryStream xmlStream = new MemoryStream();
    xmlDoc.Save(xmlStream);
    xmlStream.Seek(0, SeekOrigin.Begin);

    // Mit dem MemoryStream eine XmlTextReader-Instanz erzeugen
    XmlTextReader xmlTextReader = new XmlTextReader(xmlStream);
    xmlStream.Seek(0, SeekOrigin.Begin);

    return ValidateXml(xmlTextReader, validationType, schemaUri);
    }
}
```

Listing 270: Öffentliche Methode zum Validieren eines XML-Dokuments

Das folgende Listing zeigt eine beispielhafte Anwendung der Klasse XmlValidator, bei der die XML-Datei *Person.xml* gegen ein externes Schema *Person.xsd* geprüft wird. Das Schema wird von einer Internetadresse geladen. Proxy-Informationen werden hier nicht angegeben, sind aber für den Fall, dass Sie diese angeben müssen, auskommentiert.

Das Programm benötigt die Referenzierung der Assembly *System.Windows.Forms.dll* und den Import der Namensräume System, System.IO, System.Xml, System.Collections und System.Windows.Forms.

```
string xmlFilename = Path.Combine(Application.StartupPath, "Persons.xml");
string schemaUri = "http://www.juergen-bayer.net/buecher/csharpcodebook2/" +
   "daten/Persons.xsd";
//string schemaUri = Path.Combine(Application.StartupPath, "Persons.xsd");

// XmlValidator erzeugen
XmlValidator xmlValidator = new XmlValidator();
XmlValidator.XmlValidatorResult result;

// Proxy-Informationen übergeben
//xmlValidator.ProxyAddress = "10.0.0.1";
//xmlValidator.ProxyUserName = "user";
//xmlValidator.ProxyUserPassword = "password";

try
{
   result = xmlValidator.ValidateXmlFile(xmlFilename,
      ValidationType.Schema, schemaUri);
}
catch (XmlException ex)
{
   Console.WriteLine(ex.Message);
   return;
}

switch (result)
{
   case XmlValidator.XmlValidatorResult.Valid:
      Console.WriteLine("Das XML-Dokument ist valide.");
      break;

   case XmlValidator.XmlValidatorResult.WarningsExists:
      Console.WriteLine("Das XML-Dokument ist valide, " +
         "es wurden aber Warnungen gemeldet:");
      for (int i = 0; i < xmlValidator.Warnings.Count; i++)
```

Listing 271: Prüfen einer XML-Datei gegen ein externes Schema über die Klasse XmlValidator

```
         {
            Console.WriteLine("\r\n* " + xmlValidator.Warnings[i].ToString());
         }
         break;

      case XmlValidator.XmlValidatorResult.ErrorsExists:
         Console.WriteLine("Das XML-Dokument ist nicht valide.");
         // Fehler ausgeben
         Console.WriteLine("Die folgenden Fehler wurden gefunden:");
         for (int i = 0; i < xmlValidator.Errors.Count; i++)
         {
            Console.WriteLine("\r\n* " + xmlValidator.Errors[i].ToString());
         }
         // Überprüfen, ob Warnungen vorhanden sind, und diese ebenfalls
         // ausgeben
         if (xmlValidator.Warnings.Count > 0)
         {
            Console.WriteLine("Die folgenden Warnungen wurden gemeldet:");
            for (int i = 0; i < xmlValidator.Warnings.Count; i++)
            {
               Console.WriteLine("\r\n* " +
                  xmlValidator.Warnings[i].ToString());
            }
         }
         break;
}
```

Listing 271: Prüfen einer XML-Datei gegen ein externes Schema über die Klasse XmlValidator (Forts.)

Wird die XML-Datei in Listing 272 (die einige Fehler enthält) gegen das Schema in Listing 262 geprüft, resultiert die Ausgabe des Programms in Abbildung 107.

```
<?xml version="1.0" encoding="utf-8"?>
<persons>
   <person id="1000">
      <firstname>Zaphod</firstname>
      <lastname>Beeblebrox</lastname>
      <!-- Type fehlt -->
   </person>
   <person id="abc"> <!-- id ist nicht numerisch -->
      <!-- firstname fehlt -->
      <lastname>Prefect</lastname>
      <type>Alien</type>
   </person>
   <person id="1002">
```

Listing 272: Eine ungültige XML-Datei

```xml
        <firstname>Tricia</firstname>
        <!-- lastname fehlt -->
        <type>Earthling</type>
    </person>
    <person id="1003">
        <firstname>Arthur</firstname>
        <lastname>Dent</lastname>
        <type>Earthling</type>
    </person>
</persons>
```

Listing 272: Eine ungültige XML-Datei (Forts.)

```
XML-Dokumente auf Gültigkeit überprüfen                    _ □ X
Das XML-Dokument ist nicht valide.
Die folgenden Fehler wurden gefunden:

* Der Inhalt des Elements 'person' ist unvollständig. Erwartet wurde die Liste d
er möglichen Elemente: 'type'.

* Das 'id'-Attribut ist ungültig - Der Wert 'abc' ist gemäß seinem Datentyp 'htt
p://www.w3.org/2001/XMLSchema:int' ungültig - Die Zeichenfolge 'abc' kein gültig
er Int32-Wert..

* Das Element 'person' hat ein ungültiges untergeordnetes Element 'lastname'. Er
wartet wurde die Liste möglicher Elemente: 'firstname'.

* Das Element 'person' hat ein ungültiges untergeordnetes Element 'type'. Erwart
et wurde die Liste möglicher Elemente: 'lastname'.
```

Abbildung 107: Das Beispielprogramm meldet Fehler in der XML-Datei

161 XML-Dateien über das DOM lesen

Wenn Sie beim Einlesen von XML-Dateien gezielt auf einzelne Elemente zugreifen und dabei vermeiden wollen, das gesamte Dokument sequenziell durchgehen zu müssen, können Sie ein `XmlDocument`-Objekt zum Lesen verwenden. Ein solches Objekt erlaubt über verschiedene Methoden den wahlfreien lesenden und schreibenden Zugriff auf ein XML-Dokument.

Die `XmlDocument`-Klasse implementiert das *DOM* (Document Object Model) des *W3C*. Das *World Wide Web Consortium* (*www.w3c.org*) entwickelt und empfiehlt Technologien und Standards für das Internet, wie z.B. HTML, Cascading Style Sheets, XML und eben das DOM.

Das DOM legt einen Satz an Klassen und deren Methoden und Eigenschaften fest, die ein XML-Dokument im Arbeitsspeicher repräsentieren und über die dieses Dokument gelesen und bearbeitet werden kann. Über diese Klassen können Sie ein XML-Dokument sehr flexibel bearbeiten. Das Lesen und Schreiben verbraucht aber im Vergleich zum SAX-ähnlichen Lesen mit einem `XmlTextReader`-Objekt (das ich im Rezept 158 beschrieben habe) und zum Schreiben mit einer `XmlTextWriter`-Instanz wesentlich mehr Arbeitsspeicher, da das XML-Dokument komplett in den Speicher gelesen und dort verarbeitet wird. Das sequenzielle Lesen eines XML-Dokuments ist über das

DOM auch langsamer als mit den SAX-ähnlichen Klassen. Dafür können Sie gezielt auf XML-Elemente zugreifen, diese lesen, aktualisieren, löschen und neue Elemente hinzufügen.

Bevor ich in den Rezepten 163 bis 165 auf das gezielte Lesen, Erstellen und Verändern eines XML-Dokuments über das DOM eingehe, zeige ich zunächst, wie Sie XML-Daten quasi-sequenziell einlesen.

Die zum Lesen eines kompletten XML-Dokuments oder eines Teilbereichs daraus wichtigste Methode ist GetElementsByTagName. Dieser Methode übergeben Sie den Namen eines XML-Tags und erhalten eine XmlNodeList-Auflistung mit Referenzen auf XmlNode-Objekte zurück, die die XML-Elemente mit dem angegebenen Namen repräsentieren. Für unser XML-Beispiel aus dem Rezept 158 rufe ich in Listing 273 GetElementsByTagName für den person-Tag auf um alle Elemente zu erhalten, die Personendaten speichern.

Die XmlNode-Klasse, deren Instanzen je einen XML-Knoten repräsentieren, ist die wichtigste Klasse des DOM. Zahlreiche Eigenschaften und Methoden erlauben das flexible Arbeiten mit einem Knoten. Die Eigenschaft ChildNodes liefert z.B. Referenzen auf alle untergeordneten Knoten in Form einer XmlNodeList-Auflistung, die Eigenschaft FirstChild repräsentiert den ersten Unterknoten (falls ein solcher existiert). Die XmlDocument-Klasse ist selbst von der XmlNode-Klasse abgeleitet, sodass ein XML-Dokument auch gleichzeitig ein XML-Knoten ist.

Über die Attributes-Eigenschaft eines XmlNode-Objekts erhalten Sie Zugriff auf die Attribute eines Knotens. Als Index können Sie neben einem int-Wert auch den Namen des Attributs übergeben. Die SelectSingleNode-Methode ermöglicht die gezielte Auswahl eines Unterknotens. Dazu übergeben Sie einen XPath-Ausdruck (XPath wird zum Navigieren in einem XML-Dokument verwendet). Im einfachsten Fall entspricht dieser Ausdruck dem Namen des Unterknotens. Im Erfolgsfall liefert diese Methode ein XmlNode-Objekt zurück, das den Unterknoten repräsentiert. Wird kein Unterknoten gefunden, erhalten Sie null zurück. Für unser Beispiel rufe ich diese Methode unter Übergabe der Tagnamen für die Unterknoten des person-Elements auf, um die Eigenschaften einer Person gezielt einzulesen. Den in einem Knoten gespeicherten Text lese ich dann über die Eigenschaft InnerText ein.

Das Beispiel aus dem Rezept 158, das die Personen-XML-Datei in eine List-Auflistung von Person-Objekten einliest, sieht mit dem DOM programmiert so aus wie in Listing 273.

Das Programm benötigt die Referenzierung der Assembly *System.Windows.Forms.dll* und den Import der Namensräume System, System.IO, System.Xml, System.Collections.Generic und System.Windows.Forms.

```
/* Klasse zur Speicherung der Daten einer Person */
class Person
{
```

Listing 273: Quasi-sequenzielles Einlesen einer XML-Datei über das DOM

```csharp
   public string Id;
   public string FirstName;
   public string LastName;
   public string Type;
}

/* Start-Klasse */
class Program
{
   [STAThread]
   static void Main(string[] args)
   {
      Console.Title = "XML-Dateien über das DOM lesen";

      // Der Dateiname
      string xmlFileName = Path.Combine(Application.StartupPath,
         "Persons.xml");

      // XmlDocument-Instanz erzeugen
      XmlDocument xmlDoc = new XmlDocument();

      // Auflistung für die Personen erzeugen
      List<Person> persons = new List<Person>();

      // XML-Datei laden
      try
      {
         xmlDoc.Load(xmlFileName);
      }
      catch (Exception ex)
      {
         MessageBox.Show("Fehler beim Einlesen der XML-Datei '" +
            xmlFileName + "': " + ex.Message, Application.ProductName,
            MessageBoxButtons.OK, MessageBoxIcon.Error);
         return;
      }

      // Alle person-Elemente einlesen und durchgehen
      XmlNodeList personNodeList = xmlDoc.GetElementsByTagName("person");
      for (int i = 0; i < personNodeList.Count; i++)
      {
         // Neue Person erzeugen und in der Auflistung ablegen
         Person person = new Person();
         persons.Add(person);

         // Das Attribut id einlesen
         XmlAttribute xmlAttribute = personNodeList[i].Attributes["id"];
```

Listing 273: Quasi-sequenzielles Einlesen einer XML-Datei über das DOM (Forts.)

```
            if (xmlAttribute != null)
            {
               person.Id = xmlAttribute.InnerText;
            }

            // firstname-Element suchen und speichern
            XmlNode xmlNode = personNodeList[i].SelectSingleNode("firstname");
            if (xmlNode != null)
            {
               person.FirstName = xmlNode.InnerText;
            }

            // lastname-Element suchen und speichern
            xmlNode = personNodeList[i].SelectSingleNode("lastname");
            if (xmlNode != null)
            {
               person.LastName = xmlNode.InnerText;
            }

            // type-Element suchen und speichern
            xmlNode = personNodeList[i].SelectSingleNode("type");
            if (xmlNode != null)
            {
               person.Type = xmlNode.InnerText;
            }
         }

         // Alle eingelesenen Personen durchgehen und an der Konsole ausgeben
         foreach (Person p in persons)
         {
            Console.WriteLine("Person {0}", p.Id);
            Console.WriteLine("Vorname: {0}", p.FirstName);
            Console.WriteLine("Nachname: {0}", p.LastName);
            Console.WriteLine("Typ: {0}", p.Type);
            Console.WriteLine();
         }
      }
   }
}
```

Listing 273: Quasi-sequenzielles Einlesen einer XML-Datei über das DOM (Forts.)

> **Hinweis:** Sie sollten beachten, dass das in diesem Rezept vorgestellte Einlesen über ein `XmlDocument`-Objekt die XML-Daten nicht gegen ein eingebettetes oder externes DTD oder Schema überprüft. Um dies zu erreichen, lesen Sie das Rezept 162.

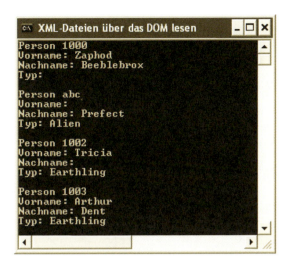

Abbildung 108: Die eingelesene XML-Datei

162 XML-Dateien validierend über das DOM lesen

Im vorhergehenden Rezept wurden die XML-Daten über ein XmlDocument-Objekt so eingelesen, dass keine Validierung gegenüber einem eventuell vorhandenen DTD oder Schema erfolgt. Um dies zu erreichen, müssen Sie der Load-Methode des Xml-Document-Objekts ein XmlReader-Objekt übergeben, das Sie zuvor entsprechend der gewünschten Validierung initialisieren (vergleichen Sie hierzu das Rezept 160). Load erzeugt eine Ausnahme vom Typ XmlException, wenn die eingelesenen Daten nicht dem Schema bzw. DTD entsprechen.

Das folgende Listing liest die Datei *Persons.xml* (Listing 260 in Rezept 158) über ein XmlDocument-Objekt ein. Über eine XmlValidatingReader-Instanz wird das Dokument dabei gegen das externe Schema *Persons.xsd* (Listing 262 in Rezept 159) validiert. Aus Vereinfachungsgründen werden die eingelesenen Daten lediglich an der Konsole ausgegeben.

Zum Kompilieren des Programms müssen Sie die Assembly *System.Windows.Forms.dll* referenzieren und die Namensräume System, System.IO, System.Xml und System.Windows.Forms importieren.

```
// Der Dateiname der XML-Datei und der Schema-Datei
string xmlFileName = Path.Combine(
   Application.StartupPath, "Persons.xml");
string xsdFileName = Path.Combine(
   Application.StartupPath, "Persons.xsd");

// XmlDocument-Instanz erzeugen
XmlDocument xmlDoc = new XmlDocument();
```

Listing 274: Validierendes Einlesen einer XML-Datei über das DOM

```csharp
// XML-Datei laden
try
{
   // XmlReader zum validierenden Lesen erzeugen
   // und initialisieren
   XmlReaderSettings settings = new XmlReaderSettings();
   settings.ValidationType = ValidationType.Schema;
   settings.Schemas.Add(null, xsdFileName);
   XmlReader xmlReader =
      XmlReader.Create(new XmlTextReader(xmlFileName), settings);

   // XmlReader zum Laden des Dokuments verwenden
   xmlDoc.Load(xmlReader);
}
catch (Exception ex)
{
   Console.WriteLine("Fehler beim Einlesen der XML-Datei: " +
      ex.Message);
   Console.ReadLine();
   return;
}

// Alle person-Elemente einlesen und durchgehen
XmlNodeList personNodeList = xmlDoc.GetElementsByTagName("person");
for (int i = 0; i < personNodeList.Count; i++)
{
   Console.WriteLine("\r\nPerson");

   // Das Attribut id einlesen
   XmlAttribute xmlAttribute = personNodeList[i].Attributes["id"];
   if (xmlAttribute != null)
   {
      Console.WriteLine("Id: {0}", xmlAttribute.InnerText);
   }

   // firstname-Element suchen
   XmlNode xmlNode = personNodeList[i].SelectSingleNode("firstname");
   if (xmlNode != null)
   {
      Console.WriteLine("Vorname: {0}", xmlNode.InnerText);
   }

   // lastname-Element suchen
   xmlNode = personNodeList[i].SelectSingleNode("lastname");
   if (xmlNode != null)
   {
```

Listing 274: Validierendes Einlesen einer XML-Datei über das DOM (Forts.)

```
        Console.WriteLine("Nachname: {0} ", xmlNode.InnerText);
    }

    // type-Element suchen
    xmlNode = personNodeList[i].SelectSingleNode("type");
    if (xmlNode != null)
    {
        Console.WriteLine("Typ: {0}", xmlNode.InnerText);
    }
}
```

Listing 274: Validierendes Einlesen einer XML-Datei über das DOM (Forts.)

> **Hinweis**
> In diesem Beispiel wird das Programm abgebrochen, sobald nur ein Fehler auftritt. Sie können jedoch auch über die Zuweisung einer Ereignisbehandlungsmethode an die Eigenschaft `ValidationEventHandler` des `XmlReaderSettings`-Objekts erreichen, dass keine Ausnahme generiert, sondern für jeden Fehler diese Methode aufgerufen wird. Damit können Sie (mit ein wenig Programmierung ☺) auch alle Fehler auswerten. Vergleichen Sie dazu das Rezept 160.

Abbildung 109 zeigt die Meldung des Programms für den Fall, dass in einem `person`-Element im Attribut `id` ein nicht numerischer Wert gespeichert ist. In der Schema-Datei (siehe Rezept 159) ist dieses Attribut als `int`-Wert definiert.

Abbildung 109: Fehlermeldung des Beispielprogramms beim Einlesen einer ungültigen XML-Datei

163 Gezielt über XPath auf Elemente in einem XML-Dokument ohne Namensraum zugreifen

Das DOM (siehe Rezept 161) ermöglicht in Form der `XmlDocument`-Klasse über die Methoden `SelectNodes` (mehrere Knoten lesen) und `SelectSingleNode` (einen Knoten lesen) über einen XPath-Ausdruck, den Sie diesen Methoden übergeben, gezielt auf einzelne Elemente eines XML-Dokuments zuzugreifen. XPath ist vom W3C als Sprache zur Adressierung von Teilen eines XML-Dokuments vorgesehen. XPath ist recht komplex und erlaubt eine sehr flexible Adressierung in einem XML-Dokument. Die Empfehlung des W3C finden Sie an der Adresse *www.w3.org/TR/xpath*. Eine sehr gute Einführung zu XPath finden Sie an der Adresse *www.w3schools.com/xpath/default.asp*.

XPath-Zugriff ohne Namensraum

Um auf ein Element in einem XML-Dokument ohne Zuordnung der Elemente zu einem Namensraum zuzugreifen, können Sie einen einfachen XPath-Ausdruck verwenden. Ein solcher setzt sich zusammen aus hierarchisch geordneten Element-Namen, die jeweils durch einen Schrägstrich voneinander getrennt werden. Ein Schrägstrich am Anfang bezeichnet das Wurzelelement. Um auf alle person-Elemente der XML-Datei aus dem Rezept 158 zuzugreifen, würde der XPath-Ausdruck folgendermaßen aussehen:

/persons/person

Zum Einlesen aller firstname-Knoten würden Sie den folgenden XPath-Ausdruck verwenden:

/persons/person/firstname

Das Einlesen der Vornamen aller im Dokument gespeicherten Personen würde also z.B. so aussehen:

```
XmlDocument xmlDoc = new XmlDocument();
xmlDoc.Load(xmlFileName);

XmlNodeList xmlNodeList = xmlDoc.SelectNodes("/persons/person/firstname");
if (xmlNodeList != null)
{
   for (int i = 0; i < xmlNodeList.Count; i++)
   {
      Console.WriteLine(xmlNodeList[i].InnerText);
   }
}
```

Listing 275: Suchen aller XML-Unterknoten mit einem bestimmten Namen

Das Programm erfordert den Import der Namensräume System und System.Xml.

Wenn Sie gezielt auf ein Element mit einem bestimmten Attributwert zugreifen wollen, erweitern Sie den XPath-Ausdruck um einen *Knotentest* mit der Angabe des Attributnamens und des Werts des Attributs in der folgenden Form:

[attribute::*Name*='*Wert*']

Zum Einlesen der Person mit der Id 1001 verwenden Sie dann z.B. den folgenden Programmcode:

```
XmlNode xmlNode =
   xmlDoc.SelectSingleNode("/persons/person[attribute::id='1001']");
if (xmlNode != null)
{
   // Knoten für die Person mit der Id 1001 gefunden
}
```

Listing 276: Suchen eines XML-Knotens über einen Attributwert

Suchen Sie nach Knoten, deren Unterknoten einen bestimmten Wert speichern, erweitern Sie den XPath-Ausdruck um einen Knotentest in der folgenden Form:

`[Name='Wert']`

Wenn Sie z.B. alle Personen einlesen wollen, deren Typ *Alien* ist, können Sie den folgenden Programmcode verwenden:

```
xmlNodeList = xmlDoc.SelectNodes("/persons/person[type='Alien']");
if (xmlNodeList != null)
{
    // Passende person-Knoten wurden gefunden:
    // Alle gefundenen Personen durchgehen
    for (int i = 0; i < xmlNodeList.Count; i++)
    {
        // Daten der Person einlesen und verarbeiten
    }
}
```

Listing 277: Suchen mehrerer XML-Knoten über den Wert des Inhalts eines Unterknotens

Das Programm in Listing 278 setzt dieses Wissen um. Es ermittelt zunächst alle in der XML-Datei gespeicherten Vornamen, liest dann die Daten der Person mit der Id 1001 ein und geht schließlich alle Personen durch, deren Typ *Alien* ist.

Zum Kompilieren des Beispiels müssen Sie die Assembly *System.Windows.Forms.dll* referenzieren und die Namensräume System, System.Xml, System.IO, System.Collections und System.Windows.Forms importieren.

```
// Der Dateiname
string xmlFileName = Path.Combine(Application.StartupPath, "Persons.xml");

// XmlDocument-Instanz erzeugen
XmlDocument xmlDoc = new XmlDocument();

// XML-Datei laden
try
{
    xmlDoc.Load(xmlFileName);
}
catch (Exception ex)
{
    MessageBox.Show("Fehler beim Einlesen der XML-Datei '" +
        xmlFileName + "': " + ex.Message, Application.ProductName,
        MessageBoxButtons.OK, MessageBoxIcon.Error);
    return;
```

Listing 278: Gezieltes Zugreifen auf Teile eines XML-Dokuments über XPath

XPath-Zugriff ohne Namensraum

```csharp
}

// Einlesen aller Vornamen
XmlNodeList xmlNodeList = xmlDoc.SelectNodes("/persons/person/firstname");
if (xmlNodeList != null)
{
   for (int i = 0; i < xmlNodeList.Count; i++)
      Console.WriteLine(xmlNodeList[i].InnerText);
}

// Die Person mit der Id 1001 suchen
XmlNode xmlNode = xmlDoc.SelectSingleNode("/persons/
person[attribute::id='1001']");
if (xmlNode != null)
{
   // Der passende person-Knoten wurde gefunden
   // Das Attribut id einlesen
   XmlAttribute xmlAttribute = xmlNode.Attributes["id"];
   string id = null;
   if (xmlAttribute != null)
   {
      id = xmlAttribute.InnerText;
   }

   // firstname-Element suchen
   XmlNode xmlSubNode = xmlNode.SelectSingleNode("firstname");
   string firstName = null;
   if (xmlSubNode != null)
   {
      firstName = xmlSubNode.InnerText;
   }

   // lastname-Element suchen
   xmlSubNode = xmlNode.SelectSingleNode("lastname");
   string lastName = null;
   if (xmlSubNode != null)
   {
      lastName = xmlSubNode.InnerText;
   }

   // type-Element suchen
   string type = null;
   xmlSubNode = xmlNode.SelectSingleNode("type");
   if (xmlSubNode != null)
   {
      type = xmlSubNode.InnerText;
   }
```

Listing 278: Gezieltes Zugreifen auf Teile eines XML-Dokuments über XPath (Forts.)

```csharp
    // Daten der Person ausgeben
    Console.WriteLine();
    Console.WriteLine("Person {0}", id);
    Console.WriteLine("Vorname: {0}", firstName);
    Console.WriteLine("Nachname: {0}", lastName);
    Console.WriteLine("Typ: {0}", type);
}
else
{
    MessageBox.Show("Person mit der Id 1001 nicht gefunden.",
        Application.ProductName, MessageBoxButtons.OK,
        MessageBoxIcon.Exclamation);
}

// Personen mit Typ = Alien suchen
xmlNodeList = xmlDoc.SelectNodes("/persons/person[type='Alien']");
if (xmlNodeList != null)
{
    // Passende person-Knoten wurden gefunden:
    // Alle gefundenen Personen durchgehen
    for (int i = 0; i < xmlNodeList.Count; i++)
    {
        // Das Attribut id einlesen
        XmlAttribute xmlAttribute = xmlNodeList[i].Attributes["id"];
        string id = null;
        if (xmlAttribute != null)
            id = xmlAttribute.InnerText;

        // firstname-Element suchen
        XmlNode xmlSubNode =
            xmlNodeList[i].SelectSingleNode("firstname");
        string firstName = null;
        if (xmlSubNode != null)
            firstName = xmlSubNode.InnerText;

        // lastname-Element suchen
        xmlSubNode = xmlNodeList[i].SelectSingleNode("lastname");
        string lastName = null;
        if (xmlSubNode != null)
            lastName = xmlSubNode.InnerText;

        // type-Element suchen
        string type = null;
        xmlSubNode = xmlNodeList[i].SelectSingleNode("type");
        if (xmlSubNode != null)
            type = xmlSubNode.InnerText;
```

Listing 278: Gezieltes Zugreifen auf Teile eines XML-Dokuments über XPath (Forts.)

```
        // Daten der Person ausgeben
        Console.WriteLine();
        Console.WriteLine("Person {0}", id);
        Console.WriteLine("Vorname: {0}", firstName);
        Console.WriteLine("Nachname: {0}", lastName);
        Console.WriteLine("Typ: {0}", type);
     }
  }
  else
  {
     MessageBox.Show("Keine Aliens gefunden.", Application.ProductName,
        MessageBoxButtons.OK, MessageBoxIcon.Exclamation);
  }
```

Listing 278: Gezieltes Zugreifen auf Teile eines XML-Dokuments über XPath (Forts.)

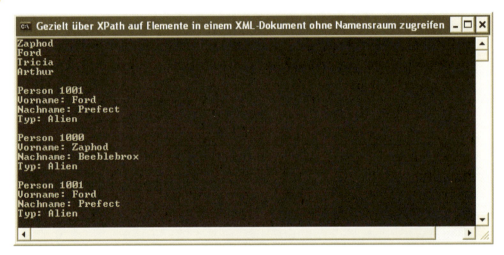

Abbildung 110: Das Beispielprogramm in Aktion

> **Hinweis**
> Zum Suchen von Daten in einem XML-Dokument könnten Sie auch noch neben der hier beschriebenen Variante die Methode `GetElementById` verwenden, der Sie die *Id* eines Elements übergeben. Problematisch daran ist nur, dass innerhalb des Schemas oder des DTDs des XML-Dokuments festgelegt sein muss, welche Attribute überhaupt den Typ *Id* besitzen. Dazu reicht es nicht aus, dass Sie ein Attribut einfach nur *id* nennen. Weiterhin ist es problematisch, wenn mehrere Knoten (unterschiedlicher Ebenen) denselben Id-Wert speichern. `GetElementById` gibt dann den ersten Knoten mit der angegebenen Id zurück. Für die Praxis ist die Suche über XPath also wesentlich einfacher und flexibler.

164 Gezielt über XPath auf Elemente in einem XML-Dokument mit Namensraum zugreifen

Etwas komplizierter als der Zugriff auf XML-Elemente in Dokumenten ohne Namensraum (siehe Rezept 163) wird die Suche, wenn die gesuchten Elemente innerhalb der XML-Datei einem XML-Namensraum zugeordnet sind.

> **Exkurs**
>
> XML-Namensräume haben eine ähnliche Bedeutung wie die Namensräume in Dotnet: Sie trennen Elemente auf einer übergeordneten Ebene voneinander. Ein Element a, das dem Namensraum x zugeordnet ist, ist ein vollkommen anderes Element als ein Element a, das dem Namensraum y zugeordnet ist. Bedeutung haben XML-Namensräume beim Zusammenführen von verschiedenen XML-Dokumenten. Dabei kann es vorkommen, dass beide Dokumente auf derselben Ebene gleichnamige Elemente beinhalten. Gehören diese unterschiedlichen Namensräumen an, ist das aber kein Problem, da die Elemente über ihren Namensraum adressiert werden.
>
> XML-Namensräume können alles Mögliche sein. In der Praxis werden häufig URIs und GUIDs verwendet. URIs müssen dabei nicht auf eine wirklich existierende Ressource im Internet verweisen, sondern können vollkommen fiktiv sein.
>
> Zum Hinzufügen von Namensräumen gibt es zwei Möglichkeiten: Die einfachste ist, einem übergeordneten Element (in der Regel ist das das Root-Element) über das xmlns-Attribut einen Namensraum zuzuordnen:
>
> ```xml
> <?xml version="1.0" encoding="utf-8" standalone="yes"?>
> <persons xmlns="http://www.addison-wesley.de/codebook">
>     <person id="1000">
>         ...
>     </person>
> </persons>
> ```
>
> In diesem Fall werden alle untergeordneten Elemente automatisch ebenfalls dem angegebenen Namensraum zugeordnet. Das person-Element im Beispiel gehört also genau wie das persons-Element dem Namensraum *http://www.addison-wesley.de/codebook* an.
>
> Die andere Möglichkeit ist, bei der Deklaration des Namensraums einen Präfix anzugeben und mit diesem alle Elemente zu kennzeichnen, die dem Namensraum zugeordnet werden sollen:
>
> ```xml
> <?xml version="1.0" encoding="utf-8" standalone="yes"?>
> <awc:persons xmlns:awc="http://www.addison-wesley.de/codebook">
>     <awc: person id="1000">
>         ...
>     </awc: person>
> </awc:persons>
> ```

XPath-Zugriff mit Namensraum

> Diese Variante ist deutlich schwieriger und fehleranfälliger und sollte nur dann angewendet werden, wenn in einem XML-Dokument mit mehreren Namensräumen gearbeitet wird. Ein typischer Fehler wäre z.B. untergeordnete Elemente nicht mit dem Präfix zu versehen:
>
> ```xml
> <?xml version="1.0" encoding="utf-8" standalone="yes"?>
> <awc:persons xmlns:awc="http://www.addison-wesley.de/codebook">
>     <person id="1000">
>         ...
>     </person>
> </awc:persons>
> ```
>
> In diesem Beispiel ist nur das Element `persons` dem Namensraum zugeordnet, `person` gehört keinem Namensraum an. Das gibt natürlich dann Probleme, wenn Sie über XPath nach Elementen suchen.

Um in einer XML-Datei mit Namensraum-Zuordnung zu suchen, müssen Sie nach dem Erzeugen und Initialisieren des `XmlDocument`-Objekts ein `XmlNamespaceManager`-Objekt erzeugen. Ein solches Objekt assoziiert Namensräume mit einem anzugebenden Präfix. Im Konstruktor übergeben Sie die `NameTable`-Eigenschaft des `XmlDocument`-Objekts. Diese Eigenschaft verweist auf ein `XmlNameTable`-Objekt, das intern alle Element- und Attributnamen des Dokuments verwaltet. Diese Informationen werden vom `XmlNamespaceManager`-Objekt benötigt.

Nun fügen Sie über die `AddNamespace`-Methode einen oder mehrere Namensräume hinzu und geben für jeden Namensraum am ersten Argument einen beliebigen Präfix an (der nicht identisch sein muss mit gegebenenfalls im XML-Dokument verwendeten Präfixen!).

Wenn Sie dann über `SelectSingleNode` oder `SelectNodes` suchen, übergeben Sie am zweiten Argument das `XmlNamespaceManager`-Objekt. Der XPath-Ausdruck muss dann nur noch um den im `XmlNamespaceManager` definierten Namensraum-Präfix erweitert werden. Diesen Präfix müssen Sie vor jeden Namen eines Elementes schreiben, das einem Namensraum zugeordnet ist.

Das Beispiel in Listing 280 zeigt eine XPath-Abfrage in einem XML-Dokument mit Namensraum in Form der Suche nach der Person mit der Id 1001. Die Elemente der XML-Datei sind dabei dem Namensraum *http://www.addison-wesley.de/codebook* zugeordnet (Listing 279).

```xml
<?xml version="1.0" encoding="utf-8" ?>
<persons xmlns ="http://www.addison-wesley.de/codebook">
   <person id="1000">
     <firstname>Zaphod</firstname>
     <lastname>Beeblebrox</lastname>
```

Listing 279: Die (verkürzte) XML-Datei mit Namensraumzuordnung

```xml
    <type>Alien</type>
  </person>

  <person id="1001">
    <firstname>Ford</firstname>
    <lastname>Prefect</lastname>
    <type>Alien</type>
  </person>
</persons>
```

Listing 279: Die (verkürzte) XML-Datei mit Namensraumzuordnung (Forts.)

Das Beispiel erfordert die Referenzierung der Assembly *System.Windows.Forms.dll* und den Import der Namensräume System, System.IO, System.Xml und System.Windows. Forms.

```csharp
// Der Dateiname
string xmlFileName = Path.Combine(Application.StartupPath, "Persons.xml");

// XmlDocument-Instanz erzeugen und XML-Datei laden
XmlDocument xmlDoc = new XmlDocument();
try
{
   xmlDoc.Load(xmlFileName);
}
catch (Exception ex)
{
   MessageBox.Show("Fehler beim Einlesen der XML-Datei '" + xmlFileName +
       "': " + ex.Message, Application.ProductName, MessageBoxButtons.OK,
       MessageBoxIcon.Error);
   return;
}

// XmlNamespaceManager erzeugen und mit dem Namensraum initialisieren
XmlNamespaceManager nsManager =
   new XmlNamespaceManager(xmlDoc.NameTable);
nsManager.AddNamespace("awc",
   "http://www.addison-wesley.de/codebook");

// Die Person mit der Id 1001 suchen
XmlNode xmlNode = null;
try
{
   // XPath-Ausdruck, der das Element person über den im XmlNamespaceManager-
   // Objekt verwalteten Namensraum-Präfix referenziert
   string xpathQuery = "/awc:persons/awc:person[@id='1001']";
```

Listing 280: XPath-Suche in einem XML-Dokument mit Namensraum-Zuordnung

```csharp
      // XPath-Abfrage mit Übergabe des Namensraum-Managers absetzen
      xmlNode = xmlDoc.SelectSingleNode(xpathQuery, nsManager);
   }
   catch (Exception ex)
   {
      Console.WriteLine("Fehler beim Suchen: " + ex.Message);
   }

   if (xmlNode != null)
   {
      // Der passende person-Knoten wurde gefunden: Das Attribut id einlesen
      XmlAttribute xmlAttribute = xmlNode.Attributes["id"];
      if (xmlAttribute != null)
      {
         Console.WriteLine("Person {0}", xmlAttribute.InnerText);
      }

      // firstname-Element suchen
      XmlNode xmlSubNode =
         xmlNode.SelectSingleNode("awc:firstname", nsManager);
      if (xmlSubNode != null)
      {
         Console.WriteLine("Nachname: {0}", xmlSubNode.InnerText);
      }

      // lastname-Element suchen
      xmlSubNode = xmlNode.SelectSingleNode("awc:lastname", nsManager);
      if (xmlSubNode != null)
      {
         Console.WriteLine("Vorname: {0}", xmlSubNode.InnerText);
      }

      // type-Element suchen
      xmlSubNode = xmlNode.SelectSingleNode("awc:type", nsManager);
      if (xmlSubNode != null)
      {
         Console.WriteLine("Typ: {0}", xmlSubNode.InnerText);
      }
   }
   else
   {
      MessageBox.Show("Person mit der Id 1001 nicht gefunden.",
         Application.ProductName, MessageBoxButtons.OK,
         MessageBoxIcon.Exclamation);
   }
```

Listing 280: XPath-Suche in einem XML-Dokument mit Namensraum-Zuordnung

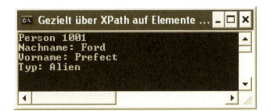

Abbildung 111: Das Programm hat die Person mit der Id 1001 gefunden

165 Performantes Navigieren in XML-Dokumenten mit der XPathNavigator-Klasse

In XML-Dokumenten können Sie, wie ich in den Rezepten 163 und 164 bereits gezeigt habe, über eine XmlDocument-Instanz und deren Methoden SelectSingleNode und SelectNodes relativ einfach unter Verwendung eines XPath-Ausdrucks navigieren. Bei größeren Dokumenten ist dies jedoch sehr inperformant: Zum einen benötigt das Laden eines XML-Dokuments in ein XmlDocument-Objekt recht viel Zeit und Speicher, da das komplette DOM des W3C abgebildet wird. Zum anderen ist die Navigation über die genannten Methoden ebenfalls recht langsam.

Wollen Sie in großen XML-Dokumenten mit einer hohen Performance navigieren, sollten Sie eine Instanz der Klasse XPathNavigator verwenden. Eine solche erhalten Sie über die CreateNavigator-Methode eines XmlDocument- oder XPathDocument-Objekts, das die Daten verwaltet. Ein XPathDocument-Objekt liest die Daten wesentlich schneller ein und benötigt weniger Speicher als ein XmlDocument-Objekt, ermöglicht aber lediglich das lesende Navigieren. Verwenden Sie ein XmlDocument als Basis, können Sie die Daten, durch die Sie navigieren, hingegen auch verändern. Ob die Daten, die der XPathNavigator verwaltet, editierbar sind, können Sie aus der Eigenschaft CanEdit auslesen. Zum Verändern der Daten (das hier nicht besprochen wird) bietet die XPathNavigator-Klasse verschiedene Insert- und Delete-Methoden und die Methoden SetValue und SetTypedValue.

Ein XPathNavigator ist im Prinzip ein Cursor, der auf einen bestimmten Knoten im XML-Dokument zeigt. Sie können beliebig viele XPathNavigator-Objekte für ein Dokument verwenden, außerdem erhalten Sie beim Iterieren durch Knoten und bei der expliziten Auswahl eines bestimmten Knotens auch wieder XPathNavigator-Objekte zurück.

Nach der Erzeugung des XPathNavigator-Objekts über die CreateNavigator-Methode eines XmlDocument- oder XPathDocument-Objekts steht dieses auf dem Startknoten des XML-Dokuments. Über verschiedene Move-Methoden können Sie den Cursor vom aktuellen Knoten aus relativ verschieben. Die Methode MoveToFirstChild führt zum Beispiel dazu, dass der Cursor auf den ersten Child-Knoten des aktuellen Knotens gesetzt wird. Diese Möglichkeit bespreche ich in diesem Rezept nicht, da ich denke, dass XML-Dokumente in den seltensten Fällen (über ein XML-Schema) strukturell so festgelegt sind, dass bestimmte Elemente immer an denselben (relativen) Positionen gefunden werden.

Viel interessanter ist die Navigation mit XPath. Dazu können Sie die Methoden `SelectSingleNode` und `Select` verwenden. Beiden übergeben Sie einen für den aktuellen Knoten gültigen XPath-Ausdruck. `SelectSingleNode` gibt ein `XPathNavigator`-Objekt zurück, wenn der über den XPath-Ausdruck angegebene Knoten existiert, und `null`, wenn der Knoten nicht existiert. `Select` dient zur Auswahl von mehreren Knoten (z.B. allen Adressen, deren Element *city* den Wert *Köln* speichert). Von dieser Methode erhalten Sie eine Instanz der Klasse `XPathNodeIterator`. Wie bei Iteratoren üblich können Sie den Iterator über die `MoveNext`-Methode auf das nächste Element stellen. Gibt `MoveNext false` zurück, existiert kein nächstes Element. Die `Current`-Eigenschaft des Iterators referenziert beim Durchgehen ein `XPathNavigator`-Objekt für den aktuellen Knoten. Den Wert des Elements, das ein `XPathNavigator`-Objekt referenziert, können Sie über die Eigenschaft `Value` als String lesen. Über die `ValueAs`-Methode lesen Sie den Wert typisiert, indem Sie am ersten Argument das `Type`-Objekt des zu lesenden Typs übergeben. Den zurückerhaltenen `object`-Wert müssen Sie dann allerdings noch casten. Zusätzlich können Sie noch die Eigenschaften `ValueAsBoolean`, `ValueAsDateTime`, `ValueAsDouble`, `ValueAsInt` und `ValueAsLong` verwenden um den Wert typsicher in den dem Namen der Eigenschaft entsprechenden Typ zu lesen.

Das folgende Beispiel liest mithilfe von XPath alle Adressen aus einer Adress-XML-Datei ein, deren Element *city* den Wert *Köln* speichert. Die XML-Datei, die Sie in dem Beispiel zu diesem Rezept finden, sieht (auf zwei Adressen gekürzt) folgendermaßen aus:

```xml
<?xml version="1.0" encoding="UTF-8"?>
<addresses>
  <address>
    <id>1</id>
    <lastName>Linß</lastName>
    <firstName>Marko</firstName>
    <street>Ottostr. 8</street>
    <postcode>85649</postcode>
    <city>Hofolding</city>
    <country>DE</country>
  </address>
  <address>
    <id>2</id>
    <lastName>Markle</lastName>
    <firstName>Gloria</firstName>
    <street>Kurmainzer-Str. 107</street>
    <postcode>61440</postcode>
    <city>Oberursel-Weißkirchen</city>
    <country>DE</country>
  </address>
</addresses>
```

Die Datei speichert mehr als 10000 Adressen (allerdings keine wirklichen, sondern per Zufall zusammengestellte virtuelle).

>> XML

Das Beispiel in Listing 281 liest die XML-Datei in eine Instanz der `XPathDocument`-Klasse und erzeugt damit ein `XPathNavigator`-Objekt. Über dessen `Select`-Methode holt das Programm einen `XPathNodeIterator` für alle Adressen aus Köln. Diesen geht es durch und liest über die `SelectSingleNode`-Methode des `XPathNavigator`-Objekts, das die Eigenschaft `Current` des Iterators referenziert, die Child-Elemente `firstName` und `lastName` ein. Für den Fall, dass ein Element nicht vorhanden ist, fragt das Programm ab, ob die `Select`-Methode `null` zurückgegeben hat.

Zum Kompilieren dieses Programms (in einer Konsolenanwendung) müssen Sie die Namensräume `System`, `System.IO`, `System.Reflection` und `System.Xml.XPath` importieren.

```
// Einlesen der Adressen-XML-Datei
string applicationPath = Path.GetDirectoryName(
   Assembly.GetEntryAssembly().Location);
string xmlFilename = Path.Combine(applicationPath, "Addresses.xml");
XPathDocument xPathDoc = new XPathDocument(xmlFilename);

// Suchen nach allen Adressen aus Köln
XPathNavigator xPathNavigator = xPathDoc.CreateNavigator();
XPathNodeIterator cityIterator =
   xPathNavigator.Select("addresses/address[city='Köln']");
while (cityIterator.MoveNext())
{
   // Die Elemente firstName und lastName auslesen
   string firstName = null;
   string lastName = null;
   XPathNavigator firstNameNavigator =
      cityIterator.Current.SelectSingleNode("firstName");
   if (firstNameNavigator != null)
   {
      firstName = firstNameNavigator.Value;
   }
   XPathNavigator lastNameNavigator =
      cityIterator.Current.SelectSingleNode("lastName");
   if (lastNameNavigator != null)
   {
      lastName = lastNameNavigator.Value;
   }

   Console.WriteLine(firstName + " " + lastName);
}
```

Listing 281: Beispiel für das performante Navigieren in einem XML-Dokument ohne Namensraum

Performantes Navigieren in XML-Dokumenten

In einem Test habe ich die in Tabelle 19 angegebenen Zeiten ermittelt.

System	Aktion	XmlDocument mit XPath-Abfrage über SelectNodes und SelectSingleNode	XPathNavigator und XPathDocument
AMD Athlon 64 X2 4400+, 2 GB Ram	Dokument einlesen	0,1187 Sekunden	0,1236 (!) Sekunden
AMD Athlon 64 X2 4400+, 2 GB Ram	81 Adressen aus Köln ermitteln	0,0338 Sekunden	0,0251 Sekunden
Intel Pentium 4 2,4 GHz, 1 GB Ram	Dokument einlesen	0,1472 Sekunden	0,1661 (!) Sekunden
Intel Pentium 4 2,4 GHz, 1 GB Ram	81 Adressen aus Köln ermitteln	0,0363 Sekunden	0,0275 Sekunden

Tabelle 19: Performance-Vergleich der XPath-Abfragen

> **Hinweis**
> Wie Sie der Tabelle entnehmen können, ist der Performance-Vorteil beim Navigieren durch etwas mehr als 10.000 Elemente nicht besonders hoch. Bei XML-Dokumenten bis zu einer Größenordnung meiner Testdaten ist der Nutzen des XPathNavigators im Vergleich zum erhöhten Codierungsauwand also eher fraglich.

Sie können einen XPath-Ausdruck in ein `XPathExpression`-Objekt kompilieren, was Sinn macht, wenn dieser komplex ist und Sie ihn mehrfach benötigen. Dazu rufen Sie die `Compile`-Methode des `XPathNavigator`-Objekts auf. Das zurückerhaltene `XPathExpression`-Objekt können Sie der `Select`- oder der `SelectSingleNode`-Methode übergeben:

```
XPathNavigator xPathNavigator = xPathDoc.CreateNavigator();
XPathExpression xPathExpression =
   xPathNavigator.Compile("addresses/address[city='Köln']");
XPathNodeIterator cityIterator =
   xPathNavigator.Select(xPathExpression);
```

Sind die XML-Elemente einem oder mehreren Namensräumen zugeordnet, müssen Sie wie bei der Anwendung von XPath in einer `XmlDocument`-Instanz (Rezept 164) ein `XmlNamespaceManager`-Objekt erzeugen und jeden Namensraum über `AddNamespace` definieren. Grundlagen dazu finden Sie in Rezept 164. Dieses `XmlNamespaceManager`-Objekt übergeben Sie der `Select`- oder der `SelectSingleNode`-Methode am zweiten Argument. Alle Element-Referenzen im XPath-Ausdruck müssen in diesem Fall mit dem Namensraum-Prefix beginnen, den Sie bei der Erzeugung des `XmlNamespaceManager`-Objekts angegeben haben.

```csharp
// Einlesen der Adressen-XML-Datei
string applicationPath = Path.GetDirectoryName(
   Assembly.GetEntryAssembly().Location);
string xmlFilename = Path.Combine(applicationPath,
   "Addresses with namespace.xml");
XPathDocument xPathDoc = new XPathDocument(xmlFilename);

// XPathNavigator erzeugen
XPathNavigator xPathNavigator = xPathDoc.CreateNavigator();

// XmlNamespaceManager erzeugen
XmlNamespaceManager namespaceManager =
   new XmlNamespaceManager(xPathNavigator.NameTable);

// Namensraum mit Prefix hinzufügen
namespaceManager.AddNamespace(
   "awc", "http://www.addison-wesley.de/codebook");

// Suchen nach allen Adressen aus Köln
XPathNodeIterator cityIterator =
   xPathNavigator.Select("awc:addresses/awc:address[awc:city='Köln']",
namespaceManager);
while (cityIterator.MoveNext())
{
   // Die Elemente firstName und lastName auslesen
   string firstName = null;
   string lastName = null;
   XPathNavigator firstNameNavigator =
      cityIterator.Current.SelectSingleNode(
         "awc:firstName", namespaceManager);
   if (firstNameNavigator != null)
   {
      firstName = firstNameNavigator.Value;
   }
   XPathNavigator lastNameNavigator =
      cityIterator.Current.SelectSingleNode("awc:lastName",
         namespaceManager);
   if (lastNameNavigator != null)
   {
      lastName = lastNameNavigator.Value;
   }

   Console.WriteLine(firstName + " " + lastName);
}
```

Listing 282: Performantes Navigieren in einem XML-Dokument mit Namensraum

166 XML-Dokumente über ein DataTable- oder DataSet-Objekt lesen

XML-Dokumente, die eine tabellenähnliche Struktur aufweisen, können Sie in ein `DataTable`- oder ein `DataSet`-Objekt (aus dem Namensraum `System.Data`) lesen und als `DataTable`-Objekt bearbeiten. Ein solches Vorgehen erleichtert in vielen Fällen die Arbeit mit den XML-Daten, da Sie diese mit den flexiblen Methoden eines `DataTable`-Objekts bearbeiten können. So können Sie die Daten z.B. problemlos gefiltert darstellen, darin suchen, verändern und wieder abspeichern. Natürlich hat diese Vorgehensweise auch Nachteile. Zum einen wird das gesamte XML-Dokument in den Arbeitsspeicher gelesen, was bei großen Dokumenten viel Speicher in Anspruch nimmt. Zum anderen werden bei einem solchen Lesen nur die XML-Elemente der ersten und zweiten Hierarchieebene berücksichtigt.

Der Unterschied zwischen der Verwendung eines `DataTable`- und eines `DataSet`-Objekts zum Lesen ist, dass Sie in ein `DataTable`-Objekt nur XML-Dokumente einlesen können, die aus einer »Tabelle« bestehen. In ein `DataSet`-Objekt können Sie auch solche Dokumente einlesen, die mehrere »Tabellen« beinhalten. Listing 283 zeigt ein solches XML-Dokument.

```xml
<?xml version="1.0" encoding="utf-8"?>
<persons
   xmlns:msdata="urn:schemas-microsoft-com:xml-msdata"
   xmlns:xsi="http://www.w3.org/2001/XMLSchema-instance"
   xsi:noNamespaceSchemaLocation="Persons.xsd">

   <person id="1000">
      <firstname>Zaphod</firstname>
      <lastname>Beeblebrox</lastname>
      <vehicleId>1</vehicleId>
   </person>

   <person id="1001">
      <firstname>Tricia</firstname>
      <lastname>McMillan</lastname>
      <vehicleId>2</vehicleId>
   </person>

   <vehicle id="1">
      <type>Spaceship</type>
   </vehicle>

   <vehicle id="2">
      <type>Car</type>
   </vehicle>
</persons>
```

Listing 283: Beispiel-XML-Datei für das Einlesen über ein DataSet-Objekt

Zum Lesen einer solchen XML-Datei erzeugen Sie ein neues `DataSet`-Objekt und lesen die Datei über die `ReadXml`-Methode ein. Das `DataSet` erkennt alle XML-Elemente direkt unterhalb des Wurzelelements als Datensatz und fasst gleichnamige Elemente zu Tabellen zusammen. Die Attribute des jeweiligen Elements und die direkt untergeordneten Daten-Elemente werden in Form von Spalten im Datensatz dargestellt. Elemente, die in tieferen Ebenen untergeordnet sind, werden nicht berücksichtigt.

Beim Einlesen der XML-Datei in Listing 283 werden z.B. zwei `DataTable`-Objekte (mit den Namen »*person*« und »*vehicle*«) erzeugt:

Das Einlesen dieser Datei ist sehr einfach. Dazu erzeugen Sie eine Instanz der Klasse `DataSet` und rufen die `ReadXml`-Methode auf. Am ersten Argument übergeben Sie den Dateinamen der XML-Datei. Im optionalen zweiten Argument können Sie u.a. mit `XmlReadMode.ReadSchema` festlegen, dass ein in der Datei eingebettetes XML-Schema berücksichtigt wird. Ist das Schema in einer separaten Datei gespeichert, können Sie dieses vor dem Lesen der Daten über die Methode `ReadXmlSchema` einlesen. Ein Schema für die Personen-XML-Datei könnte z.B. so aussehen:

```xml
<?xml version="1.0" standalone="yes"?>
<xs:schema
  xmlns:msdata="urn:schemas-microsoft-com:xml-msdata"
  xmlns:xs="http://www.w3.org/2001/XMLSchema" id="persons">
  <xs:element name="persons">
    <xs:complexType>
      <xs:choice maxOccurs="unbounded">
        <xs:element name="person">
          <xs:complexType>
            <xs:sequence>
              <xs:element name="firstname" type="xs:string"/>
              <xs:element name="lastname" type="xs:string"/>
              <xs:element name="vehicleId" type="xs:int"/>
            </xs:sequence>
            <xs:attribute name="id" type="xs:int" use="required"/>
          </xs:complexType>
        </xs:element>
        <xs:element name="vehicle">
          <xs:complexType>
            <xs:sequence>
              <xs:element name="type" type="xs:string"/>
            </xs:sequence>
            <xs:attribute name="id" type="xs:int" use="required"/>
          </xs:complexType>
        </xs:element>
```

Listing 284: Beispielschema für die Personen-XML-Datei, das das einmalige Vorkommen der person- und der vehicle-Elemente absichert und den Datentyp dieser Elemente festlegt

```
      </xs:choice>
    </xs:complexType>
  </xs:element>
</xs:schema>
```

Listing 284: Beispielschema für die Personen-XML-Datei, das das einmalige Vorkommen der person- und der vehicle-Elemente absichert und den Datentyp dieser Elemente festlegt (Forts.)

Das Schema legt für die `person`-Elemente fest, dass diese ein Attribut `id` vom Typ `int` und je ein Unterelement `firstname` (`string`), `lastname` (`string`) und `vehicleId` (`int`) besitzen. Für `vehicle`-Elemente wird festgelegt, dass diese ebenfalls ein `int`-Attribut `id` besitzen und als Unterelement das Element `name` mit dem Typ `string` vorkommen muss.

Ohne Schema werden die Daten zunächst beim Einlesen nicht validiert und alle Daten als String eingelesen. Ein Schema kann u.a. den Datentyp der einzelnen Elemente festlegen, wie es im Beispielschema der Fall ist. Die einzelnen Spalten im `DataSet` besitzen dann den im Schema festgelegten Datentyp.

Den Aufruf der `ReadXmlSchema`- und der `ReadXml`-Methode sollten Sie in eine Ausnahmebehandlung integrieren, da beim Lesen Fehler auftreten können.

Danach können Sie die erzeugten `DataTable`-Objekte bearbeiten wie normale `DataTable`-Objekte. Sie können die einzelnen Zeilen einlesen, neue Zeilen hinzufügen und vorhandene verändern oder löschen. Das Beispiel in Listing 285 liest die einzelnen für die `person`- und `vehicle`-Elemente erzeugten Datensätze ein und gibt deren Spaltenwerte an der Konsole aus.

Zum Kompilieren des Programms müssen Sie die Assembly *System.Windows.Forms.dll* referenzieren und die Namensräume `System`, `System.IO`, `System.Data` und `System.Windows.Forms` importieren.

```
// Die Dateinamen
string xmlFileName = Path.Combine(Application.StartupPath, "Persons.xml");
string xmlSchemaFileName = Path.Combine(Application.StartupPath,
    "Persons.xsd");

// DataSet erzeugen
DataSet dataSet = new DataSet();

// XML-Schema und -Daten einlesen
try
{
    dataSet.ReadXmlSchema(xmlSchemaFileName);
    dataSet.ReadXml(xmlFileName);
}
```

Listing 285: Lesen einer XML-Datei mit Schema über ein DataSet

```
catch (Exception ex)
{
   MessageBox.Show("Fehler beim Einlesen der XML-Datei '" + xmlFileName +
      "': " + ex.Message, Application.ProductName, MessageBoxButtons.OK,
      MessageBoxIcon.Error);
   return;
}

// Die Personen durchgehen
DataTable dataTable = dataSet.Tables["person"];
if (dataTable != null)
{
   for (int i = 0; i < dataTable.Rows.Count; i++)
   {
      Console.WriteLine(dataTable.Rows[i]["id"]);
      Console.WriteLine(dataTable.Rows[i]["firstName"]);
      Console.WriteLine(dataTable.Rows[i]["lastName"]);
      Console.WriteLine(dataTable.Rows[i]["vehicleId"]);
      Console.WriteLine();
   }
}
else
{
   Console.WriteLine("Keine Personen gespeichert");
}

// Die Fahrzeuge durchgehen
dataTable = dataSet.Tables["vehicle"];
if (dataTable != null)
{
   for (int i = 0; i < dataTable.Rows.Count; i++)
   {
      Console.WriteLine(dataTable.Rows[i]["id"]);
      Console.WriteLine(dataTable.Rows[i]["type"]);
      Console.WriteLine();
   }
}
else
{
   Console.WriteLine("Keine Fahrzeuge gespeichert");
}
```

Listing 285: Lesen einer XML-Datei mit Schema über ein DataSet (Forts.)

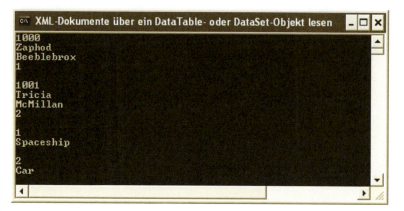

Abbildung 112: Das Beispielprogramm in Aktion

> **Hinweis**
> Die Ausnahmen, die die `ReadXml`-Methode erzeugt, wenn das XML-Dokument nicht dem XML-Schema entspricht, sind nicht gerade aussagekräftig. Abbildung 113 zeigt die Meldung, die vom Programm generiert wird, wenn das Attribut `id` eines `person`-Elements einen nicht numerischen Wert speichert. Um diese nicht sehr aussagekräftige Fehlermeldung zu vermeiden und die einzelnen Fehler der XML-Datei genauer anzuzeigen, sollten Sie diese vor dem Lesen oder beim Auftreten einer Ausnahme validieren. Informationen dazu finden Sie im Rezept 160.

Abbildung 113: Fehlermeldung beim Lesen einer Person.xml-Datei, bei der das Attribut id eines person-Elements einen ungültigen Wert speichert

167 XML-Dateien mit einem XmlTextWriter erzeugen

Die Verwendung eines `XmlTextWriter`-Objekts ist die effizienteste Methode, XML-Dateien komplett neu zu erstellen. Über ein solches Objekt erzeugen Sie die XML-Datei sequenziell, im Gegensatz zum Schreiben über ein `XmlDocument`-Objekt, das ein beliebiges Einfügen von Knoten erlaubt.

Beim Erzeugen eines `XmlTextWriter`-Objekts können Sie im Konstruktor neben einem vorhandenen `XmlTextWriter`-Objekt ein `Stream`-Objekt, das die zu erzeugende Datei repräsentiert, oder den Namen der zu erzeugenden Datei übergeben. In den letzten beiden Fällen definieren Sie am zweiten Argument die Codierung der Datei in Form einer `Encoding`-Instanz (siehe Rezept 142).

Vor dem Schreiben können Sie festlegen, wie das Dokument formatiert wird. Stellen Sie die Eigenschaft Formatting auf Formatting.Indented, wenn die XML-Datei mit Zeilenumbrüchen generiert werden soll. In der Eigenschaft Indentation können Sie dann die Anzahl der Zeichen für die Einrückung untergeordneter Elemente und in der Eigenschaft IndentChar das dazu verwendete Zeichen festlegen.

Dann schreiben Sie die einzelnen Bestandteile des Dokuments über eine Vielzahl an *Write*-Methoden (von denen ich hier nur die wichtigsten beschreibe).

WriteStartDocument erzeugt zunächst den Beginn des Dokuments. Über das optionale boolesche Argument können Sie festlegen, welchen Wert das standalone-Attribut besitzen soll.

Einzelne Elemente ohne Textdaten erzeugen Sie über WriteStartElement. Dabei können Sie (u.a.) den Namen des Elements und optional den Namensraum[25] übergeben, dem das Element zugeordnet sein soll. Attribute eines Elements können Sie über WriteAttributeString schreiben.

Elemente mit Textdaten erzeugen Sie auf eine einfache Weise über die Methode WriteElementString. Diese Methode erzeugt das Startelement, den Textinhalt und direkt auch das Endelement. Alternativ können Sie auch zunächst WriteStartElement aufrufen, dann den Inhalt über WriteString oder über eine andere Methode wie WriteBase64 (binäre Daten Base64-codiert schreiben) oder WriteChars (Byte-Array als String schreiben) erzeugen und das Element schließlich über WriteEndElement abschließen. WriteEndElement schließt immer das Element ab, das zuletzt über WriteStartElement begonnen wurde. Auf diese Weise müssen Sie alle »offenen« Elemente abschließen.

Am Ende der Datei rufen Sie dann noch WriteEndDocument auf um das Dokument abzuschließen.

Das Programm in Listing 287 erzeugt eine einfache XML-Datei mit den Daten zweiter Personen. Diese Datei sieht folgendermaßen aus:

```xml
<?xml version="1.0" encoding="utf-8" standalone="yes"?>
<persons xmlns="http://www.addison-wesley.de/codebook/csharp">
   <!--Beispiel zum Erzeugen von XML-Dateien-->
   <person id="1001">
      <firstname>Zaphod</firstname>
      <lastname>Beeblebrox</lastname>
      <type>Alien</type>
   </person>
   <person id="1002">
      <firstname>Tricia</firstname>
```

Listing 286: Die vom Beispiel erzeugte XML-Datei

---

25. XML-Namensräume, die üblicherweise (nicht unbedingt existenten) Internet-Adressen entsprechen, sichern ab, dass Elemente (über den Namensraum) auch dann eindeutig identifiziert werden können, wenn mehrere XML-Dokumente zu einem Dokument zusammengeführt werden. Wenn Sie ein Element einem Namensraum zuordnen, sind automatisch auch alle untergeordneten Elemente diesem Namensraum zugeordnet.

```
        <lastname>McMillan</lastname>
        <type>Earthling</type>
    </person>
</persons>
```

Listing 286: Die vom Beispiel erzeugte XML-Datei (Forts.)

Da ein `XmlTextWriter`-Objekt eine bereits vorhandene Datei ohne Warnung überschreibt, überprüft das Beispielprogramm vor dem Schreiben, ob bereits eine gleichnamige Datei existiert, und fragt den Anwender in diesem Fall, ob der die Datei überschreiben will. Ausnahmen, die vorzugsweise beim Öffnen entstehen, werden abgefangen.

Das Beispiel erfordert die Referenzierung der Assembly *System.Windows.Forms.dll* und den Import der Namensräume `System`, `System.IO`, `System.Text`, `System.Xml` und `System.Windows.Forms`.

```
// Der Dateiname der XML-Datei
string xmlFileName = Path.Combine(Application.StartupPath, "persons.xml");

// Überprüfen, ob die Datei existiert
if (File.Exists(xmlFileName))
{
   if (MessageBox.Show("Die Datei '" + xmlFileName +
      "' existiert bereits.\r\n\r\nWollen Sie diese " +
      "Datei überschreiben?", Application.ProductName,
      MessageBoxButtons.YesNo, MessageBoxIcon.Question) ==
      DialogResult.No)
      return;
   }

// XmlTextWriter für eine UTF-8-Codierung erzeugen
XmlTextWriter xmlTextWriter = null;
try
{
   xmlTextWriter = new XmlTextWriter(xmlFileName, Encoding.UTF8);
}
catch (Exception ex)
{
   MessageBox.Show("Fehler beim Öffnen der XML-Datei: " + ex.Message,
      Application.ProductName, MessageBoxButtons.OK, MessageBoxIcon.Error);
   return;
}

// Formatierung so einstellen, dass einzelne um drei Leerzeichen eingerückte
// Zeilen erzeugt werden
xmlTextWriter.Formatting = Formatting.Indented;
```

Listing 287: Schreiben einer XML-Datei über ein XmlTextWriter-Objekt

```
xmlTextWriter.Indentation = 3;
xmlTextWriter.IndentChar = ' ';

// Dokument-Beginn mit standalone-Attribut schreiben
xmlTextWriter.WriteStartDocument(true);

// Startelement mit Namensraum schreiben
xmlTextWriter.WriteStartElement("persons",
    "http://www.addison-wesley.de/codebook/csharp");

// Kommentar schreiben
xmlTextWriter.WriteComment("Beispiel zum Erzeugen von XML-Dateien");

// Element für eine Person erzeugen
xmlTextWriter.WriteStartElement("person");

// Attribut id schreiben
xmlTextWriter.WriteAttributeString("id", "1001");

// Unterelemente mit String-Daten erzeugen
xmlTextWriter.WriteElementString("firstname", "Zaphod");
xmlTextWriter.WriteElementString("lastname", "Beeblebrox");
xmlTextWriter.WriteElementString("type", "Alien");

// person-Element abschließen
xmlTextWriter.WriteEndElement();

// Element für eine weitere Person erzeugen
xmlTextWriter.WriteStartElement("person");

// Attribut id schreiben
xmlTextWriter.WriteAttributeString("id", "1002");

// Unterelemente mit String-Daten erzeugen
xmlTextWriter.WriteElementString("firstname", "Tricia");
xmlTextWriter.WriteElementString("lastname", "McMillan");
xmlTextWriter.WriteElementString("type", "Earthling");

// person-Element abschließen
xmlTextWriter.WriteEndElement();

// Dokument abschließen
xmlTextWriter.WriteEndElement();
xmlTextWriter.WriteEndDocument();

// XmlTextWriter schließen
xmlTextWriter.Close();
```

Listing 287: Schreiben einer XML-Datei über ein XmlTextWriter-Objekt (Forts.)

168 XML-Dateien über ein XmlDocument-Objekt erzeugen und ändern

Wie ich bereits im Rezept 161 beschrieben habe, implementiert die `XmlDocument`-Klasse das DOM (Document Object Model) des W3C und repräsentiert ein XML-Dokument im Arbeitsspeicher in Form von hierarchisch angeordneten Objekten.

Die `XmlNode`-Klasse, deren Instanzen je einen XML-Knoten repräsentieren, ist die wichtigste Klasse des DOM. Über zahlreiche Eigenschaften und Methoden können Sie sehr flexibel mit einem Knoten arbeiten. Das `XmlDocument` selbst ist von dieser Klasse abgeleitet.

Über die Methode `AppendChild` können Sie einem Knoten einen neuen Unterknoten hinzufügen. Über `InsertBefore` oder `InsertAfter` können Sie Knoten vor oder hinter anderen Knoten einfügen. Die Auflistungseigenschaft `ChildNodes` ermöglicht den Zugriff auf die einem Knoten untergeordneten Knoten. Über die Eigenschaft `InnerText` können Sie auf den Text eines Elements zugreifen. Die Auflistung `Attributes` ermöglicht den Zugriff auf die Attribute eines Knotens. Ein Knoten besitzt darüber hinaus noch eine Vielzahl weiterer Eigenschaften und Methoden, die ich hier nicht weiter beschreibe. Einige wichtige Programmiertechniken zur Arbeit mit XML-Dokumenten zeige ich an Hand einer Klasse zur Arbeit mit Kontakten, die in einer XML-Datei gespeichert sind. Diese XML-Datei sieht folgendermaßen aus:

```xml
<?xml version="1.0" encoding="utf-8" standalone="yes"?>
<ch:contacts xmlns:ch="uuid:7ACED865-0622-48f7-B138-45FED1BB4B27">
  <ch:contact id="1000">
    <ch:firstname>Zaphod</ch:firstname>
    <ch:lastname>Beeblebrox</ch:lastname>
    <ch:phone>042-42</ch:phone>
  </ch:contact>
  <ch:contact id="1002">
    <ch:firstname>Tricia</ch:firstname>
    <ch:lastname>McMillan</ch:lastname>
    <ch:phone>01234-12347</ch:phone>
  </ch:contact>
</ch:contacts>
```

Listing 288: Die XML-Datei zur Verwaltung von Kontakten

Diese Klasse zur Arbeit mit den Kontakten enthält zunächst eine Eigenschaft für das XML-Dokument und den Dateinamen. Da die Kontakte in einem XML-Namensraum verwaltet werden, ist das `contacts`-Element mit einer Namensraum-Deklaration versehen. Der Namensraum ist dabei mit dem Präfix *ch* deklariert, der für alle Elemente des Dokuments angegeben ist.

Zum Kompilieren der Klasse `ContactHandler`, die die Arbeit mit dem DOM demonstriert, müssen Sie die Namensräume `System`, `System.Text` und `System.Xml` importieren.

Zunächst sind in dieser Klasse Felder und Konstanten deklariert, die für die Verwaltung des XML-Dokuments benötigt werden:

```
public class ContactHandler
{
   /* Felder für das Xml-Dokument */
   private XmlDocument xmlDoc;
   private string xmlFileName;

   /* Konstanten für den Namensraum */
   private const string XML_NAMESPACE =
      "uuid:7ACED865-0622-48f7-B138-45FED1BB4B27";
   private const string XML_NAMESPACE_PREFIX = "ch";
```

Listing 289: Eigenschaften der Klasse zur Arbeit mit Kontakten in einer XML-Datei

Erzeugen eines neuen oder Laden eines vorhandenen Dokuments im Konstruktor

Im Konstruktor wird der Dateiname übergeben und ein boolescher Wert, der bestimmt, ob die Datei neu erzeugt werden soll. Am dritten Argument kann ein Namensraum übergeben werden, dem die Elemente des Dokuments zugeordnet werden sollen. Das vierte Argument definiert die Codierung einer neu zu erzeugenden Datei.

```
public ContactHandler(string xmlFileName, bool createNew, Encoding encoding)
```

Der Konstruktor legt zunächst den übergebenen Dateinamen für das spätere Speichern des Dokuments in der privaten Eigenschaft `xmlFileName` ab und erzeugt dann ein neues `XmlDocument`-Objekt. Soll die XML-Datei neu geschrieben werden, erzeugt der Konstruktor über die `CreateElement`-Methode des `XmlDocument`-Objekts ein neues XML-Element, das als Wurzel-Element dienen soll. Diesem Element werden neben dem Namen auch der Namensraum und dessen Präfix übergeben, damit das erzeugte Element diesem zugeordnet wird. Dieses zu diesem Zeitpunkt noch nicht in das Dokument eingebaute Element wird dann über die `AppendChild`-Methode dem Dokument hinzugefügt. `AppendChild` hängt einen Unterknoten an den Knoten an, für den diese Methode aufgerufen wurde.

Da ein XML-Dokument immer eine XML-Deklaration enthalten muss, wird diese über die `CreateXmlDeclaration`-Methode erzeugt. Dabei muss zurzeit noch am ersten Argument die Version 1.0 übergeben werden, da XML lediglich in dieser Version verfügbar ist. Das zweite Argument bezeichnet die Codierung der Datei. Hier übergibt der Konstruktor einfach den Wert der Eigenschaft `WebName` des übergebenen `Encoding`-Objekts (oder als Voreinstellung »utf-8«, wenn kein solches übergeben wurde). Das dritte Argument steht für das `standalone`-Attribut. Das damit erzeugte `XmlDeclaration`-Objekt fügt der Konstruktor über `InsertBefore` dann vor dem Wurzelknoten an.

Für den Fall, dass die XML-Datei nicht neu erzeugt, sondern eingelesen werden soll, ruft der Konstruktor lediglich die `Load`-Methode auf.

```csharp
public ContactHandler(string xmlFileName, bool createNew,
   Encoding encoding)
{
   // Dateiname für das Speichern ablegen
   this.xmlFileName = xmlFileName;

   // XML-Dokument erzeugen bzw. einlesen
   this.xmlDoc = new XmlDocument();
   if (createNew)
   {
      // Wurzelknoten mit Namensraumdeklaration erzeugen und anfügen
      XmlNode rootNode = this.xmlDoc.CreateElement(XML_NAMESPACE_PREFIX,
         "contacts", XML_NAMESPACE);
      this.xmlDoc.AppendChild(rootNode);

      // XML-Deklaration erzeugen und vor dem Wurzelknoten anfügen
      string encodingName;
      if (encoding != null)
      {
         encodingName = encoding.WebName;
      }
      else
      {
         encodingName = "utf-8";
      }
      XmlDeclaration xmlDeclaration = this.xmlDoc.CreateXmlDeclaration(
         "1.0", encodingName, "yes");
      this.xmlDoc.InsertBefore(xmlDeclaration, rootNode);
   }
   else
   {
      // XML-Dokument einlesen
      xmlDoc.Load(xmlFileName);
   }
}
```

Listing 290: Der Konstruktor der Klasse zur Arbeit mit Kontakten in einer XML-Datei

Suchen von Elementen

Da in verschiedenen Methoden der Klasse `ContactHandler` contact-Elemente nach der Id gesucht werden müssen, übernimmt eine private Methode diese Suche über eine XPath-Abfrage. Diese Methode ist etwas komplex, da die Elemente der XML-Datei in einem Namensraum verwaltet werden (siehe Rezept 164). Die Methode gibt eine `XmlNodeList`-Auflistung mit den gefundenen Knoten zurück:

```
private XmlNodeList FindContact(int id)
{
   XmlNamespaceManager nsManager =
      new XmlNamespaceManager(this.xmlDoc.NameTable);
   nsManager.AddNamespace(XML_NAMESPACE_PREFIX, XML_NAMESPACE);
   string xpathQuery = "/" + XML_NAMESPACE_PREFIX + ":contacts/" +
      XML_NAMESPACE_PREFIX + ":contact[@id='" + id + "']";
   return xmlDoc.SelectNodes(xpathQuery, nsManager);
}
```

Listing 291: Private Methode zum Suchen von contact-Elementen nach einer Id

Hinzufügen von Elementen

Die Methode `AddContact` übernimmt das Hinzufügen eines Kontaktes. Zur Vermeidung mehrfacher Einträge überprüft sie zunächst über die `FindContact`-Methode, ob bereits ein contact-Element mit der übergebenen Id existiert, und generiert im Fehlerfall eine Ausnahme.

Dann erzeugt `AddContact` über die `CreateElement`-Methode des `XmlDocument`-Objekts eine neue Instanz der `XmlNode`-Klasse, wobei der Namensraum-Präfix, der Name des Elements und der Namensraum übergeben werden. Danach wird über die Methode `CreateAttribute` ein neues Attribut erzeugt, das im Anschluss mit der übergebenen Id initialisiert und an die `Attributes`-Auflistung des Kontakt-Knotens angehängt wird.

Für die einzelnen Eigenschaften des Kontakts erzeugt `AddContact` dann jeweils ein neues Element, definiert dessen inneren Text (also den Inhalt des Elements) und hängt den so erzeugten Knoten an den Kontakt-Knoten über dessen `AppendChild`-Methode an. Der Kontakt-Knoten wird schließlich noch an das Dokument-Element (das Wurzel-Element) des `XmlDocument`-Objekts angehängt.

```
public void AddContact(int id, string firstName, string lastName,
   string phone)
{
   // Zunächst überprüfen, ob bereits ein Element mit der übergebenen Id
   // existiert
   XmlNodeList contactNodes = this.FindContact(id);
   if (contactNodes.Count > 0)
   {
      // Ausnahme werfen
      throw new XmlException("Kontakt mit der Id '" + id +
         "' existiert bereits", null);
   }

   // Element-Knoten für den Kontakt erzeugen
   XmlNode contactNode = this.xmlDoc.CreateElement(XML_NAMESPACE_PREFIX,
```

Listing 292: Methode zum Hinzufügen eines Kontakts

```
            "contact", XML_NAMESPACE);

        // Das Attribut id erzeugen und an den Knoten übergeben
        XmlAttribute idAttribute = this.xmlDoc.CreateAttribute("id");
        idAttribute.Value = id.ToString();
        contactNode.Attributes.Append(idAttribute);

        // Unterknoten für die Kontakteigenschaften erzeugen und dem
        // Kontaktknoten anfügen
        XmlNode firstNameNode = this.xmlDoc.CreateElement(XML_NAMESPACE_PREFIX,
            "firstname", XML_NAMESPACE);
        firstNameNode.InnerText = firstName;
        contactNode.AppendChild(firstNameNode);

        XmlNode lastNameNode = this.xmlDoc.CreateElement(XML_NAMESPACE_PREFIX,
            "lastname", XML_NAMESPACE);

        lastNameNode.InnerText = lastName;
        contactNode.AppendChild(lastNameNode);

        XmlNode phoneNode = this.xmlDoc.CreateElement(XML_NAMESPACE_PREFIX,
            "phone", XML_NAMESPACE);
        phoneNode.InnerText = phone;
        contactNode.AppendChild(phoneNode);

        // Kontakt-Knoten dem Dokument-Element anfügen
        xmlDoc.DocumentElement.AppendChild(contactNode);
    }
```

Listing 292: Methode zum Hinzufügen eines Kontakts (Forts.)

Ändern von Elementen

Die Methode `ChangeContact` erlaubt das Ändern der Daten eines Kontakts. Diese Methode sucht über `FindContact` zunächst das `contact`-Element, dessen Attribut `id` den übergebenen Id-Wert speichert. Wird genau ein Element gefunden, referenziert `Change-Contact` die jeweiligen Unterelemente und ändert deren Inhalt. Für den (unwahrscheinlichen, aber dennoch möglichen) Fall, dass ein Unterelement nicht gefunden wird, wird dieses einfach neu erzeugt und dem `contact`-Element zugeordnet.

Wird kein oder werden mehrere `contact`-Elemente mit der übergebenen Id gefunden, erzeugt `ChangeContact` eine Ausnahme.

```
    public void ChangeContact(int id, string firstName, string lastName,
        string phone)
    {
        // Knoten mit der übergebenen Id suchen
```

Listing 293: Methode zum Ändern eines Kontakts

>> XML

```csharp
XmlNodeList contactNodes = this.FindContact(id);

// Überprüfen, ob genau ein Knoten gefunden wurde
if (contactNodes.Count == 1)
{
   // XmlNamespaceManager erzeugen
   XmlNamespaceManager nsManager = new XmlNamespaceManager
      (this.xmlDoc.NameTable);
   nsManager.AddNamespace(XML_NAMESPACE_PREFIX, XML_NAMESPACE);

   // Knoten referenzieren
   XmlNode contactNode = contactNodes[0];

   // Unterknoten 'firstname' suchen und dessen Text anpassen
   XmlNode firstNameNode = contactNode.SelectSingleNode
      (XML_NAMESPACE_PREFIX + ":firstname", nsManager);
   if (firstNameNode == null)
   {
      // firstname-Element nicht gefunden, also neu anlegen
      firstNameNode = this.xmlDoc.CreateElement(XML_NAMESPACE_PREFIX,
         "firstname", XML_NAMESPACE);
      contactNode.AppendChild(firstNameNode);
   }
   firstNameNode.InnerText = firstName;

   // Unterknoten 'lastname' suchen und ändern
   XmlNode lastNameNode = contactNode.SelectSingleNode
      (XML_NAMESPACE_PREFIX + ":lastname", nsManager);
   if (lastNameNode == null)
   {
      // lastname-Element nicht gefunden, also neu anlegen
      lastNameNode = this.xmlDoc.CreateElement(XML_NAMESPACE_PREFIX,
         "lastname", XML_NAMESPACE);
      contactNode.AppendChild(lastNameNode);
   }
   lastNameNode.InnerText = lastName;

   // Unterknoten 'phone' suchen und ändern
   XmlNode phoneNode = contactNode.SelectSingleNode
      (XML_NAMESPACE_PREFIX + ":phone", nsManager);
   if (phoneNode == null)
   {
      // phone-Element nicht gefunden, also neu anlegen
      phoneNode = this.xmlDoc.CreateElement(XML_NAMESPACE_PREFIX,
         "phone", XML_NAMESPACE);
      contactNode.AppendChild(phoneNode);
   }
```

Listing 293: Methode zum Ändern eines Kontakts (Forts.)

```
            phoneNode.InnerText = phone;
      }
      else
      {
         // Kein oder mehrere Knoten gefunden: Ausnahme werfen
         if (contactNodes.Count == 0)
         {
            throw new XmlException("Kontakt mit der Id '" + id +
               "' nicht gefunden", null);
         }
         else
         {
            throw new XmlException("Es wurden mehr als ein (" +
               contactNodes.Count + ") Kontakt mit der Id '" + id +
               "' gefunden", null);
         }
      }
   }
}
```

Listing 293: Methode zum Ändern eines Kontakts (Forts.)

Löschen von Elementen

Die Methode `RemoveContact` löscht einen Kontakt aus dem Dokument. Dazu wird der Kontakt zunächst wieder über `FindContact` gesucht. `RemoveContact` fragt dabei wie `ChangeContact` ab, ob keins oder mehrere Elemente gefunden werden, und generiert in diesem Fall eine Ausnahme. Wird genau ein `contact`-Element gefunden, wird dieses über die `RemoveChild`-Methode des Wurzelknotens (der über die Eigenschaft `Document-Element` referenziert werden kann) entfernt.

```
public void RemoveContact(int id)
{
   // Knoten mit der übergebenen Id suchen
   XmlNodeList contactNodes = this.FindContact(id);

   // Überprüfen, ob genau ein Element gefunden wurde
   if (contactNodes.Count == 1)
   {
      // Element löschen
      this.xmlDoc.DocumentElement.RemoveChild(contactNodes[0]);
   }
   else
   {
      // Kein oder mehrere Knoten gefunden: Ausnahme werfen
      if (contactNodes.Count == 0)
      {
```

Listing 294: Methode zum Entfernen eines Kontakts

```
            throw new XmlException("Kontakt mit der Id '" + id +
                "' nicht gefunden", null);
         }
         else
         {
            throw new XmlException("Es wurden mehr als ein (" +
                contactNodes.Count + ") Kontakt mit der Id '" + id +
                "' gefunden", null);
         }
      }
   }
```

Listing 294: Methode zum Entfernen eines Kontakts (Forts.)

Auslesen von Elementen

Nun fehlen nur noch eine Methode zum Auslesen von Kontakinformationen und eine zum Speichern des Dokuments. Die Methode ReadContact liest die Daten des Kontakts mit der übergebenen Id in drei out-Argumente. Das contact-Element wird dabei wieder über FindContact gesucht. Wird genau ein Element gefunden, referenziert die Methode dessen Unterelemente und liest die Daten in die out-Argumente. Wird kein oder werden mehr als ein Element gefunden, generiert ReadContact eine Ausnahme.

```
public void ReadContact(int id, out string firstName, out string lastName,
   out string phone)
{
   // Knoten mit der übergebenen Id suchen
   XmlNodeList contactNodes = this.FindContact(id);

   // XmlNamespaceManager erzeugen
   XmlNamespaceManager nsManager = new XmlNamespaceManager
      (this.xmlDoc.NameTable);
   nsManager.AddNamespace(XML_NAMESPACE_PREFIX, XML_NAMESPACE);

   // Überprüfen, ob genau ein Element gefunden wurde
   if (contactNodes.Count == 1)
   {
      // Unterelemente referenzieren und die Daten zurückgeben
      XmlNode firstNameNode = contactNodes[0].SelectSingleNode(
         XML_NAMESPACE_PREFIX + ":firstname", nsManager);
      if (firstNameNode != null)
      {
         firstName = firstNameNode.InnerText;
      }
      else
      {
```

Listing 295: Methode zum Lesen eines Kontakts

```csharp
            firstName = null;
         }

         XmlNode lastNameNode = contactNodes[0].SelectSingleNode(
            XML_NAMESPACE_PREFIX + ":lastname", nsManager);
         if (lastNameNode != null)
         {
            lastName = lastNameNode.InnerText;
         }
         else
         {
            lastName = null;
         }

         XmlNode phoneNode = contactNodes[0].SelectSingleNode(
            XML_NAMESPACE_PREFIX + ":phone", nsManager);
         if (phoneNode != null)
         {
            phone = phoneNode.InnerText;
         }
         else
         {
            phone = null;
         }
      }
      else
      {
         // Kein oder mehrere Knoten gefunden: Ausnahme werfen
         if (contactNodes.Count == 0)
         {
            throw new XmlException("Kontakt mit der Id '" + id +
               "' nicht gefunden", null);
         }
         else
         {
            throw new XmlException("Es wurden mehr als ein (" +
               contactNodes.Count + ") Kontakt mit der Id '" + id +
               "' gefunden", null);
         }
      }
   }
}
```

Listing 295: Methode zum Lesen eines Kontakts (Forts.)

Speichern des Dokuments

Schließlich bleibt nur noch die Methode zum Speichern des Dokuments übrig, die die `Save`-Methode des `XmlDocument`-Objekts aufruft.

```csharp
    public void Save()
    {
        xmlDoc.Save(xmlFileName);
    }
}
```

Listing 296: Methode zum Speichern des Dokuments

Beim Speichern berücksichtigt das XmlDocument-Objekt übrigens automatisch die über die XML-Deklaration definierte Codierung.

Eine Beispielanwendung

Fertig ist die Klasse ContactHandler. Eine Beispielanwendung zeigt Listing 297. Zum Kompilieren dieser Anwendung müssen Sie die Assembly *System.Windows.Forms.dll* referenzieren und die Namensräume System, System.IO, System.Text und System.Windows.Forms importieren.

```csharp
// Der Dateiname der XML-Datei
string xmlFileName = Path.Combine(Application.StartupPath, "contacts.xml");

// Neues XML-Dokument erzeugen
ContactHandler ch = new ContactHandler(xmlFileName, true, Encoding.UTF8);

// Kontakt hinzufügen
ch.AddContact(1000, "Zap", "BBrox", "01234-12345");
ch.AddContact(1001, "Ford", "Prefect", "01234-12346");

// Dokument speichern
ch.Save();

// Dokument einlesen
ch = new ContactHandler(xmlFileName, false, null);

// Kontakt hinzufügen
ch.AddContact(1002, "Tricia", "McMillan", "01234-12347");

// Kontakt ändern
ch.ChangeContact(1000, "Zaphod", "Beeblebrox", "042-42");

// Kontakt löschen
ch.RemoveContact(1001);

// Kontakt auslesen
string firstName, lastName, phone;
```

Listing 297: Beispielanwendung der Klasse ContactHandler zur Verwaltung eines XML-Dokuments über das DOM

```
ch.ReadContact(1000, out firstName, out lastName, out phone);
Console.WriteLine("Kontakt 1000:");
Console.WriteLine(firstName);
Console.WriteLine(lastName);
Console.WriteLine(phone);

// Dokument speichern
ch.Save();
```

Listing 297: Beispielanwendung der Klasse ContactHandler zur Verwaltung eines XML-Dokuments über das DOM (Forts.)

Abbildung 114: Das Beispielprogramm in Aktion

169 XML-Dateien über ein DataTable- oder DataSet-Objekt erzeugen

`DataTable`- und `DataSet`-Objekte (aus dem Namensraum `System.Data`) erlauben das sehr einfache Erzeugen und Verändern von XML-Dokumenten, die eine tabellenähnliche (auf zwei Ebenen beschränkte) Struktur aufweisen. Zum Erzeugen müssen Sie lediglich das `DataTable`- bzw. das `DataSet`-Objekt dynamisch im Speicher erzeugen, mit Daten füllen und schließlich die `WriteXml`-Methode aufrufen um die XML-Datei zu schreiben.

Der Unterschied zwischen der Verwendung eines `DataTable`- und eines `DataSet`-Objekts zum Lesen ist, dass Sie in einem `DataTable`-Objekt nur XML-Dokumente verwalten können, die aus einer »Tabelle« bestehen. In einem `DataSet`-Objekt können Sie auch solche Dokumente verwalten, die mehrere »Tabellen« beinhalten.

Um den Namen des Wurzel-Elements festzulegen, können Sie nach der Erzeugung eines `DataSet` diesen der Eigenschaft `DataSetName` zuweisen. Einem `DataTable`-Objekt können Sie scheinbar leider nicht den Namen des Wurzel-Elements mitteilen. Den zu verwendenden Namensraum und den Namensraum-Präfix können Sie über die Eigenschaften `Namespace` und `Prefix` festlegen.

Der Programmcode in Listing 298 erzeugt eine der im Rezept 158 eingesetzten XML-Datei ähnliche Datei zur Speicherung von Personendaten. Nach der Erzeugung des `DataSet`-Objekts fügt das Programm diesem ein `DataTable`-Objekt an und definiert die einzelnen Spalten der Tabelle. Über die `Rows`-Auflistung werden dann einzelne Personen-Datensätze hinzugefügt. Beim Schreiben der XML-Datei übergibt das Programm

>> XML

am zweiten Argument der `WriteXml`-Methode den Wert `XmlWriteMode.WriteSchema`, um dem Dokument ein eingebettetes Schema hinzuzufügen. Dabei entstehende Ausnahmen werden abgefangen.

Um zu verhindern, dass eine bereits existierende Datei ohne Warnung überschrieben wird, fragt das Programm zu Beginn ab, ob eine solche existiert, und lässt den Anwender entscheiden, ob die Datei überschrieben werden soll.

Das Beispiel erfordert die Referenzierung der Assembly *System.Windows.Forms.dll* und den Import der Namensräume `System`, `System.IO`, `System.Text`, `System.Xml` und `System.Windows.Forms`.

```csharp
// Der Dateiname der XML-Datei
string xmlFileName = Path.Combine(Application.StartupPath, "Persons.xml");

// Überprüfen, ob die Datei existiert
if (File.Exists(xmlFileName))
{
    if (MessageBox.Show("Die Datei '" + xmlFileName +
        "' existiert bereits.\r\n\r\nWollen Sie diese Datei überschreiben?",
        Application.ProductName, MessageBoxButtons.YesNo,
        MessageBoxIcon.Question) == DialogResult.No)
    {
        return;
    }
}

// DataSet erzeugen und initialisieren
DataSet dataSet = new DataSet();
dataSet.DataSetName = "persons";
dataSet.Namespace = "http://www.addison-wesley.de/codebook/persons";
dataSet.Prefix = "per";

// Tabelle erzeugen
DataTable dataTable = dataSet.Tables.Add("person");

// Spalten definieren
dataTable.Columns.Add("id", typeof(int));
dataTable.Columns.Add("firstname", typeof(string));
dataTable.Columns.Add("lastname", typeof(string));
dataTable.Columns.Add("type", typeof(string));

// Zeilen anfügen
dataTable.Rows.Add(new object[] {1000, "Zaphod", "Beeblebrox", "Alien"});
dataTable.Rows.Add(new object[] {1001, "Ford", "Prefect", "Alien"});
dataTable.Rows.Add(new object[] {1002, "Tricia", "McMillan", "Earthling"});
dataTable.Rows.Add(new object[] {1003, "Arthur", "Dent", "Earthling"});
```

Listing 298: Erzeugen eines XML-Dokuments über ein DataSet-Objekt

```
// XML-Datei mit Schema schreiben
try
{
   dataSet.WriteXml(xmlFileName, XmlWriteMode.WriteSchema);
}
catch (Exception ex)
{
   MessageBox.Show("Fehler beim Schreiben der XML-Datei: " + ex.Message,
      Application.ProductName, MessageBoxButtons.OK, MessageBoxIcon.Error);
   return;
}
```

Listing 298: Erzeugen eines XML-Dokuments über ein DataSet-Objekt (Forts.)

170 XML-Dateien über ein DataTable- oder ein DataSet-Objekt ändern

Das Verändern eines XML-Dokuments, das eine tabellenähnliche Struktur (mit Elementen in zwei Ebenen) aufweist, ist über ein DataTable- oder ein DataSet-Objekt sehr einfach, da Sie dazu die Methoden und Eigenschaften der DataSet- und der DataTable-Klasse verwenden können. Das einzige Problem ist, dass die XML-Datei eine Struktur aufweisen muss, die vom DataTable- bzw. vom DataSet-Objekt gelesen werden kann. Idealerweise verwenden Sie XML-Dokumente, die über ein solches Objekt erzeugt wurden.

Das folgende Listing zeigt dies am Beispiel der Personen-XML-Datei, die im Rezept 169 erstellt wird. In diesem Beispiel werden eine Person hinzugefügt, die Person mit der Id 1003 gelöscht und die Daten der Person mit der Id 1001 geändert.

Zum Kompilieren des Beispiels müssen Sie die Assembly *System.Windows.Forms.dll* referenzieren und die Namensräume System, System.Data, System.IO und System.Windows.Forms importieren.

```
// Der Dateiname der XML-Datei
string xmlFileName = Path.Combine(Application.StartupPath, "Persons.xml");

// DataSet erzeugen und XML-Datei mit Schema einlesen
DataSet dataSet = new DataSet();
try
{
   dataSet.ReadXml(xmlFileName, XmlReadMode.ReadSchema);
}
catch (Exception ex)
{
   MessageBox.Show("Fehler beim Lesen der XML-Datei: " + ex.Message,
      Application.ProductName, MessageBoxButtons.OK, MessageBoxIcon.Error);
   return;
```

Listing 299: Verändern einer XML-Datei über ein DataSet-Objekt

```
   }

   // DataTable referenzieren
   DataTable personTable = dataSet.Tables["person"];

   if (personTable == null)
   {
      MessageBox.Show("Das XML-Dokument enthält keine person-Elemente",
         Application.ProductName, MessageBoxButtons.OK, MessageBoxIcon.Error);
      return;
   }

   // Zeile anfügen
   personTable.Rows.Add(new Object[] {1004, "Marvin", "", "Robot"});

   // Zeile suchen und löschen
   DataRow[] rows = personTable.Select("id = 1003");
   for (int i = 0; i < rows.Length; i++)
   {
      rows[i].Delete();
   }

   // Zeile suchen und aktualisieren
   rows = personTable.Select("id = 1001");
   if (rows.Length == 1)
   {
      rows[0]["type"] = "Traveller";
   }
   else
   {
      if (rows.Length == 0)
      {
         Console.WriteLine("Person mit der Id 1001 nicht gefunden");
      }
      else
      {
         Console.WriteLine("Mehrere Personen mit der Id 1001 gefunden");
      }
   }

   // XML-Datei mit Schema (unter einem anderen Namen) schreiben
   try
   {
      xmlFileName = xmlFileName.Replace("Persons", "Persons_New");
      dataSet.WriteXml(xmlFileName, XmlWriteMode.WriteSchema);
   }
   catch (Exception ex)
```

Listing 299: Verändern einer XML-Datei über ein DataSet-Objekt (Forts.)

```
{
   MessageBox.Show("Fehler beim Schreiben der XML-Datei: " + ex.Message,
      Application.ProductName, MessageBoxButtons.OK, MessageBoxIcon.Error);
   return;
}
```

Listing 299: Verändern einer XML-Datei über ein DataSet-Objekt (Forts.)

171 Binäre Daten in einer XML-Datei speichern

In XML-Dokumenten können Sie nicht nur Textdaten speichern, sondern auch binäre. Das Prinzip dazu ist ganz einfach: Sie müssen die binären Daten lediglich über das Base64-Verfahren in einen Text umwandeln, der im 7-Bit-ASCII-Zeichensatz codiert ist. Dazu können Sie beim Schreiben über ein `XmlTextWriter`-Objekt einfach die Methode `WriteBase64` verwenden. Verwenden Sie ein `XmlDocument`-Objekt, müssen Sie die Daten über `Convert.ToBase64String` selbst umwandeln.

Das Beispiel in Listing 300 erzeugt ein neues XML-Dokument mit einem `person`-Element, in dem neben dem Vor- und dem Nachnamen auch ein Bild der Person gespeichert wird.

Das Programm erfordert die Referenzierung der Assembly *System.Windows.Forms.dll* und den Import der Namensräume `System`, `System.IO`, `System.Xml` und `System.Windows.Forms`.

```
// Der Dateiname
string xmlFileName = Path.Combine(Application.StartupPath, "Persons.xml");

// Neues XML-Dokument erzeugen
XmlDocument xmlDoc = new XmlDocument();
xmlDoc.LoadXml("<?xml version=\"1.0\" encoding=\"utf-8\" " +
   "standalone=\"yes\"?><persons></persons>");

// Ein person-Element erzeugen
XmlNode personNode = xmlDoc.CreateElement("person");
xmlDoc.DocumentElement.AppendChild(personNode);

// Vor- und Nachname schreiben
XmlNode subNode = xmlDoc.CreateElement("firstname");
subNode.InnerText = "Zaphod";
personNode.AppendChild(subNode);
subNode = xmlDoc.CreateElement("lastname");
subNode.InnerText = "Beeblebrox";
personNode.AppendChild(subNode);

// Das Bild einlesen
string imageFileName = Path.Combine(Application.StartupPath, "Zaphod.jpg");
```

Listing 300: Speichern von binären Daten in einer XML-Datei

>> XML

```
FileInfo fi = new FileInfo(imageFileName);
byte[] buffer = new byte[fi.Length];
FileStream fs = new FileStream(imageFileName, FileMode.Open,
FileAccess.Read);
fs.Read(buffer, 0, buffer.Length);

// Das Bild Base64-codieren ...
string codedFile = Convert.ToBase64String(buffer, 0, buffer.Length);

// ... und im XML-Dokument speichern
subNode = xmlDoc.CreateElement("image");
subNode.InnerText = codedFile;
personNode.AppendChild(subNode);

// XML-Datei speichern
xmlDoc.Save(xmlFileName);
```

Listing 300: Speichern von binären Daten in einer XML-Datei (Forts.)

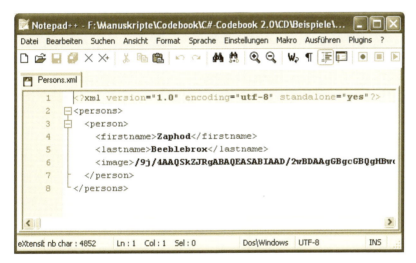

Abbildung 115: Die erzeugte XML-Datei in einem Editor

172 Base64-codierte Bilder (binäre Daten) aus XML-Dateien auslesen

Binäre Daten, die im Base64-Format in einer XML-Datei gespeichert sind, können Sie über die Methode `FromBase64String` der `Convert`-Klasse in ein `byte`-Array konvertieren. Dieses Array können Sie dann über ein `Stream`-Objekt weiterverarbeiten (z.B. über einen `FileStream` in eine Datei schreiben).

Das (Windows.Forms-)Beispiel in Listing 301 liest das Bild aus der im vorhergehenden Rezept erzeugten XML-Datei ein und erzeugt damit ein `MemoryStream`-Objekt.

Dieses Objekt wird dem Konstruktor der `Bitmap`-Klasse übergeben um ein `Bitmap`-Objekt zu erzeugen. Die Referenz auf das `Bitmap`-Objekt wird dann in die `Image`-Eigenschaft eines `PictureBox`-Steuerelements geschrieben.

Zum Kompilieren des Beispiels müssen Sie die Assembly *System.Windows.Forms.dll* referenzieren und die Namensräume `System`, `System.Xml`, `System.IO` und `System.Windows.Forms` importieren.

```
private void ReadImage_Click(object sender, System.EventArgs e)
{
    // XML-Datei einlesen
    string xmlFileName = Path.Combine(Application.StartupPath, "Persons.xml");
    XmlDocument xmlDoc = new XmlDocument();
    xmlDoc.Load(xmlFileName);
    XmlNode personNode = xmlDoc.SelectSingleNode(
        "persons/person[attribute::id='1000']");
    XmlNode imageNode = personNode.SelectSingleNode("image");

    // Base64-codierten String in Bitmap umwandeln
    byte[] buffer = Convert.FromBase64String(imageNode.InnerText);
    Bitmap bitmap = new Bitmap(new MemoryStream(buffer, 0, buffer.Length));

    pictureBox1.Image = bitmap;
}
```

Listing 301: Auslesen eines in einer XML-Datei gespeicherten Bildes

Abbildung 116: Das Programm hat das Bild aus der XML-Datei eingelesen

173 XML-Dokumente über XSL-Dokumente transformieren

XML-Dokumente müssen recht häufig in eine andere Form transformiert werden (z.B. in XHTML). Üblicherweise wird dazu XSL (Extensible Stylesheet Language) verwendet. XSL ist eine Sprache mit einer Vielzahl an speziellen Instruktionen, über die Sie die Daten eines XML-Dokuments sehr flexibel auslesen, transformieren und in ein Ergebnis-Dokument speichern können. Ein einfaches XSL-Dokument, das die Personen-XML-Datei aus dem Rezept 158 in eine XHTML-Datei transformiert, sieht z.B. so aus:

```xml
<?xml version="1.0"?>
<html xmlns:xsl="http://www.w3.org/1999/XSL/Transform" xsl:version="1.0">

<!-- Transformation nach HTML -->

<body>
<h1>Personen</h1>
<p>

<xsl:for-each select = 'persons/person'>
  <xsl:sort select='lastname' order='ascending'/>
  <xsl:value-of select='lastname'/>,
  <xsl:value-of select='firstname'/>:
  <xsl:value-of select='type'/>
<br/>

</xsl:for-each>
</p>

</body>

</html>
```

Listing 302: Ein XSL-Dokument zur Transformation der Personen-XML-Datei nach XHTML

Das (etwas unschöne) aus den transformierten XML-Daten erzeugte HTML-Dokument sieht dann folgendermaßen aus:

```
<html>
  <body>
    <h1>Personen</h1>
    <p>Beeblebrox,
 Zaphod:
 Alien<br>Dent,
 Arthur:
 Earthling<br>McMillan,
 Tricia:
 Earthling<br>Prefect,
 Ford:
 Alien<br></p>
  </body>
</html>
```

Listing 303: Die transformierte Personen-XML-Datei

490 >> XML-Dokumente über XSL-Dokumente transformieren

Abbildung 117: Die erzeugte HTML-Datei in einem Webbrowser

Eine solche Transformation können Sie über eine Instanz der Klasse `XslCompiledTransform` aus dem Namensraum `System.Xml.Xsl` vornehmen.

Die Methode `TransformXmlFile` in Listing 304 erzeugt aus einem XML-Dokument über ein XSL-Dokument eine Ergebnisdatei. Die entsprechenden Dateinamen werden dieser Methode übergeben. `TransformXmlFile` erzeugt zunächst eine Instanz der `XslTransform`-Klasse und lädt die XSL-Datei über deren `Load`-Methode. Die Transformation wird dann über die Methode `Transform` ausgeführt.

`TransformXmlFile` erfordert den Import der Namensräume `System`, `System.Xml` und `System.Xml.Xsl`.

```
public static void TransformXmlFile(string xmlSourceFileName,
    string xslFileName, string xmlDestFileName)
{
    // Instanz der Klasse XslTransform erzeugen
    XslCompiledTransform xslTransform = new XslCompiledTransform();

    // XSL-Datei laden
    xslTransform.Load(xslFileName);

    // XML-Datei transformieren
    xslTransform.Transform(xmlSourceFileName, xmlDestFileName);
}
```

Listing 304: Methode zur Transformation einer XML-Datei

System

174 Den Namen des Computers ermitteln

Den Namen des Computers, auf dem ein .NET-Programm ausgeführt wird, können Sie über die Eigenschaft `MachineName` der `Environment`-Klasse aus dem Namensraum `System` auslesen:

```
string machineName = System.Environment.MachineName;
```

175 Systempfade herausfinden

Der Pfad zum Windows-System-Ordner steht Ihnen über die Eigenschaft `SystemDirectory` der Klasse `System.Environment` zur Verfügung. Eine Möglichkeit, das Windows-Verzeichnis selbst auszulesen, fehlt, wahrscheinlich deshalb, weil die `Environment`-Klasse betriebssystemübergreifend funktionieren soll. Den Pfad zum Windows-Verzeichnis können Sie aber recht einfach über die API-Funktion `GetWindowsDirectory` auslesen. Diese Funktion erwartet am ersten Argument normalerweise einen Zeiger auf einen ausreichend groß dimensionierten (C-)String. In C# können Sie an diesem Argument ein `StringBuilder`-Objekt übergeben, das Sie zuvor mit der maximal möglichen Anzahl Zeichen (bei Pfaden zurzeit 260) initialisieren müssen. Das Beispielprogramm initialisiert die Größe auf ein Zeichen mehr, da die API-Funktion den String mit einem 0-Zeichen abschließt. Die Größe dieses Puffers übergeben Sie `GetWindowsDirectory` am zweiten Argument.

Über die Methode `GetFolderPath` der `Environment`-Klasse können Sie den Pfad zu weiteren Systemordnern ermitteln. Diese Methode erwartet als Argument einen Wert der Aufzählung `Environment.SpecialFolder` (Tabelle 20).

Konstante	Bedeutung
ApplicationData	Pfad zum Verzeichnis für programmspezifische Daten für Benutzer, deren Profil in einem Netzwerk-Ordner gespeichert und beim Einloggen auf den lokalen Computer kopiert wird (»wandernde Benutzer«)
CommonApplicationData	Pfad zum Verzeichnis für programmspezifische Daten für alle Benutzer
CommonProgramFiles	Pfad zum Verzeichnis für Komponenten, die von mehreren Anwendungen verwendet werden
Cookies	Pfad zum Verzeichnis, in dem Cookies gespeichert werden
DesktopDirectory	Pfad zum Desktop-Verzeichnis des aktuellen Benutzers
Favorites	Pfad zum Favoriten-Verzeichnis des aktuellen Benutzers
History	Pfad zum Internet-Verlaufs-Verzeichnis des aktuellen Benutzers

Tabelle 20: Die Werte der Aufzählung SpecialFolder

Systempfade herausfinden

Konstante	Bedeutung
InternetCache	Pfad zum Verzeichnis für temporäre Internetdateien
LocalApplicationData	Pfad zum Verzeichnis für programmspezifische Daten für Benutzer, deren Profil lokal verwaltet wird (»nicht wandernde Benutzer«)
Personal	Pfad zum Verzeichnis für die eigenen Dateien des aktuellen Benutzers
ProgramFiles	Pfad zum Verzeichnis, in dem per Voreinstellung alle Programme installiert werden
Programs	Pfad zum Verzeichnis, in dem die Programmgruppen des aktuellen Benutzers verwaltet werden
Recent	Pfad zum Verzeichnis, in dem Verweise auf die zuletzt geöffneten Dokumente für den aktuellen Benutzer verwaltet werden
SendTo	Pfad zum Verzeichnis, in dem die Verweise verwaltet werden, die im Senden-An-Kontextmenüeintrag erscheinen
StartMenu	Pfad zum Verzeichnis, in dem die Startmenüeinträge des aktuellen Benutzers verwaltet werden
Startup	Pfad zum Autostart-Verzeichnis
System	Pfad zum Windows-System32-Verzeichnis
Templates	Pfad zum Verzeichnis, in dem Dokumentenvorlagen verwaltet werden

Tabelle 20: Die Werte der Aufzählung SpecialFolder (Forts.)

Listing 305 liest einige Systempfade und gibt diese an der Konsole aus. Das Programm benötigt den Import der Namensräume System, System.Text und System.Runtime.InteropServices.

```
/* Deklaration der API-Funktion GetWindowsDirectory */
[DllImport("kernel32.dll")]
private static extern uint GetWindowsDirectory(StringBuilder lpBuffer,
   uint uSize);

...

// Windows-Systempfad auslesen
string windowsSystemPath = System.Environment.SystemDirectory;

// Windows-Pfad auslesen
const int MAX_PATH = 260;
StringBuilder buffer = new StringBuilder(MAX_PATH + 1);
string windowsPath = null;
if (GetWindowsDirectory(buffer, MAX_PATH + 1) > 0)
   windowsPath = buffer.ToString();
```

Listing 305: Auslesen einiger Windows-Systempfade

```
// Spezielle Systemordner ermitteln
string programPath = Environment.GetFolderPath(
    Environment.SpecialFolder.ProgramFiles);
string desktopPath = Environment.GetFolderPath(
    Environment.SpecialFolder.DesktopDirectory);
string nonRoamingUserApplicationDataPath = Environment.GetFolderPath(
    Environment.SpecialFolder.LocalApplicationData);
string roamingUserApplicationDataPath = Environment.GetFolderPath(
    Environment.SpecialFolder.ApplicationData);
string allUsersApplicationDataPath = Environment.GetFolderPath(
    Environment.SpecialFolder.CommonApplicationData);
string recentPath = Environment.GetFolderPath(
    Environment.SpecialFolder.Recent);

Console.WriteLine("Windows-Pfad:\r\n{0}", windowsPath);
Console.WriteLine("\r\nWindows-System-Pfad:\r\n{0}", windowsSystemPath);
Console.WriteLine("\r\nProgrammordner:\r\n{0}", programPath);
Console.WriteLine("\r\nDaten-Ordner für nicht wandernde Benutzer:\r\n{0}",
    nonRoamingUserApplicationDataPath);
Console.WriteLine("\r\nDaten-Ordner für wandernde Benutzer:\r\n{0}",
    roamingUserApplicationDataPath);
Console.WriteLine("\r\nDaten-Ordner für alle Benutzer:\r\n{0}",
    allUsersApplicationDataPath);
Console.WriteLine("\r\nDesktop:\r\n{0}", desktopPath);
Console.WriteLine("\r\nZuletzt geöffnete Dokumente:\r\n{0}", recentPath);
```

Listing 305: Auslesen einiger Windows-Systempfade (Forts.)

Abbildung 118: Das Programm zum Auslesen einiger Systempfade

> **Hinweis**
>
> In Rezept 102, das dieses Thema ebenfalls behandelt, habe ich Methoden entwickelt, die die in meinen Augen wichtigsten Systempfade zurückliefern.

176 Windows-Version auslesen

Die Version des aktuellen Betriebssystems können Sie über das `Version`-Objekt auslesen, das `System.Environment.OSVersion.Version` referenziert. Die einzelnen Teile der Version stehen über die Eigenschaften `Major`, `Minor`, `Revision` und `Build` zur Verfügung. Die Eigenschaft `Platform` liefert einen String mit der Kurzbezeichnung des Betriebssystems. Für die NT-Linie von Microsoft gibt diese Eigenschaft den String »Win32NT« zurück.

```
using System;

...

Version version = Environment.OSVersion.Version;
PlatformID platformId = Environment.OSVersion.Platform;

Console.WriteLine("Version: Major: {0}", version.Major);
Console.WriteLine("Version: Minor: {0}", version.Minor);
Console.WriteLine("Version: Revision: {0}", version.Revision);
Console.WriteLine("Version: Build: {0}", version.Build);
Console.WriteLine("Plattform: {0}", platformId);
```

Listing 306: Ermitteln der Windows-Version

Abbildung 119: Ermitteln der Windows-Version auf einem Windows-XP-Rechner

Dummerweise ist es über diese Klasse nicht allzu einfach, die genaue Version des Betriebssystems herauszufinden. Über die Versionsnummer können Sie zwar herausfinden, auf welcher Windows-Version das Programm ausgeführt wird. Windows 2000 besitzt z.B. die Versionsnummer 5.0.x.x, Windows XP die Versionsnummer 5.1.x.x. Im nächsten Rezept finden Sie eine Lösung zur Ermittlung der Windows-Hauptversion.

\>\> **System**

177 Windows-Hauptversion ermitteln

Die Methode `GetWindowsMainVersion` in Listing 307 ermittelt die Windows-Hauptversion basierend auf den Angaben, die Microsoft an der Adresse *msdn.microsoft.com/library/en-us/sysinfo/base/osversioninfo_str.asp* veröffentlicht. Um die Version in einer flexibel verarbeitbaren Form zurückzugeben, habe ich zunächst eine Aufzählung `WindowsMainVersion` implementiert, die die möglichen Windows-Versionen als Konstanten beinhaltet. Die Konstante `Unknown` steht dafür, dass die Version nicht ermittelt werden konnte (weil es sich z. B. um eine neuere Version handelt).

Zum Kompilieren des Quellcodes müssen Sie den Namensraum `System` importieren.

```
/* Aufzählung für die Windows-Hauptversion */
public enum WindowsMainVersion
{
   Windows95,
   Windows98,
   WindowsMe,
   WindowsNT4,
   Windows2000,
   WindowsXP,
   WindowsServer2003OrXP64,
   Vista,
   Unknown
}

/* Ermittelt die Windows-Hauptversion */
public static WindowsMainVersion GetWindowsMainVersion()
{
   switch (Environment.OSVersion.Version.Major)
   {
      case 4:
         if (Environment.OSVersion.Version.Minor == 0)
         {
            if (Environment.OSVersion.Platform ==
               PlatformID.Win32NT)
            {
               return WindowsMainVersion.WindowsNT4;
            }
            else
            {
               return WindowsMainVersion.Windows95;
            }
         }
         else if (Environment.OSVersion.Version.Minor == 10)
         {
            return WindowsMainVersion.Windows98;
```

Listing 307: Methode zur Ermittlung der Windows-Hauptversion

Windows-Hauptversion ermitteln

```
        }
        else if (Environment.OSVersion.Version.Minor == 90)
        {
           return WindowsMainVersion.WindowsMe;
        }
        else
        {
           return WindowsMainVersion.Unknown;
        }

   case 5:
        if (Environment.OSVersion.Version.Minor == 0)
        {
           return WindowsMainVersion.Windows2000;
        }
        else if (Environment.OSVersion.Version.Minor == 1)
        {
           return WindowsMainVersion.WindowsXP;
        }
        else if (Environment.OSVersion.Version.Minor == 2)
        {
           // Hier kann leider nicht genau entschieden werden,
           // ob es sich um Windows Server 2003 oder XP 64 Bit handelt
           return WindowsMainVersion.WindowsServer2003OrXP64;
        }
        else
        {
           return WindowsMainVersion.Unknown;
        }

   case 6:
        return WindowsMainVersion.Vista;

   default:
        return WindowsMainVersion.Unknown;
   }
}
```

Listing 307: Methode zur Ermittlung der Windows-Hauptversion (Forts.)

Dummerweise besitzen Windows Server 2003 und Windows XP Professional 64 Bit nach den Informationen von Microsoft dieselbe Haupt- und Nebenversion (5.2) und können deswegen nicht einfach unterschieden werden. Denkbar wäre eine Unterscheidung nach der Bitbreite des Betriebssystems, aber ich habe nicht ermitteln können, wie man diese herausfindet.

178 Die Prozessorgeschwindigkeit ermitteln

Die Geschwindigkeit der Prozessoren eines Computers können Sie über WMI ermitteln. Dazu erzeugen Sie eine Instanz der Klasse `System.Management.ManagementObject`, der Sie im Konstruktor einen String in der Form »Win32_Processor.DeviceID='CPU0'« übergeben. Damit erzeugen Sie eine Instanz der WMI-Klasse `Win32_Processor` für den ersten Prozessor des Systems. Für den zweiten Prozessor müssen Sie als *DeviceID* den Wert *CPU1* angeben. Die Prozessorgeschwindigkeit können Sie dann über den Indexer auslesen, indem Sie diesem als Index den String »CurrentClockSpeed« übergeben. Den zurückgegebenen `object`-Wert sollten Sie anschließend noch in einen `uint`-Wert konvertieren.

Die Methode `GetProcessorSpeed` in Listing 308 macht genau das. Für den Fall, dass die Prozessorgeschwindigkeit nicht verfügbar ist, gibt `GetProcessorSpeed` 0 zurück. Zum Kompilieren dieser Methode müssen Sie die Assembly *System.Management.dll* referenzieren und die Namensräume `System` und `System.Management` einbinden.

```
public static uint GetProcessorSpeed()
{
   // Win32_Processor-Instanz für den ersten Prozessor erzeugen und die
   // Geschwindigkeit abfragen
   ManagementObject mo = new ManagementObject(
      "Win32_Processor.DeviceID='CPU0'");
   uint currentClockSpeed = 0;
   try
   {
      currentClockSpeed = (uint)(mo["CurrentClockSpeed"]);
   }
   catch {}

   // Speicher des WMI-Objekts freigeben um den Arbeitsspeicher
   // möglichst schnell zu entlasten
   mo.Dispose();

   return currentClockSpeed;
}
```

Listing 308: Methode zur Ermittlung der Prozessorgeschwindigkeit

Das Programm funktioniert nur dann, wenn WMI auf dem Computer, auf dem es ausgeführt wird, installiert ist. Außerdem muss das aktuelle Benutzerkonto über ausreichend WMI- und Systemrechte verfügen. Falls dies nicht der Fall ist, können Sie vor der Ausführung dieser Methode das Programm mit einem anderen Benutzerkonto personifizieren, wie ich es im Rezept 260 beschreibe.

179 Informationen über den Arbeitsspeicher auslesen

Informationen über den Arbeitsspeicher des Systems erhalten Sie relativ einfach über WMI. Dazu fragen Sie über eine Instanz der Klasse `System.Management.ManagementObject` ein Objekt der WMI-Klasse `Win32_OperatingSystem` ab. Über verschiedene Eigenschaften dieser Klasse erhalten Sie (u.a.) Informationen zum Arbeitsspeicher (in KB).

Die Methode `GetRamInformations` in Listing 309 liest diese Informationen aus dem lokalen System in eine Instanz der Klasse `RamInformations` aus und gibt eine Referenz darauf zurück. `GetRamInformations` erzeugt dazu eine Auflistung der WMI-Objekte, die die auf einem System installierten Betriebssysteme repräsentieren, und fragt das erste dieser Objekte ab (das das aktuelle System repräsentiert).

Zum Kompilieren dieses Quellcodes benötigt das Programm eine Referenz auf die Assembly *System.Management.dll*. Außerdem müssen Sie die Namensräume `System` und `System.Management` einbinden. Auf dem Zielcomputer muss zur Ausführung des Programms WMI installiert sein.

```
/* Verwaltet Arbeitsspeicher-Informationen */
public class RamInformations
{
   /* Der freie physische Speicher in KB */
   public ulong FreePhysicalMemory = 0;

   /* Der freie Speicher in den Auslagerungsdateien in KB */
   public ulong FreeSpaceInPagingFiles = 0;

   /* Der freie virtuelle Speicher in KB */
   /* In der Regel handelt es sich dabei um den  */
   /* freien physischen Speicher addiert mit dem */
   /* freien Speicher in den Auslagerungsdateien */
   public ulong FreeVirtualMemory = 0;

   /* Maximale Anzahl an KB, die einem Prozess */
   /* zugeordnet werden können */
   public ulong MaxProcessMemorySize = 0;

   /* Der gesamte virtuelle Speicher in KB */
   public ulong TotalVirtualMemorySize = 0;

   /* Der Arbeitsspeicher in KB, der dem Betriebssystem als */
   /* verfügbar gemeldet wurde */
   public ulong TotalVisibleMemorySize = 0;
}

/* Ermittelt Arbeitsspeicher-Informationen */
public static RamInformations GetRamInformations()
```

Listing 309: Methode zur Ermittlung von Informationen zum Arbeitsspeicher

```csharp
{
   // Instanz der Klasse RamInformations erzeugen
   RamInformations ri = new RamInformations();

   // Speicher-Infos über WMI abfragen
   ManagementClass mc = new ManagementClass("Win32_OperatingSystem");
   ManagementObjectCollection moc = mc.GetInstances();
   ManagementObjectCollection.ManagementObjectEnumerator
      mocEnumerator = moc.GetEnumerator();
   mocEnumerator.MoveNext();
   ManagementObject mo = (ManagementObject)mocEnumerator.Current;

   try
   {
      ri.FreePhysicalMemory = (ulong)mo["FreePhysicalMemory"];
   }
   catch {}

   try
   {
      ri.FreeSpaceInPagingFiles = (ulong)mo["FreeSpaceInPagingFiles"];
   }
   catch {}

   try
   {
      ri.FreeVirtualMemory = (ulong)mo["FreeVirtualMemory"];
   }
   catch {}

   try
   {
      ri.MaxProcessMemorySize = (ulong)mo["MaxProcessMemorySize"];
   }
   catch {}

   try
   {
      ri.TotalVirtualMemorySize = (ulong)mo["TotalVirtualMemorySize"];
   }
   catch {}

   try
   {
      ri.TotalVisibleMemorySize = (ulong)mo["TotalVisibleMemorySize"];
   }
   catch {}
```

Listing 309: Methode zur Ermittlung von Informationen zum Arbeitsspeicher (Forts.)

```
    // Speicher der WMI-Objekte freigeben um den Arbeitsspeicher
    // möglichst schnell zu entlasten
    mo.Dispose();
    moc.Dispose();
    mc.Dispose();

    // Informationen zurückgeben
    return ri;
}
```

Listing 309: Methode zur Ermittlung von Informationen zum Arbeitsspeicher (Forts.)

Voraussetzung für die fehlerfreie Ausführung dieser Methode ist, dass auf dem Zielsystem WMI installiert ist und dass das Benutzerkonto, das aktuell verwendet wird, über ausreichende WMI- und Systemrechte verfügt. Falls das interaktive Konto nicht über ausreichend Rechte verfügt, können Sie vor der Ausführung dieser Methode das Programm mit einem anderen Benutzerkonto personifizieren, wie ich es im Rezept 260 beschreibe.

Listing 310 zeigt eine Anwendung dieser Methode, bei der die ermittelten Daten an der Konsole ausgegeben werden.

```
SystemUtils.RamInformations ri = SystemUtils.GetRamInformations();

Console.WriteLine("FreePhysicalMemory: {0} KB",
    ri.FreePhysicalMemory);
Console.WriteLine("FreeSpaceInPagingFiles: {0} KB",
    ri.FreeSpaceInPagingFiles);
Console.WriteLine("FreeVirtualMemory: {0} KB",
    ri.FreeVirtualMemory);
Console.WriteLine("MaxProcessMemorySize: {0} KB",
    ri.MaxProcessMemorySize);
Console.WriteLine("TotalVirtualMemorySize: {0} KB",
    ri.TotalVirtualMemorySize);
Console.WriteLine("TotalVisibleMemorySize: {0} KB",
    ri.TotalVisibleMemorySize);
```

Listing 310: Anwendung der Methode zur Ermittlung von Informationen zum Arbeitsspeicher

180 Die Version des aktuellen Service-Packs ermitteln

Die Version des aktuellen Service-Packs können Sie über die Eigenschaft `ServicePack` von `Environment.OSVersion` ermitteln. Leider liefert diese Eigenschaft nur einen String zurück, der die Version in einer verkürzten Schreibweise enthält. Die Version 2.0 wird zum Beispiel als »2« zurückgegeben. Wenn Sie in Ihrem Programm überprü-

>> System

Abbildung 120: Das Beispielprogramm zum Auslesen von Arbeitsspeicher-Informationen in Aktion

fen müssen, ob ein Service-Pack ab einer bestimmten Version (z.B. ab Version 1.1) installiert ist, haben Sie damit unnötigen Aufwand. Außerdem können Sie nie genau wissen, in welcher Form die aktuelle Version (in Zukunft) zurückgegeben wird. Deshalb verzichte ich auf diese Eigenschaft.

Informationen zum aktuell installierten Service-Pack können Sie auch über die WMI-Klasse `Win32_OperatingSystem` auslesen. Die Eigenschaften `ServicePackMajorVersion` und `ServicePackMinorVersion`, die beides `ushort`-Werte sind, liefern Ihnen genaue Informationen über die Version.

Die Methode `GetServicePackVersion` in Listing 311 ermittelt eine Instanz der Klasse `Win32_OperatingSystem` für das aktive Betriebssystem, liest diese Eigenschaften aus und gibt eine Instanz der Klasse `OSVersion` mit Informationen zu der Version zurück. Ich verzichte auf eine nähere Beschreibung dieser Methode, da die Vorgehensweise sich prinzipiell nicht von der des Rezepts 179 unterscheidet.

Zum Kompilieren der Methode müssen Sie die Assembly *System.Management.dll* referenzieren und die Namensräume `System` und `System.Management` einbinden. Auf dem Zielcomputer muss zur Ausführung des Programms WMI installiert sein.

```
/* Verwaltet die Version des Service-Pack */
public class ServicePackVersion
{
   /* Die Hauptversion */
   public ushort Major;

   /* Die Nebenversion */
   public ushort Minor;
}

/* Ermittelt die Version des aktuellen Service-Pack */
public static ServicePackVersion GetServicePackVersion()
{
   // Version-Instanz für die Rückgabe erzeugen
   ServicePackVersion version = new ServicePackVersion();
```

Listing 311: Methode zur Ermittlung der Version des aktuellen Service-Packs

```csharp
// Win32_OperatingSystem-Instanz für das aktive Betriebssystem ermitteln
ManagementClass mc = new ManagementClass("Win32_OperatingSystem");
ManagementObjectCollection moc = mc.GetInstances();
ManagementObjectCollection.ManagementObjectEnumerator
    mocEnumerator = moc.GetEnumerator();
mocEnumerator.MoveNext();
ManagementObject mo = (ManagementObject)mocEnumerator.Current;

// Die Version abfragen und speichern
try{version.Major =(ushort)mo["ServicePackMajorVersion"];}
catch {}
try{version.Minor =(ushort)mo["ServicePackMinorVersion"];}
catch {}

// WMI-Objekte freigeben um den Speicher möglichst schnell zu entlasten
mo.Dispose();
moc.Dispose();
mc.Dispose();

// Ergebnis zurückgeben
return version;
}
```

Listing 311: Methode zur Ermittlung der Version des aktuellen Service-Packs (Forts.)

Wie bereits in den vorhergehenden Rezepten benötigt das Programm eine Referenz auf die Assembly *System.Management.dll*. Damit es fehlerfrei ausgeführt werden kann, muss auf dem Zielsystem WMI installiert sein. Außerdem muss das Benutzerkonto, das aktuell verwendet wird, über ausreichend WMI- und Systemrechte verfügen. Falls das aktuelle Benutzerkonto nicht über ausreichend Rechte verfügt, können Sie vor der Ausführung der `GetServicePackVersion`-Methode das Programm mit einem anderen Benutzerkonto personifizieren, wie ich es im Rezept 260 beschreibe.

181 Installierte Programme auflisten

Das Auflisten aller Programme, die auf einem System installiert sind, ist leider nicht allzu einfach. Über die WMI-Klasse `Win32_Product` erhalten Sie lediglich Informationen zu Programmen, die über den Windows-Installer installiert wurden. Viele Installations-Tools arbeiten aber unabhängig vom Windows-Installer. Die mit diesen Tools installierten Anwendungen werden von der Klasse `Win32_Product` nicht berücksichtigt.

Natürlich können Sie nicht jedes installierte Programm finden. Problematisch werden z.B. .NET-Programme, die durch einfaches Kopieren auf ein System übertragen wurden. Sinnvoll wäre aber wenigstens das Auflisten der Programme, die in Windows als deinstallierbar registriert sind und in der Software-Liste der Systemsteuerung auftauchen.

>> **System**

Um diese Programme zu ermitteln, können Sie die Registry abfragen. Die deinstallierbaren Programme finden Sie im Schlüssel *HKEY_LOCAL_MACHINE\Software\Microsoft\Windows\CurrentVersion\Uninstall*. Zum Zugriff auf die Registry können Sie die WMI-Klasse `StdRegProv` aus dem Namensraum *root\default* verwenden. Die Verwendung dieser Klasse würde den Vorteil bringen, auch die auf entfernten Systemen installierten Programme auflisten zu können. Abgesehen davon, dass die `StdRegProv`-Klasse in Windows 95, 98 und Me (laut der Dokumentation) nicht zur Verfügung steht, ist deren Anwendung auch nicht allzu einfach. Problematisch ist z.B. die (mir nicht gelungene ☺) By-Reference-Übergabe eines Arrays als COM-Variant-Typ beim Aufruf der WMI-Methode `EnumKey`. Also habe ich eine auf dem lokalen System funktionierende Lösung über den direkten Zugriff auf die Registry über eine `RegistryKey`-Instanz (siehe Rezept 81) implementiert.

Die Methode `EnumInstalledPrograms` in Listing 312 erzeugt deshalb ein solches Objekt für den Schlüssel, der die Informationen zu der deinstallierbaren Software enthält. Über die Methode `GetSubKeyNames` ermittelt `EnumInstalledPrograms` die Namen der in diesem Schlüssel enthaltenen Unterschlüssel, geht diese durch und öffnet jeden Unterschlüssel über `OpenSubKey`. Um den Namen des Programms zu ermitteln, liest `EnumInstalledPrograms` zunächst den Wert `DisplayName` aus, der bei echten Programmen in der Regel den anzuzeigenden Programmnamen enthält (bei installierten Komponenten, die keine Programme darstellen, existiert dieser Wert nicht). Ist `DisplayName` nicht vorhanden, versucht `EnumInstalledPrograms` noch den eventuell vorhandenen Wert `QuietDisplayName` auszulesen. Kann aus einem dieser Werte ein Name ausgelesen werden, wird das als installiertes Programm gewertet und der Name der Ergebnis-Auflistung hinzugefügt.

Die Methode erfordert die Referenzierung der Assembly *System.Management.dll* und die Einbindung der Namensräume `System`, `System.Management`, `System.Collections.Specialized` und `Microsoft.Win32`. Auf dem Zielcomputer muss zur Ausführung des Programms WMI installiert sein.

```
public static StringCollection EnumInstalledPrograms()
{
   // StringCollection für die Rückgabe erzeugen
   StringCollection installedPrograms = new StringCollection();

   // RegistryKey-Instanz für den Schlüssel HKEY_LOCAL_MACHINE\Software\
   // Microsoft\Windows\CurrentVersion\Uninstall erzeugen
   string keyPath = @"Software\Microsoft\Windows\CurrentVersion\Uninstall";
   RegistryKey regKey = Registry.LocalMachine.OpenSubKey(keyPath);
   if (regKey != null)
   {
      // Alle Unterschlüssel durchgehen
      string[] subKeyNames = regKey.GetSubKeyNames();
```

Listing 312: Methode zur Auflistung der installierten (und deinstallierbaren) Anwendungen

504 >> Installierte Programme auflisten

```csharp
            for (int i = 0; i < subKeyNames.Length; i++)
            {
                // Unterschlüssel öffnen und den Wert DisplayName oder
                // QuietDisplayName auslesen
                RegistryKey subKey = regKey.OpenSubKey(subKeyNames[i]);
                string programName = (string)subKey.GetValue("DisplayName");
                if (programName == null)
                    programName = (string)subKey.GetValue("QuietDisplayName");

                // Wenn ein Programmname ermittelt werden konnte, diesen an die
                // String-Auflistung anfügen
                if (programName != null)
                    installedPrograms.Add(programName);
            }
        }
        else
        {
            // Schlüssel nicht gefunden: Ausnahme generieren
            throw new Exception("Registry-Schlüssel " +
                Registry.LocalMachine.Name + "\\" + keyPath + " nicht gefunden");
        }

        return installedPrograms;
    }
```

Listing 312: Methode zur Auflistung der installierten (und deinstallierbaren) Anwendungen (Forts.)

Das folgende Listing zeigt eine Beispielanwendung:

```csharp
try
{
    StringCollection installedPrograms = EnumInstalledPrograms();
    foreach (string programName in installedPrograms)
        Console.WriteLine(programName);
}
catch (Exception ex)
{
    Console.WriteLine(ex.Message);
}
```

Listing 313: Anwendung der Methode zur Auflistung der installierten Anwendungen

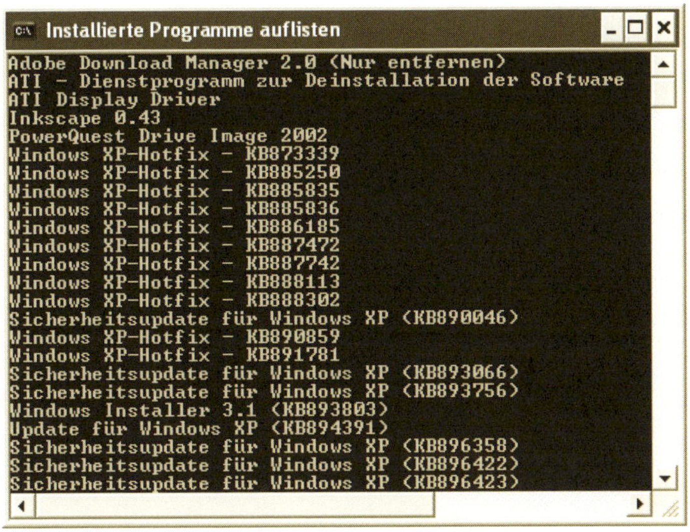

>> **System**

Abbildung 121: Auflisten der installierten Programme

182 Informationen zu den parallelen Schnittstellen des Systems auslesen

Informationen über die parallelen Schnittstellen eines Systems erhalten Sie über die WMI-Klasse `Win32_ParallelPort`. Die Methode `EnumParallelPorts` in Listing 316 ermittelt über diese Klasse die wichtigsten Informationen zu den parallelen Schnittstellen des lokalen Computers.

Um diese speichern zu können, sind zunächst zwei Klassen und eine Aufzählung implementiert. Die Klasse `ParallellPortCapabilities` verwaltet die Eigenschaften einer parallelen Schnittstelle und wird als Typ der Eigenschaft `Capabilities` in der Klasse `ParallelPort` eingesetzt. Die Aufzählung `ParallellPortStatusInfo` wird zur Speicherung des Status eines Ports verwendet. Instanzen der Klasse `ParallelPort` speichern dann später die wichtigsten Daten einer parallelen Schnittstelle.

Zum Kompilieren dieses Quellcodes müssen Sie die Assembly *System.Management.dll* referenzieren und die Namensräume `System`, `System.Management` und `System.Collections.Generic` einbinden.

```
/* Verwaltet die Fähigkeiten eines parallelen Ports */
public class ParallellPortCapabilities
{
   /* XT/AT-kompatibel */
   public bool XTATCompatible;
```

Listing 314: Klassen und eine Aufzählung zur Speicherung der wichtigsten Eigenschaften eines parallelen Ports

```
    /* PS2-kompatibel */
    public bool PS2Compatible;

    /* ECP */
    public bool ECP;

    /* EPP */
    public bool EPP;

    /* PC98 */
    public bool PC98;

    /* PC98Hireso */
    public bool PC98Hireso;

    /* PCH98 */
    public bool PCH98;

    /* Der Port besitzt weitere Fähigkeiten */
    public bool Other;
}

/* Aufzählung für den Status eines parallelen Ports   */
public enum ParallelPortStatusInfo: ushort
{
    /* Der Status ist nicht definiert */
    NotDefined = 0,

    /* Der Port besitzt einen anderen,  */
    /* hier nicht genannten Status */
    Other = 1,

    /* Der Status ist unbekannt */
    Unknown = 2,

    /* Der Port ist aktiviert */
    Enabled = 3,

    /* Der Port ist deaktiviert */
    Disabled = 4,

    /* Der Status ist zurzeit nicht anwendbar */
    NotApplicable = 5
}

/* Klasse mit den wichtigsten Eigenschaften eines parallelen Ports */
```

Listing 314: Klassen und eine Aufzählung zur Speicherung der wichtigsten Eigenschaften eines parallelen Ports (Forts.)

```
public class ParallelPort
{
   /* Die Geräte-Id des Port */
   public string DeviceId;

   /* Die Fähigkeiten des Port */
   public ParallellPortCapabilities Capabilities =
      new ParallellPortCapabilities();

   /* Gibt an, ob der Port DMA unterstützt */
   public bool DMASupport;

   /* Gibt den Status des Port an */
   public ParallelPortStatusInfo StatusInfo;
}
```

Listing 314: Klassen und eine Aufzählung zur Speicherung der wichtigsten Eigenschaften eines parallelen Ports (Forts.)

Leider sind die einzelnen Werte für die Fähigkeiten und den Status des Ports in der WMI-Dokumentation nicht beschrieben, weswegen ich für mir unbekannte Werte (wie zum Beispiel EPP und ECP) leider keine Beschreibung anfügen konnte.

Um die ermittelten Ports auflisten zu können, implementiert die Klasse `ParallelPorts` eine typsichere Auflistung, die von der generischen Klasse `List` abgeleitet wird.

```
public class ParallelPorts: List<ParallelPort>
{
}
```

Listing 315: Auflistung für ParallelPort-Instanzen

Die Methode `EnumParallelPorts` erzeugt für die WMI-Klasse `Win32_ParallelPort` eine Auflistung, geht diese durch und speichert die eingelesenen Daten in Instanzen der Klasse `ParallelPort`. Das Einlesen erfolgt in einer Ausnahmebehandlung um Fehler bei Eigenschaften zu vermeiden, die `null` speichern. Die Eigenschaft `StatusInfo`, die ja eine Aufzählung vom Typ `ParallellPortStatusInfo` ist, kann direkt konvertiert werden, da die Werte dieser Aufzählung mit den Statusinfo-Werten korrespondieren.

Das Auslesen der Fähigkeiten eines Ports ist etwas komplexer, da diese in einem `uint`-Array verwaltet werden. `EnumParallelPorts` geht dieses Array durch, vergleicht die gespeicherten Werte mit den dokumentierten Konstanten und belegt die entsprechende Eigenschaft der `Capabilities`-Eigenschaft des `ParallelPort`-Objekts mit `true`, wenn eine Fähigkeit gesetzt ist.

Die so definierten Ports werden dann der anfangs erzeugten `ParallelPorts`-Auflistung hinzugefügt, die am Ende der Methode zurückgegeben wird.

```csharp
public static ParallelPorts EnumParallelPorts()
{
   // ParallelPorts-Instanz für die Rückgabe erzeugen
   ParallelPorts ports = new ParallelPorts();

   // WMI-Auflistung der Objekte der Win32_ParallelPort-Klasse erzeugen
   ManagementClass mc = new ManagementClass("Win32_ParallelPort");
   ManagementObjectCollection moc = mc.GetInstances();

   // Die einzelnen Objekte durchgehen
   foreach (ManagementBaseObject mbo in moc)
   {
      // ParallelPort-Instanz erzeugen und initialisieren
      ParallelPort port = new ParallelPort();
      try
      {
         port.DeviceId = (string)mbo["DeviceId"];
      }
      catch {}

      try
      {
         port.DMASupport  = (bool)mbo["DMASupport"];
      }
      catch {}

      try
      {
         port.StatusInfo = (ParallelPortStatusInfo)mbo["StatusInfo"];
      }
      catch {}

      // Fähigkeiten aus dem Capabilities-Array auslesen
      try
      {
         uint[] caps = (uint[])mbo["Capabilities"];
         for (int i = 0; i < caps.Length; i++)
         {
            switch (caps[i])
            {
               case 2:   // Other
                  port.Capabilities.Other = true;
                  break;
               case 3:   // XT/AT Compatible
                  port.Capabilities.XTATCompatible = true;
                  break;
```

Listing 316: Methode zum Auflisten der parallelen Ports des Systems

```
                    case 4:  // PS/2 Compatible
                       port.Capabilities.PS2Compatible = true;
                       break;
                    case 5:  // ECP
                       port.Capabilities.ECP = true;
                       break;
                    case 6:  // EPP
                       port.Capabilities.EPP = true;
                       break;
                    case 7:  // PC-98
                       port.Capabilities.PC98 = true;
                       break;
                    case 8:  // PC-98-Hireso
                       port.Capabilities.PC98Hireso = true;
                       break;
                    case 9:  // PC-H98
                       port.Capabilities.PCH98 = true;
                       break;
                 }
              }
           }
           catch {}

           // ParallelPort-Instanz an die Auflistung anfügen
           ports.Add(port);
        }

        // Speicher der WMI-Objekte freigeben um den Arbeitsspeicher möglichst
        // schnell zu entlasten
        moc.Dispose();
        mc.Dispose();

        // Ergebnis zurückgeben
        return ports;
     }
```

Listing 316: Methode zum Auflisten der parallelen Ports des Systems (Forts.)

> **Hinweis**
> Die Abfrage der parallelen Ports ergab auf meinem System (Windows XP Professional) für den Status, den (vorhandenen) DMA-Support und die Fähigkeiten immer den Wert `null`. Im Internet habe ich dazu leider nichts gefunden. Na ja, wenigstens die Eigenschaft `DeviceId` war immer vorhanden ...

Das folgende Listing zeigt eine Anwendung der Methode `EnumParallelPorts`:

```
/* Auflisten der parallelen Ports des Systems */
ParallelPorts ports = EnumParallelPorts();

foreach(ParallelPort port in ports)
{
   Console.WriteLine("DeviceId: {0}", port.DeviceId);
   Console.WriteLine("DMASupport: {0}", port.DMASupport);
   Console.WriteLine("StatusInfo: {0}", port.StatusInfo);
   Console.WriteLine("Capabilities:");
   Console.WriteLine("ECP: {0}", port.Capabilities.ECP);
   Console.WriteLine("EPP: {0}", port.Capabilities.EPP);
   Console.WriteLine("PC98: {0}", port.Capabilities.PC98);
   Console.WriteLine("PC98Hireso: {0}", port.Capabilities.PC98Hireso);
   Console.WriteLine("PCH98: {0}", port.Capabilities.PCH98);
   Console.WriteLine("PS2Compatible: {0}", port.Capabilities.PS2Compatible);
   Console.WriteLine("Other: {0}", port.Capabilities.Other);
   Console.WriteLine();
}
```

Listing 317: Beispielhafte Anwendung der Methode zum Auflisten der parallelen Ports des Systems

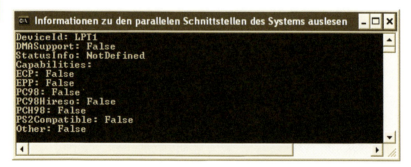

Abbildung 122: Das Beispielprogramm zur Ermittlung der wichtigsten Informationen zu den parallelen Schnittstellen des Systems

183 Informationen zu den seriellen Schnittstellen des Systems auslesen

Ähnlich dem Rezept 182 können Sie über die WMI-Klasse `Win32_SerialPort` (eingeschränkte) Informationen zu den seriellen Schnittstellen des lokalen Systems auslesen. Die Methode `EnumSerialPorts` Listing 322 arbeitet deswegen auf nahezu dieselbe Weise wie die Methode `EnumParallelPorts` aus dem genannten Rezept.

`EnumSerialPorts` gibt eine Auflistung des Typs `SerialPorts` mit Instanzen der Klasse `SerialPort` zurück. Die Klasse `SerialPort` enthält die wichtigsten Eigenschaften einer seriellen Schnittstelle.

>> System

`EnumSerialPorts` benötigt eine Referenz auf die Assembly *System.Management.dll* und den Import der Namensräume `System`, `System.Management` und `System.Collections.Generic`. Auf dem ausführenden Rechner muss WMI installiert sein.

Zunächst habe ich eine Klasse implementiert, die die Fähigkeiten eines seriellen Ports verwaltet. Die einzelnen Fähigkeiten sind in der WMI-Dokumentation leider nicht dokumentiert.

```
public class SerialPortCapabilities
{
   /* Unbekannte Fähigkeit */
   public bool Unknown;

   /* XT/AT-kompatibel */
   public bool CompatibleXTAT;

   /* 16450-kompatibel */
   public bool Compatible16450;

   /* 16550-kompatibel */
   public bool Compatible16550;

   /* 16550A-kompatibel */
   public bool Compatible16550A;

   /* 8251-kompatibel */
   public bool Compatible8251;

   /* 8251FIFO-kompatibel */
   public bool Compatible8251FIFO;

   /* Andere Fähigkeit, die hier nicht aufgelistet wird */
   public bool Other;
}
```

Listing 318: Klasse zur Verwaltung der Fähigkeiten eines seriellen Ports

Dann folgt eine Aufzählung, die den Status (der leider auch wieder nicht dokumentiert ist) des seriellen Ports angibt:

```
public enum SerialPortStatusInfo : ushort
{
   /* Der Status ist nicht definiert */
   NotDefined = 0,

   /* Der Port besitzt einen anderen, */
```

Listing 319: Aufzählung für den Status eines seriellen Ports

Informationen zu den seriellen Schnittstellen des Systems auslesen

```
    /* hier nicht genannten Status */
    Other = 1,

    /* Der Status ist unbekannt */
    Unknown = 2,

    /* Der Port ist aktiviert */
    Enabled = 3,

    /* Der Port ist deaktiviert */
    Disabled = 4,

    /* Der Status ist zurzeit nicht anwendbar  */
    NotApplicable = 5
}
```

Listing 319: Aufzählung für den Status eines seriellen Ports (Forts.)

Die Klasse `SerialPort` verwaltet die Eigenschaften eines seriellen Ports:

```
/* Verwaltet die wichtigsten Eigenschaften eines seriellen Ports */
public class SerialPort
{
    /* Die Geräte-ID */
    public string DeviceId;

    /* Die maximale Baudrate */
    public uint MaxBaudRate;

    /* Gibt an, ob der Port den 16-Bit-Modus unterstützt */
    public bool Supports16BitMode;

    /* Gibt an, ob der Port DTR- und DSR-Signale unterstützt. */
    /* Diese Signale werden üblicherweise für einen Handshake verwendet. */
    public bool SupportsDTRDSR;

    /* Gibt an, ob der Port Laufzeit-Timeouts unterstützt. */
    /* Laufzeit-Timeouts beziehen sich auf die gesamte Zeit, */
    /* die zwischen Datenübertragungen vergeht */
    public bool SupportsElapsedTimeouts;

    /* Gibt an, ob der Port Intervall-Timeouts unterstützt. */
    /* Intervall-Timeouts beziehen sich auf die Zeit, die zwischen */
    /* dem Empfang von einzelnen Datenpaketen vergeht. */
    public bool SupportsIntervallTimeouts;
```

Listing 320: Klasse zur Verwaltung der Eigenschaften eines seriellen Ports

>> System

```csharp
    /* Gibt an, ob der Port eine Paritäts-Überprüfung unterstützt. */
    public bool SupportsParityCheck;

    /* Gibt an, ob der Port RLSD (Received Line Signal Detect) unterstützt */
    public bool SupportsRLSD;

    /* Gibt an, ob der Port RTS- und CTS-Signale unterstützt */
    /* Diese Signale werden üblicherweise für einen Handshake verwendet. */
    public bool SupportsRTSCTS;

    /* Gibt an, ob der Port spezielle Zeichen unterstützt */
    public bool SupportsSpecialCharacters;

    /* Gibt an, ob der Port eine XOn/XOff-Flusskontrolle unterstützt */
    public bool SupportsXOnXOff;

    /* Gibt an, ob der Port die Einstellung der */
    /* XOn/XOff-Flusskontrolle unterstützt */
    public bool SupportsXOnXOffSettings;

    /* Die Fähigkeiten des Ports */
    public SerialPortCapabilities Capabilities =
        new SerialPortCapabilities();

    /* Information über den Status des Ports */
    public SerialPortStatusInfo StatusInfo;
}
```

Listing 320: Klasse zur Verwaltung der Eigenschaften eines seriellen Ports (Forts.)

Die Klasse `SerialPorts` ist eine Auflistung von `SerialPort`-Objekten:

```csharp
/* Auflistung für SerialPort-Objekte  */
public class SerialPorts : List<SerialPort>
{
}
```

Listing 321: Klasse zur Verwaltung von SerialPort-Instanzen

Schließlich folgt noch die Methode, die die Informationen über die seriellen Schnittstellen des Systems über WMI ausliest, in einzelne `SerialPort`-Objekt schreibt und diese als Auflistung zurückgibt:

```csharp
public static SerialPorts EnumSerialPorts()
{
```

Listing 322: Methode zum Auflisten der seriellen Schnittstellen eines Systems

514 >> Informationen zu den seriellen Schnittstellen des Systems auslesen

```csharp
// SerialPorts-Instanz für die Rückgabe erzeugen
SerialPorts ports = new SerialPorts();

// WMI-Auflistung der Objekte der Win32_SerialPort erzeugen
ManagementClass mc = new ManagementClass("Win32_SerialPort");
ManagementObjectCollection moc = mc.GetInstances();

// Die einzelnen Objekte durchgehen
foreach (ManagementBaseObject mbo in moc)
{
   // SerialPort-Instanz erzeugen und initialisieren
   SerialPort port = new SerialPort();
   try
   {
      port.DeviceId = (string)mbo["DeviceId"];
   }
   catch { }

   try
   {
      port.MaxBaudRate = (uint)mbo["MaxBaudRate"];
   }
   catch { }

   try
   {
      port.Supports16BitMode = (bool)mbo["Supports16BitMode"];
   }
   catch { }

   try
   {
      port.SupportsDTRDSR = (bool)mbo["SupportsDTRDSR"];
   }
   catch { }

   try
   {
      port.SupportsElapsedTimeouts =
         (bool)mbo["SupportsElapsedTimeouts"];
   }
   catch { }

   try
   {
      port.SupportsIntervallTimeouts = (bool)mbo["SupportsIntTimeouts"];
   }
```

Listing 322: Methode zum Auflisten der seriellen Schnittstellen eines Systems (Forts.)

```
    catch { }

    try
    {
        port.SupportsParityCheck = (bool)mbo["SupportsParityCheck"];
    }
    catch { }

    try
    {
        port.SupportsRLSD = (bool)mbo["SupportsRLSD"];
    }
    catch { }

    try
    {
        port.SupportsRTSCTS = (bool)mbo["SupportsRTSCTS"];
    }
    catch { }

    try
    {
        port.SupportsSpecialCharacters =
            (bool)mbo["SupportsSpecialCharacters"];
    }
    catch { }

    try
    {
        port.SupportsXOnXOff = (bool)mbo["SupportsXOnXOff"];
    }
    catch { }

    try
    {
        port.SupportsXOnXOffSettings = (bool)mbo["SupportsXOnXOffSet"];
    }
    catch { }

    try
    {
        port.StatusInfo = (SerialPortStatusInfo)mbo["StatusInfo"];
    }
    catch { }

    // Fähigkeiten aus dem Capabilities-Array auslesen
    try
```

Listing 322: Methode zum Auflisten der seriellen Schnittstellen eines Systems (Forts.)

```csharp
            {
                uint[] caps = (uint[])mbo["Capabilities"];
                for (int i = 0; i < caps.Length; i++)
                {
                    switch (caps[i])
                    {
                        case 1:     // Other
                            port.Capabilities.Other = true;
                            break;
                        case 2:     // Unknown
                            port.Capabilities.Unknown = true;
                            break;
                        case 3:     // XT/AT Compatible
                            port.Capabilities.CompatibleXTAT = true;
                            break;
                        case 4:     // 16450 Compatible
                            port.Capabilities.Compatible16450 = true;
                            break;
                        case 5:     // 16550 Compatible
                            port.Capabilities.Compatible16550 = true;
                            break;
                        case 6:     // 16550A Compatible
                            port.Capabilities.Compatible16550A = true;
                            break;
                        case 160:   // 8251 Compatible
                            port.Capabilities.Compatible8251 = true;
                            break;
                        case 161:   // 8251FIFO Compatible
                            port.Capabilities.Compatible8251FIFO = true;
                            break;
                    }
                }
            }
            catch { }

            // SerialPort-Instanz an die Auflistung anfügen
            ports.Add(port);
        }

        // Speicher des WMI-Objekts freigeben um den Arbeitsspeicher möglichst
        // schnell zu entlasten
        moc.Dispose();
        mc.Dispose();

        // Ergebnis zurückgeben
        return ports;
    }
```

Listing 322: Methode zum Auflisten der seriellen Schnittstellen eines Systems (Forts.)

> **Hinweis**
>
> Ähnlich der Abfrage der parallelen Ports ergaben die Fähigkeiten (Capabilities) auf meinem System (Windows XP Professional) immer den Wert null. Anders als bei der Klasse Win32_ParallelPort war aber die Eigenschaft StatusInfo verfügbar.

184 Ermitteln der Soundkarten des Systems

Über die WMI-Klasse Win32_SoundDevice können Sie Informationen zu den installierten Soundkarten auslesen. Leider sind die meisten (von der Basisklasse CIM_LogicalDevice geerbten) Eigenschaften dieser Klasse scheinbar nicht implementiert und geben null zurück. Aber eigentlich interessiert uns ja nur, ob überhaupt eine Soundkarte installiert ist und wenn ja, welche.

Die Methode EnumSoundcards in Listing 323 liest deshalb nur die Geräte-Id und den Produktnamen der installierten Soundkarten in eine Instanz der generischen Klasse Dictionary, deren Schlüssel und Wert jeweils mit dem Typ string typisiert ist. Ich beschreibe die Funktionsweise dieser Methode nicht näher, da sie im Prinzip nicht anders vorgeht als die Methoden in den vorhergehenden Rezepten.

Zum Kompilieren dieser Methode benötigen Sie eine Referenz auf die Assembly *System.Management.dll*. Außerdem müssen Sie die Namensräume System, System.Management und System.Collections.Generic importieren.

```
public static Dictionary<string, string> EnumSoundcards()
{
   // HashTable für die Rückgabe erzeugen
   Dictionary<string, string> soundcards = new Dictionary<string, string>();

   // Abfragen der installierten Soundkarten
   ManagementObjectSearcher searcher = new ManagementObjectSearcher(
      "SELECT * FROM Win32_SoundDevice");
   ManagementObjectCollection moc = searcher.Get();
   foreach (ManagementBaseObject mbo in moc)
   {
      // DeviceId (als Schlüssel) und ProductName (als Wert)
      // an die Hashtable-Instanz anfügen
      soundcards.Add(
         mbo["DeviceId"] != null ?
            mbo["DeviceId"].ToString() : String.Empty,
         mbo["ProductName"] != null ?
            mbo["ProductName"].ToString() : String.Empty);
   }

   // ManagementObjectSearcher freigeben, um den Speicher möglichst schnell
   // zu entlasten
```

Listing 323: Methode zum Auflisten der wichtigsten Informationen zu den installierten Soundkarten

```
    searcher.Dispose();

    // StringCollection zurückgeben
    return soundcards;
}
```

Listing 323: Methode zum Auflisten der wichtigsten Informationen zu den installierten Soundkarten (Forts.)

Wenn Sie nun lediglich ermitteln wollen, ob eine Soundkarte installiert ist, können Sie das folgende Programm einsetzen:

```
Dictionary<string, string> soundcards = EnumSoundcards();
if (soundcards.Count = 0)
{
    MessageBox.Show("Auf Ihrem System wurde keine Soundkarte gefunden",
        Application.ProductName, MessageBoxButtons.OK,
        MessageBoxIcon.Exclamation);
}
```

Listing 324: Einfache Abfrage danach, ob auf dem System eine Soundkarte installiert ist

185 Windows herunterfahren und neu starten

Über die Methoden `Reboot` und `Shutdown` einer Instanz der WMI-Klasse `Win32_OperatingSystem` können Sie ein System neu starten oder herunterfahren. Alternativ könnten Sie dazu auch die API-Funktion `ExitWindowsEx` einsetzen. Das dabei notwendige Erlangen des Reboot-Privilegs ist aber recht kompliziert.

Die Methode `ShutdownSystem` in Listing 325 besitzt die Argumente `hostName`, `remoteAuthUser` und `remoteAuthPassword`, um auch das Herunterfahren und Booten eines entfernten Systems zu ermöglichen. Mit diesen Informationen erzeugt die Methode zunächst ein `ManagementScope`-Objekt. Da das Herunterfahren und Neu-Starten des Systems das Privileg `SE_SHUTDOWN_NAME` (Herunterfahren des Systems) erfordert, setzt `ShutdownSystem` zusätzlich die Eigenschaft `EnablePrivileges` dieses Objekts auf `true`. Damit wird laut der Dokumentation erreicht, dass die Privilegien des aktuellen Benutzerkontos für WMI aktiviert werden und somit zur Verfügung stehen. Für das Herunterfahren und Neu-Booten eines entfernten Systems ist das Setzen dieser Eigenschaft allerdings nicht notwendig, wenn Sie das `ManagementScope`-Objekt mit Authentifizierungsinformationen versehen.

Das `ManagementScope`-Objekt wird bei der Erzeugung einer `ManagementClass`-Instanz übergeben, womit die dort eingestellte Konfiguration beim folgenden Erzeugen der `ManagementObjectCollection`-Auflistung für die verfügbaren Betriebssysteme übernommen wird. Über den Enumerator dieser Auflistung ermittelt `ShutdownSystem` dann

>> **System**

eine Referenz auf ein `ManagementObject`-Objekt des aktiven Betriebssystems und ruft über die `Invoke`-Methode die `Reboot`- oder `Shutdown`-Methode des `Win32_Operating-System`-Objekts auf.

Die Methode `ShutdownSystem` benötigt eine Referenz auf die Assembly *System.Management.dll* und den Import der Namensräume `System` und `System.Management`. Auf dem Zielcomputer muss zur Ausführung des Programms WMI installiert sein.

```
public static void ShutdownSystem(string hostName, string remoteAuthUser,
   string remoteAuthPassword, bool reboot)
{
   // Den Hostnamen auf localhost setzen, wenn keiner übergeben wurde
   if (hostName == null || hostName == "")
   {
      hostName = "localhost";
   }

   // ManagementScope-Objekt erzeugen, damit die EnablePrivileges-Eigenschaft
   // gesetzt und die Authentifizierungs-Informationen übergeben werden
   // können
   ManagementScope scope = new ManagementScope(@"\\" + hostName +
      "\\root\\cimv2");
   scope.Options.EnablePrivileges = true;
   scope.Options.Username = remoteAuthUser;
   scope.Options.Password = remoteAuthPassword;

   // Win32_OperatingSystem-Instanz für das aktive Betriebssystem ermitteln
   ManagementClass mc = new ManagementClass(scope, new ManagementPath(
      "Win32_OperatingSystem"), new ObjectGetOptions());
   ManagementObjectCollection moc = mc.GetInstances();
   ManagementObjectCollection.ManagementObjectEnumerator
      mocEnumerator = moc.GetEnumerator();
   mocEnumerator.MoveNext();
   ManagementObject mo = (ManagementObject)mocEnumerator.Current;

   // Rechner über die Win32Shutdown-Methode neu starten oder herunterfahren
   if (reboot)
   {
      mo.InvokeMethod("Reboot", null);
   }
   else
   {
      mo.InvokeMethod("Shutdown", null);
   }

   // WMI-Objekte freigeben um den Speicher möglichst schnell zu entlasten
   mo.Dispose();
```

Listing 325: Methode zum Herunterfahren oder Rebooten des Systems

```
    moc.Dispose();
    mc.Dispose();
}
```

Listing 325: Methode zum Herunterfahren oder Rebooten des Systems (Forts.)

Zur erfolgreichen Ausführung der Methode `ShutdownSystem` muss natürlich zunächst WMI auf dem Zielsystem installiert sein. Zudem muss das Benutzerkonto, das für die WMI-Authentifizierung verwendet wird, über das Privileg `SE_SHUTDOWN_NAME` verfügen. Dieses Privileg vergeben Sie über die lokalen Sicherheitseinstellungen (SYSTEMSTEUERUNG / VERWALTUNG / LOKALE SICHERHEITSRICHTLINIE / SICHERHEITSEINSTELLUNGEN / LOKALE RICHTLINIEN / ZUWEISEN VON BENUTZERRECHTEN), wo dieses Privileg als HERUNTERFAHREN DES SYSTEMS bezeichnet wird.

186 Die verfügbaren Leistungsindikatoren auslesen

Windows stellt ab Windows NT mit Leistungsindikatoren (Performance Counter) eine Möglichkeit zur Verfügung, die Leistung von Teilen des Systems zu überwachen. Mit vordefinierten Leistungsindikatoren können Sie z.B. den aktuellen Speicherverbrauch oder die CPU-Auslastung überprüfen. Unter Windows 2000 und XP können Sie die verfügbaren Leistungsindikatoren (u.a.) über den Systemmonitor (der in XP nur noch unter der Überschrift *Leistung* erscheint) überwachen. Diesen erreichen Sie über die Systemsteuerung (SYSTEMSTEUERUNG / VERWALTUNG / LEISTUNG bzw. SYSTEMSTEUERUNG / VERWALTUNG / SYSTEMMONITOR).

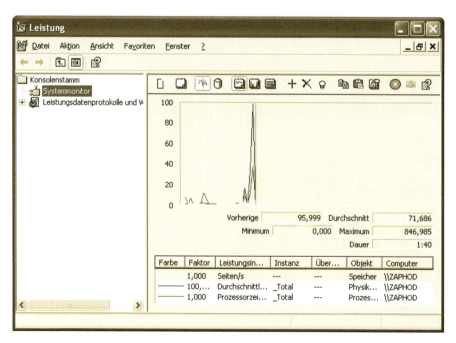

Abbildung 123: Der Systemmonitor von Windows XP

Über das Kontextmenü des Diagramms können Sie Leistungsindikatoren hinzufügen. Leistungsindikatoren sind in Kategorien eingeteilt. Die Kategorie *Speicher* enthält z.B. u.a. die Indikatoren *Verfügbare Bytes*, *Verfügbare KB*, *Verfügbare MB* und *Wechselfehler/s* (Abbildung 124).

Abbildung 124: Hinzufügen einzelner Leistungsindikatoren

Der Systemmonitor öffnet die angegebenen Leistungsindikatoren und stellt diese so ein, dass sie in einem angegebenen Zeitintervall aktualisiert werden. Geöffnete Leistungsindikatoren werden lediglich im Arbeitsspeicher verwaltet und von Programmen wie dem Systemmonitor abgefragt. Diese Abfrage von Leistungsindikatoren können Sie auch in Ihre Programme integrieren, wie ich es ab dem Rezept 187 zeige.

Zunächst geht es aber darum, die verfügbaren Leistungsindikatoren aufzulisten. Zum Zugriff auf diese stellt das .NET Framework im Namensraum `System.Diagnostics` die Klassen `PerformanceCounterCategory` und `PerformanceCounter` zur Verfügung. Eine `PerformanceCounterCategory`-Instanz repräsentiert eine Leistungsindikatorenkategorie, eine `PerformanceCounter`-Instanz einen einzelnen Leistungsindikator. Über diese Klassen können Sie eine Liste der auf einem System verfügbaren Leistungsindikatoren erzeugen.

> **Hinweis:** Beachten Sie, dass Leistungsindikatoren erst ab Windows NT zur Verfügung stehen. Unter Windows 98 und Me erhalten Sie bei der Verwendung der Klassen `PerformanceCounterCategory` und `PerformanceCounter` den Fehler »Dieses Feature erfordert Windows NT«.

Die verfügbaren Leistungsindikatoren auslesen

Die Methode `WritePerformanceCounterNames` im folgenden Listing schreibt die verfügbaren Leistungsindikatoren in eine Textdatei, deren Dateiname übergeben wird. Sie erzeugt dazu zunächst eine `StreamWriter`-Instanz, ermittelt über die statische Methode `GetCategories` der `PerformanceCounterCategory`-Klasse alle verfügbaren Kategorien und geht diese durch. Nachdem der Name der Kategorie in den `StreamWriter` geschrieben wurde, liest `WritePerformanceCounterNames` über die Methode `GetInstanceNames` die Namen von eventuell vorhandenen »Instanzen« aus. Dazu sollten Sie wissen, dass Leistungsindikatoren ohne eine weitere Unterteilung in der Kategorie gespeichert sein oder in mehreren benannten Instanzen innerhalb der Kategorie vorkommen können. Verständlich wird dies durch den Vergleich zweier Kategorien. Die Kategorie *TCP* beinhaltet z.B. nur einen Satz an Leistungsindikatoren und somit keine Instanz. In der Kategorie *Prozess* werden aber einzelne Sätze der Leistungsindikatoren dieser Kategorie für jeden einzelnen Prozess und für die Gesamtheit aller Prozesse verwaltet. Diese Kategorie enthält also mehrere Instanzen der Leistungsindikatoren.

Dummerweise erzeugt die zum Auslesen der Leistungsindikatoren verwendete Methode `GetCounters` eines `PerformanceCounterCategory`-Objekts eine Ausnahme, wenn Sie diese Methode ohne Argument aufrufen und die Kategorie Instanzen beinhaltet. Für diesen Fall müssen Sie dieser Methode den Namen der Instanz übergeben und können dann die einzelnen Leistungsindikatoren dieser Instanz auslesen.

Zum Kompilieren der Methode müssen Sie die Namensräume `System`, `System.Diagnostics`, `System.Text` und `System.IO` importieren.

Da `WritePerformanceCounterNames` lediglich die Namen der Leistungsindikatoren einer Kategorie auflisten soll, wird überprüft, ob Instanzen bestehen. Ist dies der Fall, geht `WritePerformanceCounterNames` die Namen der Instanzen durch und schreibt diese in die Datei.

```
public static void WritePerformanceCounterNames(string filePath)
{
    // Datei zum Schreiben öffnen
    StreamWriter sr = new StreamWriter(filePath, false, Encoding.Default);

    // Ermitteln und Durchgehen der Leistungsindikatoren-Kategorien
    PerformanceCounterCategory[] pccList =
        PerformanceCounterCategory.GetCategories();
    foreach (PerformanceCounterCategory pcc in pccList)
    {
        sr.WriteLine("Kategorie: {0}", pcc.CategoryName);

        try
        {
            // Ermitteln der Namen der eventuell vorhandenen Instanzen
            string[] pcInstanceNames = pcc.GetInstanceNames();

            PerformanceCounter[] pcList = null;
```

Listing 326: Abfragen der verfügbaren Leistungsindikatoren – Teil 1

>> System

```csharp
            if (pcInstanceNames.Length > 0)
            {
                // Es existieren Instanzen der Kategorie: Zunächst die Namen der
                // Instanzen ausgeben
                sr.WriteLine("Instanzen von {0}:", pcc.CategoryName);
                for (int i = 0; i < pcInstanceNames.Length; i++)
                    sr.WriteLine("   " + pcInstanceNames[i]);
```

Listing 326: Abfragen der verfügbaren Leistungsindikatoren – Teil 1 (Forts.)

Für den Fall, dass Instanzen vorhanden sind, sollen die Indikatoren einer der Instanzen ausgelesen werden. Dabei entstand beim Testen aber das Problem, dass beim Aufruf der `GetCounters`-Methode für bestimmte Instanzen eine Ausnahme mit der Meldung erzeugt wurde, dass diese nicht vorhanden wäre (obwohl der Name ja von `GetInstanceNames` zurückgegeben wurde). Deshalb habe ich das Auslesen der Leistungsindikatoren in eine Schleife integriert, die alle Instanznamen durchgeht und für jede Instanz versucht, deren Indikatoren auszulesen. Für den Fall, dass alle Instanznamen zu Ausnahmen führen, speichert `WritePerformanceCounterNames` den zuletzt aufgetretenen Fehler in einer Variable, gibt diesen in die Datei aus und ruft `continue` auf, damit die äußere Schleife mit der nächsten Kategorie weitermacht.

```csharp
                // Abfragen der Leistungsindikatoren einer der Instanzen
                bool ok = false;
                string lastError = null;
                foreach(string instanceName in pcInstanceNames)
                {
                    try
                    {
                        pcList =
                            pcc.GetCounters(instanceName);
                        ok = true;
                        break;
                    }
                    catch (Exception ex)
                    {
                        lastError = ex.Message;
                    }
                }
                if (ok == false)
                {
                    // Fehler ausgeben
                    sr.WriteLine("Kann Kategorie {0} nicht abfragen, da " +
                        "beim Abfragen der Instanzen Fehler aufgetreten sind. " +
                        "Letzter Fehler: {1}", pcc.CategoryName, lastError);
```

Listing 327: Abfragen der verfügbaren Leistungsindikatoren – Teil 2

```
        // Mit der nächsten Kategorie weitermachen
        sr.WriteLine();
        continue;
      }
    }
```

Listing 327: Abfragen der verfügbaren Leistungsindikatoren – Teil 2 (Forts.)

Sind keine Instanzen vorhanden, ruft `WritePerformanceCounterNames` die `GetCounters`-Methode ohne Argument auf:

```
    else
    {
       pcList  = pcc.GetCounters();
    }
```

Listing 328: Abfragen der verfügbaren Leistungsindikatoren – Teil 3

Schließlich geht `WritePerformanceCounterNames` die ermittelten Leistungsindikatoren nur noch durch und schreibt deren Name, Beschreibung und den Typ, der ein Wert der Aufzählung `PerformanceCounterType` ist (siehe Tabelle 21), in die Datei:

```
      sr.WriteLine("Leistungsindikatoren von {0}:", pcc.CategoryName);
      foreach (PerformanceCounter pc in pcList)
      {
         sr.WriteLine("   {0}: {1} ({2})", pc.CounterName, pc.CounterHelp,
            pc.CounterType);
      }
    }
    catch (Exception ex)
    {
      sr.WriteLine("Kann Kategorie nicht abfragen: {0}", ex.Message);
    }

    sr.WriteLine();
  }

  // StreamWriter schließen
  sr.Close();
}
```

Listing 329: Abfragen der verfügbaren Leistungsindikatoren – Teil 4

Die äußere Ausnahmebehandlung habe ich übrigens deswegen integriert, da einige Leistungsindikatorenkategorien mit Instanzen scheinbar keine Daten speichern und bei der Abfrage zu der Ausnahme »Es können keine genauen Daten zurückgegeben werden, da die <Kategoriename>-Kategorie keine Instanzeninformationen enthält« führen.

Abbildung 125 zeigt das Ergebnis einer Abfrage der Leistungsindikatoren meines Systems in einem Editor.

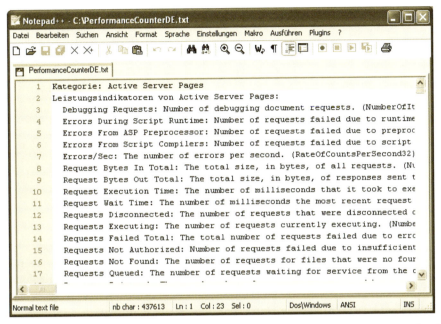

Abbildung 125: Das Ergebnis der WritePerformanceCounterNames-Methode in einem Texteditor

Der Typ eines Leistungsindikators sagt übrigens aus, welche Art von Informationen der Leistungsindikator speichert (siehe Tabelle 21).

Leistungsindikatortyp	Beschreibung
AverageCount64	Ein AverageCount64-Indikator gibt die durchschnittliche Anzahl von Aktionen oder Elementen innerhalb eines Messintervalls an. Ein Messintervall reicht vom letzten bis zum aktuellen Lesen des Wertes. Innerhalb dieses Intervalls kann der Indikatorwert auch mehrfach aktualisiert werden. Ein AverageCount64-Indikator berechnet den Durchschnitt aller Aktualisierungen im Messintervall. Ein Beispiel für einen solchen Indikator ist der Indikator *Mittlere Bytes/Übertragung* in der Kategorie *Datenträger*.
AverageTimer32	Dieser Typ beschreibt einen Leistungsindikator, der die für die Ausführung aller in einem Messintervall ausgeführten bestimmten Vorgänge benötigte durchschnittliche Zeit verwaltet. Der Indikator wird mit einer Zeitangabe in Form von Systemticks (Basisfrequenz des Motherboards) aktualisiert. Bei einer Messung (also beim Lesen des Indikatorwerts) liefert er den Durchschnitt der seit der letzten Messung geschriebenen Werte in Sekunden.

Tabelle 21: Die wichtigen Typen der Leistungsindikatoren

Leistungsindikatortyp	Beschreibung
ElapsedTime	In einem Leistungsindikator dieses Typs wird eine seit einem Startzeitpunkt verstrichene Zeit in Sekunden gespeichert.
NumberOfItems32 NumberOfItems64	In einem solchen Leistungsindikator werden einfach nur Elemente oder Vorgänge gezählt. Ein Beispiel dafür ist der Indikator *Aufträge in Warteschlange* der Kategorie *Druckerwarteschlange*. NumberOfItems32 definiert dabei einen 32-Bit-Integerwert, NumberOfItems64 einen 64-Bit-Integerwert (was auch sonst ☺).
RateOfCountsPerSecond32 RateOfCountsPerSecond64	Ein Leistungsindikator dieses Typs speichert die Anzahl von Vorgängen pro Sekunde als 32- oder 64-Bit-Integerzahl.
Timer100Ns	Ein Leistungsindikator dieses Typs speichert einen prozentualen Anteil der Aktivierungsdauer einer Komponente im Vergleich zu der Gesamtdauer eines Messintervalls. Die Zeit wird dabei in Einheiten von 100 Nanosekunden gemessen. Der Indikator *Prozessorzeit (%)* der *Prozess*-Kategorie ist ein Beispiel dafür.

Tabelle 21: Die wichtigen Typen der Leistungsindikatoren (Forts.)

Die Leistungsindikatoren, die einen Durchschnitt oder eine Differenz berechnen, sind vielleicht etwas schwer zu verstehen (bei meinen ersten Versuchen dachte ich jedenfalls, diese berechnen den gesamten Durchschnitt seit dem ersten Setzen eines Werts ☺). Diese Indikatoren berechnen den Durchschnitt bzw. die Differenz der Indikator-Rohwerte immer zwischen zwei Messungen (also zwischen dem letzten und dem aktuellen Lesen des Indikatorwerts). Wenn Sie einen AverageCount64-Indikator z.B. einmal pro Sekunde lesen, und dieser wird vom System innerhalb dieser Sekunde mit den Werten 1, 5 und 6 aktualisiert, ergibt das Lesen des Indikators den Wert 4 ((1 + 5 + 6) / 3). Nach dem Lesen wird der Indikator-Rohwert immer auf 0 gesetzt, weshalb beim nächsten Lesen wieder der Durchschnitt des dann aktuellen Messintervalls angezeigt wird.

187 Den Arbeitsspeicher überwachen

Die Überwachung des Arbeitsspeichers kann in einigen Situationen, bei denen eine (speicherintensive) Anwendung Probleme (z.B. Abstürze) verursacht, die nicht genauer lokalisiert werden können, ein wichtiges Mittel zur Problemlösung darstellen. Eine Speicherüberwachung können Sie natürlich über den Windows-Systemmonitor vornehmen. Viele Anwender (bei Ihren Kunden z.B.) sind damit aber überfordert. Deshalb ist es häufig sinnvoll, die Speicherüberwachung in das eigene Programm zu integrieren.

Die Standard-Windows-Leistungsindikatorenkategorie (siehe Rezept 186) *Speicher* (*Memory*) enthält einige Leistungsindikatoren zur Überwachung des Arbeitsspeichers. Die wichtigsten zeigt Tabelle 22.

>> System

Leistungsindikator	Beschreibung	Typ
Auslagerungsseiten: Residente Bytes (Pool Paged Resident Bytes)	die aktuelle Größe des Auslagerungsspeichers in Bytes	NumberOfItems64
Verfügbare Bytes (Available Bytes)	für Prozesse verfügbarer physikalischer Speicher in Bytes	NumberOfItems64
Zugesicherte Bytes (Committed Bytes)	Zugesicherter virtueller Speicher in Bytes. Zugesicherter Speicher ist physikalischer Speicher, für den in Auslagerungsdateien Speicherplatz reserviert wurde.	NumberOfItems64
Zusagegrenze (Commit Limit)	virtueller Speicher in Bytes, der zugesichert werden kann, ohne die Auslagerungsdatei(en) zu vergrößern	NumberOfItems64

Tabelle 22: Die wichtigsten Leistungsindikatoren der Speicher-Kategorie

Zur Überwachung des Arbeitsspeichers können Sie ein `PerformanceCounter`-Objekt verwenden, in dessen Konstruktor Sie den Namen der Leistungsindikatorenkategorie und den Namen des Leistungsindikators übergeben. Im optionalen dritten Argument können Sie mit `true` bestimmen, dass es auch erlaubt ist, in den Leistungsindikator zu schreiben, was allerdings nur bei benutzerdefinierten Leistungsindikatoren (siehe Rezept 190) Sinn macht.

> **Hinweis**
> Die Namen der Leistungsindikatorenkategorien und der Leistungsindikatoren können in der auf dem System aktuellen Sprache angegeben werden. Ein auf einem solchen System entwickeltes Programm läuft dann aber nicht mehr auf einem Computer mit einer anderen eingestellten Systemsprache. Laut meinen Versuchen und einem Newsgroup-Beitrag können Sie die Namen aber scheinbar immer auch in der englischen Sprache angeben. Damit sollte das Programm dann auf allen Systemen ausgeführt werden können. Um die englischen Texte zu erhalten, können Sie das Programm aus dem vorhergehenden Rezept vor dem Lesen der verfügbaren Indikatoren auf die englische Sprache umschalten:

```
Thread.CurrentThread.CurrentCulture = CultureInfo.CreateSpecificCulture("en");
```

Um den aktuellen Wert des Indikators abzufragen, rufen Sie die Methode `NextValue` auf, die einen `float`-Wert zurückgibt. Diesen Aufruf können Sie manuell (z.B. über einen Schalter) ausführen lassen oder in eine Timer-Methode oder einen Thread integrieren, um den Speicher regelmäßig und andauernd zu überwachen.

Listing 330 zeigt die Verwendung eines Threads zur Überwachung des Arbeitsspeichers in einer Konsolenanwendung. Das Programm startet in `Main` einen Thread mit der Methode `GetRAMUsage`. Diese Methode erzeugt zunächst ein `PerformanceCounter`-Objekt, liest in einer (Thread-typischen) Endlosschleife den aktuellen Wert des Leistungsindikators aus und gibt diesen an der Konsole aus. Beim Unterschreiten eines

Den Arbeitsspeicher überwachen

Minimalwerts (1 MB) wird zusätzlich eine Alarmmeldung ausgegeben. `GetRAMUsage` hält den Thread dann über `Thread.Sleep` für eine Sekunde an, um eine sekündliche Überprüfung des Arbeitsspeichers zu erreichen.

Die `Main`-Methode wartet, während der Thread läuft, so lange, bis der Anwender die Return-Taste betätigt, und beendet den Thread schließlich.

Zum Kompilieren des Programms müssen Sie die Namensräume `System`, `System.Threading` und `System.Diagnostics` einbinden. Das Programm kann nicht unter Windows 98 und Me ausgeführt werden, da Leistungsindikatoren auf diesen Systemen nicht zur Verfügung stehen.

```
/* Thread-Methode für die Überwachung des Arbeitsspeichers */
public static void GetRAMUsage()
{
   // PerformanceCounter-Instanz für den Leistungsindikator
   // 'Verfügbare Bytes' der Kategorie 'Speicher' erzeugen (in englischer
   // Sprache um das Programm auch auf Systemen ausführen zu können, die eine
   // andere Sprache als Deutsch verwenden)
   PerformanceCounter pc = new PerformanceCounter("Memory",
      "Available Bytes");
   do
   {
      // den nächsten Wert auslesen und ausgeben
      float byteCount = pc.NextValue();
      Console.WriteLine("{0:0} Bytes verfügbar", byteCount);

      // Alarmmeldung ausgeben, wenn der Minimalwert unterschritten wird
      if (byteCount < 1048576)
      {
         Console.WriteLine("ALARM: Der verfügbare Speicher " +
            "ist unter 1 MB gesunken");
      }

      // Thread eine Sekunde anhalten
      Thread.Sleep(1000);

   } while (true);
}

/* Main-Methode */
[STAThread]
static void Main(string[] args)
{
   Console.WriteLine("Beenden mit Return");
```

Listing 330: Überwachen der freien Bytes im physikalischen Arbeitsspeicher über einen Thread

```
    // Thread starten
    Thread ramUsageThread = new Thread(new ThreadStart(GetRAMUsage));
    ramUsageThread.IsBackground = true;
    ramUsageThread.Start();

    // Auf Return warten
    Console.ReadLine();

    // Thread beenden
    ramUsageThread.Abort();
}
```

Listing 330: Überwachen der freien Bytes im physikalischen Arbeitsspeicher über einen Thread (Forts.)

Abbildung 126 zeigt das Programm in Aktion.

Abbildung 126: Das Programm zur Überwachung der freien Bytes im physikalischen Arbeitsspeicher in Aktion

188 Speicherauslastung und CPU-Belastung des aktuellen Prozesses überwachen

Bei speicher- oder prozessorintensiven Programmen ist es häufig zu Test- oder Debuggingzwecken sinnvoll, den vom Programm belegten Arbeitsspeicher oder die Prozessorauslastung in spezifischen Situationen (z.B. beim Aufruf einer rechenintensiven Methode) zu überwachen. Dazu können Sie die Leistungsindikatoren der Leistungsindikatorenkategorie *Prozess* verwenden, die ein standardmäßiger Bestandteil von Windows ist. Grundlegende Informationen zu Leistungsindikatoren finden Sie im Rezept 186. Tabelle 23 stellt die wichtigsten Leistungsindikatoren der Kategorie *Prozess* (*Process*) dar.

Leistungs-indikator	Beschreibung	Typ
Arbeitsseiten (Working Set)	Die aktuelle Speicherbelegung für die Arbeitsseiten des Prozesses in Bytes. Aus Gründen der Performance wird Arbeitsspeicher immer auf so genannten Seiten verwaltet, die eine bestimmte Größe besitzen. Das Auslagern von zurzeit unbenutztem Speicher in die Auslagerungsdatei und das Wieder-Zurücklesen ist wesentlich effizienter, wenn an Stelle von einzelnen Bytes ganze Seiten geschrieben und gelesen werden können. Die Arbeitsseiten eines Prozessors beinhalten den kompletten vom Prozess belegten (virtuellen) Speicher (das ist der private und der mit anderen Prozessen geteilte Speicher). Die einem Prozess zugeordneten Arbeitsseiten können von Windows je nach dem freien Platz im virtuellen Speicher auch mehr Speicher beinhalten, als der Prozess benötigt.	NumberOfItems64
Auslagerungsdatei (Bytes) (Page File Bytes)	die aktuelle Anzahl der Bytes, die ein Prozess in der Auslagerungsdatei verwendet	NumberOfItems64
Private Bytes (Private Bytes)	die aktuelle Größe des Speichers, der vom Prozess reserviert wurde und nicht mit anderen Prozessen geteilt werden kann	NumberOfItems64
Prozessorzeit (%) (% Processor Time)	der Prozentanteil der verstrichenen Zeit, in der alle Threads eines Prozesses den Prozessor verwendet haben	Timer100Ns
Threadanzahl (Thread Count)	die Anzahl der in diesem Prozess aktiven Threads	NumberOfItems32
Verstrichene Zeit (Elapsed Time)	die gesamte Zeitdauer, in Sekunden, in der dieser Prozess ausgeführt wurde	ElapsedTime
Virtuelle Größe (Virtual Bytes)	die aktuelle Größe des virtuellen Adressraums in Bytes, den der Prozess verwendet	NumberOfItems64

Tabelle 23: Die wichtigsten Leistungsindikatoren der Speicher-Kategorie

Die für uns aussagekräftigsten Indikatoren sind *Prozessorzeit (%)* und *Arbeitsseiten*. Dabei handelt es sich um die Werte, die auch im Windows-Taskmanager für jeden Prozess angezeigt werden. Der Indikator *Arbeitsseiten* steht für die Gesamt-Speicherausnutzung des Prozesses.

Das Programm in Listing 331 liest diese beiden Indikatoren und zusätzlich die Anzahl der aktiven Threads aus, um eine Aussage über die Systembelastung des aktuellen Prozesses machen zu können. Dazu werden zunächst drei `PerformanceCounter`-Instanzen für die Leistungsindikatoren erzeugt. Die Namen der Kategorie und der Indikatoren werden in englischer Sprache übergeben, um zu erreichen, dass das Programm auch auf Systemen ausgeführt werden kann, die eine andere Sprache als Deutsch verwenden.

Die Kategorie *Prozess* enthält immer mehrere Instanzen, nämlich eine Instanz pro ausgeführtem Prozess, die den Namen des Prozesses trägt, und eine Instanz mit dem Namen _Total, die Summen-Informationen für alle Prozesse liefert. Da das Programm die Daten des aktuellen Prozesses abfragen soll, liest es den Namen des aktuellen Prozesses aus der Eigenschaft ProcessName der Process-Instanz aus, die die Methode Process.GetCurrentProcess zurückgibt, und übergibt diesen Namen an die Eigenschaft InstanceName der erzeugten PerformanceCounter-Instanzen. Schließlich fragt das Programm den aktuellen Wert jeder dieser Instanzen ab und gibt diesen aus.

Zum Kompilieren des Programms müssen Sie die Namensräume System und System.Diagnostics importieren. Die Ausführung ist unter Windows 98 und Me nicht möglich, da Leistungsindikatoren erst ab Windows NT zur Verfügung stehen.

```
// PerformanceCounter-Instanzen für die zu überwachenden
// Leistungsindikatoren der Kategorie 'Prozess' erzeugen
PerformanceCounter pc1 = new PerformanceCounter("Process",
  "% Processor Time");
PerformanceCounter pc2 = new PerformanceCounter("Process", "Working Set");
PerformanceCounter pc3 = new PerformanceCounter("Process", "Thread Count");

// Instanzname auf den Namen des aktuellen Prozesses festlegen
pc1.InstanceName = Process.GetCurrentProcess().ProcessName;
pc2.InstanceName = Process.GetCurrentProcess().ProcessName;
pc3.InstanceName = Process.GetCurrentProcess().ProcessName;

// Die jeweils nächsten Werte auslesen und ausgeben
Console.WriteLine("Prozessorzeit: {0:0} %", pc1.NextValue());
Console.WriteLine("Speicherauslastung: {0:0} KB", pc2.NextValue() / 1024);
Console.WriteLine("Threadanzahl: {0:0}", pc3.NextValue());
```

Listing 331: Anzeigen der vom aktuellen Prozess verwendeten Prozessorzeit, der Speicherauslastung und der Anzahl der Threads

Abbildung 127: Das Beispielprogramm in Aktion

In einer realen Anwendung ist es wohl in der Regel sinnvoll, die Abfrage der Speicherauslastung vor, während und nach dem Aufruf von speicherintensiven Methoden auszuführen. Die Ermittlung der Prozessorauslastung würde hier aber keinen Sinn machen, da der aktuelle Thread beim Aufruf der NextValue-Methode nur diese ausführt und die damit ermittelte Prozessorauslastung keine Aussagekraft besitzt. Die Prozessorauslastung sollten Sie immer in einem separaten Thread ermitteln. Dort können Sie die ermittelten Daten z.B. in ein (Trace-)Protokoll (siehe Rezept 189) schreiben.

Vor und nach dem Aufruf prozessorintensiver Methoden können Sie diesen Aufruf ebenfalls im Protokoll dokumentieren und erhalten somit eine Zuordnung der Methodenaufrufe zu der CPU-Belastung. Im folgenden Rezept finden Sie eine Klasse, die diese Arbeit erleichtert.

189 Speicherauslastung und CPU-Belastung des aktuellen Prozesses in ein Trace-Protokoll schreiben

Das vorhergehende Rezept beschreibt, wie Sie die interessantesten Leistungsindikatoren der Leistungsindikatorenkategorie *Prozess* abfragen um Performance-Informationen für den Prozess einer Anwendung zu erhalten. Diese Informationen werden in der Praxis häufig in ein Trace-Protokoll (»Spurverfolgungs-Protokoll«) geschrieben. Dieses Protokoll kann dann auf verschiedene Weisen ausgegeben (z.B. in eine Datei geschrieben) werden. Ein Beispiel dafür finden Sie in Listing 338, bei der Anwendung der im Folgenden beschriebenen Klasse.

Um das Tracen der Speicher- und der Prozessorauslastung zu erleichtern, habe ich die Klasse `PerformanceTracer` entwickelt. Über die Methode `TraceRamUsage` können Sie den aktuellen Speicherverbrauch der Anwendung in das Trace-Protokoll schreiben. Die Methode `StartCPUUsageTraceThread` startet einen Thread, der in dem in Millisekunden übergebenen Intervall die CPU-Belastung in das Trace-Protokoll schreibt. Die Methode `StopCPUUsageTraceThread` beendet diesen Thread.

Um die Klasse kompilieren zu können, müssen Sie die Namensräume `System`, `System.Threading` und `System.Diagnostics` einbinden. Das Programm kann nicht unter Windows 98 und Me ausgeführt werden, da Leistungsindikatoren auf diesen Systemen nicht zur Verfügung stehen.

Die Klasse enthält zunächst private Eigenschaften für die `ProcessCounter`-Instanzen, für die Übergabe des Abfrageintervalls an den CPU-Auslastungs-Thread und für den Thread selbst:

```
public class PerformanceTracer
{
   /* Private Eigenschaften für die PerformanceCounter */
   private PerformanceCounter ramCounter;
   private PerformanceCounter cpuCounter;

   /* Private Eigenschaft zur Übergabe des Abfrageintervalls
    * der CPU-Auslastung an den Thread */
   private int cpuUsageReadInterval;
```

Listing 332: Beginn der Klasse zum Tracen der Speicher- und der CPU-Auslastung

```
/* Private Eigenschaft für den Thread */
private Thread cpuUsageThread = null;
```

Listing 332: Beginn der Klasse zum Tracen der Speicher- und der CPU-Auslastung (Forts.)

Im Konstruktor der Klasse werden die `PerformanceCounter`-Instanzen für die Leistungsindikatoren *Working Set* und *% Processor Time* der *Process*-Kategorie erzeugt und mit dem Namen des aktuellen Prozesses initialisiert. Ich verwende hier die englischen Namen um zu erreichen, dass das Programm auch auf fremdsprachigen Systemen ausgeführt werden kann. Da unter Windows 2000 (auf meinen Testsystemen) nur die ersten 15 Zeichen des Prozessnamens in den Leistungsindikatoren verwaltet werden, fragt der Konstruktor ab, ob das Programm unter Windows 2000 ausgeführt wird und der Prozessname größer ist als 15 Zeichen. In diesem Fall wird der Name auf die erforderliche Länge gekürzt:

```
public PerformanceTracer()
{
    string processName = Process.GetCurrentProcess().ProcessName;
    if (Environment.OSVersion.Version.Major == 5 &&
        Environment.OSVersion.Version.Minor == 0 &&
        processName.Length > 15)
    {
        // In Windows 2000 werden nur die ersten 15 Zeichen des
        // Prozessnamens verwaltet
        processName = processName.Substring(0, 15);
    }

    this.ramCounter = new PerformanceCounter("Process", "Working Set");
    this.ramCounter.InstanceName = processName;
    this.cpuCounter = new PerformanceCounter("Process",
        "% Processor Time");
    this.cpuCounter.InstanceName = processName;
}
```

Listing 333: Der Konstruktor der Klasse zum Tracen der Speicher- und der CPU-Auslastung

Die Methode `TraceRamUsage` ermittelt den aktuellen Speicherverbrauch über die `PerformanceCounter`-Instanz `ramCounter` und schreibt diesen mit der übergebenen Info in das Trace-Protokoll:

```
public void TraceRamUsage(string info)
{
```

Listing 334: Methode zum Tracen der Speicherauslastung

534 >> Speicherauslastung und CPU-Belastung tracen

```
    Trace.WriteLine(String.Format("Speicherauslastung bei {0}: " +
        "{1:0.00} KB ", info, this.ramCounter.NextValue() / 1024));
}
```

Listing 334: Methode zum Tracen der Speicherauslastung (Forts.)

Da die Überprüfung der aktuellen CPU-Auslastung in einem Thread erfolgen soll, enthält die Klasse die Methode `TraceCPUUsage`, die diese Arbeit erledigt. Das Auslesen der CPU-Auslastung erfolgt in einer Endlosschleife (die durch das Beenden des Threads abgebrochen werden kann). Über das `lock`-Schlüsselwort wird zunächst der Zugriff auf die `Trace`-Klasse für andere Threads gesperrt, damit keine Probleme bei einem gleichzeitigen Zugriff entstehen. Danach liest `TraceCPUUsage` über das private `PerformanceCounter`-Objekt `cpuCounter` die aktuelle Prozessorauslastung aus und schreibt diese in das Trace-Protokoll. Da das Lesen in Intervallen erfolgen soll, hält die Methode den Thread dann noch für das angegebene Intervall an:

```
private void TraceCPUUsage()
{
    do
    {
        lock(typeof(Trace))
        {
            Trace.WriteLine("CPU-Auslastung " +
                DateTime.Now.ToLongTimeString() + ": " +
                this.cpuCounter.NextValue() + "%");
        }

        Thread.Sleep(this.cpuUsageReadInterval);

    } while (true);
}
```

Listing 335: Methode für den Thread zum Tracen der CPU-Auslastung

Die Methode `StartCPUUsageTraceThread` schreibt zunächst das übergebene Intervall in die private Eigenschaft `cpuUsageReadInterval`, erzeugt dann einen neuen Thread für die `TraceCPUUsage`-Methode und startet diesen:

```
public void StartCPUUsageTraceThread(int readInterval)
{
    this.cpuUsageReadInterval = readInterval;

    this.cpuUsageThread = new Thread(new ThreadStart(this.TraceCPUUsage));
    cpuUsageThread.Start();
}
```

Listing 336: Methode zum Starten des Thread, der die CPU-Auslastung verfolgt

>> **System**

Die Methode `StopCPUUsageTraceThread` ruft die `Abort`-Methode des Thread auf, um diesen zu stoppen:

```
    public void StopCPUUsageTraceThread()
    {
        this.cpuUsageThread.Abort();
    }
}
```

Listing 337: Methoden zum Stoppen des Thread, der die CPU-Auslastung verfolgt

Listing 338 zeigt eine beispielhafte Anwendung dieser Klasse in einer Konsolenanwendung. Die Methode `Stress` erzeugt in einer Schleife mit 100.000 Durchläufen einzelne `DateTime`-Objekte und gibt den Schleifenzähler an der Konsole aus. Die Schleife produziert eine hohe CPU-Auslastung, das Instanzieren der `DateTime`-Objekte führt zu einer erhöhten Speicherauslastung, da der Garbage Collector diese frühestens nach der Ausführung der Schleife freigibt. Beim Ein- und Austritt schreibt `Stress` den aktuellen Speicherverbrauch über die `TraceRamUsage`-Methode in das Trace-Protokoll.

Die `Main`-Methode initialisiert zunächst das Trace-Protokoll mit einem standardmäßigen Trace-Listener, der die erhaltenen Daten in eine Textdatei schreibt. Dann erzeugt `Main` eine Instanz der `PerformanceTracer`-Klasse (die in einer privaten statischen Variablen verwaltet wird). Über diese Instanz startet `Main` dann den Thread zur Messung der CPU-Auslastung und ruft die `Stress`-Methode auf. Nach der Rückkehr dieser Methode beendet `Main` den Thread und schließt das Trace-Protokoll, um die Protokolldatei zu schreiben.

```
using System;
using System.IO;
using System.Diagnostics;
using Addison_Wesley.Codebook.System;

namespace Prozess_Performance_Tracing
{
    class Start
    {
        // Eigenschaft für den Performance-Tracer
        private static PerformanceTracer performanceTracer;

        /* Methode, die eine hohe CPU-Auslastung erzeugt */
        public static void Stress()
        {
            // Protokollieren des Eintritts in die Methode
            performanceTracer.TraceRamUsage("Eintritt in Stress");
```

Listing 338: Beispielhafte Anwendung der Klasse zum Tracen der Speicher- und der CPU-Auslastung in einer Konsolenanwendung

```csharp
      // Prozessor- und speicherintensive Schleife
      for (int i = 0; i < 100000; i++)
      {
         // DateTime-Objekt zur Simulation von Speicherauslastung erzeugen
         DateTime d = new DateTime(0);

         string dateString = d.ToString();
         Console.WriteLine(dateString);
      }

      // Protokollieren des Austritts aus der Methode
      performanceTracer.TraceRamUsage("Austritt in Stress");
   }

   [STAThread]
   static void Main(string[] args)
   {
      // Protokolldatei löschen, falls diese vorhanden ist
      string logfileName = "c:\\trace.log";
      if (File.Exists(logfileName))
         File.Delete(logfileName);

      // Trace-Listener zum Schreiben in eine Datei erzeugen und
      // an die Listeners-Auflistung der Trace-Klasse anfügen
      Trace.Listeners.Clear();
      Trace.Listeners.Add(new System.Diagnostics.TextWriterTraceListener(
         logfileName));

      // PerformanceTracer-Instanz erzeugen
      performanceTracer = new PerformanceTracer();

      // CPU-Auslastungs-Thread mit einem 100ms-Intervall starten
      performanceTracer.StartCPUUsageTraceThread(100);

      // Speicher- und prozessorintensive Methode aufrufen
      Stress();

      // CPU-Auslastungs-Thread stoppen
      performanceTracer.StopCPUUsageTraceThread();

      // Trace-Listener schließen
      Trace.Listeners[0].Close();
   }
 }
}
```

Listing 338: Beispielhafte Anwendung der Klasse zum Tracen der Speicher- und der CPU-Auslastung in einer Konsolenanwendung (Forts.)

Abbildung 128 zeigt eine durch das Beispielprogramm erzeugte Protokolldatei in einem Editor. Die Datei habe ich ein wenig manipuliert, sodass der Anfang und das Ende des Protokolls sichtbar sind.

```
Trace.log - Notepad
File Edit Format View Help
Speicherauslastung bei Eintritt in Stress: 25892,00 KB
CPU-Auslastung 12:06:21: 0%
CPU-Auslastung 12:06:21: 28,57143%
CPU-Auslastung 12:06:21: 66,66666%
CPU-Auslastung 12:06:21: 36,36364%
CPU-Auslastung 12:06:21: 50%
CPU-Auslastung 12:06:21: 60%
CPU-Auslastung 12:06:22: 30%
CPU-Auslastung 12:06:22: 40%
CPU-Auslastung 12:06:22: 60%
CPU-Auslastung 12:06:22: 80%
CPU-Auslastung 12:06:22: 40%
CPU-Auslastung 12:06:22: 77,77778%
Speicherauslastung bei Austritt in Stress: 28420,00 KB
```

Abbildung 128: Die durch das Beispielprogramm erzeugte Trace-Protokolldatei

190 Eigene Leistungsindikatoren implementieren

In manchen Fällen ist es sinnvoll, bestimmte Leistungsdaten von Programmen von außen zu überwachen. Wenn Sie z.B. in einer Datenbankanwendung mit Transaktionen arbeiten, könnten Sie die Gesamtanzahl der Transaktionen und die Anzahl der aktuell offenen Transaktionen überwachen. Wenn Sie dazu eigene Leistungsindikatoren verwenden, können Sie diese Daten z.B. über den Systemmonitor überwachen (siehe Rezept 186).

Eigene Leistungsindikatoren können Sie über den Server-Explorer von Visual Studio 2005 erzeugen. Wählen Sie dazu im Kontextmenü des Leistungsindikatoren-Eintrags (SERVER / <RECHNERNAME> / LEISTUNGSINDIKATOREN) den Befehl NEUE KATEGORIE ERSTELLEN. In der Praxis ist es aber sinnvoller, eigene Leistungsindikatoren im Programm zu erstellen, damit dieses problemlos auch auf Rechnern ausgeführt werden kann, die diese Leistungsindikatoren noch nicht besitzen.

Zur Erzeugung eigener Leistungsindikatoren müssen Sie zunächst eine eigene Leistungsindikatorenkategorie erstellen. Dazu ist wichtig zu wissen, dass Sie in bereits vorhandene Kategorien keine Leistungsindikatoren hinzufügen können. Das gilt sogar dann, wenn Sie die Kategorie selbst erzeugt haben. Sie können aber natürlich überprüfen, ob die Leistungsindikatorenkategorie bereits existiert, oder diese vor dem Erzeugen einfach löschen. Eigene Leistungsindikatoren und deren Kategorien bleiben innerhalb von Windows so lange bestehen, bis diese explizit gelöscht werden.

Zur Erzeugung einer Leistungsindikatorenkategorie rufen Sie die statische `Create`-Methode der `PerformanceCounterCategory`-Klasse aus dem Namensraum `System.Diagnostics` auf. Am ersten Argument übergeben Sie einen systemweit eindeutigen Namen für die Kategorie. Wenn Sie den Namen einer bereits existierenden Kategorie verwenden, resultiert `Create` in einer Ausnahme vom Typ `InvalidOperationException`. Verwenden Sie vielleicht einfach den Namen Ihrer Anwendung als Kategoriename.

Am zweiten Argument können Sie eine Beschreibung für diese Kategorie übergeben. Einer Überladung der `Create`-Methode können Sie dann noch den Namen eines Leistungsindikators und dessen Beschreibung übergeben. Da Sie damit aber wenig flexibel sind, sollten Sie die Überladung verwenden, die am vierten Argument eine Instanz der Klasse `CounterCreationDataCollection` erwartet. Diese Auflistung verwaltet Instanzen der Klasse `CounterCreationData`, die die zur Erstellung eines Leistungsindikators notwendigen Informationen speichern. Damit können Sie dann auch beliebig viele Leistungsindikatoren in der Kategorie erstellen. Der Konstruktor der `CounterCreationData`-Klasse erwartet am ersten Argument den Namen des Leistungsindikators, am zweiten eine Beschreibung (die z.B. im Systemmonitor angezeigt werden kann) und am dritten den Typ des Indikators (als Wert der Aufzählung `PerformanceCounterType`). Die wichtigen Typen habe ich bereits im Rezept 186 beschrieben.

Am dritten Argument der `Create`-Methode der `PerformanceCounterCategory`-Klasse übergeben Sie dann noch eine Information darüber, ob der Performance-Counter in einer oder in mehreren Instanzen vorkommen kann. Dazu übergeben Sie die Werte der `PerformanceCounterCategoryType`-Aufzählung.

Der Typ des Leistungsindikators bestimmt, wie dessen Wert beim Abruf über `NextValue` berechnet wird. Den rohen Wert eigener Leistungsindikatoren können Sie später zu beliebigen Zeitpunkten auf einen bestimmten Wert setzen oder einfach nur um einen bestimmten Wert erhöhen. Beim Abruf des berechneten Werts wird der Wert eines Leistungsindikators vom Typ `NumberOfItems32` z.B. einfach zurückgegeben. Andere Leistungsindikatoren wie z.B. `AverageTimer32` berechnen ihren Wert etwas komplizierter. Die Art der Berechnung wird bei der Dokumentation der `PerformanceCounterType`-Aufzählung recht gut beschrieben (wenn diese auch teilweise komplex ist). Ein `AverageTimer32`-Indikator berechnet z.B. die durchschnittliche Dauer einer Operation, die innerhalb eines Messintervalls u.U. mehrfach aufgerufen wird. Für einen solchen Indikator benötigen Sie einen Basis-Indikator vom Typ `AverageBase` und den `AverageTimer32`-Indikator selbst. Der `AverageBase`-Indikator, der dem `AverageTimer32`-Indikator direkt folgen muss, verwaltet die Gesamtanzahl der Operationen und muss bei jeder neuen Operation um 1 erhöht werden. Den `AverageTimer32`-Indikator aktualisieren Sie dann mit der gemessenen Zeitdauer der Operation in Systemticks (ein Systemtick ist das Basisintervall des Motherboard-Zeitgebers). Der Wert eines solchen Indikators wird automatisch in Sekunden umgerechnet.

> **Achtung**
> Ein `AverageTimer32`-Indikator ist ein gutes Beispiel für eine schlechte Dokumentation. Bei diesem Indikator (und auch bei anderen, die Systemticks einsetzen) müssen Sie darauf achten, dass der Indikator mit Systemticks arbeitet und nicht, wie in vielen falschen Beispielen für diesen Indikator zu sehen, mit den Ticks des `DateTime`-Datentyps (100 Nanosekunden). Wenn Sie mit einem `AverageTimer32`-Indikator arbeiten, müssen Sie die Systemticks über die API-Funktion `QueryPerformanceCounter` ermitteln.

>> System

Listing 339 zeigt eine beispielhafte Verwendung eigener Leistungsindikatoren. Das Programm überprüft zunächst, ob die zu erzeugende Leistungsindikatorenkategorie (die den Namen der Anwendung trägt) bereits existiert, und löscht die Kategorie in diesem Fall. Damit wird sichergestellt, dass auch nachträgliche Änderungen an den Leistungsindikatoren problemlos im Quellcode vorgenommen werden können. Falls die Indikatoren nicht mehr geändert werden, können Sie die Kategorie auch einfach bestehen lassen und nur dann erzeugen, wenn sie noch nicht existiert.

Dann erstellt das Programm die Kategorie. Dazu wird zunächst eine Instanz der Klasse `CounterCreationDataCollection` erzeugt und mit den Daten für vier neue Leistungsindikatoren gefüllt. Die ersten zwei Indikatoren sind einfache Zähl-Indikatoren. Der dritte soll allerdings die mittlere Anzahl von offenen Transaktionen verwalten und ist deshalb vom Typ `AverageCount64`. Da dieser Indikator einen Basis-Indikator vom Typ `AverageBase` benötigt, der später mit der Gesamtanzahl der Zählvorgänge aktualisiert werden muss, wird dieser ebenfalls erzeugt und der Auflistung hinzugefügt. Über die `Create`-Methode der `PerformanceCounterCategory`-Klasse erzeugt das Programm dann die Kategorie.

Zum Kompilieren müssen Sie die Assembly *System.Windows.Forms.dll* referenzieren und die Namensräume `System`, `System.IO`, `System.Diagnostics` und `System.Windows.Forms` importieren. Zur Ausführung des Programms ist Windows NT, Windows 2000, XP oder eine neuere Windows-Version notwendig.

```
// Ermitteln, ob die Leistungsindikatoren-Kategorie bereits existiert,
// und Löschen derselben, falls dies der Fall ist
if (PerformanceCounterCategory.Exists(Application.ProductName))
{
   PerformanceCounterCategory.Delete(Application.ProductName);
}

// CounterCreationDataCollection-Instanz für die Indikatorendaten der zu
// erzeugenden Leistungsindikatoren-Kategorie erzeugen und mit den Daten von
// drei Leistungsindikatoren (plus einem Basisindikator) füllen
CounterCreationDataCollection ccdCol = new CounterCreationDataCollection();
ccdCol.Add(new CounterCreationData("Gesamtanzahl der Transaktionen",
   "Verwaltet die Anzahl der insgesamt ausgeführten Transaktionen",
   PerformanceCounterType.NumberOfItems32));
ccdCol.Add(new CounterCreationData("Offene Transaktionen",
   "Zeigt die Anzahl der aktuell offenen Transaktionen an",
   PerformanceCounterType.NumberOfItems32));
ccdCol.Add(new CounterCreationData("Offene Transaktionen, Durchschnitt",
   "Zeigt die durchschnittlichen offenen Transaktionen",
   PerformanceCounterType.AverageCount64));
ccdCol.Add(new CounterCreationData(
   "Offene Transaktionen, Durchschnitt, Basis",
```

Listing 339: Erzeugen einer eigenen Leistungsindikatorkategorie mit Leistungsindikatoren

Eigene Leistungsindikatoren implementieren

```
   "Basis für den Counter 'Offene Transaktionen, Durchschnitt'",
   PerformanceCounterType.AverageBase));

// Leistungsindikatoren-Kategorie erzeugen
PerformanceCounterCategory.Create(Application.ProductName,
   "Demo für Leistungsindikatoren",
   PerformanceCounterCategoryType.SingleInstance, ccdCol);
```

Listing 339: Erzeugen einer eigenen Leistungsindikatorkategorie mit Leistungsindikatoren (Forts.)

Nun können Sie die Leistungsindikatoren referenzieren und aktualisieren. Dazu erzeugen Sie Instanzen der Klasse `PerformanceCounter`, denen Sie im Konstruktor den Kategorie- und den Leistungsindikatornamen übergeben. Am dritten Argument übergeben Sie `false`, damit der Indikator nicht schreibgeschützt ist.

```
PerformanceCounter pc1 = new PerformanceCounter(Application.ProductName,
   "Gesamtanzahl der Transaktionen", false);
PerformanceCounter pc2 = new PerformanceCounter(Application.ProductName,
   "Offene Transaktionen", false);
PerformanceCounter pc3 = new PerformanceCounter(Application.ProductName,
   "Offene Transaktionen, Durchschnitt", false);
PerformanceCounter pc4 = new PerformanceCounter(Application.ProductName,
   "Offene Transaktionen, Durchschnitt, Basis", false);
```

Listing 340: Referenzieren der eigenen Leistungsindikatoren

Den Wert von Leistungsindikatoren können Sie über die `Increment`- oder `IncrementBy`-Methode erhöhen bzw. über `IncrementBy` oder `Decrement` erniedrigen. Den rohen Wert des Indikators können Sie über die Eigenschaft `RawValue` lesen und setzen. Das folgende Beispiel zeigt dies für die Demo-Indikatoren. Das Programm erhöht in einer Schleife jeweils den Indikator für die Gesamtanzahl der Transaktionen um den Wert 1 und erzeugt für die Anzahl der offenen Transaktionen einen Zufallswert. Der Indikator für die Ermittlung des Durchschnitts der offenen Transaktionen wird über `IncrementBy` um die aktuelle Anzahl der offenen Transaktionen erhöht. Da dieser Indikator den Typ `AverageCount64` besitzt, wird der Basis-Indikator (`pc4`) dann noch um den Wert 1 erhöht. Damit das Ganze im Systemmonitor beobachtbar ist, ruft das Programm am Ende der Schleife `Thread.Sleep` auf, um den aktuellen Thread für eine halbe Sekunde anzuhalten. Das Beispiel setzt übrigens den Indikator für die Gesamtanzahl der Transaktionen vor der Schleife zurück, da in meinen Versuchen der alte Wert des Indikators auch dann bestehen blieb, nachdem die Kategorie gelöscht und neu erzeugt wurde.

>> System

```
// Gesamtanzahl der Transaktionen zurücksetzen
pc1.RawValue = 0;

// Aktualisieren der eigenen Leistungsindikatoren
Random random = new Random();
for (int i = 0; i < 100; i++)
{
   Console.WriteLine("Inkrementierung " + i + " ...");
   int openTransactionCount = random.Next(10);
   // Gesamtanzahl der Transaktionen erhöhen
   pc1.Increment();
   // Anzahl der offenen Transaktionen angeben
   pc2.RawValue = openTransactionCount;
   // Durchschnitt der offenen Transaktionen erhöhen
   pc3.IncrementBy(openTransactionCount);
   // Basis-Zähler für den Indikator pc3 erhöhen
   pc4.Increment();

   System.Threading.Thread.Sleep(500);
}
```

Listing 341: Aktualisieren von Leistungsindikatoren

Im Windows-Systemmonitor (siehe Rezept 186) können Sie nun Ihre Leistungsindikatoren hinzufügen (Abbildung 129).

Abbildung 129: Hinzufügen der eigenen Leistungsindikatoren im Systemmonitor. Das Programm, das die Indikatoren erzeugt hat, besitzt den Namen »Eigene Leistungsindikatoren«

Wenn Sie das Programm dann ausführen, können Sie die Leistungsindikatoren im Systemmonitor überwachen (Abbildung 130).

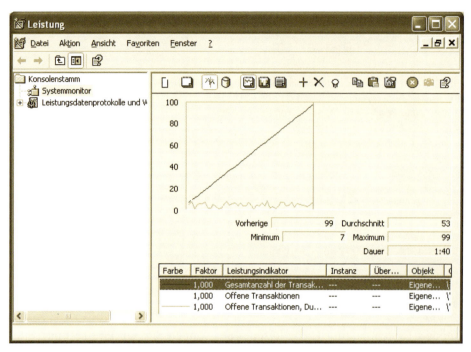

Abbildung 130: Die eigenen Leistungsindikatoren im Systemmonitor

Beachten Sie, dass der Indikator *Offene Transaktionen, Durchschnitt* vom Typ `AverageCount64` ist. Ein solcher Indikator berechnet (wie andere Durchschnitts-Indikatoren) bei einer Messung (also beim *Lesen* des Indikatorwerts, nicht beim *Schreiben* des rohen Werts!) den Durchschnitt aller Werte, die seit der vorhergehenden Messung geschrieben wurden. Er berechnet also den Durchschnitt der Aktionen im gegebenen Messintervall.

Erfolgt die Messung z.B. jede Sekunde und werden innerhalb dieser Sekunden die drei Werte 1, 5 und 6 geschrieben, ergibt das Lesen dieses Indikators den Wert 4. Daraus lässt sich erkennen, warum ein solcher Indikator über `IncrementBy` aktualisiert werden muss und warum ein zugeordneter `AverageBase`-Indikator die Anzahl der Werte verwaltet (wobei die folgenden Ausführungen lediglich eine Vermutung darstellen): Nach einer Messung setzt ein solcher Indikator den Wert auf 0 und speichert den aktuellen Wert des Basisindikators zwischen. `IncrementBy` erhöht den Wert dann ja wieder, u.U. bis zu nächsten Messung mehrfach. Bei einer Messung berechnet der Indikator einfach die Differenz zwischen dem aktuellen und dem letzten Wert des Basisindikators und teilt seinen Wert durch die so ermittelte Anzahl. Das ist doch einfach, oder (da frage ich mich, warum ich stundenlang in der Dokumentation und im Internet nach der Funktionsweise solcher Indikatoren gesucht habe ☺).

>> **System**

191 Monitor abschalten, in den Energiesparmodus schalten und wieder einschalten

Einen Monitor, der Energiespar-Features unterstützt, können Sie über die Windows-API-Funktion SendMessage abschalten, in den Energiesparmodus umschalten und wieder einschalten. Der Monitor und der Treiber der Grafikkarte müssen dazu allerdings das Ab- und Umschalten unterstützen.

SendMessage sendet Windows-Nachrichten an einzelne oder an alle Top-Level-Fenster. Am ersten Argument übergeben Sie entweder den Handle des Zielfensters oder die Konstante HWND_BROADCAST (0xFFFF) zum Senden an alle Top-Level-Fenster.

Die zu sendenden Nachrichten werden am zweiten Argument über im Windows-API definierte int-Konstanten festgelegt. Die Konstante WM_SYSCOMMAND (0x0112) steht hier für das Senden einer Systemnachricht (die vom Anwender normalerweise über die Betätigung des Systemmenüs eines Fensters gesendet wird).

Über das dritte und vierte Argument übergeben Sie SendMessage Parameter für die Nachricht, zumeist wieder über im Windows-API definierte Konstanten. Um den Monitor ab-, um- oder einzuschalten, übergeben Sie am dritten Argument die Konstante SC_MONITORPOWER (0xF170). Bei dieser speziellen Nachricht bestimmt das vierte Argument, ob der Monitor abgeschaltet (2), in den Energiesparmodus umgeschaltet (1) oder eingeschaltet (-1) wird.

Da SendMessage Nachrichten immer an Fenster sendet, können Sie die Nachricht entweder an das Hauptfenster Ihrer Anwendung senden, indem Sie den Handle dieses Fensters aus der Eigenschaft Handle auslesen und an SendMessage übergeben. Um auf diese eigentlich unnötige Übergabe eines Fenster-Handles zu verzichten, können Sie die Nachricht stattdessen einfach an alle Top-Level-Fenster senden, indem Sie am ersten Argument HWND_BROADCAST übergeben. Da es sich dabei um eine int-Konstante handelt und SendMessage einen IntPtr-Typ erwartet, müssen Sie die Konstante in einen solchen konvertieren.

Die Klasse Monitor in Listing 342 implementiert das Abschalten, Umschalten und das Ausschalten des Monitors in statischen Methoden. Um diese Klasse kompilieren zu können, müssen Sie die Namensräume System und System.Runtime.InteropServices importieren.

```
public class Monitor
{
    // Deklaration der API-Funktion SendMessage
    [DllImport("User32.dll")]
    private static extern int SendMessage(IntPtr handle, int msg, int
      wparam, int lparam);

    // Deklaration der benötigten Konstanten
    private const int WM_SYSCOMMAND = 0x0112;
```

Listing 342: Methoden zum Ein-, Um- und Ausschalten des Monitors

```csharp
        private const int SC_MONITORPOWER = 0xF170;
        private const int HWND_BROADCAST = 0xFFFF;

        // Funktion zum Abschalten des Monitors
        public static void TurnOff()
        {
            SendMessage((IntPtr)HWND_BROADCAST, WM_SYSCOMMAND, SC_MONITORPOWER, 2);
        }

        // Funktion zum Umschalten des Monitors in den Energiesparmodus
        public static void SwitchToLowPower()
        {
            SendMessage((IntPtr)HWND_BROADCAST, WM_SYSCOMMAND, SC_MONITORPOWER, 1);
        }

        // Funktion zum Einschalten des Monitors
        public static void TurnOn()
        {
            SendMessage((IntPtr)HWND_BROADCAST, WM_SYSCOMMAND,
                SC_MONITORPOWER, -1);
        }
    }
```

Listing 342: Methoden zum Ein-, Um- und Ausschalten des Monitors (Forts.)

Hinweis: Beim Test unter Windows 98 ließ sich der Monitor zwar abschalten, nicht aber (über einen Timer) wieder einschalten. Nach dem manuellen Einschalten des Monitors war das Programm abgestürzt und musste über den Taskmanager beendet werden. Die Fehlerursache habe ich nicht ausfindig machen können.

Internet

192 Status der Internetverbindung abfragen

Wenn Sie abfragen wollen, ob auf einem Computer eine Internetverbindung besteht, finden Sie leider auch im .NET Framework 2.0 scheinbar keine Möglichkeit. Sie können jedoch die API-Funktionen `InternetGetConnectedState` und `InternetGetConnectedStateEx` aufrufen, um eine Information über den aktuellen Status der Internetverbindung zu erhalten. `InternetGetConnectedStateEx` bietet gegenüber der anderen Funktion den Vorteil, dass diese zusätzlich zum Status auch den Namen der Internetverbindung zurückliefert.

Listing 343 setzt den Aufruf dieser Funktion in der Methode `GetInternetConnectionState` um. `InternetGetConnectedStateEx` liefert einen Wert ungleich Null zurück, wenn zurzeit eine Internetverbindung besteht. Zusätzliche Informationen über den Status der Internetverbindung werden in Form einer `int`-Bitmaske am `out`-Argument `lpdwFlags` zurückgegeben. Die dazu verwendeten Konstanten sind in der Datei *wininit.h* deklariert. Am ersten Argument erwartet diese Funktion deshalb eine `int`-Variable. Am zweiten Argument wird der Name der Internetverbindung in Form eines String zurückgegeben, weswegen hier ein `StringBuilder`-Objekt übergeben wird, das ausreichend groß initialisiert wurde. Das dritte Argument teilt der API-Funktion lediglich mit, wie viele Zeichen in den String geschrieben werden können, das vierte (reservierte) Argument wird zurzeit nicht benutzt.

Listing 343 enthält zunächst die Deklaration der API-Funktion und der benötigten Konstanten. Die Methode `GetInternetConnectionState` gibt eine Instanz der Klasse `InternetConnectionState` zurück, die deswegen ebenfalls in Listing 343 deklariert ist. Diese Klasse beinhaltet den Namen und den Online-Status der Internetverbindung und alle verfügbaren Informationen über die Art der Verbindung. `GetInternetConnectionState` erzeugt zunächst eine `InternetConnectionState`-Instanz und ruft dann `InternetGetConnectedStateEx` auf, wobei die Rückgabe (in einen `bool`-Wert konvertiert) gleich in die Eigenschaft `Online` des `InternetConnectionState`-Objekts geschrieben wird. Danach werden der Name und die Status-Flags ausgewertet und in die `InternetConnectionState`-Instanz geschrieben.

Zum Kompilieren dieses Programms müssen Sie die Namensräume `System`, `System.Text` und `System.Runtime.InteropServices` importieren.

```
/* Deklaration der API-Funktion InternetGetConnectedStateEx */
[DllImport("wininet.dll")]
private static extern int InternetGetConnectedStateEx(out int lpdwFlags,
    StringBuilder lpszConnectionName, int dwNameLen, int dwReserved);

/* Konstanten für InternetGetConnectedStateEx */
```

Listing 343: Methode zur Ermittlung des Internetverbindungsstatus

546 >> Status der Internetverbindung abfragen

```
private const int INTERNET_CONNECTION_MODEM = 0x01;
private const int INTERNET_CONNECTION_LAN = 0x02;
private const int INTERNET_CONNECTION_PROXY = 0x04;
private const int INTERNET_RAS_INSTALLED = 0x10;
private const int INTERNET_CONNECTION_OFFLINE = 0x20;
private const int INTERNET_CONNECTION_CONFIGURED = 0x40;

/* Klasse für die Rückgabe des Internet-Verbindungsstatus */
public class InternetConnectionState
{
   // Der Name der Verbindung
   public string Name;
   // Info, ob die Verbindung online ist
   public bool Online;
   // Info, ob die Verbindung konfiguriert ist
   public bool Configured;
   // Info, ob eine Modem-Verbindung besteht (auch ISDN und DSL)
   public bool ModemConnection;
   // Info, ob die Verbindung über das LAN erfolgt (z. B. bei TDSL)
   public bool Lan;
   // Info, ob die Verbindung über einen Proxy erfolgt
   public bool ProxyConnection;
   // Info, ob RAS installiert ist
   public bool RASInstalled;
   // Info, ob das System im Offline-Modus ist
   public bool Offline;
}

/* Methode zur Ermittlung der Art der aktuellen Internetverbindung */
public static InternetConnectionState GetInternetConnectionState()
{
   // InternetConnectionState-Instanz erzeugen
   InternetConnectionState ics = new InternetConnectionState();

   // Verbindungsstatus abfragen
   StringBuilder icsName = new StringBuilder(1024);
   int flags;
   ics.Online = (InternetGetConnectedStateEx(out flags, icsName,
      1024, 0) != 0);
   ics.Name = icsName.ToString();
   ics.Configured = ((flags & INTERNET_CONNECTION_CONFIGURED) > 0);
   ics.Lan = ((flags & INTERNET_CONNECTION_LAN) > 0);
   ics.ModemConnection = ((flags & INTERNET_CONNECTION_MODEM) > 0);
   ics.Offline = ((flags & INTERNET_CONNECTION_OFFLINE) > 0);
   ics.ProxyConnection = ((flags & INTERNET_CONNECTION_PROXY) > 0);
   ics.RASInstalled = ((flags & INTERNET_RAS_INSTALLED) > 0);
```

Listing 343: Methode zur Ermittlung des Internetverbindungsstatus (Forts.)

>> Internet

```
    // Das InternetConnectionState-Objekt zurückgeben
    return ics;
}
```

Listing 343: Methode zur Ermittlung des Internetverbindungsstatus (Forts.)

Der Test der Methode `GetInternetConnectionState` hat einige logische Dinge, aber auch einige Ungereimtheiten ergeben:

- Die Eigenschaft `Online` ist (nach meinen Tests unter Windows XP und Windows 2000) dummerweise eigentlich fast immer `true`. Wenn zurzeit keine Internetverbindung besteht, aber eine LAN-Verbindung vorhanden ist, wird diese als Internetverbindung gewertet, auch wenn gar keine Internetverbindung besteht.

- Die Eigenschaft `Offline` sagt nicht aus, dass die Internetverbindung zurzeit nicht besteht, da diese Eigenschaft auch bei einer nicht bestehenden Internetverbindung `false` ist (!?).

- Die Eigenschaft `ModemConnection` ist zuverlässig nur dann `true`, wenn zurzeit eine Verbindung über ein Telefonmodem, ein DSL-Modem, ein ISDN-Modem oder eine ISDN-Karte besteht. Diese Eigenschaft ist also die einzige, die eine konkrete Aussage über den Zustand der Internetverbindung bei einer Modem-Verbindung oder einer Verbindung über eine ISDN-Karte macht.

- `ProxyConnection` ist `true`, wenn das System (über den Internet Explorer) so konfiguriert ist, dass ein Proxy-Server verwendet wird. Dazu muss weder eine Internetverbindung bestehen, noch der Proxy-Server ausgeführt werden.

- `Lan` ist `true`, wenn eine Lan-Verbindung besteht und `ModemConnection false` ist. `Lan` ist leider auch `true`, wenn gar keine Internetverbindung besteht oder wenn eine Modem-Internetverbindung offline ist.

> **Hinweis**: Eine zuverlässige Aussage darüber, ob gerade eine Internetverbindung besteht, können Sie also nur dann über die Eigenschaft `ModemConnection` treffen, wenn diese auf dem lokalen System über ein Telefonmodem, ein DSL-Modem, ein ISDN-Modem oder eine ISDN-Karte ausgeführt wird. Um sicherzugehen, dass eine Verbindung besteht, sollten Sie vielleicht besser einen Ping an eine zuverlässige Internetadresse (z.B. *www.google.com*) ausführen (siehe Rezept 193).

Listing 344 zeigt eine beispielhafte Anwendung der `GetInternetConnectionState`-Methode.

```
try
{
    // Internetverbindungs-Status abfragen
    InternetConnectionState ics = GetInternetConnectionState();
```

Listing 344: Beispielhafte Anwendung der GetInternetConnectionState-Methode

```
    // Ergebnis ausgeben
    Console.WriteLine("Name: {0}", ics.Name);
    Console.WriteLine("Online: {0}", ics.Online);
    Console.WriteLine("Configured: {0}", ics.Configured);
    Console.WriteLine("Lan: {0}", ics.Lan);
    Console.WriteLine("ModemConnection: {0}", ics.ModemConnection);
    Console.WriteLine("Offline: {0}", ics.Offline);
    Console.WriteLine("ProxyConnection: {0}", ics.ProxyConnection);
    Console.WriteLine("RASInstalled: {0}", ics.RASInstalled);
}
catch (Exception ex)
{
    Console.WriteLine("Fehler bei der Abfrage des Internet-" +
        "Verbindungsstatus: {0}",
        ex.Message);
}
```

Listing 344: Beispielhafte Anwendung der GetInternetConnectionState-Methode (Forts.)

Abbildung 131: Ausführung des Beispielprogramms bei einer bestehenden DSL-Verbindung

193 Pingen – Ermitteln, ob eine Internetverbindung besteht

Wenn Sie ermitteln wollen, ob eine Internetverbindung besteht, reicht es nicht aus, den Status der Internetverbindung abzufragen (siehe Rezept 192), da der Aufruf der API-Funktion `InternetGetConnectedStateEx` leider auch `true` ergibt, wenn keine Internetverbindung, aber eine LAN-Verbindung besteht.

Zur Überprüfung auf eine geöffnete Internetverbindung könnten Sie die API-Funktion `InternetCheckConnection` einsetzen, der Sie eine URL oder `null` am ersten Argument übergeben können, um die Erreichbarkeit der URL oder einfach nur eine vorhandene Internetverbindung zu überprüfen. Leider arbeitete diese Funktion in meinen Tests nicht mit einer DSL-Verbindung oder einer Internetverbindung über einen Proxy-Server (der Aufruf führte zum (über `FormatMessage` ausgelesenen) Fehler »Diese Netzwerkverbindung ist nicht vorhanden«). Laut einigen Newsgroup-Beiträgen können Sie diese Funktion auch nicht einsetzen, wenn die Internetverbindung über das LAN erfolgt. `InternetCheckConnection` hat mit DSL- und LAN-Verbindungen wahrscheinlich ähnliche Probleme wie `InternetGetConnectedStateEx`.

Die sicherste Möglichkeit, eine offene Internetverbindung abzufragen, ist, an eine bekannte und zuverlässige IP-Adresse (wie z.B. 66.249.85.104 für *www.google.com*) einen oder mehrere *Pings* abzusetzen. Ein Ping (Packet Internet Groper = Paket-Internet-(Ab)Taster) ist eine Technik, bei der ein spezielles IP-Paket an den Port 7 eines Host gesendet wird. Jeder Host sollte die von einem Ping aufgerufene ICMP[26]-Echo-Funktion (definiert in RFC 792) implementieren. Der Empfänger sendet ein spezielles IP-Paket zurück, wenn er erreichbar ist. Da jedes Paket mit einer eindeutigen Sequenznummer und einer Checksumme versehen wird, kann der Sender beim mehrfachen Pingen erkennen, wie viele Pakete auf dem Weg verloren gegangen sind, wie viele Pakete auf dem Weg zerstört wurden und wie viel Zeit das Senden und Empfangen in Anspruch genommen hat.

> **Hinweis** Zur Überprüfung einer offenen Internetverbindung sollten Sie explizit die IP-Adresse verwenden und nicht den Domänennamen. Der Grund dafür ist, dass ein Ping an einen Domänennamen eine DNS-Abfrage verursacht, die bei Systemen mit einer automatischen Wählverbindung dazu führt, dass die Verbindung geöffnet wird.

Einen Ping können Sie über die gleichnamige Klasse aus dem Namensraum `System.Net.NetworkInformation` ausführen. Dazu erzeugen Sie eine Instanz und rufen die `Send`-Methode auf. `Send` gibt eine Instanz der `PingReply`-Klasse zurück, die in ihrer Eigenschaft Status sehr detaillierte Angaben über den Status des Ping gibt. Die für uns wichtigsten habe ich in Tabelle 24 aufgeführt.

PingReply-Status	Bedeutung
`IPStatus.Sucess`	Der Ping war erfolgreich.
`IPStatus.TimedOut`	Das erwartete ICMP-Echo wurde nicht in der über den Timeout definierten Zeit empfangen.
`IPStatus.TimeExceeded`	Beim Routen der ICMP-Echo-Anforderung wurde die TTL (Time To Live) an einem Router 0, weswegen dieser die Anforderung verwarf.
`IPStatus.TtlExpired`	wie `IPStatus.TimeExceeded`
`IPStatus.DestinationHostUnreachable`	Der Zielhost ist nicht erreichbar. Wahrscheinlich besteht keine Internetverbindung.
`IPStatus.HardwareError`	Hardwarefehler. Wahrscheinlich wurde die LAN-Leitung entfernt oder der Router ist ausgeschaltet.

Tabelle 24: Die wichtigsten Werte der IPStatus-Aufzählung

---

26. ICMP = Internet Control Message Protocol

550 >> Pingen – Ermitteln, ob eine Internetverbindung besteht

Zum Pingen können Sie der Send-Methode am ersten Argument die Adresse des Webservers übergeben und am zweiten Argument einen Timeout in Millisekunden. Prinzipiell reicht dies aus, um das Vorhandensein eines Webservers abzufragen. Weiteren Varianten dieser Methode können Sie zusätzlich noch ein Byte-Array mit Daten übergeben, die gesendet werden sollen, und spezielle Ping-Optionen, die u.a. den TTL-Wert definieren.

Listing 345 verwendet diese Methode, um das Vorhandensein des Webservers von Google abzufragen. Das Beispiel erfordert den Import der Namensräume System und System.Net.NetworkInformation.

```
Ping ping = new Ping();

string address = "66.249.85.104";
int timeout = 5000;
PingReply pingReply = ping.Send(address, timeout);

switch (pingReply.Status)
{
   case IPStatus.Success:
      Console.WriteLine("Ping an {0} war erfolgreich. " +
         "Benötigte Zeit: {1} Millisekunden",
         address, pingReply.RoundtripTime);
      break;

   case IPStatus.TimedOut:
      Console.WriteLine("Timeout beim Ping an {0}", address);
      break;

   case IPStatus.TimeExceeded:
      Console.WriteLine("Der TTL-Wert erreichte 0 beim Ping an {0}",
         address);
      break;

   case IPStatus.DestinationHostUnreachable:
      Console.WriteLine("Google ist nicht erreichbar. " +
         "Wahrscheinlich besteht keine Internetverbindung.");
      break;

   case IPStatus.HardwareError:
      Console.WriteLine("Hardware-Fehler. Wahrscheinlich wurde die " +
         "LAN-Leitung entfernt oder der Router ist ausgeschaltet.");
      break;

   default:
      Console.WriteLine("Status beim Ping an {0}: {1}",
```

Listing 345: Prüfen, ob eine Internetverbindung nach www.google.com (66.249.85.104) möglich ist

```
            address, pingReply.Status);
         break;
   }
}
```

Listing 345: Prüfen, ob eine Internetverbindung nach www.google.com (66.249.85.104) möglich ist (Forts.)

194 TCP- und ICMP-Prüfsumme berechnen

Wenn Sie TCP- oder ICMP-Daten roh versenden oder empfangen, müssen Sie u.U. die Prüfsumme der Daten berechnen. Diese Prüfsumme wird mit den einzelnen Wörtern der TCP-/ICMP-Daten berechnet, bei TCP in das neunte Wort und bei ICMP in das zweite Wort geschrieben.

Die Methode `GetTCPCheckSum` in Listing 346 nimmt diese Berechnung vor. `GetTCPCheckSum` bekommt ein Byte-Array mit den TCP- oder ICMP-Daten übergeben. Bei der ersten Berechnung einer Prüfsumme müssen die Bytes, die die Prüfsumme aufnehmen, 0 speichern. Wenn Sie die Prüfsumme mit Daten berechnen, deren Header bereits eine Prüfsumme speichert, muss (aufgrund des Einer-Komplements) 0 resultieren. Daran können Sie erkennen, dass die Prüfsumme empfangener Daten in Ordnung ist und die Daten somit nicht verändert wurden.

Ich habe `GetTCPCheckSum` übrigens basierend auf einigen Beispielen im Internet entwickelt. Das maßgebliche Beispiel war die C-Implementierung des Ping-Befehls des Ping-Erfinders Mike Muus (*www.ping127001.com/pingpage/ping.html*).

Zum Kompilieren dieser Methode müssen Sie den Namensraum `System` einbinden.

```
public static ushort GetTCPCheckSum(byte[] tcpData)
{
   // Wenn das byte-Array am Ende kein ganzes Wort mehr ergibt, muss ein 0-
   // Byte angehängt werden
   byte[] buffer;
   if ((tcpData.Length % 2) > 0)
   {
      buffer = new byte[tcpData.Length + 1];
      tcpData.CopyTo(buffer, 0);
      buffer[buffer.Length - 1] = 0;
   }
   else
   {
      buffer = new byte[tcpData.Length];
      tcpData.CopyTo(buffer, 0);
   }

   // Die einzelnen Wörter addieren
```

Listing 346: Methode zur Berechnung einer TCP/ICMP-Prüfsumme

```
   int checkSum = 0;
   for (int i = 0; i < buffer.Length; i += 2)
   {
      byte lowByte = buffer[i+1];
      byte highByte = buffer[i];
      ushort wordValue = highByte;
      wordValue = (ushort)((wordValue << 8) + lowByte);
      checkSum += wordValue;
   }

   // Nur die niedrigen 16 Bits addiert mit den hohen 16 Bits auslesen
   checkSum = (checkSum >> 16) + (checkSum & 0xFFFF);
   checkSum += (checkSum >> 16);

   // Einerkomplement bilden
   return (ushort)(~checkSum);
}
```

Listing 346: Methode zur Berechnung einer TCP/ICMP-Prüfsumme (Forts.)

195 Internetverbindung öffnen und schließen

Über die API-Funktion InternetAutodial können Sie die Standard-Internet-Wählverbindung des Rechners, auf dem das Programm ausgeführt wird, öffnen und über InternetAutodialHangup wieder schließen.

> **Hinweis:** InternetAutodial öffnet leider nur Internet-Wählverbindungen (über ein Modem oder eine ISDN-Karte). DSL-Verbindungen (die keine Wählverbindungen sind) können mit InternetAutodial nicht geöffnet werden. Ähnliches gilt für InternetAutodialHangup, die eine DSL-Verbindung nicht schließt. Eine Lösung zum Öffnen und Schließen einer DSL-Verbindung habe ich bisher nicht gefunden.

InternetAutodial erwartet am ersten Argument eine int-Konstante, die Informationen darüber enthält, wie die Verbindung geöffnet werden soll:

- INTERNET_AUTODIAL_FORCE_ONLINE bewirkt, dass eine Online-Verbindung erzeugt wird,
- INTERNET_AUTODIAL_FORCE_UNATTENDED führt dazu, dass die Verbindung im Hintergrund geöffnet wird, ohne dass der Anwender im Einwahldialog den Wählen-Schalter betätigen muss,
- INTERNET_AUTODIAL_FAILIFSECURITYCHECK bewirkt, dass InternetAutodial fehlschlägt, wenn die Drucker- und Datei-Freigabe deaktiviert ist.

Sie können an diesem Argument nur eine der Konstanten angeben (das Argument ist keine Bitmaske). Am zweiten Argument können Sie den Handle eines Formulars

>> **Internet**

übergeben, das dann als Parent für den Einwahl-Dialog verwendet wird. Wenn Sie kein Parent-Formular verwenden (wollen), können Sie hier auch 0 übergeben.

Die Funktion `InternetAutodialHangup`, der Sie am ersten, für spätere Zwecke reservierten Argument 0 übergeben, schließt die Standard-Internetverbindung.

Beide Funktionen geben `true` zurück, wenn die Ausführung erfolgreich war. Leider können Sie damit nicht unbedingt eine Aussage treffen, dass die Verbindung auch geöffnet ist: Ist die Standard-Netzwerkverbindung eine DSL-Verbindung, geben beide Funktionen ebenfalls `true` zurück, obwohl die Verbindung weder geöffnet noch geschlossen wird. Sie sollten also nach dem Öffnen gegebenenfalls überprüfen, ob eine Verbindung besteht (siehe Rezept 193).

Die im Folgenden beschriebenen Methoden `OpenLocalConnection` und `CloseLocalConnection` übernehmen das Öffnen und Schließen der Internetverbindung. Zum Kompilieren dieser Methoden müssen Sie die Namensräume `System`, `System.Text` und `System.Runtime.InteropServices` importieren und die notwendigen API-Funktionen und -Konstanten deklarieren. Um eventuelle (leider undokumentierte) Fehler bei der Ausführung der Funktionen auswerten zu können, habe ich die Funktion `FormatMessage` mit aufgenommen. Da die Fehlermeldungen von `InternetAutodial` und `InternetAutodialHangup` nicht in der Windows-System-Meldungstabelle, sondern in der Datei *wininet.dll* gespeichert sind, ist die Funktion `GetModuleHandle` ebenfalls deklariert.

```
/* Deklaration der benötigten API-Funktionen   */
[DllImport("wininet.dll", SetLastError=true)]
public static extern int InternetAutodial(int dwFlags,
   IntPtr hwndParent);

[DllImport("wininet.dll", SetLastError=true)]
public static extern int InternetAutodialHangup(int dwReserved);

[DllImport("Kernel32.dll")]
private static extern int FormatMessage(int dwFlags, IntPtr lpSource,
   int dwMessageId, int dwLanguageId,
   System.Text.StringBuilder lpBuffer, int nSize, string [] Arguments);

[DllImport("kernel32.dll")]
private static extern IntPtr GetModuleHandle(string lpFileName);

/* Konstanten für InternetAutoDial */
private const int INTERNET_AUTODIAL_FORCE_ONLINE = 1;
private const int INTERNET_AUTODIAL_FORCE_UNATTENDED = 2;
private const int INTERNET_AUTODIAL_FAILIFSECURITYCHECK = 4;

/* Konstante für FormatMessage */
private const int FORMAT_MESSAGE_FROM_HMODULE = 0x0800;
```

Listing 347: API-Deklarationen für InternetAutodial und InternetAutodialHangup

554 >> Internetverbindung öffnen und schließen

Die Methode `OpenLocalConnection` in Listing 348 öffnet eine Wählverbindung zum Internet. Am Argument `unattended` wird definiert, ob das Öffnen unbeaufsichtigt erfolgen soll (also ohne dass der Anwender den Wählen-Schalter des Verbindungsdialogs betätigen muss). Das Argument `hwndParent` kann mit dem Windows-Handle eines Formulars belegt werden, das als Parent-Fenster des Einwahl-Dialogs verwendet werden soll.

`OpenLocalConnection` definiert zunächst die zu übergebenden Flags und ruft dann `InternetAutodial` auf. Wenn die Funktion 0 zurückliefert, liest `OpenLocalConnection` den letzten API-Fehlercode aus und versucht, damit aus der Datei *wininet.dll* eine Fehlerbeschreibung auszulesen.

> **Hinweis**
>
> Leider führten meine Versuche nicht dazu, dass eine Beschreibung ausgelesen werden konnte. Der durch einen Abbruch des Wähl-Dialogs erzeugte Fehlercode 631 ist nicht mit einer Meldung verknüpft (die Fehlercodes in der Meldungstabelle der *wininet.dll* beginnen auch erst bei 12000, was ich über das Test-Programm »Fehlercodes ermitteln« herausgefunden habe, das Sie im Ordner *Beispiele/Tools* auf der Buch-CD finden).

```
public static void OpenLocalConnection(bool unattended, int hwndParent)
{
   // Flags definieren
   int flags = 0;
   if (unattended)
   {
      flags = INTERNET_AUTODIAL_FORCE_UNATTENDED;
   }
   else
   {
      flags = INTERNET_AUTODIAL_FORCE_ONLINE;
   }

   // Verbindung wählen
   if (InternetAutodial(flags, (IntPtr)hwndParent) == 0)
   {
      // Fehler bei der Ausführung
      int apiError = Marshal.GetLastWin32Error();

      // Den Text des Fehlers aus der Datei wininet.dll auslesen
      // und damit eine Ausnahme werfen
      IntPtr hModule = GetModuleHandle("wininet.dll");
      StringBuilder message = new StringBuilder(1024);
      if (FormatMessage(FORMAT_MESSAGE_FROM_HMODULE, hModule,
         apiError, 0, message, 1024, null) > 0)
      {
         throw new Exception(message.ToString());
      }
```

Listing 348: Methode zum Öffnen einer lokalen Internetverbindung

>> Internet

```
      else
      {
         throw new Exception("API-Fehler " + apiError);
      }
   }
}
```

Listing 348: Methode zum Öffnen einer lokalen Internetverbindung (Forts.)

Die Methode `CloseLocalConnection` ruft `InternetAutodialHangup` auf um die aktuelle Verbindung zu schließen. Fehler bei der Ausführung werden auf dieselbe Weise ausgewertet wie bei `OpenLocalConnection`.

```
public static void CloseLocalConnection()
{
   // Verbindung schließen
   if (InternetAutodialHangup(0) == 0)
   {
      // Fehler bei der Ausführung
      int apiError = Marshal.GetLastWin32Error();

      // Den Text des Fehlers aus der Datei wininet.dll auslesen
      // und damit eine Ausnahme werfen
      IntPtr hModule = GetModuleHandle("wininet.dll");
      StringBuilder message = new StringBuilder(1024);
      if (FormatMessage(FORMAT_MESSAGE_FROM_HMODULE, hModule, apiError,
         0, message, 1024, null) > 0)
      {
         throw new Exception(message.ToString());
      }
      else
      {
         throw new Exception("API-Fehler " + apiError);
      }
   }
}
```

Listing 349: Methode zum Schließen einer lokalen Internetverbindung

Listing 350 zeigt eine Beispiel-Anwendung der Methode `OpenLocalConnection`, bei der das Öffnen nicht unbeaufsichtigt erfolgt.

```
try
{
   OpenLocalConnection(false, 0);
```

Listing 350: Anwendung der Methode OpenLocalConnection

```
    Console.WriteLine("Internetverbindung ist geöffnet");
}
catch (Exception ex)
{
    Console.WriteLine(ex.Message);
}
```

Listing 350: Anwendung der Methode OpenLocalConnection (Forts.)

Abbildung 132: Der DFÜ-Einwahldialog, der nach dem Aufruf von OpenLocalConnection geöffnet wurde

196 Die IP-Adressen des Computers herausfinden

Normalerweise besitzt ein Computer mindestens eine, meist aber sogar mehrere IP-Adressen. Eine Adresse liegt häufig im Bereich des lokalen Netzwerks und ist der Netzwerkkarte zugeordnet, die für die lokale Netzwerkverbindung verwendet wird. Eine weitere Adresse ist häufig der aktuellen Internetverbindung zugeordnet, wenn der Computer eine solche direkt (und nicht über das Netzwerk) aufbaut.

Sie können die IP-Adressen eines Computers über DNS herausfinden. Die Methode GetHostByName der Dns-Klasse aus dem Namensraum System.Net, der Sie den Namen des Computers übergeben können, liefert ein IPHostEntry-Objekt zurück, das neben dem Host-Namen und Aliasnamen für den Host in der Eigenschaft AddressList ein Array von IPAddress-Objekten verwaltet. Über die Eigenschaft Address eines solchen Objekts erhalten Sie die jeweilige IP-Adresse, allerdings als long-Wert. Da die übliche Darstellung einer IP-Adresse die vier Bytes des long-Werts einzeln und durch Punkte

>> Internet

getrennt darstellt, sollten Sie stattdessen die `ToString`-Methode aufrufen, die die IP-Adresse in der üblichen Form zurückgibt. `GetHostByName` können Sie leider nicht den Namen *localhost* oder die IP-Adresse 127.0.0.1 übergeben um den lokalen Computer anzusprechen, in diesem Fall resultiert lediglich die Adresse 127.0.0.1. Sie müssen den DNS-Namen des Computers herausfinden und dieser Methode übergeben, was aber über `Dns.GetHostEntry` sehr einfach ist.

Das Beispiel erfordert den Import der Namensräume `System` und `System.Net`.

```
IPAddress[] addressList = Dns.GetHostEntry(Dns.GetHostEntry()).AddressList;
for (int i = 0; i < addressList.Length; i ++)
{
   string ipAddress = addressList[i].ToString();
   Console.WriteLine(ipAddress);
}
```

Listing 351: Die IP-Adressen des lokalen Computers über DNS auslesen

Diese Variante funktioniert nur dann, wenn DNS auf dem lokalen System korrekt konfiguriert und nicht deaktiviert ist. Das ist zwar bei den meisten Systemen der Fall, Sie können dies aber nicht voraussetzen. Deshalb sollten Sie die andere Lösung einsetzen, die die IP-Adressen über WMI abfragt. Diese Lösung geht alle Netzwerkadapter des Systems über die WMI-Klasse `Win32_NetworkAdapterConfiguration` durch, fragt ab, ob der Adapter IP unterstützt, und liest die den Adapter zugeordneten IP-Adressen aus.

Die Methode `GetLocalIPAddresses` in Listing 352 geht auf diese Weise vor. Um die Verarbeitung der Adressen zu erleichtern gibt `GetLocalIPAddresses` eine Auflistung vom Typ `List` zurück, die mit dem Typ `string` typisiert ist.

Zum Kompilieren der Methode müssen Sie die Assembly *System.Management.dll* referenzieren und die Namensräume `System`, `System.Collections.Generic` und `System.Management` importieren.

```
public static List<string> GetLocalIPAddresses()
{
   List<string> ipAddressList = new List<string>();

   try
   {
      // Alle Netzwerkadapter des Systems ermitteln und durchgehen
      ManagementClass mc = new ManagementClass(
         "Win32_NetworkAdapterConfiguration");
      ManagementObjectCollection moc = mc.GetInstances();
      foreach (ManagementObject mo in moc)
      {
         if ((bool)mo["IpEnabled"])
```

Listing 352: Methode zum Auslesen der lokalen IP-Adressen

```
        {
            // Wenn der Adapter das IP-Protokoll unterstützt:
            // Adressen auslesen
            string[] ipAddresses = (string[])mo["IPAddress"];
            foreach (string ipAddress in ipAddresses)
            {
                ipAddressList.Add(ipAddress);
            }
        }
      }
   }
   catch {}

   return ipAddressList;
}
```

Listing 352: Methode zum Auslesen der lokalen IP-Adressen (Forts.)

Abbildung 133 zeigt die Ausgabe einer Konsolenanwendung, die die IP-Adressen einmal über DNS und zum anderen über `GetLocalIPAddresses` auf meinem System aufgerufen und die Adressen jeweils ausgegeben hat.

Abbildung 133: Auslesen der lokalen IP-Adressen

Das Problem, herauszufinden, welche der ermittelten Adressen nun die Adresse der Internetverbindung ist, konnte ich bisher leider nicht lösen. Ein Lösungsansatz ist, die IP-Adresse mit der Subnetzmaske des Providers zu vergleichen, sofern diese sich von der lokalen Subnetzmaske unterscheidet.

197 E-Mails über einen SMTP-Server versenden

Das Versenden von E-Mails ist nicht nur interessant für die Programmierung von eigenen E-Mail-Clients (von denen es ja eigentlich bereits mehr als genug gibt). E-Mails sind auch sinnvoll für Anwendungen, die bestimmte Personen (in einem Unternehmen) über einen neu eingetretenen Zustand informieren müssen. In einem Projekt-Planungssystem ist es z.B. sinnvoll, alle Projekt-Mitarbeiter in Kenntnis zu setzen, nachdem wesentliche Daten wie der Einführungstermin vom Projektleiter

>> **Internet**

geändert wurden. Eine elegante Programmlösung versendet entsprechende E-Mails in solchen Fällen automatisch und nimmt den Mitarbeitern so einiges an Arbeit ab.

Sofern ein SMTP-Server zur Verfügung steht, können Sie zum Senden von E-Mails die Klasse `SmtpClient` aus dem Namensraum `System.Net.Mail` verwenden. Falls kein SMTP-Server, sondern ein Exchange-Server zur Verfügung steht, finden Sie eine Lösung übrigens im Rezept 198.

> **Hinweis**
>
> Viele SMTP-Server erlauben die Weitergabe (englisch: *Relay*) von E-Mails nur unter bestimmten Voraussetzungen. Der lokale SMTP-Server der Internet-Informationsdienste von Windows XP ist zum Beispiel per Voreinstellung so eingestellt, dass er E-Mails nur für Clients, die sich erfolgreich gegenüber dem Server authentifizieren (was auch immer damit gemeint ist), weitergibt. Wenn Sie die Konfiguration dieses SMTP-Servers nicht geändert haben, erhalten Sie beim Versuch, eine E-Mail zu senden, eine `SmtpFailedRecipientException` mit der Meldung »Unable to relay for xyz« (wobei XYZ eine Empfänger-E-Mail-Adresse ist). In diesem Fall müssen Sie die Weiterleitung für die IP-Adressen, die auf den SMTP-Server zugreifen, explizit erlauben.

Die Einstellung der IP-Adressen, für die der Windows-XP-SMTP-Server E-Mails weiterleiten darf, erreichen Sie über die Verwaltung der Internet-Informationsdienste in der Systemsteuerung (SYSTEMSTEUERUNG / VERWALTUNG / INTERNET-INFORMATIONS-DIENSTE). Öffnen Sie den Knoten für den lokalen Computer und danach die Eigenschaften des SMTP-Servers. Im Register ZUGRIFF können Sie über den Schalter WEITERGABE die Weitergabeeinschränkungen bearbeiten. Erfolgt der Zugriff lediglich über lokale Clients, müssen Sie in der Regel der IP-Adresse 127.0.0.1 (localhost) Zugriff gewähren (Abbildung 134).

> **Hinweis**
>
> Bei Ihren Versuchen, über einen SMTP-Server E-Mails zu versenden, sollten Sie ebenfalls beachten, dass viele Server besondere Techniken verwenden, um den Missbrauch durch Spammer einzuschränken. *mail.isis.de* überprüft z.B., ob die IP-Adresse des Senders zum Netz von Isis gehört. Ist dies nicht der Fall, resultiert der Versuch eine E-Mail zu senden, in dem Fehler »Relay access denied«. Der SMTP-Server von GMX (*mail.gmx.de*) erfordert eine Authentifizierung und überprüft, ob die in der E-Mail angegebene Sender-Adresse einer Adresse des eingeloggten Benutzers ist. Im anderen Fall resultiert der Fehler »Sender address does not belong to logged in user«.

Zum Senden einer E-Mail erzeugen Sie zunächst eine Instanz der `SmtpClient`-Klasse und übergeben im Konstruktor die Adresse des SMTP-Servers (sofern Sie nicht die Pickup-Ausliefer-Methode über den IIS verwenden wollen, die ich weiter unten beschreibe). Wenn Sie den lokalen SMTP-Server angeben wollen (der ein Teil der Windows-Internet-Informationsdienste ist), geben Sie *localhost* an.

Abbildung 134: Weitergabeeinschränkungen mit Erlaubnis für die IP-Adresse 127.0.0.1 für den lokalen SMTP-Server von Windows XP

Über die Methode Send können Sie dann die E-Mail versenden. Der ersten Variante dieser Methode übergeben Sie vier Strings, wobei der erste den Sender, der zweite die Empfänger, der dritte den Betreff und der letzte den Text beinhaltet. Die zweite Send-Variante ist allerdings wesentlich flexibler. Dieser Variante übergeben Sie ein Mail-Message-Objekt, über das Sie unter anderem auch Anhänge versenden können. Listing 353 zeigt, wie Sie dies programmieren. Ich denke, die meisten Eigenschaften der MailMessage-Klasse erklären sich von selbst.

Interessant ist, dass Sie Mails im HTML-Format versenden und die Priorität einstellen können. Dazu verwenden Sie die Eigenschaften IsBodyHtml und Priority des Mail-Message-Objekts.

Über die Add-Methode der Attachments-Eigenschaft können Sie der Nachricht Dateien anhängen. Dazu übergeben Sie eine neue Instanz der MailAttachment-Klasse, der Sie im Konstruktor den Dateinamen übergeben.

Da viele SMTP-Server eine Authentifizierung verlangen, können Sie die dazu notwendigen Informationen über die Eigenschaft Credentials übergeben. Dazu schreiben Sie die Referenz auf ein neues NetworkCredential-Objekt in dieser Eigenschaft. Im Konstruktor übergeben Sie diesem Objekt am ersten Argument den Benutzernamen und am zweiten das Passwort.

Die Klasse SmtpClient ermöglicht verschiedene Ausliefer-Methoden, die Sie über die Eigenschaft DeliveryMethod einstellen können. Die Voreinstellung SmtpDelivery-Method.Network sendet die E-Mail an den SMTP-Server an der über die Host-Eigenschaft des SmtpClient-Objekts angegebenen Adresse. Über SmtpDeliveryMethod.Pick-

>> Internet

`upDirectoryFromIis` können Sie festlegen, dass die E-Mail im Pickup-Verzeichnis des IIS (per Voreinstellung *C:\Inetpub\mailroot\Pickup*) abgelegt wird. `SmtpDelivery-Method.SpecifiedPickupDirectory` erlaubt die Eingabe eines eigenen Pickup-Verzeichnisses über die `PickupDirectoryLocation`-Eigenschaft des `SmtpClient`-Objekts. Bei einer Pickup-Auslieferung wird kein SMTP-Server verwendet. Hierbei kümmert sich der IIS um die Auslieferung der E-Mail.

Das Beispiel in Listing 353 sendet eine Mail mit Dateianhang über den lokalen (virtuellen) SMTP-Server. Da dieser keine Authentifizierung verlangt, habe ich die dazu notwendigen Anweisungen auskommentiert. Da beim Senden von E-Mails auch Exceptions vorkommen, deren aussagekräftige Meldungen sich in einer der inneren Exceptions verstecken, habe ich dem Beispiel die Methode `GetExceptionMessages` aus dem Rezept 44 hinzugefügt, die auch die Nachrichten der inneren Exceptions ermittelt. Diese Methode habe ich allerdings nicht in das Listing 353 aufgenommen.

Das Beispiel erfordert den Import der Namensräume `System`, `System.IO`, `System.Net`, `System.Net.Mail`, `System.Text`, `System.Text.RegularExpressions` und `System.Reflection`.

```
// SmtpClient erzeugen
string smtpHost = "localhost";
SmtpClient smtpClient = new SmtpClient(smtpHost);

// Authentifizierungs-Informationen für SMTP-Server,
// die eine Authentifizierung verlangen
//string userName = "xyz@gmx.de";
//string password = "xyz";
//smtpClient.Credentials = new NetworkCredential(userName, password);

// Authentifizierungs-Informationen für den SMTP-Server von
// Windows XP, wenn dieser so eingestellt ist, dass die
// Clients sich über die Windows-Authentifizierung anmelden müssen
//smtpClient.Credentials = CredentialCache.DefaultNetworkCredentials;

// Ausliefer-Methode festlegen (Network ist Default)
smtpClient.DeliveryMethod = SmtpDeliveryMethod.Network;

// Nachricht erzeugen und initialisieren
MailMessage message = new MailMessage();
message.From = new MailAddress("jb@galaxy.com", "Jürgen Bayer");
message.To.Add("zaphod@galaxy.com");
message.CC.Add("ford@galaxy.com");
message.Bcc.Add("trillian@galaxy.com");
message.Subject = "Party";
message.IsBodyHtml = true;
message.Body = "Hallo <b>Zaphod</b>, Lust auf eine Party im " +
   "<i>Restaurant am Ende der Galaxis</i>?";
```

Listing 353: Senden einer Mail über die Klasse SmtpClient

```
// Mail-Format und Priorität festlegen
message.BodyEncoding = Encoding.UTF8;
message.Priority = MailPriority.High;

// Datei anhängen
string fileName = Path.Combine(
   Path.GetDirectoryName(Assembly.GetEntryAssembly().Location),
   "dontpanic.gif");
message.Attachments.Add(new Attachment(fileName));

// Mail senden
try
{
   smtpClient.Send(message);
   Console.WriteLine("E-Mail erfolgreich versendet");
}
catch (SmtpFailedRecipientException ex)
{
   if (ex.Message.IndexOf("Unable to relay for") > -1)
   {
      Console.WriteLine("Der SMTP-Server '" + smtpClient.Host +
         "' kann die E-Mail an die angegebene Adresse nicht " +
         "weiterleiten. Wahrscheinlich ist die Weiterleitung " +
         "von E-Mails für die IP-Adresse des Client in der " +
         "Konfiguration des SMTP-Servers untersagt");
   }
   else
   {
      Console.WriteLine(GetExceptionMessages(ex));
   }
}
catch (Exception ex)
{
   Console.WriteLine(GetExceptionMessages(ex));
}
```

Listing 353: Senden einer Mail über die Klasse SmtpClient (Forts.)

198 E-Mails über MAPI bzw. Outlook versenden

Viele Unternehmen bieten ihren Mitarbeitern E-Mail-Funktionalitäten nicht über einen SMTP-, POP3- und/oder IMAP-Server an, sondern betreiben einen Exchange-Server. Mails können Sie bei solchen Systemen nur über spezielle Microsoft-Komponenten versenden. Neben der COM-Komponente CDO (Collaborating Data Objects) können Sie dazu MAPI (Messaging API) verwenden. MAPI ist ein wesentlicher Teil des Windows-API zum Zugriff auf die Microsoft-Mail-Features (über Outlook und den Exchange Server). Leider ist die Programmierung sehr aufwändig. Ein von Thomas Scheidegger entwickeltes, hervorragendes Beispiel inklusive einer C#-Klasse zur Vereinfachung des MAPI-Zugriffs finden Sie auf der Website von *The Code Project* an der Adresse *www.codeproject.com/csharp/simplemapidotnet.asp*.

Ich verwende in diesem Rezept die Klasse `Mapi` von Thomas Scheidegger, die als Public Domain veröffentlicht ist, und zeige lediglich, wie Sie eine einfache Mail über die dort enthaltenen Klassen verwenden. Schauen Sie sich auf jeden Fall auch das Beispiel an, das dem Quellcode beiliegt.

Kopieren Sie die Datei *MapiApi.cs* aus einem der beiden Beispiele (der Konsolen- oder der Windows-Anwendung) in den Projektordner Ihres Projekts. Um eine Mail zu versenden (was nur eine der Anwendungsmöglichkeiten dieser Klasse ist), erzeugen Sie eine Instanz der Klasse `Mapi`. Über die Methode `Logon` können Sie das Programm in MAPI einloggen (was aber eigentlich nur dann notwendig ist, wenn der Zugang geschützt ist). Wenn Sie einen spezifischen Benutzer einloggen wollen, übergeben Sie den Handle eines User-Token (als `IntPtr`). Dieses Handle können Sie über die API-Funktion `LogonUser` erzeugen. Informationen dazu finden Sie im Rezept 260. `LogonUser` gibt, wie viele der Methoden der `Mapi`-Klasse, `false` zurück, wenn ein Fehler aufgetreten ist. Diesen (leider in vielen Fällen nicht sehr aussagekräftigen) Fehler können Sie über die Methode `Error` auslesen.

Nun können Sie über die Methode `AddRecip` Empfänger hinzufügen. Dazu übergeben Sie am ersten Argument die Adresse des Empfängers. Unklar dabei ist, dass der Name des ersten Arguments (`name`) eigentlich darauf hinweist, dass hier der Name des Empfängers übergeben wird. Das zweite Argument ist mit `addr` benannt, was suggeriert, dass hier die Adresse übergeben wird. Beim Test auf meinem System funktionierte aber keine andere Variante als die, die ich hier beschreibe. Das Problem wird wohl aber eher an MAPI liegen als an der .NET-Implementierung von Thomas Scheidegger ☺.

Am dritten Argument können Sie mit `true` bestimmen, dass der Empfänger als CC hinzugefügt wird. Übergeben Sie `false`, wird der Empfänger normal hinzugefügt. Ein BCC ist scheinbar nicht möglich.

Über die `Attach`-Methode können Sie Dateien anfügen, indem Sie einfach den Dateinamen übergeben.

Die Nachricht können Sie schließlich über die `Send`-Methode senden. Am ersten Argument übergeben Sie den Betreff, am zweiten den Text der Nachricht. `Send` gibt `false` zurück, wenn beim Senden ein Fehler aufgetreten ist. Den Fehler können Sie wieder über die Methode `Error` auslesen.

Schließlich loggen Sie den eingeloggten Benutzer über `Logoff` wieder aus.

Das Beispielprogramm in Listing 354 benötigt den Import der Namensräume `System`, `System.IO`, `System.Reflection` und `Win32Mapi` und das Einbinden der Datei *MapiApi.cs*.

E-Mails über MAPI bzw. Outlook versenden

```csharp
// Mapi-Instanz erzeugen
Mapi mapi = new Mapi();

// Logon in MAPI. Sie können den aktuellen
// Benutzer einloggen, indem Sie IntPtr.Zero übergeben.
// Wollen Sie einen spezifischen Benutzer einloggen,
// können Sie ein Token über die API-Funktion LogonUser
// erzeugen und dessen Handle übergeben.
if(mapi.Logon(IntPtr.Zero) == false)
{
   Console.WriteLine("Der Login in MAPI ist fehlgeschlagen: " +
      mapi.Error());
   return;
}

// Empfänger hinzufügen
string mailAddress = "juergen.bayer@t-online.de";
mapi.AddRecip(mailAddress, null, false);

// Datei anfügen
string fileName = Path.Combine(Path.GetDirectoryName(
   Assembly.GetEntryAssembly().Location), "dontpanic.gif");
mapi.Attach(fileName);

// Mail senden
string subject = "Party";
string message = "Hallo Zaphod, hast du Lust auf eine Party im Restaurant " +
   "am Ende der Galaxis?";
if (mapi.Send(subject, message))
{
   Console.WriteLine("E-Mail erfolgreich versendet");
}
else
{
   Console.WriteLine("Das Senden ist fehlgeschlagen: {0}", mapi.Error());
}

// Aus MAPI ausloggen
mapi.Logoff();
```

Listing 354: Senden einer Mail über MAPI und die Klasse Mapi von Thomas Scheidegger

Das Senden der E-Mail erfolgt dann normalerweise über Outlook. Dabei erscheint u.U. ein Sicherheitshinweis (Abbildung 135).

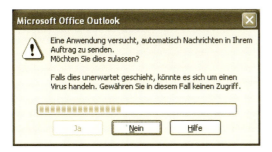

Abbildung 135: Der Sicherheitshinweis von Outlook ab Version 2000, SP 2

Dieser Sicherheitshinweis, bei dem der Ja-Schalter für fünf Sekunden deaktiviert ist, ist ab Outlook 2000, Service Pack 2 enthalten. Microsoft will damit verhindern, dass Virenprogramme unbemerkt E-Mails versenden können. Sie können den Dialog leider nicht unterbinden.

Sie können jedoch an der Adresse *www.express-soft.com/mailmate/clickyes.html* das Tool *Express ClickYes* downloaden, das die Betätigung des Ja-Schalters automatisch vornimmt. Nach der Installation finden Sie dieses Tool im Infobereich der Taskleiste. Wählen Sie im Kontextmenü dieses Eintrags die Option START SUSPENDED ab und schalten Sie die Option START ON LOGON ein, damit *Express ClickYes* beim nächsten Windows-Start automatisch ausgeführt wird. Nach der Installation müssen Sie einmal den Eintrag RESUME im Kontextmenü anklicken, damit *Express ClickYes* ohne einen Neustart arbeitet.

199 Browser starten

Den Default-Browser des Systems können Sie sehr einfach über die statische `Start`-Methode der `Process`-Klasse (aus dem Namensraum `System.Diagnostics`) starten. Als »Dateiname« geben Sie am ersten Argument die komplette Webadresse an (inklusive http://, ftp://, file:// etc.). Wenn Sie einen spezifischen Browser starten wollen, erzeugen Sie ein neues `Process`-Objekt, definieren in dessen `StartInfo`-Eigenschaft in der Eigenschaft `FileName` den Dateinamen und geben in der Eigenschaft `Arguments` die Webadresse an.

```
// Standard-Browser öffnen
Process.Start("http://www.google.de");

// Internet Explorer öffnen
Process process = new Process ();
process.StartInfo.FileName = "iexplore.exe";
process.StartInfo.Arguments = "http://www.addison-wesley.de";
process.Start();
```

Listing 355: Starten des Standard- und eines speziellen Browsers

Eine andere Möglichkeit, die ich hier nicht beschreibe, ist übrigens das Fernsteuern des Internet Explorers ähnlich dem Fernsteuern von Word und Excel, das ich im Kapitel COM-Interop mit Office beschreibe. Das Ganze ist aber nicht allzu kompliziert, da Sie beim Internet Explorer auf dieselben Methoden und Eigenschaften zugreifen wie beim Webbrowser-Steuerelement, das ich im folgenden Rezept beschreibe.

200 Webseiten (HTML-Dokumente) in der Anwendung darstellen

Über das `WebBrowser`-Steuerelement können Sie HTML-Dokumente aus einer lokalen (Datei-) oder einer Internet-Quelle in einer Anwendung darstellen. Dieses Steuerelement verwendet dasselbe ActiveX-Steuerelement, das auch der Internet Explorer einsetzt, und bietet deswegen eine große Anzahl an Möglichkeiten (wie zum Beispiel auch das Ausdrucken und Speichern von HTML-Dokumenten).

Tabelle 25 beschreibt die wichtigsten Eigenschaften, Tabelle 26 die wichtigsten Methoden und Tabelle 27 die wichtigsten Ereignisse dieses Steuerelements.

Eigenschaft	Beschreibung
`AllowNavigation`	bestimmt, ob das Steuerelement zu einer weiteren Seite navigieren kann nach dem die Initial-Seite geladen wurde. Die Voreinstellung ist `true`.
`AllowWebBrowserDrop`	bestimmt, ob das Steuerelement zu Seiten navigieren kann, die auf ihm (per Drag & Drop z.B. aus der Adressleiste des Internet Explorers) fallen gelassen werden. Die Voreinstellung ist `true`.
`CanGoBack`	Über diese Eigenschaft können Sie feststellen, ob es im aktuellen Zustand möglich ist, über die `GoBack`-Methode zu einer vorherigen Seite zurückzugehen.
`CanGoForward`	Ähnlich `CanGoBack` können Sie über diese Eigenschaft feststellen, ob es gerade möglich ist, über die `GoForward`-Methode zur nächsten Seite zu gehen.
`Document`	liefert ein `HtmlDocument`-Objekt, das das aktuell angezeigte HTML-Dokument repräsentiert.
`IsBusy`	gibt an, ob der `WebBrowser` gerade mit dem Herunterladen eines HTML-Dokuments oder einer Datei beschäftigt ist.
`ReadyState`	liefert den aktuellen Status des Steuerelements.
`ScriptErrorsSuppressed`	bestimmt, ob Script-Fehler, die im Dokument auftreten, unterdrückt werden. Die Voreinstellung ist `false`.
`WebBrowserShortcutsEnabled`	gibt an, ob (die vom Internet Explorer bekannten) Tastatur-Shortcuts verfügbar sind. Die Voreinstellung ist `true`.

Tabelle 25: Die wichtigsten Eigenschaften des WebBrowser-Steuerelements

Methode	Beschreibung
GoBack()	navigiert zu der zuvor angezeigten Seite.
GoForward()	navigiert zu der nächsten Seite in der Seiten-Reihenfolge, sofern zuvor zu einer vorherigen Seite navigiert wurde.
GoHome()	navigiert zu dem im Internet Explorer eingestellten Home-Dokument.
GoSearch()	navigiert zu der im Internet Explorer eingestellten Standard-Such-Seite.

Navigate(
  string *urlString*)
Navigate(
  string *urlString*,
  bool *newWindow*)
	Über diese Methode können Sie das Steuerelement zu einer Seite navigieren. In der hier dargestellten zweiten Variante können Sie bestimmen, dass die Seite in einer neuen Instanz des Internet Explorers dargestellt wird. Darüber hinaus existieren noch weitere Varianten der Navigate-Methode, denen Sie zum Beispiel eine Uri-Instanz anstelle des URL-String übergeben.

Refresh()	lädt das gerade angezeigte Dokument neu.
ShowPrintDialog()	zeigt den Drucken-Dialog des Internet Explorers an und führt zum Ausdruck des Dokuments, sofern der Benutzer den Drucken-Schalter betätigt.
ShowPrintPreview-Dialog()	zeigt den Druck-Vorschaudialog des Internet Explorers an.
ShowSaveAsDialog()	zeigt den Speichern-Unter-Dialog des Internet Explorers an und führt zum Speichern des Dokuments, sofern der Benutzer den Speichern-Schalter betätigt.
Stop()	bricht eine aktuell laufende Aktion, wie zum Beispiel das Laden eines Dokuments, ab.

Tabelle 26: Die wichtigsten Methoden des WebBrowser-Steuerelements

Ereignis	Beschreibung
CanGoBackChanged	wird aufgerufen, wenn die Verfügbarkeit des Zurück-Befehls (GoBack) sich ändert. Über die Eigenschaft CanGoBack können Sie abfragen, ob es möglich ist, zu der vorherigen Seite zurückzugehen.
CanGoForwardChanged	wird aufgerufen, wenn die Verfügbarkeit des Vor-Befehls (GoForward) sich ändert. Über die Eigenschaft CanGoForward können Sie abfragen, ob es möglich ist, zu der nächsten Seite zu gehen.
DocumentCompleted	wird aufgerufen, wenn das Laden eines Dokuments beendet ist.
Navigated	wird aufgerufen, wenn das Steuerelement zu einer neuen Seite navigiert hat und beginnt diese zu laden.
Navigating	wird aufgerufen, bevor das Steuerelement zu einer neuen Seite navigiert.

Tabelle 27: Die wichtigsten Ereignisse des WebBrowser-Steuerelements

Ereignis	Beschreibung
NewWindow	wird aufgerufen, bevor das Steuerelement eine Seite in einem neuen (Internet-Explorer-)Fenster lädt.
TitleChanged	wird aufgerufen, nachdem der Titel der aktuell angezeigten Seite geändert wurde (also in der Regel, nachdem eine Seite im Steuerelement angezeigt wurde).

Tabelle 27: Die wichtigsten Ereignisse des WebBrowser-Steuerelements (Forts.)

> **Achtung:** Eigenartigerweise erscheinen die Ereignisse CanGoBackChanged und CanGoForwardChanged in der Version 8.0.50727.42, dem ersten Release von Visual Studio 2005, nicht in der Liste der Ereignisse im Eigenschaften-Fenster. Trotzdem können Sie diese Ereignisse verwenden, indem Sie die Zuweisung im Programmcode von Hand vornehmen.

Die Listings ab Listing 356 zeigen die wichtigsten Features des Steuerelements. Das Beispiel ist in einer Windows-Anwendung implementiert, die in Abbildung 136 dargestellt wird.

Abbildung 136: Das Webbrowser-Beispielprogramm

Über die Navigate-Methode, die in einigen Überladungen vorkommt, können Sie zu einer Website navigieren. Einer Variante dieser Methode übergeben Sie die URL als String am ersten Argument. Die Navigation übernehmen im Beispiel das Click-Ereignis des Öffnen-Schalters und das KeyPress-Ereignis der TextBox (*urlTextBox*).

>> Internet

Das Programm benötigt die für Windows.Forms-Anwendungen notwendigen Referenzen und Importe.

```
private void openButton_Click(object sender, System.EventArgs e)
{
   // Navigieren
   this.webBrowser.Navigate(urlTextBox.Text);
}

private void urlTextBox_KeyPress(object sender,
   System.Windows.Forms.KeyPressEventArgs e)
{
   if (e.KeyChar == '\r')
   {
      e.Handled = true; // Warnton verhindern

      // Navigieren
      this.webBrowser.Navigate(this.urlTextBox.Text);
   }
}
```

Listing 356: Navigieren zu einer Webseite

Die Schalter zum Wechseln zur Startseite (*Home*), zur vorherigen Seite (*Zurück*) und zur nächsten Seite (*Vor*) und zum Stoppen des aktuellen Vorgangs rufen die Methoden GoHome, GoBack, GoForward bzw. Stop auf:

```
private void homeButton_Click(object sender, System.EventArgs e)
{
   this.webBrowser.GoHome();
}

private void backButton_Click(object sender, System.EventArgs e)
{
   this.webBrowser.GoBack();
}

private void forwardButton_Click(object sender, System.EventArgs e)
{
   this.webBrowser.GoForward();
}

private void stopButton_Click(object sender, System.EventArgs e)
{
   this.webBrowser.Stop();
}
```

Listing 357: Wechseln zur Startseite, zur vorherigen und zur nächsten Seite

Webseiten (HTML-Dokumente) in der Anwendung darstellen

Das erneute Laden einer Webseite können Sie über die `Refresh`-Methode erreichen:

```
private void reloadButton_Click(object sender, System.EventArgs e)
{
    this.webBrowser.Refresh();
}
```

Listing 358: Erneutes Laden der aktuellen Webseite

Im Beispiel wird die aktuelle Seite über den Aufruf der `Print`-Methode direkt ausgedruckt. Sie können aber auch die `ShowPrintDialog`- oder die `ShowPrintPreviewDialog`-Methode aufrufen, wenn Sie einen Dialog zur Auswahl des Druckers oder eine Druckvorschau anzeigen wollen. Das Speichern des aktuellen Dokuments ist über den Aufruf der `ShowSaveAsDialog`-Methode realisiert.

```
private void printButton_Click(object sender, System.EventArgs e)
{
    this.webBrowser.Print();
}

private void saveButton_Click(object sender, System.EventArgs e)
{
    this.webBrowser.ShowSaveAsDialog();
}
```

Listing 359: Drucken und Speichern der aktuellen HTML-Seite

Über verschiedene Ereignisse können Sie auf Änderungen des Status reagieren. Das Ereignis `Navigating` wird z.B. aufgerufen, bevor der `WebBrowser` zu einer neuen Seite navigiert. Ich verwende dieses Ereignis um den Stopp-Schalter zu aktivieren und den Speichern-, den Reload- und den Drucken-Schalter zu deaktivieren:

```
private void webBrowser_Navigating(object sender,
    WebBrowserNavigatingEventArgs e)
{
    this.stopButton.Enabled = true;
    this.saveButton.Enabled = false;
    this.reloadButton.Enabled = false;
    this.printButton.Enabled = false;
}
```

Listing 360: Aktivieren/Deaktivieren einiger Schalter, bevor eine Seite geladen wird

>> Internet

Das Ereignis `DocumentCompleted`, das aufgerufen wird, nachdem eine Seite erfolgreich geladen wurde, wird vom Beispiel verwendet, um den Titel des aktuellen Dokuments auszulesen und die Schalter, die in `Navigating` aktiviert bzw. deaktiviert wurden, zu deaktivieren bzw. zu aktivieren:

```
private void webBrowser_DocumentCompleted(object sender,
   WebBrowserDocumentCompletedEventArgs e)
{
   // Titel des aktuellen Dokuments auslesen
   this.Text = this.webBrowser.Document.Title;

   // Die URL des aktuellen Dokuments in die URL-TextBox schreiben
   this.urlTextBox.Text = this.webBrowser.Url.AbsoluteUri;

   // Stopp-Schalter deaktivieren und den Speichern-,
   // den Reload- und den Drucken-Schalter aktivieren
   this.stopButton.Enabled = false;
   this.saveButton.Enabled = true;
   this.reloadButton.Enabled = true;
   this.printButton.Enabled = true;
}
```

Listing 361: Auslesen des Titels des aktuellen HTML-Dokuments und Aktivieren/ Deaktivieren einiger Schalter, nachdem eine Seite geladen wurde

Über die Ereignisse `CanGoForwardChanged` und `CanGoBackChanged` können Sie herausfinden, ob die Verfügbarkeit des Zurück- bzw. Vor-Befehls geändert wurde. Mein Beispiel nutzt diese Ereignisse um die dazu verwendeten Schalter entsprechend zu aktivieren bzw. zu deaktivieren:

```
private void webBrowser_CanGoBackChanged(object sender, System.EventArgs e)
{
   this.backButton.Enabled = this.webBrowser.CanGoBack;
}

private void webBrowser_CanGoForwardChanged(object sender,
   System.EventArgs e)
{
   this.forwardButton.Enabled = this.webBrowser.CanGoForward;
}
```

Listing 362: Aktivieren bzw. Deaktivieren des Zurück- und des Vor-Schalters je nach Verfügbarkeit des entsprechenden Befehls

Und damit ist der einfache Webbrowser fertig. Das Programm lässt sich aber natürlich über die vielfältigen Fähigkeiten des Webbrowser-Steuerelements noch erweitern.

201 Dateien von einem Web- oder FTP-Server über eine WebClient-Instanz downloaden

Die `WebClient`-Klasse (aus dem Namensraum `System.Net`) ermöglicht den einfachen Download (und Upload) von Daten. `WebClient` vereinfacht den Zugriff auf einen Web- oder FTP-Server, der ansonsten über eine Instanz der Klasse `HttpWebRequest` bzw. `FtpWebRequest` auch selbst programmiert werden kann. Diese Klassen werden natürlich von `WebClient` intern eingesetzt. Der Download über eine Instanz der `WebClient`-Klasse ist recht einfach, wobei Sie diesen sogar asynchron ausführen können.

> **Hinweis**
>
> Die Verwendung der `WebClient`-Klasse hat beim Download von einem Webserver einen maßgeblichen Nachteil: Beim (HTTP-)Download von einem Webserver kann es vorkommen, dass der Server oder ein zwischen Server und Client geschalteter Router den Download großer Dateien, besonders bei langsamen Internetverbindungen, einfach unterbricht. Die Methoden zum Download von Daten liefern in diesem Fall eine `WebException` mit der Meldung »Von der Übertragungsverbindung können keine Daten gelesen werden: Eine vorhandene Verbindung wurde vom Remotehost geschlossen.« (in der inneren `Exception`). Sie besitzen keine Möglichkeit, den Download mit einer neuen HTTP-Verbindung ab der Position weiter auszuführen, bis zu der der vorherige Download ausgeführt wurde, obwohl das HTTP-Protokoll den teilweisen Download einer Datei unterstützt. Besonders für Benutzer mit langsamen Internetverbindungen kann das zu einem Ärgernis werden. In der Praxis ist dies in einem Projekt, in dem ich mit entwickelt habe, auch bereits häufiger aufgetreten. Deswegen habe ich den HTTP-Download in einer eigenen Klasse so programmiert, dass dieser mit einer neuen Verbindung immer wieder ab der letzten Position ausgeführt wird, wenn er unterbrochen wurde. Diese Lösung (die eigentlich von Microsoft hätte implementiert werden müssen) finden Sie im Rezept 202.

> **Hinweis**
>
> Aber auch der Download von einem FTP-Server über eine `WebClient`-Instanz führt zu einem Nachteil: Bei einem solchen war in meinen Versuchen das Argument `TotalBytesToReceive` im `DownloadProgressChanged`-Ereignis immer auf -1 gesetzt. Das Argument `ProgressPercentage` speicherte folglich immer 0. Eine vernünftige Fortschrittsmeldung war somit nicht möglich. Das Problem kann daran liegen, dass die `WebClient`-Klasse einen Download im passiven Modus vornimmt (der in der intern eingesetzten `FtpWebRequest`-Instanz Default ist). In diesem Modus werden meist keine Größeninformationen übertragen. Sie könnten den Download über eine `FtpWebRequest`-Instanz selbst programmieren und diesen im aktiven Modus vornehmen (indem Sie die `UsePassive`-Eigenschaft auf `false` stellen). Dabei besteht aber die Gefahr, dass die Kommunikation zwischen dem Client und dem FTP-Server durch Firewalls verhindert wird. Eine einfache Lösung ist das explizite Auslesen der Dateigröße vor dem Download, wie ich es in Rezept 204 zeige.

> **Hinweis** Eine andere Lösung für Downloads über den *Background Intelligent Transfer Service* (BITS) finden Sie in Rezept 203.

Zum Downloaden von Daten über die `WebClient`-Klasse können Sie die in Tabelle 28 beschriebenen Methoden verwenden.

Methode	Bedeutung

`byte[] DownloadData(`
    `string address)`
`byte[] DownloadData(`
    `Uri address)`
	Lädt Daten in ein Byte-Array. Diese Methode wird synchron ausgeführt. Das erhaltene Byte-Array können Sie direkt weiterverarbeiten, zum Beispiel, indem Sie dieses in einen Stream schreiben.

`void DownloadDataAsync(`
    `Uri address`
    `[, object userToken])`
	Lädt Daten asynchron in ein Byte-Array. Während des Downloads wird das `DownloadProgressChanged`-Ereignis aufgerufen. Am Ende des Downloads ruft `WebClient` das `DownloadDataCompleted`-Ereignis auf. Die Eigenschaft `Result` des Ereignisargument-Objekts verwaltet das Byte-Array mit den heruntergeladenen Daten.

`void DownloadFile(`
    `string address,`
    `string fileName)`
`void DownloadFile(`
    `Uri address,`
    `string fileName)`
	Lädt Daten direkt in eine Datei. Diese Methode wird synchron ausgeführt.

`void DownloadFileAsync(`
    `Uri address,`
    `string fileName`
    `[, object userToken])`
	Lädt Daten asynchron in eine Datei. Während des Downloads wird das `DownloadProgressChanged`-Ereignis aufgerufen. Am Ende des Downloads ruft `WebClient` das `DownloadFileCompleted`-Ereignis auf.

`string DownloadString(`
    `string address)`
`string DownloadString(`
    `Uri address)`
	Lädt Daten synchron in einen String.

`void DownloadStringAsync(`
    `Uri address`
    `[, object userToken])`
	Lädt Daten synchron in einen String. Während des Downloads wird das `DownloadProgressChanged`-Ereignis aufgerufen. Am Ende des Downloads ruft `WebClient` das `DownloadStringCompleted`-Ereignis auf. Die Eigenschaft `Result` des Ereignisargument-Objekts verwaltet den heruntergeladenen String.

Tabelle 28: Die Methoden der WebClient-Klasse zum Download von Daten

Die `DownloadFile`-Methode ermöglicht den einfachen Download einer Datei und das direkte Speichern. Dummerweise überschreibt diese Methode vorhandene Dateien ohne Warnung und erzeugt für den Fall, dass die Datei nicht geschrieben werden kann (weil eine zu überschreibende Datei z.B. schreibgeschützt ist), keine spezielle

`IOException`, sondern eine Ausnahme vom Typ `WebException` mit der Fehlermeldung »Während einer WebClient-Anforderung ist ein Ausnahmefehler aufgetreten«. Die eigentliche Fehlermeldung finden Sie aber in der inneren Exception. Die `DownloadData`-Methode ermöglicht hingegen den Download von Daten (oder einer Datei) in Form eines Byte-Arrays, das Sie dann z.B. in einen `FileStream` schreiben oder anderweitig weiterverarbeiten können. Beide Methoden (und die zusätzlich verfügbare `DownloadString`-Methode) liegen auch in einer asynchronen Variante vor (`DownloadFileAsync`, `DownloadDataAsync` und `DownloadStringAsync`). Diese Methoden ermöglichen sogar eine Fortschrittsmeldung über das `DownloadProgressChanged`-Ereignis.

Für den einfachen synchronen Download einer Datei erzeugen Sie zunächst eine `WebClient`-Instanz. Falls der Zugriff auf das Internet über einen Proxy-Server erfolgt, erzeugen Sie eine Instanz der `WebProxy`-Klasse, geben die Proxy-Adresse und den Port an und schreiben die Benutzer-Informationen in die Eigenschaft `Credentials` des `WebProxy`-Objekts, die in unserem Fall ein `NetworkCredential`-Objekt aufnimmt.

Erfordert der Zugriff auf die entfernte Ressource eine Authentifizierung (was ja häufig bei FTP-Servern vorkommt), erzeugen Sie ein weiteres `NetworkCredential`-Objekt, initialisieren dies mit den Zugangsdaten und schreiben das Objekt in die Eigenschaft `Credentials`. Für einen anonymen FTP-Zugriff (der über den Benutzer »anonymous« und eine E-Mail-Adresse als Passwort erfolgt) müssen Sie aber keine Benutzerdaten angeben: Beim Zugriff auf einen FTP-Server übergibt die `WebClient`-Klasse automatisch Benutzerdaten für einen anonymen Zugriff, wenn keine speziellen Benutzerdaten angegeben sind.

Den Download der Datei starten Sie schließlich über die `DownloadFile`-Methode, der Sie den URI der entfernten Daten und den Namen der zu erzeugenden Datei übergeben. Da beim Download und beim Speichern der Datei einige Fehler auftreten können, sollten Sie diese natürlich behandeln. Dabei müssen Sie beachten, dass die Meldung der äußeren Exception häufig nicht besonders aussagekräftig ist und die inneren Exceptions die eigentliche Ursache melden. Deswegen verwendet die Beispiel-Methode `DownloadFile` in Listing 363 beim Auftreten einer Exception die Methode `GetExceptionMessages` zum Auslesen der Nachrichten aller Exceptions.

Zum Kompilieren dieses Beispiels müssen Sie die Namensräume `System`, `System.Net` und `System.Windows.Forms` importieren.

```
private void DownloadFile()
{
   // WebClient erzeugen
   WebClient webClient = new WebClient();

   // Die Proxy-Daten übergeben (falls notwendig)
   string proxyAddress = null;
   int proxyPort = 8080;
   string proxyUserName = null;
```

Listing 363: Synchroner Download einer Datei über eine WebClient-Instanz

>> **Internet**

```csharp
    string proxyPassword = null;
    string proxyUserDomain = null;
    if (proxyAddress != null && proxyAddress.Length > 0)
    {
        WebProxy webProxy = new WebProxy(proxyAddress, proxyPort);
        webProxy.Credentials = new NetworkCredential(
            proxyUserName, proxyPassword,
            proxyUserDomain);
            webClient.Proxy = webProxy;
    }

    // Die Authentifizierungsdaten übergeben (falls notwendig)
    string username = null;
    string password = null;
    if (username != null && username.Length > 0)
    {
        webClient.Credentials = new NetworkCredential(
            username, password);
    }

    try
    {
        // Die Datei herunterladen
        string uri = "http://www.juergen-bayer.net/artikel/CSS/CSS.pdf";
        string destinationFilename = "C:\\Css.pdf";
        webClient.DownloadFile(uri, destinationFilename);

        // Ergebnis melden
        MessageBox.Show("Fertig", Application.ProductName,
            MessageBoxButtons.OK, MessageBoxIcon.Information);
    }
    catch (WebException ex)
    {
        // Fehler melden
        MessageBox.Show("Fehler beim Download: " +
            this.GetExceptionMessages(ex),
            Application.ProductName, MessageBoxButtons.OK,
            MessageBoxIcon.Error);
    }
    catch (Exception ex)
    {
        // Fehler melden
        MessageBox.Show(GetExceptionMessages(ex),
            Application.ProductName, MessageBoxButtons.OK,
            MessageBoxIcon.Error);
    }
}
```

Listing 363: Synchroner Download einer Datei über eine WebClient-Instanz (Forts.)

```csharp
private static string GetExceptionMessages(Exception ex)
{
   string messages = ex.Message;
   if (ex.InnerException != null)
   {
      messages += Environment.NewLine;
      messages += GetExceptionMessages(ex.InnerException);
   }
   return messages;
}
```

Listing 363: Synchroner Download einer Datei über eine WebClient-Instanz (Forts.)

Die `WebClient`-Klasse implementiert das ereignisbasierte asynchrone Entwurfsmuster (siehe Rezept 315). Aus diesem Grund ist der asynchrone Download von Dateien oder Daten sehr einfach. Dazu rufen Sie die entsprechende asynchrone Methode auf (z.B. `DownloadFileAsync`). Diese Methode kehrt relativ schnell zurück und das Programm kann weiter ausgeführt werden. Der Download wird dann im Hintergrund ausgeführt.

Während des Downloads erhalten Sie in mehr oder weniger regelmäßigen Abständen eine Information über den Fortschritt in dem Ereignis `DownloadProgressChanged`. Das Beenden der Methode wird über die Ereignisse `DownloadDataCompleted`, `DownloadFileCompleted` oder `DownloadStringCompleted` signalisiert, je nachdem, welche Methode Sie zum Download aufgerufen haben. Außerdem können Sie den Download über die `CancelAsync`-Methode abbrechen. Aus diesem Grunde sollten Sie die `WebClient`-Instanz in einem privaten Feld verwalten und in Konstruktor der Klasse erzeugen. Dort müssen Sie natürlich die Ereignisse, die Sie verwenden wollen, mit entsprechenden Methoden initialisieren.

Der folgende Quellcode basiert auf einem Formular mit Namen `StartForm`, das mit der `ProgressBar`-Instanz `progressBar` und dem `StatusLabel` `toolStripStatusLabel` (auf einer `StatusStrip`-Instanz) ausgestattet ist. Zum Kompilieren müssen Sie die Namensräume `System`, `System.Windows.Forms`, `System.IO`, `System.Net` und `System.ComponentModel` importieren und die Methode `GetExceptionMessages` aus dem vorherigen Beispiel integrieren.

```csharp
/* Referenz auf den WebClient */
private WebClient webClient;

public StartForm()
{
   this.InitializeComponent();
```

Listing 364: WebClient-Referenz und Konstruktor eines Formulars, der die WebClient-Instanz erzeugt und die Ereignisse zuweist

```
   // WebClient erzeugen
   this.webClient = new WebClient();

   // Ereignisse zuweisen
   webClient.DownloadProgressChanged +=
      new DownloadProgressChangedEventHandler(
      this.webClient_DownloadProgressChangedChanged);
   webClient.DownloadFileCompleted +=
      new AsyncCompletedEventHandler(
      this.webClient_DownloadFileCompleted);
}
```

Listing 364: WebClient-Referenz und Konstruktor eines Formulars, der die WebClient-Instanz erzeugt und die Ereignisse zuweist (Forts.)

Den direkten Download einer Datei können Sie dann über die DownloadFileAsync-Methode starten. Zuvor können Sie natürlich wieder die gegebenenfalls benötigten Proxy-Informationen übergeben:

```
private void DownloadFileAsync()
{
   // Die Proxy-Daten übergeben (falls notwendig)
   string proxyAddress = null;
   int proxyPort = 8080;
   string proxyUserName = null;
   string proxyPassword = null;
   string proxyUserDomain = null;
   if (proxyAddress != null && proxyAddress.Length > 0)
   {
      WebProxy webProxy = new WebProxy(proxyAddress, proxyPort);
      webProxy.Credentials = new NetworkCredential(
         proxyUserName, proxyPassword,
         proxyUserDomain);
      webClient.Proxy = webProxy;
   }

   // Die Authentifizierungsdaten übergeben (falls notwendig)
   string username = null;
   string password = null;
   if (username != null && username.Length > 0)
   {
      this.webClient.Credentials = new NetworkCredential(
         username, password);
   }
```

Listing 365: Starten des asynchronen Downloads einer Datei

```csharp
    try
    {
        // Das Herunterladen der Datei starten
        Uri uri = new Uri("http://www.juergen-bayer.net/artikel/CSS/CSS.pdf");
        string destinationFilename = "C:\\Css.pdf";
        this.webClient.DownloadFileAsync(uri, destinationFilename);
    }
    catch (WebException ex)
    {
        // Fehler melden
        MessageBox.Show("Fehler beim Download: " +
            GetExceptionMessages(ex),
            Application.ProductName, MessageBoxButtons.OK,
            MessageBoxIcon.Error);
    }
    catch (Exception ex)
    {
        // Fehler melden
        MessageBox.Show(GetExceptionMessages(ex),
            Application.ProductName, MessageBoxButtons.OK,
            MessageBoxIcon.Error);
    }
}
```

Listing 365: Starten des asynchronen Downloads einer Datei (Forts.)

Einen Abbruch des asynchronen Downloads können Sie über einen Aufruf der Methode `CancelAsync` implementieren:

```csharp
private void Cancel()
{
    this.webClient.CancelAsync();
}
```

In der Methode für das `DownloadProgressChanged`-Ereignis erhalten Sie in der Eigenschaft `BytesReceived` des Ereignisargument-Objekts die Anzahl der bisher empfangenen Bytes. Die Eigenschaft `TotalBytesToReceive` liefert die Gesamtzahl der zu empfangenden Bytes, über `ProgressPercentage` können Sie den prozentualen Anteil des aktuellen Fortschritts auslesen. Damit können Sie beispielsweise eine Statusmeldung (in einem `StatusLabel`) ausgeben und eine `ProgressBar` aktualisieren:

```csharp
private void webClient_DownloadProgressChanged (
    object sender, DownloadProgressChangedEventArgs e)
{
    long bytesReceived = e.BytesReceived;
    long totalBytesToReceive = e.TotalBytesToReceive;
    int progressPercentage = e.ProgressPercentage;
```

Listing 366: Reaktion auf das DownloadProgressChanged-Ereignis

```
      this.toolStripStatusLabel.Text = bytesReceived +
         " Bytes von " + totalBytesToReceive + " empfangen ...";
      this.progressBar.Value = progressPercentage;
   }
```

Listing 366: Reaktion auf das DownloadProgressChanged-Ereignis (Forts.)

> **Hinweis**
> Wie bereits gesagt, erhalten Sie beim FTP-Download in der Eigenschaft Total-BytesToReceive meist (oder immer) den Wert -1. Die Eigenschaft ProgressPercentage liefert leider auch nur den Wert 0. Das Problem liegt daran, dass die ContentLength-Eigenschaft des intern verwendeten Response-Stream ebenfalls -1 zurückgibt, wahrscheinlich deswegen, weil FTP-Server das Auslesen der Länge beim Herunterladen im passiven Modus nicht unterstützen. Sie können die Größe einer herunterzuladenden Datei jedoch selbst ermitteln. Wie das geht, zeige ich in Rezept 204.

Die Methode für das DownloadFileCompleted-Ereignis wird immer dann aufgerufen, wenn der asynchrone Download aus irgendeinem Grund beendet wurde. Dies ist natürlich der Fall, wenn der Download erfolgreich abgeschlossen wurde. DownloadFileCompleted wird aber auch aufgerufen, wenn ein Fehler aufgetreten ist oder der Download über die CancelAsync-Methode abgebrochen wurde. Deshalb sollten Sie die Eigenschaften Error und Cancelled des Ereignisargument-Objekts abfragen um herauszufinden, warum der Download beendet wurde:

```
private void webClient_DownloadFileCompleted(object sender,
   System.ComponentModel.AsyncCompletedEventArgs e)
{
   if (e.Cancelled)
   {
      this.toolStripStatusLabel.Text = "Abgebrochen";
   }
   else if (e.Error != null)
   {
      this.toolStripStatusLabel.Text = "Fehler";
      MessageBox.Show(GetExceptionMessages(e.Error),
         Application.ProductName, MessageBoxButtons.OK,
         MessageBoxIcon.Error);
   }
   else
   {
      this.toolStripStatusLabel.Text = "Fertig";
   }
}
```

Listing 367: Reaktion auf das DownloadFileCompleted-Ereignis

> **Tipp**
>
> Den Zugriff über einen Proxy-Server können Sie sehr gut über den Freeware-Server *Sambar* (*www.sambar.de*) testen. Sambar ist ein Web- und ein Proxy-Server, der sehr einfach zu konfigurieren ist und der auch dann problemlos zum Test (zum Beispiel des authentifizierten Zugriffs) verwendet werden kann, wenn der Internetzugriff über eine direkte LAN- oder DSL-Verbindung erfolgt. Achten Sie in der Konfiguration gegebenenfalls darauf, dass Sie den HTTP-Port auf einen anderen Wert als den voreingestellten Port 80 (der standardmäßig vom IIS verwendet wird) einstellen (SERVER / HTTP / SERVER PORT). Unter SERVER / ÜBERBLICK können Sie einstellen, dass Sambar als HTTP-Proxy arbeitet. Außerdem können Sie hier festlegen, dass der Proxy eine Authentifizierung erzwingt (PROXY AUTHENTICATION). Die Benutzer, die sich gegenüber Sambar anmelden können, verwalten Sie über das »Menü« SICHERHEIT / BENUTZER. Stellen Sie gegebenenfalls noch ein, dass der HTTP-Proxy-Zugriff protokolliert wird, damit Sie diesen überprüfen können (SERVER / PROXIES / LOG HTTP PROXY USAGE).

> **Hinweis**
>
> In Ihren Programmen sollten Sie für den Zugriff über einen Proxy-Server beachten, dass die Klasse `HttpWebRequest` durch Voreinstellung (in der machine.config) die im Internet Explorer eingestellten Proxy-Einstellungen verwenden, wenn keine spezifischen Proxy-Einstellungen angegeben werden.

> **Hinweis**
>
> Eine Alternative zur Verwendung der `WebClient`-Klasse für einen FTP-Download ist die `FtpRequest`-Klasse, über die Sie mehr Möglichkeiten zur Arbeit mit FTP-Servern haben. Bei einem Download können Sie die Daten, die Sie in dem Response-Stream eines `FtpResponse`-Objekts erhalten, in einzelnen Blöcken auslesen und verarbeiten. Diese Möglichkeit wird in diesem Buch nicht behandelt.

> **Hinweis**
>
> So richtig funktioniert der FTP-Download mit Dotnet leider (noch) nicht. Der Versuch, Dateien von dem Server *ftp.fu-berlin.de* herunterzuladen, resultierte z.B. in der Exception »Der Server hat eine Protokollverletzung ausgeführt«. Und das, obwohl ein anderer »FTP-Client« (der Total Commander) ohne Probleme Dateien von diesem Server herunterladen konnte.

202 Dateien von einem Webserver über eine HttpWebRequest-Instanz downloaden

Die `WebClient`-Klasse (aus dem Namensraum `System.Net`) ermöglicht auf eine recht einfache Weise den (synchronen und asynchronen) Download von Dateien unter anderem von einem Webserver (siehe Rezept 201). Die Verwendung dieser Klasse beinhaltet aber ein in der Praxis maßgebliches Problem: Bei Downloads großer Dateien (mit mehreren MB) unterbrechen manche Webserver oder die zwischen Webserver und Client geschalteten Router die HTTP-Verbindung nach einiger Zeit (wobei es mir bisher nicht gelungen ist, herauszufinden, woran das liegt). Die Methoden einer `WebClient`-Instanz werfen dann eine `WebException` mit der Meldung »Von der Übertragungsverbindung können keine Daten gelesen werden: Eine vorhandene Verbindung wurde vom Remotehost geschlossen.« (in der inneren `Exception`). In diesem Fall müssen Sie den Download erneut ausführen. Sie besitzen jedoch keine Möglichkeit den Download ab der Stelle auszuführen, an der der vorherige Versuch abgebrochen ist. Dieses Manko ist nicht zu unterschätzen: Ein Anwender, dessen minutenlanger Download bei 90 % abbricht, ist sehr verärgert. Moderne Downloadmanager wie der des Firefox-Browsers reagieren auf den Abbruch der Verbindung einfach dadurch, dass sie eine neue aufbauen und den Download an der Position starten, an der der letzte unterbrochen wurde. Das HTTP-Protokoll unterstützt dies, aber leider nicht die `WebClient`-Klasse[27].

Um das Problem des HTTP-Verbindungsabbruchs zu lösen gehe in diesem Rezept einen flexibleren Weg. Sie können Daten von einem Webserver auch über ein `HttpWebRequest`-Objekt anfordern. Über die `GetResponse`-Methode eines solchen Objekts erhalten Sie die Antwort des Servers in Form eines `HttpWebResponse`-Objekts. Dessen `GetResponseStream`-Methode liefert einen Stream, aus dem Sie die Daten lesen können. Im Prinzip ist das nichts anderes als das, was die Download-Methoden der `WebClient`-Klasse intern machen.

Das Problem des Unterbrechens der Verbindung beim Download großer Dateien können Sie über die Methode `AddRange` der `HttpWebRequest`-Instanz lösen, der Sie einen Bereich zu lesender Daten oder eine Position übergeben können. Eine positive Zahl definiert eine Position, ab der die Datei heruntergeladen wird. Bei einer Unterbrechung des Downloads (die über eine `IOException` gemeldet wird) können Sie diese Technik nutzen um auch mehrfach unterbrochene Downloads sicher bis zum Ende auszuführen.

> **Hinweis**
> Eine andere Möglichkeit, Dateien im Hintergrund mit einer gewissen Eigenintelligenz herunterzuladen, ist die Verwendung der *Background Intelligend Transfer Services* (BITS), die ich in Rezept 203 beschreibe.

Die Klasse `HttpDownload`, die ich in der Praxis entwickelt habe und im Folgenden beschreibe, arbeitet möglichst flexibel. Sie ermöglicht deshalb den synchronen und asynchronen Download einer Datei über das HTTP-Protokoll in einen beliebigen Stream. Außerdem können für den Fall, dass zwischen dem Rechner und dem Internet ein Proxy-Server liegt, die notwendigen Proxy-Informationen übergeben werden. Für den Fall, dass der Download vom Server unterbrochen wird, ermöglicht die Klasse eine automatische Weiter-Ausführung des Downloads in einem erneuten Versuch. Die Anzahl der Versuche wird beim Aufruf der Methode übergeben.

Um die Anwendung der Klasse für den asynchronen Download möglichst komfortabel zu machen, implementiert `HttpDownload` das ereignisbasierte asynchrone Entwurfsmus-

---

27. Dieses Problem ist u.U. über das Setzen eines HTTP-Headers lösbar. Die HTTP-Header erreichen Sie über die `Headers`-Eigenschaft der `WebClient`-Klasse.

ter. Damit kann der anwendende Programmierer in den Ereignismethoden normal programmieren, also auf Steuerelemente zugreifen, ohne sich darum kümmern zu müssen, dass diese in dem richtigen Thread angesprochen werden (was bei der Verwendung eines Thread ansonsten der Fall wäre). Dieses Entwurfsmuster macht die Programmierung der Klasse leider etwas unübersichtlich. Grundlagen zu dem ereignisbasierten asynchronen Entwurfsmuster finden Sie im Rezept 315. Ich verzichte deswegen bei der Beschreibung der Klasse HttpDownload auf eine nähere Erläuterung dieses Entwurfsmusters.

Zum Kompilieren der HttpDownload-Klasse und der von ihr verwendeten Typen müssen Sie die Namensräume System, System.Net, System.IO, System.ComponentModel und System.Threading importieren.

Die Implementierung beginnt mit einer Aufzählung, die im DownloadProgressChanged-Ereignis eine Information darüber gibt, was die DownloadAsync-Methode gerade macht:

```
public enum DownloadState
{
   /* Die Verbindung wird zurzeit geöffnet */
   OpeningConnection,

   /* Es werden zurzeit Daten gelesen */
   ReadingData
}
```

Listing 368: Aufzählung für den Fortschritt der Download-Methode

Das DownloadProgressChanged-Ereignis erhält einige Informationen über den aktuellen Zustand. Deswegen habe ich die Klasse DownloadProgressChangedEventArgs für die Ereignis-Argumente und den Delegate DownloadProgressChangedEventHandler implementiert:

```
/* Ereignisargument-Klasse für das DownloadProgressChangedChanged-Ereignis */
public class DownloadProgressChangedEventArgs :
   ProgressChangedEventArgs
{
   /* Der URI, von dem die Daten heruntergeladen werden */
   public readonly Uri Uri;

   /* Gibt die Anzahl empfangener Bytes an */
   public readonly long BytesReceived;

   /* Gibt die Gesamtzahl der Bytes an, die empfangen werden müssen */
   public readonly long TotalBytesToReceive;
```

Listing 369: Ereignisargument-Klasse und Delegate für das DownloadProgressChangedChanged-Ereignis

```csharp
    /* Gibt den aktuellen Status des Downloads an */
    public readonly DownloadState DownloadState;

    /* Gibt an, um welchen Versuch es sich handelt */
    public readonly int DownloadAttemptNumber;

    /* Gibt an, wie viele Download-Versuche maximal ausgeführt
       werden dürfen */
    public readonly int MaxDownloadAttempts;

    /* Konstruktor */
    internal DownloadProgressChangedEventArgs(Uri uri, long bytesReceived,
        long totalBytesToReceive, int progressPercentage,
        DownloadState downloadState, int downloadAttemptNumber,
        int maxDownloadAttempts, object userState)
        : base(progressPercentage, userState)
    {
        this.Uri = uri;
        this.BytesReceived = bytesReceived;
        this.TotalBytesToReceive = totalBytesToReceive;
        this.DownloadState = downloadState;
        this.DownloadAttemptNumber = downloadAttemptNumber;
        this.MaxDownloadAttempts = maxDownloadAttempts;
    }
}

/* Delegate für das DownloadProgressChanged-Ereignis */
public delegate void DownloadProgressChangedEventHandler(object sender,
    DownloadProgressChangedEventArgs e);
```

Listing 369: Ereignisargument-Klasse und Delegate für das DownloadProgressChangedChanged-Ereignis (Forts.)

Dem `DownloadCompleted`-Ereignis werden der URI der angeforderten Datei und ein Stream übergeben. In den Stream schreibt die Download-Methode die geladenen Daten. Außerdem besitzt dieses Ereignis die Argumente, die für das ereignisbasierte asynchrone Entwurfsmuster notwendig sind. Deswegen wird `DownloadCompletedEventArgs` von der Klasse `AsyncCompletedEventArgs` abgeleitet und erbt damit die Eigenschaften `Error` (vom Typ `Exception`), `Cancelled` (vom Typ `bool`) und `UserState` (vom Typ `object`). Über das Argument `Error` wird dem `DownloadCompleted`-Ereignis eine aufgetretene Exception übergeben, `Cancelled` wird auf `true` gesetzt, wenn die asynchrone Ausführung abgebrochen wurde, und `UserState` enthält die benutzerdefinierten Daten, die der anwendende Programmierer beim Aufruf der `DownloadAsync`-Methode übergeben hat.

Neben der Ereignisargument-Klasse habe ich natürlich noch den Delegate für das Ereignis implementiert:

584 >> Dateien über ein WebClient-Objekt downloaden

```
/* Ereignisargument-Klasse für das DownloadCompleted-Ereignis */
public class DownloadCompletedEventArgs :
   AsyncCompletedEventArgs
{
   /* Der URI, von dem die Daten heruntergeladen werden */
   public readonly Uri Uri;

   /* Referenz auf den Ergebnis-Stream */
   public readonly Stream DestinationStream;

   /* Konstruktor */
   public DownloadCompletedEventArgs(Uri uri,
      Exception error, bool cancelled, Stream destinationStream,
      object userState)
      : base(error, cancelled, userState)
   {
      this.Uri = uri;
      this.DestinationStream = destinationStream;
   }
}

/* Delegate für das DownloadCompleted-Ereignis */
public delegate void DownloadCompletedEventHandler(
   object sender, DownloadCompletedEventArgs e);
```

Listing 370: Ereignisargument-Klasse und Delegate für das DownloadCompleted-Ereignis

Die Klasse `HttpDownload` beginnt mit der Deklaration einiger Eigenschaften, eines privaten Feldes und der Ereignisse. Ich denke, die Kommentare sprechen für sich. Die Bedeutung erschließt sich für alle Eigenschaften außer `IsBusy` aus der `DownloadInternal`-Methode, die den Download ausführt und auf diese Eigenschaften ausliest. `IsBusy` wird verwendet um den Mehrfach-Aufruf der Arbeitsmethode `DownloadInternal` (ab Listing 374) zu verhindern.

```
public class HttpDownload
{
   /* Verwaltet gegebenenfalls notwendige Proxy-Informationen */
   public IWebProxy Proxy;

   /* Verwaltet gegebenenfalls notwendige Informationen zur
      Authentifizierung gegenüber dem Webserver */
   public ICredentials Credentials;

   private int blockSize = 1048576;
```

Listing 371: Die Eigenschaften, Felder und Ereignisse der HttpDownload-Klasse

>> Internet

```csharp
/* Gibt die Größe der auszulesenden Blöcke in Byte an */
public int BlockSize
{
   get { return this.blockSize; }
   set
   {
      if (value >= 1024)
      {
         this.blockSize = value;
      }
      else
      {
         throw new ArgumentException(
            "BlockSize muss ein Wert größer/gleich 1024 sein");
      }
   }
}

private int requestTimeout = 100000;
/* Gibt den Timeout des Request beim Aufruf der
   GetResponse-Methode in Millisekunden an */
public int RequestTimeout
{
   get { return this.requestTimeout; }
   set
   {
      if (value >= 0)
      {
         this.requestTimeout = value;
      }
      else
      {
         throw new ArgumentException(
            "RequestTimeout muss ein Wert größer/gleich 0 sein");
      }
   }
}

private int delayBetweenDownloadAttempts = 1000;
/* Gibt die Pause zwischen einem unterbrochenen und einem
   neuen Downloadversuch in Millisekunden an */
public int DelayBetweenDownloadAttempts
{
   get { return this.delayBetweenDownloadAttempts; }
   set
   {
      if (value >= 0)
```

Listing 371: Die Eigenschaften, Felder und Ereignisse der HttpDownload-Klasse (Forts.)

```
            {
               this.delayBetweenDownloadAttempts = value;
            }
            else
            {
               throw new ArgumentException("DelayBetweenDownloadAttempts " +
                  "muss ein Wert größer/gleich 0 sein");
            }
         }
      }

      private bool isBusy;
      /* Gibt an, ob der Download gerade ausgeführt wird */
      public bool IsBusy
      {
         get { return this.isBusy; }
      }

      /* Wird von der CancelAsync gesetzt
         um die asynchrone Ausführung abzubrechen */
      private bool cancellationPending;

      /* Wird bei einem Fortschritt des Downloads aufgerufen */
      public event DownloadProgressChangedEventHandler DownloadProgressChanged;

      /* Wird beim Beenden des Downloads aufgerufen */
      public event DownloadCompletedEventHandler DownloadCompleted;
```

Listing 371: Die Eigenschaften, Felder und Ereignisse der HttpDownload-Klasse (Forts.)

Da der Aufruf der Ereignisse dem Ereignisaufruf-Muster von Microsoft entsprechen soll, habe ich zwei geschützte virtuelle Methoden implementiert, die die Ereignisse aufrufen:

```
      /* Ruft das DownloadProgressChanged-Ereignis auf */
      protected virtual void OnDownloadProgressChanged(
         DownloadProgressChangedEventArgs e)
      {
         // Ereignis aufrufen
         if (this.DownloadProgressChanged != null)
         {
            this.DownloadProgressChanged(this, e);
         }
      }

      /* Ruft das DownloadCompleted-Ereignis auf */
```

Listing 372: Methoden zum Aufruf der Ereignisse der HttpDownload-Klasse

```csharp
protected virtual void OnDownloadCompleted(DownloadCompletedEventArgs e)
{
   // Busy-Flag zurücksetzen
   this.isBusy = false;

   // Ereignis aufrufen
   if (this.DownloadCompleted != null)
   {
      this.DownloadCompleted(this, e);
   }
}
```

Listing 372: Methoden zum Aufruf der Ereignisse der HttpDownload-Klasse (Forts.)

Um die Arbeitsmethode (`DownloadInternal`) asynchron aufrufen zu können benötigt die Klasse einen Delegate, der die Signatur der Arbeitsmethode besitzt. In unserem Fall werden der Arbeitsmethode die Argumente `uri` (URI der angeforderten Daten), `destinationStream` (Referenz auf einen Stream, in den die Daten geschrieben werden), `maxDownloadAttempts` (maximale Anzahl an Download-Versuchen) und das für den Aufruf der Ereignisse notwendige `AsyncOperation`-Objekt übergeben:

```csharp
private delegate void DownloadInternalCallerHandler(
   Uri uri, Stream destinationStream, byte maxDownloadAttempts,
   AsyncOperation asyncOperation);
```

Innerhalb der Arbeitsmethode werden die Ereignisaufruf-Methoden über die `Post`-Methode des übergebenen `AsyncOperation`-Objekts aufgerufen. Dieser Methode wird eine Referenz auf einen Delegate vom Typ `SendOrPostCallback` übergeben. Dieser Delegate muss innerhalb der Klasse deklariert werden. Natürlich wird auch jeweils eine Methode benötigt, die der Delegate referenziert. `HttpDownload` implementiert deswegen die Delegates `downloadProgressChangedCallerHandler` und `downloadCompletedCallerHandler` und die Methoden `DownloadProgressChangedCaller` und `DownloadCompletedCaller` zum Aufruf der Ereignisse. Im Konstruktor werden die Delegates erzeugt:

```csharp
/* Über diesen Delegate ruft die Arbeitsmethode (DownloadInternal) das
   DownloadProgressChanged-Ereignis auf */
private SendOrPostCallback downloadProgressChangedCallerHandler;

/* Diese Methode wird über den Delegate
   downloadProgressChangedCallerHandler aufgerufen */
private void DownloadProgressChangedCaller(object state)
{
   // Das DownloadCompleted-Ereignis über die Ereignisaufruf-
   // Methode aufrufen
   this.OnDownloadProgressChanged(
```

Listing 373: Delegate und Methoden zum threadsicheren Aufruf der Ereignisse und Konstruktor oder Klasse HttpDownload

```
            (DownloadProgressChangedEventArgs)state);
   }

   /* Über diesen Delegate ruft die Arbeitsmethode (DownloadInternal) das
      /* DownloadCompleted-Ereignis auf */
   private SendOrPostCallback downloadCompletedCallerHandler;

   /* Diese Methode wird über den Delegate
      DownloadCompletedCallerHandler aufgerufen */
   private void DownloadCompletedCaller(object state)
   {
    // Das DownloadCompleted-Ereignis über die Ereignisaufruf-
      // Methode aufrufen
      this.OnDownloadCompleted(
         (DownloadCompletedEventArgs)state);
   }

   /* Konstruktor. Erzeugt die Delegates zum Aufruf des
      DownloadProgressChanged- und des DownloadCompleted-Ereignisses */
   public HttpDownload()
   {
      this.downloadProgressChangedCallerHandler =
         new SendOrPostCallback(this.DownloadProgressChangedCaller);
      this.downloadCompletedCallerHandler =
         new SendOrPostCallback(this.DownloadCompletedCaller);
   }
```

Listing 373: Delegate und Methoden zum threadsicheren Aufruf der Ereignisse und Konstruktor oder Klasse HttpDownload (Forts.)

Nun folgt (endlich) die Methode `DownloadInternal`, die den Download ausführt. Diese Methode setzt zunächst das für den Abbruch verwendete Flag `cancellationPending` zurück (dieses Flag wird von der `CancelAsync`-Methode auf `true` gesetzt) und deklariert einige benötigte Variablen.

In der dann beginnenden äußeren Schleife wird zunächst der Download-Versuchszähler inkrementiert. Dann überprüft die Methode, ob abgebrochen werden soll. Ist dies der Fall, ruft `DownloadInternal` über die `Post`-Methode des übergebenen `AsyncOperation`-Objekts das `DownloadCompleted`-Ereignis auf und übergibt am dritten Argument des Konstruktors des übergebenen `DownloadCompletedEventArgs`-Objekts (`Cancelled`) `true`. Die Ausführung der Methode wird in diesem Fall natürlich unterbrochen.

Soll nicht abgebrochen werden, meldet `DownloadInternal` den Fortschritt über das `DownloadProgressChanged`-Ereignis, natürlich auch wieder über die `Post`-Methode des `AsyncOperation`-Objekts. Das Argument `downloadState` des übergebenen `DownloadProgressChangedEventArgs`-Objekts wird dabei auf `DownloadState.OpeningConnection` gesetzt um zu definieren, dass die Methode dabei ist, die Verbindung zu öffnen.

>> Internet

```csharp
private void DownloadInternal(Uri uri, Stream destinationStream,
   byte maxDownloadAttempts, AsyncOperation asyncOperation)
{
   // Abbruch-Flag zurücksetzen
   this.cancellationPending = false;

   HttpWebRequest request = null;
   HttpWebResponse response = null;
   Stream responseStream = null;
   int totalBytesReceived = 0;
   byte downloadAttemptNumber = 0;
   long totalBytesToReceive = 0;
   int progressPercentage = 0;
   try
   {
      while (true)
      {
         // Versuchs-Zähler inkrementieren
         downloadAttemptNumber++;

         // Auf eine Abbruch-Anforderung reagieren
         if (this.cancellationPending)
         {
            if (asyncOperation != null)
            {
               // Das DownloadCompleted-Ereignis aufrufen
               asyncOperation.Post(this.downloadCompletedCallerHandler,
                  new DownloadCompletedEventArgs(uri, null, true,
                  destinationStream, asyncOperation.UserSuppliedState));
            }

            // und raus
            return;
         }

         if (asyncOperation != null)
         {
            // Fortschritt melden
            asyncOperation.Post(this.downloadProgressChangedCallerHandler,
               new DownloadProgressChangedEventArgs(uri,
               totalBytesReceived, totalBytesToReceive,
               progressPercentage,
               DownloadState.OpeningConnection, downloadAttemptNumber,
               maxDownloadAttempts, asyncOperation.UserSuppliedState));
         }
```

Listing 374: Erster Teil der DownloadInternal-Methode

Dann erzeugt `DownloadInternal` das für den Download verwendete `HttpWebRequest`-Objekt, initialisiert den Timeout und übergibt die Authentifizierungs- und Proxy-Daten. Für den Fall, dass der Download aufgrund eines Abbruchs erneut ausgeführt werden soll, bestimmt `DownloadInternal` über die `AddRange`-Methode des `HttpWebRequest`-Objekts den Bereich der herunterzuladenden Daten. Die Variante der `AddRange`-Methode, der lediglich ein Argument übergeben wird, erwartet die Startposition der Daten. An diesem Argument kann die Anzahl der bisher gelesenen Bytes übergeben werden, da die Startposition (wie in C# üblich) ab 0 gezählt wird.

```
// HttpWebRequest-Instanz für den Download erzeugen
request = (HttpWebRequest)WebRequest.Create(uri);
request.Timeout = this.requestTimeout;

// Proxy-Informationen übergeben
request.Proxy = this.Proxy;

// Die Zugangsdaten für eine gegebenenfalls notwendige
// Authentifizierung übergeben
request.Credentials = this.Credentials;

// Für den Fall, dass der Download aufgrund
// eines Abbruchs mehrfach ausgeführt wird,
// wird hier die Position übergeben, ab
// der heruntergeladen werden soll
request.AddRange(totalBytesReceived);
```

Listing 375: Zweiter Teil der DownloadInternal-Methode

Nachdem `DownloadInternal` wieder auf eine Abbruch-Anforderung reagiert hat, fordert sie die Antwort (den Response) über die `GetResponse`-Methode des `HttpWebRequest`-Objekts an. Da dabei die Verbindung zu dem Webserver aufgebaut wird, habe ich die Anforderung in einem `try`-Block implementiert. Für den Fall, dass eine `WebException` auftritt, ist es wahrscheinlich, dass der Server nicht geantwortet hat. In diesem Fall wird die äußere Schleife einfach ab der nächsten Iteration weiter ausgeführt, sofern die Anzahl der Download-Versuche die maximale Anzahl noch nicht erreicht hat. Ist diese Anzahl allerdings erreicht, erzeugt `DownloadInternal` eine `WebException` mit einer passenden Fehlermeldung. Wurde beim Aufruf ein `AsyncOperation`-Objekt übergeben (beim synchronen Aufruf wird dieses Objekt nicht übergeben), ruft die Methode das `DownloadCompleted`-Ereignis auf und übergibt die `WebException` am zweiten Argument des erzeugten `DownloadCompletedEventArgs`-Objekts. Im anderen Fall (für den synchronen Aufruf) wirft `DownloadInternal` die `WebException` und setzt das Busy-Flag zurück.

```csharp
            // Auf eine Abbruch-Anforderung reagieren
            if (asyncOperation != null && this.cancellationPending)
            {
                // Das DownloadCompleted-Ereignis aufrufen
                asyncOperation.Post(this.downloadCompletedCallerHandler,
                   new DownloadCompletedEventArgs(uri, null, true,
                   destinationStream, asyncOperation.UserSuppliedState));

                // und raus
                return;
            }

            // Die Antwort anfordern und die Länge der Daten ermitteln
            try
            {
                response = (HttpWebResponse)request.GetResponse();
            }
            catch (WebException ex)
            {
                // Fehler beim Öffnen der Verbindung:
                // In der Regel ist der Webserver gerade nicht erreichbar:
                // Download erneut und weiter ausführen, wenn die maximale
                // Anzahl Versuche noch nicht erreicht ist
                if (downloadAttemptNumber >= maxDownloadAttempts)
                {
                    // Maximalanzahl der Versuche wurde erreicht:
                    // Das DownloadCompleted-Ereignis aufrufen
                    WebException webException = new WebException(
                       "Abbruch des Downloads nach " +
                       downloadAttemptNumber + " erfolglosen Versuchen. " +
                       "Letzter Fehler: " + ex.Message, ex);

                    if (asyncOperation != null)
                    {
                        // Das DownloadCompleted-Ereignis aufrufen
                        asyncOperation.Post(this.downloadCompletedCallerHandler,
                           new DownloadCompletedEventArgs(uri, webException,
                           false, destinationStream,
                           asyncOperation.UserSuppliedState));

                        // und raus
                        return;
                    }
                    else
                    {
                        // Busy-Flag zurücksetzen
```

Listing 376: Dritter Teil der DownloadInternal-Methode

```
            this.isBusy = false;

            // Exception werfen
            throw webException;
         }
      }

      // Pause zwischen den Downloadversuchen einlegen
      Thread.Sleep(this.delayBetweenDownloadAttempts);

      // while-Schleife an der nächsten Iteration ausführen
      continue;
   }

   // Einlesen der Anzahl der zu empfangenden Bytes
   totalBytesToReceive = response.ContentLength;
```

Listing 376: Dritter Teil der DownloadInternal-Methode (Forts.)

Nun beginnt das Lesen der Daten. Dazu ermittelt `DownloadInternal` über die Methode `GetResponseStream` des `HttpWebResponse`-Objekts den Antwort-Stream und liest diesen in einer inneren `do`-Schleife blockweise ein. Die Größe der auszulesenden Blöcke wird aus der Eigenschaft `BlockSize` ermittelt. Natürlich wird in der inneren Schleife wieder auf eine Abbruch-Anforderung reagiert, bevor die Daten über die `Read`-Methode des Antwort-Streams in einen Byte-Puffer und von da in den Ergebnis-Stream geschrieben werden.

Beim Lesen des Antwort-Streams kann es vorkommen, dass der Webserver (oder ein zwischengeschalteter Server oder Router) die Verbindung unterbricht. Dabei wird eine `IOException` generiert. Diese Exception fange ich ab. Dabei überprüft das Programm, ob die Maximal-Anzahl der Download-Versuche bereits erreicht ist. Ist dies der Fall, wird wieder eine `WebException` erzeugt und weitergegeben. Ist die Maximal-Anzahl noch nicht erreicht, wird die äußere Schleife (die `while`-Schleife) einfach dadurch wiederholt ausgeführt, dass die innere Schleife abgebrochen wird. Das Programm baut dann eine erneute Verbindung zum Webserver auf und beginnt den Download ab der Position, die den bereits gelesenen Daten entspricht, erneut. Vor dem Abbruch der Schleife wird allerdings noch eine kleine Pause eingelegt, deren Länge über die Eigenschaft `DelayBetweenDownloadAttempts` bestimmt ist. Unterhalb der inneren (`do`-)Schleife wird die äußere Schleife schließlich abgebrochen, wenn genügend Bytes gelesen wurden.

```
         // Den Antwort-Stream ermitteln, diesen blockweise lesen
         // und in den Ziel-Stream schreiben
         responseStream = response.GetResponseStream();
         int bytesRead = 0;
```

Listing 377: DownloadInternal-Methode, Teil 4

>> Internet

```
                byte[] buffer = new byte[this.BlockSize];
                do
                {
                    // Auf eine Abbruch-Anforderung reagieren
                    if (asyncOperation != null && this.cancellationPending)
                    {
                        // Streams schließen
                        responseStream.Close();
                        response.Close();

                        // Das DownloadCompleted-Ereignis aufrufen
                        asyncOperation.Post(this.downloadCompletedCallerHandler,
                            new DownloadCompletedEventArgs(uri, null, true,
                            destinationStream, asyncOperation.UserSuppliedState));

                        // und raus
                        return;
                    }

                    try
                    {
                        bytesRead = responseStream.Read(
                            buffer, 0, this.BlockSize);
                    }
                    catch (IOException ex)
                    {
                        // Fehler beim Lesen des Stream: In der Regel wurde
                        // die HTTP-Verbindung vom Server geschlossen, weil
                        // zu viele Daten gelesen wurden: Download erneut
                        // und weiter ausführen, wenn die maximale Anzahl
                        // Versuche noch nicht erreicht ist
                        if (downloadAttemptNumber >= maxDownloadAttempts)
                        {
                            // Maximalanzahl der Versuche wurde erreicht:
                            // Das DownloadCompleted-Ereignis aufrufen
                            WebException webException = new WebException(
                                "Abbruch des Downloads nach " +
                                downloadAttemptNumber + " erfolglosen Versuchen. " +
                                "Letzter Fehler: " + ex.Message, ex);

                            // Das DownloadCompleted-Ereignis aufrufen
                            if (asyncOperation != null)
                            {
                                asyncOperation.Post(
                                    this.downloadCompletedCallerHandler,
                                    new DownloadCompletedEventArgs(uri, webException,
                                    false, destinationStream,
```

Listing 377: DownloadInternal-Methode, Teil 4 (Forts.)

```csharp
                    asyncOperation.UserSuppliedState));
            }
            else
            {
               // Busy-Flag zurücksetzen
               this.isBusy = false;

               // Exception werfen
               throw webException;
            }
         }

         bytesRead = 0;

         // Pause zwischen den Downloadversuchen einlegen
         Thread.Sleep(this.delayBetweenDownloadAttempts);

         // do-Schleife abbrechen
         break;
      }

      // Fortschritt berechnen
      if (totalBytesToReceive > 0)
      {
         progressPercentage = (int)((totalBytesReceived /
            (float)totalBytesToReceive) * 100);
      }

      // Gelesene Bytes erhöhen und in den
      // Ergebnis-Stream schreiben
      if (bytesRead > 0)
      {
         totalBytesReceived += bytesRead;
         destinationStream.Write(buffer, 0, bytesRead);

         if (asyncOperation != null)
         {
            // Fortschritt melden
            asyncOperation.Post(
               this.downloadProgressChangedCallerHandler,
               new DownloadProgressChangedEventArgs(uri,
               totalBytesReceived, totalBytesToReceive,
               progressPercentage, DownloadState.ReadingData,
               downloadAttemptNumber, maxDownloadAttempts,
               asyncOperation.UserSuppliedState));
         }
      }
```

Listing 377: DownloadInternal-Methode, Teil 4 (Forts.)

>> **Internet**

```
      } while (bytesRead > 0);

      // Äußere Schleife abbrechen, wenn genügend Bytes gelesen wurden
      if (totalBytesReceived >= totalBytesToReceive)
      {
         break;
      }
   } // Ende der äußeren Schleife
```

Listing 377: DownloadInternal-Methode, Teil 4 (Forts.)

Der Abschluss der `DownloadInternal`-Methode ruft dann nur noch das `DownloadCompleted`-Ereignis auf, reagiert auf aufgetretene Exceptions und schließt die verwendeten Objekte:

```
   if (asyncOperation != null)
   {
      // Das DownloadCompleted-Ereignis aufrufen
      asyncOperation.Post(this.downloadCompletedCallerHandler,
         new DownloadCompletedEventArgs(uri, null, false,
         destinationStream, asyncOperation.UserSuppliedState));
   }
}
catch (Exception ex)
{
   if (asyncOperation != null)
   {
      // Das DownloadCompleted-Ereignis aufrufen
      asyncOperation.Post(this.downloadCompletedCallerHandler,
         new DownloadCompletedEventArgs(uri, ex, false,
         destinationStream, asyncOperation.UserSuppliedState));
   }
   else
   {
      // Busy-Flag zurücksetzen
      this.isBusy = false;

      // Exception weiterwerfen
      throw ex;
   }
}
finally
{
   try
   {
      // Den Response-Stream schließen
```

Listing 378: Abschluss der DownloadInternal-Methode

```
            responseStream.Close();
         }
         catch { }
         try
         {
            // Das WebResponse-Objekt schließen
            response.Close();
         }
         catch { }
      }
   }
```

Listing 378: Abschluss der DownloadInternal-Methode (Forts.)

Die Methode Download führt nun einen synchronen Download durch, indem sie die DownloadInternal-Methode direkt aufruft. Da bei einem synchronen Download kein AsyncOperation-Objekt verwendet wird, übergibt Download an diesem Argument null. Um einen Mehrfach-Aufruf zu verhindern wird das Busy-Flag entsprechend abgefragt:

```
public void Download(Uri uri, Stream destinationStream,
   byte maxDownloadAttempts)
{
   // Überprüfen, ob gerade eine asynchrone Operation ausgeführt wird
   if (this.isBusy)
   {
      throw new InvalidOperationException(
         "DownloadAsync kann nicht aufgerufen werden " +
         "während ein Download ausgeführt wird");
   }

   try
   {
      // Das Busy-Flag setzen
      this.isBusy = true;

      // Download synchron starten
      this.DownloadInternal(uri, destinationStream,
         maxDownloadAttempts, null);
   }
   finally
   {
      // Das Busy-Flag zurücksetzen
      this.isBusy = false;
   }
}
```

Listing 379: Synchroner Download einer Datei

>> Internet

Die Methode `DownloadAsync` lädt die Daten asynchron herunter. Die erste Variante dieser Methode (der kein Objekt für Benutzerdaten übergeben wird) ruft lediglich die zweite Variante auf. Diese überprüft natürlich, ob das Busy-Flag gerade gesetzt ist, und wirft in diesem Fall eine `InvalidOperationException`. Im anderen Fall wird dieses Flag auf `true` gesetzt, ein `AsyncOperation`-Objekt erzeugt und die Arbeitsmethode asynchron aufgerufen.

```
/* Lädt eine Datei asynchron herunter */
public void DownloadAsync(Uri uri, Stream destinationStream,
   byte maxDownloadAttempts)
{
   this.DownloadAsync(uri, destinationStream, maxDownloadAttempts, null);
}

/* Lädt eine Datei asynchron herunter */
public void DownloadAsync(Uri uri, Stream destinationStream,
   byte maxDownloadAttempts, object userState)
{
   // Überprüfen, ob gerade eine asynchrone Operation ausgeführt wird
   if (this.isBusy)
   {
      throw new InvalidOperationException(
         "DownloadAsync kann nicht aufgerufen werden " +
         "während ein Download ausgeführt wird");
   }

   // Busy-Flag setzen
   this.isBusy = true;

   // AsyncOperation-Objekt erzeugen, über das die Ereignis-Handler
   // im richtigen Thread aufgerufen werden können
   AsyncOperation asyncOperation =
      AsyncOperationManager.CreateOperation(userState);

   // Die Arbeitsmethode asynchron aufrufen
   DownloadInternalCallerHandler workerEventHandler =
      new DownloadInternalCallerHandler(this.DownloadInternal);
   workerEventHandler.BeginInvoke(uri, destinationStream,
      maxDownloadAttempts, asyncOperation, null, null);
}
```

Listing 380: Methode zum asynchronen Download einer Datei

Die Methode `CancelAsync` ermöglicht schließlich den Abbruch eines (asynchronen) Downloads:

```
    public void CancelAsync()
    {
        this.cancellationPending = true;
    }
}
```

Listing 381: Methode zum Abbrechen eines Downloads und schließende Klammer der HttpDownload-Klasse

Die Anwendung der `HttpDownload`-Klasse ist nun recht einfach. Ich beschreibe diese kurz am Beispiel einer Windowsanwendung (Abbildung 137).

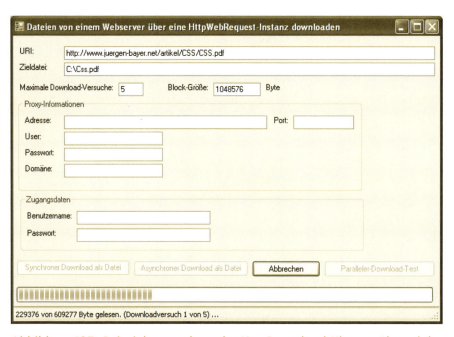

Abbildung 137: Beispielanwendung der HttpDownload-Klasse während des Downloads einer Datei

In der Formularklasse habe ich zunächst ein Feld implementiert, das die `HttpDownload`-Instanz verwaltet. Die Methode `UpdateUI` übernimmt die Aktualisierung der Benutzeroberfläche, die Methode `SetState` übernimmt die Umschaltung des Status.

```
/* HttpDownload-Referenz */
private HttpDownload httpDownload;

/* Aktualisiert die Benutzeroberfläche */
```

Listing 382: HttpDownload-Referenz und Methoden zur Aktualisierung der Benutzeroberfläche

```csharp
private void UpdateUI(string status, int progressPercentage)
{
   this.toolStripStatusLabel.Text = status;
   this.progressBar.Value = progressPercentage;
}

/* Schaltet den Status des Formulars um */
private void SetState(bool downloading)
{
   this.cancelButton.Enabled = downloading;
   this.syncDownloadButton.Enabled = !downloading;
   this.asyncDownloadButton.Enabled = !downloading;
   this.parallelDownloadTestButton.Enabled = !downloading;
   this.progressBar.Value = 0;
}
```

Listing 382: HttpDownload-Referenz und Methoden zur Aktualisierung der Benutzeroberfläche (Forts.)

Dann folgen die Methoden für die Ereignisse der HttpDownload-Klasse. Die Methode DownloadProgressChanged fragt den jeweiligen Status ab und aktualisiert mit den übergebenen Daten über UpdateUI ein StatusLabel und eine ProgressBar. Die Methode DownloadEnd schließt den Stream, der in den Methoden für das Click-Ereignis der Download-Schalter geöffnet wurde. Die Methode DownloadError gibt die Fehlermeldung aus und schließt den Stream.

```csharp
/* Methode für den Fortschritts-Delegate */
private void DownloadProgressChanged(object sender,
   DownloadProgressChangedEventArgs e)
{
   lock (this)
   {
      switch (e.DownloadState)
      {
         case DownloadState.OpeningConnection:
            this.UpdateUI("Öffne die Verbindung. (Downloadversuch " +
               e.DownloadAttemptNumber + " von " +
               e.MaxDownloadAttempts + ") ... ", 0);
            break;

         case DownloadState.ReadingData:
            string status = e.BytesReceived + " von " +
               e.TotalBytesToReceive + " Bytes gelesen. (Downloadversuch " +
               e.DownloadAttemptNumber + " von " +
               e.MaxDownloadAttempts + ") ... ";
            this.UpdateUI(status, e.ProgressPercentage);
```

Listing 383: Methoden für die Ereignisse der HttpDownload-Klasse

```csharp
            break;
      }
   }
}

/* Methode für den Download-Ende-Delegate   */
private void DownloadCompleted(object sender, DownloadCompletedEventArgs e)
{
   // Die Datei schließen
   try
   {
      e.DestinationStream.Close();
   }
   catch (Exception ex)
   {
      MessageBox.Show("Fehler beim Schließen der Datei: " + ex.Message,
         Application.ProductName, MessageBoxButtons.OK,
         MessageBoxIcon.Error);
   }

   // Info ausgeben
   if (e.Cancelled)
   {
      this.UpdateUI("Abgebrochen", 0);
   }
   else if (e.Error != null)
   {
      MessageBox.Show(e.Error.Message, Application.ProductName,
         MessageBoxButtons.OK, MessageBoxIcon.Error);
   }
   else
   {
      this.UpdateUI("Fertig", 0);
   }

   // Abbrechen-Schalter deaktivieren und die anderen
   // Schalter aktivieren
   this.SetState(false);
}
```

Listing 383: Methoden für die Ereignisse der HttpDownload-Klasse (Forts.)

Die Methoden für die Click-Ereignisse der Download-Schalter rufen den synchronen bzw. asynchronen Download auf. Da der Programm-Quelltext bis auf den Methodennamen identisch ist, zeige ich lediglich die Methode zum asynchronen Download:

```csharp
private void asyncDownloadButton_Click(object sender, System.EventArgs e)
{
   FileStream fileStream = null;
   try
   {
      // FileStream für die Datei erzeugen
      fileStream = new FileStream(this.destinationFilenameTextBox.Text,
         FileMode.Create, FileAccess.Write);
   }
   catch (Exception ex)
   {
      MessageBox.Show(ex.Message, Application.ProductName,
         MessageBoxButtons.OK, MessageBoxIcon.Error);

      // FileStream schließen
      try
      {
         fileStream.Close();
      }
      catch { }

      return;
   }

   // Datei asynchron herunterladen
   try
   {
      // Status des Formulars setzen
      this.SetState(true);

      // HttpDownload-Instanz erzeugen
      this.httpDownload = new HttpDownload();

      // Proxy-Informationen übergeben
      if (this.proxyAddressTextBox.Text != null &&
         this.proxyAddressTextBox.Text.Length > 0)
      {
         int proxyPort = 0;
         if (this.proxyPortTextBox.Text != null &&
            this.proxyPortTextBox.Text.Trim().Length > 0)
         {
            proxyPort = Convert.ToInt32(this.proxyPortTextBox.Text);
         }
         this.httpDownload.Proxy =
            new WebProxy(this.proxyAddressTextBox.Text,
               proxyPort);
         this.httpDownload.Proxy.Credentials = new NetworkCredential(
```

Listing 384: Asynchroner Download

602 >> Dateien über ein WebClient-Objekt downloaden

```
            this.proxyUsernameTextBox.Text, this.proxyPasswordTextBox.Text,
            this.proxyUserDomainTextBox.Text);
    }

    // Zugangsdaten übergeben
    if (this.usernameTextBox.Text != null &&
        this.usernameTextBox.Text.Length > 0)
    {
        this.httpDownload.Credentials = new NetworkCredential(
            this.usernameTextBox.Text, this.passwordTextBox.Text);
    }

    // Ereignisse zuweisen
    this.httpDownload.DownloadProgressChanged += new
        Addison_Wesley.Codebook.Internet.
        DownloadProgressChangedEventHandler(
        this.DownloadProgressChanged);
    this.httpDownload.DownloadCompleted +=
        new DownloadCompletedEventHandler(this.DownloadCompleted);

    // Die Block-Größe übergeben
    this.httpDownload.BlockSize =
        Convert.ToInt32(this.blockSizeTextBox.Text);

    // Die Datei asynchron herunterladen
    this.httpDownload.DownloadAsync(new Uri(this.uriTextBox.Text),
        fileStream, Convert.ToByte(this.maxDownloadAttemptsTextBox.Text));
    }
    catch (Exception ex)
    {
        this.SetState(false);
        MessageBox.Show(ex.Message, Application.ProductName,
            MessageBoxButtons.OK, MessageBoxIcon.Error);
    }
}
```

Listing 384: Asynchroner Download (Forts.)

Die Ereignismethode des Schalters zum Abbrechen des Downloads schließlich ruft lediglich die `CancelAsync`-Methode der `HttpDownload`-Instanz auf. Diese Methode funktioniert natürlich nur dann, wenn der Download in einem Thread ausgeführt wird.

```
private void cancelButton_Click(object sender, EventArgs e)
{
    this.httpDownload.CancelAsync();
}
```

Listing 385: Abbruch eines Downloads

> **Achtung** — Meine Download-Klasse ist nicht ganz perfekt: Wenn der Webserver den Download kurz unterbricht und zwischen der Unterbrechung und der Wiederaufnahme die herunterzuladende Datei auf dem Webserver geändert wird, sind die heruntergeladenen Daten korrupt. Dieses Problem könnte gelöst werden, indem vor jeder Wiederaufnahme des Downloads das Dateidatum und die Dateigröße abgefragt und mit den Daten des ersten Downloadversuchs verglichen werden. Zur Implementierung dieses Features hatte ich aber leider keine Zeit mehr. Falls Sie das Problem lösen, würde ich mich über eine E-Mail mit der Lösung freuen ☺.

> **Tipp** — Sie können den Download unter erschwerten Bedingungen testen, indem Sie eine große Datei (mehrere MB) von dem lokalen Webserver herunterladen und die Website zwischenzeitlich ein paar Mal kurz anhalten. Der Download sollte in diesem Fall bis zur angegebenen Versuchs-Maximalanzahl immer wieder erneut an der letzten Position starten.

> **Tipp** — Den Zugriff über einen Proxy-Server können Sie sehr gut über den Freeware-Server *Sambar* (*www.sambar.de*) testen. Sambar ist neben einem WebServer auch ein Proxy-Server, der sehr einfach zu konfigurieren ist und der auch problemlos zum Test (zum Beispiel des authentifizierten Zugriffs) verwendet werden kann, wenn der Internetzugriff über eine direkte LAN- oder DSL-Verbindung erfolgt. Achten Sie in der Konfiguration gegebenenfalls darauf, dass Sie den HTTP-Port auf einen anderen Wert als den voreingestellten Port 80 (der standardmäßig vom IIS verwendet wird) einstellen (SERVER / HTTP / SERVER PORT). Unter SERVER / ÜBERBLICK können Sie einstellen, dass Sambar als HTTP-Proxy arbeitet. Außerdem können Sie hier festlegen, dass der Proxy eine Authentifizierung erzwingt (PROXY AUTHENTICATION). Die Benutzer, die sich gegenüber Sambar anmelden können, verwalten Sie über das »Menü« SICHERHEIT / BENUTZER. Stellen Sie gegebenenfalls noch ein, dass der HTTP-Proxy-Zugriff protokolliert wird, damit Sie diesen überprüfen können (SERVER / PROXIES / LOG HTTP PROXY USAGE).

> **Hinweis** — In Ihren Programmen sollten Sie für den Zugriff über einen Proxy-Server beachten, dass die Klasse `HttpWebRequest` durch Voreinstellung (in der machine.config) die im Internet Explorer eingestellten Proxy-Einstellungen verwendet, wenn keine spezifischen Proxy-Einstellungen angegeben werden.

Der asynchrone Download funktionierte in meinem Test einwandfrei. Es war sogar problemlos möglich, (mit mehreren `HttpDownload`-Instanzen) mehrere Downloads parallel auszuführen, natürlich nur, so lange der Webzugriff nicht durch eine Firewall oder Ähnliches verhindert wurde. Bei Ihren Versuchen mit asynchronen Downloads sollten Sie darauf achten, die Blockgröße nicht zu klein einzustellen. Ist diese z.B. auf

1024 eingestellt, erfolgt das Aktualisieren der Benutzeroberfläche in der Regel in so kurzen Abständen, dass Sie nicht allzu viel davon merken, dass der Download asynchron ausgeführt wird.

203 Intelligenter Up- und Download mit BITS

BITS (Background Intelligent Transfer Service) ist ein Datei-Übertragungsdienst, der ab Windows XP per Default zur Verfügung steht und unter Windows 2000 nachinstalliert werden kann. In der deutschen Version von Windows XP oder Server 2003 wird dieser Dienst als »Intelligenter Hintergrundübertragungsdienst« bezeichnet. Über BITS können Dateien im Hintergrund von einem Webserver über HTTP oder HTTPS heruntergeladen oder zu einem Server hochgeladen werden. Das automatische Windows-Update arbeitet z.B. mit dieser Technologie.

Der Down- bzw. Upload ist dabei einigermaßen intelligent. Die Datenübertragung erfolgt unter Ausnutzung der optimalen Bandbreite des Netzwerks. Ist das Netzwerk z.B. zurzeit mit 60% ausgenutzt, verwendet BITS lediglich die freien 40 % der Bandbreite. Wird während der Datenübertragung die Serververbindung unterbrochen, versucht BITS es zu einem späteren Zeitpunkt einfach erneut, wobei der Download bzw. Upload an der letzten Position weiter ausgeführt wird. Ähnliches geschieht, wenn der Benutzer sich zwischenzeitlich abmeldet bzw. den Rechner herunterfährt. Der Download wird dann so lange unterbrochen, bis der Benutzer sich wieder anmeldet.

Bei der Wiederaufnahme der Datenübertragung wird überprüft, ob die Größe der Datei oder das Dateidatum sich zwischenzeitlich verändert haben. Ist dies der Fall, wird die Datenübertragung einfach wieder von vorn ausgeführt. Damit verhindert BITS, dass Dateien bei einer Unterbrechung eines Ladevorgangs ungültig werden.

BITS wird vom Betriebssystem verwaltet. Ein Programm kann dem Dienst Jobs hinzufügen, muss aber während der Datenübertragung nicht weiter ausgeführt werden. Das Betriebssystem sorgt dafür, dass die Dateien übertragen werden. Ein Programm kann einen Job erzeugen, beendet werden und später, nach einem Neustart, den Status der laufenden Jobs überprüfen.

BITS 1.0 ist in Windows XP integriert. Diese Version erlaubt nur den Download von Dateien. Die Version 1.5, die mit Windows Server 2003 mitgeliefert wird, ermöglicht auch den Upload. Allerdings muss dazu der IIS ab der Version 5.0 mit installierter BITS-Server-Erweiterung eingesetzt werden. Das Service Pack 2 von Windows XP installiert BITS in der Version 2.0. Die aktuelle Version können Sie über die BITS-Startseite (*msdn.microsoft.com/library/en-us/bits/bits/bits_start_page.asp*) bei Microsoft herunterladen. Diese Version können Sie auch auf Windows 2000 SP3 installieren. Auf der BITS-Seite finden Sie auch einige Artikel über diese Technologie.

Welche Version auf einem System installiert ist, können Sie über das *BITS Admin Tool* herausfinden. Diese Kommandozeilen-Anwendung ist Bestandteil des Plattform-SDK, kann aber auch bei Microsoft direkt heruntergeladen werden. Das Problem ist lediglich (wie so oft bei Microsoft) den Download zu finden. Ich bin über die Seite *msdn.microsoft.com/vstudio/express/support/troubleshooting* an den Download gekommen: Unter dem Punkt CONFIGURATION ERRORS finden Sie einen Link zu dem Download. Falls das nicht hilft, können Sie auch bei *www.microsoft.com/downloads/Search.aspx* nach »Windows XP Service Pack 2 Support Tools« suchen. Die Datei *bitsadmin.exe* aus den Tools, die Sie dann herunterladen, ist das BITS Admin Tool.

Wenn Sie an der Kommandozeile *bitsadmin* aufrufen, erhalten Sie eine Information über die Version. Ein Aufruf mit dem Schalter /? zeigt Informationen über die Möglichkeit dieses Tools an.

BITS ist zurzeit noch nicht in das .NET Framework integriert. BITS besteht aus COM-Komponenten, deren Handhabung leider nicht allzu einfach ist. Aber dieses Problem können Sie vernachlässigen, denn mittlerweile existieren Wrapper-Assemblies für die COM-Komponenten. Microsoft selbst stellt ein Visual-Basic-Projekt im MSDN zur Verfügung (*msdn.microsoft.com/library/en-us/dnwxp/html/WinXP_BITS.asp*). Die Klassen in dieser Komponente sind aber in Bezug auf die Ereignisbehandlung nicht besonders ausgereift und bestehen aus zwei Assemblies. Die Komponente von David Hall, die Sie auf *www.gotdotnet.com* finden, ist in Bezug auf die Ereignisse wesentlich einfacher anzuwenden und besteht in der kompilierten Form aus nur einer Assembly. Sie finden diese Komponente in einer von mir modifizierten Version im Ordner *Komponenten* auf der Buch-CD. Davids Komponente hat übrigens sehr viel Ähnlichkeit mit dem Microsoft-Beispiel.

Wenn Sie die aktuelle Version (dann allerdings ohne meine Modifikationen) downloaden wollen, finden Sie diese an der (etwas komplexen) Adresse *www.gotdotnet.com/ Community/UserSamples/Details.aspx?SampleGuid=6D858904-54C4-4762-9075-F3B52AE21C91* (denken Sie daran, dass Sie alle im Buch verwendeten Links in der Datei *Links.html* auf der Buch-CD finden). Einen Link zum Beispiel finden Sie auch in den *gotdotnet user samples* (*www.gotdotnet.com/community/usersamples*), wenn Sie auf dieser Seite nach »BITS« suchen. Der Titel des Artikels ist »BITS Encapsulation for .NET«.

> **Hinweis**
> Die zum Zeitpunkt der Manuskripterstellung aktuelle BITS-Komponente von David Hall ist noch nicht ganz fehlerfrei und vollständig: BITS ermöglicht die Auflistung der aktuellen Jobs. Davids Klasse listet immer alle Jobs auf. Das führt zu einer Exception, wenn der aktuelle Benutzer kein Administrator ist, denn nur Administratoren dürfen alle Jobs auflisten. Andere Benutzer können nur ihre eigenen Jobs auflisten und bearbeiten. Ich habe die Klasse `JobList` so abgeändert, dass nur dann alle Jobs aufgelistet werden, wenn ein Administrator eingeloggt ist. Ist ein anderer Benutzer eingeloggt, werden nun nur dessen Jobs aufgelistet. Außerdem fehlt den Klassen von David Hall die Möglichkeit, den letzten Fehler für einen Job abzufragen, falls dieser fehlerhaft beendet wurde. Deshalb habe ich die Methode `GetLastError` hinzugefügt, die den letzten Fehler in Form einer `BitsError`-Instanz zurückgibt. Ich habe die Änderungen David gemailt.

Das Prinzip von BITS sind Jobs, die über das Admin-Tool oder über das BITS-API hinzugefügt und gesteuert werden können. Ein Job kann mehrere Dateien übertragen und ist mit einer bestimmten Priorität ausgestattet. Eine Anwendung fügt BITS einen Job hinzu und wartet dann darauf, dass dieser erfolgreich beendet wurde. Dazu kann die Anwendung den Status des Jobs abfragen oder auf Ereignisse reagieren. BITS überträgt die Dateien der Reihe nach, also nicht parallel.

Jobs werden im Kontext des aktuellen Benutzers ausgeführt. Meldet sich Benutzer A ab und Benutzer B an, werden die Jobs von Benutzer A so lange angehalten, bis er sich wieder anmeldet. Benutzer dürfen nur ihre eigenen Jobs auflisten und bearbeiten, mit Ausnahme von Administratoren, die alle Jobs bearbeiten können. Jobs von Benutzern, die sich nie wieder anmelden, werden nach 90 Tagen automatisch entfernt.

BITS erfordert keine besonderen Rechte. Selbst Benutzer der Benutzer-Gruppe von Windows, die mit nur minimalen Rechten ausgestattet sind, dürfen über BITS Dateien hoch- und herunterladen. Dazu muss der Benutzer natürlich Lese- und gegebenenfalls Schreibrechte auf der lokalen Datei bzw. dem lokalen Ordner besitzen.

Zur Arbeit mit BITS referenzieren Sie die Assembly *Microsoft.Net.BITS.dll* oder integrieren Sie das Visual-Basic-Projekt in die Projektmappe und referenzieren Sie dieses. Alle verwendeten Klassen werden im Namensraum `Microsoft.Net.BITS` verwaltet.

> **Hinweis**
>
> Ich bin mir nicht sicher, ob es wichtig ist, aber einige Probleme mit den BITS-Ereignissen haben mich vorsichtig werden lassen: Achten Sie darauf, dass die `Main`-Methode der Anwendung mit dem `STAThread`-Attribut belegt ist. Damit sorgen Sie dafür, dass die Anwendung für COM ein *Single Threaded Apartment* (STA) einsetzt. Viele COM-Komponenten sind so geschrieben, dass diese nur in einem STA korrekt arbeiten. BITS gehört wahrscheinlich dazu.

Zum Hinzufügen eines Jobs rufen Sie die statische Methode `CreateJob` der `BackgroundCopyManager`-Klasse auf. Dieser Methode können Sie einen Anzeige-Namen und eine Beschreibung für den Job übergeben. Am dritten Argument der in diesem Rezept verwendeten Variante übergeben Sie einen Wert der `BackgroundCopyJobType`-Aufzählung, der bestimmt, ob Sie einen Upload oder einen Download ausführen wollen. Die dritte Möglichkeit hier heißt `UploadReply` (Upload-Rückantwort) und ist wahrscheinlich als Antwort auf einen Upload gedacht.

`CreateJob` gibt eine Instanz der Klasse `BackgroundCopyJob` zurück, über die Sie weiter mit dem Job arbeiten. So können Sie z.B. die Ereignisse `Changed`, `Completed` und `Error` zuweisen, die aufgerufen werden, wenn sich an dem Status des Jobs etwas ändert, der Job erfolgreich ausgeführt wurde oder ein Fehler aufgetreten ist.

Über die `Add`-Methode der `Files`-Eigenschaft können Sie dann einzelne Dateien hinzufügen. Am ersten Argument übergeben Sie den URI der entfernten Datei, am zweiten den Dateinamen der lokalen Datei.

Die Eigenschaft `Priority` bestimmt die Priorität des Jobs. Hier können Sie die folgenden Werte der `BackgroundCopyJobPriority`-Aufzählung verwenden: `Foreground`, `High`,

Low und Normal. Die Priorität Foreground ist die höchste und bestimmt, dass der Job unabhängig von der verfügbaren Netzwerk-Bandbreite so schnell wie möglich ausgeführt wird. Die anderen Prioritäten berücksichtigen die verfügbare Bandbreite. Die Priorität eines Jobs bestimmt auch den Zeitpunkt, zu dem dieser gestartet wird.

Falls der Zugang zum Internet über einen Proxy-Server erfolgt, können Sie in die Eigenschaft Proxy des BackgroundCopyJob-Objekts eine Instanz der WebProxy-Klasse schreiben, die entsprechend initialisiert ist.

> **Achtung**
>
> Dabei sollten Sie jedoch beachten, dass die Credentials-Eigenschaft der WebProxy-Instanz von der BackgroundCopyJob-Instanz (bzw. von BITS) nicht verwendet wird. Falls der Proxy-Server eine Authentifizierung verlangt, werden die dafür notwendigen Benutzerdaten nicht übergeben, auch wenn Sie Credentials entsprechend belegen. U.U. können Sie die Authentifizierungsdaten über die SetCredentials-Methode des Job übergeben (so suggeriert es jedenfalls die Beschreibung dieser Methode), aber das konnte ich leider nicht testen, da BITS meinen lokalen Proxy nicht erkannte.
>
> Sie sollten außerdem beachten, dass BITS automatisch die im Internet Explorer eingestellten Proxy-Informationen verwendet. Die Proxy-Eigenschaft sollten Sie also nur dann initialisieren, wenn sich die Proxy-Informationen unterscheiden.

> **Hinweis**
>
> In meinen Versuchen führte das Setzen der Proxy-Eigenschaft lediglich dazu, dass BITS für den jeweiligen Job den Fehler »Der angegebene Proxyserver bzw. die Umgehungsliste ist ungültig« meldete. Ein paralleler Versuch mit dem Microsoft-BITS-Wrapper führte zu einem ähnlichen Ergebnis: Hier wurde zwar kein Fehler erzeugt, der eingestellte Proxy-Server wurde in diesem Fall aber einfach ignoriert.

Für den Fall, dass der Server eine Authentifizierung verlangt, können Sie die dazu notwendigen Informationen über die Methode SetCredentials setzen, der Sie ein NetworkCredential-Objekt übergeben. Wahrscheinlich können Sie hier auch Authentifizierungsdaten für einen Proxy-Server übergeben. Dieses Feature habe ich allerdings nicht getestet.

Nachdem Sie einen Job erzeugt haben, befindet sich dieser zunächst im Warte-Status. Um den Job zu starten rufen Sie die Resume-Methode auf.

Das folgende Windows-Anwendungs-Beispiel, das den Import der Namensräume System.Net und Microsoft.Net.BITS erfordert, startet einen neuen Download-Job mit den URI- bzw. Dateiangaben, die in die Textboxen uriTextBox und destinationFilenameTextBox eingegeben wurden. Das Beispiel weist die Ereignisse Changed, Completed und Error auf passende Methode zu:

```
string uri = this.uriTextBox.Text;
string destinationFile = this.destinationFilenameTextBox.Text;
string displayName = "Download-Demo";
string description = "Download von '" + uri + "'";

// Job erzeugen
BackgroundCopyJob job = BackgroundCopyManager.CreateJob(displayName,
    description, BackgroundCopyJobType.Download);

// Ereignisse zuweisen
job.Changed += new BackgroundCopyJobEventHandler(this.job_Changed);
job.Completed += new BackgroundCopyJobEventHandler(this.job_Completed);
job.Error += new System.IO.ErrorEventHandler(this.job_Error);

job.Files.Add(uri, destinationFile);
job.Priority = BackgroundCopyJobPriority.Normal;
job.Resume();
```

Listing 386: Starten eines BITS-Download-Jobs

In der Ereignismethode für das Changed-Ereignis erhalten Sie in der Eigenschaft Job des Ereignisargument-Objekts eine Referenz auf den Job. Über diese Referenz können Sie alle Eigenschaften des Job abfragen. Wenn Sie im Changed-Ereignis Steuerelemente aktualisieren, müssen Sie allerdings beachten, dass das Ereignis in einem anderen (COM-)Thread ausgeführt wird. Deshalb dürfen Sie nicht auf Steuerelemente direkt zugreifen, sondern müssen dazu die Invoke-Methode des Steuerelements oder des Formulars verwenden (vergleichen Sie dazu das Rezept 312). Dazu benötigen Sie einen Delegate und eine Methode. Das folgende Beispiel dient der Aktualisierung der Text-Eigenschaft eines Steuerelements

```
private delegate void changeTextHandler(Control control, string newText);
private void ChangeText(Control control, string newText)
{
    control.Text = newText;
}
```

Listing 387: Delegate und Methode für die Aktualisierung eines Steuerelements

In der Methode für das Changed-Ereignis schreibt mein Beispiel den Anzeigenamen des Jobs und eine Information über die bisher übertragenen Bytes in das Label infoLabel:

```
private void job_Changed(object sender, BackgroundCopyJobEventArgs args)
{
    string info = "Job " + args.Job.DisplayName + ": " +
```

Listing 388: Methode für das Changed-Ereignis der Jobs

```
      args.Job.Progress.BytesTransferred + " von " +
      args.Job.Progress.BytesTotal + " geladen";
   this.infoLabel.Invoke(new changeTextHandler(this.ChangeText),
      new object[] { this. infoLabel, info });
}
```

Listing 388: Methode für das Changed-Ereignis der Jobs (Forts.)

Dem `Completed`-Ereignis wird dasselbe Ereignisargument-Objekt übergeben wie dem `Changed`-Ereignis. Mein Beispiel fragt hier lediglich den Anzeigennamen ab, um im Info-`Label` auszugeben, dass der Job fertig gestellt wurde:

```
private void job_Completed(object sender, BackgroundCopyJobEventArgs args)
{
   string info = args.Job.DisplayName + " ist fertig gestellt";
   this.infoLabel.Invoke(new changeTextHandler(this.ChangeText),
      new object[] { this.infoLabel, info });
}
```

Listing 389: Methode für das Completed-Ereignis

Das `Error`-Ereignis wird aufgerufen, wenn während der Dateiübertragung ein Fehler auftritt, dessen Ursache nicht repariert werden kann. In diesem Ereignis bekommen Sie leider keine Referenz auf den Job, sondern lediglich eine Referenz auf die aufgetretene `Exception` übergeben. Die Aussagekraft einer Fehlermeldung ist damit leider nicht allzu groß:

```
private void job_Error(object sender, System.IO.ErrorEventArgs e)
{
   string info = "Fehler: " + e.GetException().Message;
   this.infoLabel.Invoke(new changeTextHandler(this.ChangeText),
      new object[] { this.infoLabel, info });
}
```

Listing 390: Methode für das Error-Ereignis

Die Jobs, die Sie einmal gestartet haben, bleiben so lange halten, bis diese abgebrochen oder abgeschlossen wurden. Sie können dazu die `Cancel`- bzw. die `Completed`-Methode des jeweiligen `Job`-Objekts aufrufen. `Cancel` bricht, wie der Name schon sagt, die Ausführung des Jobs ab. `Complete` sagt dem System, dass der Job in Ihren Augen erfolgreich ausgeführt wurde. Erst nach dem Aufruf von `Complete` wird eine heruntergeladene Datei (die bis dahin in einem temporären Ordner verwaltet wurde) in die bei der Erzeugung des Jobs angegebene lokale Datei kopiert. Der Job wird dann auch aus der Job-Liste entfernt. Das Kopieren der Dateien und das Entfernen des Jobs geschehen nicht automatisch, damit ein Benutzer jederzeit den Status der von ihm gestarteten Jobs überprüfen kann.

> **Achtung**
>
> Bei meinen Versuchen wurden zumindest das `Changed`-Ereignis und das `Completed`-Ereignis in einer Windowsanwendung nur dann aufgerufen, wenn ich das Programm direkt über die ausführbare Datei gestartet hatte (`Error` wurde nie aufgerufen, weil kein Fehler auftrat). Bei einem Start über Visual Studio 2005 wurden diese Ereignisse in einer Windowsanwendung nie aufgerufen (allerdings in einer Konsolenanwendung). Ein Test mit dem Microsoft-BITS-Wrapper (den Sie neben dem Beispiel zu diesem Rezept finden) führte zu ähnlichen Ergebnissen: Hier wurde das `JobTransferred`-Ereignis ebenfalls nur aufgerufen, wenn das Programm direkt gestartet wurde (das `JobModification`-Ereignis wurde nie aufgerufen). Wahrscheinlich handelt es sich dabei um Inkompatibilitäten zwischen dem Visual-Studio-Debugger und COM.

Über die statische `Jobs`-Eigenschaft der `BackgroundCopyManager`-Klasse erreichen Sie alle aktuellen Jobs. Wie ich bereits angemerkt habe, habe ich die `JobList`-Klasse so abgeändert, dass nur dann alle Jobs aufgelistet werden, wenn ein Administrator eingeloggt ist. Ist ein Nicht-Administrator eingeloggt, werden nur die Jobs aufgelistet, die der Benutzer selbst gestartet hat.

Über die referenzierten `BackgroundCopyJob`-Objekte können Sie die Jobs abfragen und steuern. Jeder Job besitzt eine Id in Form einer GUID, die Sie aus der Eigenschaft `ID` auslesen können. Über diese GUID können Sie sich z.B. alle Jobs merken, die eine Anwendung gestartet hat.

Mein Beispiel schreibt die Ids der aktuellen Jobs lediglich in die `ListBox` `jobListBox`. Die Methode `ListJobs` merkt sich dabei den aktuell selektierten Job um diesen nach dem Neufüllen wieder zu selektieren:

```csharp
private void ListJobs()
{
   // Info-Label leeren
   this.jobInfoLabel.Text = null;

   // Den aktuell selektierten Job merken
   Nullable<Guid> currentJob = null;
   if (this.jobListBox.SelectedIndex > -1)
   {
      currentJob = (Guid)this.jobListBox.SelectedItem;
   }
   try
   {
      // Die aktuellen Jobs neu einlesen
      this.jobListBox.Items.Clear();
      foreach (BackgroundCopyJob job in BackgroundCopyManager.Jobs)
      {
         int index = this.jobListBox.Items.Add(job.ID);
```

Listing 391: Einlesen der IDs der aktuellen Jobs in eine ListBox

```
          if (currentJob != null && currentJob.Value.Equals(job.ID))
          {
             // Den zuvor selektierten Job wieder selektieren
             this.jobListBox.SelectedIndex = index;
          }
       }
    }
    catch (Exception ex)
    {
       MessageBox.Show(ex.Message, Application.ProductName,
          MessageBoxButtons.OK, MessageBoxIcon.Error);
    }
 }
```

Listing 391: Einlesen der IDs der aktuellen Jobs in eine ListBox (Forts.)

Über den Indexer der `Jobs`-Eigenschaft der `BackgroundCopyManager`-Klasse können Sie alle Jobs über deren Id oder Anzeigenamen referenzieren. Übergeben Sie dem Indexer eine GUID, sprechen Sie die Id an. Über das zurückgehaltene `BackgroundCopyJob`-Objekt können Sie Informationen über den Job einlesen und den Job steuern. Wie Sie ja bereits wissen, verwaltet die Eigenschaft `ID` die Id des Jobs, `DisplayName` verwaltet den Anzeigenamen und `Description` die Beschreibung.

Über die `Files`-Eigenschaft erreichen Sie `BackgroundCopyFileInfo`-Objekte mit Informationen zu den Dateien, die im Job übertragen werden.

Die Eigenschaft `State` gibt Auskunft über den Status. Die verfügbaren Stati entnehmen Sie bitte Listing 392. Dieses Beispiel schreibt Informationen über den in der ListBox `jobListBox` selektierten Job in das Label `jobInfoLabel`:

```
private void GetJobInfo()
{
   // Job referenzieren
   Guid jobId = new Guid(this.jobListBox.SelectedItem.ToString());
   BackgroundCopyJob job = BackgroundCopyManager.Jobs[jobId];
   string jobInfo = "Id: " + job.ID.ToString() + Environment.NewLine +
      "Anzeigename: " + job.DisplayName + Environment.NewLine +
      "Beschreibung: " + job.Description + Environment.NewLine +
      "Dateien: " + Environment.NewLine;

   // Dateien abfragen
   string files = null;
   foreach (BackgroundCopyFileInfo fileInfo in job.Files)
   {
      if (files != null)
      {
```

Listing 392: Auslesen von Informationen über einen Job

```
            files += Environment.NewLine;
         }
         files += "   " + fileInfo.RemoteFilePath +
            " -> " + fileInfo.LocalFilePath;
      }
      jobInfo += files + Environment.NewLine;

      // Status abfragen
      string jobState = null;
      switch (job.State)
      {
         case BackgroundCopyJobState.Transferring:
            jobState = "Dateien werden geladen: " +
               job.Progress.BytesTransferred +
               " von " + job.Progress.BytesTotal + " Bytes";
            break;

         case BackgroundCopyJobState.Cancelled:
            jobState = "Der Job wurde abgebrochen";
            break;

         case BackgroundCopyJobState.Connecting:
            jobState = "BITS verbindet mit dem Server";
            break;

         case BackgroundCopyJobState.Queued:
            jobState = "Der Job wurde in die " +
               "Warteschlange eingereiht";
            break;

         case BackgroundCopyJobState.Suspended:
            jobState = "Der Job ist ausgesetzt";
            break;

         case BackgroundCopyJobState.TransientError:
            jobState = "Ein transienter Fehler trat auf";
            break;

         case BackgroundCopyJobState.Error:
            BitsError error = job.GetLastError();
            if (error != null)
            {
               jobState = "Fehler " + error.Code +
                  " bei der Ausführung des Jobs: " + error.Description +
                  " (Kontext: " + error.ContextDescription + ")";
            }
            else
```

Listing 392: Auslesen von Informationen über einen Job (Forts.)

```
            {
               jobState = "Unbekannter Fehler";
            }
            break;

         case BackgroundCopyJobState.Transferred:
            jobState = "Der Job wurde " +
               "erfolgreich ausgeführt";
            break;
      }
      jobInfo += "Status: " + jobState + Environment.NewLine;

      // Fehler abfragen
      jobInfo += "Fehler bisher: " + job.ErrorCount;

      // Info im Label ausgeben
      this.jobInfoLabel.Text = jobInfo;
   }
```

Listing 392: Auslesen von Informationen über einen Job (Forts.)

Jobs im Status `BackgroundCopyJobState.Transferred` wurden erfolgreich ausgeführt. Diese Jobs sollten Sie über den Aufruf der `Complete`-Methode abschließen, damit die heruntergeladene Datei in die Zieldatei kopiert wird. Der Status `BackgroundCopyJobState.Error` gibt an, dass ein Fehler aufgetreten ist, der nicht automatisch behandelt werden kann. Die Eigenschaft `ErrorCount` gibt eine Auskunft darüber, wie viele Fehler insgesamt aufgetreten sind. Über die (von mir hinzugefügte) Job-Methode `GetLastError` können Sie den letzten aufgetretenen Fehler für einen Job auslesen. Die Eigenschaft `Description` des von dieser Methode zurückgegebenen `BitsError`-Objekts liefert die Beschreibung des Fehlers. Über die Eigenschaft `Code` können Sie die (COM-)Fehlernummer auslesen. `Context` liefert eine Information über den Kontext des Fehlers und aus der Eigenschaft `ContextDescription` können Sie eine Beschreibung des Kontextes auslesen.

Über die `Suspend`-Methode können Sie laufende Jobs anhalten. Die `Resume`-Methode sorgt dafür, dass angehaltene Jobs weiter ausgeführt werden. Über `Cancel` brechen Sie ein Job ab.

Das folgende Beispiel reagiert auf die Betätigung verschiedener Schalter zum Anhalten, Weiter-Ausführen, Abbrechen und Abschließen des Jobs, der in der `ListBox` job-ListBox gerade selektiert ist:

```
/* Hält den aktuellen Job an */
private void suspendButton_Click(object sender, EventArgs e)
{
   if (jobListBox.SelectedIndex > -1)
```

Listing 393: Methoden für Schalter zum Anhalten, weiter Ausführen, Abbrechen und Abschließen von Jobs

```csharp
    {
        // Job referenzieren
        Guid jobId = new Guid(this.jobListBox.SelectedItem.ToString());
        BackgroundCopyJob job = BackgroundCopyManager.Jobs[jobId];

        // Job anhalten
        job.Suspend();

        // Jobs neu auflisten
        this.ListJobs();
    }
}

/* Führt den aktuellen Job weiter aus, wenn dieser angehalten ist */
private void resumeButton_Click(object sender, EventArgs e)
{
    if (jobListBox.SelectedIndex > -1)
    {
        // Job referenzieren
        Guid jobId = new Guid(this.jobListBox.SelectedItem.ToString());
        BackgroundCopyJob job = BackgroundCopyManager.Jobs[jobId];

        // Job weiter ausführen
        job.Resume();

        // Jobs neu auflisten
        this.ListJobs();
    }
}

/* Bricht den aktuellen Job ab */
private void cancelButton_Click(object sender, EventArgs e)
{
    if (jobListBox.SelectedIndex > -1)
    {
        // Job referenzieren
        Guid jobId = new Guid(this.jobListBox.SelectedItem.ToString());
        BackgroundCopyJob job = BackgroundCopyManager.Jobs[jobId];

        // Job abbrechen
        job.Cancel();

        // Jobs neu auflisten
        this.ListJobs();
    }
}
```

Listing 393: Methoden für Schalter zum Anhalten, weiter Ausführen, Abbrechen und Abschließen von Jobs (Forts.)

```csharp
/* Schließt den aktuellen Job ab */
private void completeButton_Click(object sender, EventArgs e)
{
   if (jobListBox.SelectedIndex > -1)
   {
      // Job referenzieren
      Guid jobId = new Guid(this.jobListBox.SelectedItem.ToString());
      BackgroundCopyJob job = BackgroundCopyManager.Jobs[jobId];

      // Job abschließen
      job.Complete();

      // Jobs neu auflisten
      this.ListJobs();
   }
}
```

Listing 393: Methoden für Schalter zum Anhalten, weiter Ausführen, Abbrechen und Abschließen von Jobs (Forts.)

204 Die Größe einer Datei von einem FTP-Server abfragen

Die Größe einer Datei auf einem FTP-Server können Sie über eine Instanz der Klasse FtpWebRequest aus dem Namensraum System.Net ermitteln. Ein solches Objekt erzeugen Sie über die statische Create-Methode der FtpWebRequest-Klasse. Da diese (von WebRequest geerbte) Methode eine Referenz vom Typ WebRequest zurückgibt, müssen Sie die erhaltene Referenz in eine FtpWebRequest-Referenz casten.

Erfolgt der Zugriff auf das Internet über einen Proxy-Server, können Sie in die Eigenschaft Proxy eine Instanz der Klasse WebProxy schreiben, die Sie entsprechend initialisiert haben. In der Eigenschaft Credentials können Sie die eventuell notwendigen Benutzerinformationen für den Zugang zum FTP-Server schreiben.

Die Dateigröße fragen Sie dann ab, indem Sie in der Eigenschaft Method die FTP-Methode WebRequestMethods.Ftp.GetFileSize angeben und die Abfrage über die GetResponse-Methode ausführen. Über das zurückgehaltene FtpWebResponse-Objekt können Sie in der Eigenschaft StatusCode den Status der Abfrage ermitteln. Ist dieser gleich FtpStatusCode.FileStatus, war die Abfrage erfolgreich. Nun wird es etwas schwammig, da leider nicht dokumentiert ist, wie die Dateigröße zurückgeliefert wird. Der vom FtpWebRequest (laut der Dokumentation) an den FTP-Server gesendete SIZE-Befehl ist im FTP-Standard (*www.w3.org/Protocols/rfc959*) leider nicht zu finden. Nach meinen Versuchen ergab die Eigenschaft ContentLength die Dateigröße. Ich verlasse mich aber lieber auf den vom Server zurückgelieferten FTP-Status, den Sie über die Eigenschaft StatusDescription des FtpWebResponse-Objekts auslesen können. Der (im FTP-Standard dokumentierte) Status 213 (File Status) steht für einen Datei-

616 >> Die Größe einer Datei von einem FTP-Server abfragen

Status und lieferte in meinen Versuchen einen Status-String in der Form »213 <Dateigröße>\r\n«. Da ich mich auch beim Zeilenabschluss nicht darauf verlasse, dass dieser (laut dem FTP-Standard) aus »\r\n« besteht, berücksichtige ich in der Methode `GetFtpFileSize` in Listing 394 alle denkbaren Varianten.

Zum Kompilieren dieser Methode müssen Sie die Namensräume `System` und `System.Net` importieren.

```
public static long GetFtpFileSize(string uri, WebProxy proxy,
   NetworkCredential credentials)
{
   // FtpWebRequest erzeugen und die Proxy- und Logindaten übergeben
   FtpWebRequest ftpRequest = (FtpWebRequest)FtpWebRequest.Create(uri);
   if (proxy != null)
   {
      ftpRequest.Proxy = proxy;
   }
   if (credentials != null)
   {
      ftpRequest.Credentials = credentials;
   }

   // Die FTP-Methode festlegen
   ftpRequest.Method = WebRequestMethods.Ftp.GetFileSize;

   // Den Response einlesen
   FtpWebResponse ftpResponse = (FtpWebResponse)ftpRequest.GetResponse();

   // Status überprüfen
   long fileSize = 0;
   if (ftpResponse.StatusCode == FtpStatusCode.FileStatus)
   {
      // Die Dateigröße befindet sich nun in dem Statustext
      // in der Form "213 Dateigröße\r\n", wobei 213 der
      // FTP-Status ist
      string fileSizeString = ftpResponse.StatusDescription.Substring(
         4, ftpResponse.StatusDescription.Length - 4);
      if (fileSizeString.EndsWith("\r\n"))
      {
         fileSizeString = fileSizeString.Substring(0,
            fileSizeString.Length - 2);
      }
      else if (fileSizeString.EndsWith("\r") ||
         fileSizeString.EndsWith("\n"))
      {
         fileSizeString = fileSizeString.Substring(0,
```

Listing 394: Methode zur Ermittlung der Dateigröße einer Datei, die auf einem FTP-Server gespeichert ist

```
            fileSizeString.Length - 1);
    }

    fileSize = Convert.ToInt64(fileSizeString.Trim());
  }

  // Den Response schließen
  ftpResponse.Close();

  // Das Ergebnis zurückgeben
  return fileSize;
}
```

Listing 394: Methode zur Ermittlung der Dateigröße einer Datei, die auf einem FTP-Server gespeichert ist (Forts.)

205 Dateien zu einem Web- oder FTP-Server hochladen

Dateien zu einem Web- oder FTP-Server hochzuladen ist über eine Instanz der `WebClient`-Klasse genauso einfach wie der Download. Dieses Rezept hier ist deswegen mit dem Rezept 201 nahezu identisch, mit dem Unterschied, dass natürlich andere Methoden aufgerufen und andere Ereignisse abgefangen werden. Ich verzichte deswegen auch auf die grundsätzliche Beschreibung der Arbeitsweise der `WebClient`-Klasse. Lesen Sie gegebenenfalls im Rezept 201 nach. Das Rezept 315 beschreibt das ereignisbasierte asynchrone Entwurfsmuster, das die `WebClient`-Klasse implementiert.

Zum Hochladen von Daten oder Dateien über die `WebClient`-Klasse können Sie die in Tabelle 29 beschriebenen Methoden verwenden.

Methode	Bedeutung

`byte[] UploadData(`
    `string address,`
    `byte[] data)`
`byte[] UploadData (`
    `Uri address,`
    `byte[] data)`
`byte[] UploadData (`
    `string address,`
    `string method,`
    `byte[] data)`
`byte[] UploadData (`
    `Uri address,`
    `string method,`
    `byte[] data)`
	Lädt Daten synchron hoch. Die hochzuladenden Daten übergeben Sie im Argument *data* in Form eines Byte-Arrays. Am Argument *method* können Sie die Methode angeben, die verwendet werden soll. Standardmäßig verwendet UploadData für eine HTTP-Verbindung POST und für eine FTP-Verbindung STOR. Im zurückgegebenen byte-Array erhalten Sie die Antwort des Servers.

Tabelle 29: Die Methoden der WebClient-Klasse zum Upload von Daten

Methode	Bedeutung
void UploadDataAsync(URI *address*, byte[] *data*) void UploadDataAsync (URI *address*, string *method*, byte[] *data* [, object *userToken*])	Lädt Daten asynchron hoch. Während des Uploads wird das UploadProgressChanged-Ereignis aufgerufen. Am Ende des Uploads ruft WebClient das UploadDataCompleted-Ereignis auf. In der Eigenschaft Result des Ereignisargument-Objekts erhalten Sie die Antwort des Servers in Form eines Byte-Arrays.
byte[] UploadFile(string *address*, string *fileName*) byte[] UploadFile(Uri *address*, string *fileName*) byte[] UploadFile (string *address*, string *method*, string *fileName*) byte[] UploadFile(Uri *address*, string *method*, string *fileName*)	Lädt eine Datei synchron hoch. Am Argument *method* können Sie die Methode angeben, die verwendet werden soll. Standardmäßig verwendet UploadFile für eine HTTP-Verbindung POST und für eine FTP-Verbindung STOR. Im zurückgegebenen byte-Array erhalten Sie die Antwort des Servers.
void UploadFileAsync(URI *address*, string *fileName*) void UploadFileAsync (URI *address*, string *method*, string *fileName* [, object *userToken*])	Lädt eine Datei asynchron hoch. Während des Uploads wird das UploadProgressChanged-Ereignis aufgerufen. Am Ende des Uploads ruft WebClient das UploadFileCompleted-Ereignis auf. In der Eigenschaft Result des Ereignisargument-Objekts erhalten Sie die Antwort des Servers in Form eines Byte-Arrays.
string UploadString(string *address*, string *data*) string UploadString (Uri *address*, string *data*) string UploadString (string *address*, string *method*, string *data*) string UploadString (Uri *address*, string *method*, string *data*)	Lädt einen String synchron hoch. In dem Rückgabewert erhalten Sie die Antwort des Servers.

Tabelle 29: Die Methoden der WebClient-Klasse zum Upload von Daten (Forts.)

Methode	Bedeutung
void UploadStringAsync(URI *address*, string *data*) void UploadStringAsync (URI *address*, string *method*, string *data* [, object *userToken*])	Lädt einen String asynchron hoch. Während des Uploads wird das UploadProgressChanged-Ereignis aufgerufen. Am Ende des Uploads ruft WebClient das UploadStringCompleted-Ereignis auf. Die Eigenschaft Result des Ereignisargument-Objekts verwaltet die Antwort des Servers.

Tabelle 29: Die Methoden der WebClient-Klasse zum Upload von Daten (Forts.)

Zum synchronen Upload einer Datei rufen Sie die UploadFile-Methode auf. Falls der Zugriff auf das Internet über einen Proxy-Server erfolgt, können Sie der WebClient-Instanz die Proxy-Informationen in der Eigenschaft Proxy übergeben, indem Sie ein neues WebProxy-Objekt in dieser Eigenschaft schreiben. Dabei sollten Sie aber beachten, dass das von WebClient intern verwendete FtpWebRequest- oder HttpWebRequest-Objekt durch Voreinstellung die im Internet Explorer eingestellten Proxy-Informationen verwendet, falls keine speziellen angegeben sind. Das Setzen des Proxy können Sie sich also unter Umständen sparen. Erfordert der Web- oder FTP-Server eine Authentifizierung, können Sie die dazu notwendigen Informationen über eine neue NetworkCredential-Instanz in die Eigenschaft Credentials schreiben. Dem Upload einer Datei steht dann nichts mehr im Wege (außer dass der Server die Annahme verweigert ☺).

Zum Kompilieren des folgenden Beispiels, das die Datei *C:\CSS.pdf* zum lokalen FTP-Server hochlädt, müssen Sie die Namensräume System, System.Net und System.Windows.Forms importieren.

```
private void UploadFileSync()
{
   // WebClient erzeugen
   WebClient webClient = new WebClient();

   // Die Proxy-Daten übergeben (falls notwendig)
   string proxyAddress = null;
   int proxyPort = 8080;
   string proxyUserName = null;
   string proxyPassword = null;
   string proxyUserDomain = null;
   if (proxyAddress != null && proxyAddress.Length > 0)
   {
      WebProxy webProxy = new WebProxy(proxyAddress, proxyPort);
      webProxy.Credentials = new NetworkCredential(
         proxyUserName, proxyPassword,
         proxyUserDomain);
```

Listing 395: Einfacher synchroner Upload einer Datei

```csharp
      webClient.Proxy = webProxy;
   }

   // Die Authentifizierungsdaten übergeben (falls notwendig)
   string username = null;
   string password = null;
   if (username != null && username.Length > 0)
   {
      webClient.Credentials = new NetworkCredential(
         username, password);
   }

   try
   {
      // Die Datei herunterladen
      string destinationUri = "ftp://localhost/Css.pdf";
      string sourceFilename = "C:\\Css.pdf";
      webClient.UploadFile(destinationUri, sourceFilename);

      // Ergebnis melden
      MessageBox.Show("Fertig", Application.ProductName,
         MessageBoxButtons.OK, MessageBoxIcon.Information);
   }
   catch (WebException ex)
   {
      // Fehler melden
      MessageBox.Show("Fehler beim Upload: " +
         GetExceptionMessages(ex),
         Application.ProductName, MessageBoxButtons.OK,
         MessageBoxIcon.Error);
   }
   catch (Exception ex)
   {
      // Fehler melden
      MessageBox.Show(GetExceptionMessages(ex),
         Application.ProductName, MessageBoxButtons.OK,
         MessageBoxIcon.Error);
   }
}

/* Liefert alle Nachrichten der übergebenen und der inneren Exceptions */
private static string GetExceptionMessages(Exception ex)
{
   string messages = ex.Message;
   if (ex.InnerException != null)
   {
      messages += Environment.NewLine;
```

Listing 395: Einfacher synchroner Upload einer Datei (Forts.)

```
        messages += GetExceptionMessages(ex.InnerException);
   }
   return messages;
}
```

Listing 395: Einfacher synchroner Upload einer Datei (Forts.)

> **Hinweis**
> Die Methode `GetExceptionMessages` in Listing 395 habe ich deswegen implementiert, weil die Meldung der von `WebClient` geworfenen `WebException`-Ausnahmen meist nicht besonders aussagekräftig ist und der eigentliche Fehler sich in der inneren Exception versteckt.

Für den asynchronen Upload sollten Sie die `WebClient`-Instanz auf Klassenebene deklarieren, da Sie diese zum Abbrechen des Uploads über die `CancelAsync`-Methode benötigen. Während des Uploads erhalten Sie das Ereignis `UploadProgressChanged`. Das Ende des Uploads wird beim Upload einer Datei über das Ereignis `UploadFileCompleted` gemeldet. Zu diesen Ereignissen sollten Sie im Konstruktor der Klasse Methoden zuweisen.

Das folgende Beispiel basiert auf einem Formular mit Namen `StartForm`. Zum Kompilieren müssen Sie die Namensräume `System`, `System.Windows.Forms` und `System.Net` importieren.

```
/* Referenz auf den WebClient */
private WebClient webClient;

/* Konstruktor des Formulars */
public StartForm()
{
    InitializeComponent();

    // WebClient erzeugen
    this.webClient = new WebClient();

    // Ereignisse zuweisen
    this.webClient.UploadProgressChanged +=
        new UploadProgressChangedEventHandler(
        this.webClient_UploadProgressChanged);
    this.webClient.UploadFileCompleted +=
        new UploadFileCompletedEventHandler(
        this.webClient_UploadFileCompleted);
}
```

Listing 396: Erzeugen und Initialisieren der WebClient-Instanz

Dateien zu einem Web- oder FTP-Server hochladen

Den asynchronen Upload einer Datei starten Sie dann über die `UploadFileAsync`-Methode. Zuvor sollten Sie gegebenenfalls notwendige Proxy-Informationen und Authentifizierungsdaten übergeben:

```
private void UploadAsync()
{
   // Die Proxy-Daten übergeben (falls notwendig)
   string proxyAddress = null;
   int proxyPort = 8080;
   string proxyUserName = null;
   string proxyPassword = null;
   string proxyUserDomain = null;
   if (proxyAddress != null && proxyAddress.Length > 0)
   {
      WebProxy webProxy = new WebProxy(proxyAddress, proxyPort);
      webProxy.Credentials = new NetworkCredential(
         proxyUserName, proxyPassword,
         proxyUserDomain);
      webClient.Proxy = webProxy;
   }

   // Die Authentifizierungsdaten übergeben (falls notwendig)
   string username = null;
   string password = null;
   if (username != null && username.Length > 0)
   {
      this.webClient.Credentials = new NetworkCredential(
         username, password);
   }

   try
   {
      // Das Hochladen der Datei starten
      Uri destinationUri = new Uri("ftp://localhost/Css.pdf");
      string sourceFilename = "C:\Css.pdf";
      this.webClient.UploadFileAsync(destinationUri, sourceFilename);
   }
   catch (WebException ex)
   {
      // Fehler melden
      MessageBox.Show("Fehler beim Upload: " +
         GetExceptionMessages(ex),
         Application.ProductName, MessageBoxButtons.OK,
         MessageBoxIcon.Error);
   }
   catch (Exception ex)
```

Listing 397: Asynchroner Upload einer Datei

```
   {
      // Fehler melden
      MessageBox.Show(GetExceptionMessages(ex),
         Application.ProductName, MessageBoxButtons.OK,
         MessageBoxIcon.Error);
   }
}
```

Listing 397: Asynchroner Upload einer Datei (Forts.)

Abbrechen können Sie den asynchronen Upload, indem Sie die `CancelAsync`-Methode aufrufen:

```
this.webClient.CancelAsync();
```

Im Ereignis `UploadProgressChanged` wird der Fortschritt des Uploads gemeldet. Die Eigenschaft `BytesSent` des Ereignisargument-Objekts liefert eine Information darüber, wie viele Bytes bisher gesendet wurden. Über `TotalBytesToSend` erfahren Sie die Anzahl der insgesamt zu sendenden Bytes, `ProgressPercentage` liefert den prozentualen Fortschritt. Damit können Sie zum Beispiel ein `StatusLabel` und eine `ProgressBar` aktualisieren:

```
private void webClient_UploadProgressChanged(object sender,
   UploadProgressChangedEventArgs e)
{
   long bytesSent = e.BytesSent;
   long totalBytesToSend = e.TotalBytesToSend;
   int progressPercentage = e.ProgressPercentage;
   this.toolStripStatusLabel.Text = bytesSent + " Bytes von " +
      totalBytesToSend + " gesendet ...";
   this.progressBar.Value = progressPercentage;
}
```

Listing 398: Methode für das UploadProgressChanged-Ereignis

In der Methode für das `UploadFileCompleted`-Ereignis sollten Sie (dem ereignisbasierten asynchronen Entwurfsmuster entsprechend) über die Eigenschaft `Cancelled` abfragen, ob der Upload abgebrochen wurde. Falls während des Uploads ein Fehler auftritt, verwaltet die `Error`-Eigenschaft das entsprechende `Exception`-Objekt. Ist `Cancelled` `false` und steht `Error` auf `null`, wurde der Upload erfolgreich beendet;

```
private void webClient_UploadFileCompleted(object sender,
   UploadFileCompletedEventArgs e)
{
   if (e.Cancelled)
```

Listing 399: Methode für das UploadFileCompleted-Ereignis

```
       {
          this.toolStripStatusLabel.Text = "Abgebrochen";
       }
       else if (e.Error != null)
       {
          this.toolStripStatusLabel.Text = "Fehler";
          MessageBox.Show(GetExceptionMessages(e.Error),
             Application.ProductName, MessageBoxButtons.OK,
             MessageBoxIcon.Error);
       }
       else
       {
          this.toolStripStatusLabel.Text = "Fertig";
       }

       this.progressBar.Value = 0;
    }
```

Listing 399: Methode für das UploadFileCompleted-Ereignis (Forts.)

206 FTP-Verzeichnisse auslesen

Zum Auslesen von FTP-Verzeichnissen verwenden Sie eine Instanz der `FtpWebRequest`-Klasse aus dem Namensraum `System.Net`. In der Eigenschaft `Method` geben Sie die zu verwendende FTP-Methode an. Zum Auslesen eines Verzeichnisses können Sie die Methoden *NLST* oder *LIST* verwenden, die Sie auch über die Eigenschaften `ListDirectory` und `ListDirectoryDetails` der `WebRequestMethods.Ftp`-Klasse angeben können. `ListDirectory` (NLST) gibt nur die Namen der Dateien beziehungsweise Ordner aus dem angegebenen FTP-Verzeichnis zurück, `ListDirectoryDetails` (LIST) liefert neben den Namen zusätzliche Informationen, wie zum Beispiel die Dateigröße. Dummerweise ist das Format, in dem die erweiterten Informationen zurückgegeben werden, nicht festgelegt. Unix- oder Linux-Server liefern Detailinformationen in der Regel im UNIX-Format zurück. Für eine Datei wird z.B. der folgende String geliefert:

```
-rwxrwxrwx   1 owner    group      609277 Jan 12 14:09 Css.pdf
```

Ein Ordner führt zu dem folgenden String:

```
drwxrwxrwx   1 owner    group           0 Jan 13 12:05 CSharp
```

Windows-Server liefern Detailinformationen meist im DOS-Format. Für eine Datei wird z.B. der folgende String zurückgegeben:

```
01-12-06  02:09PM              609277 Css.pdf
```

Für einen Ordner liefert das DOS-Format die folgende Angabe:

```
01-13-06  12:05PM       <DIR>          CSharp
```

Andere Betriebssysteme verwenden unter Umständen ein anderes Format, aber das UNIX- und das DOS-Format sind sehr weit verbreitet und damit Quasi-Standard. Ein

>> Internet

Programm sollte in meinen Augen auf jeden Fall in der Lage sein, die Detailinformationen der Verzeichniseinträge von einem FTP-Server abzufragen und anzuzeigen. Die bloße Anzeige des zurückgelieferten Strings ist einem Benutzer wohl kaum zuzumuten. Deswegen habe ich mich entschlossen, die Standard-Formate zu unterstützen und die Detailinformationen auszulesen (was nicht allzu einfach war). Dieses Rezept ist deswegen auch etwas länger, aber ich denke, dass Sie (und ich) etwas davon haben ☺.

Die Methode `ListFtpDirectory` in Listing 404 liest ein FTP-Verzeichnis ein. Neben dem String mit dem URI des FTP-Verzeichnisses kann dieser Methode ein Objekt übergeben werden, das die `ICredentials`-Schnittstelle implementiert (z.B. ein `NetworkCredential`-Objekt). Die in diesem Objekt verwalteten Benutzerdaten werden für eine Authentifizierung gegenüber dem FTP-Server verwendet. Soll die anonyme Authentifizierung erfolgen, übergeben Sie an diesem Argument `null`. Das Argument `proxy` dient der Angabe von Proxy-Informationen für den Fall, dass der Zugriff auf das Internet über einen Proxy-Server erfolgt. Das letzte Argument gibt an, ob Details ausgegeben werden sollen. Die Methode gibt eine `ReadOnlyCollection` (aus dem Namensraum `System.Collections.ObjectModel`) mit Instanzen der eigenen Klasse `FtpDirectoryItem` zurück, die die einzelnen Einträge darstellen.

Diese Klasse bildet dann auch die Basis für das Zerlegen der Verzeichniseinträge.

Zum Kompilieren des Quellcodes dieses Rezepts müssen Sie die Namensräume `System`, `System.Net`, `System.IO`, `System.Collections.Generic`, `System.Collections.ObjectModel`, `System.Text`, `System.Globalization` und `System.Text.RegularExpressions` einbinden.

Zunächst habe ich aber die Aufzählung `FtpDirectoryItemType` implementiert, die später als Typ der Eigenschaft `Type` verwendet wird:

```
public enum FtpDirectoryItemType
{
   /* Verzeichnis */
   Directory,

   /* Datei */
   File,

   /* (UNIX-)Link */
   Link,

   /* Unbekannter Typ */
   Unknown
}
```

Listing 400: Aufzählung für den Typ eines FTP-Verzeichniseintrags

In der Klasse `FtpDirectoryItem` habe ich zunächst schreibgeschützte Eigenschaften für die Detailinformationen der Verzeichniseinträge implementiert:

```
public class FtpDirectoryItem
{
   private string name;
   /* Der Name des Verzeichniseintrags */
   public string Name
   {
      get { return this.name; }
   }

   private FtpDirectoryItemType type;
   /* Der Typ des Verzeichniseintrags */
   public FtpDirectoryItemType Type
   {
      get { return this.type; }
   }

   private DateTime date;
   /* Das Datum des Verzeichniseintrags */
   public DateTime Date
   {
      get { return this.date; }
   }

   private long size;
   /* Die Größe des Verzeichniseintrags  */
   public long Size
   {
      get { return this.size; }
   }

   private string rawItem;
   /* Der Verzeichniseintrag in der rohen, vom */
   /* Server gelieferten Form */
   public string RawItem
   {
      get { return this.rawItem; }
   }
```

Listing 401: Die Eigenschaften der Klasse FtpDirectoryItem

Im UNIX-Format werden Monatsnamen üblicherweise in der englischen abgekürzten Schreibweise angegeben. Zum Konvertieren eines solchen Monats in den entsprechenden `int`-Wert habe ich die folgende Methode implementiert:

```csharp
    private int ConvertEnglishAbbreviatedMonthNameToInt(string monthName)
    {
       switch (monthName)
       {
          case "Jan":
             return 1;
          case "Feb":
             return 2;
          case "Mar":
             return 3;
          case "Apr":
             return 4;
          case "May":
             return 5;
          case "Jun":
             return 6;
          case "Jul":
             return 7;
          case "Aug":
             return 8;
          case "Sep":
             return 9;
          case "Oct":
             return 10;
          case "Nov":
             return 11;
          case "Dec":
             return 12;
          default:
             return 0;
       }
    }
```

Listing 402: Methode zum Konvertieren eines englischen, abgekürzten Monatsnamens in den entsprechenden int-Wert

Die eigentliche Arbeit, das Zerlegen eines Verzeichniseintrags, übernimmt der Konstruktor der `FtpDirectoryItem`-Klasse. Wenn Details angezeigt werden sollen (was über das `listDetails`-Argument der `ListFtpDirectory`-Methode gesteuert wird), beginnt die eigentliche (und komplizierte) Arbeit.

In diesem Fall ermittelt der Konstruktor zunächst das Format der Einträge. DOS-Einträge werden daran erkannt, dass diese größer sind als 38 Zeichen und mit einem US-amerikanischen Datum in den ersten 17 Zeichen beginnen. Um dies zu erkennen ruft der Konstruktor die `TryParse`-Methode der `DateTime`-Klasse auf und übergibt als Format-Provider ein `CultureInfo`-Objekt, das die US-amerikanische Kultur repräsentiert (und das aus Performancegründen von `ListFtpDirectory` erzeugt und für jeden Eintrag übergeben wird).

Bei DOS-Einträgen ist das Zerlegen recht einfach. Ich denke, die Kommentare im Quelltext sprechen für sich.

Bei UNIX-Einträgen wird es etwas komplizierter. Die Basis meines Algorithmus fand ich in dem Artikel »Appendix: FTP LIST Specification« an der Adresse *www.interarchy.com/documentation/6/pages/appendix-ftp-list.html*

Zu ermitteln, ob es sich um eine Datei, ein Verzeichnis oder einen UNIX-Link handelt (der anders als bei Windows richtig im Betriebssystem verankert ist), ist noch einfach: Der Eintrag beginnt entweder mit einem Bindestrich (Datei), einem *d* (Verzeichnis) oder einem *l* (Link). Für andere Fälle habe ich den Typ `FtpDirectoryItemType.Unknown` vorgesehen.

Danach sucht der Konstruktor den Datumseintrag. Dazu habe ich zwei reguläre Ausdrücke verwendet, die recht komplex geworden sind. Der erste reguläre Ausdruck sucht nach einem Datum im Format *<Abgekürzter Monatsname> <Tag> <Jahr>*. Dies ist das Format, in dem im UNIX-Format Datumswerte angegeben sind, wenn das Jahr nicht das zum Monat und zum Tag nächste passende, in der Vergangenheit liegende Jahr ist. In anderen Fällen verwenden diese Server das Format *<Abgekürzter Monatsname> <Tag> <Stunde>:<Minute>*. Bei diesem Format ist davon auszugehen, dass das Jahr das nächste, zum Rest des Datums passende, in der Vergangenheit liegende Jahr ist. Ist das aktuelle Datum z.B. der 15.2.2006 und ein UNIX-Server gibt »JAN 15 10:10« zurück, wäre das nächste passende Jahr 2006, weil das Datum 15.1.2006 10:10 in der Vergangenheit liegt. Würde der UNIX-Server allerdings »MAR 15 10:10« zurückgeben, wäre es das Jahr 2005, weil der 15.3.2006 (bezogen auf den 15.2.2006) nicht in der Vergangenheit liegen würde. Die regulären Ausdrücke berücksichtigen beide Formate und erlauben zwischen den Datumsteilen beliebig viele Leerzeichen.

In den regulären Ausdrücken habe ich für die wichtigen Bestandteile Gruppen eingefügt und diese benannt. So konnte ich später relativ einfach auf die einzelnen Teile zugreifen und diese in ein Datum konvertieren. Bei Auswerten des Ergebnisses des jeweiligen regulären Ausdrucks bin ich davon ausgegangen, dass das Datum diejenige Fundstelle ist, die an erster Stelle steht. Schließlich kann auch vorkommen, dass im Namen des Eintrags ebenfalls ein Datum angegeben ist.

Nachdem der Datumseintrag ermittelt wurde, sucht das Programm lediglich noch nach dem Größen-Eintrag, der durch Leerzeichen getrennt links vom Datum angegeben ist, und ermittelt den Namen des Eintrags, der rechts vom Datum steht.

Für den Fall, dass keine Details angezeigt werden sollen, wird unten im `else`-Block lediglich der Name des Eintrags gespeichert.

```
internal FtpDirectoryItem(string rawItem, bool isDetails,
    CultureInfo usCulture)
{
    // Den rohen Eintrag ablegen
    this.rawItem = rawItem;
```

Listing 403: Konstruktor der FtpDirectoryItem-Klasse und abschließende Klammer

```csharp
if (isDetails)
{
   // Zerlegen des Eintrags
   // Zunächst überprüfen, ob es ein DOS- oder UNIX-Eintrag ist
   bool isDos = false;
   if (rawItem.Length >= 39)
   {
      string testValue = rawItem.Substring(0, 17);
      if (DateTime.TryParse(testValue, usCulture, DateTimeStyles.None,
         out this.date))
      {
         // Der Eintrag beginnt mit einem (US-amerikanischen) Datum:
         // Es ist (mit hoher Wahrscheinlichkeit) ein DOS-Eintrag
         isDos = true;
      }
   }

   if (isDos)
   {
      // DOS-Eintrag
      // Überprüfen, ob an Position 24 <DIR> steht
      if (rawItem.Substring(24, 5).ToLower() == "<dir>")
      {
         // Es handelt sich um ein Verzeichnis
         this.type = FtpDirectoryItemType.Directory;
         this.size = 0;
      }
      else
      {
         // Es handelt sich nicht um ein Verzeichnis
         this.type = FtpDirectoryItemType.File;

         // Die Größe auslesen
         long.TryParse(rawItem.Substring(29, 9), out this.size);
      }

      // Den Namen auslesen
      if (rawItem.Length > 39)
      {
         this.name = rawItem.Substring(39, rawItem.Length - 39).Trim();
      }
   }
   else
   {
      // UNIX-Eintrag
```

Listing 403: Konstruktor der FtpDirectoryItem-Klasse und abschließende Klammer (Forts.)

```csharp
// Überprüfen, ob der Eintrag mit d, - oder l beginnt
switch (rawItem[0])
{
   case 'd':
      this.type = FtpDirectoryItemType.Directory;
      break;

   case '-':
      this.type = FtpDirectoryItemType.File;
      break;

   case 'l':
      this.type = FtpDirectoryItemType.Link;
      break;

   default:
      this.type = FtpDirectoryItemType.Unknown;
      break;
}

// Den Datumseintrag suchen
int year = 0;
int month = 0;
int day = 0;
int hour = 0;
int minute = 0;
// Erst im Format MMM DD YYYY oder MMM D YYYY
string pattern = "(?<month>(Jan)|(Feb)|(Mar)|(Apr)|(May)" +
   "|(Jun)|(Jul)|(Aug)|(Sep)|(Oct)|(Nov)|(Dec)){1}" +
   "( ){1,}(?<day>[0-9]([0-9]){0,1})( ){1,}" +
   "(?<year>[0-9][0-9][0-9][0-9])";
MatchCollection matches = Regex.Matches(rawItem, pattern);
if (matches.Count > 0)
{
   // Die erste Fundstelle enthält das Datum
   int.TryParse(matches[0].Groups["year"].Value, out year);
   month = this.ConvertEnglishAbbreviatedMonthNameToInt(
      matches[0].Groups["month"].Value);
   int.TryParse(matches[0].Groups["day"].Value, out day);
   if (year > 0 && month > 0 && day > 0)
   {
      this.date = new DateTime(year, month, day);
   }
}
else
{
```

Listing 403: Konstruktor der FtpDirectoryItem-Klasse und abschließende Klammer (Forts.)

```csharp
            // Dann im Format MMM DD HH:MM oder MMM D HH:MM
            pattern = "(?<month>(Jan)|(Feb)|(Mar)|(Apr)|(May)" +
                "|(Jun)|(Jul)|(Aug)|(Sep)|(Oct)|(Nov)|(Dec))" +
                "( ){1,}(?<day>[0-9]([0-9]){0,1})( ){1,}" +
                "(?<hour>[0-9][0-9])\\:(?<minute>[0-9][0-9])";
            matches = Regex.Matches(rawItem, pattern);

            // Die erste Fundstelle ist das Datum, das Jahr muss aber
            // ermittelt werden
            // Das Jahr ermittelt sich aus dem nächstpassenden Jahr
            // in der Vergangenheit
            month = this.ConvertEnglishAbbreviatedMonthNameToInt(
                matches[0].Groups["month"].Value);
            int.TryParse(matches[0].Groups["day"].Value, out day);
            int.TryParse(matches[0].Groups["hour"].Value, out hour);
            int.TryParse(matches[0].Groups["minute"].Value, out minute);
            if (month > 0 && day > 0)
            {
                this.date = new DateTime(DateTime.Now.Year, month,
                    day, hour, minute, 0);
                if (this.Date > DateTime.Now)
                {
                    this.date = new DateTime(DateTime.Now.Year - 1, month,
                        day, hour, minute, 0);
                }
            }
        }

        if (matches.Count > 0)
        {
            // Direkt vor dem gefundenen Datum liegt die Dateigröße
            // Nach dem nächsten Leerzeichen nach links suchen
            for (int i = matches[0].Index - 2; i >= 0; i--)
            {
                if (rawItem[i] == ' ')
                {
                    // Leerzeichen gefunden: Die Größe auslesen
                    string sizeString = rawItem.Substring(i + 1,
                        matches[0].Index - i - 1).Trim();
                    long.TryParse(sizeString, out this.size);
                    break;
                }
            }

            // Hinter dem Datum liegt der Name
            int namePos = matches[0].Index + matches[0].Length + 1;
```

Listing 403: Konstruktor der FtpDirectoryItem-Klasse und abschließende Klammer (Forts.)

```
                    this.name = rawItem.Substring(namePos,
                        rawItem.Length - namePos).Trim();
                }
            }
        }
        else
        {
            // Keine Details, also nur der Name
            this.name = rawItem;
            this.type = FtpDirectoryItemType.Unknown;
        }
    }
}
```

Listing 403: Konstruktor der FtpDirectoryItem-Klasse und abschließende Klammer (Forts.)

ListFtpDirectory ist schließlich die Methode, die das FTP-Verzeichnis ausliest. Nachdem das FtpWebRequest-Objekt erzeugt und initialisiert wurde, liest ListFtpDirectory über die GetResponse-Methode die Antwort des FTP-Servers ein und ermittelt den Antwort-Stream. Dieser wird in einen StreamReader gelesen, wobei ich die im Internet übliche Codierung ISO-8859-1 übergeben habe. An dieser Stelle war ich mir nicht sicher, ob ISO-8859-1 in allen Fällen funktioniert. Mit UTF8 gab es aber Probleme mit Dateien, deren Name Umlaute beinhaltete. ISO-8859-1 funktionierte in meinen Tests einwandfrei.

ListFtpDirectory liest dann die einzelnen Zeilen in eine Instanz der Klasse List<FtpDirectoryItem>, die schließlich als Basis für die zurückgegebene ReadOnlyCollection verwendet wird.

```
public static ReadOnlyCollection<FtpDirectoryItem> ListFtpDirectory(
    string uriString, ICredentials credentials, IWebProxy proxy,
    bool listDetails)
{
    // List-Instanz für das Ergebnis
    List<FtpDirectoryItem> directoryList = new List<FtpDirectoryItem>();

    // FtpWebRequest erzeugen und die FTP-Methode festlegen
    FtpWebRequest request = (FtpWebRequest)FtpWebRequest.Create(uriString);
    if (listDetails)
    {
        request.Method = WebRequestMethods.Ftp.ListDirectoryDetails;
    }
    else
    {
        request.Method = WebRequestMethods.Ftp.ListDirectory;
    }
```

Listing 404: Methode zum Auslesen eines FTP-Verzeichnisses

```csharp
   // Credentials und Proxy übergeben
   if (credentials != null)
   {
      request.Credentials = credentials;
   }
   if (proxy != null)
   {
      request.Proxy = proxy;
   }

   Stream responseStream = null;
   StreamReader sr = null;
   try
   {
      // Die Antwort holen
      FtpWebResponse response = (FtpWebResponse)request.GetResponse();

      // Den Antwort-Stream holen und in einen StreamReader lesen
      responseStream = response.GetResponseStream();
      sr = new StreamReader(responseStream,
         Encoding.GetEncoding("iso-8859-1"));

      // CultureInfo-Objekt für die US-amerikanische Kultur erzeugen
      CultureInfo usCulture = CultureInfo.CreateSpecificCulture("en-US");

      // Das Ergebnis lesen
      string row;
      while ((row = sr.ReadLine()) != null)
      {
         directoryList.Add(new FtpDirectoryItem(row, listDetails,
            usCulture));
      }
   }
   finally
   {
      // StreamReader (und damit implizit den Antwort-Stream schließen)
      try
      {
         sr.Close();
      }
      catch { }
   }

   // Das Ergebnis zurückgeben
   return new ReadOnlyCollection<FtpDirectoryItem>(directoryList);
}
```

Listing 404: Methode zum Auslesen eines FTP-Verzeichnisses (Forts.)

634 >> Dateien und Ordner auf einem FTP-Server löschen

Abbildung 138 zeigt die Beispielanwendung zu diesem Rezept, die gerade das Verzeichnis eines FTP-Servers in ein `DataGridView`-Steuerelement gelesen hat.

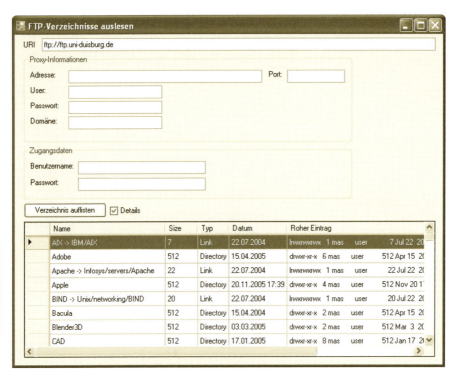

Abbildung 138: Beispielanwendung zum Auslesen von FTP-Verzeichnissen

> **Hinweis**
>
> Das Auslesen von FTP-Verzeichnissen funktioniert natürlich nur dann, wenn der Server den DOS- oder UNIX-Standard verwendet. Einige Server sollen angeblich im UNIX-Format die Monatsnamen in französischer Form ausgeben. Ich konnte dies leider nicht nachvollziehen. Für die Fälle, bei denen das Format nicht erkannt wird, bleibt die `Name`-Eigenschaft der `FtpDirectoryItem`-Objekte (hoffentlich in allen Fällen) leer.
>
> Falls Sie dieses Rezept um die Unterstützung weiterer Formate erweitern oder verbessern, würde ich mich über eine E-Mail freuen und Ihre Erweiterung natürlich im Erratum veröffentlichen.

207 Dateien und Ordner auf einem FTP-Server löschen

Wenn Sie auf einem FTP-Server Dateien oder Ordner löschen wollen, benötigen Sie eine Instanz der `FtpWebRequest`-Klasse, deren Eigenschaft `Method` Sie zum Löschen einer Datei auf `WebRequestMethods.Ftp.DeleteFile` und zum Löschen eines Ordners auf `WebRequestMethods.Ftp.RemoveDirectory` festlegen. Nachdem Sie gegebenenfalls notwendige Authentifizierungs- und Proxy-Informationen übergeben haben, führen

Sie die Anforderung über die `GetResponse`-Methode aus. Falls die Datei oder der Ordner nicht gelöscht werden kann, erhalten Sie eine `WebException` mit einer entsprechenden Fehlermeldung. Dateien und Ordner können natürlich nur dann gelöscht werden, wenn der FTP-Benutzer, mit dem das Programm sich bei dem Server angemeldet hat, das Lösch-Recht besitzt. Ordner können auf vielen FTP-Servern nur dann gelöscht werden, wenn diese leer sind.

Die Methode `DeleteFtpFileOrFolder` in Listing 405 übernimmt das Löschen einer Datei oder eines Ordners. Am ersten Argument geben Sie den URI der Datei bzw. das Ordners und am zweiten und dritten Argument gegebenenfalls notwendige Authentifizierungs- und Proxy-Informationen an. Das letzte Argument legt fest, ob es sich um eine Datei handelt. Geben Sie hier `false` an, handelt es sich um einen Ordner.

Zum Kompilieren dieser Methode müssen Sie den Namensraum `System.Net` importieren.

```
public static void DeleteFtpFileOrFolder(string uriString,
   ICredentials credentials, IWebProxy proxy, bool isFile)
{
   // FtpWebRequest erzeugen und die FTP-Methode festlegen
   FtpWebRequest request = (FtpWebRequest)FtpWebRequest.Create(uriString);
   if (isFile)
   {
      request.Method = WebRequestMethods.Ftp.DeleteFile;
   }
   else
   {
      request.Method = WebRequestMethods.Ftp.RemoveDirectory;
   }

   // Credentials und Proxy übergeben
   if (credentials != null)
   {
      request.Credentials = credentials;
   }
   if (proxy != null)
   {
      request.Proxy = proxy;
   }

   // Den Request ausführen
   request.GetResponse();
}
```

Listing 405: Methode zum Löschen einer Datei oder eines (leeren) Ordners

> **Hinweis**
>
> Das Löschen können Sie idealerweise auf dem lokalen Windows-FTP-Server ausprobieren. Beachten Sie dabei, dass in den Eigenschaften des FTP-Servers das Schreiben in das Basisverzeichnis erlaubt sein muss. Außerdem muss der angemeldete Benutzer auf der Dateisystem-Ebene ebenfalls Schreibrechte auf der zu löschenden Datei bzw. auf dem zu löschenden Ordner besitzen. Ist der anonyme Zugriff erlaubt, müssen Sie diese Rechte dem Benutzer *IUSR_<Computername>* vergeben.

> **Hinweis**
>
> Was dieses Rezept nicht beinhaltet, ist das Löschen von Ordnern, die Dateien oder Unterordner besitzen, auf FTP-Servern, die das Löschen solcher Ordner nicht erlauben. Das Löschen solcher Ordner ist leider nicht allzu einfach, da dazu alle Dateien und Ordner ermittelt werden und die Unterordner rekursiv behandelt werden müssen. Leider hat Microsoft keine Möglichkeit geschaffen, einen Ordner trotz enthaltener Dateien und Unterordner zu löschen.

208 Ordner auf einem FTP-Server erstellen

Zum Erstellen eines Ordners auf einem FTP-Server erzeugen Sie eine Instanz der `FtpWebRequest`-Klasse und legen die Methode auf `WebRequestMethods.Ftp.MakeDirectory` fest. Für den Fall, dass der FTP-Server eine Authentifizierung erfordert, schreiben Sie in die `Credentials`-Eigenschaft ein `NetworkCredential`-Objekt mit den entsprechenden Informationen. Erfolgt der Zugriff auf das Internet über einen Proxy-Server, schreiben Sie zusätzlich in die Eigenschaft `Proxy` eine Instanz der `WebProxy`-Klasse, die Sie entsprechend initialisiert haben. Danach können Sie die Anforderung über die `GetResponse`-Methode ausführen. Existiert der Ordner bereits, oder besitzt der am FTP-Server angemeldete Benutzer keine Schreibrechte, resultiert die Anforderung in einer `WebException` mit einer entsprechenden Meldung.

Die Methode `CreateFtpFolder` in Listing 406 legt einen Ordner auf einem FTP-Server an. Am ersten Argument übergeben Sie den URI des anzulegenden Ordners. Am zweiten Argument können Sie Authentifizierungs-Informationen übergeben. Soll die Authentifizierung anonym erfolgen, übergeben Sie hier `null`. Dabei ist natürlich unwahrscheinlich, dass der anonyme Benutzer Schreibrechte besitzt. Am letzten Argument können Sie gegebenenfalls notwendige Proxy-Informationen übergeben.

Zum Kompilieren dieser Methode müssen Sie den Namensraum `System.Net` importieren.

```
public static void CreateFtpFolder(string uriString,
    ICredentials credentials, IWebProxy proxy)
{
    // FtpWebRequest erzeugen und die FTP-Methode festlegen
    FtpWebRequest request = (FtpWebRequest)FtpWebRequest.Create(uriString);
```

Listing 406: Methode zum Erzeugen eines Ordners auf einem FTP-Server

```csharp
   request.Method = WebRequestMethods.Ftp.MakeDirectory;

   // Credentials und Proxy übergeben
   if (credentials != null)
   {
      request.Credentials = credentials;
   }
   if (proxy != null)
   {
      request.Proxy = proxy;
   }

   // Request ausführen
   request.GetResponse();
}
```

Listing 406: Methode zum Erzeugen eines Ordners auf einem FTP-Server (Forts.)

Bei der Anwendung der Methode sollten Sie natürlich Ausnahmen abfangen:

```csharp
// NetworkCredential-Objekt für die Authentifizierung erzeugen
string userName = "zaphod";
string password = "galaxy";
NetworkCredential credentials = new NetworkCredential(userName, password);

try
{
   string uriString = "ftp://localhost/Demo";
   FtpUtils.CreateFtpFolder(uriString, credentials, null);
   Console.WriteLine("Ordner erfolgreich erzeugt");
}
catch (Exception ex)
{
   Console.WriteLine(ex.Message);
}
```

Listing 407: Beispielhafte Anwendung der CreateFtpFolder-Methode in einer Konsolenanwendung

Formulare und Steuerelemente

209 Formulare ohne Titelleiste

Eine in Newsgroups häufiger auftauchende Frage ist, wie ein Formular ohne Titelleiste erstellt wird. Eine mögliche Antwort wäre, einfach die Eigenschaft FormBorder-Style auf None zu setzen. Dann besitzt das Formular aber keinen Rahmen und sieht etwas unschön aus. Die Lösung ist ganz einfach: Setzen Sie die Eigenschaft Control-Box auf false und löschen Sie den Inhalt der Eigenschaft Text. Dann besitzt das Formular den in FormBorderStyle definierten Rahmen, aber keine Titelleiste.

Abbildung 139: Formular mit einem veränderbaren Rahmen, ControlBox = false und keinem Titel

210 (Rahmenlose) Formulare über den Clientbereich verschiebbar machen

Ein Formular mit FormBorderStyle = FormBorderStyle.None, ohne Titelleiste (siehe Rezept 209) oder mit einer besonderen Form (siehe Rezept 215) kann vom Anwender nicht verschoben werden, da die Titelleiste fehlt. Dieses Problem können Sie aber lösen, indem Sie dem Anwender ermöglichen, das Formular über den Clientbereich zu verschieben. Diese Technik können Sie natürlich auch bei normalen Formularen einsetzen.

Die eleganteste Lösung dazu ist, die Methode WndProc des Formulars zu überschreiben. Diese Methode wird von Windows immer dann aufgerufen, wenn eine Windows-Nachricht an das Fenster gesendet wurde. Das ist z.B. dann der Fall, wenn der Anwender die Maus über dem Formular bewegt oder mit der Maus auf dieses klickt.

Die Nachricht können Sie über das By Reference übergebene Argument m lesen und auch überschreiben. In der Eigenschaft Msg des damit referenzierten Message-Objekts wird die Art der Nachricht in Form eines int-Werts verwaltet. Die dazu verwendeten Konstanten sind größtenteils in der Headerdatei *winuser.h* deklariert. Die Konstante WM_NCHITTEST steht für die Nachricht, dass der Anwender die Maus auf dem Fenster bewegt oder mit der Maus darauf geklickt hat.

Listing 408 zeigt, wie Sie die WndProc-Methode so überschreiben, dass das Bewegen des Formulars über den Clientbereich ermöglicht wird. Dabei wird die Nachricht WM_NCHITTEST abgefangen und überprüft, ob der Mauscursor sich im Clientbereich des Formulars befindet. Ist dies der Fall, simuliert WndProc, dass der Mauscursor auf der Titelleiste bewegt wird, indem die Konstante HTCAPTION in das Ergebnis der Nachricht geschrieben und die Methode beendet wird. Am Schluss wird die geerbte `WndProc`-Methode aufgerufen, damit alle anderen Nachrichten korrekt vom Formular verarbeitet werden.

```
protected override void WndProc(ref Message m)
{
   const int WM_NCHITTEST = 0x0084;
   const int HTCAPTION = 2;

   // Abfangen der Nachricht WM_NCHITTEST
   if (m.Msg == WM_NCHITTEST)
   {
      if (this.ClientRectangle.Contains(this.PointToClient(Cursor.Position)))
      {
         // Wenn der Cursor sich im Clientbereich des Formulars befindet:
         // Simulieren, dass der Cursor sich auf der Titelleiste befindet
         m.Result = (IntPtr)HTCAPTION;
         return;
      }
   }

   base.WndProc(ref m);
}
```

Listing 408: Abfangen und Abändern der Nachricht WM_NCHITTEST zum Simulieren der Mauscursorbewegung auf der Titelleiste

Ein Nachteil dieser Technik ist, dass Sie Mausereignisse im Formular nicht mehr über die Formularereignisse auswerten können, da `WndProc` die Mausnachrichten abfängt und nicht an die geerbte `WndProc`-Methode weitergibt. Mausereignisse der Steuerelemente werden allerdings weiter behandelt, da diese eine eigene `WndProc`-Methode besitzen.

Eine andere Lösung des Verschiebe-Problems setzt die API-Funktion `ReleaseCapture` ein, die die Maus freigibt, und die Funktion `SendMessage`, di

e eine Nachricht an ein Fenster (oder an Windows) sendet. Über die Nachricht `WM_NCLBUTTONDOWN` mit dem Argument `HTCAPTION` können Sie die Betätigung einer Maustaste auf der Titelleiste simulieren.

Dazu benötigen Sie zunächst den Import des Namensraums `System.Runtime.InteropServices` und die Deklaration der verwendeten API-Funktionen und -Konstanten:

```
[DllImport("User32.dll")]
private static extern int SendMessage(IntPtr handle, int msg, int wparam,
   int lparam);
```

Listing 409: Deklaration der für die Maus-Simulation benötigten Konstanten

```
[DllImport("User32.dll")]
public static extern int ReleaseCapture();

private const int WM_NCLBUTTONDOWN = 0x00A1;
private const int HTCAPTION = 2;
```

Listing 409: Deklaration der für die Maus-Simulation benötigten Konstanten (Forts.)

Im `MouseDown`-Ereignis des Formulars überprüfen Sie, ob die linke Maustaste betätigt wurde. Ist dies der Fall, rufen Sie `ReleaseCapture` auf um die Maus vom Fenster freizugeben. Über `SendMessage` senden Sie schließlich die Nachricht `WM_NCLBUTTONDOWN` mit dem Parameter `HTCAPTION`:

```
private void WndProcDemoForm_MouseDown(object sender,
    System.Windows.Forms.MouseEventArgs e)
{
   if (e.Button == MouseButtons.Left)
   {
      // Wenn die linke Maustaste betätigt wurde: Maus freigeben
      // und simulieren, dass der Benutzer auf der Titelleiste
      // geklickt hat
      ReleaseCapture();
      SendMessage(Handle, WM_NCLBUTTONDOWN, HTCAPTION, 0);
   }
}
```

Listing 410: Simulieren eines Klicks auf die Titelleiste eines Formulars

Diese Technik ist zwar etwas komplexer, besitzt aber den Vorteil, dass Sie Mausereignisse im Formular ganz normal auswerten können.

211 Unbewegbare Formulare mit Titelleiste

Wenn Sie Formulare unbewegbar machen wollen, können Sie den Formular-Rahmen einfach auf `FormBorderStyle.None` setzen. Soll das Formular aber einen Titel besitzen, müssen Sie eine andere Technik einsetzen. Sie können dazu im Systemmenü einfach den Befehl zum Verschieben entfernen. Fehlt dieser Befehl, kann der Anwender das Formular auch nicht mehr über die Titelleiste verschieben.

Dazu verwenden Sie die API-Funktion `DeleteMenu`, der Sie am ersten Argument den Handle des Systemmenüs, am zweiten die Konstante `SC_MOVE` (für das Verschieben-Menü) und am dritten Argument (an dem Flags übergeben werden) die Konstante `MF_BYCOMMAND` übergeben (um zu definieren, dass das zweite Argument nicht als Index, sondern als Menü-Id interpretiert werden soll). Den Handle des Systemmenüs erhalten Sie über die API-Funktion `GetSystemMenu`. Am ersten Argument übergeben

Sie den Handle des Formulars, am zweiten bestimmen Sie mit 0 (was dem FALSE des Windows-APIs entspricht), dass eine veränderbare Kopie des Systemmenüs erzeugt werden soll. Das Ganze programmieren Sie entweder im Konstruktor des Formulars oder im Load-Ereignis.

Zum Kompilieren dieses Programms müssen Sie die Namensräume System und System.Runtime.InteropServices importieren.

```
[DllImport("user32.dll")]
private static extern IntPtr GetSystemMenu(IntPtr hWnd, int bRevert);

[DllImport("user32.dll")]
private static extern int DeleteMenu(IntPtr hMenu, int uPosition, int uFlags);

private const int SC_MOVE = 0xF010;
private const int MF_BYCOMMAND = 0;

private void StartForm_Load(object sender, System.EventArgs e)
{
    // Handle des Systemmenüs ermitteln und den Verschieben-Befehl löschen
    IntPtr sysMenuHandle = GetSystemMenu(this.Handle, 0);
    DeleteMenu(sysMenuHandle, SC_MOVE, MF_BYCOMMAND);
}
```

Listing 411: Unbewegbar-Machen eines Formulars

212 Andockende Formulare

Formulare, die am inneren Rand eines Parent-Formulars bzw. aneinander andocken, wie in Abbildung 140 gezeigt, können Sie recht einfach implementieren.

Der Trick ist, dass Sie das neue Formular der Controls-Auflistung des Parent-Formulars zuweisen und die von Control geerbte Eigenschaft Dock auf einen Wert der DockStyle-Aufzählung setzen. Wichtig ist dann nur noch, dass die TopLevel-Eigenschaft des Formulars auf false eingestellt wird:

```
ChildForm f = new ChildForm();
f.TopLevel = false;
this.Controls.Add(f);
f.Dock = DockStyle.Left;
f.Show();
```

Listing 412: Anzeigen eines andockenden Formulars

Das Beispiel erzeugt eine neue Instanz der Klasse `ChildForm`, die ein ganz normales Formular (mit einer `TextBox`) ist und im `Click`-Ereignis des Datei/Neu-Menüs programmiert.

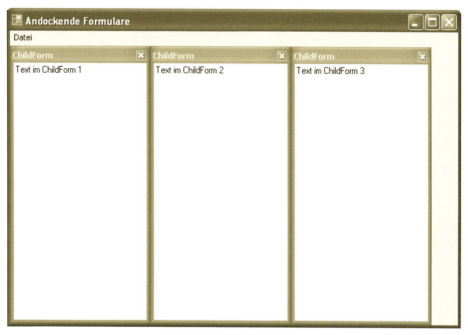

Abbildung 140: Andockende Formulare

Wenn Sie nun noch über das Rezept 211 dafür sorgen, dass der Anwender das Formular nicht bewegen kann, bleiben die Formulare immer schön aneinander und am Parent-Formular angedockt.

213 Ändern des Systemmenüs – Entfernen des Schließen-Eintrags und -Schalters

Den Schließen-Eintrag und den entsprechenden Schalter im Systemmenü bzw. in der Titelleiste eines Formulars können Sie nicht separat abschalten. Die Eigenschaft `ControlBox` erlaubt nur das komplette Abschalten des Systemmenüs. Wenn Sie aber ein Formular mit Systemmenü und Minimieren- und Maximieren-Schaltfläche, aber ohne den Schließen-Befehl benötigen, müssen Sie das Systemmenü über API-Funktionen verändern. Die Vorgehensweise entspricht der des Rezepts 211, nur dass Sie hier eben den Schließen-Befehl über die Kostante `SC_CLOSE` löschen.

Listing 413 implementiert dieses Löschen im `Load`-Ereignis eines Formulars. Neben dem Schließen-Befehl wird auch der Trennbalken entfernt, der vor dem Schließen-Eintrag platziert ist. Da dieser nicht über eine Id erreichbar ist, löscht `StartForm_Load` den Balken über dessen Position.

Zum Kompilieren dieses Beispiels müssen Sie die Namensräume `System` und `System.Runtime.InteropServices` einbinden.

```
[DllImport("user32.dll")]
private static extern IntPtr GetSystemMenu(IntPtr hWnd, int bRevert);

[DllImport("user32.dll")]
private static extern int DeleteMenu(IntPtr hMenu, int uPosition, int
uFlags);

private const int SC_CLOSE = 0xF060;
private const int MF_BYCOMMAND = 0;
private const int MF_BYPOSITION = 0x00000400;

private void StartForm_Load(object sender, System.EventArgs e)
{
    // Handle des Systemmenüs ermitteln und den Schließen-Befehl und
    // den nun überflüssigen Separator löschen
    IntPtr sysMenuHandle = GetSystemMenu(this.Handle, 0);
    DeleteMenu(sysMenuHandle, SC_CLOSE, MF_BYCOMMAND);
    DeleteMenu(sysMenuHandle, 5, MF_BYPOSITION);
}
```

Listing 413: Entfernen des Schließen-Befehls aus dem Systemmenü

Das Löschen des Trennbalkens funktioniert auf diese Weise natürlich nur korrekt, sofern das Systemmenü nicht bereits vorher geändert wurde. Gegebenenfalls müssen Sie den Index (per Voreinstellung 5) anpassen.

214 Formulare verlaufend füllen

In einigen Anwendungen werden Formulare in einer Farbe verlaufend dargestellt. Dieses »Feature« können Sie auch recht einfach programmieren ohne dafür ein Hintergrundbild verwenden zu müssen. GDI+ stellt dazu im Namensraum `System.Drawing.Drawing2D` die Klasse `LinearGradientBrush` zur Verfügung. Bei der Erzeugung eines solchen Pinsels geben Sie in einer Variante des Konstruktors das Ausgaberechteck an (damit der Verlauf korrekt berechnet werden kann), eine Startfarbe, eine Endfarbe und den Winkel der Füllrichtung. Im `Paint`-Ereignis können Sie einen `LinearGradientBrush`-Pinsel verwenden, um über `FillRectangle` ein gefülltes Rechteck zu zeichnen.

Damit bei einer Größenänderung des Formulars zum einen korrekt und zum anderen flackerfrei gezeichnet wird, sollten Sie im `Load`-Ereignis des Formulars zusätzlich über die `SetStyle`-Methode den Stil so einstellen, dass das Zeichnen in einem (optimierten) doppelten Puffer erfolgt und dass bei einer Größenänderung automatisch neu gezeichnet wird. Dieser »Trick« kommt eher aus der Steuerelement-Programmierung, kann aber (natürlich) auch für Formulare angewendet werden:

```csharp
private void StartForm_Load(object sender, EventArgs e)
{
   // Flackern verhindern und Neuzeichnen bei einer
   // Größenänderung erzwingen
   this.SetStyle(ControlStyles.OptimizedDoubleBuffer |
      ControlStyles.AllPaintingInWmPaint |
      ControlStyles.ResizeRedraw, true);
}

private void StartForm_Paint(object sender,
   System.Windows.Forms.PaintEventArgs e)
{
   Graphics g = e.Graphics;

   // LinearGradientBrush für die verlaufende Füllung erzeugen
   LinearGradientBrush brush = new LinearGradientBrush(
      this.ClientRectangle, Color.Blue, Color.Black, 30, false);

   // Formularfläche mit dem Pinsel füllen
   g.FillRectangle(brush, this.ClientRectangle);
}
```

Listing 414: Flackerfreies verlaufendes Füllen eines Formulars

Das Beispiel benötigt neben den für eine Windows.Forms-Anwendung verwendeten Namensräumen den Import der Namensräume System, System.Drawing und System.Drawing.Drawing2D.

Abbildung 141 zeigt das Ergebnis.

Abbildung 141: Ein mit einem Winkel von 30 Grad verlaufend gefülltes Formular

215 Formulare mit speziellen Formen

Formulare mit speziellen Formen (»Shaped Forms«) wie z.B. die Fenster, die mit vielen Multimedia-Anwendungen wie dem Windows Media Player und dem Winamp über deren Skins möglich sind, sind in einer Windows.Forms-Anwendung ebenfalls möglich. Grundlage dazu ist, dem Formular ein Bild zuzuweisen, das der späteren Form entspricht, oder auf dem Formular eine Grafik zu zeichnen. Zur Erstellung der besonderen Form können Sie zwei Techniken verwenden: einen transparenten Hintergrund und eine Region.

Zum Kompilieren der in diesem Rezept beschriebenen Methoden benötigen Sie neben dem Formular und der Referenz auf die Assembly *System.Forms.dll* zwei Bitmaps, die Sie der Ressource der Anwendung zuweisen. Unter Visual Studio fügen Sie die Bilder über das `Ressourcen`-Register in den Eigenschaften der Anwendung hinzu. Daneben müssen Sie die Namensräume `System`, `System.Drawing`, `System.Drawing.Drawing2D` und `System.Reflection` importieren.

Transparenter Hintergrund

Die einfachste Lösung zur Erstellung eines Formulars mit einer speziellen Form ist, einen einfarbigen Hintergrund zu verwenden und der Eigenschaft `TransparencyKey` des Formulars diese Hintergrundfarbe zuzuweisen. Stellen Sie dann noch die Eigenschaft `FormBorderStyle` auf `FormBorderStyle.None`, kann das Ergebnis sich so einigermaßen sehen lassen.

Abbildung 142 zeigt ein solches Formular, dessen `BackgroundColor`- und `TransparencyKey`-Eigenschaft auf `Color.Silver` eingestellt ist.

Der Schalter ist übrigens ein ganz normaler `Button` im flachen Stil, dem als Hintergrundbild dieselbe Textur zugewiesen wurde, die auch für das später gezeichnete Rechteck verwendet wird.

Im `Paint`-Ereignis des Formulars werden ein gefülltes Rechteck und ein gefüllter Kreis gezeichnet:

```
private void ShapedForm1_Paint(object sender,
    System.Windows.Forms.PaintEventArgs e)
{
    Graphics g = e.Graphics;

    // Anti-Aliasing einstellen
    g.SmoothingMode = SmoothingMode.HighQuality;

    // Die beiden Texturen aus der Ressource lesen, damit zwei
    // TextureBrush-Objekte für das Zeichnen erzeugen und
    // ein gefülltes Rechteck und einen gefüllten Kreis zeichnen
    using (TextureBrush brush1 =
```

Listing 415: Zeichnen eines mit einer Textur gefüllten Rechtecks und Kreises

Formulare und Steuerelemente

```
      new TextureBrush(Properties.Resources.Texture1))
   {
      g.FillRectangle(brush1, 0, 40, 300, 100);
   }
   using (TextureBrush brush2 =
      new TextureBrush(Properties.Resources.Texture2))
   {
      g.FillEllipse(brush2, 65, 5, 180, 180);
   }
}
```

Listing 415: Zeichnen eines mit einer Textur gefüllten Rechtecks und Kreises (Forts.)

> **Hinweis**
> Die Bitmap-Ressourcen habe ich dem Projekt über den Ressourcen-Designer von Visual Studio hinzugefügt, weswegen das Beispiel diese über die vom Designer erstellte Klasse Resources typsicher einlesen kann.

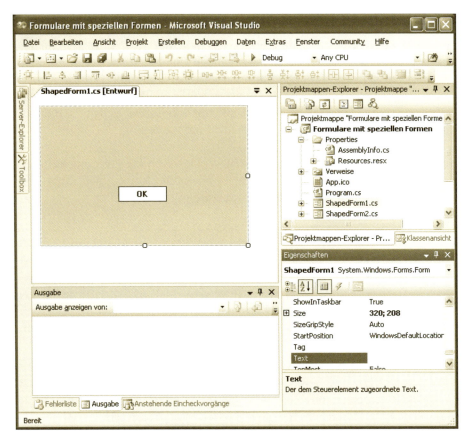

Abbildung 142: Das Basisformular in der Entwicklungsumgebung

Abbildung 143 zeigt das Ergebnis.

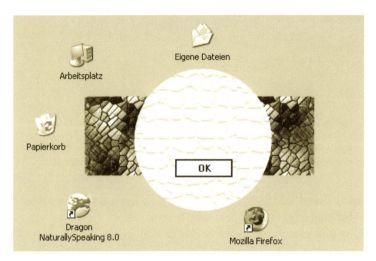

Abbildung 143: Ein Formular mit transparentem Hintergrund

Diese Technik führt zwar zu einem schnellen Ergebnis, ist allerdings nicht optimal: Der Hintergrund des Formulars ist zwar durchsichtig, der Anwender spricht aber beim Klicken auf diesen nicht die darunter liegenden Objekte, sondern das Formular an. Ein anderes Problem ist, dass alle Formularbereiche in der als transparent definierten Farbe durchsichtig erscheinen. Wäre der Schalter auf dem Formular in Abbildung 143 ein normaler Schalter, wären die silbernen Teile des Schalters ebenfalls durchsichtig. Besonders schön sieht das dann nicht mehr aus.

> **Achtung:** Beim Test unter einem frisch installierten Windows 98 (SE) trat ein weiteres Problem auf: Das Transparent-Schalten funktionierte dort einfach nicht. Ich konnte allerdings nicht herausfinden, woran dieser Fehler lag.

Regionen

Die Lösung dieser Probleme ist eine *Region*. Eine solche definiert den sichtbaren Fensterbereich eines Formulars (oder eines Steuerelements) und kann in beliebigen Formen erstellt werden. Die Region eines Formulars erreichen Sie über dessen Eigenschaft `Region`. Per Default ist einem Formular (logischerweise) keine Region zugewiesen, weswegen die Eigenschaft zunächst den Wert `null` speichert.

Sie können aber eigene Regionen erzeugen und dem Formular zuweisen. Beim Erzeugen eines `Region`-Objekts (aus dem Namensraum `System.Drawing`) können Sie u.a. ein `Rectangle`-Objekt übergeben (das eine einfache, rechteckige Region definiert). Für komplexere Regionen übergeben Sie dem Konstruktor jedoch ein `GraphicsPath`-Objekt. Die `GraphicsPath`-Klasse (aus dem Namensraum `System.Drawing.Drawing2D`) erlaubt über eine Vielzahl an Methoden die Definition der Region. Die Methode

>> **Formulare und Steuerelemente**

`AddLine` fügt dem Pfad z.B. eine Linie hinzu, `AddArc` fügt einen Ellipsen-Ausschnitt hinzu, `AddRectangle` ein Rechteck, `AddEllipse` eine Ellipse oder einen Kreis etc. Diese Methoden sind funktional identisch zu den entsprechenden *Draw*-Methoden der `Graphics`-Klasse, was deren Anwendung erheblich vereinfacht. Das Geniale an diesen Methoden ist, dass Linien oder Ellipsenbögen, die sich an den Endpunkten berühren, automatisch verbunden werden. So können Sie mit ein wenig Arbeit auch die komplexesten Formen realisieren.

Listing 416 zeigt die Definition einer Region für das Formular in Abbildung 143. Die Region wird im `Load`-Ereignis des Formulars erzeugt. Das Beispiel ist bewusst etwas umständlich (wie Sie in Listing 8.9 sehen, geht es in unserem Fall auch etwas einfacher). Daran können Sie erkennen, wie komplexe Regionen erzeugt werden können.

```
private void ShapedForm_Load(object sender, System.EventArgs e)
{
   // Neue Region über ein GraphicsPath-Objekt definieren
   GraphicsPath path = new GraphicsPath();

   // Obere Linie mit Kreis-Halbbogen
   path.AddLine(0, 40, 85, 40);
   path.AddArc(65, 5, 180, 180, 218, 104);
   path.AddLine(225, 40, 300, 40);

   // Untere Linie mit Kreis-Halbbogen
   path.AddLine(0, 140, 78, 140);
   path.AddArc(65, 5, 180, 180, 30, 120);
   path.AddLine(232, 140, 300, 140);

   // Linke und rechte Linie
   path.AddLine(0, 40, 0, 140);
   path.AddLine(300, 40, 300, 140);

   // Region dem Formular zuweisen
   this.Region = new Region(path);
}
```

Listing 416: Definieren der Region des Formulars über ein GraphicsPath-Objekt

Als kleinen Trick habe ich die Region übrigens zuvor zunächst im `Paint`-Ereignis testweise simuliert, indem ich statt `path.Add` einfach `e.Graphics.Draw` eingesetzt und am ersten Argument der `Draw`-Methoden ein `Pen`-Objekt eingefügt habe:

```
private void ShapedForm2_Paint(object sender,
   System.Windows.Forms.PaintEventArgs e)
{
```

Listing 417: Testweise Simulation einer Region im Paint-Ereignis

```
    Graphics g = e.Graphics;

    // Obere Linie mit Kreis-Halbbogen
    Pen p = new Pen(Color.Black, 2);
    g.DrawLine(p, 0, 40, 85, 40);
    g.DrawArc(p, 65, 5, 180, 180, 218, 104);
    g.DrawLine(p, 225, 40, 300, 40);

    // Untere Linie mit Kreis-Halbbogen
    g.DrawLine(p, 0, 140, 78, 140);
    g.DrawArc(p, 65, 5, 180, 180, 30, 120);
    g.DrawLine(p, 232, 140, 300, 140);

    // Linke und rechte Linie
    g.DrawLine(p, 0, 40, 0, 140);
    g.DrawLine(p, 300, 40, 300, 140);
}
```

Listing 417: *Testweise Simulation einer Region im Paint-Ereignis (Forts.)*

Das Ergebnis dieses Tests sehen Sie in Abbildung 144.

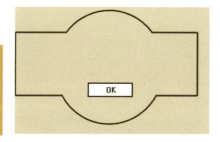

Abbildung 144: *Testweises Zeichnen der Region im Paint-Ereignis*

Die eigentliche `Paint`-Methode sieht dann so aus:

```
private void ShapedForm2_Paint(object sender,
    System.Windows.Forms.PaintEventArgs e)
{
    Graphics g = e.Graphics;

    // Anti-Aliasing einstellen
    g.SmoothingMode = SmoothingMode.HighQuality;

    // Die beiden Texturen aus der Ressource lesen, damit zwei
    // TextureBrush-Objekte für das Zeichnen erzeugen und
    // ein gefülltes Rechteck und einen gefüllten Kreis zeichnen
```

Listing 418: *Zeichnen eines Rechtecks und eines Kreises über einer Region*

```
    using (TextureBrush brush1 =
        new TextureBrush(Properties.Resources.Texture1))
    {
        g.FillRectangle(brush1, 0, 40, 300, 100);
    }
    using (TextureBrush brush2 =
        new TextureBrush(Properties.Resources.Texture2))
    {
        g.FillEllipse(brush2, 65, 5, 180, 180);
    }
}
```

Listing 418: Zeichnen eines Rechtecks und eines Kreises über einer Region (Forts.)

Das Ergebnis des Programms entspricht zusammen mit dem Zeichnen im `Paint`-Ereignis der Abbildung 143, nur dass eben hier die Probleme mit der transparenten Farbe und dem Klicken auf dem transparenten Formularhintergrund vermieden werden.

Wie bereits gesagt können Sie die Region in unserem Fall auch einfacher definieren. Dazu fügen Sie dem Pfad einfach ein Rechteck und einen Kreis hinzu, der den im `Paint`-Ereignis gezeichneten entspricht. Dabei kommt ein weiteres interessantes Feature von Regionen ins Spiel: Per Voreinstellung werden geschlossene Pfade, die sich überlagern, alternierend unsichtbar/sichtbar geschaltet. Auf diese Weise können Sie auch Formen erzeugen, die im Innenbereich transparent sind. Die Definition eines Rechtecks mit der gefolgten Definition eines Kreises würde den Bereich, an dem der Kreis das Rechteck überschneidet, durchsichtig erscheinen lassen. Wenn Sie dieses Verhalten ändern wollen, geben Sie am ersten Argument des `GraphicsPath`-Konstruktors den Wert `FillMode.Winding` an.

```
private void ShapedForm_Load(object sender, System.EventArgs e)
{
    GraphicsPath path = new GraphicsPath(FillMode.Winding);

    path.AddRectangle(new Rectangle(0, 40, 300, 100));
    path.AddEllipse(65, 5, 180, 180);

    this.Region = new Region(path);
}
```

Listing 419: Einfachere Definition einer Region mit geometrischen Formen

216 Splash-Formulare

Splash-Formulare sind Formulare, die beim Starten einer Anwendung erscheinen, um den Anwender während einer länger andauernden Initialisierungsphase Informationen anzubieten oder um einfach nur anzuzeigen, dass das Programm im Moment initialisiert wird.

Splash-Formulare

Wenn Sie die Initialisierungen im Load-Ereignis des Startformulars vornehmen, ist die Anzeige eines Splash-Formulars sehr einfach. Listing 420 zeigt dies am Beispiel. Das Splash-Formular mit dem Namen *SplashForm* wird in diesem Beispiel nach dem Erzeugen und Anzeigen in einer Schleife aktualisiert. Dazu schreibt StartForm_Load den aktuellen Indexwert in ein Label mit dem Namen *infoLabel*, das auf dem Splash-Formular angelegt ist, und ruft die Refresh-Methode dieses Labels auf um die Anzeige zu aktualisieren.

Der Aufruf von Application.DoEvents nach dem Anzeigen des Splash-Formulars ist übrigens sehr wichtig. Ohne diesen Aufruf würde das Formular – besonders wenn es Bilder enthält – nicht unbedingt vor der Schleife vollständig gezeichnet werden. Der Grund dafür liegt in der Tatsache, dass die Priorität von Ausgaben auf einem Fenster in der Windows-Nachrichtenwarteschleife nur sehr gering ist. Ohne DoEvents würde das Programm die Schleife schon abarbeiten, während Windows das Fenster noch gar nicht zu Ende gezeichnet hat. DoEvents zwingt Windows hingegen, seine Nachrichtenwarteschleife komplett abzuarbeiten.

Die Ausnahmebehandlung in Listing 420 ist für die Praxis ebenfalls sehr wichtig. Falls beim Initialisieren Fehler auftreten, sollte die Anwendung normalerweise nicht starten. Das Beispiel ruft deswegen im Fehlerfall Application.Exit auf.

```
private void StartForm_Load(object sender, System.EventArgs e)
{
   // Splash-Formular erzeugen und anzeigen
   SplashForm f = new SplashForm();
   f.Show();
   Application.DoEvents();

   // Simulation einer Initialisierung
   try
   {
      for (int i = 0; i < 100; i++)
      {
         f.infoLabel.Text = "Lese Datensätze. Datensatz " + i;
         f.infoLabel.Refresh();

         Thread.Sleep(30);
      }
   }
   catch (Exception ex)
   {
      MessageBox.Show("Fehler beim Initialisieren: " + ex.Message,
         Application.ProductName, MessageBoxButtons.OK,
         MessageBoxIcon.Error);
      Application.Exit();
```

Listing 420: Anzeigen eines Splash-Formulars im Load-Ereignis des Startformulars

```
   }

   // Splash-Formular wieder schließen
   f.Close();
}
```

Listing 420: Anzeigen eines Splash-Formulars im Load-Ereignis des Startformulars (Forts.)

Zum Kompilieren dieser Methode benötigen Sie neben der Referenz auf die Assembly *System.Windows.Forms.dll* den Import der Namensräume System, System.Windows.Forms und System.Threading.

Abbildung 145 zeigt das Beispiel-Splash-Formular beim Start der Anwendung.

Abbildung 145: Splash-Formular beim Start einer Anwendung

Auf eine ähnliche Weise können Sie natürlich auch in der Main-Methode der Anwendung initialisieren und das Splash-Formular anzeigen:

```
[STAThread]
static void Main()
{
   Application.EnableVisualStyles();

   // Splash-Formular erzeugen und anzeigen
   SplashForm f = new SplashForm();
   f.Show();
   Application.DoEvents();

   // Simulation einer Initialisierung
   try
   {
      for (int i = 0; i < 100; i++)
      {
         f.infoLabel.Text = "Lese Datensatz " + i + " ...";
         f.infoLabel.Refresh();
```

Listing 421: Anzeigen eines Splash-Formulars in der Main-Methode

```
         System.Threading.Thread.Sleep(30);
      }
   }
   catch (Exception ex)
   {
      MessageBox.Show("Fehler beim Initialisieren: " + ex.Message,
         Application.ProductName, MessageBoxButtons.OK,
         MessageBoxIcon.Error);
      Application.Exit();
   }

   // Splash-Formular wieder schließen
   f.Close();

   // Die Anwendung starten
   Application.Run(new StartForm());
}
```

Listing 421: Anzeigen eines Splash-Formulars in der Main-Methode (Forts.)

217 Ermitteln, auf welchen Monitoren ein Formular angezeigt wird

In einigen Fällen ist es notwendig, Informationen über den Monitor einzulesen, auf dem ein Formular angezeigt wird. Das ist zum Beispiel dann der Fall, wenn das Formular in einer bestimmten, auf die aktuelle Auflösung bezogenen Größe angezeigt werden soll. Ist an das System nur ein Monitor angeschlossen, können Sie diese Informationen über die Eigenschaft `PrimaryScreen` der `Screen`-Klasse aus dem Namensraum `System.Windows.Forms` ermitteln.

Viele (meist professionelle) Anwender haben jedoch mittlerweile mehrere Bildschirme an ihren Rechner angeschlossen. In diesem Fall kann ein Formular auch auf verschiedenen Monitoren angezeigt werden. Und es kann sogar über mehrere Monitore verteilt sein.

Um das Problem der Ermittlung der Monitore, auf denen ein Formular angezeigt wird, zu lösen habe ich die Methode `GetScreensOfForm` entwickelt. Diese Methode erwartet am einzigen Argument eine Referenz auf ein Formular. `GetScreensOfForm` gibt eine `ReadOnlyCollection` (aus dem Namensraum `System.Collections.ObjectModel`) zurück, die für jeden Monitor, auf dem das Formular angezeigt wird, eine `Screen`-Instanz referenziert.

Bei der Entwicklung von `GetScreensOfForm` habe ich die Tatsache genutzt, dass Windows mehrere angeschlossene Monitore zu einem virtuellen Monitor zusammensetzt. Der linke Monitor beginnt meist an der Position (0, 0), kann aber auch an einer negativen X-Position beginnen (nämlich dann, wenn der rechte Monitor der primäre ist). Die Position des jeweils rechten Monitors beginnt an der X-Position des linken addiert mit seiner Auflösungs-Breite (in Pixel). Besitzt das System z.B. einen primären Monitor mit

Formulare und Steuerelemente

der Auflösung 1280 * 1024 und rechts davon einen sekundären Monitor mit der Auflösung 1024 * 768, beginnt der linke Monitor an der X-Position 0 und der rechte an der X-- 1281. Die Y-Position der sekundären Monitore ist übrigens abhängig davon, wie diese in den Anzeige-Einstellungen von Windows platziert wurden.

Informationen über die an das System angeschlossenen Monitore erhalten Sie über die AllScreens-Eigenschaft der Screen-Klasse. Theoretisch können Sie diese einfach durchgehen und die Bildschirme, auf denen ein Formular liegt, über die Position und Breite des Formulars und die Position und Breite des jeweiligen Bildschirms berechnen. Dummerweise ist das Screen-Array, das AllScreens verwaltet, aber nicht nach der X-Position der Bildschirme sortiert. Das liegt wahrscheinlich daran, dass AllScreens[0] scheinbar (und undokumentiert) immer den primären Bildschirm referenziert. Liegt links von diesem ein sekundärer, so beginnt dieser an einer negativen X-Position, wird aber in AllScreens[1] referenziert.

Um die Positionen der einzelnen Bildschirme korrekt berücksichtigen zu können müssen diese also nach der X-Position sortiert werden. Dazu habe ich zunächst die Klasse ScreenSorter entwickelt, die IComparer<Screen> implementiert und in ihrer Compare-Methode zwei Screen-Objekte miteinander vergleicht. Diese Klasse wird in der GetScreensOfForm-Methode dazu verwendet, ein von AllScreens geklontes Array zu sortieren. Der Rest der Methode ist lediglich ein wenig Rechenarbeit, um herauszufinden, auf welchen Monitoren das Formular angezeigt wird. Ich denke, die Kommentare sprechen für sich.

Zum Kompilieren der ScreenSorter-Klasse und der GetScreensOfForm-Methode müssen Sie die Namensräume System, System.Collections.Generic, System.Collections.ObjectModel und System.Windows.Forms importieren.

```csharp
/* Klasse zur Sortierung von Screen-Instanzen nach deren X-Position */
private class ScreenSorter : IComparer<Screen>
{
   /* Vergleicht zwei Screens */
   public int Compare(Screen x, Screen y)
   {
      return x.Bounds.Left.CompareTo(y.Bounds.Left);
   }
}

/* Ermittelt den bzw. die Screens, auf dem ein Formular liegt */
public static ReadOnlyCollection<Screen> GetScreensOfForm(Form form)
{
   // Auflistung für das Ergebnis erzeugen
   List<Screen> screensOfForm = new List<Screen>();

   if (Screen.AllScreens.Length == 1)
```

Listing 422: Klasse und Methode zur Ermittlung der Bildschirme, auf denen ein Formular angezeigt wird

```csharp
    {
        // Wenn nur ein Monitor existiert, kann das Formular
        // nur auf diesem angezeigt werden
        screensOfForm.Add(Screen.PrimaryScreen);
    }
    else
    {
        // Screens nach der X-Position sortieren
        Screen[] screens = (Screen[])Screen.AllScreens.Clone();
        Array.Sort(screens, new ScreenSorter());

        // Ermitteln des linken Bildschirms
        int leftScreenIndex = 0;
        for (int i = 0; i < screens.Length; i++)
        {
            if (form.Left <= screens[i].Bounds.Left + screens[i].Bounds.Width)
            {
                leftScreenIndex = i;
                break;
            }
        }

        // Ermitteln des rechten Bildschirms
        int rightScreenIndex = -1;
        for (int i = 0; i < screens.Length; i++)
        {
            int x = form.Left + form.Width;
            if (x >= screens[i].Bounds.Left && x <=
                screens[i].Bounds.Left + screens[i].Bounds.Width)
            {
                rightScreenIndex = i;
                break;
            }
        }
        if (rightScreenIndex == -1)
        {
            // Wenn der rechte Bildschirm nicht ermittelt werden konnte,
            // geht das Formular über diesen hinaus
            rightScreenIndex = screens.Length - 1;
        }

        // Überprüfen, ob das Formular über mehrere Bildschirme geht
        if (leftScreenIndex != rightScreenIndex)
        {
            // Den linken Screen ablegen
            screensOfForm.Add(screens[leftScreenIndex]);
```

Listing 422: Klasse und Methode zur Ermittlung der Bildschirme, auf denen ein Formular angezeigt wird (Forts.)

Formulare und Steuerelemente

```
            // Die weiteren Bildschirme, die gegebenenfalls zwischen dem
            // linken und dem rechten liegen, hinzufügen
            for (int i = leftScreenIndex + 1; i < rightScreenIndex; i++)
            {
               screensOfForm.Add(screens[i]);
            }

            // Den rechten Bildschirm hinzufügen
            screensOfForm.Add(screens[rightScreenIndex]);
        }
        else
        {
            // Das Formular liegt lediglich auf einem Bildschirm
            screensOfForm.Add(screens[leftScreenIndex]);
        }
    }

    // Ergebnis zurückgeben
    return new ReadOnlyCollection<Screen>(screensOfForm);
}
```

Listing 422: Klasse und Methode zur Ermittlung der Bildschirme, auf denen ein Formular angezeigt wird (Forts.)

Das Ergebnis auszuwerten ist natürlich unter Umständen etwas schwierig. Liegt ein Formular auf mehreren Bildschirmen, muss in vielen Fällen einer davon als der Haupt-Bildschirm angesehen werden. Ich habe in meinen Programmen in diesem Fall einfach den ersten (also den linken) Bildschirm verwendet. Alternativ können Sie auch ermitteln, auf welchem Bildschirm der Hauptteil des Formulars liegt. Oder Sie gehen von einem Steuerelement aus und berechnen über dessen X-Position den Bildschirm, auf dem dieses liegt:

```
ReadOnlyCollection<Screen> screensOfForm = GetScreensOfForm(this);
Control controlToCheck = ...
int controlX = this.PointToScreen(controlToCheck.Location).X;
Screen screenOfControl = null;
foreach (Screen screen in screensOfForm)
{
   if (controlX > screen.Bounds.X &&
       controlX < screen.Bounds.X + screen.Bounds.Width)
   {
      screenOfControl = screen;
      break;
   }
}
```

Listing 423: Ermitteln des Bildschirms, an dem ein Steuerelement beginnt

218 Ein Formular auf einem sekundären Bildschirm öffnen

In einer Windows-Anwendung werden Formulare standardmäßig auf dem primären Bildschirm geöffnet. Lediglich wenn ein Formular mit einem Owner erzeugt wird (der dem Formular im Konstruktor übergeben wird), wird dieses auf dem Bildschirm geöffnet, auf dem der größte Teil des Besitzer-Formulars liegt. In einigen Fällen wollen Sie aber vielleicht ein Formular explizit auf einem sekundären Bildschirm öffnen (natürlich nur, sofern das System über mehrere Bildschirme verfügt).

Listing 424 zeigt, wie Sie ein Formular auf dem ersten sekundären Bildschirm des Systems öffnen. Das Beispiel überprüft zunächst, ob überhaupt sekundäre Bildschirme vorhanden sind, und geht diese dann in einer Schleife durch. Sobald ein Bildschirm gefunden ist, der nicht dem primären entspricht, wird die Position des Formulars so berechnet, dass dieses in der Mitte des gefundenen Bildschirms angezeigt wird. Für den Fall, dass keine sekundären Bildschirme vorhanden sind, wird die Berechnung nicht ausgeführt, und das Formular wird normal angezeigt.

Zum Kompilieren dieses Beispiels benötigen Sie ein Formular mit Namen `demoForm` und müssen Sie die Namensräume `System`, `System.Windows.Forms` und `System.Drawing` importieren.

```
// Formular erzeugen
DemoForm frm = new DemoForm();

// Start-Position auf manuell stellen
frm.StartPosition = FormStartPosition.Manual;

// Alle Bildschirme des Systems durchgehen
if (Screen.AllScreens.Length > 1)
{
    // Sekundär-Bildschirme sind vorhanden
    // Suchen des ersten Sekundär-Bildschirms
    for (int i = 0; i < Screen.AllScreens.Length; i++)
    {
        // Überprüfen, ob der aktuelle Bildschirm nicht der primäre ist
        if (Screen.AllScreens[i] != Screen.PrimaryScreen)
        {
            // Formular auf den gefundenen sekundären Bildschirm platzieren
            int x = Screen.AllScreens[i].WorkingArea.Left +
                ((Screen.AllScreens[i].WorkingArea.Width - frm.Width) / 2);
            int y = Screen.AllScreens[i].WorkingArea.Top +
                ((Screen.AllScreens[i].WorkingArea.Height - frm.Height) / 2);
            frm.Location = new Point(x, y);
            break;
        }
    }
}
```

Listing 424: Anzeigen eines Formulars auf dem ersten sekundären Bildschirm

```
}

// Formular anzeigen
frm.Show();
```

Listing 424: Anzeigen eines Formulars auf dem ersten sekundären Bildschirm (Forts.)

219 Die Bildschirm-Position eines Steuerelements ermitteln

In einigen Fällen (zum Beispiel in einer abgewandelten Form in Rezept 220 ☺) ist es notwendig, die Position eines Steuerelements bezogen auf den Bildschirm zu ermitteln. Prinzipiell können Sie dazu einfach die `PointToScreen`-Methode des Formulars unter der Übergabe der `Location`-Eigenschaft des Steuerelements aufrufen. Das funktioniert aber nicht, wenn das Steuerelement auf einem weiteren Container, wie z.B. einem `Panel` angelegt ist, denn die Position eines Steuerelements bezieht sich immer auf den Container. Sie müssen also alle Container, auf denen das Steuerelement direkt oder indirekt angelegt ist, berücksichtigen. Und genau das macht die Methode `GetScreenPositionOfControl` in Listing 425.

Zum Kompilieren dieser Methode müssen Sie die Namensräume `System`, `System.Windows.Forms` und `System.Drawing` importieren.

```
public static Point GetScreenPositionOfControl(Control control)
{
    //Die Position des Steuerelements auslesen
    int x = control.Location.X;
    int y = control.Location.Y;

    // Das Parent-Formular ermitteln
    Form parentForm = control.FindForm();
    if (parentForm != null)
    {
        // Alle Container durchgehen, auf denen das Steuerelement
        // direkt oder indirekt liegt
        Control parent = control.Parent;
        while (parent != parentForm)
        {
            // Wenn der aktuelle Container nicht das Formular ist
            // wird die Position des Containers zu der Position des
            // Steuerelements addiert
            x += parent.Location.X;
            y += parent.Location.Y;
            parent = parent.Parent;
```

Listing 425: Methode zur Ermittlung der Bildschirm-Position eines Steuerelements

```
        }

        // Die ermittelte Position in Bildschirm-Koordinaten zurückgeben
        return parentForm.PointToScreen(new Point(x, y));
    }
    else
    {
        throw new ArgumentException("Das übergebene Steuerelement " +
            "besitzt kein Parent-Formular");
    }
}
```

Listing 425: Methode zur Ermittlung der Bildschirm-Position eines Steuerelements (Forts.)

220 Die optimale Position eines Formulars oder eines Steuerelements bezogen auf ein Steuerelement ermitteln

In einem meiner Projekte habe ich mehrere Steuerelemente entwickelt, die bei einem Klick auf einen rechts angebrachten Schalter ein Formular oder ein weiteres Steuerelement öffnen, ähnlich einer `ComboBox`. In dem geöffneten Formular bzw. Steuerelement werden die Daten, die das Steuerelement verwaltet, in einer anderen Form dargestellt als im Steuerelement selbst. Ein Steuerelement, das der Eingabe einer Zeit dient, zeigt in einem geöffneten Formular z.B. eine (einstellbare) analoge Uhr an.

Wenn Sie so etwas programmieren wollen, müssen Sie die Position des zu öffnenden Formulars bzw. Steuerelements so berechnen, dass dieses an einer idealen Position angezeigt wird. Liegt das Referenz-Steuerelement z.B. nahe dem unteren Rand des Bildschirms, muss das geöffnete Formular/Steuerelement oberhalb des Steuerelements angezeigt werden. Ähnliches gilt für den linken, den rechten und den oberen Rand des Bildschirms. Und dabei sollten Sie auch noch berücksichtigen, dass das System mehrere Bildschirme besitzen kann.

Die Methode `DockToControl` aus Listing 426 nimmt Ihnen diese Arbeit ab. Am ersten Argument übergeben Sie eine Referenz auf das Parent-Formular, am zweiten eine Referenz auf das Steuerelement, nach dem das Steuerelement oder Formular ausgerichtet werden soll, und am letzten Argument das Steuerelement bzw. Formular, dessen Position Sie setzen wollen.

`DockToControl` ermittelt zunächst die auf den Bildschirm bezogene Position des Referenz-Steuerelements. Dabei werden eventuelle Container-Steuerelemente berücksichtigt, auf denen das Steuerelement angelegt ist. Die Position eines Steuerelements bezieht sich ja immer auf seinen Container. Danach geht `DockToControl` alle Bildschirme des Systems durch, um den Bildschirm zu ermitteln, auf dem die X-Position des Referenz-Steuerelements liegt. Wie ich es bereits in Rezept 217 erläutert habe, ist das `Screen`-Array, das die `AllScreens`-Eigenschaft der `Screen`-Klasse verwaltet, nicht nach der X-Position der Bildschirme sortiert. Deswegen habe ich die Klasse `ScreenSorter` aus dem Rezept 217 in die-

Formulare und Steuerelemente

ses Rezept kopiert. Über eine Instanz dieser Klasse sortiert `DockToControl` einen Klon des `Screen`-Arrays nach der X-Position. Dieses Array wird nun durchlaufen, um den Bildschirm zu ermitteln, auf dem der linke Rand des Referenz-Steuerelements liegt. Danach folgt ein wenig Rechenarbeit, die die Position des Steuerelements so berechnet, dass dieses komplett angezeigt wird. Schließlich wird die berechnete Position zurückgegeben, wobei diese in auf das Parent-Formular bezogene Koordinaten umgerechnet wird, wenn es sich bei dem anzudockenden Objekt um ein Steuerelement handelt.

Zum Kompilieren des Quellcodes in Listing 426 müssen Sie die Namensräume `System`, `System.Windows.Forms`, `System.Drawing` und `System.Collections.Generic` importieren.

```
/* Klasse zur Sortierung von Screen-Instanzen nach deren X-Position */
private class ScreenSorter : IComparer<Screen>
{
   /* Vergleicht zwei Screens */
   public int Compare(Screen x, Screen y)
   {
      return x.Bounds.Left.CompareTo(y.Bounds.Left);
   }
}

/* Setzt die optimale Position eines Formulars
   bezogen auf die Position eines Steuerelements */
public static void DockToControl(Form parentForm,
   Control referenceControl, Control control)
{
   // Die auf den Bildschirm bezogene Position des Referenz-
   // Steuerelements ermitteln.
   int xOffset = 0;
   int yOffset = 0;
   Control testControl = referenceControl;
   while ((testControl.Parent is Form) == false)
   {
      xOffset += testControl.Parent.Location.X;
      yOffset += testControl.Parent.Location.Y;
      testControl = testControl.Parent;
   }
   Point p = new Point(referenceControl.Location.X + xOffset,
      referenceControl.Location.Y + yOffset);
   Point controlScreenLocation = parentForm.PointToScreen(p);

   // Ermitteln, auf welchem Bildschirm die X-Position
   // des Steuerelements liegt
   Screen[] screens = (Screen[])Screen.AllScreens.Clone();
   Array.Sort(screens, new ScreenSorter());
   Screen controlScreen = screens[0];
```

Listing 426: Methode zum Andocken eines Formulars oder Steuerelements an ein Steuerelement

```csharp
foreach (Screen screen in screens)
{
   if (controlScreenLocation.X >= screen.Bounds.Left &&
      controlScreenLocation.X <= screen.Bounds.Left + screen.Bounds.Width)
   {
      controlScreen = screen;
      break;
   }
}

// Basis-Position setzen
Point location = new Point(controlScreenLocation.X,
   controlScreenLocation.Y);

// Ermitteln, ob das Steuerelement/Formular nach unten noch passt
if (location.Y + referenceControl.Height + control.Height <=
   controlScreen.WorkingArea.Bottom)
{
   location.Y += referenceControl.Height + 1;
}
else
{
   location.Y = location.Y - control.Height;
}

// Ermitteln, ob das Steuerelement/Formular nach rechts noch passt
if (location.X + referenceControl.Width + control.Width >
   controlScreen.WorkingArea.Right)
{
   location.X = controlScreenLocation.X +
      referenceControl.Width - control.Width;
   if (location.X + control.Width > controlScreen.WorkingArea.Right)
   {
      location.X = controlScreen.Bounds.Right - control.Width;
   }
}

// Ermitteln, ob das Steuerelement/Formular nach links noch passt
if (location.X < controlScreen.WorkingArea.Left)
{
   location.X = controlScreen.WorkingArea.Left;
}

// Ermitteln, ob das Steuerelement/Formular nach unten noch passt
if (location.Y + control.Height > controlScreen.WorkingArea.Bottom)
{
```

Listing 426: Methode zum Andocken eines Formulars oder Steuerelements an ein Steuerelement (Forts.)

Formulare und Steuerelemente

```
        location.Y = controlScreen.WorkingArea.Bottom - control.Height;
    }

    // Die Position des Steuerelements bzw. Formular setzen
    if ((control is Form) == false)
    {
        control.Location = parentForm.PointToClient(location);
    }
    else
    {
        control.Location = location;
    }
}
```

Listing 426: Methode zum Andocken eines Formulars oder Steuerelements an ein Steuerelement (Forts.)

Listing 427 zeigt eine Beispielanwendung, bei der eine ListBox geöffnet wird, wenn der Anwender auf einen Schalter neben einer TextBox klickt. Dieses Beispiel zeigt gleich auch, wie Sie ein dynamisch erzeugtes Steuerelement anzeigen und dafür sorgen, dass dieses auch wieder korrekt geschlossen wird. Das Beispiel fügt die dynamisch erzeugte ListBox der Controls-Auflistung des Formulars hinzu und nicht der Controls-Auflistung des Container-Steuerelements (eine GroupBox), auf dem die TextBox angelegt ist. Der Grund dafür ist, dass die ListBox so über allen andern Steuerelementen angezeigt wird.

```
private void openControlButton_Click(object sender, EventArgs e)
{
    // ListBox erzeugen und initialisieren
    ListBox listBox = new ListBox();
    listBox.Leave += new EventHandler(this.listBox_Leave);
    listBox.Click += new EventHandler(this.listBox_Click);
    listBox.KeyPress += new KeyPressEventHandler(this.listBox_KeyPress);
    for (int i = 0; i < 10; i++)
    {
        listBox.Items.Add("Item " + i);
    }
    listBox.SelectedIndex = 0;

    // ListBox an die TextBox docken
    FormUtils.DockToControl(this, this.demoTextBox, listBox);

    // ListBox der Controls-Auflistung des Formulars hinzufügen
    // und anzeigen
    this.Controls.Add(listBox);
    listBox.Show();
    listBox.BringToFront();
```

Listing 427: Beispielanwendung der DockToControl-Method

664 >> Optimale Position eines Formulars oder eines Steuerelements ermitteln

```
        listBox.Focus();
    }

    private void listBox_Click(object sender, EventArgs e)
    {
        // Den aktuellen Eintrag übernehmen und die ListBox
        // wieder schließen
        this.demoTextBox.Text = (((ListBox)sender).SelectedItem.ToString());
        this.Controls.Remove((ListBox)sender);
        ((ListBox)sender).Hide();
    }

    private void listBox_KeyPress(object sender, KeyPressEventArgs e)
    {
        if (e.KeyChar == (char)Keys.Enter)
        {
            // Den aktuellen Eintrag übernehmen und die ListBox
            // wieder schließen
            this.demoTextBox.Text = (((ListBox)sender).SelectedItem.ToString());
            this.Controls.Remove((ListBox)sender);
            ((ListBox)sender).Hide();
        }
    }

    private void listBox_Leave(object sender, EventArgs e)
    {
        // Die ListBox schließen
        this.Controls.Remove((ListBox)sender);
        ((ListBox)sender).Hide();
    }
```

Listing 427: Beispielanwendung der DockToControl-Method (Forts.)

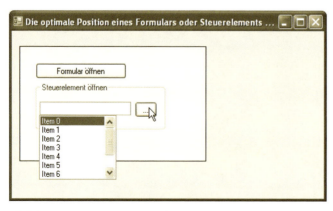

Abbildung 146: Die Beispielanwendung hat eine ListBox geöffnet, die an eine TextBox angedockt ist

>> Formulare und Steuerelemente

221 Das Hauptformular einer Anwendung ermitteln

Wenn Sie (z.B. in einer Klassenbibliothek) das Hauptformular der Anwendung ermitteln müssen, die die Klassenbibliothek verwendet, können Sie dazu den Windows-Handle des Hauptfensters verwenden, den Sie aus der Eigenschaft `MainWindowHandle` des aktuellen Prozesses auslesen. Über `Form.FromHandle` erhalten Sie eine Referenz auf das dem Handle entsprechende (Haupt-)Formular:

```
Form mainForm = (Form)Form.FromHandle(
    Process.GetCurrentProcess().MainWindowHandle);
```

Listing 428: Ermitteln des Hauptformulars einer Anwendung

Zum Kompilieren dieses Quellcodes müssen Sie die Namensräume `System.Windows.Forms` und `System.Diagnostics` einbinden.

222 Menüs in der Laufzeit erstellen oder erweitern

Viele Anwendungen erfordern, dass Menüs in der Laufzeit erstellt oder wenigstens erweitert werden. Ein gutes Beispiel dafür sind die Datei-Menüs von Office-Anwendungen, die beim Start der Anwendung und während der Arbeit automatisch die letzten geöffneten Dateien zum Öffnen anbieten. Das Erstellen eines Laufzeitmenüs ist nun sehr einfach, weil ein `MenuItem`-Objekt (das ein Menü oder einen Menüeintrag darstellt) eine Auflistung `MenuItems` besitzt, über dessen `Add`-Methode Sie neue `MenuItem`-Instanzen hinzufügen können. Das einzige Problem (und damit der Grund für dieses Rezept) ist, dass Sie Menüeinträgen, die Befehle darstellen, einen Delegate für die Behandlung des `Click`-Ereignisses zuweisen und in diesem den betätigten Menüeintrag ermitteln müssen.

Als Beispiel verwende ich ein Formular mit einem einfachen Menü (Abbildung 147).

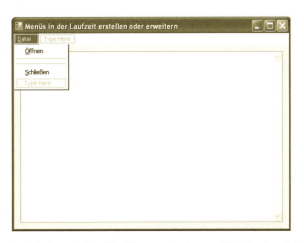

Abbildung 147: Das Formular, dessen Datei-Menü in der Laufzeit erweitert werden soll

Menüs in der Laufzeit erstellen oder erweitern

Im `Load`-Ereignis soll das Datei-Menü um die Namen der Textdateien erweitert werden, die zuletzt geöffnet wurden. Ein Klick auf diese neuen Menüeinträge soll die jeweils dahinter stehende Datei öffnen und deren Inhalt in die `TextBox` laden. Dazu ist zunächst eine Methode für das `Click`-Ereignis des Menüeintrags notwendig:

```csharp
private void DynamicFileMenu_Click(object sender, System.EventArgs e)
{
   // Ermitteln des Dateinamens
   MenuItem menuItem = (MenuItem)sender;
   string filename = menuItem.Text;

   // Einlesen der Datei
   StreamReader sr = null;
   try
   {
      sr = new StreamReader(filename, Encoding.Default);
      this.fileContentTextBox.Text = sr.ReadToEnd();
   }
   catch (Exception ex)
   {
      MessageBox.Show(ex.Message, Application.ProductName,
         MessageBoxButtons.OK, MessageBoxIcon.Error);
   }
   finally
   {
      try
      {
         sr.Close();
      }
      catch { }
   }
}
```

Listing 429: Methode für das Click-Ereignis der dynamisch erzeugten Menüeinträge

Diese Methode kann den Menüeintrag einfach über dessen Text identifizieren, was in Listing 430 auch so umgesetzt ist.

In der Delegate-Methode für das `Load`-Ereignis des Formulars wird das Datei-Menü nun dynamisch erweitert:

```csharp
private void StartForm_Load(object sender, System.EventArgs e)
{
   // Hinzufügen von Menübefehlen für alle Textdateien
   // im Programm-Verzeichnis
   DirectoryInfo programDirectory =
```

Listing 430: Dynamisches Erweitern eines Menüs

```
        new DirectoryInfo(Application.StartupPath);
    FileInfo[] files = programDirectory.GetFiles("*.txt");
    for (int i = 0; i < files.Length && i < 9; i++)
    {
        // MenuItem-Objekt erzeugen und den Text und die Click-Ereignismethode
        // übergeben
        MenuItem menuItem = new MenuItem(files[i].Name,
            new EventHandler(this.DynamicFileMenu_Click));

        // Menü ab dem Index 2 + i an das Dateimenü anfügen
        this.fileMenu.MenuItems.Add(2 + i, menuItem);
    }
}
```

Listing 430: Dynamisches Erweitern eines Menüs (Forts.)

Das Beispiel geht alle Textdateien im Anwendungs-Ordner durch und fügt deren Namen an das Dateimenü an. Beim Erzeugen des MenuItem-Objekts werden der Text des Eintrags und ein Delegate für die Click-Behandlungsmethode übergeben. Am im Beispiel nicht verwendeten dritten Argument können Sie übrigens noch einen Shortcut für das Menü definieren. Der Menüeintrag wird dann dem Dateimenü (das über die Eigenschaft fileMenu angesprochen wird) über dessen Add-Methode angefügt. Wie Sie sehen, gehen Sie beim Ändern eines Menüs mit einer ganz normalen Auflistung um. Über die Remove-Methode können Sie Menüeinträge z.B. auch wieder löschen, was beim dynamischen Verändern des Menüs während der Programmausführung notwendig wird.

Das Ergebnis zeigt Abbildung 148.

Abbildung 148: Das Programm mit dem dynamisch erweiterten Datei-Menü

223 Steuerelemente mit transparentem Hintergrund

Eine einfach gelöste, aber in Newsgroups immer wieder auftauchende Frage ist die, wie erreicht wird, dass Steuerelemente einen transparenten Hintergrund besitzen. Das gilt besonders für `Label`, die ihre Hintergrundfarbe zwar per Voreinstellung an die Hintergrundfarbe des Formulars anpassen, bei Formularen, denen ein Bild zugewiesen ist, aber sehr unschön aussehen.

Die Lösung dieses Problems ist einfach: Weisen Sie der Hintergrundfarbe des Steuerelements die Farbe `Color.Transparent` zu. Im Eigenschaftenfenster von Visual Studio 2005 finden Sie diese Farbe im Register WEB.

> **Hinweis**
>
> Nicht alle Steuerelemente unterstützen transparente Hintergrundfarben. Einige werfen beim Versuch, die transparente Farbe zu verwenden, eine Exception. Lösen können Sie dieses Problem, indem Sie ein eigenes Steuerelement von diesem Steuerelement ableiten und im Konstruktor transparente Farben erlauben:
>
> ```
> this.SetStyle(ControlStyles.SupportsTransparentBackColor, true);
> ```

Ebenfalls interessant sind halb-durchsichtige Steuerelemente. Dies erreichen Sie, indem Sie im Programm eine Farbe zuweisen, deren Alpha-Wert kleiner als 255 ist. Der Alpha-Wert bestimmt die Transparenz. Ein Wert von 255 führt zu einer Undurchsichtigkeit, 0 ist vollständig transparent. Dazwischen können Sie alle Werte einsetzen, um die Transparenz gezielt einzustellen. Dazu verwenden Sie die Methode `FromArgb` der `Color`-Struktur (aus dem Namensraum `System.Drawing`) in der Variante mit vier Argumenten und geben den Alpha-Wert am ersten Argument an. So können Sie z.B. ein halb-transparent-hell-stahlblaues `Label` erzeugen:

```
Color color = Color.FromArgb(100, Color.LightSteelBlue.R,
    Color.LightSteelBlue.G, Color.LightSteelBlue.B);
this.demoLabel3.BackColor = color;
```

Abbildung 149: Undurchsichtiges, transparentes und halb-transparentes Label auf einem Formular

224 TextBox automatisch beim Eintritt selektieren

Die Selektion von `TextBox`-Steuerelementen wird beim Öffnen eines Formulars automatisch so eingestellt, dass der gesamte Text beim Fokuserhalt selektiert ist. TextBoxen merken sich die aktuelle Selektion, sodass diese wiederhergestellt wird, wenn der Fokus von der `TextBox` wegbewegt und wieder auf diese gesetzt wird. Hat der Anwender die Selektion zwischenzeitlich geändert, wird die `TextBox` beim nächsten Fokuserhalt nicht mehr vollständig selektiert.

Wenn Sie eine sichere vollständige Selektion beim Fokuserhalt erreichen wollen, können Sie im `Enter`-Ereignis der `TextBox` einfach die `SelectAll`-Methode aufrufen:

```
private void firstNameTextBox_Enter(object sender, System.EventArgs e)
{
   this.firstNameTextBox.SelectAll();
}
```

Listing 431: Vollständiges Selektieren des Inhalts einer TextBox beim Fokuserhalt

Da dies recht aufwändig ist, wäre es vorteilhaft, eine eigene `TextBox` zu entwickeln, die diese Arbeit automatisch erledigt. Dazu verwenden Sie in Visual Studio 2005 idealerweise ein neues Projekt vom Typ *Windows-Steuerelementbibliothek*. Die Klasse könnte dann aussehen wie die Klasse `AutoSelectTextBox` in Listing 432. Diese Klasse ist von `TextBox` abgeleitet und implementiert eine Eigenschaft `AutoSelect`, die das automatische Selektieren steuert. Die Attribute `Category` und `Description` sind übrigens nur enthalten, damit das neue Steuerelement innerhalb des Eigenschaftenfensters von Visual Studio 2005 in der Kategorie *Verhalten* einsortiert wird und eine Beschreibung zur neuen Eigenschaft erscheint.

Zur Umsetzung der automatischen Selektion überschreibt die Klasse einfach die geschützte Methode `OnEnter`.

```
public class AutoSelectTextBox: TextBox
{
   /* Eigenschaft für das automatische Selektieren */
   private bool autoSelect = true;
   [Category("Verhalten")]
   [Description("Definiert, ob der Inhalt der TextBox beim Fokuserhalt " +
      "automatisch selektiert wird")]
   public bool AutoSelect
   {
      get
      {
         return this.autoSelect;
      }
```

Listing 432: Klasse für eine erweiterte TextBox, die das automatische Selektieren beim Fokuserhalt ermöglicht

```
        set
        {
            this.autoSelect = value;
        }
    }

    /* Überschreiben der OnEnter-Methode */
    protected override void OnEnter(EventArgs e)
    {
        if (this.autoSelect)
        {
            this.SelectAll();
        }
    }
}
```

Listing 432: Klasse für eine erweiterte TextBox, die das automatische Selektieren beim Fokuserhalt ermöglicht (Forts.)

> **Hinweis**
>
> Nur für den Fall, dass Sie nicht wissen, wie Sie dieses neue Steuerelement in Visual Studio 2005 einsetzen: Zum einen können Sie die Klasse einfach in ein Projekt integrieren. Visual Studio 2005 zeigt alle Steuerelemente der aktuellen Projektmappe automatisch in separaten (neuen) Registern in der Toolbox an und Sie können diese wie normale Steuerelemente verwenden.
>
> Alternativ können Sie eine Klassenbibliothek erzeugen und die `AutoSelectTextBox`-Klasse darin integrieren. Wenn Sie dieses Projekt einer Projektmappe hinzufügen, die bereits ein Projekt für eine Windows-Anwendung enthält (was während der Entwicklung von Steuerelementen sehr hilfreich ist), können Sie die Klassenbibliothek (über das Projekt) in der Windows-Anwendung direkt referenzieren. Auch in diesem Fall fügt Visual Studio 2005 für die in dem Klassenbibliotheks-Projekt enthaltenen Steuerelemente der Toolbox ein Register an.
>
> Falls Sie die Klassenbibliothek kompilieren und die kompilierte Assembly in Windows-Anwendung-Projekten referenzieren wollen, müssen Sie die Steuerelemente der Assembly allerdings der Toolbox von Hand hinzufügen. Dazu wählen Sie im Kontextmenü der Toolbox den Befehl TOOLBOX ANPASSEN. Suchen Sie die Assembly des Steuerelements und fügen Sie diese hinzu. Nun können Sie das Steuerelement verwenden wie jedes andere auch.

225 TextBox auf Zahleingaben beschränken

In meinen Seminaren werde ich immer wieder gefragt, wie man erreichen kann, dass eine TextBox nur Zahleingaben zulässt. Das .NET Framework bietet dazu leider keine direkten Möglichkeiten. Sie können natürlich spezielle TextBox-Steuerelemente über Dritthersteller oder aus dem Internet beziehen. Sie können aber auch selbst eine sol-

>> Formulare und Steuerelemente

che `TextBox` programmieren. Da Sie dabei beachten müssen, dass Eingaben über die Tastatur, das Einfügen über die Zwischenablage und das Schreiben in die `Text`-Eigenschaft kontrolliert werden müssen, sollten Sie dazu direkt ein eigenes Steuerelement erstellen. Ansonsten haben Sie bei der Programmierung eines Formulars mit einigen `TextBox`-Steuerelementen einfach zu viel Arbeit.

Meine aus einem Artikel bei *The Code Project* (*www.codeproject.com/cs/miscctrl/NumEdit.asp*) abgeleitete Klasse wird also von `TextBox` abgeleitet. Um den Eingabetyp bestimmen zu können, habe ich eine Aufzählung `InputTypeEnum` und eine Eigenschaft `InputType` integriert.

Zum Kompilieren der Klasse `NumberTextBox` müssen Sie die Namensräume `System`, `System.ComponentModel` und `System.Windows.Forms` importieren.

```
public class NumberTextBox: TextBox
{
   /* Aufzählung für den Eingabetyp  */
   public enum InputTypeEnum
   {
      Double,
      Integer
   }

   private InputTypeEnum inputType = InputTypeEnum.Double;
   /* Gibt an, welche Eingaben die TextBox zulässt */
   [Category("Behavior")]
   [Description("Gibt an, welche Eingaben die TextBox zulässt")]
   public InputTypeEnum InputType
   {
      get {return this.inputType;}
      set {this.inputType = value;}
   }
```

Listing 433: Beginn der Klasse NumberTextBox mit der Eigenschaft InputType

Um Eingabefehler später auswerten zu können, folgt die Deklaration des Ereignisses `InvalidInput` mit dem dazu passenden Delegate:

```
public delegate void InvalidInputHandler(string input);
public event InvalidInputHandler InvalidInput;
```

Listing 434: Ereignis für Eingabefehler-Meldungen

Laut einer Microsoft-Konvention soll jedes Ereignis über eine geschützte, virtuelle Methode aufgerufen werden, deren Name mit *On* beginnt und mit dem Namen des Ereignisses endet. Damit erhält ein Programmierer, der diese Klasse ableitet, die Möglichkeit, diese Methode zu überschreiben statt das Ereignis auszuwerten:

```
protected virtual void OnInvalidInput(string input)
{
   if (this.InvalidInput != null)
   {
      this.InvalidInput(input);
   }
}
```

Listing 435: Methode zum Aufruf des InvalidInput-Ereignisses

Nun folgt die Methode `checkInput`, die überprüft, ob die Eingabe in Ordnung ist. Diese Methode bekommt den potenziell neuen Text der TextBox übergeben und überprüft diesen einfach über eine Konvertierung nach `double` bzw. `long` auf Gültigkeit. Im Fehlerfall ruft `checkInput` über `OnInvalidInput` das Ereignis `InvalidInput` auf und gibt `false` zurück:

```
private bool checkInput(string input)
{
   switch (this.inputType)
   {
      case InputTypeEnum.Double:
         try
         {
            Convert.ToDouble(input);
            return true;
         }
         catch
         {
            this.OnInvalidInput(input);
            return false;
         }

      default:   // InputTypeEnum.Integer
         try
         {
            Convert.ToInt64(input);
            return true;
         }
         catch
         {
            this.OnInvalidInput(input);
            return false;
         }
   }
}
```

Listing 436: Methode zum Überprüfen, ob die Eingabe in Ordnung ist

>> Formulare und Steuerelemente

Um ein Schreiben in die `Text`-Eigenschaft zu überprüfen, wird diese überschrieben. In der `set`-Methode ruft `Text` `checkInput` auf. Nur wenn der Text in Ordnung ist, wird dieser über die geerbte `Text`-Eigenschaft in die `TextBox` geschrieben:

```
public override string Text
{
   get
   {
      return base.Text;
   }

   set
   {
      if (this.checkInput(value))
      {
         base.Text = value;
      }
   }
}
```

Listing 437: Überschreiben der Text-Eigenschaft

Die `OnKeyPress`-Methode wird ebenfalls überschrieben, um Tastatureingaben überprüfen zu können. Dabei wird das eingegebene Zeichen so in den alten Text integriert, dass eine eventuelle Selektion oder eine Cursorposition vor dem Ende des Textes berücksichtigt wird. Der potenziell neue Text wird dann wieder über `checkInput` überprüft. Im Fehlerfall setzt `OnKeyPress` `e.Handled` auf `true`, damit die Eingabe nicht weiter verarbeitet wird. Die Überprüfung erfolgt nur dann, wenn es sich nicht um ein Steuerzeichen wie z.B. einen Tabulator oder die Backspace-Taste handelt.

```
protected override void OnKeyPress(KeyPressEventArgs e)
{
   if (Char.IsControl(e.KeyChar) == false)
   {
      // Den potenziell neuen Text zusammensetzen
      string newText = base.Text.Substring(0, base.SelectionStart)
         + e.KeyChar.ToString() + base.Text.Substring(
         base.SelectionStart + base.SelectionLength);

      if (this.checkInput(newText) == false)
      {
         // Die Eingabe führt zu einem ungültigen Ergebnis,
         // also verwerfen
         e.Handled = true;
```

Listing 438: Überschreiben der OnKeyPress-Methode zum Überprüfen von Tastatureingaben

```
        }
    }
    base.OnKeyPress(e);
}
```

Listing 438: Überschreiben der OnKeyPress-Methode zum Überprüfen von Tastatureingaben (Forts.)

Schließlich müssen noch die Daten überprüft werden, die der Anwender aus der Zwischenablage einfügt. Dazu wird die `WndProc`-Methode überschrieben, die immer dann aufgerufen wird, wenn Windows oder ein Programm eine Nachricht an das Fenster sendet. Die Nachricht, die uns hier interessiert, ist `WM_PASTE` (0x0302). `WM_PASTE` wird immer dann gesendet, wenn der Anwender versucht, Daten über die Zwischenablage in die `TextBox` einzufügen. Ich nutze diese Nachricht, um den Inhalt der Zwischenablage auszulesen und über `checkInput` zu überprüfen, ob die neue Eingabe gültig wäre. Dabei wird berücksichtigt, dass in der `TextBox` gerade Text selektiert sein kann. Der einzufügende Text wird vor der Überprüfung an die richtige Stelle im aktuellen Text eingefügt. Ist der Inhalt nicht gültig, wird die geerbte `WndProc`-Methode nicht aufgerufen und damit ein Einfügen verhindert:

```
protected override void WndProc(ref Message m)
{
    const int WM_PASTE = 0x0302;

    switch (m.Msg)
    {
        case WM_PASTE:
            IDataObject dataObject = Clipboard.GetDataObject();
            if (dataObject.GetDataPresent(DataFormats.Text))
            {
                // Text aus der Zwischenablage auslesen
                string clipboardText =
                    dataObject.GetData(DataFormats.Text).ToString();

                // Die potenziell neue Eingabe zusammensetzen
                string input = this.Text;
                if (this.SelectionLength > 0)
                {
                    // Wenn gerade Text selektiert ist, wird der Inhalt
                    // der Zwischenablage in die Selektion eingefügt
                    if (this.SelectionStart == 0)
                    {
                        input = clipboardText +
```

Listing 439: Die überschriebene WndProc-Methode zur Verhinderung des Einfügens ungültiger Daten über die Zwischenablage

```csharp
                        input.Substring(this.SelectionLength,
                        input.Length - this.SelectionLength);
                }
                else
                {
                    input = input.Substring(0, this.SelectionStart) +
                        clipboardText + input.Substring(this.SelectionStart +
                        this.SelectionLength, input.Length -
                        this.SelectionStart - this.SelectionLength);
                }
            }
            else
            {
                // Wenn kein Text selektiert ist, wird der Inhalt der
                // Zwischenablage an der Cursorposition eingefügt
                input = input.Substring(0, this.SelectionStart) +
                    clipboardText + input.Substring(this.SelectionStart,
                    input.Length - this.SelectionStart);
            }

            if (this.checkInput(input) == true)
            {
                // Die geerbte Methode aufrufen um den Text einzufügen
                base.WndProc(ref m);
            }
            else
            {
                // Hier wird nichts gemacht, damit der
                // Text nicht eingefügt wird
            }
        }
        else
        {
            // Die geerbte Methode aufrufen um den Text einzufügen
            base.WndProc(ref m);
        }
        break;

    default:
        // Die geerbte Methode aufrufen
        base.WndProc(ref m);
        break;
    }
}
```

Listing 439: Die überschriebene WndProc-Methode zur Verhinderung des Einfügens ungültiger Daten über die Zwischenablage (Forts.)

226 Auf Return in einer TextBox reagieren

Eine Reaktion auf die Betätigung der Return-Taste in einer TextBox ist eigentlich viel zu einfach, um hier als Rezept zu erscheinen. Dazu überprüfen Sie im KeyPress-Ereignis lediglich die betätigte Taste auf '\r'. Vielleicht wissen Sie aber nicht, wie Sie den Systemton abschalten können, den Windows automatisch bei einem Return in einer TextBox ausgibt ☺.

```
private void demoTextBox_KeyPress(object sender, KeyPressEventArgs e)
{
   if (e.KeyChar == '\r')
   {
      // Ereignis als behandelt kennzeichnen um den Systemton zu verhindern
      e.Handled = true;

      // Weitere Programmierung
   }
}
```

Listing 440: Reaktion auf die Betätigung der Return-Taste in einer TextBox

227 Bei der Betätigung der Return-Taste die Tab-Taste simulieren

Viele Anwender wünschen, dass der Eingabecursor in einer Anwendung mit der Return-Taste auf das nächste Eingabesteuerelement bewegt werden kann. Obwohl dieses Verhalten nicht Windows-konform ist, macht es bei vielen Anwendungen dennoch Sinn. Dies gilt besonders dann, wenn Anwender die Dateneingabe in einem Formular für jeweils neue Vorgänge immer wieder wiederholen müssen. Aber ich will nicht weiter über den Sinn dieses Wunsches diskutieren, sondern eine Lösung anbieten.

Prinzipiell können Sie natürlich einfach die Return-Taste in den KeyPress-Ereignissen der Steuerelemente abfangen und den Fokus auf das nächste Steuerelement setzen. In meinen Augen macht das aber viel zu viel Arbeit und ist auch mit Nacharbeit verbunden, wenn neue Steuerelemente hinzukommen. Besser wäre es, Steuerelemente zu besitzen, die bei der Betätigung der Return-Taste die Tab-Taste simulieren. Sie sollten also für die benötigten Steuerelemente neue Klassen erzeugen, die von den Klassen der benötigten Steuerelemente abgeleitet werden. In der überschriebenen OnKeyPress- oder der OnKeyDown-Methode können Sie auf die Betätigung der Return-Taste reagieren. Leider können Sie aber nicht einfach den Tastencode verändern um das Tabulator-Problem zu lösen. In der OnKeyDown-Methode ist die KeyCode-Eigenschaft des Ereignisargument-Objekts schreibgeschützt. Die Ereignisargument-Eigenschaft KeyChar der OnKeyPress-Methode erlaubt zwar die Veränderung der betätigten Taste, aber das Schreiben des Tabulator-Zeichens (›\t‹) in diese Eigenschaft führt zu keinem Ergebnis. Der Grund dafür ist, dass die Tabulator-Taste nicht von dem Steuerelement, sondern von seinem Container behandelt wird.

>> Formulare und Steuerelemente

Die Lösung dieses Problems ist, dass Sie den Container des Steuerelements auffordern, die Tab-Taste zu verarbeiten. Die `ContainerControl`-Klasse besitzt dazu die Methode `ProcessTabKey`, die genau das macht. Leider ist diese Methode nicht öffentlich, sondern `protected` deklariert. Aber das sollte kein Hindernis sein ☺. Sie können nämlich über Reflection alle Methoden eines Objekts aufrufen, auch private und geschützte.

Listing 441 zeigt am Beispiel einer `TextBox`, wie es geht. Diese `Return2TabTextBox` implementiert zunächst die Eigenschaft `SimulateTabOnReturn`, die das Verhalten bei der Betätigung der Return-Taste steuert. In der überschriebenen `OnKeyPress`-Methode wird diese Eigenschaft abgefragt um bei der Betätigung der Return-Taste die Tab-Taste zu simulieren. Dazu ermittelt diese Methode zunächst das Container-Steuerelement. Normalerweise könnte dazu einfach die `Parent`-Eigenschaft des Steuerelements abgefragt werden. Diese ist aber vom Typ `Control` und eben nicht vom Typ `ContainerControl`. `Control` besitzt keine `ProcessTabKey`-Methode. Normalerweise könnte die `Parent`-Eigenschaft nach `ContainerControl` gecastet werden, aber irgendeinen Sinn muss es haben, dass diese Eigenschaft nicht vom Typ `ContainerControl` ist. Deshalb geht das Programm den sicheren Weg und ermittelt das Container-Steuerelement über die rekursive private Methode `getContainerControl`. Konnte ein Container ermittelt werden, ruft `OnKeyPress` die `ProcessTabKey`-Methode über die `InvokeMember`-Methode des Typs von `ContainerControl` auf, wobei dem Argument `forward` dieser Methode `true` übergeben wird. Falls Sie sich fragen, woher ich über diese Methode so genau Bescheid weiß: Dazu habe ich den in der Einführung erwähnten Reflector von Lutz Roeder verwendet ☺.

Die Klasse `Return2TabTextBox` erfordert den Import der Namensräume `System`, `System.Windows.Forms` und `System.ComponentModel`.

```
public class Return2TabTextBox: TextBox
{
   private bool simulateTabOnReturn = true;
   /* Gibt an, ob bei der Betätigung der Return-Taste
      die Tab-Taste simuliert wird */
   [DefaultValue(true)]
   [Category("Behavior")]
   public bool SimulateTabOnReturn
   {
      get { return this.simulateTabOnReturn; }
      set { this.simulateTabOnReturn = value; }
   }

   /* OnKeyPress wird überschrieben, um bei der Betätigung der */
   /* Return-Taste die TAB-Taste zu simulieren */
   protected override void OnKeyPress(KeyPressEventArgs e)
   {
      if (this.simulateTabOnReturn && e.KeyChar == '\r')
```

Listing 441: TextBox, die eine Betätigung der Return-Taste in eine Betätigung der Tab-Taste umsetzt

```csharp
        {
            // Return wurde betätigt und soll in Tab umgewandelt werden
            ContainerControl container = this.getContainerControl(this);
            if (container != null)
            {
                // Die leider geschützte ProcessTabKey-Methode
                // des ContainerControls über Reflection aufrufen
                Type type = this.Parent.GetType();
                type.InvokeMember("ProcessTabKey",
                    System.Reflection.BindingFlags.InvokeMethod |
                    System.Reflection.BindingFlags.NonPublic |
                    System.Reflection.BindingFlags.Instance, null,
                    container, new object[] { true });

                // Das Ereignis als behandelt kennzeichnen
                e.Handled = true;
            }
        }

        // Die geerbte Methode aufrufen
        base.OnKeyPress(e);
    }

    /* Liefert das ContainerControl eines Steuerelements */
    private ContainerControl getContainerControl(Control control)
    {
        if (control.Parent != null)
        {
            if (control.Parent is ContainerControl)
            {
                return (ContainerControl)control.Parent;
            }
            else
            {
                // Rekursiv aufrufen um den Parent des
                // übergebenen Steuerelements zu überprüfen
                return this.getContainerControl(control.Parent);
            }
        }
        else
        {
            return null;
        }
    }
}
```

Listing 441: TextBox, die eine Betätigung der Return-Taste in eine Betätigung der Tab-Taste umsetzt (Forts.)

228 Die Position des Eingabecursors in einer TextBox, RichTextBox oder MaskedTextBox ermitteln

Gute Texteditoren zeigen die aktuelle Position des Eingabecursors meist in der Statuszeile an. Wollen Sie diese Position in Ihren Programmen ebenfalls anzeigen oder für spezielle Programmierungen (wie z.B. das Markieren der aktuellen Zeile) einsetzen, erfahren Sie diese leider nicht über Eigenschaften oder Methoden der `TextBox`-, `RichTextBox`- oder `MaskedTextBox`-Klasse. Zur Ermittlung der aktuellen Position müssen Sie die Windows-API-Funktion `SendMessage` aufrufen. Wie ich bereits in der Einführung zu diesem Buch erläutert habe, sendet `SendMessage` eine Windows-Nachricht an ein Fenster, in unserem Fall an das Fenster der `TextBox`. Senden Sie die Nachricht `EM_LINEFROMCHAR` (0xC9), erhalten Sie den (nullbasierten) Index der Zeile zurück, in der sich der Cursor gerade befindet. Über `EM_LINEINDEX` (0xBB) erhalten Sie die Startposition der aktuellen Zeile bezogen auf das erste Zeichen in der `TextBox`. Mit diesen Informationen können Sie sehr einfach den Index des Cursors bezogen auf den Zeilenanfang berechnen.

So, genug Theorie. Hier ist die Lösung: Die Methode `GetTextBoxCursorPosition` in Listing 442 berechnet auf die beschriebene Weise den Index und die Startposition der aktuellen Zeile und den aktuellen Spaltenindex. Damit die Methode für alle Textboxen verwendet werden kann, ist das einzige Argument vom Typ `TextBoxBase` (`TextBox`-, `RichTextBox` oder `MaskedTextBox` sind von dieser Klasse abgeleitet). Die ermittelten Informationen werden in eine Instanz der Struktur `TextBoxCursorPosition` geschrieben, die schließlich zurückgegeben wird. Die einzelnen Eigenschaften dieser Struktur habe ich so implementiert, dass diese nur innerhalb der (Klassenbibliotheks-)Assembly geschrieben, aber von außen natürlich gelesen werden können.

Zum Kompilieren dieses Quellcodes müssen Sie die Namensräume `System`, `System.Windows.Forms` und `System.Runtime.InteropServices` importieren.

```
/* Deklaration der benötigten API-Funktion */
[DllImport("User32.Dll")]
private static extern int SendMessage(IntPtr hWnd, int msg,
    int wParam, int lParam);

/* Verwaltet Informationen zur Cursorposition in einer TextBox */
public struct TextBoxCursorPosition
{
    private int rowIndex;
    /* Der Index der aktuellen Zeile */
    public int RowIndex
    {
        get { return this.rowIndex; }
        internal set { this.rowIndex = value; }
    }
```

Listing 442: Methode zur Ermittlung der aktuellen Cursorposition in einer TextBox

```csharp
      private int columnIndex;
      /* Der Index des Zeichens in der aktuellen Zeile  */
      public int ColumnIndex
      {
         get { return this.columnIndex; }
         internal set { this.columnIndex = value; }
      }

      private int rowStartIndex;
      /* Der Start-Index der aktuellen Zeile */
      public int RowStartIndex
      {
         get { return this.rowStartIndex; }
         internal set { this.rowStartIndex = value; }
      }
}

/* Liefert Angaben zur Cursorposition in einer TextBox */
public static TextBoxCursorPosition GetTextBoxCursorPosition(
   TextBoxBase textBox)
{
   const int EM_LINEINDEX = 0xBB;
   const int EM_LINEFROMCHAR = 0xC9;

   TextBoxCursorPosition textBoxCursorPosition =
         new TextBoxCursorPosition();

   // Index der aktuellen Zeile ermitteln
   textBoxCursorPosition.RowIndex =
         SendMessage(textBox.Handle,
         EM_LINEFROMCHAR, -1, 0);

   // Start-Position der aktuellen Zeile ermitteln
   textBoxCursorPosition.RowStartIndex =
         SendMessage(textBox.Handle,
         EM_LINEINDEX, -1, 0);

   // Index der aktuellen Spalte berechnen
   textBoxCursorPosition.ColumnIndex = textBox.SelectionStart -
         textBoxCursorPosition.RowStartIndex;

   // Ergebnis zurückgeben
   return textBoxCursorPosition;
}
```

Listing 442: Methode zur Ermittlung der aktuellen Cursorposition in einer TextBox (Forts.)

>> **Formulare und Steuerelemente**

> **Hinweis:** Bei der Verwendung dieser Methode sollten Sie beachten, dass Sie immer die Position bezogen auf den aktuell angezeigten Text erhalten. Ist die Eigenschaft WordWrap der TextBox auf true eingestellt, bricht die TextBox die Zeilen am rechten Rand um. Aus einer tatsächlichen Zeile werden dann mehrere dargestellte Zeilen. Wird z.B. eine physikalische Zeile in drei angezeigte Zeilen umbrochen, und der Cursor steht in der dritten Zeile, gibt GetTextBoxCursorPosition in der Eigenschaft TextBoxCursorPosition.RowIndex den Wert 2 zurück. Wenn die Angabe des Zeilen- und des Spaltenindex mit den tatsächlich vorhandenen Daten übereinstimmen soll, müssen Sie WordWrap auf false einstellen.

In einem Programm sollten Sie in Methoden für die TextBox-Ereignisse KeyUp, MouseUp und, falls WordWrap true ist, auch in der Methode für Resize einen Aufruf einer privaten Methode implementieren, die die Aktualisierung der Positions-Info vornimmt. Listing 443 aktualisiert auf diese Weise ein Label.

```
private void demoTextBox_KeyUp(object sender, KeyEventArgs e)
{
   this.updatePositionInfo();
}

private void demoTextBox_MouseUp(object sender, MouseEventArgs e)
{
   this.updatePositionInfo();
}

private void demoTextBox_Resize(object sender, EventArgs e)
{
   this.updatePositionInfo();
}

private void updatePositionInfo()
{
   TextBoxCursorPosition textBoxCursorPosition =
      GetTextBoxCursorPosition(this.demoTextBox);
   this.positionInfoLabel.Text =
      "Zeilenindex: " + textBoxCursorPosition.RowIndex +
      ", Spaltenindex: " + textBoxCursorPosition.ColumnIndex +
      ", Startindex der Zeile: " + textBoxCursorPosition.RowStartIndex;
}
```

Listing 443: Beispielhafte Anwendung der GetTextBoxCursorPosition-Methode

Abbildung 150 zeigt ein Beispielprogramm mit einer TextBox, deren WordWrap-Eigenschaft auf true steht.

Abbildung 150: Ein Beispielprogramm nutzt GetTextBoxCursorPosition zur Ermittlung der Eingabecursorposition

229 Die angezeigten Zeilen einer MultiLine-TextBox auslesen

Eine `TextBox` mit `MultiLine = true` und `WordWrap = true` bricht den enthaltenen Text automatisch am rechten Rand weich um wenn dieser den Rand erreicht. Wenn Sie den Inhalt der `TextBox` in der Form verarbeiten wollen, in der er angezeigt wird, hilft Ihnen die `TextBox`-Klasse selbst nicht weiter. Die `Lines`-Eigenschaft liefert lediglich die Zeilen, die durch einen harten Zeilenumbruch (CR/LF) getrennt wurden. Um die Zeilen so auszulesen, wie diese angezeigt werden, müssen Sie das Windows-API bemühen.

Die Methode `GetRealTextBoxRows` in Listing 444 setzt zum Lesen der Zeilen die API-Funktion `SendMessage` ein. Sie ermittelt zunächst über die Nachricht `EM_GETLINECOUNT` die Anzahl der Zeilen in der übergebenen `TextBox`. In einer Schleife, in der die Methode die einzelnen Zeilen durchgeht, wird zunächst die Position des ersten Zeichens der Zeile ermittelt, um dann die Länge der Zeile auszulesen. Danach folgt das Einlesen der Zeile. Dazu reserviert `GetRealTextBoxRows` zunächst Speicher im nicht verwalteten Bereich, in den `SendMessage` später die einzelnen Bytes der Zeile schreibt. Dieser Speicher muss mit dem niedrigen und dem hohen Wort der Länge beginnen, wahrscheinlich weil die Länge von der `TextBox`, die diese Nachricht ja empfängt, aus den ersten zwei Bytes des übergebenen Puffers ausgelesen wird. Deshalb kopiert `GetRealTextBoxRows` diese Information über `Marshal.Copy` in die ersten zwei Bytes des Puffers. Die Bytes, die dem hohen und dem niedrigen Wort der Länge entsprechen, wurden zuvor über `BitConverter.GetBytes` ermittelt. Danach wird die Zeile über `SendMessage` mit der Nachricht `EM_GETLINE` eingelesen. `SendMessage` schreibt die Bytes der Zeile in das Byte-Array, das am letzten Argument übergeben wird. Schließlich kopiert `GetRealTextBoxRows` den unverwalteten Puffer in ein verwaltetes Byte-Array,

>> Formulare und Steuerelemente

konvertiert dieses in einen String, hängt den String an die Ergebnis-Auflistung an und gibt den unverwalteten Speicher wieder frei.

Zum Kompilieren dieser Methode müssen Sie die Namensräume `System`, `System.Collections.Generic`, `System.Text`, `System.Windows.Forms` und `System.Runtime.InteropServices` importieren.

```
/* Deklaration der benötigten API-Funktion */
[DllImport("User32.Dll")]
private static extern int SendMessage(IntPtr hWnd, int msg,
   IntPtr wParam, IntPtr lParam);

/* Gibt die tatsächlich angezeigten Zeilen einer TextBox zurück */
public static List<string> GetRealTextBoxRows(TextBox textBox)
{
   // Ergebnis-Auflistung erzeugen
   List<string> result = new List<string>();

   // Konstanten für SendMessage
   const int EM_GETLINECOUNT = 0x00BA;
   const int EM_LINELENGTH = 0x00C1;
   const int EM_LINEINDEX = 0x00BB;
   const int EM_GETLINE = 0x00C4;

   // Anzahl der Zeilen ermitteln
   int lineCount = SendMessage(textBox.Handle, EM_GETLINECOUNT,
      IntPtr.Zero, IntPtr.Zero);

   for (uint lineIndex = 0; lineIndex < lineCount; lineIndex++)
   {
      // Die Position des ersten Zeichens der Zeile ermitteln
      int pos = (int)SendMessage(textBox.Handle, EM_LINEINDEX,
         (IntPtr)lineIndex, IntPtr.Zero);

      // Die Länge der Zeile ab dieser Position ermitteln
      int lineLength = (int)SendMessage(textBox.Handle, EM_LINELENGTH,
         (IntPtr)pos, IntPtr.Zero);

      IntPtr apiBuffer = IntPtr.Zero;
      try
      {
         // Speicher im nicht verwalteten Bereich
         // mit der Länge der Zeile reservieren
         apiBuffer = Marshal.AllocHGlobal(lineLength);

         // Die Länge der Zeile muss laut der Dokumentation in die ersten
```

Listing 444: Methode zum Auslesen der aktuell angezeigten Zeilen in einer TextBox

```
    // beiden Bytes des Puffers geschrieben werden, also:
    // über BitConverter.GetBytes die Länge in ein Byte-Array
    // lesen und dieses in die ersten zwei Bytes des Puffers
    // kopieren
    byte[] lengthInfo = BitConverter.GetBytes((short)lineLength);
    Marshal.Copy(lengthInfo, 0, apiBuffer, 2);

    // Die Zeile einlesen
    SendMessage(textBox.Handle, EM_GETLINE,
      (IntPtr)lineIndex, apiBuffer);

    // Den unverwalteten Puffer in ein verwaltetes Byte-Array kopieren
    byte[] clrBuffer = new byte[lineLength];
    Marshal.Copy(apiBuffer, clrBuffer, 0, lineLength);
    string row = System.Text.Encoding.UTF8.GetString(clrBuffer);
    result.Add(row);
  }
  finally
  {
    if (apiBuffer != IntPtr.Zero)
    {
      // Puffer-Speicher freigeben
      Marshal.FreeHGlobal(apiBuffer);
    }
  }
}

// Ergebnis zurückgeben
return result;
}
```

Listing 444: Methode zum Auslesen der aktuell angezeigten Zeilen in einer TextBox (Forts.)

Abbildung 151 zeigt eine Beispielanwendung, in der der automatisch umbrochene Text einer TextBox in ein Label geschrieben wurde.

Abbildung 151: In einer Beispielanwendung wurden die Zeilen einer TextBox in ein Label geschrieben

230 ComboBox mit Autovervollständigung

Ein `ComboBox`-Steuerelement, das den zur Anwendereingabe nächsten passenden Listeneintrag sucht und (unter anderem) die Eingabe nach rechts mit einer Selektion versehen entsprechend erweitert (siehe Abbildung 152), ist für Eingaben sehr hilfreich. Dieses Feature können Sie recht einfach in Ihren Anwendungen verwenden.

Abbildung 152: ComboBox mit Autovervollständigung (Append-Modus)

Ab Dotnet 2.0 besitzt die `ComboBox` zwei Eigenschaften, über die Sie eine automatische Vervollständigung steuern können. Die Eigenschaft `AutoCompleteMode` bestimmt, ob und auf welche Weise die automatische Vervollständigung angewendet wird. Die Einstellung `Suggest` gibt an, dass die `ComboBox` bei Eingaben automatisch eine Liste aufklappt, die Einträge enthält, die mit der Eingabe beginnen (Abbildung 153).

Abbildung 153: ComboBox mit Autovervollständigung im Suggest-Modus

`Append` bewirkt, dass die `ComboBox` die Eingabe auf den nächsten passenden Eintrag erweitert und den hinzugefügten Text automatisch markiert (Abbildung 152). Mit `SuggestAppend` können Sie beide Varianten kombinieren.

Nun müssen Sie über die Eigenschaft `AutoCompleteSource` noch festlegen, aus welchen Daten die Einträge in der Liste entnommen werden. Die wohl gängigste Einstellung, bei der die Einträge aus der `Items`-Auflistung der `ComboBox` entnommen werden, ist `ListItems`. Daneben sind aber auch weitere Einstellungen möglich, die ich in Tabelle 30 beschreibe.

AutoCompleteSource-Einstellung	Bedeutung
`AllSystemSources`	Kombination von `FileSystem` und `AllUrl`
`AllUrl`	Kombination von `HistoryList` und `RecentlyUsedList`
`CustomSource`	Die `ComboBox` verwendet die Strings, die in der Eigenschaft `AutoCompleteStringCollection` verwaltet werden. Diese `StringCollection` muss vom Programmierer gefüllt werden.

Tabelle 30: Mögliche Werte der AutoCompleteSource-Eigenschaft der ComboBox

AutoCompleteSource-Einstellung	Bedeutung
FileSystem	Die ComboBox verwendet das Dateisystem als AutoComplete-Liste, ähnlich wie es in der Adress-Box des Windows-Explorers der Fall ist. Geben Sie z.B. »C:\« ein, werden alle Dateien und Ordner, die dem Stammordner des Laufwerks C: untergeordnet sind, in die Liste aufgenommen.
FileSystemDirectories	Diese Einstellung funktioniert ähnlich wie FileSystem, mit dem Unterschied, dass nur Ordner in die Liste aufgenommen werden.
HistoryList	Die ComboBox verwendet die History-Liste des Internet Explorers als AutoComplete-Liste.
ListItems	gibt an, dass die Einträge der Items-Auflistung der ComboBox für die AutoComplete-Liste verwendet werden.
None	gibt an, dass keine Quelle für die AutoComplete-Liste verwendet wird.
RecentlyUsedList	Die ComboBox verwendet die Liste der am meisten verwendeten URLs des Internet Explorers als AutoComplete-Liste.

Tabelle 30: Mögliche Werte der AutoCompleteSource-Eigenschaft der ComboBox (Forts.)

Hinweis

Für alle Einstellungen außer None und ListItems macht es wohl keinen Sinn die ComboBox im normalen Sinn, also mit einer Liste von Einträgen, die über den Pfeil-Schalter ausgewählt werden können, zu verwenden. Technisch ist dies aber möglich: Sie können der Items-Auflistung beliebige Einträge hinzufügen und für die Auto-Vervollständigung zum Beispiel das Dateisystem verwenden. Ich denke aber, dass Benutzer in diesen Fällen eher verwirrt werden, da sie in der Liste andere Einträge finden als diese, die automatisch vervollständigt werden. Für diese speziellen Einstellungen denke ich, dass es keinen Sinn macht, die Items-Auflistung zu füllen. Außerdem sollte in diesen Fällen die Eigenschaft DropDownStyle auf Simple eingestellt werden, damit die ComboBox keinen Pfeil-Schalter anzeigt und wie eine normale TextBox – allerdings eben mit Auto-Vervollständigung – wirkt.

Hinweis

Ist die Eigenschaft AutoCompleteMode auf Suggest eingestellt und, AutoCompleteSource auf einen anderen Wert als ListItems und DropDownStyle auf Simple, scheint die ComboBox einen Bug zu beinhalten. Wenn nach einer Eingabe die Liste automatisch aufklappt und Sie über die Cursor-Tasten einen der Einträge auswählen, können Sie Ihre Auswahl nicht mit der Return-Taste übernehmen, falls der ausgewählte Eintrag nicht in der Items-Auflistung vorkommt. In diesem Fall wird der Eintrag im Textfeld der ComboBox einfach gelöscht. Sie können Ihre Auswahl dann lediglich über die Tab-Taste übernehmen. Möglicherweise wird dieses Problem im ersten Service Pack des Dotnet-Framework 2.0 gelöst.

231 Daten neben den Einträgen einer ListBox oder ComboBox verwalten

Häufig besteht der Bedarf, neben den Einträgen in einer ListBox oder ComboBox weitere Daten zu verwalten. Das ist z.B. dann der Fall, wenn Sie Datensätze aus einer Datenbanktabelle auslesen und in einer ListBox zur Auswahl darstellen. Um den ausgewählten Datensatz eindeutig identifizieren zu können, müssen Sie den Primärschlüssel des Datensatzes neben dem Listeneintrag speichern (wenigstens dann, wenn Sie diese nicht mit anzeigen wollen).

Die Lösung dieses Problems ist sehr einfach: Erstellen Sie für die Listeneinträge eine Klasse oder Struktur, deren ToString-Methode den Text zurückgibt, der in der Liste angezeigt werden soll. In den Eigenschaften der Klasse/Struktur können Sie natürlich beliebige Daten verwalten. Beim Einlesen der Liste erzeugen Sie für jeden Eintrag eine Instanz und hängen diese der Liste an. Beim Auslesen der Liste können Sie das Objekt am jeweiligen Eintrag wieder in seinen Typ casten und somit auf die Eigenschaften zugreifen.

Um dies an einem Beispiel zu erläutern, sollen Personendaten in einer ListBox ausgegeben werden. Dazu habe ich die Klasse Person implementiert:

```
private class Person
{
   public int Id;
   public string FirstName;
   public string LastName;

   /* Konstruktor */
   public Person(int id, string firstName, string lastName)
   {
      this.Id = id;
      this.FirstName = firstName;
      this.LastName = lastName;
   }

   /* Die ToString-Methode wird überschrieben */
   public override string ToString()
   {
      return this.FirstName + " " + this.LastName;
   }
}
```

Listing 445: Klasse für die Speicherung von Personendaten zur Ausgabe in einer ListBox oder ComboBox

Im Load-Ereignis eines Formulars werden Personendaten aus einer Datenbank eingelesen und in eine ListBox geschrieben (was hier nur simuliert wird):

Daten neben den Einträgen einer ListBox oder ComboBox verwalten

```
private void StartForm_Load(object sender, System.EventArgs e)
{
    // Einige Personen an die ListBox anhängen
    this.personList.Items.Add(new Person(1001, "Zaphod", "Beeblebrox"));
    this.personList.Items.Add(new Person(1002, "Tricia", "McMillan"));
    this.personList.Items.Add(new Person(1003, "Arthur", "Dent"));
    this.personList.Items.Add(new Person(1004, "Ford", "Prefect"));
    this.personList.Items.Add(new Person(1005, "Marvin", ""));
}
```

Listing 446: Füllen der Liste mit neuen Person-Objekten

Bei der Auswahl eines Eintrags liest das Beispiel das aktuelle Objekt aus der Liste aus und stellt dessen Daten in einem `Label` dar:

```
private void personList_SelectedIndexChanged(object sender,
    System.EventArgs e)
{
    // Auslesen des selektierten Objekts
    Person p = (Person)personList.SelectedItem;
    this.infoLabel.Text = "Id: " + p.Id + "\r\n" +
        "Vorname: " + p.FirstName + "\r\n" +
        "Nachname: " + p.LastName;
}
```

Listing 447: Auslesen des gewählten Objekts bei der Änderung des selektierten Eintrags

Das Ergebnis zeigt Abbildung 154.

Abbildung 154: Das Beispielprogramm in Aktion

232 ListBox mit ToolTip für längere Einträge

Werden in einer `ListBox` Einträge verwaltet, die länger sind als die Breite der `ListBox`, werden diese leider nur abgeschnitten dargestellt. Das ist immer sehr ärgerlich, denn dabei gehen Informationen verloren. Für den Benutzer wäre es hilfreich, wenn zu lange Einträge in einem ToolTip angezeigt werden würden, sobald die Maus auf diesen Einträgen verweilt.

Um dieses Problem zu lösen habe ich die `ListBox` in einer eigenen Klasse `ToolTipListBox` erweitert. Listing 448 zeigt diese Klasse. In der überschriebenen `OnMouseMove`-Methode ermittelt die `ToolTipListBox` zunächst den Eintrag, der unter dem Cursor liegt. Über die `MeasureString`-Methode des `Graphics`-Objekts, das der `ListBox` zugeordnet ist, berechnet `OnMouseMove` dann die Breite des Eintrags. Dabei wird das `StringFormat`-Objekt übergeben, das die `StringFormat.GenericTypographic`-Eigenschaft zurückgibt, um die Breite typografisch korrekt zu berechnen. Die berechnete Breite wird mit der Breite des Client-Rechtecks der `ListBox` verglichen. Ist der Eintrag zu breit, wird der ToolTip, der in dem privaten Feld `toolTip` verwaltet wird, mit dem Eintrag gesetzt. Im anderen Fall wird der ToolTip zurückgesetzt. Um den ToolTip auch dann zurückzusetzen, wenn die Maus die `ListBox` verlässt, überschreibt `ToolTipListBox` schließlich noch die `OnMouseLeave`-Methode.

Zum Kompilieren dieser Klasse müssen Sie die Namensräume `System`, `System.Windows.Forms` und `System.Drawing` importieren.

```
public class ToolTipListBox : ListBox
{
   /* Verwaltet den ToolTip */
   private ToolTip toolTip = new ToolTip();

   /* Setzt den ToolTip mit dem Eintrag, der gerade unter der Maus liegt,
      wenn der Eintrag nicht komplett angezeigt wird */
   protected override void OnMouseMove(MouseEventArgs e)
   {
      base.OnMouseMove(e);

      // Ermitteln des Eintrags unter der Maus
      Point p = base.PointToClient(Cursor.Position);
      int index = base.IndexFromPoint(p);
      if (index > -1)
      {
         string item = base.Items[index].ToString();

         // Überprüfen, ob der Eintrag in der Breite in die Liste passt
         using (Graphics g = base.CreateGraphics())
         {
```

Listing 448: Klasse für eine ListBox, die bei zu langen Einträgen automatisch einen ToolTip anzeigt

```
            int width = (int)g.MeasureString(item, base.Font,
               0, StringFormat.GenericTypographic).Width;
            if (width > base.ClientRectangle.Width)
            {
               // ToolTip setzen
               this.toolTip.SetToolTip(this, item);
            }
            else
            {
               // ToolTip zurücksetzen
               this.toolTip.SetToolTip(this, null);
            }
         }
      }
      else
      {
         // ToolTip zurücksetzen
         this.toolTip.SetToolTip(this, null);
      }
   }

   /* Setzt den ToolTip wieder zurück */
   protected override void OnMouseLeave(EventArgs e)
   {
      base.OnMouseLeave(e);

      // ToolTip zurücksetzen
      this.toolTip.SetToolTip(this, null);
   }
}
```

Listing 448: Klasse für eine ListBox, die bei zu langen Einträgen automatisch einen ToolTip anzeigt (Forts.)

Abbildung 155 zeigt eine Beispiel-Anwendung.

Abbildung 155: Beispielanwendung mit einer ListBox, die längere Einträge in einem ToolTip anzeigt

233 ListView sortieren

`ListView`-Steuerelemente lassen sich in vielen Anwendungen in der Detailansicht durch einen Klick auf eine Spalte sortieren. Standardmäßig sortiert ein `ListView`-Steuerelement die Einträge aber nur nach der ersten Spalte, wenn Sie in der Eigenschaft `Sorting` den Wert `SortOrder.Ascending` oder `SortOrder.Descending` angeben.

Sie können aber stattdessen auch `Sorting` auf `SortOrder.None` einstellen und zum Sortieren die `Sort`-Methode aufrufen. `Sort` sortiert die Liste nach dem Objekt, das der Eigenschaft `ListViewItemSorter` zugewiesen ist und das die Schnittstelle `IComparer` implementiert. Und das ist der Trick.

Abbildung 156 zeigt ein Beispielformular mit einem `ListView`-Steuerelement mit Namen *bookList*. Die einzelnen Spalten sollen bei einem Klick auf die Überschrift automatisch sortiert werden. Das Beispiel ist nach der ISBN-Nummer sortiert.

Abbildung 156: Beispielformular für das Sortieren eines ListView-Steuerelements

Zur Lösung des Sortierproblems können Sie nun eine Klasse implementieren, die die `Compare`-Methode der Schnittstelle `IComparer` implementiert:

```
public class ColumnComparer: IComparer
{
   /* Eigenschaft für die aktuelle Spalte */
   public int CurrentColumn = 0;

   /* Implementieren der Compare-Methode */
   public int Compare(object x, object y)
   {
      ListViewItem firstItem = (ListViewItem)x;
      ListViewItem secondItem = (ListViewItem)y;
```

Listing 449: Klasse zum Sortieren eines ListView-Steuerelements

```
            return string.Compare(
                firstItem.SubItems[CurrentColumn].Text,
                secondItem.SubItems[CurrentColumn].Text);
        }
    }
```

Listing 449: Klasse zum Sortieren eines ListView-Steuerelements (Forts.)

Die Eigenschaft `CurrentColumn` nimmt später den Index der aktuell angeklickten Spalte auf. Über diesen Index vergleicht die `Compare`-Methode die Spaltenwerte der übergebenen `ListViewItem`-Objekte. `Compare` muss einen Wert kleiner Null zurückgeben, wenn das x kleiner y ist, einen Wert größer Null, wenn x größer y ist, und Null, wenn beide Objekte gleich sind. Da die `Compare`-Methode der `String`-Klasse einen passenden Vergleich liefert, ruft `Compare` einfach diese Methode auf.

Im Formular benötigen Sie dann eine private Eigenschaft, die eine Instanz der `ColumnComparer`-Klasse aufnimmt:

`private ColumnComparer columnComparer = new ColumnComparer();`

Im `Load`-Ereignis (oder wo auch immer Sie das `ListView`-Steuerelement initialisieren) weisen Sie der Eigenschaft `ListViewItemSorter` die Referenz auf die `ColumnComparer`-Instanz zu:

```
private void StartForm_Load(object sender, System.EventArgs e)
{
    // Füllen des ListView-Steuerelements
    this.bookList.Items.Add(new ListViewItem(new string[] {
        "Fool on the Hill", "Matt Ruff", "0802135358"}));
    this.bookList.Items.Add(new ListViewItem(new string[] {
        "G.A.S. ( GAS). Die Trilogie der Stadtwerke", "Matt Ruff",
        "342312721X"}));
    this.bookList.Items.Add(new ListViewItem(new string[] {
        "Per Anhalter durch die Galaxis", "Douglas Adams",
        "3453209613"}));
    this.bookList.Items.Add(new ListViewItem(new string[] {
        "Der lange dunkle Fünfuhrtee der Seele", "Douglas Adams",
        "3453210727"}));
    this.bookList.Items.Add(new ListViewItem(new string[] {
        "Die wilde Geschichte vom Wassertrinker", "John Irving",
        "3257224451"}));

    // Comparer zuweisen
    this.columnComparer.CurrentColumn = 2; // Sortieren nach ISBN
    this.bookList.ListViewItemSorter = this.columnComparer;
}
```

Listing 450: Initialisieren des ListView-Steuerelements

Nun müssen Sie nur noch den Klick auf eine Spalte auswerten. Dazu können Sie das `ColumnClick`-Ereignis verwenden. Hier stellen Sie die aktuelle Spalte für Ihr `ColumnComparer`-Objekt ein und rufen die `Sort`-Methode des `ListView`-Steuerelements auf:

```
private void bookList_ColumnClick(object sender, ColumnClickEventArgs e)
{
   this.columnComparer.CurrentColumn = e.Column;
   this.bookList.Sort();
}
```

Listing 451: Umsortieren der Liste beim Klick auf eine Spalte

Fertig ist das Sortieren.

234 Knoten einer Ebene in einem TreeView-Steuerelement vertauschen

Für die Implementierung spezieller Features wie z.B. der Möglichkeit für den Anwender, die Knoten eines `TreeView`-Steuerelements definiert zu verschieben, ist es notwendig, zwei Knoten einer Ebene gegeneinander zu tauschen. Dazu können Sie aber nicht einfach nur die Referenzen der `TreeNode`-Objekte tauschen, wie es das folgende Beispiel zeigt, das versucht, die ersten beiden Unterknoten des ersten Hauptknotens des `TreeView` *bookTree* zu vertauschen:

```
TreeNode node = bookTree.Nodes[0].Nodes[0];
bookTree.Nodes[0].Nodes[2] = bookTree.Nodes[0].Nodes[1];
bookTree.Nodes[0].Nodes[1] = node;
```

Listing 452: Fehlerhaftes Vertauschen zweier TreeView-Knoten

Bei diesem Versuch gerät das `TreeView`-Steuerelement durcheinander und zeigt Einträge auf einmal doppelt an, obwohl die Anzahl der `TreeNode`-Objekte dieselbe ist wie vorher. Abbildung 158 zeigt eine Beispielanwendung mit zuvor eindeutigen Einträgen (Abbildung 157) nach dem dreimaligen Aufruf der oben beschriebenen Tausch-Variante.

Das Problem liegt darin begründet, dass jeder Knoten Referenzen zu seinem Vorgänger und seinem Nachfolger verwaltet. Und diese müssten Sie ebenfalls umbiegen, was in der Praxis nur sehr schwierig zu programmieren ist.

Die Lösung des Problems verwendet die Methoden `RemoveAt` und `Insert` der `TreeNodeCollection`-Instanz, deren Unterknoten getauscht werden sollen.

Um sicherzustellen, dass der Tausch bei gültigen Indizes immer funktioniert, vergleicht die Methode `SwapTreeViewNodes` in Listing 453 zunächst, ob die beiden Indizes gleich sind (in dem Fall darf und muss nichts gemacht werden). Zur Sicherheit wer-

694 >> Knoten einer Ebene in einem TreeView-Steuerelement vertauschen

den die Indizes anschließend noch so umgebogen, dass in i1 der kleinere und in i2 der größere gespeichert ist. Dann können die Knoten gefahrlos entfernt und wieder neu eingefügt werden.

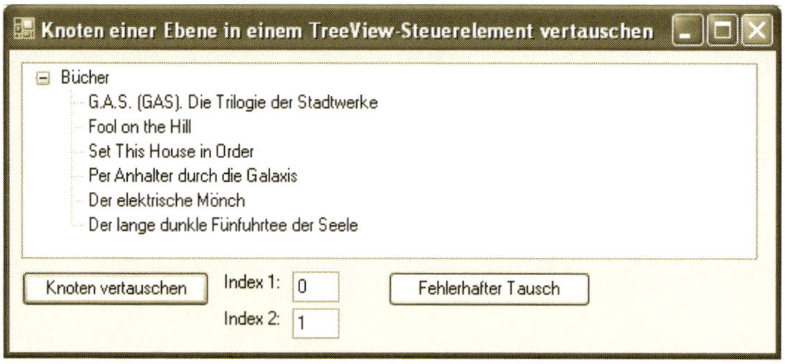

Abbildung 157: Das Beispielprogramm vor dem Vertauschen

Abbildung 158: Fehlerhafte Darstellung eines TreeView-Steuerelements nach drei inkorrekten Tauschvorgängen

Zum Kompilieren dieser Methode müssen Sie die Assembly *System.Windows.Forms.dll* referenzieren und die Namensräume System und System.Windows.Forms importieren.

```
public static void SwapTreeViewNodes(TreeNodeCollection nodes, int index1,
   int index2)
{
   if (index1 != index2)
   {
      int i1 = Math.Min(index1, index2);
      int i2 = Math.Max(index1, index2);
```

Listing 453: Methode zum Vertauschen zweier TreeView-Knoten

```
        TreeNode node1 = nodes[i1];
        TreeNode node2 = nodes[i2];
        nodes.RemoveAt(i1);
        nodes.RemoveAt(i2-1);
        nodes.Insert(i1, node2);
        nodes.Insert(i2, node1);
    }
}
```

Listing 453: Methode zum Vertauschen zweier TreeView-Knoten (Forts.)

Abbildung 159: Die Beispielanwendung nach dem Vertauschen der oberen beiden Einträge

235 Einzelne Knoten eines TreeView-Steuerelements sortieren

Ein TreeView-Steuerelement erlaubt über die Sorted-Eigenschaft das generelle Sortieren nach den Knoten. Dabei werden allerdings immer alle Ebenen sortiert. Wenn Sie in einem TreeView-Steuerelement nur bestimmte Unterknoten bzw. nur bestimmte Ebenen sortieren wollen, müssen Sie etwas anders vorgehen.

In den C#-Newsgroups fand ich dazu (als ich diese Zeilen ursprünglich schrieb und bei der Überarbeitung für das Dotnet-Framework 2.0 …) recht wenig Anregungen und schon gar keine fertigen Lösungen. Die einzige dort angedeutete Lösung ist der Aufruf der API-Funktion SendMessage mit der Nachricht TVM_SORTCHILDRENCB, die genau dazu vorgesehen ist. Leider ist diese wahrscheinlich sehr schnelle Lösung nicht einfach umzusetzen, weswegen ich im Buch darauf verzichte. Nur damit Sie wissen, worum es dabei geht:

Bei dieser Lösung müssen Sie eine Callback-Methode zur Verfügung stellen, die drei IntPtr-Argumente übergeben bekommt. Die Adresse dieser Methode übergeben Sie über eine Struktur vom Typ TVSORTCB und einen Delegate neben dem Handle des zu sortierenden Knotens und der Nachricht an SendMessage. Der Knoten ruft dann zur Sortierung für jeweils zwei Unterknoten die Callback-Methode auf. In dieser vergleichen Sie die beiden ersten übergebenen IntPtr-Werte (der dritte ist für benutzerdefinierte Zwecke vorgesehen). Ist der linke größer als der rechte, muss die Methode einen Wert kleiner Null zurückgeben, ist der rechte größer als der linke, muss ein Wert größer Null zurückgegeben werden, sind beide gleich groß, muss die Methode Null zurückgeben. So weit, so gut. Leider werden in den Argumenten aber keine Referenzen auf die Knoten übergeben (was prinzipiell gar nicht möglich ist, dass API-Funktionen keine Referenzen kennen), sondern benutzerdefinierte Daten. Und das ist das Problem, denn diese müssen Sie beim oder nach dem Füllen des `TreeView` in einer `TVITEM`-Struktur über eine `TVM_GETITEM`-Nachricht einlesen und über eine `TVM_SETITEM`-Nachricht in den Knoten zurückschreiben. Im Feld `lParam` der `TVITEM`-Struktur können Sie vor dem Schreiben einen `int`-Wert ablegen, der der Callback-Methode beim Sortieren übergeben wird. Dummerweise können Sie hier nicht einfach den Index des Knotens ablegen (was den Zugriff erleichtern würde), denn dieser wird beim Umsortieren ja verändert. Sie müssen sich einen Algorithmus überlegen, der aus den dargestellten Daten des Knotens einen sortierbaren `int`-Wert generiert. Und das ist meiner Ansicht nach fast unmöglich.

Deshalb habe ich eine einfachere Lösung entwickelt. Die Methode `SortTreeViewNodes` in Listing 454 sortiert eine `TreeNodeCollection` (die Sie über die `Node`-Eigenschaft eines Knotens erreichen) über den guten alten Bubblesort. Das einzige Problem dabei ist, dass zum Vertauschen von zwei `TreeNode`-Objekten nicht einfach nur die Referenzen vertauscht werden können. Wenn Sie das machen, bringen Sie das `TreeView`-Steuerelement durcheinander (siehe Rezept 234). Um dies zu vermeiden ruft `SortTreeViewNodes` zum Tauschen einfach die entsprechenden Methoden der `TreeNode`-Objekte auf.

Zum Kompilieren dieser Methode müssen Sie die Assembly *System.Windows.Forms.dll* referenzieren und die Namensräume `System` und `System.Windows.Forms` importieren.

```
public static void SortTreeViewNodes(TreeNodeCollection nodes)
{
   // Sortieren der Unterknoten über einen einfachen BubbleSort
   for (int i = 0; i < nodes.Count; i++)
   {
      for (int j = nodes.Count - 1; j > i; j--)
      {
         if (String.Compare(nodes[i].Text, nodes[j].Text, true) > 0)
         {
            // Tauschen
            TreeNode node1 = nodes[i];
            TreeNode node2 = nodes[j];
            nodes.RemoveAt(i);
            nodes.RemoveAt(j-1);
            nodes.Insert(i, node2);
            nodes.Insert(j, node1);
         }
      }
   }
}
```

Listing 454: Methode zum Sortieren einer TreeNodeCollection

Abbildung 160 zeigt eine Anwendung, die die zweite Ebene eines `TreeView`-Steuerelements über `SortTreeViewNodes` sortiert hat. Die Unterknoten des dritten Hauptknotens wurden in dieser Anwendung über einen zufällig ermittelten String erzeugt.

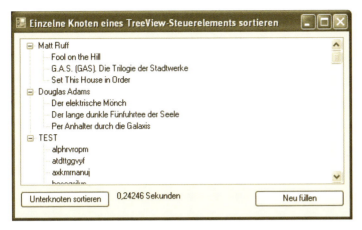

Abbildung 160: TreeView mit einer Sortierung der zweiten Ebene

Die Geschwindigkeit dieser Methode ist bei nicht allzu vielen Unterknoten einigermaßen gut. Bei 100 zufällig ermittelten (und damit sehr unsortierten) Unterknoten benötigte der Vorgang auf einem Pentium-4-Rechner mit 2,4 GHz etwa 0,2 Sekunden, wenn der übergeordnete Knoten zugeklappt war. War dieser jedoch aufgeklappt, benötigte die Methode schon 1,2 Sekunden. Bei 1000 Unterknoten war die Performance allerdings nicht mehr allzu gut. Hier benötigte `SortTreeViewNodes` stolze 34 Sekunden. Ein Vergleich mit einem ebenfalls implementierten QuickSort brachte übrigens sogar ein schlechteres Ergebnis (66 Sekunden für 1000 Unterknoten bei zugeklapptem Hauptknoten). Sie finden diese Sortierung im Beispiel zu diesem Rezept. Die Messwerte habe ich übrigens über die Klasse `StopWatch` aus dem Rezept 71 ermittelt.

236 Die Werte einzelner Zellen in einem DataGridView setzen und lesen

Dieses Rezept ist eines der kürzesten in diesem Buch, aber ich denke, es besitzt trotzdem (wenigstens für mich ☺) Berechtigung: Wenn Sie auf einzelne Zellen eines `DataGridView`-Steuerelements zugreifen wollen, finden Sie dazu keine Eigenschaft (ich habe zum Beispiel erfolglos nach einer Eigenschaft *Cells* gesucht. Der Zugriff auf die Zellen erfolgt über den Indexer des Steuerelements. Diesem übergeben Sie den Index der Spalte und den Index der Zeile. Den Index einer bestimmten Spalte können Sie über die `Columns`-Auflistung des `DataGridView`-Steuerelements herausfinden, indem Sie deren Indexer den Namen der Spalte übergeben und die `Index`-Eigenschaft abfragen. Der Indexer des `DataGridView`-Steuerelements gibt eine Referenz auf ein `DataGridViewCell`-Objekt zurück. Über dessen Eigenschaft `Value` können Sie den Wert der Zelle lesen und setzen. Da die Zelle auch leer sein kann, sollten Sie beim Lesen auf `null` und sicherheitshalber auch auf `DBNull.Value` überprüfen:

```
int rowIndex = 0;
string columnName = "unitsInStockDataGridViewTextBoxColumn";

// Den Index der Spalte ermitteln
int columnIndex = this.productsGridView.Columns[columnName].Index;

// Die Zelle referenzieren, die in der ermittelten
// Spalte und der aktuellen Zeile liegt
DataGridViewCell cell = this.productsGridView[columnIndex, rowIndex];

if (cell.Value != DBNull.Value && cell.Value != null)
{
    // Den in dieser Zelle gespeicherten Wert auslesen ...
    int unitsInStock = Convert.ToInt32(cell.Value);

    // und weiter verarbeiten ...
}
```

Listing 455: Auslesen der Werte einzelner Zellen eines DataGridView-Steuerelements

237   Ein DataGridView anpassen

Das neue `DataGridView`-Steuerelement ermöglicht eine sehr flexible Einstellung der angezeigten Spalten, was sogar über den Visual-Studio-Designer möglich ist, sofern Sie das Steuerelement über eine `BindingSource`-Komponente an Daten binden, die wiederum an eine Projekt-Datenquelle gebunden ist. Die Einstellung der Spalten erreichen Sie über den Smart-Tag des Steuerelements. Abbildung 161 zeigt die Einstellung einer Spalte eines `DataGridView`-Steuerelements, die eine `ComboBox` enthält. Das `DataGridView`-Steuerelement in diesem Beispiel ist an die *Products*-Tabelle der *Northwind*-Datenbank gebunden. Die `ComboBox` zeigt statt der in der Tabelle gespeicherten *CategoryId* den Namen der Kategorie an.

Neben `ComboBox`-Spalten sind noch Spalten möglich, die einen Schalter, eine `CheckBox`, einen Hyperlink, ein Bild oder eine `TextBox` anzeigen. Diese will ich hier aber nicht näher beschreiben, probieren Sie es einfach aus.

Für den Fall, dass Sie das Steuerelement nicht bereits in der Entwurfszeit an Daten binden können, z.B. weil Sie es später an ein `DataTable`-, `DataView`- oder `DataSet`-Objekt binden, können Sie lediglich ungebundene Spalten im Designer hinzufügen. Dabei sollten Sie beachten, da Sie beim Bearbeiten der Spalten mehr Einstellungsmöglichkeiten besitzen als beim Hinzufügen einer neuen Spalte. Im Prinzip können Sie hier alles für die Datenbindung Wichtige definieren. Lediglich wenn Sie die `ComboBox` einer `ComboBox`-Spalte ebenfalls in ein Programm selbst füllen wollen, müssen Sie (natürlich) selbst programmieren.

>> **Formulare und Steuerelemente**

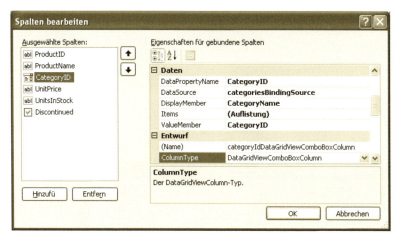

Abbildung 161: Einstellung einer Spalte eines DataGridView-Steuerelements, die die Kategorie eines Produkts der Northwind-Datenbank in einer ComboBox anzeigt

Dazu können Sie die entsprechende Spalte über die `Columns`-Auflistung referenzieren, in den eigentlichen Typ der Spalte casten und die Einstellungen bearbeiten. Im folgenden Beispiel initialisiere ich ein `DataGridView`-Steuerelement, das die Daten von Personen anzeigt. Die Spalten habe ich im Visual-Studio-Designer erzeugt. Bei der dritten Spalte handelt es sich um eine `ComboBox`-Spalte, die den Typ der Person (Erdling oder Alien) verwaltet. Das Beispiel beinhaltet ebenfalls das Füllen der benötigten `DataTable`-Objekte:

```
// Daten für das Personen-DataGridView erzeugen
DataTable personTable = new DataTable();
personTable.Columns.Add("FirstName", typeof(string));
personTable.Columns.Add("LastName", typeof(string));
personTable.Columns.Add("Type", typeof(int));
personTable.Rows.Add(new object[] { "Zaphod", "Beeblebrox", 2 });
personTable.Rows.Add(new object[] { "Ford", "Prefect", 2 });
personTable.Rows.Add(new object[] { "Tricia", "McMillan", 1 });

DataTable personTypeTable = new DataTable();
personTypeTable.Columns.Add("Id", typeof(int));
personTypeTable.Columns.Add("Name", typeof(string));
personTypeTable.Rows.Add(new object[] { 1, "Erdling" });
personTypeTable.Rows.Add(new object[] { 2, "Alien" });

// Die ComboBox-Spalte des Personen-DataGridView
// initialisieren
DataGridViewComboBoxColumn comboBoxColumn =
   (DataGridViewComboBoxColumn)this.personGridView.Columns[2];
```

Listing 456: Füllen einer ComboBox-Spalte im Programm

```
comboBoxColumn.DisplayMember = "Name";
comboBoxColumn.ValueMember = "Id";
comboBoxColumn.DataSource = personTypeTable;
```

Listing 456: Füllen einer ComboBox-Spalte im Programm (Forts.)

Das Ergebnis zeigt Abbildung 162 (inklusive eines `DataGridView`-Steuerelements, das die wichtigsten Daten der Artikel der Northwind-Datenbank anzeigt).

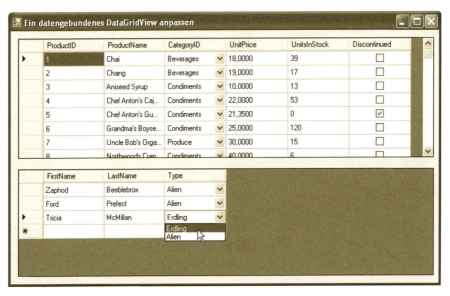

Abbildung 162: Beispiel-Programmen mit zwei DataGridView-Instanzen

Bedingungsabhängiges Anpassen der Zellenfarbe

Die Farbe der einzelnen Zeilen eines `DataGridView` können Sie, wie Sie ja wahrscheinlich wissen, über die Eigenschaften `DefaultCellStyle.BackColor` und `AlternatingRows-DefaultTextStyle.BackColor` beeinflussen. Setzen Sie `DefaultCellStyle.BackColor` z.B. auf `Color.White` und `AlternatingRowsDefaultTextStyle.BackColor` auf `Color.Silver`, erscheint jede zweite Zeile hellgrau und jede andere weiß.

Wenn Sie aber Zeilen oder einzelne Zellen anders darstellen wollen, wenn diese einer bestimmten Bedingung entsprechen, müssen Sie etwas mehr programmieren. Das `DataGridView`- Steuerelement stellt Ihnen dazu aber eine Vielzahl an Ereignissen zur Verfügung, die im Prinzip alle Anforderungen abdecken.

Im `CellFormatting`-Ereignis können Sie einzelne Zellen, z.B. abhängig von ihrem Wert, umformatieren. Dazu greifen Sie, wie ich es in Rezept 236 beschrieben habe, über den Indexer des Steuerelements auf die Zelle zu. Den Index der aktuell formatierten Zelle erhalten Sie über die Eigenschaft `Index` des Ereignisargument-Objekts. Den Stil der Zelle können Sie über die Eigenschaft `CellStyle` beeinflussen. Wollen Sie

>> **Formulare und Steuerelemente**

den Stil der gesamten Zeile beeinflussen, erreichen Sie dies über die Eigenschaft `DefaultCellStyle` der Zeile, die Sie wiederum über die `Rows`-Eigenschaft des `DataGridView`-Steuerelements ansprechen können.

Das folgende Beispiel formatiert die aktuelle Zeile mit einer orangen Hintergrundfarbe, wenn das Feld *Discontinued* true speichert. Außerdem wird die Zelle, die das Feld *UnitsInStock* anzeigt, mit einer roten Hintergrundfarbe formatiert, wenn der gespeicherte Wert kleiner/gleich Null ist oder die Zelle nichts speichert.

```
private void productsGridView_CellFormatting(object sender,
    DataGridViewCellFormattingEventArgs e)
{
    // Die gesamte Zeile mit einer orangen Hintergrundfarbe
    // formatieren, wenn die Zelle, die das Feld 'Discontinued'
    //  verwaltet, den Wert true speichert
    if (e.ColumnIndex == this.productsGridView.Columns[
        "discontinuedDataGridViewCheckBoxColumn"].Index)
    {
        // Den Wert des Feldes 'Discontinued' auslesen
        DataGridViewCell cell =
            ((DataGridView)sender)[e.ColumnIndex, e.RowIndex];
        if (cell.Value != null && cell.Value != DBNull.Value)
        {
            bool discontinued = Convert.ToBoolean(cell.Value);
            if (discontinued)
            {
                // Die Hintergrundfarbe der Zeile auf Orange setzen
                ((DataGridView)sender).Rows[e.RowIndex]
                    .DefaultCellStyle.BackColor = Color.Orange;
            }
        }
    }

    // Die Zelle, die das Feld 'UnitsInStock' verwaltet,
    // mit einer roten Hintergrundfarbe formatieren, wenn
    // die Zelle nichts oder einen Wert kleiner/gleich Null
    // speichert
    if (e.ColumnIndex == this.productsGridView.Columns[
        "unitsInStockDataGridViewTextBoxColumn"].Index)
    {
        // Den Wert des Feldes 'UnitsInStock' auslesen
        DataGridViewCell cell =
            ((DataGridView)sender)[e.ColumnIndex, e.RowIndex];
        if (cell.Value != null && cell.Value != DBNull.Value)
        {
            int unitsInStock = Convert.ToInt32(cell.Value);
```

Listing 457: Umformatieren von Zeilen und Zellen abhängig vom Inhalt einer Zelle

```
        if (unitsInStock <= 0)
        {
            // Die Hintergrundfarbe der Zelle auf Rot setzen
            e.CellStyle.BackColor = Color.Red;
        }
      }
   }
}
```

Listing 457: Umformatieren von Zeilen und Zellen abhängig vom Inhalt einer Zelle (Forts.)

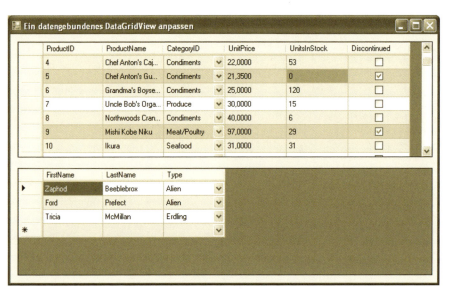

Abbildung 163: Das Beispielprogramm in Aktion

> **Hinweis:** Wenn Sie den Zelleninhalt komplett selbst zeichnen wollen, können Sie dazu das `CellPainting`-Ereignis verwenden. Zeilen können Sie in `RowPrePaint` und `RowPostPaint` benutzerdefiniert zeichnen. Diese Möglichkeiten beschreibe ich hier allerdings nicht.

238 Ein DataGridView mit eigenen Spalten am Beispiel einer DateTimePicker-Spalte

Das `DataGridView`-Steuerelement bietet bereits standardmäßig flexible Möglichkeiten, Daten tabellenförmig darzustellen und dem Anwender zum Bearbeiten zur Verfügung zu stellen. In einigen Fällen wollen Sie aber vielleicht spezielle Spalten integrieren, für die der Designer keinen Spaltentyp anbietet. Ein Beispiel dafür ist eine Spalte, die für ein Datumsfeld ein `DateTimePicker`-Steuerelement anzeigt (Abbildung 164).

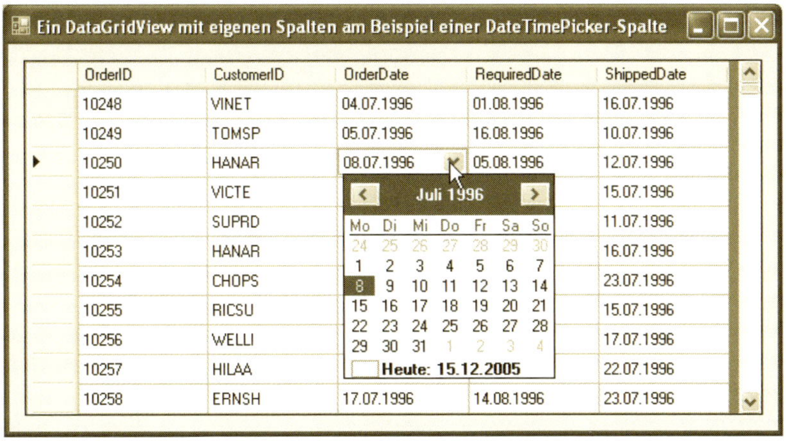

>> **Formulare und Steuerelemente** 703

Abbildung 164: Ein DataGridView mit DateTimePicker-Spalten

Zur Lösung dieses Problems benötigen Sie drei Klassen:

▶ Eine spezielle Steuerelement-Klasse implementiert das Steuerelement, das im Editiermodus der Zelle angezeigt werden soll. Dieses Steuerelement muss die Schnittstelle `IDataGridViewEditingControl` (aus dem Namensraum `System.Windows.Forms`) implementieren.

▶ Die zweite Klasse implementiert die Zelle und muss zumindest von `DataGridViewCell` abgeleitet werden. In den meisten Fällen ist es jedoch sinnvoll, diese Klasse von `DataGridViewTextBoxCell` abzuleiten, um die Darstellung des Inhalts der Zelle für den Nicht-Editiermodus und verschiedene andere benötigte Methoden zu erben.

▶ Eine dritte Klasse implementiert schließlich den Spaltentyp und wird von `DataGridViewColumn` abgeleitet.

Für unser Beispiel benötigen wir also zunächst eine Klasse für das Steuerelement. Ich implementiere diese Klasse öffentlich, damit ein Programmierer später für spezielle Anpassungen in den Ereignissen des `DataGridView` an das Steuerelement herankommt. Die Klasse wird von `DateTimePicker` abgeleitet und implementiert `IDataGridViewEditingControl`.

Zum Kompilieren dieser Klasse müssen Sie die Namensräume `System` und `System.Windows.Forms` importieren.

```
public class DataGridDateTimePicker : DateTimePicker,
    IDataGridViewEditingControl
{
    /* Gibt an, ob der im Steuerelement verwaltete Wert
       zwischenzeitlich geändert wurde */
```

Listing 458: Beginn der Klasse für ein DateTimePicker-Steuerelement in einem DataGridView

```
      private bool valueChanged = false;

      /* Konstruktor. Setzt das Datumsformat auf das kurze Format. */
      public DataGridDateTimePicker()
      {
         this.Format = DateTimePickerFormat.Short;
      }
```

Listing 458: Beginn der Klasse für ein DateTimePicker-Steuerelement in einem DataGridView (Forts.)

Die Schnittstelle `IDataGridViewEditingControl` besteht aus einigen Eigenschaften und Methoden, die Sie natürlich implementieren müssen.

Die Eigenschaft `EditingControlDataGridView` verwaltet eine Referenz auf das `DataGridView`-Steuerelement:

```
      private DataGridView dataGridView;
      public DataGridView EditingControlDataGridView
      {
         get
         {
            return this.dataGridView;
         }

         set
         {
            this.dataGridView = value;
         }
      }
```

Listing 459: Implementierung der EditingControlDataGridView-Eigenschaft

`EditingControlFormattedValue` verwaltet den formatierten Wert des Steuerelements. Das `DataGridDateTimePicker`-Steuerelement setzt hier das kurze Datumsformat ein:

```
      public object EditingControlFormattedValue
      {
         get
         {
            return this.Value.ToShortDateString();
         }

         set
         {
```

Listing 460: Implementierung der EditingControlFormattedValue-Eigenschaft

```
            if (value != null)
            {
               this.Value = DateTime.Parse(value.ToString());
            }
         }
      }
```

Listing 460: Implementierung der EditingControlFormattedValue-Eigenschaft (Forts.)

Die Eigenschaft `EditingControlRowIndex` verwaltet den Index der Zeile, in der das Steuerelement angelegt ist (hier in einem privaten Feld):

```
private int rowIndex;
public int EditingControlRowIndex
{
   get
   {
      return this.rowIndex;
   }

   set
   {
      this.rowIndex = value;
   }
}
```

Listing 461: Implementierung der EditingControlRowIndex-Eigenschaft

Die Eigenschaft `EditingPanelCursor` legt den Mauscursor fest, der angezeigt wird, wenn die Maus sich zwar über der Zelle, aber nicht über dem Editier-Steuerelement befindet. Für unser Steuerelement kann hier der Cursor der Basisklasse verwendet werden:

```
public Cursor EditingPanelCursor
{
   get
   {
      return base.Cursor;
   }
}
```

Listing 462: Implementierung der EditingPanelCursor-Eigenschaft

Über die Eigenschaft `EditingControlValueChanged` erfährt das `DataGridView`-Steuerelement, ob der Wert, den das Zellen-Steuerelement verwaltet, geändert wurde.

```
public bool EditingControlValueChanged
{
   get
   {
      return this.valueChanged;
   }

   set
   {
      this.valueChanged = value;
   }
}
```

Listing 463: Implementierung der EditingControlValueChanged-Eigenschaft

Die Methode `GetEditingControlFormattedValue` liefert einfach nur den formatierten Wert des Steuerelements zurück (warum auch immer, schließlich reicht eigentlich die Eigenschaft `EditingControlFormattedValue`, die ich auch einfach hier verwende, aus):

```
public object GetEditingControlFormattedValue(
    DataGridViewDataErrorContexts context)
{
   return this.EditingControlFormattedValue;
}
```

Listing 464: Implementierung der GetEditingControlFormattedValue-Methode

In der Methode `ApplyCellStyleToEditingControl` wird der Stil der Zelle, den Sie über das übergebene Argument `dataGridViewCellStyle` erreichen, in das Steuerelement übertragen. Für unseren Fall werden die Schriftart, die Vorder- und die Hintergrundfarbe übergeben:

```
public void ApplyCellStyleToEditingControl(
    DataGridViewCellStyle dataGridViewCellStyle)
{
   this.Font = dataGridViewCellStyle.Font;
   this.CalendarForeColor = dataGridViewCellStyle.ForeColor;
   this.CalendarMonthBackground = dataGridViewCellStyle.BackColor;
}
```

Listing 465: Implementierung der ApplyCellStyleToEditingControl-Methode

Die Methode `EditingControlWantsInputKey` wird bei der Betätigung von Tasten aufgerufen. Die betätigten Tasten werden im Argument `keys` übergeben. Diese Methode muss `true` zurückgeben, falls das Steuerelement die betätigten Tasten selbst benötigt.

Formulare und Steuerelemente

In diesem Fall werden die Tasten nicht vom `DataGridView` ausgewertet. Im Argument `DataGridViewWantsInputKey` können Sie abfragen, ob das `DataGridView` die betätigten Tasten überhaupt für sich in Anspruch nimmt. Da das `DateTimePicker`-Steuerelement die Positionierungs-Tasten zur Positionierung im aufgeklappten Kalender einsetzt, werden diese in unserer Klasse entsprechend abgefragt:

```csharp
public bool EditingControlWantsInputKey(
    Keys keys, bool dataGridViewWantsInputKey)
{
    switch (keys & Keys.KeyCode)
    {
        // Das Steuerelement benötigt die hier aufgelisteten
        // Tasten selbst
        case Keys.Left:
        case Keys.Up:
        case Keys.Down:
        case Keys.Right:
        case Keys.Home:
        case Keys.End:
        case Keys.PageDown:
        case Keys.PageUp:
            return true;

        default:
            // Alle anderen Tasten werden nicht benötigt
            return false;
    }
}
```

Listing 466: Implementierung der EditingControlWantsInputKey-Methode

Die Methode `PrepareEditingControlForEdit` wird aufgerufen, wenn das Steuerelement in den Editiermodus umgeschaltet werden soll. Das Argument `selectAll` gibt an, ob der Inhalt komplett selektiert werden soll. Für unser Steuerelement ist hier keine Implementierung notwendig, da der `DateTimePicker` sich immer im Editiermodus befindet:

```csharp
public void PrepareEditingControlForEdit(bool selectAll)
{
    // Für dieses Steuerelement ist hier keine Implementierung notwendig
}
```

Listing 467: Implementierung der PrepareEditingControlForEdit-Methode

Ein DataGridView mit eigenen Spalten

RepositionEditingControlOnValueChange gibt an, ob das DataGridView-Steuerelement die Zelle neu positionieren (vergrößern oder verkleinern) soll, wenn der Wert des Editier-Steuerelements geändert wird. Hier sollten Sie true zurückgeben, wenn die Größe des Steuerelements sich dynamisch an den Inhalt anpasst. Da dies für unser Steuerelement nicht notwendig ist, wird false zurückgegeben.

```
public bool RepositionEditingControlOnValueChange
{
   get
   {
      return false;
   }
}
```

Listing 468: Implementierung der RepositionEditingControlOnValueChange-Methode

Schließlich muss nur noch das private Feld valueChanged auf true gesetzt und die NotifyCurrentCellDirty-Methode des DataGridView aufgerufen werden, wenn der Wert des Steuerelements geändert wird. valueChanged wird in unserem Beispiel in der Eigenschaft EditingControlValueChanged abgefragt. NotifyCurrentCellDirty informiert das DataGridView-Steuerelement darüber, dass der Wert der Zelle geändert wurde. Die DataGridDateTimePicker-Klasse überschreibt zu diesem Zweck die geerbte OnValueChanged-Methode:

```
protected override void OnValueChanged(EventArgs eventargs)
{
   this.valueChanged = true;
   this.dataGridView.NotifyCurrentCellDirty(true);

   // Die geerbte Methode aufrufen,
   // um das ValueChanged-Ereignis aufzurufen
   base.OnValueChanged(eventargs);
}
}
```

Listing 469: Überschreiben der OnValueChanged-Methode und Abschluss der DataGridDateTimePicker-Klasse

Die Klasse für die Zelle leite ich für unser Beispiel von der Klasse DataGridViewTextBoxCell ab. So kann ich auf die Logik zur Darstellung des Zellinhalts im Anzeigemodus und auf die Implementierung verschiedener notwendiger Methoden verzichten.

>> **Formulare und Steuerelemente**

Im Konstruktor wird das Format der Zelle auf das kurze Datumsformat eingestellt:

```
public class DataGridViewDateTimePickerCell: DataGridViewTextBoxCell
{
   public DataGridViewDateTimePickerCell()
   {
      this.Style.Format = "d";
   }
```

Listing 470: Beginn der DataGridViewDateTimePickerCell-Klasse und Konstruktor

Die zu überschreibende Eigenschaft `EditType` gibt den Typ des Editier-Steuerelements zurück. `ValueType` gibt den Typ des im Editier-Steuerelement verwalteten Werts zurück. `DefaultNewRowValue` liefert einen Defaultwert für neue Zeilen. Die `DataGridViewDateTimePickerCell`-Klasse liefert hier das aktuelle Datum zurück:

```
   /* Gibt den Typ des Editier-Steuerelements zurück */
   public override Type EditType
   {
      get
      {
         return typeof(DataGridDateTimePicker);
      }
   }

   /* Gibt den Typ des im Editier-Steuerelement verwalteten Werts zurück */
   public override Type ValueType
   {
      get
      {
         return typeof(DateTime);
      }
   }

   /* Gibt den Defaultwert für neue Zeilen zurück */
   public override object DefaultNewRowValue
   {
      get
      {
         return DateTime.Now;
      }
   }
```

Listing 471: Die wichtigen Eigenschaften EditType, ValueType und DefaultNewRowValue

Die zu überschreibende Methode `InitializeEditingControl` initialisiert das Editier-Steuerelement. Im Argument `initialFormattedValue` wird der (formatierte) Wert übergeben, der zurzeit in der Zelle gespeichert wird. Das Argument `dataGridViewCellStyle` referenziert den Stil der Zelle. Das `DateTimePicker`-Beispiel referenziert das Editier-Steuerelement und übergibt den nach `DateTime` konvertierten Wert, falls dieser nicht `null` ist und dessen `ToString`-Methode keinen Leerstring ergibt. Im anderen Fall wird der minimal mögliche Wert des `DataGridDateTimePicker`-Steuerelements in das Steuerelement geschrieben. Schließlich wird noch die geerbte Methode aufgerufen. Dies besitzt für die `DataGridViewDateTimePickerCell`-Klasse zwar keine besondere Bedeutung. Allerdings erzeugt diese Methode die in der Basisklasse verwendete `TextBox`, auf die in anderen Methoden der Basisklasse zugegriffen wird. Verzichten Sie auf den Aufruf von `base.InitializeEditingControl`, resultiert dies in einer `NullReferenceException` (in der privaten `WireEditingControlEvents`-Methode des `DataGridView`-Steuerelements, die verschiedene Ereignismethoden an die Ereignisse des aktuellen Editier-Steuerelements hängt) beim Umschalten in den Editiermodus.

```
public override void InitializeEditingControl(int rowIndex,
    object initialFormattedValue,
    DataGridViewCellStyle dataGridViewCellStyle)
{
  // Den Wert der Zelle an das Editier-Steuerelement übergeben
  DataGridDateTimePicker ctl =
      DataGridView.EditingControl as DataGridDateTimePicker;
  if (initialFormattedValue != null &&
    initialFormattedValue.ToString().Length > 0)
  {
    ctl.Value = Convert.ToDateTime(initialFormattedValue);
  }
  else
  {
    ctl.Value = ctl.MinDate;
  }

  // Die geerbte Methode aufrufen, da diese die TextBox der Basisklasse
  // erzeugt, die in anderen Methoden benötigt wird (der Nicht-Aufruf
  // der geerbten Methode führt ansonsten zu einer NullReferenceException
  // beim Umschalten in den Editiermodus)
  base.InitializeEditingControl(rowIndex, initialFormattedValue,
      dataGridViewCellStyle);
  }
}
```

Listing 472: Initialisierung des Editier-Steuerelements und Abschluss der DataGridViewDateTimePickerCell-Klasse

Formulare und Steuerelemente

Die `DataGridViewDateTimePickerColumn`-Klasse, die die Spalte repräsentiert, ist schließlich recht einfach zu implementieren. Im Konstruktor wird die Basisklasse mit einer neuen Instanz der Klasse für die Zelle (hier: `DataGridViewDateTimePickerCell`) initialisiert:

```
public class DataGridViewDateTimePickerColumn : DataGridViewColumn
{
   public DataGridViewDateTimePickerColumn()
      : base(new DataGridViewDateTimePickerCell())
   {
   }
```

Listing 473: Beginn der DataGridViewDateTimePickerColumn-Klasse und Konstruktor

Dann muss noch die `CellTemplate`-Eigenschaft so überschrieben werden, dass diese beim Schreiben lediglich Instanzen der `DataGridViewDateTimePickerCell`- oder einer davon abgeleiteten Klasse zulässt:

```
   public override DataGridViewCell CellTemplate
   {
      get
      {
         return base.CellTemplate;
      }

      set
      {
         // Sicherstellen, dass das übergebene Objekt ein
         // DataGridViewDateTimePickerCell-Objekt ist
         if (value != null &&
            (value is DataGridViewDateTimePickerCell) == false)
         {
            throw new InvalidCastException("CellTemplate muss eine " +
               "Instanz der DataGridViewDateTimePickerCell-Klasse oder " +
               "einer davon abgeleiteten Klasse sein");
         }
         base.CellTemplate = value;
      }
   }
}
```

Listing 474: Die überschriebene CellTemplate-Eigenschaft und Abschluss der DataGridViewDateTimePickerColumn-Klasse

Wenn Sie diese Klassen in ein Projekt integrieren, können Sie die `DataGridViewDateTimePickerColumn`-Klasse sogar im Spalten-Designer eines `DataGridView`-Steuerelements verwenden (Abbildung 165).

Abbildung 165: Zuweisung der DataGridViewDateTimePickerColumn-Klasse im Spalten-Designer eines DataGridView-Steuerelements

239 Feiertage im MonthCalendar-Steuerelement darstellen

Das `MonthCalendar`-Steuerelement bietet über die Eigenschaft `BoldedDates` die Möglichkeit, Tage hervorgehoben darzustellen. In diese Eigenschaft müssen Sie ein Array von `DateTime`-Instanzen schreiben, das die hervorzuhebenden Tage enthält. Die deutschen Feiertage können Sie über die Methode `GetGermanSpecialDays` aus dem Rezept 69 ermitteln. Diese müssen Sie lediglich in ein `DateTime`-Array kopieren und der `BoldedDates`-Auflistung zuweisen. Diese Zuweisung müssen Sie wiederholen, wenn das angezeigte Jahr wechselt. Außerdem wäre es schön, wenn der Benutzer den Namen des Feiertags in einem ToolTip angezeigt bekommen würde, wenn er mit der Maus über eines der hervorgehobenen Daten fährt.

Um das Ganze zu vereinfachen habe ich das Steuerelement `GermanMonthCalendar` entwickelt, das von `MonthCalendar` abgeleitet ist, und dieses um die Feiertags-Funktionalität erweitert. Kern dieser Klasse sind die Methoden `getHolidays` und `timer_Tick`. `getHolidays` wird immer dann aufgerufen, wenn das Datum geändert wurde (also einmal im Konstruktor und in der überschriebenen `OnDateChanged`-Methode). Diese Methode liest über die `GetGermanSpecialDays`-Methode aus dem Rezept 69 die deutschen Spezialtage ein, geht diese durch und schreibt die aus den Spezialtagen ermittelten Feiertage in die private Auflistung `holidays`. Danach wird der ebenfalls private Timer gestartet, der nach 100 Millisekunden sein `Tick`-Ereignis ausführt. In diesem Ereignis werden die Datums-

>> Formulare und Steuerelemente

werte der Feiertage in ein `DateTime`-Array kopiert und der `BoldedDates`-Eigenschaft zugewiesen. Die Verwendung des Timers ist ein kleiner Workaround: Ohne diese kurze Verzögerung würde das Steuerelement ansonsten bei einem Klick auf einen der Pfeile für den nächsten bzw. den vorherigen Monat nicht mehr registrieren, dass der Klick beendet wurde, und die Monate einfach weiter durchscrollen.

Um dem Anwender die Feiertage in einem ToolTip anzuzeigen überschreibt `GermanMonthCalendar` schließlich noch die `OnMouseMove`-Methode. In dieser Methode ermittelt das Steuerelement über die geerbte `HitTest`-Methode das Datum, auf dem die Maus liegt. Dann geht sie die aktuellen Feiertage durch und überprüft, ob das Datum zu einem Feiertag gehört. Ist dies der Fall, wird der Name des Feiertags in dem ToolTip ausgegeben und die Methode beendet. Im anderen Fall wird der ToolTip einfach zurückgesetzt.

Zum Kompilieren dieser Klasse müssen Sie die Namensräume `System`, `System.Windows.Forms` importieren und eine Klasse `DateUtils` implementieren, die die Typen und Methoden aus dem Rezept 69 beinhaltet.

```
public class GermanMonthCalendar : MonthCalendar
{
   /* Verwaltet die aktuellen Feiertage */
   private DateUtils.GermanSpecialDays holidays;

   /* Timer für das zeitverzögerte Ermitteln der speziellen Tage */
   private Timer timer;

   /* ToolTip für die Anzeige der Feiertage */
   private ToolTip toolTip = new ToolTip();

   /* Konstruktor. Initialisiert den Timer und ermittelt die ersten */
   /* Feiertage */
   public GermanMonthCalendar()
   {
      this.timer = new Timer();
      this.timer.Interval = 100;
      this.timer.Tick += new EventHandler(this.timer_Tick);
      this.getHolidays(this.SelectionStart.Year);
   }

   /* Ermittelt die speziellen Tage neu, wenn das Jahr wechselt */
   protected override void OnDateChanged(DateRangeEventArgs e)
   {
      base.OnDateChanged(e);

      // Feiertage ermitteln
      this.getHolidays(e.Start.Year);
   }
```

Listing 475: Spezielle MonthCalendar-Klasse, die die deutschen Feiertage darstellt

```csharp
/* Ermittelt die Feiertage */
private void getHolidays(int year)
{
   if (this.holidays == null || this.holidays.Year != year)
   {
      // Die speziellen Tage für das angezeigte Jahr ermitteln
      DateUtils.GermanSpecialDays specialDays =
         DateUtils.GetGermanSpecialDays(year);

      // Die Feiertage auslesen
      this.holidays = new DateUtils.GermanSpecialDays(year);
      foreach (DateUtils.GermanSpecialDay specialDay in
         specialDays.Values)
      {
         if (specialDay.IsHoliday)
         {
            this.holidays.Add(specialDay.Key, specialDay);
         }
      }

      // Timer starten, der etwas zeitverzögert die
      // Feiertage ermittelt und in BoldedDates schreibt
      this.timer.Start();
   }
}

/* Schreibt etwas zeitverzögert die Feiertage in die
   BoldedDates-Eigenschaft */
private void timer_Tick(object sender, EventArgs e)
{
   // Timer beenden
   this.timer.Stop();

   // Die Tage der Feiertage in ein DateTime-Array kopieren und dieses der
   // BoldedDates-Eigenschaft zuweisen
   DateTime[] specialDates = new DateTime[this.holidays.Count];
   int index = -1;
   foreach (DateUtils.GermanSpecialDay specialDay in this.holidays.Values)
   {
      index++;
      specialDates[index] = specialDay.Date;
   }
   this.BoldedDates = specialDates;
}
```

Listing 475: Spezielle MonthCalendar-Klasse, die die deutschen Feiertage darstellt (Forts.)

>> **Formulare und Steuerelemente**

```
/* Zeigt einen ToolTip an, wenn sich die Maus auf einem */
/* Feiertag befindet */
protected override void OnMouseMove(MouseEventArgs e)
{
   base.OnMouseMove(e);

   if (this.holidays != null)
   {
      DateTime date = this.HitTest(e.X, e.Y).Time;
      foreach (DateUtils.GermanSpecialDay holiday in this.holidays.Values)
      {
         if (holiday.Date.Date == date.Date)
         {
            this.toolTip.SetToolTip(this, holiday.Name);
            return;
         }
      }
      // ToolTip löschen
      this.toolTip.SetToolTip(this, null);
   }
}
```

Listing 475: Spezielle MonthCalendar-Klasse, die die deutschen Feiertage darstellt (Forts.)

Abbildung 166 zeigt ein einfaches Windows-Programm, das dieses Steuerelement einsetzt.

Abbildung 166: Anzeige der deutschen Feiertage im GermanMonthCalendar-Steuerelement

240 Drag&Drop von Dateien und Ordnern

Für Anwendungen, die Eingaben von Datei- oder Ordnernamen erwarten, ist es sinnvoll, Drag&Drop vom Explorer aus zu ermöglichen. Dieses Problem ist einfach gelöst, aber nicht unbedingt so klar, dass das Rezept hier sinnlos wäre ☺.

716 >> Drag&Drop von Dateien und Ordnern

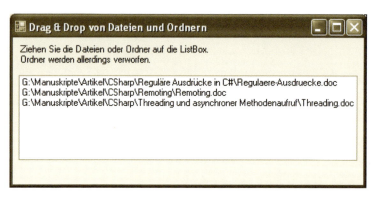

Abbildung 167: Beispielanwendung für das Drag&Drop von Dateien und Ordnern

In der Beispielanwendung sollen Dateien und Ordner auf die ListBox mit Namen *fileList* gezogen werden können. Dazu stellen Sie zunächst die Eigenschaft AllowDrop der ListBox auf true.

Im Ereignis DragEnter der ListBox überprüfen Sie über die GetDataPresent-Methode des im DragEventArgs-Argument übergebenen IDataObject-Objekts, ob Dateien oder Ordner gezogen werden. Dazu übergeben Sie die Konstante DataFormats.FileDrop. In diesem Fall setzen Sie den Effekt auf DragDropEffects.Copy, da Sie im Prinzip nur das »Kopieren« der Dateien und nicht das Verschieben zulassen (das Sie natürlich implementieren müssten):

```
private void fileList_DragEnter(object sender, DragEventArgs e)
{
   // Überprüfen, ob Dateien oder Ordner gezogen werden
   if (e.Data.GetDataPresent(DataFormats.FileDrop))
   {
      e.Effect = DragDropEffects.Copy;
   }
   else
   {
      e.Effect = DragDropEffects.None;
   }
}
```

Listing 476: Setzen des Drag&Drop-Effekts

Im Ereignis DragDrop werten Sie nun die gezogenen Daten aus. Dazu rufen Sie die GetData-Methode des mit dem DragEventArgs-Objekt in dessen Data-Eigenschaft übergebenen IDataObject-Objekts aus. Am ersten Argument können Sie ein Type-Objekt übergeben (was für gezogene Dateien und Ordner aber nicht existiert). Alternativ können Sie auch einen String übergeben, der den Typ kennzeichnet. Und hier können Sie direkt DataFormats.FileDrop übergeben, weil diese Konstante den passen-

>> **Formulare und Steuerelemente**

den String (»FileDrop«) verwaltet. Am zweiten Argument definieren Sie mit `false`, dass die Daten nicht in das angegebene Format konvertiert werden sollen, weil diese ja bereits in diesem Format vorliegen.

Sie erhalten dann ein String-Array mit den Datei- und/oder Ordnernamen. Alles Weitere bleibt dann Ihnen überlassen. Das Beispiel ermittelt über ein `FileInfo`-Objekt (aus dem Namensraum `System.IO`), ob es sich um eine Datei handelt, und fügt dieses Objekt dann einfach an die Liste an. Da die `ToString`-Methode eines `FileInfo`-Objekts den vollen Dateinamen zurückgibt, wird dieser in der Liste angezeigt. Der Vorteil dieser Vorgehensweise ist, dass Sie bei der Auswertung der Liste über die referenzierten `FileInfo`-Objekte die vollen Informationen zu den Dateien zur Verfügung haben.

```
private void fileList_DragDrop(object sender, DragEventArgs e)
{
   // Dateien aus den gezogenen Daten auslesen
   string[] filesNames = (string[])e.Data.GetData(DataFormats.FileDrop,
      false);
   foreach (string fileName in filesNames)
   {
      // FileInfo-Objekt erzeugen
      FileInfo fi = new FileInfo(fileName);
      if (fi.Exists)
      {
         // Wenn es sich nicht um einen Ordner handelt: FileInfo-Objekt der
         // Liste anfügen
         this.fileList.Items.Add(fi);
      }
   }
}
```

Listing 477: Auslesen der gezogenen Dateinamen

241 Ein Ordner-Dialog

Das .NET Framework bietet über die Klasse `FolderBrowserDialog` (aus dem Namensraum `System.Windows.Forms`) die Möglichkeit, einen Ordner-Dialog anzuzeigen. Über die Eigenschaft `SelectedPath` können Sie den voreingestellten Ordner einstellen. Neben normalen Ordnerangaben können Sie auch die speziellen Windows-Ordner über die Aufzählung `Environment.SpecialFolder` angeben. Die Eigenschaft `ShowNewFolderButton` bestimmt, ob der Schalter zum Erstellen eines neuen Ordners sichtbar ist. Über die Eigenschaft `Description` können Sie einen Text angeben, der über der Ordnerliste erscheint. Die `ShowDialog`-Methode öffnet den Dialog dann wie gewohnt:

718 >> Tastenbetätigung in einem Nicht-Key-Ereignis abfragen

```
FolderBrowserDialog fbd = new FolderBrowserDialog();
fbd.SelectedPath = "C:\\";
// fbd.RootFolder = Environment.SpecialFolder.Personal;
fbd.ShowNewFolderButton = true;
fbd.Description = "Wählen Sie einen Ordner aus:";
if (fbd.ShowDialog() == DialogResult.OK)
{
   Console.WriteLine(fbd.SelectedPath);
}
```

Listing 478: Ein Ordner-Dialog über die Klasse FolderBrowserDialog

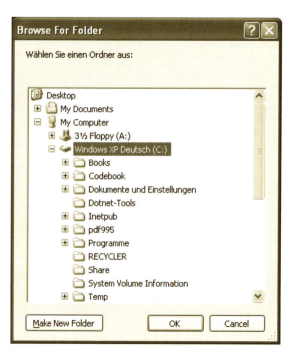

Abbildung 168: Der geöffnete Ordner-Dialog

242 In einem Nicht-Tastatur-Ereignis herausfinden, ob eine bestimmte Taste betätigt ist

In den Ereignissen `KeyPress`, `KeyDown` und `KeyUp` erhalten Sie über das Ereignisargument-Objekt eine Information über die aktuell betätigten Tasten. Manchmal benötigen Sie aber auch an anderer Stelle im Programm eine Information darüber, ob bestimmte Tasten betätigt sind. In Zeichen-Programmen ist es zum Beispiel üblich, dass beim Zeichnen von Kreisen zunächst eine Ellipse gezeichnet wird und nur dann ein Kreis, wenn der Benutzer gleichzeitig die Shift-Taste betätigt.

Formulare und Steuerelemente

Dotnet hilft Ihnen hier nur bedingt weiter. Über die Eigenschaft `ModifierKeys` der `Control`-Klasse (aus dem Namensraum `System.Windows.Forms`) erhalten Sie eine Information darüber, welche der Modifizier-Tasten (Shift, Steuerung, Alt) betätigt sind. Für die meisten Anwendungen dürfte das bereits ausreichen. Wenn Sie aber herausfinden wollen, ob eine andere Taste betätigt ist, müssen Sie auf die Windows-API-Funktion `GetAsyncKeyState` zurückgreifen.

Diese Funktion wird folgendermaßen deklariert:

```
[DllImport("user32.dll")]
static extern short GetAsyncKeyState(Keys key);
```

`GetAsyncKeyState` gibt den derzeitig aktuellen Status einer Taste zurück (die ebenfalls verfügbare Funktion `GetKeyState` ist für die Reaktion auf eine Tastatur-Nachricht gedacht und gibt den Zustand der Taste zum Zeitpunkt dieser Nachricht zurück). Laut der Dokumentation setzt `GetAsyncKeyState` das signifikanteste Bit des Rückgabewerts auf 1, wenn die übergebene Taste gerade betätigt ist. Im am wenigsten signifikanten Bit erhalten Sie eine Information darüber, ob der Zustand der Taste seit dem letzten Aufruf der Funktion geändert wurde. Diese Information sollten Sie laut der Dokumentation aber nicht verwenden, da diese in bestimmten Situationen nicht verfügbar ist.

Ob eine Taste gerade betätigt ist, können Sie nun einfach darüber ermitteln, ob der zurückgegebene Wert negativ ist, denn dann ist in einem `short`-Wert das signifikanteste Bit (das Vorzeichenbit) gesetzt.

Das folgende Beispiel fragt `Control.ModifierKeys` ab um in einem `MouseDown`-Ereignis herauszufinden, ob die Modifizier-Tasten betätigt sind. Um herauszufinden, ob die Tasten F1, F2 oder F3 betätigt sind, setzt dieses Beispiel die `GetAsyncKeyState`-Funktion ein.

Zum Kompilieren des Beispiels benötigen Sie ein Formular mit Namen *StartForm*, dessen `MouseDown`-Ereignis Sie mit der Methode `StartForm_MouseDown` verknüpfen. Außerdem müssen Sie die Namensräume `System`, `System.Windows.Forms` und `System.Runtime.InteropServices` importieren.

```
[DllImport("user32.dll")]
static extern short GetAsyncKeyState(Keys key);

private void StartForm_MouseDown(object sender, MouseEventArgs e)
{
   string info = null;
   // Auf die Steuerung-Taste abfragen
   if ((Control.ModifierKeys & Keys.Control) > 0)
   {
      info = "Die Strg-Taste ist betätigt";
   }
```

Listing 479: In einem MouseDown-Ereignis ermitteln, ob bestimmte Tasten betätigt sind

Tastenbetätigung in einem Nicht-Key-Ereignis abfragen

```csharp
      // Auf die Shift-Taste abfragen
      if ((Control.ModifierKeys & Keys.Shift) > 0)
      {
         if (info != null) info += Environment.NewLine;
         info += "Die Shift-Taste ist betätigt";
      }
      // Auf die Alt-Taste abfragen
      if ((Control.ModifierKeys & Keys.Alt) > 0)
      {
         if (info != null) info += Environment.NewLine;
         info += "Die Alt-Taste ist betätigt";
      }
      // Auf die ersten drei Funktionstasten abfragen
      if (GetAsyncKeyState(Keys.F1) < 0)
      {
         if (info != null) info += Environment.NewLine;
         info += "Die F1-Taste ist betätigt";
      }
      if (GetAsyncKeyState(Keys.F2) < 0)
      {
         if (info != null) info += Environment.NewLine;
         info += "Die F2-Taste ist betätigt";
      }
      if (GetAsyncKeyState(Keys.F3) < 0)
      {
         if (info != null) info += Environment.NewLine;
         info += "Die F3-Taste ist betätigt";
      }

      if (info != null)
      {
         MessageBox.Show(info, Application.ProductName, MessageBoxButtons.OK,
            MessageBoxIcon.Information);
      }
      else
      {
         MessageBox.Show("Keine Taste ist betätigt", Application.ProductName,
            MessageBoxButtons.OK, MessageBoxIcon.Information);
      }
   }
```

Listing 479: In einem MouseDown-Ereignis ermitteln, ob bestimmte Tasten betätigt sind (Forts.)

>> **Formulare und Steuerelemente**

243 In einem eigenen Steuerelement verhindern, dass die Cursor-Tasten einen Fokuswechsel bewirken

Wenn Sie ein eigenes Steuerelement implementieren, das seine Darstellung in der überschriebenen `OnPaint`-Methode selbst zeichnet, und dieses im Konstruktor als selektierbar kennzeichnen (`this.SetStyle(ControlStyles.Selectable, true)`), wollen Sie unter Umständen die Cursortasten als Eingabetasten auswerten. Dies ist zum Beispiel in einem Steuerelement der Fall, das eine Liste von Daten anzeigt, in der der Benutzer über die Cursortasten navigieren kann.

Dummerweise wertet Dotnet die Cursortasten aber so aus, dass diese einen Fokuswechsel auf das nächste bzw. vorherige Steuerelement bewirken. Wollen Sie dies verhindern, müssen Sie diese Tasten als Eingabetasten kennzeichnen. Dazu überschreiben Sie die Methode `IsInputKey` und geben `true` zurück, wenn es sich um eine der genannten Tasten handelt. In allen anderen Fällen geben Sie den Wert zurück, den die geerbte Methode liefert:

```
protected override bool IsInputKey(Keys key)
{
   switch(key)
   {
      case Keys.Up:
      case Keys.Down:
      case Keys.Right:
      case Keys.Left:
         return true;
   }
   return base.IsInputKey(key);
}
```

Listing 480: Überschreiben der IsInputKey-Methode um einen Fokuswechsel durch die Cursortasten zu vermeiden

Wenn Sie die `IsInputKey`-Methode auf diese Weise überschreiben, kann der Benutzer trotzdem noch über eine Kombination aus der Shift- und einer Cursortaste zum nächsten bzw. vorherigen Steuerelement wechseln. Wollen Sie auch dies verhindern, müssen Sie diese Kombinationen ebenfalls abfangen:

```
protected override bool IsInputKey(Keys key)
{
   switch(key)
   {
      case Keys.Up:
```

Listing 481: Überschreiben der IsInputKey-Methode um einen Fokuswechsel durch die Cursortasten auch in einer Kombination mit der Shift-Taste zu vermeiden

```
        case Keys.Down:
        case Keys.Right:
        case Keys.Left:
        case Keys.Up | Keys.Shift:
        case Keys.Down | Keys.Shift:
        case Keys.Right | Keys.Shift:
        case Keys.Left | Keys.Shift:
            return true;
    }
    return base.IsInputKey(key);
}
```

Listing 481: Überschreiben der IsInputKey-Methode um einen Fokuswechsel durch die Cursortasten auch in einer Kombination mit der Shift-Taste zu vermeiden (Forts.)

> **Hinweis**
>
> Das Beispiel zu diesem Rezept implementiert ein (sehr) einfaches Steuerelement zur Auswahl einer Farbe, das diese Technik demonstriert.

Abbildung 169: Beispielanwendung mit einem einfachen Steuerelement zur Auswahl einer Farbe

244 Hooking – Eine MessageBox mit definierten Schalterbeschriftungen versehen

Die in .NET über die Klasse `MessageBox` implementierte Standard-Windows-MessageBox besitzt leider nur vordefinierte Schalterbeschriftungen. In vielen Fällen passen diese aber nicht zu der jeweiligen Anwendung. Wenn Sie den Anwender beispielsweise fragen wollen, ob er beim Kopieren von Dateien die aktuelle Datei oder alle Dateien überschreiben will, können Sie mit den Default-Schaltern (JA – NEIN, JA – NEIN – ABBRECHEN, ABBRECHEN – IGNORIEREN – WIEDERHOLEN etc.) nicht viel anfangen. Ideal wäre eine MessageBox wie in Abbildung 170.

Um dieses Problem zu lösen können Sie ein Windows-Formular erzeugen, das den Text, die Schalter und das Icon je nach Aufruf einer *Show*-Methode erzeugt. Das macht aber sehr viel Arbeit, wenn Sie das Formular möglichst flexibel einsetzbar machen wollen.

Abbildung 170: MessageBox mit speziellen Schalterbeschriftungen

Einfacher ist es, die originale Windows-MessageBox zu verändern. Über die API-Funktion SetDlgItemText können Sie die Beschriftungen einzelner Schalter im Fenster eines Dialogs (also auch einer MessageBox) ändern. Dazu übergeben Sie den Windows-Handle des Dialogs, eine Id für den Schalter und den neuen Text. Die Ids der Schalter einer MessageBox sind in Windows festgelegt. Der Wert 1 steht z.B. für einen OK-Schalter, 2 steht für einen Abbrechen-Schalter.

Das Problem ist nur, dass die MessageBox modal ist und Sie folglich nach dem Öffnen nicht an das Fenster herankommen. Ein weiteres Problem wäre auch im anderen Fall, dass Sie den Windows-Handle des MessageBox-Fensters herausfinden müssen.

Die Lösung dieser Probleme ist das so genannte *Hooking.* Hooking bedeutet, dass Sie eine spezielle (Hook-)Funktion so installieren, dass diese bestimmte Windows-Nachrichten abfängt. Wie Sie ja wahrscheinlich bereits wissen, basiert die Interaktion zwischen dem Anwender und den Programm-Fenstern in Windows auf Nachrichten, die Windows bei allen möglichen Ereignissen an die Fenster sendet. Fenster verarbeiten diese Nachrichten und reagieren entsprechend darauf. In modernen Programmiersystemen werden Windows-Nachrichten in Ereignisse umgewandelt. Wenn Sie z.B. für das Ereignis MouseMove eines Formulars eine Behandlungsmethode schreiben, reagieren Sie in Wirklichkeit auf die vom Fenster empfangene Windows-Nachricht WM_MOUSEMOVE.

Über einen Hook können Sie auf Windows-Nachrichten auch dann reagieren, wenn Sie ein Fenster nicht selbst programmiert haben. Sie installieren dazu über die API-Funktion SetWindowsHookEx eine spezielle Hook-Funktion. Dabei definieren Sie die Art des Hooks über festgelegte API-Konstanten. Ein Hook des Typs WH_KEYBOARD reagiert z.B. auf alle Tastatur-Nachrichten (womit Sie einen globalen Tastatur-Handler entwickeln könnten). Die verfügbaren Hook-Typkonstanten sind in der API-Dokumentation zu SetWindowsHookEx beschrieben.

Für unseren Zweck eignet sich ein *CBT*-Hook. Dieser primär für »Computer Based Training«-Programme entwickelte Hook wird bei verschiedenen Nachrichten wie dem Erstellen, Aktivieren oder Zerstören eines Fensters aufgerufen. Da das Aktivieren eines Fensters genau das ist, was wir benötigen, verwende ich einen solchen Hook. Innerhalb der Hook-Funktion erhalten Sie über das Argument code eine Information über die Unterart des Hook. Die Konstante HCBT_ACTIVATE steht für Nachrichten, die beim Aktivieren eines Fensters aufgerufen werden. Aus dem Argument wParam können Sie dann den Handle des gerade aktivierten Fensters auslesen um damit Windows-API-Funktionen wie SetDlgItemText aufzurufen.

724 >> MessageBox mit definierten Beschriftungen

Hooks können Sie global (für alle Windows-Nachrichten) oder nur für einen Thread (den Haupt-Thread einer Anwendung) installieren. Globale Hooks können das System überwachen, sind aber recht gefährlich, wenn innerhalb der Hook-Funktion ein modaler Dialog aufgerufen wird (der das System dann lahmlegt) oder ein Fehler auftritt (der das System u.U. abschießt). Für unseren Zweck reicht aber ein weniger gefährlicher Thread-lokaler Hook. Um diesen zu erzeugen übergeben Sie `SetWindowsHookEx` im letzten Argument die Id des aktuellen Threads (die Sie über `System.AppDomain.GetCurrentThreadId` auslesen).

In der Hook-Funktion sollten Sie dafür Sorge tragen, dass Windows nach Ihrem Hook einen eventuell vorhandenen nächsten abarbeiten kann, was Sie durch den Aufruf der Funktion `CallNextHookEx` erreichen.

Ein einfaches Beispiel

Als erstes einfaches Beispiel erzeugt die folgende Konsolenanwendung eine MessageBox mit drei benutzerdefinierten Schaltern. Zunächst benötigen Sie eine Variable, die den Handle des Hooks verwaltet:

```
class Hooking
{
    private static IntPtr hHook;
```

Eine Aufzählung verwaltet die Konstanten der verschiedenen Hook-Typen (obwohl hier nur ein CBT-Hook verwendet wird):

```
    public enum HookType: int
    {
        WH_JOURNALRECORD = 0,
        WH_JOURNALPLAYBACK = 1,
        WH_KEYBOARD = 2,
        WH_GETMESSAGE = 3,
        WH_CALLWNDPROC = 4,
        WH_CBT = 5,
        WH_SYSMSGFILTER = 6,
        WH_MOUSE = 7,
        WH_HARDWARE = 8,
        WH_DEBUG = 9,
        WH_SHELL = 10,
        WH_FOREGROUNDIDLE = 11,
        WH_CALLWNDPROCRET = 12,
        WH_KEYBOARD_LL = 13,
        WH_MOUSE_LL = 14
    }
```

Für CBT-Hooks benötigen Sie eine weitere Aufzählung, die die Nachrichten spezifiziert, bei denen ein solcher Hook aufgerufen werden kann:

```
    private enum CBTHookAction: int
    {
        HCBT_MOVESIZE = 0,
```

Formulare und Steuerelemente

```
    HCBT_MINMAX = 1,
    HCBT_QS = 2,
    HCBT_CREATEWND = 3,
    HCBT_DESTROYWND = 4,
    HCBT_ACTIVATE = 5,
    HCBT_CLICKSKIPPED = 6,
    HCBT_KEYSKIPPED = 7,
    HCBT_SYSCOMMAND = 8,
    HCBT_SETFOCUS = 9
}
```

Zur Veränderung der Beschriftungen der MessageBox-Schalter über `SetDlgItemText` werden die einzelnen Schaltertypen über festgelegte Konstanten definiert, die Sie ebenfalls in einer Aufzählung deklarieren sollten:

```
private enum ButtonType
{
    IDOK = 1,
    IDCANCEL = 2,
    IDABORT = 3,
    IDRETRY = 4,
    IDIGNORE = 5,
    IDYES = 6,
    IDNO = 7
}
```

Da Sie in echten .NET-Programmen keine Funktionsadressen direkt übergeben können, benötigen Sie einen Delegate für die Hook-Funktion. Die Signatur ist dabei festgelegt, wobei Sie das eigentlich als `int` deklarierte erste Argument zur Vereinfachung auch mit dem kompatiblen Aufzählungstyp deklarieren können:

```
private delegate int HookProcDelegate(CBTHookAction nCode,
    IntPtr wParam, IntPtr lParam);
```

Nun folgt die Deklaration der benötigten API-Funktionen:

```
[DllImport("user32.dll", CharSet=CharSet.Auto)]
private static extern IntPtr SetWindowsHookEx(HookType idHook,
    HookProcDelegate lpfn, IntPtr hMod, int dwThreadId);

[DllImport("user32.dll")]
private static extern int CallNextHookEx(IntPtr hhook,
    CBTHookAction code, IntPtr wParam, IntPtr lParam);

[DllImport("user32.dll")]
private static extern int UnhookWindowsHookEx(IntPtr hhook);

[DllImport("User32")]
static extern private bool SetDlgItemText(IntPtr hWnd,
    int nIDDlgItem, string lpString);
```

MessageBox mit definierten Beschriftungen

Die Hook-Funktion, die die eigentliche Arbeit übernimmt, muss dann der im Delegate festgelegten Signatur entsprechen:

```
private static int HookProc(CBTHookAction code, IntPtr wParam,
   IntPtr lParam)
{
   if (code == CBTHookAction.HCBT_ACTIVATE)
   {
      // Wenn das Fenster gerade aktiviert wird:
      // Schalter neu beschriften
      SetDlgItemText(wParam, (int)ButtonType.IDYES, "Jau");
      SetDlgItemText(wParam, (int)ButtonType.IDNO, "Nö");
      SetDlgItemText(wParam, (int)ButtonType.IDCANCEL,
         "Vielleicht");
   }

   // Zum nächsten Hook in der Hook-Kette wechseln
   return CallNextHookEx(hHook, code, wParam, lParam);
}
```

Die Hook-Funktion vergleicht zunächst, ob der CBT-Hook für das Aktivieren eines Fensters aufgerufen wurde. Da der Hook weiter unten nur für den aktuellen Thread installiert wird, kann die Funktion sicher sein, dass es sich dabei um das Fenster der MessageBox handelt. Über die Funktion `SetDlgItemText` wird dann für jeden der Schalter ein neuer Text definiert. Der Handle des MessageBox-Fensters wird dabei aus dem Argument `wParam` ausgelesen.

Wie bereits gesagt ist der Aufruf von `CallNextHookEx` zur Verzweigung in den nächsten Hook sehr wichtig. Dabei müssen Sie auch den Rückgabewert dieser Funktion, der vom verwendeten Hook abhängt, in der Hook-Funktion selbst zurückgeben. Nur so sichern Sie ab, dass ein Hook ohne die Gefahr eines Absturzes funktioniert.

In der `Main`-Funktion der Anwendung installieren Sie nun den Hook:

```
[STAThread]
static void Main(string[] args)
{
   // Hook installieren
   hHook = SetWindowsHookEx(HookType.WH_CBT,
      new HookProcDelegate(HookProc), IntPtr.Zero,
      (int)AppDomain.GetCurrentThreadId());
```

Die Installation erfolgt so, dass ein CBT-Hook erzeugt wird. Für die Hook-Funktion wird ein neuer Delegate erzeugt, der am zweiten Argument übergeben wird. Das dritte Argument wird in API-Programmen verwendet, wenn die Hook-Funktion innerhalb einer DLL gespeichert ist, und muss in unserem Fall auf `IntPtr.Zero` gesetzt werden. Am vierten Argument übergebe ich die Id des aktuellen Thread, damit der Hook nur für diesen installiert wird.

> **Hinweis**
>
> AppDomain.GetCurrentThreadId ist zwar im Dotnet-Framework 2.0 als obsolet gekennzeichnet, der vorgeschlagene Ersatz System.Threading.Thread.CurrentThread.ManagedThreadId liefert aber nicht dieselbe Id wie AppDomain.GetCurrentThreadId und das Hooking funktioniert damit nicht.

Dann kann die Standard-MessageBox so aufgerufen werden, dass diese auch drei Schalter besitzt:

```
MessageBox.Show("C# ist doch cool, oder?",
    Application.ProductName, MessageBoxButtons.YesNoCancel,
    MessageBoxIcon.Question);
```

Schließlich müssen Sie den Hook auf jeden Fall wieder deinstallieren:

```
    UnhookWindowsHookEx(hHook);
  }
}
```

Und das Ergebnis ist überzeugend (Abbildung 171).

Abbildung 171: Das Ergebnis des Hookings der MessageBox

Eine Klasse für eine MessageBox mit benutzerdefinierten Schalterbeschriftungen

Um die Hooking-Komplexität zu verstecken und die Erzeugung einer MessageBox mit eigenen Schalterbeschriftungen zu erleichtern, habe ich eine Klasse ExtMessageBox entwickelt. Die Show-Methode dieser Klasse arbeitet ähnlich der gleichnamigen Methode der MessageBox-Klasse, nur dass diese Methode (aus Vereinfachungsgründen) nicht mehrfach überladen ist und an Stelle des buttons-Arguments drei Strings für die einzelnen Schalterbeschriftungen erwartet. Übergeben Sie an Stelle einer Beschriftung null, wird der entsprechende Schalter nicht dargestellt. Die Rückgabe der Methode ist ein Wert vom neuen Typ ExtDialogResult, der mit seinen Konstanten FirstButton, SecondButton und ThirdButton den Schalter definiert, der betätigt wurde.

Show arbeitet auf der Basis des vorhergehenden Beispiels. Abhängig von den übergebenen Schalterbeschriftungen erzeugt diese Methode eine MessageBox mit einem Ok-, einem Ja- und einem Nein- oder einem Ja-, einem Nein- und einem Abbrechen-Schalter. Da die übergebenen Beschriftungen in privaten Eigenschaften gespeichert werden, kann die Hook-Funktion ermitteln, welche Schalter die MessageBox besitzt, um diese gezielt zu verändern. Nach dem Aufruf der MessageBox vergleicht Show die Rückgabe

MessageBox mit definierten Beschriftungen

auch wieder abhängig von den definierten Beschriftungen mit den `DialogResult`-Konstanten und gibt einen entsprechenden `ExtDialogResult`-Wert zurück.

`Show` erfordert den Import der Namensräume `System`, `System.Windows.Forms` und `System.Runtime.InteropServices`.

```
public class ExtMessageBox
{
    /* Aufzählung für die Rückgabe der Show-Methode  */
    public enum ExtDialogResult
    {
        FirstButton,
        SecondButton,
        ThirdButton
    }

    /* Eigenschaft für den Hook-Handle */
    private static IntPtr hHook;

    /* Eigenschaften, die die Beschriftungen der Schalter speichern und
     * in der Hook-Funktion abgefragt werden */
    private static string button1Caption;
    private static string button2Caption;
    private static string button3Caption;

    /* Aufzählung für die verschiedenen Hook-Typen */
    private enum HookType: int
    {
        WH_JOURNALRECORD = 0,
        WH_JOURNALPLAYBACK = 1,
        WH_KEYBOARD = 2,
        WH_GETMESSAGE = 3,
        WH_CALLWNDPROC = 4,
        WH_CBT = 5,
        WH_SYSMSGFILTER = 6,
        WH_MOUSE = 7,
        WH_HARDWARE = 8,
        WH_DEBUG = 9,
        WH_SHELL = 10,
        WH_FOREGROUNDIDLE = 11,
        WH_CALLWNDPROCRET = 12,
        WH_KEYBOARD_LL = 13,
        WH_MOUSE_LL = 14
    }

    /* Aufzählung für die Aktionen, bei denen ein CBT-Hook aufgerufen
```

Listing 482: Klasse für eine erweiterte MessageBox mit der Möglichkeit, die Beschriftungen der Schalter zu definieren

Formulare und Steuerelemente

```csharp
    werden kann */
private enum CBTHookAction : int
{
   HCBT_MOVESIZE = 0,
   HCBT_MINMAX = 1,
   HCBT_QS = 2,
   HCBT_CREATEWND = 3,
   HCBT_DESTROYWND = 4,
   HCBT_ACTIVATE = 5,
   HCBT_CLICKSKIPPED = 6,
   HCBT_KEYSKIPPED = 7,
   HCBT_SYSCOMMAND = 8,
   HCBT_SETFOCUS = 9
}

/* Aufzählung für die MessageBox-Schaltertypen */
private enum ButtonType
{
   IDOK = 1,
   IDCANCEL = 2,
   IDABORT = 3,
   IDRETRY = 4,
   IDIGNORE = 5,
   IDYES = 6,
   IDNO = 7
}

/* Delegate für die Hook-Funktion */
private delegate int HookProcDelegate(CBTHookAction nCode,
   IntPtr wParam, IntPtr lParam);

/* Deklaration der benötigten API-Funktionen */
[DllImport("user32.dll", CharSet=CharSet.Auto)]
private static extern IntPtr SetWindowsHookEx(HookType idHook,
   HookProcDelegate lpfn, IntPtr hMod, int dwThreadId);

[DllImport("user32.dll")]
private static extern int CallNextHookEx(IntPtr hhook,
   CBTHookAction code, IntPtr wParam, IntPtr lParam);

[DllImport("user32.dll")]
private static extern int UnhookWindowsHookEx(IntPtr hhook);

[DllImport("User32")]
static extern private bool SetDlgItemText(IntPtr hWnd,
   int nIDDlgItem, string lpString);
```

Listing 482: Klasse für eine erweiterte MessageBox mit der Möglichkeit, die Beschriftungen der Schalter zu definieren (Forts.)

MessageBox mit definierten Beschriftungen

```csharp
/* Die Hook-Funktion */
private static int HookProc(CBTHookAction code, IntPtr wParam,
    IntPtr lParam)
{
    if (code < 0)
        // Wenn keine Hook-Aktion übergeben wurde, Windows
        // direkt zum nächsten Hook verzweigen lassen
        return CallNextHookEx(hHook, code, wParam, lParam);

    if (code == CBTHookAction.HCBT_ACTIVATE)
    {
        // Wenn das Fenster gerade aktiviert wird:
        // Schalter neu beschriften
        if (button3Caption != null)
        {
            SetDlgItemText(wParam, (int)ButtonType.IDYES,
                button1Caption);
            SetDlgItemText(wParam, (int)ButtonType.IDNO,
                button2Caption);
            SetDlgItemText(wParam, (int)ButtonType.IDCANCEL,
                button3Caption);
        }
        else if (button2Caption != null)
        {
            SetDlgItemText(wParam, (int)ButtonType.IDYES,
                button1Caption);
            SetDlgItemText(wParam, (int)ButtonType.IDNO,
                button2Caption);
        }
        else
        {
            SetDlgItemText(wParam, (int)ButtonType.IDOK,
                button1Caption);
        }
    }

    // Zum nächsten Hook in der Hook-Kette wechseln
    return CallNextHookEx(hHook, code, wParam, lParam);
}

/* Zeigt die MessageBox an */
public static ExtDialogResult Show(string text, string
    caption, string button1Caption, string button2Caption,
    string button3Caption, MessageBoxIcon icon,
    MessageBoxDefaultButton defaultButton)
```

Listing 482: Klasse für eine erweiterte MessageBox mit der Möglichkeit, die Beschriftungen der Schalter zu definieren (Forts.)

Formulare und Steuerelemente

```csharp
{
    // Festlegen der als Basis verwendeten Schalter
    MessageBoxButtons buttons;
    if (button3Caption != null)
    {
        buttons = MessageBoxButtons.YesNoCancel;
    }
    else if (button2Caption != null)
    {
        buttons = MessageBoxButtons.YesNo;
    }
    else
    {
        buttons = MessageBoxButtons.OK;
    }

    // Schalterbeschriftungen an die privaten Eigenschaften
    // übergeben, damit diese in der Hook-Funktion zur
    // Verfügung stehen
    ExtMessageBox.button1Caption = button1Caption;
    ExtMessageBox.button2Caption = button2Caption;
    ExtMessageBox.button3Caption = button3Caption;

    // CBT-Hook nur für den aktuellen Thread installieren
    ExtDialogResult returnValue;
    try
    {
        hHook = SetWindowsHookEx(HookType.WH_CBT,
            new HookProcDelegate(HookProc), IntPtr.Zero,
            (int)AppDomain.GetCurrentThreadId());

        // Standard-MessageBox aufrufen
        switch (MessageBox.Show(text, caption, buttons, icon,
            defaultButton))
        {
            case DialogResult.OK:
                returnValue = ExtDialogResult.FirstButton;
                break;
            case DialogResult.Yes:
                returnValue = ExtDialogResult.FirstButton;
                break;
            case DialogResult.No:
                returnValue = ExtDialogResult.SecondButton;
                break;
            case DialogResult.Cancel:
                returnValue = ExtDialogResult.ThirdButton;
```

Listing 482: Klasse für eine erweiterte MessageBox mit der Möglichkeit, die Beschriftungen der Schalter zu definieren (Forts.)

732 >> MessageBox mit definierten Beschriftungen

```
                    break;
                default:
                    returnValue = ExtDialogResult.FirstButton;
                    break;
            }
        }
        finally
        {
            // Hook wieder deinstallieren
            UnhookWindowsHookEx(hHook);
        }

        // Ergebnis zurückgeben
        return returnValue;
    }
}
```

Listing 482: Klasse für eine erweiterte MessageBox mit der Möglichkeit, die Beschriftungen der Schalter zu definieren (Forts.)

Die Verwendung dieser Klasse ist dann sehr einfach:

```
switch(ExtMessageBox.Show("Die Datei 'c:\\codebook\\codebook.mdb' " +
    "existiert bereits\r\n\r\nWollen Sie diese Datei überschreiben?",
    "Dateien kopieren", "Überschreiben", "Nein", "Alle",
    MessageBoxIcon.Question, MessageBoxDefaultButton.Button1))

{
    case ExtMessageBox.ExtDialogResult.FirstButton:
        Console.WriteLine("Datei überschreiben ...");
        break;
    case ExtMessageBox.ExtDialogResult.SecondButton:
        Console.WriteLine("Datei nicht überschreiben ...");
        break;
    case ExtMessageBox.ExtDialogResult.ThirdButton:
        Console.WriteLine("ALle Dateien überschreiben ...");
        break;
}
```

Listing 483: Anwendung der Klasse für eine erweiterte MessageBox

Benutzer, Gruppen und Sicherheit

245 Informationen zu den Benutzern eines Computers oder einer Domäne auflisten

Die auf einem Computer oder in einer Domäne registrierten Benutzer können Sie über WMI oder ADSI auslesen. Ich verwende in diesem und den folgenden Rezepten ADSI, da diese Technologie für die Arbeit mit Benutzer- und Gruppenkonten mehr Möglichkeiten bietet als WMI. So ist es z.B. über WMI (nach meinen Erfahrungen und Recherchen in Newsgroups) nicht möglich, Benutzerkonten zu erzeugen oder ein Benutzerkonto einer Gruppe hinzuzufügen, was mit ADSI kein Problem darstellt.

Um alle Benutzer eines Computers oder einer Domäne aufzulisten, können Sie den ADSI-Provider *WinNT* verwenden (der unabhängig vom Namen auch unter anderen Windows-Versionen zur Verfügung steht). Dieser Provider ermöglicht (im Gegensatz zum LDAP-Provider) den direkten Zugriff auf Computer im Netzwerk und bietet daneben (wie der LDAP-Provider) auch den Zugriff auf eine Domäne. Informationen zum WinNT-Provider finden Sie an der Adresse *msdn.microsoft.com/library/en-us/adsi/adsi/adsi_winnt_provider.asp*.

Die in Listing 485 beschriebene Methode `EnumUsers` setzt diesen Provider ein, um alle Benutzer eines Computers bzw. einer Domäne aufzulisten.

Zum Kompilieren dieses Programms müssen Sie die Namensräume `System`, `System.DirectoryServices`, `System.Collections.Generic` und `System.Collections.ObjectModel` importieren. Zur Ausführung ist das Vorhandensein von ADSI auf dem Zielsystem erforderlich.

Da die wichtigsten Eigenschaften eines Benutzers ausgelesen werden sollen, habe ich zunächst eine Klasse `User` deklariert, deren Instanzen einen Benutzer repräsentieren sollen. Die Eigenschaften dieser Klasse sind so deklariert, dass die Werte nur intern (innerhalb der Assembly, in der diese Klasse gespeichert ist) geschrieben werden können. Wird diese Klasse (was natürlich sinnvoll ist) gemeinsam mit der `EnumUsers`-Methode in einer separaten Klassenbibliothek kompiliert, kann ein Programm, das `EnumUsers` verwendet, die Benutzerdaten nur lesen.

```
public class UserUtils
{
   /* Verwaltet die wichtigsten Daten eines Benutzers */
   public class User
   {
      private string name;
      /* Der Benutzername */
      public string Name
      {
```

Listing 484: Klasse für einen Benutzer

```csharp
      get { return this.name; }
      internal set { this.name = value; }
   }

   private string fullName;
   /* Der volle Name des Benutzers */
   public string FullName
   {
      get { return this.fullName; }
      internal set { this.fullName = value; }
   }

   private string description;
   /* Die Beschreibung des Benutzers */
   public string Description
   {
      get { return this.description; }
      internal set { this.description = value; }
   }

   private int maxStorage;
   /* Der maximal verfügbare Speicherplatz  */
   /* (falls Quoting verwendet wird) */
   public int MaxStorage
   {
      get { return this.maxStorage; }
      internal set { this.maxStorage = value; }
   }

   private string homeDirectory;
   /* Das Home-Verzeichnis des Benutzers */
   public string HomeDirectory
   {
      get { return this.homeDirectory; }
      internal set { this.homeDirectory = value; }
   }

   private DateTime lastLogin;
   /* Datum des letzten Login */
   public DateTime LastLogin
   {
      get { return lastLogin; }
      internal set { lastLogin = value; }
   }
}
```

Listing 484: Klasse für einen Benutzer (Forts.)

>> **Benutzer, Gruppen und Sicherheit**

> **Hinweis**
> Um das Rezept nicht zu komplex zu gestalten habe ich nur die in meinen Augen wichtigsten Eigenschaften eines Benutzers in die Klasse aufgenommen. Im Rezept 250 finden Sie eine Lösung zum Auslesen aller Eigenschaften eines Benutzers.

Die Methode `EnumUsers` fragt alle Benutzer eines Computers oder einer Domäne ab, deren Namen übergeben werden. Diese Methode erzeugt für jeden Benutzer ein `User`-Objekt und fügt dieses an eine lokale Auflistung der generischen `List`-Klasse an. Eine Instanz der ebenfalls generischen Klasse `ReadOnlyCollection` (aus dem Namensraum `System.Collections.ObjectModel`) die mit der `List`-Auflistung initialisiert wurde, wird schließlich zurückgegeben. Damit ist sichergestellt, dass der Aufrufer die Auflistung nicht verändern kann.

`EnumUsers` erzeugt zum Auflisten der Benutzer ein `DirectoryEntry`-Objekt (aus dem Namensraum `System.DirectoryServices`), das als ADSI-Objekt den Computer bzw. die Domäne repräsentiert. Im Konstruktor wird der ADSI-Pfad übergeben, der zuvor je nach dem übergebenen Domänen- und Computernamen für den WinNT-Provider zusammengesetzt wurde. Wird ein Computername und/oder der Name einer Domäne übergeben, repräsentiert der ADSI-Pfad den angegebenen Computer. Wird nur ein Domänenname übergeben, steht der Pfad für die Domäne.

Der Pfad zur Domäne *Galaxy* sieht beispielsweise so aus:

`WinNT://Galaxy,domain`

Der Pfad zum Computer *Zaphod* sieht folgendermaßen aus:

`WinNT://Zaphod,computer`

Sind Computer und Domäne angegeben, enthält der Pfad beide Angaben:

`WinNT://Galaxy/Zaphod,computer`

Auf diese Weise können Sie die lokalen Benutzer eines Computers oder die globalen Benutzer einer Domäne auflisten. Für den Fall, dass an beiden Argumenten `null` übergeben wird, setzt `EnumUsers` den Namen des lokalen Computers in das Argument `machineName` ein.

Da der Zugriff auf Verzeichnisdienste normalerweise geschützt ist, übergibt `EnumUsers` am zweiten und dritten Argument des `DirectoryEntry`-Konstruktors einen Benutzernamen und dessen Passwort. Diesen Benutzer verwendet das `DirectoryEntry`-Objekt zur Authentifizierung gegenüber dem Verzeichnisdienst. Würden Sie diese beiden Argumente weglassen, würde das Objekt das Konto des aktuell in Windows eingeloggten Benutzers verwenden. Da dieses in der Praxis häufig nicht die erforderlichen Rechte besitzt, habe ich `EnumUsers` so entwickelt, dass der für ADSI zu verwendende Benutzer und dessen Passwort übergeben werden können. Sie können aber auch einfach `null` übergeben, wenn das Konto des aktuell eingeloggten Benutzers für die Authentifizierung eingesetzt werden soll.

Informationen zu Benutzern auflisten

Danach geht `EnumUsers` über die `Children`-Eigenschaft alle dem ermittelten `DirectoryEntry`-Objekt untergeordneten Objekte durch (die wieder über `DirectoryEntry`-Instanzen repräsentiert werden). Für jedes so ermittelte Objekt wird über dessen Eigenschaft `SchemaClassName` abgefragt, ob es sich um ein Objekt der Schema-Klasse `User` handelt (die ein Bestandteil des WinNT-Providers ist). Ist dies der Fall, erzeugt `EnumUsers` ein neues `User`-Objekt und initialisiert dies zunächst mit dem Namen des Benutzers (der aus der Eigenschaft `Name` des `DirectoryEntry`-Objekts ausgelesen wird). Die anderen Eigenschaften eines Benutzers sind in der generischen `DirectoryEntry`-Klasse nicht direkt bekannt und stehen über die `Properties`-Auflistung zur Verfügung, der Sie den Namen der Eigenschaft übergeben. Da diese Auflistung `object`-Instanzen zurückgibt, müssen diese noch konvertiert werden.

ADSI-Objekte weisen eine Besonderheit im Vergleich zu »normalen« Objekten auf: Ein ADSI-Objekt basiert nicht auf einer Klasse, sondern auf einem so genannten *Schema*. Dieses Schema legt fest, welche Eigenschaften das Objekt besitzen *muss* und welche es besitzen *kann*. Bei der `User`-Klasse sind alle Eigenschaften außer der immer vorhandenen Eigenschaft `Name` optional. Die Abfrage über die `Properties`-Auflistung führt im Falle einer nicht vorhandenen Eigenschaft zur Rückgabe von `null`. `EnumUsers` beachtet dies, indem die Abfrage der Eigenschaften in einer Ausnahmebehandlung erfolgt (die allerdings die Ausnahme verwirft).

```csharp
public static ReadOnlyCollection<User> EnumUsers(
   string domainName, string machineName,
   string authenticationUser, string authenticationPassword)
{
   // Auflistung für das Ergebnis erzeugen
   // und als Basis für die ReadOnlyCollection verwenden
   List<User> userList = new List<User>();
   ReadOnlyCollection<User> resultList =
      new ReadOnlyCollection<User>(userList);

   // Gültigen Rechnernamen für den lokalen Computer erzeugen, falls
   // weder die Domäne noch der Rechnername übergeben wurden
   if (domainName == null && machineName == null)
      machineName = Environment.MachineName;

   // ADSI-Pfad für den WinNT-Provider zum Auslesen des Computers bzw.
   // der Domäne zusammenstellen
   string adsiPath = "WinNT://";
   if (domainName != null && machineName != null)
   {
      adsiPath += domainName + "/" + machineName + ",computer";
   }
   else if (machineName != null)
   {
      adsiPath += machineName + ",computer";
```

Listing 485: Methode zur Auflistung aller Benutzer eines Computers

```
         }
         else if (domainName != null)
         {
            adsiPath += domainName + ",domain";
         }

         // DirectoryEntry-Objekt erzeugen
         DirectoryEntry computerEntry = new DirectoryEntry(
            adsiPath, authenticationUser, authenticationPassword);

         try
         {
            // Alle dem Computer untergeordneten Objekte durchgehen
            foreach (DirectoryEntry de in computerEntry.Children)
            {
               // Überprüfen, ob es sich um ein User-Objekt handelt
               if (de.SchemaClassName.ToLower() == "user")
               {
                  // Neues Benutzer-Objekt erzeugen und initialisieren
                  User user = new User();
                  user.Name = de.Name;
                  try
                  {
                     user.FullName = (string)de.Properties[
                        "FullName"].Value;
                  }
                  catch { }
                  try
                  {
                     user.Description = (string)de.Properties[
                        "Description"].Value;
                  }
                  catch { }
                  try
                  {
                     user.HomeDirectory = (string)de.Properties[
                        "HomeDirectory"].Value;
                  }
                  catch { }
                  try
                  {
                     user.MaxStorage = (int)de.Properties[
                        "MaxStorage"].Value;
                  }
                  catch { }
                  try
                  {
```

Listing 485: Methode zur Auflistung aller Benutzer eines Computers (Forts.)

```
                    user.LastLogin = (DateTime)de.Properties[
                        "LastLogin"].Value;
                }
                catch { }

                // User-Objekt an die Auflistung anfügen
                userList.Add(user);
            }
        }
    }
    finally
    {
        // ADSI-Objekt freigeben
        computerEntry.Dispose();
    }

    // Benutzer-Auflistung zurückgeben
    return resultList;
  }
}
```

Listing 485: Methode zur Auflistung aller Benutzer eines Computers (Forts.)

Die Anwendung der `EnumUsers`-Methode zeigt das folgende Listing, das alle Benutzer des Computers *Zaphod* ermittelt und deren Daten an der Konsole ausgibt:

```
string domainName = null;
string machineName = "Zaphod";
string authenticationUser = null;
string authenticationPassword = null;

// Benutzer abfragen
try
{
    ReadOnlyCollection<UserUtils.User> users =
        UserUtils.EnumUsers(domainName, machineName,
        authenticationUser, authenticationPassword);

    // Benutzer durchgehen und deren Daten ausgeben
    for (int i = 0; i < users.Count; i++)
    {
        Console.WriteLine();
        Console.WriteLine("Name: {0}", users[i].Name);
        Console.WriteLine("Voller Name: {0}", users[i].FullName);
        Console.WriteLine("Beschreibung: {0}", users[i].Description);
        Console.WriteLine("Letzter Login: {0}", users[i].LastLogin);
```

Listing 486: Anwendung der EnumUsers-Methode

>> **Benutzer, Gruppen und Sicherheit**

```
            Console.WriteLine("Home-Verzeichnis: {0}", users[i].HomeDirectory);
            Console.WriteLine("Maximaler Speicherplatz: {0}", users[i].MaxStorage);
        }
   }
   catch (Exception ex)
   {
        Console.WriteLine(ex.Message);
   }
```

Listing 486: Anwendung der EnumUsers-Methode (Forts.)

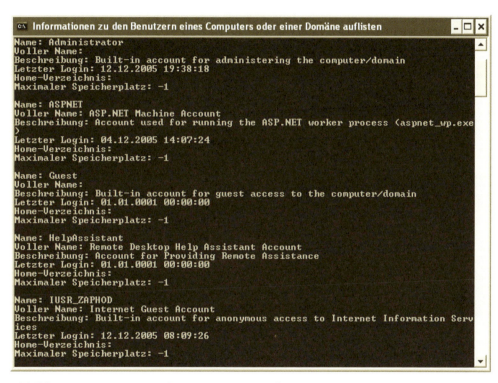

Abbildung 172: Das Beispielprogramm zur Auflistung aller Benutzer eines Computers oder einer Domäne in Aktion

246 Überprüfen, ob ein Benutzerkonto existiert

Die Existenz eines Benutzers können Sie relativ einfach über ADSI überprüfen. Die Methode `UserExists` in Listing 487 überprüft, ob ein Benutzer auf einem Computer oder in einer Domäne existiert. Neben dem Benutzernamen erwartet diese Methode den Namen der Domäne und den des Computers. Um die Existenz eines Benutzers in einer Domäne zu überprüfen, übergeben Sie nur den Domänennamen und am Argument `machineName` `null`. Wenn Sie den Rechner- und/oder Domänennamen angeben, über-

>> Überprüfen, ob ein Benutzerkonto existiert

prüft `UserExists` die Existenz auf einem bestimmten Computer. Für den Fall, dass an den Argumenten `domainName` und `machineName` null übergeben wird, schreibt `UserExists` den Namen des lokalen Computers in das Argument `machineName`.

Die Argumente `authenticationUser` und `authenticationPassword` werden wie im Rezept 245 für die Authentifizierung gegenüber ADSI verwendet.

`UserExists` erzeugt zunächst ein `DirectoryEntry`-Objekt, das je nach den übergebenen Domänen- und Rechnernamen entweder den Computer oder die Domäne repräsentiert. Die Existenz des angegebenen Benutzers wird dann über den Aufruf der `Find`-Methode dieses Objekts überprüft. Dieser Methode werden der Name des gesuchten Objekts und dessen ADSI-Klasse übergeben. `Find` sucht im Container, von dem aus diese Methode aufgerufen wurde, und erzeugt eine Ausnahme vom Typ `COMException`, wenn kein passendes Objekt gefunden wurde. Diese Ausnahme nutzt `UserExists` um zu entscheiden, ob der Benutzer existiert.

Zum Kompilieren dieser Methode müssen Sie die Namensräume `System` und `System.DirectoryServices` importieren.

```
public static bool UserExists(string userName, string domainName,
   string machineName, string authenticationUser,
   string authenticationPassword)
{
   // Gültigen Rechnernamen für den lokalen Computer erzeugen, falls
   // weder die Domäne noch der Rechnername übergeben wurden
   if (domainName == null && machineName == null)
   {
      machineName = Environment.MachineName;
   }

   // DirectoryEntry-Objekt für den Computer bzw. die Domäne erzeugen
   string adsiPath = "WinNT://";
   if (domainName != null && machineName != null)
   {
      adsiPath += domainName + "/" + machineName + ",computer";
   }
   else if (machineName != null)
   {
      adsiPath += machineName + ",computer";
   }
   else if (domainName != null)
   {
      adsiPath += domainName + ",domain";
   }
   DirectoryEntry computerEntry = new DirectoryEntry(
      adsiPath, authenticationUser, authenticationPassword);
```

Listing 487: Methode zur Überprüfung der Existenz eines Benutzerkontos

```
    try
    {
       DirectoryEntry userEntry = computerEntry.Children.Find(
          userName, "user");
       return true;
    }
    catch
    {
       return false;
    }
 }
```

Listing 487: Methode zur Überprüfung der Existenz eines Benutzerkontos (Forts.)

Listing 488 zeigt eine beispielhafte Anwendung der `UserExists`-Methode. Überprüft wird, ob der Benutzer *Administrator* auf dem lokalen Rechner existiert.

```
string domainName = null;
string machineName = null;
string authenticationUser = null;
string authenticationPassword = null;

/* Überprüfen, ob der Benutzer Administrator existiert */
if (UserUtils.UserExists("Administrator", domainName,
   machineName, authenticationUser, authenticationPassword))
{
   Console.WriteLine("Administrator existiert");
}
else
{
   Console.WriteLine("Administrator existiert nicht");
}
```

Listing 488: Beispielhafte Anwendung der UserExists-Methode

247 Benutzergruppen eines Computers oder einer Domäne auflisten

Um alle auf einem Computer oder in einer Domäne verwalteten Benutzergruppen auszulesen können Sie wie im Rezept 245 ADSI verwenden. Die im Folgenden beschriebene Methode `EnumGroups` basiert auf diesem Rezept. Ich habe den Quellcode lediglich ein wenig verändert. Die Klasse `Group` verwaltet nun die (wenigen) Eigenschaften einer Gruppe. Die Methode `EnumGroups` liest ähnlich der Methode `EnumUsers` nun alle Benutzergruppen ein, speichert deren Eigenschaften in einer `UserGroup`-Instanz, fügt diese einer lokalen `List`-Auflistung hinzu und gibt eine damit initialisierte `ReadOnlyCollection` zurück.

Benutzergruppen eines Computers oder einer Domäne auflisten

EnumGroups werden der Name der Domäne und/oder der Name des Computers übergeben. Wollen Sie die Gruppen einer Domäne abfragen, übergeben Sie lediglich den Domänennamen und tragen am Argument `machineName` `null` ein. Zur Abfrage der lokalen Gruppen eines Computers geben Sie den Computernamen und optional den Namen der Domäne an. Für die Domäne können Sie dann auch `null` übergeben, falls der abgefragte Computer in derselben Domäne verwaltet wird wie der anfragende. Über das Argument `authenticationUser` können Sie einen Benutzer angeben, dessen Konto für die ADSI-Authentifizierung verwendet werden soll. Dessen Passwort geben Sie dann am Argument `authenticationPassword` an. Alternativ können Sie am Argument `authenticationUser` `null` angeben, wenn das Konto des aktuell in Windows eingeloggten Benutzers für die Authentifizierung verwendet werden soll.

Zum Kompilieren des Quellcodes müssen Sie die Namensräume `System`, `System.DirectoryServices`, `System.Collections.ObjectModel` und `System.Collections.Generic` importieren.

```csharp
public class UserUtils
{
    /* Verwaltet eine Benutzer-Gruppe */
    public class UserGroup
    {
        private string name;
        /* Der Name der Gruppe */
        public string Name
        {
            get { return this.name; }
            internal set { this.name = value; }
        }

        private string description;
        /* Die Beschreibung der Gruppe */
        public string Description
        {
            get { return this.description; }
            internal set { this.description = value; }
        }
    }

    /* Listet alle Benutzer-Gruppen einer Maschine auf */
    public static ReadOnlyCollection<UserGroup> EnumGroups(
        string domainName, string machineName,
        string authenticationUser, string authenticationPassword)
    {
        // Basis-Auflistung für die zu ermittelnden Benutzergruppen
        // erzeugen
```

Listing 489: Klasse mit einer Methode zum Auflisten der Benutzergruppen eines Computers

```
List<UserGroup> userGoupList = new List<UserGroup>();

// Gültigen Rechnernamen für den lokalen Computer erzeugen, falls
// weder die Domäne noch der Rechnername übergeben wurden
if (domainName == null && machineName == null)
{
   machineName = Environment.MachineName;
}

// DirectoryEntry-Objekt für den Computer oder die Domäne erzeugen
string adsiPath = "WinNT://";
if (domainName != null && machineName != null)
{
   adsiPath += domainName + "/" + machineName + ",computer";
}
else if (machineName != null)
{
   adsiPath += machineName + ",computer";
}
else if (domainName != null)
{
   adsiPath += domainName + ",domain";
}
DirectoryEntry computerEntry = new DirectoryEntry(
   adsiPath, authenticationUser, authenticationPassword);

try
{
   // Alle dem Computer untergeordneten Objekte durchgehen
   foreach (DirectoryEntry de in computerEntry.Children)
   {
      // Überprüfen, ob es sich um ein Group-Objekt handelt
      if (de.SchemaClassName.ToLower() == "group")
      {
         // Neues Group-Objekt erzeugen und initialisieren
         UserGroup group = new UserGroup();
         group.Name = de.Name;
         try
         {
            group.Description =
               (string)de.Properties["Description"].Value;
         }
         catch { }

         // Group-Objekt an die Auflistung anfügen
         userGoupList.Add(group);
```

Listing 489: Klasse mit einer Methode zum Auflisten der Benutzergruppen eines Computers (Forts.)

```
            }
         }
      }
      finally
      {
         // ADSI-Objekt freigeben
         computerEntry.Dispose();
      }

      // Schreibgeschützte Benutzer-Auflistung zurückgeben
      return new ReadOnlyCollection<UserGroup>(userGoupList);
   }
}
```

Listing 489: Klasse mit einer Methode zum Auflisten der Benutzergruppen eines Computers (Forts.)

Listing 490 zeigt eine Anwendung der `EnumGroups`-Methode, bei der die Daten aller lokalen Gruppen an der Konsole ausgegeben werden.

Das Programm erfordert den Import der Namensräume `System` und `System.Collections.Specialized`.

```
string domainName = null;
string machineName = null;
string bindUser = null;
string authenticationPassword = null;

// Gruppen abfragen
try
{
   ReadOnlyCollection<UserUtils.UserGroup> groups =
      UserUtils.EnumGroups(domainName, machineName,
      bindUser, authenticationPassword);

   // Benutzer durchgehen und deren Daten ausgeben
   for (int i = 0; i < groups.Count; i++)
   {
      Console.WriteLine();
      Console.WriteLine("Name: {0}", groups[i].Name);
      Console.WriteLine("Beschreibung: {0}", groups[i].Description);
   }
}
catch (Exception ex)
{
   Console.WriteLine(ex.Message);
}
```

Listing 490: Anwendung der EnumGroups-Methode

>> **Benutzer, Gruppen und Sicherheit**

Abbildung 173: Das Beispielprogramm listet alle lokalen Gruppen auf

248 Benutzer ermitteln, die einer Gruppe angehören

Wenn Sie abfragen wollen, welche Benutzer einer Gruppe angehören, können Sie dazu ADSI verwenden. Über ein DirectoryEntry-Objekt können Sie ein ADSI-Objekt für eine Gruppe erzeugen. Dazu verwenden Sie idealerweise den ADSI-Provider *WinNT*. Das Erzeugen eines Objekts für die Gruppe *Administratoren* auf dem Computer *Zaphod* sieht z.B. so aus:

```
string adsiPath = "WinNT://Zaphod/Administratoren,group";
string authenticationUser = "Administrator";
string authenticationPassword = "bandit";
DirectoryEntry groupEntry = new DirectoryEntry(adsiPath, authenticationUser,
   authenticationPassword);
```

Im Beispiel habe ich wie in den vorhergehenden Rezepten bei der Erzeugung des DirectoryEntry-Objekts einen Benutzer (und dessen Passwort) angegeben, der für die Authentifizierung gegenüber dem Verzeichnisdienst verwendet werden soll. Würden Sie die letzten zwei Argumente weglassen, würde ADSI den aktuell in Windows eingeloggten Benutzer verwenden (der u.U. nicht über ausreichende Rechte verfügt).

Wollen Sie die Domäne (oder Arbeitsgruppe) des Computers mit einbeziehen (was das Auslesen des Gruppen-Objekts um einiges beschleunigt!), geben Sie diese vor dem Computernamen an:

```
string adsiPath = "WinNT://Galaxy/Zaphod/Administratoren,group";
```

Die vorstehenden Beispiele repräsentieren lokale Gruppen. Zum Auslesen einer globalen (Domänen-)Gruppe geben Sie keinen Computernamen an:

```
string adsiPath = "WinNT://Galaxy/Administratoren,group";
```

>> Benutzer ermitteln, die einer Gruppe angehören

Das so erzeugte `DirectoryEntry`-Objekt ist leider nur ein generisches Objekt. Das tatsächlich referenzierte ADSI-Objekt implementiert u.a. die COM-Schnittstellen `IADs` (*msdn.microsoft.com/library/en-us/adsi/adsi/iads.asp*) und `IADsGroup` (*msdn.microsoft.com/library/en-us/adsi/adsi/iadsgroup.asp*), auf deren Methoden Sie über das `DirectoryEntry`-Objekt nicht direkt zugreifen können. Dazu verwenden Sie die Methode `Invoke`, der Sie den Namen der aufzurufenden `IADsGroup`-Methode und ein `object`-Array mit den Argumenten übergeben.

Die Mitglieder einer Gruppe erreichen Sie über die `IADsGroup`-Methode `Members`, die Sie zwar auch über `Invoke` aufrufen können. Diese Methode gibt aber eine Instanz einer Klasse zurück, die die COM-Schnittstelle `IADsMembers` implementiert. Da diese in Ihrem Programm normalerweise nicht bekannt ist, können Sie die Rückgabe nicht ohne weiteres auswerten.

Die Lösung dieses Problems ist recht einfach: Sie referenzieren dazu die COM-Typbibliothek, die die ADSI-Schnittstellen beschreibt. Diese Typbibliothek finden Sie unter dem Namen *activeds.tlb* im Windows-Systemverzeichnis. In Visual Studio 2005 legen Sie dazu einen Verweis auf die *Active DS Type Library* an (Abbildung 174).

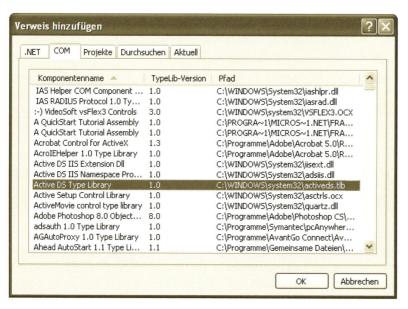

Abbildung 174: Anlegen eines Verweises auf die Active DS Type Library

Wenn Sie nun noch den Namensraum `ActiveDs` importieren, kennt Ihr Programm alle ADSI-Schnittstellen und damit auch die Schnittstelle `IADsMembers`. Dann können Sie `Invoke` problemlos ausführen:

```
IADsMembers adsMembers = (IADsMembers)groupEntry.Invoke("Members");
```

Da die Mitglieder eines `IADsGroup`-Objekts auch andere Objekte als `IADsUser`-Instanzen sein können, müssen Sie die Members-Auflistung noch filtern. Danach können Sie diese durchgehen und alle Gruppen-Benutzer auslesen.

>> **Benutzer, Gruppen und Sicherheit**

Die Methode `EnumGroupMembers` in Listing 486 setzt diese Technik ein. Sie setzt zunächst an Hand der übergebenen Informationen zur Domäne, zum Computer und zur Gruppe den ADSI-Pfad für den WinNT-Provider zusammen und erzeugt mit diesem Pfad ein `DirectoryEntry`-Objekt. Die Argumente `authenticationUser` und `authenticationPassword` werden dabei für die Authentifizierung gegenüber ADSI übergeben. Über die `Invoke`-Methode des `DirectoryEntry`-Objekts wird dann die `Members`-Methode aufgerufen und die Rückgabe in einer Variablen vom Typ `IADsMembers` referenziert. Über die `Filter`-Eigenschaft dieses Objekts reduziert `EnumGroupMembers` die in der Auflistung referenzierten Objekte auf Instanzen der Schema-Klasse `User`. `User` ist die Klasse des WinNT-Providers, die Benutzerinformationen speichert und u.a. die Schnittstelle `IADsUser` implementiert. Danach geht `EnumGroupMembers` die ermittelte Auflistung in einer normalen `foreach`-Schleife durch und hängt die Namen der Benutzer an eine `StringCollection` an, die schließlich zurückgegeben wird.

`EnumGroupMembers` erfordert die Referenzierung der ADSI-Bibliothek *activeds.tlb* und den Import der Namensräume `System`, `System.DirectoryServices`, `System.Collections`, `System.Collections.Specialized` und `ActiveDs`.

```
public static StringCollection EnumGroupMembers(string domainName,
   string machineName, string groupName,
   string authenticationUser, string authenticationPassword)
{
   // StringCollection für die ermittelten Benutzernamen erzeugen
   StringCollection users = new StringCollection();

   // DirectoryEntry-Objekt für die Gruppe holen
   if (domainName == null && machineName == null)
   {
      machineName = Environment.MachineName;
   }
   string adsiPath = "WinNT://" +
      (domainName != null ? domainName + "/": "") +
      (machineName != null ? machineName + "/": "") +
      groupName + ",group";
   DirectoryEntry groupEntry = new DirectoryEntry(
      adsiPath, authenticationUser, authenticationPassword);

   try
   {
      // Member dieser Gruppe einlesen
      IADsMembers adsMembers = (IADsMembers)groupEntry.Invoke("Members");

      // Member so filtern, dass nur User-Objekte übrig bleiben
      adsMembers.Filter = new object[] {"user"};

      // Benutzer durchgehen
```

Listing 491: Methode zum Auflisten aller Benutzer einer Gruppe

748 >> Benutzer ermitteln, die einer Gruppe angehören

```
      foreach (IADsUser adsUser in adsMembers)
      {
         users.Add(adsUser.Name);
      }
   }
   finally
   {
      // ADSI-Objekt freigeben
      groupEntry.Dispose();
   }

   // Die ermittelten Benutzer zurückgeben
   return users;
}
```

Listing 491: Methode zum Auflisten aller Benutzer einer Gruppe

Ausnahmen, die beim Auslesen der Gruppe entstehen können, werden innerhalb dieser Methode übrigens nicht abgefangen und somit einfach an den Aufrufer weitergereicht. Die Fehlermeldungen, die ADSI liefert, sind in unserem Fall recht aussagekräftig.

Das folgende Listing zeigt eine einfache Anwendung der EnumGroupMembers-Methode. Das Programm benötigt den Import der Namensräume System und System.Collections.Specialized.

```
string domainName = null;
string machineName = "Zaphod";
string groupName = "Administratoren";
string authenticationUser = null;
string authenticationPassword = null;

try
{
   StringCollection users = EnumGroupMembers(domainName, machineName,
     groupName, authenticationUser, authenticationPassword);
   Console.WriteLine("Benutzer der Gruppe '" + groupName + "':");
   for (int i = 0; i < users.Count; i++)
   {
      Console.WriteLine(users[i]);
   }
}
catch (Exception ex)
{
   Console.WriteLine(ex.Message);
}
```

Listing 492: Anwendung der Methode zum Auflisten aller Benutzer einer Gruppe

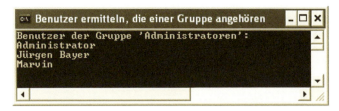

Abbildung 175: Das Beispielprogramm listet alle Benutzer der Gruppe Administratoren auf

249 Gruppen eines Benutzers abfragen

Wenn Sie ermitteln wollen, welchen Gruppen ein Benutzer angehört, können Sie wie in den vorhergehenden Rezepten ADSI verwenden.

Die Abfrage der Gruppen eines Benutzers ist ähnlich dem vorhergehenden Rezept etwas problematisch. Sie können zwar über den ADSI-Provider *WinNT* ein User-Objekt für den Benutzer referenzieren, das die ADSI-Schnittstelle IADsUser implementiert. Dessen Gruppen erreichen Sie aber über die IADsUser-Methode Groups, die ein Objekt zurückgibt, das die Schnittstelle IADsMembers implementiert. Die im generischen DirectoryEntry-Objekt nicht bekannte Groups-Methode können Sie zwar über Invoke aufrufen, die zurückgegebene IADsMembers-Instanz ist aber nicht in Ihrem Programm bekannt.

Als Lösung dieses Problems referenzieren Sie wieder die COM-Typbibliothek *activeds.tlb*, wie ich es im Rezept 248 gezeigt habe. Der Rest entspricht fast ebenso diesem Rezept, nur dass Sie hier statt der Benutzer einer Gruppe die Gruppen eines Benutzers abfragen ☺.

Die im Folgenden beschriebene Methode EnumUserGroups setzt dies um. Übergeben wird, wie schon in den vorhergehenden Rezepten, zunächst ein Domänen- und ein Computername. Geben Sie nur den Domännenname an, sprechen Sie einen globalen (Domänen-)Benutzer an, geben Sie den Computernamen (und optional den Namen der Domäne) an, ermitteln Sie die Gruppen eines lokalen Benutzers. Der Name des Benutzers wird am Argument userName festgelegt. In den letzten Argumenten können Sie Informationen zu dem Benutzerkonto übergeben, das für die Authentifizierung gegenüber dem Verzeichnisdienst verwendet werden soll.

EnumUserGroups geht ähnlich EnumGroupMembers vor, nur dass nun ein ADSI-Objekt für den Benutzer erzeugt und dessen Groups-Auflistung durchgegangen wird:

Zum Kompilieren dieser Methode müssen Sie die ADSI-Bibliothek *activeds.tlb* referenzieren und die Namensräume System, System.DirectoryServices, System.Collections, System.Collections.Specialized und ActiveDs importieren.

Gruppen eines Benutzers abfragen

```csharp
public static StringCollection EnumUserGroups(string domainName,
   string machineName, string userName,
   string authenticationUser, string authenticationPassword)
{
   // StringCollection für die ermittelten Gruppennamen
   StringCollection groups = new StringCollection();

   // DirectoryEntry-Objekt für den Benutzer erzeugen
   if (domainName == null && machineName == null)
   {
      machineName = Environment.MachineName;
   }
   string adsiPath = "WinNT://" +
      (domainName != null ? domainName + "/": "") +
      (machineName != null ? machineName + "/": "") +
      userName + ",user";
   DirectoryEntry userEntry = new DirectoryEntry(
      adsiPath, authenticationUser, authenticationPassword);

   try
   {
      // Gruppen dieses Benutzers einlesen
      IADsMembers adsMembers =
         (IADsMembers)userEntry.Invoke("Groups");

      // Member so filtern, dass nur Group-Objekte übrig bleiben
      adsMembers.Filter = new object[] {"group"};

      // Gruppen durchgehen
      foreach (IADsGroup adsGroup in adsMembers)
      {
         groups.Add(adsGroup.Name);
      }
   }
   finally
   {
      // ADSI-Objekt freigeben
      userEntry.Dispose();
   }

   // Die ermittelten Gruppen zurückgeben
   return groups;
}
```

Listing 493: Methode zum Auflisten aller Gruppen eines Benutzers

Listing 494 zeigt eine Anwendung der `EnumUserGroups`-Methode. Das Programm erfordert den Import der Namensräume `System` und `System.Collections.Specialized`.

```
string domainName = null;
string machineName = null;
string userName = "Marvin";
string authenticationUser = null;
string authenticationPassword = null;

try
{
   StringCollection groups = EnumUserGroups(
      domainName, machineName, userName,
      authenticationUser, authenticationPassword);
   Console.WriteLine("Gruppen des Benutzers '" + userName + "':");
   for (int i = 0; i < groups.Count; i++)
   {
      Console.WriteLine(groups[i]);
   }
}
catch (Exception ex)
{
   Console.WriteLine(ex.Message);
}
```

Listing 494: Anwendung der EnumUserGroups-Methode

Abbildung 176: Auflisten der Gruppen des Benutzers »Marvin«

250 Eigenschaften eines Benutzers auslesen

Benutzerkonten besitzen einige Eigenschaften, die Sie über den Verzeichnisdienst *WinNT* abrufen können, wobei Sie wie in den vorhergehenden Rezepten ADSI verwenden. Die verfügbaren Methoden und Eigenschaften eines damit referenzierten `User`-Objekts beschreibt Microsoft an der Adresse *msdn.microsoft.com/library/en-us/adsi/adsi/winnt_user_object.asp*.

Nicht allzu einfach ist das Herausfinden der Eigenschaften, die ein `User`-Objekt des WinNT-Providers besitzt. Wie bei ADSI üblich bestimmt eine Schema-Klasse die obligatorischen und optionalen Eigenschaften eines solchen Objekts. Obligatorische Eigenschaften müssen in Objekten implementiert werden, optionale nicht. Ein User-Objekt besteht mit Ausnahme der Eigenschaft Name ausschließlich aus optionalen Eigenschaften. Beim Herausfinden dieser Eigenschaften hilft die Microsoft-Dokumentation der Schemata des WinNT-Providers (*msdn.microsoft.com/library/en-us/adsi/adsi/winnt_schema.asp*).

In reinem ADSI würden Sie über spezielle *Get-* und *Put-*Methoden auf die Eigenschaften eines User-Objekts zugreifen. Wenn Sie ein DirectoryEntry-Objekt zum Zugriff auf ein solches Objekt verwenden, können Sie die Eigenschaften über dessen Properties-Auflistung lesen. Diese Auflistung gibt einfach null zurück, wenn Sie den Namen einer Eigenschaft übergeben, die nicht im Objekt existiert.

Die Klasse User in Listing 495 implementiert zunächst die möglichen Eigenschaften eines User-Objekts. Aus Platzgründen (und weil ich faul war) habe ich die Eigenschaften lediglich als einfache Felder implementiert.

Zum Kompilieren dieser Klasse und des folgenden Programmcodes müssen Sie die Namensräume System und System.DirectoryServices importieren.

```
public class User
{
    // Direkte Eigenschaften
    public string Name;
    public string FullName;
    public string Description;
    public int UserFlags;
    public string Parameters;
    public int MaxStorage;
    public string HomeDirectory;
    public string HomeDirDrive;
    public string LoginScript;
    public string Profile;
    public int MinPasswordLength;
    public int MinPasswordAge;
    public int MaxPasswordAge;
    public int PasswordAge;
    public bool PasswordExpired;
    public int BadPasswordAttempts;
    public int PasswordHistoryLength;
    public DateTime LastLogin;
    public DateTime LastLogoff;
    public int MaxLogins;
    public string LoginWorkstations;
    public byte[] LoginHours;
    public DateTime AccountExpirationDate;
    public int RasPermissions;
    public int LockoutObservationInterval;
```

Listing 495: Klasse mit den Eigenschaften für einen Benutzer

Benutzer, Gruppen und Sicherheit

```
   public int PrimaryGroupID;
   public byte[] objectSid;
   // Eigenschaften, deren Wert sich aus der Eigenschaft UserFlags
   // berechnet (Eingeschränkte Auswahl!). Siehe
   // msdn.microsoft.com/library/en-us/adsi/adsi/ads_user_flag_enum.asp
   public bool AccountDisabled;
   public bool AccountLocked;
   public bool HomeDirRequired;
   public bool PasswordNotRequired;
   public bool PasswordCantChange;
   public bool PasswordNotExpires;
   public bool EncryptedPasswordAllowed;
   public bool LocalAccount;
   public bool NormalAccount;
   public bool SmartcardRequired;
}
```

Listing 495: Klasse mit den Eigenschaften für einen Benutzer (Forts.)

Die private Methode `GetADSIProperty` erleichtert das spätere Auslesen der optionalen Eigenschaften. Diese Methode gibt den Wert einer Eigenschaft des übergebenen `DirectoryEntry`-Objekts zurück, wenn diese gelesen werden konnte. Für den Fall, dass die `Properties`-Auflistung für die abzufragende Eigenschaft `null` speichert, gibt `GetADSIProperty` einen zum erwarteten Datentyp (der im letzten Argument übergeben wird) passenden Wert zurück.

```
private static object GetADSIProperty(
   DirectoryEntry entry, string propertyName, Type type)
{
   // Lesen der Eigenschaft
   object propertyValue = entry.Properties[propertyName].Value;

   if (propertyValue != null)
   {
      // Wenn ein Wert gespeichert ist: diesen zurückgeben
      // (boolesche Werte müssen konvertiert werden)
      if (type == typeof(bool))
      {
         return (int)propertyValue == 0 ? false : true;
      }
      else
      {
         return propertyValue;
      }
   }
   else
```

Listing 496: Methode zum fehlertoleranten Lesen von ADSI-Eigenschaften

Eigenschaften eines Benutzers auslesen

```
    {
       // Wenn kein Wert gespeichert ist: je nach dem übergebenen Typ
       // einen passenden Leerwert zurückgeben
       if (type == typeof(string))
       {
          return null;
       }
       else if (type == typeof(DateTime))
       {
          return new DateTime(0);
       }
       else if (type == typeof(int))
       {
          return 0;
       }
       else if (type == typeof(bool))
       {
          return false;
       }
       else
       {
          return null;
       }
    }
}
```

Listing 496: Methode zum fehlertoleranten Lesen von ADSI-Eigenschaften (Forts.)

Die Methode `GetUser` liest die Eigenschaften eines Benutzers aus und gibt eine Instanz der Klasse `User` zurück. Ähnlich den Methoden der vorhergehenden Rezepte erwartet diese Methode einen Domänennamen, den Namen des Computers, den Namen des Benutzers und Informationen zu dem Benutzerkonto, das für die Authentifizierung gegenüber dem WinNT-Provider verwendet werden soll. Um globale Benutzerkonten auszulesen, geben Sie nur den Domänennamen und am Argument `machineName null` an. Für lokale Benutzer geben Sie den Computernamen und optional auch den Domänennamen an (der ansonsten auch mit `null` belegt werden kann).

`GetUser` erzeugt zunächst ein `DirectoryEntry`-Objekt für den Benutzer und liest dann dessen Eigenschaften über die Methode `GetADSIProperty` ein. Die meisten Eigenschaften können direkt eingelesen werden. Einige Eigenschaften, wie z.B. die Information darüber, ob das Konto deaktiviert ist, werden allerdings im Feld `UserFlags` in Form eines Bitmusters gespeichert. Die dazu verwendeten Konstanten beschreibt Microsoft an der Adresse *msdn.microsoft.com/library/en-us/adsi/adsi/ads_user_flag_enum. asp*. `GetUser` fragt die wichtigsten dieser Flags ab und speichert das Ergebnis in entsprechenden booleschen Eigenschaften der `User`-Klasse.

Das erzeugte und mit den eingelesenen Eigenschaften initialisierte `User`-Objekt wird schließlich zurückgegeben.

Benutzer, Gruppen und Sicherheit

```csharp
public static User GetUser(string domainName,
   string machineName, string userName,
   string authenticationUser, string authenticationPassword)
{
   // Konstanten für die Flags eines Benutzers
   // (Eingeschränkte Auswahl!)
   const int ADS_UF_ACCOUNTDISABLE = 0x0002;
   const int ADS_UF_LOCKOUT = 0x0010;
   const int ADS_UF_HOMEDIR_REQUIRED = 0x0008;
   const int ADS_UF_PASSWD_NOTREQD = 0x0020;
   const int ADS_UF_PASSWD_CANT_CHANGE = 0x0040;
   const int ADS_UF_DONT_EXPIRE_PASSWD = 0x10000;
   const int ADS_UF_ENCRYPTED_TEXT_PASSWORD_ALLOWED = 0x0080;
   const int ADS_UF_NORMAL_ACCOUNT = 0x0200;

   // Gültigen Rechnernamen für den lokalen Computer erzeugen
   // falls weder die Domäne noch der Rechnername übergeben wurden
   if (domainName == null && machineName == null)
   {
      machineName = Environment.MachineName;
   }

   // DirectoryEntry-Objekt für den Benutzer erzeugen
   if (domainName == null && machineName == null)
   {
      machineName = Environment.MachineName;
   }
   string adsiPath = "WinNT://" +
      (domainName != null ? domainName + "/" : "") +
      (machineName != null ? machineName + "/" : "") +
      userName + ",user";
   DirectoryEntry userEntry = new DirectoryEntry(
      adsiPath, authenticationUser, authenticationPassword);

   // User-Objekt erzeugen
   User user = new User();

   try
   {
      // Eigenschaften dieses Benutzers einlesen
      user.Name = userName;
      user.Description = (string)GetADSIProperty(
         userEntry, "Description", typeof(string));
      user.FullName = (string)GetADSIProperty(
         userEntry, "FullName", typeof(string));
      user.UserFlags = (int)GetADSIProperty(
```

Listing 497: Methode zum Einlesen der Eigenschaften eines Windows-Benutzers

```csharp
        userEntry, "UserFlags", typeof(int));
    user.Parameters = (string)GetADSIProperty(
        userEntry, "Parameters", typeof(string));
    user.MaxStorage = (int)GetADSIProperty(
        userEntry, "MaxStorage", typeof(int));
    user.HomeDirectory = (string)GetADSIProperty(
        userEntry, "HomeDirectory", typeof(string));
    user.HomeDirDrive = (string)GetADSIProperty(
        userEntry, "HomeDirDrive", typeof(string));
    user.LoginScript = (string)GetADSIProperty(
        userEntry, "LoginScript", typeof(string));
    user.Profile = (string)GetADSIProperty(
        userEntry, "Profile", typeof(string));
    user.MinPasswordLength = (int)GetADSIProperty(
        userEntry, "MinPasswordLength", typeof(int));
    user.MinPasswordAge = (int)GetADSIProperty(
        userEntry, "MinPasswordAge", typeof(int));
    user.MaxPasswordAge = (int)GetADSIProperty(
        userEntry, "MaxPasswordAge", typeof(int));
    user.PasswordAge = (int)GetADSIProperty(
        userEntry, "PasswordAge", typeof(int));
    user.PasswordExpired = (bool)GetADSIProperty(
        userEntry, "PasswordExpired", typeof(bool));
    user.BadPasswordAttempts = (int)GetADSIProperty(
        userEntry, "BadPasswordAttempts", typeof(int));
    user.PasswordHistoryLength = (int)GetADSIProperty(
        userEntry, "PasswordHistoryLength", typeof(int));
    user.LastLogin = (DateTime)GetADSIProperty(
        userEntry, "LastLogin", typeof(DateTime));
    user.LastLogoff = (DateTime)GetADSIProperty(
        userEntry, "LastLogoff", typeof(DateTime));
    user.MaxLogins = (int)GetADSIProperty(
        userEntry, "MaxLogins", typeof(int));
    user.LoginHours = (byte[])GetADSIProperty(
        userEntry, "LoginHours", typeof(byte[]));
    user.RasPermissions = (int)GetADSIProperty(
        userEntry, "RasPermissions", typeof(int));
    user.LockoutObservationInterval = (int)GetADSIProperty(
        userEntry, "LockoutObservationInterval", typeof(int));
    user.PrimaryGroupID = (int)GetADSIProperty(
        userEntry, "PrimaryGroupID", typeof(int));
    user.objectSid = (byte[])GetADSIProperty(
        userEntry, "objectSid", typeof(byte[]));
    // Auswerten der User-Flags
    if ((user.UserFlags & ADS_UF_ACCOUNTDISABLE) != 0)
    {
        user.AccountDisabled = true;
```

Listing 497: Methode zum Einlesen der Eigenschaften eines Windows-Benutzers (Forts.)

Benutzer, Gruppen und Sicherheit

```
      }
      if ((user.UserFlags & ADS_UF_DONT_EXPIRE_PASSWD) != 0)
      {
         user.PasswordNotExpires = true;
      }
      if ((user.UserFlags & ADS_UF_ENCRYPTED_TEXT_PASSWORD_ALLOWED) != 0)
      {
         user.EncryptedPasswordAllowed = true;
      }
      if ((user.UserFlags & ADS_UF_HOMEDIR_REQUIRED) != 0)
      {
         user.HomeDirRequired = true;
      }
      if ((user.UserFlags & ADS_UF_LOCKOUT) != 0)
      {
         user.AccountLocked = true;
      }
      if ((user.UserFlags & ADS_UF_NORMAL_ACCOUNT) != 0)
      {
         user.NormalAccount = true;
      }
      if ((user.UserFlags & ADS_UF_PASSWD_CANT_CHANGE) != 0)
      {
         user.PasswordCantChange = true;
      }
      if ((user.UserFlags & ADS_UF_PASSWD_NOTREQD) != 0)
      {
         user.PasswordNotRequired = true;
      }
   }
   finally
   {
      // ADSI-Objekt freigeben
      userEntry.Dispose();
   }

   // Das User-Objekt zurückgeben
   return user;
}
```

Listing 497: Methode zum Einlesen der Eigenschaften eines Windows-Benutzers (Forts.)

Listing 498 zeigt eine Anwendung der `GetUser`-Methode. In diesem Beispiel werden nur die wichtigsten Daten an der Konsole ausgegeben.

758   >> Standard-Gruppenzugehörigkeit überprüfen

```
string domainName = null;
string machineName = null;
string userName = "Administrator";
string authenticationUser = null;
string authenticationPassword = null;

// Benutzerdaten auslesen
User user = GetUser(domainName, machineName, userName, authenticationUser,
   authenticationPassword);

// Die wichtigsten Daten ausgeben
Console.WriteLine("Name: {0}",userName);
Console.WriteLine("Description: {0}", user.Description);
Console.WriteLine("FullName: {0}", user.FullName);
Console.WriteLine("AccountDisabled: {0}", user.AccountDisabled);
Console.WriteLine("AccountLocked: {0}", user.AccountLocked);
Console.WriteLine("HomeDirRequired: {0}", user.HomeDirRequired);
Console.WriteLine("PasswordNotRequired: {0}", user. PasswordNotRequired);
Console.WriteLine("PasswordCantChange: {0}", user.PasswordCantChange);
Console.WriteLine("PasswordNotExpires: {0}", user.PasswordNotExpires);
Console.WriteLine("EncryptedPasswordAllowed: {0}",
    user.EncryptedPasswordAllowed);
Console.WriteLine("LocalAccount: {0}", user.LocalAccount);
Console.WriteLine("NormalAccount: {0}", user.NormalAccount);
Console.WriteLine("MaxStorage: {0}", user.MaxStorage);
Console.WriteLine("HomeDirectory: {0}", user.HomeDirectory);
Console.WriteLine("HomeDirDrive: {0}", user.HomeDirDrive);
Console.WriteLine("LoginScript: {0}", user.LoginScript);
Console.WriteLine("Profile: {0}", user.Profile);
Console.WriteLine("PasswordExpired: {0}", user.PasswordExpired);
```

Listing 498: Anwendung der GetUser-Methode

251 Überprüfen, ob der aktuelle Benutzer einer in Windows vordefinierten Gruppe (z. B. Administratoren) angehört

Zur Überprüfung, ob der Benutzer, unter dessen Konto der aktuelle Thread ausgeführt wird (also in der Regel der Benutzer, der die Anwendung gestartet hat), einer der in Windows vordefinierten Gruppen angehört, können Sie die `IsInRole`-Methode eines `WindowsPrincipal`-Objekts (aus dem Namensraum `System.Security.Principal`) aufrufen, das den aktuellen Benutzer repräsentiert. Dieser Methode können Sie u. a. eine der Eigenschaften der `WindowsBuiltInRole`-Klasse übergeben, die die in Windows vordefinierten Gruppen (Rollen) repräsentieren. `WindowsBuiltInRole.Administrator` steht dabei z. B. für die Gruppe der Administratoren. `IsInRole` gibt `true` zurück, wenn der Benutzer der übergebenen Gruppe angehört.

```
Eigenschaften eines Benutzers auslesen
Name: Administrator
Description: Vordefiniertes Konto für die Verwaltung des Computers bzw. der Domäne
FullName: Zaphod Beeblebrox
AccountDisabled: False
AccountLocked: False
HomeDirRequired: False
PasswordNotRequired: False
PasswordCantChange: False
PasswordNotExpires: True
EncryptedPasswordAllowed: False
LocalAccount: False
NormalAccount: True
MaxStorage: -1
HomeDirectory:
HomeDirDrive:
LoginScript:
Profile:
PasswordExpired: False
```

Abbildung 177: Das Beispielprogramm zeigt die wichtigsten Daten des Benutzers »Administrator« an

Das `WindowsPrincipal`-Objekt für den aktuellen Benutzer erhalten Sie über die `CurrentPrincipal`-Eigenschaft der `Thread`-Klasse. Diese Eigenschaft gibt aber lediglich eine Referenz auf die `IPrincipal`-Schnittstelle zurück. Diese besitzt zwar auch eine `IsInRole`-Methode, aber dieser Methode können Sie lediglich einen String übergeben, der die Rolle definiert. Das von `CurrentPrincipal` zurückgegebene Objekt hängt von der aktuellen Principal-Richtline (Principal Policy) ab. Per Voreinstellung gibt `CurrentPrincipal` lediglich ein `GenericPrincipal`-Objekt zurück. Sie müssen die Principal-Richtline zuerst umstellen, sodass Sie ein `WindowsPrincipal`-Objekt erhalten. Und das können Sie über die `SetPrincipalPolicy`-Methode der aktuellen Anwendungsdomäne erreichen. So können Sie zum Beispiel abfragen, ob der aktuelle Benutzer ein Administrator ist:

```
public static bool IsCurrentUserAdministrator()
{
   AppDomain.CurrentDomain.SetPrincipalPolicy(
      PrincipalPolicy.WindowsPrincipal);
   WindowsPrincipal wp = (WindowsPrincipal)Thread.CurrentPrincipal;
   return wp.IsInRole(WindowsBuiltInRole.Administrator);
}
```

Listing 499: Methode zur Überprüfung, ob der Benutzer, der dem aktuellen Thread zugeordnet ist, Administratorrechte besitzt

Zum Kompilieren dieser Methode müssen Sie die Namensräume `System`, `System.Security.Principal` und `System.Threading` einbinden.

Zur Vervollständigung habe ich noch Methoden für die restlichen in Windows eingebauten Gruppen implementiert:

```csharp
/* Überprüft, ob der aktuelle Benutzer Benutzerkonten
   verwalten darf */
public static bool IsCurrentUserAccountOperator()
{
   AppDomain.CurrentDomain.SetPrincipalPolicy(
      PrincipalPolicy.WindowsPrincipal);
   WindowsPrincipal wp = (WindowsPrincipal)Thread.CurrentPrincipal;
   return wp.IsInRole(WindowsBuiltInRole.AccountOperator);
}

/* Überprüft, ob der aktuelle Benutzer Backup-Operator ist */
public static bool IsCurrentUserBackupOperator()
{
   AppDomain.CurrentDomain.SetPrincipalPolicy(
      PrincipalPolicy.WindowsPrincipal);
   WindowsPrincipal wp = (WindowsPrincipal)Thread.CurrentPrincipal;
   return wp.IsInRole(WindowsBuiltInRole.BackupOperator);
}

/* Überprüft, ob der aktuelle Benutzer Gast ist */
public static bool IsCurrentUserGuest()
{
   AppDomain.CurrentDomain.SetPrincipalPolicy(
      PrincipalPolicy.WindowsPrincipal);
   WindowsPrincipal wp = (WindowsPrincipal)Thread.CurrentPrincipal;
   return wp.IsInRole(WindowsBuiltInRole.Guest);
}

/* Überprüft, ob der aktuelle Benutzer Hauptbenutzer (Power User) ist */
public static bool IsCurrentUserPowerUser()
{
   AppDomain.CurrentDomain.SetPrincipalPolicy(
      PrincipalPolicy.WindowsPrincipal);
   WindowsPrincipal wp = (WindowsPrincipal)Thread.CurrentPrincipal;
   return wp.IsInRole(WindowsBuiltInRole.PowerUser);
}

/* Überprüft, ob der aktuelle Benutzer Drucker-Operator ist */
public static bool IsCurrentUserPrintOperator()
{
   AppDomain.CurrentDomain.SetPrincipalPolicy(
      PrincipalPolicy.WindowsPrincipal);
   WindowsPrincipal wp = (WindowsPrincipal)Thread.CurrentPrincipal;
   return wp.IsInRole(WindowsBuiltInRole.PrintOperator);
}
```

Listing 500: Methoden zur Überprüfung, ob der aktuelle Benutzer einer bestimmten vordefinierten Gruppe angehört

>> **Benutzer, Gruppen und Sicherheit**

```
/* Überprüft, ob der aktuelle Benutzer Replikator ist */
public static bool IsCurrentUserReplicator()
{
   AppDomain.CurrentDomain.SetPrincipalPolicy(
      PrincipalPolicy.WindowsPrincipal);
   WindowsPrincipal wp = (WindowsPrincipal)Thread.CurrentPrincipal;
   return wp.IsInRole(WindowsBuiltInRole.Replicator);
}

/* Überprüft, ob der aktuelle Benutzer System-Operator ist */
public static bool IsCurrentUserSystemOperator()
{
   AppDomain.CurrentDomain.SetPrincipalPolicy(
      PrincipalPolicy.WindowsPrincipal);
   WindowsPrincipal wp = (WindowsPrincipal)Thread.CurrentPrincipal;
   return wp.IsInRole(WindowsBuiltInRole.SystemOperator);
}

/* Überprüft, ob der aktuelle Benutzer der Benutzer-Gruppe
   angehört */
public static bool IsCurrentUserUser()
{
   AppDomain.CurrentDomain.SetPrincipalPolicy(
      PrincipalPolicy.WindowsPrincipal);
   WindowsPrincipal wp = (WindowsPrincipal)Thread.CurrentPrincipal;
   return wp.IsInRole(WindowsBuiltInRole.User);
}
```

Listing 500: Methoden zur Überprüfung, ob der aktuelle Benutzer einer bestimmten vordefinierten Gruppe angehört (Forts.)

252 Gruppe anlegen

Benutzergruppen können Sie relativ problemlos über ADSI anlegen. Dazu erzeugen Sie zunächst ein `DirectoryEntry`-Objekt für den Computer, wobei Sie idealerweise den WinNT-Provider verwenden.

Eine `DirectoryEntry`-Instanz bietet über die `Add`-Methode der `Children`-Auflistung die Möglichkeit, untergeordnete Objekte zu erzeugen. Dazu geben Sie am ersten Argument den Namen des Objekts und am zweiten den Klassennamen an. `Add` gibt eine Referenz auf das erzeugte Objekt zurück. Über dessen `Properties`-Auflistung können Sie dann die Eigenschaften definieren. Da ADSI-Objekte immer im Arbeitsspeicher gecached werden, müssen Sie noch die Methode `CommitChanges` aufrufen um die Änderungen dauerhaft zu schreiben.

Gruppe anlegen

Die Methode `AddGroup` setzt diese Technik ein. Das Argument `groupName` bestimmt den Namen der Gruppe, das Argument `groupDescription` die Beschreibung. Die anderen Argumente dieser Methode entsprechen im Wesentlichen denen der vorhergehenden ADSI-Rezepte.

`AddGroup` erzeugt zunächst ein `DirectoryEntry`-Objekt für den Computer bzw. die Domäne und ruft dann die `Add`-Methode der `Children`-Auflistung auf um eine neue Gruppe zu erzeugen. Dieser Methode werden der Name des neuen Objekts und der Name der ADSI-Schema-Klasse `Group` übergeben. Über die zurückgegebene Referenz auf das erzeugte Objekt beschreibt `AddGroup` dann die Eigenschaft `Description`. Die dabei verwendete `Properties`-Auflistung gibt über ihren Indizierer eine Referenz auf eine weitere Auflistung vom Typ `PropertyValueCollection` zurück. Der Grund dafür, dass der Indizierer der `Properties`-Auflistung nicht einen einfachen Wert verwaltet, ist, dass Eigenschaften in ADSI auch aus mehreren Werten bestehen können (ähnlich einem Array). Deshalb muss `AddGroup` auch die `Add`-Methode der über `Properties` erreichten Werte-Auflistung aufrufen, um die Beschreibung der Gruppe am ersten Wert-Element der Eigenschaft `Description` abzulegen. Die Beachtung dieser Technik ist sehr wichtig, denn der Versuch, direkt in die Eigenschaft `Value` des vom Indizierer der `Properties`-Auflistung zurückgegebenen `PropertyValueCollection`-Objekts zu schreiben, führt zu der wenig aussagekräftigen Ausnahme »Unbekannter Fehler« beim Wegschreiben der geänderten Daten.

Da ADSI alle Objekte zunächst nur im Arbeitsspeicher verwaltet und nicht automatisch in den Verzeichnisdienst zurückschreibt, ruft `AddGroup` schließlich noch die `CommitChanges`-Methode des `DirectoryEntry`-Objekts auf.

Zum Kompilieren dieser Methode müssen Sie die Namensräume `System` und `System.DirectoryServices` importieren.

```
public static void AddGroup(string domainName,
    string machineName, string groupName, string groupDescription,
    string authenticationUser, string authenticationPassword)
{
    // DirectoryEntry-Objekt für den Computer bzw. die Domäne erzeugen
    if (domainName == null && machineName == null)
    {
        machineName = Environment.MachineName;
    }
    string adsiPath = "WinNT://";
    if (domainName != null && machineName != null)
    {
        adsiPath += domainName + "/" + machineName + ",computer";
    }
    else if (machineName != null)
    {
        adsiPath += machineName + ",computer";
```

Listing 501: Methode zum Hinzufügen einer Gruppe

```
    }
    else if (domainName != null)
    {
        adsiPath += domainName + ",domain";
    }
    DirectoryEntry computerEntry = new DirectoryEntry(
        adsiPath, authenticationUser, authenticationPassword);

    try
    {
        // Gruppe hinzufügen und Eigenschaften definieren
        DirectoryEntry groupEntry = computerEntry.Children.Add(
            groupName, "group");
        groupEntry.Properties["description"].Add(groupDescription);
        groupEntry.CommitChanges();
    }
    finally
    {
        computerEntry.Dispose();
    }
}
```

Listing 501: Methode zum Hinzufügen einer Gruppe (Forts.)

Sofern bei der Ausführung dieser Methode keine Ausnahme eintritt, wurde die Gruppe erfolgreich erzeugt. Ausnahmen werden nicht abgefangen, da diese recht aussagekräftig sind und einfach an den Aufrufer weitergereicht werden können. Beim Anlegen einer lokalen Gruppe mit einem Namen, der bereits für eine Gruppe oder ein Benutzerkonto verwendet wird, erzeugt `AddUser` z.B. eine Ausnahme vom Typ `System.Runtime.InteropServices.COMException` mit der Meldung »Die angegebene lokale Gruppe ist bereits vorhanden« bzw. »Das Konto existiert bereits«.

253 Benutzer anlegen

Das Anlegen eines Benutzerkontos funktioniert ähnlich dem Anlegen einer Gruppe im vorhergehenden Rezept.

Der in Listing 502 beschriebenen Methode `AddUser` werden neben den bereits in den anderen ADSI-Rezepten verwendeten Argumenten der Name des neuen Benutzers (`userName`), der volle Name (`fullName`), eine Beschreibung (`description`), ein Profilordner (`profile`), ein Login-Skript (`loginScript`), das Home-Verzeichnis (`homeDirectory`), das Passwort (`password`), eine Info darüber, ob das Passwort vom Benutzer geändert werden kann (`cantChangePassword`), und eine Info darüber, ob das Passwort nie abläuft (`passwordDontExpires`), übergeben. Diese Argumente entsprechen im Wesentlichen den Möglichkeiten, die Sie über die Windows-Benutzeradministration haben.

Benutzer anlegen

`AddUser` erzeugt je nach den übergebenen Domänen- und Computernamen zunächst ein `DirectoryEntry`-Objekt für den Computer oder die Domäne. Über die `Add`-Methode der `Children`-Auflistung wird dann ein neues `User`-Objekt erzeugt. Wie bereits beim Erzeugen einer Gruppe werden dazu der Name des neuen Objekts und der Name der Schema-Klasse für dieses Objekt übergeben. Über die Referenz auf das so erzeugte `DirectoryEntry`-Objekt für den neuen Benutzer schreibt `AddUser` dann die Eigenschaften. Dabei muss wieder wie im vorhergehenden Rezept beachtet werden, dass dazu die `Add`-Methode der vom Indizierer der `Properties`-Auflistung zurückgegebenen `PropertyValueCollection` aufgerufen werden muss.

Die Informationen darüber, ob das Passwort geändert werden kann und ob dieses niemals verfällt, werden in der Eigenschaft `UserFlags` des `User`-Objekts über festgelegte Konstanten verwaltet. `AddUser` setzt diese Konstanten deswegen je nach den übergebenen Werten in einer `int`-Variablen zusammen und schreibt diese in die Eigenschaft. Da es sich um ein normales Konto handeln soll, wird zusätzlich das Flag `ADS_UF_NORMAL_ACCOUNT` gesetzt. Die möglichen Flags finden Sie an der Adresse *msdn.microsoft.com/library/en-us/adsi/adsi/ads_user_flag_enum.asp*.

Schließlich übergibt `AddUser` noch das Passwort, was über den Aufruf der nativen Methode `SetPassword` geschieht. Native Methoden werden über die `Invoke`-Methode aufgerufen. `AddUser` übergibt dieser Methode am ersten Argument den Namen der nativen Methode. Am zweiten Argument nimmt ein `object`-Array die zu übergebenden Argumente auf. In unserem Fall ist das einfach nur das Passwort.

Um die bisher lediglich im Arbeitsspeicher geänderten Daten in den Verzeichnisdienst zu schreiben, ruft `AddUser` dann noch die Methode `CommitChanges` auf.

`AddUser` benötigt den Import der Namensräume `System` und `System.DirectoryServices`.

```
public static void AddUser(string domainName, string machineName,
   string userName, string fullName, string description,
   string profile, string loginScript, string homeDirectory,
   string password, bool cantChangePassword,
   bool passwordDontExpires, string authenticationUser,
   string authenticationPassword)
{
   // Konstanten für wichtige Flags des User-Objekts
   const int ADS_UF_PASSWD_CANT_CHANGE = 0x0040;
   const int ADS_UF_DONT_EXPIRE_PASSWD = 0x10000;
   const int ADS_UF_NORMAL_ACCOUNT = 0x0200;

   // DirectoryEntry-Objekt für den Computer bzw. die Domäne erzeugen
   if (domainName == null && machineName == null)
   {
      machineName = Environment.MachineName;
   }
   string adsiPath = "WinNT://";
```

Listing 502: Methode zum Hinzufügen eines Benutzers

Benutzer, Gruppen und Sicherheit

```csharp
   if (domainName != null && machineName != null)
   {
      adsiPath += domainName + "/" + machineName + ",computer";
   }
   else if (machineName != null)
   {
      adsiPath += machineName + ",computer";
   }
   else if (domainName != null)
   {
      adsiPath += domainName + ",domain";
   }
   DirectoryEntry computerEntry = new DirectoryEntry(adsiPath,
      authenticationUser, authenticationPassword);

   try
   {
      // Neues User-Objekt erzeugen
      DirectoryEntry userEntry = computerEntry.Children.Add(
         userName, "User");

      // Eigenschaften übergeben
      userEntry.Properties["FullName"].Add(fullName);
      userEntry.Properties["Description"].Add(description);
      userEntry.Properties["Profile"].Add(profile);
      userEntry.Properties["LoginScript"].Add(loginScript);
      userEntry.Properties["HomeDirectory"].Add(homeDirectory);

      // Flags definieren und übergeben
      int flags = ADS_UF_NORMAL_ACCOUNT;
      if (cantChangePassword)
      {
         flags |= ADS_UF_PASSWD_CANT_CHANGE;
      }
      if (passwordDontExpires)
      {
         flags |= ADS_UF_DONT_EXPIRE_PASSWD;
      }
      userEntry.Properties["UserFlags"].Add(flags);

      // Passwort setzen
      userEntry.Invoke("SetPassword", new object[] {password});

      // Geänderte Daten schreiben
      userEntry.CommitChanges();
   }
   finally
```

Listing 502: Methode zum Hinzufügen eines Benutzers (Forts.)

```
        {
            computerEntry.Dispose();
        }
    }
}
```

Listing 502: Methode zum Hinzufügen eines Benutzers (Forts.)

Die beim Erzeugen eines `User`-Objekts möglichen Ausnahmen werden nicht abgefangen, da die Meldungen dieser Ausnahmen im Normalfall sehr aussagekräftig sind und deshalb einfach an den Aufrufer weitergereicht werden können. Wenn Sie z.B. einen Benutzer anlegen wollen, dessen Name bereits für eine Gruppe oder einen Benutzer verwendet wird, erhalten Sie eine Ausnahme vom Typ `System.Runtime.InteropServices.COMException` mit der Meldung »Die angegebene lokale Gruppe ist bereits vorhanden« bzw. »Das Konto existiert bereits«.

254 Eigenschaften eines Benutzers ändern

Wenn Sie die Eigenschaften eines Benutzers ändern wollen, können Sie dazu eine Methode verwenden, die dem Rezept 253 ähnlich ist. Im Unterschied zu dieser wird der Benutzer natürlich nicht erzeugt, sondern über ein `DirectoryEntry`-Objekt referenziert.

Die Methode `ChangeUser` in Listing 503 implementiert dies. Ich verzichte auf eine nähere Beschreibung, da die Arbeitsweise der der Methode `CreateUser` sehr ähnlich ist. `ChangeUser` benötigt den Import der Namensräume `System` und `System.DirectoryServices`.

```
public static void ChangeUser(string domainName, string machineName,
    string userName, string fullName, string description, string profile,
    string loginScript, string homeDirectory, string password,
    bool cantChangePassword, bool passwordDontExpires,
    string authenticationUser, string authenticationPassword)
{
    // Konstanten für wichtige Flags des User-Objekts
    const int ADS_UF_PASSWD_CANT_CHANGE = 0x0040;
    const int ADS_UF_DONT_EXPIRE_PASSWD = 0x10000;
    const int ADS_UF_NORMAL_ACCOUNT = 0x0200;

    // DirectoryEntry-Objekt für den Benutzer erzeugen
    if (domainName == null && machineName == null)
    {
        machineName = Environment.MachineName;
    }
    string adsiPath = "WinNT://" +
        (domainName != null ? domainName + "/" : "") +
```

Listing 503: Methode zum Ändern eines Benutzers

```csharp
      (machineName != null ? machineName + "/": "") +
      userName + ",user";
   DirectoryEntry userEntry = new DirectoryEntry(adsiPath,
      authenticationUser, authenticationPassword);

   try
   {
      // Eigenschaften übergeben
      userEntry.Properties["FullName"].Add(fullName);
      userEntry.Properties["Description"].Add(description);
      userEntry.Properties["Profile"].Add(profile);
      userEntry.Properties["LoginScript"].Add(loginScript);
      userEntry.Properties["HomeDirectory"].Add(homeDirectory);

      // Flags definieren und übergeben
      int flags = ADS_UF_NORMAL_ACCOUNT;
      if (cantChangePassword)
      {
         flags |= ADS_UF_PASSWD_CANT_CHANGE;
      }
      if (passwordDontExpires)
      {
         flags |= ADS_UF_DONT_EXPIRE_PASSWD;
      }
      userEntry.Properties["UserFlags"].Add(flags);

      // Passwort setzen
      userEntry.Invoke("SetPassword", new object[] {password});

      // Geänderte Daten schreiben
      userEntry.CommitChanges();
   }
   finally
   {
      userEntry.Dispose();
   }
}
```

Listing 503: Methode zum Ändern eines Benutzers (Forts.)

255 Benutzer einer Gruppe zuweisen

Über ADSI ist das Zuweisen eines Benutzers zu einer Gruppe recht einfach. Die Methode `AddUserToGroup` in Listing 504 macht genau dies. Die Argumente dieser Methode entsprechen im Wesentlichen denen der vorhergehenden Rezepte. Das Argument `groupName` bezeichnet die Gruppe, das Argument `userName` den Benutzer.

Benutzer einer Gruppe zuweisen

AddUserToGroup erzeugt zunächst ein DirectoryEntry-Objekt für die Gruppe, wobei der WinNT-Provider eingesetzt wird. Der Pfad zur Gruppe wird je nach den übergebenen Daten mit oder ohne Domäne bzw. Computernamen zusammengesetzt. Auf diese Weise können lokale und globale Gruppen angesprochen werden. Da beim Hinzufügen eines Benutzers dessen ADSI-Pfad benötigt wird, setzt AddUserToGroup diesen gleich auch entsprechend zusammen.

Danach ruft AddUserToGroup die native Methode Add des ADSI-Group-Objekts auf um den Benutzer anzufügen. Der Aufruf erfolgt über die Invoke-Methode des DirectoryEntry-Objekts, das die Gruppe repräsentiert. Dabei werden der Name der nativen Methode und ein object-Array mit den Argumenten übergeben. Zum Anfügen eines Benutzers erwartet Add die Übergabe eines ADSI-Pfads.

Der Aufruf der Invoke-Methode erfolgt in einer Ausnahmebehandlung, die Ausnahmen vom Typ TargetInvocationException abfängt. Der Grund dafür ist, dass Invoke bei Fehlern, die innerhalb von ADSI auftreten, eine Ausnahme vom Typ TargetInvocationException mit der nur wenig aussagekräftigen Fehlermeldung »Ein Aufrufziel hat einen Ausnahmefehler verursacht« erzeugt. Das ist z.B. dann der Fall, wenn ein Benutzer einer Gruppe angefügt werden soll, der dieser bereits angehört. Lediglich die innere Ausnahme, die bei meinen Versuchen vom Typ COMException war, enthält die (aussagekräftige) Beschreibung des eigentlichen Fehlers. Die Ausnahmebehandlung überprüft deshalb diese Existenz der inneren Ausnahme und gibt diese einfach weiter. Auf diese Weise kann der Aufrufer aufgetretene Fehler wesentlich einfacher auswerten.

AddUserToGroup erfordert den Import der Namensräume System, System.DirectoryServices und System.Reflection.

```
public static void AddUserToGroup(string domainName,
   string machineName, string userName, string groupName,
   string authenticationUser, string authenticationPassword)
{
   // DirectoryEntry-Objekt für die Gruppe holen
   if (domainName == null && machineName == null)
   {
      machineName = Environment.MachineName;
   }
   string groupPath = "WinNT://" + (
      domainName != null ? domainName + "/" : "") +
      (machineName != null ? machineName + "/" : "") +
      groupName + ",group";
   DirectoryEntry groupEntry = new DirectoryEntry(
      groupPath, authenticationUser, authenticationPassword);

   // Pfad zum Benutzer zusammensetzen
   string userPath = "WinNT://" +
```

Listing 504: Methode zum Hinzufügen eines Benutzers zu einer Gruppe

```
            (domainName != null ? domainName + "/" : "") +
            (machineName != null ? machineName + "/" : "") +
            userName + ",user";

        // Benutzer der Gruppe anfügen
        try
        {
            groupEntry.Invoke("Add", new object[] { userPath });

            // Änderungen wegschreiben
            groupEntry.CommitChanges();
        }
        catch (TargetException ex)
        {
            // Die TargetInvocationException
            // ('Ein Aufrufziel hat einen Ausnahmefehler verursacht')
            // versteckt den eigentlichen Fehler in der inneren
            // Exception, weswegen lediglich diese weitergegeben wird
            if (ex.InnerException != null)
            {
                throw ex.InnerException;
            }
        }
        finally
        {
            groupEntry.Dispose();
        }
    }
```

Listing 504: Methode zum Hinzufügen eines Benutzers zu einer Gruppe (Forts.)

256 Benutzer aus einer Gruppe entfernen

Das Entfernen eines Benutzers aus einer Gruppe entspricht fast komplett dem Hinzufügen eines Benutzers, wie ich es im Rezept 255 beschrieben habe. Der einzige Unterschied ist, dass Sie nun anstelle von `Add` die Methode `Remove` des `User`-Objekts aufrufen. Ich verzichte deswegen auf eine nähere Beschreibung der Methode `RemoveUserFromGroup`, die einen Benutzer aus einer Gruppe entfernt.

Zum Kompilieren dieser Methode müssen Sie die Namensräume `System`, `System.DirectoryServices` und `System.Reflection` importieren.

```
public static void RemoveUserFromGroup(string domainName,
    string machineName, string userName, string groupName,
    string authenticationUser, string authenticationPassword)
{
```

Listing 505: Methode zum Entfernen eines Benutzers aus einer Gruppe

Benutzer aus einer Gruppe entfernen

```csharp
   // DirectoryEntry-Objekt für die Gruppe erzeugen
   if (domainName == null && machineName == null)
   {
      machineName = Environment.MachineName;
   }
   string groupPath = "WinNT://" +
      (domainName != null ? domainName + "/": "") +
      (machineName != null ? machineName + "/": "") +
      groupName + ",group";
   DirectoryEntry groupEntry = new DirectoryEntry(groupPath,
      authenticationUser, authenticationPassword);

   // Pfad zum Benutzer zusammensetzen
   string userPath = "WinNT://" +
      (domainName != null ? domainName + "/": "") +
      (machineName != null ? machineName + "/": "") +
      userName + ",user";

   // Benutzer aus der Gruppe entfernen
   try
   {
      groupEntry.Invoke("Remove", new object[] {userPath});
   }
   catch (TargetInvocationException ex)
   {
      // Die TargetInvocationException
      // ('Ein Aufrufziel hat einen Ausnahmefehler verursacht')
      // versteckt den eigentlichen Fehler in der inneren
      // Exception, weswegen lediglich diese weitergegeben wird
      if (ex.InnerException != null)
      {
         throw ex.InnerException;
      }
      else
      {
         throw ex;
      }
   }

   // Änderungen wegschreiben
   groupEntry.CommitChanges();
}
```

Listing 505: Methode zum Entfernen eines Benutzers aus einer Gruppe (Forts.)

257 Benutzer löschen

Zum Löschen eines Benutzers können Sie (wie bereits schon mehrfach ...) ADSI verwenden.

Die Methode `RemoveUser` löscht einen Benutzer, dessen Name am Argument `userName` übergeben wird. Sie erzeugt dazu abhängig von den Argumenten `domainName` und `computerName` ein `DirectoryEntry`-Objekt für den Computer bzw. die Domäne. Bei der Erzeugung dieses Objekts werden wie in den anderen ADSI-Rezepten Informationen zu dem Benutzerkonto übergeben, das für die Authentifizierung gegenüber dem Verzeichnisdienst verwendet werden soll. Damit kann die Methode auch ausgeführt werden, wenn der aktuell in Windows eingeloggte Benutzer nicht über ausreichende Rechte verfügt.

Über die `Remove`-Methode der `Children`-Auflistung des `DirectoryEntry`-Objekts wird der Benutzer später gelöscht. Da diese Methode ein `DirectoryEntry`-Objekt als Argument erwartet, erzeugt `RemoveUser` dieses zuvor für den angegebenen Benutzer. Ausnahmen werden nicht abgefangen, da diese sehr aussagekräftig sind und einfach an den Aufrufer weitergereicht werden können.

`RemoveUser` benötigt den Import der Namensräume `System`, `System.Reflection` und `System.DirectoryServices`.

```
public static void RemoveUser(string domainName,
   string machineName, string userName,
   string authenticationUser, string authenticationPassword)
{
   // DirectoryEntry-Objekt für den Computer bzw. die Domäne erzeugen
   if (domainName == null && machineName == null)
   {
      machineName = Environment.MachineName;
   }
   string adsiPath = "WinNT://";
   if (domainName != null && machineName != null)
   {
      adsiPath += domainName + "/" + machineName + ",computer";
   }
   else if (machineName != null)
   {
      adsiPath += machineName + ",computer";
   }
   else if (domainName != null)
   {
      adsiPath += domainName + ",domain";
   }
   DirectoryEntry computerEntry = new DirectoryEntry(adsiPath,
      authenticationUser, authenticationPassword);
```

Listing 506: Methode zum Löschen eines Benutzers

```csharp
   // DirectoryEntry-Objekt für den Benutzer erzeugen
   adsiPath = "WinNT://" +
      (domainName != null ? domainName + "/": "") +
      (machineName != null ? machineName + "/": "") +
      userName + ",user";
   DirectoryEntry userEntry = new DirectoryEntry(adsiPath,
      authenticationUser, authenticationPassword);

   // Benutzer vom Computer bzw. von der Domäne entfernen
   computerEntry.Children.Remove(userEntry);
}
```

Listing 506: Methode zum Löschen eines Benutzers (Forts.)

258 Gruppe löschen

Der Programmcode zum Löschen einer Gruppe entspricht in fast identischer Form dem Löschen eines Benutzers (Rezept 257). Die minimalen Unterschiede sind, dass der Gruppenname übergeben und statt dem `DirectoryEntry`-Objekt für den Benutzer eines für die Gruppe erzeugt wird. Deshalb verzichte ich auch auf eine weitere Beschreibung der Methode `RemoveGroup`.

Zum Kompilieren der `RemoveGroup`-Methode müssen Sie die Namensräume `System`, `System.Reflection` und `System.DirectoryServices` importieren.

```csharp
public static void RemoveGroup(string domainName,
   string machineName, string groupName,
   string authenticationUser, string authenticationPassword)
{
   // DirectoryEntry-Objekt für den Computer bzw. die Domäne erzeugen
   if (domainName == null && machineName == null)
   {
      machineName = Environment.MachineName;
   }
   string adsiPath = "WinNT://";
   if (domainName != null && machineName != null)
   {
      adsiPath += domainName + "/" + machineName + ",computer";
   }
   else if (machineName != null)
   {
      adsiPath += machineName + ",computer";
   }
   else if (domainName != null)
   {
```

Listing 507: Methode zum Löschen einer Gruppe

>> **Benutzer, Gruppen und Sicherheit**

```
        adsiPath += domainName + ",domain";
    }
    DirectoryEntry computerEntry = new DirectoryEntry(adsiPath,
        authenticationUser, authenticationPassword);

    // DirectoryEntry-Objekt für die Gruppe erzeugen
    adsiPath = "WinNT://" +
        (domainName != null ? domainName + "/": "") +
        (machineName != null ? machineName + "/": "") +
        groupName + ",group";
    DirectoryEntry groupEntry = new DirectoryEntry(adsiPath,
        authenticationUser, authenticationPassword);

    // Gruppe vom Computer bzw. von der Domäne entfernen
    computerEntry.Children.Remove(groupEntry);
}
```

Listing 507: Methode zum Löschen einer Gruppe (Forts.)

259 Den Namen des aktuellen Benutzers auslesen

Den Namen des aktuellen Benutzers erhalten Sie über die Eigenschaft `UserName` der Klasse `System.Environment`.

`string currentUserName = System.Environment.UserName;`

Bei diesem Benutzer handelt es sich um den Benutzer, der dem Thread zugewiesen ist, von dem aus Sie den Programmcode aufrufen. Normalerweise ist das der Benutzer, der in Windows eingeloggt ist. Da Sie ein Programm aber auch im Kontext eines anderen Benutzers ausführen können (siehe Rezept 260), kann es sich auch um einen anderen Benutzer handeln. Eine Lösung, den Namen des in Windows eingeloggten Benutzers auch in solchen Programmen auszulesen, habe ich leider nicht ermitteln können. Die Windows-API-Funktion `GetUserName`, die sich als Lösung anbietet, liefert leider ebenfalls nur den Namen des Benutzers, der dem aktuellen Thread zugeordnet ist.

260 Ein Programm unter einem spezifischen Benutzerkonto ausführen

Normale Programme werden immer standardmäßig unter dem Konto des aktuell in Windows eingeloggten Benutzers ausgeführt. Lediglich Dienste können über den Dienste-Manager so konfiguriert werden, dass diese unter einem spezifischen Benutzerkonto laufen (normalerweise ist das das Konto *Lokales System*). Ein Programm greift immer mit den Rechten dieses Kontos auf Ressourcen (z.B. auf Dateien oder auf die Registry) zu. In geschützten Systemen, auf denen der Zugriff auf Ressourcen für die einzelnen Benutzer eingeschränkt ist, führt das immer dann zu Problemen, wenn ein Programm eine Ressource bearbeiten muss, für die das aktuell verwendete Benutzerkonto keine ausreichenden Rechte besitzt. So kann es z.B. sein, dass ein Programm Informationen in eine Protokolldatei schreiben muss, die der eingeloggte Benutzer nur lesen darf.

Dieses Problem können Sie lösen, indem Sie den Prozess einer Anwendung mit einem spezifischen Benutzerkonto personifizieren. Dazu rufen Sie einfach die Impersonate-Methode eines WindowsIdentity-Objekts auf, das einen Windows-Benutzer repräsentiert. Diese Methode gibt eine Referenz auf ein WindowsImpersonationContext-Objekt zurück, über dessen Undo-Methode Sie die Personifizierung später wieder rückgängig machen können. Dieser Teil der Problemlösung ist einfach.

Dummerweise bietet die WindowsIdentity-Klasse auch im Dotnet-Framework 2.0 keine direkte Möglichkeit, eine Instanz für ein spezifisches Benutzerkonto zu erzeugen. Im Konstruktor können Sie lediglich ein Handle auf ein Windows-Benutzer-Token übergeben. Ein solches Token repräsentiert innerhalb von Windows die Rechte eines bestimmten Benutzers. Ein Benutzer-Token wird üblicherweise mit Windows-API-Funktionen verwendet. Und eine solche rufen Sie dann auch auf, um ein Token für ein Benutzerkonto zu erhalten.

Die Klasse Logon in Listing 508 setzt dies um. Die Methode ImpersonateUser, die aufgerufen werden kann um eine Anwendung mit einem spezifischen Benutzer zu personifizieren, ruft zunächst die API-Funktion LogonUser auf. Diese Funktion erzeugt für den Benutzer, dessen Benutzername, Domäne und Passwort an den ersten Argumenten übergeben werden, ein Benutzer-Token.

Am vierten Argument übergibt ImpersonateUser die Konstante LOGON32_LOGON_NETWORK_CLEARTEXT (die den Wert 8[28] besitzt). Damit wird erreicht, dass das erzeugte Token die Benutzerinformationen als Klartext zwischenspeichert. Bei Netzwerkzugriffen werden diese Informationen vom entfernten Rechner ausgelesen und für die dortige Authentifizierung verwendet. Nur wenn die Informationen auch vorhanden sind, besitzt ein Token die auf dem entfernten Rechner für das entsprechende Benutzerkonto vergebenen Rechte.

Das Argument dwLogonProvider der LogonUser-Funktion wird mit der Konstante LOGON32_PROVIDER_DEFAULT belegt, damit der voreingestellte Logon-Provider des Systems verwendet wird (alternativ könnten Sie unter Windows 2000 und XP auch den alten NT 4- oder NT 3.5-Provider verwenden). Im letzten Argument wird eine int-Variable übergeben, in die LogonUser den Handle des erzeugten Tokens schreibt.

Über die Auswertung der Rückgabe der Funktion überprüft ImpersonateUser dann, ob der Aufruf erfolgreich war. Im Fehlerfall liest die Methode den letzten API-Fehler aus, generiert über die API-Funktion FormatMessage eine dazu passende Fehlermeldung und wirft damit eine Ausnahme.

---

28. In der Dokumentation der Impersonate-Methode wird der Wert von LOGON32_LOGON_NETWORK_CLEARTEXT fälschlicherweise mit 3 angegeben. Der originale Wert 8 ist in der C++-Headerdatei winbase.h definiert. Der Wert 3 steht hier für die Konstante LOGON32_LOGON_NETWORK. Diese Konstante ist laut der Dokumentation für High Performance Server zur Authentifizierung von Passwörtern im Klartext vorgesehen. Da das Benutzertoken die Benutzerinformationen nicht zwischenspeichert, wenn lediglich LOGON32_LOGON_NETWORK angegeben ist, besitzt dieses keinen Zugriff auf Netzwerk-Ressourcen.

Benutzer, Gruppen und Sicherheit

War `LogonUser` erfolgreich, erzeugt `ImpersonateUser` mit dem erhaltenen Token ein `WindowsPrincipal`-Objekt und personifiziert die aktuelle Anwendung im Anschluss über dessen `Impersonate`-Methode. `Impersonate` gibt eine Referenz auf ein `WindowsImpersonationContext`-Objekt zurück, über dessen `Undo`-Methode die Personifizierung rückgängig gemacht werden kann. Damit dies später möglich ist, speichert `ImpersonateUser` diese Referenz in der privaten, statischen Eigenschaft `winImpersonationContext` der Klasse.

Um das Rückgängigmachen der Personifizierung zu ermöglichen, enthält die Klasse `Logon` eine weitere Methode `UndoImpersonation`, die einfach nur überprüft, ob die Eigenschaft `winImpersonationContext` ein `WindowsImpersonationContext`-Objekt referenziert und im positiven Fall dessen `Undo`-Methode aufruft. Das Programm wird dann wieder unter dem Kontext des Benutzers ausgeführt, unter dem es vor dem Aufruf von `ImpersonateUser` ausgeführt wurde.

Zum Kompilieren dieser Klasse müssen Sie die Namensräume `System`, `System.Text`, `System.Runtime.InteropServices` und `System.Security.Principal` importieren.

```
public class Logon
{
   /* Deklaration benötigter API-Funktionen und Konstanten */
   [DllImport("advapi32.dll", SetLastError=true)]
   private static extern int LogonUser(string lpszUsername,
      string lpszDomain, string lpszPassword, int dwLogonType,
      int dwLogonProvider, out int phToken);

   [DllImport("kernel32.dll")]
   private static extern int FormatMessage(int dwFlags, string lpSource,
      int dwMessageId, int dwLanguageId, StringBuilder lpBuffer, int nSize,
      string [] Arguments);

   private const int LOGON32_LOGON_NETWORK_CLEARTEXT = 3;
   private const int LOGON32_PROVIDER_DEFAULT = 0;
   private const int FORMAT_MESSAGE_FROM_SYSTEM = 0x1000;

   /* Eigenschaft, die ein bei einer Personifizierung erzeugtes
    * WindowsImpersonationContext-Objekt referenziert, über das die
    * Personifizierung wieder rückgängig gemacht werden kann */
   private static WindowsImpersonationContext
      winImpersonationContext = null;

   /* Methode zur Personifizierung der aktuellen Anwendung mit einem
    * speziellen Benutzerkonto. Funktioniert nur unter Windows NT, 2000, XP
    * und neueren Windows-Versionen */
   public static void ImpersonateUser(string domain, string userName,
      string password)
   {
      // Benutzer einloggen
```

Listing 508: Klasse mit Methoden zur Personifizierung von Anwendungen

```
            int userToken = 0;
            bool loggedOn = (LogonUser(userName, domain, password,
                LOGON32_LOGON_NETWORK_CLEARTEXT, LOGON32_PROVIDER_DEFAULT,
                out userToken) != 0);

            if (loggedOn == false)
            {
                // Fehler auslesen, in einen Text umwandeln und damit eine
                // Ausnahme werfen
                int apiError = Marshal.GetLastWin32Error();
                StringBuilder errorMessage = new StringBuilder(1024);
                FormatMessage(FORMAT_MESSAGE_FROM_SYSTEM, null, apiError,
                    0, errorMessage, 1024, null);
                throw new Exception(errorMessage.ToString());
            }

            // WindowsIdentity mit diesem Token erzeugen
            WindowsIdentity identity = new WindowsIdentity((IntPtr)userToken);

            // Überprüfen, ob das erzeugte WindowsIdentity-Objekt den übergebenen
            // Benutzer repräsentiert
            string tokenUserName = null;
            if (userName.IndexOf("@") > 0)
            {
                // Benutzername im UPN-Format (user@DNS_domain_name)
                tokenUserName = userName.Replace('@', '\\');
            }
            else
            {
                // Normaler Benutzername
                tokenUserName = domain + "\\" + userName;
            }

            // Prozess mit der ermittelten Windows-Identität personifizieren
            winImpersonationContext = identity.Impersonate();
        }

        /* Methode zum Rückgängigmachen der Personifizierung */
        public static void UndoImpersonation()
        {
            if (winImpersonationContext != null)
            {
                winImpersonationContext.Undo();
            }
        }
    }
```

Listing 508: Klasse mit Methoden zur Personifizierung von Anwendungen (Forts.)

>> Benutzer, Gruppen und Sicherheit

Voraussetzung für die erfolgreiche Ausführung dieser Methoden ist,

▶ dass die Methoden unter Windows NT 4, Windows 2000, Windows XP oder einer neueren Windows-Version ausgeführt werden,

▶ dass der Prozess, von dem aus die Methoden aufgerufen werden, unter Windows 2000 (und wahrscheinlich auch unter NT, nicht aber unter XP) das Privileg SE_TCB_NAME (siehe unten) besitzt

▶ und dass das angegebene Benutzerkonto das Recht besitzt, sich interaktiv anzumelden.

Unter Windows 2000 ist es leider erforderlich, dass der Benutzer, unter dessen Konto das Programm ausgeführt wird, das Privileg SE_TCB_NAME besitzt. Dieses Privileg vergeben Sie über die lokalen Sicherheitseinstellungen (SYSTEMSTEUERUNG / VERWALTUNG / LOKALE SICHERHEITSRICHTLINIE / SICHERHEITSEINSTELLUNGEN / LOKALE RICHTLINIEN / ZUWEISEN VON BENUTZERRECHTEN). Dort wird dieses Privileg als EINSETZEN ALS TEIL DES BETRIEBSSYSTEMS bezeichnet (was eine etwas unklare Übersetzung für das originale »Act as part of the operating system« ist). Laut der Microsoft-Windows-2000-Dokumentation erlaubt dieses Privileg einem Prozess, sich als jeder Benutzer zu authentifizieren (was ja unser Ziel ist). Der Benutzer erhält damit scheinbar keine weiteren spezifischen Rechte (was in gesicherten Systemen fatal wäre). Informationen zu diesem Privileg finden Sie, wenn Sie bei *msdn.microsoft.com* nach »Act as part of the operating system« suchen (die URL der entsprechenden Seite sieht so aus, als würde sie nicht allzu lange bestehen bleiben ...).

Zum Testen der Methoden erzeugen Sie z.B. eine Textdatei (*hitchhiker.txt*) und entfernen die Leserechte auf dieser Datei für einen speziellen Benutzer. Loggen Sie sich dann als dieser Benutzer ein und führen Sie das folgende Programm aus, wobei Sie allerdings beim Aufruf von ImpersonateUser einen auf Ihrem System gültigen Kontonamen und dessen Passwort eintragen müssen. Die Textdatei *hitchhiker.txt* wird beim Einlesen in dem Ordner erwartet, in dem das Programm gespeichert ist.

Das Programm erfordert die Referenzierung der Assembly *System.Windows.Forms.dll* und den Import der Namensräume System, System.IO, System.Text, System.Windows.Forms und System.Security.Principal.

```
// Benutzerdaten für die Personifikation
// Anmerkung: Sie müssen diesen Benutzer wahrscheinlich in
// Windows anlegen
string userName = "Ford";
string password = "Handtuch";

try
{
   // Den Namen des aktuellen Benutzers ausgeben
   WindowsIdentity identity = WindowsIdentity.GetCurrent();
```

Listing 509: Beispielhafte Anwendung der Klasse Logon

```csharp
        Console.WriteLine("Aktueller Benutzer: {0}", identity.Name);

        // Aktion ausführen, zu der das interaktive Konto keine Rechte besitzt
        // Anmerkung: Sie sollten die Datei Demo.txt in den Programmordner
        // kopieren und allen Benutzern außer Ford die Leserechte entziehen
        StreamReader sr =
            new StreamReader(Path.Combine(Application.StartupPath,
            "hitchhiker.txt"), Encoding.Default);
        string line = sr.ReadLine();
        Console.WriteLine(line);
        sr.Close();
    }
    catch (Exception ex)
    {
        Console.WriteLine(ex.Message);
    }

    Console.WriteLine();

    try
    {
        // Programm personifizieren
        Logon.ImpersonateUser(null, userName, password);

        // Den Namen des nun aktuellen Benutzers ausgeben
        WindowsIdentity identity = WindowsIdentity.GetCurrent();
        Console.WriteLine("Aktueller Benutzer: {0}", identity.Name);

        // Aktion ausführen, zu der das neue Konto nun (hoffentlich) Rechte
        // besitzt
        StreamReader sr = new StreamReader(Path.Combine(
            Application.StartupPath, "hitchhiker.txt"), Encoding.Default);
        string line = sr.ReadLine();
        Console.WriteLine(line);
        sr.Close();
    }
    catch (Exception ex)
    {
        Console.WriteLine(ex.Message);
    }

    // Personifizierung rückgängig machen
    Logon.UndoImpersonation();
```

Listing 509: Beispielhafte Anwendung der Klasse Logon (Forts.)

>> **Benutzer, Gruppen und Sicherheit**

Die Methoden der Klasse `Logon` funktionierten in meinen Tests einwandfrei. Ein kleines Problem bleibt aber noch bestehen: `LogonUser` erzeugte bei meinen Versuchen unter Windows XP dummerweise auch dann ein Token, wenn ein nicht vorhandener Benutzername angegeben wurde. Dieses Token repräsentiert dann den Benutzer *Gast* und besitzt natürlich die sehr eingeschränkten Rechte dieses Benutzers.

Problematisch wird dies, wenn eine Anwendung `ImpersonateUser` einen nicht (mehr) existierenden Benutzernamen übergibt und der Zugriff auf Ressourcen dann zu Ausnahmen führt. Die Ursache dieses Fehlers zu finden kann in dem Fall u.U. recht problematisch sein.

Unter Windows 2000 trat dieses Problem übrigens nicht auf.

Um zu vermeiden, dass ein Programm fehlerhaft ausgeführt wird, wenn das angegebene Benutzerkonto nicht existiert, könnte `ImpersonateUser` das erzeugte `WindowsPrincipal`-Objekt daraufhin überprüfen, ob es die Benutzerinformationen speichert, die übergeben wurden. Im negativen Fall könnte die Methode dann eine Ausnahme generieren.

Dabei entstehen aber zu viele Unwägbarkeiten. Die Eigenschaft `Name` eines `WindowsPrincipal`-Objekts verwaltet den Namen in der Form »*Domäne\Benutzername*«. Übergeben werden können (zurzeit) aber ein normaler Benutzername mit oder ohne Domäne und ein Benutzername im UPN-Format (*Benutzer@DNS-Domäne*). Der Vergleich der übergebenen Benutzerinformationen mit den Informationen im Objekt wäre sehr schwierig und zudem recht unsicher.

Die andere Idee, eine Überprüfung auf den Benutzer *Gast*, ist leider auch nicht allzu sicher. Die Eigenschaft `IsGuest` eines `WindowsPrincipal`-Objekts gibt bedauerlicherweise bei den automatisch erzeugten Gast-Token `false` zurück. Und der Vergleich auf den Namen *Gast* würde das Programm auf Deutschland einschränken, da der Gast-Benutzer in anderen Ländern natürlich anders benannt ist.

Eine Lösung des Problems wäre, vor dem Erzeugen des Tokens zu überprüfen, ob der angegebene Benutzer überhaupt existiert. Dazu können Sie die Methode `UserExists` aus dem Rezept 246 verwenden. Und dann müsste eigentlich alles funktionieren ☺.

261 Strings sicher im Programm verwalten

Viele Programme verwalten geheime Daten wie Passwörter und Kreditkarteninformationen in String-Instanzen. Ein großes Problem dieser Verwaltung ist, dass normale Strings im Programm nicht verschlüsselt verwaltet werden. Zudem sind Strings im Speicher nicht an eine bestimmte Position gebunden, so dass die CLR diese wahlfrei verschieben kann und damit mehrere Kopien erzeugt (bis der Garbage Collector diese aus dem Speicher entfernt). Hinzu kommt, dass bei jeder Änderung eines Strings eine neue Kopie erzeugt wird und der alte String im Speicher verbleibt. Ein Angreifer, der Zugriff auf den Speicherbereich der Anwendung besitzt, kann diese Strings relativ einfach lesen.

Um dies zu verhindern können Sie geheime Texte in einer Instanz der Klasse `SecureString` aus dem Namensraum `System.Security` verwalten. `SecureString` speichert einen String verschlüsselt, wobei das »Data Protection API« (DPAPI) verwendet wird. DPAPI ist ein API des Betriebssystems und steht leider nur ab Windows 2000 Service Pack 3 zur Verfügung. Für die älteren Windows-Versionen 98, Me und NT können Sie `SecureString` also nicht verwenden.

Neben der Verschlüsselung wird der verschlüsselte String im Speicher festgelegt (gepinnt), so dass die CLR diesen nicht beliebig verschieben kann. Dies erschwert einem Angreifer zusätzlich das Auslesen von geheimen Daten.

Die einzigen (und schwierigen) Probleme sind, die Daten in die `SecureString`-Instanz zu speichern und daraus auszulesen. `SecureString` bietet aus Sicherheitsgründen keine Möglichkeit einen normalen String zuzuweisen oder einzufügen. Das Problem dabei wäre, dass der normale String wieder lesbar wäre und gegebenenfalls für eine längere Zeit im Speicher verbleiben würde. Deswegen können Sie lediglich im Konstruktor einen Zeiger (!) auf ein `char`-Array übergeben oder über die `AppendChar`-Methode einzelne Zeichen anfügen. Das erschwert natürlich das Handling enorm. Besonders schwierig wird die Eingabe sicherer Daten durch den Benutzer. Wenn Sie dazu eine `TextBox` verwenden, den eingegebenen String aus der `Text`-Eigenschaft auslesen und Zeichen für Zeichen der `SecureString`-Instanz hinzufügen, haben Sie nicht allzu viel erreicht. Die `Text`-Eigenschaft der `TextBox` referenziert ja einen normalen String, der wie jeder andere String gegebenenfalls für längere Zeit im Speicher verbleibt und für einen Angreifer lesbar ist. Eine Lösung dieses Problems wäre, jedes einzelne eingegebene Zeichen abzufangen, hinzuzufügen und der `TextBox` z.B. als Stern (*) umgewandelt zu übergeben. Dabei müssen Sie jedoch auch die Rück-Taste berücksichtigen und bei der Eingabe gegebenenfalls davon ausgehen, dass die Cursorposition über die Cursor-Tasten oder die Maus geändert oder dass ein Teil des Textes markiert wurde.

Das Beispiel in Listing 510 zeigt einen Ansatz der Lösung des Eingabeproblems. Die in diesem Beispiel implementierte `SecureStringTextBox` liefert nur eine Teil-Lösung, nämlich das Abfangen der normalen Tasten und der Rück-Taste. Die Klasse setzt zunächst im Konstruktor das Default-Kontextmenü zurück um dessen Bearbeitungsmöglichkeiten abzuschalten. Da die Cursor-Tasten nicht unterstützt werden, fängt `SecureStringTextBox` diese in der überschriebenen `OnKeyDown`-Methode ab und gibt das Ereignis als behandelt an, damit die Betätigung der Tastatur nicht weitergegeben wird. In der `OnKeyPress`-Methode werden die Tastenbetätigungen abgefangen und in die `SecureString`-Instanz geschrieben. In `OnMouseDown` löscht die `TextBox` die gesamte Eingabe um eine Verschiebung des Eingabecursors durch die Maus zu verhindern. Schließlich überschreibt `SecureStringTextBox` noch die `WndProc`-Methode um das Einfügen über die Zwischenablage zu verhindern. Ich weiß: Das ist nur eine Notlösung, aber die Implementierung einer vollständig funktionierenden sicheren `TextBox` ist an dieser Stelle einfach zu aufwändig.

`SecureStringTextBox` erfordert den Import der Namensräume `System`, `System.Windows.Forms` und `System.Security`.

```csharp
public sealed class SecureStringTextBox : TextBox
{
   /* Verwaltet das sichere Passwort */
   public SecureString SecureInput = new SecureString();

   /* Konstruktor */
   public SecureStringTextBox()
   {
      // Das Kontextmenü entfernen um ein Einfügen über die
      // Zwischenablage zu verhindern
      this.ContextMenu = new ContextMenu();

      // Passwort-Zeichen vordefinieren
      this.PasswordChar = '*';
   }

   /* Verwirft die Lösch- und die Cursor-Tasten */
   protected override void OnKeyDown(KeyEventArgs e)
   {
      switch (e.KeyCode)
      {
         // Die Lösch- und die Cursortasten werden
         // nicht unterstützt und deswegen einfach
         // ignoriert
         case Keys.Delete:
         case Keys.Left:
         case Keys.Right:
         case Keys.Up:
         case Keys.Down:
            e.Handled = true;
            break;
      }
   }

   /* Speichert jedes eingegebene Zeichen in den sicheren String
      und gibt stattdessen einen Stern aus */
   protected override void OnKeyPress(KeyPressEventArgs e)
   {
      if (e.KeyChar == (char)Keys.Back)
      {
         // Das letzte Zeichen in der sicheren Eingabe löschen
         if (this.SecureInput.Length > 0)
         {
            this.SecureInput.RemoveAt(this.SecureInput.Length - 1);
         }
      }
```

Listing 510: Eine einfache TextBox für sichere Eingaben

Strings sicher im Programm verwalten

```
      else
      {
         // Abfragen, ob es sich um eine Taste mit einem Wert
         // größer 31 handelt (bei STRG-V wird die Taste 22 übergeben!?)
         if (e.KeyChar > (char)31)
         {
            // Das eingegebene Zeichen hinzufügen ...
            this.SecureInput.AppendChar(e.KeyChar);

            // und in das Passwortzeichen umwandeln
            e.KeyChar = this.PasswordChar;
         }
      }
   }

   /* Löscht die sichere Eingabe, wenn die Maus
      auf dem Steuerelement betätigt wird */
   protected override void OnMouseDown(MouseEventArgs e)
   {
      // Passwort löschen
      this.SecureInput.Clear();
      this.Clear();
   }

   /* Fängt das Einfügen über die Zwischenablage ab */
   protected override void WndProc(ref Message m)
   {
      const int WM_PASTE = 0x0302;
      switch (m.Msg)
      {
         case WM_PASTE:
            // Nichts machen
            break;

         default:
            // Die geerbte Methode aufrufen um die Nachricht weiter
            // zu verarbeiten
            base.WndProc(ref m);
            break;
      }
   }
}
```

Listing 510: Eine einfache TextBox für sichere Eingaben (Forts.)

Die `SecureStringTextBox` können Sie nun auf einem Formular einsetzen. Über die Eigenschaft `SecureInput` erreichen Sie den sicheren String. Nach der Eingabe können Sie diesen über die `MakeReadOnly`-Methode schreibschützen. Damit kann dieser nicht mehr verändert werden.

Und dann beginnen die nächsten Probleme. Die meisten Dotnet-Klassen, die Daten verwalten, die eigentlich geheim gehalten werden müssen (wie z.B. die `NetworkCredential`-Klasse in ihrer `Password`-Eigenschaft), verwalten diese Daten immer noch in normalen Strings und bieten keine äquivalente `SecureString`-Eigenschaft. Lediglich die Klassen `ProcessStartInfo` (`Password`-Eigenschaft), `X509Certificate2` (`Import`-Methode) und `CspParameters` (`KeyPassword`-Eigenschaft) arbeiten nach meinen Recherchen bereits mit sicheren Strings. Das wird sich in Zukunft natürlich ändern ...

Um einen sicheren String an Instanzen der Klassen übergeben zu können, die noch nicht mit sicheren Strings arbeiten, müssen Sie den sicheren String in einen normalen String umwandeln. Das ist jedoch nicht direkt möglich, denn Microsoft hat `SecureString` so entwickelt, dass Instanzen dieser Klasse nicht direkt in einen String umgewandelt oder mit einem solchen verglichen werden können. Die Begründung dafür ist, dass der Verzicht auf diese Möglichkeiten die Sicherheit dieser Klasse wesentlich erhöht. Bei der Bearbeitung einer `SecureString`-Instanz helfen aber einige Methoden der `Marshal`-Klasse (aus dem Namensraum `System.Runtime.InteropServices`). Über `SecureStringToBSTR` können Sie einen sicheren String zum Beispiel in einen Basic-String (BSTR) umwandeln. Sie erhalten dann lediglich einen `IntPtr`-Wert zurück, der die Adresse des Strings (im nicht verwalteten Speicher) beinhaltet. Ein Basic-String (der eigentlich aus der COM-Welt stammt) unterliegt nicht der CLR und kann nach der Verwendung über `Marshal.ZeroFreeBSTR` mit 0-Zeichen gefüllt werden um die Sicherheit wieder zu erhöhen. Dummerweise kann man mit einem solchen String(-Zeiger) in einem Dotnet-Program nicht allzu viel anfangen. API-Funktionen, die meist mit Basic-Strings arbeiten, können Sie diesen `IntPtr` wohl direkt übergeben. Für Dotnet-Klassen, die mit Dotnet-Unicode-Strings arbeiten, müssen Sie den Basic-String aber noch in einen normalen String umwandeln. Dabei hilft die Methode `PtrToStringUni`, der Sie diese Adresse des Basic-Strings übergeben:

```
// Den sicheren String in einen Basic-String umwandeln
IntPtr bstrPointer = Marshal.SecureStringToBSTR(secureString);

// Mit dem Basic-String arbeiten. Hier:
// Den Basic-String in einen normalen String umwandeln und auswerten
string password = Marshal.PtrToStringUni(bstrPointer);

...

// Den Basic-String mit 0-Zeichen füllen um die Sicherheit zu erhöhen
Marshal.ZeroFreeBSTR(bstrPointer);
```

Listing 511: Umwandeln eines SecureString in einen normalen String

Dabei müssen Sie natürlich beachten, dass Sie jetzt wieder mit normalen Strings arbeiten und diese aus dem Speicher des Programms auslesbar sind. Der Zeitraum, in dem die unsicheren Strings im Programm verwaltet werden, wird aber auf diese Weise um einiges reduziert.

262 Daten symmetrisch ver- und entschlüsseln

Häufig müssen geheime Daten in Konfigurationsdateien oder Datenbanken gespeichert, über das Internet versendet werden oder Ähnliches. Diese Daten sollten Sie normalerweise nicht unverschlüsselt speichern bzw. übertragen.

Das .NET Framework bietet mit den Klassen des Namensraums `System.Security.Cryptography` eine Vielzahl an Möglichkeiten, Daten zu verschlüsseln. Neben den wichtigen Verschlüsselungs-Algorithmen für eine symmetrische und asymmetrische Verschlüsselung werden auch Hashing-Verfahren, digitale Zertifikate und XML-Signaturen unterstützt.

In diesem Rezept zeige ich, wie Sie eine symmetrische Verschlüsselung von Daten erreichen. Im Rezept 263 erfahren Sie, wie Sie aus Daten einen Hashcode erzeugen (der nicht mehr entschlüsselbar ist). Die asymmetrische Verschlüsselung behandelt dieses Buch aufgrund der recht hohen Komplexität nicht. Ein gutes Beispiel finden Sie an der Adresse *www.codeproject.com/csharp/Cryptography.asp*.

> **Exkurs**
>
> Verschlüsselungs-Algorithmen setzen im Allgemeinen Schlüssel ein, deren Werte in der Verschlüsselungslogik berücksichtigt werden. Ein einfacher Algorithmus würde z.B. den Zeichencode jedes Zeichens eines zu verschlüsselnden Strings mit dem Zeichencode des korrespondierenden Schlüssel-Strings addieren und das Ergebnis speichern. Neben dem Verschlüsselungsalgorithmus bestimmt auch die Länge des Schlüssels die Qualität des Ergebnisses.
>
> Symmetrische Verschlüsselungsverfahren setzen ein und denselben Schlüssel mit einer meist festgelegten Länge für das Ver- und das Entschlüsseln ein. Das Problem dabei ist die Weitergabe des Schlüssels: Gelangt der Schlüssel in falsche Hände, können die Daten problemlos entschlüsselt werden (sofern das Verfahren bekannt ist). Der Schlüssel muss also geheim gehalten werden (und wird deshalb als geheimer Schlüssel bezeichnet). Beispiele für symmetrische Verfahren sind RC2 (64 Bit Schlüsselgröße), DES (64 Bit), TripleDES (192 Bit), AES (256 Bit), IDEA (128 Bit) und CAST (128 oder 256 Bit).
>
> Asymmetrische Verfahren wie RSA und DSA setzen unterschiedliche Schlüssel variabler Länge für das Ver- und das Entschlüsseln der Daten ein. Die Schlüssel stehen in einer mathematischen Beziehung, die meist auf Primzahlen basiert, und bilden ein Schlüssel-Paar. Einer der Schlüssel wird geheim gehalten und daher als privater Schlüssel bezeichnet. Der andere Schlüssel wird als öffentlicher Schlüssel bezeichnet und kann problemlos öffentlich, z.B. über E-Mail, versendet werden. Diese Verfahren werden deshalb auch als Public-Key-Verfahren bezeichnet. Ein Sender, der den öffentlichen Schlüssel des Empfängers kennt, kann Daten mit diesem Schlüssel verschlüsseln und versenden. Die Daten können nur mit dem anderen Schlüssel des Paares entschlüsselt werden. Da dieser privat ist, kann nur der Empfänger die Daten entschlüsseln.

Asymmetrische Verschlüsselungsverfahren sind zwar in Bezug auf die Schlüsselweitergabe sicherer als symmetrische, bieten aber nicht so viel Sicherheit gegen das ungewollte Entschlüsseln der Daten wie symmetrische Verfahren und sind zudem wesentlich langsamer. Daher wird in der Praxis häufig eine Kombination eingesetzt: Die eigentlichen Daten werden symmetrisch über einen zufällig erzeugten Schlüssel verschlüsselt. Dieser Schlüssel wird mit dem öffentlichen Schlüssel des Empfängers asymmetrisch verschlüsselt und mit den Daten versendet. Der Empfänger kann den symmetrischen Schlüssel über seinen privaten Schlüssel und mit diesem die Daten entschlüsseln. Solche so genannten hybriden Verfahren werden z.B. von PGP und GnuPG eingesetzt. Zusätzlich wird häufig noch ein Hashcode (siehe Rezept 263) über die zu sendenden Daten berechnet, der der Nachricht mitgesendet wird. Da Hashcodes nicht entschlüsselbar sind, kann der Empfänger über dasselbe Hashing-Verfahren über die entschlüsselten Daten einen neuen Hashcode berechnen und diesen mit dem gesendeten vergleichen. Sind die Hashcodes identisch, kann der Empfänger sicher sein, dass die Daten auf ihrem Weg nicht verändert wurden.

Bei symmetrischen Verschlüsselungsverfahren werden verschiedene Chiffrier-Modi (Cipher modes) unterschieden. Block-Chiffrierungen wie CBC (Cipher Block Chaining), CFB (Cipher Feedback) und ECB (Electronic Codebook) verschlüsseln einen festen Block von Daten in einen Block gleicher Länge. Stream-Chiffrierungen verschlüsseln einzelne Bit-Gruppen, typischerweise, indem diese mit dem Schlüssel bitweise mit XOR verknüpft werden.

Die Blockgröße von Block-Chiffrierungen können Sie unter in den .NET-Klassen einstellen. Die Arbeitsweise der von .NET unterstützten Modi werden sehr gut in der Dokumentation der `CipherMode`-Aufzählung erläutert. Bei allen Block-Chiffrierungen werden die Daten blockweise über den Schlüssel neu berechnet und im Ergebnis abgelegt. Der beliebte CBC-Modus nutzt für die Verschlüsselung zusätzlich den zuvor verschlüsselten Block. Weil für den ersten Block kein verschlüsselter Block zur Verfügung steht, arbeitet CBC mit einem so genannten Initialisierungsvektor, das ist ein Block beliebiger Daten, der von außen definiert werden kann. Wenn Sie Daten im (übrigens unter .NET voreingestellten) CBC-Modus ver- und entschlüsseln, müssen Sie also neben dem Schlüssel auch den Initialisierungsvektor angeben. Die Länge des Initialisierungsvektors muss der Blockgröße entsprechen.

Da der letzte Block meist nicht der definierten Blockgröße entspricht, wird dieser häufig mit Bytes aufgefüllt. Bei diesem so genannten Padding werden ebenfalls verschiedene Modi eingesetzt. PKCS7 speichert dazu für jedes Byte den Wert der Anzahl der insgesamt hinzuzufügenden Bytes, der andere Modus Zeros speichert einfach 0-Bytes. PKCS7 ist unter .NET die Voreinstellung.

Für eine symmetrische Verschlüsselung stellt Ihnen der Namensraum `System.Security.Cryptography` einige abstrakte Basisklassen und einige davon abgeleitete konkrete Implementierungen zur Verfügung:

- `SymmetricAlgorithm`: Basisklasse für alle symmetrischen Verschlüsselungsverfahren,
- `DES`: abstrakte Klasse für das DES-Verfahren (Data Encryption Standard),
- `DESCryptoServiceProvider`: konkrete Klasse für DES,
- `TripleDES`: abstrakte Klasse für den TripleDES-Algorithmus,
- `TripleDESCryptoServiceProvider`: konkrete Klasse für TripleDES,
- `RC2`: abstrakte Klasse für den RC2-Algorithmus,
- `RC2CryptoServiceProvider`: konkrete Klasse für RC2,
- `Rijndael`: abstrakte Klasse für das Rijndael-Verfahren,
- `RijndaelManaged`: konkrete Klasse für Rijndael.

> **Hinweis**
>
> Über die Adresse *www.gotdotnet.com/team/clr/samples/eula_clr_cryptosrc.aspx* können Sie den Quellcode der abstrakten Kryptographie-Klassen des .NET Frameworks downloaden, nachdem Sie die Endanwender-Lizenz-Vereinbarung dafür bestätigt haben.
>
> Die Klassen mit der Endung *Managed* sind komplett in verwaltetem Code implementiert. Klassen mit der Endung *ServiceProvider* sind allerdings lediglich Wrapper für Klassen des nativen Windows-Kryptographie-API (Crypto API).

Die abstrakten Klassen können Sie für eigene Implementierungen der einzelnen Algorithmen verwenden (wenn Sie viel Zeit haben ...). Diese Klassen bieten keine Implementierung der Ver- oder Entschlüsselung, sondern definieren lediglich die Schnittstelle der jeweiligen konkreten Klasse. Mit diesen Klassen wollte Microsoft wohl eine Art Polymorphismus erreichen, der dann möglich ist, wenn andere Hersteller von Kryptographie-Klassen ihre Klassen von den abstrakten Klassen ableiten.

Die konkreten Klassen implementieren die einzelnen Verschlüsselungs-Algorithmen. In ihrem Konstruktor erzeugen diese Klassen kryptografisch starke Werte für den Schlüssel und den Initialisierungsvektor, die dann für das Ver- und das Entschlüsseln verwendet werden können. Sie können diese aber auch mit eigenen Werten neu definieren.

Um Daten symmetrisch zu verschlüsseln, müssen Sie sich nur noch entscheiden, welchen Algorithmus Sie verwenden. Ich habe mich für dieses Rezept entschieden, Ihnen die Wahl des Algorithmus zu überlassen und eine Klasse zu entwickeln, die Daten nach allen genannten Algorithmen ver- und entschlüsseln kann. Dieses Vorhaben wurde enorm dadurch erleichtert, dass alle Klassen für symmetrische Verschlüsselungen von der Basisklasse `SymmetricAlgorithm` abgeleitet sind und keine Klasse zu den geerbten Elementen wesentliche, spezifische Elemente hinzufügt. Die Arbeit an dieser Klasse war übrigens nicht allzu einfach und hat gut einen Tag gedauert, weil ich (wie in den meisten anderen Rezepten dieses Buchs auch) eigene Ideen verwirklichen wollte. Dafür ist die Klasse aber auch sehr flexibel einsetzbar ☺.

Um diese Klasse kompilieren zu können, müssen Sie die Namensräume `System`, `System.IO`, `System.Text` und `System.Security.Cryptography` importieren.

Zur Auswahl des Algorithmus habe ich zunächst eine Aufzählung `SymmetricEncryptAlgorithm` deklariert, die Konstanten für die unterstützten Algorithmen zur Verfügung stellt:

```
public enum SymmetricEncryptAlgorithm
{
   DES,
   TrippleDES,
   RC2,
   Rijndael
}
```

Listing 512: Aufzählung für den Verschlüsselungsalgorithmus

Instanzen der Klasse `SymmetricEncryptor` übernehmen die Ver- und Entschlüsselung. Die Klasse enthält zunächst eine private Eigenschaft vom Typ `SymmetricAlgorithm`, die die Instanz des Verschlüsselungsobjekts verwaltet, und eine Eigenschaft, die den Namen des aktuell gewählten Algorithmus speichert (und die in Fehlermeldungen verwendet wird). Dann wird in der privaten Eigenschaft `stringEncoding` die Codierung für die in den Methoden zum Ver- und Entschlüsseln von Strings benötigte Konvertierung von Strings in Byte-Arrays und zurück festgelegt. Hier setze ich die Windows-1252-Codierung ein, obwohl Unicode für die in diesem Format gespeicherten Strings eigentlich besser wäre. Der Grund dafür ist, dass in meinen Tests beim Entschlüsseln von Strings ab dem Framework 2.0 in vielen Fällen eine `CryptographicException` mit der Meldung »Length of the data to decrypt is invalid« geworfen wurde, wenn ich die Unicode- oder UTF8-Codierung verwendete. Mit der Windows-1252-Codierung trat dieses Problem nicht auf. Leider müssen Sie nun darauf achten, dass die zu verschlüsselnden Strings keine Unicode-Zeichen mit einem Wert größer als 255 enthalten.

Dem Konstruktor wird am ersten Argument der zu verwendende Algorithmus übergeben. Der Konstruktor erzeugt eine dazu passende Instanz einer der verfügbaren Klassen für symmetrische Verschlüsselungsverfahren und speichert die Referenz in der Eigenschaft `SymmetricEncryptor`. Außerdem wird der Name des Verschlüsselungsverfahrens in der dafür vorgesehenen Eigenschaft abgelegt:

```
public class SymmetricEncryptor
{
   /* Verwaltet die Instanz des Verschlüsselers */
   private SymmetricAlgorithm encryptor;

   /* Verwaltet den Namen des Verschlüsselungs-Algorithmus */
```

Listing 513: Eigenschaften und der Konstruktor der Klasse SymmetricEncryptor

Daten symmetrisch ver- und entschlüsseln

```
private string algorithmName;

/* Die Codierung für das Konvertieren von Strings
   in Byte-Arrays und umgekehrt.*/
private Encoding stringEncoding =
   Encoding.GetEncoding("windows-1252");

/* Konstruktor  */
public SymmetricEncryptor(SymmetricEncryptAlgorithm algorithm)
{
   switch (algorithm)
   {
      case SymmetricEncryptAlgorithm.DES:
         this.encryptor = new DESCryptoServiceProvider();
         this.algorithmName = "DES";
         break;
      case SymmetricEncryptAlgorithm.TrippleDES:
         this.encryptor = new TripleDESCryptoServiceProvider();
         this.algorithmName = "TripleDES";
         break;
      case SymmetricEncryptAlgorithm.RC2:
         this.encryptor = new RC2CryptoServiceProvider();
         this.algorithmName = "RC2";
         break;
      case SymmetricEncryptAlgorithm.Rijndael:
         this.encryptor = new RijndaelManaged();
         this.algorithmName = "Rijndael";
         break;
   }
}
```

Listing 513: Eigenschaften und der Konstruktor der Klasse SymmetricEncryptor

Nun folgen einige Eigenschaften, über die Sie den zu verwendenden Chiffrier-Modus, die Block-Größe und das Padding lesen und definieren können (wenn Sie wollen ...):

```
/* Gibt den Chiffrier-Modus an */
public CipherMode CipherMode
{
   get {return this.encryptor.Mode;}
   set {this.encryptor.Mode = value;}
}

/* Verwaltet die zu verwendende Blockgröße */
public int BlockSize
```

Listing 514: Eigenschaften zur Definition des Chiffrier-Modus, der Blockgröße und des Padding

```
{
   get {return this.encryptor.BlockSize;}
   set {this.encryptor.BlockSize = value;}
}

/* Gibt den Padding-Modus an */
public PaddingMode PaddingMode
{
   get {return this.encryptor.Padding;}
   set {this.encryptor.Padding = value;}
}
```

Listing 514: Eigenschaften zur Definition des Chiffrier-Modus, der Blockgröße und des Padding (Forts.)

Der Konstruktor der verwendeten Verschlüsselungsklasse erzeugt automatisch einen Zufalls-Schlüssel. Damit Sie diesen lesen, aber auch nach der Erzeugung der Instanz mit einem eigenen Schlüssel überschreiben können, habe ich die Eigenschaft Key implementiert, die auf die gleichnamige Eigenschaft im Verschlüsselungs-Objekt zugreift. Dabei musste ich das Problem lösen, dass der Schlüssel intern als Byte-Array verwaltet wird, ich aber einen String als Schlüssel verwenden wollte.

Das Problem dabei ist (wie sehr häufig bei Strings) die Codierung. Strings werden in .NET-Programmen in der 16-Bit-Unicode-Codierung gespeichert. Würde Key den übergebenen String über System.Text.Encoding.Unicode.GetBytes bzw. GetString decodieren bzw. codieren, würde das hohe Byte jedes Unicode-Zeichens mit in das Byte-Array übertragen werden. Da die meisten Strings nur Zeichen im Bereich bis 0x00FF (255) enthalten, wäre jedes zweite Byte in diesem Falle 0. Der Schlüssel wäre also eigentlich nur die Hälfte wert. Deshalb habe ich mich entschlossen, als Codierung die zum 8-Bit-Teil des Unicode-Zeichensatzes kompatible Codierung ISO-8859-1 und damit nur das niedrige Byte jedes Zeichens als Schlüssel zu verwenden. So können Sie alle 8-Bit-Zeichen des Unicode-Zeichensatzes für den Schlüssel verwenden und besitzen damit auch alle Möglichkeiten, die der Schlüssel zur Verfügung stellt (eben 8 Bit pro Byte ☺).

Um sicherzustellen, dass nicht aus Versehen Schlüssel mit Zeichen übergeben werden, die größer sind als 0x00FF, prüft Key beim Schreiben jedes Zeichen daraufhin ab und generiert im Fehlerfall eine Ausnahme vom Typ CryptographicException.

Da die verschiedenen Verschlüsselungsverfahren mit unterschiedlichen Schlüsselgrößen arbeiten, überprüft Key beim Setzen des Schlüssels zudem über die ValidKeySize-Methode des Verschlüsselungs-Objekts, ob die Schlüssellänge in Ordnung ist, und generiert im Fehlerfall eine Ausnahme. Ich habe mich hierbei nicht auf die Ausnahme verlassen, die die Key-Eigenschaft des Verschlüsselungs-Objekts wirft, wenn der Schlüssel ungültig ist, weil diese nur die allgemeine Fehlermeldung ausgibt, dass der Schlüssel ungültig ist. Meine Ausnahme liefert zudem die Information, welche Schlüsselgrößen erlaubt sind. Dabei musste ich eine Eigenart beachten: Die dazu auszulesende Auflistung LegalKeySizes liefert bei den .NET-Verschlüsselungsklassen nur ein Element. Die Eigenschaften MinSize und MaxSize speichern für diese Algorithmen

Daten symmetrisch ver- und entschlüsseln

aber nicht einen gültigen Bereich (wie die Namen vermuten lassen), sondern in einigen Fällen gleiche und in anderen Fällen zwei verschiedene mögliche Werte (also z.B. 64 oder 128 Bit). Das ist leider etwas unlogisch, Microsoft hätte in den Fällen, in denen mehrere fest definierte Schlüsselgrößen unterstützt werden, auch mehrere Elemente speichern sollen, bei denen `MinSize` und `MaxSize` den gleichen Wert aufweisen. Die Ausnahmemeldung trennt die Werte deshalb lediglich mit einem Komma.

```
public string Key
{
   get
   {
      return Encoding.GetEncoding(
         "ISO-8859-1").GetString(this.encryptor.Key);
   }

   set
   {
      // Den übergebenen Schlüssel überprüfen
      if (this.encryptor.ValidKeySize(value.Length * 8) == false)
      {
         // Ungültiger Schlüssel: Ausnahme mit erweiterten Informationen
         // werfen
         string allowedKeySizes = null;
         for (int i = 0; i < this.encryptor.LegalKeySizes.Length; i++)
         {
            if (allowedKeySizes != null)
            {
               allowedKeySizes += ", ";
            }
            allowedKeySizes += this.encryptor.LegalKeySizes[i].MinSize +
               ", " + this.encryptor.LegalKeySizes[i].MaxSize;
         }
         throw new CryptographicException("Der übergebene Schlüssel " +
            "ist mit " + (value.Length * 8) + " Bit für den " +
            this.algorithmName + "-Algorithmus ungültig. Erlaubt " +
            "sind die folgenden Größen: " + allowedKeySizes + ".");
      }

      // Auf Unicode-Zeichen größer 0x00FF überprüfen
      for (int i = 0; i < value.Length; i++)
      {
         if ((int)value[i] > 255)
         {
            throw new CryptographicException("Der übergebene " +
               "Schlüssel enthält mindestens ein Unicode-Zeichen, " +
               "das größer ist als 0x00FF (255): " + value[i] +
```

Listing 515: Eigenschaft zum Lesen und Setzen des Schlüssels

```
                        " (" + (int)value[i] + "). Unterstützt werden lediglich " +
                        "8-Bit-Unicode-Zeichen");
                }
            }

            // Den Schlüssel setzen
            this.encryptor.Key =
                Encoding.GetEncoding("ISO-8859-1").GetBytes(value);
        }
    }
```

Listing 515: Eigenschaft zum Lesen und Setzen des Schlüssels (Forts.)

Wenn Sie Daten im CBC-Modus verschlüsseln (was die Voreinstellung ist!), benötigt das Verschlüsselungsobjekt einen Initialisierungsvektor aus Bytes, dessen Größe der aktuell eingestellten Blockgröße entspricht. Der Konstruktor der verwendeten Verschlüsselungsklassen erzeugt diesen automatisch. Ähnlich wie bei der Key-Eigenschaft müssen Sie diesen lesen und auch schreiben können. Die Eigenschaft InitializationVector erlaubt deswegen das Lesen und Schreiben des Initialisierungsvektors. Wie bei Key habe ich diese Eigenschaft so definiert, dass der 8-Bit-Bereich der Unicode-Zeichen verwendet wird. Der übergebene String wird deshalb auch wieder daraufhin überprüft, ob er Zeichen speichert, die größer sind als 0x00FF.

Da die Größe des Initialisierungsvektors der aktuellen Blockgröße entsprechen muss und im Fehlerfall eine Ausnahme erst beim Ver- oder Entschlüsseln generiert werden würde, überprüft InitializationVector die Größe des Initialisierungsvektors gegen die Eigenschaft BlockSize und wirft im negativen Fall eine aussagekräftige Ausnahme.

```
    public string InitializationVector
    {
        get
        {
            return Encoding.GetEncoding("ISO-8859-1")
                .GetString(this.encryptor.InitializationVector);
        }

        set
        {
            // Den übergebenen Initialisierungsvektor überprüfen
            if ((value.Length * 8) != this.encryptor.BlockSize)
            {
                // Ungültiger Initialisierungsvektor: Ausnahme mit erweiterten
                // Informationen werfen
                throw new CryptographicException("Der übergebene " +
                    "Initialisierungsvektor ist mit " + (value.Length * 8) +
                    " Bit für den " + this.algorithmName + "-Algorithmus " +
```

Listing 516: Eigenschaft zum Zugriff auf den Initialisierungsvektor

```
               "ungültig. Die Länge des Initialisierungsvektors muss " +
               "durch die Blockgröße (aktuell " + this.encryptor.BlockSize +
               ") ohne Rest teilbar sein");
         }

         // Auf Unicode-Zeichen größer 0x00FF überprüfen
         for (int i = 0; i < value.Length; i++)
         {
            if ((int)value[i] > 255)
            {
               throw new CryptographicException("Der übergebene " +
                  "Initialisierungsvektor enthält mindestens ein " +
                  "Unicode-Zeichen, das größer ist als 0x00FF (255): " +
                  value[i] + " (" + (int)value[i] + "). Unterstützt " +
                  "werden lediglich 8-Bit-Unicode-Zeichen");
            }
         }

         // Den Initialisierungsvektor setzen
         this.encryptor.InitializationVector = Encoding.GetEncoding(
            "ISO-8859-1").GetBytes(value);
      }
```

Listing 516: *Eigenschaft zum Zugriff auf den Initialisierungsvektor (Forts.)*

Als kleine Zugabe habe ich die Methoden zur Erzeugung eines neuen zufälligen Schlüssels und Initialisierungsvektors übernommen:

```
/* Erzeugt einen zufälligen Schlüssel */
public void GenerateKey()
{
   this.encryptor.GenerateKey();
}

/* Erzeugt einen zufälligen Initialisierungsvektor */
public void GenerateInitializationVector()
{
   this.encryptor.GenerateIV();
}
```

Listing 517: *Methoden zur Erzeugung eines zufälligen Schlüssels und Initialisierungsvektors*

Nun folgt der interessante Teil: das Ver- und Entschlüsseln. Die erste Variante der Methode `Encrypt` verschlüsselt einen Stream in einen anderen Stream. `Encrypt` arbeitet mit Streams, weil die Verschlüsselungs-Objekte auch damit arbeiten und weil diese Methode dadurch enorm flexibel wird. So können Sie z.B. `FileStream`-Objekte

>> **Benutzer, Gruppen und Sicherheit**

verwenden, um Dateien zu verschlüsseln, oder Daten aus einem `MemoryStream`-Objekt in einen `NetworkStream` schreiben um diese über das Internet oder ein normales Netz zu versenden.

Zum Verschlüsseln erzeugt `Encrypt` eine Instanz der Klasse `CryptoStream`. Am ersten Argument wird der Stream übergeben, in den das `CryptoStream`-Objekt die verschlüsselten Daten schreibt. Am zweiten Argument übergibt `Encrypt` ein Objekt, das die Schnittstelle `ICryptoTransform` implementiert, über die die Verschlüsselung vorgenommen wird. Dieses Objekt wird über die Methode `CreateEncryptor` des aktuellen Verschlüsselungs-Objekts ermittelt. Am letzten Argument wird dann noch festgelegt, dass der `CryptoStream` in den Zielstream schreiben soll.

Danach werden die Daten des übergebenen Quell-Streams in den Crypto-Stream geschrieben, wobei das Schreiben blockweise erfolgt, damit der Arbeitsspeicher bei großen Streams nicht überlastet wird. Das `CryptoStream`-Objekt sorgt automatisch dafür, dass die geschriebenen Daten über das `ICryptoTransform`-Objekt verschlüsselt und in den Ziel-Stream geschrieben werden. Nach dem Schreiben wird über die `FlushFinalBlock`-Methode des Crypto-Streams nur noch dafür gesorgt, dass die noch im Stream vorhandenen Restdaten verarbeitet werden.

Der Crypto-Stream wird übrigens explizit nicht geschlossen. Der Grund dafür ist, dass ein Aufruf der `Close`-Methode bewirkt, dass (nach eigenen empirischen Ermittlungen) auch der Ziel-Stream (der dem Crypto-Stream im Konstruktor übergeben wurde) geschlossen wird. `Encrypt` kann aber nicht voraussetzen, dass der Zielstream nicht mehr benötigt wird. Wird z.B. ein `MemoryStream` übergeben, ist es nach dem Verschlüsseln notwendig, den Stream auf die erste Position zu setzen und auszulesen.

```
public void Encrypt(Stream sourceStream, Stream destStream)
{
   // CryptoStream zum Verschlüsseln erzeugen. Als Transformations-
   // Objekt wird das Verschlüssel-Objekt der aktuellen
   // SymmetricAlgorithm-Instanz übergeben
   CryptoStream cryptoStream = new CryptoStream(destStream,
      this.encryptor.CreateEncryptor(), CryptoStreamMode.Write);

   // Die Rohdaten blockweise in den CryptoStream schreiben (der diese
   // verschlüsselt in den Ziel-Stream schreibt)
   int bytesRead = 0;
   byte[] buffer = new byte[1024];
   do
   {
      bytesRead = sourceStream.Read(buffer, 0, 1024);
      cryptoStream.Write(buffer, 0, bytesRead);
   } while (bytesRead > 0);

   // Den Zielstream aktualisieren und den Puffer löschen
```

Listing 518: Methode zum Verschlüsseln eines Streams

```
        cryptoStream.FlushFinalBlock();

        // Der CryptoStream darf hier nicht geschlossen werden, da
        // dieser den Ziel-Stream ansonsten auch schließt
    }
```

Listing 518: Methode zum Verschlüsseln eines Streams (Forts.)

Die erste Variante der Methode Decrypt entschlüsselt einen Stream in einen anderen Stream. Decrypt erzeugt dazu wieder eine CryptoStream-Instanz, der aber am ersten Argument nun der Quell-Stream übergeben wird. Am zweiten Argument wird das ICryptoTransform-Objekt übergeben, das die CreateDecryptor-Methode des aktuellen Verschlüsselungs-Objekts zurückgibt. Das dritte Argument bestimmt mit CryptoStreamMode.Read, dass die Daten des am ersten Argument übergebenen Streams gelesen werden sollen.

Dann werden die Daten blockweise aus dem Crypto-Stream in einen Byte-Puffer gelesen (wieder um den Arbeitsspeicher nicht zu sehr zu belasten) und in den Ergebnis-Stream geschrieben. Beim Lesen der Daten werden diese automatisch über das ICryptoTransform-Objekt entschlüsselt.

Der Crypto-Stream darf wieder nicht geschlossen werden, da ansonsten auch der Quell-Stream geschlossen wird.

```
    public void Decrypt(Stream sourceStream, Stream destStream)
    {
        // CryptoStream zum Entschlüsseln erzeugen. Als Transformations-
        // Objekt wird das Entschlüssel-Objekt der aktuellen
        // SymmetricAlgorithm-Instanz übergeben
        CryptoStream cryptoStream = new CryptoStream(sourceStream,
            this.encryptor.CreateDecryptor(), CryptoStreamMode.Read);

        // Daten blockweise einlesen
        int bytesRead = 0;
        byte[] buffer = new Byte[1024];
        do
        {
            bytesRead = cryptoStream.Read(buffer, 0, 1024);
            destStream.Write(buffer, 0, bytesRead);
        } while (bytesRead > 0);

        // Der CryptoStream darf hier nicht geschlossen werden, da
        // dieser den Quell-Stream ansonsten auch schließt
    }
```

Listing 519: Methode zum Entschlüsseln eines Streams

Eigentlich wäre die Klasse nun komplett. Ich habe aber noch zwei Methoden zum Ver- und Entschlüsseln von Strings hinzugefügt, da die dazu notwendige Umwandlung in einen `MemoryStream` recht aufwändig ist. Beide Methoden erzeugen `MemoryStream`-Objekte und geben diese einfach an die Stream-Variante der entsprechenden Methode weiter.

```
/* Verschlüsselt einen String */
public string Encrypt(string source)
{
   // MemoryStreams für die Daten erzeugen
   MemoryStream sourceStream =
      new MemoryStream(this.stringEncoding.GetBytes(source));
   MemoryStream destStream = new MemoryStream();

   // Daten verschlüsseln
   sourceStream.Position = 0;
   Encrypt(sourceStream, destStream);

   // Ergebnis auslesen
   destStream.Position = 0;
   byte[] encryptedBytes = destStream.ToArray();

   // Streams schließen
   sourceStream.Close();
   destStream.Close();

   // String zurückgeben
   return this.stringEncoding.GetString(encryptedBytes);
}

/* Entschlüsselt einen String */
public string Decrypt(string source)
{
   // MemoryStreams für die Daten erzeugen
   MemoryStream sourceStream =
      new MemoryStream(this.stringEncoding.GetBytes(source));
   MemoryStream destStream = new MemoryStream();

   // Daten entschlüsseln
   Decrypt(sourceStream, destStream);

   // Ergebnis auslesen
   destStream.Position = 0;
   byte[] encryptedBytes = destStream.ToArray();

   // Streams schließen
```

Listing 520: Methoden zum Ver- und Entschlüsseln von Strings und Abschluss der SymmetricEncryptor-Klasse

796   >>   Daten symmetrisch ver- und entschlüsseln

```
        sourceStream.Close();
        destStream.Close();

        // String zurückgeben
        return this.stringEncoding.GetString(encryptedBytes);
    }
}
```

Listing 520: Methoden zum Ver- und Entschlüsseln von Strings und Abschluss der SymmetricEncryptor-Klasse (Forts.)

Zum Ver- und Entschlüsseln erzeugen Sie dann eine Instanz der Klasse Symmetric-Encryptor. Wenn Sie den Schlüssel und den Initialisierungsvektor nicht selbst definieren wollen, können Sie beim Verschlüsseln die zufällig erzeugten Werte aus den Eigenschaften Key und InitializationVector auslesen. Diese Strings sollten Sie auf jeden Fall irgendwo speichern, da Sie diese Werte beim Entschlüsseln wieder benötigen.

Listing 521 zeigt die Vorgehensweise am Beispiel. Das Beispiel ver- und entschlüsselt eine Datei nach dem Rijndael-Algorithmus und setzt dazu eigene Schlüssel- und Initialisierungsvektor-Werte ein. Auf eine Ausnahmebehandlung habe ich im Beispiel aus Übersichtsgründen verzichtet.

```
// SymmetricEncryptor-Instanz erzeugen und den eigenen Schlüssel und
// Initialisierungsvektor übergeben
SymmetricEncryptor encryptor =
    new SymmetricEncryptor(SymmetricEncryptAlgorithm.Rijndael);
encryptor.Key = "dfdOß3q3ßdsäfßq3#sfjbxya<xsd-:,?";
encryptor.InitializationVector = "460?-B,-7,kerkh-";

// Eine Datei verschlüsseln
FileStream sourceStream = new FileStream("c:\Hitchhiker.txt", FileMode.Open,
    FileAccess.Read);
FileStream destStream = new FileStream("c:\Hitchhiker_Encrypted.txt",
    FileMode.Create, FileAccess.Write);
encryptor.Encrypt(sourceStream, destStream);
sourceStream.Close();
destStream.Close();

// Die Datei wieder entschlüsseln
sourceStream = new FileStream("c:\Hitchhiker_Encrypted.txt", FileMode.Open,
    FileAccess.Read);
destStream = new FileStream("c:\Hitchhiker.txt", FileMode.Create,
    FileAccess.Write);
encryptor.Decrypt(sourceStream, destStream);
sourceStream.Close();
destStream.Close();
```

Listing 521: Beispiel für die Anwendung der SymmetricEncryptor-Klasse

>> Benutzer, Gruppen und Sicherheit

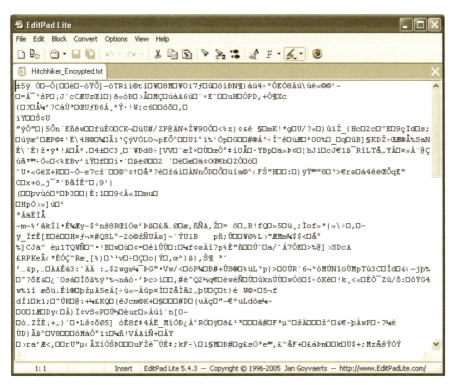

Abbildung 178: Die vom Beispielprogramm verschlüsselte Textdatei in einem Editor

Bei der Verwendung der `SymmetricEncryptor`-Klasse müssen Sie nur wenig berücksichtigen:

▶ Wenn Sie Streams ver- oder entschlüsseln, stehen die Streams nach dem Ver- bzw. Entschlüsseln am Ende. Wenn Sie die Streams weiter verarbeiten wollen, müssen Sie diese über *Stream*.Seek(0, SeekOrigin.Begin) zunächst wieder auf den Anfang setzen. Außerdem sollten Sie die Streams nach der Verarbeitung schließen.

▶ Zum Entschlüsseln benötigen Sie den gleichen Schlüssel und Initialisierungsvektor, der beim Verschlüsseln verwendet wurde. Sie sollten für beide zufällig ermittelte Werte verwenden, um eine höchstmögliche Sicherheit zu erreichen. Die beim Verschlüsseln verwendeten Werte müssen Sie natürlich für das Entschlüsseln verfügbar haben.

Ein Performancetest der `SymmetricEncryptor`-Klasse hat übrigens ergeben, dass diese recht schnell arbeitet und kein Speicherloch aufweist (was eventuell durch das nicht erfolgte Schließen des Crypto-Streams verursacht werden könnte). Die Verschlüsselung einer Textdatei mit 3656 Byte Größe benötigte auf meinem Pentium-4-Rechner mit 2,4 GHz im Durchschnitt ca. 0,0007571 Sekunden, das Entschlüsseln durchschnittlich 0,0007545 Sekunden. Bei 10000 Durchläufen wurde der Speicher anfangs etwas vergrößert, blieb dann aber stabil und wurde sogar auch wieder verkleinert. Den Test finden Sie neben dem Beispiel zu diesem Rezept auf der Buch-CD.

263 Daten mit Hashing-Verfahren verschlüsseln

Daten müssen in einigen Fällen so verschlüsselt werden, dass diese nicht mehr entschlüsselt werden können und in einer verkürzten Form dargestellt werden. Dazu werden so genannte Hashcodes verwendet, die über öffentlich bekannte Hashing-Verfahren errechnet werden. Ein Hashcode repräsentiert die Daten in einer verkleinerten Form mit einer in der Regel festgelegten Länge (z.B. 128 oder 256 Bit). Aus einem Hashcode können unter keinen Umständen die eigentlichen Daten zurückgerechnet werden. Wird auf dieselben Daten derselbe Hashing-Algorithmus mit derselben Hashcode-Länge angewendet, resultiert aber immer derselbe Hashcode. Die Wahrscheinlichkeit, dass unterschiedliche Daten zu demselben Hashcode führen, ist äußerst gering.

Eine Anwendung für Hashcodes ist die Speicherung von Passwörtern, die von Anwendern zur Authentifizierung eingegeben werden sollen, in einer Konfigurationsdatei, Datenbank o.Ä. Gespeichert werden nicht die Passwörter, sondern deren Hashcodes. Im Login-Formular wird zur Authentifizierung das vom Anwender eingegebene Passwort in den korrespondierenden Hashcode umgerechnet und mit dem gespeicherten verglichen. Sind beide Hashcodes identisch, ist das Passwort korrekt. Natürlich können Sie für einen solchen Zweck auch einen Verschlüsselungs-Algorithmus verwenden. Hashcodes sind aber einfacher zu errechnen und bieten die Sicherheit, dass die Daten nicht entschlüsselt werden können.

Eine andere Anwendung für Hashcodes sind komplexe Verschlüsselungsverfahren, bei denen aus den zu verschlüsselnden Daten ein Hashcode berechnet wird, der den verschlüsselten Daten beigelegt wird. Der Empfänger kann aus den entschlüsselten Daten wieder einen Hashcode berechnen und diesen mit dem mitgelieferten vergleichen. Sind beide Hashcodes gleich, wurden die Daten mit einer recht hohen Wahrscheinlichkeit nicht verändert.

Hashcodes erzeugen Sie über spezielle Hashing-Klassen, die das .NET Framework im Namensraum `System.Security.Cryptography` zur Verfügung stellt. Diese Klassen implementieren die verschiedenen von .NET unterstützten Algorithmen und ermöglichen die Erzeugung von Hashcodes aus Byte-Arrays oder Streams.

Wie bereits bei der Verschlüsselung existieren einige abstrakte Basisklassen wie z.B. `SHA1` oder `MD5`, die keine Implementierung beinhalten. Die Namen der davon abgeleiteten Klassen enden teilweise auf `Managed`, was darauf hinweist, dass die Implementierung in verwaltetem Code existiert. Namen mit der Endung `ServiceProvider` (z.B. bei der Klasse `SHA1CryptoServiceProvider`) weisen darauf hin, dass die Klassen lediglich Wrapper für entsprechende Klassen des Microsoft-Crypto-API sind. Da aber für diese Algorithmen oft auch verwaltete Varianten existieren, beschreibe ich nur diese. Die folgenden Klassen implementieren die einzelnen Algorithmen:

- `MD5CryptoServiceProvider`: MD5 (Message Digest 5) mit 128 Bit Länge,
- `RIPEMD160`: RIPEMD-Verfahren mit 160 Bit Länge,
- `SHA1Managed`: SHA1 (Secure Hash Algorithm 1) mit 160 Bit Länge,
- `SHA256Managed`: SHA1 mit 256 Bit Länge,

- `SHA384Managed`: SHA1 mit 384 Bit Länge,
- `SHA512Managed`: SHA1 mit 512 Bit Länge,
- `HMACMD5`: MD5 mit 128 Bit Länge und Schlüssel,
- `HMACRIPEMD160`: RIPEMD160 mit 160 Bit Länge und Schlüssel,
- `HMACSHA1`: SHA1 mit 160 Bit und Schlüssel,
- `HMACSHA256`: SHA256 mit 256 Bit und Schlüssel,
- `HMACSHA384`: SHA384 mit 384 Bit und Schlüssel,
- `HMACSHA512`: SHA512 mit 512 Bit und Schlüssel,
- `MACTripleDES`: TripleDES mit 64 Bit Länge und Schlüssel.

Die verschiedenen Implementierungen des SHA1-Algorithmus verwenden eine unterschiedliche Hashcode-Größe. Ein größerer Hashcode, dessen Berechnung ein wenig mehr Zeit kostet, bringt eine größere Sicherheit gegenüber Doppelgängern. Die Größe des Hashcodes können Sie übrigens aus der Eigenschaft `HashSize` auslesen.

Die Klassen, deren Name mit *HMAC* (Hash-based Message Authentication Code) beginnt, verwenden einen privaten Schlüssel, der mit den Daten vermischt wird. Das Ergebnis wird über das verwendete Hashing-Verfahren in einen Hash umgewandelt, der Hashcode wird wieder mit dem privaten Schlüssel vermengt und die Hashfunktion wird ein zweites Mal auf diese Datenmenge angewendet. Auf diese Weise erzeugte Hashes sind sehr sicher und werden üblicherweise für das Signieren von Nachrichten verwendet, damit der Empfänger über den erneut berechneten Hashcode sicher sein kann, dass die Nachricht nicht verändert wurde.

Die Klasse `MACTripleDES` arbeitet wahrscheinlich ähnlich (was aber nicht dokumentiert ist): *MAC* steht für *Message Authentication Code.*

Die Verwendung dieser Klassen, die übrigens alle mehr oder weniger direkt von der Basisklasse `HashAlgorithm` abgeleitet sind, ist sehr einfach: Sie erzeugen eine Instanz und rufen zur Erzeugung des Hashcodes die Methode `ComputeHash` auf. Dieser Methode können Sie ein Byte-Array oder einen Stream übergeben. Sie erhalten dann ein Byte-Array mit den Daten des Hashcodes zurück.

Bei den Algorithmen, die mit einem Schlüssel arbeiten, können Sie zudem vor der Erzeugung des Hashcodes in der Eigenschaft `Key` den Schlüssel definieren. Dieser Schlüssel wird bei jeder Erzeugung einer Instanz dieser Klassen per Zufall neu erzeugt. Für den Vergleich zweier Hashcodes müssen Sie den Schlüssel also zwischenspeichern und beim zweiten Ermitteln des Hashcodes setzen. Da der Schlüssel als Byte-Array verwaltet wird, ist dies leider mit etwas Arbeit verbunden.

Eine recht direkte Möglichkeit, einen Hashcode zu erzeugen, ist die Erzeugung einer Instanz einer Hash-Algorithmus-Klasse über `HashAlgorithm.Create`. Dieser Methode übergeben Sie einen String, der den zu verwendenden Algorithmus bezeichnet (z.B. »SHA1«, »SHA256« oder »MD5«). Über die zurückerhaltene `HashAlgorithm`-Referenz können Sie deren `ComputeHash`-Methode aufrufen.

Das folgende Beispiel erzeugt einen Hashcode für einen String:

```
string source = "Das ist ein Teststring zur Ermittlung eines Hashcodes";
byte[] buffer = Encoding.Unicode.GetBytes(source);
string hashCode = Encoding.Unicode.GetString(((HashAlgorithm)
    CryptoConfig.CreateFromName("SHA1")).ComputeHash(buffer));
```

Listing 522: Direktes Erzeugen eines Hashcodes

Um die Arbeit mit Hashcodes zu erleichtern und um die Übergabe des Schlüssels für die Algorithmen zu erleichtern, die einen solchen verwenden, habe ich die Klasse `Hasher` entwickelt. Die Grundidee dieser Klasse ist dieselbe wie die der Klasse `SymmetricEncryptor` aus dem Rezept 262. `Hasher` ermöglicht die einfache Verwendung aller unterstützten Hashing-Algorithmen. Da Hashcodes häufig als String gespeichert werden, geben die Varianten der Methode `ComputeHash`, die den Hashcode erzeugen, einfach einen String in der zu Unicode kompatiblen 8-Bit-Codierung ISO-8859-1 zurück.

Zum Kompilieren der `Hasher`-Klasse müssen Sie die Namensräume `System`, `System.IO`, `System.Text` und `System.Security.Cryptography` importieren.

Zunächst habe ich für die Definition des zu verwendenden Algorithmus die Aufzählung `HashAlgorithmEnum` implementiert (deren Name mit `Enum` endet, da bereits eine Klasse `HashAlgorithm` existiert):

```
public enum HashAlgorithmEnum
{
    MD5,
    RIPEMD160,
    SHA1,
    SHA256,
    SHA384,
    SHA512,
    HMACMD5,
    HMACRIPEMD160,
    HMACSHA1,
    HMACSHA256,
    HMACSHA384,
    HMACSHA512,
    MACTripleDES
}
```

Listing 523: Aufzählung für die unterstützten Hashing-Algorithmen

>> Benutzer, Gruppen und Sicherheit

Im Konstruktor der `Hasher`-Klasse wird der zu verwendende Algorithmus übergeben und in der privaten Variablen `hashObject` gespeichert:

```
public class Hasher
{
   /* Eigenschaft zur Speicherung des Hash-Objekts */
   private HashAlgorithm hashObject;

   /* Konstruktor */
   public Hasher(HashAlgorithmEnum algorithm)
   {
      switch (algorithm)
      {
         case HashAlgorithmEnum.MD5:
            this.hashObject = new MD5CryptoServiceProvider();
            break;

         case HashAlgorithmEnum.RIPEMD160:
            this.hashObject = new RIPEMD160Managed();
            break;

         case HashAlgorithmEnum.SHA1:
            this.hashObject = new SHA1Managed();
            break;

         case HashAlgorithmEnum.SHA256:
            this.hashObject = new SHA256Managed();
            break;

         case HashAlgorithmEnum.SHA384:
            this.hashObject = new SHA384Managed();
            break;

         case HashAlgorithmEnum.SHA512:
            this.hashObject = new SHA512Managed();
            break;

         case HashAlgorithmEnum.HMACMD5:
            this.hashObject = new HMACMD5();
            break;

         case HashAlgorithmEnum.HMACRIPEMD160:
            this.hashObject = new HMACRIPEMD160();
            break;

         case HashAlgorithmEnum.HMACSHA1:
```

Listing 524: Der Konstruktor der Hasher-Klasse

Daten mit Hashing-Verfahren verschlüsseln

```
            this.hashObject = new HMACSHA1();
            break;

         case HashAlgorithmEnum.HMACSHA256:
            this.hashObject = new HMACSHA256();
            break;

         case HashAlgorithmEnum.HMACSHA384:
            this.hashObject = new HMACSHA384();
            break;

         case HashAlgorithmEnum.HMACSHA512:
            this.hashObject = new HMACSHA512();
            break;

         case HashAlgorithmEnum.MACTripleDES:
            this.hashObject = new MACTripleDES();
            break;
      }
   }
```

Listing 524: Der Konstruktor der Hasher-Klasse (Forts.)

Damit für die Algorithmen, die Schlüssel verwenden (HMACSHA1, MACTripleDES), der Schlüssel definiert werden kann, besitzt die Klasse `Hasher` eine Eigenschaft `Key`, der Sie den Schlüssel als String übergeben können. Um sicherzustellen, dass der in einem Byte-Array verwaltete Schlüssel ausgelesen bzw. gesetzt werden kann, interpretieren beide Zugriffsmethoden von `Key` das aktuelle Hash-Objekt als Instanz der Klasse `KeyedHashAlgorithm`, von der alle Hash-Algorithmus-Klassen abgeleitet sind, die einen Schlüssel einsetzen. Ergibt diese Interpretation den Wert `null`, generieren `set` und `get` eine Ausnahme vom Typ `NotSupportedException`.

Die `set`-Methode überprüft den übergebenen Schlüssel zusätzlich darauf, ob dieser Zeichen mit einem Code größer 0x00FF speichert. Damit wird sichergestellt, dass keine Unicode-Zeichen übergeben werden, die den 8-Bit-Bereich überschreiten. Als Codierung für den String verwende ich die zu Unicode kompatible ISO-8859-1-Codierung. Die Begründung für den Verzicht auf den kompletten Unicode-Zeichensatz liegt darin, dass die meisten Strings in unseren Breiten lediglich den 8-Bit-Bereich verwenden. Bei einer Unicode-Codierung wäre jedes zweite Byte des Schlüssels in diesem Fall 0, was diesen in der Qualität verschlechtern würde.

```
   public string Key
   {
      get
      {
```

Listing 525: Eigenschaft zum Lesen und Schreiben des Schlüssels

```csharp
        // Überprüfen, ob der Algorithmus einen Schlüssel erlaubt,
        // und Speichern des Schlüssel
        KeyedHashAlgorithm kha = this.hashObject as KeyedHashAlgorithm;
        if (kha != null)
        // Schlüssel in einen String umwandeln und zurückgeben
        {
            return Encoding.GetEncoding("ISO-8859-1").GetString(kha.Key);
        }
        else
        {
            throw new NotSupportedException("Der aktuell verwendete " +
                "Hash-Algorithmus unterstützt keine Schlüssel");
        }
    }

    set
    {
        // Auf Unicode-Zeichen größer 0x00FF überprüfen
        for (int i = 0; i < value.Length; i++)
        {
            if ((int)value[i] > 255)
            {
                throw new CryptographicException("Der übergebene " +
                    "Schlüssel enthält mindestens ein Unicode-Zeichen, " +
                    "das größer ist als 0x00FF (255): " + value[i] + " (" +
                    (int)value[i] + "). Unterstützt werden lediglich " +
                    "8-Bit-Unicode-Zeichen");
            }
        }

        // Überprüfen, ob der Algorithmus einen Schlüssel erlaubt,
        // und Speichern des Schlüssel
        KeyedHashAlgorithm kha = this.hashObject as KeyedHashAlgorithm;
        if (kha != null)
        // Schlüssel in einen String umwandeln und zurückgeben
        {
            kha.Key = Encoding.GetEncoding("ISO-8859-1").GetBytes(value);
        }
        else
        {
            throw new NotSupportedException("Der aktuell verwendete " +
                "Hash-Algorithmus unterstützt keine Schlüssel");
        }
    }
}
```

Listing 525: Eigenschaft zum Lesen und Schreiben des Schlüssels (Forts.)

804 >> Daten mit Hashing-Verfahren verschlüsseln

Nun folgen nur noch die wichtigen Methoden zum Erzeugen des Hashcodes. Die vier Varianten der Methode `ComputeHash` erwarten ein Byte-Array, einen Stream oder einen String als Quelle, erzeugen daraus einen Hashcode und geben diesen als ISO-8859-1-String zurück.

```csharp
/* Erzeugt einen Hash aus einem Byte-Array */
public string ComputeHash(byte[] data)
{
    return Encoding.GetEncoding("ISO-8859-1").GetString(
        this.hashObject.ComputeHash(data));
}

/* Erzeugt einen Hash aus einem Byte-Array */
public string ComputeHash(byte[] data, int offset, int count)
{
    return Encoding.GetEncoding("ISO-8859-1").GetString(
        this.hashObject.ComputeHash(data, offset, count));
}

/* Erzeugt einen Hash aus den Daten eines Stream */
public string ComputeHash(Stream inputStream)
{
    return Encoding.GetEncoding("ISO-8859-1").GetString(
        this.hashObject.ComputeHash(inputStream));
}

/* Erzeugt einen Hash für einen String */
public string ComputeHash(string inputString)
{
    // Byte-Array aus dem String erzeugen und damit den Hashcode erzeugen
    byte[] buffer = Encoding.Unicode.GetBytes(inputString);
    return Encoding.GetEncoding("ISO-8859-1").GetString(
        this.hashObject.ComputeHash(buffer));
}
}
```

Listing 526: Methoden zur Erzeugung eines Hashcodes

Die `Hasher`-Klasse ist zwar etwas aufwändiger geworden, als ich ursprünglich vermutete. Die Anwendung dieser Klasse ist dafür aber sehr einfach. Das folgende Beispiel erzeugt aus einem String über das HMACSHA1-Verfahren (das mit einem Schlüssel arbeitet) einen Hashcode:

```
Hasher hasher = null;
try
{
   // Hasher erzeugen und Schlüssel übergeben
   hasher = new Hasher(HashAlgorithmEnum.HMACSHA1);
   hasher.Key = "löke08325ybnk y973235298´46t ß9872598";
}
catch (Exception ex)
{
   Console.WriteLine(ex.Message);
   return;
}

Console.WriteLine("Hashing nach dem HMACSHA1-Verfahren:");

// Den Hashcode für einen String ermitteln
string source = "Das ist ein Teststring zur Ermittlung eines Hashcodes";
string hashCode = hasher.ComputeHash(source);
Console.WriteLine("Quellstring: {0}", source);
Console.WriteLine("Hashcode: {0}", hashCode);
```

Listing 527: Erzeugen eines Hashcodes für einen String

Abbildung 179: HMACSHA1-Hashcode für einen String

Sie können aber genauso gut einen Hashcode für eine Datei erzeugen, indem Sie ComputeHash ein FileStream-Objekt übergeben oder ein Byte-Array als Quelle verwenden.

Multimedia

264 Wave-Dateien abspielen

Zum Abspielen von Wave-Dateien (mit der Endung *.wav*) können Sie neben verschiedenen externen Techniken wie WMI und DirectX, die ich in den folgenden Rezepten beschreibe, auch die Klasse SoundPlayer aus dem Namensraum System.Media verwenden.

> **Hinweis**
>
> Leider unterstützt diese Klasse lediglich das Wave-Format. Zum Abspielen von anderen Formaten wie z.B. MP3 müssen Sie externe Techniken wie MCI (siehe Rezept 265) oder DirectX (siehe Rezept 266) einsetzen.

Beim Erzeugen einer Instanz der SoundPlayer-Klasse übergeben Sie den Dateinamen der Wave-Datei oder einen Stream, der die Wave-Daten enthält. Dann rufen Sie die Methoden Play, PlaySync oder PlayLooping auf. Play spielt die Datei in einem separaten Thread ab. Der Thread, in dem diese Methode aufgerufen wird, wird also während des Abspielens nicht blockiert. PlaySync spielt die Sounddatei in dem Thread ab, der die Methode aufgerufen hat. Der Thread wird also so lange blockiert, bis das Abspielen beendet ist. Wenn Sie eine Wave-Datei mit PlayLooping abspielen, wird diese in einem neuen Thread so lange wiederholt abgespielt, bis Sie die Stop-Methode aufrufen. Stop können Sie natürlich auch aufrufen um das Abspielen einer mit Play einmalig gespielten Wave-Datei zu beenden.

Das folgende Beispiel spielt die Wave-Datei *pavel_und_bronko.wav*, die im Anwendungsordner erwartet wird, in einer Endlosschleife ab, die über eine Betätigung der Return-Taste in der Konsolenanwendung beendet werden kann. Zum Kompilieren dieses Beispiels müssen Sie die Namensräume System, System.IO, System.Media und System.Reflection einbinden.

```
// Dateiname zusammensetzen
string fileName = Path.Combine(Path.GetDirectoryName(
   Assembly.GetEntryAssembly().Location), "pavel_und_bronko.wav");

// SoundPlayer erzeugen
SoundPlayer soundPlayer = new SoundPlayer(fileName);
try
{
   // Wave-Datei wiederholend (und gleichzeitig asynchron) abspielen
   soundPlayer.PlayLooping();
}
catch (Exception ex)
```

Listing 528: Wiederholtes, asynchrones Abspielen einer Wave-Datei

```
{
    Console.WriteLine(ex.Message);
}

Console.WriteLine("Stoppen Sie das Abspielen mit Return");
Console.ReadLine();

// Das Abspielen stoppen
soundPlayer.Stop();
```

Listing 528: Wiederholtes, asynchrones Abspielen einer Wave-Datei (Forts.)

> **Hinweis**
> Unter Windows 98 (und wahrscheinlich auch unter Windows Me) kann die Klasse `SoundPlayer` nicht in einer Konsolenanwendung ausgeführt werden. Das liegt daran, dass die Konsole unter Windows 98 im 16-Bit-Modus läuft, während die verwendete API-Funktion `PlaySound` eine 32-Bit-Funktion ist.

265 Multimedia-Dateien (Wave, MP3, Midi, AVI, MPEG etc.) über MCI abspielen

Das relativ alte MCI (Media Control Interface) ermöglicht den Zugriff auf alle Multimedia-Dienste, die vom Betriebssystem zur Verfügung gestellt werden. MCI ist in Form von verschiedenen API-Funktionen in der Datei *winmm.dll* bereits seit Windows 3.1 Teil des Betriebssystems.

An Stelle von MCI können Sie auch DirectX für das Abspielen von Multimedia-Dateien verwenden, wie ich es im folgenden Rezept beschreibe. MCI besitzt aber den Vorteil, dass Sie davon ausgehen können, dass eigentlich jeder Computer, auf dem das .NET Framework (in der Windows-Version) installiert ist, über die notwendigen MCI-Treiber verfügt. DirectX muss hingegen separat installiert werden.

MCI arbeitet mit Treibern, die den Zugriff auf spezielle Multimedia-Geräte (bzw. -Programme) so kapseln, dass immer dieselben MCI-Funktionen zur Steuerung der Geräte verwendet werden können. Für spezielle Multimedia-Formate wie z.B. das Apple-QuickTime-Format können Sie spezielle MCI-Treiber beziehen (meist reicht dazu eine Google-Suche aus). Oft sind MCI-Treiber aber auch in der Installation eines Multimedia-Programms (wie z.B. bei QuickTime) enthalten. Die Microsoft-Treiber werden hauptsächlich vom Windows Media Player installiert. Ältere Betriebssysteme besitzen natürlich per Voreinstellung nur ältere Treiber und können mit Multimediadateien neuerer Generation nichts anfangen. Windows 98 ist allerdings nach einer frischen Installation (mit dem Internet Explorer 6 und dem .NET Framework 1.0) bereits in der Lage die wichtigsten Formate (Wave, MP3, AVI, MPEG) abzuspielen.

Falls eine Aktualisierung der Treiber notwendig sein sollte, reicht wahrscheinlich die Installation der neuesten Version des Media Players aus. Ein separater Download der Microsoft-MCI-Treiber scheint auf der Microsoft-Website leider nicht verfügbar zu sein.

MCI-Geräte können Sie im Wesentlichen über zwei Funktionen steuern. Der Funktion `mciSendCommand` übergeben Sie dazu eine Struktur mit den Befehlsparametern. Diese Variante ist etwas umständlich. Die einfachere Variante über die Funktion `mciSendString` arbeitet mit einem Befehls-String und ist in der Anwendung wesentlich einfacher. Zur Arbeit mit MCI benötigen Sie dann nur noch die Funktion `mciGetErrorString` zum Auslesen aufgetretener Fehler und etwas Wissen um die Befehls-Strings. Der Vorgang bei der Arbeit mit MCI-Geräten ist immer derselbe: Das Gerät wird zuerst geöffnet, dann können Sie Befehle wie z.B. `Play` zum Abspielen oder `Stop` zum Stoppen aufrufen, zum Schluss wird das Gerät wieder geschlossen.

Problematisch ist dabei lediglich das Herausfinden der korrekten MCI-Befehlsstrings. Diese sind in der MCI-Dokumentation recht gut in Zusammenhang mit der `mciSendString`-Funktion beschrieben (über den Link MULTIMEDIA COMMAND STRINGS). Die MCI-Dokumentation finden Sie in der Hilfe, indem Sie nach »"MCI Reference"« suchen (inklusive der Anführungszeichen). Im Internet finden Sie die MCI-Referenz am besten, indem Sie bei *msdn.microsoft.com* nach »MCI« suchen. Die Adresse der MCI-Referenz bezieht sich anscheinend auf die Version und wird sich mit ziemlicher Sicherheit ändern. Die derzeitige Adresse der MCI-Referenz ist: *msdn.microsoft.com/library/en-us/multimed/htm/_win32_mci_ reference.asp*.

So, das reicht an Theorie. Nun folgt die Klasse `Mci`, die Ihnen die Arbeit mit MCI sehr erleichtert. Diese Klasse implementiert zwar lange nicht alle Möglichkeiten, die MCI bietet. Sie können aber über `Mci`-Instanzen Audio- und Video-Dateien abspielen. Trotzdem ist die Klasse bereits recht komplex. Aber die Arbeit (des Kopierens der Klasse aus dem Repository ...) lohnt sich: Sie erhalten damit eine sehr einfach anzuwendende Möglichkeit, Sound- und Videodateien abzuspielen.

Zum Kompilieren der Klasse müssen Sie die Assembly *System.Windows.Forms.dll* referenzieren und die Namensräume `System`, `System.IO`, `System.Text`, `System.Runtime.InteropServices` und `System.Windows.Forms` importieren.

Zur Implementierung habe ich zunächst eine Klasse `MciException` für eigene Ausnahmen deklariert. `MciException` erwartet die Fehlermeldung im Konstruktor.

```
public class MciException : Exception
{
   public MciException(string message)
   {
   }
}
```

Listing 529: Klasse für eigene Ausnahmen

810 >> Multimedia-Dateien (Wave, MP3, Midi, AVI, MPEG etc.) über MCI abspielen

Die Klasse `Mci` ist von `IDisposable` abgeleitet, damit der Aufruf der `Dispose`-Methode, die später implementiert wird, möglich ist. Am Anfang der Klasse habe ich die verwendeten API-Funktionen deklariert:

```
public class Mci : IDisposable
{
   /* Deklaration der MCI-Funktionen, -Konstanten und -Strukturen */
   [DllImport("winmm.dll", CharSet = CharSet.Auto)]
   private static extern int mciSendString(string lpstrCommand,
      StringBuilder lpstrReturnString, int uReturnLength, IntPtr
      hwndCallback);

   [DllImport("winmm.dll", CharSet = CharSet.Auto)]
   private static extern int mciGetErrorString(int dwError, StringBuilder
      lpstrBuffer, int uLength);

   [DllImport("kernel32.dll", CharSet = CharSet.Auto)]
   private static extern int GetShortPathName(string lpszLongPath,
      StringBuilder lpszShortPath, int cchBuffer);
```

Listing 530: Beginn der Klasse MCI mit der Deklaration der verwendeten API-Funktionen

MCI-Geräte werden über eine beim Öffnen automatisch vergebene Geräte-Id oder einen Alias angesprochen. Ich verwende einen Alias, der im Fall der `Mci`-Klasse einfach ein GUID-Wert ist. Da dieser Alias in verschiedenen Methoden benötigt wird, speichert MCI diesen in der privaten Eigenschaft `alias`.

Eine schreibgeschützte Eigenschaft `IsOpen` macht eine Aussage darüber, ob das MCI-Gerät geöffnet ist, und wird von den Methoden zum Öffnen und Schließen gesetzt.

Zur Vereinfachung der Ermittlung von MCI-Fehlern habe ich dann die Methode `GetMciError` geschrieben. Diese Methode ruft die Funktion `mciGetErrorString` mit dem übergebenen Fehlercode auf und gibt den ermittelten String zurück. `mciGetErrorString` gibt, wie viele API-Funktionen, die mit Strings arbeiten, die Anzahl der gelesenen Zeichen zurück. Bei einer Rückgabe von 0 (z.B. bei der Übergabe eines unbekannten Fehlercodes) gibt `GetMciError` lediglich eine generische Fehlermeldung zurück:

```
   /* Eigenschaft für den MCI-Alias */
   private string alias;

   private bool isOpen = false;
   /* Gibt an, ob gerade ein MCI-Gerät geöffnet ist */
   public bool IsOpen
   {
```

Listing 531: Private Eigenschaften und eine Methode zur Ermittlung eines MCI-Fehlers

```
    get
    {
        return this.isOpen;
    }
}

/* Liefert eine Fehlermeldung zu einem gegebenen Fehlercode */
private string GetMciError(int errorCode)
{
    StringBuilder errorMessage = new StringBuilder(255);
    if (mciGetErrorString(errorCode, errorMessage,
        errorMessage.Capacity) == 0)
    {
        return "MCI-Fehler " + errorCode;
    }
    else
    {
        return errorMessage.ToString();
    }
}
```

Listing 531: Private Eigenschaften und eine Methode zur Ermittlung eines MCI-Fehlers (Forts.)

Nun folgen Methoden zum Öffnen eines MCI-Geräts (automatisch über den Dateinamen). Da MCI auch das Abspielen von Videodateien auf einem gegebenen Windows-Fenster (einem Formular, einem `PictureBox`-Steuerelement etc.) erlaubt, habe ich zwei Varianten der `Open`-Methode entwickelt. Die erste, die lediglich den Dateinamen der Multimedia-Datei übergeben bekommt, ruft dabei einfach die zweite auf. Diese zweite Variante, die neben dem Dateinamen eine `Control`-Referenz erwartet (womit Sie alle .NET-Steuerelemente und Formulare übergeben können), schließt zunächst ein eventuell zuvor geöffnetes Gerät, um Probleme beim gleichzeitigen Abspielen von mehreren Multimediadateien zu vermeiden. Danach erzeugt die Methode einen eindeutigen Alias für das MCI-Gerät. Sie nutzt dazu einfach die `NewGuid`-Methode der `Guid`-Klasse, die eine weltweit eindeutige GUID erzeugt. Um die nicht sinnvollen Bindestriche aus der String-Repräsentation des GUID-Werts zu entfernen, ruft `Open` die `ToString`-Methode der erzeugten `Guid`-Instanz mit dem Formatzeichen »N« (numerische Formatierung) auf.

Dann überprüft `Open`, ob die angegebene Datei existiert, und generiert im Fehlerfall eine Ausnahme vom Typ `FileNotFoundException`. Damit wird verhindert, dass MCI beim Öffnen einer nicht vorhandenen Datei einen Fehler erzeugt und dieser in einer `MciException` resultiert.

Der im `Open`-Befehl später übergebene Dateiname kann in Anführungszeichen gesetzt werden, damit MCI den Befehl korrekt interpretieren kann (MCI trennt die Befehlsparameter durch Leerzeichen). Nach Aussagen in einer Newsgroup hat MCI aber Probleme mit sehr langen Dateinamen, was ich unter Windows XP allerdings nicht nachvollziehen konnte. Zur Sicherheit setzt `Open` den langen Dateinamen über `GetShortPathName` in einen kurzen um und verzichtet im MCI-String auf die Anführungszeichen.

Dann wird der MCI-String zum Öffnen zusammengesetzt. Dieser sieht in unserem Fall beispielsweise zum Abspielen einer MP3-Datei folgendermaßen aus, wenn kein Besitzer-Fenster angegeben ist:

`"open C:\Patience.mp3 type mpegvideo alias 9343e55ade624346bb9a0729425d0bb4"`

Der Parameter `type` gibt den zu verwendenden Gerätetyp an. Laut der Dokumentation können Sie nur spezifische Gerätenamen wie z.B. `cdaudio` (CD-ROM), `waveaudio` (Wave-Dateien) oder `digitalvideo` (Videodateien) einsetzen. Etwas problematisch ist dabei die notwendige Unterscheidung der verschiedenen Typen.

Der undokumentierte Typ `mpegvideo` (der weder in der Dokumentation noch auf der Microsoft Website zu finden ist) spricht hingegen den MPEGVideo-Treiber (*mciqtz.drv*) an, der in der Lage ist, alle wichtigen Audio- und Videoformate abzuspielen. Und das erleichtert die Arbeit ungemein.

Falls am zweiten Argument eine `Control`-Referenz übergeben wurde, hängt `Open` noch den Zusatz `parent` *Handle* `style child` mit dem Handle des Objekts an den MCI-Befehlsstring an, damit ein Video auf der Fläche des Controls ausgegeben wird.

Mit dem korrekt zusammengesetzten MCI-String ruft `Open` dann die `mciSendString`-Funktion auf. Da keine Daten zurückerwartet werden (einige MCI-Befehle lesen Statusdaten oder allgemeine Informationen zum Gerät aus), wird am zweiten Argument (das eine `StringBuilder`-Instanz erwartet) `null` und am dritten 0 übergeben. Das letzte Argument nimmt die Adresse einer Callback-Funktion auf, die von MCI bei festzulegenden Statusänderungen aufgerufen wird. Dieses interessante Feature (z.B. für eine Fortschrittsmeldung) habe ich aus Platzgründen aber nicht implementiert. `Open` übergibt hier als `IntPtr.Zero`.

Tritt bei der Ausführung von `mciSendString` ein Fehler auf, wird dieser über `GetMciError` in eine Fehlermeldung umgesetzt und an eine neue `MciException` übergeben.

Positions- und Längenangaben in MCI-Geräten verwenden ein bestimmtes Zeitformat. Bei den meisten Geräten sind das Millisekunden. Es kann aber bei spezifischen Geräten vorkommen, dass das Zeitformat ein anderes ist, wie z.B. eine Angabe in Stunden, Minuten und Sekunden. Um sicherzustellen, dass möglichst immer Millisekunden verwendet werden, stellt `Open` schließlich noch das aktuelle Zeitformat über den `set`-Befehl ein.

```
public void Open(string filename)
{
   Open(filename, null);
}
```

Listing 532: Methoden zum Öffnen eines MCI-Geräts

```csharp
public void Open(string filename, Control owner)
{
   // Schließen einer eventuell zuvor noch geöffneten
   // Datei
   if (this.IsOpen)
   {
      this.Close();
   }

   // Alias für das MCI-Gerät erzeugen
   this.alias = Guid.NewGuid().ToString("N");

   // Überprüfen, ob die Datei existiert
   if (File.Exists(filename) == false)
   {
      throw new FileNotFoundException("Die Datei '" + filename +
         "' existiert nicht", filename);
   }

   // Den kurzen Dateinamen ermitteln
   StringBuilder shortPath = new StringBuilder(261);
   if (GetShortPathName(filename, shortPath, shortPath.Capacity) == 0)
   {
      throw new MciException("Fehler beim Auslesen des kurzen " +
         "Dateinamens für '" + filename + "': Windows-Fehler " +
         Marshal.GetLastWin32Error());
   }

   // MCI-Befehlsstring zum Öffnen zusammensetzen
   string mciString = "open " + shortPath.ToString() +
      " type mpegvideo alias " + this.alias;

   if (owner != null)
   {
      mciString += " parent " + (int)owner.Handle + " style child";
   }

   // MCI-Gerät öffnen
   int result = mciSendString(mciString, null, 0, IntPtr.Zero);
   if (result != 0)
   {
      throw new MciException("Fehler beim Öffnen des MCI-Geräts: " +
         GetMciError(result));
   }

   this.isOpen = true;
```

Listing 532: Methoden zum Öffnen eines MCI-Geräts (Forts.)

```
      // Das Zeitformat für Längen- und Positionsangaben explizit
      // auf Millisekunden setzen
      mciString = "set " + this.alias + " time format ms";
      result = mciSendString(mciString, null, 0, IntPtr.Zero);
      if (result != 0)
      {
         throw new MciException("Fehler beim Setzen des Zeitformats: " +
            GetMciError(result));
      }
   }
```

Listing 532: Methoden zum Öffnen eines MCI-Geräts (Forts.)

Nun folgt zunächst eine Eigenschaft `Length`, die über den MCI-Befehlsstring »status *Alias* length« die Abspiellänge der Datei (im aktuellen Zeitformat) ermittelt. Dazu wird natürlich wieder `mciSendString` aufgerufen, dieses Mal aber mit einem ausreichend groß dimensionierten `StringBuilder`-Objekt, in das `mciSendString` das Ergebnis schreibt. Tritt beim Aufruf kein Fehler auf, wird das Ergebnis über `int.Parse` in einen `int`-Wert umgewandelt. Ich verwende explizit die `Parse`-Methode des `int`-Typs, da die Länge für spezifische Gerätetypen laut der Dokumentation trotz der expliziten Definition in `Open` bei einigen wenigen Medientypen auch in einer nicht numerischen Form zurückgegeben werden kann. Eine Konvertierung mit `Convert.ToInt32` würde in diesem Fall fehlschlagen.

```
   public int Length
   {
      get
      {
         StringBuilder buffer = new StringBuilder(261);
         int result = mciSendString("status " + this.alias + " length",
            buffer, buffer.Capacity, IntPtr.Zero);
         if (result != 0)
         {
            throw new MciException("Fehler beim Lesen von 'Length': " +
               GetMciError(result));
         }

         return int.Parse(buffer.ToString());
      }
   }
```

Listing 533: Eigenschaft zur Ermittlung der Abspiellänge

Die nun folgende `Play`-Methode zum Abspielen der geöffneten Datei ist in drei Varianten implementiert, wobei die erste und die zweite jeweils die dritte aufrufen. Diese erwartet eine Startposition (in der aktuellen Längeneinheit, die wir ja auf Millisekunden gesetzt haben), eine Länge und eine Info darüber, ob der Abspielvorgang am Ende wiederholt werden soll. Der eigentliche Aufruf des MCI-Befehls entspricht dann dem beim Öffnen, nur dass hier natürlich ein anderer Befehlsstring verwendet wird. Die ersten beiden Varianten der Methode fragen über die Length-Eigenschaft einfach die aktuelle Länge der Datei ab um die Abspiellänge zu ermitteln.

```
public void Play(bool repeat)
{
   Play(0, this.Length, repeat);
}

/* Spielt eine geladene Multimediadatei ab einer bestimmten Position ab */
public void Play(int from, bool repeat)
{
   Play(from, this.Length - from, repeat);
}

/* Spielt eine geladene Multimediadatei ab einer bestimmten Position   */
/* und bis zu einer bestimmten anderen Position ab */
public void Play(int from, int to, bool repeat)
{
   string mciString = "play " + this.alias +
      " from " + from + " to " + to;
   if (repeat)
   {
      mciString += " repeat";
   }
   int result = mciSendString(mciString, null, 0, IntPtr.Zero);
   if (result != 0)
   {
      throw new MciException("Fehler beim Aufruf von 'Play': " +
         GetMciError(result));
   }
}
```

Listing 534: Methoden zum Abspielen der Multimedia-Datei

Die Eigenschaft Volume ermöglicht das Abfragen und Setzen der aktuellen Lautstärke. Die Abfrage erfolgt über den MCI-Befehl status, das Setzen über den Befehl setaudio. Die in meinen Versuchen möglichen Werte reichten von 0 bis 1000, leider ist dies aber nicht dokumentiert. Bei einem Wert von 1000 entspricht die Lautstärke der, die aktuell für den Soundtreiber eingestellt ist. Bei einem ungültigen Wert generiert mciSendString einen Fehler, der wie in allen anderen Methoden dieser Klasse auch in eine Ausnahme umgesetzt wird.

```csharp
public int Volume
{
   get
   {
      StringBuilder buffer = new StringBuilder(261);
      int result = mciSendString("status " + this.alias + " volume",
         buffer, buffer.Capacity, IntPtr.Zero);
      if (result != 0)
      {
         throw new MciException("Fehler beim Lesen von 'Volume': " +
            GetMciError(result));
      }
      return int.Parse(buffer.ToString());
   }

   set
   {
      int result = mciSendString("setaudio " + this.alias +
         " volume to " + value, null, 0, IntPtr.Zero);
      if (result != 0)
      {
         throw new MciException("Fehler beim Aufruf von 'SetAudio': " +
            GetMciError(result));
      }
   }
}
```

Listing 535: Eigenschaft für die Lautstärke

Über die Eigenschaft `Position` können Sie die aktuelle Position im Abspiel-Stream lesen und setzen. Die Arbeitsweise dieser Eigenschaft ist ähnlich der von `Volume`. Nach dem Setzen der neuen Position ruft Position den `Play`-Befehl auf, da der `Seek`-Befehl dazu führt, dass der Abspielvorgang angehalten wird. So können Sie auch mitten im Abspielen vor- und zurückspulen. Als Nebeneffekt bewirkt dies, dass der Abspielvorgang auch dann beginnt, wenn aktuell noch keine `Play`-Methode aufgerufen wurde, aber die Position gesetzt wird.

```csharp
public int Position
{
   get
   {
      StringBuilder buffer = new StringBuilder(261);
      int result = mciSendString("status " + this.alias + " position",
         buffer, buffer.Capacity, IntPtr.Zero);
      if (result != 0)
```

Listing 536: Eigenschaft für die Position des aktuellen Abspielvorgangs

Multimedia

```
         {
            throw new MciException("Fehler beim Lesen von 'Position': " +
               GetMciError(result));
         }
         return int.Parse(buffer.ToString());
      }

      set
      {
         int result = mciSendString("seek " + this.alias +
            " to " + value, null, 0, IntPtr.Zero);
         if (result != 0)
         {
            throw new MciException("Fehler beim Setzen von 'Position'" +
               GetMciError(result));
         }
         result = mciSendString("play " + this.alias, null, 0, IntPtr.Zero);
         if (result != 0)
         {
            throw new MciException("Fehler beim Aufruf von 'Play': " +
               GetMciError(result));
         }
      }
   }
}
```

Listing 536: Eigenschaft für die Position des aktuellen Abspielvorgangs (Forts.)

Die Eigenschaft `PlaybackSpeed` verwaltet die aktuelle Abspielgeschwindigkeit. Der Wert 1000 steht für die normale Geschwindigkeit. Ein Setzen der Geschwindigkeit führte in meinen Versuchen mit MP3- und MPEG-Dateien allerdings nicht zu einem Ergebnis.

```
public int PlaybackSpeed
{
   get
   {
      StringBuilder buffer = new StringBuilder(261);
      int result = mciSendString("status " + this.alias + " speed",
         buffer, buffer.Capacity, IntPtr.Zero);
      if (result != 0)
      {
         throw new MciException("Fehler beim Lesen von 'Speed'" +
            GetMciError(result));
      }
      return int.Parse(buffer.ToString());
   }
```

Listing 537: Eigenschaft zur Verwaltung der Abspielgeschwindigkeit

```
    set
    {
       string mciString = "set " + this.alias + " speed " + value;
       int result = mciSendString(mciString, null, 0, IntPtr.Zero);
       if (result != 0)
       {
          throw new MciException("Fehler beim Setzen von 'Speed': " +
             GetMciError(result));
       }
    }
}
```

Listing 537: Eigenschaft zur Verwaltung der Abspielgeschwindigkeit (Forts.)

Nun folgt die Methode `SetRectangle`, über die Sie die Position eines auf einem Formular oder Steuerelement abgespielten Videos bestimmen können. Diese Methode ist z.B. dann interessant, wenn Sie die Größe des Videos bei der Größenänderung eines Formulars anpassen wollen. Übergeben werden die x- und y-Position, die Breite und die Höhe. `SetRectangle` ruft zur Definition der Position und der Größe den MCI-Befehl »put *Alias* window at *x y Breite Höhe*« auf:

```
public void SetRectangle(int x, int y, int width, int height)
{
    string mciString = "put " + this.alias + " window at " + x +
       " " + y + " " + width + " " + height;
    int result = mciSendString(mciString, null, 0, IntPtr.Zero);
    if (result != 0)
    {
       throw new MciException("Fehler beim Aufruf von 'Put Window at': " +
          GetMciError(result));
    }
}
```

Listing 538: Methode zur Definition der Position und der Größe des Videos bei einer Ausgabe auf einem Formular oder Steuerelement

Schließlich folgen nur noch eine Methode `Stop` zum Stoppen des aktuellen Abspielvorgangs, eine Methode `Close` zum Schließen des MCI-Geräts, die `Dispose`-Methode (der `IDisposable`-Schnittstelle) und der Destruktor. `Stop` und `Close` rufen die entsprechenden MCI-Befehle auf, wobei `Close` noch die Eigenschaft `isOpen` zurücksetzt. `Dispose` und der Destruktor rufen einfach nur `Close` auf:

>> Multimedia

```csharp
   /* Stoppt den aktuellen Abspielvorgang */
   public void Stop()
   {
      string mciString = "stop " + this.alias;
      int result = mciSendString(mciString, null, 0, IntPtr.Zero);
      if (result != 0)
      {
         throw new MciException("Fehler beim Aufruf von 'Stop': " +
            GetMciError(result));
      }
   }

   /* Schließt ein aktuell geöffnetes MCI-Gerät */
   public void Close()
   {
      if (this.isOpen)
      {
         string mciString = "close " + this.alias;
         int result = mciSendString(mciString, null, 0, IntPtr.Zero);
         if (result != 0)
         {
            throw new MciException("Fehler beim Aufruf von 'Close': " +
               GetMciError(result));
         }

         this.isOpen = false;
      }
   }

   /* Schließt ein aktuell geöffnetes MCI-Gerät */
   public void Dispose()
   {
      this.Close();
   }

   /* Finalisierer */
   ~Mci()
   {
      this.Close();
   }
}
```

Listing 539: Methoden zum Stoppen, zum Schließen, die Dispose-Methode und der Destruktor

820 >> Multimedia-Dateien (Wave, MP3, Midi, AVI, MPEG etc.) über MCI abspielen

Den Destruktor[29] und die Dispose-Methode habe ich zur Sicherheit implementiert, damit beim Ungültigwerden einer Mci-Instanz auf jeden Fall alle MCI-Ressourcen freigegeben werden. Dispose wird, wie Sie ja sicherlich wissen, automatisch aufgerufen, wenn die Instanz innerhalb einer using-Anweisung erzeugt wird:

```
using (Mci mci = new Mci())
{
   mci.Open("C:\\Videos\\axe.mpeg");
   mci.Play(false);
   MessageBox.Show("Playing ...");
}
```

Wenn Sie Objekte in einer using-Anweisung instanzieren, ist sichergestellt, dass diese beim Ungültigwerden immer die Dispose-Methode aufrufen und die Ressourcen unabhängig vom Garbage Collector freigeben.

Ein kleines Beispielprogramm (Abbildung 180) soll die Anwendung der Mci-Klasse erläutern. Das Programm soll Audio- und Videodateien abspielen.

Abbildung 180: Abspielen eines AVI-Videos in einem PictureBox-Steuerelement

Das Formular erzeugt im Load-Ereignis eine Instanz der Mci-Klasse, was ich hier nicht darstelle. Die Referenz wird in der privaten Eigenschaft mci verwaltet. In den im Folgenden beschriebenen Methoden verzichte ich im Buch aus Platz- und Übersichtsgründen auch auf die Ausnahmebehandlung (die Sie im Beispiel auf der CD aber vorfinden).

---

29. Ich weiß, es ist kein Destruktor, sondern eine Finalisier-Methode ☺

>> Multimedia

In der Ereignismethode für das `Click`-Ereignis des ÖFFNEN-Schalters wird das MCI-Gerät geöffnet. Ist die obere `CheckBox` eingeschaltet, wird als Handle für die Ausgabe eines Videos das Handle eines `PictureBox`-Steuerelements übergeben, das auf dem Formular angelegt ist. In diesem Fall erfolgt eine Videoausgabe auf dem Steuerelement. Wird kein Handle übergeben, erzeugt MCI für die Ausgabe ein eigenes Fenster. Sounddateien werden natürlich nicht in einem Fenster ausgegeben. Die Übergabe eines Handles führt aber hier nicht zu einem Fehler.

```
private void openButton_Click(object sender, System.EventArgs e)
{
   try
   {
      // MCI-Gerät öffnen
      if (this.openVideoInFormCheckBox.Checked)
      {
         this.mci.Open(filenameTextBox.Text, this.pictureBox);
      }
      else
      {
         this.mci.Open(filenameTextBox.Text);
      }

      // Länge, aktuelle Lautstärke und aktuelle
      // Abspielgeschwindigkeit auslesen
      infoLabel.Text = "Länge: " + this.mci.Length + " ms";
      this.volumeTextBox.Text = this.mci.Volume.ToString();
      this.playbackSpeedTextBox.Text = this.mci.PlaybackSpeed.ToString();
   }
   catch (Exception ex)
   {
      MessageBox.Show(ex.Message, Application.ProductName,
         MessageBoxButtons.OK, MessageBoxIcon.Error);
   }
}
```

Listing 540: Öffnen des MCI-Geräts mit der angegebenen Datei

Die Methode für den ABSPIELEN-Schalter definiert zunächst das Rechteck, auf dem die Multimedia-Datei ausgegeben werden soll, wenn die entsprechende `CheckBox` eingeschaltet ist. Dann ruft `playButton_Click` die `Play`-Methode auf, wobei der Zustand der zweiten `CheckBox` am `repeat`-Argument übergeben wird:

```
private void playButton_Click(object sender, System.EventArgs e)
{
   try
```

Listing 541: Abspielen der geöffneten Multimedia-Datei

```csharp
    {
        // Rechteck setzen, falls die Datei in der
        // PictureBox angezeigt werden soll
        if (this.openVideoInFormCheckBox.Checked)
        {
            this.mci.SetRectangle(0, 0,
                this.pictureBox.Width, this.pictureBox.Height);
        }

        // MCI-Gerät öffnen
        this.mci.Play(this.repeatCheckBox.Checked);
    }
    catch (Exception ex)
    {
        MessageBox.Show(ex.Message, Application.ProductName,
            MessageBoxButtons.OK, MessageBoxIcon.Error);
    }
}
```

Listing 541: Abspielen der geöffneten Multimedia-Datei (Forts.)

Die Methoden für den LAUTSTÄRKE- und den VORSPULEN-Schalter lesen bzw. schreiben die Eigenschaften Volume und Position:

```csharp
private void volumeButton_Click(object sender, System.EventArgs e)
{
    try
    {
        this.mci.Volume = Convert.ToInt32(this.volumeTextBox.Text);
    }
    catch (Exception ex)
    {
        MessageBox.Show(ex.Message, Application.ProductName,
            MessageBoxButtons.OK, MessageBoxIcon.Error);
    }
}

private void forwardButton_Click(object sender, System.EventArgs e)
{
    try
    {
        int position = this.mci.Position;
        this.infoLabel.Text = "Aktuelle Position: " + position;
        this.mci.Position = position + 10000;
    }
    catch (Exception ex)
```

Listing 542: Einstellen der Lautstärke und der Position

```
    {
        MessageBox.Show(ex.Message, Application.ProductName,
            MessageBoxButtons.OK, MessageBoxIcon.Error);
    }
}
```

Listing 542: Einstellen der Lautstärke und der Position (Forts.)

Die Methoden des STOP- und des SCHLIEßEN-Schalters rufen die Methoden `Stop` und `Close` auf:

```
private void stopButton_Click(object sender, System.EventArgs e)
{
    try
    {
        this.mci.Stop();
    }
    catch (Exception ex)
    {
        MessageBox.Show(ex.Message, Application.ProductName,
            MessageBoxButtons.OK, MessageBoxIcon.Error);
    }
}

private void closeButton_Click(object sender, System.EventArgs e)
{
    try
    {
        this.mci.Close();
    }
    catch (Exception ex)
    {
        MessageBox.Show(ex.Message, Application.ProductName,
            MessageBoxButtons.OK, MessageBoxIcon.Error);
    }
}
```

Listing 543: Stoppen und Schließen des aktuellen Abspielvorgangs

Die Methode für das `Resize`-Ereignis des Formulars ruft `SetRectangle` auf, um das Video an die Größe der `PictureBox` anzupassen (die im Beispiel über die `Anchor`-Eigenschaft automatisch an die Größe des Formulars angepasst wird). Dabei fragt die Methode zuvor ab, ob das MCI-Gerät überhaupt geöffnet ist, um einen Fehler beim Aufruf des MCI-Befehls bei einem nicht geöffneten Gerät zu vermeiden (das könnten die anderen Methoden dieses Beispiels natürlich auch so implementieren):

```csharp
private void StartForm_Resize(object sender, System.EventArgs e)
{
   if (this.mci.IsOpen)
   {
      try
      {
         this.mci.SetRectangle(0, 0, this.pictureBox.Width,
            this.pictureBox.Height);
      }
      catch { }
   }
}
```

Listing 544: Anpassen der Videogröße im Resize-Ereignis

Im `Closing`-Ereignis des Formulars wird die `Close`-Methode noch einmal aufgerufen:

```csharp
private void StartForm_Closing(object sender,
   System.ComponentModel.CancelEventArgs e)
{
   this.mci.Close();
}
```

Listing 545: Schließen des MCI-Geräts im Closing-Ereignis

Dieses Schließen ist deswegen wichtig, weil MCI das MCI-Gerät scheinbar automatisch schließt, wenn der aufrufende Thread beendet wird. Wird die `Close`-Methode zuvor nicht aufgerufen, führt der spätere Aufruf des Destruktors über den Garbage Collector zu dem Fehler »Gerät ist nicht geöffnet oder wird vom MCI nicht erkannt«. Dieses Problem konnte ich bisher nicht lösen.

Die `Mci`-Klasse kann durchaus noch erweitert werden. Die folgenden Erweiterungen wären sinnvoll (und machbar):

- Regelmäßige Benachrichtigung über die aktuelle Position in einem Delegate,
- Separate Einstellung der Lautstärke für den linken und den rechten Kanal,
- Ein- und Ausschalten der Soundwiedergabe,
- Pausieren und Weiter-Ausführen der Wiedergabe,
- Einstellen der Bass- und der Höhenwiedergabe,
- Wiedergabe von CD-Audio-Tracks.

Drei bekannte Probleme sind in der Buch-Variante nicht gelöst:

- Wird eine neue Datei geöffnet, während eine andere abgespielt wird, werden die Dateien zwar parallel abgespielt (was ein interessantes Feature ist, so können Sie z.B. neben einem Video eine MP3-Datei oder zwei MP3-Dateien gleichzeitig abspielen), da aber nur ein Alias verwaltet wird, kann nur die letzte bearbeitet (z.B. geschlossen) werden.

▶ MCI funktionierte bei meinen Versuchen nicht in einer Konsolenanwendung. Obwohl kein Fehler erzeugt wurde, spielte MCI Multimedia-Dateien einfach nicht ab.

▶ Ist keine Soundkarte installiert, resultiert dies in der wenig aussagekräftigen Ausnahme. Auf meinem Testsystem meldete MCI den Fehler »MMSYSTEM277 Bei der Initialisierung von MCI trat ein Fehler auf. Starten Sie Windows neu«. Sinnvoll wäre es, in der Open-Methode zu überprüfen, ob auf dem System eine Soundkarte installiert ist, und im negativen Fall eine deutlichere Ausnahme zu werfen. Diese Überprüfung können Sie über das Rezept 184 vornehmen.

266 Multimedia-Dateien (Wave, MP3, Midi, AVI, MPEG etc.) über DirectX abspielen

DirectX bietet einen hervorragenden Multimedia-Support. Schon in DirectX-Versionen vor Version 9 können Sie über eine COM-Komponente auf eine sehr einfache Weise Multimedia- und 3D-Grafikdateien abspielen, verändern, erzeugen etc. Ab Version 9 bietet Microsoft den Zugang zu DirectX-Features sogar über komplett verwaltete Klassen an, die sich nahtlos in das .NET Framework integrieren und eine enorme Performance versprechen.

Ein Nachteil der Verwendung von DirectX ist, dass auf den Systemen, auf denen Ihre Anwendung ausgeführt werden soll, dieselbe oder eine höhere Version von DirectX installiert sein muss als die, unter der Sie entwickeln (weswegen ich mir im vorigen Rezept noch die Mühe gemacht habe, wichtige Features von MCI in einer Klasse zu kapseln).

In diesem Rezept beschreibe ich die Anwendung der verwalteten Klassen der Version 9 für das Abspielen von Multimedia-Dateien. Um diese zur Verfügung zu haben, müssen Sie das DirectX-9-SDK installieren, das Sie an der Adresse *msdn.microsoft.com/directx/ sdk* finden. Der Download des kompletten SDK umfasst etwa 320 MB.

> **Achtung** Zum Zeitpunkt der Überarbeitung dieses Rezepts lag das DirectX-SDK (Februar-2006-Version) noch nicht für das .NET Framework 2.0 vor. Leider führt das zu dem Problem, dass während des Testens einer DirectX-Anwendung in Visual Studio beim ersten Öffnen einer Audio- oder Videodatei in der Regel eine Exception mit der Nachricht »LoaderLock was detected. ›Microsoft.DirectX.dll‹ is attempting managed execution inside OS Loader lock. Do not attempt to run managed code inside a DllMain or image initialization function since doing so can cause the application to hang« generiert wird. Diese Exception wird von einem MDA (Managed Debugging Assistent) erzeugt. MDAs sind spezielle Klassen, die einem Entwickler dabei helfen, potentielle Probleme bei der Ausführung von verwaltetem Programmcode, die anders nicht abgefangen werden können, zu erkennen. Der LoaderLock-MDA erkennt, ob Programmcode von einem Thread

ausgeführt werden soll, der die Ladesperre (Loader Lock) des Betriebssystems hält. Die Ladesperre verhindert, dass zwei Threads eine DLL-Datei gleichzeitig laden. Die Ausführung von verwaltetem Programmcode in dem Thread, der die Ladesperre verwaltet, könnte zu Deadlocks[a] in verschiedenen Threads der Anwendung führen. Dabei kann z.B. auch der Thread betroffen sein, der den Garbage Collector ausführt. Das würde dann unter Umständen zu massiven Speicherproblemen in der Anwendung führen.

Der MDA führt übrigens bei der direkten Ausführung des Programms über die .*exe*-Datei nicht zu einer Exception. Die Gefahr eines Deadlocks besteht dann aber natürlich trotzdem.

Solange das Problem nicht gelöst ist, müssen Sie beim Testen in Visual Studio damit leben, dass beim ersten Öffnen einer Video- oder Audiodatei das LoaderLock-Problem gemeldet wird. Führen Sie die Ausführung einfach mit F5 fort und öffnen Sie die Datei gegebenenfalls ein weiteres Mal.

a. Bei einem Deadlock blockieren sich zwei Threads durch den gleichzeitigen Zugriff auf eine Ressource

> **Hinweis**
>
> Das in diesem Rezept beschriebene Abspielen von Multimedia-Dateien ist nur ein kleiner Teil von DirectX. Die anderen Bereiche wie Direct3D, DirectDraw und DirectInput werden in diesem Buch nicht behandelt. Schauen Sie sich dazu die Beispiele an, die Sie über den Eintrag DIRECTX SAMPLE BROWSER im Startmenüordner des DirectX-SDK erreichen. Auf der DirectX-Seite von *C# Corner* (*www.c-sharpcorner.com/directx.asp*) finden Sie einige Beispiele zur Anwendung verschiedener DirectX-Techniken.

> **Achtung**
>
> Zur Ausführung eines Programms, das die verwalteten Klassen von DirectX 9 verwendet, müssen die entsprechenden Assemblies auf dem Rechner vorhanden sein. Diese Assemblies sind im GAC registriert, weswegen Visual Studio die Dateien bei der Erstellung der Anwendung nicht in das Anwendungsverzeichnis kopiert. Ein Visual-Studio-Setup-Projekt erkennt aber die Abhängigkeiten und integriert die notwendigen Dateien in das Setup.
>
> Wenn Sie die Installation von Hand vornehmen wollen bzw. müssen, können Sie auf dem Zielrechner nicht einfach nur die DirectX-Laufzeitversion, sondern müssen zumindest neben der Laufzeitversion die referenzierten Assemblies installieren. Dazu kopieren Sie Assemblies aus den Unterordnern des Ordners *C:\WINDOWS\Microsoft.NET\DirectX for Managed Code* in das Anwendungsverzeichnis. Leider verfolgt Microsoft hier eine eigenartige Versions-Politik, da bei der Installation mehrere Unterordner angelegt werden, die scheinbar für die Version der verwalteten Assemblies stehen. Sie müssen hier wohl die neuesten Assemblies selbst suchen. Für das Abspielen von Multimediadateien reichen die Assemblies *Microsoft.DirectX.dll* und *Microsoft.DirectX.AudioVideoPlayback.dll* aus. Alternativ können Sie natürlich auch das komplette SDK auf dem Zielrechner installieren.

>> Multimedia

Die DirectX-Dokumentation erreichen Sie im Programmordner des Startmenüs über den Microsoft-DirectX-SDK-Ordner. Hier finden Sie neben der Dokumentation der verwalteten Klassen auch die eigentliche, sich auf C++ beziehende Dokumentation. In Visual Studio integriert sich die Dokumentation der verwalteten Klassen vollständig in die Hilfe. Leider fehlt die automatische Integration in die .NET Framework-Dokumentation. Sie können die DirectX-Dokumentation aber über die Windows-Befehlszeile aufrufen, indem Sie den folgenden Befehl eingeben:

```
dexplore /helpcol ms-help://MS.DirectX9.1033.2006.February
```

Die Jahreszahl (2006) und die Monatsangabe variiert natürlich je nach installierter SDK-Version.

Zum Abspielen von Audio- und Videodateien referenzieren Sie die *Microsoft.DirectX.AudioVideoPlayback.dll* und importieren den Namensraum `Microsoft.DirectX.AudioVideoPlayback`. Über eine Instanz der Klasse `Audio` können Sie Audiodateien abspielen, über Instanzen der Klasse `Video` Videodateien. Die Anwendung dieser Klassen ist sehr einfach und nahezu identisch. Ich zeige deshalb nur das Abspielen einer Videodatei.

Beim Erzeugen der `Video`-Instanz übergeben Sie den Dateinamen und können am zweiten Argument bestimmen, ob die Datei sofort abgespielt werden soll. Alternativ können Sie eine Instanz über die statischen Methoden `FromFile` oder `FromUrl` erzeugen, wobei letztere erlaubt, eine Videodatei aus dem Internet zu laden.

Vor dem Abspielen können Sie über die Eigenschaft `Owner` bestimmen, dass das Video auf einem Steuerelement oder Formular abgespielt werden soll. Geben Sie den `Owner` nicht an, wird das Video in einem separaten Fenster abgespielt.

Angenommen, Sie besitzen ein Formular mit einem `PictureBox`-Steuerelement mit Namen *videoBox* und eine MPEG-Datei mit Namen *Tuborg.mpeg* im Ordner der Anwendung, dann können Sie im `Load`-Ereignis des Formulars ein Video folgendermaßen in der `PictureBox` abspielen:

```
private Video video = null;

private void StartForm_Load(object sender, System.EventArgs e)
{
   // Video-Instanz erzeugen
   string fileName = Path.Combine(Application.StartupPath, "Tuborg.mpeg");
   this.video = new Video(fileName, false);
   // Alternativ über FromFile oder FromUrl
   // this.video = Video.FromUrl(
   //    new Uri("http://www.abc.com/videos/tuborg.mpeg") , false);

   // Owner definieren und abspielen
   this.video.Owner = this.videoBox;
   this.video.Play();
}
```

Listing 546: Abspielen eines Videos über DirectX

828 >> Multimedia-Dateien über DirectX abspielen

Dieses Beispiel setzt voraus, dass Sie die Assembly *Microsoft.DirectX.AudioVideo-Playback.dll* referenzieren und die Namensräume `Microsoft.DirectX.AudioVideoPlayback`, `Microsoft.Windows.Forms` und `System.IO` importieren.

Die weitere Arbeit mit den `Audio`- oder `Video`-Instanzen ist über verschiedene Methoden und Eigenschaften sehr einfach. Ich zeige deshalb hier nur exemplarisch die wichtigen Elemente der Klassen:

```
// Abspielen pausieren
this.video.Pause();

// Vollbildmodus einschalten
this.video.Fullscreen = true;

// Weiter abspielen
this.video.Play();

// Lautstärke über die dem Video-Objekt zugeordnete Audio-Instanz einstellen
// (die volle Lautstärke entspricht dem Wert Null)
this.video.Audio.Volume = -500;

// Position (in Sekunden) abfragen
double position = this.video.CurrentPosition;

// Zu einer neuen Position relativ von der aktuellen aus wechseln
// (funktionierte in meinen Tests leider nicht: Es wurde immer
// absolut vom Anfang aus positioniert)
this.video.SeekCurrentPosition(10, SeekPositionFlags.RelativePositioning);

// Abspielen stoppen
this.video.Stop();
```

Listing 547: Aufruf der wichtigsten Methoden und Eigenschaften der Video-Klasse

Bildbearbeitung

267 Speicherschonend mit Bildern umgehen

Bei der Arbeit mit `Bitmap`-Objekten reservieren die CLR und Windows relativ viel Speicher für das ausführende Programm. Bitmap-Objekte werden normalerweise vom Garbage Collector relativ schnell wieder freigegeben. Der Destruktor der Basisklasse `Image` ruft dabei die `Dispose`-Methode auf, die die externen reservierten Ressourcen freigibt. Wenn Sie aber mehrere Bitmaps in einer Schleife verarbeiten, zum Beispiel weil Ihr Programm alle Bilder aus einem Ordner ausliest, diese verkleinert und in einem anderen Ordner abspeichert, erhält der Garbage Collector keine Zeit, seine Arbeit zu verrichten. Während des Ablaufs der Schleife steigt der reservierte Speicher des Programms teilweise enorm an.

Das folgende Beispiel liest eine Bilddatei in einer Schleife einhundert Mal ein und erzeugt ein einfaches Thumbnail-Bild:

```
for (int i = 0; i < 100; i++)
{
   // Bitmap laden
   string filename = Path.Combine(Application.StartupPath, "Gardasee.jpg");
   Bitmap bitmap = new Bitmap(filename);

   // Bitmap verarbeiten
   Image thumbnail = bitmap.GetThumbnailImage(100, 50, null, (IntPtr)0);

   // Thumbnail speichern (nicht implementiert)
}
```

Listing 548: Simulation der (nicht speicherschonenden) Bearbeitung mehrerer Bilder in einer Schleife

Auf meinem Rechner stieg der reservierte Speicher während der Ausführung der Schleife teilweise bis über 350 MB und wurde nur relativ selten wieder freigegeben. In einigen Tests blieb der reservierte Speicher sogar nach der Beendigung der Schleife auf einem relativ hohen Wert (größer als 200 MB) stehen. Wie ich in Rezept 76 genauer zeige, handelt es sich bei dem im Task-Manager angezeigten Speicher nicht um den tatsächlich verbrauchten, sondern lediglich um den von der CLR angeforderten und von Windows reservierten Speicher. Dieses Rezept zeigt auch, wie Sie den reservierten Speicher reduzieren können.

Normalerweise sollten auch bei solch hohen Speicherwerten keine Probleme auftreten, da die CLR gemeinsam mit Windows für eine optimale Speicherverteilung an die einzelnen Anwendungen sorgt. Trotzdem kann es in einigen wenigen Fällen vorkommen, dass zumindest das gesamte System verlangsamt wird, weil Windows zu viel Speicher auslagern muss.

830 >> Speicherschonend mit Bildern umgehen

Deshalb sollten Sie so programmieren, dass Sie die Ressourcen möglichst schnell wieder freigeben. Und dazu können Sie einfach die `Dispose`-Methode der `Bitmap`-Objekte aufrufen. Idealerweise verwenden Sie dazu eine `using`-Anweisung, die `Dispose` automatisch am Ende aufruft:

```
// Bitmap laden
string filename = Path.Combine(Application.StartupPath, "Gardasee.jpg");
using (Bitmap bitmap = new Bitmap(filename))
{
   // Bitmap verarbeiten
   using (Image thumbnail = bitmap.GetThumbnailImage(
      100, 50, null, (IntPtr)0))
   {
      // Thumbnail speichern (nicht implementiert)
   }
}
```

Listing 549: Speicherschonendes Lesen und Verarbeiten von Bildern

Das Resultat dieser kleinen Änderung war in meinem Fall, dass das Programm nur noch maximal 16 MB Speicher reservierte.

Die `using`-Anweisung hat übrigens den Effekt, dass der Compiler im erzeugten IL-Code einen sicheren Aufruf von `Dispose` einbaut:

```
using (Bitmap bitmap = new Bitmap(filename))
{
   // Bitmap verarbeiten
}
```

entspricht:

```
Bitmap bitmap = null;
try
{
   bitmap = new Bitmap(filename);

   // Bitmap verarbeiten
}
finally
{
   if (bitmap != null)
   {
      bitmap.Dispose();
   }
}
```

268 Das Format eines Bilds auslesen

Das Format eines Bilds spielt in einem Programm, in dem Sie das Bild über ein `Bitmap`-Objekt verwalten, eigentlich keine Rolle. `Bitmap`-Objekte verwalten ihre Daten immer Format-unabhängig. Trotzdem verwaltet ein `Bitmap`-Objekt das originale Format eines Bilds, das zum Beispiel aus einer Datei eingelesen wurde, in der Eigenschaft `RawFormat`. Diese Eigenschaft spielt auch eine Rolle, wenn das in einem `Bitmap`-Objekt verwaltete Bild in eine Datei gespeichert wird (siehe Rezept 271).

Wenn Sie in einem Programm das Originalformat eines Bilds ermitteln wollen, können Sie also die `RawFormat`-Eigenschaft auslesen. `RawFormat` verwaltet eine Instanz der Klasse `System.Drawing.Imaging.ImageFormat`. Leider besitzt diese Klasse keine Eigenschaft, die den Namen des Formats zurückgibt. Die `ToString`-Methode liefert lediglich die GUID des System-Encoders für das Format mit vorangestelltem »ImageFormat:« und in eckigen Klammern. Für das GIF-Format liefert `ToString` (auf meinem System) z.B. »[ImageFormat: b96b3cb0-0728-11d3-9d7b-0000f81ef32e]«. Besonders viel kann ich damit nicht anfangen.

Die `ImageFormat`-Klasse bietet einige statische Eigenschaften, die Instanzen für die verschiedenen Bildformate zurückgeben. `ImageFormat.Bmp` liefert zum Beispiel eine `ImageFormat`-Instanz für das `Bitmap`-Format. Leider lassen sich `ImageFormat`-Instanzen nicht über den Vergleichsoperator direkt miteinander vergleichen. Aber die `Equals`-Methode funktioniert wie erwartet. Über einen `Equals`-Vergleich der `RawFormat`-Eigenschaft mit `ImageFormat.Bmp` können Sie zum Beispiel herausfinden, ob das Bild im Bitmap-Format gespeichert ist.

Die Methode `GetImageFormatName` in Listing 550 macht genau das und liefert einen sprechenden Namen für das Format zurück. Zum Kompilieren dieser Methode müssen Sie den Namensraum `System.Drawing.Imaging` einbinden.

```
public static string GetImageFormatName(ImageFormat format)
{
   if (format.Equals(ImageFormat.Bmp))
   {
      return "Bitmap";
   }
   else if (format.Equals(ImageFormat.Emf))
   {
      return "EMF";
   }
   else if (format.Equals(ImageFormat.Exif))
   {
      return "Exif";
   }
   else if (format.Equals(ImageFormat.Gif))
   {
```

Listing 550: Methode zur Ermittlung des Namens eines Bildformats

```
            return "GIF";
        }
        else if (format.Equals(ImageFormat.Jpeg))
        {
            return "JPEG";
        }
        else if (format.Equals(ImageFormat.MemoryBmp))
        {
            return "Speicher-Bitmap";
        }
        else if (format.Equals(ImageFormat.Png))
        {
            return "PNG";
        }
        else if (format.Equals(ImageFormat.Tiff))
        {
            return "TIFF";
        }
        else if (format.Equals(ImageFormat.Wmf))
        {
            return "WMF";
        }
        else
        {
            return "Unbekannt";
        }
    }
```

Listing 550: Methode zur Ermittlung des Namens eines Bildformats (Forts.)

> **Hinweis**
> Der Else-Block in `GetImageFormatName` wird zurzeit noch nicht angesprungen, da die `ImageFormat`-Aufzählung nur die in dieser Methode verwendeten Konstanten besitzt. Für den Fall, dass GDI+ aber in Zukunft neue Bildformate (z.B. JPEG2000) unterstützt, ist dieser Block wichtig. In diesem Fall sollten Sie `GetImageFormatName` natürlich entsprechend erweitern.

Listing 551 zeigt eine beispielhafte Anwendung dieser Methode, in der ein Bild eingelesen und das Format ausgegeben wird.

```
string filename = "C:\\Demo.gif";
using (Bitmap bitmap = new Bitmap(filename))
{
    Console.WriteLine("Format: " + GetImageFormatName(bitmap.RawFormat));
}
```

Listing 551: Beispielhafte Anwendung der GetImageFormatName-Methode

> **Bildbearbeitung**

> **Hinweis:** Interessant (und eigentlich auch logisch) ist, dass das Format eines Bilds nicht von der Dateiendung abhängt, sondern im Header der Bilddatei verwaltet wird. Wenn Sie z.B. die Endung einer GIF-Datei in *.png* ändern, wird die Datei trotzdem als GIF-Datei eingelesen. `GetImageFormatName` liefert dann auch wie erwartet »GIF« zurück.

269 Spezielle Bildinformationen auslesen

Viele Grafikformate verwalten nicht nur das eigentliche Bild, sondern auch zusätzliche Informationen zum Bild. Das JPEG-Format ist beispielsweise in der Lage, das Aufnahmedatum eines mit einer Digitalkamera aufgenommenen Bilds zu speichern. Diese Zusatzinformationen, die als *Image Tag* (Bild-Etikett) bezeichnet werden, können Sie über die Eigenschaft `PropertyItems` der `Bitmap`-Klasse auswerten. Diese Auflistung verwaltet Instanzen der Klasse `PropertyItem`. Die Eigenschaft `Id` gibt als `int`-Wert an, um welche Information es sich handelt. Die Konstanten für die verschiedenen möglichen Id-Werte finden Sie bei Microsoft in der GDI+-Referenz: *msdn.microsoft.com/library/en-us/gdicpp/GDIPlus/GDIPlusReference/Constants/ImagePropertyTagConstants.asp*.

Statt die Adresse einzugeben können Sie auch auf der Seite *msdn.microsoft.com/library* einfach nach »Image Property Tag Constants« suchen. Die Beschreibungen der einzelnen Tag-Werte finden Sie über den Link PROPERTY ITEM DESCRIPTIONS.

In der Eigenschaft `Value` wird der Wert der Information gespeichert, eigenartigerweise leider nicht als `object`, sondern als (nicht weiter dokumentiertes) Byte-Array. Die Eigenschaft `Len` gibt die Länge dieses Arrays an. Der Typ des Werts wird in der Eigenschaft `Type` als `short`-Wert verwaltet. Die verwendeten Typen und deren Konstanten finden Sie auf der Seite *msdn.microsoft.com/library/en-us/gdicpp/GDIPlus/GDIPlusReference/Constants/ImagePropertyTagTypeConstants.asp*.

Für Bildinformationen, die als String dargestellt werden können (Textinformationen, Datumswerte), verwaltet das Array eine nullterminierte (C++-) 8-Bit-Zeichenkette. Die Auswertung solcher Werte ist relativ einfach. Das folgende Beispiel liest (in einer Konsolenanwendung) alle Bilder eines Ordners und zu jedem Bild den Hersteller und das Modell des Geräts aus, über das das Bild erzeugt wurde, und das Datum der Aufzeichnung des Bilds.

Zum Kompilieren des Beispiels müssen Sie die Namensräume `System`, `System.IO`, `System.Reflection`, `System.Drawing` und `System.Drawing.Imaging` einbinden.

```
static void Main(string[] args)
{
    // Alle JPEG-Bilder aus dem Programmverzeichnis einlesen
    string applicationPath = Path.GetDirectoryName(
        Assembly.GetEntryAssembly().Location);
```

Listing 552: Konsolenanwendung, die Hersteller, Kameramodell und Aufnahmedatum von JPEG-Bildern einliest und ausgibt

Spezielle Bildinformationen auslesen

```
      DirectoryInfo di = new DirectoryInfo(applicationPath);
      foreach (FileInfo file in di.GetFiles("*.jpg"))
      {
        // Bitmap für das Bild erzeugen
        string filename = file.FullName;
        using (Bitmap bitmap = new Bitmap(filename))
        {
          // Name der Bilddatei ausgeben
          Console.WriteLine(file.Name);

          // Hersteller und Name des Geräts ermitteln,
          // über den das Bild erzeugt wurde
          const int PropertyTagEquipMake = 0x010F;
          const int PropertyTagEquipModel = 0x110;
          string equipmentManufacturer = getTagValueAsString(bitmap,
              PropertyTagEquipMake);
          string equipmentModel = getTagValueAsString(bitmap,
              PropertyTagEquipModel);
          Console.WriteLine("Hersteller, Modell: {0} {1}",
              equipmentManufacturer, equipmentModel);

          // Datum der Erzeugung des Bilds ermitteln
          const int PropertyTagDateTime = 0x0132;
          DateTime imageCreateDate = getTagValueAsDateTime(bitmap,
              PropertyTagDateTime);
          Console.WriteLine("Bild erzeugt am {0}",
              imageCreateDate.ToString());
        }

        Console.WriteLine();
      }
    }

    /* Liefert den Wert einer Tag-Eigenschaft eines Bilds als String zurück */
    private static string getTagValueAsString(Bitmap bitmap, int itemType)
    {
      string result = null;
      for (int i = 0; i < bitmap.PropertyItems.Length; i++)
      {
        PropertyItem item = bitmap.PropertyItems[i];
        if (item.Id == itemType)
        {
          for (int j = 0; j < item.Len - 1; j++)
          {
            result += (char)item.Value[j];
          }
```

Listing 552: Konsolenanwendung, die Hersteller, Kameramodell und Aufnahmedatum von JPEG-Bildern einliest und ausgibt (Forts.)

```csharp
            break;
      }
   }
   return result;
}


/* Liefert den Wert einer Tag-Eigenschaft eines Bilds als DateTime zurück */
private static DateTime getTagValueAsDateTime(Bitmap bitmap, int itemType)
{
   string result = getTagValueAsString(bitmap, itemType);
   if (result != null)
   {
      // Versuch, den im Format yyyy:MM:dd hh:mm:ss
      // ermittelten String in ein Datum zu konvertieren
      if (result != "0000:00:00 00:00:00")
      {
         try
         {
            int year = Convert.ToInt32(result.Substring(0, 4));
            int month = Convert.ToInt32(result.Substring(5, 2));
            int day = Convert.ToInt32(result.Substring(8, 2));
            int hour = Convert.ToInt32(result.Substring(11, 2));
            int minute = Convert.ToInt32(result.Substring(14, 2));
            int second = Convert.ToInt32(result.Substring(17, 2));
            return new DateTime(year, month, day, hour, minute, second);
         }
         catch
         {
            throw new Exception("Der String '" + result +
               "' kann nicht in einen DateTime-Wert " +
               "konvertiert werden");
         }
      }
   }
   return new DateTime(0);
}
```

Listing 552: Konsolenanwendung, die Hersteller, Kameramodell und Aufnahmedatum von JPEG-Bildern einliest und ausgibt (Forts.)

Die Methode `getTagValueAsString` liefert den String zurück, der in der Eigenschaft `Value` eines Informations-Werts gespeichert ist. Da es sich bei der dazu auszulesenden Eigenschaft `PropertyItems` leider nur um ein Array handelt, muss diese Methode das Array durchgehen um den gesuchten Wert zu finden. Wurde der Wert gefunden, erfolgt die Konvertierung in einen String einfach über das Durchgehen des Byte-Arrays, wobei das letzte Zeichen (das abschließende 0-Zeichen) nicht mit eingelesen wird.

>> Spezielle Bildinformationen auslesen

Datumswerte werden scheinbar immer (jedenfalls bei den von mir getesteten JPEG-Bildern, die von fünf verschiedenen Kameras aufgenommen wurden) im (eigenartigen) Format *yyyy:MM:dd hh:mm:ss* zurückgegeben (was leider nicht dokumentiert ist). Als Sonderform kommt der String »0000:00:00 00:00:00« vor, der wohl für »kein Datum« steht. Die Methode `getTagValueAsDateTime` versucht deshalb, den aus einer Tag-Information ausgelesenen String entsprechend in einen `DateTime`-Wert zu konvertieren.

Bei Informationen, die als Zahlwert gespeichert sind, wird die Auswertung etwas komplizierter. Das Byte-Array ist in diesem Fall lediglich eine Darstellung der für die Zahlwerte gespeicherten einzelnen Bytes. Für einen gespeicherten `int`-Wert enthält das Array also die vier Bytes, in denen der `int`-Wert gespeichert ist. Einige Zahlwerte werden auch als rationale Zahl (Bruchzahl) verwaltet. Hier wird dann eigentlich ein Array aus zwei Zahlen vom entsprechenden Typ (z.B. `long`) verwaltet, wobei die erste der Zähler und die zweite der Nenner ist. Das Byte-Array enthält dann wieder lediglich die einzelnen Bytes dieser Zahlwerte.

In C++ ist die Auswertung von Zahlwerten ganz einfach. Dazu casten Sie das erste Byte des Byte-Arrays einfach in einen Zeiger des entsprechenden Typs und werten die Zahl dann über den Zeiger aus. Einen `long`-Wert können Sie in C++ dann z.B. so auslesen:

```
long* ptrLong = (long*)(pProp.value);
printf("Der Wert ist %d.\n", ptrLong[0]);
```

Einen als rationale Zahl dargestellten `long`-Wert können Sie in C++ so auslesen:

```
long* ptrLong = (long*)(pProp.value);
printf("Der Wert ist %d/%d.\n", ptrLong[0], ptrLong[1]);
```

In C# können Sie Zahlwerte auch auf diese Weise auswerten, dazu müssen Sie allerdings mit Zeigern in einem unsicheren Codeblock arbeiten (und damit die ganze Assembly mit der Option Unsafe kompilieren). Einfacher ist es, stattdessen die Methoden der Klasse `BitConverter` zu verwenden, die ein Byte-Array in den gewünschten Typ umwandeln.

Als Beispiel habe ich die Helligkeit eines Bilds gewählt, die als `PropertyTagTypeSRational`-Wert gespeichert ist. Ein solcher Wert soll laut der Dokumentation zwei `long`-Werte mit Vorzeichen verwalten, die eine rationale Zahl darstellen. Der erste ist der Nenner und der zweite der Zähler.

In meinen Tests wurden hier aber nicht zwei `long`- sondern zwei `int`-Werte gespeichert (was auch daran zu erkennen ist, dass das Byte-Array lediglich acht Bytes verwaltet). Daran erkennen Sie, dass Sie etwas vorsichtig mit der Dokumentation umgehen und selbst ausprobieren müssen. Zur Sicherheit fragt die folgende Methode zur Ermittlung der Helligkeit eines Bilds die Länge des Arrays ab und ermittelt das Ergebnis entsprechend:

```csharp
private static double getBitmapBrightness(Bitmap bitmap)
{
   const int PropertyTagExifBrightness = 0x9203;
   double result = 0;
   for (int i = 0; i < bitmap.PropertyItems.Length; i++)
   {
      PropertyItem item = bitmap.PropertyItems[i];
      if (item.Id == PropertyTagExifBrightness)
      {
         // Die Werte für den Zähler (Numerator) und den
         // Nenner (Denominator) ermitteln
         if (item.Len == 8)
         {
            // Zwei int-Werte für den Zähler und den Nenner
            // Anmerkung: Entspricht nicht der Dokumentation,
            // kam in meinen Tests aber ausschließlich vor
            int numerator = BitConverter.ToInt32(item.Value, 0);
            int denominator = BitConverter.ToInt32(item.Value, 4);

            // Das Ergebnis berechnen
            result = numerator / (double)denominator;
         }
         else if (item.Len == 16)
         {
            // Zwei long-Werte für den Zähler und den Nenner
            // Anmerkung: Kam im Test nicht vor, ist aber laut der
            // Dokumentation die korrekte Variante
            long numerator = BitConverter.ToInt32(item.Value, 0);
            long denominator = BitConverter.ToInt32(item.Value, 4);

            // Das Ergebnis berechnen
            result = numerator / (double)denominator;
         }
         break;
      }
   }
   return result;
}
```

Listing 553: Methode zur Ermittlung der Helligkeit eines Bilds

270 Das Erzeugungsdatum eines Bilds auslesen

Basierend auf dem Wissen aus Rezept 269 habe ich eine Methode entwickelt, die das Erzeugungs- oder Aufnahmedatum eines Bilds ausliest.

Zum Kompilieren dieser Methode müssen Sie die Namensräume System, System.Drawing und System.Drawing.Imaging importieren.

Das Erzeugungsdatum eines Bilds auslesen

```
public static DateTime GetCreationDate(Bitmap bitmap)
{
    const int PropertyTagDateTime = 0x0132;

    string result = null;
    for (int i = 0; i < bitmap.PropertyItems.Length; i++)
    {
        PropertyItem item = bitmap.PropertyItems[i];
        if (item.Id == PropertyTagDateTime)
        {
            // Den String ermitteln, der das Datum speichert
            for (int j = 0; j < item.Len - 1; j++)
            {
                result += (char)item.Value[j];
            }

            // Versuch, den im Format yyyy:MM:dd hh:mm:ss
            // ermittelten String in ein Datum zu konvertieren
            if (result != "0000:00:00 00:00:00")
            {
                try
                {
                    int year = Convert.ToInt32(result.Substring(0, 4));
                    int month = Convert.ToInt32(result.Substring(5, 2));
                    int day = Convert.ToInt32(result.Substring(8, 2));
                    int hour = Convert.ToInt32(result.Substring(11, 2));
                    int minute = Convert.ToInt32(result.Substring(14, 2));
                    int second = Convert.ToInt32(result.Substring(17, 2));

                    // Bitmap freigeben
                    bitmap.Dispose();

                    // Das Ergebnis zurückgeben
                    return new DateTime(year, month, day, hour, minute, second);
                }
                catch
                {
                    throw new Exception("Der String '" + result +
                        "' kann nicht in einen DateTime-Wert " +
                        "konvertiert werden");
                }
            }

            break;
        }
```

Listing 554: Methode zum Auslesen des Erstell- bzw. Aufnahmedatums eines Bilds

```
    }

    // Das Datum existiert nicht
    return new DateTime(0);
}
```

Listing 554: Methode zum Auslesen des Erstell- bzw. Aufnahmedatums eines Bilds (Forts.)

271 Eingelesene Bilder im Originalformat speichern

Ein `Bitmap`-Objekt verwaltet in seiner Eigenschaft `RawFormat` (siehe Rezept 268) das Bildformat, mit dem das Objekt ursprünglich erzeugt wurde. Ein aus einer Datei eingelesenes `Bitmap`-Objekt verwaltet in dieser Eigenschaft das Format des Quellbilds. Ein im Programm dynamisch erzeugtes `Bitmap`-Objekt besitzt das Format `ImageFormat.MemoryBmp`.

Wenn Sie ein `Bitmap`-Objekt in einer Datei speichern, resultiert eine Datei in dem Format, das die Eigenschaft `RawFormat` angibt. Bei `Bitmap`-Objekten im Format `ImageFormat.MemoryBmp` wird allerdings eine Datei im PNG-Format erzeugt. Wenn Sie nun ein Bild aus einer Datei einlesen und das Bild im Programm bearbeiten, indem Sie ein neues `Bitmap`-Objekt erzeugen und die Daten des eingelesenen Bilds (bearbeitet) in dieses hineinschreiben, resultiert ein `Bitmap`-Objekt in dem Format `ImageFormat.MemoryBmp`. Speichern Sie dieses Objekt in einer Datei, erhalten Sie eine PNG-Datei, unabhängig von der Dateiendung, die Sie angeben:

```
string sourceFilename = "C:\\Demo1.gif";
string destFilename = "C:\\Demo2.gif";
using (Bitmap sourceBitmap = new Bitmap(sourceFilename))
{
   // Bild bearbeiten (hier nur: Kopie erzeugen)
   using (Bitmap destBitmap = new Bitmap(sourceBitmap))
   {
      // Bild speichern ohne das Format anzugeben
      destBitmap.Save(destFilename);
   }
}
```

Listing 555: Fehlerhaftes Bearbeiten einer Bilddatei

In diesem Beispiel wird die Bilddatei im PNG-Format gespeichert, obwohl die Quelldatei im GIF-Format vorliegt und als Dateiendung für die Zieldatei *.gif* angegeben ist.

Würden Sie keine Kopie erzeugen (und z.B. die einzelnen Pixel des originalen `Bitmap`-Objekts bearbeiten, wie ich es in Rezept 285 zeige) würde die Datei im GIF-Format gespeichert werden, da `RawFormat.Guid` die GUID des GIF-Formats verwaltet.

In den meisten Fällen ist es beim Bearbeiten von Bildern jedoch notwendig, eine Kopie zu erzeugen. In diesem Fall geben Sie beim Speichern einfach am zweiten Argument das Format des originalen Bilds an:

```
string sourceFilename = "C:\\Demo1.gif";
string destFilename = "C:\\Demo2.gif";
using (Bitmap sourceBitmap = new Bitmap(sourceFilename))
{
    // Bild bearbeiten (hier nur: Kopie erzeugen)
    using (Bitmap destBitmap = new Bitmap(sourceBitmap))
    {
        // Bild im Format des Quellbilds speichern
        destBitmap.Save(destFilename, sourceBitmap.RawFormat);
    }
}
```

Listing 556: Korrektes Bearbeiten einer Bilddatei

272 Bild in Byte-Array umwandeln

Für einige spezielle Aufgaben wie z.B. das Speichern eines Bilds in einer Datenbank muss das in einem `Bitmap`-, `Icon`- oder `Metafile`-Objekt gespeicherte Bild in ein Byte-Array umgewandelt werden. Die Klassen dieser Objekte besitzen leider keine Methode `CopyTo` o. Ä., die diese Aufgabe erledigt. Die `Save`-Methode der gemeinsamen Basisklasse `Image` ist jedoch in der Lage, die Daten in einen Stream zu schreiben. Wenn Sie am ersten Argument einen `MemoryStream` übergeben, können Sie aus diesem nach dem Aufruf von `Save` ein Byte-Array erzeugen, wie es die Methode `Image2Byte` in Listing 557 zeigt. Am zweiten Argument der `Save`-Methode wird das Format übergeben, in dem die »Datei« geschrieben werden soll (Gif, Jpeg etc.). Um dieses nicht festzulegen erwartet `Image2Byte` das Format am zweiten Argument.

`Image2Byte` benötigt die Referenzierung der Assembly *System.Drawing.dll* und die Einbindung der Namensräume `System`, `System.IO`, `System.Drawing` und `System.Drawing.Imaging`.

```
public static byte[] Image2Byte(Image image, ImageFormat format)
{
    // MemoryStream erzeugen und das Bild in diesen schreiben
    MemoryStream imageStream = new MemoryStream();
    image.Save(imageStream, format);
    imageStream.Flush();

    // MemoryStream in ein Byte-Array schreiben und dieses zurückgeben
    return imageStream.ToArray();
}
```

Listing 557: Methode zum Schreiben eines Image-Objekts in ein Byte-Array

273 Byte-Array in Bitmap umwandeln

Wenn Sie Bilder in einer Datenbank speichern, erhalten Sie beim Lesen ein Byte-Array mit den Daten des Bilds zurück. Aus diesen Bytes muss häufig ein Bitmap-Objekt erzeugt werden, das dann z.B. in einer PictureBox dargestellt werden kann.

Die Bitmap-Klasse (aus dem Namensraum System.Drawing) bietet keine direkte Möglichkeit, aus einem Byte-Array ein Bitmap-Objekt zu erzeugen. Dazu müssen Sie, ähnlich wie bei der umgekehrten Umwandlung, den Umweg über ein MemoryStream-Objekt gehen.

Die Methode Byte2Bitmap in Listing 558 macht genau das. Um das Bitmap-Objekt zu erzeugen, liest Byte2Bitmap das Byte-Array in eine neue MemoryStream-Instanz ein und übergibt diese an den Konstruktor der Bitmap-Klasse. Um den Stream korrekt schließen zu können (und damit Speicher freizugeben) wird das neue Bitmap-Objekt über eine lokale Referenz verwaltet, die am Ende zurückgegeben wird.

Byte2Bitmap erfordert die Referenzierung der Assembly *System.Drawing.dll* und das Importieren der Namensräume System, System.Drawing und System.IO.

```
public static Bitmap Byte2Bitmap(byte[] imageBytes)
{
    // MemoryStream erzeugen, das Bild in diesen schreiben und
    // den Stream zurückgeben
    MemoryStream imageStream = new MemoryStream(imageBytes);
    Bitmap bitmap = new Bitmap(imageStream);
    imageStream.Close();
    return bitmap;
}
```

Listing 558: Methode zum Erzeugen eines Bitmap-Objekts aus einem Byte-Array

274 Bitmap aus der Zwischenablage auslesen

Ein Bild, das in der Zwischenablage gespeichert ist, können Sie auslesen, indem Sie die GetData-Methode der Clipboard-Klasse (aus dem Namensraum System.Windows.Forms) aufrufen und als Typ den Typ der Bitmap-Klasse übergeben. Zuvor sollten Sie überprüfen, ob überhaupt ein Bitmap-Bild in der Zwischenablage gespeichert ist, wozu Sie einen Vergleich der Daten auf null und die GetDataPresent-Methode verwenden können.

Die Methode GetBitmapFromClipboard geht auf diese Weise vor um ein in der Zwischenablage gespeichertes Bitmap-Bild auszulesen. Enthält die Zwischenablage keine Daten oder kein Bitmap-Bild, gibt die Methode null zurück.

Zum Kompilieren dieser Methode müssen Sie die Assemblies *System.Windows.Forms.dll* und *System.Drawing.dll* referenzieren und die Namensräume System, System.Windows.Forms und System.Drawing einbinden.

```
public static Bitmap GetBitmapFromClipboard()
{
   // Die Zwischenablagedaten auslesen und überprüfen
   IDataObject clipboardData = Clipboard.GetDataObject();
   if (clipboardData != null)
   {
      // Überprüfen, ob ein Bitmap gespeichert ist
      if (clipboardData.GetDataPresent(typeof(Bitmap)))
      {
         return (Bitmap)clipboardData.GetData(typeof(Bitmap));
      }
   }

   // null zurückgeben, falls kein Bitmap in der Zwischenablage
   // gespeichert ist
   return null;
}
```

Listing 559: Methode zum Auslesen eines Bitmap-Objekts aus der Zwischenablage

275 Screenshot des Bildschirms und eines Formulars erstellen

Einen Screenshot des Bildschirms bzw. eines Formulars können Sie nicht über .NET-Klassen erzeugen. Dazu müssen Sie Windows-API-Funktionen verwenden.

Über die Funktion `CreateDC` können Sie den Device Context (DC) des Bildschirms ermitteln. Ein DC repräsentiert im Windows-API die Zeichenoberfläche eines Fensters, Bitmaps oder eines Geräts wie dem Drucker. Über die Funktion `BitBlt` können Sie die Farbinformationen eines DC in einen anderen kopieren. Als Ziel-DC verwenden Sie dann den DC eines neu erzeugten `Bitmap`-Objekts.

Die Methode `Screenshot` in Listing 561 setzt `BitBlt` ein. Zum Kompilieren dieser Methode müssen Sie die Assemblies *System.Drawing.dll* und *System.Windows.Forms.dll* referenzieren und die Namensräume `System`, `System.Drawing`, `System.Windows.Forms` und `System.Runtime.InteropServices` importieren.

Zur Umsetzung sind zunächst einige API-Deklarationen notwendig:

```
[DllImport("gdi32.dll", SetLastError=true)]
private static extern int BitBlt(IntPtr hdcDest, int nXDest, int nYDest,
   int nWidth, int nHeight, IntPtr hdcSrc, int nXSrc, int nYSrc,
   int dwRop);

[DllImport("gdi32.dll", SetLastError=true)]
```

Listing 560: Deklaration der benötigten API-Funktionen und Konstanten

>> Bildbearbeitung

```
private static extern IntPtr CreateDC(string lpszDriver, string lpszDevice,
   string lpszOutput, IntPtr lpInitData);

private static int SRCCOPY = 0x00CC0020;
```

Listing 560: Deklaration der benötigten API-Funktionen und Konstanten (Forts.)

Screenshot ermittelt zunächst über CreateDC den DC des Bildschirms. Am ersten Argument wird dazu der String »DISPLAY« übergeben. Mit diesem DC erzeugt Screenshot ein Graphics-Objekt, das beim nachfolgenden Erzeugen eines Bitmap-Objekts am letzten Argument angegeben wird und das die Auflösung des Bilds bestimmt. Das Bitmap-Objekt wird dann in der Größe des Bildschirms erzeugt und ist das Ziel für den späteren BitBlt-Aufruf. Um den DC dieses Objekts zu erhalten, erzeugt Screenshot ein neues Graphics-Objekt und gibt das Bitmap-Objekt am Argument des Konstruktors an. Der DC wird dann über die Methode GetHdc dieses Objekts ausgelesen.

Vor dem Aufruf von BitBlt muss der DC des Bildschirms erneut ermittelt werden, da dieser anscheinend beim Aufruf der FromHdc-Methode der Graphics-Klasse freigegeben wurde (ohne dieses erneute Auslesen schlägt BitBlt ohne Fehlermeldung fehl und die Freigabe des DC führt zu einem Fehler).

Dann wird das Bild über BitBlt kopiert. Am letzten Argument übergibt Screenshot die Konstante SRCCOPY, die dafür sorgt, dass das Quellbild alle Farbinformationen des Ziels überschreibt. Über andere Konstanten, die in der Referenz erläutert werden, können Sie die Farbinformationen des Ziels auch auf verschiedene Weise mit denen der Quelle vermischen, aber das ist für unsere Lösung nicht interessant. Schließlich müssen die DCs noch über die ReleaseHdc-Methode des jeweiligen Graphics-Objekts freigegeben werden, da diese Freigabe nicht automatisch über den Garbage Collector erfolgt.

```
public static Bitmap Screenshot()
{
   // Device Context für den Bildschirm ermitteln und damit ein
   // Graphics-Objekt erzeugen
   IntPtr screenDC = CreateDC("DISPLAY", null, null, (IntPtr)null);
   Graphics screenGraphics = Graphics.FromHdc(screenDC);

   // Bitmap mit den Ausmaßen des Bildschirms und der Auflösung des
   // Graphics-Objekts erzeugen
   Bitmap bitmap = new Bitmap(Screen.PrimaryScreen.Bounds.Width,
      Screen.PrimaryScreen.Bounds.Height, screenGraphics);

   // Zweites Graphics-Objekt aus dem noch leeren Bitmap erzeugen um den
   // DC des Bitmap-Objekts auslesen zu können
```

Listing 561: Methode zum Erzeugen eines Screenshots des Bildschirms

```
    Graphics bitmapGraphics = Graphics.FromImage(bitmap);
    IntPtr bitmapDC  = bitmapGraphics.GetHdc();

    // DC des Bildschirms noch einmal ermitteln
    screenDC = screenGraphics.GetHdc();

    // Über BitBlt das über den Bildschirm-DC repräsentierte Bild in das
    // über den Bitmap-DC repräsentierte Bild kopieren
    if (BitBlt(bitmapDC, 0, 0, Screen.PrimaryScreen.Bounds.Width,
        Screen.PrimaryScreen.Bounds.Height, screenDC, 0, 0, SRCCOPY) == 0)
    {
        bitmapGraphics.ReleaseHdc(bitmapDC);
        screenGraphics.ReleaseHdc(screenDC);
        throw new Exception("API-Fehler " + Marshal.GetLastWin32Error() +
            " beim Aufruf von BitBlt");
    }

    // Die DCs freigeben und das Bild zurückgeben
    bitmapGraphics.ReleaseHdc(bitmapDC);
    screenGraphics.ReleaseHdc(screenDC);
    return bitmap;
}
```

Listing 561: Methode zum Erzeugen eines Screenshots des Bildschirms (Forts.)

Die zweite Variante der Methode Screenshot, die am ersten Argument eine Referenz auf ein Formular erwartet, erzeugt einen Screenshot dieses Formulars. Die Arbeitsweise dieser Variante ist nahezu identisch zur ersten. Der Unterschied ist, dass kein DC für den Bildschirm erzeugt wird, sondern der des Graphics-Objekts verwendet wird, das die CreateGraphics-Methode des Formulars erzeugt. Da sich dieses Objekt auf den Client-Bereich des Formulars bezieht (also den Bereich innen, ohne Titelleiste und Ränder) übergibt Screenshot beim Aufruf von BitBlt als Breite und Höhe des Bilds die Innenmaße des Formulars.

```
public static Bitmap Screenshot(Form form)
{
    // Graphics-Objekt für das Formular erzeugen und ein neues Bitmap-Objekt
    // und Graphics-Objekt für das Ergebnis erzeugen
    Graphics formGraphics = form.CreateGraphics();
    Bitmap bitmap = new Bitmap(form.ClientRectangle.Width,
        form.ClientRectangle.Height, formGraphics);
    Graphics bitmapGraphics = Graphics.FromImage(bitmap);

    // Die DCs auslesen
    IntPtr formDC = formGraphics.GetHdc();
```

Listing 562: Methode für die Erzeugung des Screenshots eines Formulars

```
        IntPtr bitmapDC = bitmapGraphics.GetHdc();

        // Die Grafik des Formulars in das Ziel-Bitmap kopieren
        if (BitBlt(bitmapDC, 0, 0, form.ClientRectangle.Width,
            form.ClientRectangle.Height, formDC, 0, 0, SRCCOPY) == 0)
        {
            formGraphics.ReleaseHdc(formDC);
            bitmapGraphics.ReleaseHdc(bitmapDC);
            throw new Exception("API-Fehler " + Marshal.GetLastWin32Error() +
                " beim Aufruf von BitBlt");
        }

        // DCs freigeben und Bitmap zurückgeben
        formGraphics.ReleaseHdc(formDC);
        bitmapGraphics.ReleaseHdc(bitmapDC);
        return bitmap;
    }
```

Listing 562: Methode für die Erzeugung des Screenshots eines Formulars (Forts.)

Abbildung 181 zeigt eine Beispielanwendung, die gerade den Screenshot des Bildschirms in ein `PictureBox`-Steuerelement geschrieben hat.

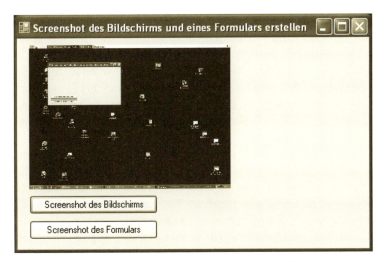

Abbildung 181: Screenshot des aktuellen Bildschirms

276 Bilder skalieren

Bilder können Sie skalieren, indem Sie mit einem Objekt einer von `Image` abgeleiteten Klasse (`Bitmap`, `Icon`, `Metafile`) ein neues Objekt erzeugen. Dazu übergeben Sie das Quell-Objekt am ersten Argument des Konstruktors. Am zweiten Argument übergeben Sie die neue Breite und am dritten die neue Höhe. Listing 563 zeigt dies am Beispiel. Eine eingelesene Bitmap-Datei wird in diesem Beispiel auf 50 Prozent der Größe skaliert und unter einem neuen Namen abgespeichert. Zum Kompilieren dieses Quellcodes müssen Sie den Namensraum `System.Drawing` importieren.

```
string sourceFileName = @"c:\\Hitchhiker.bmp";
Bitmap sourceBitmap = new Bitmap(sourceFileName);
float scaleFactor = 0.5;

string destFilename = @"c:\\Hitchhiker_Scaled.bmp";
Bitmap scaledBitmap = new Bitmap(sourceBitmap,
   (int)(sourceBitmap.Width * scaleFactor),
   (int)(sourceBitmap.Height * scaleFactor));
scaledBitmap.Save(destFilename);
```

Listing 563: Einfaches Skalieren eines Bilds auf eine Größe von 50 Prozent

Die Qualität der Skalierung ist größtenteils erstaunlich gut und hängt davon ab, welches Bildformat Sie skalieren, welche Qualität das Bild aufweist und wie stark Sie hoch- oder herunterskalieren. Beim Skalieren wird eine Interpolation der Bildpunkte durchgeführt. Welche das ist, konnte ich aber nicht ermitteln, da das Ergebnis des einfachen Skalierens mit keinem der Ergebnisse der möglichen Interpolationen übereinstimmte. Die Interpolation ist nicht immer optimal und kann in vielen Fällen verbessert werden.

Sie können die Interpolation selbst bestimmen, indem Sie das Bild selbst skalieren. Dazu erstellen Sie ein neues `Bitmap`-Objekt in der neuen Größe und erzeugen über `Graphics.FromImage` dazu ein `Graphics`-Objekt. Über dessen `DrawImage`-Methode zeichnen Sie später das originale Bitmap auf das neue, wobei Sie das Quell- und das Ziel-Rechteck in Form von `Rectangle`-Objekten angeben. Die Rechtecke entsprechen beim Skalieren dem Rechteck des Quell- bzw. des Ziel-Bitmaps. Die Interpolation bestimmen Sie über die `InterpolationMode`-Eigenschaft des `Graphics`-Objekts. Über `InterpolationMode.HighQualityBicubic` erreichen Sie (laut der Hilfe in Photoshop) die beste Qualität. Die bikubische Interpolation ist die langsamste, aber genaueste Methode, über die die gleichmäßigsten Tonabstufungen erzeugt werden. `HighQualityBilinear` führt zu einer etwas verminderten, aber dennoch sehr guten Qualität. Für andere, leider nicht näher dokumentierte Qualitätsstufen stehen Ihnen zudem die Konstanten `Bicubic`, `Bilinear`, `NearestNeighbor`, `Default`, `Invalid`, `Low` und `High` zur Verfügung. `High` ergab in meinen Versuchen ebenfalls eine sehr gute Qualität. Eine qualitativ hochwertige Interpolation führt aber natürlich zu einer verminderten Ausführungsgeschwindigkeit.

Da die Einstellung der Interpolation einen großen Einfluss auf die Qualität des Bilds und auf die Geschwindigkeit der Skalierung hat, habe ich die Methode `ScaleBitmap` in Listing 564 so geschrieben, dass Sie die Interpolation bestimmen können. `ScaleBitmap` erzeugt aus dem am ersten Argument übergebenen `Bitmap`-Objekt mit den am zweiten und dritten Argument übergebenen Breiten- und Höhenangaben und den Informationen zur Interpolation ein neues, skaliertes `Bitmap`-Objekt und gibt eine Referenz darauf zurück.

>> Bildbearbeitung

JPEG-Bilder können, wie Sie ja sicherlich wissen, komprimiert gespeichert werden. Die Höhe der Kompression wird auch als Qualität bezeichnet. Eine Qualität von 100 Prozent bedeutet, dass das Bild nicht komprimiert ist. Beim Skalieren von JPEG-Bildern sollte darauf geachtet werden, dass die Qualität des ursprünglichen Bilds in das skalierte Bild übertragen wird, da es ansonsten vorkommen kann, dass das (mit 100 Prozent Qualität gespeicherte) skalierte Bild eine größere Datei ergibt als das originale. Außerdem bringt es keinen Vorteil, ein Bild, das beispielsweise mit einer Qualität von 70 Prozent gespeichert war, mit einer hundertprozentigen Qualität skaliert zu speichern. Es wäre also sinnvoll, die Qualität des Originals in das skalierte Bild zu übernehmen bzw. das skalierte Bild mit der originalen Qualität zu speichern. Dummerweise wird die Qualität nicht direkt in der JPEG-Datei gespeichert. JPEG-Kompressionsverfahren sind recht kompliziert und basieren auf so genannten *Quantisierungstabellen*. Und nur diese sind in der JPEG-Datei gespeichert. Leider existieren mehrere Kompressionsverfahren (z.B. das der *Independent JPEG Group*) und damit auch verschiedene Quantisierungstabellen. Damit ist es unmöglich (oder besser: bisher noch keinem Programmierer gelungen, der sein Wissen veröffentlicht hat) die Qualität auszulesen. Was Sie aber machen können, ist, einfach die Quantisierungstabellen des Originalbilds in das skalierte Bild zu übertragen. Die Quantisierungstabellen erreichen Sie über die Eigenschaft `PropertyItems`, die Instanzen der Klasse `PropertyItem` verwaltet. Wenn Sie diese in einer Schleife durchgehen, können Sie die Tabellen über die `SetPropertyItem`-Methode des skalierten Bitmaps übertragen:

```
foreach (PropertyItem pi in source.PropertyItems)
{
   scaledBitmap.SetPropertyItem(pi);
}
```

Bei Versuchen mit verschiedenen Bilddateien habe ich aber herausgefunden, dass das Kopieren der `PropertyItem`-Objekte zu keinem besseren Ergebnis führt. Eher im Gegenteil waren die resultierenden Dateien bei meinen Versuchen mit JPEG-Bildern sogar noch etwas größer. Die Qualität wurde überhaupt nicht beeinflusst. Außerdem schien bei kopierten `PropertyItem`-Objekten in der Mitte des Bilds ein kleiner Streifen einfach zu fehlen. Deswegen habe ich dieses Kopieren nicht in die Methode `ScaleBitmap` eingebaut.

Zum Kompilieren dieser und der folgenden Methode müssen Sie die Assembly *System.Drawing.dll* referenzieren und die Namensräume `System`, `System.Drawing` und `System.Drawing.Drawing2D` importieren.

```
public static Bitmap ScaleBitmap(Bitmap source, int width, int height,
   InterpolationMode interpolationMode)
{
   // Bitmap in der neu berechneten Größe erstellen
   Bitmap scaledBitmap = new Bitmap(width, height);

   // Alle PropertyItem-Objekte des Quellbilds
```

Listing 564: Methode zum Skalieren eines Bilds

Bilder skalieren

```
       // in das neue Bitmap übertragen und damit für
       // JPEG-Bilder deren Quantisierungstabellen
       // (Kompression, Qualität) übernehmen
       foreach (PropertyItem pi in source.PropertyItems)
       {
          scaledBitmap.SetPropertyItem(pi);
       }

       // Graphics-Objekt für das Bitmap erzeugen und den
       // Interpolier-Modus einstellen
       using (Graphics g = Graphics.FromImage(scaledBitmap))
       {
          // Interpolation bestimmen
          g.InterpolationMode = interpolationMode;

          // Bild von der Quelle auf das Ziel übertragen und dabei skalieren
          g.DrawImage(source, new Rectangle(0, 0, width, height),
             new Rectangle(0, 0, source.Width, source.Height),
             GraphicsUnit.Pixel);
       }

       return scaledBitmap;
    }
```

Listing 564: Methode zum Skalieren eines Bilds (Forts.)

> **Hinweis**
>
> In vielen Beispielen zum Skalieren von Bildern ist zu sehen, dass neben dem Interpolier-Modus auch das Anti-Aliasing über die Eigenschaften `SmoothingMode` und `PixelOffsetMode` eingestellt wird. Logisch ist das nicht, denn Anti-Aliasing bezieht sich auf das Zeichnen von schrägen Linien und Kurven und nicht auf das Übertragen von einzelnen Pixeln, wie es bei Bildern der Fall ist. Natürlich habe ich das Ganze auch ausprobiert, um meine Vermutung zu bestätigen und: Die Qualität der resultierenden Bilder ändert sich nach meinen Erkenntnissen nicht, wenn `SmoothingMode` und `PixelOffsetMode` auf eine hohe Qualität eingestellt werden. Deswegen habe ich in der Methode `ScaleBitmap` auch auf diese Einstellung verzichtet.

Eine zweite Variante der `ScaleBitmap`-Methode erwartet statt der neuen Breite und Höhe einen Skalierungsfaktor (und ruft die erste Variante auf):

```
public static Bitmap ScaleBitmap(Bitmap source, double scaleFactor,
    InterpolationMode interpolationMode)
{
    // Neue Breite und Höhe berechnen und damit die erste Variante aufrufen
```

Listing 565: Zweite Variante zum Skalieren eines Bilds

```
    int width = (int)(source.Width * scaleFactor);
    int height = (int)(source.Height * scaleFactor);
    return ScaleBitmap(source, width, height, interpolationMode);
}
```

Listing 565: Zweite Variante zum Skalieren eines Bilds (Forts.)

> **Hinweis**
> Bei der Anwendung der Skalierungsmethoden sollten Sie ein wenig mit der Interpolation experimentieren. Bei meinen Versuchen hat beim Herunterskalieren eines hochqualitativen JPEG-Photos die Interpolation `High` das beste Ergebnis erbracht. Das Skalieren über ein neues `Bitmap`-Objekt, das ich am Anfang dieses Rezepts erläutert habe, führte hingegen zu einem deutlich schlechteren Ergebnis (was aber beim Skalieren von GIF- oder Bitmap-Bildern nicht unbedingt der Fall war).

> **Hinweis**
> Besonders wenn Sie mit JPEG-Dateien experimentieren, die komprimiert gespeichert sind, sollten Sie darauf achten, dass Sie beim Speichern des skalierten Bilds das korrekte Format angeben:
>
> `scaledBitmap.Save(destFilename, sourceBitmap.RawFormat);`
>
> Geben Sie das Format nicht an, wird das Bild ansonsten im Png-Format gespeichert, auch wenn Sie als Dateiendung *.jpg* angeben. Die Größe der Datei ist dann natürlich viel zu groß im Vergleich zum komprimierten JPEG-Format.

277 Thumbnails aus Bildern erzeugen

Thumbnails sind verkleinerte Darstellungen eines Bilds in einer meist festgelegten Größe. Thumbnails werden vorwiegend auf Webseiten dargestellt, sodass der Anwender auf das Thumbnail klicken und damit das eigentliche Bild öffnen kann. Aber die Erzeugung von Thumbnails ist natürlich auch für C#-Windowsanwendungen interessant. Eine Idee, die zurzeit (zwischen dem Schreiben von Büchern, meinen sonstigen Aufgaben und den ganzen Urlauben ☺) in der Umsetzung ist, ist eine C#-Anwendung, die für alle Bilder eines Ordners eine Photoalbum-Webseite erstellt (Natürlich: Programme dieser Art gibt es schon einige, aber diese machen einfach nicht das, was ich will ☺). Dazu benötige ich auf jeden Fall auch Thumbnails der Bilder.

Thumbnails können Sie über die Methode `GetThumbnailImage` eines `Bitmap`-Objekts erzeugen. Am ersten Argument übergeben Sie die neue Breite, am zweiten die neue Höhe. Das dritte Argument, das einen Delegate erwartet, wird zurzeit in GDI+ nicht verwendet. Entgegen der Dokumentation können Sie hier einfach `null` übergeben. Am vierten Argument, das ebenfalls nicht verwendet wird, übergeben Sie `IntPtr.Zero`.

850 >> Thumbnails aus Bildern erzeugen

Das Beispiel in Listing 566 liest eine JPEG-Datei ein und schreibt das Thumbnail dieser Datei in eine `PictureBox`. Das Beispiel benötigt die Referenzierung der Assembly *System.Drawing.dll* und den Import der Namensräume `System` und `System.Drawing`.

```
string fileName = @"C:\\Les Crosets1.jpg";
Bitmap bitmap = new Bitmap(fileName);
this.pictureBox1.Image = bitmap.GetThumbnailImage(this.pictureBox1.Width,
    this.pictureBox1.Height, null, IntPtr.Zero);
```

Listing 566: Erzeugen eines Thumbnails

Die Qualität des Thumbnails ist recht gut, kann aber noch verbessert werden. Dazu können Sie einfach die `ScaleBitmap`-Methode aus dem Rezept 276 verwenden:

```
string fileName = @"C:\\Les Crosets1.jpg";
Bitmap bitmap = new Bitmap(fileName);
this.pictureBox2.Image = ScaleBitmap(bitmap, this.pictureBox2.Width,
    this.pictureBox2.Height, InterpolationMode.HighQualityBicubic,
    PixelOffsetMode.HighQuality, SmoothingMode.HighQuality);
```

Listing 567: Erzeugen eines Thumbnails in einer hohen Qualität

Abbildung 182 zeigt eine Windowsanwendung, bei der zwei hochwertige JPEG-Dateien einmal über `GetThumbnailImage` (oben) und dann über `ScaleBitmap` (unten) als Thumbnails dargestellt werden. Die bessere Qualität der unteren Thumbnails können Sie allerdings wahrscheinlich im Buch nicht erkennen.

Abbildung 182: Thumbnails von zwei JPEG-Dateien

278 Bilder konvertieren

Das Konvertieren von Bildern ist eigentlich viel zu einfach, als dass dazu ein eigenes Rezept notwendig wäre. Falls Sie aber nicht wissen, wie es geht: Lesen Sie das Bild in ein `Bitmap`-Objekt ein und speichern Sie dieses über die `Save`-Methode ab, indem Sie am ersten Argument den Dateinamen und am zweiten Argument das neue Format über einen Wert der `ImageFormat`-Aufzählung angeben.

Das Beispiel in Listing 568 erfordert, dass Sie die Assembly *System.Drawing.dll* referenzieren und die Namensräume `System`, `System.Drawing` und `System.Drawing.Imaging` importieren.

```
// JPEG-Datei in Bitmap einlesen
string sourceFilename = Path.Combine(Application.StartupPath, "Irland.jpg");
Bitmap bitmap = new Bitmap(sourceFilename);

// Als Bitmap abspeichern
string destFilename = Path.Combine(Application.StartupPath, "Irland.bmp");
bitmap.Save(destFilename, ImageFormat.Bmp);
```

Listing 568: Konvertieren eines JPEG-Bilds in ein Bitmap-Bild

Beim Speichern können Sie auch die Qualität des Bilds beeinflussen, sofern GDI+ die dafür notwendigen Codierungsparameter unterstützt. Vergleichen Sie dazu das Rezept 279. Beim Konvertieren müssen Sie darauf achten, dass die Dateigröße entsprechend dem gewählten Format stark variieren kann. Eine Bitmap-Datei ist z.B. wesentlich größer als eine qualitativ gleichwertige JPEG-Datei. Aber das ist ja schon fast Allgemeinwissen ☺.

279 (JPEG-)Bilder mit definierter Qualität speichern

Einige Bildformate wie GIF und JPEG erlauben spezifische Einstellungen, die die Qualität des Bilds beeinflussen. Bei JPEG-Bildern wird die Qualität in Prozent angegeben, GIF ermöglicht Einstellungen wie den Dither-Modus und den Lossy (Verlust). Beim Speichern von `Bitmap`-Objekten können Sie die Qualität des Bilds nur begrenzt und scheinbar nicht für alle Formate beeinflussen. Leider verlässt .NET an dieser Stelle auch die ansonsten so klare Struktur und wird ein wenig undurchsichtig.

Die grundsätzliche Vorgehensweise erläutert die Methode `SaveAsJpeg` in Listing 569, die ein `Bitmap`-Objekt als JPEG-Bild mit einer gegebenen Qualität speichert.

Dazu ermittelt `SaveAsJpeg` zunächst das für JPEG-Bilder in GDI+ vordefinierte `ImageCodecInfo`-Objekt. Ein solches Objekt verwaltet Informationen darüber, wie die zu erzeugende Datei gespeichert werden muss. Das Ermitteln dieses Objekts ist leider ein wenig aufwändig, weil die Methode alle verfügbaren `ImageCodecInfo`-Objekte durchgehen und deren MIME[30]-Typ vergleichen muss. Das `ImageCodecInfo`-Objekt wird lediglich deswegen benötigt, weil die Variante der `Save`-Methode, der ein `EncoderParameters`-Objekt übergeben werden kann, nicht die Angabe des Bildformats über ein `ImageFormat`-Argument erlaubt.

Ein `EncoderParameters`-Objekt, das beim Speichern am letzen Argument übergeben wird, nimmt dann einzelne `EncoderParameter`-Objekte auf, die die Codierung der Dateien bestimmen. Ein `EncoderParameters`-Objekt ist eine Liste solcher Parameter. Bei der Erzeugung geben Sie im Konstruktor die Anzahl der zu definierenden Parameter an. Dann können Sie einzelne `EncoderParameter`-Instanzen an die Liste anhängen, die Sie über die Eigenschaft `Param` erreichen. Bei der Erzeugung eines `EncoderParameter`-Objekts geben Sie am ersten Argument ein `Encoder`-Objekt an, das die Codierungsinformationen speichert. Die `Encoder`-Klasse liefert dazu einige statische Eigenschaften, die die einzelnen Codierungs-Möglichkeiten repräsentieren. Dabei tritt das erste Problem auf: Für die einzelnen Formate unterstützt GDI+ nur eine Auswahl der verfügbaren Codierungen. Beim JPEG-Format sind das z.B. die Codierungen `Encoding.Transformation` (Drehen und Spiegeln des Bilds), `Encoding.Quality` (Einstellen der Qualität), `Encoding.LuminanceTable` und `Encoding.ChrominanceTable`. Leider ist nicht dokumentiert, welches Format welche Codierungsparameter unterstützt. In dem Beispiel zu diesem Rezept und im Repository finden Sie aber eine Hilfsmethode `GetAvailableEncoderNames`, die die Namen der für einen MIME-Typ verfügbaren Codierungsparameter auflistet. Eigenartigerweise werden nach dieser Methode für die Formate *Bitmap*, *GIF* und *PNG* keine Codierungsparameter unterstützt. Zur Vervollständigung finden Sie im Repository auch die Hilfsmethode `GetAvailableMimeTypes`, die die von GDI+ unterstützten MIME-Typen ausliest und zurückgibt.

Am zweiten Argument des `EncoderParameter`-Konstruktors übergeben Sie dann den Wert des Parameters. Bei wenigen Parametern wie `Encoding.Quality` sind Zahlwerte erlaubt. Dabei müssen Sie auch ein wenig ausprobieren. Das zweite Argument des Konstruktors erlaubt u.a. `byte`- und `long`-Werte. Übergeben Sie bei einem `Encoding.Quality`-Parameter einen `byte`-Wert (was eigentlich passen würde, denn die JPEG-Qualität geht nur bis 100 Prozent), resultiert unerklärlicherweise eine Ausnahme mit der Meldung »Ungültiger Parameter verwendet«. Die Konvertierung in einen `long`-Wert bringt dann aber die Lösung dieses Problems.

Andere Parameter wie z.B. `Encoding.Transformation` werden als Wert der `EncoderValue`-Aufzählung übergeben, die alle verfügbaren speziellen Werte auflistet (was die Ermittlung der zu einem Parameter passenden Werte etwas erschwert). Dieser Wert muss in einen `long`-Wert konvertiert werden, da das Argument `value` keinen `EncoderValue`-Typ erlaubt.

---

30. Ein MIME-Typ (Multipurpose Internet Mail Extensions), der ursprünglich für das Versenden von spezifischen Daten in E-Mails vorgesehen war, bezeichnet einen Medientyp und wird hauptsächlich im Internet verwendet, damit der Empfänger weiß, wie die Daten ausgewertet werden müssen. Dazu existieren vordefinierte Bezeichnungen wie z.B. text/html oder image/jpeg.

>> Bildbearbeitung

Ich habe in `SaveAsJpeg` auf die speziellen Codierungsparameter verzichtet und stelle nur die Qualität ein. Das Drehen und Spiegeln eines `Bitmap`-Objekts, das über den Parameter `Encoding.Transformation` für JPEG-Dateien möglich ist, beschreibt das Rezept 280 unabhängig vom Bildformat.

Mit dem anfangs ermittelten `ImageCodecInfo`-Objekt und den Codierungsparametern wird das Bild dann über die `Save`-Methode des `Bitmap`-Objekts gespeichert.

```
public static void SaveAsJpeg(Bitmap bitmap, string filename, byte quality)
{
   // Das in GDI+ enthaltene ImageCodecInfo-Objekt für JPEG-Bilder
   // ermitteln
   ImageCodecInfo imageCodec = null;
   ImageCodecInfo[] imageCodecs = ImageCodecInfo.GetImageEncoders();
   for (int i = 0; i < imageCodecs.Length; i++)
   {
      if (imageCodecs[i].MimeType=="image/jpeg")
      {
         imageCodec = imageCodecs[i];
         break;
      }
   }

   if (imageCodec == null)
   {
      throw new Exception("Das ImageCodecInfo-Objekt für den " +
         "Mimetyp image/jpeg kann nicht lokalisiert werden");
   }

   // Den wichtigsten der für JPEG unterstützten Encoding-Parameter
   // definieren
   EncoderParameters encoderParams = new EncoderParameters(1);
   encoderParams.Param[0] = new EncoderParameter(
      Encoder.Quality, (long)quality);

   // Bitmap speichern
   bitmap.Save(filename, imageCodec, encoderParams);
}
```

Listing 569: Methode zum Speichern eines Bitmap-Objekts als JPEG-Datei mit definierter Qualität

Zum Kompilieren dieser Methode müssen Sie die Assembly *System.Drawing.dll* referenzieren und die Namensräume `System.Drawing` und `System.Drawing.Imaging` importieren.

Die Anwendung ist dann ganz einfach:

```
// JPEG-Datei in Bitmap einlesen
string sourceFilename = @"C:\Les Crosets.jpg";
Bitmap bitmap = new Bitmap(sourceFilename);

// Als JPEG mit mittlerer Qualität speichern
string destFilename = @"C:\Les Crosets neu.jpg";
SaveAsJpeg(bitmap, destFilename, 50);
```

Listing 570: Anwendung der SaveAsJpeg-Methode

Dabei ist natürlich klar, dass es nichts bringt, wenn Sie Bilder in einer höheren Qualität speichern, als diese im Ursprungszustand besaßen ☺.

280 Bilder drehen und spiegeln

Wenn Sie Bilder in 90-Grad-Schritten drehen oder an der X- und Y-Achse spiegeln wollen, können Sie dazu die `RotateFlip`-Methode eines `Image`-Objekts verwenden. Dieser Methode übergeben Sie einen Wert der Aufzählung `RotateFlipType`, der die Drehung bzw. das Spiegeln bestimmt. Listing 571 zeigt, wie Sie das in einer `PictureBox` verwaltete Bild um 90 Grad nach rechts drehen. Das Beispiel benötigt die Referenzierung der Assembly *System.Drawing.dll* und die Einbindung der Namensräume `System` und `System.Drawing`.

```
Image image = pictureBox1.Image;
image.RotateFlip(RotateFlipType.Rotate90FlipNone);
pictureBox1.Refresh();
```

Listing 571: Drehen eines Bilds um 90 Grad nach rechts

`RotateFlipType` stellt einige Konstanten zur Verfügung:

- `Rotate90FlipNone`, `Rotate180FlipNone`, `Rotate270FlipNone`: Drehen um 90, 180 bzw. 270 Grad nach rechts ohne zu spiegeln,
- `RotateNoneFlipX`, `RotateNoneFlipY`, `RotateNoneFlipXY`: Spiegeln um die X-, Y- bzw. die X- und die Y-Achse,
- Kombinationen aus einer der möglichen Drehungen und einer Spiegelung in der Form `Rotate90FlipX`, `Rotate90FlipY`, `Rotate90FlipXY`, `Rotate180FlipX` etc.

Die Qualität der Drehung bzw. Spiegelung ist sehr gut und verliert auch nach mehreren Drehungen bzw. Spiegelungen nicht an Wert.

Ewas aufwändiger ist das Drehen eines Bilds um andere Werte als 90, 180 und 270 Grad. Dazu können Sie mehrere Wege gehen. Ein Weg, der auch immer wieder in Newsgroups beschrieben wird, ist die Verwendung eines `Graphics`-Objekts und die Transformation der Zeichenmatrix.

>> **Bildbearbeitung**

> **Hinweis**
> Bevor ich diesen Weg beschreibe, gebe ich einen wichtigen Hinweis: Die .NET-Dokumentation der GDI+-Klassen ist teilweise sehr mager ausgefallen und beschreibt nicht wirklich, was einzelne Klassen und Methoden bewirken. Die eigentliche und häufig aussagekräftigere Dokumentation finden Sie im GDI+-Bereich der Plattform-SDK-Dokumentation. Interessante Artikel zu wichtigen Techniken finden Sie unter GRAPHICS AND MULTIMEDIA SERVICES / GDI+ / USING GDI+ .

Eine Zeichenmatrix definiert die Matrix, auf die sich Positionsangaben beim Zeichnen beziehen. Normalerweise entspricht die Zeichenmatrix der Zeichenfläche. Sie können die Zeichenmatrix aber auch so transformieren, dass Zeichenausgaben verschoben und verdreht erscheinen (und eine andere Skalierung verwenden, aber das ist hier unwichtig).

Die Vorgehensweise ist in der Methode `RotateImage` in Listing 572 implementiert. Bevor Sie sich diese Methode näher anschauen, muss ich zugeben, dass es eine bessere Lösung gibt. Das Problem meiner Lösung ist, dass die Qualität des Bilds unter der Verdrehung ein wenig leidet, was allerdings erst nach einigen nachfolgenden Drehungen sichtbar wird. Die bessere Lösung finden Sie an der Adresse *www.codeproject.com/csharp/rotateimage.asp*.

`RotateImage` berechnet zunächst (mit ein wenig Geometrie) die neue Größe des `Bitmap`-Objekts entsprechend dem angegebenen Winkel, wenn am Argument `resizeBitmap true` übergeben wurde. Damit wird erreicht, dass beim Drehen keine Ecken abgeschnitten werden.

Dann erzeugt `RotateImage` mit den neuen Maßen ein `Bitmap`-Objekt und für dieses ein `Graphics`-Objekt. Das `Graphics`-Objekt wird mit der am Argument `fillColor` übergebenen Farbe gefüllt, damit die überstehenden Ränder des neuen Bitmap an die Hintergrundfarbe des alten angepasst werden können.

Nun kommt der etwas schwierige (und in der .NET-Dokumentation leider sehr spärlich dokumentierte) Teil: Ein `Graphics`-Objekt verwaltet eine Instanz der Klasse `Matrix`. Dieses Objekt, das Sie über die `Transform`-Eigenschaft erreichen, kann Informationen über auszuführende Transformationen beim Zeichnen verwalten. Die vordefinierte `Matrix`-Instanz definiert natürlich keine Transformationen. Sie können aber über verschiedene Methoden Transformationen der Zeichenkoordinaten in X/Y-Richtung, in einem Winkel oder auf eine andere Skalierung erreichen. Das `Graphics`-Objekt bietet dazu direkt die Methoden `TranslateTransform` und `RotateTransform` an. `TranslateTransform` bewirkt eine Transformation der Zeichenmatrix in X/Y-Richtung, `RotateTransform` eine Drehung um einen bestimmten Winkel mit der oberen linken Ecke als Mittelpunkt. Die Zeichenmatrix wird dabei allerdings nicht wirklich verschoben und verdreht: Die Transformationen werden für *jede* nachfolgende Zeichenoperation separat angewendet, indem die Zeichenkoordinaten entsprechend transformiert werden.

Das zweite, leider ebenfalls sehr spärlich dokumentierte Argument der Transformations-Methoden bestimmt, wann welche Transformation angewendet wird. Mit dem

Wert `MatrixOrder.Prepend` wird die Transformation vor der vorherigen angewendet, mit dem Wert `MatrixOrder.Append` nach der vorherigen. Dieses Argument ist zur korrekten Anwendung der Transformation sehr wichtig, da es schon ein Unterschied ist, ob die Zeichenmatrix erst verschoben und danach gedreht oder erst gedreht und dann verschoben wird. Sie werden jetzt vielleicht denken: Was soll's – wenn ich erst drehen und dann verschieben will, rufe ich `RotateTransform` einfach vor `TranslateTransform` auf und gebe am zweiten Argument `MatrixOrder.Append` an (das habe ich auf jeden Fall zuerst gedacht). Wenn Sie aber z.B. *mehrfach* mit *derselben* Verschiebung verdrehen wollen, müssen Sie `TranslateTransform` vor `RotateTransform` aufrufen und bei `RotateTransform` am zweiten Argument `MatrixOrder.Prepend` angeben. Dabei sollten Sie bedenken, dass weitere Aufrufe der Transformationsmethoden die Matrix immer weiter verschieben bzw. verdrehen.

Ein wesentlicher Nachteil der `RotateTransform`-Methode für unsere Zwecke ist, dass diese um die obere linke Ecke dreht. Die zur korrekten Ausrichtung des gedrehten Bilds notwendigen Berechnungen waren mir zu komplex. Deshalb bin ich einen anderen Weg gegangen. Sie können das `Matrix`-Objekt nämlich über dessen eigene Methoden wesentlich flexibler direkt einstellen. Die Methode `Translate` bewirkt eine Verschiebung, der Methode `RotateAt` können Sie zum Drehen neben dem Drehwinkel auch die Koordinaten des Drehpunkts übergeben. `RotateImage` initialisiert nun ein neues `Matrix`-Objekt so, dass die Koordinaten beim Zeichnen nach rechts und unten verschoben und um den Mittelpunkt verdreht werden. Das gezeichnete Bild erscheint somit verdreht in der Mitte der Zeichenfläche.

Dabei ist es leider, aus mir unklaren Gründen, nicht möglich, das `Matrix`-Objekt des `Graphics`-Objekts über dessen `Transform`-Eigenschaft direkt anzusprechen (ein Versuch führte zu keinerlei Transformation, aber auch zu keinem Fehler). Sie müssen ein neues `Matrix`-Objekt erzeugen und dieses der `Transform`-Eigenschaft zuweisen, wie es `RotateImage` zeigt.

Vor dem Zeichnen des Quellbilds wird die Ausgabequalität so definiert, dass diese möglichst gut ist. Vergleichen Sie dazu das Rezept 276. Ich habe in `RotateImage` darauf verzichtet, die hierbei verwendeten Werte als Argumente zu übergeben, aber das können Sie ja bei Bedarf nachholen.

Schließlich zeichnet `RotateImage` das Quellbild auf das Ziel-Bitmap, gibt die Ressourcen des `Graphics`-Objekts frei und gibt eine Referenz auf das neue `Bitmap`-Objekt zurück.

Zum Kompilieren dieser Methode müssen Sie die Assembly *System.Drawing.dll* referenzieren und die Namensräume `System`, `System.Drawing` und `System.Drawing.Drawing2D` importieren.

```
public static Bitmap RotateImage(Image image, float angle, Color fillColor,
    bool resizeBitmap)
{
```

Listing 572: Methode zum Drehen eines Bilds (allerdings mit leichten Qualitätsverlusten)

```csharp
// Neue Breite und Höhe berechnen
int newHeight, newWidth;
if (resizeBitmap)
{
    // Berechnung des Umfassungsrechtecks
    int x = image.Width / 2;
    int y = image.Height / 2;
    double cosTheta = Math.Cos(2 * Math.PI * angle / 360);
    double sinTheta = Math.Sin(2 * Math.PI * angle / 360);
    double a = Math.Max(Math.Abs(x * cosTheta + y * sinTheta),
        Math.Abs(x * cosTheta - y * sinTheta));
    double b = Math.Max(Math.Abs(x * sinTheta - y * cosTheta),
        Math.Abs(x * sinTheta + y * cosTheta));
    newWidth = (int)Math.Round(2 * a);
    newHeight = (int)Math.Round(2 * b);
}
else
{
    newHeight = image.Height;
    newWidth = image.Width;
}

// Neues Bitmap-Objekt mit den vergrößerten Ausmaßen des alten erzeugen
Bitmap bitmap = new Bitmap(newWidth, newHeight);

// Graphics-Objekt für das Bitmap erzeugen und mit der übergebenen
// Farbe füllen
Graphics g = Graphics.FromImage(bitmap);
g.Clear(fillColor);

// Neue Transformationsmatrix erzeugen
Matrix matrix = new Matrix();

// Die Transformation so einstellen, dass die Ausgabe des Bilds
// in der Mitte der Zeichenfläche erscheint und diese um den
// Mittelpunkt um den angegebenen Winkel gedreht wird
int xOffset = (int)((newWidth - image.Width) / 2);
int yOffset = (int)((newHeight - image.Height) / 2);
matrix.Translate(xOffset, yOffset);
Point rotationPoint = new Point(image.Width / 2, image.Height / 2);
matrix.RotateAt(angle, rotationPoint, MatrixOrder.Prepend);
g.Transform = matrix;

// Die Zeichenqualität einstellen
g.InterpolationMode = InterpolationMode.HighQualityBicubic;
g.PixelOffsetMode = PixelOffsetMode.HighQuality;
```

Listing 572: Methode zum Drehen eines Bilds (allerdings mit leichten Qualitätsverlusten) (Forts.)

```
    g.SmoothingMode = SmoothingMode.HighQuality;

    // Das Bild entsprechend der Transformation
    // verschoben und verdreht ausgeben
    g.DrawImage(image, 0, 0, image.Width, image.Height );

    // Das Bild zurückgeben
    return bitmap;
}
```

Listing 572: Methode zum Drehen eines Bilds (allerdings mit leichten Qualitätsverlusten) (Forts.)

Abbildung 183 zeigt eine Anwendung, die ein Bild über `RotateImage` um 33 Grad gedreht hat. Um die Drehung und die neue Größe des Bitmap zu verdeutlichen, wurde als Füllfarbe `Color.Silver` übergeben.

Abbildung 183: Beispielanwendung zum Drehen und Spiegeln eines Bilds mit einem um 33 Grad gedrehten Bild

281 Bildausschnitte auslesen

Wenn Sie beispielsweise ein Verschiebepuzzle programmieren wollen, ist es notwendig, ein Bild in mehrere Teile zu zerschneiden. Um dies zu realisieren, können Sie den Weg gehen, der in der Methode `CropImage` in Listing 573 implementiert ist.

`CropImage` erwartet ein `Image`-Objekt und die Position und Größe des Ausschnitts. Als Erstes erzeugt die Methode ein neues `Bitmap`-Objekt mit den gegebenen Ausmaßen und ein `Graphics`-Objekt für das Zeichnen auf dem Bild. Vor dem Schreiben des Ausschnitts wird die Ausgabequalität so definiert, dass diese möglichst ideal ist. Vergleichen Sie dazu das Rezept 276. Über die `DrawImage`-Methode des `Graphics`-Objckts schreibt `CropImage` schließlich den Ausschnitt aus dem Quellbild in das Ziel-Bitmap.

>> **Bildbearbeitung**

Zum Kompilieren dieser Methode müssen Sie die Assembly *System.Drawing.dll* referenzieren und die Namensräume System, System.Drawing, System.Drawing.Imaging und System.Drawing.Drawing2D importieren.

```
public static Bitmap CropImage(Image image, int x, int y, int width,
   int height)
{
   // Neues Bitmap-Objekt mit den gegebenen Ausmaßen und dafür ein
   // Graphics-Objekt erzeugen
   Bitmap croppedBitmap = new Bitmap(width, height);
   Graphics g =  Graphics.FromImage(croppedBitmap);

   // Die Zeichenqualität einstellen
   g.InterpolationMode = InterpolationMode.HighQualityBicubic;
   g.PixelOffsetMode = PixelOffsetMode.HighQuality;
   g.SmoothingMode = SmoothingMode.HighQuality;

   // Den Ausschnitt des Quellbilds auf das Ziel-Bild kopieren
   Rectangle destRect = new Rectangle(0, 0, width, height);
   Rectangle sourceRect = new Rectangle(x, y, width, height);
   g.DrawImage(image, destRect, sourceRect, GraphicsUnit.Pixel);
   g.Dispose();

   // Ergebnis zurückgeben
   return croppedBitmap;
}
```

Listing 573: Methode zum Zuschneiden eines Bilds

Abbildung 184: Ein Bild wurde in mehrere Teile zerschnitten

Abbildung 184 zeigt eine Anwendung, die den linken oberen Teil eines Bilds über `CropImage` in einzelne Teile zerschnitten und diese in einzelne `PictureBox`-Steuerelemente geschrieben hat.

282 Farben von Bildern auf andere Farben mappen

Zur Umwandlung einzelner Farbwerte eines Bilds in andere können Sie ein `System.Drawing.Imaging.ColorMap`-Array verwenden. Die darin verwalteten `ColorMap`-Objekte speichern in ihrer Eigenschaft `OldColor` die alte und in `NewColor` die neue Farbe. Da es sich um ein Array handelt, können Sie beliebig viele Farbumwandlungen definieren.

Dieses `ColorMap`-Array übergeben Sie dann über die `SetRemapTable`-Methode an ein neues `ImageAttributes`-Objekt. Ein solches Objekt verwaltet Informationen über die Veränderung der Bildfarben während der Ausgabe. Neben speziellen Einstellungen wie dem Gammawert können Sie dem `ImageAttributes`-Objekt eben auch ein `ColorMap`-Objekt für Farbumwandlungen übergeben.

Dieses Objekt können Sie dann der `DrawImage`-Methode eines `Graphics`-Objekts am Argument `imageAttrs` übergeben oder beim Erzeugen eines `TextureBrush`-Objekts (für das Zeichnen mit einem Textur-Pinsel) dem Konstruktor übergeben.

Listing 574 zeigt die Vorgehensweise. Das Beispiel liest das in der `PictureBox` *pictureBox1* gespeicherte Bild aus, zeichnet dieses auf ein neues `Bitmap`-Objekt und schreibt das Bild in die `PictureBox` *pictureBox2*. Für die Farbumwandlung wird die Farbe des ersten Pixels ausgelesen und als alte Farbe eines `ColorMap`-Objekts gesetzt. Als neue Farbe wird `Color.Navy` eingesetzt.

Zum Kompilieren dieses Quellcodes benötigen Sie ein Formular mit zwei `PictureBox`-Steuerelementen *pictureBox1* und *pictureBox2*. Außerdem müssen Sie die Assembly *System.Drawing.dll* referenzieren und die Namensräume `System`, `System.Drawing` und `System.Drawing.Imaging` importieren.

```
// Bitmap aus der ersten PictureBox auslesen
Bitmap sourceBitmap = (Bitmap)this.pictureBox1.Image;

// Neues Bitmap mit den Ausmaßen des Originals erzeugen
Bitmap destBitmap = new Bitmap(sourceBitmap.Width, sourceBitmap.Height);

// ColorMap-Array für die Transformation der Farben erzeugen
ColorMap[] map = new ColorMap[1];
map[0] = new ColorMap();
map[0].OldColor = sourceBitmap.GetPixel(0, 0);
map[0].NewColor = Color.Navy;

// Grafik auf dem Bitmap-Objekt ausgeben und dabei ein neues
// ImageAttributes-Objekt mit dem ColorMap-Objekt übergeben
```

Listing 574: Ändern einer Hintergrundfarbe eines Bilds

>> **Bildbearbeitung**

```
ImageAttributes imageAttributes = new ImageAttributes();
imageAttributes.SetRemapTable(map);
Graphics g = Graphics.FromImage(destBitmap);
g.DrawImage(sourceBitmap, new Rectangle(0, 0, sourceBitmap.Width,
   sourceBitmap.Height), 0, 0, sourceBitmap.Width, sourceBitmap.Height,
   GraphicsUnit.Pixel, imageAttributes);
g.Dispose();

// Neues Bitmap-Objekt in der zweiten PictureBox ablegen
pictureBox2.Image = destBitmap;
```

Listing 574: Ändern einer Hintergrundfarbe eines Bilds (Forts.)

Abbildung 185: Ändern von Farbwerten eines Bilds

> **Hinweis**
> Ein kleines Problem dieser Technik ist, dass immer nur die Farben ersetzt werden, die genau den Farben im `ColorMap`-Array entsprechen. Ein Ersetzen von annähernd gleichen Farben (z.B. allen Rottönen) ist damit nicht bzw. nur mit einer Vielzahl an Definitionen im `ColorMap`-Array möglich.

283 Farbinformationen von Bildern gezielt verändern

Über die Klasse `ColorMatrix` aus dem Namensraum `System.Drawing.Imaging` können Sie die Farb-Informationen eines Bilds sehr flexibel und gezielt verändern. Anders als bei der Verwendung von `ColorMap`-Objekten (Rezept 282) zum Mapping einzelner Farben ermöglicht eine `ColorMatrix`-Instanz die Transformation der ARGB-Werte der einzelnen Pixel des Bilds.

> **Hinweis**
>
> Beim Nachvollziehen dieses Rezepts werden Sie wahrscheinlich feststellen, dass die .NET-Dokumentation der GDI+-Klassen teilweise sehr mager ausgefallen ist. Wenn Sie sich einmal die Dokumentation der Klasse `ColorMatrix` anschauen, werden Sie erkennen, was ich meine: Die Dokumentation sagt zwar etwas über die Bedeutung aus, aber verschweigt die Arbeitsweise der Farbmatrix. Die eigentliche und etwas aussagekräftigere Dokumentation finden Sie im GDI+-Bereich der Plattform-SDK-Dokumentation. Unter GRAPHICS AND MULTIMEDIA SERVICES / GDI+ / USING GDI+ finden Sie viele interessante Artikel, u.a. auch einen zur Verwendung einer Farbmatrix (der aber leider die eigentliche Transformation nicht näher erläutert).

Um die Farben der einzelnen Pixel eines Bilds gezielt zu transformieren, erzeugen Sie eine Instanz der Klasse `ColorMatrix`. Ein solches Objekt verwaltet eine 5*5-Matrix in Form eines verzweigten `float`-Array (`float[][]`). Die Elemente 0 bis 2 der beiden Dimensionen speichern Transformationswerte für den Rot-, Grün- und Blau-Wert, das vierte Element einen Transformationswert für den Alphawert (der die Transparenz bestimmt). Über die fünfte Zeile können Sie zu den RGB-Farbwerten und zum Alpha-Wert Werte hinzuaddieren. Das Element in der Zelle 4,4 muss laut der Dokumentation immer 1 sein. Die fünfte Spalte wird nicht verwendet und muss laut der Dokumentation (bis auf den Wert in der Zelle 4,4) den Wert 0 speichern.

Eine Farbmatrix, die keinerlei Farbinformationen verändert, sieht z.B. so aus wie in Abbildung 186.

	R	G	B	A	
R	1	0	0	0	0
G	0	1	0	0	0
B	0	0	1	0	0
A	0	0	0	1	0
	0	0	0	0	1

Abbildung 186: Farb-Transformationsmatrix, die keine Farbänderungen bewirkt

Bei einer Farbtransformation werden der Rot-, Grün-, Blau- und der Alpha-Wert jedes Pixels entsprechend der Farbmatrix umgewandelt. Die Transformation ist einfach, aber etwas schwer zu erläutern (weswegen die .NET- und die GDI+-Dokumentation wahrscheinlich auch darauf verzichten). Ich musste recht viel im Internet recherchieren und ein Testprogramm schreiben, um die Transformation zu verstehen. Das Testprogramm ist übrigens ein Bestandteil des Beispiels zu diesem Rezept.

Die Spalten stehen für die Ergebnis-Farbwerte. Die erste Spalte ergibt nach der Transformation den Rotwert, die zweite den Grünwert, die dritte den Blauwert und die vierte den Alphawert. Die Zeilen stehen für die Farbanteile des zu transformierenden Pixels. Der jeweilige Rot-, Grün-, Blau- und Alphawert wird mit dem in der zugehörigen Zeile angegebenen Faktor multipliziert. Die Ergebnisse der einzelnen Multiplikationen werden addiert, wobei die mit 255 multiplizierten Werte der letzten Zeile noch auf das Ergebnis aufaddiert werden (weswegen auch nicht-lineare Transformationen möglich sind). Die aus den einzelnen Spalten resultierenden RGBA-Werte werden dann wieder zu einer Farbe zusammengesetzt und der Pixel damit ausgegeben.

Wahrscheinlich drücken Formeln das Ganze etwas klarer aus. In den Formeln steht Z_0 für die erste Zeile, Z_1 für die zweite etc., S_0 für die erste Spalte, S_1 für die zweite etc.

$Rot = Rot * (S_0, Z_0) + Grün * (S_0, Z_1) + Blau * (S_0, Z_2) + Alpha * (S_0, Z_3) + (S_0, Z_4) * 255$

$Blau = Rot * (S_1, Z_0) + Grün * (S_1, Z_1) + Blau * (S_1, Z_2) + Alpha * (S_1, Z_3) + (S_1, Z_4) * 255$

$Grün = Rot * (S_2, Z_0) + Grün * (S_2, Z_1) + Blau * (S_2, Z_2) + Alpha * (S_2, Z_3) + (S_2, Z_4) * 255$

$Alpha = Rot * (S_3, Z_0) + Grün * (S_3, Z_1) + Blau * (S_3, Z_2) + Alpha * (S_3, Z_3) + (S_3, Z_4) * 255$

Das Ergebnis wird bei der Berechnung auf den Byte-Bereich begrenzt, es kommen also nie Werte kleiner 0 oder größer 255 heraus.

Über diese Matrix können Sie nun alle denkbaren Farbtransformationen ausführen. So können Sie den Grünanteil eines Bilds beispielsweise auf 50 Prozent verringern und 80 Prozent des Grünanteils auf den Blauanteil aufaddieren (Abbildung 187).

	R	G	B	A	
R	1	0	0	0	0
G	0	0,5	0,8	0	0
B	0	0	1	0	0
A	0	0	0	1	0
	0	0	0	0	1

Abbildung 187: Farbmatrix zum Verringern des Grünanteils auf 50 Prozent und zum Aufaddieren von 80 Prozent des Grünanteils auf den Blauanteil

Abbildung 188 zeigt eine Matrix, die ein Bild um 20 Prozent aufhellt.

	R	G	B	A	
R	1	0	0	0	0
G	0	1	0	0	0
B	0	0	1	0	0
A	0	0	0	1	0
	0,2	0,2	0,2	0	1

Abbildung 188: Farbmatrix zum Aufhellen eines Bilds um 20 Prozent

Ich verzichte aber an dieser Stelle auf eine weitere Erläuterung der Möglichkeiten und überlasse dies Ihrer Phantasie. Einige Transformationen wie z.B. die Umwandlung eines Bilds in ein Graustufen-Bild setze ich aber in den folgenden Rezepten ein. Hier geht es nun darum, wie Sie die Transformation anwenden. Und das ist recht einfach.

864 >> Farbinformationen von Bildern gezielt verändern

Farbtransformationen können Sie beim Zeichnen über die DrawImage-Methode eines Graphics-Objekts anwenden, indem Sie wie schon beim ColorMap-Array beschrieben am Argument imageAttr ein ImageAttributes-Objekt übergeben. Eine andere Möglichkeit ist das normale Zeichnen mit einem TextureBrush-Pinsel, den Sie bei der Erzeugung mit einem ImageAttributes-Objekt initialisieren können (so können Sie z.B. transparente Texturen erzeugen).

Diesem Objekt weisen Sie zuvor über die SetColorMatrix-Methode eine ColorMatrix-Instanz zu. Und diese müssen Sie lediglich mit einer passenden Matrix initialisieren. Listing 575 zeigt dies am Beispiel eines Bilds, das in einer PictureBox gespeichert ist. Das Bild der linken PictureBox wird in diesem Beispiel über eine ColorMatrix-Instanz aufgehellt und in die rechte PictureBox geschrieben.

Das Beispiel benötigt ein Formular mit zwei PictureBox-Steuerelementen *pictureBox1* und *pictureBox2*. Daneben müssen Sie die Assembly *System.Drawing.dll* referenzieren und die Namensräume System, System.Drawing und System.Drawing.Imaging importieren.

```
// Bitmap aus der ersten PictureBox auslesen
Bitmap sourceBitmap = (Bitmap)this.pictureBox1.Image;

// Neues Bitmap mit den Ausmaßen des Originals erzeugen
Bitmap destBitmap = new Bitmap(sourceBitmap.Width, sourceBitmap.Height);

// ColorMatrix für die Transformation der Farben erzeugen
ColorMatrix colorMatrix = new ColorMatrix(new float[][] {
   new float[] {1, 0, 0, 0, 0},
   new float[] {0, 1, 0, 0, 0},
   new float[] {0, 0, 1, 0, 0},
   new float[] {0, 0, 0, 1, 0},
   new float[] {0.3F, 0.3F, 0.3F, 0, 1}
});

// Grafik auf dem Bitmap-Objekt ausgeben und dabei ein neues
// ImageAttributes-Objekt mit der ColorMatrix übergeben
ImageAttributes imageAttributes = new ImageAttributes();
imageAttributes.SetColorMatrix(colorMatrix);
Graphics g = Graphics.FromImage(destBitmap);
g.DrawImage(sourceBitmap, new Rectangle(0, 0, sourceBitmap.Width,
   sourceBitmap.Height), 0, 0, sourceBitmap.Width, sourceBitmap.Height,
   GraphicsUnit.Pixel, imageAttributes);
g.Dispose();

// Neues Bitmap-Objekt in der zweiten PictureBox ablegen
pictureBox2.Image = destBitmap;
```

Listing 575: Aufhellen eines Bilds über ein ColorMatrix-Objekt

>> **Bildbearbeitung**

Das `ColorMatrix`-Objekt muss übrigens nicht unbedingt so initialisiert werden wie in Listing 575. Sie können das Objekt auch über den Default-Konstruktor erzeugen und die Matrix über Eigenschaften definieren, deren Name mit *Matrix* beginnt und mit den Indizes der anzusprechenden Zelle endet. Die Eigenschaft `Matrix01` spricht z.B. die Zelle in der ersten Zeile der zweiten Spalte an. Da der Defaultkonstruktor die Matrix so initialisiert, dass keine Farbänderungen vorgenommen werden, müssen Sie nur die Zellen ändern, die mit einem anderen als dem Defaultwert definiert werden sollen. Die Matrix zum Aufhellen eines Bilds kann z.B. auch so definiert werden:

```
ColorMatrix colorMatrix = new ColorMatrix();
colorMatrix.Matrix40 = 0.3F;
colorMatrix.Matrix41 = 0.3F;
colorMatrix.Matrix42 = 0.3F;
```

Abbildung 189 zeigt eine Anwendung, die auf eine ähnliche Weise wie in Listing 575 das Bild in der linken `PictureBox` um 30 Prozent aufgehellt in die rechte `PictureBox` geschrieben hat.

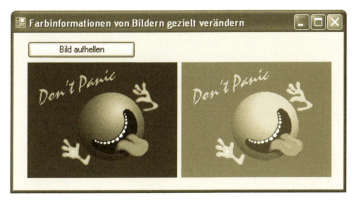

Abbildung 189: Aufhellen eines Bilds

284 Ein Negativ eines Bilds erzeugen

Zur Erzeugung eines Bildnegativs können Sie ein `ColorMatrix`-Objekt (aus dem Namensraum `System.Drawing.Imaging`) verwenden. Die Verwendung dieser Klasse habe ich bereits in Rezept 283 beschrieben. Zur Erzeugung eines Negativs verwenden Sie eine Farbmatrix, bei der die einzelnen Farben über eine Multiplikation mit -1 umgekehrt werden.

Die Methode `CreateNegative` in Listing 576 geht auf diese Weise vor. Sie erzeugt ein neues `Bitmap`-Objekt und zeichnet das Bild des übergebenen `Image`-Objekts darauf. Dabei wird eine `ColorMatrix`-Instanz verwendet, die die Farben des Bilds umkehrt.

Zum Kompilieren dieser Methode müssen Sie die Assembly *System.Drawing.dll* referenzieren und die Namensräume `System`, `System.Drawing` und `System.Drawing.Imaging` importieren.

866 >> Ein Negativ eines Bilds erzeugen

```
public static Bitmap CreateNegative(Image image)
{
   // Neues Bitmap mit den Ausmaßen des originalen erzeugen
   Bitmap bitmap = new Bitmap(image.Width, image.Height);

   // ColorMatrix für die Transformation der Farben erzeugen
   ColorMatrix colorMatrix = new ColorMatrix(new float[][] {
      new float[] {-1, 0, 0, 0, 0},
      new float[] {0, -1, 0, 0, 0},
      new float[] {0, 0, -1, 0, 0},
      new float[] {0, 0, 0, 1, 0},
      new float[] {0, 0, 0, 0, 1}
   });

   // Grafik auf dem Bitmap-Objekt ausgeben und dabei ein neues
   // ImageAttributes-Objekt mit der ColorMatrix übergeben
   ImageAttributes imageAttributes = new ImageAttributes();
   imageAttributes.SetColorMatrix(colorMatrix);
   Graphics g = Graphics.FromImage(bitmap);
   g.DrawImage(image, new Rectangle(0, 0, image.Width, image.Height),
      0, 0, image.Width, image.Height, GraphicsUnit.Pixel,
      imageAttributes);
   g.Dispose();

   return bitmap;
}
```

Listing 576: Methode zur Erzeugung eines Bildnegativs

Abbildung 190: Negativ eines Landschaftsbilds

>> **Bildbearbeitung**

285   Die einzelnen Pixel eines Bilds bearbeiten

Über die `GetPixel`-Methode eines `Bitmap`-Objekts können Sie die einzelnen Pixel des Bilds auslesen und (nach einer eventuellen Umrechnung) über `SetPixel` wieder setzen. Listing 577 zeigt, wie Sie damit umgehen. Dieses Beispiel, das die Referenzierung der Assembly *System.Drawing.dll* und den Import der Namensräume `System`, `System.Drawing` und `System.Drawing.Imaging` erfordert, definiert jedes zweite Pixel jeder Zeile dunkelblau und erzielt damit einen Streifen-Effekt. Das Beispiel basiert auf einem Windows-Formular mit einer `PictureBox` mit Namen *pictureBox*.

```
// Bitmap referenzieren
Bitmap bitmap = (Bitmap)this.pictureBox.Image;

// Die einzelnen Pixel durchgehen und neu berechnen
Color newPixelColor = Color.FromArgb(0, 0, 50);
for (int x = 0; x < bitmap.Width; x++)
{
   for (int y = 0; y < bitmap.Height; y++)
   {
      if ((x % 2) == 0)
      {
         bitmap.SetPixel(x, y, newPixelColor);
      }
   }
}

// Bild der PictureBox wieder zuweisen
this.pictureBox.Image = bitmap;
```

Listing 577: Direktes Bearbeiten der einzelnen Pixel eines Bilds

Die Verwendung der `SetPixel`-Methode besitzt einen enormen Nachteil: Sie ist sehr langsam, weil bei jedem Aufruf dieser (und auch der `GetPixel`-)Methode vor dem Schreiben die Daten des `Bitmap`-Objekts gesperrt und nach dem Schreiben wieder freigegeben werden. Das Sperren der Daten sorgt dafür, dass die CLR die Bitmap-Daten nicht im Speicher verschieben kann, was sie ansonsten unter Umständen aus Optimierungsgründen machen würde. Das Sperren und Entsperren benötigt einiges an Zeit, weswegen das Schreiben und das Lesen sehr langsam ausgeführt werden.

Eine bessere, weil wesentlich schnellere Lösung ist der direkte Zugriff auf die Bitmap-Daten über einen Zeiger. In diesem Fall müssen Sie die Daten selbst sperren und nach dem Schreiben oder Lesen wieder entsperren, was aber über die `LockBits`- und die `UnlockBits`-Methode eines `Bitmap`-Objekts auf eine einfache Weise möglich ist.

Das folgende Beispiel führt zu demselben Effekt wie das Beispiel mit `SetPixel`, wird aber wesentlich schneller ausgeführt. Das Beispiel erfordert den Import der Namensräume `System`, `System.Drawing` und dass die Einstellung Unsicheren Code zulassen in den Projekteigenschaften eingeschaltet ist.

Abbildung 191: Beispiel-Programm nach dem Verändern des Bilds

Zunächst benötigen Sie eine Struktur, in der die Pixeldaten abgelegt werden:

```
private struct PixelData
{
   public byte Blue;
   public byte Green;
   public byte Red;
}
```

Listing 578: Struktur zur Verwaltung von Pixeldaten

Dann referenzieren Sie das Bitmap (in meinem Beispiel, indem dieses aus der Picture-Box eines Formulars ausgelesen wird) und sperren dieses über die LockBits-Methode. Dieser Methode müssen Sie am ersten Argument ein Rectangle-Objekt übergeben, das den zu sperrenden Bereich definiert. Da Sie wohl immer das gesamte Bitmap sperren wollen, übergeben Sie hier ein Rechteck, das das gesamte Bild umfasst. Daneben müssen Sie am zweiten Argument den Sperrmodus mit einem Wert der ImageLockMode-Aufzählung definieren. Ich übergebe hier ImageLockMode.ReadWrite, da die einzelnen Pixel sowohl gelesen als auch geschrieben werden sollen. Am letzten Format übergeben Sie noch das Pixel-Format. Ehrlich gesagt habe ich den (undokumentierten) Sinn dieses Arguments nicht verstanden, da LockBits eine Exception wirft, wenn Sie ein Format übergeben, das nicht zum tatsächlichen Format des Bilds passt. Deshalb übergebe ich einfach das Format, das ich aus der PixelFormat-Eigenschaft des Bitmap-Objekts auslese. Das zurückgegebene BitmapData-Objekt benötigen Sie beim Lesen und Schreiben der Daten und für das spätere Entsperren, weswegen Sie dieses in einer Variablen referenzieren müssen. Der Aufruf der LockBits-Methode sollte in einem try-Block erfolgen,

>> Bildbearbeitung

damit weiter unten im `finally`-Block sichergestellt werden kann, dass `UnlockBits` auch beim Eintritt einer Exception aufgerufen wird.

```csharp
// Bitmap referenzieren
Bitmap bitmap = (Bitmap)this.pictureBox.Image;

// Den Speicher des Bitmaps sperren, damit die CLR diesen nicht
// an einen anderen Platz verlegen kann
BitmapData bitmapData = null;
try
{
   bitmapData = bitmap.LockBits(
      new Rectangle(0, 0, bitmap.Width, bitmap.Height),
      ImageLockMode.ReadWrite, bitmap.PixelFormat);
```

Listing 579: Referenzieren und Sperren des zu verändernden Bitmap

Dann beginnt das Lesen und Schreiben der Bitmap-Daten. Da Sie mit Zeigern arbeiten, muss das Ganze in einem `unsafe`-Block erfolgen. An dieser Stelle verlassen Sie die Sicherheit der CLR und können »wild« im Speicher lesen und schreiben. Um Programmabstürze zu vermeiden sollten Sie hier also sehr vorsichtig programmieren.

Zunächst benötigen Sie einen Zeiger auf die Start-Adresse der Bitmap-Daten. Dazu rufen Sie die `ToPointer`-Methode des `IntPtr`-Objekts auf, das die Eigenschaft `Scan0` verwaltet, und konvertieren dieses in einen Byte-Zeiger.

```csharp
   unsafe
   {
      Byte* pBase = (Byte*)bitmapData.Scan0.ToPointer();
```

Listing 580: Auslesen der Start-Adresse der Bitmap-Daten

Für die Ermittlung der einzelnen Pixel-Daten benötigen Sie die Breite des Bilds in Byte, die sich einfach aus der Pixel-Breite des Bilds multipliziert mit der Größe der `PixelData`-Struktur (drei Byte) berechnet. Dann können Sie die Pixel lesen. Dazu berechnen Sie die Adresse des Pixels, indem Sie die Y-Position mit der Byte-Breite multiplizieren, das Ergebnis der Multiplikation von X mit der Größe der `PixelData`-Struktur addieren und das Ganze schließlich der Start-Adresse hinzuaddieren. Auf diese Weise erhalten Sie die Adresse des jeweiligen Pixels, die Sie noch in einen Zeiger auf `PixelData` konvertieren müssen. Über die Felder `Red`, `Green` und `Blue`, die Sie, da Sie mit einem Zeiger arbeiten, über den Zeiger-Operator (`->`) ansprechen müssen, können Sie den Rot-, Grün-, und Blauwert des Pixels lesen und schreiben:

Die einzelnen Pixel eines Bilds bearbeiten

```
        // Breite des Bilds in Byte berechnen
        int byteWidth = bitmap.Width * sizeof(PixelData);

        // Die einzelnen Pixel durchgehen
        for (int x = 0; x < bitmap.Width; x++)
        {
            for (int y = 0; y < bitmap.Height; y++)
            {
                if ((x % 2) == 0)
                {
                    // Pixel lesen
                    PixelData* pixelData =
                        (PixelData*)(pBase + (y * byteWidth) +
                        (x * sizeof(PixelData)));

                    // Und farblich anpassen
                    pixelData->Red = 0;
                    pixelData->Green = 0;
                    pixelData->Blue = 50;
                }
            }
        }
    }
```

Listing 581: Lesen und Schreiben von einzelnen Pixeln über einen Zeiger

Schließlich müssen Sie das Bild wieder freigeben:

```
    finally
    {
        // Bits wieder freigeben
        if (bitmapData != null)
        {
            bitmap.UnlockBits(bitmapData);
        }
    }

    // Bild der PictureBox wieder zuweisen
    this.pictureBox.Image = bitmap;
```

Listing 582: Freigabe der gesperrten Bitmap-Daten und Schreiben des veränderten Bilds in die PictureBox

>> Bildbearbeitung

286 Farb-Bilder in Graustufen-Bilder umwandeln

Für die Umwandlung von Bildern in Graustufen-Bitmaps bietet das .NET Framework keinen direkten Support. Sie können die Umwandlung aber relativ einfach selbst programmieren.

Die Grundidee einer einfachen Umwandlung in ein Graustufen-Bild ist, einfach den Mittelwert der RGB-Werte jedes Pixels des Bilds zu berechnen und als Rot-, Grün- und Blauanteil zur Ermittlung eines neuen RGB-Werts zu verwenden. Eine bessere Methode, die unter dem Begriff *Luminanz* bekannt ist, nutzt die Tatsache, dass das menschliche Auge für die einzelnen Grundfarben unterschiedlich empfindlich ist. Diese Methode ermittelt den RGB-Grauwert über die folgende Formel:

$Y = 0{,}3 * Rot + 0{,}59 * Grün + 0{,}11 * Blau;$

Das entstehende Graustufenbild entspricht im Kontrast wesentlich mehr dem Originalbild als bei der einfachen Mittelwert-Berechnung.

Um die Farben der einzelnen Pixel neu zu berechnen, können Sie jedes einzelne Pixel auslesen, neu berechnen und wieder zurückschreiben, wie ich es im Rezept 285 beschreibe. Diese Methode, die auch als Lösung im Internet gehandelt wird, ist jedoch recht langsam (auf jeden Fall, wenn Sie dazu reine .NET-Features verwenden). Vergleichen Sie dazu den Artikel »Unsafe image processing« von Eric Gunnerson an der Adresse *msdn.microsoft.com/library/en-us/dncscol/html/csharp11152001.asp*. Eric Gunnerson löst das Geschwindigkeitsproblem hier übrigens über einen guten alten Zeiger.

Sie können das Problem aber auch mit .NET-Mitteln lösen ohne die einzelnen Pixel selbst zu transformieren. Die dazu verwendete Technik beschreibt das Rezept 283.

Die Methode `CreateGrayscaledBitmap` in Listing 583 nutzt diese Technik. Sie erzeugt zunächst ein neues `Bitmap`-Objekt mit den Ausmaßen des übergebenen Bilds und initialisiert ein neues `ColorMatrix`-Objekt mit der Matrix für eine Graustufenumwandlung nach der Luminaz-Methode. Dieses Objekt übergibt `CreateGrayscaledBitmap` dann an ein neues `ImageAttributes`-Objekt. Das übergebene Bild wird schließlich über ein `Graphics`-Objekt in das erzeugte Bitmap geschrieben, wobei am letzten Argument das `ImageAttributes`-Objekt übergeben wird. Beim Übertragen der Pixel wird damit automatisch die im `ColorMatrix`-Objekt definierte Transformation angewendet.

Zum Kompilieren der `CreateGrayscaledBitmap`-Methode müssen Sie die Assembly *System.Drawing.dll* referenzieren und die Namensräume `System`, `System.Drawing` und `System.Drawing.Imaging` importieren.

```
public static Bitmap CreateGrayscaledBitmap(Image image)
{
   // Neues Bitmap-Objekt mit den Ausmaßen der Quelle erzeugen
   Bitmap bitmap = new Bitmap(image.Width, image.Height);
```

Listing 583: Einfache Erstellung eines Graustufen-Bitmaps

872 >> Farb-Bilder in Graustufen-Bilder umwandeln

```
    // ColorMatrix für die Transformation der Farben erzeugen
    ColorMatrix colorMatrix = new ColorMatrix(new float[][] {
        new float[] {0.3F, 0.3F, 0.3F, 0, 0},
        new float[] {0.59F, 0.59F, 0.59F, 0, 0},
        new float[] {0.11F, 0.11F, 0.11F, 0, 0},
        new float[] {0, 0, 0, 1, 0},
        new float[] {0, 0, 0, 0, 1}
        });

    // Grafik auf dem Bitmap-Objekt ausgeben und dabei ein neues
    // ImageAttributes-Objekt mit der ColorMatrix übergeben
    ImageAttributes imageAttributes = new ImageAttributes();
    imageAttributes.SetColorMatrix(colorMatrix);
    using (Graphics g = Graphics.FromImage(bitmap))
    {
        g.DrawImage(image, new Rectangle(0, 0, image.Width, image.Height),
            0, 0, image.Width, image.Height, GraphicsUnit.Pixel,
            imageAttributes);
    }

    return bitmap;
}
```

Listing 583: Einfache Erstellung eines Graustufen-Bitmaps (Forts.)

Auf die Abbildung eines Programms, das ein Farb-Bild über `CreateGrayscaledBitmap` in ein Graustufen-Bild umwandelt, verzichte ich an dieser Stelle. Sie würden im Buch wohl keinen Unterschied erkennen ☺.

Zeichnen mit GDI+

287 GDI-Probleme vermeiden

In manchen Anwendungen, die einen intensiven Gebrauch von GDI machen, treten beim Zeichnen der Oberfläche eigenartige Probleme auf. Teilweise werden Teile der Oberfläche nicht mehr gezeichnet, teilweise werden Teile der Oberfläche mit eigenartigen Mustern überzeichnet. Diese Probleme nachzuvollziehen ist sehr schwierig, da sie fast ausschließlich in komplexeren Anwendungen auftreten, die viele selbst gezeichnete Steuerelemente einsetzen.

In einer Anwendung, an deren Entwicklung ich beteiligt bin und die fast ausschließlich selbst gezeichnete Steuerelemente einsetzt, trat dieses Problem zum Beispiel auf, nachdem der Benutzer einen Splitter mehrfach verschoben hatte, was jeweils zum Neuzeichnen der auf dem Formular angelegten Steuerelemente führte.

Die Ursache des Problems ist wahrscheinlich, dass bei der Programmierung solcher Anwendungen vergessen wurde, die Dispose-Methode der verwendeten GDI-Objekte aufzurufen. Dispose gibt die von diesen Objekten verwendeten externen (GDI-)Ressourcen frei. Normalerweise sollte Dispose vom Destruktor der Objekte aufgerufen werden, und dieser vom Garbage Collector. Vermutlich zerstört der Garbage Collector diese meist sehr kleinen Objekte aber nicht immer, da es für den Speicher keinen großen Vorteil bringen würde. Dummerweise sind GDI-Ressourcen aber im System begrenzt. Wenn ein Programm die Ressourcen ausgeschöpft hat, können keine neuen reserviert werden, und schon sind die Probleme da.

Die einzige Lösung dieses Problems ist, entweder nach der Verwendung von GDI-Objekten deren Dispose-Methode aufzurufen, oder diese in einem using-Block zu verwenden (was die Programmierung in der Regel erheblich vereinfacht):

```
using (Brush brush = new SolidBrush(Color.Red))
{
   using (Pen pen = new Pen(Color.Black))
   {
      g.FillRectangle(brush, 10, 10, 100, 100);
      g.DrawRectangle(pen, 10, 10, 100, 100);
   }
}
```

Listing 584: Ressourcen schonendes Zeichnen in using-Blöcken

Für Objekte, die in einer using-Anweisung erzeugt werden, sorgt der Compiler automatisch dafür, dass nach deren Verwendung die Dispose-Methode aufgerufen wird.

```
using (Brush brush = new SolidBrush(Color.Red))
{
   // Zeichnen
}
```

entspricht:

```
Brush brush = null;
try
{
   brush = new SolidBrush(Color.Red);

   // Zeichnen
}
finally
{
   if (brush != null)
   {
      brush.Dispose();
   }
}
```

und ist deshalb wesentlich einfacher anzuwenden.

Diese Regel gilt für alle Objekte, die Sie beim Zeichnen verwenden und selbst erzeugen, also z.B. für Instanzen der Klassen `Brush`, `Pen` und `Font`.

> **Achtung**
>
> Die Regel gilt allerdings nicht für die Klassen `Brushes` und `Pens`, deren statische Eigenschaften Default-`Brush`- bzw. `Pen`-Objekte zurückgeben (wie z.B. `Brushes.Red`, die einen roten `SolidBrush` zurückgibt). Diese Eigenschaften sind so implementiert, dass sie nur beim ersten Zugriff ein neues Objekt erzeugen und eine Referenz darauf zurückgeben. Dieses Objekt wird in einen Thread-internen Cache geschrieben und beim nächsten Zugriff daraus gelesen. Würden Sie diese Objekte in einer `using`-Anweisung verwenden oder die `Dispose`-Methode explizit aufrufen, würde dies beim nächsten Versuch, mit einem solchen Objekt zu zeichnen, in einer `ArgumentException` mit der (wenig aussagekräftigen) Meldung »Ungültiger Parameter« resultieren.

288 Einstellen der Grafik-Qualität

Beim Zeichnen können Sie die Qualität der erzeugten Grafik über verschiedene Eigenschaften des verwendeten `Graphics`-Objekts beeinflussen:

- `SmoothingMode`: Über diese Eigenschaft, die einen Wert der `SmoothingMode`-Aufzählung verwaltet, bestimmen Sie das Anti-Aliasing (Kantenglättung) beim Zeichnen von Linien und Kurven. Mit dem Default-Wert `SmoothingMode.Default` werden Kanten nicht geglättet, was dazu führt, dass schräge Linien und Kurven treppenförmig gezeichnet werden. Anti-Aliasing führt dazu, dass die Bereiche rechts und links neben den »Treppen« leicht schattiert oder mit einer schwächeren (leicht transparenten) Farbe aufgefüllt werden. Damit wirken Linien auf den Betrachter glatter bzw. weicher. Über die Konstanten `HighQuality` und `AntiAlias` erreichen Sie die beste Qualität. Daneben können Sie die Konstanten `HighSpeed` (schnelles Zeichnen, aber schlechte Qualität), `None` (keine Kantenglättung) und `Default` (wie `HighSpeed`) verwenden. Etwas verwirrend ist, dass einige der (sehr schlecht dokumentierten) Konstanten zu demselben Ergebnis führen. Nach meinen Versuchen ergeben `HighQuality` und `AntiAlias` eine identisch gute und `Default`, `None` und `HighSpeed` eine identisch schlechte Qualität. Die `Default`-Einstellung ist wahrscheinlich abhängig von einer systemweiten Einstellung, was aber leider nicht dokumentiert ist.

▶ `PixelOffsetMode`: Diese ebenfalls leider nur sehr schlecht dokumentierte Eigenschaft spezifiziert eine Anti-Aliasing-Erweiterung. Ein Pixeloffset versucht, die Schatten, die das Anti-Aliasing erzeugt, ein wenig weicher zu gestalten. Dabei werden die einzelnen Pixel ein wenig verschoben. Die möglichen Werte der `PixelOffsetMode`-Aufzählung sind wieder etwas verwirrend: Mit `HighQuality` erreichen Sie die beste Qualität, aber auch die schlechteste Geschwindigkeit. `Half` versetzt die Pixel lediglich um eine halbe Einheit und führt zu einem etwas schnelleren Anti-Aliasing als mit `HighQuality`. `HighSpeed`, `None` und `Default` scheinen identische Ergebnisse (keinen Pixeloffset) zu erzielen.

▶ `InterpolationMode`: Diese Eigenschaft bestimmt die Interpolation, die angewendet wird, wenn Bilder beim Zeichnen vergrößert oder verkleinert werden. Sie hat keinen Einfluss auf das Zeichnen von grafischen Objekten wie Linien, Rechtecke und Kreise. Über die Konstanten `High` und `HighQualityBicubic` erreichen Sie (laut der Hilfe in Photoshop) die beste Qualität. Die bikubische Interpolation ist die langsamste, aber genaueste Methode, über die die gleichmäßigsten Tonabstufungen erzeugt werden. `HighQualityBilinear` führt zu einer etwas verminderten, aber dennoch sehr guten Qualität. Für andere, leider nicht näher dokumentierte Qualitätsstufen stehen Ihnen zudem die Konstanten `Bicubic`, `Bilinear`, `NearestNeighbor`, `Default` und `Low` zur Verfügung. Ob eine hohe Interpolations-Qualität zu einem besseren Ergebnis führt als eine niedrige hängt im Wesentlichen von dem Bild ab, das skaliert werden soll. Bei einigen Bildern ist der optische Eindruck einer qualitativ schlechten Interpolation besser als der einer qualitativ hohen.

▶ `CompositingMode`: Diese Eigenschaft bestimmt, wie Farben beim Zeichnen mit den Farben des Hintergrundes vermischt werden. Die Defaulteinstellung `SourceOver` legt fest, dass die Farbe eines gezeichneten Objekts mit der Hintergrundfarbe vermischt wird, wobei die Mischung von der Transparenz (also dem Alpha-Wert) der Farbe abhängt. `SourceCopy` legt fest, dass die Farbe die Hintergrundfarbe überschreibt, Transparenz also nicht angewendet wird. Wenn Sie die `CompositingMode`-Eigenschaft auf `CompositingMode.SourceCopy` einstellen, hat dies auch Auswirkungen auf das Anti-Aliasing, das mit Transparenz arbeitet: Die eigentlich geglätteten Kanten sehen dann sehr unschön aus, weil alle Schattierungen durch die solide Farbe des gezeichneten Randes ersetzt werden.

▶ CompositingQuality: Diese Eigenschaft bestimmt die Qualität bei der Kombination von Pixeln beim Zeichnen. Soweit ich weiß, werden Pixel lediglich dann miteinander kombiniert, wenn mehr oder weniger transparent gezeichnet wird. Über CompositingQuality können Sie also die Qualität der Transparenz beeinflussen. Bei einer hohen Qualität ist der Kontrast der transparent gezeichneten Objekte wesentlich höher als bei einer niedrigen Qualität. Natürlich reduziert eine hohe Qualität die Ausführungsgeschwindigkeit. Die CompositingQuality-Auflistung besitzt die folgenden (sehr schlecht dokumentierten) Konstanten: AssumeLinear (gute Qualität über lineare Werte), Default (Standard-Qualität), GammaCorrected (gute Qualität über eine Gamma-Korrektur), HighQuality (hohe Qualität) und HighSpeed (niedrige Qualität, nach meinen Erkenntnissen identisch mit Default). Leider beeinflusst diese Eigenschaft auch das normale Zeichnen (in der Regel negativ), wenn Anti-Aliasing angewendet wird.

Einige der hier aufgezählten Enumerationen besitzen noch die weitere Konstante Invalid, die einen ungültigen Modus bezeichnet. Diese Konstante können Sie aber nicht zur Einstellung der Qualität verwenden.

Das folgende Beispiel definiert das bestmögliche Anti-Aliasing für das Zeichnen von grafischen Objekten:

```
Graphics g = e.Graphics;
g.SmoothingMode = SmoothingMode.HighQuality;
g.PixelOffsetMode = PixelOffsetMode.HighQuality;
```

Abbildung 192 zeigt jeweils zwei Objekte, die links mit der Default- und rechts mit der optimalen Anti-Aliasing-Qualität gezeichnet wurden.

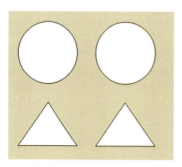

Abbildung 192: Gezeichnete Objekte ohne und mit optimalem Anti-Aliasing

Im nächsten Beispiel wird die Interpolation für das skalierte Zeichnen von Bildern auf eine hohe Qualität eingestellt:

```
Graphics g = e.Graphics;
g.InterpolationMode = InterpolationMode.High;
```

Das letzte Beispiel stellt die CompositingQuality so ein, dass transparent gezeichnete Objekte mit einem optimalen Kontrast ausgegeben werden:

```
g.CompositingQuality = CompositingQuality.HighQuality;
```

>> Zeichnen mit GDI+

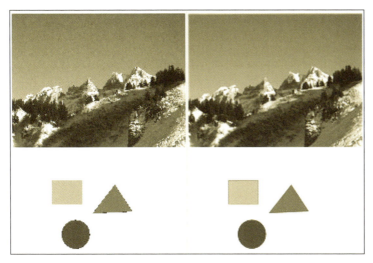

Abbildung 193: Skalierte Bilder (das untere ist ein über Paint erzeugtes Bitmap) ohne und mit Interpolation (InterpolationMode.High)

Eine Abbildung spare ich an dieser Stelle ein, da es sehr schwierig ist beim transparenten Zeichnen Qualitätsunterschiede zu erkennen.

> **Hinweis**
>
> In dem Beispiel zu diesem Rezept können Sie die verschiedenen Einstellungen sehr gut ausprobieren, da diese über einzelne ComboBoxen einstellbar sind.

289 Rechtecke mit abgerundeten Ecken zeichnen

GDI+ besitzt zwar eine Menge an Möglichkeiten, aber das Zeichnen von Rechtecken mit abgerundeten Ecken gehört nicht (wenigstens nicht direkt) dazu. Meine Lösung für dieses Problem ist die Verwendung eines GraphicsPath-Objekts. Ein solches verwaltet einen grafischen Pfad, der in der Regel den Umriss einer Figur darstellt. Über verschiedene Methoden können Sie den Pfad definieren. Die Methode AddLine fügt dem Pfad z.B. eine Linie hinzu, AddArc fügt einen Ellipsen-Ausschnitt hinzu, AddRectangle ein Rechteck, AddEllipse eine Ellipse oder einen Kreis etc. Diese Methoden sind funktional identisch zu den entsprechenden *Draw*-Methoden der Graphics-Klasse, was deren Anwendung erheblich vereinfacht. So können Sie mit ein wenig Arbeit auch die komplexesten Formen realisieren.

Mit diesem Wissen ist es nicht besonders schwierig, einen Pfad zu erzeugen, der ein Rechteck mit abgerundeten Ecken darstellt. Dazu müssen Sie lediglich über die AddLine-Methode die Rand-Linien hinzufügen und über die AddArc-Methode Viertelkreise, die die Linien miteinander verbinden. Dazu ist natürlich ein wenig Rechenarbeit notwendig, aber das habe ich für Sie ja bereits übernommen ☺.

Rechtecke mit abgerundeten Ecken zeichnen

Ist der Pfad fertig definiert, schließen Sie die Figur über die `CloseFigure`-Methode ab, womit die einzelnen Linien und Viertelkreise miteinander verbunden werden. Schließlich können Sie den Pfad über die `FillPath`-Methode eines `Graphics`-Objekts mit einem `Brush` füllen und/oder über die `DrawPath`-Methode den Rand zeichnen.

Die Methode `DrawRoundedRectangle` in Listing 585 nimmt Ihnen diese Arbeit ab. Diese Methode erwartet in den Argumenten das `Graphics`-Objekt, auf dem gezeichnet werden soll, die Position und die Ausmaße des zu zeichnenden Rechtecks, den Radius der abgerundeten Ecke, einen `Brush`, der zum Füllen verwendet wird, und einen `Pen`, über den der Rahmen des Rechtecks gezeichnet wird. Für den `Brush` und den `Pen` können Sie auch `null` übergeben, wenn Sie nicht wollen, dass das Rechteck gefüllt bzw. dass der Rand gezeichnet wird.

```
public static void DrawRoundedRectangle(Graphics g,
    int x, int y, int width, int height,
    int cornerRadius, Brush fillBrush, Pen linePen)
{
    // Neuen GraphicsPath erzeugen ...
    GraphicsPath gp = new GraphicsPath();

    // ... und die Linien der Figur hinzufügen
    // Oben
    gp.AddLine(x + cornerRadius, y, x + width - cornerRadius, y);
    // Ecke rechts oben
    gp.AddArc(x + width - cornerRadius, y, cornerRadius,
        cornerRadius, 270, 90);
    // Rechts
    gp.AddLine(x + width, y + cornerRadius, x + width,
        y + height - cornerRadius);
    // Ecke rechts unten
    gp.AddArc(x + width - cornerRadius, y + height - cornerRadius,
        cornerRadius, cornerRadius, 0, 90);
    // Unten
    gp.AddLine(x + width - cornerRadius, y + height,
        x + cornerRadius, y + height);
    // Ecke links unten
    gp.AddArc(x, y + height - cornerRadius, cornerRadius,
        cornerRadius, 90, 90);
    // Links
    gp.AddLine(x, y + height - cornerRadius, x, y + cornerRadius);
    // Ecke links oben
    gp.AddArc(x, y, cornerRadius, cornerRadius, 180, 90);

    // Die Figur abschließen
    gp.CloseFigure();
```

Listing 585: Methode zum Zeichnen eines Rechtecks mit abgerundeten Ecken

```
    // Den Pfad mit dem übergebenen Pinsel füllen
    if (fillBrush != null)
    {
       g.FillPath(fillBrush, gp);
    }

    // Die Linien des Pfades zeichnen
    if (linePen != null)
    {
       g.DrawPath(linePen, gp);
    }
 }
```

Listing 585: Methode zum Zeichnen eines Rechtecks mit abgerundeten Ecken (Forts.)

Die Methode setzt bewusst nicht die Grafik-Qualität (siehe Rezept 288), damit Sie vor dem Aufruf dieser Methode selbst entscheiden können, wie Sie die Qualität einstellen wollen.

Abbildung 194: Eine Beispiel-Anwendungen Rechteck mit abgerundeten Ecken gezeichnet

290 Einfache Pfeile zeichnen

Einfache Pfeile können Sie über die `DrawLine`-Methode eines `Graphics`-Objekts zeichnen. Dazu erzeugen Sie einen `Pen` mit der gewünschten Breite des Pfeils und setzen die Eigenschaften `StartCap` und `EndCap` auf die gewünschten Werte für die Enden der Linie. Die Aufzählung `System.Drawing.Drawing2D.LineCap`, deren Werte Sie in diese Eigenschaften schreiben können, bietet dazu die in Tabelle 31 dargestellten Möglichkeiten.

Konstante	Bedeutung
ArrowAnchor	Pfeilspitze
Custom	Benutzerdefiniertes Linienende. Die dazu verwendeten Grafiken werden über die Eigenschaften `CustomStartCap` und `CustomEndCap` definiert.
DiamondAnchor	Diamantförmiges Linienende

Tabelle 31: Die Werte der LineCap-Aufzählung

Einfache Pfeile zeichnen

Konstante	Bedeutung
Flat NoAnchor Square	Flaches (normales) Linienende
Round	Abgerundetes Linienende
RoundAnchor	Kreisförmiges Linienende
SquareAnchor	Quadratisches Linienende
Triangle	Dreieckiges Linienende (spitzes Ende)

Tabelle 31: Die Werte der LineCap-Aufzählung (Forts.)

Das folgende Beispiel zeichnet im `Paint`-Ereignis eines Steuerelements oder eines Formulars einen Pfeil mit einer quadratischen Kappe am Anfang und einer Pfeilspitze am Ende:

```
Graphics g = e.Graphics;

// Grafik-Qualität einstellen
g.SmoothingMode = SmoothingMode.HighQuality;

// Pen für den Pfeil erzeugen
using (Pen arrowPen = new Pen(Color.Red, 8))
{
    // Start- und End-Kappe festlegen
    arrowPen.StartCap = LineCap.SquareAnchor;
    arrowPen.EndCap = LineCap.ArrowAnchor;

    // Pfeil zeichnen
    g.DrawLine(arrowPen, new Point(50, 10), new Point(100, 100));
}
```

Listing 586: Zeichnen eines einfachen Pfeils

Über die Klasse `AdjustableArrowCap` können Sie eine Pfeilspitze mit definierten Maßen zeichnen. Dazu setzen Sie die `EndCap`-Eigenschaft des `Pen`-Objekts auf `Line-Cap.Custom` und schreiben eine neue Instanz der `AdjustableArrowCap`-Klasse in die Eigenschaft `CustomEndCap`. Dem Konstruktor dieser Klasse übergeben Sie die Breite und die Höhe der Pfeilspitze:

```
using (Pen arrowPen = new Pen(Color.Navy, 4))
{
    // Start- und End-Kappe festlegen
    arrowPen.StartCap = LineCap.Round;
```

Listing 587: Zeichnen eines Pfeils mit definierter Spitze

```
    arrowPen.EndCap = LineCap.Custom;
    int arrowWidth = 8;
    int arrowHeight = 10;
    arrowPen.CustomEndCap = new AdjustableArrowCap(arrowWidth, arrowHeight);

    // Pfeil zeichnen
    g.DrawLine(arrowPen, new Point(100, 10), new Point(150, 100));
}
```

Listing 587: Zeichnen eines Pfeils mit definierter Spitze (Forts.)

Beim Zeichnen werden die Start- und die End-Kappe natürlich automatisch korrekt mit gedreht, wenn die Linie schräg gezeichnet wird (Abbildung 195).

Abbildung 195: Das Beispielprogramm zum Zeichnen einfacher Pfeile

291 Transparente Bilder und Grafiken erzeugen

Die Transparenz von Grafiken, die Sie ausgeben, können Sie bestimmen, indem Sie den Alphawert der Zeichenfarbe angeben. Mit einem Alphawert von 255 werden Farben undurchsichtig ausgegeben, ein Alphawert von 0 steht für eine vollständige Transparenz. Eine Farbe mit einem definierten Alphawert können Sie über die From-Argb-Methode der Color-Struktur erzeugen, indem Sie in der Variante mit vier Argumenten am ersten Argument den Alphawert übergeben. Listing 588 zeigt dies am Beispiel eines Formulars, in dessen Paint-Ereignis zunächst ein halb-transparentes Rechteck und ein halb-transparenter Text gezeichnet werden.

Zum transparenten Zeichnen von Bildern können Sie die MakeTransparent-Methode eines Bitmap-Objekts, ein ColorMap-Array und/oder ein ColorMatrix-Objekt (aus dem Namensraum System.Drawing.Imaging) verwenden (siehe Rezept 283). Die MakeTransparent-Methode erläutere ich hier nicht weiter. Dieser Methode übergeben Sie einfach die Farbe, die in Transparenz umgewandelt werden soll.

Über ein ColorMap-Array können Sie einzelne Farben in Farben mit einem niedrigen Alphawert umdefinieren. Damit besitzen Sie mehr Flexibilität, weil Sie über den Alphawert der neuen Farbe den Grad der Transparenz bestimmen können. Ein ColorMatrix-Objekt ermöglicht die Verminderung des Alphawerts für das gesamte Bild.

In Listing 588 wird auf diese Weise ein Bitmap, das in der Ressource der Anwendungs-Assembly gespeichert ist, ausgegeben. Der schwarze Hintergrund des Bitmaps wird über ein `ColorMap`-Objekt in einen durchsichtigen Hintergrund umgewandelt. Ein `ColorMatrix`-Objekt übernimmt die Transformation des Alphawerts der einzelnen Pixel, so dass dieser nur noch 60 Prozent des originalen Werts beträgt.

Neben den für Windows.Forms-Anwendungen üblichen Referenzen und Importen müssen Sie zum Kompilieren dieses Programms die Assembly *System.Drawing.dll* referenzieren und die Namensräume `System`, `System.Drawing`, `System.Drawing.Imaging` und `System.Reflection` importieren. Außerdem muss ein Bild mit Namen *Hitchhiker.gif* im Anwendungsordner gespeichert sein.

```
private void StartForm_Paint(object sender,
    System.Windows.Forms.PaintEventArgs e)
{
    Graphics g = e.Graphics;

    // Halb-transparentes Rechteck mit Text zeichnen
    Color color = Color.FromArgb(80, 0, 0, 30);
    g.FillRectangle(new SolidBrush(color), 20, 60,
        this.ClientRectangle.Width - 40, 60);
    Font font = new Font("Tahoma", 28, FontStyle.Bold);
    SizeF textSize = g.MeasureString("Hitchhiker", font);
    int x = (int)((this.ClientRectangle.Width - textSize.Width) / 2);
    g.DrawString("Hitchhiker", font, new SolidBrush(color), x, 65);

    // ColorMap für die Umwandlung aller schwarzen Pixel in
    // durchsichtige Pixel erzeugen
    ColorMap[] colorMap = new ColorMap[1];
    colorMap[0] = new ColorMap();
    colorMap[0].OldColor = Color.Black;
    colorMap[0].NewColor = Color.FromArgb(0, 0, 0, 0);

    // ColorMatrix für die Transformation des Alphawerts erzeugen
    ColorMatrix colorMatrix = new ColorMatrix(new float[][] {
        new float[] {1, 0, 0, 0, 0},
        new float[] {0, 1, 0, 0, 0},
        new float[] {0, 0, 1, 0, 0},
        new float[] {0, 0, 0, 0.6F, 0},
        new float[] {0, 0, 0, 0, 1}
    });

    // Neues ImageAttributes-Objekt erzeugen und das ColorMap- und
    // ColorMatrix-Objekt übergeben
    ImageAttributes imageAttributes = new ImageAttributes();
    imageAttributes.SetRemapTable(colorMap);
    imageAttributes.SetColorMatrix(colorMatrix);
```

Listing 588: Transparentes Zeichnen von Grafiken und Bildern

```
    // Bitmap lesen und zeichnen
    string filename = Path.Combine(Application.StartupPath, "Hitchhiker.gif");
    Bitmap hitchhikerBitmap = new Bitmap(filename);
    Rectangle destRect = new Rectangle(
        (int)((this.ClientRectangle.Width - hitchhikerBitmap.Width) / 2),
        130, hitchhikerBitmap.Width, hitchhikerBitmap.Height);
    g.DrawImage(hitchhikerBitmap, destRect, 0, 0, hitchhikerBitmap.Width,
        hitchhikerBitmap.Height, GraphicsUnit.Pixel,
        imageAttributes);

    g.Dispose();
    hitchhikerBitmap.Dispose();
}
```

Listing 588: Transparentes Zeichnen von Grafiken und Bildern (Forts.)

Abbildung 196 zeigt das Ergebnis dieses Programms. Dem Formular wurde zuvor ein Hintergrundbild (der Mond) zugewiesen.

Abbildung 196: Transparentes Zeichnen eines Rechtecks, eines Textes und eines Bitmaps auf einem Formular mit Hintergrundbild

292 Bilder mit Schatten zeichnen

Das übliche Verfahren zum Zeichnen eines Bildes mit einem Schatten ist, dass unter dem Bild ein gefülltes Rechteck gezeichnet wird, das um einige Pixel nach rechts und unten verschoben ist. Wenn Sie für die Farbe des Rechtecks Schwarz mit einem Alphawert kleiner 255 verwenden, wird der Schatten leicht durchsichtig und damit sehr realistisch.

Die Methode `DrawBitmapWithShadow` in Listing 589 macht genau das. Das Rechteck unter dem Bild wird mit einem Alphawert von 160 gezeichnet, was eine leichte Durchsichtigkeit bewirkt. Damit die Schattengröße einstellbar ist, erwartet DrawBitmapWithShadow neben dem Graphics-Objekt, auf dem gezeichnet werden soll, dem Bild und der Ausgabeposition auch einen Wert für die Schattengröße.

Diese Methode benötigt eine Referenz auf die Assembly *System.Drawing.dll* und den Import der Namensräume System und System.Drawing.

```
public static void DrawBitmapWithShadow(Graphics g, Image image, int left,
   int top, int shadowSize)
{
   // Schatten zeichnen
   Color shadowColor = Color.FromArgb(160, 0, 0, 0);
   g.FillRectangle(new SolidBrush(shadowColor), left + shadowSize,
      top + shadowSize, image.Width, image.Height);

   // Bild zeichnen
   g.DrawImage(image, new Rectangle(left, top, image.Width, image.Height),
      0, 0, image.Width, image.Height, GraphicsUnit.Pixel);
}
```

Listing 589: Methode zum Zeichnen eines Bildes mit einem Schatten

Abbildung 197 zeigt eine Anwendung, die über diese Methode ein Bild auf einem Formular ausgegeben hat.

Abbildung 197: Zeichnen eines Bildes mit einem Schatten auf einem Formular

293 Schräg zeichnen und Zeichenobjekte rotieren

Wenn Sie auf einer Grafikoberfläche in einem bestimmten Winkel schräg zeichnen oder zu zeichnende Objekte um einen bestimmten Punkt rotiert zeichnen wollen, müssen Sie dazu eine Transformation der Zeichenmatrix des verwendeten Graphics-Objekts einstellen.

Eine Transformation bewirkt, dass die beim Zeichnen übergebenen Koordinaten vor den Ausgaben transformiert werden. Sie können eine Transformation in X/Y-Richtung, eine Transformation in einem Drehwinkel und eine Transformation in eine andere Skalierung erreichen. Wichtig dabei ist, dass die definierten Transformationen auf jede Zeichenoperation separat angewendet werden.

Das `Graphics`-Objekt verwaltet dazu eine Instanz der Klasse `Matrix`, die Sie über die Eigenschaft `Transform` erreichen. In diese Eigenschaft können Sie ein eigens erzeugtes und initialisiertes `Matrix`-Objekt schreiben um eine spezielle Transformation zu erreichen (der direkte Zugriff auf das `Matrix`-Objekt der `Graphics`-Instanz führt leider zu keinem Resultat). Die Methode `Translate` eines `Matrix`-Objekts bewirkt eine Verschiebung in X/Y-Richtung, über die Methoden `Rotate` und `RotateAt` können Sie eine Verdrehung erreichen. `Rotate` dreht dabei um die linke obere Ecke, bei `RotateAt` können Sie den Drehpunkt bestimmen.

An Stelle eines eigenen `Matrix`-Objekts können Sie aber auch Methoden des `Graphics`-Objekts direkt verwenden (allerdings etwas eingeschränkt). Die Methode `TranslateTransform` stellt eine Transformation der Zeichenmatrix in X/Y-Richtung (also eine Verschiebung des Ursprungs des Koodinatensystems) ein, `RotateTransform` initiiert eine Drehung um einen bestimmten Winkel mit dem Ursprung des Koodinatensystems als Mittelpunkt.

Wichtig bei der Transformation ist das zweite Argument (`order`) der verwendeten Methoden. Dieses Argument bestimmt, wann welche Transformation angewendet wird. Mit dem Wert `MatrixOrder.Prepend` wird die Transformation vor der vorherigen angewendet, mit dem Wert `MatrixOrder.Append` nach der vorherigen. Dieses Argument ist zur korrekten Anwendung der Transformation sehr wichtig, wenn Sie mehrfach zeichnen, z.B. ein Rechteck um definierte X/Y-Werte verschoben und mehrfach um jeweils 30 Grad weiterverdreht. Da jeder Aufruf einer Transformationsmethode die Transformation relativ zur aktuellen bewirkt, können Sie `Translate` bzw. `TranslateTransform` hier nur einmal aufrufen. Vor dem Zeichnen der Rechtecke rufen Sie dann `Rotate`, `RotateAt` bzw. `RotateTransform` auf um die Drehung um weitere 30 Grad fortzuführen. Dabei müssen Sie mit `MatrixOrder.Prepend` angeben, dass die vorherige Transformation (die Verschiebung) vor der Verdrehung angewendet wird, wenn der Mittelpunkt der einzelnen Drehungen derselbe sein soll.

Listing 590 zeigt das schräge Zeichnen eines Textes auf einer `PictureBox`. Dabei wird die Transformation über `TranslateTransform` zunächst so eingestellt, dass die Koordinaten um 30 Punkte in X- und Y-Richtung verschoben werden. Über `RotateTransform` wird eine Verschiebung um 30 Grad erreicht. Bei der nachfolgenden Ausgabe eines Textes wird diese Transformation angewendet. Das Beispiel setzt die Transformation über `ResetTransform` dann wieder zurück und zeichnet einen geraden Text.

Zum Kompilieren benötigen Sie ein Formular mit einer `PictureBox`, die üblichen Referenzen und Importe und den Import der Namensräume `System.Drawing` und `System.Drawing.Drawing2D`.

```
using (Graphics g = Graphics.FromHwnd(this.pictureBox.Handle))
{
    // Zeichenmatrix so verschieben, dass die nachfolgenden
    // Zeichnungen ab der Position 10, 10 um 30 Grad gedreht erscheinen
    g.TranslateTransform(30, 30, MatrixOrder.Prepend);
```

Listing 590: Schräges Zeichnen eines Textes

>> Schräg zeichnen und Zeichenobjekte rotieren

```
    g.RotateTransform(30, MatrixOrder.Prepend);

    // SmoothingMode auf HighQuality einstellen, damit die Linien sauber
    // gezeichnet werden
    g.SmoothingMode = SmoothingMode.HighQuality;
    g.InterpolationMode = InterpolationMode.HighQualityBicubic;
    g.PixelOffsetMode = PixelOffsetMode.HighQuality;

    // Text schräg ausgeben
    g.DrawString("Das ist ein gedrehter Text", new Font("Arial", 20),
        new SolidBrush(Color.Black), 0, 0);

    // Transformation wieder zurücksetzen
    g.ResetTransform();

    // Text gerade ausgeben
    g.DrawString("Das ist ein gerader Text", new Font("Arial", 20),
        new SolidBrush(Color.Black), 0, 0);
}
```

Listing 590: Schräges Zeichnen eines Textes (Forts.)

Abbildung 198: Schräges Zeichnen

> **Hinweis:** Das Drehen von Text ist leider gar nicht so einfach. In Rezept 295 finden Sie eine Lösung für das in 90-Grad-Schritten gedrehte Zeichen an einer definierten Position.

>> Zeichnen mit GDI+

Die Drehung über `RotateTransform` verwendet immer den linken oberen Eckpunkt der aktuellen Zeichenmatrix (die eventuell über vorherige Transformationen bereits transformiert wurde) als Drehpunkt. Über eine gezielte Verschiebung mit nachfolgender Drehung können Sie Ausgaben recht flexibel verdrehen. Für einige Aufgabenstellungen müssen Sie aber um einen anderen Mittelpunkt drehen. Dazu verwenden Sie dann ein `Matrix`-Objekt und dessen `RotateAt`-Methode, der Sie neben dem Winkel auch den Mittelpunkt der Drehung übergeben können.

Listing 591 zeigt, wie Sie dies ausführen. Das Programm zeichnet auf einer PictureBox ein Rechteck, das um 20 Grad verdreht und in der Mitte ausgegeben wird. Dazu wird zuerst ein `Matrix`-Objekt erzeugt und dessen `Translate`-Methode so aufgerufen, dass das Rechteck in der Mitte gezeichnet wird. Über `RotateAt` stellt das Beispiel eine Verdrehung der Zeichentransformation um 20 Grad ein, wobei der Mittelpunkt des Rechtecks als Drehpunkt angegeben wird. Die Matrix wird dann der `Transform`-Eigenschaft zugewiesen. Wie bereits gesagt sind die Erzeugung eines neuen `Matrix`-Objekts und die Zuweisung an `Transform` notwendig, weil die direkte Verwendung der `Transform`-Eigenschaft zu keiner Transformation führt.

Schließlich wird dann nur noch ein Rechteck ausgegeben.

```
using (Graphics g = Graphics.FromHwnd(this.pictureBox.Handle))
{
    // SmoothingMode auf HighQuality einstellen, damit die Linien sauber
    // gezeichnet werden
    g.SmoothingMode = SmoothingMode.HighQuality;

    // Matrix-Objekt für die eigene Transformation erstellen und
    // initialisieren (aus mir vollkommen unklaren Gründen funktioniert
    // die Transformation nicht direkt über g.Transform !?)
    using (Matrix matrix = new Matrix())
    {
        // Transformation so einstellen, dass die Matrix so verschoben
        // wird, dass die Zeichnung in der Mitte der PictureBox erscheint
        // und dass eine Drehung des Bildes um den Mittelpunkt
        // und um 20 Grad erfolgt
        const int rectangleSize = 150;
        matrix.Translate((int)((pictureBox.Width / 2) - (rectangleSize / 2)),
            (int)((pictureBox.Height / 2) - (rectangleSize / 2)),
            MatrixOrder.Prepend);
        matrix.RotateAt(20, new Point(rectangleSize / 2, rectangleSize / 2),
            MatrixOrder.Prepend);

        // Die neue Transformationsmatrix zuweisen
        g.Transform = matrix;

        // Zeichnen
```

Listing 591: Drehen um einen definierten Mittelpunkt

888 >> Rechteck-Drehpunkt ermitteln

```
        g.FillRectangle(new SolidBrush(Color.Blue), 0, 0, rectangleSize, 
            rectangleSize);
        g.DrawRectangle(new Pen(new SolidBrush(Color.Black), 1), 0, 0, 
            rectangleSize, rectangleSize);
    }
}
```

Listing 591: Drehen um einen definierten Mittelpunkt (Forts.)

Abbildung 199: Verdrehtes Zeichnen um einen definierten Mittelpunkt

294 Den Drehpunkt eines Rechtecks so ermitteln, dass die Ecke links oben an derselben Position bleibt

In einem meiner Projekte habe ich eine Komponente entwickelt, die ein Bild darstellt und das Zeichnen von einigen grafischen Objekten über dem Bild ermöglicht. Um ein Rückgängig-Machen zu erlauben, habe ich die zu zeichnenden Objekte in einer Auflistung verwaltet und im `Paint`-Ereignis der Komponente über das Bild gezeichnet. Das ist soweit nichts Besonderes und kommt wahrscheinlich in jedem Zeichenprogramm vor.

Problematisch wurde das Ganze aber, als ermöglicht werden sollte, dass das Bild um 90 Grad nach rechts oder links gedreht werden kann. Die gezeichneten Objekte mussten dann natürlich mitgedreht werden. Wie Sie in Rezept 293 erfahren haben, können Sie dazu ein `Matrix`-Objekt verwenden. Das (zugegebenermaßen aus meiner jetzigen Sicht eher triviale) Problem ist lediglich, den passenden Drehpunkt zu finden. Denn dieser muss genau die Position besitzen, die dazu führt, dass das Rechteck des Bildes so gedreht wird, dass die obere linke Ecke erhalten bleibt.

Abbildung 200 und Abbildung 201 zeigen, was ich meine. In diesem Programm wurde ein Bild geladen, im `Paint`-Ereignis gezeichnet und ein Dreieck darüber gezeichnet. In Abbildung 201 wurde das Bild um 90 Grad gedreht.

Abbildung 200: Bild mit darüber gezeichnetem Dreieck

Wie bereits gesagt: Die Lösung dieses Problems ist eher trivial (wenn man weiß, wie es geht ☺). Aber trotzdem haben alle Entwickler, mit denen ich darüber sprach, diese nicht sofort vor Augen gehabt. Dazu muss man wohl Mathematiker sein.

890 >> Rechteck-Drehpunkt ermitteln

Abbildung 201: Um 90 Grad gedrehtes Bild mit darüber gezeichnetem Dreieck

Um den Drehpunkt eines Rechtecks zu ermitteln, der dazu führt, dass die linke obere Ecke des Rechtecks erhalten bleibt, müssen Sie dieses lediglich in ein Quadrat umrechnen. Der Mittelpunkt dieses Quadrats ist dann der Drehpunkt.

Die folgende Methode, bei der das einzig Komplizierte der Name ist, macht im Prinzip genau das. Diese Methode berücksichtigt sogar, ob das Rechteck nach links oder nach rechts gedreht wird.

Zum Kompilieren müssen Sie den Namensraum `System.Drawing` einbinden.

```
public static PointF 
   GetCenterOfRotationForRotationWithRetentionOfUpperLeftAngle(
   Rectangle rectangle, bool rotateClockwise)
{
   // Rotier-Punkt berechnen
   int offset = 0;
   if (rotateClockwise)
   {
      offset = rectangle.Height / 2;
   }
   else
   {
      offset = rectangle.Width / 2;
   }

   // Ergebnis zurückgeben
   return new PointF(rectangle.X + offset, rectangle.Y + offset);
}
```

Listing 592: Methode zur Berechnung des Rotationspunkts eines Rechtecks für eine Rotation um 90 Grad unter Beibehaltung der linken oberen Ecke

Um das Ganze zu vervollständigen, folgt hier ein wenig der Quellcode aus der Beispiel-Anwendung. Im `Load`-Ereignis des Formulars wird das Bild eingelesen und das Dreieck initialisiert:

```
// Das Bild
private Bitmap bitmap;

// Punkte für ein Dreieck
private Point[] trianglePoints;

/* Erzeugt die Objekte, die gezeichnet werden sollen, und */
/* stellt die Zeichen-Qualität ein */
private void StartForm_Load(object sender, EventArgs e)
{
   // Das Bild einlesen
   string fileName = Path.Combine(Application.StartupPath, "Paris.jpg");
   this.bitmap = new Bitmap(fileName);

   // Punkte für das Dreieck erzeugen und initialisieren
   this.trianglePoints = new Point[3];
   this.trianglePoints[0].X = 110;
   this.trianglePoints[0].Y = 30;
```

Listing 593: Einlesen des Bildes und Initialisieren des Dreiecks im Load-Ereignis des Formulars

892 >> Rechteck-Drehpunkt ermitteln

```
        this.trianglePoints[1].X = 60;
        this.trianglePoints[1].Y = 80;
        this.trianglePoints[2].X = 160;
        this.trianglePoints[2].Y = 80;

        // Stil so einstellen, dass beim Zeichnen kein Flackern auftritt
        this.SetStyle(ControlStyles.OptimizedDoubleBuffer |
           ControlStyles.AllPaintingInWmPaint, true);
    }
```

Listing 593: Einlesen des Bildes und Initialisieren des Dreiecks im Load-Ereignis des Formulars (Forts.)

Im `Paint`-Ereignis werden das Bild und das Dreieck gezeichnet:

```
    private void StartForm_Paint(object sender,
       System.Windows.Forms.PaintEventArgs e)
    {
       // Zeichnen des Bildes
       e.Graphics.DrawImage(this.bitmap, 0, 0, this.bitmap.Width,
          this.bitmap.Height);

       // Zeichnen des Dreiecks
       e.Graphics.SmoothingMode =
          System.Drawing.Drawing2D.SmoothingMode.HighQuality;
       e.Graphics.FillPolygon(Brushes.Navy, this.trianglePoints);
       e.Graphics.DrawPolygon(Pens.Red, this.trianglePoints);
    }
```

Listing 594: Zeichnen des Bildes und des Dreiecks

Die Methode für das `Click`-Ereignis des Schalters zum Rotieren berechnet mithilfe der Methode aus Listing 592 den Drehpunkt, rotiert das `Bitmap` über dessen `RotateFlip`-Methode (die ich in Rezept 280 näher beschreibe), rotiert das Dreieck über ein neues `Matrix`-Objekt und erzwingt schließlich das Neuzeichnen.

```
    private void btnRotate_Click(object sender, EventArgs e)
    {
       // Drehpunkt berechnen
       PointF centerOfRotation =
          GetCenterOfRotationForRotationWithRetentionOfUpperLeftAngle(
          new Rectangle(0, 0, this.bitmap.Width, this.bitmap.Height), true);

       // Bitmap drehen
       this.bitmap.RotateFlip(RotateFlipType.Rotate90FlipNone);
```

Listing 595: Rotieren der gezeichneten Objekte

```
    // Dreieck drehen
    Matrix matrix = new Matrix();
    matrix.RotateAt(90, centerOfRotation);
    matrix.TransformPoints(this.trianglePoints);

    // Das Neuzeichnen erzwingen
    this.Invalidate();
}
```

Listing 595: Rotieren der gezeichneten Objekte (Forts.)

295 Text an einer definierten Position in 90-Grad-Schritten gedreht ausgeben

Text gedreht an einer bestimmten Position auszugeben ist gar nicht so einfach. Das Problem ist, dass Sie den Drehpunkt korrekt berechnen müssen (vergleichen Sie dazu das Rezept 293). Ich habe allerdings eine Lösung für das Drehen von Text in 90-Grad-Schritten gefunden. Die Methode DrawRotatedText in Listing 596 berechnet dazu zuerst das Rechteck, das den normal gezeichneten Text umfasst. Für dieses Rechteck ermittelt DrawRotatedText dann nach der Technik aus Rezept 294 den Drehpunkt, der das Rechteck so drehen würde, dass die linke, obere Ecke bestehen bleibt. Bei einer 180-Grad-Drehung ist der Drehpunkt allerdings einfach die Mitte des Rechtecks. Dieser Drehpunkt wird dann für die Transformierung des Graphics-Objekts verwendet, bevor der Text gezeichnet wird.

Zum Kompilieren des Quelltexts müssen Sie die Namensräume System, System.Drawing und System.Drawing.Drawing2D einbinden.

```
/* Gibt einen Rotierwinkel an */
public enum TextRotation
{
    /* 90 Grad */
    Rotation90,

    /* 180 Grad */
    Rotation180,

    /* 270 Grad */
    Rotation270
}

/* Zeichnet einen Text gedreht an einer angegebenen Position */
public static void DrawRotatedText(string text, float x, float y,
    Font font, Brush brush, TextRotation rotation, Graphics g)
```

Listing 596: Aufzählung und Methode zum gedrehten Zeichnen von Text

```csharp
{
    // Rechteck berechnen, das den Text umfasst
    SizeF textSize = g.MeasureString(text, font, 0,
        StringFormat.GenericDefault);
    RectangleF textRectangle = new RectangleF(
        x, y, textSize.Width, textSize.Height);

    // Drehpunkt so berechnen, dass das Rechteck
    // an der angegebenen Position bleibt
    PointF rotationPoint = new PointF();
    float angle = 0;
    float offset = 0;
    switch (rotation)
    {
        case TextRotation.Rotation90:
            offset = textRectangle.Height / 2;
            rotationPoint.X = textRectangle.X + offset;
            rotationPoint.Y = textRectangle.Y + offset;
            angle = 90;
            break;

        case TextRotation.Rotation180:
            // Bei einer Drehung um 180 Grad liegt der Drehpunkt in der
            // Mitte des Rechtecks
            rotationPoint.X = textRectangle.X + (textRectangle.Width / 2);
            rotationPoint.Y = textRectangle.Y + (textRectangle.Height / 2);
            angle = 180;
            break;

        case TextRotation.Rotation270:
            offset = textRectangle.Width / 2;
            rotationPoint.X = textRectangle.X + offset;
            rotationPoint.Y = textRectangle.Y + offset;
            angle = 270;
            break;
    }

    // Text gedreht ausgeben
    Matrix matrix = new Matrix();
    matrix.RotateAt(angle, rotationPoint);
    Matrix oldMatrix = g.Transform;
    g.Transform = matrix;
    g.DrawString(text, font, brush, x, y);
    g.Transform = oldMatrix;
}
```

Listing 596: Aufzählung und Methode zum gedrehten Zeichnen von Text (Forts.)

Abbildung 202 zeigt eine Anwendung, bei der ein zweizeiliger Text mit Hilfe der `DrawRotatedText`-Methode gedreht ausgegeben wurde. Die Punkte symbolisieren die X/Y-Koordinate der einzelnen Texte.

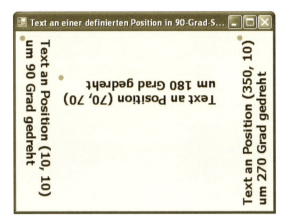

Abbildung 202: Eine Beispielanwendung hat Text gedreht ausgegeben

296 Die Breite und Höhe eines auszugebenden Textes bestimmen

Bei der Ausgabe von Texten ist es häufig wichtig zu wissen, wie breit und hoch ein Text bei der Ausgabe in einer definierten Schriftart erscheint. So können Sie einen Text z.B. in der Mitte eines Formulars ausgeben (wozu Sie allerdings auch die Technik verwenden können, die ich in Rezept 297 zeige).

Zur Ermittlung der Breite und der Höhe eines Textes können Sie die Methode `MeasureString` eines `Graphics`-Objekts verwenden. Am ersten Argument übergeben Sie den String, am zweiten ein `Font`-Objekt, das die Schriftart bestimmt. `MeasureString` liefert ein `SizeF`-Objekt zurück, aus dessen Eigenschaften `Width` und `Height` Sie die Breite und Höhe des Textes auslesen können.

`MeasureString` führt aber manchmal zu Problemen. Einmal werden per Voreinstellung rechte Leerzeichen nicht mit eingerechnet (linke schon). Hinzu kommt, dass `MeasureString` einen kleinen Rand zum ermittelten Wert addiert, der bewirken soll, dass Ausgaben auf gerasterten Flächen korrekt erfolgen (was auch prinzipiell funktioniert). Das letzte Problem ist, dass `MeasureString` in der Voreinstellung die Breite von Texten nicht korrekt berechnet, wenn diese verschiedene Satzzeichen wie z.B. Doppelpunkte beinhalten.

Sie können die Einstellungen, die für die Berechnung verwendet werden, aber auch anpassen. Dazu setzen Sie ein `StringFormat`-Objekt ein (aus dem Namensraum `System.Drawing`). Ein solches Objekt verwaltet Informationen zum Textlayout. Die `StringFormat`-Klasse bietet dazu zwei statische Eigenschaften `GenericTypographic` und `GenericDefault`, über die Sie ein solches Objekt erzeugen können. Ein Default-

Die Breite und Höhe eines auszugebenden Textes bestimmen

`StringFormat`-Objekt definiert zunächst das Default-Verhalten (mit Randzugabe), ein typografisches liefert echte Werte ohne Zugaben. Über verschiedene Eigenschaften können Sie die Berechnung der Werte beeinflussen. Die Eigenschaft `FormatFlags` verwaltet z.B. Flags für die Formatierung. Das Flag `StringFormatFlags.MeasureTrailingSpaces` bewirkt, dass anhängende Leerzeichen mit eingerechnet werden.

Das Problem der inkorrekten Berechnung der Breite von Strings mit bestimmten Satzzeichen können Sie lösen, indem Sie ein typografisches `StringFormat`-Objekt bei der Berechnung übergeben. Dabei ist es sehr wichtig, dass Sie dieses Objekt ebenfalls der `DrawString`-Methode am Argument `format` übergeben, damit diese dieselben Layoutinformationen verwendet, die bei der Berechnung eingesetzt wurden.

Die Methode `StartForm_Paint` in Listing 597 zeigt, wie Sie mit `MeasureString` umgehen. `StartForm_Paint` (die dem `Paint`-Ereignis eines Formulars zugewiesen ist) zeichnet zuerst einen Text, der vorne und hinten Leerzeichen enthält, mittig auf dem Formular. Um die rechten Leerzeichen mit in der Berechnung zu berücksichtigen, erzeugt und initialisiert die Methode ein neues Default-`StringFormat`-Objekt mit dem Flag `StringFormatFlags.MeasureTrailingSpaces`. Beim Aufruf der `MeasureString`-Methode wird am dritten Argument -1 übergeben. An diesem Argument können Sie eine Maximalbreite übergeben, -1 steht dafür, dass keine Maximalbreite definiert ist. Am letzten Argument übergibt `StartForm_Paint` das `StringFormat`-Objekt.

Danach zeichnet das Beispiel denselben Text um eine Texthöhe nach unten versetzt, verwendet dieses Mal aber ein typografisches `StringFormat`-Objekt. Den Unterschied der beiden Varianten sehen Sie in Abbildung 203.

Dieses Beispiel benötigt eine Referenz auf die Assembly *System.Drawing.dll*, den Import des Namensraums `System.Drawing` und natürlich ein Formular, dessen `Paint`-Ereignis mit dieser Methode initialisiert wurde.

```
private void StartForm_Paint(object sender,
   System.Windows.Forms.PaintEventArgs e)
{
   Graphics g = e.Graphics;

   // Ermitteln der Breite und der Höhe des auszugebenden Textes
   string text = "   Test1::::Test2.Test3    ";
   using (Font font = new Font("Tahoma", 20, FontStyle.Bold))
   {
      using (Brush brush = new SolidBrush(Color.Black))
      {
         StringFormat sf = StringFormat.GenericDefault;
         sf.FormatFlags = StringFormatFlags.MeasureTrailingSpaces;
         SizeF textSize = g.MeasureString(text, font, -1, sf);

         // Text mittig und etwas nach oben versetzt ausgeben
```

Listing 597: Berechnen der Breite und Höhe eines auszugebenden Textes zur mittigen Ausgabe

```
            float x = (this.ClientRectangle.Width - textSize.Width) / 2;
            float y = (this.ClientRectangle.Height - textSize.Height) / 2;
            y -= textSize.Height / 2;
            g.DrawString(text, font, brush, x, y);

            // Noch einmal mit einem typografischen StringFormat-Objekt
            sf = StringFormat.GenericTypographic;
            sf.FormatFlags = StringFormatFlags.MeasureTrailingSpaces;
            textSize = g.MeasureString(text, font, -1, sf);
            x = (this.ClientRectangle.Width - textSize.Width) / 2;
            y = ((this.ClientRectangle.Height - textSize.Height) / 2);
            y += textSize.Height / 2;
            g.DrawString(text, font, brush, x, y, sf);
        }
    }
}
```

Listing 597: Berechnen der Breite und Höhe eines auszugebenden Textes zur mittigen Ausgabe (Forts.)

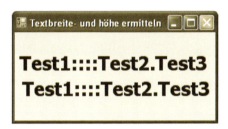

Abbildung 203: Mittige Ausgabe zweier Texte. Die Position des oberen wurde über ein Default-StringFormat-Objekt, die des unteren über ein typografisches StringFormat-Objekt berechnet

297 Texte zentriert oder rechtsbündig ausgeben

Wenn Sie mithilfe der DrawString-Methode eines Graphics-Objekts Texte ausgeben, ist die Ausrichtung normalerweise (bzw. in unseren Breiten) linksbündig. Sie können aber auch recht einfach zentriert oder rechtsbündig zeichnen. Dazu übergeben Sie einer Variante der DrawString-Methode am letzten Argument ein StringFormat-Objekt, das das Format des auszugebenden Strings bestimmt. Idealerweise setzen Sie das Objekt ein, das die Eigenschaft StringFormat.GenericTypographic liefert, denn dieses ist bereits so eingestellt, dass die Breite eines Textes typografisch korrekt berechnet wird.

> **Achtung:** Bei der Verwendung der Eigenschaft GenericTypographic der StringFormat-Klasse sollten Sie beachten, dass diese Eigenschaft (die intern eine API-Funktion zur Ermittlung des Objekts aufruft) nicht immer eine neue Instanz eines StringFormat-Objekts erzeugt. Wenn Sie die Eigenschaften dieses Objekts ver-

> ändern, sind Ihre Veränderungen unter Umständen auch bei späteren Zugriffen auf die GenericTypographic-Eigenschaft sichtbar. Der Beispielcode in Listing 598 (bei dem dieses Problem bereits auftrat) erzeugt deswegen jeweils ein neues StringFormat-Objekt, dessen Konstruktor allerdings die GenericTypographic-Eigenschaft der StringFormat-Klasse übergeben wird. Damit erzeugt das Beispiel eine Kopie dieses Objekts, die gefahrlos verändert werden kann.

Die Ausrichtung des Textes können Sie über die Eigenschaften Alignment (horizontale Ausrichtung) und LineAlignment (vertikale Ausrichtung) bestimmen. StringAlignment.Near gibt in der westlichen Welt eine linksbündige bzw. obere Ausrichtung an (*Near* bedeutet »nahe der Position, ab der gelesen wird«). StringAlignment.Center steht für eine zentrierte und StringAlignment.Far für eine rechtsbündige bzw. untere Ausrichtung. Diese Angaben beziehen sich immer auf ein Layout-Rechteck. Es ist also wichtig, die DrawString-Variante zu verwenden, der ein solches übergeben werden kann. Dieses Rechteck definieren Sie zumindest an der Position und mit der Größe der Fläche, auf der der Text ausgegeben werden soll. Wenn Sie einen Rand wünschen, können Sie diesen einfach der Position hinzuaddieren und (mit 2 multipliziert) von der Breite und der Höhe abziehen.

Listing 598 zeigt, wie dies prinzipiell programmiert wird. Das Beispiel gibt einen Text zunächst normal auf einem Formular aus. Ein weiterer Text wird dann horizontal und vertikal zentriert und ein dritter an einer festgelegten Y-Position rechtsbündig ausgegeben.

Zum Programmieren dieses Beispiels benötigen Sie ein Formular mit Namen *StartForm*, in dem Sie das Paint-Ereignis zuweisen, und Sie müssen die Namensräume System, System.Drawing und System.Text importieren.

```
private void StartForm_Paint(object sender, PaintEventArgs e)
{
   // Text normal ausgeben
   string text = "Das ist ein Beispiel-Text, " +
      "der normal ausgegeben werden soll";
   using (Brush brush = new SolidBrush(Color.Black))
   {
      e.Graphics.DrawString(text, this.Font, brush,
         new RectangleF(10, 10, this.ClientRectangle.Width - 20,
         this.ClientRectangle.Height - 20));
   }

   // Text zentriert in einem Layout-Rechteck ausgeben
   text = "Das ist ein Beispiel-Text," + Environment.NewLine +
      "der auf dem Formular horizontal und vertikal " +
      "zentriert ausgegeben werden soll";
```

Listing 598: Zentriertes und rechtsbündiges Zeichnen von Strings in einem Formular

>> Zeichnen mit GDI+

```
    StringFormat stringFormat =
        new StringFormat(StringFormat.GenericTypographic);
    stringFormat.Alignment = StringAlignment.Center;
    stringFormat.LineAlignment = StringAlignment.Center;
    using (Brush brush = new SolidBrush(Color.Black))
    {
        e.Graphics.DrawString(text, this.Font, brush,
            new RectangleF(0, 0, this.ClientRectangle.Width,
            this.ClientRectangle.Height), stringFormat);
    }

    // Text rechtsbündig in einem Layout-Rechteck ausgeben
    text = "Das ist ein Beispiel-Text," + Environment.NewLine +
      "der an einer definierten Y-Position auf dem Formular " +
      "rechtsbündig " + Environment.NewLine +
      "mit einem kleinen Rand ausgegeben werden soll";
    stringFormat = new StringFormat(StringFormat.GenericTypographic);
    stringFormat.Alignment = StringAlignment.Far;
    using (Brush brush = new SolidBrush(Color.Black))
    {
        e.Graphics.DrawString(text, this.Font, brush,
            new RectangleF(10, 150, this.ClientRectangle.Width - 20,
            this.ClientRectangle.Height - 170), stringFormat);
    }
}
```

Listing 598: Zentriertes und rechtsbündiges Zeichnen von Strings in einem Formular (Forts.)

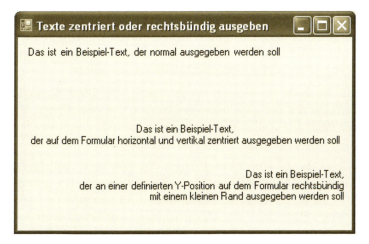

Abbildung 204: Das Beispiel in Aktion

298 Strings beim Zeichnen wortgerecht umbrechen

Beim Drucken oder beim Entwickeln von Steuerelementen, die Texte ausgeben, ist es häufig notwendig, auszugebende Strings an einem rechten Rand zu umbrechen. Dabei soll natürlich nicht mitten in einem Wort, sondern vor Wörtern, die den rechten Rand überschreiten würden, umbrochen werden. Dieses Problem können Sie sehr einfach lösen, indem Sie den Text in einem Layout-Rechteck ausgeben, wie ich es in Rezept 297 zeige. Ein solches sorgt automatisch dafür, dass Text wortgerecht umbrochen wird, wie es Abbildung 205 (das Beispiel aus Rezept 297 mit einem verkleinerten Formular) zeigt.

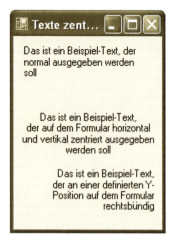

Abbildung 205: In einem Layout-Rechteck ausgegebener Text wird automatisch wortgerecht umbrochen

Wollen Sie die resultierenden Zeilen eines umbrochenen Textes jedoch Zeile für Zeile einzeln ausgeben (z.B. weil Sie den Zeilenabstand selbst definieren wollen), können Sie mit diesem automatischen Umbruch nicht viel anfangen. Dann benötigen Sie eine Methode, die Ihnen alle Zeilen eines Textes wortgerecht umbrochen liefert.

Diese Arbeit übernimmt die Methode `WordWrapString` in Listing 599. Diese Methode arbeitet nach demselben Prinzip wie die gleichnamige Methode aus dem Rezept 29. Die Grundidee dabei ist, die einzelnen Zeilen des übergebenen Strings durchzugehen und diese in einzelne Wort-Token zu zerlegen.

Ein Wort-Token ist dabei eine Folge von Wort-Zeichen, die von einer beliebigen Anzahl an Nicht-Wort-Zeichen oder Bindestrichen abgeschlossen werden. Die grundsätzliche Arbeitsweise der Methode habe ich bereits in Rezept 29 beschrieben, weswegen ich hier darauf verzichte. Einer der Unterschiede ist, dass nun neben dem Text und der maximalen Breite ein `Graphics`-Objekt und die zu verwendende Schriftart übergeben werden. Die Breite bezieht sich in dieser `WordWrapString`-Variante auch nicht auf die Anzahl der Zeichen, sondern auf die tatsächliche Breite in Pixeln. Ein weiterer Unterschied ist, dass die Methode eine `StringCollection` mit den ermittelten Zahlen zurückgibt. Schließlich wird die Breite des jeweiligen Token nicht nach seiner

Zeichen-Anzahl, sondern über die `MeasureString`-Methode des übergebenen Graphics-Objekts berechnet.

Etwas eigenartig war, dass das `StringFormat`-Objekt, das die `GenericTypographic`-Eigenschaft zurückliefert, in meinen Tests dazu führte, dass die gemessene Breite etwas zu klein war, weswegen der Text am rechten Rand nicht immer korrekt umbrach. Deswegen habe ich das Objekt verwendet, das die `GenericDefault`-Eigenschaft zurückgibt.

Zum Kompilieren dieser Methode müssen Sie die Namensräume `System`, `System.Text`, `System.Drawing`, `System.Text.RegularExpressions` und `System.Collections.Specialized` importieren.

```
public static StringCollection WordWrapString(string text,
   int maxWidth, Graphics g, Font font)
{
   // StringCollection für den umbrochenen Text erzeugen
   StringCollection wrappedText = new StringCollection();

   // StringFormat-Objekt für die Ermittlung der Breite
   // der einzelnen Wort-Token ermitteln
   StringFormat stringFormat = StringFormat.GenericDefault;

   if (text != null && text.Length > 0)
   {
      // Tabs durch Leerzeichen ersetzen um
      // Darstellungs-Probleme zu vermeiden
      text = text.Replace("\t", "   ");

      // Aufteilen des Textes in einzelne Zeilen
      string[] rows = Regex.Split(text, Environment.NewLine);
      foreach (string row in rows)
      {
         // Den Sonderfall einer Leerzeile abfangen)
         if (row == null || row.Length == 0)
         {
            wrappedText.Add(String.Empty);
         }
         else
         {
            // Text in einzelne Wort-Token aufsplitten
            // Als Trennzeichen werden alle Nicht-Wort-Zeichen und
            // der Bindestrich verwendet
            MatchCollection matches = Regex.Matches(row,
               @"\w{1,}(\W|-){0,}");
```

Listing 599: Methode zum wortgerechten Umbrechen von Strings zur Ausgabe auf einem Graphics-Objekt

```csharp
// Die einzelnen Wort-Token durchgehen
string currentRow = null;
int currentWidth = 0;
for (int i = 0; i < matches.Count; i++)
{
   Match match = matches[i];

   // Den Sonderfall behandeln, dass das erste Wort-Token
   // zu lang ist
   int tokenLength = (int)g.MeasureString(match.Value,
     font, 0, stringFormat).Width;
   if (i == 0 && currentWidth + tokenLength > maxWidth)
   {
      // Aktuelles Token ablegen
      wrappedText.Add(match.Value);
      currentRow = null;
      currentWidth = 0;
   }
   else
   {
      if (currentWidth + tokenLength <= maxWidth)
      {
         // Aktuelles Token ablegen
         currentRow += match.Value;
      }
      else
      {
         // Das Wort passt nicht mehr:
         // Zeile ablegen
         wrappedText.Add(currentRow);

         // Token ablegen
         currentRow = match.Value;

         // Die aktuelle Breite zurücksetzen
         currentWidth = 0;
      }

      // Die aktuelle Breite um die Wortlänge hochzählen
      currentWidth += tokenLength;
   }
}

// Eine eventuelle Rest-Zeile ablegen
if (currentRow != null)
{
```

Listing 599: Methode zum wortgerechten Umbrechen von Strings zur Ausgabe auf einem Graphics-Objekt (Forts.)

```
                    wrappedText.Add(currentRow);
                }
            }
        }
    }

    // Ergebnis zurückgeben
    return wrappedText;
}
```

Listing 599: Methode zum wortgerechten Umbrechen von Strings zur Ausgabe auf einem Graphics-Objekt (Forts.)

Listing 600 zeigt eine beispielhafte Anwendung im `Paint`-Ereignis eines Formulars. Diese Methode entscheidet anhand des Zustands zweier `OptionButtons`, ob über ein Layout-Rechteck oder über `WordWrapText` umbrochen werden soll. Beim Umbruch über `WordWrapText` wird ein im Formular über eine `TextBox` gesetzter Zeilenabstand berücksichtigt.

```
private void StartForm_Paint(object sender, PaintEventArgs e)
{
    string text = "Dieser Test-Text enthält einige spezielle " +
        "Trenn~Zeichen und auch schon einmal mehrere    Leer-Zeichen " +
        "und mehrere hintereinander liegende Binde----Striche.\r\n" +
        "Außerdem sind Tabs:\t enthalten \r\n" +
        "\r\n" +
        "DasIstEinWortDasZuLangIst\r\n" +
        "\r\n" +
        "Test-Wörter mit []: Test[Wort1] Test[Wort2]\r\n" +
        "\r\n" +
        "Test-Wörter mit + getrennt: Testwort1+Testwort2\r\n" +
        "\r\n" +
        "Test-Wörter mit / getrennt: Testwort1/Testwort2\r\n" +
        "\r\n" +
        "Test-Wörter mit \\ getrennt: Testwort1\\Testwort2" +
        "\r\n\r\nAktuelle Breite: " + this.ClientRectangle.Width;

    if (this.wrapViaLayoutRectangleRadioButton.Checked)
    {
        using (Brush brush = new SolidBrush(Color.Black))
        {
            e.Graphics.DrawString(text, this.Font, brush,
                new RectangleF(10, 10, this.ClientRectangle.Width - 20,
                this.ClientRectangle.Height - 20));
        }
```

Listing 600: Beispielhaftes Zeichnen eines Textes mit wortgerechten Umbrüchen

```csharp
        }
        else
        {
            int xMargin = 10;
            int y = 10;

            // Zeilenhöhe über die Höhe eines Zeichens ermitteln
            float rowHeight = e.Graphics.MeasureString("X", this.Font).Height;

            // Zeilenhöhe etwas erhöhen
            try
            {
                rowHeight *= Convert.ToSingle(this.lineSpacingTextBox.Text);
            }
            catch { }

            // Die umbrochenen Zeilen ermitteln
            int width = this.ClientRectangle.Width - (xMargin * 2);
            StringCollection wrappedText = PrintUtils.WordWrapString(text, width,
                e.Graphics, this.Font);

            // Zeichnen
            using (Brush brush = new SolidBrush(Color.Black))
            {
                foreach (string row in wrappedText)
                {
                    e.Graphics.DrawString(row, this.Font, brush,
                        xMargin, y);
                    y += (int)rowHeight;
                }
            }
        }
    }
```

Listing 600: Beispielhaftes Zeichnen eines Textes mit wortgerechten Umbrüchen (Forts.)

>> **Zeichnen mit GDI+**

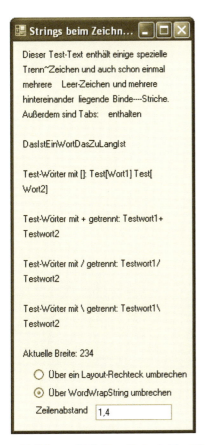

Abbildung 206: Das Beispiel in Aktion. Umbrochen wird gerade über WordWrapString

COM-Interop mit Office

299 Laufende COM-Komponenten-Instanzen referenzieren

Bei der Verwendung von COM-Komponenten, die gleichzeitig interaktiv verwendbare Anwendungen sind (wie es z.B. bei den Microsoft-Office-Anwendungen der Fall ist), ist es häufig sinnvoll, eventuell bereits ausgeführte Instanzen der Anwendung für Fernsteuerungszwecke zu referenzieren. Die Verwendung einer bereits laufenden Instanz führt dazu, dass das Programm schneller ausgeführt wird, weniger Ressourcen verbraucht und die erzeugte Instanz nicht wieder geschlossen werden muss. Das ist z.B. dann der Fall, wenn Sie über Outlook eine E-Mail versenden wollen und davon ausgehen, dass die meisten Anwender Outlook permanent geöffnet haben.

Um eine laufende Instanz einer COM-Komponente zu referenzieren, verwenden Sie die Methode `GetActiveObject` der Klasse `Marshal` aus dem Namensraum `System.Runtime.InteropServices`. Dieser Methode übergeben Sie die Prog-Id der COM-Klasse (siehe COM-Komponenten mit später Bindung verwenden in der Einführung). `GetActiveObject` gibt eine `object`-Referenz auf die Instanz zurück, falls gerade eine ausgeführt wird. Wird keine Instanz der COM-Klasse ausgeführt, erzeugt diese Methode eine Ausnahme vom Typ `COMException` mit der Meldung »Vorgang nicht verfügbar«.

Listing 601 setzt dieses Wissen um. Das Programm versucht zunächst, eine laufende Outlook-Instanz zu referenzieren. Der Aufruf der `GetActiveObject`-Methode erfolgt in einer Ausnahmebehandlung (die die Ausnahme allerdings verwirft) um darauf zu reagieren, dass Outlook gerade nicht ausgeführt wird. Da Outlook auf jeden Fall verwendet werden soll, fragt das Programm danach über einen Vergleich der erhaltenen `object`-Referenz auf `null` ab, ob eine Instanz referenziert werden konnte. Ist dies der Fall, wird die `object`-Referenz in den Datentyp `Outlook.Application` konvertiert. Das Programm arbeitet mit früher Bindung, benötigt also Wrapper-Assemblies für die Outlook-COM-Komponenten (siehe COM-Komponenten mit früher Bindung verwenden in der Einführung). Sie können aber natürlich auch mit später Bindung arbeiten (was ich aber nicht im Listing darstellen wollte).

Kann keine Outlook-Instanz referenziert werden, erzeugt das Programm einfach eine neue, wobei die Variable `outlookInstanceCreated` für das spätere Beenden von Outlook auf `true` gesetzt wird. Danach erzeugt Listing 601 eine neue E-Mail und versendet diese. Wurde Outlook neu gestartet, beendet das Programm diese Instanz schließlich.

Zum Kompilieren dieses Programms müssen Sie die Outlook-Objektbibliothek *Microsoft Outlook x.x Object Library* (bei einer Standard-Office-Installation ist das die Datei *C:\Programme\Microsoft Office\Office11\msoutl.olb*) referenzieren (wobei *x.x* für die Outlook-Version steht) und die Namensräume `System` und `System.Runtime.InteropServices` importieren.

```csharp
// Versuch, eine eventuell bereits ausgeführte
// Outlook-Instanz zu referenzieren
object outlookObject = null;
try
{
   outlookObject = Marshal.GetActiveObject("Outlook.Application");
}
catch {}

Outlook.Application outlook = null;
bool outlookInstanceCreated = false;
if (outlookObject != null)
{
   // Wenn eine Instanz referenziert werden konnte, wird diese in den
   // passenden .NET-Typ konvertiert (frühe Bindung)
   outlook = (Outlook.Application)outlookObject;
}
else
{
   // Wenn keine Instanz referenziert werden konnte,
   // wird einfach eine neue erzeugt
   outlookInstanceCreated = true; // Merker für das Schließen unten
   outlook = new Outlook.ApplicationClass();
}

// Neue E-Mail erzeugen und versenden
Outlook.MailItem mailItem = (Outlook.MailItem)outlook.CreateItem
   (Outlook.OlItemType.olMailItem);
mailItem.To = "donald.duck@entenhausen.de";
mailItem.Subject = "Party";
mailItem.Body = "Hallo Donald, wir machen am Samstag eine Party." +
   "Du bist eingeladen";
mailItem.Send();

// Outlook beenden, wenn eine neue Instanz erzeugt wurde
if (outlookInstanceCreated)
{
   outlook.Quit();
}
```

Listing 601: Versenden einer E-Mail über eine ausgeführte bzw. eine neue Outlook-Instanz

> **COM-Interop mit Office**

> **Hinweis**
>
> Das Versenden von E-Mails über Outlook wird in Rezept 198 grundlegend behandelt. Dort finden Sie den folgenden Hinweis noch einmal, den ich hier nur für den Fall anbringe, dass Sie sich über Outlook wundern ...
>
> Outlook 2000 ab Service Pack 2 und Outlook XP zeigen beim Versuch, über externe Programme E-Mails zu versenden, aus Sicherheitsgründen eine Warnmeldung an (Abbildung 207). Der Ja-Schalter dieses Dialogs kann für fünf Sekunden nicht betätigt werden. Damit verhindert Microsoft, dass Viren-Programme unkontrolliert E-Mails versenden. Dieses in der Regel eher lästige Feature kann nicht abgeschaltet werden. Sie können jedoch an der Adresse *www.express-soft.com/mailmate/clickyes.html* das Tool *Express ClickYes* downloaden, das die Betätigung des Ja-Schalters automatisch vornimmt. Nach der Installation finden Sie dieses Tool im Infobereich der Taskleiste. Wählen Sie im Kontextmenü dieses Eintrags die Option START SUSPENDED ab und schalten Sie die Option START ON LOGON ein, damit *Express ClickYes* beim nächsten Windows-Start automatisch ausgeführt wird. Nach der Installation müssen Sie einmal den Eintrag RESUME im Kontextmenü anklicken, damit *Express ClickYes* ohne einen Neustart arbeitet.

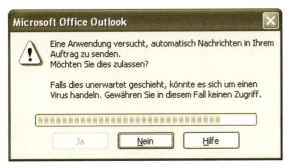

Abbildung 207: Warnmeldung von Outlook 2000 SP 2 bis Outlook 2003 beim Versenden einer E-Mail über ein externes Programm

300 Word-Dokumente öffnen

Word-Dokumente können Sie in .NET nicht direkt öffnen und anzeigen. Dazu müssen Sie Word fernsteuern, also eine neue Word-Instanz erzeugen (oder eine vorhandene referenzieren, siehe Rezept 299) und deren Eigenschaften und Methoden einsetzen. Idealerweise setzen Sie dazu die frühe Bindung ein (siehe COM-Komponenten mit früher Bindung verwenden in der Einführung). Dazu referenzieren Sie in Visual Studio 2005 die COM-Klassenbibliothek *Microsoft Word x.x Object Library*, wobei *x.x* für die Version von Word steht. Wenn Sie Visual Studio 2005 nicht verwenden, erzeugen Sie über *tlbimp.exe* Wrapper-Assemblies für die Datei *msword.olb* (im Office-Ordner):

```
tlbimp.exe "C:\Programme\Microsoft Office\Office11\msword.olb" /out:word.dll
/namespace:Word
```

Word-Dokumente öffnen

Die erzeugten Wrapper-Assemblies referenzieren Sie dann beim Kompilieren der Anwendung:

```
csc Demo.cs /r:word.dll,office.dll,vbide.dll
```

Die Fernsteuerung von Word ist relativ einfach. Word stellt, wie andere Office-Anwendungen auch, in seiner Klassenbibliothek ein Objektmodell zur Verfügung, das eine Word-Instanz und deren Dokumente repräsentiert. Das einzig Problematische ist vielleicht, dass Sie dieses Objektmodell nicht kennen. Die Dokumentation finden Sie für Word 2003 an der Adresse *msdn.microsoft.com/library/en-us/dv_wrcore/html/ wrgrfwordobjects.asp* oder indem Sie bei *msdn.microsoft.com* nach »Word object model« suchen.

Zum Kompilieren des folgenden Beispiels müssen Sie die Assembly *System.Windows.Forms.dll* referenzieren und die Namensräume `System`, `System.IO`, `System.Reflection` und `System.Windows.Forms` importieren.

Zur Fernsteuerung benötigen Sie zunächst eine Instanz der Klasse `Word.ApplicationClass` (die die Schnittstelle `Word.Application` implementiert). Wenn Sie diese nicht aus einer laufenden Instanz referenzieren (siehe Rezept 299), sollten Sie darauf achten, dass eine neue Word-Instanz immer zunächst unsichtbar ausgeführt wird. Wenn Sie diese sichtbar schalten wollen, müssen Sie deren `Visible`-Eigenschaft auf `true` setzen:

```
// Word-Instanz erzeugen und sichtbar schalten
Word.Application word = new Word.ApplicationClass();
word.Visible = true;
```

Listing 602: Erzeugen einer Word-Instanz und Sichtbar-Schalten derselben

Sie können die Instanz aber auch unsichtbar verwenden, wenn der Anwender nicht sehen soll, was im Hintergrund passiert. Da der Bildschirm nicht aktualisiert werden muss, ist die Verwendung einer unsichtbaren Instanz auch etwas performanter. Sie müssen aber gerade bei unsichtbaren Instanzen darauf achten, diese (über die `Quit`-Methode) schließlich wieder zu beenden, da der Prozess ansonsten weiter ausgeführt wird und Ressourcen verbraucht.

Um ein Dokument zu öffnen, rufen Sie nun die `Open`-Methode der `Documents`-Auflistung auf. Die `Documents`-Auflistung verwaltet alle Dokumente, die in der Word-Instanz geöffnet sind. Im Prinzip handelt es sich dabei um eine ganz normale Auflistung. Der wesentliche Unterschied zu .NET-Auflistungen ist, dass COM-Auflistungen (und speziell `Documents`) in der Regel 1-basiert sind (also nicht bei 0 beginnen).

`Open` ist eine typische (Office-)COM-Methode mit einer Vielzahl an optionalen Argumenten. Die meisten dieser Argumente sind für die Praxis eher unwichtig, hier können Sie also einfach `System.Reflection.Missing.Value` übergeben. Da die Argumente der `Open`-Methode als `object` und By-Reference deklariert sind, können Sie diesen Wert jedoch nicht direkt einsetzen, sondern müssen dazu eine `object`-Variable verwenden, wie es Listing 603 zeigt. In diesem Beispiel wird das Dokument *hitchhiker.doc* im Ordner der Anwendung geöffnet.

```
// Variable für den Wert Missing.Value für nicht belegte optionale Argumente
object missing = Missing.Value;

// Dokument öffnen
object fileName = Path.Combine(Application.StartupPath, "Hitchhiker.doc");
word.Documents.Open(ref fileName, ref missing, ref missing, ref missing,
    ref missing, ref missing, ref missing, ref missing, ref missing,
    ref missing, ref missing, ref missing, ref missing, ref missing,
    ref missing, ref missing);
```

Listing 603: Einfaches Öffnen eines Word-Dokuments

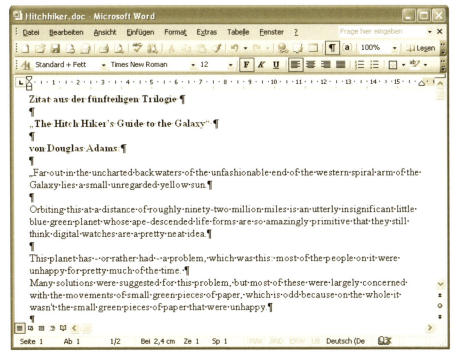

Abbildung 208: Das Beispielprogramm hat Word gestartet und das Dokument geöffnet

> **Hinweis**
> Ein guter »Trick« zur Fernsteuerung von Office-Anwendung ist, dass Sie in der Office-Anwendung (sofern möglich) einfach ein Makro aufzeichnen, das die gewünschten Aktionen ausführt. Dann wissen Sie schon einmal, welche Eigenschaften und Methoden Sie einsetzen müssen. Das einzige Problem dabei ist, dass der Office-Makrorekorder (leider) eine spezielle Visual-Basic-Syntax einsetzt, bei der die Argumente einer Methode unter der Angabe des Argumentnamens verwendet werden. Ein Makro, das das aktuelle Dokument ausdruckt, sieht z.B. so aus:

```
Application.PrintOut FileName:="", Range:=wdPrintAllDocument, Item:= _
   wdPrintDocumentContent, Copies:=1, Pages:="", PageType:=wdPrintAllPages, _
   ManualDuplexPrint:=False, Collate:=True, Background:=True, PrintToFile:= _
   False, PrintZoomColumn:=0, PrintZoomRow:=0, PrintZoomPaperWidth:=0, _
   PrintZoomPaperHeight:=0
```

Listing 604: Ein Word-Makro, das das aktuelle Dokument ausdruckt

Wenn Sie diese Syntax nach C# umsetzen, müssen Sie die Argumente natürlich in Klammern setzen und die zu übergebenden Argumente an dem angegebenen Namen (vor dem :=) identifizieren und korrekt platzieren. Optionale und für die auszuführende Aktion unwichtige Argumente können Sie einfach durch `Missing.Value` ersetzen. Die Aufzählungen der verwendeten Konstanten (z.B. `wdPrintAllDocument`) können Sie in Visual Studio 2005 über den Objektbrowser ermitteln, indem Sie nach dem Konstantennamen suchen.

In C# würde dieser Methodenaufruf dann so aussehen:

```
object missing = Missing.Value;
object background = true;
object range = Word.WdPrintOutRange.wdPrintAllDocument;
object item = Word.WdPrintOutItem.wdPrintDocumentContent;
object copies = 1;
object pageType = Word.WdPrintOutPages.wdPrintAllPages;
object printToFile = false;
object collate = true;
object manualDuplexPrint = false;
object printZoomColumn = 0;
object printZoomRow = 0;
object printZoomPaperWidth = 0;
object printZoomPaperHeight = 0;

word.PrintOut(ref background, ref missing, ref range, ref missing,
   ref missing, ref missing, ref item, ref copies, ref missing, ref pageType,
   ref printToFile, ref collate, ref missing, ref missing,
   ref manualDuplexPrint, ref printZoomColumn, ref printZoomRow,
   ref printZoomPaperWidth, ref printZoomPaperHeight);
```

Listing 605: Ein nach C# umgesetzter Aufruf einer über den Office Makrorekorder erzeugten Visual Basic COM-Methode

301 Word-Dokumente basierend auf einer Dokumentenvorlage erzeugen, füllen, ausdrucken und speichern

In der Praxis kommt es häufig vor, dass eine Anwendung ein Word-Dokument erzeugen und mit Daten füllen muss, das auf einer Dokumentenvorlage basiert. Damit erleichtern Sie dem Anwender – der in der Regel mit Word sehr gut umgehen kann – die Anpassung auszudruckender Dokumente. Ich drucke z.B. meine Rechnungen in einem selbst geschriebenen Buchführungs-Programm über eine spezielle Word-Dokumentenvorlage aus.

Als Beispiel verwende ich eine einfache Dokumentenvorlage, die einen Brief darstellen soll. Diese Vorlage ist mit einigen Textmarken versehen (was schon der ganze Trick ist). In Abbildung 209 sind die Textmarken über spitze Klammern gekennzeichnet.

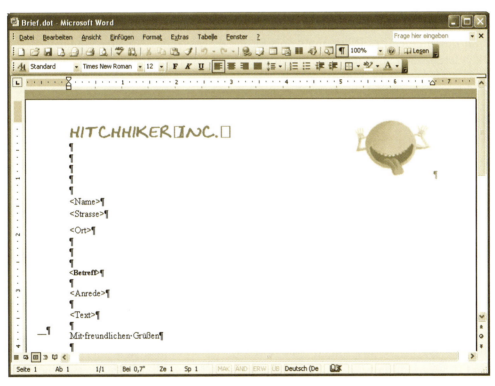

Abbildung 209: Eine einfache Dokumentenvorlage für einen Brief

Um nun basierend auf einer Dokumentenvorlage ein neues Dokument zu erzeugen, erstellen Sie zunächst eine neue Word-Instanz (bzw. referenzieren eine vorhandene, wie ich es prinzipiell im Rezept 299 beschreibe) und rufen die Add-Methode der Documents-Auflistung auf. Grundlagen dazu finden Sie im Rezept 300.

> **Hinweis:** Falls Sie nicht wissen, wie Sie in Word eine solche Dokumentenvorlage erzeugen: Erstellen Sie ein neues Dokument und fügen Sie den gewünschten Text und die gewünschten Grafiken ein. Erstellen Sie an den Stellen, an denen das Programm Texte einfügen soll, Textmarken, indem Sie die Stelle markieren und den Befehl EINFÜGEN / TEXTMARKE wählen. Speichern Sie das Dokument dann als Dokumentenvorlage (*.dot*) ab. Wenn Sie die Dokumentenvorlage nur für eine spezielle Anwendung benötigen, bietet es sich an, diese im Anwendungsordner zu speichern. Ansonsten können Sie auch den Ordner verwenden, der für Ihre Dokumentenvorlagen vorgesehen ist (per Voreinstellung ist das unter Windows XP der Ordner *C:\Dokumente und Einstellungen\<Benutzername>\Anwendungsdaten\Microsoft\Vorlagen*).

Der `Add`-Methode können Sie am ersten Argument den Dateinamen einer Dokumentenvorlage übergeben. Listing 606 zeigt dies am Beispiel der Dokumentenvorlage *Brief.dot*, die im Ordner der Anwendung erwartet wird.

Zum Kompilieren des Programms müssen Sie die Assembly *System.Windows.Forms.dll* referenzieren und die Namensräume `System`, `System.IO`, `System.Reflection` und `System.Windows.Forms` importieren.

```
// Word-Instanz erzeugen und sichtbar schalten
Word.Application word = new Word.ApplicationClass();
word.Visible = true;

// Neues Dokument basierend auf der Dokumentenvorlage Brief.dot erzeugen
object missing = Missing.Value;
object template = Path.Combine(Application.StartupPath, "Brief.dot");
word.Documents.Add(ref template, ref missing, ref missing, ref missing);
```

Listing 606: Erzeugen eines neuen Word-Dokuments auf der Basis einer Dokumentenvorlage

Nun können Sie die einzelnen Textmarken anspringen und den gewünschten Text einfügen. Dazu verwenden Sie die `GoTo`-Methode der `Selection`-Eigenschaft, der Sie am ersten Argument die Word-Konstante `WdGoToItem.wdGoToBookmark` übergeben (weil Sie eine Textmarke anspringen wollen). Da dieses Argument (wie auch die anderen) ein COM-Variant-Typ ist, der By-Reference übergeben wird, müssen Sie zur Übergabe eine `object`-Variable verwenden. Das zweite und dritte Argument sind für unseren Zweck unwichtig. Hier übergeben Sie den Wert `Missing.Value`, wieder als `object`-Variable. Am letzten Argument übergeben Sie den Namen der Textmarke.

```
object what = Word.WdGoToItem.wdGoToBookmark;
object name = "Name";
word.Selection.Goto(ref what, ref missing, ref missing, ref name);
```

Listing 607: Anspringen von Textmarken und Einfügen von Text

COM-Interop mit Office

```
word.Selection.TypeText("Donald Duck");

name = "Strasse";
word.Selection.Goto(ref what, ref missing, ref missing, ref name);
word.Selection.TypeText("Entenweg 1");

name = "Ort";
word.Selection.Goto(ref what, ref missing, ref missing, ref name);
word.Selection.TypeText("Entenhausen");

name = "Betreff";
word.Selection.Goto(ref what, ref missing, ref missing, ref name);
word.Selection.TypeText("Party");

name = "Anrede";
word.Selection.Goto(ref what, ref missing, ref missing, ref name);
word.Selection.TypeText("Hallo Donald,");

name = "Text";
word.Selection.Goto(ref what, ref missing, ref missing, ref name);
word.Selection.TypeText("wir machen Samstag eine Party. Du bist
eingeladen.");
```

Listing 607: Anspringen von Textmarken und Einfügen von Text (Forts.)

Das Dokument können Sie über die `PrintOut`-Methode des aktiven Dokuments ausdrucken (wobei viele für die Praxis eher unwichtige optionale Argumente belegt werden müssen), über die `SaveAs`-Methode speichern (wieder mit vielen optionalen Argumenten) und Word schließlich über die `Quit`-Methode der Word-Instanz beenden:

```
// Das Dokument ausdrucken ...
word.ActiveDocument.PrintOut(ref missing, ref missing, ref missing,
   ref missing, ref missing, ref missing, ref missing, ref missing,
   ref missing, ref missing, ref missing, ref missing, ref missing,
   ref missing, ref missing, ref missing, ref missing, ref missing);

// ... und speichern
object fileName = Path.Combine(Application.StartupPath, "Brief.doc");
word.ActiveDocument.SaveAs(ref fileName, ref missing, ref missing,
   ref missing, ref missing, ref missing, ref missing, ref missing,
   ref missing, ref missing, ref missing, ref missing, ref missing,
   ref missing, ref missing, ref missing);

// Word beenden
object saveChanges = false;
word.Quit(ref saveChanges, ref missing, ref missing);
```

Listing 608: Ausdrucken und Speichern eines Dokuments und Beenden von Word

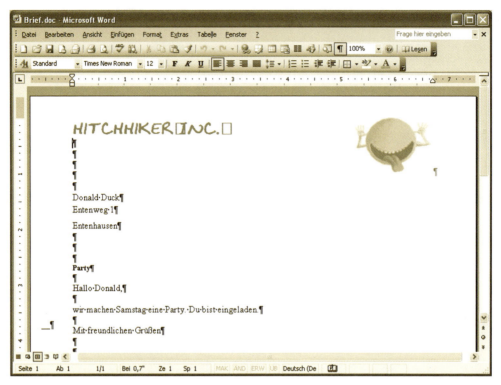

Abbildung 210: Das erzeugte Word-Dokument

302 Excel-Arbeitsmappen erzeugen

Excel kann ebenso einfach ferngesteuert werden wie Word (siehe Rezept 300). Zur Erzeugung von Excel-Arbeitsmappen benötigen Sie zunächst eine Instanz der Klasse ApplicationClass (die die Schnittstelle Application implementiert), die in der COM-Komponente *Excel.exe* (die gleichzeitig auch das interaktiv startbare Programm darstellt) verwaltet wird. Wenn Sie die frühe Bindung verwenden (siehe COM-Komponenten mit früher Bindung verwenden in der Einführung), legen Sie in Visual Studio 2005 dazu einen Verweis auf die Komponente *Microsoft Excel x.x Object Library* an, wobei *x.x* für die Excel-Version steht. Wenn Sie Visual Studio 2005 nicht besitzen, erzeugen Sie die notwendigen Wrapper-Assemblies über *tlbimp.exe*, indem Sie als Klassenbibliothek die Datei *excel.exe* im Office-Ordner angeben:

```
tlbimp.exe "C:\Programme\Microsoft Office\Office11\Excel.exe" /out:excel.dll /namespace:Excel
```

Die erzeugten Assemblies referenzieren Sie dann beim Kompilieren der Anwendung:

```
csc Demo.cs /r:excel.dll,office.dll,vbide.dll
```

Um nun eine Excel-Arbeitsmappe zu erstellen, erzeugen Sie ein Application-Objekt oder referenzieren eine vorhandene Excel-Instanz (siehe Rezept 299). Über die Add-Methode der Workbooks-Auflistung können Sie dann eine neue Arbeitsmappe erzeugen.

Die `Workbooks`-Auflistung verwaltet alle in der Excel-Instanz geöffneten Arbeitsmappen.

Die `Add`-Methode erwartet ein (in COM optionales) `object`-Argument, über das Sie die zu verwendende Vorlage spezifizieren können. Um eine normale Arbeitsmappe zu erzeugen, übergeben Sie an diesem Argument den Wert `System.Reflection.Missing.Value`. Anders als bei Word sind die Argumente der Excel-Methoden in der Regel nicht By Reference deklariert, weswegen Sie prinzipiell den nach `object` konvertierten Wert `Missing.Value` direkt übergeben können. Um den Aufruf zu vereinfachen, verwende ich dafür aber eine Variable.

Um das folgende Beispiel kompilieren zu können müssen Sie neben der Excel-Objektbibliothek die Assembly *System.Windows.Forms.dll* referenzieren und die Namensräume `System`, `System.IO`, `System.Reflection` und `System.Windows.Forms` importieren.

```
// Excel-Instanz erzeugen und sichtbar schalten
Excel.Application excel = new Excel.ApplicationClass();
excel.Visible = true;

// Arbeitsmappe ohne Vorlage erzeugen
object missing = Missing.Value;
excel.Workbooks.Add(missing);
```

Listing 609: Erzeugen einer Excel-Arbeitsmappe

Nun können Sie die aktive Arbeitsmappe referenzieren und über die `Add`-Methode der `Worksheets`-Auflistung ein Arbeitsblatt erzeugen. Da Excel so eingestellt werden kann, dass beim Start automatisch Arbeitsblätter erzeugt werden (per Voreinstellung sind das drei), können Sie zuvor abfragen, ob bereits Arbeitsblätter bestehen:

```
// Das aktive Workbook referenzieren
Excel.Workbook workbook = excel.ActiveWorkbook;

// Arbeitsblatt erzeugen
if (workbook.Worksheets.Count == 0)
{
   workbook.Worksheets.Add(missing, missing, missing, missing);
}
```

Listing 610: Erzeugen eines Arbeitsblattes

Um mit dem ersten Arbeitsblatt zu arbeiten, sollten Sie dieses referenzieren. Dabei müssen Sie beachten, dass die `Worksheets`-Auflistung wie viele andere COM-Auflistungen auch 1-basiert ist. Über die `Name`-Eigenschaft können Sie das Arbeitsblatt gleich auch umbenennen:

918 >> Excel-Arbeitsmappen erzeugen

```csharp
// Das erste Arbeitsblatt referenzieren und umbenennen
Excel.Worksheet worksheet = (Excel.Worksheet)workbook.Worksheets[1];
worksheet.Name = "Einkommensberechnung";
```

Listing 611: Referenzieren und Umbenennen des ersten Arbeitsblattes

Nun können Sie einzelne Zellen oder ganze Zellbereiche mit Text oder Formeln beschreiben und beliebig formatieren. Um herauszufinden, wie Sie einzelne Aktionen programmieren, können Sie in Excel einfach ein Makro aufzeichnen und den erzeugten Visual Basic-Programmcode nach C# konvertieren. Der Vorgang ist ähnlich dem, den ich im Rezept 300 bereits für Word beschrieben habe.

In Visual Basic würden Sie die `Range`-Eigenschaft des `Worksheet`-Objekts verwenden um direkt auf eine Zelle oder auf einen Zellbereich zuzugreifen. Diese spezielle Eigenschaft, der Sie als Index einen oder zwei Zellbezüge (in der in Excel üblichen Form *A1* oder *A1:C3*) als String übergeben können, kann in C# nicht direkt umgesetzt werden. Die Wrapper-Assembly enthält deswegen statt der Eigenschaft `Range` eine Methode `get_Range`, die ähnlich arbeitet. Dieser Methode übergeben Sie normalerweise am ersten Argument einen Zellbezug. Am zweiten Argument, das einen zweiten Zellbezug aufnimmt, können Sie `Missing.Value` übergeben. Sie erhalten dann ein `Range`-Objekt zurück, über das Sie die Zelle bzw. den Bereich mit einem Text beschreiben oder umformatieren können.

Zum Schreiben eines Textes können Sie in Visual Basic die `Value`-Eigenschaft verwenden, die aber (aus mir unbekannten Gründen) in der Wrapper-Assembly nicht direkt vorhanden ist und über die Methode `set_Value` repräsentiert wird. Alternativ können Sie aber auch die Eigenschaft `Value2` verwenden, die auch in der Wrapper-Assembly implementiert ist.

Das folgende Beispiel schreibt zunächst einen Text in die Zelle A1 und formatiert dann deren Schriftart um. Dann werden noch die Zellen A2 bis A5 mit Texten beschrieben:

```csharp
// Die Zelle A1 referenzieren, beschreiben und die Schriftart definieren
Excel.Range range = worksheet.get_Range("A1", missing);
range.set_Value(missing, "Einkommens-Berechnung");
// Alternative range.Value2 = "Einkommens-Berechnung";
range.Font.Size = 16;
range.Font.Bold = true;

// A2 bis A5 beschreiben
worksheet.get_Range("A2", missing).Value2 = "2002";
worksheet.get_Range("A3", missing).Value2 = "2003";
worksheet.get_Range("A4", missing).Value2 = "2004";
worksheet.get_Range("A5", missing).Value2 = "2005";
```

Listing 612: Beschreiben und Formatieren von Zellen

Über die `Cells`-Eigenschaft können Sie über Integer-Indizes auf Zellen zugreifen, z.B. um diese in einer Schleife zu beschreiben oder auszulesen. Am ersten Argument übergeben Sie den (1-basierten) Index der Zeile, am zweiten den Index der Spalte. `Cells` gibt wie `get_Range` ein Range-Objekt zurück, über das Sie den Inhalt und die Formatierung der Zelle erreichen. Das folgende Beispiel schreibt den Inhalt eines Arrays in die Zellen B2 bis B5:

```
double[] sales = {120000, 118000, 130000, 150000};
for (int i = 0; i < 4; i++)
{
   int row = i + 2;
   int col = 2;
   worksheet.Cells[row, col] = sales[i];
}
```

Listing 613: Zugriff auf Zellen über Integer-Indizes

Formeln können Sie über die `Formula`- oder `FormularLocal`-Eigenschaft eines `Range`-Objekts erzeugen. Dazu verwenden Sie die Syntax, die auch in Excel direkt eingesetzt wird.

> **Hinweis**
>
> Laut der Dokumentation verwendet die `Formula`-Eigenschaft die englische Formelsyntax, für die lokale Variante müssten Sie die `FormulaLocal`-Eigenschaft verwenden. Bei der Fernsteuerung von Excel über ein Visual-Basic-6-Programm funktioniert das auch. Eigenartigerweise konnte ich in meinen Versuchen auch mit der `Formula`-Eigenschaft nur die lokale (deutsche) Formelvariante verwenden.

```
// Eine Formel in die Zelle B6 schreiben und die Zelle fett formatieren
worksheet.get_Range("B6", missing).FormulaLocal = "=SUMME(B2:B5)";
worksheet.get_Range("B6", missing).Font.Bold = true;
```

Listing 614: Erzeugen einer Formel

Statt direkte Bezüge für die Formel zu verwenden, könnten Sie auch über die `FormulaR1C1`-Eigenschaft Formeln mit Bezügen im so genannten Z1S1-Bezugssystem (in Englisch: R1C1-System) übergeben. Dabei geben Sie die Zeile und die Spalte jeweils relativ zur aktuellen Zelle über einen Index in runden (bzw. in der englischen Syntax in eckigen) Klammern an. *Z(-4)S:Z(-1)S* bedeutet z.B.: »Von der Zelle in der aktuellen Zeile -4 und der aktuellen Spalte bis zur Zelle in der aktuellen Zeile -1 und der aktuellen Spalte«. Damit könnten Sie Formeln auch für dynamisch erzeugte Zeilen relativ einfach erzeugen:

```
worksheet.get_Range("B6", missing).FormulaR1C1Local = "=SUMME(Z(-4)S:Z(-1)S)";
```

> **Hinweis**
>
> Wie schon bei der `Formula`-Eigenschaft sollte auch `FormulaR1C1` die Formel eigentlich in der englischen Syntax verwalten. Bei meinen Versuchen war dies aber unter Excel XP und 2003 nicht möglich. Ich musste auch der `FormulaR1C1`-Eigenschaft die deutsche Syntax übergeben.

> **Hinweis**
>
> Wenn die Formel einen Fehler enthält (bzw. in der falschen Sprachversion übergeben wurde), resultiert dies normalerweise in einer wenig aussagekräftigen Ausnahme vom Typ `COMException` mit der Meldung »Ausnahme von HRESULT: 0x800A03EC«.

Nun können Sie das erzeugte Arbeitsblatt noch ausdrucken, wozu Sie die `PrintOut`-Methode des `Worksheet`-Objekts verwenden. Diese Methode arbeitet mit einigen optionalen Argumenten, über die Sie u.a. den Seitenbereich, die Anzahl der Kopien und den Drucker spezifizieren können. Da ich davon ausgehe, dass normalerweise das ganze Dokument auf dem Standarddrucker gedruckt wird, definiere ich nur die Anzahl der Kopien und übergebe an den anderen Argumenten den Wert `Missing.Value`.

```
object copies = 1;
worksheet.PrintOut(missing, missing, copies, missing, missing, missing,
    missing, missing);
```

Listing 615: Ausdrucken eines Arbeitsblatts

Zum Speichern einer Arbeitsmappe können Sie deren `SaveAs`-Methode aufrufen. Diese Methode besitzt eine Vielzahl an optionalen `object`- und ein eigentlich ebenfalls optionales Argument mit dem definierten Typ `Excel.XlSaveAsAccessMode`. Am ersten Argument übergeben Sie den Dateinamen als String (!). Am zweiten Argument können Sie das Dateiformat in der Form eines Wertes der Aufzählung `Excel.XlFileFormat` bestimmen. Dieses Argument ist interessant, wenn Sie die Datei z.B. in einem älteren Excel-Format speichern wollen, damit ältere Excel-Versionen darauf zugreifen können. Das Beispiel speichert die Datei im Excel 95/97-Format. Die weiteren Argumente, über die Sie u.a. ein Passwort vergeben können, sind relativ uninteressant und können mit `Missing.Value` belegt werden. Am siebten Argument erwartet `SaveAs` dummerweise keinen `object`-Typ, sondern einen Wert der Aufzählung `Excel.XlSaveAsAccessMode`. Dieses Argument bestimmt, ob mehrere Benutzer gleichzeitig auf die Excel-Arbeitsmappe zugreifen können oder nicht. Übergeben Sie hier idealerweise `Excel.XlSaveAsAccessMode.xlNoChange` um die in der Arbeitsmappe bereits vorgenommene Einstellung nicht zu ändern.

`SaveAs` besitzt ein kleines Manko: Falls die Datei bereits existiert, haben Sie keine Möglichkeit, festzulegen, dass diese überschrieben wird. Excel fragt dann immer automatisch nach, ob die Datei überschrieben werden soll, und erzeugt eine Ausnahme vom Typ COMException, wenn der Anwender nicht den Ja-Schalter betätigt. Um diesen automatischen Dialog zu vermeiden, sollten Sie selbst abfragen, ob die Datei bereits existiert, und diese gegebenenfalls zuvor löschen, wie ich es in Listing 616 implementiert habe.

```
// Dateiname definieren
string fileName = Path.Combine(Application.StartupPath,
    "Einkommensberechnung.xls");

// Abfragen, ob die Datei bereits existiert
bool writeFile = true;
if (File.Exists(fileName))
{
    if (MessageBox.Show("Die Datei '" + fileName + "' existiert " +
        "bereits.\r\n\r\nWollen Sie diese Datei überschreiben?",
        Application.ProductName, MessageBoxButtons.YesNo,
        MessageBoxIcon.Question) == DialogResult.Yes)
    {
        // Datei löschen
        File.Delete(fileName);
        writeFile = true;
    }
}
if (writeFile)
{
    // Die Arbeitsmappe im Excel-95/97-Format speichern
    object fileFormat = Excel.XlFileFormat.xlExcel9795;
    workbook.SaveAs(fileName, fileFormat, missing, missing, missing, missing,
        Excel.XlSaveAsAccessMode.xlNoChange, missing, missing, missing,
        missing, missing);
}

// Excel beenden
excel.Quit();
```

Listing 616: Speichern einer Excel-Arbeitsmappe und Beenden von Excel

303 Daten in Excel-Arbeitsmappen erweitern

Excel-Arbeitsmappen werden häufig verwendet, um Daten tabellarisch zu verwalten und über diese Daten Berechnungen auszuführen. Wenn Sie diese Daten programmgesteuert erweitern müssen, können Sie, nachdem Sie die Arbeitsmappe geöffnet und das Arbeitsblatt referenziert haben, einfach die letzte Zeile suchen, die noch Daten speichert, und hinter diese Zeile neue Zeilen für die neuen Daten einfügen.

Daten in Excel-Arbeitsmappen erweitern

Abbildung 211: Die erzeugte Excel-Arbeitsmappe

Die folgenden Listings zeigen, wie das programmiert wird. Als Basis verwende ich die Excel-Datei, die in Rezept 302 erstellt wurde. In diesem Rezept behandle ich auch die Grundlagen der Fernsteuerung von Excel.

Zunächst müssen Sie die Arbeitsmappe öffnen und das Arbeitsblatt referenzieren. Dazu erzeugen Sie eine Excel-Instanz und rufen die Open-Methode der Workbooks-Auflistung auf. Open erwartet am ersten Argument den Dateinamen (als String). Die weiteren Argumente, die alle optional sind, bestimmen u. a., ob Links in der Datei automatisch aktualisiert werden sollen, ob die Datei schreibgeschützt geöffnet werden soll, und geben ein eventuelles Passwort an. Da diese Argumente in der Praxis meist unerheblich sind, übergebe ich einfach Missing.Value. Die Open-Methode gibt eine Referenz auf die geöffnete Arbeitsmappe zurück, die Sie idealerweise einer Variablen vom Typ Workbook zuweisen.

Dann referenzieren Sie das anzusprechende Arbeitsblatt über die Worksheets-Auflistung des Workbook-Objekts. Dieser Auflistung können Sie den Index oder den Namen des Arbeitsblattes übergeben. Listing 617 übergibt den Namen.

Zum Kompilieren dieses Programms müssen Sie neben der Excel-Objektbibliothek die Assembly *System.Windows.Forms.dll* referenzieren und die Namensräume System, System.IO, System.Reflection und System.Windows.Forms einbinden.

```
// Excel-Instanz erzeugen und sichtbar schalten
Excel.Application excel = new Excel.ApplicationClass();
excel.Visible = true;
```

Listing 617: Öffnen einer Excel-Arbeitsmappe und Referenzieren eines Arbeitsblatts

>> COM-Interop mit Office

```
// Arbeitsmappe öffnen
object missing = Missing.Value;
string fileName = Path.Combine(Application.StartupPath,
   "Einkommensberechnung.xls");
Excel.Workbook workbook = excel.Workbooks.Open(fileName, missing, missing,
   missing, missing, missing, missing, missing, missing, missing,
   missing, missing, missing, missing);

// Arbeitsblatt 'Einkommensberechnung' referenzieren
Excel.Worksheet worksheet =
   (Excel.Worksheet)workbook.Worksheets["Einkommensberechnung"];
```

Listing 617: Öffnen einer Excel-Arbeitsmappe und Referenzieren eines Arbeitsblatts (Forts.)

Zum Suchen der ersten Zeile, die keine Daten mehr enthält, können Sie die Zeilen in einer Schleife durchgehen und den Wert der Zellen in der Zeile über die `Cells`-Eigenschaft abfragen, der Sie am ersten Argument den Zeilen- und am zweiten Argument den Spaltenindex übergeben. Gibt die `Value2`-Eigenschaft einer Zelle `null` zurück, ist diese Zelle leer. Listing 618 geht die Zeilen ab der ersten Zeile durch und fragt den Wert der Zelle in der ersten Spalte ab. Zur Vereinfachung referenziert das Programm die einzelnen Zellen in der Variable *range*. Da `Cells` eine `object`-Referenz zurückgibt, muss diese in den Datentyp `Excel.Range` konvertiert werden. Enthält eine Zelle den Wert `null`, bricht das Programm die Schleife ab. Da nun die erste Zelle in der Zeile referenziert ist, die der letzten Datenzeile folgt, referenziert Listing 618 dann über die `get_Offset`-Methode die Zelle oberhalb der gefundenen. `get_Offset` erwartet einen Offset-Index für die Zeile und die Spalte und gibt eine Referenz auf das `Range`-Objekt zurück, das diesem Offset entspricht.

```
// Suchen der ersten Zeile, die in der ersten Spalte keine Daten mehr enthält
int row = 0;
Excel.Range range = null;
do
{
   row++;
   range = (Excel.Range)worksheet.Cells[row, 1];
   if (range.Value2 == null)
      break;
} while (true);

// Die erste Zelle der letzten Datenzeile referenzieren
range = (Excel.Range)worksheet.Cells[row - 1, 1];
```

Listing 618: Suchen der ersten Zeile in einem Excel-Arbeitsblatt, die keine Daten mehr enthält

Daten in Excel-Arbeitsmappen erweitern

Diese Methode, die letzte Datenzeile zu finden, ist sehr flexibel, da Sie auch mehrere Zellen daraufhin überprüfen können, ob diese noch Daten enthalten. Wenn Sie sich darauf verlassen können, dass eine Spalte immer Daten enthält und ein Leerwert in dieser Spalte das Ende der Daten kennzeichnet, können Sie auch die folgende, etwas effizientere Lösung einsetzen:

```
// Ausgehend von der Zelle A1 die letzte Zelle suchen, die noch Daten enthält
Excel.Range range = worksheet.get_Range("A1", missing).get_End(
    Excel.XlDirection.xlDown);
```

Listing 619: Effizienteres Ermitteln der letzten Datenzeile

Diese Lösung ruft, ausgehend von der Zelle A1, die `get_End`-Methode unter der Übergabe von `Excel.XlDirection.xlDown` auf. `get_End` gibt dann eine Referenz auf die letzte Zelle zurück, die noch Daten verwaltet. Damit erreichen Sie programmgesteuert das, was Sie in Excel auch durch die Betätigung von [Strg] + [↓] erreichen. Den entsprechenden Programmcode habe ich auch einfach über die Aufzeichnung eines Makros in Excel ermittelt ☺.

Nun, da die Zelle in der ersten Spalte der letzten Datenzeile referenziert ist, könnten Sie die Zelle unterhalb der gefundenen referenzieren und dort eine neue Zeile einfügen (Excel fügt neue Zeilen standardmäßig oberhalb ein). Leider führt das aber zu einem Problem: Auf diese Weise werden die Zellbezüge von Formeln, die sich auf den Datenbereich beziehen (im Beispiel ist das die Formel SUMME(B2:B5)) nicht automatisch erweitert. Sie müssten also alle Formeln überarbeiten, was natürlich nicht sinnvoll ist.

Die Lösung dieses Problems ist, dass Sie einfach eine Zeile oberhalb der letzten Datenzeile einfügen und die Daten der letzten Zeile in diese neue Zeile umkopieren. In diesem Fall passt Excel alle Zellbezüge automatisch an. Listing 620 setzt dies für zwei neue Zeilen um. Dabei wird zunächst über die `Insert`-Methode des `Range`-Objekts, das die gesamte aktuelle Zeile darstellt, eine neue Zeile eingefügt. Die gesamte Zeile erhalten Sie über die `EntireRow`-Eigenschaft eines `Range`-Objekts. Normalerweise müsste dann immer noch die erste Zelle der aktuellen Zeile referenziert sein. Da dies aber beim zweiten Einfügen einer Zeile nicht mehr der Fall war, referenziert Listing 620 zur Sicherheit die erste Zelle explizit (über die `Cells`-Eigenschaft der gesamten Zeile).

Dann kopiert das Programm die Daten der zuvor letzten Datenzeile nach oben in die neue Zeile und fügt die neuen Daten in die aktuelle Zeile ein. Das Ganze wird schließlich noch für eine weitere neue Zeile wiederholt.

```
// Eine Zeile einfügen
range.EntireRow.Insert(missing, missing);

// Die erste Zelle in der aktuellen Zeile referenzieren (zur Sicherheit)
range = (Excel.Range)range.EntireRow.Cells[1, 1];
```

Listing 620: Einfügen von zwei neuen Zeilen in das Arbeitsblatt

COM-Interop mit Office

```
// Die Daten der aktuellen Zeile in die neue oben kopieren
range.get_Offset(-1, 0).Value2 = range.Value2;
range.get_Offset(-1, 1).Value2 = range.get_Offset(0, 1).Value2;

// Daten in die aktuelle Zeile einfügen
range.Value2 = 2005;
range = range.get_Offset(0, 1);
range.Value2 = 185000;

// Eine weitere Zeile einfügen, Daten kopieren und neue Daten einfügen
range.EntireRow.Insert(missing, missing);
range = (Excel.Range)range.EntireRow.Cells[1, 1];
range.get_Offset(-1, 0).Value2 = range.Value2;
range.get_Offset(-1, 1).Value2 = range.get_Offset(0, 1).Value2;
range.Value2 = 2006;
range = range.get_Offset(0, 1);
range.Value2 = 221000;
```

Listing 620: Einfügen von zwei neuen Zeilen in das Arbeitsblatt (Forts.)

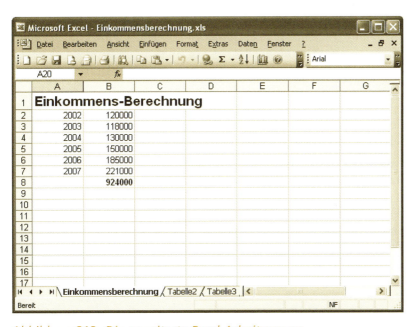

Abbildung 212: Die erweiterte Excel-Arbeitsmappe

Nun können Sie noch ausdrucken und die Arbeitsmappe speichern. Grundlagen zum Drucken finden Sie im Rezept 302. Speichern können Sie einfach über die Save-Methode des Workbook-Objekts:

```
// Arbeitsmappe speichern
workbook.Save();

// Excel beenden
excel.Quit();
```

Listing 621: Speichern der Arbeitsmappe und Beenden von Excel

Abbildung 212 zeigt die erweiterte Arbeitsmappe in Excel.

304 Kontakte aus Outlook auslesen

Outlook wird von vielen Anwendern zur Verwaltung ihrer Kontakte und als E-Mail-Client eingesetzt. Die Kontakte können Sie natürlich über die Fernsteuerung von Outlook auslesen, z.B. um dem Anwender in Ihrem Programm eine Auswahl der Kontakte anzubieten und damit einen Serienbrief zu generieren.

Dazu referenzieren Sie zunächst die COM-Komponente *Microsoft Outlook x.x Object Library* (bei einer Standard-Office-Installation ist das die Datei *C:\Programme\Microsoft Office\Office11\msoutl.olb*). Zum Kompilieren der Quellcodes in diesem Rezept benötigen Sie (aufgrund der Verwendung der `MessageBox`-Klasse) außerdem eine Referenz auf die Assembly *System.Windows.Forms.dll* und müssen die Namensräume `System` und `System.Windows.Forms` einbinden.

Dann erzeugen Sie wie bei allen anderen Office-Anwendungen eine Instanz der Klasse `Outlook.ApplicationClass`. Alternativ können Sie auch eine vorhandene Outlook-Instanz referenzieren, wie ich es prinzipiell im Rezept 299 beschreibe. Gerade bei Outlook ist diese Technik aufgrund des relativ langsamen Starts sehr interessant. Ein Sichtbar-Schalten ist allerdings bei Outlook nicht möglich.

Zum Zugriff auf die Outlook-Ordner benötigen Sie eine Referenz auf die aktuelle MAPI-Sitzung (Outlook verwendet das Messaging API zur Verwaltung der Ordner und für E-Mail-Funktionalitäten), die Sie über die Eigenschaft `Session` erreichen. Diese Eigenschaft besitzt den Typ `Outlook.NameSpace`. Sofern der Zugang zu Outlook geschützt ist, können Sie das Programm über die `Logon`-Methode des `NameSpace`-Objekts authentifizieren:

```
Outlook.Application outlook = new Outlook.Application();
Outlook.Namespace session = outlook.Session;
string profileName = "Outlook";
string password = null;
bool showDialog = false;
bool newSession = false;
session.Logon(profileName, password, showDialog, newSession);
```

Listing 622: Erzeugen einer Outlook-Instanz, Referenzieren der aktuellen Sitzung und Logon in Outlook

>> COM-Interop mit Office

Den Default-Kontakte-Ordner können Sie sehr einfach über die `GetDefaultFolder`-Methode des `NameSpace`-Objekts ermitteln, indem Sie als Argument den Wert `Outlook.OlDefaultFolders.olFolderContacts` übergeben. Sie erhalten eine Referenz auf ein `MAPIFolder`-Objekt zurück. Ein solches Objekt repräsentiert einen beliebigen Ordner (auch z.B. E-Mail- oder Kalender-Ordner). Über die Eigenschaft `Items`, die eine normale COM-Auflistung (mit dem Startindex 1) ist, erreichen Sie die in einem Ordner gespeicherten Elemente. Dabei müssen Sie ein wenig aufpassen, denn ein Ordner kann beliebige Elemente speichern. Sie können nicht davon ausgehen, dass ein Kontakte-Ordner nur Elemente des Typs `Outlook.ContactItem` verwaltet. Deswegen sollten Sie das Lesen der Elemente wie in Listing 623 gezeigt vornehmen:

```
Outlook.MAPIFolder folder =
session.GetDefaultFolder(Outlook.OlDefaultFolders.olFolderContacts);
Console.WriteLine("{0} Kontakte im Ordner {1}", folder.Items.Count,
folder.Name);
for (int i = 1; i <= folder.Items.Count; i++)
{
   Outlook.ContactItem contact = folder.Items[i] as Outlook.ContactItem;
   if (contact != null)
   {
      Console.WriteLine("{0} {1} {2} {3}, {4} {5}",
         contact.CompanyName, contact.FirstName,
         contact.MiddleName, contact.LastName, contact.HomeAddressPostalCode,
         contact.HomeAddressCity);
   }
}
```

Listing 623: Auslesen der Kontakte im Outlook-Default-Kontakte-Ordner

Ein Outlook-Kontakt-Element besitzt eine Vielzahl an Eigenschaften, die Sie ja wahrscheinlich prinzipiell von Outlook her bereits kennen. Ich verzichte hier auf eine Beschreibung, da die Namen der Eigenschaften größtenteils selbsterklärend sind. Eine recht mager ausgefallene Referenz der Outlook-2003-Objekte finden Sie, wenn Sie an der Adresse *msdn.microsoft.com/library* nach »Outlook Object Model« suchen. Die Adresse der Seite für das Outlook 2003-Objektmodell ist leider (wie so häufig bei Microsoft) so kryptisch, dass ich diese im Buch nicht angeben kann. Das Outlook-2000-Objektmodell, das sich nicht allzu sehr von dem neuen Modell unterscheidet, finden Sie übrigens an der Adresse *msdn.microsoft.com/library/en-us/modcore/html/deovrMicrosoftOutlook2000.asp*.

Wenn Sie auf spezielle Ordner zugreifen wollen, müssen Sie diese einzeln ausgehend vom Stammordner referenzieren. Handelt es sich um den Unterordner eines anderen Ordners, erreichen Sie diesen über die Eigenschaft `Folders` eines `MAPIFolder`-Objekts. Das folgende Beispiel zeigt, wie Sie den Ordner *Persönliche Ordner/Kontakte/Handy* referenzieren.

Kontakte aus Outlook auslesen

```csharp
string folderName1 = "Persönliche Ordner";
string folderName2 = "Kontakte";
string folderName3 = "Handy";
try
{
   folder = (Outlook.MAPIFolder)session.Folders[folderName1];
   folder = folder.Folders[folderName2];
   folder = folder.Folders[folderName3];

   Console.WriteLine();
   Console.WriteLine("{0} Kontakte im Ordner {1}", folder.Items.Count,
      folder.Name);
   for (int i = 1; i <= folder.Items.Count; i++)
   {
      Outlook.ContactItem contact = folder.Items[i] as
         Outlook.ContactItem;
      if (contact != null)
      {
         Console.WriteLine("{0}", contact.CompanyAndFullName);
      }
   }

}
catch (Exception ex)
{
   MessageBox.Show(ex.Message, Application.ProductName, MessageBoxButtons.OK,
      MessageBoxIcon.Error);
   outlook.Quit();
   return;
}
```

Listing 624: Auslesen eines speziellen Kontakte-Ordners

Das Beispiel nutzt übrigens die Eigenschaft CompanyAndFullName, die den Namen der Firma und den vollen Namen des Kontakts in einer gut formatierten Form zurückgibt.

Wie in Listing 624 sollten Sie für den Fall, dass der Ordner nicht existiert, eine Ausnahmebehandlung vorsehen. Die Fehlermeldung im Fall eines nicht existenten Ordners (»Der Vorgang konnte nicht ausgeführt werden. Ein Objekt wurde nicht gefunden«) ist so einigermaßen aussagekräftig.

Schließlich zeige ich noch, wie Sie die einzelnen Kontakte-Ordner einer Outlook-Instanz durchgehen können, um diese mit den enthaltenen Kontakten z.B. in einem TreeView-Steuerelement darzustellen. Dazu benötigen Sie eine Methode zum rekursiven Durchgehen der Kontakte-Ordner:

>> COM-Interop mit Office

```
public static void ReadFolderItems(Outlook.MAPIFolder folder)
{
   // Zunächst alle Elemente auslesen
   Console.WriteLine();
   Console.WriteLine(folder.FullFolderPath);
   for (int i = 1; i <= folder.Items.Count; i++)
   {
      Outlook.ContactItem contact = folder.Items[i] as Outlook.ContactItem;
      if (contact != null)
         Console.WriteLine(contact.CompanyAndFullName);
   }

   // Dann alle Unterordner durchgehen, die selbst wieder Kontakte-Ordner
   // sind
   for (int i = 1; i <= folder.Folders.Count; i++)
   {
      Outlook.MAPIFolder subFolder = folder.Folders[i];
      if (subFolder.DefaultItemType == Outlook.OlItemType.olContactItem)
      {
         // Methode rekursiv aufrufen
         ReadFolderItems(subFolder);
      }
   }
}
```

Listing 625: Methode zum rekursiven Durchgehen der Outlook-Kontakte-Ordner

Die Methode, der eine Referenz auf ein `MAPIFolder`-Objekt übergeben wird, liest zunächst wie bereits bekannt alle Kontakte aus diesem Ordner aus. Dann geht sie die Unterordner des Ordners durch, die über die Eigenschaft `Folders` erreichbar sind. Um zu überprüfen, ob es sich um einen Kontakte-Ordner handelt, vergleicht `ReadFolderItems` den Default-Elementtyp der einzelnen Ordner mit der Konstante `Outlook.OlItemType.olContactItem`. Dabei gehe ich davon aus, dass Ordner, deren Default-Elementtyp Kontakte sind, auch Kontakte-Ordner sind ☺. Wird ein untergeordneter Kontakte-Ordner gefunden, ruft die Methode sich mit diesem Ordner wieder auf. Im Programm müssen Sie `ReadFolderItems` lediglich mit einem Wurzel-Ordner aufrufen:

```
string rootFolderName = "Persönliche Ordner";
ReadFolderItems((Outlook.MAPIFolder)session.Folders[rootFolderName]);
```

Am Ende Ihrer Arbeit sollten Sie nicht vergessen, die Outlook-Instanz freizugeben, da der Prozess ansonsten bestehen bleibt und den Arbeitsspeicher belastet:

```
outlook.Quit();
```

Reflection und Serialisierung

305 Informationen über den Aufrufer in einer Methode oder einem Konstruktor ermitteln

Tritt in einer komplexen Anwendung innerhalb einer Methode ein Fehler auf, ist es häufig sinnvoll zu wissen, welche andere Methode diese Methode aufgerufen hat. Wenn der Fehler auf Ihrem Entwicklungssystem auftritt, können Sie beim Debuggen die Aufrufliste zu Rate ziehen. Tritt der Fehler aber nur auf einem Anwender-Rechner auf, wird das Debugging schon schwieriger. In diesem Fall ist es sinnvoll, Informationen über den Aufrufer der Methode auszulesen und in der Fehlermeldung auszugeben.

Dazu können Sie einfach die StackTrace-Eigenschaft des Exception-Objekts auslesen, das Sie im catch-Block einer Ausnahmebehandlung erhalten. Sie können aber auch direkt den Namen der aufrufenden Methode auslesen. Sinnvoll ist das ebenfalls, wenn Sie in einer Logdatei protokollieren wollen, wie oft und von welcher anderen Methode eine Methode aufgerufen wird.

Um den Namen der aufrufenden Methode herauszufinden, können Sie einfach ein neues StackTrace-Objekt erzeugen (aus dem Namensraum System.Diagnostics). Ein solches Objekt verwaltet StackFrame-Instanzen, die Informationen zu den einzelnen Aufrufen in der Aufrufliste enthalten. Über die GetFrame-Methode, der Sie einen Index übergeben, können Sie die einzelnen Stack-Frames auslesen. Über deren GetMethod-Methode erhalten Sie ein MethodBase-Objekt mit Informationen zur Methode. Über deren Eigenschaft Name erhalten Sie den Namen, die Eigenschaft ReflectedType gibt Informationen zur Klasse oder Struktur, in der die Methode gespeichert ist.

Listing 626 zeigt, wie Sie mit dieser Technik den Namen und die Klasse der aufrufenden Methode herausfinden. Das Beispiel liest den Stack-Frame mit dem Index 1 aus (der Stack-Frame mit dem Index 0 ist der der Methode Test selbst).

Das Beispiel erfordert den Import der Namensräume System und System.Diagnostics.

```
public static void Test()
{
   // Den Namen und die Klasse der aufrufenden Methode ermitteln
   StackTrace stackTrace = new StackTrace();
   string callerMethodName = stackTrace.GetFrame(1).GetMethod().Name;
   string callerClassName =
      stackTrace.GetFrame(1).GetMethod().ReflectedType.Name;

   Console.WriteLine("Aufrufende Methode: {0}", callerMethodName);
   Console.WriteLine("Aufrufende Klasse: {0}", callerClassName);
}
```

Listing 626: Ermittlung des Namens und des Klassennamens der aufrufenden Methode

Abbildung 213: Das Beispielprogramm in Aktion

306 Programmcode dynamisch ausführen

Wenn Sie einmal Programmcode dynamisch ausführen müssen (z.B. zur Programmierung eines einfachen Rechners, in dem der Anwender eine Rechenoperation als String eingeben kann), können Sie einen komplizierten und einen einfachen Weg gehen. Der komplizierte ist die Verwendung der Klassen im Namensraum `System.Reflection.Emit`. Diese Klassen ermöglichen die dynamische Erzeugung von Assemblies. Leider müssen Sie hier aber IL-Code angeben, was für die Praxis also kaum zu gebrauchen ist. Besser wäre es, den C#-Quellcode für eine Assembly in einen String speichern und diesen in eine Assembly kompilieren zu können, die dann schließlich im Programm per Reflection ausgeführt wird. Und das ist kein Problem. Sie müssen lediglich wissen, wie es geht. Und das zeige ich hier ☺.

Über eine Instanz der `CodeDomProvider`-Klasse aus dem Namensraum `System.CodeDom.Compiler` können Sie beliebigen Quellcode in einer von Dotnet unterstützten Sprache in eine Assembly kompilieren und die erzeugten Methoden dynamisch ausführen. Die Assembly muss dazu nicht als Datei erzeugt werden, sondern kann lediglich im Speicher existieren. Der Quellcode muss natürlich den Regeln von Dotnet entsprechen, sollte also einen Namensraum und in diesem zumindest eine Klasse mit einer Methode beinhalten. Bei der dynamischen Ausführung der Methode können Sie (natürlich) Argumente übergeben und einen eventuellen Rückgabewert auswerten.

Wie Sie dies programmieren, zeige ich an einem einfachen Beispiel, das den Import der Namensräume `System`, `System.CodeDom.Compiler` und `System.Reflection` erfordert.

Zunächst müssen Sie natürlich den Quellcode zusammenstellen. Um dieses Rezept so einfach wie möglich zu halten, verwende ich eine Methode, die lediglich zwei Zahlen addiert und das Ergebnis zurückgibt:

```
string assemblyNamespace = "DynamicCode";
string className = "Demo";
string methodName = "Add";
string source = "namespace " + assemblyNamespace +
    "{" +
    "   class " + className +
    "   {" +
    "       public double " + methodName + "(double value1, double value2)" +
    "       {" +
    "           return value1 + value2;" +
```

Listing 627: Zusammensetzen eines Beispiel-Quellcodes

```
        }" +
       }" +
"}";
```

Listing 627: Zusammensetzen eines Beispiel-Quellcodes (Forts.)

Je nach Programmiersprache (ich verwende hier natürlich C#) müssen Sie sich nicht um Zeilenumbrüche kümmern, da die Compiler für die Sprachen mit Zeilenende-Zeichen (C#, J#) diese sowieso ignorieren. In dem Beispiel habe ich deswegen auch keine Zeilenumbrüche im Code-String eingesetzt und den Quelltext lediglich so zusammengestellt, dass er für Sie verständlich ist.

Beim Aufbau des Quellcodes haben Sie alle Möglichkeiten, die die Sprache bietet. Sie müssen lediglich beachten, dass Sie die Methode(n) später über Reflection aufrufen und deswegen den Namensraum, die Klasse und den Namen und die Signatur der Methode kennen müssen. Wenn Sie Quellcode ausführen wollen, der vom Anwender eingegeben wird, müssen Sie diese Namen also festlegen. Dem Anwender können Sie in diesem Fall lediglich die Möglichkeit bieten, den Inhalt der Methode(n) anzugeben.

Zum Kompilieren des Quellcodes benötigen Sie eine Instanz der `CodeDomProvider`-Klasse, die Sie über die statische `CreateProvider`-Methode erhalten. Dieser Methode übergeben Sie einen String, der die zu verwendende Sprache angibt. »C#« steht dabei natürlich für C#. Über die `CompileAssemblyFromSource`-Methode der `CodeDomProvider`-Instanz kompilieren Sie den Quellcode. Dabei übergeben Sie am ersten Argument eine Instanz der Klasse `CompilerParameters` und am zweiten den Code.

Die `CompilerParameters`-Instanz verwaltet alle Parameter, die dem Compiler übergeben werden sollen. Die Eigenschaft `GenerateInMemory` legt fest, dass die Assembly im Speicher erzeugt werden soll. Über `GenerateExecutable` legen Sie fest, ob Sie eine ausführbare (Exe-)Datei oder eine Klassenbibliothek kompilieren. `IncludeDebugInformation` bestimmt, ob Debuginformationen mit in die Assembly aufgenommen werden sollen. Die letzte für unser Vorhaben wichtige Eigenschaft ist `ReferencedAssemblies`, über deren `Add`-Methode Sie Referenzen zu allen in der dynamischen Klasse benötigten Assemblies hinzufügen können.

`CompileAssemblyFromSource` gibt ein `CompilerResults`-Objekt zurück, über das Sie später eventuelle Fehler auswerten bzw. die erzeugte Assembly erreichen.

```
// Compiler erzeugen
CodeDomProvider compiler = CodeDomProvider.CreateProvider("C#");

// Input-Parameter für den Compiler definieren
CompilerParameters compilerParams = new CompilerParameters();
compilerParams.GenerateInMemory = true;
compilerParams.GenerateExecutable = false;
```

Listing 628: Dynamisches Kompilieren von Quellcode in eine In-Memory-Assembly

934 >> Programmcode dynamisch ausführen

```
compilerParams.IncludeDebugInformation = true;
compilerParams.ReferencedAssemblies.Add("system.dll");

// Assembly erzeugen
CompilerResults compilerResults = 
   compiler.CompileAssemblyFromSource(compilerParams, source);
```

Listing 628: Dynamisches Kompilieren von Quellcode in eine In-Memory-Assembly (Forts.)

Nach dem Kompilieren sollten Sie über die `Errors`-Eigenschaft des `CompilerResults`-Objekts überprüfen, ob Fehler aufgetreten sind. Sind keine Fehler aufgetreten, erreichen Sie die erzeugte In-Memory-Assembly über die Eigenschaft `CompiledAssembly`. Der Rest ist reine Reflection: Das Aufrufen einer Methode in einer Assembly.

Dazu holen Sie zunächst über die `GetType`-Methode der Assembly eine `Type`-Instanz der Klasse. Über die `InvokeMember`-Methode dieses Objekts erzeugen Sie dann eine Instanz der Klasse. Dabei müssen Sie einige Konstanten der `BindingFlags`-Aufzählung übergeben. Welche das sind, zeigt Listing 629.

Die Methode rufen Sie schließlich über die `InvokeMember`-Methode des `Type`-Objekts auf, wobei Sie wieder einige Konstanten der `BindingFlags`-Aufzählung übergeben müssen. Neben dem Namen der Methode und den `BindingFlags` übergeben Sie am vierten Argument die Instanz der Klasse und am letzten Argument ein `object`-Array mit den Argumenten der Methode. `InvokeMember` gibt ein `object` zurück, das den Wert speichert, den die Methode zurückgegeben hat.

Sind beim Kompilieren Fehler aufgetreten, können Sie diese aus der `Errors`-Auflistung des `CompilerResults`-Objekts auslesen. Die Eigenschaft `Line` der in dieser Auflistung referenzierten `CompilerError`-Objekte speichert die Zeile, in der der Fehler aufgetreten ist. Aus der Eigenschaft `Column` können Sie Spalten auslesen und `Error`-`Text` verwaltet die Fehlermeldung.

```
// Auf eventuelle Fehler abfragen
if (compilerResults.Errors.Count == 0)
{
   // Den erzeugten Typ laden
   Type type = compilerResults.CompiledAssembly.GetType(
      assemblyNamespace + "." + className, true);

   // Eine Instanz der Klasse erzeugen
   BindingFlags baseBindingFlags = BindingFlags.DeclaredOnly |
      BindingFlags.Public | BindingFlags.NonPublic | BindingFlags.Instance;
   object classInstance = type.InvokeMember(className,
      baseBindingFlags | BindingFlags.CreateInstance, null, null, null);
```

Listing 629: Fehlerauswertung und dynamischer Aufruf der erzeugten Methode

```
    // Die Methode aufrufen
    object[] args = { 10, 11 };
    object result = type.InvokeMember(methodName,
        baseBindingFlags | BindingFlags.InvokeMethod,
        null, classInstance, args);

    // Das Ergebnis ausgeben
    Console.WriteLine("Das Ergebnis: " + Convert.ToDouble(result));
}
else
{
    // Fehler auswerten
    for (int i = 0; i < compilerResults.Errors.Count; i++)
    {
        Console.WriteLine("Zeile " + compilerResults.Errors[i].Line +
            ", Spalte " + compilerResults.Errors[i].Column + ": " +
            compilerResults.Errors[i].ErrorText);
    }
}
```

Listing 629: Fehlerauswertung und dynamischer Aufruf der erzeugten Methode (Forts.)

Der Rest (also die Anwendung dieser Technik) liegt bei Ihnen ☺.

307 Assemblies dynamisch erzeugen

Das dynamische Erzeugen von Assemblies entspricht bis auf drei kleine Unterschiede dem dynamischen Ausführen von Quellcode. Ich verzichte deswegen in diesem Rezept auf eine nähere Beschreibung und verweise auf das Rezept 306. Die wesentlichen Unterschiede zu diesem Rezept sind, dass Sie die Eigenschaft `GenerateInMemory` des `CompilerParameters`-Objekts auf `false` setzen und in der Eigenschaft `OutputAssembly` den Dateinamen der zu erzeugenden Assembly angeben. Ein weiterer Unterschied ist noch, dass Sie beim dynamischen Erzeugen einer Assembly den Quellcode nicht ausführen müssen.

Das folgende Beispiel erzeugt eine Assembly *Demo.dll* im Ordner der Anwendung. Die in dieser Assembly enthaltene Klasse entspricht der aus dem Rezept 306.

Zum Kompilieren dieses Quellcodes müssen Sie die Namensräume `System`, `System.CodeDom.Compiler`, `System.Reflection` und `System.IO` einbinden.

```
// Den Quellcode zusammenstellen
string assemblyNamespace = "DynamicCode";
string className = "Demo";
string methodName = "Add";
```

Listing 630: Dynamisches Erzeugen einer Assembly

>> Assemblies dynamisch erzeugen

```csharp
string applicationPath = Path.GetDirectoryName(
    Assembly.GetEntryAssembly().Location);
string assemblyName = Path.Combine(applicationPath, "Demo.dll");
string source = "namespace " + assemblyNamespace +
    "{" +
    "   class " + className +
    "   {" +
    "      public double " + methodName + "(double value1, double value2)" +
    "      {" +
    "         return value1 + value2;" +
    "      }" +
    "   }" +
    "}";

// Compiler erzeugen
CodeDomProvider compiler = CodeDomProvider.CreateProvider("C#");

// Input-Parameter für den Compiler definieren
CompilerParameters compilerParams = new CompilerParameters();
compilerParams.GenerateInMemory = false;
compilerParams.OutputAssembly = assemblyName;
compilerParams.GenerateExecutable = false;
compilerParams.IncludeDebugInformation = true;
compilerParams.ReferencedAssemblies.Add("system.dll");

// Assembly erzeugen
CompilerResults compilerResults =
    compiler.CompileAssemblyFromSource(compilerParams, source);

// Auf eventuelle Fehler abfragen
if (compilerResults.Errors.Count == 0)
{
    Console.WriteLine("Die Assembly '" + assemblyName +
        "' wurde erfolgreich erzeugt");
}
else
{
    // Fehler auswerten
    for (int i = 0; i < compilerResults.Errors.Count; i++)
    {
        Console.WriteLine("Zeile " + compilerResults.Errors[i].Line +
            ", Spalte " + compilerResults.Errors[i].Column + ": " +
            compilerResults.Errors[i].ErrorText);
    }
}
```

Listing 630: Dynamisches Erzeugen einer Assembly (Forts.)

308 Assemblies dynamisch laden

Das dynamische Laden einer Assembly (um diese per Reflection auswerten oder deren Methoden ausführen zu können) ist prinzipiell sehr einfach. Über `System.Reflection.Assembly.LoadFrom` können Sie eine Assembly in die aktuelle Anwendungsdomäne laden. `LoadFrom` ermöglicht neben dem Ermitteln von Informationen auch das Erzeugen von Typen.

In manchen Fällen ist das u.U. problematisch, wenn die Assembly z.B. für eine verzögerte Signierung markiert wurde oder aufgrund von Code-Access-Security-Regeln auf dem aktuellen System gar nicht ausgeführt werden darf. Wenn Sie nur Informationen aus der Assembly auslesen wollen (z.B. alle exportierten Klassen), können Sie stattdessen auch die `ReflectionOnlyLoadFrom`-Methode aufrufen. Diese Methode ermöglicht nicht das Erzeugen von Typen, übergeht bei der Verwendung von Reflection aber die Verifizierung eines starken Namens, den CAS-Check und die Prozessor-Architektur-Regeln.

Assemblies, die andere Assemblies referenzieren, können allerdings nur dann verwendet werden, wenn auch die anderen Assemblies in der Anwendungsdomäne geladen sind. Dieses Problem löst die CLR automatisch, wenn die referenzierten Assemblies im Programmordner, im Ordner der zu ladenden Assemblies oder in einem Ordner gespeichert sind, der in der Konfiguration als Assembly-Ordner angegeben ist. In allen anderen (wohl nur sehr selten auftretenden) Fällen können Sie Referenz-Probleme lösen, indem Sie für das Ereignis `AssemblyResolve` (für `Assembly.LoadFrom`) bzw. `ReflectionOnlyAssemblyResolve` (für `Assembly.ReflectionOnlyLoadFrom`) des `AppDomain`-Objekts eine Methode implementieren. In dieser Methode erhalten Sie den Namen der referenzierten Assembly, müssen diese laden und eine Referenz darauf zurückgeben.

Ist die Assembly geladen, können Sie diese über Reflection evaluieren oder die enthaltenen Methoden dynamisch ausführen. Beim Ausführen von Methoden (z.B. für ein Plug-In-System, bei dem der Anwender spezielle Plug-In-Assemblies in einen dafür vorgesehenen Ordner kopieren kann) ist es von Vorteil, wenn die dafür vorgesehenen Klassen eine Schnittstelle implementieren, die auch der Anwendung bekannt ist. So können Sie die über Reflection erhaltene Instanz der Klasse in die Schnittstelle casten und typsicher auf deren Member zugreifen.

Um dem Ganzen ein wenig Praxisnähe zu geben, habe ich für dieses Rezept eine Assembly *Demo-Basis-Assembly.dll* mit einer einfachen Methode implementiert, die den Namen des aktuellen Benutzers zurückgibt:

```
using System;

namespace Addison_Wesley.Codebook.Demos
{
    public class DemoBase
```

Listing 631: Basis-Assembly für die Demo-Plug-Ins

938 >> Assemblies dynamisch laden

```
    {
        public static string GetUserName()
        {
            return Environment.UserName;
        }

    }
}
```

Listing 631: Basis-Assembly für die Demo-Plug-Ins (Forts.)

Die Assemblies *Demo1.dll* und *Demo2.dll* referenzieren diese Assembly und rufen deren GetUserName-Methode auf. Außerdem referenzieren diese Assemblies die Assembly *Interface-Assembly.dll*, die lediglich eine Schnittstelle verwaltet:

```
namespace Addison_Wesley.Codebook.Demos
{
    public interface IDemo
    {
        void GiveMessage(string message);
    }
}
```

Listing 632: Interface-Assembly

Demo1.dll implementiert die GiveMessage-Methode der IDemo-Schnittstelle folgendermaßen:

```
using System;

namespace Addison_Wesley.Codebook.Demos
{
    public class Demo: IDemo
    {
        public void GiveMessage(string message)
        {
            Console.WriteLine("Hallo " + DemoBase.GetUserName() +
                ". Ich bin Demo1. Hier ist die Nachricht: " + message);
        }
    }
}
```

Listing 633: Implementierung der GiveMessage-Methode in der Plug-In-Assembly Demo1.dll.

Demo2.dll besitzt eine ähnliche Implementierung, nur dass statt »Ich bin Demo1« der Text »Ich bin Demo2« ausgegeben wird.

Das Beispiel-Programm, das die Interface-Assembly ebenfalls referenziert, sucht zunächst nach allen Plug-In-Assemblies im Ordner *Plug-Ins*. Gefundene Plug-Ins (die hier am Namen erkannt werden) werden über die `LoadFrom`-Methode der `Assembly`-Klasse in die aktuelle Anwendungsdomäne geladen. Über die `GetType`-Methode ermittelt das Programm dann eine `Type`-Instanz für die in der Plug-In-Assembly gespeicherte Klasse `Demo` und erzeugt über deren `InvokeMember`-Methode eine Instanz der Klasse. Diese wird nun in die Schnittstelle `IDemo` gecastet, da die Demo-Klassen diese Schnittstelle ja implementieren. Der Rest ist einfaches Zugreifen auf die einzige Methode dieser Schnittstelle.

Zum Kompilieren des Beispiels müssen Sie die Assembly *Interface-Assembly.dll* referenzieren (die Sie im Beispiel zu diesem Rezept finden) und die Namensräume `System.IO`, `System.Reflection` und `Addison_Wesley.Codebook.Demos` importieren.

```csharp
// Suchen nach Plug-In-Assemblies (deren Name hier mit "Demo" beginnt)
string applicationPath = Path.GetDirectoryName(
   Assembly.GetEntryAssembly().Location);
string plugInPath = Path.Combine(applicationPath, "Plug-Ins");
DirectoryInfo di = new DirectoryInfo(plugInPath);
foreach (FileInfo fi in di.GetFiles("Demo*.dll"))
{
   if (fi.Name != "Demo-Basis-Assembly.dll")
   {
      // Laden dieser Assembly
      Assembly assembly = Assembly.LoadFrom(fi.FullName);

      // Holen einer Instanz der Klasse Demo
      Type classType = assembly.GetType(
        "Addison_Wesley.Codebook.Demos.Demo", true);
      BindingFlags baseBindingFlags = BindingFlags.DeclaredOnly |
         BindingFlags.Public | BindingFlags.NonPublic |
         BindingFlags.Instance;
      object classInstance = classType.InvokeMember("Demo",
         baseBindingFlags | BindingFlags.CreateInstance, null, null, null);

      // Casten in das Interface
      IDemo demo = (IDemo)classInstance;

      // Aufrufen der Methode
      demo.GiveMessage("Das ist ein Test");
   }
}
```

Listing 634: Dynamisches Laden einer Assembly und Ausführen einer Methode

Das Programm hat kein Problem mit der Auflösung der Referenz zu der von *Demo1.dll* und *Demo2.dll* referenzierten Assembly *Demo-Basis-Assembly.dll*, da diese für das Beispiel in demselben Ordner gespeichert ist, wie die dynamisch geladenen Assemblies. Abbildung 214 beweist, dass das Programm funktioniert.

Abbildung 214: Das Beispielprogramm in Aktion

> **Hinweis**
>
> Ein kleines Problem meiner Vorgehensweise ist, dass die geladenen Assemblies nicht wieder entladen werden können. Laden Sie im Verlauf des Programms mehrere Assemblies, die das Programm nur temporär benötigt, kann das zum (Speicher-)Problem werden. Eine Lösung für dieses Problem ist das Erzeugen einer neuen Anwendungsdomäne, in die Sie die Assembly laden. Über `AppDomain.Unload` können Sie diese Anwendungsdomäne komplett aus dem Speicher entfernen. Das Problem dabei ist lediglich, dass Sie in der eigentlichen Anwendung keinen Typen der dynamisch geladenen Assembly und natürlich auch nicht die Assembly selbst referenzieren dürfen. In diesem Fall wird die Assembly nämlich zusätzlich in die Anwendungsdomäne des Programms geladen. Dieses Problem können Sie lösen, indem Sie die Methoden und Eigenschaften der dynamisch geladenen Assembly über Remoting ansprechen. Eine andere, bessere Lösung ist die Verwendung einer schmalen Assembly, die lediglich der Weitergabe der Member-Aufrufe dient. Diese als *Shim* bezeichnete Assembly wird in die temporäre Anwendungsdomäne geladen und kann in der Anwendungsdomäne des Programms referenziert werden. Einen entsprechenden Artikel finden Sie an der (leider etwas unschönen) Adresse *www.devsource.com/article2/0,1759,1790388,00.asp*.

309 Objekte binär serialisieren und deserialisieren

Wenn der Zustand eines Objekts zwischen zwei Programmaufrufen bestehen bleiben soll, wenn Sie ein Objekt von einem Programm zu einem anderen Programm oder System versenden wollen oder wenn das Objekt in einer Datenbank gespeichert werden soll, müssen Sie das Objekt serialisieren. Dabei werden die Daten des Objekts in einen Stream geschrieben, den Sie dann beliebig weiterverarbeiten können.

Zum Serialisieren und Deserialisieren können Sie die Klasse `BinaryFormatter` aus dem Namensraum `System.Runtime.Serialization.Formatters.Binary` verwenden. Die Methode `Serialize` serialisiert ein Objekt in einen binären Stream, die Methode `Deserialize` deserialisiert einen binären Stream in ein Objekt. Dabei werden alle Daten des Objekts – auch die privaten – in den Stream geschrieben. Im Rezept 310 finden Sie übrigens eine andere Möglichkeit, nämlich das Serialisieren nach XML.

Reflection und Serialisierung

Die einzige Voraussetzung für das Serialisieren ist, dass die Klasse des Objekts mit dem Attribut `Serializable` gekennzeichnet ist:

```csharp
[Serializable]
public class Person
{
   public string FirstName;
   public string LastName;
   public DateTime BirthDate;
}
```

Listing 635: Klasse für serialisierbare Objekte

Objekte einer solchen Klasse können Sie dann sehr einfach serialisieren und deserialisieren. Die Methode `SerializeToFile` in Listing 636 zeigt, wie Sie ein Objekt in eine Datei serialisieren. Zum Kompilieren dieser Methode müssen Sie die Namensräume `System`, `System.Runtime.Serialization.Formatters.Binary` und `System.IO` importieren.

```csharp
public static void SerializeToFile(object obj, string filename)
{
   FileStream fileStream = null;
   try
   {
      // FileStream für die Datei erzeugen
      fileStream = new FileStream(filename, FileMode.Create,
         FileAccess.Write);

      // Objekt serialisieren
      BinaryFormatter bf = new BinaryFormatter();
      bf.Serialize(fileStream, obj);
   }
   finally
   {
      if (fileStream != null)
         fileStream.Close();
   }
}
```

Listing 636: Methode zum Serialisieren eines Objekts in eine Datei

Das Deserialisieren eines Objekts aus einer Datei ist ebenfalls sehr einfach:

```csharp
public static object DeserializeFromFile(string filename)
{
   FileStream fileStream = null;
```

Listing 637: Deserialisieren eines Objekts aus einer Datei

942 >> Objekte binär serialisieren und deserialisieren

```
   try
   {
      // FileStream für die Datei erzeugen
      fileStream = new FileStream(filename, FileMode.Open, FileAccess.Read);

      // Objekt deserialisieren
      BinaryFormatter bf = new BinaryFormatter();
      return bf.Deserialize(fileStream);
   }
   finally
   {
      if (fileStream != null)
         fileStream.Close();
   }
}
```

Listing 637: Deserialisieren eines Objekts aus einer Datei (Forts.)

Beide Methoden behandeln Ausnahmen nicht um diese direkt an den Aufrufer weiterzugeben.

Um Objekte in einer Datenbank speichern zu können, müssen Sie diese in ein Byte-Array serialisieren. Dieses Array können Sie dann in Datenbankfelder vom Typ BLOB (Binary Large Object) oder ähnliche Felder schreiben und daraus auslesen.

Zum Serialisieren in ein Byte-Array und zum Deserialisieren aus einem solchen Array können Sie ein `MemoryStream`-Objekt (aus dem Namensraum `System.IO`) verwenden. Die Methoden `SerializeToByteArray` und `DeserializeFromByteArray` in Listing 638 zeigen, wie Sie dies programmieren können. Beide Methoden erfordern den Import der Namensräume `System.Runtime.Serialization.Formatters.Binary` und `System.IO`.

```
/* Methode zum Serialisieren eines Objekts in ein Byte-Array */
public static byte[] SerializeToByteArray(object obj)
{
   MemoryStream ms = null;
   try
   {
      // MemoryStream erzeugen
      ms = new MemoryStream();

      // Objekt serialisieren
      BinaryFormatter bf = new BinaryFormatter();
      bf.Serialize(ms, obj);
```

Listing 638: Methoden zum Serialisieren und Deserialisieren eines Objekts in und aus einem Byte-Array

```csharp
      return ms.ToArray();
   }
   finally
   {
      if (ms != null)
         ms.Close();
   }
}

/* Methode zum Deserialisieren eines Objekts aus einem Byte-Array */
public static object DeserializeFromByteArray(byte[] data)
{
   MemoryStream ms = null;
   try
   {
      // MemoryStream erzeugen
      ms = new MemoryStream(data);

      // Objekt deserialisieren
      BinaryFormatter bf = new BinaryFormatter();
      return bf.Deserialize(ms);
   }
   finally
   {
      if (ms != null)
         ms.Close();
   }
}
```

Listing 638: Methoden zum Serialisieren und Deserialisieren eines Objekts in und aus einem Byte-Array (Forts.)

Das folgende Beispiel zeigt, wie Sie mit Hilfe der Methoden `SerializeToFile` und `DeserializeFromFile` ein `Person`-Objekt in eine Datei serialisieren und wieder daraus deserialisieren. Beim Deserialisieren ist eine Typumwandlung notwendig, da `DeserializeFromFile` eine `object`-Referenz zurückgibt. Das Beispiel benötigt aufgrund der Verwendung der `Application`-Klasse die Referenzierung der Assembly *System.Windows.Forms.dll* und den Import des Namensraums `System.Windows.Forms`. Daneben müssen Sie die Namensräume `System` und `System.IO` importieren.

```csharp
// Person-Objekt erzeugen
Person person = new Person();
person.FirstName = "Zaphod";
person.LastName = "Beeblebox";
person.BirthDate = new DateTime(1900, 1, 1);
```

Listing 639: Serialisieren eines Objekts in eine Datei

```
// Objekt in eine Datei serialisieren
string fileName = Path.Combine(Application.StartupPath, "Person.dat");
SerializeToFile(person, fileName);

// Objekt aus einer Datei deserialisieren
person = (Person)DeserializeFromFile(fileName);

Console.WriteLine("{0}\r\n{1}\r\n{2}", person.FirstName, person.LastName,
    person.BirthDate.ToShortDateString());
```

Listing 639: Serialisieren eines Objekts in eine Datei (Forts.)

310 Objekte nach XML serialisieren und von XML deserialisieren

Zum Serialisieren eines Objekts können Sie neben einer binären Serialisation (siehe Rezept 309) auch eine verwenden, die als Datenformat XML verwendet. Das .NET Framework stellt dazu die Klasse `XmlSerializer` aus dem Namensraum `System.Xml.Serialization` zur Verfügung. Über die Methode `Serialize` können Sie ein Objekt in einen `Stream` oder ein `XmlWriter`- oder `TextWriter`-Objekt serialisieren, `Deserialize` deserialisiert die Daten eines `Stream`-, `XmlReader`- oder `TextReader`-Objekts in ein Objekt. Mit diesen Methoden können Sie ein Objekt sehr einfach in eine Datei oder einen XML-String schreiben.

> **Hinweis**
>
> Anders als bei der binären Serialisation werden dabei nur die öffentlichen Daten in das XML-Dokument geschrieben. Private und geschützte Daten werden nicht berücksichtigt. Für Eigenschaften, die mit set-/get-Methoden auf private Daten zugreifen, ist das kein Problem: Diese werden korrekt ausgewertet. Problematisch wird die XML-Serialisation nur dann, wenn private Daten ausschließlich über den Konstruktor oder über normale Methoden geschrieben werden und keine oder nur Eigenschaften zum Lesen dieser Daten zur Verfügung stehen. In diesem Fall wird aber keine Ausnahme erzeugt. Die Daten werden einfach nicht in das XML-Dokument geschrieben.
>
> Eine weitere Einschränkung ist, dass das zu serialisierende Objekt einen (parameterlosen) Standardkonstruktor zur Verfügung stellen muss. Objekte, die keinen solchen besitzen (wie z.B. `Font`-Instanzen), können Sie leider nicht in XML serialisieren. Dazu finden Sie aber eine Lösung im Rezept 311.

Die Methode `SerializeToXmlFile` in Listing 640 serialisiert ein Objekt in eine XML-Datei. Da bei XML-Dateien deren Codierung wichtig ist, wird diese neben dem Objekt und dem Dateinamen am dritten Argument übergeben. Bei der Erzeugung einer `XmlSerializer`-Instanz wird der Typ des Objekts dem Konstruktor übergeben. Die `Serialize`- und die `Deserialize`-Methode verwenden intern `Reflection` um die Eigen-

>> **Reflection und Serialisierung**

schaften des Objekts zu ermitteln. Deswegen muss die Klasse auch nicht wie bei der binären Serialisation mit dem Attribut `Serializable` gekennzeichnet werden.

`SerializeToXmlFile` serialisiert das übergebene Objekt dann über eine `StreamWriter`-Instanz. Auf diese Weise kann die Codierung mit übergeben werden.

Zum Kompilieren dieser Methode (und der folgenden) müssen Sie die Namensräume `System`, `System.IO`, `System.Xml`, `System.Xml.Serialization` und `System.Text` importieren.

```
public static void SerializeToXmlFile(object obj,
   string filename, Encoding encoding)
{
   StreamWriter streamWriter = null;
   try
   {
      // XmlSerializer für den Typ des Objekts erzeugen
      XmlSerializer serializer = new XmlSerializer(obj.GetType());

      // Objekt über ein StreamWriter-Objekt serialisieren
      streamWriter = new StreamWriter(filename, false, encoding);
      serializer.Serialize(streamWriter, obj);
   }
   finally
   {
      if (streamWriter != null)
      {
         streamWriter.Close();
      }
   }
}
```

Listing 640: Methode zum Serialisieren eines Objekts in eine XML-Datei

Die Methode `SerializeToXmlString` in Listing 641 serialisiert ein Objekt auf eine ähnliche Weise in einen String. Um die Codierung bestimmen zu können, wird ein `StreamWriter`-Objekt eingesetzt, das einen `MemoryStream` zur Speicherung der Daten verwendet. Die Daten dieses Streams werden schließlich in ein Byte-Array geschrieben und über die `GetString`-Methode des übergebenen `Encoding`-Objekts in einen String umgewandelt.

```
public static string SerializeToXmlString(object obj, Encoding encoding)
{
   MemoryStream memoryStream = null;
   StreamWriter streamWriter = null;
   try
```

Listing 641: Methode zum Serialisieren eines Objekts in einen XML-String

```
        {
            // XmlSerializer für den Typ des Objekts erzeugen
            XmlSerializer serializer = new XmlSerializer(obj.GetType());

            // Objekt über ein MemoryStream-Objekt serialisieren
            memoryStream = new MemoryStream();
            streamWriter = new StreamWriter(memoryStream, encoding);
            serializer.Serialize(streamWriter, obj);

            // MemoryStream in einen String umwandeln und diesen zurückgeben
            byte[] buffer = memoryStream.ToArray();
            return encoding.GetString(buffer, 0, buffer.Length);
        }
        finally
        {
            if (memoryStream != null)
            {
                memoryStream.Close();
            }
            if (streamWriter != null)
            {
                streamWriter.Close();
            }
        }
    }
```

Listing 641: Methode zum Serialisieren eines Objekts in einen XML-String (Forts.)

Das Deserialisieren aus einer XML-Datei übernimmt die Methode `DeserializeFromXmlFile` in Listing 642. Da zum Deserialisieren die Codierung bekannt sein muss, wird diese am dritten Argument übergeben. `DeserializeFromXmlFile` ruft zum Deserialisieren die `Deserialize`-Methode eines `XmlSerializer`-Objekts auf. Da dabei wieder der Typ des Objekts übergeben werden muss, erwartet `DeserializeFromXmlFile` diesen am Argument `objectType`. Als Basis für die Deserialisation wird ein `StreamReader`-Objekt verwendet, da ein solches mit einem `Encoding`-Objekt initialisiert werden kann und damit die definierte Codierung berücksichtigt.

```
public static object DeserializeFromXmlFile(string filename,
    Type objectType, Encoding encoding)
{
    StreamReader streamReader = null;
    try
    {
        // XmlSerializer für den Typ des Objekts erzeugen
        XmlSerializer serializer = new XmlSerializer(objectType);
```

Listing 642: Methode zum Deserialisieren eines Objekts aus einer XML-Datei

```
      // Objekt über ein StreamReader-Objekt serialisieren
      streamReader = new StreamReader(filename, encoding);
      return serializer.Deserialize(streamReader);
   }
   finally
   {
      if (streamReader != null)
      {
         streamReader.Close();
      }
   }
}
```

Listing 642: Methode zum Deserialisieren eines Objekts aus einer XML-Datei (Forts.)

Die Methode `DeserializeFromXmlString` in Listing 643 deserialisiert auf eine ähnliche Weise wie `DeserializeFromXmlFile` einen XML-String. Als Zwischenspeicher für den deserialisierten String wird hier ein `MemoryStream`-Objekt eingesetzt, das mit dem Byte-Array initialisiert wird, das die `GetBytes`-Methode des übergebenen `Encoding`-Objekts zurückgibt.

```
public static object DeserializeFromXmlString(string xmlString,
   Type objectType, Encoding encoding)
{
   MemoryStream memoryStream = null;
   try
   {
      // XmlSerializer für den Typ des Objekts erzeugen
      XmlSerializer serializer = new XmlSerializer(objectType);

      // Objekt über ein MemoryStream-Objekt deserialisieren
      memoryStream = new MemoryStream(encoding.GetBytes(xmlString));
      return serializer.Deserialize(memoryStream);
   }
   finally
   {
      if (memoryStream != null)
      {
         memoryStream.Close();
      }
   }
}
```

Listing 643: Methode zum Deserialisieren eines XML-Strings

Listing 644 zeigt ein `Person`-Objekt (aus der Klasse `Person`, die in Rezept 309 beschrieben wird), das über `SerializeToXmlFile` serialisiert wurde.

```xml
<?xml version="1.0" encoding="iso-8859-1"?>
<Person xmlns:xsd="http://www.w3.org/2001/XMLSchema" xmlns:xsi="http://
www.w3.org/2001/XMLSchema-instance">
  <FirstName>Zaphod</FirstName>
  <LastName>Beeblebrox</LastName>
  <BirthDate>1900-01-01T00:00:00.0000000+01:00</BirthDate>
</Person>
```

Listing 644: Ein über SerializeToXmlFile serialisiertes Person-Objekt

311 Font- und andere Objekte in einen String serialisieren

In vielen Anwendungen ist es notwendig, eine Schriftart, die vom Anwender ausgewählt werden kann, in einer Konfigurationsdatei oder Datenbank zu verwalten, um diese beim nächsten Programmstart wieder auslesen zu können. `Font`-Objekte lassen sich aber leider nicht über eine Instanz der Klasse `XmlSerializer` nach XML serialisieren, weil die `Font`-Klasse keinen öffentlichen Standardkonstruktor besitzt. Eine Serialisation in binäre Daten über ein `BinaryFormatter`-Objekt (siehe Rezept 309) ist zwar möglich, die Speicherung der binären Daten aber zu aufwändig.

Sie können aber ein `SoapFormatter`-Objekt (aus dem Namensraum `System.Runtime.Serialization.Formatters.Soap`) verwenden, das Objekte in das auf XML basierende SOAP-Format serialisiert.

Zum Kompilieren der Methoden in Listing 645 und in Listing 646 müssen Sie die Namensräume `System`, `System.IO`, `System.Runtime.Serialization.Formatters.Binary`, `System.Runtime.Serialization.Formatters.Soap`, `System.Drawing` und `System.Text` importieren. Die Assembly *System.Runtime.Serialization.Formatters.Soap.dll* müssen Sie wahrscheinlich in Ihrem Projekt zuvor referenzieren.

```csharp
/* Serialisiert ein Font-Objekt in einen SOAP-String */
public static string SerializeFontViaSoap(Font font)
{
   // SoapFormatter und MemoryStream erzeugen
   SoapFormatter soapFormatter = new SoapFormatter();
   MemoryStream ms = new MemoryStream();

   // Font-Objekt in den MemoryStream serialisieren
   soapFormatter.Serialize(ms, font);
```

Listing 645: Methoden zum Serialisieren eines Font-Objekts in bzw. aus einem SOAP-String

Reflection und Serialisierung

```
    // MemoryStream in ein Byte-Array schreiben
    ms.Position = 0;
    byte[] buffer = new byte[ms.Length];
    ms.Read(buffer, 0, buffer.Length);
    ms.Close();

    // Byte-Array in einen UTF8-String konvertieren
    return Encoding.UTF8.GetString(buffer);
}

/* Deserialisiert ein Font-Objekt aus einem SOAP-String */
public static Font DeserializeFontViaSoap(string fontString)
{
    // Den übergebenen SOAP-String über ein Byte-Array in einen
    // MemoryStream schreiben
    byte[] buffer = Encoding.UTF8.GetBytes(fontString);
    MemoryStream ms = new MemoryStream(buffer);

    // Den Stream deserialisieren und ein daraus erzeugtes Font-Objekt
    // zurückgeben
    SoapFormatter sf = new SoapFormatter();
    Font font = (Font)sf.Deserialize(ms);
    ms.Close();
    return font;
}
```

Listing 645: Methoden zum Serialisieren eines Font-Objekts in bzw. aus einem SOAP-String (Forts.)

Eine andere Möglichkeit, die etwas kleinere Strings erzeugt, ist die binäre Serialisierung über ein `BinaryFormatter`-Objekt. Die so erzeugten Byte-Daten können Sie über `Convert.ToBase64String` in einen Base64-String umwandeln. Beim Deserialisieren konvertieren Sie den Base64-String über `Convert.FromBase64String` in ein Byte-Array, schreiben dies in einen `MemoryStream` und deserialisieren diesen:

```
/* Serialisiert ein Font-Objekt in einen String, der die binäre Darstellung
   des Font-Objekts in Base64-Form enthält */
public static string SerializeFontViaBinarySerialization(Font font)
{
    // Das Objekt in einen MemoryStream serialisieren
    BinaryFormatter sf = new BinaryFormatter();
    MemoryStream ms = new MemoryStream();
    sf.Serialize(ms, font);

    // Den MemoryStream in ein Byte-Array schreiben und dieses in einen
```

Listing 646: Methoden zum Serialisieren und Deserialisieren von Font-Objekten über einen Base64-String

950 >> Font- und andere Objekte in einen String serialisieren

```
    // Base64-String umgewandelt zurückgeben
    ms.Position = 0;
    byte[] buffer = new byte[ms.Length];
    ms.Read(buffer, 0, buffer.Length);
    ms.Close();
    return Convert.ToBase64String(buffer, 0, buffer.Length);
}

/* Deserialisiert ein Font-Objekt aus einem String,
   der die binäre Darstellung des Font-Objekts (in Base64-Form) enthält */
public static Font DeserializeFontViaBinarySerialization(string fontString)
{
    // Den übergebenen Base64-String über ein Byte-Array in einen
    // MemoryStream schreiben
    byte[] buffer = Convert.FromBase64String(fontString);
    MemoryStream ms = new MemoryStream(buffer);

    // Den Stream deserialisieren und ein daraus erzeugtes Font-Objekt
    // zurückgeben
    BinaryFormatter sf = new BinaryFormatter();
    Font font = (Font)sf.Deserialize(ms);
    ms.Close();
    return font;
}
```

Listing 646: Methoden zum Serialisieren und Deserialisieren von Font-Objekten über einen Base64-String (Forts.)

Threading und asynchroner Methodenaufruf

312 In einem Thread sicher auf Steuerelemente zugreifen

Wenn Sie in einem Arbeitsthread auf ein Steuerelement zugreifen wollen, sollten Sie dies nicht direkt in dessen Eigenschaften schreiben, Eigenschaften lesen oder Methoden aufrufen. Beim Zugriff auf ein Steuerelement gilt beim Multithreading unter Windows nämlich der Grundsatz, dass nur der Thread, der ein Steuerelement erzeugt hat, auf dieses zugreifen darf. Im Normalfall ist dies der User-Interface(UI)-Thread (bzw. der Hauptthread der Anwendung). Greift ein Arbeitsthread auf ein Steuerelement zu, so kann dies zu Exceptions oder zu anderen Problemen wie dem Nicht-mehr-Zeichnen von Teilen des Steuerelements führen. Und auch wenn Sie dieses Problem in (meist sehr einfachen) Testanwendungen nicht nachvollziehen können: In größeren Anwendungen ist die Wahrscheinlichkeit wesentlich höher, dass Probleme auftreten.

Bei der Verwendung eines selbst entwickelten Steuerelements aus einem Thread heraus wurde in einem meiner Projekte zum Beispiel eine Scrollbar nicht mehr gezeichnet und es traten `NullReferenceExceptions` in System-Assemblies auf. Solche Probleme sind eigentlich nicht zu debuggen, da sie nur sporadisch auftreten und beim Debuggen selbst meist nicht nachvollziehbar sind.

Der Grund für diese Probleme liegt in der Nachrichtenverarbeitung unter modernen Windows-Versionen. Hier besitzt jeder Thread eine Nachrichtenwarteschlange, in die die Nachrichten für die Fenster geschrieben werden, die im Thread ausgeführt werden. Probleme entstehen wahrscheinlich dann, wenn die Aktualisierung des Steuerelements (die im Arbeitsthread ausgeführt wird) dazu führt, dass das Steuerelement Nachrichten an das Fenster zurücksenden will, auf dem es angelegt wurde. Da die Aktualisierung nicht im UI-Thread ausgeführt wird, landen die Nachrichten im falschen Thread.

In der Praxis werden Sie beim Testen dieses Umstands meist keine Fehler entdecken. Leider treten die Fehler oft erst beim Kunden und dann zu allem Unglück erst nach einigen Monaten auf. In diesem Fall: Viel Spaß bei der Fehlersuche ☺.

Wenn Sie sicher in einem Arbeitsthread auf ein Steuerelement zugreifen wollen, können Sie unter .NET 2.0 zwei Wege gehen.

Der erste ist der Weg, der auch unter .NET 1.1 möglich war: Sie können zum Zugriff auf ein Steuerelement die `Invoke`-Methode des Steuerelements aufrufen. `Invoke` leitet den Aufruf an den Thread weiter, der das Steuerelement erzeugt hat. Zur Verwendung von `Invoke` benötigen Sie einen Delegate und eine Methode für die Aktualisierung. Der Delegate muss die Signatur der Methode besitzen. Über die Eigenschaft `InvokeRequired` des Steuerelements können Sie abfragen, ob der (nicht sehr perfor-

In einem Thread sicher auf Steuerelemente zugreifen

mante) Aufruf der Invoke-Methode überhaupt notwendig ist. Nicht notwendig wäre der Aufruf, wenn die Methode, in der Sie auf das Steuerelement zugreifen, im UI-Thread ausgeführt wird. Das folgende Beispiel zeigt, wie Sie dies programmieren:

```
/* Delegate und Methode für die Aktualisierung des Textes
   eines Steuerelements */
private delegate void updateControlTextHandler(
   Control control, string text);

private void updateControl(Control control, string text)
{
   control.Text = text;
   control.Refresh();
}

/* Methode für den Thread, der über Invoke auf das Label zugreift */
private void threadWithInvoke()
{
   // Schleife als Demo für die Aktualisierung
   for (int i = 0; i < 100; i++)
   {
      // Sicher auf das Steuerelement zugreifen
      if (this.lblResult.InvokeRequired)
      {
         // Invoke ist erforderlich
         this.lblResult.Invoke(new updateControlTextHandler(
            this.updateControl),
            new object[] {this.lblResult, i.ToString()});
      }
      else
      {
         // Invoke ist nicht erforderlich
         this.updateControl(this.lblResult, i.ToString());
      }
      Thread.Sleep(50);
   }
}
```

Listing 647: Beispiel für den sicheren Zugriff auf ein Steuerelement in einem Thread über Invoke

Zum Kompilieren dieses Quellcodes müssen Sie die Namensräume System und System.Threading importieren. Der restliche Quellcode des Beispiels erfordert die Referenzierung der Assembly *System.Windows.Forms.dll* und den Import des Namensraums System.Windows.Forms.

Der zweite, unter .NET 2.0 mögliche Weg ist die Verwendung der Komponente BackgroundWorker. Diese Komponente beschreibe ich in Rezept 313.

313 Easy-Threading mit der BackgroundWorker-Komponente

Wie Sie in Rezept 312 erfahren haben, ist ein wichtiger Grundsatz beim Threading, dass nur der Thread, der ein Steuerelement erzeugt hat, auf dieses Steuerelement zugreifen darf. Über eine `BackgroundWorker`-Komponente können Sie diesen Grundsatz in einer einfachen Form sicherstellen. Diese Komponente führt eine Methode in einem Thread aus, ermöglicht die Übergabe von Argumenten an die Thread-Methode, ruft während der Ausführung das Ereignis `ProgressChanged` auf (wenn Sie dies wollen) und ruft am Ende das Ereignis `RunWorkerCompleted` auf. Das Ereignis für den Fortschritt triggern Sie innerhalb der Thread-Methode selbst, wobei Sie einen Prozentwert und ein beliebiges Objekt übergeben können. Innerhalb der `ProgressChanged`-Ereignismethode können Sie gefahrlos auf alle Steuerelemente zugreifen, da diese Methode automatisch in dem Thread aufgerufen wird, der die `BackgroundWorker`-Instanz erzeugt hat (und das ist ja normalerweise auch der Thread, der die anderen Steuerelemente erzeugt).

Zur Programmierung ziehen Sie einfach eine Instanz der `BackgroundWorker`-Komponente auf ein Formular. Falls Sie keine Entwicklungsumgebung besitzen, die Ihnen das ermöglicht, müssen Sie die Instanz natürlich von Hand erzeugen.

Als Beispiel verwende ich eine einfache Anwendung, die in einem Thread das Ergebnis der Addition aller Zahlen von 1 bis zu einer angegebenen Zahl berechnet. Der Thread kann über den Start-Schalter gestartet und über den Abbrechen-Schalter abgebrochen werden.

Abbildung 215: Das BackgroundWorker-Beispiel

Zum Kompilieren dieses Beispiels benötigen Sie ein Formular mit einem `BackgroundWorker` mit Namen `backgroundWorker`, einer `TextBox` mit Namen `maxNumberTextBox`, einer `ProgressBar` mit Namen `progressBar`, einem `Label` mit Namen `resultLabel` und zwei Schaltern mit Namen `startButton` und `cancelButton`. Neben der Referenzierung der Assembly *System.Windows.Forms.dll* und der Einbindung des Namensraums `System.Windows.Forms` müssen Sie die Namensräume `System`, `System.Threading` und `System.ComponentModel` importieren.

Zum Starten des `BackgroundWorker` rufen Sie die `RunWorkerAsync`-Methode auf. Dieser Methode können Sie am ersten Argument ein beliebiges Objekt übergeben, das Sie in der Thread-Methode auswerten können. In meinem Beispiel übergebe ich den Text der `TextBox`, deaktiviere zusätzlich den Start- und aktiviere den Abbrechen-Schalter:

```
private void startButton_Click(object sender, EventArgs e)
{
    // BackgroundWorker starten
    this.backgroundWorker.RunWorkerAsync(
        this.maxNumberTextBox.Text);

    // Start-Schalter deaktivieren und
    // Abbrechen-Schalter aktivieren
    this.startButton.Enabled = false;
    this.cancelButton.Enabled = true;
}
```

Listing 648: Starten des BackgroundWorkers

Wenn Sie das Abbrechen der Thread-Methode ermöglichen wollen, stellen Sie die `WorkerSupportsCancellation`-Eigenschaft auf `true` ein und rufen in einer entsprechenden Methode einfach die `CancelAsync`-Methode der `BackgroundWorker`-Instanz auf. Damit brechen Sie den Thread nicht direkt ab, sondern setzen die Eigenschaft `CancellationPending`, die Sie im `DoWork`-Ereignis abfragen, auf `true`.

```
private void cancelButton_Click(object sender, EventArgs e)
{
    this.backgroundWorker.CancelAsync();
}
```

Listing 649: Abbrechen des aktuellen Thread

In dem Ereignis `DoWork` programmieren Sie die Methode, die in dem Thread aufgerufen werden soll. Ein beim Starten des `BackgroundWorker`-Objekts übergebenes Argument können Sie aus der Eigenschaft `Argument` des Ereignisargument-Objekts auslesen.

Zur Aktualisierung der Anwendungsoberfläche rufen Sie die `ReportProgress`-Methode des `BackgroundWorker`-Objekts auf. Dieser Methode übergeben Sie am ersten Argument einen Prozentwert. Am zweiten Argument (`userState`) können Sie ein beliebiges Objekt übergeben, dessen Daten Sie im `ProgressChanged`-Ereignis auswerten können. Voraussetzung dafür, dass der `BackgroundWorker` eine Fortschrittsmeldung unterstützt, ist, dass die `WorkerReportsProgress`-Eigenschaft auf `true` eingestellt ist.

Einen anstehenden Abbruch der Thread-Methode fragen Sie über die `CancellationPending`-Eigenschaft ab. Ist diese `true`, setzen Sie die `Cancel`-Eigenschaft des Ereignisargument-Objekts auf `true` und brechen die Thread-Methode ab.

Mein einfaches Beispiel liest zunächst das übergebene Argument aus. Ist dieses ungültig, wird eine `Exception` geworfen. Obwohl `Exceptions` in einer Thread-Methode normalerweise ignoriert werden, führen diese in der `DoWork`-Methode eines `BackgroundWorker`-Objekts dazu, dass das `RunWorkerCompleted`-Ereignis aufgerufen wird

Threading und asynchroner Methodenaufruf

und Sie die `Exception` aus der Eigenschaft `Error` des Ereignisargument-Objekts auslesen können.

Zur Signalisierung des Fortschritts übergibt das Beispiel in der Berechnungs-Schleife den aktuellen Fortschritts-Prozentwert und am zweiten Argument lediglich den Wert der Variablen *number*. In der Schleife fragt das Programm die `CancellationPending`-Eigenschaft der `BackgroundWorker`-Instanz ab, um zu erkennen, ob der Thread abgebrochen werden soll. Da dieses Beispiel nur der Demonstration dient, wird der Thread in der Schleife für 20 ms angehalten, damit die Berechnung nicht allzu schnell erfolgt (und der Rest des Systems nicht allzu sehr ausgebremst wird).

```
private void backgroundWorker_DoWork(object sender, DoWorkEventArgs e)
{
   // Argument auslesen
   long maxNumber = 0;
   try
   {
      maxNumber = Convert.ToInt64(e.Argument);
   }
   catch (Exception ex)
   {
      throw new ArgumentException("Das Argument der Thread-Methode " +
         "muss eine positive Ganzzahl sein: " + ex.Message);
   }

   long result = 0;
   for (long number = 1; number <= maxNumber; number++)
   {
      // Abfragen, ob abgebrochen werden soll
      if (this.backgroundWorker.CancellationPending)
      {
         // Angeben, dass abgebrochen wurde
         e.Cancel = true;

         // und raus aus der Methode
         return;
      }

      // Berechnung ausführen
      result += number;

      // Thread kurz anhalten
      Thread.Sleep(20);

      // Den Fortschritt melden
      int percent = (int)((number / (float)maxNumber) * 100);
```

Listing 650: DoWork-Ereignismethode einer BackgroundWorker-Instanz

```
      this.backgroundWorker.ReportProgress(percent, number);
   }

   // Das Ergebnis zurückgeben
   e.Result = result;
}
```

Listing 650: DoWork-Ereignismethode einer BackgroundWorker-Instanz (Forts.)

Im Ereignis `ProgressChanged` können Sie die an `ReportProgress` übergebenen Daten threadsicher auswerten. Die an die `ReportProgress`-Methode übergebenen Werte erreichen Sie über die Eigenschaften `ProgressPercentage` und `UserState` des Ereignisargument-Objekts. Mein Beispiel aktualisiert mit dem Prozentwert eine `ProgressBar` und schreibt den am zweiten Argument übergebenen Wert in ein `Label`:

```
private void backgroundWorker_ProgressChanged(object sender,
   ProgressChangedEventArgs e)
{
   // ProgressBar und Label aktualisieren
   this.progressBar.Value = e.ProgressPercentage;
   this.resultLabel.Text = e.UserState.ToString();
}
```

Listing 651: Aktualisieren der Anwendungs-Oberfläche im ProgressChanged-Ereignis einer BackgroundWorker-Instanz

Im Ereignis `RunWorkerCompleted` können Sie auf das Ende der Thread-Methode reagieren. Über die Eigenschaft `Error` des Ereignisargument-Objekts erfahren Sie zunächst, ob während der Ausführung eine Exception aufgetreten ist. Über `Cancelled` können Sie abfragen, ob die Ausführung der Methode abgebrochen wurde. Mein Beispiel gibt eine Information über den Zustand aus und schaltet den Status der beiden Schalter wieder zurück:

```
private void backgroundWorker_RunWorkerCompleted(object sender,
   RunWorkerCompletedEventArgs e)
{
   if (e.Error != null)
   {
      // In der Thread-Methode ist ein Fehler aufgetreten
      MessageBox.Show(e.Error.Message, Application.ProductName,
         MessageBoxButtons.OK, MessageBoxIcon.Error);
   }
   else if (e.Cancelled == false)
   {
```

Listing 652: Auswertung des Endes der Thread-Methode

```
        // Der Thread wurde abgebrochen
        this.resultLabel.Text = 
            "Fertig. Das Ergebnis ist: " + e.Result.ToString();
    }
    else
    {
        // Der Thread wurde normal beendet
        this.resultLabel.Text = "Abgebrochen";
    }

    // Start-Schalter aktivieren und
    // Abbrechen-Schalter deaktivieren
    this.startButton.Enabled = true;
    this.cancelButton.Enabled = false;
}
```

Listing 652: Auswertung des Endes der Thread-Methode (Forts.)

314 Parameter an Threads übergeben und Ergebnisse auslesen

Wenn Sie einen normalen Thread (keinen `BackgroundWorker`-Thread, siehe Rezept 313) programmieren wollen, müssen Sie dazu eine Methode implementieren, die entweder der Signatur des Delegates `ThreadStart` oder der des Delegate `ParameterizedThreadStart` entspricht. Die Signatur von `ThreadStart` erlaubt keine Argumente, die von `ParameterizedThreadStart` erlaubt allerdings ein `object` Argument. An diesem Argument können Sie ein beliebiges Objekt mit Daten übergeben, die Sie innerhalb der Thread-Methode auswerten wollen. Wollen Sie mehrere Daten übergeben, können Sie dazu eine Struktur oder Klasse mit entsprechenden Eigenschaften implementieren und eine Instanz dieser Klasse an die Thread-Methode übergeben. Auf diese Weise ist die Übergabe von Argumenten an eine Thread-Methode sehr einfach.

Das folgende Beispiel demonstriert diese Vorgehensweise an einer Primzahlberechnung. Ein Thread soll alle Primzahlen zwischen zwei gegebenen Grenzwerten ermitteln und das Ergebnis in die Text-Eigenschaft eines Steuerelements schreiben.

Zum Kompilieren dieses Beispiels benötigen Sie ein Formular mit zwei TextBoxen mit Namen `minValueTextBox` und `maxValueTextBox`, einem `Label` mit Namen `infoLabel`, einem Schalter mit Namen `startButton1` und – für das Beispiel weiter unten – einem Schalter mit dem Namen `startButton2`. Neben der Referenzierung der Assembly *System.Windows.Forms.dll* und der Einbindung des Namensraums `System.Windows.Forms` müssen Sie die Namensräume `System`, `System.Windows.Forms` und `System.Threading` importieren.

Zur Übergabe der Argumente habe ich zunächst die Klasse `PrimeNumberCalculatorArguments` entwickelt:

958 >> Parameter an Threads übergeben und Ergebnisse auslesen

```
private class PrimeNumberCalculatorArguments
{
   public long MinValue;
   public long MaxValue;
   public Control ResultControl;
}
```

Listing 653: Klasse für die Argumente des Threads, der über ParameterizedThreadStart gestartet wird

Da der Zugriff auf Steuerelemente innerhalb eines Arbeits-Threads immer über die Invoke-Methode des Steuerelements oder des Formulars erfolgen muss (siehe Rezept 312), habe ich einen Delegate und eine Methode zur Aktualisierung des Steuerelements implementiert:

```
private delegate void updateControlHandler(Control control, string text);

private void updateControl(Control control, string text)
{
   control.Text = text;
   control.Refresh();
}
```

Listing 654: Delegate und Methode für die threadsichere Aktualisierung des Ergebnis-Steuerelements

Die Methode für den Thread (CalculatePrimeNumbers) besitzt ein object-Argument, an das später das Objekt übergeben wird, das die Argumente zur Ausführung der Methode verwaltet. Dieses Objekt wird innerhalb der Methode in den erwarteten Typ gecastet und ausgewertet. CalculatePrimeNumbers geht alle Zahlen zwischen MinValue und MaxValue durch und überprüft für jede dieser Zahlen, ob es sich um eine Primzahl handelt. Gefundene Primzahlen werden in dem Steuerelement ausgegeben, das über die Eigenschaft ResultControl des übergebenen Argument-Objekts referenziert wird. Die Aktualisierung des Steuerelements erfolgt natürlich threadsicher über dessen Invoke-Methode:

```
private void CalculatePrimeNumbers(object args)
{
   // Casten des übergebenen Objekts
   PrimeNumberCalculatorArguments arguments =
      (PrimeNumberCalculatorArguments)args;
```

Listing 655: Methode für den Thread, der über ParameterizedThreadStart gestartet wird

```
      // Berechnen aller Primzahlen von MinValue bis MaxValue
      for (long i = arguments.MinValue; i <= arguments.MaxValue; i++)
      {
         bool isPrimeNumber = true;
         for (long j = 2; j < i; j++)
         {
            if (i % j == 0)
            {
               isPrimeNumber = false;
               break;
            }
         }
         if (isPrimeNumber)
         {
            // Das Steuerelement threadsicher aktualisieren
            arguments.ResultControl.Invoke(
               new updateControlHandler(this.updateControl),
               new object[] { arguments.ResultControl, i.ToString() });
         }
      }
   }
}
```

Listing 655: Methode für den Thread, der über ParameterizedThreadStart gestartet wird (Forts.)

Hinweis: Dass der »Algorithmus« zur Ermittlung der Primzahlen in diesem Beispiel weit von dem Ideal entfernt ist, ist mir übrigens bewusst ☺.

In einem Beispiel-Windows-Formular kann der Anwender die zwei Grenzwerte eingeben (Abbildung 216) und eine Berechnung starten.

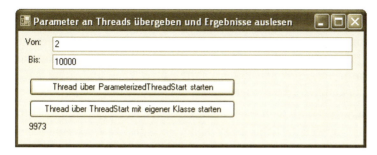

Abbildung 216: Das Formular zur Demonstration der Übergabe von Parametern an einen Thread

>> Parameter an Threads übergeben und Ergebnisse auslesen

In der Ereignisbehandlungsmethode des ersten Schalters wird eine Instanz der PrimeNumberCalculatorArguments-Klasse erzeugt und initialisiert. Das in die Eigenschaft ResultControl geschriebene Steuerelement ist übrigens ein Label, das unter den Schaltern angelegt ist. Danach wird der Thread über die Start-Methode einer neuen Thread-Instanz gestartet, wobei das Argument-Objekt übergeben wird:

```
private void startButton1_Click(object sender, System.EventArgs e)
{
   // Objekt für die Argumente der Thread-Methode erzeugen und initialisieren
   PrimeNumberCalculatorArguments arguments =
      new PrimeNumberCalculatorArguments();
   arguments.MinValue = Convert.ToInt64(this.minValueTextBox.Text);
   arguments.MaxValue = Convert.ToInt64(this.maxValueTextBox.Text);
   arguments.ResultControl = this.infoLabel;

   // Thread mit der CalcPrimeNumbers-Methode starten
   Thread thread = new Thread(this.CalculatePrimeNumbers);
   thread.IsBackground = true;
   thread.Start(arguments);
}
```

Listing 656: Starten eines Threads mit der Übergabe von Argumenten über eine Argument-Klasse

> **Hinweis:** Das Setzen von IsBackground auf true bewirkt übrigens, dass der Thread automatisch beendet wird, wenn das Hauptfenster der Anwendung geschlossen wird.

Diese Lösung des Argument-Übergabe-Problems ist in meinen Augen etwas unsauber, da das Argument der Thread-Methode als object deklariert werden muss. Eine andere, vielleicht bessere Lösung dieses Problems ist eine Klasse, die neben den Thread-Argumenten auch die Thread-Methode implementiert. Diese Methode entspricht der ThreadStart-Signatur (die keine Argumente erlaubt) und wird später über eine Instanz der Klasse in einem erzeugten Thread gestartet. Da die Thread-Methode Zugriff auf alle Eigenschaften der Klasse hat, können Sie vor dem Start des Threads die Argumente in den dafür vorgesehenen Eigenschaften übergeben und sogar nach dem Ende des Threads aus anderen Eigenschaften Rückgabewerte auslesen.

Das folgende Beispiel demonstriert diese Vorgehensweise an derselben Primzahlberechnung, die ich bereits oben verwendet habe. Dazu habe ich eine Klasse PrimeNumberCalculator entwickelt, die die Primzahlberechnung in der Methode Calculate ausführt.

```csharp
private class PrimeNumberCalculator
{
   /* Verwaltet den minimalen Wert zur Berechnung der Primzahl */
   public long MinValue;

   /* Verwaltet den maximalen Wert zur Berechnung der Primzahl */
   public long MaxValue;

   /* Referenz auf das Steuerelement, das das Ergebnis aufnimmt */
   public Control ResultControl;

   /* Delegate und Methode für die threadsichere Aktualisierung
    * des Ergebnis-Steuerelements */
   private delegate void updateControlHandler(Control control, string text);
   private void updateControl(Control control, string text)
   {
      control.Text = text;
      control.Refresh();
   }

   /* Methode für den Thread  */
   public void Calculate()
   {
      // Berechnen aller Primzahlen von MinValue bis MaxValue
      for (long i = this.MinValue; i <= this.MaxValue; i++)
      {
         bool isPrimeNumber = true;
         for (long j = 2; j < i; j++)
         {
            if (i % j == 0)
            {
               isPrimeNumber = false;
               break;
            }
         }
         if (isPrimeNumber)
         {
            // Das Steuerelement threadsicher aktualisieren
            this.ResultControl.Invoke(
               new updateControlHandler(this.updateControl),
               new object[] {this.ResultControl, i.ToString()});
         }
      }
   }
}
```

Listing 657: Klasse für die Ausführung eines Threads unter der Übergabe von Parametern

Das ereignisbasierte asynchrone Entwurfsmuster implementieren

In der Ereignisbehandlungsmethode des zweiten Schalters des Beispiels in Abbildung 216 wird nun eine Instanz der `PrimeNumberCalculator`-Klasse erzeugt und mit den Eingaben und einer Referenz auf das Ausgabe-Steuerelement initialisiert. Dann wird der Thread erzeugt, wobei die `Calculate`-Methode des `PrimeNumberCalculator`-Objekts als Threadmethode übergeben wird. Schließlich wird der Thread nur noch gestartet.

```
private void startButton2_Click(object sender, EventArgs e)
{
   // Instanz der PrimeNumberCalculator-Klasse erzeugen und initialisieren
   PrimeNumberCalculator pnc = new PrimeNumberCalculator();
   pnc.MinValue = Convert.ToInt64(this.minValueTextBox.Text);
   pnc.MaxValue = Convert.ToInt64(this.maxValueTextBox.Text);
   pnc.ResultControl = this.infoLabel;

   // Thread mit der Calc-Methode des PrimeNumberCalculator-Objekts starten
   Thread thread = new Thread(pnc.Calculate);
   thread.IsBackground = true;
   thread.Start();
}
```

Listing 658: Starten eines Threads mit der Übergabe von Argumenten über eine Klasse, die auch die Thread-Methode enthält

315 Das ereignisbasierte asynchrone Entwurfsmuster implementieren

Bei der Entwicklung von Klassen mit Methoden, deren Ausführung eine signifikant lange Zeit benötigt, ist es häufig sinnvoll, darüber nachzudenken, eine asynchrone Ausführung dieser Methoden zu ermöglichen. Das asynchrone Ausführen von Methoden ist nicht besonders schwierig. Wenn aber die Methoden einen Fortschritt oder ihr erfolgreiches oder fehlerhaftes Beenden melden sollen, ist es mit dem einfachen asynchronen Ausführen nicht mehr getan.

In diesem Fall wäre es gut, wenn die Klasse Methoden zur Verfügung stellt, die direkt asynchron ausgeführt werden können. Prinzipiell können Sie dazu innerhalb der Methoden mit Threads arbeiten, die gegebenenfalls ein Ereignis für den Fortschritt und eines für das Ende aufrufen. Die Programmierung solcher Methoden wäre sehr einfach. Ein Programmierer, der diese Methoden verwendet, muss jedoch auf einen wichtigen Punkt achten, wenn er in den Ereignismethoden Steuerelemente anspricht: Das jeweilige Ereignis wird nicht in dem Thread ausgeführt, der die Steuerelemente erzeugt hat, sondern in dem Thread, der die (Arbeits-)Methode ausführt. Eine goldene Windows-Regel besagt aber, dass nur der Thread, der ein Steuerelement erzeugt hat, auf dieses zugreifen darf. Vergleichen Sie dazu das Rezept 312.

Die Lösung dieses Problems ist die Implementierung des ereignisbasierten asynchronen Entwurfsmusters. Ich beschreibe dieses hier in einer Kurzform, die nicht unbedingt alle Aspekte berücksichtigt. Vergleichen Sie hierzu die Beschreibung dieses Entwurfsmusters in der Dotnet-Framework-Hilfe (suchen Sie im Index nach »Ereignisbasiertes asynchrones Muster«).

> **Hinweis**
> Mir ist bewusst, dass nun einiges an Text folgt, aber das ereignisbasierte asynchrone Entwurfsmuster ist nicht allzu einfach zu verstehen (so war es wenigstens in meinem Fall ☺). Ich denke, dass eine Beschreibung der Arbeitsweise dieses Musters (unter Berücksichtigung des zur Verfügung stehenden Platzes) notwendig ist um dieses verstehen zu können. Ein Beispiel für die Anwendung einer Klasse, die das asynchrone Entwurfsmuster implementiert, finden Sie natürlich am Ende dieses Rezepts, aber auch im Rezept 202.

Das ereignisbasierte asynchrone Entwurfsmuster, das z.B. von der `WebClient`-Klasse aus dem Namensraum `System.Net` implementiert wird (siehe Rezept 201), sieht vor, dass eine Methode in einer synchronen und einer asynchronen Variante existiert. Die synchrone Methode wird ohne Suffix benannt (z.B. *Demo*), die asynchrone mit dem Suffix *Async* (z.B. *DemoAsync*). Beim Aufrufen der asynchronen Methode kehrt diese in der Regel sofort[31] zurück, und das aufrufende Programm kann weiter ausgeführt werden (die Methode wird intern in einem Thread ausgeführt).

Um eine Fortschrittsmeldung zu ermöglichen, kann ein Ereignis implementiert werden, das laut der Vorgabe von Microsoft *<Methodenname>ProgressChanged* genannt wird. Das Ereignisargument-Objekt dieses Ereignisses ist vom Typ `ProgressChangedEventArgs` (oder einer davon abgeleiteten Klasse). Über die Eigenschaft `ProgressPercentage` erhält der Aufrufer eine Information über den Fortschritt der asynchron aufgerufenen Methode.

Für die Benachrichtigung des Beendens der asynchron aufgerufenen Methode sollte ein Ereignis implementiert werden, das *<Methodenname>Completed* genannt wird. Dieses Ereignis wird immer dann aufgerufen, wenn die asynchrone Methode auf irgendeine Art beendet wurde, also bei einem normalen Beenden, beim Auftreten eines Fehlers oder bei einem Abbruch (der im asynchronen Entwurfsmusters ebenfalls möglich ist). Das Ereignisargument-Objekt dieses Ereignisses ist vom Typ `AsyncCompletedEventArgs`. Die Eigenschaft `Error` dieses Typs liefert eine Information darüber, ob während der Ausführung der Methode eine Ausnahme eingetreten ist. Über die Eigenschaft `Cancelled` können Sie erfahren, ob die Methode abgebrochen wurde. Ist `Errors` gleich `null` und `Cancelled` gleich `false`, wurde die Methode erfolgreich beendet.

Das Besondere an diesen Ereignissen ist, dass sie automatisch im richtigen Thread aufgerufen werden. Der Programmierer, der Methoden für diese Ereignisse implementiert, muss also nicht darauf achten, dass diese in dem Thread ausgeführt werden, der die Steuerelemente erzeugt hat, die aktualisiert werden sollen. Leider fordert gerade

---

31. manchmal auch etwas später, wie zum Beispiel die asynchrone Methoden der `WebClient`-Klasse, die vor dem asynchronen Up- oder Download erst einiges an Vorarbeit leisten

dieses Feature (das dem verwendenden Programmierer die Arbeit erleichtert) bei der Entwicklung einer Klasse einiges an Arbeit. Bei der Anwendung der Klasse werden wir aber für unsere Mühe belohnt ☺.

Ein weiterer Teil des asynchronen Entwurfsmusters ist, dass es dem Anwender erlaubt sein sollte, die asynchrone Operation abzubrechen. Die Klasse implementiert dazu für jede asynchrone aufzurufende Methode normalerweise eine Methode *<Methodenname>Cancel* (also z.B. *DemoAsyncCancel*). Besitzt eine Klasse nur eine asynchron aufzurufende Methode, oder dient die Abbruch-Methode dem Abbrechen aller asynchronen Operationen, kann diese auch einfach nur *CancelAsync* genannt werden. Bei einem Abbruch wird das *<Methodenname>Completed*-Ereignis aufgerufen, wobei das Ereignisargument `Cancelled` auf `true` steht.

Der letzte hier besprochene Aspekt des asynchronen Entwurfsmusters ist, dass einige asynchrone Methoden einen Mehrfach-Aufruf erlauben und andere einen erneuten Aufruf erst dann, nachdem ein vorheriger beendet wurde. Klassen mit asynchronen Methoden, die keinen Mehrfach-Aufruf erlauben (auch nicht den gleichzeitigen Aufruf verschiedener Methoden), sollten beim Mehrfach-Aufruf ein `InvalidOperationException` werfen und eine `IsBusy`-Eigenschaft implementieren, die eine Aussage darüber macht, ob die Klasse gerade mit der Abarbeitung einer asynchronen Methode beschäftigt ist.

Das Prinzip des ereignisbasierten asynchronen Entwurfsmusters ist das Folgende:

▶ Die synchron und die asynchron auszuführende Methode ruft eine private Arbeitsmethode auf. Die synchrone Methode ruft diese direkt auf, die asynchrone verwendet zum Aufruf die `BeginInvoke`-Methode eines Delegate, der der Signatur der Arbeitsmethode entspricht. Das ist nichts Besonderes und entspricht dem normalen asynchronen Methodenaufruf. Der Arbeitsmethode wird aber neben den unter normalen Umständen benötigten Argumenten ein `AsyncOperation`-Objekt übergeben. Über die `Post`-Methode dieses Objekts, das mit Hilfe der `CreateOperation`-Methode der `AsyncOperationManager`-Klasse erzeugt werden kann, werden später in der Arbeitsmethode die Ereignisse so aufgerufen, dass diese automatisch im richtigen Thread ausgeführt werden. Die `CreateOperation`-Methode erwartet ein `object`-Argument. Dieses Argument wird im weiteren Verlauf bis in die Ereignisse durchgereicht und verwaltet beliebige Daten, die der Aufrufer der asynchron auszuführenden Methode übergeben kann (dafür muss diese natürlich ein Argument zur Verfügung stellen). Der Aufrufer kann diese Daten in den Ereignissen weiter verarbeiten.

▶ Die asynchron aufgerufene Arbeitsmethode ruft zu gegebener Zeit das Fortschritts-Ereignis auf. Dazu verwendet sie die `Post`-Methode des übergebenen `AsyncOperation`-Objekts. Diese Methode sorgt dafür, dass der Aufruf in den richtigen Thread umgeleitet wird. Im Prinzip ist das einfach zu verstehen (natürlich nicht das, was intern geschieht). Die Umsetzung ist aber leider etwas kompliziert. `Post` erwartet nämlich (natürlich) eine Referenz auf einen Delegate zum Aufruf des Ereignisses. Dieser Delegate muss vom Typ `SendOrPostCallback` sein. Die Referenz kann als privates Feld in der Klasse implementiert werden. Der Delegate muss natürlich eine passende Methode referenzieren, die ebenfalls in der Klasse implementiert ist. Im Konstruktor der Klasse wird die Delegate-Referenz mit einer neuen Instanz des mit dieser Methode initialisierten `SendOrPostCallback`-Delegate initialisiert. Um das Ganze noch ein wenig komplizierter zu machen ruft die Delegate-Methode nicht das Ereignis direkt auf, sondern eine geschützte, virtuelle Methode, die wie das Ereignis benannt ist, allerdings mit dem Präfix *On*. Diese Methode schließlich ruft das Ereignis auf. Dieser Aufruf entspricht dem Ereignisaufruf-Modell, das alle Klassen im Dotnet-Framework implementieren. Damit wird Programmierern, die von Klassen neue Klassen ableiten, ermöglicht, über das Überschreiben dieser Methoden auf Ereignisse zu reagieren. Da den Ereignissen normalerweise Ereignisargumente übergeben werden müssen, werden diese über eine Instanz der entsprechenden Ereignisargument-Klasse von der `Post`-Methode bis an das Ereignis weitergereicht.

▶ Die `CancelAsync`-Methode setzt lediglich ein boolesches Feld. Dieses Feld wird in der Arbeitsmethode an geeigneter Stelle abgefragt. Ist dieses Feld `true`, bricht die Arbeitsmethode ihre Ausführung ab und ruft das `DemoAsyncCompleted`-Ereignis auf. Das Feld `Cancelled` des übergebenen Ereignisargument-Objekts wird in diesem Fall auf `true` gesetzt.

Da das jetzt wahrscheinlich ein wenig zu viel Text war: Abbildung 217 versucht, das Ganze schematisch zusammenzufassen.

So, nun folgt Quellcode ☺. Im folgenden Beispiel implementiere ich eine Klasse `AsyncDemo`, die das ereignisbasierte asynchrone Entwurfsmuster in einer praxisorientierten Minimalform implementiert. Die Arbeitsmethode dieser Klasse macht nichts weiter, als eine einfache Schleife mit einer gegebenen Anzahl Durchläufe durchzugehen und in der Schleife die `Sleep`-Methode der `Thread`-Klasse aufzurufen. Dies soll eine länger dauernde Aktion simulieren. Die Methode `Demo` ruft die Arbeitsmethode synchron auf, die Methode `DemoAsync` ruft diese Methode asynchron auf. Beide Methoden erlauben (aus Vereinfachungsgründen) nicht den mehrfachen Aufruf. Deswegen implementiert die Klasse `AsyncDemo` das Busy-Flag `IsBusy`.

Dem Ereignis `DemoAsyncProgressChanged` dieser Klasse soll nicht nur ein Prozentwert für den Fortschritt übergeben werden, sondern auch die Anzahl der insgesamt auszuführenden und die Anzahl der bisher ausgeführten Durchläufe. Deswegen kann der bereits im Namensraum `System.ComponentModel` enthaltene Delegate `ProgressChangedEventHandler` nicht verwendet werden, da dieser nur eine Eigenschaft `ProgressPercentage` in den Ereignisargumenten besitzt. Aus diesem Grunde habe ich eine eigene Ereignisargument-Klasse und einen passenden Delegate implementiert.

Zum Kompilieren des ab hier beschriebenen Quellcodes müssen Sie die Namensräume `System`, `System.ComponentModel` und `System.Threading` importieren.

966 >> Das ereignisbasierte asynchrone Entwurfsmuster implementieren

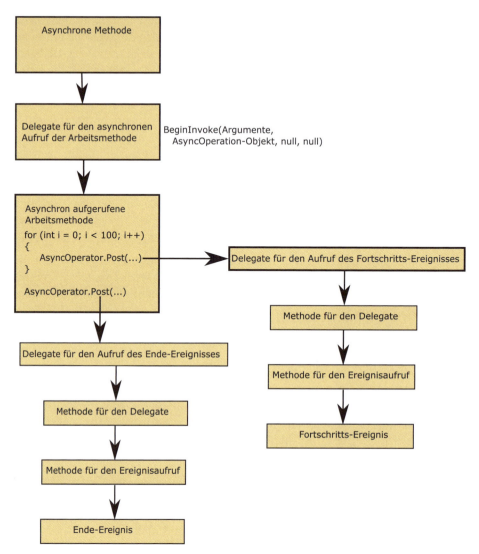

Abbildung 217: Schematische Darstellung des Ablaufs beim Methodenaufruf nach dem ereignisbasierten asynchronen Entwurfsmuster

```
/* Ereignisargument-Klasse für das DemoAsyncProgressChanged-Ereignis */
public class DemoAsyncProgressChangedEventArgs : ProgressChangedEventArgs
{
    /* Gibt die Anzahl der fertig gestellten Durchläufe an */
    public readonly byte CyclesDone;

    /* Gibt die Anzahl der insgesamt auszuführenden Durchläufe an */
```

Listing 659: Ereignisargument-Klasse und Delegate für das DemoAsyncProgressChanged-Ereignis

```
    public readonly byte CyclesTotal;

    /* Konstruktor */
    internal DemoAsyncProgressChangedEventArgs(byte cyclesDone,
        byte cyclesTotal, int progressPercentage, object userState):
        base(progressPercentage, userState)
    {
        this.CyclesTotal = cyclesTotal;
        this.CyclesDone = cyclesDone;
    }
}

/* Delegate für das DemoAsyncProgressChanged-Ereignis */
public delegate void DemoAsyncProgressChangedEventHandler(
    object sender, DemoAsyncProgressChangedEventArgs e);
```

Listing 659: Ereignisargument-Klasse und Delegate für das DemoAsyncProgressChanged-Ereignis (Forts.)

Die Klasse `AsyncDemo`, die das ereignisbasierte asynchrone Entwurfsmuster implementiert, beginnt mit der Deklaration der Eigenschaften und Aufrufmethoden für die Ereignisse, die den Fortschritt und das Beenden der `DemoAsync`-Methode melden. Die Methode `OnDemoAsyncCompleted` setzt neben dem Aufruf des `DemoAsyncCompleted`-Ereignisses auch das Busy-Flag zurück:

```
public class AsyncDemo
{
    /* Wird aufgerufen, wenn der Fortschritt der asynchronen Methode */
    /* sich geändert hat */
    public event DemoAsyncProgressChangedEventHandler
        DemoAsyncProgressChanged;

    /* Wird aufgerufen, wenn die asynchrone Methode beendet wurde */
    public event AsyncCompletedEventHandler DemoAsyncCompleted;

    /* Ruft das DemoAsyncProgressChanged-Ereignis auf */
    protected virtual void OnDemoAsyncProgressChanged(
        DemoAsyncProgressChangedEventArgs e)
    {
        // Ereignis aufrufen
        if (this.DemoAsyncProgressChanged != null)
        {
            this.DemoAsyncProgressChanged(this, e);
        }
    }
```

Listing 660: Deklaration der Ereignis-Eigenschaften und Ereignis-Aufrufmethoden für die Ereignisse der AsyncDemo-Klasse

```
/* Ruft das DemoAsyncCompleted-Ereignis auf
   und setzt das Busy-Flag zurück*/
protected virtual void OnDemoAsyncCompleted(AsyncCompletedEventArgs e)
{
    // Ereignis aufrufen
    if (this.DemoAsyncCompleted != null)
    {
        this.DemoAsyncCompleted(this, e);
    }

    // Busy-Flag zurücksetzen
    this.isBusy = false;
}
```

Listing 660: Deklaration der Ereignis-Eigenschaften und Ereignis-Aufrufmethoden für die Ereignisse der AsyncDemo-Klasse (Forts.)

Dann folgt die Deklaration der `IsBusy`-Eigenschaft und des privaten Feldes `cancellationPending`, das später für den Abbruch der asynchron aufgerufenen Methode verwendet wird:

```
private bool isBusy;
/* Gibt an, ob die asynchrone Methode gerade beschäftigt ist */
public bool IsBusy
{
    get { return this.isBusy; }
}

/* Wird von der CancelAsync gesetzt
   um die asynchrone Ausführung abzubrechen */
private bool cancellationPending;
```

Listing 661: Deklaration der IsBusy-Eigenschaft und eines Feldes zum Abbrechen der asynchron aufgerufenen Methode

Die Arbeitsmethode (`DemoInternal`) wird von `DemoAsync` asynchron aufgerufen. Dazu muss ein Delegate deklariert werden, der die benötigten Argumente besitzt. Der Arbeitsmethode soll die Anzahl der Durchläufe (`cycleCount`) und eine Referenz auf das verwendete `AsyncOperation`-Objekt übergeben werden. Deswegen muss der Delegate die entsprechende Signatur besitzen:

```
private delegate void DemoInternalCallHandler(
    byte cycleCount, AsyncOperation asyncOperation);
```

Listing 662: Delegate für den asynchronen Aufruf der Arbeitsmethode

Threading und asynchroner Methodenaufruf

Dann folgen Delegate-Felder und Methoden für den Aufruf der Ereignisse. Die Delegate-Felder müssen vom Typ `SendOrPostCallback` sein, damit sie über die `Post`-Methode des `AsyncOperation`-Objekts aufgerufen werden können. Den Methoden wird (dem Delegate entsprechend) ein Argument vom Typ `object` übergeben, das die Daten enthält, die an die Ereignisse weitergereicht werden sollen. Beim Aufruf wird aber tatsächlich eine Instanz der Klasse `DemoAsyncProgressChangedEventArgs` bzw. `AsyncCompletedEventArgs` mit den Daten übergeben, die an das Ereignis weitergereicht werden sollen. Innerhalb der Ereignisaufruf-Methoden muss also gecastet werden:

```csharp
/* Über diesen Delegate ruft die Arbeitsmethode (DemoInternal) das
   DemoAsyncProgressChanged-Ereignis auf */
private SendOrPostCallback demoAsyncProgressChangedHandler;

/* Diese Methode wird über die Delegate-Referenz
   demoAsyncProgressChangedHandler aufgerufen */
private void DemoAsyncProgressChangedCaller(object state)
{
    // Das DemoAsyncCompleted-Ereignis über die Ereignisaufruf-
    // Methode aufrufen
    this.OnDemoAsyncProgressChanged(
        (DemoAsyncProgressChangedEventArgs)state);
}

/* Über diesen Delegate ruft die Arbeitsmethode (DemoInternal) das
   DemoAsyncCompleted-Ereignis auf */
private SendOrPostCallback demoAsyncCompletedCallerHandler;

/* Diese Methode wird über die Delegate-Referenz
   demoAsyncCompletedCallerHandler aufgerufen */
private void DemoAsyncCompletedCaller(object state)
{
    // Das DemoAsyncCompleted-Ereignis über die Ereignisaufruf-
    // Methode aufrufen
    this.OnDemoAsyncCompleted(
        (AsyncCompletedEventArgs)state);
}
```

Listing 663: Delegate-Felder und Methoden für den Aufruf der Ereignisse

Der Konstruktor der Klasse instanziiert die Delegates:

```csharp
public AsyncDemo()
{
    this.demoAsyncProgressChangedHandler =
        new SendOrPostCallback(this.DemoAsyncProgressChangedCaller);
```

Listing 664: Konstruktor der AsyncDemo-Klasse

```
    this.demoAsyncCompletedCallerHandler =
        new SendOrPostCallback(this.DemoAsyncCompletedCaller);
}
```

Listing 664: Konstruktor der AsyncDemo-Klasse (Forts.)

Dann folgt die private Methode `DemoInternal`, die die Arbeit ausführt. Dieser Methode werden die Anzahl der auszuführenden Durchläufe und das verwendete `AsyncOperation`-Objekt übergeben. Die eigentliche Arbeit wird in dem Beispiel in Listing 665 lediglich simuliert: Eine Schleife geht von Eins bis `cycleCount` durch und ruft `Thread.Sleep(100)` auf um eine länger dauernde Aktion zu simulieren. Der Rest dieser Methode ist für den Aufruf der Ereignisse notwendiger Quellcode, Fehlerbehandlung und die Behandlung eines Abbruchs.

Dazu setzt `DemoInternal` zunächst das Abbruch-Flag zurück. Dann wird zu Demonstrationszwecken ein Fehler simuliert: Wenn `cycleCount` größer ist als 100, wird der Delegate `demoAsyncCompletedCallerHandler` über die `Post`-Methode des `AsyncOperation`-Objekts aufgerufen. Dabei übergibt `DemoInternal` ein neues `AsyncCompletedEventArgs`-Objekt, dessen `Error`-Eigenschaft (am ersten Argument des Konstruktors) auf eine neu erzeugte `ArgumentException` gesetzt wird. Die Methode wird danach natürlich beendet. Für den Fall, dass kein `AsyncOperation`-Objekt übergeben wurde (was der Fall ist, wenn `DemoInternal` synchron aufgerufen wird), wird die erzeugte `ArgumentException` geworfen. Wichtig dabei ist, dass das `IsBusy`-Flag, das in `AsyncDemo` gesetzt wird, an geeigneter Stelle wieder zurückgesetzt wird.

Danach beginnt die Schleife, die die Arbeit ausführt. Die Schleife ist in einem try-Block implementiert, damit Exceptions, die während der Ausführung auftreten, abgefangen und (ähnlich wie bei den simulierten Fehlern) über den `demoAsyncCompletedCallerHandler`-Delegate an das `DemoAsyncCompleted`-Ereignis weitergegeben oder (für den Fall des synchronen Aufrufs) weiter geworfen werden können.

Innerhalb der Schleife regiert das Programm auf einen Abbruch, indem es das `cancellationPending`-Feld abfragt. Ist dieses `true`, wird über die `Post`-Methode des `AsyncOperation`-Objekts und den Ereignisaufruf-Delegate das `DemoAsyncCompleted`-Ereignis aufgerufen. Dabei wird dem erzeugten `AsyncCompletedEventArgs`-Objekt am zweiten Argument des Konstruktors `true` übergeben, damit die `Cancelled`-Eigenschaft auf `true` gesetzt wird.

Danach wird der eigentliche Job ausgeführt (was hier ja nur simuliert wird). Am Ende der Schleife meldet `DemoInternal`, natürlich wieder über die `Post`-Methode des `AsyncOperation`-Objekts, über den Delegate `demoAsyncProgressChangedHandler` den aktuellen Fortschritt. Schließlich signalisiert die Methode das erfolgreiche Beenden an das `DemoAsyncCompleted`-Ereignis.

Threading und asynchroner Methodenaufruf

```csharp
private void DemoInternal(byte cycleCount, AsyncOperation asyncOperation)
{
   // Das Abbruch-Flag zurücksetzen
   this.cancellationPending = false;

   // Fehler simulieren
   if (cycleCount > 100)
   {
      // Fehler über den Ende-Delegate melden oder werfen
      ArgumentException ex = new ArgumentException(
         "cycleCount darf nicht größer 0 sein");
      if (asyncOperation != null)
      {
         // Das Ende-Ereignis aufrufen
         asyncOperation.Post(this.demoAsyncCompletedCallerHandler,
            new AsyncCompletedEventArgs(ex, false,
            asyncOperation.UserSuppliedState));

         // und raus
         return;
      }
      else
      {
         // Das Busy-Flag zurücksetzen
         this.isBusy = false;

         // Exception werfen
         throw ex;
      }
   }

   try
   {
      for (byte i = 0; i <= cycleCount; i++)
      {
         if (asyncOperation != null)
         {
            // Auf einen Abbruch reagieren
            if (this.cancellationPending)
            {
               // Das Ende-Ereignis aufrufen
               asyncOperation.Post(this.demoAsyncCompletedCallerHandler,
                  new AsyncCompletedEventArgs(null, true,
                  asyncOperation.UserSuppliedState));

               // Die Methode beenden
```

Listing 665: Die Arbeitsmethode

```csharp
                    return;
                }
            }

            // Den eigentlichen Job ausführen.
            // Hier nur als Demo: 100 ms warten
            Thread.Sleep(100);

            if (asyncOperation != null)
            {
               // Den Fortschritt melden
               int progressPercentage = (int)((i / (float)cycleCount) * 100);
               asyncOperation.Post(this.demoAsyncProgressChangedHandler,
                  new DemoAsyncProgressChangedEventArgs(i, cycleCount,
                  progressPercentage, asyncOperation.UserSuppliedState));
            }
         }

         if (asyncOperation != null)
         {
            // Das Beenden der Methode melden
            asyncOperation.Post(this.demoAsyncCompletedCallerHandler,
               new AsyncCompletedEventArgs(null, false,
               asyncOperation.UserSuppliedState));
         }
      }
      catch (Exception ex)
      {
         // Fehler über den Ende-Delegate melden oder weiterwerfen
         if (asyncOperation != null)
         {
            // Das Ende-Ereignis aufrufen
            asyncOperation.Post(this.demoAsyncCompletedCallerHandler,
               new AsyncCompletedEventArgs(ex, false,
               asyncOperation.UserSuppliedState));
         }
         else
         {
            // Das Busy-Flag zurücksetzen
            this.isBusy = false;

            // Exception weiterwerfen
            throw ex;
         }
      }
   }
```

Listing 665: Die Arbeitsmethode (Forts.)

Nun folgen noch die Methoden zum synchronen und asynchronen Ausführen der Arbeitsmethode und die Methode zum Abbrechen. Die Methode `Demo` führt den Job synchron aus und ruft dazu einfach `DemoInternal` auf, indem am zweiten Argument (der `AsyncOperation`-Referenz) `null` übergeben wird. Dabei wird aber das Busy-Flag abgefragt, damit diese Methode nicht aufgerufen werden kann, während die Arbeitsmethode gerade noch asynchron ausgeführt wird. Demo wirft dazu eine `InvalidOperationException`, falls die `IsBusy`-Eigenschaft `true` ist. Außerdem wird dieses Flag vor dem Aufruf der Arbeitsmethode gesetzt und nach dem Aufruf wieder zurückgesetzt, um zu verhindern, dass die asynchrone Variante aufgerufen wird, während die synchrone (in einem Thread) ausgeführt wird. Sicher ist sicher ...

Die erste Variante von `DemoAsync` (ohne Argument für die Benutzerdaten) ruft lediglich die zweite Variante auf, der neben der Anzahl der auszuführenden Durchläufe auch das Objekt mit den Benutzerdaten übergeben wird. Diese Variante fragt ähnlich der `Demo`-Methode zunächst die `IsBusy`-Eigenschaft ab um den wiederholten asynchronen Aufruf zu verhindern. Dieses Flag wird dann auf `true` gesetzt.

Nun folgt der wichtige Teil, nämlich das asynchrone Ausführen der Arbeitsmethode. Dazu erzeugt `DemoAsync` ein neues `AsyncOperation`-Objekt, dem die Benutzerdaten übergeben werden. Über die `BeginInvoke`-Methode einer neuen Instanz des `WorkerEventHandler`-Delegate ruft `DemoAsync` dann die `DemoInternal`-Methode asynchron auf. Dabei werden am ersten Argument die Anzahl der auszuführenden Durchläufe, am zweiten Argument das `AsyncOperation`-Objekt und an den in unserem Fall nicht benötigten folgenden Argumenten (`callback` und `@object`[32]) `null` übergeben.

Die Methode `CancelAsync` schließlich setzt lediglich das Feld `cancellationPending`:

```
/* Beispiel-Methode, die die auszuführende Arbeit synchron ausführt */
public void Demo(byte cycleCount)
{
   // Überprüfen, ob gerade eine asynchrone Operation ausgeführt wird
   if (this.isBusy)
   {
      throw new InvalidOperationException(
         "Demo kann nicht aufgerufen werden, wenn DemoAsync " +
         "gerade ausgeführt wird");
   }

   try
   {
      // Das Busy-Flag setzen
      this.isBusy = true;
```

Listing 666: Methoden zum Aufruf und zum Abbruch der Arbeitsmethode

---

32. Das @ vor *object* hat die Bedeutung, dass damit Bezeichner deklariert werden können, die denselben Namen besitzen wie Schlüsselwörter.

```csharp
         // Die private Methode synchron aufrufen
         this.DemoInternal(cycleCount, null);
      }
      finally
      {
         // Das Busy-Flag zurücksetzen
         this.isBusy = false;
      }
   }

   /* Beispiel-Methode, die die auszuführende Arbeit asynchron ausführt */
   public void DemoAsync(byte cycleCount)
   {
      this.DemoAsync(cycleCount, null);
   }

   /* Beispiel-Methode, die die auszuführende Arbeit asynchron ausführt */
   public void DemoAsync(byte cycleCount, object userState)
   {
      // Überprüfen, ob gerade eine asynchrone Operation ausgeführt wird
      if (this.isBusy)
      {
         throw new InvalidOperationException(
            "DemoAsync kann nicht mehrfach gleichzeitig aufgerufen werden");
      }

      // Busy-Flag setzen
      this.isBusy = true;

      // AsyncOperation-Objekt erzeugen, über das die Ereignis-Handler
      // im richtigen Thread aufgerufen werden können
      AsyncOperation asyncOperation =
         AsyncOperationManager.CreateOperation(userState);

      // Die private Methode asynchron aufrufen
      WorkerEventHandler workerEventHandler =
         new WorkerEventHandler(this.DemoInternal);
      workerEventHandler.BeginInvoke(cycleCount, asyncOperation, null, null);
   }

   /* Bricht eine aktuelle asynchrone Operation ab */
   public void CancelAsync()
   {
      this.cancellationPending = true;
   }
}
```

Listing 666: Methoden zum Aufruf und zum Abbruch der Arbeitsmethode (Forts.)

>> Threading und asynchroner Methodenaufruf

Damit ist die Beispiel-Klasse für das ereignisbasierte asynchrone Entwurfsmuster beendet. Nun folgt lediglich noch ein Beispiel für die Anwendung einer Instanz dieser Klasse. Und diese ist (im Gegensatz zur Implementierung der Klasse) einfach: Sie erzeugen dazu eine Instanz der Klasse und rufen deren Methoden auf. Wenn Sie die asynchrone Variante verwenden wollen, weisen Sie den Ereignis-Eigenschaften zuvor Instanzen der entsprechenden Delegates zu. Visual Studio 2005 hilft Ihnen ja dabei ☺. In den Methoden zu diesen Ereignissen können Sie beliebig programmieren.

Das folgende Beispiel ist in einer einfachen Windows-Anwendung implementiert (Abbildung 218). In einer TextBox (repeatCountTextBox) kann der Anwender die Anzahl Durchläufe eingeben. Über den ersten Schalter (callDemoSyncButton) wird die synchrone Methode Demo aufgerufen. Der zweite Schalter (callDemoAsyncButton) ruft die Methode DemoAsync auf. Über den dritten Schalter (cancelButton) kann der Anwender die Ausführung der asynchronen Methode abbrechen. Über eine ProgressBar (progressBar) wird der prozentuale Fortschritt gemeldet, ein ToolStripStatusLabel (toolStripStatusLabel) in einer StatusStrip-Instanz dient einer Status-Meldung.

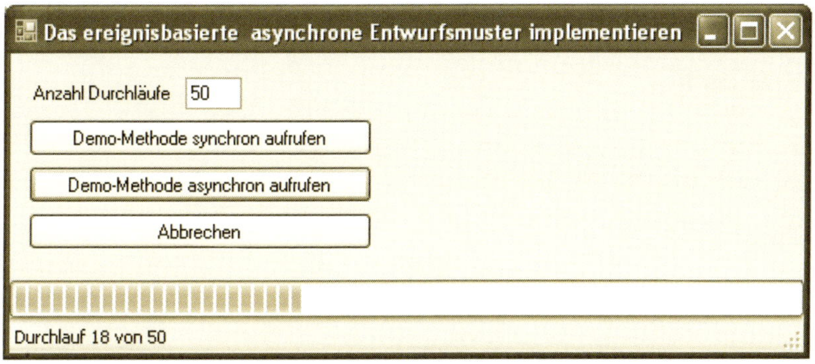

Abbildung 218: Beispiel-Programm zur Anwendung der Demo-Klasse für das ereignisbasierte asynchrone Entwurfsmuster

Der Quellcode sieht folgendermaßen aus:

```
/* Referenz auf die Instanz der Demo-Klasse */
AsyncDemo asyncDemo;

/* Konstruktor */
public StartForm()
{
   InitializeComponent();

   // AsyncDemo-Instanz erzeugen
   this.asyncDemo = new AsyncDemo();
```

Listing 667: Quellcode der Methoden im Formular zur Anwendung der Demo-Klasse für das ereignisbasierte asynchrone Entwurfsmuster

```csharp
    // Ereignisse zuweisen
    this.asyncDemo.DemoAsyncProgressChanged +=
        new DemoAsyncProgressChangedEventHandler(
        this.demo_AsyncProgressChanged);
    this.asyncDemo.DemoAsyncCompleted +=
        new AsyncCompletedEventHandler(this.demo_AsyncCompleted);
}

/* Aufruf der synchronen Methode */
private void callDemoSyncButton_Click(object sender, EventArgs e)
{
    try
    {
        this.toolStripStatusLabel.Text = "Arbeite ...";
        this.Refresh();

        // Die synchrone Methode aufrufen
        this.asyncDemo.Demo(Convert.ToByte(this.repeatCountTextBox.Text));

        // Den Erfolg melden
        this.toolStripStatusLabel.Text = "Fertig";
        MessageBox.Show("Fertig", Application.ProductName,
            MessageBoxButtons.OK, MessageBoxIcon.Information);
    }
    catch (Exception ex)
    {
        MessageBox.Show(ex.Message, Application.ProductName,
            MessageBoxButtons.OK, MessageBoxIcon.Error);
    }
}


/* Aufruf der asynchronen Methode */
private void callDemoAsyncButton_Click(object sender, EventArgs e)
{
    try
    {
        this.toolStripStatusLabel.Text = "Arbeite ...";
        this.Refresh();
        this.cancelButton.Enabled = true;

        // Die asynchrone Methode aufrufen
        this.asyncDemo.DemoAsync(
            Convert.ToByte(this.repeatCountTextBox.Text), null);
    }
```

Listing 667: Quellcode der Methoden im Formular zur Anwendung der Demo-Klasse für das ereignisbasierte asynchrone Entwurfsmuster (Forts.)

```
      catch (Exception ex)
      {
         MessageBox.Show(ex.Message, Application.ProductName,
            MessageBoxButtons.OK, MessageBoxIcon.Error);
      }
   }

   /* Bricht die aktuelle asynchrone Operation ab */
   private void cancelButton_Click(object sender, EventArgs e)
   {
      this.asyncDemo.CancelAsync();
   }

   /* Wird aufgerufen, wenn sich der Fortschritt bei der Abarbeitung der
      asynchronen Methode geändert hat */
   private void demo_AsyncProgressChanged(object sender,
   DemoAsyncProgressChangedEventArgs e)
   {
      // Den Fortschritt melden
      this.toolStripStatusLabel.Text = "Durchlauf " +
         e.CyclesDone + " von " + e.CyclesTotal;
      this.progressBar.Value = e.ProgressPercentage;
   }

   /* Wird aufgerufen, wenn die asynchron aufgerufene Methode beendet wurde */
   private void demo_AsyncCompleted(object sender, AsyncCompletedEventArgs e)
   {
      if (e.Error != null)
      {
         // Fehler melden
         this.toolStripStatusLabel.Text = "Fehler";
         MessageBox.Show(e.Error.Message, Application.ProductName,
            MessageBoxButtons.OK, MessageBoxIcon.Error);
      }
      else if (e.Cancelled)
      {
         // Melden, was abgebrochen wurde
         this.toolStripStatusLabel.Text = "Abgebrochen";
      }
      else
      {
         // Den Erfolg melden
         this.toolStripStatusLabel.Text = "Fertig";
         MessageBox.Show("Fertig", Application.ProductName,
            MessageBoxButtons.OK, MessageBoxIcon.Information);
      }
```

Listing 667: Quellcode der Methoden im Formular zur Anwendung der Demo-Klasse für das ereignisbasierte asynchrone Entwurfsmuster (Forts.)

```
    this.progressBar.Value = 0;
    this.cancelButton.Enabled = false;
}
```

Listing 667: Quellcode der Methoden im Formular zur Anwendung der Demo-Klasse für das ereignisbasierte asynchrone Entwurfsmuster (Forts.)

Zum Kompilieren dieses Beispiels benötigen Sie ein Formular mit den genannten Steuerelementen und den üblichen Importen. Viel Spaß beim Ausprobieren ☺.

Datenbank-Programmierung

316 Die Anzahl der Datensätze ermitteln, die eine Abfrage in einer Datenbank ergibt

Wenn Sie Daten über ein `DataReader`-Objekt abfragen, können Sie nicht ermitteln, wie viele Datensätze von der Abfrage zurückgegeben wurden, da ein `DataReader`-Objekt keine entsprechende Eigenschaft besitzt. Die Eigenschaft `RecordsAffected`, die eigentlich die Anzahl der betroffenen Datensätze (allerdings laut Dokumentation nur für Einfüge-, Aktualisierungs- und Löschaktionen) verwaltet, gibt beim Lesen von Daten immer -1 zurück.

Sie können aber recht einfach über die SQL-Funktion `COUNT` ermitteln, wie viele Datensätze von einer Abfrage betroffen sind. Idealerweise fragen Sie die Anzahl vor der eigentlichen Abfrage ab, da viele Datenbanksysteme `COUNT` nur dann in einer Abfrage mit Tabellenfeldern erlauben, wenn diese Felder in einer `GROUP BY`-Klausel angegeben werden. `COUNT` würde sich dann nicht auf die Gesamtzahl der Datensätze beziehen, sondern auf die Datensätze einer Gruppe. Das Ergebnis wäre in diesem Fall falsch.

Listing 668 zeigt das Abfragen der Anzahl der Datensätze am Beispiel der *Products*-Tabelle der *Northwind*-Datenbank im SQL Server. Da die Abfrage mit `COUNT(*)` immer nur und genau einen Datensatz ergibt, fragt das Beispiel die Anzahl über die `ExecuteScalar`-Methode eines `SqlCommand`-Objekts ab. Diese Methode ergibt den Wert der ersten Spalte des ersten Datensatzes als `object`-Typ.

Zum Kompilieren dieses Programms müssen Sie die Namensräume `System`, `System.Data` und `System.Data.SqlClient` importieren. Den Verbindungsstring, der bei der Erzeugung des `SqlConnection`-Objekts übergeben wird, müssen Sie natürlich an Ihren Server anpassen.

```csharp
// Verbindung zur Northwind-Datenbank auf dem lokalen
// SQL Server Express aufbauen
SqlConnection connection = null;
try
{
   connection = new SqlConnection(@"Server=(local)\SQLEXPRESS;" +
      "Database=Northwind;Trusted_Connection=Yes");
   connection.Open();

   // Produkte abfragen
   SqlCommand command = new SqlCommand("SELECT COUNT(*) AS Count " +
      " FROM Products WHERE CategoryId = 1", connection);
```

Listing 668: Abfragen der Anzahl der Datensätze, die eine Abfrage ergibt

```
      Console.WriteLine("Die Kategorie 1 beinhaltet {0} Artikel",
         command.ExecuteScalar());
   }
   catch (Exception ex)
   {
      Console.WriteLine(ex.Message);
   }
   finally
   {
      try
      {
         connection.Close();
      }
      catch {}
   }
}
```

Listing 668: Abfragen der Anzahl der Datensätze, die eine Abfrage ergibt (Forts.)

317 Datenbanken erzeugen

ADO.NET bietet einen hervorragenden Support zur Abfrage und zur Bearbeitung von Datenbanken. Was jedoch fehlt, ist die Möglichkeit, Datenbanken und die darin enthaltenen Tabellen zu erzeugen. Dazu können Sie aber einfach SQL verwenden. Das folgende Beispiel erzeugt über SQL eine Datenbank *Bookstore* im lokalen SQL Server. Dabei werden drei Tabellen *Authors*, *Books* und *BookAuthors* erzeugt und miteinander in Beziehung gesetzt. Das Schema dieser Datenbank wird in Abbildung 219 dargestellt.

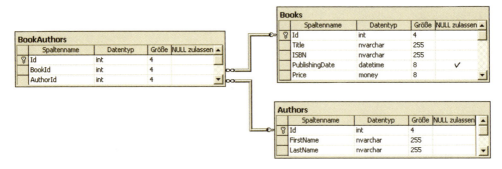

Abbildung 219: Ein SQL-Server-Diagramm der erzeugten Datenbank

> **Tipp**
> An der Adresse *www.juergen-bayer.net/menu.aspx?mainMenu=articles&subMenu=database* finden Sie Artikel über SQL und den SQL-Server. In diesen Artikeln können Sie alles Wichtige zum Erzeugen und Verwalten von Datenbanken nachlesen.

>> **Datenbank-Programmierung**

Zum Kompilieren des Beispielprogramms müssen Sie die Namensräume `System`, `System.Data` und `System.Data.SqlClient` importieren. Im Verbindungsstring müssen Sie natürlich Ihren Server angeben.

Zuerst wird eine Verbindung zum SQL Server aufgebaut. Dabei geben Sie keine Datenbank an:

```
connection = new SqlConnection(
   @"Server=(local)\SQLEXPRESS;Trusted_Connection=Yes");
connection.Open();
```

Listing 669: Aufbau einer Verbindung zum lokalen SQL Server Express

Dann wird zunächst die Datenbank angelegt. Dazu verwenden Sie die SQL-Anweisung `CREATE DATABASE`:

```
string databaseName = "Bookstore";
string sql = "CREATE Database " + databaseName;
SqlCommand command = new SqlCommand(sql, connection);
command.ExecuteNonQuery();
```

Listing 670: Anlegen der Datenbank

Bei vielen Datenbanksystemen wie dem SQL Server erlaubt `CREATE DATABASE` noch spezielle Einstellungen, wie z.B. die Festlegung, in welchen Dateien die Datenbank gespeichert werden soll. Lesen Sie diese in der Dokumentation (oder für den SQL Server im oben genannten Artikel) nach. Einige wenige Datenbanksysteme wie z.B. Oracle kennen die `CREATE DATABASE`-Anweisung nicht und verwenden stattdessen `CREATE SCHEMA`.

Dann müssen Sie die Verbindung schließen und zu der neuen Datenbank wieder aufbauen:

```
connection.Close();
connection = new SqlConnection(
   @"Server=(local)\SQLEXPRESS;Database=" + databaseName + ";" +
   "Trusted_Connection=Yes");
connection.Open();
```

Listing 671: Aufbau einer Verbindung zur neuen Datenbank

Nun können Sie die einzelnen Tabellen erzeugen. Dazu verwenden Sie die `CREATE TABLE`-Anweisung. Ich schreibe die SQL-Befehle zum Erzeugen der Tabellen zunächst in einzelne String-Variablen, um die Befehle später alle gemeinsam ausführen zu können:

```
string sql1 = "CREATE TABLE Authors (" +
    "Id int NOT NULL PRIMARY KEY IDENTITY," +
    "FirstName nvarchar(255) NOT NULL," +
    "LastName nvarchar(255) NOT NULL)";

string sql2 = "CREATE TABLE Books (" +
    "Id int NOT NULL PRIMARY KEY IDENTITY," +
    "Title nvarchar(255) NOT NULL," +
    "ISBN nvarchar(255) NOT NULL," +
    "PublishingDate datetime, " +
    "Price money NOT NULL DEFAULT 0)";

string sql3 = "CREATE TABLE BookAuthors (" +
    "Id int NOT NULL PRIMARY KEY," +
    "BookId int NOT NULL," +
    "AuthorId int NOT NULL)";
```

Listing 672: Erzeugen von Tabellen

In den Klammern geben Sie jeweils die zu erzeugenden Spalten an. Eine Spaltenbeschreibung beginnt mit dem Namen der Spalte gefolgt vom Datentyp. Die Datentypbezeichner sind natürlich datenbankabhängig. Der SQL Server kennt eine Vielzahl an Datentypen, die Sie in der Dokumentation oder im oben genannten Artikel nachlesen können. Die wichtigsten sind:

- int: 32-Bit-Integerwert,
- float[*n*]: Fließkommazahl mit 1 bis 53 Dezimalstellen, die in *n* spezifiziert werden können. Geben Sie n nicht an, werden 24 Dezimalstellen verwendet,
- nvarchar(*n*): Unicode-Zeichen mit einer Maximalanzahl, die in *n* angegeben ist. Sie können bis zu 4000 Zeichen in einem solchen Feld verwalten. Da nur die tatsächlich benutzten Zeichen gespeichert werden, spielt die Angabe der Maximalgröße für den Speicherverbrauch keine Rolle,
- datetime: Datums-/Zeitwert mit der Basis 1.1.1900,
- money: Währungsdaten.

Über den Zusatz NOT NULL legen Sie fest, dass das Feld keine Nullwerte erlaubt. Der Zusatz DEFAULT kennzeichnet Defaultwerte, die bei neuen Datensätzen automatisch eingetragen werden, wenn das Feld nicht gefüllt wird. PRIMARY KEY legt die Spalte als Primärschlüssel fest. Über IDENTITY können Sie bestimmen, dass der Wert dieser Spalte automatisch beim Einfügen von neuen Datensätzen um 1 erhöht in die Spalte geschrieben wird (damit erzeugen Sie so genannte »Autowert«-Spalten).

Nach der Definition der SQL-Strings zum Erzeugen der Tabellen legt das Beispiel die Beziehungen zwischen diesen fest. Dazu verwenden Sie den SQL-Befehl ALTER TABLE mit dem Unterbefehl ADD CONSTRAINT:

```
string sql4 = "ALTER TABLE BookAuthors " +
    "ADD CONSTRAINT FK_Books FOREIGN KEY " +
    "(BookId) REFERENCES Books(Id)";

string sql5 = "ALTER TABLE BookAuthors " +
    "ADD CONSTRAINT FK_Authors FOREIGN KEY " +
    "(AuthorId) REFERENCES Authors(Id)";
```

Listing 673: Festlegen der Beziehungen zwischen den Tabellen

Der Zusatz FOREIGN KEY sagt aus, dass es sich um einen Fremdschlüssel handelt (der eben für Beziehungen gedacht ist). Hinter FOREIGN KEY wird die Spalte angegeben, auf die sich der Fremdschlüssel bezieht, dann folgt REFERENCES mit der Angabe der referenzierten Tabelle und der referenzierten Spalte.

Schließlich müssen Sie die einzelnen Strings nur noch zusammensetzen, wobei Sie beim SQL Server einen Zeilenumbruch als Trennung einbauen müssen. Die meisten anderen Datenbanksysteme erfordern ein Semikolon als Trennzeichen. Dann können Sie den SQL-Befehl ausführen (und hoffen, dass dessen Syntax korrekt ist ☺):

```
sql = sql1 + "\r\n" + sql2 + "\r\n" + sql3 + "\r\n" +
    sql4 + "\r\n" + sql5;
command = new SqlCommand(sql, connection);
command.ExecuteNonQuery();

connection.Close();
```

Listing 674: Ausführen der SQL-Befehle zur Erzeugung der Datenbank

318 Abfragen der automatisch vergebenen Id eines neuen Datensatzes

Viele Datenbanksysteme erlauben es, eine Spalte in einer Tabelle als Identity- oder Autowert-Spalte zu deklarieren. Meist wird dazu die Primärschlüssel-Spalte verwendet. Beim SQL Server setzen Sie dazu den Zusatz IDENTITY für die betreffende Spalte bei der Erzeugung der Tabelle ein. Der numerische Wert dieser Spalte wird dann beim Einfügen von Datensätzen automatisch um einen bestimmten Inkrementwert (meist 1) erhöht.

Solche Spalten sind in der Praxis immer problematisch: Wenn Datensätze in verknüpften Tabellen eingefügt werden, muss zunächst der Datensatz in der Mastertabelle erzeugt werden. Danach können Sie die Datensätze in der Detailtabelle erzeugen. Das Problem ist, dass Sie dann den Primärschlüsselwert des neuen Master-Datensatzes benötigen.

Beim SQL Server können Sie den Wert eines IDENTITY-Feldes nach dem Hinzufügen eines Datensatzes über eine Abfrage der globalen Variablen @@IDENTITY ermitteln.

>> Abfragen der automatisch vergebenen Id eines neuen Datensatzes

Diese in Newsgroups häufig beschriebene Lösung ist allerdings problematisch: @@IDENTITY ergibt immer den Wert der IDENTITY-Spalte des zuletzt eingefügten Datensatzes. Wenn das Einfügen eines Datensatzes einen Trigger auslöst, der wiederum Datensätze in Tabellen mit IDENTITY-Spalte einfügt, ergibt @@IDENTITY den Wert der IDENTITY-Spalte des vom Trigger eingefügten Datensatzes. Außerdem könnte @@IDENTITY auch problematisch werden, wenn zwischen dem Einfügen und dem Abfragen Datensätze durch andere Verbindungen zur Datenbank eingefügt werden (was ich allerdings nicht nachvollziehen konnte).

Die Lösung dieses Problems ist die Verwendung der Funktion SCOPE_IDENTITY, die den Id-Wert bezogen auf den Gültigkeitsbereich zurückgibt, aus dem heraus das Einfügen erfolgte. Als Gültigkeitsbereich gelten z.B. Trigger, Stored Procedures oder Verbindungen. Fügt also eine Verbindung zur Datenbank einen Datensatz ein, führt SCOPE_IDENTITY zum korrekten Wert, auch wenn zwischen dem Einfügen und der Abfrage des ID-Werts eine andere Verbindung oder ein Trigger einen weiteren Datensatz eingefügt hat.

Als Beispiel verwende ich die Datenbank, die im Rezept 317 erzeugt wurde. Das Beispiel setzt SQL zum Einfügen des Datensatzes ein. Sie können SCOPE_IDENTITY aber auch nach dem Hinzufügen eines Datensatzes über ein DataSet oder DataTable abfragen, wobei Sie natürlich darauf achten müssen, dass Sie im DataSet- bzw. DataTable-Objekt nicht gleich mehrere Master-Datensätze ändern und in die Datenbank schreiben.

Zum Kompilieren dieses Beispiels müssen Sie die Namensräume System, System.Data und System.Data.SqlClient importieren. Den Verbindungsstring, der bei der Erzeugung des SqlConnection-Objekts übergeben wird, müssen Sie natürlich an Ihren Server anpassen.

```
// Verbindung zur Bookstore-Datenbank auf dem lokalen SQL Server aufbauen
SqlConnection connection = new SqlConnection(@"Server=(local)\SQLEXPRESS;" +
    "Database=Bookstore;Trusted_Connection=Yes");
connection.Open();

// Autor hinzufügen
string sql = "INSERT INTO Authors (FirstName, LastName) " +
    "VALUES ('Matt', 'Ruff')";
SqlCommand command = new SqlCommand(sql, connection);
command.ExecuteNonQuery();

// Den Id-Wert auslesen
sql = "SELECT SCOPE_IDENTITY()";
command = new SqlCommand(sql, connection);
int identityValue = Convert.ToInt32(command.ExecuteScalar());

Console.WriteLine("Id des neuen Autors: {0}", identityValue);
```

Listing 675: Abfragen der SCOPE_IDENTITY-Funktion zur Ermittlung der Id eines neuen Datensatzes

>> **Datenbank-Programmierung**

Andere Datenbanksysteme kennen u.U. auch eine ähnliche Funktion oder Variable, die Sie genauso einfach abfragen können. Lesen Sie in der Dokumentation des Datenbanksystems nach ☺.

319 Bilder und andere binäre Daten in einer Datenbank verwalten

Die meisten Datenbanksysteme kennen einen Feldtyp, der es erlaubt, binäre Daten zu speichern. Beim SQL Server heißt dieser Typ (etwas irreführend) `image`. Im Allgemeinen werden solche Felder allerdings als BLOB-Felder (Binary Large Object) bezeichnet.

In einem BLOB-Feld können Sie beliebige binäre Daten ablegen. Dazu schreiben Sie einfach ein Byte-Array in das Feld. Beim Lesen erhalten Sie ebenfalls ein Byte-Array zurück, das Sie dann über ein Stream-Objekt in eine Datei oder – wenn es sich um ein Bild handelt – in ein `Bitmap`-Objekt schreiben können.

Das Beispiel ab Listing 677 zeigt, wie Sie damit umgehen. Das Beispiel basiert auf einer Datenbank, die folgendermaßen erzeugt wird:

```
// Verbindung zum lokalen SQL Server Express aufbauen und Datenbank erzeugen
SqlConnection connection = new SqlConnection(
   @"Server=(local)\SQLEXPRESS;" +
   "Trusted_Connection=Yes");
connection.Open();

string sql = "CREATE DATABASE Persons";
SqlCommand command = new SqlCommand(sql, connection);
command.ExecuteNonQuery();
connection.Close();

connection = new SqlConnection(
   @"Server=(local)\SQLEXPRESS;" +
   "Database=Persons;Trusted_Connection=Yes");
connection.Open();

sql = "CREATE TABLE Persons (Id int PRIMARY KEY " +
   "NOT NULL IDENTITY, FirstName nvarchar(255), " +
   "LastName nvarchar(255), Picture image)";
command = new SqlCommand(sql, connection);
command.ExecuteNonQuery();
```

Listing 676: Erzeugen der Beispieldatenbank

Zum Kompilieren des Quellcodes müssen Sie die Namensräume `System`, `System.Data`, `System.Data.SqlClient`, `System.Drawing`, `System.Drawing.Imaging` und `System.IO` einbinden.

986 >> Bilder und andere binäre Daten in einer Datenbank verwalten

Die Datenbank besteht lediglich aus einer Tabelle mit den Feldern *Id*, *FirstName*, *LastName* und *Picture*. Das Feld *Id* wird beim Hinzufügen von Datensätzen automatisch um 1 erhöht. Das Feld *Picture* ist vom Typ `image` und verwaltet deswegen binäre Daten.

Datensätze hinzufügen können Sie vereinfacht über ein `DataSet`- oder ein `DataTable`-Objekt. Der Grund dafür liegt darin, dass dies die binären Daten automatisch korrekt umsetzt. In einem SQL-Befehl müssten Sie ansonsten erst herausfinden, wie binäre Daten dargestellt werden müssen.

Das folgende Beispiel liest eine Bitmap-Datei ein und speichert diese mit dem Vor- und dem Nachnamen einer Person in der *Persons*-Tabelle:

```
// Bitmap einlesen
string fileName = "C:\\Bilder\\Zaphod.jpg";
Bitmap bitmap = new Bitmap(fileName);

// Verbindung zur Persons-Datenbank auf dem
// lokalen SQL Server Express aufbauen
SqlConnection connection = new SqlConnection(
   @"Server=(local)\SQLEXPRESS;" +
   "Database=Persons;Trusted_Connection=Yes");
connection.Open();

// Das Tabellen-Schema in ein DataTable-Objekt lesen
SqlDataAdapter adapter = new SqlDataAdapter("SELECT * FROM Persons",
   connection);
new SqlCommandBuilder(adapter);
DataTable dataTable = new DataTable();
adapter.FillSchema(dataTable, SchemaType.Source);

// DataRow erzeugen und mit den Textdaten füllen
DataRow newRow = dataTable.NewRow();
newRow["FirstName"] = this.personFirstNameTextBox.Text;
newRow["LastName"] = this. personLastNameTextBox.Text;

// Das Bitmap in ein Byte-Array umwandeln und speichern
MemoryStream ms = new MemoryStream();
bitmap.Save(ms, ImageFormat.Jpeg);
byte[] buffer = ms.ToArray();
newRow["Picture"] = buffer;

// Datensatz anfügen und Tabelle aktualisieren
dataTable.Rows.Add(newRow);
adapter.Update(dataTable);
```

Listing 677: Speichern von binären Daten in einer Datenbanktabelle

>> **Datenbank-Programmierung**

Beim Füllen des `DataTable`-Objekts nutze ich nicht die `Fill`-Methode, sondern `Fill-Schema`. Damit werden nicht die Datensätze eingelesen (was wir hier nicht benötigen), sondern nur das Schema der Tabelle. Die Performance wird damit erheblich erhöht.

Das Bild wird dann über ein `MemoryStream`-Objekt in ein Byte-Array und dieses in die neue Zeile geschrieben. Und schon ist das Bild, nach dem Aufruf der `Update`-Methode des `DataAdapter`-Objekts, in der Datenbank.

Beim Lesen erhalten Sie wieder ein Byte-Array, das Sie entsprechend umsetzen müssen. Das folgende Beispiel ist in einem Windows-Formular implementiert. Es liest die Daten der Person ein, deren Id in der `TextBox personIdTextBox` eingegeben wurde, und gibt den Namen im `Label infoLabel` und das Bild in der `PictureBox personPictureBox` aus.

Zum Lesen der binären Bilddaten setzt der Programmcode ein `MemoryStream`-Objekt ein, das mit dem eingelesenen Byte-Array initialisiert wird. Über diesen Stream wird dann ein `Bitmap`-Objekt erzeugt und in einer `PictureBox` dargestellt.

```csharp
// Verbindung zur Persons-Datenbank auf dem
// lokalen SQL Server Express aufbauen
SqlConnection connection = new SqlConnection(
    @"Server=(local)\SQLEXPRESS;" +
    "Database=Persons;Trusted_Connection=Yes");
connection.Open();

// Person einlesen
int personId = Convert.ToInt32(this.personIdTextBox.Text);
string sql = "SELECT * FROM Persons WHERE Id = " + personId;
SqlCommand command = new SqlCommand(sql, connection);
SqlDataReader reader = command.ExecuteReader();
if (reader.Read())
{
    // Textdaten einlesen
    infoLabel.Text = (string)reader["FirstName"] + " " +
        (string)reader["LastName"];

    // Binäre Daten einlesen
    byte[] imageData = (byte[])reader["Picture"];
    if (imageData != null)
    {
        MemoryStream ms = new MemoryStream(imageData, 0, imageData.Length);
        this.personPictureBox.Image = new Bitmap(ms);
        ms.Close();
    }
    else
        this.personPictureBox.Image = null;
}
else
{
```

Listing 678: Lesen von binären Daten

```
    MessageBox.Show("Person nicht gefunden", Application.ProductName,
        MessageBoxButtons.OK, MessageBoxIcon.Information);
}
```

Listing 678: Lesen von binären Daten (Forts.)

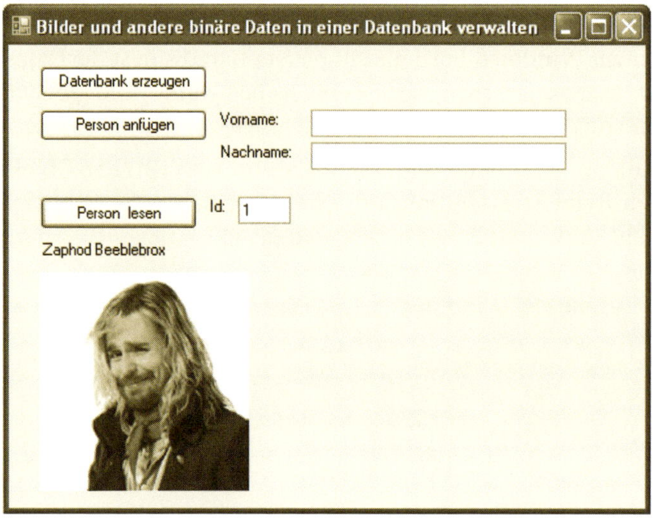

Abbildung 220: Das Beispielprogramm hat die Daten und das Bild einer Person gelesen

320 Backup und Restore einer SQL-Server-Datenbank über SMO

Eine SQL-Server-Datenbank können Sie über die Assemblies von SMO (SQL Server Management Objects), die mit dem SQL Server installiert werden, sichern und wiederherstellen. Dies ist besonders interessant für den SQL Server Express, dessen Installation ja leider kein Management-Werkzeug mitliefert. Über SMO können Sie dem Benutzer in Ihren Programmen, die auf den SQL Server (Express) zugreifen, die Sicherung und die Wiederherstellung der verwendeten Datenbank ermöglichen.

Zum Backup oder Restore einer Datenbank definieren Sie zunächst die Verbindungsinformationen zu der Datenbank in einer Instanz der Klasse ServerConnection aus dem Namensraum Microsoft.SqlServer.Management.Common. Dieser Namensraum versteckt sich entgegen dem sonstigen Vorgehen von Microsoft in der Assembly *Microsoft.SqlServer.ConnectionInfo.dll*.

Die Eigenschaft ServerInstance nimmt den Namen des SQL Servers auf. Falls Sie eine vertraute Verbindung zur Datenbank verwenden wollen (also der Benutzer sich mit dem Windows-Login in den SQL Server einloggen soll), setzen Sie die Eigenschaft LoginSecure auf true. Ansonsten setzen Sie diese Eigenschaft auf false und tragen in der Eigenschaft Login den Login-Namen und in Password das Passwort ein.

>> **Datenbank-Programmierung**

Eine Instanz der Klasse Server (aus dem Namensraum Microsoft.SqlServer.Management.Smo, der in der Assembly *Microsoft.SqlServer.Smo.dll* verwaltet wird) repräsentiert den SQL Server. Wenn Sie diese Instanz erzeugen, übergeben Sie dem Konstruktor das ServerConnection-Objekt. Über die Methode Connect der ConnectionContext-Eigenschaft bauen Sie dann die Verbindung zum Server auf.

Zur Erzeugung eines Backups benötigen Sie ein Backup-Objekt. Die Eigenschaft Action setzen Sie auf BackupActionType.Database, wenn Sie die gesamte Datenbank sichern wollen. Der Wert Log ermöglicht das Backup des Transaktionsprotokolls, Files ermöglicht das Backup spezieller Datendateien. Die Dokumentation verschweigt aber leider, wie Sie damit umgehen.

Der Eigenschaft PercentComplete können Sie eine Instanz des PercentCompleteEventHandler-Delegate zuweisen, der beim Backup (und beim Restore) in regelmäßigen Abständen aufgerufen wird und den aktuellen Fortschritt meldet.

Nun müssen Sie der Devices-Eigenschaft über deren Add-Methode noch Backup-Geräte (Devices) hinzufügen. Die Objekte, die Sie hier verwenden, sind vom Typ BackupDeviceItem. Dem Konstruktor dieser Klasse übergeben Sie einen Namen und eine Geräte-Typ in Form der DeviceType-Aufzählung. Hier können Sie wählen zwischen File (Backup in eine Datei), LogicalDevice (logisches Backup-Gerät), Pipe (Sicherung über das Netzwerk), Tape (Sicherung auf Band) und VirtualDevice (virtuelles Backup-Gerät). Für die meisten Fälle sollte hier die Sicherung in eine Datei ausreichen. Alle anderen Sicherungsarten werden wohl eher von Administratoren genutzt um produktiv eingesetzte SQL-Server-Datenbanken zu sichern. Wenn Sie DeviceType.File wählen, geben Sie am ersten Argument des Konstruktors den (kompletten) Dateinamen an.

Das Backup erstellen Sie dann über die SqlBackup-Methode des Backup-Objekts, der Sie das zuvor erstellte Server-Objekt übergeben. Schließlich trennen Sie die Verbindung über die Disconnect-Methode der ConnectionContext-Eigenschaft des Server-Objekts.

Das Restore einer Datenbank sieht ähnlich aus. Statt einem Backup-Objekt verwenden Sie hier ein Restore-Objekt, das aber prinzipiell genauso initialisiert wird. Die Eigenschaft Database bestimmt den Datenbanknamen. Zum Restore rufen Sie dann die SqlRestore-Methode auf.

Listing 679 implementiert eine Klasse mit Methoden zum Backup und Restore in bzw. aus einer Datei. Das Ereignis PercentComplete kann dazu genutzt werden, Informationen über den Fortschritt zu erhalten. Die Methode CreateBackupToFile erzeugt ein Backup in die angegebene Datei, RestoreFromFile stellt eine Datenbank wieder her.

Zum Kompilieren dieser Klasse benötigen Sie Referenzen auf die Assemblies Microsoft.SqlServer.ConnectionInfo und Microsoft.SqlServer.Smo. Außerdem müssen Sie die Namensräume Microsoft.SqlServer.Management.Smo und Microsoft.SqlServer.Management.Common importieren.

>> Backup und Restore einer SQL-Server-Datenbank über SMO

```csharp
public class SqlServerBackup
{
    /* Wird beim Fortschritt des Backup oder Restore aufgerufen*/
    public event PercentCompleteEventHandler
        PercentComplete;

    /* Erzeugt ein Backup einer Datenbank */
    public void CreateBackupToFile(string serverName, string databaseName,
        string backupFileName, bool useTrustedConnection, string login,
        string password)
    {
        // Verbindungsinformationen definieren
        ServerConnection serverConnection = new ServerConnection();
        serverConnection.ServerInstance = serverName;
        if (useTrustedConnection)
        {
            serverConnection.LoginSecure = true;
        }
        else
        {
            serverConnection.LoginSecure = false;
            serverConnection.Login = login;
            serverConnection.Password = password;
        }

        // Verbindung aufbauen
        Server server = new Server(serverConnection);
        try
        {
            server.ConnectionContext.Connect();

            // Backup in die angegebene Datei erstellen
            Backup backup = new Backup();
            backup.Action = BackupActionType.Files;
            backup.Database = databaseName;
            if (this.PercentComplete != null)
            {
                backup.PercentComplete += this.PercentComplete;
            }
            backup.Devices.Add(new BackupDeviceItem(
                backupFileName, DeviceType.File));
            backup.SqlBackup(server);
        }
        finally
        {
            try
```

Listing 679: Klasse mit Methoden zum Backup und Restore einer SQL-Server-Datenbank

```
      {
         // Verbindung zum SQL-Server abbauen
         server.ConnectionContext.Disconnect();
      }
      catch { }
   }
}

/* Restauriert ein Backup einer Datenbank */
public void RestoreFromFile(string serverName, string databaseName,
   string backupFileName, bool useTrustedConnection, string login,
   string password)
{
   // Verbindungsinformationen definieren
   ServerConnection serverConnection = new ServerConnection();
   serverConnection.ServerInstance = serverName;
   if (useTrustedConnection)
   {
      serverConnection.LoginSecure = true;
   }
   else
   {
      serverConnection.LoginSecure = false;
      serverConnection.Login = login;
      serverConnection.Password = password;
   }

   // Verbindung aufbauen
   Server server = new Server(serverConnection);
   try
   {
      server.ConnectionContext.Connect();

      // Restore aus der angegebenen Datei
      Restore restore = new Restore();
      restore.Action = RestoreActionType.Database;
      restore.Database = databaseName;
      if (this.PercentComplete != null)
      {
         restore.PercentComplete += this.PercentComplete;
      }
      restore.Devices.Add(new BackupDeviceItem(
         backupFileName, DeviceType.File));
      restore.SqlRestore(server);
   }
   finally
```

Listing 679: Klasse mit Methoden zum Backup und Restore einer SQL-Server-Datenbank (Forts.)

```
        {
            try
            {

                // Verbindung zum SQL-Server abbauen
                server.ConnectionContext.Disconnect();
            }
            catch { }
        }
    }
}
```

Listing 679: Klasse mit Methoden zum Backup und Restore einer SQL-Server-Datenbank (Forts.)

> **Hinweis**
> Da Exceptions beim Backup und beim Restore nur eine sehr allgemeine Fehlermeldung verwalten, sollten Sie in einer Exception-Behandlung zumindest auch die Nachricht der ersten inneren Exception abfragen, die in der Regel den Grund des Fehlers nennt. Bei der Auswertung der Exceptions hilft Ihnen das Rezept 44.

> **Hinweis**
> Eine SQL-Server-Datenbank kann nur dann wiederhergestellt werden, wenn zurzeit keine Verbindung zur Datenbank besteht. Falls Sie in einem Programm, das eine Datenbank verwendet, ein Restore dieser Datenbank ausführen wollen, müssen Sie die Verbindung zur Datenbank zuvor schließen (und hoffen, dass kein anderes Programm eine Verbindung zu dieser Datenbank geöffnet hat). Das Problem ist aber, dass ADO.NET einen Verbindungs-Pool verwaltet und die Verbindung intern geöffnet hält. Der Versuch einer Wiederherstellung resultiert innerhalb des Pool-Timeout in einer Exception mit der Aussage, dass der exklusive Zugriff auf die Datenbank gerade nicht möglich ist. Um dieses Problem zu lösen müssen Sie den Verbindungs-Pool nach dem Schließen der Verbindung und vor dem Restore leeren:
>
> `SqlConnection.ClearPool(connection);`
>
> *connection* ist hierbei die Referenz auf Ihre Verbindung.

321 Die verfügbaren SQL Server ermitteln

Die verfügbaren SQL Server können Sie (leider nicht ganz zuverlässig) über eine Instanz der Klasse `SqlDataSourceEnumerator` aus dem Namensraum `System.Data.Sql` ermitteln. Über die `Instance`-Eigenschaft dieser Klasse erhalten Sie eine Instanz. Die Methode `GetDataSources` liefert ein `DataTable`-Objekt mit den Daten der ermittelten SQL Server. Das Feld `ServerName` dieser Tabelle speichert den Namen des Servers. Im Feld `InstanceName` wird laut der Dokumentation der Name der Instanz verwaltet, falls diese benannt ist (wie z.B. die Instanz des SQL Server Express). So können Sie relativ einfach alle aufgelisteten SQL Server durchgehen:

>> **Datenbank-Programmierung**

```
SqlDataSourceEnumerator enumerator = SqlDataSourceEnumerator.Instance;
DataTable serverTable = enumerator.GetDataSources();
foreach (DataRow row in serverTable.Rows)
{
    string serverName = row["ServerName"].ToString();
    if (row["InstanceName"] != DBNull.Value)
    {
        serverName += "\\" + row["InstanceName"];
    }
    Console.WriteLine(serverName);
}
```

Listing 680: (Unzuverlässiges) Einlesen der aktuell verfügbaren SQL Server

> **Hinweis**
> Leider listet `GetDataSources` in meinem Fall (auf verschiedenen Rechnern) die parallel zum SQL Server 2005 installierte SQL-Server-Express-Instanz nicht auf. Die Dokumentation beschreibt zudem, dass `GetDataSources` aufgrund ihrer Natur (was immer das auch heißen mag) nicht immer eine vollständige Liste der verfügbaren SQL Server zurückgibt. Im Prinzip entspricht die Rückgabe dieser Methode aber der Server-Auswahlliste, die Sie beim dialoggesteuerten Hinzufügen oder Bearbeiten von Verbindungen in Visual Studio 2005 zur Verfügung haben.

322 Die Datenbanken einer SQL-Server-Instanz abfragen

Die Namen der Datenbanken einer SQL-Server-Instanz erhalten Sie über SMO (SQL Server Management Objects). Ähnlich wie in Rezept 320 erzeugen Sie ein `Server`-Objekt (aus dem Namensraum `Microsoft.SqlServer.Management.Smo`), das Sie über ein `ServerConnection`-Objekt initialisieren. Nachdem Sie die Verbindung aufgebaut haben, können Sie die Datenbanken über die `Databases`-Eigenschaft abfragen. Die aufgelisteten `Database`-Objekte bieten eine Vielzahl an Eigenschaften. Über die Eigenschaft `Name` können Sie den Namen der Datenbank auslesen.

Die Methode `GetSqlServerDatabases` in Listing 681 liest auf diese Weise die Datenbanken eines SQL Servers ein, dessen Name im Argument `serverName` übergeben wird. Soll eine vertraute Verbindung (über den Windows-Login des aktuellen Benutzers) verwendet werden, übergeben Sie am zweiten Argument `true`. Im anderen Fall übergeben Sie an den folgenden Argumenten den Login-Namen und das Passwort des SQL-Server-Benutzers.

Zum Kompilieren dieser Methode benötigen Sie Referenzen auf die Assemblies `Microsoft.SqlServer.ConnectionInfo` und `Microsoft.SqlServer.Smo`. Außerdem müssen Sie die Namensräume `Microsoft.SqlServer.Management.Smo` und `Microsoft.SqlServer.Management.Common` importieren.

Die Datenbanken einer SQL-Server-Instanz abfragen

```csharp
public static ReadOnlyCollection<string> GetSqlServerDatabases(
   string serverName, bool useTrustedConnection, string loginName,
   string password)
{
   // Ergebnis-Liste erzeugen
   List<string> databases = new List<string>();

   // Verbindung zum SQL-Server über SMO aufbauen
   ServerConnection serverConnection = new ServerConnection();
   serverConnection.ServerInstance = serverName;
   if (useTrustedConnection)
   {
      serverConnection.LoginSecure = true;
   }
   else
   {
      serverConnection.LoginSecure = false;
      serverConnection.Login = loginName;
      serverConnection.Password = password;
   }
   Server server = new Server(serverConnection);
   try
   {
      // Verbindung aufbauen
      server.ConnectionContext.Connect();

      // Datenbanken abfragen
      foreach (Database database in server.Databases)
      {
         databases.Add(database.Name);
      }
   }
   finally
   {
      try
      {
         // Verbindung zum SQL-Server abbauen
         server.ConnectionContext.Disconnect();
      }
      catch { }
   }

   // Ergebnis zurückgeben
   return new ReadOnlyCollection<string>(databases);
}
```

Listing 681: Methode zum Auflisten aller Datenbanken einer SQL-Server-Instanz

Teil III Anhang

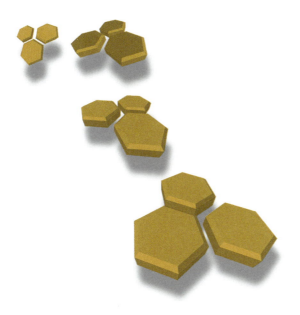

Änderungen gegenüber der ersten Auflage

Basics

Geänderte Rezepte

- 5 – Ganzzahlen dual darstellen: Die fehlerhafte Darstellung negativer Zahlen in der Vorversion dieses Rezepts habe ich korrigiert. Neben einer Darstellung mit Vorzeichen besteht nun die Möglichkeit, das Ergebnis im Zweierkomplement darzustellen.
- 8 – Zahlen kaufmännisch runden: Zahlen können nun direkt über `Math.Round` kaufmännisch gerundet werden, indem am letzten Argument `MidpointRounding.AwayFromZero` angegeben wird.
- 16 – Überprüfen, ob ein String eine gültige Zahl speichert: Die Überprüfung erfolgt nun über die bei den Zahltypen vorhandene `TryParse`-Methode.
- 17 – Überprüfen, ob ein String ein gültiges Datum speichert: Wie im Rezept 16 erfolgt die Überprüfung nun über die `TryParse`-Methode.
- 21 – Beep ausgeben: Die Klasse `System.Media.SystemSounds` übernimmt nun die Ausgabe von Piepstönen.
- 33 – Zahlen aus einem String extrahieren: Die von mir entwickelte Methode `ExtractNumbers` extrahiert nun auch optional Zahlen mit Nachkommastellen.
- 40 – Auflistungen und Arrays sortieren: Die neue, generische `List`-Klasse erlaubt das Sortieren über ihre `Sort`-Methode und ersetzt damit das aufwändige Sortieren von Auflistungen über das Kopieren in ein Array.
- 42 – Typisierte Listen erzeugen: Die neuen, generischen Klassen aus dem Namensraum `System.Collections.Generic` ermöglichen das Erstellen typisierter Auflistungen wesentlich einfacher und flexibler als die Klassen `CollectionBase` und `DictionaryBase`.

Neue Rezepte

- 1 – Zahlen formatieren
- 2 – Negative und positive Zahlen unterschiedlich formatieren
- 9 – Den kleinsten und den größten Wert eines numerischen Datentyps ermitteln
- 10 – Gradmaß in das Bogenmaß umrechnen
- 11 – Bogenmaß in das Gradmaß umrechnen
- 13 – Die verfügbaren Kulturen auslesen
- 24 – Strings an vorgegebenen Trennzeichen auftrennen
- 29 – Einen String an einem rechten Rand wortgerecht umbrechen
- 44 – Die Nachrichten einer Exception und ihrer inneren Exceptions ermitteln

Datum und Zeit

Geänderte Rezepte

71 – Zeit genau messen: Die hochgenaue Zeitmessung übernimmt jetzt die neue .NET-2.0-Klasse `System.Diagnostics.Stopwatch`.

Neue Rezepte

52 – Eine Zeitangabe in einem String in ein Datum mit der Basis DateTime.Min umwandeln

55 – Den Wochentag eines Datums ermitteln

56 – Den Namen eines Wochentags ermitteln

57 – Den Namen eines Monats ermitteln

58 – Den ersten und letzten Tag der Woche eines Datums berechnen

59 – Den ersten und den letzten Tag eines Monats berechnen

60 – Das Quartal eines gegebenen Datums berechnen

61 – Den ersten und den letzten Tag eines Quartals berechnen

Anwendungen, Konfiguration, Prozesse und Dienste

Geänderte Rezepte

77 – Konfigurationsdaten in der .config-Datei verwalten: Konfigurationsdaten können nun über den Einstellungs-Designer von Visual Studio und die von diesem erzeugte `Settings`-Klasse sehr einfach verwaltet werden.

82 – Verhindern, dass eine Anwendung mehrfach gestartet werden kann: Dieses Rezept habe ich auf die Variante reduziert, die einen Mutex verwendet, da nur diese unter allen Umständen sicher funktioniert.

83 – Aktivieren einer laufenden Anwendung: Bei diesem Rezept hat sich die verwendete Technik im Vergleich zum Dotnet-Framework 1.1 zwar nicht verändert, ich habe die Methoden zum Aktivieren einer Anwendung aber um Varianten erweitert, denen der Klassenname nicht übergeben werden muss und die eine Anwendung auch über einen teilweise angegebenen Fenstertitel aktivieren können.

Neue Rezepte

74 – Befehlszeilenargumente auswerten

75 – Ausnahmen global behandeln

76 – Den Speicherverbrauch von .NET-Anwendungen verstehen und gegebenenfalls reduzieren

92 – Konsolenanwendungen starten und die Ausgabe auswerten

95 – Die Betätigung der Tastatur simulieren

>> **Änderungen gegenüber der ersten Auflage**

Dateisystem

Geänderte Rezepte

108 – Den Typ der Laufwerke eines Systems ermitteln: Die Ermittlung des Typs eines Laufwerks übernimmt nun die Klasse `DriveInfo`.

109 – Alle Laufwerke eines bestimmten Typs ermitteln: Der Typ der Laufwerke wird wie bei Rezept 108 nun über die Klasse `DriveInfo` ermittelt.

110 – Größe und freien Speicherplatz eines Laufwerks ermitteln: Die Größe und der freie Speicherplatz eines Laufwerks werden nun über die Klasse DriveInfo ermittelt.

Neue Rezepte

104 – Relativen Pfad aus einem absoluten Pfad ermitteln

105 – Absoluten Pfad aus einem relativen Pfad ermitteln

106 – Überprüfen, ob eine Pfadangabe gültig ist

132 – Dateiattribute (z.B. den Schreibschutz) setzen oder aufheben

133 – Die Erstell- und Zugriffsdaten einer Datei lesen und setzen

141 – Das Dateisystem überwachen

Text-, binäre und Zip-Dateien

Neue Rezepte

150 – (Deflate- und GZIP-)Komprimieren von Daten mit .NET-Klassen

151 – (Deflate- und GZIP-)Dekomprimieren von Daten mit .NET-Klassen

XML

Geänderte Rezepte

158 – XML-Dateien über ein XmlTextReader-Objekt lesen: Die Validierung erfolgt nun über eine `XmlReader`-Instanz.

159 – XML-Dateien beim Einlesen gegen ein Schema (oder DTD) prüfen: Die Validierung erfolgt nun über eine `XmlReader`-Instanz. Außerdem habe ich die Methode `ValidateXml` so erweitert, dass nun auch Proxy-Informationen für den Abruf des Schemas aus dem Internet übergeben werden können.

173 – XML-Dokumente über XSL-Dokumente transformieren: Die Transformation erfolgt nun über ein `XslCompiledTransform`-Objekt.

Neue Rezepte

165 – Performantes Navigieren in XML-Dokumenten mit der XPathNavigator-Klasse

System

Geänderte Rezepte

176 – Windows-Version auslesen: Die Methode zur Ermittlung der Windows-Hauptversion berücksichtigt nun auch Vista und Windows XP 64 Bit.

Internet

Geänderte Rezepte

193 – Pingen – Ermitteln, ob eine Internetverbindung besteht: Das Pingen übernimmt nun die Klasse `Ping` aus dem Namensraum `System.Net.NetworkInformation`.

197 – E-Mails über einen SMTP-Server versenden: E-Mails werden nun über die Klasse `System.Net.Mail.SmtpClient` gesendet.

200 – Webseiten (HTML-Dokumente) in der Anwendung darstellen: Die Anzeige von Webseiten übernimmt nun das Steuerelement `WebBrowser`.

202 – Dateien von einem Webserver über eine HttpWebRequest-Instanz downloaden: Die in diesem Rezept beschriebene Klasse habe ich gründlich überarbeitet. Zum einen habe ich die Klasse um die Möglichkeit erweitert, Proxy-Einstellungen anzugeben, für den Fall, dass der Zugriff auf das Internet über einen Proxy-Server erfolgt. Außerdem habe ich den Download so umprogrammiert, dass bei einem Abbruch durch den Server (der bei großen Downloads leider häufiger vorkommt) bis zu einer anzugebenden Anzahl versucht wird, den Download an der aktuellen Position fortzuführen. Schließlich implementiert die Klasse nun das ereignisbasierte synchrone Entwurfsmuster, womit das lästige Beachten der goldenen Windows-Regel, dass Steuerelemente nur in dem Thread aktualisiert werden dürfen, der diese erzeugt hat, entfällt.

Neue Rezepte

201 – Dateien von einem Web- oder FTP-Server über eine WebClient-Instanz downloaden

203 – Intelligenter Up- und Download mit BITS

204 – Die Größe einer Datei von einem FTP-Server abfragen

205 – Dateien zu einem Web- oder FTP-Server hochladen

206 – FTP-Verzeichnisse auslesen

207 – Dateien und Ordner auf einem FTP-Server löschen

208 – Ordner auf einem FTP-Server erstellen

>> Änderungen gegenüber der ersten Auflage

Formulare und Steuerelemente

Geänderte Rezepte

230 – ComboBox mit Autovervollständigung: Die umfangreichen Autovervollständigungs-Möglichkeiten der `Windows.Forms-ComboBox` ersetzen die eigene Programmierung.

237 – Ein DataGridView anpassen: Statt dem `DataGrid`-Steuerelement wird das neue `DataGridView`-Steuerelement eingesetzt.

238 – Ein DataGridView mit eigenen Spalten am Beispiel einer DateTimePicker-Spalte: Statt dem `DataGrid`-Steuerelement wird das neue `DataGridView`-Steuerelement eingesetzt.

241 – Ein Ordner-Dialog: Dieses Rezept beschreibt nur noch die Klasse `FolderBrowserDialog`, da der Fehler, der in der Vorversion auftrat, wenn Pfade mit einer Länge größer 128 Zeichen ausgewählt wurden, mittlerweile beseitigt wurde.

Neue Rezepte

217 – Ermitteln, auf welchen Monitoren ein Formular angezeigt wird

218 – Ein Formular auf einem sekundären Bildschirm öffnen

219 – Die Bildschirm-Position eines Steuerelements ermitteln

220 – Die optimale Position eines Formulars oder eines Steuerelements bezogen auf ein Steuerelement ermitteln

221 – Das Hauptformular einer Anwendung ermitteln

227 – Bei der Betätigung der Return-Taste die Tab-Taste simulieren

228 – Die Position des Eingabecursors in einer TextBox, RichTextBox oder MaskedTextBox ermitteln

229 – Die angezeigten Zeilen einer MultiLine-TextBox auslesen

232 – ListBox mit ToolTip für längere Einträge

236 – Die Werte einzelner Zellen in einem DataGridView setzen und lesen

239 – Feiertage im MonthCalendar-Steuerelement darstellen

242 – In einem Nicht-Tastatur-Ereignis herausfinden, ob eine bestimmte Taste betätigt ist

243 – In einem eigenen Steuerelement verhindern, dass die Cursor-Tasten einen Fokuswechsel bewirken

Benutzer, Gruppen und Sicherheit

Geänderte Rezepte

262 – Daten symmetrisch ver- und entschlüsseln: Da das Entschlüsseln verschlüsselter Strings mit meiner Klasse im .NET Framework 2.0 zu einer Exception führt, wenn für das Konvertieren der Strings in Byte-Arrays Unicode oder UTF8 verwendet wird, setze ich als Workaround die Windows-1252-Codierung ein.

263 – Daten mit Hashing-Verfahren verschlüsseln: Bei diesem Rezept sind einige im .NET Framework 2.0 neue Hashing-Verfahren hinzugekommen.

Neue Rezepte

251 – Überprüfen, ob der aktuelle Benutzer einer in Windows vordefinierten Gruppe (z.B. Administratoren) angehört

261 – Strings sicher im Programm verwalten

Multimedia

Geänderte Rezepte

264 – Wave-Dateien abspielen: Das Abspielen von Wave-Dateien übernimmt nun die Klasse `System.Media.SoundPlayer`.

Bildbearbeitung

Geänderte Rezepte

276 – Bilder skalieren: Da die Einstellungen für den `SmoothingMode` (Anti-Aliasing) und den `PixelOffsetMode` (verbessertes Anti-Aliasing) kein Einfluss auf die Qualität eines karierten Bilds haben, habe ich die entsprechenden Parameter in der Methode zum Skalieren von Bildern entfernt.

285 – Die einzelnen Pixel eines Bilds bearbeiten: In diesem Rezept beschreibe ich nun neben der langsamen Variante über die `SetPixel`-Methode auch die wesentlich schnellere Technik über die Verwendung eines Zeigers.

Neue Rezepte

267 – Speicherschonend mit Bildern umgehen

268 – Das Format eines Bilds auslesen

269 – Spezielle Bildinformationen auslesen

270 – Das Erzeugungsdatum eines Bilds auslesen

271 – Eingelesene Bilder im Originalformat speichern

Zeichnen mit GDI+

Neue Rezepte

287 – GDI-Probleme vermeiden

288 – Einstellen der Grafik-Qualität

289 – Rechtecke mit abgerundeten Ecken zeichnen

290 – Einfache Pfeile zeichnen

294 – Den Drehpunkt eines Rechtecks so ermitteln, dass die Ecke links oben an derselben Position bleibt

295 – Text an einer definierten Position in 90-Grad-Schritten gedreht ausgeben

297 – Texte zentriert oder rechtsbündig ausgeben

298 – Strings beim Zeichnen wortgerecht umbrechen

COM-Interop mit Office

Keine Änderungen

Reflection und Serialisierung

Neue Rezepte

306 – Programmcode dynamisch ausführen

307 – Assemblies dynamisch erzeugen

308 – Assemblies dynamisch laden

Threading und asynchroner Methodenaufruf

Geänderte Rezepte

314 – Parameter an Threads übergeben und Ergebnisse auslesen: Da es in .NET 2.0 möglich ist, einem Thread die Thread-Methode über den `ParameterizedThreadStart`-Delegate zuzuweisen und der Start-Methode ein beliebiges Objekt zu übergeben, habe ich dieses Rezept um diese Möglichkeit erweitert.

Neue Rezepte

312 – In einem Thread sicher auf Steuerelemente zugreifen

313 – Easy-Threading mit der BackgroundWorker-Komponente

315 – Das ereignisbasierte asynchrone Entwurfsmuster implementieren

Datenbank-Programmierung
Neue Rezepte
320 – Backup und Restore einer SQL-Server-Datenbank über SMO

321 – Die verfügbaren SQL Server ermitteln

322 – Die Datenbanken einer SQL-Server-Instanz abfragen

Stichwortverzeichnis

!
#ziplib 402
.NET Reflector 31

Numerics
8.3-Dateiname 368

A
Abschalten, Monitor 543
Absoluter Pfad
 aus relativem 313
 in relativen 310
Activator 56
Active Directory 72
activeds.tlb 746
AddNamespace 456
AddRange 581
AddressList 556
Administrationsrecht, prüfen 758
ADSI 72
 Benutzer ändern 766
 Benutzer anlegen 763
 Benutzer aus Gruppe entfernen 769
 Benutzer auslesen 733
 Benutzer löschen 771
 Benutzer zu Gruppe hinzufügen 767
 Benutzereigenschaften 751
 Benutzergruppen 749
 Container durchgehen 84
 Eigenschaften lesen 81
 Eigenschaften schreiben 82
 Fehlerauswertung 81
 Gruppen anlegen 761
 Gruppen ermitteln 741
 Gruppen löschen 772
 Gruppenbenutzer ermitteln 745
 Instanzen erzeugen 79
 Pfad 76
ADSI-Pfad 76
Ändern
 Benutzer 766
 Systemmenü 641
 Textdateien 393
 XML-Dateien 472, 484

Aktivieren, einer Anwendung 269
Aktuelle Zeit siehe Systemzeit
AllowDrop 716
Alphawert 881
Alter berechnen 176
ALTER TABLE 982
Andockende Formulare 642
Anfang
 Kalenderwoche 200f.
 Monat 190
 Quartal 193
 Woche 188
Anhalten, Programm 164
Anlegen
 Benutzer 763
 Benutzergruppe 761
 Datenbanken 980
Anpassen, DataGridView 698, 702
Anti-Aliasing 874
Anwendungen
 aktivieren 269
 auflisten 277
 Ausführung ermitteln 287
 beenden 293
 Dateiname ermitteln 235, 303
 für assoziierte Dateien starten 289
 Hauptformular ermitteln 665
 Java-Anwendung starten 296
 konfigurieren 244, 248f., 251
 Konsolenanwendung starten 292
 mehrfachen Start verhindern 266
 Ordner ermitteln 305
 Speicherverbrauch reduzieren 241
 starten 288
 starten und auf Ende warten 290
 Verzeichnis ermitteln 236
Anwendungskonfiguration siehe Konfiguration
Anzahl
 Datensätze 979
 Kalenderwochen 204
 Tage im Jahr 184
 Tage im Monat 183
 Wörter in String 128

AppActivate 269
AppendChild 473
Application 235, 303, 305
ApplyCellStyleToEditingControl 706
AppSettings 249
Arbeitsspeicher
　Größe ermitteln 498
　überwachen 526, 529, 532
Archive
　entpacken 417
　erzeugen 409
　Informationen auslesen 415
　Ordner packen 412
Argumente, Befehlszeile 236
Arrays
　durchsuchen 155
　sortieren 151
Assemblies
　dynamisch erzeugen 935
　dynamisch laden 937
　zur VS-Verw.-Liste 404
Asynchrone Methoden, in eigenen
　Klassen 962
Asynchrones Entwurfsmuster 962
AsyncOperation 964
AsyncOperationManager 964
Atomuhr-Datum 208
Attachments 560
Attributes 363
Audio 827
Auflisten
　aller Anwendungen 277
　aller Prozesse 276
Auflistungen
　durchsuchen 155
　sortieren 151
　typisierte 159
Aufnahmedatum, Bild 833, 837
Aufrufer, Methode 931
Auftrennen, Strings 125
Aufzählungen
　Konst. als Strings 145
　Wert aus String 146
Ausgabe, einer Konsolenanw. ausw. 292
Auslesen, Bildinformationen 833
Ausnahmen siehe Exceptions
Ausschnitt, Bild 858
Auswerten, Befehlszeilenargumente 236
AutoCompleteMode 685

AutoCompleteSource 685
Autovervollständigung, in ComboBox 685
AvailableFreeSpace 319
AVI-Dateien
　über DirectX abspeichern 825
　über MCI abspeichern 808

B

BackgroundCopyJob 606
BackgroundCopyManager 606
BackgroundWorker 952f.
Backup, SQL Server 988
Base64-Codierung 398f.
Beenden
　Anwendungen 293
　Prozesse 293
Beep ausgeben 117
Befehlszeilenargumente auswerten 236
Benutzer
　ändern 766
　anlegen 763
　auf Adminrechte prüfen 758
　auf Gruppenzugehörigkeit prüfen 758
　aus einer Gruppe entfernen 769
　auslesen 733
　Eigenschaften lesen 751
　einem Programm zuweisen 773
　einer Gruppe 745
　einer Gruppe hinzufügen 767
　Existenz prüfen 739
　Gruppen abfragen 749
　löschen 771
　Name des aktuellen 773
Benutzergruppen siehe Gruppen
Betätigung
　der Return-Taste abfragen 676
　einer Taste abfragen 718
　von Tasten simulieren 300
Bilder
　Aufnahmedatum 833
　aus Byte-Array 841
　aus dem Clipboard 841
　Ausschnitte 858
　drehen 854
　einzelne Pixel ändern 867
　Erzeugungsdatum auslesen 837
　Farben verändern 860f.
　Format auslesen 831
　Graustufen 871

im Originalformat speichern 839
in Byte-Array 840
in einer Datenbank 985
Informationen auslesen 833
konvertieren 851
mit Schatten 883
Negativ 865, 867
Qualität beim Speichern 851
skalieren 845
speicherschonend bearbeiten 829
spiegeln 854
Thumbnails 849
Transparente 881
Bildformat
 beim Speichern beibehalten 839
 ermitteln 831
Bildschirm siehe Monitor
Bildschirmposition, Steuerelement 659
Binäre Dateien
 aus Base64-Strings 399
 Base64-codieren 398
 lesen 394
 schreiben 396
Binäre Daten
 aus XML lesen 487
 in einer Datenbank 985
 in XML 486
Binärzahlen siehe Dualzahlen
BinaryFormatter 940
BinarySearch 155f.
BindingFlags 57
BitBlt 842
Bitmaps siehe Bilder
BITS 604
BLOB 985
Bogenmaß, in Gradmaß 102
Booten, Computer 518
Breite eines Textes 895
Browser
 in Anwendung integrieren 566
 starten 565
Bubblesort 696
Byte-Arrays
 aus binärer Datei 394
 aus Strings erzeugen 147
 binäre Datei erzeugen 396
 in Bitmap umwandeln 841
 in String umwandeln 150
Byte-Werte, lesbares Format 107

C

Calendar 184
CalendarWeekRule 196
CallingConvention 36
CancelAsync 954
CanPauseAndContinue 284
CBT-Hook 723
CellTemplate 711
CharSet 36, 324
Children 84, 761
CIM 69
ClassDefNotFoundError 297
Classpath 296
Clipboard siehe Zwischenablage
Code siehe Programmcode
CodeDomProvider 932
Codierung 147
CollectionBase 343, 997
Collections siehe Auflistungen
ColorMap 860
ColorMatrix 861
ComboBox
 Auto-Complete 685
 zusätzliche Daten 687
COM-Komponenten
 laufende Instanzen ref. 907
 späte Bindung 55
CommitChanges 83, 762, 764
Common Name 78
CompareTo 151, 221
Comparison 152
CompositingMode 875
CompositingQuality 876
Computer
 booten 518
 Name ermitteln 491
config-Datei
 lesen 248
 lesen und schreiben 244
 schreiben 249
ConfigurationManager 249f.
Continue 282
Convert 399
Copy 353
CounterCreationData 538
CounterCreationDataCollection 538
CPU, Geschwindigkeit 497
CREATE DATABASE 981
CREATE TABLE 981

CreateAttribute 475
CreateDecryptor 794
CreateDirectory 321
CreateElement 473
CreateEncryptor 793
CreateGraphics 844
CreateInstance 56
CreateOperation 964
CreateSpecificCulture 102, 170
CreateSubKey 259, 262
CreateXmlDeclaration 473
Credentials 560
CryptoStream 793
CultureInfo 102, 170, 184
CurrentCulture 102
CurrentDirectory 297
CurrentThread 102
Cursorposition, in einer TextBox
  ermitteln 679

D

DataGridView
  anpassen 698, 702
  eigene Spalten 702
  mit DateTimePicker 702
  Zellen lesen/schreiben 697
DataGridViewCell 703
DataGridViewTextBoxCell 703
DataSet 465, 482
DataSetName 482
DataTable 482
DateAndTime 175
DateDiff 175
Dateiattribute
  lesen 363
  setzen/aufheben 365
Dateidatum, lesen/ändern 366
Dateien
  8.3-Name ermitteln 368
  Attribute aufheben 365
  Attribute lesen 363
  Attribute setzen 365
  auf FTP-Server löschen 634
  aus (ZIP-)Archiven 417
  Base64-codierte 398f.
  binäre Daten aus XML 487
  binäre Daten in XML 486
  Binäre lesen 394

Binäre schreiben 396
Datum lesen/ändern 366
Drag&Drop 715
eines Ordners auflisten 370
Endung ändern 310
Existenz prüfen 348
Größe ermitteln 362
Größe von FTP-Server abfragen 615
in Papierkorb verschieben 376
in Systempfaden suchen 351
komprimieren 409
kopieren 353
löschen 356
mit assoziierter Anwendung öffnen 289
mit BITS downloaden 604
suchen 348
Textdateien ändern 393
Textdateien lesen 387
Textdateien schreiben 390
Texte anfügen 392
überwachen 384
umbenennen 355, 371
vergleichen 357
Verknüpfungen 382
verschieben 355, 371
Version auslesen 367
von einem FTP-Server downloaden 572
von einem Webserver downloaden 572,
  580, 604
XML transformieren 488
XML-Dateien ändern 484
XML-Dateien lesen 423, 443, 447, 464
XML-Dateien schreiben 468, 472, 482
zu einem FTP-Server uploaden 617
zu einem Webserver uploaden 604, 617
Zugriffsdaten lesen/ändern 366
Dateigröße, von FTP-Server abfragen 615
Dateiname
  Anwendung 235
  Klassenbibliothek 304
  temporäre Dateien 307
  Windows-Anwendung 303
Dateisystem, überwachen 384
Daten
  dekomprimieren 401, 407
  entschlüsseln 784
  Hashes erzeugen 798
  komprimieren 399, 402

verschlüsseln 784
zusammenfassen in Listbox 687
Datenbanken
  Anzahl Datensätze 979
  Backup und Restore 988
  Bilder verwalten 985
  binäre Daten 985
  eines SQL Servers abfragen 993
  erzeugen 980
Datensätze, automatisch Id abfragen 983
DateTime 183, 195
DateTimeFormat 186
DateTimeFormatInfo 186
DateTimePicker, in DataGridView 702
Datum
  addieren, subtrahieren 181
  aktuelles 167
  Differenz 174
  einer Datei 366
  Feiertag 228
  formatieren 167
  Gültigkeit 111
  in WMI 69
  ISO-Datum 172
  Kalenderwoche 196
  Länderformate 169
  Monatsstart und -ende 190
  normalisieren 213
  Quartal berechnen 192
  Quartalstart und -ende 193
  Systemdatum setzen 204
  vergleichen 173
  von Atomuhr 208
  Wochenstart und -ende 188
  Wochentag ermitteln 184
DayOfWeek 184, 197
  Start und Ende berechnen 184
DaysInMonth 183
Decrement 540
DefaultNewRowValue 709
Deflate 399, 401
DeflateStream 399, 401
Dekomprimieren
  Deflate, GZIP 401
  von ZIP-Archiven 417
  ZIP und andere 407
Delete 263, 356
DeleteMenu 641
DeleteSubKey 264

DeliveryMethod 560
DES 786
DESCryptoServiceProvider 786
Deserialisieren 940
Deserialize 940
Device Context 842
Dictionaries, typisierte 159
Dictionary 160
DictionaryBase 997
Dienste
  anhalten 282
  Informationen auslesen 279
  starten 282
  stoppen 282
Differenz, Datumswerte 174
Directory 320f., 339
DirectoryEntry 735, 745, 761, 764, 771
  Eigenschaften lesen 81
  Eigenschaften schreiben 82
  Erzeugen von Instanzen 79
DirectoryInfo 320, 341, 370
DirectoryServices 79
DirectX 825
Dispose 241
DllImport 35
DllImportAttribute 35
DocumentElement 478
Documents 910
Dokumentenvorlagen, verwenden 913
DOM 443, 472
Domäne
  Benutzer auslesen 733
  Gruppen auslesen 741
Download
  Dateien (FTP-Server) 572
  Dateien (Webserver) 572, 580, 604
  großer Dateien 581, 604
  mit BITS 604
DownloadData 573
DownloadDataAsync 573
DownloadFile 573
DownloadFileAsync 573
DownloadString 573
DownloadStringAsync 573
DPAPI 780
Drag&Drop, Dateien & Ordner 715
DragDrop 716
DragEnter 716
DrawLine 879

Drehen
  Bilder 854
  Zeichnung 855
Drehpunkt, Rechteck 888
DriveInfo 315, 319
Duale Darstellung 93
Dualzahlen
  aus Dezimalzahlen 93
  konvertieren 97
Durchsuchen
  Arrays 155
  Auflistungen 155
Dynamisches Ausführen von
  Programmcode 932
Dynamisches Erzeugen von Assemblies 935
Dynamisches Laden von Assemblies 937

E

EditingControlDataGridView 704
EditingControlFormattedValue 704
EditingControlRowIndex 705
EditingControlValueChanged 705
EditingControlWantsInputKey 706
EditingPanelCursor 705
EditType 709
Elapsed 231
ElapsedMilliseconds 231
ElapsedTicks 231
E-Mails
  über MAPI verschicken 562
  über Outlook verschicken 562
  über Pickup senden 561
  über SMTP verschicken 558
EnablePrivileges 518
EncoderParameter 852
Encoding 147, 387
Ende
  Monat 190
  Quartal 193
  Woche 188
Energiesparmodus, Monitor 543
Entpacken siehe Dekomprimieren
EntryPoint 36
Entwurfsmuster, asynchrones 962
Enum 145
Enumerationen siehe Aufzählungen
Environment 307, 315, 351, 491
Ereignisbasiertes asynchrones
  Entwurfsmuster 962

Ersetzen
  Strings am Anfang 138
  von Strings 118
Erzeugen
  binäre Dateien 396
  Datenbanken 980
  Ordner 321
  Textdateien 390
  XML-Dateien 468, 472, 482
Erzeugungsdatum, Bild 837
Escape 138
ExactSpelling 36
Excel-Arbeitsmappen
  erweitern 921
  erzeugen 916
Exceptions
  alle Nachrichten auslesen 164
  global behandeln 239
ExecutablePath 303
Existenz
  Datei 348
  eines Benutzers prüfen 739
  Ordner 320
Exists 320, 348
Express ClickYes 565, 909

F

Farben eines Bilds ändern 860f.
Fehlerauswertung, ADSI 81
Feiertage
  berechnen 217
  Datum = Feiertag? 228
  im MonthCalendar darstellen 712
File 348, 353, 355, 387
FileInfo 348, 362f., 387, 394
FileStream 394, 396
FileSystemWatcher 384
FileVersionInfo 367
FindWindow 270
Finish 406
Fokuswechsel durch Cursortasten
  verhindern 721
FolderBrowserDialog 717
Folders 927
Font-Objekte, serialisieren 948
Format 168f.
  eines Bildes ermitteln 831
  von Bildern beibehalten 839

Formatieren
  Datum 167
  Zahlen 89, 91
FormatMessage 48
Formatting 469
FormBorderStyle 639
Formulare
  Andockende 642
  auf sekundären Bildschirm 658
  Hauptformular einer Anwendung 665
  Monitor ermitteln 654
  ohne Titelleiste 639
  optimale Position 660
  rahmenlose bewegen 639
  Schließen-Schalter entfernen 643
  Screenshot 842
  spezielle Formen 646
  Splash-Forms 651
  Sys-Menü ändern 643
  über Clientbereich verschieben 639
  unbewegbare 641
  verlaufend füllen 644
Freier Speicherplatz eines Laufwerks 319
Freigaben, Netzwerk 70
FromBase64String 399, 487
FTP
  Dateien löschen 634
  Dateigröße abfragen 615
  Download 572
  Ordner erstellen 636
  Ordner löschen 634
  Upload 617
  Verzeichnisse lesen 624

G

Garbage Collector, Collection erzwingen 242
GC.Collect 242
GDI, Probleme vermeiden 873
Gedreht zeichnen 884
GenericTypographic 895
Geschwindigkeit, Prozessor 497
GetActiveObject 907
GetAsyncKeyState 719
GetAttribute 424
GetBytes 147
GetCategories 522
GetCounters 522
GetData 841
GetDataPresent 716
GetDaysInYear 184
GetDirectories 341
GetEditingControlFormattedValue 706
GetElementById 454
GetElementsByTagName 444
GetEncoding 387
GetEntryAssembly 235, 303
GetEnvironmentVariable 351
GetExecutingAssembly 303f.
GetField 57
GetFiles 341
GetFolderPath 307, 491
GetFrame 931
GetHdc 843
GetHostByName 556
GetInstanceNames 522
GetInstances 65
GetLastError 47
GetLastWin32Error 272
GetLogicalDrives 315
GetName 145
GetNames 145
GetNextEntry 415
GetNonZeroBytes 144
GetProcesses 276, 278
GetProcessesByName 266, 287, 293
GetProperty 57
GetResponse 581
GetResponseStream 581
GetShortPathName 368
GetString 151
GetSubKeyNames 503
GetTempFileName 307
GetTempPath 307
GetThumbnailImage 849
GetTypeFromCLSID 56
GetTypeFromProgID 56
GetValue 259
GetVersionInfo 367
GetWeekOfYear 196
GetWindowsDirectory 308, 491
GetWindowText 272
GetWindowTextLength 272
GNU General Public License 403
GoBack 569
GoForward 569
GoHome 569
Google, Newsgroup-Recherche 27
GPL-Lizenz 403

Gradmaß in Bogenmaß 101
Grafiken
  schräg ausgeben 884
  transparente 881
  verlaufend füllen 644
Graphics 846, 854, 860, 864, 884
GraphicsPath 648, 877
Graustufen 871
Größe
  aller Unterordner 343
  Arbeitsspeicher 498
  atei (FTP) 615
  Datei 362
  Laufwerk 319
  Ordner 341
Gruppen
  anlegen 761
  auslesen 741
  Benutzer entfernen 769
  Benutzer ermitteln 745
  Benutzer hinzufügen 767
  eines Benutzers 749
  löschen 772
Gültigkeit
  Datumseingabe 111
  von XML prüfen 434
  von Zahlen überprüfen 108
Guid 811
GZIP 399, 401
GZipStream 399, 401

H

HashAlgorithm 799
Hashcodes 798
Hashing-Verfahren 798
Hashtables, typisierte 159
Hauptformular einer Anwendung
  ermitteln 665
Hauptversion von Windows 495
Herunterfahren, Computer 518
Herunterladen siehe Download
Hexadezimale Darstellung 92
Hexadezimalwerte konvertieren 92
High-Word
  lesen 115
  setzen 116
Hintergrund, transparenter 646
HMACMD5 799
HMACRIPEMD160 799

HMACSHA1 799
HMACSHA256 799
HMACSHA384 799
HMACSHA512 799
Hochladen siehe Upload
Höhe eines Textes 895
Hooking 722f.
HTML-Dokumente
  in Anwendung darstellen 566
  in Browser öffnen 565
HTTP
  Download 572, 580
  Upload 617

I

IAds 74
IAdsContainer 75
IADsGroup 746
IADsUser 746, 749
ICMP, Prüfsumme berechnen 551
IComparable 151, 153, 221
IComparer 153
Icons
  aus Byte-Array 841
  in Byte-Array 840
ICryptoTransform 793
IDataGridViewEditingControl 703
IFormatProvider 106
IgnoreCase 57
ImageAttributes 860
ImageCodecInfo 851
Impersonation 773
Increment 540
Indentation 469
IndentChar 469
Informationen aus Bildern auslesen 833
InitializeEditingControl 710
InnerException 164
InnerText 444
InsertBefore 473
Installierte Programme 502
Instance 57
InstanceName 531
Internet
  Verbindung öffnen/schließen 552
  Verbindung prüfen 548
InternetAutodial 552
InternetAutodialHangup 552
InternetGetConnectedStateEx 545, 549

Internetverbindung
  öffnen und schließen 552
  Status abfragen 545
InteropServices 35
InterpolationMode 846, 875
Invoke 764, 768, 951
InvokeMember 57
InvokeMethod 57, 70
InvokeRequired 951
IP-Adressen ermitteln 556f.
IPHostEntry 556
IsBodyHtml 560
IShellLink 382
IsIconic 270
IsLeapYear 195
ISO-8601 172, 196
ISO-Datum 172

J

Jahr
  Anzahl Tage 184
  Schaltjahr 195
java 296
Java-Anwendung starten 296
Java-Interpreter 296
javaw 296
JPEG-Bilder, Qualität 851

K

Kalenderwoche
  eines Datums 196
  Jahres-Anzahl 204
  Startdatum 200f.
Kantenglättung 874
KeyedHashAlgorithm 802
Kill 294
Klassen, mit asynchronen Methoden 962
Klassenbibliothek
  Dateiname ermitteln 304
  Ordner ermitteln 306
Knowledge Base 29
Komprimieren
  Deflate, GZIP 399
  Ordner und Dateien 409
  ZIP (und andere) 402
Konfigurationsdaten
  Fonts verwalten 948
  in .config speichern 244, 249
  in XML-Datei speichern 251

Konfigurieren
  Anwendung 244, 248
  über eigene Klasse 251
Konsolenanwendungen starten und Ausgabe auswerten 292
Kontakte, Outlook 926
Konvertieren
  nach JPEG 851
  von Bildern 851
  von Dualzahlen 97
  von Hexadezimalzahlen 92
  Zeit in DateTime 183
Kopieren
  eines Ordners 321, 324
  Ordner ohne Abbruch 332
  von Dateien 353
Krüger, Mike 402
Kürzen von Strings 136
Kulturen
  Datumswerte 169
  umstellen 102
  verfügbare auslesen 104

L

Laufwerke
  eines bestimmten Typs ermitteln 317
  ermitteln 315
  freier Speicherplatz 319
  Größe ermitteln 319
  Typ ermitteln 315
LDAP 72
Leerzeichen 126
Leistungsindikatoren 520
  auflisten 521
  eigene implementieren 537
  Speicher 526
  Speicher und CPU 529
Length 362
Lesen
  aus der Registry 258
  binäre Dateien 394
  Konfigurationsdaten 244, 248, 251
  von Textdateien 387
  XML-Dateien 443, 447, 464
LinkedList 160
List 160
ListBox
  mit Tooltip 689
  zusätzliche Daten 687

ListView, sortieren 691
Load 447
LoaderLock 825
LoadXml 256
localhost 559
LockBits 867f.
Löschen
  Benutzer 771
  Benutzergruppe 772
  Dateien auf FTP-Server 634
  in den Papierkorb 376
  Ordner auf FTP-Server 634
  von Dateien 356
  von Ordnern 340
Logische Laufwerke ermitteln 315
LogonUser 774
Low-Word
  lesen 115
  setzen 116
Lutz Roeder 31

M

MachineName 491
MACTripleDES 799
mail.gmx.de 559
MailAttachment 560
MailMessage 560
Mails siehe E-Mails
MainWindowTitle 279
MakeTransparent 881
Mallen, Ronald W. 218
ManagementBaseObject 65
ManagementClass 64
ManagementObject 61, 497f., 519
ManagementObjectCollection 65
ManagementObjectSearcher 66
ManagementScope 67, 518
MAPI 562
  E-Mails verschicken 562
Mapping von Farben 860
Marshal 272, 907
MarshalAs 38, 326
Marshalling 37
MaskedTextBox, Cursorposition
  ermitteln 679
Matches 128, 140
Math 100
Matrix 855, 885

Mattias Sjögren 382
MaxValue 101
MBUnit 21
MCI 808
mciGetErrorString 809
mciSendCommand 809
MD5 798
MeasureString 895
Mehrfachstart verhindern 266
Menüs, Laufzeit 665
MenuItem 665
Message Digest 798
MessageBox, Schalterbeschriftung
  ändern 722
Messen, Zeit 230
Metafile
  aus Byte-Array 841
  in Byte-Array 840
Methoden, Aufrufer ermitteln 931
Microsoft Platform SDK 34
Midi-Dateien
  über DirectX abspeichern 825
  über MCI abspeichern 808
MinValue 101
Missing.Value 55, 910
ModifierKeys 719
Monat
  Anzahl Tage 183
  Name ermitteln 187
  Start und Ende berechnen 190
Monitor
  abschalten 543
  eines Formulars 654
  einschalten 543
  Energiesparmodus 543
  Formular auf sekundärem 658
  Screenshot 842
MonthCalendar, Feiertage darstellen 712
Move 339, 355
MoveToContent 425
MP3
  über DirectX abspeichern 825
  über MCI abspeichern 808
MPEG-Dateien
  über DirectX abspeichern 825
  über MCI abspeichern 808
MPEGVideo-Treiber 812
Mutex 267

>> **Stichwortverzeichnis**

N

Nachrichten
  aus Exception lesen 164
  Windows 723
Name
  aktueller Benutzer 773
  Computer 491
  Monat 187
  Wochentag 186
Namensräume
  WMI 62
  XML 455
Namespace 482
NameTable 456
Negativ eines Bildes 865
NetworkCredential 560
Netzwerkfreigaben erzeugen 70
NewGuid 811
Newsgroup-Recherche 27
NIST 208
Normalisieren eines Datums 213
Notationen von Zahlen 98
NumberStyles 109

O

Objekte
  binär deserialisieren 940
  binär serialisieren 940
  nach XML serialisieren 944
  von XML deserialisieren 944
Office
  Excel-Arbeitsmappen 916, 921
  Excel-Dateien erweitern 921
  Excel-Mappen erzeugen 916
  Outlook-Kontakte 926
  Word-Dokumente 909, 913
  Word-Dokumente erzeugen 913
  Word-Dokumente öffnen 909
OpenExeConfiguration 250
OpenIcon 270
OpenRead 394
OpenSubKey 259
OpenText 387
OpenWrite 396
Optimale Position eines Formulars 660
Ordner
  archivieren 412
  auf FTP-Server erstellen 636
  auf FTP-Server löschen 634
  Dateien auflisten 370
  der Anwendung 236
  Dialog 717
  Drag&Drop 715
  durchsuchen 348
  einer Klassenbibliothek 306
  einer Windows-Anwendung 305
  erzeugen 321
  Existenz prüfen 320
  für temporäre Dateien 307
  Größe aller Unterordner 343
  Größe ermitteln 341
  in Archiv packen 412
  in Papierkorb verschieben 376
  komprimieren 409, 412
  kopieren 321, 324
  löschen 340
  ohne Abbruch kopieren 332
  relative ermitteln 310
  umbenennen 339, 371
  vergleichen 359
  Verknüpfungen 382
  verschieben 340, 371
  Windows-Ordner 307
Organization 78
Organizational Unit 78
Ostern berechnen 218
Outlook
  E-Mails versenden 562
  Kontakte auslesen 926

P

Packen siehe Komprimieren
Papierkorb
  Anzahl der Dateien ermitteln 378
  Dateien verschieben 376
  Größe ermitteln 378
Parallele Schnittstellen auflisten 505
Param 852
Parse 214
Passwort
  per Zufall berechnen 144
  verschlüsseln 784, 798
Path 307
PathRelativePathTo 310
Path-Umgebungsvariable 351
Pattern siehe Entwurfsmuster

Pause 282
Performance Counter siehe Leistungsindikatoren
PerformanceCounter 521, 527, 530, 540
PerformanceCounterCategory 521, 537
Personifizierung 773
Pfadangaben überprüfen 313
Pfade
  relative ermitteln 310
  relative in absolute 313
Pfeile zeichnen 879
Pickup-Auslieferung 561
Pickup-Verzeichnis 561
Piepston ausgeben 117
Ping 548
PingReply 549
PInvoke 35
Pixel
  einzelne bearbeiten 867
  transformieren 861, 871
Platform 494
Play 807
PlayLooping 807
PlaySync 807
Plug-In-System 937
Position
  Eingabecursor einer TextBox 679
  relativ zum Bildschirm 659
Prefix 482
PrepareEditingControlForEdit 707
PreserveSig 36
Priority 560
Probleme mit GDI vermeiden 873
Process 276, 278, 288f., 293, 565
ProcessName 279, 531
ProcessTabKey 677
Programmcode, dynamisch ausführen 932
Programme
  anhalten 164
  installierte auflisten 502
  Personifizierung 773
ProgressChanged 956
Properties 736, 762
PropertyValueCollection 762
Proxy, beim HTTP-Request 580, 603
Proxy-Einstellungen, Internet Explorer 580, 603
Prozesse
  aktivieren 275
  beenden 293
  Besitzer herausfinden 71
  laufende ermitteln 276
  personifizieren 774
Prozessor
  Geschwindigkeit 497
  überwachen 529, 532
Prüfen von XML 434
Prüfsumme, TCP und ICMP 551
Public 57
PutNextEntry 406

Q

Qualität von Bildern 851
Quantisierungstabellen 847
Quartal
  berechnen 192
  Start und Ende berechnen 193
Queue 160

R

Radiant 101
Radiant siehe Bogenmaß
Rahmenlose Forms 639
  bewegen 639
RAM siehe Arbeitsspeicher
RawFormat 831
RawValue 540
RC2 786
RC2CryptoServiceProvider 786
Read 387
ReadLine 387
ReadToEnd 387
ReadXml 465
ReadXmlSchema 465
Reboot 519
Rechtecke
  Drehpunkt 888
  mit runden Ecken zeichnen 877
  rotieren 888
Referenzliste, Assemblies hinzufügen 404
Reflector 31
Reflektion 303
Regex 123, 140
Region 648
Registrierdatenbank siehe Registry
Registry
  Daten auslesen 258
  Daten schreiben 258

RegistryKey 258, 503
Rekursion 359
Relative Pfade
  ermitteln 310
  in absolute wandeln 313
ReleaseCapture 640
RemoveChild 478
Replace 122ff.
ReportProgress 954
RepositionEditingControlOnValueChange 708
ResetTransform 885
Restore, SQL Server 988
Return-Taste
  in Tab umwandeln 676
  in TextBox abfangen 676
RichTextBox, Cursorposition ermitteln 679
Rijndael 786
RijndaelManaged 786
RIPEMD160 798
RNGCryptoServiceProvider 113, 144
Roeder, Lutz 31
RotateAt 856
RotateTransform 855, 885
Rotieren
  beim Zeichnen 884
  von Bildern 854
  von Rechtecken 888
  von Text 893
Round 100
Runden
  kaufmännisch 100
  mathematisch 100

S

SAX 423
Schaltjahr ermitteln 195
Schatten für ein Bild 883
SchemaClassName 736
Schemas 430
Schräg zeichnen 884
Schreiben
  Anwendungskonfiguration 244, 249
  binäre Dateien 396
  in die Registry 258
  Konfigurationsdaten 244, 249
  Textdateien 390
  von Konfigurationsdaten 251
  XML-Dateien 468, 472, 482
Schreibschutz setzen/aufheben 365

Screenshot 842
SE_SHUTDOWN_NAME 520
SE_TCB_NAME 777
Secure Hash Algorithm 798
SecureString 780
SelectedPath 717
SelectNodes 449
SelectSingleNode 444, 449
SendKeys 300
SendMessage 640
SendOrPostCallback 964
Serialisieren 940, 944
  beliebige Objekte 948
  Font-Objekte 948
Serialize 940
Serielle Schnittstellen auflisten 510
ServerConnection 988
ServiceController 279, 282
ServicePack 500
Service-Pack-Version 500
SetComment 405
SetDlgItemText-Funktion 723
SetField 57
SetForegroundWindow 270
SetLastError 37, 47
SetLevel 405
SetPassword 764
SetProcessWorkingSetSize 243
SetProperty 57
SetRemapTable 860
SetStyle 644
SetSystemTime 204
Settings 246
SetValue 259
SHA1 798
SHA256Managed 798
SHA384Managed 799
SHA512Managed 799
SharpZipLib 402
ShellLink.tlb 382
ShellShortcut 382
SHFileOperation 324, 376
SHFILEOPSTRUCT 324
ShowNewFolderButton 717
SHQueryRecycleBin 378f.
Shutdown 519
Sicherheit
  Daten verschlüsseln 784
  Hashing-Verfahren 798

Personifizierung 773
Strings sicher verwalten 779
Simulieren
  der Tab-Taste 676
  von Tasten 300
Size 341
Sjögren, Mattias 382
Skalieren von Bildern 845
Sleep 164
SmtpClient 559
SmtpFailedRecipientException 559
SMTP-Server, E-Mails vers. 558
SortedDictionary 160
Sortieren
  Arrays 151
  Auflistungen 151
  ListView 691
  TreeView 695
Sorting 691
Sounddateien
  Midi 808, 825
  MP3 808, 825
  über DirectX abspeichern 825
  über MCI abspeichern 808
  Wave 807f., 825
Soundkarten, auflisten 517
SoundPlayer 807
Späte Bindung (COM) 55
SpecialFolder 307
Speichern, Bilder im Originalformat 839
Speicherverbrauch reduzieren 241
Spiegeln von Bildern 854
Split 125
Splitten von Strings 125
Spurverfolgung siehe Tracing
SQL
  Datenbanken erzeugen 980
  in WMI 66
SQL Server
  Backup und Restore 988
  Datenbanken abfragen 993
  verfügbare ermitteln 992
StackFrame 931
StackTrace 931
Start 282, 288f.
Startdatum
  Kalenderwoche 200f.
  Monat 190
  Quartal 193
  Woche 188

Starten
  Anwendung 288, 290
  Browser 565
  Java-Anwendung 296
StartInfo 565
StartupPath 236, 305
Static 57
Status, Internetverbindung 545
Steuerelemente
  Fokuswechsel durch Cursortasten verhindern 721
  Formular passend öffnen 660
  in einem Thread lesen und schreiben 951, 953
  in VS integrieren 670
  Position relativ zum Bildschirm 659
  transparenter Hintergrund 668
Stop 282, 569
Stopwatch 231
StreamReader 387
StreamWriter 390, 392
Strings
  am Anfang ersetzen 138
  Anzahl Wörter 128
  auftrennen 125
  aus Byte-Array 150
  aus Enum 145
  beim Zeichnen umbrechen 900
  definiert kürzen 136
  entschlüsseln 784
  ersetzen 118
  gedreht ausgeben 893
  Höhe und Breite 895
  in Byte-Array umwandeln 147
  in Enum-Wert 146
  linker Teilstring 139
  mehrfache Leerzeichen entfernen 126
  rechter Teilstring 139
  rechtsbündig zeichnen 897
  rotieren 893
  sicher verwalten 779
  vergleichen 118
  verschlüsseln 784
  Wörter extrahieren 131
  Wörter normalisieren 127
  wortgerecht umbrechen 132
  Zahl am Anfang 142
  Zahlen auslesen 140
  zentriert zeichnen 897
  Zufalls-Strings 144

StructLayout 45, 324
Substring 139
Suchen
  Dateien in den Systempfaden 351
  in Arrays 155
  in Auflistungen 155
  in Newsgroups 27
  von Dateien 348
SymmetricAlgorithm 786
Symmetrische Verschlüsselung 785
System
  booten 518
  herunterfahren 518
Systemdatum
  lesen 167
  setzen 204
SystemDirectory 307, 491
Systemmenü
  ändern 643
  Schließen-Schalter entfernen 641, 643
Systemmonitor 520
Systempfade 491
SystemSounds 117
Systemzeit setzen 204

T
Tabulator-Taste, bei Return simulieren 676
Tage
  im Jahr 184
  im Monat 183
TargetInvocationException 768
Tastatur
  abfragen 718
  simulieren 300
Tastenbetätigung abfragen 718
Tauschen, Knoten in TreeView 693
TCP, Prüfsumme berechnen 551
Teilstrings
  am Anfang ersetzen 138
  ersetzen 118
  links/rechts 139
Temporäre Dateien 307
Temp-Ordner ermitteln 307
TextBox
  angezeigte Zeilen auslesen 682
  Auto Select 669
  Cursorposition ermitteln 679
  Eingabe einschränken 670
  Return abfangen 676

Textdateien
  ändern 393
  lesen 387
  schreiben 390
  Texte anfügen 392
Texte siehe Strings
TextureBrush 860, 864
Texturen, transparente 864
ThreadException 240
Threading
  BackgroundWorker 953
  sicher auf Steuerelemente zugreifen 951, 953
Threads
  Parameter übergeben 957
  Rückgabewerte 957
ThreadStart 957
Thumbnails 849
Ticks 230
ToBase64String 398
ToByte 98
ToInt16 98
ToInt32 98
ToInt64 98
Tooltip, in ListBox 689
ToSByte 98
TotalDays 174
TotalFreeSpace 319
TotalHours 174
TotalMilliseconds 174
TotalMinutes 174
TotalSeconds 174
TotalSize 319
ToTitleCase 128
ToUint16 98
ToUint32 98
ToUint64 98
ToUniversalTime 204
Trace-Protokolle 532
Tracing, RAM- und CPU-Auslastung 532
Transform 490, 855f.
Transformation 884
Transformieren
  Pixel 861, 871
  XML-Dateien 488
  Zeichenmatrix 855
Translate 856
TranslateTransform 855, 885
Transparente Bilder 881

Transparente Steuerelemente 668
Transparenter Hintergrund 646
TreeView
  Knoten sortieren 695
  Knoten tauschen 693
TripleDES 786
TripleDESCryptoServiceProvider 786
Typ eines Laufwerks ermittteln 315
Type 56
Typisierte Auflistungen 159
Typisierte Dictionaries 159
Typisierte Hashtables 159

U

Überprüfen
  Datei-Existenz 348
  Gültigkeit Datum 111
  Gültigkeit von Zahlen 108
  Ordner-Existenz 320
  von Pfadangaben 313
Überwachen
  Arbeitsspeicher 526, 529, 532
  CPU 529, 532
  Dateisystem 384
Uhrzeit, aktuelle 167
Umbenennen
  Dateien 355
  Ordner 339
Umbrechen
  Strings beim Zeichnen 900
  von Strings 132
Unable to relay for 559
Unbewegbare Formulare 641
Undo 774
UnmanagedType 42
Upload
  Dateien (FTP-Server) 617
  Dateien (Webserver) 604, 617
  mit BITS 604
UploadData 617
UploadDataAsync 618
UploadFile 618
UploadFileAsync 618
UploadFileCompleted 621
UploadProgressChanged 621
UploadString 618
UploadStringAsync 619
User siehe Benutzer
UserName 773

UseShellExecute 289
using 241, 820

V

ValidationEventHandler 449
ValidationType 434
Validieren von XML 434
ValidKeySize 789
ValueType 709
Variant 54
Verbindung zum Internet überprüfen 548
Verfügbare Kulturen auslesen 104
Vergleichen
  Datumswerte 173
  von Dateien 357
  von Ordnern 359
  von Strings 118
Verknüpfungen anlegen 382
Verschieben
  von Dateien 355
  von Ordnern 340
Verschlüsseln
  Hashcodes 798
  symmetrisch 784f.
Versenden von E-Mails 558, 562
Version
  einer Datei auslesen 367
  Service Pack 500
  Windows 494
Verzeichnis siehe Ordner
Verzeichnisse, FTP 624
Video 827
  über DirectX abspeichern 825
  über MCI abspeichern 808
Videodateien
  AVI 808, 825
  MPEG 808, 825
Visual Studio, Steuerelemente
  integrieren 670

W

W3Schools 428
WaitForExit 290, 294
WaitForStatus 283
Wave-Dateien
  abspielen 807
  über DirectX abspeichern 825
  über MCI abspeichern 808
WebBrowser 566

Stichwortverzeichnis

WebClient 572
WebRequest 581
WebResponse 581
Webseiten
  in Anwendung 566
  in Browser 565
Webserver
  Download 572, 580
  Upload 617
Websites, C# und .NET 24
Win32_OperatingSystem 498, 518
Win32_ParallelPort 505
Win32_Processor 497
Win32_Product 502
Win32_SerialPort 510
Win32_SoundDevice 517
Windows
  booten 518
  Hauptversion 495
  herunterfahren 518
  Systempfade 491
  Version auslesen 494
WindowsIdentity 774
WindowsImpersonationContext 774
Windows-Nachrichten 723
Windows-Ordner ermitteln 307
WindowStyle 288
Winkel, in Bogenmaß 101
WinNT-ADSI-Provider 733, 745, 751
WMI 60
  CPU-Geschwindigkeit 497
  Datumswerte konvertieren 69
  Installation überprüfen 60
  installierte Programme auflisten 502
  Klassenpfad 61
  Methoden aufrufen 70
  Namensräume 62
  parallele Schnittstelle auflisten 505
  RAM-Infos 498
  serielle Schnittstelle auflisten 510
  Soundkarten auflisten 517
WMI Object Browser 61
WndProc 639
Woche
  Kalenderwoche berechnen 196
  Start einer Kalenderwoche 200
  Start und Ende berechnen 188
Wochentag
  ermitteln 184
  Name ermitteln 186

Wörter
  Anzahl in String 128
  aus einem String 131
  erstes Zeichen groß 127
Word-Dokumente
  erzeugen 913
  öffnen 909
Workbooks 916
Working Set 243
Worksheets 917
WQL 66
Write 390
WriteAttributeString 469
WriteBase64 469, 486
WriteChars 469
WriteElementString 469
WriteEndDocument 469
WriteEndElement 469
WriteStartDocument 469
WriteStartElement 469
WriteXml 483

X

XML
  Namensräume 455
  XPath-Navigation 449, 455, 459
XML-Dateien siehe XML-Dokumente
XmlDocument 443, 449, 472
  XML validieren 434
XML-Dokumente
  ändern 472, 484
  binäre Daten 395, 486
  binäre Daten lesen 487
  Elemente gezielt lesen 449, 455
  Gültigkeit überprüfen 434
  Navigieren mit XPathNavigator 459
  transformieren 488
  über das DOM lesen 443
  über DataSet schreiben 482
  über ein DataSet lesen 464
  über XmlDocument schreiben 472
  über XmlTextReader lesen 423
  über XmlTextWriter erzeugen 468
  validierend lesen 428, 447
XmlNamespaceManager 456
XmlNode 444, 472
XmlNodeList 444
xmlns 455
XmlReader 434
XmlReaderSettings 429, 437

XmlResolver 436
XML-Schemata 428, 465
XmlSerializer 944
XmlTextReader 423, 429
XmlTextWriter 468
XmlUrlResolver 436
XmlValidatingReader 447
XPath 449, 459
XPathDocument 459
XPathNavigator 459
XPath-Suche
  mit Namensraum 455
  ohne Namensraum 450
XSL 488
XslCompiledTransform 490

Z

Zahlen
  am Stringanfang 142
  aus String auslesen 140
  dual darstellen 93
  formatieren 89
  größter und kleinster Wert 101
  Gültigkeit 108
  hexadezimal darstellen 92
  High- und Low-Word 115f.
  in TextBox 670
  kaufmännisch runden 100
  länderspezifisch 106
  mathematisch runden 100
  negative anders formatieren 91
  Notationen 98
  von Dual 97
  von Hexadezimal 92
  Zufallszahlen 112
  Zweierkomplement 93
Zeichenketten siehe Strings
Zeichenobjekte rotieren 884
Zeichnen
  Graustufen 871
  negativ 865
  Pfeile 879
  Probleme vermeiden 873
  Rechtecke mit runden Ecken 877
  schräg 884
  Strings, rechtsbündig 897
  Strings, zentriert 897
  Transformieren 861
  transparent 881
Zeilen, angezeigte aus einer TextBox 682
Zeit
  genau messen 230
  Systemzeit setzen 204
Zeitangabe, in DateTime konvertieren 183
Zellen, eines DataGridView 697
ZIP 402, 407
ZIP-Archive erzeugen 409
ZipEntry 406
ZipOutputStream 405
Zufalls-String 144
Zufallszahlen 112
Zugriffsdaten, einer Datei 366
Zulu Time 173
Zweierkomplement 93
Zwischenablage
  Bitmaps lesen 841

... aktuelles Fachwissen rund um die Uhr – zum Probelesen, Downloaden oder auch auf Papier.

www.InformIT.de

InformIT.de, Partner von **Addison-Wesley**, ist unsere Antwort auf alle Fragen der IT-Branche.

In Zusammenarbeit mit den Top-Autoren von Addison-Wesley, absoluten Spezialisten ihres Fachgebiets, bieten wir Ihnen ständig hochinteressante, brandaktuelle Informationen und kompetente Lösungen zu nahezu allen IT-Themen.

wenn Sie mehr wissen wollen ...   **www.InformIT.de**